'98

Für Sigrid, Katharina und David

Christoph Münz

Der Welt ein Gedächtnis geben

Geschichtstheologisches Denken
im Judentum nach Auschwitz

Chr. Kaiser
Gütersloher
Verlagshaus

Die Deutsche Bibliothek – CIP-Einheitsaufnahme

Münz, Christoph:
Der Welt ein Gedächtnis geben: geschichtstheologisches
Denken im Judentum nach Auschwitz / Christoph Münz. – 2. Aufl. –
Gütersloh: Kaiser; Gütersloh: Gütersloher Verl.-Haus, 1996
    ISBN 3-579-00095-0

ISBN 3-579-00095-0
2. Auflage, 1996
© Chr. Kaiser/Gütersloher Verlagshaus, Gütersloh 1995

Das Werk einschließlich aller seiner Teile ist urheberrechtlich geschützt. Jede
Verwertung außerhalb der engen Grenzen des Urheberrechtsgesetzes ist ohne
Zustimmung des Verlages unzulässig und strafbar. Das gilt insbesondere für
Vervielfältigungen, Übersetzungen, Mikroverfilmungen und die Einspeicherung
und Verarbeitung in elektronischen Systemen.

Umschlaggestaltung: Dieter Rehder, Aachen, unter Verwendung des Gemäldes
»The last Stop« von David L. Bloch
Satz: Weserdruckerei Rolf Oesselmann GmbH, Stolzenau
Druck und Bindung: Clausen & Bosse, Leck
Gedruckt auf chlorfrei gebleichtem Werkdruckpapier
Printed in Germany

Inhalt

Vorwort von Christian Meier 13
Eingang 19

I. Einleitung 21

II. Historiographische Problematik und Einordnung des Themas 37
1. Anmerkungen zur Holocaust-Forschung
   in der Geschichtswissenschaft 39
   1.1 In einer fernen Zeit, in einem fernen Land oder: Der Holocaust
       fand nicht in Deutschland statt 43
   1.2 Jüdische Historiographie des Holocaust 58
   1.3 Zur Relevanz jüdischer Holocaust-Theologie für die
       Historiographie des Holocaust
       Die Anzeige eines Mankos 64
2. Holocaust – Die Grenzen des Verstehens
   Bemerkungen zu einem epistemologischen und
   hermeneutischen Phänomen 69
   2.1 »Man wird es nicht verstehen, man wird es niemals verstehen«
       Zum Postulat der Unverstehbarkeit des Holocaust 69
   2.2 Unverstehbarkeit und Sprache – George Steiner 80
   2.3 Unverstehbarkeit des Holocaust und die religiöse Frage 88
3. Der Begriff ›Holocaust‹ 100

**III. Struktur und Zentralität von Gedächtnis im Judentum
   Teil 1** 111
1. Zum Zusammenhang von Geschichte und Religion im Judentum 113
   1.1 Grundlagen jüdisch-biblischen Geschichtsverständnisses –
       Offenbarung und Bund 116
   1.2 Grundlagen rabbinischen Geschichtsverständnisses 126
       1.2.1 Torah, Offenbarung und Schöpfung 126
       1.2.2 Mündliche und schriftliche Torah und Halacha .. 131
   1.3 Rabbinisches Judentum – Flucht aus der Geschichte? ... 141

**IV. Die Wahrnehmung der religiösen Problematik des Holocaust
   im innerjüdischen Raum** 151
1. Die Ausgangssituation 155

2. Genese und Wahrnehmung der religiösen Problematik des Holocaust
   im US-Amerikanischen Judentum 157
   2.1 Die Abwesenheit des Holocaust im öffentlichen Diskurs
       Die Sehnsucht nach Normalität und ihre Erschütterung,
       1945-1961 159
   2.2 Der Sechs-Tage-Krieg und die Suche nach einer Alt-Neu-Identität,
       1961-1967 163
   2.3 Der Yom-Kippur-Krieg und die Zentralität des Holocaust
       für das US-Amerikanische Judentum, 1968-1978 167
   2.4 Die Zentralität des Holocaust für die US-Amerikanische
       Gesellschaft, 1978 und die 80iger Jahre 173
3. Die israelische Gesellschaft und der Holocaust 181
   3.1 Die Rezeption des Holocaust in der israelischen Gesellschaft 182
   3.2 Katastrophe, Erlösung, Wiedergeburt und Heldentum
       Die Wahrnehmung des Holocaust in Israel nach der Analyse
       Saul Friedländers 189
4. Die Wahrnehmung des Holocaust in Israel und der jüdischen Diaspora .. 196

V. Jüdische Holocaust-Theologie 199

1. Traditionelle Formen der Rechtfertigung von Leid in und
   an der Geschichte
   Orthodoxes Judentum 202
   1.1 Mipnej chata'enu – Unserer Sünden wegen... 204
       1.1.1 Die Ideologie der Neturei Karta – Rabbi Joel Teitelbaum 205
       1.1.2 Rabbi Issachar Schlomo Teichthal 206
       1.1.3 Rabbi Immanuel Menachem Hartom 207
       1.1.4 Rabbi Yitzchok Hutner 208
   1.2 Kiddusch haSchem – Die Heiligung des Göttlichen Namens 211
       1.2.1 Kiddusch haSchem als zentrale Lebensaufgabe 211
       1.2.2 Kiddusch haSchem als Martyrium 212
       1.2.3 Kiddusch haSchem während des Holocaust 214
           1.2.3.1 Kiddusch haSchem als Privileg – zekhut 215
           1.2.3.2 Vorbereitung – hakanah 215
           1.2.3.3 Ekstase – hitlahavut 216
       1.2.4 Kiddusch haHayim als modifizierte Form von
             Kiddusch haSchem 217
   1.3 Holocaust und Halacha 219
       1.3.1 She'elot u Teshuvot
             Fragen und Antworten. Die Responsenliteratur
             während des Holocaust 220
       1.3.2 Kurzer Einblick in die Schattenwelt der
             Holocaust-Responsen 222

- 1.3.3 Zur Rezeptions- und Forschungslage der Holocaust-Responsen in Deutschland 229
2. Die Klassiker der Holocaust-Theologie 233
  - 2.1 Ignaz Maybaum 233
    - 2.1.1 »The Face of God After Auschwitz« – Das Antlitz Gottes nach Auschwitz 234
    - 2.1.2 Innerjüdische Reaktion und Kritik an Maybaum 241
  - 2.2 Richard Lowell Rubenstein 245
    - 2.2.1 »After Auschwitz« 247
    - 2.2.2 Innerjüdische Reaktion und Kritik an Rubenstein 258
  - 2.3 Emil Ludwig Fackenheim 266
    - 2.3.1 Grundmuster jüdischer Erfahrung 271
    - 2.3.2 Die Herausforderung der Moderne 276
    - 2.3.3 Der Holocaust 281
    - 2.3.4 Jüdische Existenz nach dem Holocaust 285
      - 2.3.4.1 Die gebietende Stimme von Auschwitz oder das 614. Gebot 287
      - 2.3.4.2 Die Bedeutung des jüdischen Widerstandes während des Holocaust 290
      - 2.3.4.3 Israel und der jüdische Säkularismus 299
    - 2.3.5 Innerjüdische Reaktion und Kritik an Fackenheim 302
  - 2.4 Eliezer Berkovits 306
    - 2.4.1 »Faith After the Holocaust« 308
    - 2.4.2 Innerjüdische Reaktion und Kritik an Berkovits 324
3. Neuere Entwicklungen jüdischer Holocaust-Theologie im Anschluß an ihre Klassiker 329
  - 3.1 Arthur Allen Cohen – »The Tremendum« 329
    - 3.1.1 Die Einzigartigkeit des Holocaust als Kennzeichen der Moderne und die Schwierigkeiten der Historiographie 331
    - 3.1.2 Jüdische Geschichte und das Tremendum 335
    - 3.1.3 Historische Theologie und das Tremendum 341
    - 3.1.4 Innerjüdische Reaktion und Kritik an Cohen 343
  - 3.2 Irving Greenberg – »Cloud of Smoke, Pillar of Fire« 347
    - 3.2.1 Augenblicke des Glaubens 348
    - 3.2.2 Das Zeugnis des Lebens 352
    - 3.2.3 Das Ende einer Alternative: Religiös – Säkular 354
    - 3.2.4 Der dritte große Zyklus in der jüdischen Geschichte 356
      - 3.2.4.1 Die dritte Ära 357
      - 3.2.4.2 Die Verborgenheit Gottes oder Heilige Säkularität 357
      - 3.2.4.3 Von der Ohnmacht zur Macht 359
      - 3.2.4.4 Institution, Führerschaft und Offenbarung 361
    - 3.2.5 Innerjüdische Reaktion und Kritik an Greenberg 364

    3.3   Marc H. Ellis – »Towards a Theology of Jewish Liberation« 368
           3.3.1 Vom Ende der Holocaust-Theologie 370
           3.3.2 Innerjüdische Reaktion und Kritik an Ellis 383
4.   Der jüdische Versuch, den Schrecken der Geschichte zu bannen –
     Holocaust-Theologie und der Diskurs um sie 387

VI. Struktur und Zentralität von Gedächtnis im Judentum Teil 2 401

1.   »... als sei er selbst aus Ägypten gezogen«
     Zur Qualität des jüdischen Gedächtnisses 403
2.   Jüdische Holocaust-Theologie und jüdisches Gedächtnis 414
3.   Historiographie versus Gedächtnis 427
     3.1   Jüdische Historiographie versus jüdisches Gedächtnis 427
           3.1.1 Die Vorrangstellung des Gedächtnisses gegenüber
                  der Historiographie innerhalb des Judentums 433
           3.1.2 Der Preis einer Vorrangstellung der Historiographie
                  gegenüber dem Gedächtnis innerhalb des Judentums 439
           3.1.3 Der Ort der jüdischen Holocaust-Theologie im Konflikt
                  zwischen Historiographie und Gedächtnis 441
     3.2   Die Opposition von Historiographie und Gedächtnis
           im Kontext von ›Vergangenheitsbewältigung‹ und
           Geschichtsschreibung in Deutschland 443
           3.2.1 Historiographie, Moral und Ethik 446
           3.2.2 Historiographie, Emphatie und Emotion 452

VII. Die Nichtbeachtung der jüdischen Diskussion um die Bedeutung des Holocaust in Geschichtswissenschaft und Theologie im deutschsprachigen Raum 457

1. Die deutsche Geschichtswissenschaft und der jüdische Diskurs 459
2. Christliche Theologie und der jüdische Diskurs 463

VIII. Schlusswort 481

Nachwort von Martin Stöhr 491

Bibliographie 499

Danksagung

Mit großer Freude nehme ich die Gelegenheit wahr, den vielen Menschen zu danken, ohne deren Unterstützung und Hilfe in der einen oder anderen Form, diese Arbeit, die im April 1994 vom Fachbereich Geschichte der Universität-Gesamthochschule Siegen als Dissertation angenommen wurde, undenkbar gewesen wäre. Im Laufe der Jahre, während der meine Arbeit entstand, hatte ich eine ganze Reihe von Begegnungen und Gesprächen, die mir eine wertvolle Hilfe waren. Michael Brocke, Willehad P. Eckert, Ernst Ludwig Ehrlich, Johann Baptist Metz, Yehoshuah Amir und Schalom Ben-Chorin danke ich für wertvolle Anregungen zu Beginn meiner Arbeit. Die Begegnung mit Friedrich Wilhelm Marquardt hat einen bleibenden Eindruck bei mir hinterlassen. Seine Herzlichkeit und die Offenheit seiner Worte waren mir eine unschätzbare Orientierungshilfe. Peter von der Osten-Sacken danke ich für hilfreiche Hinweise in letzter Minute.

Die Erfahrungen und Begegnungen während meiner zweimaligen Forschungsaufenthalte in Israel haben in vielerlei Hinsicht entscheidend und prägend auf den Gang meiner Arbeit gewirkt. Besonderen Dank schulde ich Moshe Zimmermann von der Hebrew University of Jerusalem nicht nur für sein Gespräch mit mir, sondern auch für seine spontane und unbürokratische Hilfe in organisatorischen Fragen. In Yehuda Bauer vom Institute of Contemporary Judaism an der Hebrew University of Jerusalem fand ich einen Gesprächspartner, dessen unbestreitbare Kompetenz und beeindruckende Weitsichtigkeit viele meiner Ausgangsüberlegungen hilfreich bestärkten und ergänzten. Die freundliche Aufnahme, die ich bei Emil Ludwig Fackenheim fand, die Aufrichtigkeit und tiefe Ernsthaftigkeit seines Denkens haben einen nachhaltigen Einfluß auf mich ausgeübt. Fackenheims Werk hatte in vielerlei Hinsicht die größte und prägendste Einwirkung auf mein eigenes Denken und Arbeiten zur Folge. Für immer unvergessen wird mir die Begegnung mit Pessach Schindler bleiben. Seine spontane Herzlichkeit, seine rückhaltlose Hilfsbereitschaft und Aufmerksamkeit, die er mir, dem Fremden, entgegenbrachte, haben mich menschlich tief berührt. Zu großem Dank bin ich Yaakov Lozowick, dem ehemaligen Direktor der Seminare für Ausländer und jetzigem Leiter des Archivs in Yad Vashem, der zentralen Gedenk- und Forschungsstätte des Holocaust in Jerusalem, verpflichtet. Die Zusammenarbeit und die vielen Gespräche mit ihm in Jerusalem und hier in Deutschland haben der inhaltlichen Konzeption meiner Arbeit in vielerlei Hinsicht zum Durchbruch verholfen.

Dies alles – und schließlich meine gesamte Arbeit – wäre undenkbar gewesen, hätte mich nicht die Hilfe vor allem dreier Menschen während all der zurückliegenden Jahre begleitet, denen ich ganz besonderen Dank schulde. Mein Doktor-Vater, Prof. Dr. Harald Witthöft, hat durch das Vertrauen, das er in mich setzte, und durch jede denkbare Unterstützung, die er mir gewährte, das Zustandekommen dieser Arbeit maßgeblich gefördert. Ohne den ermutigenden Zuspruch und die herzliche Hilfsbereitschaft, die ich während mehrerer Phasen meiner Arbeit durch Prof. Christian Meier erfuhr, hätte ich wohl kaum den Mut gefunden, mich als Historiker diesem Thema in einer Dissertation zu widmen. Ein ganz besonders herzliches Danke gilt Prof. Martin Stöhr. Er hat von Beginn an meine Arbeit mit großem Engagement unterstützt. Er hat mir viele Türen geöffnet, die mir anderweitig verschlossen geblieben wären. Vor allem aber habe ich über die Jahre hinweg in unzähligen Gesprächen mit ihm von der beeindruckenden Weite seines Wissens ebenso wie von der reichhaltigen Fülle seiner Erfahrungen in unschätzbarem Maße profitieren dürfen. Ohne seine Anregungen und Hinweise, ohne seinen kritischen Kommentar, ohne seine offenherzige Bereitschaft, jederzeit den gemeinsamen Diskussionsfaden wieder aufzunehmen, kurz: ohne den Reichtum seines Geistes und die Güte seiner Persönlichkeit hätte ich diese Arbeit nie zu ihrem hoffentlich nun erfolgreichen Abschluß bringen können.

Herrn Dr. Kerlen vom Gütersloher Verlagshaus/Christian Kaiser Verlag danke ich für hilfreichen Rat und manche Unterstützung im Rahmen der Drucklegung meiner Dissertation. Ohne die finanzielle Hilfe nachfolgend genannter Personen und Stiftungen hätte mein Buch kaum unter nun so optimalen Bedingungen seinen Weg in die Öffentlichkeit finden können. Ein besonders herzliches Dankeschön gilt daher: der Axel-Springer-Stiftung/Berlin, der Breuninger-Stiftung/Stuttgart und dem Ministerpräsidenten des Landes Nordrhein-Westfalen, Johannes Rau. Meinen Dank schulde ich nicht zuletzt auch dem Cusanus-Werk, der bischöflichen Studienförderung in Deutschland, die mich finanziell mit einem Stipendium und ideel durch eine hervorragende Bildungsarbeit unterstützt hat. Meinen Schwiegereltern und ganz besonders meinen Eltern danke ich für ihre vielseitig praktische Hilfe, die es mir während all der zurückliegenden Jahre mit ermöglichte, mich voll auf meine Arbeit konzentrieren zu können. Eine große Geduld und viel Verständnis wurden meiner Familie, meiner Frau und meinen zwei Kindern, abverlangt. Ohne die allezeit tatkräftige und liebevolle Hilfe meiner Frau, ohne das bedingungslos lebenspendende Dasein meiner Kinder, hätte ich mancherlei persönliche Krisen und unvorhergesehene Rückschläge nicht überwinden können. Ihnen sei diese Arbeit in herzlicher Dankbarkeit gewidmet.

Niemand, der über Jahre hinweg – und sei es auch ›nur‹ geistig und psychisch – mit den Abgründen menschlichen Denkens und Handelns konfrontiert ist, geht unverändert aus diesem Prozeß hervor. Die lange und intensive Auseinandersetzung mit der hier behandelten Thematik haben mein Denken und mein Leben in ungeahnter Weise beeinflußt. Viele Dinge, die mir vor Jahren noch als fester und unverbrüchlicher Bestandteil meines Glaubens und Denkens, als gesicherte Grundwahrheiten und unumstößlicher Teil meiner Weltanschauung galten, sind im Laufe meiner Arbeit nachhaltig erschüttert worden. Während der zurückliegenden Jahre meiner Arbeit sind mir zwei Kinder geboren worden. Nichts hat mir eine größere Ahnung von dem Verlust und dem Schmerz vermittelt, der jüdischen Männern und Frauen, Kindern und Greisen – und weiß Gott, nicht nur ihnen – zugefügt wurde, als das unverdiente Glück und die tiefe Freude, die unbändige Lebenskraft und das blühende Wachstum meiner Kinder in gesicherten und unbedrohten Verhältnissen beobachten und fördern zu dürfen – etwas, das millionenfach anderen, vor allem aber den über eine Million jüdischen Säuglingen und Kindern, deren Leben auf dem ›Planet Auschwitz‹ ein Ende gesetzt wurde, auf grausamste Weise verwehrt worden ist. Daß in Anbetracht dieses unauslotbaren Verbrechens die Schöpfung in scheinbar ungebrochenem Lebensrhythmus weiter Tag und Nacht hervorbringt, dem Winter immer wieder ein Frühling folgt, und der Mensch offensichtlich unbeeindruckt und ungehindert fortfährt, Furcht und Schrecken über die Erde zu verbreiten, wird mir für immer ein Rätsel bleiben, wird mir für immer als Wunder erscheinen, von dem ich heute nicht mehr sicher zu sagen weiß, ob es der Gleichgültigkeit oder der Gnade Gottes entspringt.

Driedorf/Siegen, im Februar 1995   Christoph Münz

Vorwort

Auschwitz läßt sich erklären, aber nicht verstehen. Nimmt man alles zusammen, was da auf den verschiedenen Ebenen gewirkt hat, so bleibt gewiß vieles offen, und die Interpretationen der Historiker gehen auseinander. Aber aufs Ganze gesehen ist der Abstand zwischen dem, was zu erklären, und dem, was zur Erklärung vorzubringen ist, vermutlich nicht größer als bei unendlich vielen anderen Ereignissen der Weltgeschichte.

Trotzdem versteht man es nicht. Denn es ist wider jeden Sinn. Wir weigern uns, und mit gutem Grund, was wir erklären könnten, derart nachzuvollziehen, daß es verständlich würde. Ja mehr noch: Wir sind unfähig dazu. Sonst müßten wir an allem zweifeln, worauf unser Leben beruht. Ganz abgesehen davon, daß wir die Opfer beleidigen würden.

So viel an Handlungen, Unterlassungen, falschen Hoffnungen, an zum Teil schwierigsten Entscheidungen, an Wegsehen und Schäbigkeit vielleicht, wenn auch zumeist mit Widerwillen, verstehbar sein mag, das Ganze des Geschehens übersteigt das Fassungsvermögen unserer Vernunft.

So weitgehend die ganze große, überall hin ausgreifende Vernichtungsmaschinerie bis in ihre Verästelungen hinein grundsätzlich zu rekonstruieren ist, daß dieses Unwerk menschenmöglich gewesen sein soll, ist bei aller Bereitwilligkeit, mit dem Schlimmsten zu rechnen, nicht zu begreifen. Wer meint, er könne Auschwitz verstehen, leugnet seine Einzigartigkeit. Er muß in sich sehr vieles abgetötet haben. Schon das Bemühen um Erklärung führt einen ja immer wieder an den Rand der eigenen Kraft.

»Auch besteht der Vorgang ›Auschwitz‹«, wie Dolf Sternberger bemerkt hat, »nicht allein aus der Untat, der methodischen Menschenvertilgung, sondern zugleich aus dem millionenfachen unhörbaren Schrei der unschuldigen Opfer, und auch daran ist nichts zu ›verstehen‹, da dieser Schrei ja gar nicht hat laut werden können ... Wer die Ausführung dieses Planes als solche verstehen wollte, der müßte darüber den Verstand verlieren. Und wer den Verstand zu verlieren nicht imstande ist, der hat dieses Phänomen ›Auschwitz‹ noch gar nicht eigentlich wahrgenommen.« (»Ich weiß, das ist ein Paradox, aber anders läßt es sich nicht ausdrücken.«)

Wir stehen vor der Aufgabe, die Vergeblichkeit unseres Bemühens um Verstehen – zu verstehen. Es geht um eine ganze Dimension unserer Vorstellungskraft. An dieser Stelle treffen sich die Agnostiker und die Theologen, die sich vor der Frage nach Gott in Auschwitz finden.

Denn Auschwitz hat, soweit Menschen noch an Gott glauben, zugleich eine theologische Dimension. Wo war Gott, als das Deutsche Reich es unternahm, ein ganzes Volk, soweit immer es seiner habhaft werden konnte, einschließlich der Alten und der Säuglinge zu vernichten, ja zuvor noch: es aus der Menschheit auszusondern? Ein Drittel des jüdischen Volkes, das ganze europäische Judentum und vor allem die osteuropäischen, die »jüdischsten aller Juden« (Fackenheim). Dies ist das Thema vornehmlich der jüdischen Geschichtstheologie.

* * *

Warum es bis heute gedauert hat, bis in Deutschland eine Arbeit erscheint, die die jüdische Geschichtstheologie nach Auschwitz behandelt (und ausführlich darüber orientiert), weiß ich nicht. Wohl ist 1982 einmal eine Sammlung wichtiger Texte herausgekommen, aber sie hat nicht viel Beachtung gefunden und war lange vergriffen, bevor sie jüngst wieder aufgelegt wurde.

Auch mag man sich fragen, warum es ausgerechnet ein Doktorand im Fach Geschichte war, der sich dieser wichtigen Aufgabe als erster unterzog. Nicht, daß die Geschichtstheologie den Historikern gleichgültig sein könnte, ganz im Gegenteil. Doch hätte es eigentlich näher gelegen, daß sich Theologen der Sache angenommen hätten. Indes haben die es ja zumeist selbst noch vor sich, die ganze Konsequenz aus jenem Geschehen zu ziehen.

Die Frage, was mit Gott war, als Auschwitz geschah, sollte sich jedenfalls christlichen Theologen nicht weniger aufdrängen als jüdischen; und nicht nur angelsächsischen, sondern gerade auch und in erster Linie deutschen.

Die ganze Welt ist seitdem verwandelt – und die Vorstellung von Gott, der Glaube an ihn, sollte nicht aufs Folgenreichste herausgefordert sein?

* * *

Indes sind die Juden dieser Herausforderung auf besondere Weise ausgesetzt. Ihr Gott, der »Gott der Väter«, ist nicht zuletzt dadurch bestimmt, daß er sich ihnen durch sein Eingreifen in die Geschichte offenbart hat. Zumindest in den frühen Jahrhunderten, von denen das Alte Testament berichtet; an den großen Wendepunkten ihrer Geschichte sowie bei einigen anderen Gelegenheiten. Seitdem ist für die Juden zwischen Glauben und Geschichte eine enge Verbindung geknüpft. Seitdem stellt sich für sie die Frage nach Gottes Wirken in der Geschichte.

Sich zu erinnern ist für die Juden, wie für kein anderes Volk, religiöse Pflicht. Bis auf eines haben alle ihre Feste ein historisches Ereignis zum Inhalt – und wird Geschichte, die Geschichte Gottes mit seinem Volk, auch in den familiären Feiern immer neu wiederholt. Kraft Bewahrung ihrer Religion haben sie in der Zerstreuung ohne politische Einheit nahezu zwei Jahrtausende lang überlebt. Das gibt eine Form kollektiven Gedächtnisses, die ohne Parallele ist.

Stets blieb der Glaube der Juden an den Sinn der Geschichte lebendig, galt ihr Forschen, Zweifeln und Denken den Absichten Gottes, und zwar sehr konkret. Denn es handelte sich um das Verständnis ihres unmittelbaren Ergehens.

Weil sie nämlich Geschichte nur im großen Ganzen, als Weg von der Begründung des Bundes mit Gott zur messianischen Verheißung, nicht aber in kleineren, bloß einige Jahrhunderte umfassenden Abläufen als Prozeß erfuhren, konnten sie den Sinn der Geschichte nicht in langfristiger Veränderung auf Erden suchen, vielmehr nur im Verständnis dessen, was sie jeweils erlebten.

Was sie als Geschichte erfuhren, war also nicht ein Prozeß ständigen Wandels, sondern weit eher eine Vielfalt von Widerfahrnissen, zumeist von Leid und Verfolgung, innerhalb einer im ganzen als gleichbleibend angesehenen Welt. In ihr bildeten sie mit ihren Vätern in ganz außerordentlichem Maße über Jahrhunderte und Jahrtausende hinweg ein Ganzes, fühlten sie sich ihren Vätern besonders nahe; wurde ihnen das Überleben als Volk auf schwierige, aber unerhört mächtige Weise zum Gebot.

Innerhalb der so erfahrenen Geschichte waren die Grundfiguren stets mehr oder weniger gleich. Im Ritus erinnerte man die alte Geschichte nicht nur, sondern identifizierte sich auch weitgehend mit ihr. In einem Klagelied kann es etwa heißen: »Ein Feuer brennt in mir, wenn ich gedenke – als ich aus Ägypten zog«. Der Vergangenheit wird also nicht einfach gedacht, sondern sie wird geradezu wiederhergestellt, in denen, die gedenken, sie wird mit der Gegenwart in eins gesetzt. Gegenwärtige Ereignisse erscheinen als Wiederholung von früheren, denn »es ist alles eins«.

Dieses Bewußtsein nicht nur der Zusammengehörigkeit, sondern der Identität über die Jahrtausende – und über die Zerstreuung – hinweg, muß wesentlich dazu beigetragen haben, daß das Überleben von Auschwitz von so vielen als Schuld empfunden wurde. Wie wenn die andern, die Gemordeten, an ihrer Statt gestorben wären.

Denn die machtvolle und millionenfach exekutierte Behauptung, das jüdische Volk hätte gar keine Existenzberechtigung auf dieser Erde, hätte dies allein wohl kaum bewirkt, so groß der zusammenführende Druck war, der von ihr ausging. Schon die bloße Tatsache, daß man als Jude geboren war, genügte, um den Tod zugedacht und möglichst auch zugeteilt zu bekommen. Nicht einmal mehr die Alternative der Taufe. Keine Wahl, die es offengelassen hätte, Märtyrer zu sein. Allenfalls die Bewahrung einer letzten Würde auf dem Gang in den Tod; im Sterben wie die andern und mit den andern. Dieses ganze Volk wurde zum Opfer, weil seine Väter an ihrem Glauben festgehalten hatten. Alle waren gemeint, alle wurden getroffen. Von allen also wurde ein Stück zerstört.

* * *

Aus sehr vielen Gründen also muß die Geschichtserinnerung der Deutschen und der Juden, wenn man sie einmal vereinfachend so trennen darf, müssen die Fragen, die diese Erinnerung heraufführt, unsagbar weit auseinanderklaffen. Nicht nur, weil die einen das Volk der Täter, die andern das der Opfer sind, nicht nur, weil die einen unvergleichlich mehr zum Verdrängen neigen als die andern. Sondern auch, weil das kollektive Gedächtnis, das Bedürfnis nach Sinn in der Geschichte, die Kraft des Fragens (und Zweifelns), weil der Zusammenhalt und – weil die Vorstellung von Gott, der Glaube an ihn, die Ansprüche an ihn so verschieden sind.

* * *

Die Bedeutung des Buches von Christoph Münz liegt zunächst darin, daß es Zugang zu einem großen, bedeutenden Stück theologischer Arbeit eröffnet, einem Ringen mit Gott, wie es so leicht nicht seinesgleichen findet. Diese Theologen, so will es uns zunächst erscheinen, standen auf verlorenem Posten. Aber dann findet man eine solche Kraft des Denkens und des Glaubens in ihnen, daß die Gewichte sich zu ihren Gunsten verschieben.

Indem Christoph Münz aber die Geschichtstheologie in weitere Zusammenhänge stellt, vermittelt er zugleich Einblick in wichtige Teile jüdischen Denkens überhaupt, zumal für die Gegenwart.

Man sollte sich aber vor allem auch ein Drittes, wozu die Lektüre dieses Buches Anlaß gibt, nicht entgehen lassen: daß man nämlich, indem man der Arbeit dieser Theologen begegnet, von dort zurückfragt nach uns selber, nach unserer eigenen Geschichtserinnerung.

Gewiß, die Theologie bietet nur einen Ausschnitt aus der jüdischen Arbeit an der Erinnerung an Auschwitz. In Erzählungen und Romanen, aber auch überall sonst im Reden, im Nachdenken, im Unbewußten, in der einfachen Schwermut und Trauer und in mannigfachen andern Formen vollzieht sich vieles andere. Und wieder anderes beschäftigt den Historiker, in dem Teil seiner Arbeit jedenfalls, der über das normalerweise ihm Abverlangte hinausgeht. Doch scheint mir, daß der Blick auf die theologische Arbeit besonders gut geeignet ist, um die ganze Schwere der Problematik zu verdeutlichen.

Sie geht auch uns an. Denn wir sollten nicht nur über uns, über die Frage, wie wir uns selbst zu diesem so dunklen Teil unserer Geschichte stellen sollen, nachdenken. Wir sollten uns vielmehr auch mit den Problemen, die andere damit haben, vertraut machen.

Es wäre verfehlt, von einer Gemeinsamkeit des Rückblicks von Deutschen und Juden auf Auschwitz zu sprechen. Aber eine gegenseitige Beziehung, ja man muß wohl sagen: Verquickung in diesem Rückblick ist zweifellos gegeben. Wir haben auch als Rückblickende sehr viel miteinander zu tun. Und entsprechend viel müssen wir voneinander wissen.

Geschichtserinnerung – und noch dazu an Ereignisse von solcher geradezu mythischen Qualität – ist, so schwer man sie fassen kann, eine durchaus objektive Realität. Wir sollten uns nicht einbilden, weil wir so weitgehend die Flucht aus der Geschichte angetreten haben, hätten andere das auch getan; könnten andere, und gerade Juden, das auch tun. Nein, wenn wir heute so etwas wie »interkulturelle Kompetenz« brauchen, die Fähigkeit also, verschiedene Kulturen und Völker zu verstehen (weil nur so mehr als ein Nebeneinanderherleben möglich ist), so brauchen wir sie gerade auch in Hinsicht auf die Geschichtserinnerung.

Die Moderne ist vorbei, überall rechnet man wieder stärker mit den Beständen. Überall treffen wir vielerlei Rückbeziehungen auf die Vergangenheit, auf verschiedene, sehr verschiedene Vergangenheiten. Da sollten gerade wir uns mit der unseren nicht ungebührlich, nicht verantwortungslos leicht tun.

Im Unterschied zu Münz bin ich der Ansicht, daß die Deutschen seit 1945 relativ viel und relativ offen an ihrer NS-Vergangenheit gearbeitet haben. Relativ – das heißt gegen die ungeheuren Schwierigkeiten gehalten, die damit verbunden waren und sind. Die Widerstände, Fehlschläge, Gemeinheiten, die vielen Gewissenlosigkeiten, Fahrlässigkeiten, die Ritualisierungen des Gedenkens, die Unzulänglichkeiten braucht man deswegen nicht zu leugnen oder irgendwie wegzudisputieren. Fraglos war, was die Deutschen in dieser Hinsicht leisteten, der Größe dieser unsagbaren Verbrechen nicht angemessen. Allein – was könnte ihr denn überhaupt angemessen sein?

Wenn man jetzt hierzulande versucht, wieder einen breiteren Zugang zur eigenen Geschichte zu eröffnen, so sollte man nicht meinen, das ginge am besten, nachdem man endlich einen Schlußstrich unter diese Vergangenheit gezogen hätte. Wie wenn alles, was zwischen 1945 und diesem Schlußstrich geschehen ist, bloß provisorisch gewesen wäre. Jener Zugang ist vielmehr, wenn überhaupt, so nur auf der Basis der in dieser Zeit erarbeiteten relativ schonungslosen Offenheit und Ehrlichkeit gegenüber unserer jüngeren Geschichte möglich, für deren schlimmstes Kapitel der Name Auschwitz steht.

* * *

Wie immer man über das einzelne urteilen mag: Es ist jedenfalls ein großes Verdienst, das sich Christoph Münz erworben hat. Er hat sich einer nicht nur intellektuell ungemein schwierigen Aufgabe unterzogen. Wir sind ihm Dank schuldig.

Christian Meier

Eingang

»Nie werde ich diese Nacht vergessen, die erste Nacht im Lager, die aus meinem Leben eine siebenmal verriegelte lange Nacht gemacht hat. Nie werde ich diesen Rauch vergessen. Nie werde ich die kleinen Gesichter der Kinder vergessen, deren Körper vor meinen Augen als Spiralen zum blauen Himmel aufstiegen. Nie werde ich die Flammen vergessen, die meinen Glauben für immer verzehrten. Nie werde ich das nächtliche Schweigen vergessen, das mich in alle Ewigkeit um die Lust am Leben gebracht hat. Nie werde ich die Augenblicke vergessen, die meinen Gott und meine Seele mordeten, und meine Träume, die das Antlitz der Wüste annahmen. Nie werde ich das vergessen, und wenn ich dazu verurteilt wäre, so lange wie Gott zu leben«.
(Elie Wiesel 1960)

»..., nun ja, ob ich will oder nicht will, ich kann nicht anders; wenn ich schreibe, erinnere ich mich, muß ich mich erinnern, auch wenn ich nicht weiß, warum ich mich erinnern muß, es hängt offensichtlich mit dem Wissen zusammen, Erinnerung ist Wissen, wir leben, um uns an dieses unser Wissen zu erinnern, weil wir nicht vergessen können, was wir wissen, nur keine Angst, Kinder, nicht aus irgendeiner ›moralischen Verpflichtung‹, nein, ich bitte euch, es steht uns einfach nicht frei, wir können nicht vergessen, wir sind so geschaffen, wir leben um zu wissen und um uns zu erinnern, und vielleicht, oder gar wahrscheinlich, mehr noch: fast gewiß wissen wir und erinnern wir uns aus dem Grund, damit irgend jemand – wer er auch immer sei – sich wegen uns schäme, wenn er uns schon erschaffen hat, ja, wir erinnern uns für ihn, den es entweder gibt oder nicht gibt, das ist aber doch einerlei, denn ob es ihn gibt oder nicht: es läuft letztendlich auf dasselbe hinaus, das Wesentliche ist, daß wir uns erinnern, daß wir wissen und uns erinnern, damit sich jemand – irgend jemand – wegen uns und (vielleicht) für uns schämt«.
(Imre Kertész 1992)

I. Einleitung

»Aber um das Schicksal eines Volkes zu verstehen, muß man zuerst wissen, wie das Volk selber sein Schicksal, sein Verhältnis zu Gott und der Geschichte verstanden hat«.
(Yitzhak F. Baer 1936)

Der Historiker, der sich mit der Geschichte des Judentums beschäftigen will, wird – gleich welche Epoche auch immer das Feld seiner Arbeit bildet – in einem Maße mit dem Zusammenwirken von Geschichte und Religion konfrontiert, wie dies über einen Zeitraum von nun einigen Jahrtausenden in solcher Beständigkeit und Intensität wohl für kein anderes Volk der Erde zutrifft.

»Es gibt keinen Zweifel«, schreibt einer der bedeutendsten jüdischen Historiker dieses Jahrhunderts, Salo W. Baron, »daß unter den verschiedenen sozialen Faktoren, Bevölkerung, Wirtschaft, Gesellschaft, säkulare Kultur und Religion die letztere den hervorragendsten Platz nicht zuletzt im Bewußtsein der Juden während der letzten dreieinhalb Jahrtausende ihrer Existenz eingenommen hat. In der Geschichte keines anderen Volkes ist der Einfluß der Religion so stark, beständig und umfassend gewesen, wie in der Geschichte der Juden, ganz besonders in nach-biblischen Zeiten« (Baron 1939, S.35). Die Religionsgeschichte schreibt daher dem alten Israel gar die »Erfindung der Religion« zu: »Zwar gibt es Religionen natürlicher und unausweichlicherweise überall auf der Welt; aber sie sind dort ein Aspekt der Kultur, mit der zusammen sie entstehen und untergehen. In Israel aber wird Religion in einem ganz neuen, emphatischen Sinne geschaffen, der sie von der allgemeineren Kultur unabhängig macht und ihr Überdauern über alle kulturellen Wandlungen, Überfremdungen und Assimilationen hinweg ermöglicht. Religion wird zur ›ehernen Mauer‹, mit der sich das ihr anhängende Volk gegen die umgebende, als fremd diagnostizierte Kultur abgrenzt« (Assmann 1992, S.196).

Mit nicht weniger Berechtigung ist von dem ›Volk der Religion‹ zugleich auch als von dem ›Volk der Geschichte‹ zu sprechen. Und dies nicht allein wegen seiner einzigartigen Beständigkeit in der Geschichte; nicht allein wegen seiner bisweilen rätselhaften Überlebenskraft, die in Anbetracht der kaum zählbaren Katastrophen und Verfolgungen, denen es in seiner vieltausendjährigen Geschichte ausgesetzt war, dem Gesetz des Werdens und Vergehens der Kulturen Hohn zu sprechen scheint. Darüberhinaus hat »gerade das Judentum ... ins Weltleben der Menschheit das Prinzip des ›Geschichtlichen‹ hineingetragen« (Berdjajew 1925, S.128) und wird von der Religionsgeschichte zu Recht als quasi ›Erfinder der Geschichte‹ gehandelt[1]. So zeichnet sich denn auch der Gott der Hebräischen Bibel vorrangig dadurch aus, daß er ein in die Geschichte hinein handelnder und sich offenbarender Gott ist und damit sowohl das geschichtliche Ereignis in seiner Singularität als auch den Prozeß der Geschichte in seiner Gesamtheit als bedeutungs- und sinnrelevant würdigt.

Dergestalt steht das Judentum auf zwei Beinen, dem geschichtlichen und dem religiösen; und die Bewegung des einen zieht unweigerlich die Bewegung des anderen nach sich, ist im Grunde eine Bewegung, zu dessen innerem Motor etwas wird, das schon je für Religion allein und Geschichte allein bedeutsam, in ihrer

---

1. Vgl.: Eliade 1986, bes. S.116-125.

beider Zusammenfließen nun aber zentral wird: *Erinnern und Gedenken – jüdisches Gedächtnis.* »Es gibt einen langsamen schweigenden Strom«, schreibt der jüdische Religionsphilosoph Abraham J. Heschel, »nicht den Strom des Vergessens, sondern den Strom der Erinnerung; wir müssen ständig davon trinken, ehe wir in den Bereich des Glaubens eintreten. Glauben bedeutet: sich erinnern. Der Kern unseres ganzen Seins ist, sich zu erinnern; unsere Art zu leben besteht darin, alles im Gedächtnis zu halten, was Erinnerung weckt, Erinnerung zu artikulieren« (A.J.Heschel 1988, S.37).

Hält man sich diese Zusammenhänge vor Augen, nimmt es nicht Wunder, daß ein historisches Ereignis, wie es mit dem Namen Auschwitz stellvertretend bezeichnet ist, auf unerdenklich brachiale Weise die Axt an die Wurzeln des gleichermaßen geschichtlichen wie religiösen Selbstverständnisses des Judentums legte. Kann ein Jude nach Auschwitz noch sinnvoll vom Gott der Geschichte sprechen? Wo war Gott in Auschwitz? Wo seine Gnade, sein Erbarmen, seine Liebe zu seinem auserwählten Volk, dem Volk der Juden? Was heißt Sinn der jüdischen Geschichte, Sinn jüdischer Religiosität im Fackelschein der Flammen von Treblinka, Sobibor, Majdanek, Auschwitz und wie sie noch alle heißen, diese Un-Orte, an denen das Un-Mögliche möglich, das Un-Denkbare getan, das Un-Glaubliche wirklich wurde, das Un-Vorstellbare seinen es noch übertreffenden Meister fand. Spottet das bestialische Verhalten deutscher Männer und Frauen, braver Familienväter und -mütter, allemal christlich getauft und erzogen (?!), spottet dies nicht jedem Glauben an eine göttlichen Vorsehung in der Geschichte? Straft diese Orgie aus Gas und Blut, die nicht einmal vor über einer Million Kindern und Säuglingen halt machte[2], straft dies nicht allen jüdischen Glauben an einen in der Geschichte gegenwärtigen Gott Lügen? Oder entpuppt sich dieser biblische Gott der Liebe als menschenfressendes Monster in brauner Uniform?

Und wie kann bei alledem ein solches Ereignis, das zutreffend als Zivilisationsbruch qualifiziert wurde[3], in einer Kultur erinnert werden, für die Erinnerung so elementar ist wie die Luft zum Atmen? Wie muß ein Gedächtnis beschaffen sein, um nicht nur den Schmerz und den Verlust, die Schrecken und die Trauer, die dieses Ereignis in maßlosem Maße verursachten, zu verkraften, sondern darüberhinaus der offenkundigen Sinnlosigkeit zu entfliehen, die sich wie eine stählerne Fessel gleichermaßen um das Vergessen wie um das Erinnern zu legen und

---

2. Das unsägliche Schicksal der Kinder und Kleinstkinder in den Konzentrations- und Vernichtungslagern gehört zu den traurigsten Kapiteln nicht nur des Holocaust, sondern der Menschheitsgeschichte überhaupt. Hierzu siehe: Deutschkron 1965; Porter 1983; D. Adler 1989; Benz/Benz 1992; Hardtmann 1992; A. Meyer 1992; Maxwell 1993.
3. Vgl.: Diner 1987a u. 1987b; ausführlich zu diesem Begriff und seiner Bedeutung siehe Kap. II-2.

alle Regungen des Gedächtnisses zu unterbinden droht? Erinnerung und Erzählung galten von jeher als Kategorien der Rettung von bedrohter Identität gerade im Judentum. Wie aber vermag es Identität zu stiften, wenn man sich dessen erinnert und jenes erzählt, was jüdische Identität bis ins Mark erschüttert oder gar unmöglich gemacht hat? »Nicht das Vergessen-Wollen oder Bewahren-Müssen«, bemerkt Günther Bernd Ginzel, »sind die wahren Probleme. Es ist die Frage nach dem Warum, der wir auszuweichen suchen ... Die völlige Sinnlosigkeit von Auschwitz, das ist unser Problem« (Ginzel 1986, S.11).

Dieses Ringen mit der ›völligen Sinnlosigkeit von Auschwitz‹, das Nachdenken über eine mögliche Antwort auf all diese bedrängenden Fragen, die Diskussion dieser originär jüdischen Problematik einer Deutung des Holocaust nahm seinen Ausgang und findet zentralen Niederschlag in den Werken der sogenannten ›Holocaust-Theologen‹[4]. Zu nennen sind dabei hauptsächlich: *Ignaz Maybaum, Richard Lowell Rubenstein, Emil Ludwig Fackenheim* und *Eliezer Berkovits* – die vier Klassiker unter den Holocaust-Deutern – und in ihrer Folge vor allem dann *Arthur Allen Cohen, Irving Greenberg* und – mit Einschränkung – *Mark Ellis*.

Sie alle versuchen sich der Wucht dieser Fragen, der schier unausweichlichen Sinnlosigkeit dieses Ereignisses, das jeden Glauben und jedes Denken in einen tiefen schwarzen Abgrund tödlicher Stille zu ziehen droht, zu stellen. Alle diese Autoren reflektieren auf zum Teil äußerst intensive Weise das Verhältnis von Geschichte und Religiosität im Judentum und wie es vom Holocaust betroffen ist. Alle versuchen sie ein Geschichtsverständnis zu entwerfen, innerhalb dessen sie nach den Möglichkeiten einer Integration der Erfahrungen des Holocaust im Rahmen jüdischer Traditionen fragen. Alle versuchen sie in ihrer Reflexion von Geschichte *und* Religion eine demzufolge *geschichts-theologische* Interpretation des Holocaust zu leisten. Eine Interpretation, die wesentlich Zeugnis davon ablegt, wie eine jüdische ›Verarbeitung‹ und Deutung des Holocaust, wie eine Form jüdischer Geschichtserinnerung nach dem Holocaust möglich ist, die den Fortbestand jüdischer Identität als auch zugleich eine Integration der Erfahrungen dieser Katastrophe im Rahmen des jüdischen Gedächtnisses zu gewährleisten vermag.

Dabei ist dies für sie ein Kampf ähnlich dem Kampf Jakobs mit dem Engel Gottes[5]: Eigentlich aussichtslos ihn zu gewinnen – und ihn doch gewinnen müs-

---

4. Die Begriffe ›Holocaust-Theologie‹ oder ›Holocaust-Theologe‹ sind umstritten und sicher nicht glücklich. ›Holocaust-Theologe‹ wird als Selbstbezeichnung von den nachfolgend genannten Autoren in der Regel strikt abgelehnt, ebenso wie der Begriff ›Holocaust-Theologie‹. Dennoch haben sich diese Bezeichnungen als jeweiliger terminus technicus in der englischsprachigen Literatur durchgesetzt. Wohl auch, weil kein adäquat alternativer Begriff zur Verfügung steht. Ich benutze die Begriffe in dieser Arbeit im Wechsel mit den ebenfalls nicht sehr glücklichen Bezeichnungen ›Holocaust-Deuter‹, ›Holocaust-Interpreten‹ o.ä.; vgl. auch: Ehrlich/Thoma 1979.
5. Vgl.: Gen. 32, 23-33.

sen, um zu überleben. Und gleich Jakob, der mit einem Schaden an seiner Hüfte aus seinem Kampf herauskam, kommen auch alle diese Holocaust-Deuter mit tiefen Narben aus ihrem Kampf zurück. Nur, daß sie nicht allein mit dem Engel Gottes kämpfen – dies auch –, aber hauptsächlich ist ihr Kampf ein Kampf mit dem ›Engel der Geschichte‹, wie es Walter Benjamin einmal formulierte[6].

Ihren Kampf ein wenig nachzuvollziehen, ihre Antworten, die sie versuchen zu formulieren, darzustellen und die Traditionen jüdischen Denkens, an die sie in ihren Interpretationen des Holocaust anknüpfen oder aber mit denen sie brechen, aufzuzeigen, ist ein zentrales Anliegen dieser Arbeit.

Dabei hoffen wir Aufschluß zu erhalten darüber, ob, wie und auf welche Weise der Holocaust das jahrtausendelange enge Verhältnis von Glaube und Geschichte berührt, gar zerstört, oder aber auf grundsätzliche Weise verändert hat. Wirkte der Holocaust als Säkularisationskatalysator ungeahnten Ausmaßes, sprengte Auschwitz, diese für Juden dort leibhaftig gewordene »Riesenskulptur aus faulendem Fleisch, aus gärendem Blut« (Chargaff 1988, S.34), sprengte der Holocaust den engen Konnexus von Glaube und Geschichte im jüdischen Denken endgültig? Und wenn ja, welches säkularisierte Verständnis von Geschichte, von jüdischer Identität tritt an dessen Stelle? Und wenn nein, wie ist eine Deutung des Holocaust möglich, die am traditionellen Zusammenhang von Geschichte und Religiosität festhält, die also den Bedürfnissen eines Gottesglaubens und dem Bewahren traditioneller jüdischer Identität gleichermaßen gerecht wird, wie auch dem Bedürfnis nach einer überzeugenden historischen Analyse dieses Ereignisses? Welche Art von Geschichtsbild säkularisierter oder religiös geprägter Art entwickelte sich im Judentum an der Verarbeitung und Deutung von Auschwitz mit dem Ziel, dem durch den Holocaust widerfahrenen Leid in und an der Geschichte einen ›Sinn‹, eine ›Rechtfertigung‹, eine Deutung zu geben, die einen wie auch immer modifizierten Fortbestand traditionell jüdisch-geschichtstheologischen Denkens im Rahmen des jüdischen Gedächtnisses zu gewährleisten vermag?

In nahezu klassischer Weise finden wir die zentrale Fragestellung, die uns hier beschäftigen soll, in einer bemerkenswerten Arbeit des Münchner Historikers Christian Meier formuliert: »Wer von uns kann sich schon darüber klar sein«, fragt er, »was es bedeutet, einem Volk oder einer Religions-, jedenfalls einer Schicksalsgemeinschaft zu entstammen, über welche ein anderes die totale ›Ausmerzung‹ beschloß und an ihren Mitgliedern, soweit es ihrer habhaft wurde, mehr als fünf Millionen Menschen[7], auch vollstreckte? Jedem von ihnen der Tod oder das Gar-nicht-erst-Geboren-werden verhängt, weil ihrer aller Leben ›lebensunwert‹ sein sollte! ... Wie leben die Nachfahren der Opfer mit dieser Erinnerung? Wie können sie sich dieses unfaßliche Geschehen erklären? Wie können sie einen Sinn

---

6. Vgl.: Benjamin 1976.
7. Zur Zahl der ermordeten Juden siehe die umfangreichen und zuverlässigen Studien in: Benz 1991.

darin finden – oder wie halten sie es, wenn das nicht geht, in der Sinnlosigkeit aus? ... Und ich will zugleich mit allem Nachdruck auf die Fragen aufmerksam zu machen suchen, die sich für die Juden aufwerfen... Ich halte es allerdings für eine ungemein wichtige Aufgabe, daß dies zu Händen der Deutschen geschieht. Denn wir sind darauf angewiesen, die Probleme jüdischer Geschichtserinnerung zu verstehen« (Meier 1987, S.12)[8].

Untersucht man aber die Probleme jüdischer Geschichtserinnerung nach und an Auschwitz, wird einem bald deutlich, wie sehr Auschwitz »nicht einfach ein Stück Geschichte [ist], das in absehbarer Zeit in den Bereich des Vergangenen abgehen könnte... Es hat vielmehr *mythische Qualität*. Wie die Sintflut, wie der Auszug aus Ägypten, wie Christi Tod – oder wie auch (in anderem Maßstab) die Französische Revolution, wie für unserer Eltern und auf kurze Zeit Verdun, wie auf hoffentlich lange Zeit Hiroshima. Und es überragt all diese anderen Monumentalereignisse von mythischer Qualität um einiges« (Meier 1990, S.379, Hervorhebung i.O.). Die ›mythische Qualität‹ von Auschwitz wird uns in dieser Arbeit in der Tat auf Schritt und Tritt begegnen.

Die von Christian Meier hier aus einsichtigen Gründen insbesondere den Deutschen zugewiesene Aufgabe, ›die Probleme jüdischer Geschichtserinnerung‹ nach dem Holocaust dem Verstehen zugänglich zu machen und seine mythische Qualität wahrzunehmen, erscheint mir umso dringlicher, wenn man die bemerkenswerte – um nicht zu sagen: skandalöse – Tatsache bedenkt, daß die intensive, eine Unmenge an Material produzierende, nunmehr fast 30 Jahre währende, durch die Werke der jüdischen ›Holocaust-Theologen‹ initiierte, innerjüdische Debatte um die Deutung des Holocaust und dessen Relevanz für ein jüdisches Geschichtsverständnis im gesamten deutschsprachigen Raum bisher weder eine nennenswerte Resonanz fand noch auch nur in Ansätzen rezipiert worden ist. So ist auch keines der umfangreichen und profunden Werke der ›Klassiker‹ der jüdischen Holocaust-Deutung, die wir in dieser Arbeit vorzustellen beabsichtigen, bisher in deutscher Sprache erschienen, von den zahllosen Diskussionsbeiträgen in aberdutzenden von Zeitschriften, Anthologien, auf Konferenzen und Symposien ganz zu schweigen[9].

Am Beginn dieser Arbeit, die von der Hoffnung getragen ist, diesem Mißstand der Nichtbeachtung ein Ende zu setzen, soll die historiographische Problematik und Einordnung der geschichtstheologischen Konzeptionen im Judentum nach

8. Zur Frage der *deutschen* »Geschichtserinnerung« nach und an Auschwitz hat Meier sich an mehreren Stellen in ebenfalls sehr bemerkenswerter Weise geäußert; vgl. vor allem: Meier 1987; 1989; 1990; siehe auch den Beitrag Meiers in: Historikerstreit 1987.
9. Einzige rühmliche Ausnahme ist eine lange vergriffen gewesene und 1993 wieder aufgelegte Textsammlung, die ins Deutsche übersetzte Auszüge aus den Werken der wichtigsten Holocaust-Deuter und einige kleinere Aufsätze versammelt: Brocke/Jochum 1982.

Auschwitz stehen (Kapitel II). Ausgehend von einigen Anmerkungen zur Holocaust-Forschung in der Geschichtswissenschaft, insbesondere in Deutschland, wird nach den spezifisch jüdischen Bedingungen und Kennzeichen einer Historiographie des Holocaust zu fragen sein. Von hier aus lassen sich dann erste Hinweise zur Relevanz jüdischer Holocaust-Theologie für die Historiographie des Holocaust gewinnen.

Jedes Nachdenken über den Holocaust, sei es geschichtswissenschaftlicher, theologischer oder philosophischer Natur, sieht sich mit einem Phänomen konfrontiert, das selbst in Anbetracht der immensen Fülle an herausragender Forschungstätigkeit wie eine drohende Wolke am Horizont aller Reflexion zum Thema nahezu unverrückbar zu stehen scheint: das Postulat der Unverstehbarkeit des Holocaust (Kapitel II-2). Diese postulierte Unverstehbarkeit des Holocaust – ein nahezu einzigartiges Phänomen innerhalb der Geschichtswissenschaft – wird insbesondere auf der Seite der jüdischen Historiographie fast geschlossen konstatiert und wurde zu einem festen Topos in den Arbeiten jüdischer Historiker und Denker unterschiedlichster Couleur. Die epistemologische und hermeneutische Problematik dieses Postulats – eine Problematik, der sich jede historiographische wie auch jede geschichtsphilosophische oder geschichtstheologische Auseinandersetzung mit dem Holocaust ausgesetzt sieht – wird vornehmlich in ihrer Beziehung zum Problem der Sprache und des Schreibens über den Holocaust zu bedenken sein. Von hier aus ergeben sich dann teilweise überraschende Bezüge zwischen der Unverstehbarkeit des Holocaust und der religiösen Frage an ihn. Die Zusammenhänge zwischen Unverstehbarkeit, Sprache und den religiösen Implikationen des Holocaust legen es schließlich nahe, den Begriff ›Holocaust‹ selbst zu thematisieren, da seine Bedeutung und Genese in exakt diesen Zusammenhängen begründet liegen.

An diesem Punkt der Arbeit angelangt wird bereits deutlich geworden sein, wie sehr in der Auseinandersetzung mit dem Holocaust jüdischerseits Kategorien der Geschichte, Theologie und Philosophie ineinander übergehen. Kapitel III widmet sich daher eingehend den biblischen und rabbinischen Grundlagen jüdischen Geschichtsverständnisses, um den traditionellen Zusammenhang von Geschichte und Religion im Judentum einsehbar zu machen. Damit soll nicht nur der schon oben benutzten Formel vom Judentum als dem ›Volk der Geschichte‹ die notwendige Substanz verliehen werden; zugleich werden wir dadurch einen ersten Eindruck von der *Struktur und Zentralität von Gedächtnis im Judentum –* der zentralen These dieser Arbeit – gewinnen. Denn nur in der Kenntnis dessen, so meine Überzeugung, lassen sich Ausmaß und Schwere der Herausforderung ermessen, die der Holocaust für die gleichermaßen religiös wie geschichtlich bestimmte Identität des Juden darstellt; und nur in Kenntnis dessen läßt sich verstehen, warum der zentrale Diskurs innerhalb des Judentums nach dem Holocaust nicht ein rein philosophischer, historischer oder politischer Diskurs, sondern eben ein geschichtstheologischer geworden ist.

Mit dieser unumgänglichen Voraussetzung im Rücken werden wir uns dann der Geschichte der Wahrnehmung und Entdeckung der religiösen Problematik des Holocaust im innerjüdischen Raum zuwenden (Kapitel IV). Ausgehend von der erstaunlichen und erklärungsbedürftigen Tatsache, daß nicht Israel, sondern die USA zum Geburtsort der jüdischen ›Holocaust-Theologie‹ wurde, zeichnen wir die entscheidenden Stationen und gesellschaftspolitischen Faktoren nach, die ihre Entstehung und Durchsetzung begleitet und motiviert haben.

Im darauffolgenden Kapitel V wird schließlich die jüdische ›Holocaust-Theologie‹ selbst im Mittelpunkt stehen. Zu ihrem besseren Verständnis ist es notwendig, zunächst eine Skizzierung der zwei wichtigsten traditionellen jüdischen Formen der Rechtfertigung und Interpretation des Leidens in und an der Geschichte vorzunehmen (Kapitel V-1). Denn diese beiden Formen – *Kiddusch HaSchem* (Heiligung des Namen Gottes), das jüdische Verständnis von Martyrium und *Mipnej Chata'enu* (Unserer Sünden wegen...), die jüdische Sünde-Strafe-Theologie – finden wir als Erklärungs- und Interpretationsmuster nicht nur bereits in den Ghettos, Konzentrations- und Vernichtungslagern selbst wieder, sondern sie bilden auch in gewisser Weise den Hintergrund, auf dem – oder besser: von dem weg sich die Deutungen nach Auschwitz bewegen.

Im unmittelbaren Anschluß hieran werden die vier, mittlerweile als klassisch einzustufenden, geschichtstheologischen Interpretationen zum Holocaust eingehend vorgestellt werden (Kapitel V-2), wobei das Werk Emil Ludwig Fackenheims ob seiner qualitativen und wirkungsgeschichtlichen Bedeutung einen besonderen Rang einnimmt. Darüberhinaus verdankt unsere Arbeit der Interpretation Fackenheims einige wesentliche Anregungen. Diesem Teil folgen dann drei der bemerkenswertesten, neueren Entwicklungen jüdischer Holocaust-Theologie, die in Auseinandersetzung und im Anschluß an die Klassiker der Holocaust-Theologie entstanden sind (Kapitel V-3).

In diesem Zusammenhang ein notwendiges Wort zur Auswahl der hier vorgestellten Denker und Positionen. Es sind mindestens drei geschichtstheologische Interpretationen des Holocaust zu nennen, die in dieser Arbeit nicht zu Wort kommen werden. Es handelt sich dabei um sehr frühe Arbeiten von Margarete Susman und Schalom Ben-Chorin, sowie um einen in den achtziger Jahren entstandenen Vortrag des Philosophen Hans Jonas[10]. Die – schweren Herzens – getroffene Entscheidung, auf diese Interpretationen hier nur mit Nachdruck verweisen zu können, folgt zum einen dem formalen Zwang der Beschränkung des Materials; zum anderen aber ist sie die Konsequenz der inhaltlich schwerer wiegenden Tatsache, daß die Arbeiten von Susman, Ben-Chorin und Jonas nicht im Kontext des ansonsten sehr geschlossenen Diskurses um eine Deutung des Holocaust innerhalb des vornehmlich angelsächsischen Judentums stehen. Weder die Interpreta-

---

10. Vgl.: Susman ²1948 (EA: 1946); Ben-Chorin 1956 und 1986; Jonas 1987 (EA: 1984) und 1982; hingewiesen sei auch auf: Neher 1981 (EA d. franz. Orig.: 1970).

tionen von Susman, noch die von Ben-Chorin oder Jonas haben in irgendeiner Weise auf den innerjüdischen Diskurs Einfluß genommen; ihre Arbeiten wurden im Rahmen dieses Diskurses weder rezipiert, noch bezieht man sich auf sie und nur äußerst selten wird auf sie verwiesen.

Auch wird in dieser Arbeit das komplizierte und zum Teil schwer zu entschlüsselnde Verhältnis zum und Verständnis vom Holocaust bei einigen der unumstritten bedeutendsten jüdischen Denker des 20. Jahrhunderts nicht zur Sprache kommen. So ist schon vielfach teils mit Erstaunen, teils mit Verwunderung bemerkt worden, daß Martin Buber, Leo Baeck oder Abraham Joshua Heschel gar keine oder nur sehr spärliche Äußerungen zu ihrem Verständnis des Holocaust von sich gegeben haben. Auf den hier darzustellenden geschichtstheologischen Diskurs haben sie zumeist nur mittelbaren Einfluß dergestalt ausgeübt, indem viele der an diesem Diskurs Beteiligten sich in der Tradition einer oder mehrerer dieser Denker sehen[11].

Die kaum mehr zu bewältigende Fülle der Bücher, Zeitschriftenartikel, Konferenz- und Symposiumbände, die im Rahmen des innerjüdischen Diskurses um eine geschichtstheologische Deutung des Holocaust in den letzten dreißig Jahren entstanden sind, ließ auch eine extensive Darstellung dieses Diskurses in seinen einzelnen Entwicklungen nicht zu. Um dennoch einen Eindruck dieser höchst interessanten, in ihren inhaltlichen Strömungen beeindruckend vielfältigen, zuweilen beklemmenden, immer mit erstaunlicher Offenheit und Streitbarkeit des Geistes ausgetragenen Diskussion zu vermitteln, folgt jeder der hier vorgestellten Interpretationen eine kurze Würdigung ihrer Aufnahme und Kritik innerhalb des Gesamtdiskurses. Darüberhinaus werden abschließend (Kapitel V-4) einige Hinweise auf die inhaltlichen Schwerpunkte des Diskurses insgesamt gegeben.

Kapitel VI, Struktur und Zentralität von Gedächtnis im Judentum Teil 2, wird die Fäden von Kapitel III wiederaufnehmen und zunächst, nun in Kenntnis der jüdischen Holocaust-Theologie, eine qualitative Bestimmung des jüdischen Gedächtnisses vornehmen (Kapitel VI-1) und diese in Beziehung zum Phänomen der Holocaust-Theologie setzen (Kapitel VI-2), die wir als ein charakteristisches Produkt des jüdischen Gedächtnisses ansehen können. Dabei werden wir auf eine äußerst elementare Grundopposition im jüdischen Denken stoßen, nämlich der zwischen jüdischer Historiographie und jüdischem Gedächtnis (Kapitel VI-3). Wir werden aufzeigen, daß es sich dabei um einen über den Kreis des Judentums hinausgehenden Grundkonflikt handelt zwischen wissenschaftsorientierter Histo-

---

11. Zu diesem Problem insgesamt siehe für Buber: Buber 1953; Glatzer 1967; Talmage 1975; Tiefel 1976; Glanz 1978; Rubenstein 1979; Peli 1981; Porat 1986; Troster 1986. Zu Baeck: Baeck 1955; Ball-Kaduri 1967; Glatzer 1967; A.H. Friedländer 1980a; Licharz 1983; Neimark 1986; Troster 1986; A.H. Friedländer 1986; Morris 1987. Zu Heschel: A.J.Heschel 1976; Talmage 1975; De Tryon-Montalembert 1977; Mord 1978; Peli 1980; Peli 1983; Troster 1986.

riographie und gedächtniszentrierter Erinnerung in ihren je unterschiedlichen Weisen, Vergangenheit wahrzunehmen, zu bewahren und kulturprägend zu wirken. Das hieraus resultierende je unterschiedliche Geschichtsbewußtsein wird, wie wir sehen werden, vor allem dann greifbar, wenn man die Opposition von Historiographie und Gedächtnis im Kontext von ›Vergangenheitsbewältigung‹ und Geschichtsschreibung in Deutschland betrachtet.

Abschließend wird es im letzten Kapitel (Kapitel VII) unumgänglich sein, einige Überlegungen anzuführen, die der Frage der Nichtbeachtung der innerjüdischen Diskussion um die Bedeutung des Holocaust gerade in Deutschland gelten sollen. Bedenkt man, daß gerade Deutschland eine besondere moralische und sicher auch – was die Aufarbeitung des Nationalsozialismus und seiner Verbrechen angeht – wissenschaftliche Verpflichtung gegenüber dem Judentum in Geschichte und Gegenwart inne hat, ist es umso erstaunlicher und zugleich erklärungsbedürftig, warum die in dieser Arbeit dargestellte jüdische Debatte um die Bedeutung des Holocaust bisher in Deutschland kaum bekannt und nicht zur Kenntnis genommen wurde[12]. Dabei vertreten wir den Standpunkt, daß die Nichtbeachtung des jüdischen Diskurses durch die deutsche Geschichtswissenschaft (Kapitel VII-1) ihre tieferliegende Ursache in der Ignoranz der christlichen Kirchen und Theologie gegenüber dem jüdischen Diskurs hat (Kapitel VII-2). Im Anschluß an den in Kaptitel VI erläuterten Grundkonflikt zwischen Historiographie und Gedächtnis werden wir die These zur Diskussion stellen, daß dieser Grundkonkflikt den Teil einer Grenzlinie zwischen unterschiedlichen Kulturen, der jüdischen auf der einen Seite und der christlichen auf der anderen, markiert. Damit läge die Hauptursache der Nichtbeachtung des jüdischen Diskurses in der tendenziellen Blindheit christlich geprägter Kulturen mit einer für sie typischen historiographieorientierten Form von Geschichtsbewußtsein gegenüber dem Phänomen einer gedächtniszentrierten Form von Geschichtsbewußtsein, wie sie in der jüdischen Kultur vorzufinden ist.

12. Es sei mir an dieser Stelle die persönliche Bemerkung gestattet, daß genau dieser Punkt, die Nichtbeachtung der jüdischen Diskussion um die Bedeutung des Holocaust, Ausgangspunkt meines Erstaunens und Interesses am Thema gewesen ist. Als der sogenannte Historikerstreit in der zweiten Hälfte der 80er Jahre seinen Höhepunkt erreichte und ein Artikel nach dem anderen publiziert wurde, verwunderte es mich zunehmend, daß keiner der ›Historikerstreiter‹, die ja vehement u.a. um die Frage der historischen Einordnung und Bedeutung des Holocaust stritten, daß keiner der an der Debatte Beteiligten – mit Ausnahme des oben zitierten Althistorikers(!) Christian Meier – wenigstens einmal die simple Frage stellte, wie denn die Betroffenen selbst, die Juden, die diskutierten Probleme beurteilen und bewerten. Diese Frage war für mich der Auslöser für die Beschäftigung mit dem ganzen Thema. Vgl. auch: Wolffsohn 1988, dort u.a.: »Daß in keinem der ... inzwischen über den Historikerstreit veröffentlichten Bücher nichtjüdischer Historiker das traditionelle jüdische Geschichtsbild in diesem Zusammenhang erörtert wird...« (Wolffsohn 1988, S.153).

Zu Beginn seines Buches »Zachor: Erinnere Dich! Jüdische Geschichte und jüdisches Gedächtnis«[13], dessen Gedanken in mancherlei Hinsicht für unsere Arbeit von zentraler Bedeutung sind, schreibt der jüdische Historiker Yosef Hayim Yerushalmi: »Die Aufforderung, sich zu erinnern [zachor], ergeht bedingungslos,... Das Verb *zachar* (erinnern) in all seinen Formen kommt in der Bibel nicht weniger als 169 Mal vor. Angesprochen sind meistens entweder Israel oder Gott, denn Erinnerung obliegt beiden. ... Israel wird ermahnt zu gedenken, und zugleich wird dem Volk eingeschärft, nicht zu vergessen. ... Wer verstehen will, wie ein Volk überleben konnte, welches während des größten Teils seiner Existenz über die ganze Welt verstreut war, kann aus der bislang kaum erforschten und erst noch zu schreibenden Geschichte des Gedächtnisses dieses Volkes vermutlich Wichtiges lernen« (Yerushalmi 1988, S.17). Unsere Arbeit möchte einen kleinen Beitrag zu dieser Geschichte des Gedächtnisses des jüdischen Volkes leisten; und dies in besonderer Hinsicht auf die wohl größte Bedrohung und Herausforderung, mit der das jüdische Gedächtnis als Garant jüdischer Identität in seiner nunmehr fast viertausendjährigen Existenz je konfrontiert wurde: dem Holocaust.

Zwei Hinweise technischer Natur. Sämtliche in dieser Arbeit zitierten, im Original englischsprachigen Äußerungen sind von mir ins Deutsche übersetzt worden. Die Formulierung des Titels dieser Arbeit – ›*Der Welt ein Gedächtnis geben*‹ – verdanke ich einem Abschnitt des Buches ›Strafsache 40/61‹ des niederländischen Schriftstellers Harry Mulisch über den Eichmann-Prozeß. Mulisch charakterisiert an einer Stelle die Anklageschrift des Generalstaatsanwaltes Gideon Hausner mit den Worten: »... seine Absicht ist: Verkünden, der Welt ein Gedächtnis geben«. Jenseits der Frage, ob eine solche Absicht juristischem Geist und Brauch gerecht wird, ist mir kein treffenderes Wort vorstellbar, um die in meiner Arbeit dargelegten Zusammenhänge zu überschreiben.

Zum Schluß dieser Einleitung sei mir noch eine persönliche Bemerkung gestattet, verbunden mit einigen Hinweisen auf die methodischen Leitkriterien, von denen diese Arbeit geprägt sein soll.

Die langjährige Arbeit an diesem Thema stand von Beginn an unter dem Zeichen einer besonderen Verantwortung in vierfacher Hinsicht, von der ich hoffe, ihr annähernd gerecht geworden zu sein.

Erstens ist der Autor dieser Arbeit Deutscher und damit zugleich ein Angehöriger desjenigen Volkes, das Ursachen und Folgen der hier zur Sprache kommenden Verbrechen zu verantworten hat. Jenseits der Frage nach der persönlichen Schuld bedeutet dies, in einer historisch begründeten und gerade auch für die

---

13. Vgl.: Yerushalmi 1988.

Nachgeborenen moralisch verpflichtenden Verantwortung zu stehen, der sich der Autor dieser Zeilen weder entziehen wollte noch konnte[14].

Indem, zweitens, der Autor sich diesem Thema als Nicht-Jude zuwendet, dringt er als Außenstehender in einen der denkbar intimsten zwischenmenschlichen Bereiche ein, nämlich dem der Trauerarbeit; denn als solche ist der hier vorzustellende innerjüdische Diskurs durchaus auch zu begreifen.

Drittens steht der Autor als Christ, mit einer fast zweitausendjährigen antijudaistischen und antisemitischen Tradition im Rücken, in der besonderen Verantwortung, das Andere und ihm Fremde nicht unreflektiert durch die geschwärzte Brille des Eigenen zu betrachten und zu verzerren.

Und schließlich behandelt er viertens als Wissenschaftler und Historiker ein Thema, das seiner Natur nach sicher nicht weniger, aber in vielerlei Hinsicht mehr als nur eine im üblichen Sinne historische und wissenschaftliche Behandlung verlangt.

Aus alledem sollen wenigstens zwei Konsequenzen gezogen werden, die den Geist und Charakter dieser Arbeit prägen sollen. »Es ist nicht zulässig und nicht möglich«, mahnt der letzte große Lehrer des Judentums, der auf deutschem Boden gelehrt und gewirkt hat, Leo Baeck, »auf das Judentum Kategorien anzuwenden, die von ganz anders gefügten Gebilden hergenommen sind; so manches Mißverständnis, die Ergebnislosigkeit mancher gedanklicher Auseinandersetzung geht darauf zurück. Nur von dem Besonderen des Judentums aus darf gesagt werden, was in ihm Theologie bedeuten soll und worin sie ihre Beziehung zur Geschichte haben kann« (Baeck 1938/88, S.241). Für diese Arbeit bedeutet das, vorrangig und nahezu ausschließlich Juden selbst zu Wort kommen zu lassen und das von ihnen formulierte Selbstverständnis ohne belehrende Einmischung von außen ins Zentrum zu stellen[15]. Die Vorrangstellung und besondere Achtung gegenüber den jüdischen Stimmen soll nicht zuletzt auch dazu dienen, einem anderen Kriterium,

14. »Erst wenn man sich als Deutscher dieser Geschichte [des Nationalsozialismus] ganz aussetzt und sich jede Fluchtmöglichkeit versagt, weiß man, was sie bedeutet. Denn die Verbrechen der NS-Zeit zu verurteilen, zu beklagen und zu analysieren – das alles ist nötig, aber es ist nicht genug. Man muß zuallererst an ihnen leiden, und das tut man besonders, wenn man sie als eigene Geschichte weiß, wenn man sich nicht gegen den Schmerz abschirmt, der aus der Vorstellung erwächst, daß es das eigene Land war, das derart Unvorstellbares beging« (Meier 1990, S.377). Zur Frage nach einer generationenübergreifenden historischen Schuld und Verantwortung siehe beispielhaft: Leist 1990, und die dazugehörige Antwort von: Löw-Beer 1990.
15. Aus diesem Grunde werden etwa die zahlreichen Werke und Stellungnahmen von nicht-jüdischen Autoren, die in den USA und England vor allem im Rahmen des christlich-jüdischen Dialogs in nicht unerheblichem Maße an dem innerjüdischen Diskurs um die Deutung des Holocaust partizipieren, bis auf ganz wenige Ausnahmen in dieser Arbeit keine Rolle spielen; siehe hierzu auch die entsprechenden Hinweise in Kap. VII-2.

auf das Edna Brocke hinweist, gerecht zu werden. »Ein Nichtjude, der über Juden und Judentum – also über Glieder in Am Jissra'el[16] (einst und heute) – sprechen oder schreiben möchte«, betont sie im Blick auf den Doppelcharakter des Judentums als Volk und Religionsgemeinschaft, »muß dies sowohl theologisch als zugleich auch soziologisch, sowohl im Kopf als auch gleichzeitig im Herzen bearbeiten« (Brocke 1987, S.317). Um diese, im Rahmen eines wissenschaftlichen Werkes nicht einfache Gratwanderung bemüht sich diese Arbeit.

Ein zweites Leitkriterium dieser Arbeit versucht einer der wesentlichsten Einsichten, die wir im Lauf der Auseinandersetzung mit diesem Thema gewonnen haben, gerecht zu werden. Es ist vielfach festgestellt worden, daß wir es im Zusammenhang der Auseinandersetzung mit dem Holocaust mit einer auffallenden Diskrepanz zu tun haben. Diese Diskrepanz besteht wesentlich darin, daß einerseits diesem Ereignis die Bedeutung eines ›Riß durch die Schöpfung‹, eines ›Wendepunkts der Geschichte‹, eines ›Kontinuitäts-‹ oder ›Zivilisationsbruches‹ zuerkannt wird, andererseits aber eine diesen Qualifizierungen völlig zuwiderlaufende Vernachlässigung der Konsequenzen einer solchen Bewertung sowohl auf der akademischen wie auf der gesellschaftspolitischen Ebene festzustellen ist[17]. Denn der mit diesen Bewertungen zum Ausdruck gebrachte »globale Zerfall der Gewißheiten, die das historische und soziale Beziehungsgefüge bestimmten«, bemerkt die katholische Theologin Regina Ammicht-Quinn zutreffend, »scheint uns als Zeitgenossen, als Christen, als Wissenschaftler aber nicht bewußt zu sein; wir leben und arbeiten, als hätten wir festen, altbekannten und erschlossenen Boden unter den Füßen. Dieser ganze Prozeß, der durch Auschwitz einen Namen bekommen hat, mit seiner Grausamkeit und Präzision, seiner Geschichte des christlichen Antisemitismus und seiner funktionierenden Bürokratie, droht uns heute zu entgleiten« (Ammicht-Quinn 1992a, S.5f.). Ausdrücklich schließen wir uns ihr an, wenn sie einen Hauptgrund hierfür darin sieht, »daß die Kluft zwischen dem, was Menschen herstellen können und dem, was sie sich vorstellen können, kaum mehr zu überbrücken ist. *Wir vermeiden es, uns zu unseren Begriffen Bilder zu machen.* Diese Art mangelnder Emphatie und Phantasie aber ist die Todsünde des Theologen und der Theologin, die Theodizee betreibt« (Ammicht-Quinn 1992a, S.6, Hervorhebung von mir).

Es liegt in der Natur wissenschaftlicher Denk- und Arbeitsweise, daß sie in ihren Begrifflichkeiten zu Abstraktionen neigen, die mangels ihrer Konkretheit und Plastizität sich in ihrer Wirkung wie ein Puffer zwischen den Wissenschaftler und die Wirklichkeit, der er sich zuwendet, schieben. Dieser Vorgang scheint mir in seinen Konsequenzen wenn irgendwo, dann in der Auseinandersetzung mit

---

16. hebr., Volk Israel; Volk Israel in einem die geopolitischen Grenzen des Staates Israel übergreifenden, die Gesamtheit der Juden einschließenden Sinne.
17. Zu den genannten Qualifizierungen des Holocaust und ihrem Kontext siehe ausführlich Kap. II-2.

dem Holocaust fragwürdig und fatal zu sein. Um der Gefahr zu begegnen, in einem unzumutbaren Maße in bild- und phantasielose und eben deshalb die Wirklichkeit verfehlende Begrifflichkeiten abzugleiten, haben wir uns bemüht, den notwendigerweise rationalen, analytischen und abstrakten Ton und Stil einer wissenschaftlichen Arbeit immer wieder zu durchbrechen, indem wir die Begriffe mit Bildern zu füllen, das Abstrakte konkret anschaulich zu machen versuchen[18]. Dieser Absicht dienen vor allem die den einzelnen Kapiteln vorangestellen Zitate und noch viel mehr die in zahlreichen Anmerkungen zu findenden Beispiele und Illustrationen. Denn – so unsere Überzeugung – mangelnde Emphatie und Phantasie ist auch eine der Todsünden des Historikers; des Historikers vor allem, der sich den Holocaust, jenes in der Geschichte der Menschheit einzigartige Verbrechen der Ermordung der europäischen Juden, zum Thema genommen hat.

»Die Abstraktion«, schreibt Judith Miller, »ist des Gedächtnisses innigster Feind. Sie wirkt abtötend, weil sie zur Distanz und nicht selten zur Gleichgültigkeit ermutigt. Wir selbst müssen uns immer wieder mahnend erinnern, daß der Holocaust nicht ›sechs Millionen‹ bedeutet. Er war Einer, und Einer, und Einer, und.... Nur wenn wir verstehen, daß die Zivilisiertheit eines Volkes in der Verteidigung des Einen, und Einen, und Einen, und... liegt, kann dem Holocaust, unbegreiflich wie er ist, eine Bedeutung gegeben werden«.[19]

---

18. Vgl.: S. Friedländer 1992, bes. S.146ff.; dort heißt es u.a.: »... besteht das Problem für die Historiker der Shoah vor allem darin, bei der Auseinandersetzung mit den Echos einer traumatischen Vergangenheit immer wieder einen Ausgleich zwischen den den ›Reizschutz‹ durchbrechenden Emotionen und einer im Dienste eben dieses Reizschutzes stehenden ›Dickfälligkeit‹ herzustellen. Die geistige Auseinandersetzung mit der Shoah hat in der Tat eine abstumpfende und distanzierende Wirkung, die unvermeidlich und notwendig ist; ebenso notwendig sind aber auch heftige emotionale Reaktionen, die meist unerwartet eintreten« (S.Friedländer 1992, S.146).
19. Judith Miller in: Humanistic Judaism, 1991, S.90; vgl. auch: Miller 1990.

II. Historiographische Problematik und Einordnung des Themas

»Etwas in unserer Jugend fordert ein Verständnis von dem ein, was passiert ist. Wir [Historiker] haben dieses Interesse nicht erweckt. Im Ganzen haben wir wenig dazu getan, daß es so gekommen ist. Die Geschichte selbst erweckte dieses Interesse – diese Suche nach moralischer Gewißheit, diese Frage nach einer Definition des Bösen, diese Besessenheit nach letztgültigen Wahrheiten über das Verhalten der Menschen untereinander. Das ist es, was sie wissen wollen«.
(Raul Hilberg 1991)

1. Anmerkungen zur Holocaust-Forschung in der Geschichtswissenschaft

»..., was wäre, wenn die Geschichte andersherum verlaufen wäre; wenn also die Juden ausgezogen wären, um die deutsche Frage ein für allemal zu lösen, wenn die Juden sechs Millionen Deutsche umgebracht hätten. Würden in einem solchen Falle die Opfer den Tätern die Hand zur Versöhnung reichen? Würde man es den Juden erlauben, mit der Zahlung von ein paar Milliarden Wiedergutmachung den Fall für abgeschlossen zu erklären? Und käme jemand zwischen Pasing und Petach Tikwa auf die Idee, die Juden von der Kollektivschuld an dem Massenmord freizusprechen, wo sie doch seit fast 2000 Jahren für einen einzigen Mord, den sie noch nicht mal begangen haben, kollektiv verantwortlich gemacht werden?«
(Henryk Broder 1992)

»Uns alle bedroht ja die konsequente Verdrängung einer Vergangenheit, die wir noch schmerzhaft vor uns haben«.
(Wolf Biermann 1991)

Es ist ein durchaus bemerkenswertes Phänomen, wie wenig Fachhistoriker sich der Thematik des Holocaust – verglichen mit anderen bedeutenden Ereignissen oder Epochen der Weltgeschichte – zugewandt haben. Der Holocaust als Problem der historischen Forschung, so die jüdische Historikerin Lucy Dawidowicz, nehme insgesamt einen verhältnismäßig kleinen Raum in den historischen Arbeiten unserer Zeit ein. Ereignisse wie etwa die Russische Revolution, der Aufstieg Rotchinas oder die Entwicklung der Dritten Welt habe an Bedeutung und Umfang der historischen Forschung weit mehr Aufmerksamkeit bei den Historikern gefunden als die Massenvernichtung der Juden. Den Hauptgrund hierfür sieht Dawidowicz »im Hang des Historikers zum Einsichtigen, zum Rationalen« (Dawidowicz 1979, S.64). Im Mittelpunkt des Interesses der meisten Historiker stehe die Analyse vom Aufstieg und Fall der Nationen, von politischen, wirtschaftlichen und sozialen Prozessen, kurz: das Interesse an einer Geschichte, die primär als »rationales Unterfangen« begreifbar und darstellbar sei.

Der Holocaust hingegen zwinge die Historiker, sich mit etwas auseinanderzusetzen, wozu sie im allgemeinen nicht bereit sind, nämlich »das Irrationale, sei es als Ursache, sei es als Wirkung, in ihre Überlegungen miteinzubeziehen. ... Kann es sein, daß den Historikern die zugrundeliegende fundamentale Irrationalität, mit der sie sich ja dann auseinandersetzen müßten, unbequem ist? Leiden sie etwa an der ›Verwirrung des gesunden Urteilsvermögens eines Rationalisten‹, wie Gershom Scholem ... sich einmal ausdrückte?« (Dawidowicz 1979, S.64).

Ob es nun das Irrationale, Außer- oder Transrationale des Holocaust ist, das die Verstörung und scheue Zurückhaltung nicht nur des Historikers auslöst, sei dahin gestellt. In jedem Falle berührt Dawidowicz einen entscheidenden Punkt, der *einen* Schlüssel zum Verständnis nicht nur der Quantität wie auch Qaulität der Historiographie des Holocaust, sondern auch deren Rezeption im Rahmen der politischen Kultur hier und andernorts liefert. Ich meine etwas, das ich vorläufig mit ›Grenzen des Verstehens‹ umschreiben möchte. Ein Phänomen, dessen Reflexion insbesondere in der außerdeutschen Historiographie jüdischer- wie nichtjüdischerseits einen breiten und beachtlichen Raum einnimmt. Wir werden daher im nächsten Kapitel auf diese dem Thema Holocaust innewohnende historiographische Problematik ausführlich eingehen.

Einer der wenigen und einer der ersten Fachhistoriker, die sich nach 1945 in ihrer Arbeit dem Holocaust zuwandten, war der 1926 in Wien geborene, 1939 über Kuba in die USA emigrierte jüdische Historiker Raul Hilberg, dessen 1961 in Chicago erschienenes, voluminös über tausend Seiten starkes Werk »The Destruction of the European Jews«, Hilbergs Dissertation, bis heute ein in seiner Art unübertroffenes Standartwerk über den Holocaust ist. Die Rezeption und vor allem Veröffentlichungsodysee dieses Buches wirft ein beispielhaftes Licht auf die Bedingungen und Umstände der Historiographie zum Holocaust in den ersten Jahrzehnten nach dem Ende des Zweiten Weltkrieges[1].

Nachdem Hilberg bereits seine Magisterarbeit zu einem Teilaspekt des Holocaust geschrieben hatte[2], ging er 1952 daran, seine Doktorarbeit zu schreiben, in

1. Hilbergs verhältnismäßig ausführliche Äußerungen zur Genese seines Werkes gehören mit zu dem scharfsinnigsten und lehrreichsten, was man über die Historiographie des Holocaust und dessen Rezeption lesen kann. Seine Ausführungen stellen ein Stück faszinierender Wissenschaftsautobiographie dar, die in ihrer Transparenz das Ineinandergreifen von persönlichen Motiven und Interessen mit der wissenschaftlichen und kulturpolitischen Athmosphäre seiner Zeit deutlich werden läßt; vgl. vor allem: Hilberg 1986a; Hilberg/Söllner 1988; Hilberg 1990; Hilberg 1991; Hilberg 1993. Dieses Ineinandergreifen persönlicher, wissenschaftsgeschichtlicher und gesellschaftlicher Faktoren zu verdeutlichen, scheint mir ein sinnvolles Ziel von Historiographiegeschichte zu sein. Nicht die ausschließliche Konzentration auf die Darstellung der Entwicklung von Methodik und Erkenntnisgewinn zu einem bestimmten Thema, sondern eine Reflexion auf die persönliche, gesellschaftliche und kulturpolitische Einbettung dieser Entwicklung macht die Historiographiegeschichte gewinnbringend. Wenn man will, ist jede gute Geschichte der Historiographie wissenssoziologisch orientiert: *Wann* behandelt *wer* auf *welche Weise* und *warum dieses* Thema oder *jenen* Aspekt einer Problematik so, wie er es eben tut.
2. Die Magisterarbeit hatte die Rolle des öffentlichen Dienstes bei der Vernichtung der Juden zum Thema; vgl.: Hilberg 1950. Bereits in dieser Magisterarbeit befand sich ursprünglich ein zusammenfassendes Kapitel über das Verhalten der Juden, insbesondere der Judenräte und deren Verwobensein in den Prozeß ihrer eigenen Vernichtung. Auf Drängen seines Lehrers nahm Hilberg dieses Kapitel aus seiner Magisterarbeit heraus. Sein Lehrer war Franz L. Neumann, dessen 1942 in New York erschienenes Buch »Behemot. The Structure and Practice of National Socia-

der er den Gesamtprozeß der Vernichtung der Juden als einen vornehmlich bürokratischen Prozeß beschreiben und analysieren wollte[3]. Als er mit einer ausführlichen Gliederung zu seinem Doktor-Vater, Franz L. Neumann, ging, sagte dieser zu Hilberg: »›Das ist Ihr Begräbnis‹. Was er damit meinte, war, daß meine Berufsaussichten, meine Karriere mit dieser Art von Dissertation gleich Null sein würden« (Hilberg in: Hilberg/Söllner 1988, S.179).

In der Tat war der Holocaust in den 50iger und bis weit in die 60iger Jahre hinein auf akademischer und öffentlicher Ebene in den USA wie auch in Europa »tabu, um es milde zu sagen, niemand war wirklich interessiert daran« (Hilberg in: Hilberg/Söllner 1988, S.176). Und dementsprechend wollte Hilbergs Arbeit über die Vernichtung der Juden zunächst auch niemand drucken. Columbia University Press, die eigentlich verpflichtet gewesen wäre, das Manuskript anzunehmen, lehnte es ab, weil es zu ›polemisch‹ sei. Princeton University Press teilte Hilberg auf einer Postkarte(!) mit, das Thema sei ›erschöpft‹. Oklahoma Press antwortete nach sechzehn Monaten, sie würden nichts veröffentlichen, was mit ›Religion‹ zu tun habe; Hilberg solle erst alle Teile, die über »Luther, Rabbiner und Priester« (zit.n. Hilberg 1986a, S.9) handelten, streichen. Schließlich nahm es der kleine Verlag Quadrangle an und veröffentlichte es im Jahr des Eichmann-Prozesses 1961. Nur zögerlich, aber immerhin stetig, wurde es in Fachkreisen vor allem im Zusammenhang der von Hannah Arendts Buch über den Eichmann-Prozeß[4] ausgelösten Debatte um den Stellenwert und die Beurteilung der Judenräte und des jüdischen Widerstands während des Holocaust rezipiert[5], bevor es

    lism« (dt. »Behemot. Struktur und Praxis des Nationalsozialismus 1933-1944«, Frankfurt 1984) einen prägenden Eindruck auf Hilberg machte. Als Neumann jenes zusammenfassende Kapitel in Hilbergs Magisterarbeit las, sagte Neumann zu Hilberg: »Das kann man nicht ertragen, das müssen Sie herausnehmen.« Hilberg erinnert sich: »Er gab keinen wissenschaftlichen Grund an, er sagte nicht ›Es ist falsch‹, sondern nur ›Das kann man nicht ertragen!‹« (Hilberg, in: Hilberg/Söllner 1988, S.178).

3. Anstoß und Inspiration, die Bürokratie als Schlüsselfaktor für den Vernichtungsprozeß der Juden zu begreifen, empfing Hilberg durch eine Vorlesung des ebenfalls emigrierten Wissenschaftlers Hans Rosenberg über die Geschichte der Bürokratie in Deutschland, Frankreich und England; vgl.: Hilberg/Söllner 1988, S.175f u. Hilberg 1986a, S.7f.
4. Vgl.: Arendt 1963
5. Zur unmittelbaren Reaktion und Wirkung von Hilbergs Buch siehe exemplarisch die von 1959-1962 in Jewish Currents veröffentlichten Beiträge des »Symposiums über Jüdischen Widerstand« von Hersh Smoliar, Raul Hilberg, Morris Schappes und Yuri Suhl, wiederabgedruckt in: Gottlieb 1990, S.315-326. In diesen Beiträgen, die sich – mit Ausnahme des Aufsatzes von Smoliar – alle direkt auf Hilbergs Buch beziehen, werden im Kern bereits all die Themen streithaft andiskutiert, die durch Hilbergs Arbeit bekannt wurden und im Laufe der 60iger Jahre die Forschung zum Holocaust wesentlich beeinflußt haben. Zur weiteren Debatte über Umfang und Stellenwert der Judenräte und des Jüdischen Widerstands und über die Thesen von Hanna Arendt siehe Kap. IV-2 und die dort angegebene Literatur.

schließlich mit dem insgesamt nahezu explodierenden Interesse am Holocaust in den USA in den 70iger und 80iger Jahren eine größere Beachtung und Verbreitung fand[6].

Noch bezeichnender und beschämend zugleich ist die Rezeption – genauer: die Nicht-Rezeption – von Hilbergs Buch in Deutschland und damit in einer »Kultur, die die Bewältigung der Vergangenheit doch für sich beanspruchen mußte, wenn sie die Wende zur Demokratie glaubwürdig machen wollte« (Söllner in: Söllner/Hilberg 1988, S.184). 1964 wurden die Rechte an Hilbergs Buch an den Münchner Verlag Droemer-Knaur verkauft, der eine geringfügige Anzahlung machte und mit der Übersetzung des Buches ins Deutsche begann. Nachdem etwa ein Drittel des Buches übersetzt war, stellte der Verlag unter Bruch der Vertragsbedingungen die Arbeit ein. »Sie hatten entdeckt, was in dem Buch stand. Die Überlegung, daß die Juden keinen Widerstand leisteten. Dies war zumindest der Grund, den sie angaben. Sie sagten, es würde Antisemitismus in Deutschland erzeugen und sie seien gegen Antisemitismus« (Hilberg 1986a, S.11)[7]. Es dauerte schließlich bis 1982, 21 Jahre nach seiner Veröffentlichung in den USA, als das Buch von dem kleinen Berliner Verlag Olle und Wolter in deutscher Übersetzung herausgegeben wurde[8], wenngleich es dadurch immer noch nicht – weder in Fachkreisen noch in der Öffentlichkeit – die ihm gebührende Beachtung und Rezeption erfuhr. »In Deutschland ist das Buch nahezu tot. Es ist kaum in den Buchläden zu finden. Die Verkaufszahlen sind äußerst bescheiden und wirklich zugänglich ist es nur in den Büchereien« (Hilberg 1986a, S.11). Erst die 1990 erschienene dreibändige Taschenbuchausgabe im S. Fischer Verlag bescherte dem Werk eine längst überfällige, breitere Öffentlichkeit in Deutschland.

Die schwierigen Etappen der Rezeption und Veröffentlichung von Hilbergs Buch sind symptomatisch für den Verlauf der Forschung zum Holocaust und des ihn begleitenden (Des-) Interesses in der Öffentlichkeit: von einer ersten Phase, beginnend mit dem Ende des Zweiten Weltkrieges bis etwa Mitte der 60er Jahre, in der der Holocaust als Thema sowohl auf akademischer wie auch gesellschaftlicher Ebene nahezu inexistent war, über eine zweite Phase, beginnend Mitte der 60er bis Mitte der 70er Jahre, in der eine – in den USA verstärkte, in Deutschland sehr zögerliche – Zunahme des wissenschaftlichen wie öffentlichen Interesses am Holocaust zu verzeichnen war, bis hin zu einer dritten Phase, beginnend ab

---

6. Vgl. hierzu Kapitel IV-2 dieser Arbeit.
7. An anderer Stelle kommentiert Hilberg: »Ich selber hegte meine Zweifel an solchen Begründungen: Sollte man tatsächlich erst jetzt gemerkt haben, was in dem Buch stand, nachdem man bereits 300 Seiten übersetzt hatte?« (Hilberg in: Hilberg/Söllner 1988, S.186).
8. Die Vernichtung der europäischen Juden, Berlin 1982. Die Veröffentlichung ging auf das persönliche Engagement eines der Verlagsinhaber, Ulf Wolter, zurück; vgl.: Hilberg 1986a, S.11.

Ende der 70er Jahre, in der vornehmlich in den USA, England und Israel, der Holocaust zu einem die Wissenschaft als auch die Öffentlichkeit dominierenden Thema wurde[9].

Es soll nicht Aufgabe dieses Kapitels sein, die Entfaltung der historischen Forschung zum Holocaust in ihrer erkenntnisgewinnenden und methodischen Entwicklung und Problematik eingehend nachzuzeichnen. Dies ist mittlerweile in einer Reihe von instruktiven Veröffentlichungen nachzulesen[10]. Vielmehr möchte ich die Aufmerksamkeit auf einige der mit Blick auf unsere Gesamtthematik der jüdisch-geschichtstheologischen Deutung des Holocaust relevanten Aspekte und Probleme im Rahmen der Historiographie des Holocaust lenken. Zunächst soll in einigen kurzen Strichen die im Vergleich mit den USA und Israel reichlich verspätet einsetzende, äußerst zäh und dürftig verlaufende Holocaust-Forschung in Deutschland skizziert und im Hinblick auf ihre Wirkung innerhalb der Zunft und über diese hinaus in die Öffentlichkeit kritisch beleuchtet werden. Gerade der Vergleich der Forschungssituation zum Holocaust in Deutschland mit der in den USA und Israel wirft u.a. die Frage nach einer spezifischen und signifikant jüdischen Historiographie des Holocaust auf, eine Frage, der wir in einem zweiten Schritt nachgehen wollen. Hieran anknüpfend sollen dann in einem dritten Schritt einige Überlegungen zur Relevanz der jüdischen Holocaust-Theologie für die Historiographie dargelegt werden.

1.1 In einer fernen Zeit, in einem fernen Land oder: Der Holocaust fand nicht in Deutschland statt

»An den Holocaust zu erinnern«, schrieb kürzlich Raul Hilberg, »ist ein revolutionärer Akt gewesen« (Hilberg 1991, S.3). Diese von Hilberg vor allem im Blick auf die Situation während der 50er und 60er Jahre in den USA und Israel gemachte Äußerung läßt sich in dreifacher Weise aufschlüsseln. Zum ersten war es aus vielerlei und höchst unterschiedlichen Gründen weder in den USA noch in Israel und erst recht nicht in der Bundesrepublik Deutschland eine Selbstverständlichkeit, an den Holocaust zu erinnern, sich ihm historisch forschend zuzuwenden. So wie das Ereignis selbst, die Planung und Durchführung des Holocaust, die Verletzung moralischer und ethischer Standards, die man gemeinhin für anthropologisch tiefverwurzelt oder für unaufgebbare Errungenschaften des Zivilisati-

---

9. Eine genau begründete Phaseneinteilung der Genese und Wahrnehmung der vielfältigen Problematik des Holocaust in den USA und Israel findet man in Kap. IV dieser Arbeit.
10. Vgl.: Korman 1971; Bauer 1977; Kulka 1985; Kwiet 1987a; Marrus 1987; Scheffler 1987; Browning 1988; Gutman/Greif 1988; Hilberg 1988; Kershaw 1988; Marrus 1988a; Mommsen 1988; Bauer 1989; Thomas 1991.

onsprozesses hielt, zur Voraussetzung hatte, eine Verletzung, die gewissermaßen einer ins Metaphysische reichenden Tabuverletzung gleichkam, ebenso war (und ist) auch jede Auseinandersetzung, jede Berührung im nachhinein mit diesem Ereignis verbunden mit der Notwendigkeit des Aufbrechens neuer Tabuisierungen, die wie ein rasch angelegter Schmutzverband um jene offene Wunde des »Zivilisationsbruchs«[11] gelegt wurde. Ähnlich Lots Weib, die zurückblickend auf die Zerstörung Sodoms und Gomorras zur Salzsäule erstarrte, schien jeder Blick zurück auf den Holocaust eine lähmende Wirkung zu haben, die allein Schweigen oder Verdrängung zur Folge hatte. Es ist ein höchst erstaunliches Phänomen, daß – von wenigen Ausnahmen abgesehen – alle auch nur in irgendeiner Weise mit dem Holocaust in Beziehung stehenden Gruppen – Opfer, Täter und Zuschauer – ihre je eigenen psychologischen Hemmnisse besaßen, die ein Schweigen und Verdrängen des Holocaust mehr nahelegten und oftmals als politisch opportuner erscheinen ließen, denn Aufarbeitung und Konfrontation mit jener jüngsten Vergangenheit[12]. So ist es in der Tat, wie Hilberg formulierte, fast immer ein ›revolutionärer Akt‹ gewesen, an den Holocaust zu erinnern und damit die stillschweigend akzeptierten Tabuisierungen aufzubrechen.

Zweitens aber läßt sich aus Hilbergs Diktum folgern, daß dieser revolutionäre Akt des Erinnerns, zumindest in den USA und Israel, mit Verzögerung zwar, aber dafür seit Anfang der 70er Jahre mit beachtlicher Intensität stattgefunden hat. Nahezu ausnahmslos sind alle bahnbrechenden Standardwerke zur Geschichte des Holocaust in den USA, England und Israel geschrieben und veröffentlicht worden. Und ebenso befinden sich alle bedeutenden Forschungszentren zum Holocaust auf dem Boden der genannten drei Länder[13].

Schließlich muß man im Zusammenhang mit Hilbergs Äußerung feststellen, daß jener revolutionäre Akt des Erinnerns an den Holocaust in Deutschland bis heute überwiegend ausblieb oder dort, wo er vereinzelt versucht wurde, folgenlos blieb. Da dieses Urteil auch und gerade für die Geschichtsschreibung in Deutschland weitgehend Geltung besitzen soll, muß an dieser Stelle mit allem Nachdruck eine entscheidende Differenzierung vorgenommen werden. Mit aller Deutlichkeit soll unterschieden werden zwischen der Geschichtschreibung in Deutschland bezüglich des Nationalsozialismus und einer Geschichtsschreibung den Holocaust betreffend[14]. Der Nationalsozialismus selbst darf wohl als einer der am

---

11. Zu diesem Begriff von Dan Diner siehe weiter unten Abschnitt 2.
12. Vgl. genauer hierzu Kap. IV, Abschnitt 2 u.3.
13. Vgl. die Angaben in Kap. IV-2.
14. Wie notwendig eine solche Differenzierung ist, belegt z.B. der Versuch Broszats, den im Zusammenhang mit der Fernseh-Serie ›Holocaust‹ im Jahre 1979 in der Öffentlichkeit erhobenen Vorwürfen an die Adresse der deutschen Zeitgeschichtsforschung argumentativ derart zu begegnen, indem er, als Beleg für eine intensive Auseinandersetzung der deutschen Geschichtswissenschaft mit dem Holocaust, zuallermeist Ar-

intensivsten bearbeiteten Forschungsgegenstände der Zeitgeschichte gelten[15]. Zweifelsohne hat die deutsche Geschichtswissenschaft auf diesem Gebiet Maßstäbe gesetzt. Was jedoch die Erforschung des Holocaust selbst angeht, läßt sich nicht annähernd Vergleichbares feststellen, wenngleich auch hier im Laufe der Nachkriegsjahrzehnte eine – im internationalen Vergleich – bescheidene Entwicklung zu konstatieren ist[16].

Bis Anfang der 60er Jahre, bemerkt Otto Dov Kulka zutreffend, war die »Geschichtsschreibung in Deutschland gekennzeichnet durch eine fast totale Abstinenz von allem, was mit dem Thema Juden in Verbindung stand« (Kulka 1988, S.12)[17]. Was die jüngste Vergangenheit anging, standen im Mittelpunkt der historischen Forschung bis weit in die Mitte der 60er Jahre das Scheitern der Weimarer Republik und der Aufstieg Hitlers und des Nationalsozialismus sowie die Frage nach Bedeutung und Stellenwert des deutschen Widerstands. Dort, wo das Schicksal der Juden zur Sprache kam, geschah dies meist unter rein additiv dokumentarischen Gesichtspunkten oder firmierte mit marginalem Charakter unter dem Stichwort der ›deutschen Katastrophe‹[18]. Die auf diesem Hintergrund einzig bemerkenswerten Ausnahmen bildeten die Arbeiten des bezeichnenderweise jüdischen Historikers H.G. Adler zur Deportation und Vernichtung der Juden in Theresienstadt[19] und, mit Einschränkung, die Arbeit des Österreichers Eugen Kogon über

        beiten über den Nationalsozialismus aufführt. Zugleich hinderte ihn dies nicht, wenige Seiten später selbst den marginalen Charakter, den der Holocaust in eben diesen Werken einnimmt, zu beklagen; vgl.: Broszat 1979, bes. S.294-297.

15. Einen guten Überblick über die Forschungen zum Nationalsozialismus in der Bundesrepublik geben: Kulka 1985; Kershaw 1988
16. »Es muß zugestanden werden«, gesteht Hans Mommsen ein, »daß sich die westdeutsche Forschung den Problemen der Judenverfolgung nur zögernd zuwandte« (Mommsen 1988, S.83); und Wolfgang Scheffler bemerkte 1979: »Es ist kein Zufall, daß die meisten umfassenden Gesamtdarstellungen zum Thema, ..., in keinem der beiden deutschen Staaten geschrieben wurden« (Scheffler 1979, S.573).
17. Wie sehr sich die deutschen Historiker damit einer leidig langen Tradition treu blieben, betont Kwiet: »Von jeher waren sie [die deutschen Historiker] weder in der Lage noch willens, Themenbereiche der deutsch-jüdischen Geschichte, des Antisemitismus und der Judenverfolgung in den Kanon der erforschungswürdigen Gegenstände zu erheben« (Kwiet 1987, S.237); vgl. auch: Bieber 1972; Schochow 1969; siehe auch Anm. 44 weiter unten.
18. So der Titel – »Die deutsche Katastrophe« – des 1946 erschienenen Buches des Historikers Friedrich Meinecke. Vgl. insgesamt exemplarisch die unter dem Dach des Instituts für Zeitgeschichte in München entstandenen und in den Vierteljahresheften für Zeitgeschichte publizierten Artikel in besagtem Zeitraum. Zu Meinecke, Ritter und anderen Arbeiten deutscher Historiker in der unmittelbaren Nachkriegszeit sowie zur Geschichtswissenschaft in Deutschland nach 1945 insgesamt siehe vor allem: Iggers 1971; Asendorf 1974; Schulin 1989; Schulze 1993.
19. Vgl.: Adler 1958 u. 1960.

den SS-Staat[20]. Ebenso bezeichnend ist, daß jene historiographischen Arbeiten, die sich mit dem die jüdische Frage betreffenden Kernaspekt nationalsozialistischer Ideologie, dem Antisemitismus, beschäftigten, vornehmlich aus der Feder von ehemaligen Emigranten, zumeist Juden, stammten[21]. Kurioserweise – denkt man an den Historikerstreit der 80iger Jahre – war einer der ersten nicht-jüdisch deutschen Historiker, der auf den weitreichenden Stellenwert des Antisemitismus im ideologischen Gebäude Hitlers und des Nationalsozialismus hinwies und damit auch die Aufmerksamkeit verstärkt auf das Schicksal der Juden während der Nazi-Herrschaft lenkte, kein Geringerer als Ernst Nolte in zwei Veröffentlichungen der Jahre 1961 und 1963[22], in denen Nolte die Zentralität und Kontinuität des Antisemitismus im Hitlerschen Denken und die hieraus resultierende Einzigartigkeit der Massenvernichtung der Juden betonte.

Ab Mitte der 60er Jahre geriet in der bundesdeutschen Forschung immer mehr der Antisemitismus als einer der entscheidenden Antriebsmotoren der nationalsozialistischen Ideologie und Praxis in den Blickpunkt. Seinen Niederschlag insbesondere auch in Hinblick auf die Funktion des Antisemitismus im Zusammenhang mit Diskriminierung, Verfolgung und Ermordung der Juden findet dies in den verdienstreichen und zum Teil brillianten Studien etwa von Bracher, Hillgruber und Jäckel[23]. Im Zuge der verstärkten Aufmerksamkeit der Forschung auf den Antisemitismus, sowie in der Folge der sogenannten Fischer-Kontroverse und der an sie anschließenden Debatte um den deutschen Sonderweg[24], und schließlich im Kontext der zunehmend intensiver geführten Faschismus-Totalitarismus Debatte[25] in einem durch die 68iger Bewegung veränderten gesellschaftspolitischen Klima kristallisierte sich Ende der 70er, Anfang der 80iger Jahre immer deutlicher als einer der wesentlichen Diskurse innerhalb der Historiographie der Streit um den monokratischen oder polykratischen Charakter des NS-Staates heraus[26]. Eine Schlüsselstellung innerhalb dieser »ungewöhnlich hitzigen und zuweilen [mit] verbittertem Ton« (Kershaw 1988, S.125) geführten Debatte nahm die Frage ein, ob die sogenannte ›Endlösung der Judenfrage‹ Ergebnis eines planmäßig,

20. Vgl.: Kogon 1988 (EA:1946).
21. Vgl. u.a.: Pinson 1946; Massing 1949; Reichmann 1950; Sterling 1956; Stern 1961; Mosse 1964; Pulzer 1964.
22. Vgl.: Nolte 1961 u. 1963.
23. Vgl. z.B.: Hillgruber 1965; Jäckel 1969; Bracher 1969.
24. Zur sog. Fischer-Kontroverse und der Debatte um einen deutschen Sonderweg siehe: Kershaw 1988, bes. S. 22-24, dort auch die wichtigsten Literaturangaben.
25. Vgl.: Kershaw 1988, S.43-87, dort auch weiterführende Literaturangaben.
26. Vgl.: hierzu vor allem: Kershaw 1988, S.127-208 und die dort angegebene Literatur; Kershaws beeindruckende und historiographisch brilliante Arbeit stellt insgesamt die derzeit wohl hilfreichste und fundierteste Darstellung der historiographischen Kontroversen im Zusammenhang der Erforschung des Nationalsozialismus dar, die gegenwärtig greifbar ist.

intentionalen Handeln Hitlers und seiner Gefolgsleute war, oder aber einem durch Kriegsverlauf und polykratisch-anarchisch bestimmte Führungsstruktur begünstigendem Automatismus entsprang. Damit war scheinbar der Holocaust selbst in den Mittelpunkt des Interesses geraten, zumal die einzige mit Bezug auf den Holocaust nennenswerte international angelegte Konferenz auf deutschem Boden, die 1984 in Stuttgart stattgefundene Tagung zum »Mord an den Juden im Zweiten Weltkrieg«[27] im Kontext dieser Kontroverse um die Entschlußbildung stand. Jedoch trifft diese vermeintlich neue Konzentration auf den Holocaust selbst in nur sehr eingeschränktem Maße zu. Im Kern trug diese über Jahre hin und im Kontext des Historikerstreits etwa bis in die jüngste Zeit reichende Debatte eher zur Erhellung der inneren Struktur und des insgesamt verbrecherischen Charakters des nationalsozialistischen Machtapparates bei[28] und ist mehr als eine »Forschung zur Genealogie des Holocaust« (Kulka 1988, S.20) zu sehen, denn als Hinwendung und Erforschung des Holocaust selbst.

Im Grunde sind es nur einige wenige Arbeiten westdeutscher Historiker gewesen, die sich unmittelbar und primär mit den spezifischen Formen der Judenverfolgung bis hin zum Holocaust befaßten[29]. Trotz der vorbildlichen und verdienstvollen Arbeiten dieser Historiker kann man wohl kaum behaupten, daß ihre Forschungen in einem signifikanten Kontinuum einer irgend gearteten koordinierten Forschungssituation zum Holocaust in Deutschland gestanden oder eine solche Situation erzeugt hätten. Ihre Wirkung in Fachkreisen war – sieht man von berechtigtem Lob und Anerkennung ab – bescheiden, eine nennenswerte Wirkung in die Öffentlichkeit hinein gab es kaum[30]. Die Forschung in Westdeutschland

---

27. Vgl.: Jäckel/Rohwer 1985; siehe dort vor allem auch die in den jeweiligen Diskussionen und hauptsächlich der Schlußdiskussion wiedergegebenen kritischen Stellungnahmen zu Anlage und Stil der Tagung von Seiten der jüdischen Teilnehmer; zu dieser Tagung vgl. auch: Kap. VI-3.2.2 dieser Arbeit. Zur Debatte um Existenz/Inexistenz eines Führerbefehls zur Vernichtung der europäischen Juden siehe: Kershaw 1988; Scheffler 1987.
28. Unter diesem Aspekt sind auch etwa die frühe Arbeit von: Mommsen 1962, und: Broszat 1960 zu bewerten.
29. Die in diesem Zusammenhang erste Arbeit aus der Feder eines deutschen nicht-jüdischen Historikers dürfte die von Scheffler 1961 sein. Es folgen dann die im Umfeld der KZ-Prozesse entstandenen Gutachten von Buchheim/Broszat/Jacobsen/Krausnick 1965. Ein weiterer Meilenstein ist schließlich Adam 1972. Weitere Angaben siehe: Kwiet 1987a, bes. S.238-240.
30. Zum Teil begegnete man diesen Arbeiten ausgesprochen feindselig. So klagt Kwiet zurecht darüber, daß etwa spontane und massive Proteste weitgehend ausblieben, als im Kontext der Gutachtertätigkeit zu den KZ-Prozessen »sich Zeugen und Gutachter – wie z.B. Wolfgang Scheffler – Diffamierungskampagnen ausgesetzt sahen, die von der Verteidigung und neonazistischen Kreisen entfacht wurden« (Kwiet 1980, S.239). Im Übrigen wurden jene Prozesse von der Öffentlichkeit mit anhaltendem Desinter-

zum Holocaust »verblieb in einer Exklave außerhalb der institutionalisierten Historiographie« (Mommsen, zit.n. Zimmermann 1990, S.36)[31].

Erst die der deutschen Geschichtswissenschaft in vielerlei Hinsicht ein desaströses Zeugnis ausstellende, eruptive Wirkung der Ausstrahlung der amerikanischen Serie »Holocaust« von Gerald Green im Jahre 1979 führte zu einer zeitweisen Wende im Interesse von Wissenschaft und Öffentlichkeit gegenüber dem Schicksal der Juden im Dritten Reich[32]. Daß dies eine im Stile Holywoods dargebotene amerikanische Fernsehserie zu erreichen vermochte, hat durchaus eine

esse nahezu ignoriert; vgl. vor allem: Lamm 1961; Rückerl 1971 u. Rückerl 1977; Wassermann 1983; Steinbach 1987, bes. S.293ff. Was die Wirkung der KZ-Prozesse der 60iger Jahre in der bundesdeutschen Öffentlichkeit angeht, so trifft auf sie auch zu, was Erik Reger 1945 mit Blick auf die Wirkung der Nürnberger Prozesse schrieb: »...; mit jedem Dokument, das der Ankläger vorlegt, schwindet ein Fleck mehr von der Seele des Durchschnittsdeutschen, und indem die Galerie von Göring bis Keitel so schwarz wie mit Tinte übergossen scheint, strahlt der Durchschnittsdeutsche so blank wie ein romantischer Vollmond über dem Schlosse von Heidelberg« (Reger, zit.n. Steinbach 1987, S.292). Zur Auseinandersetzung nach 1945 speziell mit Kriegs- und NS-Gewaltverbrechen siehe vor allem: Steinbach 1981 u. 1981a; Benz 1991a.

31. »Mit wenigen Ausnahmen verweigerte sich die Geschichtswissenschaft der Aufgabe, die schwer zu durchschauenden Verbrechenskomplexe aufzuklären, also konkrete Verbrechensabläufe, Verantwortlichkeiten, Zahlenermittlungen vorzunehmen, und es ist kaum auszudenken, was geschehen wäre, wenn nicht die Rechtsprechung eine konkrete, umfassende, ›revisionssichere‹ Ausforschung der Vergangenheit erforderlich gemacht hätte. In weiten Bereichen kann der pauschalen These vom Versagen der Justiz nur die These von der zumindest in diesem Bereich weitgehenden Selbstverweigerung der Geschichtswissenschaft entgegengestellt werden, ...« (Steinbach 1987, S.296f.).

32. Heinz Höhne urteilte im Blick auf die Wirkung der TV-Serie: »Auch Westdeutschlands Historiker, denen die ›Holocaust‹-Ausstrahlung zu einem Schwarzen Freitag geworden ist, haben einigen Grund, über Sinn und Nutzen ihrer Arbeit nachzudenken. Selten ist einer Wissenschaft so drastisch bescheinigt worden, daß sie jahrzehntelang an den Interessen und Bedürfnissen der Öffentlichkeit vorbeigeredet hat« (Höhne 1979, S.23); ähnlich äußerte sich Joachim Fest in der Frankfurter Allgemeinen Zeitung: »Das von Historikern und Publizisten seit Jahren beklagte Desinteresse der Öffentlichkeit an der Vergangenheit entpuppte sich hier als das, was es in Wirklichkeit ist: das Desinteresse von Historikern und Publizisten an der Öffentlichkeit« (Fest, zit. n. Scheffler 1979, S.570). Die Fernsehserie löste eine Flut von Veröffentlichungen zum Holocaust aus, von denen jedoch weit über die Hälfte aus Wiederauflagen älterer Bücher bestand; vgl. Kwiet 1987a, S.239 u. S.296f., Anm.14. Zur Diskussion und Wirkung der Serie »Holocaust« siehe: »Holocaust« 1979; Höhne 1979; Mauz 1979; Umbach 1979; Rohrbach 1979; Seeber 1979; Broszat 1979; Scheffler 1979; Märtesheimer/ Frenzel 1979; Berger/Deile/Goldschmidt/Littel/Lingens/Rohrbach 1980; Ahren/Melchers/Seifert/Wagner 1982; vgl. auch: Kap. IV-2.4 dieser Arbeit.

innere Logik. Es war nicht allein die Trivialisierung, Emotionalisierung und Individualisierung einer ansonsten abstrakt und wissenschaftlich behandelten Thematik, die die Wirkung von ›Holocaust‹ beförderte, sondern vor allem die im Film durchgeführte konsequente Darstellung des Geschehens aus der Perspektive der Opfer war ein für das deutsche Publikum ebenso ungewohnter wie wirkungsvoller Blickwechsel. Wenn viele Historiker und andere Intellektuelle seinerzeit – sachlich sicher zutreffend – beklagten, vieles in der Darstellung des nationalsozialistischen Machtapparates und vor allem der konkreten Täter sei historisch fragwürdig, unzureichend oder fehlerhaft, übersahen sie, daß das zentrale Thema der Autoren und Produzenten dieses Films »das Martyrium des jüdischen Volkes [war] – die Psychologie der Mörder und der deutschen Umwelt kümmern sie kaum« (Höhne 1979, S.23). In trivialer Weise wurde in dem Film etwas getan, was die Geschichtswissenschaft in Deutschland bis dahin kaum oder nur unzureichend tat: Die Geschichte des Holocaust aus einer Teilnahme ermöglichenden Sicht der Opfer zu zeigen[33].

Wenngleich im Laufe der 80iger Jahre unter dem Einfluß verstärkt lokalgeschichtlicher Studien, eines erhöhten Interesses an der deutsch-jüdischen Geschichte insgesamt[34] und nicht zuletzt durch den Historikerstreit vermehrt Forschungsaktivitäten und eine erhöhte Sensibilität gegenüber dem Thema Holocaust zu verzeichnen sind, so muß man insgesamt doch dem Urteil des Historikers Detlev J. K. Peukert zustimmen, daß es bislang »nur einen beschämend geringen Beitrag deutscher Autoren zur internationalen Erforschung des Antisemitismus, des Rassismus und der nationalsozialistischen Massenvernichtungen« (Peukert 1988, S.47) gibt. Vor diesem Hintergrund bezeichnend ist, daß bis 1991 keine einzige wissenschaftliche Institution auf deutschem Boden mit der Erforschung des Holocaust betraut war[35], daß es bis dato keine zentrale Gedenkstätte zur Erinnerung an die

---

33. »Aber es ist nicht [die dem Thema innewohnende] Komplexität, die die Gelehrten der Geschichte und die Journalisten versagen ließen. Eher ist es die relative Unfähigkeit des Historikers und Journalisten nachzuzeichnen, was konkrete historische Subjekte fühlten. ... Die Sprache des Historikers und des Journalisten tendiert dazu, Gefühle zu unterdrücken, was der Film nicht macht. Im Namen eines viel zu verkürzten Verständnisses der Anforderungen von Objektivität haben sowohl die akademische Gelehrtenzunft als auch die professionellen Journalisten einen Stil entwickelt, der systematisch die emotionale Wirklichkeit der Vergangenheit vor uns verbirgt. ... Scharf formuliert, in einem beunruhigendem Maße haben die gegenwärtige Gelehrtenschaft und die Ärzte von Auschwitz, die die Selektionen vornahmen, ein gemeinsames Merkmal, einen Mechanismus der Kälte« (R.C. Baum 1988, S.54).
34. Vgl. die Angaben bei: Kwiet 1980a; Kulka 1988; Mommsen 1988.
35. Seit der Einrichtung einer ›Arbeitsstelle zur Vorbereitung des Frankfurter Lern- und Dokumentationszentrums des Holocaust‹ im Jahre 1991 gibt es intensive Bemühungen zur Gründung eines entsprechenden Instituts, das den Namen Fritz Bauers tragen soll; vgl. Loewy 1991.

Ermordung der Juden in Deutschland gibt[36], daß die verdienstvolle Arbeit in den Gedenkstätten der ehemaligen Konzentrationslager bei weitem nicht die finanzielle und ideelle Unterstützung finden, die sie verdienten[37], und schließlich daß keine einzige Universität über einen Lehrstuhl zum Holocaust verfügt.[38]

So ist es auch wenig verwunderlich, daß die Bilanz über die Darstellung der jüdischen Geschichte im allgemeinen und die des Holocaust im besonderen in deutschen Schulbüchern des Fachs Geschichte entsprechend negativ ausfällt[39]. Und besonders beklagenswert ist in diesem Zusammenhang, daß es in Deutschland nicht einmal ansatzweise eine mit den USA oder Israel vergleichbare Forschung zu der äußerst diffizilen Problematik der didaktisch-methodischen Umsetzung dieser Thematik im Unterricht von Schule und Hochschule gibt[40].

Ebenso charakteristisch und beklagenswert erscheint die äußerst unzureichende Rezeption der quantitativ wie qualitativ weitentwickelten Forschung zum Holocaust in den USA und Israel durch die deutsche Geschichtswissenschaft. Nahezu

36. Zu den Bemühungen, ein solches Denkmal in Berlin zu errichten vgl. Brocke 1992, S.78ff.
37. »Betrachtet man die Situation der Gedenkstätten in der Bundesrepublik Deutschland, so verbindet sie alle eine ungenügende Ausstattung und beschränkte Möglichkeiten. Ich möchte nur ein Beispiel aus meinem Wirkungskreis nennen, das aber andernorts in gleicher Weise gelten dürfte. Betrachtet man, was die Freie und Hansestadt Hamburg an Ausgaben für jeden Besucher aufwendet, so ist dies für jemanden, der das Museum für Vor- und Frühgeschichte oder das Norddeutsche Landesmuseum besucht, ein Mehrfaches von dem, was für einen Besucher aufgewendet wird, der sich im Dokumentenhaus Neuengamme über die Geschichte dieses Konzentrationslagers und den Herrschaftsvollzug des Nationalsozialismus in Norddeutschland informieren will« (Detlef Garbe, in: Internationales Hearing 1991, S.252); vgl. auch: Garbe 1992. Einen guten Überblick über sämtliche Gedenkstätten in Deutschland für die Opfer des Nationalsozialismus findet man bei: Puvogel 1989.
38. Entsprechende Lehrstühle sind an den Universitäten der USA und Israel nahezu selbstverständlich; vgl. Kap. IV-2.
39. Vgl.: Friedlander 1973; Kremers 1976; Schallenberger/Stein 1977; Kremers 1979; Schmid 1979; Schatzker 1981; Renn 1982/83; Jewish History 1985; Braham 1987; Scheffler/Bergmann 1988; für die USA zum Vergleich siehe Kap. IV, Anm. 13.
40. Aus der Fülle der Veröffentlichungen sei hervorgehoben: Roskies 1975; Teaching the Holocaust 1976; N. Lamm 1976; Schatzker 1980; L. Baron 1981; Strom/Parsons 1982; Rosenberg/Bardosh 1982/83; Gutman/Schatzker 1984; M.S. Littel 1985; Feingold 1985; Garber/Berger/Libowitz 1988; Friedlander 1988; Maxwell 1988/89; Shimoni 1991; Schwartz 1990; Newman 1992. 1992 wurde in England gar eine Fachzeitschrift zum Thema gegründet, dessen Name »Holocaust and Education« lautet. Was die methodisch-didaktische Forschung zum Thema Holocaust in Israel betrifft siehe die Angaben in Kap. IV-3. Deutschsprachige Veröffentlichungen mit Ausnahmecharakter: Brumlik o.J.; Kremers 1979; Scheffler/Bergmann 1988; Hopf 1988; Knigge 1992; siehe auch Kap. IV, Anm. 65.

skandalös ist die weitgehende Nichtbeachtung bislang unübersetzter Standardwerke zum Holocaust amerikanischer und israelischer Forscher[41]. Broszat beklagte schon 1979 ebenso zutreffend wie folgenlos,»daß vieles von dem, was zur Geschichte des Holocaust längst geschrieben und dokumentiert worden ist, auch bei der ›Zunft‹ nicht angenommen oder in Vergessenheit geraten ist«. Insbesondere sei die »Fülle der wissenschaftlich erarbeiteten Dokumentationen und methodisch vorbildlichen Untersuchungen zur Vorgeschichte und Geschichte des Holocaust, die von jüdischen historischen Instituten im ersten Jahrzehnt nach dem Zweiten Weltkrieg, in den USA zum Teil schon während der Kriegsjahre, herausgebracht wurde, ... von der später einsetzenden Zeitgeschichtswissenschaft in der Bundesrepublik nie mehr ganz zur Kenntnis genommen und verarbeitet worden« (Broszat 1979, S.289f.).[42]

In Deutschland dürfte bis auf einige wenige Ausnahmen kaum jemand eine angemessene Ahnung von der Bedeutung, dem Umfang und dem Stand der Diskussion zum Thema Holocaust in den USA und Israel besitzen.[43]

Natürlich sollte man dieses für die deutsche Zeitgeschichtsforschung nicht eben rühmliche Ergebnis im Zusammenhang mit der auf gesellschaftlicher und kultureller Ebene gescheiterten und politisch wirklich nie gewollten ›Vergangenheitsbewältigung‹ sehen[44]. Bis auf den heutigen Tag hat es weder gesellschaftspoli-

---

41. Exemplarisch seien Schleunes 1970, Trunk 1972 oder die jüngst erschienene, zutiefst beeindruckende Gesamtschau des Holocaust von Yahil 1990 genannt, die alle bisher nicht ins Deutsche übersetzt wurden. Gleiches trifft auch auf das gesamte Werk eines der bedeutendsten Holocaust-Forscher, des israelischen Historikers Yehuda Bauer, zu. Die Liste ließe sich erheblich erweitern; vgl. die einschlägigen englischsprachigen Titel in der Bibliographie dieser Arbeit.
42. Ähnlich Wolfgang Scheffler: »Unumgänglich ist die Feststellung, daß die Rezeption ausländischer Forschungsergebnisse, vor allem aber die der einschlägigen Literatur zum gesamten Themenbereich in den letzten Jahrzehnten nur mangelhaft erfolgte« (Scheffler 1979, S.575).
43. Dieser Befund gilt – mit Einschränkungen – ebenso für den Bereich der Forschungen zur jüdischen Geschichte und speziell der deutsch-jüdischen Geschichte insgesamt. In einem stellenweise verbitterten, gelegentlich polemischen, in der Sache aber zutreffenden Artikel hat der israelische Historiker Moshe Zimmermann auf die auffallende Nichtbehandlung ›jüdischer Themen‹ in der Nachkriegshistoriographie Deutschlands hingewiesen. Insbesondere beklagt er zurecht die mangelnde Kooperation deutscher und israelischer Forscher auf diesem Gebiet und kritisiert die aufgrund fehlender Sprachkenntnisse deutscher Historiker mangelhafte Rezeption der israelischen Literatur; vgl. Zimmermann 1990. Wie im Gegensatz hierzu intensiv und fundiert in Israel zur deutschen Geschichte geforscht wird ist nachzulesen bei: Zimmermann 1987 u. 1989.
44. In Rücksicht hierauf relativiert sich selbstverständlich die Kritik an der mangelnden historiographischen Behandlung des Holocaust durch die Historiker in Deutschland. Angesichts der auf Vergangenheitsverdrängung eingestellten deutschen Gesellschaft

tisch noch kulturell ein anhaltendes Klima und Interesse gegeben, das eine fruchtbare und wirkungsvolle Forschung über die Ursachen, Folgen und Bedeutung der Judenverfolgung und Judenermordung ermöglicht hätte, geschweige denn, daß danach verlangt worden wäre.

Ausgehend von 1949 durchgeführten demoskopischen Umfragen konstatierte Wolfgang Benz, »daß die meisten Deutschen die alten Vorurteile kultivierten, daß hinter gelegentlichen Beteuerungen des Bedauerns über das Geschehene und Bekenntnissen zur Wiedergutmachung wenig Verständnis oder Einsicht zu finden war, daß Abwehr und Reserve dominierten. Auf dem Weg zur demokratischen Gesellschaft hatten die Deutschen, ..., wenig investiert, um Wissen und Erkenntnis zu gewinnen über die Wirkung eines der wesentlichsten Programmpunkte des Nationalsozialismus, über die Folgen des in Politik und Vernichtung umgesetzten Antisemitismus« (Benz 1990, S.19)[45]. Hieran hat sich im Kern bis in

unterstreichen die Arbeiten der wenigen deutschen Historiker zum Holocaust deren Mut, Seriosität, Aufrichtigkeit und Kompetenz, entgegen dem Zeitgeist den ›revolutionären Akt‹ des Erinnerns in Gang setzen zu wollen. Sie sind nicht primär das Ziel dieser Kritik. Schon mehr zielt die Kritik auf die Historikerzunft als Ganzes, die m.E. nicht annähernd das wissenschaftlich wie politisch notwendige Engagement, Aufmerksamkeit und Unterstützung gegenüber jenen Holocaust-Historikern aufbrachte, das angemessen und hilfreich gewesen wäre zur Etablierung und Initiierung einer breit angelegten Forschung (und Lehre !) zum Holocaust. Gleichwohl bleibt es auf Dauer unbefriedigend und wenig überzeugend, wenn jene Historiker, die sich in ihrer Arbeit der Aufklärung über und Auseinandersetzung mit dem Holocaust (und Nationalsozialismus insgesamt) verpflichtet fühlen, immer wieder nur klagend-resignativ auf die gesellschaftlichen Widerstände gegen ihr Ansinnen verweisen. Beispielhaft Wolfgang Benz: »Gegenüber den emotionalen und psychologischen Abwehrmechanismen, die gegen die Beschäftigung mit der jüngsten Vergangenheit aufgebaut wurden und die je länger desto reibungsloser funktionieren, sind Forschungsergebnisse wirkungslos, ...« (Benz 1987, S.19). Angebrachter wäre m.E. ein mehr selbstkritisches Nachdenken darüber, inwieweit wissenschaftliches Selbstverständnis in Stil und Methodik der eigenen Forschung und insbesondere eine vollständig ausbleibende Reflexion über methodisch-didaktische Umsetzung und Präsentation der eigenen Forschungsergebnisse nicht unwesentlich dazu beitragen, jene ›emotionalen und psychologischen Abwehrmechanismen‹ nicht wirkungsvoll durchbrechen zu können. Ausdrücklich sei in diesem Zusammenhang verwiesen auf die in Anm. 40 angegebene Literatur und die sie repräsentierende Forschung; vgl. auch Kap. VII dieser Arbeit.

45. Im Laufe der zurückliegenden Jahrzehnte gab es eine ganze Reihe demoskopischer Erhebungen zu Antisemitismus und ›Vergangenheitsbewältigung‹ in Deutschland. Siehe zuletzt die umfangreiche Erhebung in: Spiegel-Umfrage 1992; reichhaltig statistisches Material samt einem Überblick über die Ergebnisse der wichtigsten Umfrageergebnisse zum Thema seit Bestehen der Bundesrepublik findet man in: Ginzel 1991, S.449-502; siehe auch: Wodak 1990; Stern 1993.

die Gegenwart kaum etwas geändert[46]. Die Nachkriegsgeschichte Deutschlands ist bis in diese Tage hinein bezüglich der Verarbeitung des Nationalsozialismus und erst recht was die Auseinandersetzung mit Antisemitismus und Holocaust betrifft wesentlich durch eine chronique scandaleuse[47] gekennzeichnet, die durch Stichworte wie ›Gnade der späten Geburt‹, Bitburg[48], oder Historikerstreit angedeutet seien. Treffend belegte Ralph Giordano diese Entwicklung mit dem Begriff der »zweiten Schuld«, die eben in der »Verdrängung und Verleugnung der ersten nach 1945« besteht und als »der große Frieden mit den Tätern« (Giordano 1987, S.11) von ihm charakterisiert wurde[49]. Es ist ein Kuriosum beschämendster Art, daß die Diskussion und bereits kurz nach Ende des Krieges einsetzende Forderung, einen Schlußstrich unter die Vergangenheit zu ziehen, sowie späterhin einer vermeintlich ausreichenden ›Vergangenheitsbewältigung‹ ein Ende zu setzen, über eine größere Kontinuität und Tradition in diesem Lande verfügt, vermutlich mehr Papier produziert hat und sicher weitaus engagierter geführt wurde und wird, als die direkte Auseinandersetzung mit ebendieser Vergangenheit selbst[50].

46. Die Literatur zu Thema und Begriff der ›Vergangenheitsbewältigung‹ ist kaum übersehbar und dürfte an Umfang fast größer sein, als die Veröffentlichungen zum Holocaust selbst! Exemplarisch sei auf folgende Werke und dort ausführlicher zu findende Literaturangaben verwiesen: Jaspers 1946; Adorno 1963; Mitscherlich 1967; Plack 1985; K.-H. Rosen 1985; Stürmer 1986; Zwerenz 1986; Benz 1987; Faulenbach 1987; Giordano 1987; C. Meier 1987; Mommsen 1987 u. 1987a; Krause-Vilmar 1988; D. Goldschmidt 1989; Gorschenek/Reimers 1989; Fetscher 1989; Arnim 1989; Eisfeld/Müller 1989; Heenen-Wolf 1990; C. Meier 1990b; Benz 1990; Pohrt 1990; Maislinger 1992; Bude 1992; W. Schneider 1992; vgl. auch die aufschlußreiche Sichtweise ausländischer Autoren auf ›Vergangenheitsbewältigung‹ in Deutschland: Eckardt/Eckardt 1976 u. 1976b; Evans 1990; sowie die Angaben zum Historikerstreit in Anm. 52 weiter unten.
47. Es ist meines Wissens ein Desiderat und wäre ein aufschlußreiches Unterfangen, in systematischer Weise all jene Skandale und Skandälchen zu untersuchen, die im Kontext mißlungener Vergangenheitsbewältigung stehen. Für den Zeitraum der unmittelbaren Nachkriegszeit hat dies in gewisser Weise beispielhaft der israelische Historiker Frank Stern getan; vgl.: Stern 1992.
48. Zu der in Deutschland m.E. weithin unterschätzten, fatalen Wirkung von Bitburg vor allem in den USA siehe die instruktiven Beiträge (u.a. von Hilberg und Friedländer) samt dokumentarischem Teil in: G. Hartman 1986; vgl. auch: A.H. Friedländer 1985; Guroian 1988.
49. Vgl. insgesamt: Giordano 1987; eine knappe Zusammenfassung der Thesen Giordanos findet man in: Giordano 1990.
50. Im Gegensatz zu dieser in Deutschland verbreiteten ›Schlußstrichmentalität‹, die jedes neu vergangene Jahr mit dem man sich zeitlich weiter weg von 1945 bewegt als schlagendes Argument anführt, die Vergangenheit nun wirklich vergangen sein zu lassen, herrscht auf jüdischer Seite ein anderes Zeitempfinden vor. Exemplarisch Leni Yahil:»Es scheint, je weiter wir uns von diesem Krieg entfernen, desto größer wird

Hält man sich das Ergebnis dieser zugestandenermaßen unvollständigen Bemerkungen zur alles in allem in Blick auf Umfang und Stellenwert recht dünnen historiographischen Behandlung des Holocaust in Deutschland und deren gesellschaftspolitischer Irrelevanz vor Augen, könnte man zu der fast zynisch anmutenden Schlußfolgerung kommen, daß es sich bei dem Holocaust um ein für die Deutschen peripheres Ereignis handelte, das in einer fernen Zeit in einem fernen Land sich vollzog und dessen einzig lästige Verbindung zu uns darin liegt, daß es ein ›in deutschem Namen‹ begangenes Unrecht war[51].

Auf bedrückende Weise bestätigt wird dieser Befund durch den 1986 einsetzenden und in seinen historiographisch revisionistischen Tendenzen bis heute wirksamen sogenannten Historikerstreit[52]. Wenngleich meines Erachtens dieser Histori-

    der Zwang, sich mit dem Holocaust auseinanderzusetzen und seine Implikationen zu erforschen« (Yahil 1990, S.3); mühelos ließen sich dutzende von Äußerungen anführen, die fast wortgleich mit der von Yahil sind.

51. In einem Aufsatz, der ebenfalls diese deutsche Unfähig- und Unwilligkeit, sich mit der eigenen jüngsten Geschichte auseinanderzusetzen zum Thema hat, zitiert Wolfgang Benz das aus dem Jahre 1935/36 stammende Diktum des seinerzeit von den Nazis zu lebenslanger Haft verurteilten Nationalbolschewisten Ernst Niekisch:»Woran das deutsche Volk immer wieder gescheitert ist: diese Unmäßigkeit in der Gewaltsamkeit, diese Unerträglichkeit im Glück und Verächtlichkeit in der Niederlage, dieser Mangel an Würde und Haltung, diese feige Brutalität, die nie zu ihren begangenen Greueln steht, die mit falschen Gefühlen die Spuren ihres Blutrausches verwischen möchte, diese bestialische Hemmungslosigkeit den Schwachen und winselnde Knechtseligkeit den Starken gegenüber, diese im tiefsten Wesensgrund verwurzelte Verlogenheit, die überhaupt nicht ahnt, was Wahrheit, Redlichkeit, moralische Tapferkeit ist, alles dies kehrt bis zur Perversität gesteigert wieder« (Niekisch, zit.n. Benz 1987, S.31).

52. Es wäre reizvoll, würde aber den Rahmen dieses Kapitels sprengen, den Historikerstreit hier ausführlicher zu analysieren. Mittlerweile liegen aber recht umfangreiche Arbeiten und Analysen hierzu vor. Die Sammlung der wohl wesentlichen Texte des Historikerstreits sind zusammengetragen in: Historikerstreit 1987; eine Dokumentation der Frankfurter Römerberggespräche, die in gewissem Sinne den Auslöser zum Historikerstreit bildeten, findet man bei: H. Hoffmann 1987; vgl. auch: Jochmann 1988; eine reichhaltige Bibliographie zum Historikerstreit liegt vor in: Donat/Wieland 1991; aus der Fülle der Diskussionsbeiträge seien hervorgehoben: Erler/Müller et al 1987; Diner 1987 u. 1987a; Claussen 1988a; Eschenhagen 1988; Hennig 1988; D.J.K. Peukert 1988; Schoeps 1988; Stöhr 1988; Adrod 1989; C. Meier 1989; Senfft 1990. Zu Rezeption und Kontext des Historikerstreites in Osteuropa siehe: Borodziej/Cegielski 1989. Zur Rezeption im Ausland siehe etwas weiter unten Anm. 56. Wenngleich im Umfeld des Historikerstreites virulent geworden, in seinem seriösen Gehalt sachlich aber von ihm zu trennen, ist die Problematik der Historisierung des Nationalsozialismus und mithin des Holocaust. Zur Historisierungsproblematik siehe vor allem: Broszat/Friedländer 1988; grundlegend zur Frage der Historisierung:

kerstreit – sieht man von den fatalen (wissenschafts-) politischen Funktionen und Motiven von Nolte, Stürmer u.a. einmal ab – die bislang erste, einzige und zugleich öffentlichkeitswirksame Debatte zum Holocaust selbst in der Geschichte Nachkriegsdeutschlands ist[53], so bleibt leider festzuhalten, daß offensichtlich vor allem die in ihm enthaltenen revisionistischen Tendenzen ein publikumswirksames Fortleben bis in die Gegenwart hinein erfahren haben[54]. Die dem Streit im Kern zugrunde liegenden sachlichen Fragen, nämlich die nach der Einzigartigkeit und/oder Vergleichbarkeit des Holocaust, wurden nicht annähernd in der Tiefe und mit der Seriosität konsequent behandelt, wie dies etwa in der angelsächsischen Literatur nachzulesen ist[55]. Es gehört zu den »unglücklichsten Aspekten des Historikerstreites, daß er zwar seinen Ausgang bei der eigentlichen Grundfrage des zwanzigsten Jahrhunderts, nämlich nach der Ermöglichung von ›Auschwitz‹ genommen hat, dann aber schnell, viel zu schnell das Thema gewechselt hat. Schon bald ging es mehr um die methodologische Berechtigung von internationalen Vergleichen, oder um die Beurteilung der stalinistischen Massenverbrechen in der Sowjetunion, oder um die Schicksalsrolle der deutschen Geographie, nicht mehr aber um jenes Ereignis, dessen historischer Ort eigentlich zur Debatte stand« (Peukert 1988, S.47).

Das für alle an diesem Streit Beteiligten gültige und größte Defizit aber lag und liegt meines Erachtens darin, daß hier über zentrale Fragen der historischen

Broszat 1986; Diner 1987 u. 1987a; Diner 1988b; Kraushaar 1988; Kershaw 1988, S.289-320; C. Meier 1990a. Zur qualitativen Unterscheidung der im Historikerstreit debattierten Aspekte von der Problematik der Historisierung siehe vor allem: Friedländer 1987 u. 1987a. In den Beiträgen des israelischen Historikers Saul Friedländer findet man m.E. nicht nur die sicher scharfsinnigste Analyse des Historikerstreites selbst, sondern auch die wohl tiefsinnigsten und erhellendsten Gedanken zur Problematik der Historisierung. Zugleich spiegeln seine Aufsätze meinen Beobachtungen nach weitgehend den common sense jüdischer Historiker in Bezug zu den erwähnten Fragen wider und seien der Lektüre nachdrücklich empfohlen; vgl. die in der Bibliographie aufgeführten einschlägigen Titel von S. Friedländer.

53. »Endlich, nach vierzig Jahren wissenschaftlicher Debatte über ›Faschismus‹ oder ›Totalitarismus‹, ›Primat der Ökonomie‹ oder der ›Politik‹, ›Intentionalismus‹ oder ›Funktionalismus‹ ist das weltgeschichtliche Faktum ›Auschwitz‹ in den Mittelpunkt auch der deutschen zeitgeschichtlichen Diskussion gerückt« (Peukert 1988, S.47). Vgl. auch: Peukert 1988a.

54. »Fatalerweise läßt sich am Rande des Historikerstreites eine ›Gewinner‹-Gruppe ausmachen, ...: Rechtsradikale und neonazistische Kräfte können sich nun ... in ihrer lügenhaften Propaganda auf bruchstückhaft zitierte Äußerungen prominenter Historiker berufen« (Peukert 1988, S.45).

55. Zur stellenweise heftigen und intensiven Reaktion im Ausland auf den Historikerstreit in Deutschland siehe die äußerst instruktiven und empfehlenswerten Beiträge von: Freeden 1987; Kampf um die Erinnerung 1987; S. Friedländer 1987a; Stein 1987; Kampe 1987; Pulzer 1987; The Historikerstreit 1988; C.S. Maier 1988; S. Friedländer 1988; Kulka 1988; Gutman 1988; Pois 1989; Baldwin 1990; Evans 1990.

Bewertung des Holocaust debattiert wurde, ohne jene fragend oder einladend mit hinzuzurufen, die von der Beantwortung dieser Fragen im Kern betroffen sind: die Opfer und ihre Nachkommen. Von einer einzigen Ausnahme abgesehen[56], kam keiner der zahlreichen Historikerstreiter auf die simple und in meinen Augen naheliegendste Frage, wie denn, wenn man sich schon beinahe die Köpfe einzuschlagen drohte um der Frage der historischen Einordnung des Holocaust willen, wie denn die Betroffenen selbst, die Juden, diese Problematik beurteilt und behandelt haben! Wieder einmal folgte man ungebrochen jener argen Tradition, *über Juden* und eine sie betreffende Thematik zu reden, aber nicht *mit ihnen*[57].

Der Versuch Noltes, den stalinistischen Archipel Gulag faktisch und logisch für ursprünglicher als Auschwitz zu betrachten, den planmäßig durchgeführten Holocaust damit als angstbesetzte Reaktion Hitlers auf die ›bolschewistische Gefahr‹ zu interpretieren und zu relativieren und so zugleich den schon immer geforderten Schlußstrich unter jene »Vergangenheit, die nicht vergehen will« (Nolte) zu setzen, blieb unter der überwiegenden Mehrzahl der deutschen Historiker erfolglos, Noltes Position schien isoliert. Doch insbesondere durch den Fall der Berliner Mauer und die darauffolgende Wiedervereinigung Deutschlands »hat jetzt die zweite Phase der Geschichtsentsorgung begonnen« (Wippermann 1993, S.7). So verurteilte etwa Johannes Gross 1990 in der FAZ die sogenannte ›Vergangenheitsbewältigung‹ sehr scharf, da sie den »Stachel der Reue und des Selbstvorwurfes, des Schuldgefühls frisch und eiternd« (Gross, zit.n. Wippermann 1993, S.7) erhalten habe. Der Anglist Wilhelm Hortmann plädierte 1991 ebenfalls in der FAZ vehement für den Verzicht, »Auschwitz als Dreh- und Angelpunkt des politischen Denkens, als Fluchtpunkt der deutschen Geschichte, als negativen Gottesbeweis und einmaligen Zivilisationsbruch, als singuläre deutsche Erbschuld und als in Ewigkeit fortzuschreibende Basis deutschen Selbstverständnisses« (Hortmann, zit.n. Wippermann 1993, S.7) zu begreifen[58].

56. Bemerkenswerter Weise wird diese Ausnahme nicht von einem Zeitgeschichtler repräsentiert, sondern von dem Münchener Althistoriker Christian Meier: vgl. Meier 1987. Seine in diesem Zusammenhang wesentliche Äußerung ist in der Einleitung dieser Arbeit wiedergegeben.
57. Vgl. in diesem Zusammenhang auch weiter oben Anm. 43.
58. Mit Bedacht sind hier zwei Äußerungen von Nicht-Historikern zitiert. Sie zeigen an, daß die in diesen Äußerungen zum Ausdruck kommenden Einstellungen keineswegs auf bestimmte Kreise der historischen Zunft beschränkt bleiben. Die gleiche Stoßrichtung findet man dann auch bei Historikern; vgl. Backes/Jesse/Zitelmann 1992a; Fleischer 1992; Nolte 1992; sie alle sind Beiträge aus: Backes/ Jesse/Zitelmann 1992; exemplarisch der ebenfalls dort zu findende Aufsatz von Eckhard Jesse, in dem es u.a. heißt: »Findet die selbstquälerische Form der Vergangenheitsbewältigung kein Ende, so bedeutet das eine nachhaltige Hypothek für die politische Kultur in der Bundesrepublik« (Jesse 1992, S.543). Jesse spricht von »aufgeregter Bewältigungsmanie« (ebda.) und prangert etwa die kritische Reaktion auf die Äußerungen des

Zunehmend ist eine Tendenz zu verzeichnen, Hitler mit Honecker, den Nationalsozialismus mit dem ehedem realexistierenden Sozialismus der Ex-DDR zu vergleichen. »Ganze Heerscharen von Journalisten, Politologen und Historikern stürzten sich auf die untergegangene DDR..., um alle möglichen Schandtaten dieses Regimes, die in der Regel lange bekannt waren, erstaunt zur Kenntnis zu nehmen und sofort mit denen Hitlers zu vergleichen und gleichzusetzen« (Wippermann 1993, S.7)[59]. In einem Gespräch des Historikers Arnulf Baring mit dem Verleger Wolf Jobst Siedler betonte letzterer, die SED-Herrschaft sei im Vergleich zum Nationalsozialismus das »wahrhaft totalitäre System« (Siedler, in: Baring 1991, S.56) gewesen. Anders als die Situation nach dem Ende der DDR mußte man im Westen 1945 lediglich die »Spitzen der Partei und der SS beiseite« räumen und »hinter all den Zerstörungen des Krieges kam eine wesentlich intakte Gesellschaft zum Vorschein« (Siedler, in: Baring 1991, S.57). Im Gegensatz zur Ex-DDR sei das Dritte Reich ein »außerordentlich moderner Staat, in vielerlei Hinsicht der modernste Staat Europas« gewesen, »wenn man das außermoralisch nimmt« (Siedler, in: Baring 1991, S.76). Dieser Versuch einer ›außermoralischen‹ Wertung des NS-Staates[60] ist ein Zug, der auch unter Teilen deutscher Historiker seine Anhänger findet. So betonen Backes/Jesse/Zitelmann in ihrer Arbeit, das Dritte Reich habe auch »gute Seiten« gehabt, besonders da es z.B. auf »soziale Belange der Arbeiterschaft in hohem Maße Rücksicht« genommen habe, während lediglich eine »Minderheit von ›rassisch‹ Ausgegrenzten, politisch Oppositionellen und anderen Randgruppen verfolgt, gedemütigt und letztlich ›ausgemerzt‹ wurde« (Backes/Jesse/Zitelmann 1992a, S.41)[61]. Nur eine Minderheit...

Bügermeisters von Korschenbroich, der meinte, zum Ausgleich des Gemeindehaushaltes ›müßte man schon einige reiche Juden erschlagen‹, als »geradezu hysterisch« (Jesse 1992, S.544) an. Wohlgemerkt, ›geradezu hysterisch‹ ist nach Ansicht Jesses nicht die menschenverachtende Äußerung des Bürgermeisters, sondern die empörte Reaktion von Teilen der Öffentlichkeit auf diese Äußerung! Auch handelt es sich hierbei um kein Einzelbeispiel einer Entgleisung im Rahmen des Beitrags von Jesse. Im Gegenteil prägen gleichermaßen abstruse Beurteilungen den gesamten Aufsatz von Jesse; vgl.: Jesse 1992.

59. Zu den Folgen der Wiedervereinigung Deutschlands für die Auseinandersetzung mit dem Nationalsozialismus siehe: Diner 1990a u. 1990b; Sternburg 1990; in diesem Kontext zur Reaktion auf jüdischer Seite und in Israel vgl.: Sonderheft 1990; Fakkenheim 1990a.
60. Der offensichtlich schwierige Umgang nicht weniger deutscher Historiker mit der Moral in Sachen Aufarbeitung des Nationalsozialismus und des Holocaust wird uns in Kap. VI-3.2 noch beschäftigen.
61. Der von Backes/Jesse/Zitelmann herausgegebene Aufsatzband »Schatten der Vergangenheit. Impulse zur Historisierung des Nationalsozialismus« stellt in erschreckend vielerlei Hinsicht in Inhalt und Konzeption das in meinen Augen mehr als fragwürdige Beispiel einer in bedenkenloser Weise dem Ideal reiner Objektivität und

Es liegt in der Logik einer solchen Geisteshaltung, daß sie in der rechtsextremistischen Literatur, die eine Leugnung des Holocaust zum Mittelpunkt hat, lediglich einen Reflex sieht auf eine »aggressive Anti-Position«, die nur dazu angetan sei, daß sie »die kritisierte Sichtweise«, nämlich eben die rechtsextremistische, »in ihrem Bemühen indirekt bestärkt«. Rechtsextremistische Literatur über den Nationalsozialismus sei »gleichsam ein verzerrtes Spiegelbild vorherrschender Sichtweisen, die sich allerdings ... doch durch ein weitaus größeres Maß an Differenzierungsfähigkeit auszeichnen« (Backes/Jesse/Zitelmann 1992a, S. 30). Wen wundert es da, daß die Autoren einer diesen rechtsextremen Postionen engagiert entgegentretenden Haltung einen »Eifer« bescheinigen, der »bloß die Vorurteile der anderen Seite [verfestigt]« (Backes/Jesse/Zitelmann 1992, S.30) und die justizielle Verfolgung entsprechender Schriften als Ausdruck einer »unangemessen[en] ... Verbotsmentalität« diskreditieren, die – »noch gravierender« – den »Umstand« zur Folge habe, »daß Autoren, deren Arbeiten indiziert sind, als sozial geächtet gelten« (Backes/Jesse/Zitelmann 1992a, S.31).

Diese zweite Phase des Historikerstreites, die der Historiker Wolfgang Wippermann für »noch abstoßender und obszöner als die erste« (Wippermann 1993, S.7) hält, hat einen vorläufigen Dämpfer erhalten durch – welch traurige Ironie – die massiven und beschämenden Anschläge auf Asylbewerberheime, Ausländer und jüdische Friedhöfe und Gedenkstätten ehemaliger Konzentrationslager in den Jahren seit 1990 durch rechtsradikale und neonazistische Kreise, was die Konzentration erneut mehr auf die Besonderheit der braunen Vergangenheit Deutschlands und dessen unterschwellige Kontinuitäten gelenkt hat – vorläufig zumindest.

1.2 Jüdische Historiographie des Holocaust

Die Frage nach einer signifikant jüdischen Historiographie, nach Gegenstand und Methodik einer spezifisch jüdischen Geschichtsschreibung und deren philosophisch-theologische bzw. weltanschauliche Grundlagen und Voraussetzungen hat jüdische Geschichtsschreiber und Philosophen von jeher intensiv beschäftigt.

> Wertneutralität frönenden Form von (Geschichts-) Wissenschaft dar. In an Hochmut grenzender Manier vertreten die Autoren ein wissenschaftliches Selbstverständnis, das sich jenseits moralischer, subjektiver und gesellschaftspolitischer Gebundenheiten und Verantwortlichkeiten zu stellen können glaubt. Die Autoren betreiben ihre Historiographie in einer derart aseptischen Weise, wie man sie allenfalls dem Chirurgen am Operationstisch empfehlen mag. In dieser Hinsicht repräsentiert ihr Buch dem Stil und dem Geiste nach das diametrale Gegenstück zu Geist und Stil unserer Arbeit; vgl. vor allem das programmatische Vorwort von Backes/Jesse/Zitelmann in: Backes/Jesse/Zitelmann 1992, S.11-22 und Backes/Jesse/Zitelmann 1992a. Zu den hier angesprochenen Problemen insgesamt: vgl. Kap. VI-3.

Verstärkt aber vor allem, seit sie in bewußt reflektierender Weise sich veranlaßt sahen, eine im modernen Sinne historisch geleitete Identitätsbestimmung vorzunehmen[62]. Seit dem Beginn einer modernen jüdischen Geschichtsschreibung zu Anfang des 19. Jahrhunderts, seit den Tagen von Jost, Zunz, Krochmal und Graetz, über Dubnow, Taeubler, Baer bis hin in die jüngere Gegenwart zu Baron, Talmon, Tal, Dinur und vielen anderen zieht sich wie ein roter Faden das Ringen sowohl um eine Definition des Gegenstandsbereichs einer jüdischen Geschichte und der ihr eigentümlichen spannungsgeladenen Aspekte als auch das Ringen um eine adäquate Gesamtdeutung der Geschichte des jüdischen Volkes[63].

Die Problematik von Universalität und Partikularität; die Frage nach der Einheit und Kontinuität des jüdischen Volkes und seiner Geschichte; ob man im Lauf der Jahrhunderte das mehr passive Objekt oder eher das handelnde Subjekt der Geschichte gewesen sei; das Phänomen einer Gemeinschaft, die über tausende von Jahren verstreut unter den Völkern, ohne geographische und politische Autonomie, in einer ihnen zumeist feindlich gesinnten Exilsituation dennoch dauernden Bestand hatte; die damit aufs engste verknüpfte Frage nach den Beziehungen von jüdischer Geschichte und Weltgeschichte im Ganzen: Das alles sind nur einige der äußerst komplexen Aspekte und Probleme, die ob ihrer Bedeutsamkeit für das Selbstverständnis des jüdischen Volkes immer wieder zu historiographischen und geschichtsphilosophischen Interpretationen herausforderten. Insbesondere aber die seit der Geburtsstunde des jüdischen Volkes als einer Volks- *und* Glaubensgemeinschaft prägende und in ihrer vielfältigen Wirkung kaum zu überschätzende

---

62. Einen nach wie vor fundierten und kurzen Überblick zur ersten Orientierung über die Besonderheit jüdischer Historiographie bieten: Elbogen 1931 u. Wischnitzer 1931. Eine problemorientierte und systematische Zusammenschau jüdischer Historiographie der Moderne bis in die jüngste Gegenwart hinein unter Berücksichtigung der *nach dem Holocaust und der Gründung des Staates Israel veränderten Bedingungen* und Auswirkungen ist meines Wissens ein bedauerliches Desiderat. Es gibt lediglich viele Einzel- und Vergleichsstudien zum Denken einzelner jüdischer Geschichtsschreiber vor allem des 19. und frühen 20. Jahrhunderts, oder zu bestimmten spezifisch jüdischen Problemkomplexen innerhalb der jüdischen Geschichte. Für einen Gesamtüberblick nach wie vor am hilfreichsten ist die kommentierte Anthologie samt weiterführender Literaturangaben von: M.A. Meyer 1987; siehe auch: Reuven 1980; Kochan 1977 u. 1981; frühe und instruktive Versuche, die philosophischen und weltanschaulichen Grundlagen einzelner Ansätze jüdischer Historiographie systematisierend darzustellen, finden sich bei: M.R. Cohen 1939; Steinberg 1930; S.W. Baron 1939; vgl. auch Kap. III dieser Arbeit.
63. Zu Jost, Zunz, Krochmal, Graetz, Dubnow siehe vor allem: Rotenstreich 1972; Kochan 1977; M.A. Meyer 1986a; speziell zu Simon Dubnow vgl.: Steinberg 1983a u. 1983b u. 1983d; zu Yitzhak F. Baer: Sonne 1947; Ettinger 1981; Tamar 1981; über Jacob L. Talmon: Kolatt 1986; zu Uriel Tal: Gutman 1984; siehe insgesamt die entsprechenden Veröffentlichungen der Genannten in der Bibliographie.

Verknüpfung von geschichtlichem und religiösem Denken, sowie die schmerzvolle Erfahrung einer durch alle Zeiten reichenden und jeden Raum übergreifenden Entrechtung, Verfolgung und Diskriminierung verstärkten die bereits ohnehin schon vorhandene Notwendigkeit, die eigene Geschichte philosophisch und theologisch sinnvoll zu deuten, um dem stets gegenwärtigen inneren wie äußeren Druck existenziell standhalten zu können. Insbesondere auf die zuletzt genannten Zusammenhänge werden wir in Kap. III, das jene für das Judentum elementare Verknüpfung von Religion und Geschichte zum Gegenstand hat, ausführlicher zurückkommen.

»Der Holocaust und seine Folgen«, schreibt die israelische Historikerin Leni Yahil, »konfrontierte die jüdische Historiographie mit neuen Aufgaben, ungleich irgendeiner, auf die man je zuvor gestoßen war« (Yahil 1976, S.651). Alle oben genannten, der jüdischen Geschichte und Historiographie eigenen Aspekte, Probleme, Parameter und Interpretationen änderten sich nachhaltig oder erhielten in der Nachwirkung des Holocaust ein signifikant verändertes Gewicht[64].

In vielleicht vollster Schärfe – um nur ein Beispiel zu nennen – trat der Bruch zwischen historiographischen Konzeptionen post Holocaust und denjenigen ante Holocaust im Zusammenhang des Themenkomplexes Assimilation/Emanzipation und einer damit verbundenen Gesamtwertung der Moderne unter jüdischem Blickwinkel hervor. Die innerhalb des europäischen Judentums mit großen Hoffnungen versehene Gleichsetzung von Fortschritt und Moderne und einem hieraus resultierenden Recht auf eine wie auch immer geartete selbstbestimmte jüdische Existenz »stellte sich in dem Moment als Täuschung heraus, als die Existenz der Konzentrationslager offenbar wurde. ... Es wurde evident, daß vermehrtes Wissen, Einsicht in historische Gesetzmäßigkeiten und technischer Fortschritt die Menschheit nicht veredelten, sondern eher ihre Zerstörung zum Ergebnis hatte. Soweit es das jüdische Volk betraf, wurde zunehmend deutlich, daß jene große Leistung – Rechtsgleichheit, Emanzipation –, die den Anschein eines beispiellosen Erfolges in der Geschichte des jüdischen Volkes hatte, in dem Moment zunichte wurde, als ein zerstörerisches Regime ein Drittel des jüdischen Volkes hinmordete, ohne daß der größere Teil der aufgeklärten Menschheit, die Nationen der Welt ebenso wie das Judentum, dies wahrnahm oder in der Lage war, etwas dagegen zu unternehmen. ... Demzufolge vermochte die Emanzipation weder die Massen der Völker noch sich selbst oder andere in Sicherheit zu versetzen. Dies trifft sowohl auf jene zu, die sich in den Händen der Nazis befanden, als auch auf jene, die in den freien Ländern lebten und für die die Freiheit zu den Selbstverständlichkeiten des Lebens gehörte; und schließlich sogar auf jene, deren Wunsch es war, die Emanzipation zu verwirklichen. Alle waren sie hilflos. Die Erkenntnis dieser Tatsachen ist der Ausgangspunkt für die jüdische Historiographie des Ho-

---

64. Zu diesem Komplex vgl. insgesamt vor allem: Yahil 1976; P. Friedman 1980b u. 1980e; Baron 1950 u. S.W. Baron 1964.

locaust, weil man mit dieser Perspektive den Anfang der Erkenntnis historischer Wahrheit gefunden hat« (Yahil 1976, S.661)[65].

Aber nicht nur der Holocaust allein veränderte die Parameter jüdischer Historiographie, mit denen schließlich auch der Holocaust selbst zu untersuchen sein würde. Eine nicht minder große Herausforderung an die jüdische Geschichtsschreibung stellte das der Katastrophe fast unmittelbar folgende Ereignis der Gründung des Staates Israel dar. Damit war das Ende einer nahezu zweitausendjährigen zwangsweisen macht- und geopolitischen Abstinenz, unter deren Vorzeichen mehr oder minder alle vorhergehenden historiographischen und geschichtsphilosophischen Konzeptionen jüdischer Denker standen, markiert. Von dem Boden eines real existierenden jüdischen Staates aus stellten sich die Fragen nach einer Bewertung des Exils, nach dem Verhältnis von Israel und Diaspora, der Kontinuität von Volk und Geschichte der Juden gänzlich anders dar als im staatenlosen Zustand zuvor. Und natürlich waren damit auch Voraussetzungen gegeben, die eine Historiographie des Holocaust nicht unwesentlich beeinflußten.

Auf dem Hintergrund der vielfältig veränderten Bedingungen jüdischer Historiographie beschreibt Philip Friedman, einer der Väter der jüdischen Historiographie des Holocaust[66], mehrere »Denkschulen«, die sich in der Erforschung der Katastrophe herauskristallisierten. Zunächst konstatiert er eine Art des historiographischen Zugriffs auf den Holocaust, der – psychologisch verständlich, aber zutiefst problematisch – den traditionellen Konzeptionen jüdischer Geschichtsschreibung noch am nächsten steht: eine »Wiederbelebung des historiographischen Systems von Leidensgeschichte« (Friedman 1980e, S.559), die er in einer zu ausschließlich auf Leid und Verfolgung konzentrierten Geschichtsschreibung des Holocaust etwa in den frühen Arbeiten von Gerald Reitlinger und Leon Poliakov entdeckte. Friedman kritisiert diese Sichtweise scharf, da sie das jüdische Volk allein als mißhandelte Objekte betrachtet und den Blick für das jüdische Volk als einem auch autonom handelnden Subjekt der Geschichte verstellt. Damit

---

65. Das Problem der Beurteilung von Assimilation, Emanzipation und Moderne insgesamt spielt auch im Rahmen der religiös-philosophischen Deutungen des Holocaust im Judentum nach und bereits während des Holocaust eine prominente Rolle; vgl. weiter unten Kap. V-1 und Kap. V-2.2.

66. Friedman etablierte gleich nach der Befreiung Polens eine Historische Kommission, die es sich zum Ziel setzte, alles relevante Material in Zusammenhang mit dem Holocaust zu sammeln und zu katalogisieren. Die Kommission setzte ihre Arbeit auch in den Sammellagern jüdischer Flüchtlinge und Überlebender (DP-Lager, Displaced Persons) in Deutschland fort. Friedman gehörte zu den wenigen Überlebenden, die »die Kraft fanden, die Ereignisse des Holocaust unmittelbar nachdem sie geschehen waren, einer genauen Erforschung zuzuführen« (Yahil 1990, S.10). Zur Bedeutung Friedmans als dem Vater und Inspirator jüdischer Historiographie des Holocaust siehe das Vorwort von Salo W. Baron in: Friedman 1980.

sei aber die innere Geschichte des jüdischen Volkes auch und gerade während des Holocaust nicht zu erfassen.

Salo W. Baron, der bereits vor dem Holocaust zu den vehementesten Kritikern der im 18. und 19. Jahrhundert entstandenen martyriologischen Konzeption jüdischer Geschichte gehörte[67], gibt dabei allerdings zu bedenken, daß »viele von uns so vollständig das Gespür für das religiös motivierte Martyrium verloren haben, daß wir vor der demütigen Hingabe der meisten der sechs Millionen jüdischen Opfer des Nazismus mit einem totalen Mangel an Verständnis stehen«. Baron warnt, »wir dürfen die wahren Realitäten des Lebens und der Psychologie der während der Nazi-Ära immer noch unter dominant orthodoxem und traditionellem Einfluß stehenden Massen des osteuropäischen Judentums nicht mißverstehen, ebenso wie wir die inhärenten Tragödien des jüdischen Lebens während zweier Jahrtausende der Zerstreuung nicht übersehen dürfen«, und plädiert daher für einen »mehr balancierten Blick« (Baron 1965, S.240).

Was in den von Baron und Friedman unterschiedlich nuancierten Äußerungen sich bereits andeutet, hängt sehr eng zusammen mit einer anderen historiographischen Zugangsweise zum Holocaust, bei der die Erforschung und »Betonung des [jüdischen] Widerstands als einem historischen Phänomen« (Friedman 1980e, S. 560) im Mittelpunkt steht. Das Bild vom jüdischen Widerstandskämpfer und Held »hat im Bewußtsein nicht nur der israelischen Bevölkerung, sondern ebenso innerhalb der jüdischen Jugend der ganzen Welt die Stelle der großen religiösen Märtyrer früherer Jahrhunderte eingenommen« (Baron 1965, S.242)[68]. Sicher hatte diese Hervorhebung und Betonung des jüdischen Widerstands während der Nazi-Herrschaft auch eine für den jungen Staat Israel in politischer und psychologischer Sicht ebenso verständliche wie berechtigte staatslegitimatorische Funktion. Die unter massiver äußerer Bedrohung und beträchtlich innerem Druck zu leistende Konsolidierung eines jüdischen Staates in Palästina bedurfte als Leitbild vor allem den aktiven, sein Schicksal selbst in die Hand nehmenden jüdischen Kämpfer – exemplarisch präfiguriert in den Helden des Warschauer Ghettoaufstandes. Erst die historiographischen Leistungen von Hilberg und Arendt und schließlich die Erfahrung des Yom Kippur Krieges 1973 ermöglichten es, den scheinbar wehrlos in den Tod gegangenen Massen des jüdischen Volkes ein gerechteres Urteil zukommen zu lassen.

Nicht unerheblich dazu beigetragen, ein ausgewogeneres Bild des Verhaltens der jüdischen Vorfahren und ihrer Diaspora-Mentalität zu zeichnen, hat der im-

---

67. Vgl. bes.: Baron 1939.
68. Dies gilt primär für den Zeitraum bis zum Yom Kippur Krieg 1973. Erst nach der schockierenden Erfahrung einer Fast-Niederlage und der damit verknüpften Demythologisierung des Bildes vom siegreichen ›jüdischen Helden‹ war man psychologisch in einer Verfassung, die es mehr erlaubte, die Hilfs- und Aussichtslosigkeit der Situation der meisten Juden während der Verfolgung durch die Nazis wahrzunehmen und zu akzeptieren; vgl. hierzu Kap. IV-2.

mense Anstieg der Erforschung des Antisemitismus, was zugleich eine weitere Neuerung jüdischer Historiographie nach dem Holocaust bedeutete. Gerade auch im Kontext der Antisemitismusforschung herrschte innerhalb der jüdischen Historiographie schnell eine weitgehende Übereinstimmung darin, daß die jüngste und verheerendste Manifestation des Antisemitismus, der Holocaust, keineswegs zu bewerten sei als »eine der vielen bekannten Tragödien, die das jüdische Volk erfuhr, sondern stattdessen als ›die Katastrophe‹ schlechthin, welche die Leistungen der Vergangenheit in Zweifel stellten. Aus diesem Grund betrachtete man den Holocaust als ein von allem zuvor Bekannten und Akzeptierten isoliertes Phänomen« (Yahil 1976, S.661). Jenseits der beträchtlichen religiösen und philosophischen Problematik[69] stellte die Einzigartigkeit des Holocaust auch die jüdische Historiographie vor erhebliche Schwierigkeiten. Es hatte den Anschein, »als ob all die Instrumente und Konzeptionen jüdischer Historiographie, die vorher existierten, uns nun nicht mehr in die Lage versetzen, diese Periode [Holocaust] zu erforschen« (Yahil, 1976, S.661). Im Kern mündete diese Schwierigkeit in der Frage nach Bruch und Kontinutiät in der jüdischen Geschichte. Insofern sieht etwa auch Raul Hilberg die vornehmste und wichtigste Forschungsaufgabe bezüglich des Holocaust gegenwärtig darin, ob und wie er in die Geschichte und speziell in die jüdische Geschichte einordnenbar ist[70].

Die wenigen und hier nur kurz angerissenen veränderten Bedingungen jüdischer Historiographie nach dem und damit zugleich über den Holocaust machen bereits deutlich, daß es eine Reihe guter Gründe gibt, von einer spezifisch jüdischen Historiographie auch und gerade mit Blick auf den Holocaust zu sprechen. Der vielleicht markanteste Aspekt einer signifikant jüdischen Historiographie vor allem in seiner sich von nicht-jüdischer Historiographie des Holocaust unterscheidenden Qualität liegt meines Erachtens in der unterschiedlichen Perspektivität und den mit ihr verknüpften jeweils unterschiedlichen Herangehensweisen, Motiven und Erkenntnisinteressen. Was dies jüdischerseits für die Holocaust-Forschung bedeutet, bringt Philip Friedman deutlich zum Ausdruck:»Was wir benötigen, ist eine Geschichte des jüdischen Volkes während der Zeit der Nazi-Herrschaft, in der das jüdische Volk die zentrale Rolle spielt, nicht allein als tragisches Opfer, sondern als Träger kommunalen Lebens sammt aller hierin involvierten mannigfaltigen und zahllosen Aspekte. Unser Ansatz muß entschieden ›judeozentrisch‹ im Gegensatz zu ›nazizentrisch‹ sein« (Friedman 1980e, S.561).

Friedman spricht also die konfliktreiche Problematik um eine Geschichtsschreibung aus der Sicht der ›Täter‹ und einer Geschichtsschreibung aus der Sicht der ›Opfer‹ an. Damit verbunden sind eine ganze Reihe brisanter Folgeproblematiken. Angefangen von der Einstufung und Bewertung der Quellen, die, in ihrer überwiegenden Zahl, aus der Hand der Täter und nur in seltenen Fällen aus der

---

69. Vieles davon kommt in Kapitel V zur Sprache.
70. Vgl.: Hilberg in: Hilberg/Söllner 1988.

Hand der Opfer stammen, über die Relevanz ethischer und moralischer Kategorien im Kontext einer um Objektivität bemühten Historiographie bis hin zu geschichtsphilosophisch-theologischen Gesamtdeutungen des Holocaust. Können die Aussagen, Zeugnisse und Dokumente der Verfolgten, der Ermordeten, der Überlebenden einen in ihrer unmittelbaren Authentizität hervorragenden und gültigeren Rang beanspruchen, als die Aussagen, Zeugnisse, Dokumente und Überlegungen der ›Täter‹, der Nachgeborenen, der in zeitlicher und räumlicher Distanz sich befindenden Historiker? Gibt es unterschiedliche Folgerungen moralischer und ethischer Natur zwischen einer Geschichte aus Sicht der ›Opfer‹ und einer Geschichte aus Sicht der ›Täter‹? Worin unterscheiden sich die Versuche einer gesamthaften Deutung des Holocaust im Rahmen der beiden unterschiedlichen Perspektiven?

Diese und andere Fragen werden uns durch die gesamte Arbeit hindurch unterschwellig begleiten, und gegen Ende werden wir noch einmal ausdrücklich auf sie zurückkommen[71].

Wie sehr die unterschiedliche Perspektivität die Forschung und Historiographie des Holocaust wirkungsvoll beeinflußt hat und wie mitunter schwer die Verständigung zwischen den perspektivisch verschieden ausgerichteten Ansätzen ist, soll im nächsten Abschnitt noch ein Stück genauer illustriert werden. Damit möchte ich zugleich deutlich machen, in welcher Weise das Thema dieser Arbeit in den Kontext dieses Konflikts von ›Täter‹- und ›Opfer‹perspektive eingebunden ist.

1.3 Zur Relevanz jüdischer Holocaust-Theologie für die Historiographie des Holocaust
Die Anzeige eines Mankos

Was die Ereignisgeschichte des Holocaust selbst betrifft, so ist diese sicher in einer mittlerweile Bibliotheken füllenden Anzahl von Büchern und Dokumenten beschrieben worden. In hohem Maße kontrovers war und ist die Interpretation der Fakten[72]. Im Rahmen einer Interpretation der Fakten, vor allem wenn es um den Versuch einer gesamthaften Deutung des Holocaust geht, haben die offensichtlich unterschiedlich ausgeprägten Bedürfnisse nach einer solchen Deutung sowie die konkrete Richtung, die die jeweiligen Deutungen einschlagen, sehr viel damit zu tun, ob sie auf der Basis einer mehr ›opfer‹- oder eher ›täter‹orientierten Perspektive vorgenommen werden. Am folgenreichsten und markantesten zeigt sich dies im Vergleich jüdischer Historiographie zum Holocaust mit der nicht-jüdisch, deutschen Historiographie und vor allem der jeweils in ihnen wirksamen oder aus ihnen resultierenden Interpretationsansätzen.

71. Siehe Kap. VI u. VII.
72. Vgl.: Kershaw 1988.

Beispielhaft deutlich wurde dies etwa an dem Dialog zwischen Martin Broszat und Saul Friedländer um die Historisierung des Holocaust, den beide zeitlich und thematisch am Rande des Historikerstreites in einem ausführlich dokumentierten Briefwechsel[73] miteinander austrugen und der hier mit Blick auf unsere Fragestellung auszugsweise nachvollzogen sei.

Broszat plädiert in seiner Eröffnung des Briefwechsels für eine um Rationalität und Objektivität bemühte Erforschung der Ereignisse der NS-Zeit, die dementsprechend »durch gewissenhafte historische Erkundung vermittelt werden und dem rationalen Begreifen dieser Vergangenheit standhalten« (Broszat, in: Broszat/Friedländer 1988, S.342) müsse. Gleichwohl vermeint er in diesem Zusammenhang wenige Zeilen später, ein gewisses Zugeständnis an die Seite der ›Opfer‹ einräumen zu müssen, das deren spezifischen Erfahrungen Rechnung trägt: »Deutsche Historiker und Geschichtsstudenten, ..., müssen verstehen, daß es von Opfern der NS-Verfolgung und ihren Hinterbliebenen sogar als eine Einbuße ihres Anrechtes auf ihre Form der Erinnerung empfunden werden kann, wenn eine nur noch wissenschaftlich operierende Zeitgeschichtsforschung mit akademischer Arroganz das Frage- und Begriffsmonopol in bezug auf die NS-Zeit beansprucht. Der Respekt vor den Opfern der Naziverbrechen gebietet, dieser mythischen Erinnerung Raum zu lassen« (Broszat, in: Broszat/Friedländer 1988, S.343).

Broszat nimmt hier eine deutliche Grenzziehung vor zwischen ›wissenschaftlich operierender Zeitgeschichtsforschung‹ und einer von den Opfern des Nazismus gepflegten ›mythischen Erinnerung‹. Bemerkenswert dabei ist erstens, daß er jene in Opposition zur wissenschaftlichen Forschung sich befindende mythische Erinnerung – und letztlich damit jeden über streng wissenschaftliche Methoden hinausgehenden Versuch einer Sinndeutung des Holocaust – auf die Gruppe der Opfer beschränkt. Und zweitens legitimiert er die von den Opfern vorgenommene bzw. die aus der Opferperspektive geprägte Erinnerung nicht argumentativ, sondern will ihnen allein aus ›Respekt vor den Opfern‹ eine nischenhafte Existenzberechtigung zusprechen.

Saul Friedländer kann verständlicherweise an diesen Zuordnungen wenig Gefallen finden. Indirekt bestätigt er zunächst Broszats rationalen Zugriff auf die NS-Zeit, denn es zeige sich, daß »sowohl die westdeutsche Geschichtswissenschaft wie überhaupt die geschichtliche Darstellung der NS-Zeit alles in allem eine nüchtern distanzierte, nicht moralisierende Haltung an den Tag legte« (Friedländer, in: Broszat/Friedländer 1988, S.344). Sodann tritt er aber der Fragwürdigkeit der Broszat'schen Aufteilung – Wissenschaft hier, mythische Erinnerung da – entgegen: »Warum sollten Ihrer Meinung nach Historiker, die zur Gruppe der Verfolger gehören, fähig sein, distanziert mit dieser Vergangenheit umzugehen,

---

73. Vgl.: Broszat/Friedländer 1988.

während die zur Gruppe der Opfer gehörenden das nicht können?« (Friedländer, in: Broszat/Friedländer 1988, S.347)[74].

Broszat wiederum lenkt, was diesen Punkt angeht, in seiner Replik teilweise ein: »Gerade gegenüber dem so unsagbaren Geschehen des Holocaust ist vielen Juden das ritualisierte, mit anderen Beständen jüdischer weltgeschichtlicher Grunderfahrung verwobene quasi geschichtstheologische Eingedenk-Sein neben der bloßen dürren historischen Faktenrekonstruktion wahrscheinlich unverzichtbar, weil anders die Unermeßlichkeit von Auschwitz gar nicht eingeholt werden kann... Im singulären Ereignis von Auschwitz ist ein Punkt erreicht, wo die wissenschaftliche Versteh- und Erklärbarkeit dem epochalen Bedeutungsgehalt zweifellos ohnmächtig hinterherhinkt« (Broszat, in: Broszat/Friedländer 1988, S.352).

Es will mir nicht einleuchten, warum Broszat jenes ›geschichtstheologische Eingedenk-Sein‹ auf die Opferseite festlegt, ihm dann einen Vorsprung in der Fähigkeit zur ›wissenschaftlichen Versteh- und Erklärbarkeit‹ zugesteht und es zugleich mit der Zuweisung in einen ›mythischen Raum‹ wissenschaftlich desavouiert. Zum einen verkennt er dabei meines Erachtens, daß *jede* Auseinandersetzung mit jüdischer Geschichte den Umstand berücksichtigen muß, daß zum Kern innerjüdischen Selbstverständnisses eine kaum zu trennende Verwobenheit von Religion und Geschichte gehört, also immer ein gutes Stück Geschichtstheologie betrieben werden muß. Zum anderen noch wichtiger aber: Wenn denn, wie Broszat selbst schreibt, ›anders die Unermeßlichkeit von Auschwitz gar nicht eingeholt werden kann‹ als mit Hilfe geschichtstheologischer Konstruktionen, dann gilt dies ebenso für Nicht-Juden, wenn sie sich schon mit jüdischer Geschichte beschäftigen, deutet es doch auf einen wie auch immer im einzelnen zu eruierenden Erkenntnis- und Verstehensgewinn hin, der offenbar anders nicht zu erreichen ist!

Dies mag wohl auch Saul Friedländer ähnlich empfunden haben, wenn er in seiner Antwort schreibt, Broszat räume zwar der mythischen Erinnerung »einen zentralen Stellenwert ein, aber Sie rücken sie gleichwohl in die Nähe von unhaltbaren historiographischen Konstrukten« (Friedländer, in: Broszat/Friedländer 1988, S.359). Und an späterer Stelle des Briefwechsels spricht Friedländer deutlich aus, »daß der Übergang aus einem mit erheblichen persönlichen commit-

---

74. Noch deutlicher deckt Dan Diner den eigentlichen Konflikt auf, der hinter der Broszat'schen Aufteilung zwischen wissenschaftlicher und mythischer Erinnerung steht: Es »hat sich im Diskurs um den Nationalsozialismus so etwas wie eine Dichotomie der legitimen Wahrnehmungen eingeschliffen, nämlich daß es so etwas gibt wie eine legitime Täterperspektive, die weitgehend aus den Akten heraus sich ohnehin ergibt und im Gegensatz dazu die Opferperspektive. Wobei diese Opferperspektive, ich würde fast sagen, mit so etwas wie mit einer invalidisierenden Nachsicht den Opfern konzidiert wird, denen so etwas wie Anspruch auf Subjektivität gebührt« (Diner, in: Internationales Hearing 1991, S.41).

ments aufgeladenem Wissensbereich zu einer ›rein wissenschaftlichen‹ Geschichtsschreibung eine sowohl psychologische wie auch erkenntnistheoretische Illusion darstellt« (Friedländer, in: Broszat/Friedländer 1988, S.367).

In Anbetracht der Überlegungen zum Briefwechsel Broszat-Friedländer als auch der vorangehenden Erörterungen drängt sich mir, gerade auch als Historiker, doch wenigstens die Frage auf, ob es nicht denkbar sei, »daß sich die jeder wissenschaftlichen Analyse entziehende Unerklärbarkeit [des Holocaust] gläubigem Verstehen sich öffnet? Könnte die religiöse Frage an den Holocaust zu weiterer Erkenntnis, zu tieferem, vielleicht sogar gültigem Verstehen führen?« (Brocke/Jochum 1982a, S.246). Mindestens wäre es eine Pflicht für den Historiker – eines deutschen zumal –, der sich mit dem Holocaust auseinanderzusetzen versucht, eben jenen ›geschichtstheologischen Konstruktionen‹ auf jüdischer Seite nachzuspüren, jene ›mythische Erinnerung‹ wahrzunehmen. Mindestens ihre Kenntnisnahme und das einfache Zuhören sind wir den Opfern dieser menschenverachtenden Barbarei mehr als schuldig. Dies gilt umso mehr und findet seine empirische Legitimation darin, daß auf jüdischer Seite – wie wir sehen werden – dem geschichtstheologischen Diskurs um eine Deutung des Holocaust ein in vielerlei Hinsicht zentraler Stellenwert zukommt. Dieser innerjüdische Diskurs wiederum findet seinen zentralen Niederschlag und Ausdruck in dem, was man mehr schlecht als recht ›Holocaust-Theologie‹ nennt, und was in Wirklichkeit ein auf hohem historischem, philosophischem und theologischem Niveau stehender Diskurs um eine Deutung des Holocaust und dessen Konsequenzen für die jüdische Identität nach Auschwitz ist. Anders gesagt: Wer etwas über die historiographischen, religions- und geschichtsphilosophischen Deutungen des Holocaust aus der Sicht der ›Opfer‹ erfahren will, muß sich mit jüdischer Holocaust-Theologie befassen.

Damit sind wir bei der Anzeige eines gewichtigen Mankos auf seiten aller mit dem Holocaust oder dem Judentum befaßten Wissenschaften in Deutschland angelangt. Die unserem Thema – geschichtstheologische Konzeptionen im Judentum nach Auschwitz – innewohnenden Fragen und Probleme wahrzunehmen und mitzubedenken scheint für die Geschichtswissenschaft in Deutschland – und nicht nur für sie – eine schier unbewältigbare Aufgabe zu sein. Wie anders läßt es sich erklären, daß es nicht eine einzige Arbeit, das heißt kein wissenschaftliches Werk, kein populärwissenschaftliches Werk, kein Aufsatz, keine Replik, absolut gar nichts aus der Feder eines deutschen Historikers gibt, das die hier zur Debatte stehende Aufarbeitung und Interpretation des Holocaust in geschichtstheologischer Sicht von jüdischer Seite zum Thema hätte! Ich halte es für durchaus angebracht, dies als skandalös zu bezeichnen. Ist man etwa derart auf die ›Täter‹seite fixiert, daß man nicht einmal den Anstand aufbringt, der ›Opfer‹seite genuin Interesse und Gehör zu schenken? Statt daß man rührselig um den eigenen Nabel kreisend solch bemerkenswert peinliche Debatten wie den Historikerstreit gebiert, wäre dieses Hören auf die Opfer und deren Nachfahren doch ein unbedingtes, längst überfälliges Gebot der Stunde. Wir werden auf dieses angesichts der Berge an Literatur zum Nationalsozialismus und der Judenverfolgung wohl einzigartige Manko deutscher Historiographie und seiner möglichen Ursachen an späterer Stelle zurückkommen müssen[75].

Immerhin scheint man auch unter deutschen Historikern gelegentlich zu ahnen, welches Wahrnehmungsmanko hier entstanden ist. Bemerkenswerterweise war es ebenfalls Martin Broszat, der 1979 anläßlich der Ausstrahlung des Fernsehfilmes ›Holocaust‹ zur deutschen Holocaust-Forschung in der Bundesrepublik feststellte: »Die ›Endlösung der Judenfrage‹ ist keineswegs ausgespart, aber ganz überwiegend nur im Kontext allgemeiner Darstellungen über die Geschichte des Dritten Reiches, das heißt meist relativ kurz behandelt und nur sehr selten Gegenstand ausführlicher Vertiefung. Das schlimmste Verbrechen der Hitler-Zeit wird beim Namen genannt, aber mehr konstatiert als veranschaulicht« (Broszat 1979, S.296).

Insbesondere konstatierte Broszat eine »mangelnde Rezeption jüdischer Historiographie... Die einschlägige deutsche Zeitgeschichtsschreibung ... stellte in aller Regel nicht die jüdische Erlebnis- und Verhaltensgeschichte, sondern fast ausschließlich die deutsche Aktionsgeschichte der Judenverfolgung in den Mittelpunkt. ...(es) blieb die Verfolger-Perspektive ... für die Darstellung des Themas weitgehend maßgeblich. ... Wenn wissenschaftliche Geschichtsschreibung zunächst und vor allem organisierte Erinnerung sein will, darf sie sich nicht auf die Rekonstruktion des Zerstörungshandelns beschränken, sondern muß vor allem festhalten, was zerstört wurde und verloren ging« (Broszat 1979, S.297).

Und, so sei hinzugefügt, wie Juden mit diesem Verlust umgehen, insbesondere in welcher Weise sie ihr Selbstverständnis im Rahmen ihres traditionell eng verflochtenen Verhältnisses von Geschichte und Glauben durch diese Katastrophe verändert sehen und neu interpretieren. Hiervon Kenntnis zu geben und einen Eindruck zu vermitteln, ist Ziel unseres Tuns.

---

75. Siehe Kap. VII; dort auch ausführlich zur Frage der fast durchgängigen Nichtbeachtung des jüdischen Diskurses durch die deutschprachige Theologie.

2. Holocaust – die Grenzen des Verstehens
Bemerkungen zu einem epistemologischen und hermeneutischen Phänomen

»›Selbst wenn das Firmament über uns aus Pergament wäre und wenn Tinte die Meere füllte, wenn alle Bäume Federn und die Bewohner der Erde allesamt Schreiber wären – und wenn sie Tag und Nacht schrieben, so vermöchten sie dennoch nicht, die Größe zu beschreiben und den Glanz des Schöpfers der Welt‹... Die Erinnerung an die Rezitation (dieses aramäischen Gedichtes) wird jedesmal lebendig, wenn ich einsehen muß, daß es uns nie gelingen wird, jenen, die nach uns leben werden, den Churban, die jüdische Katastrophe unserer Zeit, zu erklären. Die zahllosen Dokumente, die die unermüdliche Bürokratie der Ausrotter hinterlassen hat, die Berichte der Entronnenen, all die Tagebücher, Chroniken und Annalen – so viele Millionen Worte – sie alle erinnern mich daran, daß, selbst wenn das Firmament ...«
(Manes Sperber 1979)

2.1 »Man wird es nicht verstehen, man wird es niemals verstehen«
Zum Postulat der Unverstehbarkeit des Holocaust

»Von euch werden die meisten wissen, was es heißt, wenn 100 Leichen beisammen liegen, wenn 500 daliegen oder wenn 1000 daliegen. Dies durchgehalten zu haben, und dabei – abgesehen von Ausnahmen menschlicher Schwäche – anständig geblieben zu sein, das hat uns hart gemacht. Dies ist ein niemals geschriebenes und niemals zu schreibendes Ruhmesblatt unserer Geschichte«.
(Himmler-Rede, 4.Okt.1943)

Vertieft man sich in die außerhalb Deutschlands entstandene Literatur zum Holocaust – sei sie historiographischer, philosophischer oder religiöser Natur, sei sie wissenschaftlichen, literarischen, oder dokumentarisch zeugenhaften Charakters – stößt man rasch auf einen immer wiederkehrenden, in vielfachen Variationen illustrierten, häufig breit, intensiv und kontrovers diskutierten Aspekt, der sich in den Termini ›Unverstehbarkeit‹, ›Grenzen des Verstehens‹, oder ›Grenzen der Interpretation‹ niederschlägt. Ob jene Ereignisse und jene Erfahrungen, die wir in ihrer Gesamtheit hilflos mit dem Begriff Holocaust benennen, menschlichem Verstehen zugänglich sind, ob sie in ihrem Zusammenhang, ihrem Wesen und ihrer Bedeutung nach in angemessener Weise menschlicher Erkenntnis erschließbar sind und damit eine auf Sinn hin orientierte Deutung erfahren können, sind Fragen, die in der angelsächsischen, meist jüdischen Literatur einen nicht unerheblichen Stellenwert im Nachdenken über den Holocaust einnehmen. Das Postulat der Unverstehbarkeit des Holocaust ist dabei weniger bloßer Ausdruck moralischen Entsetzens und Abscheu, wie es hierzulande öfter der Fall ist, sondern viel mehr Bestandteil einer ernstzunehmenden Debatte, die konsequenter Ausdruck einer tiefen Erschütterung und Verunsicherung von für unumstößlich gehaltenen existenziellen und wissenschaftlichen Grundtatbeständen repräsentiert.

Gemeinsamer Ausgangspunkt all derer, die im Zusammenhang mit dem Holocaust an die Grenzen des Verstehens stoßen und mithin die Unverstehbarkeit des Holocaust postulieren, ist die Einschätzung, mit dem Nationalsozialismus und besonders dem Holocaust vor einem Phänomen zu stehen, »das sich anscheinend kaum einer rationalen Analyse unterziehen läßt. Unter der Leitung eines Führers, der in apokalyptischen Tönen von Weltmacht und Zerstörung redete, und eines Regimes, das sich auf eine äußerst widerwärtige Ideologie des Rassenhasses gründete, plante und entfesselte eines der kulturell und wirtschaftlich am weitesten fortgeschrittenen Länder Europas einen Weltkrieg, dem rund 50 Millionen Menschen zum Opfer fielen, und es verübte Greueltaten, die in dem mechanisierten Massenmord an Juden, Zwangsarbeitern, Kriegsgefangenen und anderen gipfelten und von ihrer Art und ihrem Ausmaß her jede Vorstellungskraft übersteigen. Angesichts von Auschwitz erscheint die Erklärungsfähigkeit des Historiker in der Tat kläglich« (Kershaw 1988, S.16).

Ist es dem Forscher in der Regel geboten, einen gewissen ›Abstand‹ zu seinem Forschungsgegenstand einzunehmen, weil eine solche innere Distanz allgemeinhin als Gütezeichen objektiver Wissenschaftlichkeit und damit auch objektiver Geschichtsschreibung gilt, so ist es im Blick auf den Holocaust und das verbrecherische Herrschaftssystem der Nazis durchaus fraglich, ob man angesichts des hier offenbaren Ausmaßes an Terror und Amoralität noch »angemessen und ›objektiv‹« (Kershaw 1988, S.16) und mithin distanziert über diese Vorgänge zu schreiben imstande ist. Läßt sich der Holocaust aufgrund der zu Verfügung stehenden Quellen rekonstruieren, um – im Ranke'schen Sinne – plausibel aufzuzeigen, ›wie es eigentlich gewesen ist‹? Ist es möglich, ein solchermaßen kriminelles Regime samt seiner scheinbar jenseits aller menschlicher Kategorien stehenden Führer und einer diesen folgenden, von allen ethischen und moralischen Tabus offenbar losgelösten Masse an Deutschen in ihrem Denken und Tun »in historisch[en] Tradition[en] zu ›verstehen‹« (Kershaw 1988, S.17)?

Oder stehen wir nicht viel mehr vor einem Dilemma, das Wolfgang Sauer wie folgt beschreibt: »Beim Nationalsozialismus« – und, so sei in unserem Zusammenhang vorzugsweise betont, insbesondere was den Holocaust betrifft – »sieht der Historiker sich einem Phänomen gegenüber, das er nur ablehnen kann, was immer auch seine individuelle Position sein mag. [...] Deutet eine so grundsätzliche Ablehnung auf ein grundlegend mangelndes Verstehen hin? Und wenn wir nicht verstehen, wie können wir dann Geschichtsschreibung betreiben? ... Wir können etwas ablehnen und dennoch ›verstehen‹. Und doch stoßen unsere intellektuellen und psychischen Fähigkeiten im Fall des Nationalsozialismus an eine Grenze, die für Wilhelm Dilthey unvorstellbar gewesen wäre. Wir können erklärende Theorien erarbeiten, doch wenn wir uns direkt den Fakten stellen, erweisen sich alle Erklärungen als schwach« (Sauer 1967/68, S.408).

›Wenn wir uns direkt den Fakten stellen‹. Das von der deutschen Gesellschaft für Schädlingsbekämpfung[!] (DEGESCH) nach Auschwitz gelieferte Zyklon B kostete pro Kilogramm etwa fünf Reichsmark. In Anbetracht der vollen Kapazität der Gaskammern errechnete man so einen Betrag von 1,8 Pfennigen pro Kopf und Tötungsvorgang. Im Sommer 1944 erließ man den Befehl, Säuglinge und Kleinkinder nicht mehr getrennt von ihren Eltern zu vergasen. Sie wurden lebendig in die offenen Feuergruben oder Krematoriumsöfen geworfen – aus Kostengründen! »Man warf sie bei lebendigem Leibe hinein. Ihre Schreie waren über das ganze Lager zu hören« (Greenberg 1977, S.9)[76].

»Die bedingungslose Versessenheit des Nazismus«, schreibt der Historiker Isaac Deutscher, »jeden Juden in seinem Herrschaftsbereich auszurotten – ob Mann, Frau oder Kind –, übersteigt das Fassungsvermögen eines Historikers, der sich bemüht, die Beweggründe menschlichen Handelns zu ermitteln und die Interessen hinter diesen Beweggründen aufzuspüren. Wer traut sich zu, die Beweggründe und Interessen zu analysieren, die sich hinter den Ungeheuerlichkeiten von Auschwitz verbergen?« (Deutscher 1988, S.157).

Es sei an dieser Stelle darauf hingewiesen, daß sich in dem vielfach belegten Unvermögen der Zeitgenossen des Holocaust[77] – seien es die jüdischen Opfer selber, seien es die verantwortlichen Stellen der Alliierten[78] –, die grausame Wahrheit der ›Endlösung‹ für wahr zu nehmen und trotz glaubhafter Zeugenberichte zu glauben[79], und die offensichtliche Sinn- und Zwecklosigkeit solchen Tuns im

---

76. Diesen Vorgang findet man außerordentlich oft in der Holocaust-Literatur erwähnt und beschrieben. Vgl. exemplarisch Hilberg 1961; Wiesel 1960. Fackenheim zitiert den vollständigen Wortlaut der Zeugenaussage eines polnischen Wächters während des Verhörs durch den russischen Staatsanwalt Smirnov auf dem Nürnberger Prozeß in: Fackenheim 1982, S.212f.
77. »Was an Nachrichten über die Massenausrottungen durchsickerte, wurde lange Zeit hindurch als primitive Angstträume Eingeschüchterter abgetan oder als von Provokateuren ausgestreute Lügen angesehen, mit dem Ziel, die Juden zu demoralisieren oder sie zu einem Akt der Rebellion anzustacheln« (Steiner 1969d, S.161f.).
78. »Wenn die Juden bis zur endgültigen Schließung der Ofentüren, bis zum Aufhören des Gestanks der Feuergrube nicht daran glauben konnten, wenn schon die Intelligenz eines zweitausend Jahre lang auf apokalyptische Qual und Marter vorbereiteten Volkes sich nicht auf diese neue und letzte Möglichkeit einstellen konnte, wie kann es dann von anderen erwartet werden?« (Steiner 1969d, S.161).
79. »Selbst solche, die dem Glauben schenkten..., daß die Nachrichten aus Osteuropa verbürgt waren und daß mitten im zwanzigsten Jahrhundert Millionen von Menschen methodisch gefoltert und vergast wurden, taten dies unter abstrahierenden Scheu-

Nachhinein zu verstehen, eine gespenstische Parallelität zu den hier diskutierten Schwierigkeiten des Verstehens der Nachgeborenen offenbart[80].

Der polnisch-jüdische Historiker Ignacy Schipper[81] sah diesen Konflikt voraus, als er, kurz vor seiner Deportation nach Majdanek, wo er 1943 ermordet wurde, im Warschauer Ghetto schrieb: »Geschichte wird üblicherweise von den Siegern geschrieben. Was wir über ermordete Völker wissen, ist nur das, was ihre Mörder ruhmselig sorgsam über sie sagen. [...] Aber wenn *wir* die Geschichte jener Zeit des Blutes und der Tränen schreiben – und ich bin zutiefst überzeugt, daß wir es tun werden – wer wird uns glauben? Niemand wird uns glauben wollen, weil unsere Katastrophe zugleich die Katastrophe der ganzen zivilisierten Welt ist... Wir haben die undankbare Aufgabe, einer widerstrebenden Welt zu bezeugen, daß wir Abel sind, der ermordete Bruder...« (Ignacy Schipper, zit.n. Rosenfeld 1986, S.11).

Dieses Unvermögen sowohl auf seiten der Opfer und Zeitgenossen wie auch der Nachgeborenen, die Realität des Holocaust wahrzunehmen und zu verstehen, ist in

klappen, so wie wir einen Abschnitt aus einer theologischen Doktrin oder ein geschichtliches Geschehen aus ferner Vergangenheit zur Kenntnis nehmen. Es blieb eine Glaube ohne Bezug« (Steiner 1969d, S.160). Nach wie vor exemplarisch sind die Erfahrungen des polnischen Widerstandskämpfers und Katholiken Jan Karski. Bevor Karski Ende September 1942 in London eintraf, wurde er vom jüdischen Untergrund zweimal ins Ghetto von Warschau und einmal ins Lager Belzec eingeschleust, um mit eigenen Augen zu sehen, wovon er den Alliierten berichten sollte. Karski teilte die erschütternden Beobachtungen und Erkenntnisse, die er in Ghetto und Lager gewonnen hatte, unter anderem dem englischen Außenminister Anthony Eden und dem amerikanischen Präsidenten Franklin D. Roosevelt mit. Ebenso informierte er die führenden Männer und Frauen jüdischer Organisationen in England und den USA, unter ihnen Rabbi Stephen Wise und den Richter Felix Frankfurter. Als Karski Letzterem ausführlich berichtete, was mit den Juden in Polen vor sich ging, antwortete Frankfurter nach langem Schweigen: »Mr. Karski, wenn ein Mann wie ich mit einem Mann wie Ihnen spricht, dann muß dies frank und frei geschehen. Deshalb sage ich, es ist mir unmöglich, Ihnen zu glauben« (zit.n. Roth/Berenbaum 1989, S.101); vgl. auch die Äußerung des niederländischen Historikers Louis de Jong in: Jäckel 1992, S.20f.; siehe auch: Gottlieb 1990, S.10ff.

80. »»Man wird es nicht verstehen, man wird es niemals verstehen‹, dies waren die Worte, die man überall hören konnte während der Herrschaft der Nacht. Meine Worte sind nur ein Echo von ihnen« (Wiesel 1978, S.203). Über die Widerstände, auch in jüdischen Kreisen, den ersten Augenzeugenberichten Entflohener über die Wirklichkeit der Vernichtungslager Glauben zu schenken, siehe exemplarisch die eindrucksvolle Studie von Conway über erste Augenzeugenberichte aus Auschwitz in: Conway 1979; siehe auch: Laqueur 1979 u. 1980.

81. Ignacy Schipper, Mitglied der zionistischen Bewegung, war von 1922-1927 Abgeordneter des polnischen Parlaments. Später lehrte er über die Sozial- und Wirtschaftsgeschichte der Juden am Institut für jüdische Wissenschaften in Warschau; vgl.: Cohn-Sherbok 1992, S.481.

engstem Zusammenhang zu sehen mit der Besonderheit, mit der Einzigartigkeit des Holocaust selbst. Diese Einzigartigkeit ist eben u.a. wesentlich daran zu erkennen, daß ihm »keine funktionelle Bedeutung« zukommt. »Die Ausrottung der Juden war kein Mittel zu einem anderen Zweck. Sie wurden nicht aus militärischen Gründen ausgerottet oder um gewaltsam Land zu nehmen...; es ging auch nicht um die Auslöschung der potentiellen Widerstandskämpfer unter den Juden, ... Es gab auch kein anderes ›äußeres‹ Ziel. Die Ausrottung der Juden mußte nicht nur total sein, sondern war sich selbst Zweck – Ausrottung um der Ausrottung willen –, ein Zweck, der absolute Priorität beanspruchte« (Postone 1988, S.243)[82] und hinter der der beispiellose Anspruch stand, »zu entscheiden, wer die Welt bewohnen dürfe und wer nicht« (Hannah Arendt, zit.n. S. Friedländer 1987, S.49f.)[83].

Dieser jenseits aller historischen Erfahrung und Logik in sich selbst sein Zweck findender bloßer Wille zur Ausrottung war es, der es den Opfern unmöglich machte, die zu effektiver Gegenwehr immer notwendige antizipatorische Leistung zu vollbringen, die eben darin liegt, eine Ahnung und ein Verstehen zu entwickeln für das, was der Gegner beabsichtigt zu tun[84]. »Dies macht ... auch das Nichthandeln der Opfer angesichts der Gasöfen begreifbar: Es kann keine handlungsrelevante Vorstellung vom Unvorstellbaren geben« (Diner 1987b, S.186)[85].

82. Siehe auch Kap. V-2.3 über Fackenheim, der die Einzigartigkeit des Holocaust in nahezu gleichlautender Weise definiert.
83. »In diesem Sinne erreichte das Naziregime meiner Ansicht nach gewissermaßen eine theoretisch äußerste Grenze: Man kann sich eine noch größere Zahl von Opfern und eine technologisch noch effizientere Tötungsart vorstellen; aber sobald ein Regime beschließt, daß Gruppen, nach welchen Merkmalen auch immer, ausgesondert und auf der Stelle zu vernichten seien und daß sie nie mehr auf Erden leben dürfen, ist tatsächlich das Äußerste überschritten. Diese Grenze ist meiner Auffassung nach in der modernen Geschichte nur ein einziges Mal, und zwar durch die Nazis erreicht worden« (Friedländer 1987, S.50). Ähnlich auch George Steiner: »Völkermord bedeutet das äußerste an Verbrechen, weil er ein Vorkaufsrecht auf die Zukunft anstrebt, denn er reißt eine der Wurzeln aus, aus denen die Zukunft erwächst« (Steiner 1969d, S.167). Vgl. auch das in unserer Einleitung wiedergegebene Zitat von Christian Meier.
84. Besonders relevant ist dieser Zusammenhang für das vielfach kritisierte Verhalten der Judenräte in den Ghettos; vgl. die in Kap. IV, Anm. 21 angegebene Literatur. Zu dem gesamten Komplex dessen, ab wann man was in den Ghettos über die systematische Vernichtung der Juden erfahren hatte und glauben konnte oder wollte, sowie über die psychischen Abwehrreaktionen bezüglich dieses Wissens innerhalb der Ghettos sowie außerhalb des nationalsozialistischen Machtbereichs auf seiten jüdischer Organisationen in den USA als auch auf seiten der alliierten Administrativen siehe ausführlich die erschütternden Berichte und Analysen bei: Hilberg 1990a, S.1100-1115 u. S.1184-1233.
85. Vgl. auch: Kren/Rappoport 1980, bes. S.125f.

Und gleichzeitig ist dies der Fels, an dem jede von den Nachgeborenen vorgenommene »funktionalistische Erklärung des Massenmordes« zerschellt, weil keine der historischen Interpretationen und Theorien »nicht einmal im Ansatz erklären [kann], warum in den letzten Kriegsjahren, als die deutsche Wehrmacht von der Roten Armee überrollt wurde, ein bedeutender Teil des Schienenverkehrs für den Transport der Juden zu den Gaskammern benutzt wurde und nicht für logistische Unterstützung des Heeres« (Postone 1988, S.243).

So wie sich hier in spezifischer Weise dem Historiker die Problematik des Verstehens präsentiert, so steht in entsprechend variierter Weise jede andere Disziplin, die sich mit dem Holocaust auseinandersetzt, vor ähnlich unlösbaren Dilemmata[86]. Selbst ein von jeglichen mystischen, theologischen und philosophischen Anflügen freier Historiker wie Hans Mommsen sieht sich daher bemerkenswerterweise zu folgender Einsicht gezwungen: »In der Tat bleibt hinter jeder noch so historisch sorgfältigen Analyse der Vorgänge gleichsam ein erratischer Block bestehen, den aufzuschlüsseln *als Werk des Theologen oder des Philosophen* erscheint« (Mommsen 1992, S.93, Hervorhebung von mir). Um so überraschender ist es freilich dann, daß der gesamte Rest seines Aufsatzes, aus dem hier zitiert wurde, ein dieser Einsicht kontär gegenläufiges, engagiertes Plädoyer *für* die rational zugängliche Verstehbarkeit des Holocaust ist. Seine Begründung dafür aber erscheint mir äußerst vielsagend, exemplarisch und läßt tief blicken. Mommsen schreibt:»Aber es bedarf des Bemühens des Historikers, sich diesem agnostizistischen Impuls zu entziehen, dem zu folgen darauf hinausliefe, die Unbegreiflichkeit des Geschehens zu konstatieren, damit auf den Anspruch der prinizipiellen Erklärbarkeit der Welt zu verzichten und letzten Endes den Glauben an die rationale Ausrichtung unseres Handelns aufzugeben« (Mommsen 1992, S.93)[87].

Ohne sich der Widersprüchlichkeit seiner Aussagen bewußt zu sein, benennt Mommsen in einer Klarheit, die kaum zu wünschen übrig läßt, Grund und Ursache der tiefen existenziellen Verunsicherung, die der Holocaust auslöste, und ortet die darauf folgenden Grenzen des Verstehens in sehr exakter Weise auf den beiden Ebenen, mit denen wir es hier zu tun haben. Zum einen spricht er die Ebene des Ereignisses selbst an, die ›Unbegreiflichkeit des Geschehens‹, und zum anderen beschreibt er genau die Ebene der Konsequenzen, die dieses Ereignis samt seiner Unbegreiflichkeit zur Folge hat, ohne aber bereit zu sein, diese zu akzeptieren. In der Tat hat eine konstatierte Unbegreiflichkeit, eine postulierte Unverstehbarkeit des Holocaust, die radikale Infragestellung unseres ›Anspruchs

---

86. Die Grenzen und Aporien der Historiographie vor allem bezüglich des Holocaust hat Saul Friedländer ausführlich in einer Reihe von Aufsätzen diskutiert; vgl. vor allem: S. Friedländer 1987, 1988, 1988a, 1990, 1990a und 1992; siehe auch den Überblick bei: Kershaw 1988, bes. S.289-344.
87. Zur Kritik am Postulat der Unverstehbarkeit vgl. den Schluß dieses Kapitels.

auf prinzipielle Erklärbarkeit der Welt‹ und damit unseres ›Glaubens an die rationale Ausrichtung unseres Handelns‹ zur Folge. Hierin liegt die erkenntnistheoretische, hermeneutische und schließlich umfassend weltanschauliche Sprengkraft einer postulierten Unverstehbarkeit des Holocaust. Beides, das Geschehen selbst und die aus ihm resultierenden Aporien des Verstehens, bringen in gleicher Weise unser christliches wie auch unser durch die Aufklärung geprägtes humanistisches Welt- und Menschenbild und damit eben auch unser wissenschaftliches Selbstverständnis von der rationalen Erschließbarkeit und technokratischen Handhabbarkeit der Welt nicht nur zum Schwanken, sondern zu Fall. Mommsens Entscheidung für die Verstehbarkeit und Rationalität unseres Handelns trotz Holocaust, trotz der von ihm selbst beschworenen ›Unbegreiflichkeit des Geschehens‹, erweist sich damit als eine zu respektierende, verständliche, argumentativ stützbare, aber im Kern alles andere als logisch zwingende Absichtserklärung und Willensentscheidung, deren innerstes Motiv wesentlich psychologischer Natur ist. Wir wehren uns gegen die im Holocaust sichtbar gewordene, zutiefst entwürdigende Selbstoffenbarung des Menschen in seiner radikal bösartigen Qualität mit all den Folgen, die dies für unser Welt- und Menschenbild potentiell zur Folge hat[88]. Wir sträuben uns gegen die möglicherweise notwendige Einsicht, daß, wie es der Philosph Hans Jonas einmal paradox formulierte, »weit mehr wirklich als möglich ist« (Jonas, zit. n. Fackenheim 1982, S.233), daß die von uns geschaffene Wirklichkeit alle uns denkbaren Möglichkeiten übertrifft, daß wir etwas zu schaffen imstande sind, was wir zugleich nicht mehr bedenken können, daß wir etwas tun, was wir nicht verstehen, daß wir nicht mehr verstehen können, was wir tun.[89]

Aus einem ähnlichen Denken und Empfinden heraus äußerte Hilberg in einem Interview: »Wenn ich könnte, würde ich gerne im Alter ein Buch schreiben mit dem Titel: ›Jenseits des Rationalen und Irrationalen‹, denn darum handelt es sich

---

88. Ähnlich der Psychologe Bruno Bettelheim: »Das Erschreckende am Menschen, auf das uns der nationalsozialistische Massenmord hinweist, verleitet uns dazu, der wahren Natur des Problems aus dem Weg zu gehen. Statt das Erschreckende zu begreifen und es als ein Warnzeichen in unser Weltverständnis einzuordnen, verweigern wir uns jener Aspekte des Problems, die uns am meisten aus der Fassung brächten und entstellen die anderen« (Bettelheim 1978, S.5).
89. Ähnlich Günther Anders, der das im Holocaust Wirklichkeit gewordene »Monströse« u.a. darin erkennt, »daß unsere Welt, obwohl von uns selbst erfunden und errichtet, durch den Triumph der Technik so ungeheuer geworden ist, daß sie aufgehört hat, in einem psychologisch verifizierbaren Sinne wirklich noch ›unsere‹ zu sein. Daß sie uns ›zuviel‹ geworden ist. Und was heißt das wieder? Erst einmal, daß dasjenige, was wir nun machen können (und was wir deshalb wirklich machen) größer ist als dasjenige, wovon wir uns ein Bild machen können; daß sich zwischen unserer Fähigkeit der Herstellung und der der Vorstellung eine Kluft aufgetan hat, und daß sich diese von Tag zu Tag verbreitert...« (Anders 1988, S.24).

wohl. Das ›Warum‹ ist selbstverständlich die schwierigste Frage« (Hilberg 1990, S.80). Hilberg hat wie kaum ein anderer Historiker das ›Wie‹ des Holocaust rekonstruiert und beschrieben, aber das ›Warum‹ betreffend, so sagte er in einem Gespräch mit Emil Fackenheim, müsse er eingestehen, je mehr er über diese Frage nachdenke, desto mehr werde seine Antwort zu einer leeren Tautologie: »Sie taten es, weil sie es tun wollten« (Hilberg, zit.n. Fackenheim 1982, S.231)[90].

Sie taten es, weil sie es tun wollten. Alexander Donat, ein Überlebender des Holocaust, erinnert sich an ein Ereignis während einer ›Selektion‹: »Als es soweit war ... an dem SS-Offizier vorbei zu marschieren, waren Lena's Bruder Adek und seine Frau in der Reihe. Mit ihnen war Samek und seine Frau, die ihrer zwei Jahre alten Tochter Miriam ein Beruhigungsmittel gegeben hatten und sie in einem Rucksack, den Samek auf der Schulter trug, versteckt hatten. Die Reihe kam nur langsam voran, während vorne am Kopf der SS-Offizier in erhabener Haltung Leben und Tod verteilte, links und rechts, links und rechts. In der angespannten Stille war plötzlich das Jammern eines Kindes zu hören. Der SS-Offizier erstarrte und tausende Männer und Frauen hielten den Atem an. Ein ukrainischer Wachmann kam herbeigelaufen, stieß sein Bajonett mehrere Male in den Rucksack, aus dem die ›verbrecherischen‹ Laute kamen. In Sekunden wurde aus dem Rucksack ein blutdurchweichter Lumpen. ›Du dreckiger Schweinehund‹, schrie der SS-Offizier entrüstet, während er mit seiner Reitpeitsche auf das aschfahlene Gesicht des Vaters einschlug, der es gewagt hatte, sein Kind vorbeischmuggeln zu wollen. Eine Kugel des Ukrainers an Ort und Stelle machte der Prüfung des Vaters ein gnädiges Ende. Danach wurde es für die Wachmänner zur Routine, jedes Bündel und jeden Rucksack mit dem Bajonett zu überprüfen« (Donat 1963, S.91). Sie taten es, weil sie es tun wollten.

Elie Wiesel, der am unermüdlichsten und vielleicht als erster die Problematik des Verstehens reflektiert hat, meint: »Die ganze Geschichte des Holocaust ist bis jetzt noch nicht erzählt worden. Alles, was wir wissen, ist fragmentarisch, vielleicht sogar unwahr. Vielleicht hat das, was wir über das Geschehen erzählen, mit dem, was wirklich geschah, nichts miteinander zu tun. Wir wollen uns erinnern.

90. So auch Emil Fackenheim: »Eine Handlung oder ein Ereignis zu erklären bedeutet aufzuzeigen, wie es möglich war. Im Fall des Holocaust aber akzeptiert der Geist die Möglichkeit von beidem, wie und warum es getan wurde, in letzter Analyse allein weil es getan worden ist« (Fackenheim 1982, S.233). Hilberg schreibt an anderer Stelle: »Der Holocaust ist ein fundamentales Ereignis in der Geschiche – nicht allein, weil ein Drittel des jüdischen Volkes dieser Welt im Zeitraum von vier Jahren starb, nicht allein wegen der Art und Weise, in der sie ermordet wurden, sondern weil es letztlich unerklärbar ist. All unsere Annahmen über die Welt und ihren Fortschritt aus den Jahren, bevor dieses Ereignis hervorbrach, sind umgestürzt worden. Die Sicherheiten des späten 19. und frühen 20. Jahrhunderts verschwanden angesichts dieses Ereignisses. Was wir einstmals verstanden, wir verstehen es nicht mehr« (Hilberg 1991a, S.11).

Aber an was wollen wir uns erinnern? Und wozu? Weiß irgendwer eine Antwort darauf?« (Wiesel, in: Popkin/Steiner/Wiesel 1967, S.283). Und an anderer Stelle schreibt er noch deutlicher: »Natürlich möchte ich gern verstehen, aber ich weiß, ich werde es nie verstehen. Selbst wenn ich alle Dokumente gelesen, all die Zeugenberichte gesammelt habe, alle die Urteile, alle Ideen und alle Theorien gehört habe, selbst dann werde ich immer noch nicht verstehen« (Wiesel 1982, S.ix).

Auch sei noch beispielhaft und stellvertretend für die Zunft der Historiker die schon klassische Äußerung Saul Friedländers aus dem Jahre 1976 zitiert: »Der Holocaust dreißig Jahre danach: drei Jahrzehnte lang ist unser Wissen um die Ereignisse selbst angewachsen, aber nicht so unser Verstehen dieser Ereignisse. Es gibt heute keine klarere Perspektive, kein tieferes Begreifen als wie es unmittelbar nach dem Krieg schon der Fall gewesen ist« (Friedländer 1976, S.36). Erläuternd fügt er hinzu: »In der Tat wissen wir, daß jeder Versuch, die historische Signifikanz des Holocaust zu erfassen, gleichbedeutend damit ist, Ereignisse in einem rationalen Kontext zu erklären, die in rationalen Kategorien allein nicht erfassbar sind, beziehungsweise nicht allein im üblichen Stil historischer Analyse beschreibbar sind« (Friedländer 1976, S.36)[91].

Im deutschen Sprachraum beginnt in jüngster Zeit ein Terminus sich durchzusetzen, der, prägnant wie kaum ein anderer, die Problematik und Dimension der Unverstehbarkeit des Holocaust in seinem Zusammenhang mit dessen zugrundeliegender Einzigartigkeit auf den Begriff zu bringen versucht: Zivilisationsbruch. Dieser von Dan Diner in die Diskussion eingeführte Terminus[92] will den Holocaust als ein Ereignis charakterisieren, das »an Schichten zivilisatorischer Gewißheit [rührt], die zu den Grundvoraussetzungen zwischenmenschlichen Verhaltens gehören. Die bürokratisch organisierte und industriell durchgeführte Massenvernichtung bedeutet so etwas wie die Widerlegung einer Zivilisation, deren Denken und Handeln einer Rationalität folgt, die ein Mindestmaß an antizipatorischem Vertrauen voraussetzt; ein utilitaristisch geprägtes Vertrauen, das eine gleichsam grundlose Massenvernichtung, gar noch in Gestalt rationaler Organisation,

---

91. Ähnlich Isaac Deutscher: »Für einen Historiker, der die Massenvernichtung der Juden zu begreifen sucht, besteht die größte Schwierigkeit in der absoluten Einmaligkeit dieses schrecklichen Geschehens. Es wird niemals nur eine Frage der Zeit und der historischen Perspektive sein. Ich glaube, daß die Menschen auch in tausend Jahren Hitler, Auschwitz, Majdanek und Treblinka kaum besser verstehen werden als unsere Generation. Kann man von ihnen denn einen besseren historischen Überblick erwarten? Für die Nachwelt wird alles sogar noch schwerer zu verstehen sein als für uns« (Deutscher 1988, S.157). Man könnte die Zahl der Beispiele mit ähnlichen Äußerungen und Reflexionen über die Unverstehbarkeit des Holocaust nahezu beliebig erweitern. Dem Sinn nach gleichlautende Äußerungen allein bei Historikern finden sich u.a. in: Dawidowicz 1975, Hilberg 1961, Levin 1968, Bauer 1978 u. 1982, J. Talmon in: A.A. Cohen 1970, S.114-142.
92. Vgl.: Diner 1987a u. 1987b, sowie sein Vorwort in: Diner 1988.

schon aus Gründen von Interessenkalkül und Selbsterhaltung der Täter ausschließt. Ein sozial gewachsenes Vertrauen in Leben und Überleben bedingende gesellschaftliche Regelhaftigkeit wurde ins Gegenteil verkehrt: Regelhaft war die Massenvernichtung – Überleben hingegen dem bloßen Zufall geschuldet« (Vorwort von Diner in: Diner 1988, S.7).

Indem jede »auf gesundem Menschenverstand beruhende rationale Annahme ... letztendlich in ihr todbringendes Gegenteil verkehrt« wurde, wurde gerade die »Überlebensabsicht der Opfer ... zum willfährigen Instrument der Nazis; jede Handlung, und war sie aller menschlichen und gesellschaftlichen Erfahrung nach noch so rational und erfolgversprechend aufs Überleben gerichtet, führte notwendig in die Vernichtung. So war der Erfolg des Überlebens fast ausschließlich dem Zufall geschuldet und keiner wie auch immer gearteten Rationalität. Dies ist der eigentliche zivilisationszerstörende Kern von ›Auschwitz‹, und dies ist der Angelpunkt extremster Radikalität, von der aus die Massenvernichtung zu denken wäre« (Diner 1987a, S.72). Das solchermaßen als historischer Kontinuitätsbruch[93] charakterisierte Geschehen des Holocaust zeugt somit von dem »globalen Zerfall der Gewißheiten, die das historische und soziale Beziehungsgefüge bestimmten« (Ammicht-Quinn 1992a, S.6) und »hat den modernen Menschen in ein moralisches Niemandsland verbannt« (Löwenthal 1990a, S.215). Zugleich wird damit »die grundsätzliche Kohärenz des menschlichen Diskurses überhaupt in Frage gestellt« (Ammicht-Quinn 1992, S.196)[94].

Weit davon entfernt, mit dem Begriff des Zivilisationsbruches eine positive erschöpfende Erklärung dessen zu geben, was der Holocaust ist, weit davon entfernt, mit Begriff und Definition von Zivilisationsbruch den Holocaust dem Verstehen doch adäquat zugänglich zu machen, zielt Diners Absicht hingegen vorrangig darauf, mit diesem Terminus eben die Gründe analytisch intelligibel zu machen, die im wesentlichen gerade zur Unverstehbarkeit des Holocaust führen. ›Zivilisationsbruch‹ will keine dem Verstehen zugängliche Erklärung des Holocaust liefern, sondern will, im Gegenteil, genau die Dimension seiner Unversteh-

---

93. Schüssler-Fiorenza/Tracy 1984 verwenden diesen Begriff; vgl. auch Horkheimer/Adorno, die von einem »Wendepunkt der Geschichte« sprechen in: Horkheimer/Adorno 1988, S.209. Zum engen Zusammenhang von Diners Begriff und Definition des Zivilisationsbruches zu den Überlegungen von Horkheimer und Adorno insgesamt siehe: Diner 1988a.
94. »Hier [in Auschwitz] ist etwas geschehen, was bis dahin niemand auch nur für möglich halten konnte. Hier ist an eine tiefe Schicht der Solidarität zwischen allem, was Menschenantlitz trägt, gerührt worden; die Integrität dieser Tiefenschicht hatte man bis dahin – trotz aller naturwüchsigen Bestialitäten der Weltgeschichte – unbesehen unterstellt. [...] Auschwitz hat die Bedingungen für die Kontinuierung geschichtlicher Lebenszusammenhänge verändert – und das nicht nur in Deutschland« (Habermas, zit.n. Friedländer in: Broszat/Friedländer 1988, S.356); vgl. auch: Shapiro 1984.

barkeit ausloten.»Angesichts einer zweck-losen Vernichtung der Vernichtung wegen prallt das zweckrational geprägte Bewußtsein an solch unvorstellbarer Tat ab. Solche Handlung ist dem von säkularen Denkformen bestimmten Verstand nicht zu integrieren – oder er zerspringt« (Diner 1987b, S.186). Daher bleibt »Auschwitz ... ein Niemandsland des Verstehens, ein schwarzer Kasten des Erklärens, ein historiographische Deutungsversuche aufsaugendes, ja außerhistorische Bedeutung annehmendes Vakuum. Nur ex negativo, nur durch den ständigen Versuch, die Vergeblichkeit des Verstehens zu verstehen, kann ermessen werden, um welches Ereignis es sich bei diesem Zivilisationsbruch gehandelt haben könnte« (Diner 1987a, S.73)[95].

95. Emil Fackenheim formulierte den gleichen Gedanken bereits 1982 so: »Wir können den Holocaust nicht verstehen, sondern wir können nur seine Unverstehbarkeit verstehen« (Fackenheim 1982, S.238). Manches von dem, wie Diner ›Zivilisationsbruch‹ definiert, findet sich auch in der englischsprachigen Literatur unter dem von Kren/Rappoport eingeführten Begriff der ›historischen Krise‹ (historical crisis) wieder. In einem bahnbrechenden, im angelsächsischen Raum viel zitierten und diskutierten Aufsatz aus dem Jahre 1980, der leider nicht in deutscher Übersetzung vorliegt, stellen die Autoren zunächst fest, daß der Holocaust in keiner Hinsicht mit von ihnen untersuchten anderen Massentötungen vergleichbar sei: »Wenn der qualitative Unterschied zwischen dem Holocaust und anderen ihm vorangegangenen Massenvernichtungen überhaupt benannt werden kann, dann ist der hierfür einzig angemessene Terminus der der Entmenschlichung (dehumanization) ... Um auch eine nur halbwegs angemessene Analogie zu geben, hätte man sich solchermaßen konstruierte Bomben oder Raketen vorzustellen, die im Stande sind, allein Juden ausfindig zu machen und zu zerstören. Kurz, die Einzigartigkeit des Holocaust wird durch die Tatsache unterstrichen, daß es sich um ein außerordentlich selektives Programm handelte, durchgeführt weit mehr wie ein großindustrielles Unternehmen als irgend etwas sonst« (Kren/Rappoport 1980, S.8). So werde es niemals gelingen, eine substanzielle Deutung des Holocaust »in Begriffen der vertrauten, normativen Denkstrukturen der westlichen Geschichte und Kultur« zu leisten. »Reduziert auf seine Essenz wohnt diesem Problem eine grobe Disharmonie oder Ungleichgewichtigkeit inne zwischen der zu erklärenden historischen Wirklichkeit und den kulturellen Formen, die uns zu ihrer Erklärung zur Verfügung stehen« (Kren/Rappoport 1980, S.12). Hieraus leiten die Autoren ihre These ab, daß »der Holocaust die bedeutendste historische Krise des zwanzigsten Jahrhunderts gewesen ist – eine Krise des menschlichen Verhaltens und der menschlichen Werte« (Kren/Rappoport 1980, S.15). Wesentliches Kriterium für eine historische Krise ist nach Meinung der Autoren, daß das ihr zugrunde liegende Ereignis »einen dermaßen wesentlichen Einfluß ausübt auf die Art und Weise wie die Menschen über sich und die Welt um sie herum denken, und dies in dem Sinne, daß die augenscheinliche Kontinuität ihrer Geschichte ihnen drastisch und auf Dauer verändert erscheint« (Kren/Rappoport 1980, S.13). Hinzu komme, daß trotz aller forschenden Bemühungen, trotz aller möglichen Beschreibung des Ereignisses und dem Versuch, es in den Lauf der Geschichte einzuordnen, »seine tiefere Bedeutung bedrohlich und zweifelhaft bleibt... Deshalb ist auf

2.2 Unverstehbarkeit und Sprache – George Steiner

> »*Nur nicht leicht ist es, eigentlich davon zu reden, – das will sagen: eigentlich kann man überhaupt und ganz und gar nicht davon reden, weil sich das Eigentliche mit den Worten nicht deckt; man mag viel Worte brauchen und machen, aber allesamt sind sie nur stellvertretend, stehen für Namen, die es nicht gibt, können nicht den Anspruch erheben, das zu bezeichnen, was nimmermehr zu bezeichnen und in Worten zu denunzieren ist. Das ist die geheime Lust und Sicherheit der Höllen, daß sie nicht denunzierbar, daß sie vor der Sprache geborgen ist, daß sie eben nur ist, aber nicht in die Zeitung kommen, nicht publik werden, durch kein Wort zur kritisierenden Kenntnis gebracht werden kann, wofür eben die Wörter ›unterirdisch‹, ›Keller‹, ›dicke Mauern‹, ›Lautlosigkeit‹, ›Vergessenheit‹, ›Rettungslosigkeit‹, die schwachen Symbole sind... Nein, es ist schlecht davon zu reden, es liegt abseits und außerhalb der Sprache, diese hat nichts damit zu tun, hat kein Verhältnis dazu, weshalb sie auch nicht recht weiß, welche Zeitform sie darauf anwenden soll und sich aus Not mit dem Futurum behilft, wie es ja heißt: ›Da wird sein Heulen und Zähneklappern‹«.*
> (*Thomas Mann, Doktor Faustus, geschrieben 1944/45. Es handelt sich um die Antwort des Teufels auf die Frage Adrian Leverkühns nach der Beschaffenheit der Hölle.*)

Eines der bedrängendsten Probleme, das sich im Kontext der Unverstehbarkeit des Holocaust jedem, der sich mit ihm befaßt, unausweichlich stellt, ist das Problem der sprachlichen Repräsentation, das Problem der Versprachlichung, der Sprache selbst. Wie in Worte fassen, was nicht fassbar zu sein scheint, wie zur Sprache bringen, was jenseits allen Verstehens zu liegen scheint, welche Begriffe benutzen für das, was nicht begreifbar erscheint? Diesen Fragen sieht sich jeder

> der Ebene des persönlichen Wissens eine historische Krise eine Krise des Verstehens, d.h. etwas über Ereignisse von solcher Größenordnung zu wissen wobei ihre letzte Bedeutung unwißbar erscheint« (Kren/Rappoport 1980, S.127). In diesem Sinne ist es gerade die »Undurchdringlichkeit des Holocaust, sein beständiger Widerstand gegenüber jeder geradlinigen Analyse, die es notwendig machen, ihn als historische Krise zu erkennen..., denn historische Krisen durchbrechen den bisher gültigen sozialen Konsens sowie die bisher geteilten Werte. In mehr formalen Begriffen ausgedrückt, historische Krisen bezeichnen Ereignisse, die die Glaubwürdigkeit bisher gültiger Epistemologien erschüttern« (Kren/Rappoport 1980, S.128). Die Autoren diskutieren und leiten diese Thesen ab im Kontext der in ihren Augen engen Zusammenhänge von Zivilisation, Moderne und Massenvernichtung. Dan Diner, der den Begriff der historischen Krise ebenfalls benutzt, weist an einer Stelle darauf hin, daß seine Gedanken in Teilen mit den Überlegungen von Kren/Rappoport konvergieren; vgl. Diner 1990.

mehr oder minder stark ausgesetzt, der aufgrund unmittelbarer oder mittelbarer Konfrontation mit dem Holocaust über diesen reden oder schreiben will oder muß.

Die ordnungstiftende Macht der Sprache, daß wir unsere Gedanken, Gefühle, unsere äußeren und inneren Erlebnisse und Erfahrungen in Sprache umsetzen können, den Dingen einen Namen zu geben imstande sind, dieses qualitativ wesentliche Bestimmungsmerkmal der Gattung Mensch setzt uns erst in die Lage, uns selbst und die Welt auf Orientierung, Sinn und Verstehen hin zu strukturieren. Die fundamentale Bedeutung der Sprache in ihrer sozialen, kommunikativen und kognitiven Dimension, ihre welterschließende und weltbildkonstruierende Rolle ist, bei aller Verschiedenheit und Interpretation der Zusammenhänge und Mechanismen im einzelnen, in Sprachphilosophie und Linguistik unumstritten. Wie aber soll man in diesem Sinne Erfahrungen und Erlebnisse sprachlich strukturiert zum Ausdruck bringen, Erfahrungen und Erlebnisse, die man in einer Welt gemacht hat, die ihrem ganzen Wesen nach auf die systematische Zerstörung aller sinnstrukturierten, sozialen und kommunikativen Aspekte des Menschseins zielten? Der Holocaust war eine »Welt der Extreme, ein Universum der Disorientierung, gewissermaßen dazu geschaffen, seine Opfer in einem Zustand der Orientierungslosigkeit zurückzulassen« (Fackenheim 1982, S.226).

Zuerst und unmittelbar traf dieses Problem all jene, die dem Grauen des Holocaust entkommen waren und die zugleich das tiefe Bedürfnis verspürten, Zeugnis abzulegen. Sie alle waren mit dem Problem konfrontiert, das Wittgenstein'sche Diktum – ›Die Grenzen meiner Sprache bedeuten die Grenzen meiner Welt‹ – durchbrechen zu müssen, denn sie wollten von einer real durchlittenen Welt erzählen, die aber offenbar jenseits der Grenzen ihrer Sprache lag. All ihr Bemühen, über den Holcaust zu schreiben oder zu sprechen stand und steht »unter der Herrschaft eines Paradoxons: das Ereignis muß mitgeteilt werden, gleichwohl es nicht mitteilbar ist« (Fackenheim 1982, S.26).

Naturgemäß besonders intensiv wurde das Problem Sprache und Holocaust unter jenen reflektiert und diskutiert, die dem Holocaust in fiktional-literarischer Weise beizukommen suchten[96]. Schriftsteller und Dichter sahen sich dabei mit

---

96. Der Holocaust als Thema fiktionaler Literatur ist ein vor allem in den USA, England und Israel von Schriftstellern und Literaturwissenschaftlern umfangreich und intensiv diskutiertes Problem. Die Zahl der Romane, Erzählungen und Gedichte, die den Holocaust zum Motiv haben und die entsprechende literaturwissenschaftliche Sekundärliteratur ist kaum überschaubar. Neben dem in dieser Arbeit im Mittelpunkt stehenden geschichtstheologischen Diskurs im Judentum nach und über Auschwitz dürfte die literarische Auseinandersetzung mit dem Holocaust und die Diskussion um die hiermit verbundenen Probleme das zweite große Diskursfeld im Rahmen der Auseinandersetzung mit dem Holocaust innerhalb des zeitgenössischen Judentums sein. Auch hier gilt leider, daß ein Großteil der Romane, Erzählungen, Gedichte und erst recht der außerordentlich hochrangigen literaturwissenschaftlichen Sekundärli-

noch einem weiteren Diktum konfrontiert, dem von Adorno, demzufolge nach Auschwitz Gedichte – und damit auch Literatur insgesamt – zu schreiben unmöglich sei[97].

Mit der bedrohlichen Nicht-Mitteilbarkeit der Holocaust-Erfahrung sah sich auch die Psychologie konfrontiert, oder genauer jene wenigen Psychologen und Psychotherapeuten, die sich in ihrer Arbeit mit den Überlebenden der Konzentrations- und Vernichtungslager engagiert auseinandersetzten. Eindrücklich berichtet Hans Keilson ein Beispiel aus seiner therapeutischen Praxis: »Im Folgenden möchte ich ... von einem Fall berichten, in dem es, da die Sprache sich mir versagte, zu einem solchen Abbruch [der Therapie] kam; alle Worte, die ich noch sprach, erschienen mir im gleichen Augenblick inhaltslos, leer, fremd, falsch. Ich erinnere mich auch deutlich noch eines Gefühls von Scham, Verlegenheit, so daß

---

teratur nicht ins Deutsche übersetzt ist. Diesen Studien ist »hierzulande kaum etwas an die Seite zu stellen« (Lamping 1992, S.289). Zur Einführung und zum ersten Überblick siehe vor allem: Ezrahi 1973 u. 1989; aus der umfangreich vorliegenden Literatur sei darüberhinaus besonders verwiesen auf: Halperin 1970; Langer 1975; Alexander 1977/78 u. 1979; M. Kohn 1979; Ezrahi 1980; Rosenfeld 1980; Mintz 1984; Rosenfeld 1988; Young 1990; Kremer 1991. Den besten Überblick über die entsprechende Situation in Deutschland gibt: Bier 1988; Mattenklott 1993; deutschsprachige Beiträge zur Problematik findet man auch bei: Wiesel 1979; Gerhart 1984; Lamping 1992, S.271-292; siehe auch: Young 1992. Bei der ganzen Thematik spielt auch hier sowohl in der literarischen Produktion wie auch bei der literarischen Reflexion Elie Wiesel eine Schlüsselrolle. Seine eigenen Überlegungen hierzu am übersichtlichsten bei: Wiesel in: Abrahamson 1985, Vol.II, bes.S.47-130; zu seiner Person und seinem Werk siehe: Cargas 1976 u. 1978; Rosenfeld/Greenberg 1978; Building 1979; Berenbaum 1979; Roth 1979; Langer 1982; Fine 1982; M. Friedman 1987; Dubois 1990; deutschsprachige Literatur über Wiesel bei: R. Rendtorff 1987; Boschert-Kimmig 1991; McAfee Brown 1990.

97. Das Adorno'sche Diktum führt mitten in die Spannung von Sprache und Schweigen hinein, die, wie kaum ein anderer, Elie Wiesel in diesem Zusammenhang oft und viel reflektiert hat: »Bevor ich schreibe, muß ich das Schweigen ertragen, dann bricht das Schweigen aus. Im Anfang war das Schweigen – keine Worte. Das Wort selbst ist ein Ausbruch. Das Wort selbst ist ein Akt der Gewalt; es bricht das Schweigen. Wir können dem Schweigen nicht ausweichen, wir müssen es auch nicht. Was wir tun können ist, die Worte mit Schweigen zu beladen. Wenn eine meiner Erzählungen nur aus Worten besteht, ohne Schweigen, dann ... veröffentliche ich es nicht. Das Unausgesprochene ist genauso wichtig wie das Ausgesprochene; das Gewicht des Schweigens ist notwendig. Über das Schweigen zu reden heißt, es zu reduzieren, aber in jedem Buch spreche ich vom Schweigen. Da sind Zonen des Schweigens, da sind Schatten des Schweigens. Schweigen hat seine eigene Archäologie, sein eigenes Gedächtnis, seine eigenen Farben: es ist dunkel und grau und lang und kurz und rauh und weich. Schweigen ist das Universum selbst« (Wiesel in: Abrahamson 1985, Vol.II, S.119); vgl. auch: Neher 1981.

ich schließlich zu sprechen aufhörte. Mein Gegenüber, an den die Rede gerichtet war, muß bereits früher als ich die Unmöglichkeit eingesehen haben, sich mit Worten zu verständigen. Er schwieg. Es handelte sich um einen damals 12jährigen Jungen aus einer orthodox-jüdischen Familie des gehobenen Mittelstandes, der als Waise aus dem Konzentrationslager Bergen-Belsen zurückgekommen war, wo er seine Eltern und fünf Geschwister verloren hatte« (Keilson 1984, S.919)[98].

Auch für die Historiker, für die Geschichts-*schreiber*, die über den Holocaust zu schreiben sich entschlossen haben, ist es ein eminentes Problem darüber nachzudenken, »*wie* wir schreiben sollten« (Hilberg 1988a, S.21, Hervorhebung i.O.)[99]. Hilberg beschreibt aus seiner Sicht die Quintessenz dieser Problematik wie folgt: »Sie alle erinnern sich an Adornos Diktum, es sei barbarisch nach Auschwitz Gedichte zu schreiben. Ich bin kein Poet, aber mir ist der Gedanke gekommen, daß wenn dieses Urteil wahr ist, ist es dann nicht ebenso barbarisch, nach Auschwitz Fußnoten zu schreiben? Ich hatte in meiner Vorstellung den Prozeß der Vernichtung zu rekonstruieren, die Dokumente in Paragraphen zu bringen, die Paragraphen in Kapitel, die Kapitel in ein Buch. Ich dachte immer, daß ich auf solidem Boden stehe; ich hatte keine Sorgen über ein künstlerisches Versagen. Nun erzählt man mir, daß ich in der Tat damit erfolgreich war. Und das *ist* ein Grund zu einiger Sorge, denn wir Historiker usurpieren die Geschichte exakt dann, wenn wir in unserer Arbeit erfolgreich sind, und dies sage ich, weil heutzutage einige Leute das, was ich geschrieben habe, in dem fälschlichen Glauben lesen, daß sie hier, auf meinen gedruckten Seiten, den wahren Holocaust, wie er wirklich gewesen ist, finden werden« (Hilberg 1988a, S.25).

Einen zusätzlich verschärfenden Aspekt erhält die gesamte Problematik des Sprechens und Schreibens von und über den Holocaust insbesondere dadurch, daß die Tat des Holocaust selbst auf seiten der Nazis in Planung und Durchführung gewissermaßen auch eine sozial-kommunikative ›Meisterleistung‹ darstellte. Eine ›Meisterleistung‹, die sich durch einen gleichermaßen akribischen wie euphemistischen Sprachgebrauch auszeichnete: »Es gehört zu den eigentlichen Schaudern der Nazizeit, daß alles, was geschah, festgehalten, katalogisiert, auf-

---

98. ›Wohin die Sprache nicht reicht‹, so der Titel des Aufsatzes von Keilson, aus dem dieses Zitat stammt. Dieser Aufsatz ist eine äußerst instruktive und tiefsichtige Auseinandersetzung mit dem Problem der Sprache im Kontext der Erfahrung des Holocaust aus psychotherapeutischer Sicht. Vgl. auch: Niederland 1980.
99. An anderer Stelle bemerkt Hilberg: »Wir verfügten über keine Sprache, mit der wir dieses beispiellose Ereignis hätten beschreiben können. ... Die unangemessene Terminologie, die uns zur Beschreibung dieses Ereignisses zur Verfügung stand, war die des 19. Jahrhunderts« (Hilberg 1991a, S.13); siehe hauptsächlich: Hilberg 1991a u. 1988a; Friedländer 1988a; sowie insgesamt: Lang 1988. Aus der Feder eines deutschen Historikers sind mir keine zu der hier diskutierten Problematik tiefergehende Betrachtungen bekannt.

gezeichnet und niedergeschrieben wurde; daß man den Worten Dinge auszudrükken aufgab, die eigentlich von keinem Menschenmund ausgesprochen und auf keinem von Menschenhand hergestellten Stück Papier festgehalten werden sollten« (Steiner 1969c, S.134)[100].

Auch hierin ist ein Stück trauriger Einzigartigkeit zu finden, daß die Planung und Durchführung des Holocaust von einer Form verwilderter Versprachlichung begleitet wurde, die bei dem Versuch, sie nachzuvollziehen, über sie zu reflektieren, geschweige denn sie zu verstehen, es uns Heutigen die Sprache buchstäblich verschlägt. »In den Kellerräumen der Gestapo haben Stenographen, gewöhnliche Frauen, alle Laute der Furcht und der Agonie der gebrannten, geschlagenen oder gemarterten Menschen sorgfältig aufgeschrieben. Die experimentellen Torturen, die in Belsen und Mauthausen an lebenden Wesen vorgenommen wurden, sind genauestens festgehalten. Die Anordnungen über die Zahl der Hiebe, die an den Marterpfählen von Dachau verabfolgt wurden, waren schriftlich fixiert. Wenn polnische Rabbiner gezwungen wurden, mit Hand und Mund offene Latrinen auszuräumen, standen deutsche Offiziere dabei, um den Tatbestand zu photographieren, zu protokollieren und zu etikettieren. Trennten die Wachmannschaften der SS an den Eingängen zu den Todeslagern Mütter und Kinder voneinander, gingen sie dabei nicht schweigend vor, sondern proklamierten die bevorstehenden Greuel durch lautstarken Hohn: ›Heidi, heida, juchheisassa, Scheißjuden in den Schornstein!‹ So wurde zwölf Jahre lang immer wieder das Unaussprechliche ausgesprochen, das Undenkbare aufgeschrieben, registriert, tabellisiert und zur Akte genommen« (Steiner 1969c, S.135)[101].

Auf nachdrückliche und anschauliche Weise beleuchtet der nun schon mehrfach zitierte jüdische Philosoph und Literaturwissenschaftler George Steiner das Problem unter einem für das Judentum sehr spezifischen Aspekt. Dabei bindet er seine Reflexion in einen zunächst überraschend anmutenden, tatsächlich aber sachlich adäquaten Rahmen ein. Steiner weist zu Beginn seiner Ausführungen darauf

100. Vgl. hierzu auch Hilberg, der den Ausgangspunkt und Beginn des Vernichtungsprozesses mit einem sprachlichen Akt markiert, nämlich dem mit den Nürnberger Rassegesetzen einsetzenden Prozeß der Definition dessen, was ein Jude ist; vgl. Hilberg 1990a, bes. S.69-84.
101. In diesem Sinne erschreckende Beispiele und Dokumente in: Klee/Dressen/Riess 1988. Zum verschleiernden Sprachgebrauch der Nazis siehe insgesamt grundlegend: Klemperer 1975; Esh 1963; Sternberger/Storz/Süskind 1968; Steiner 1969; Haas 1988a; Bohleber/Drews 1991. Müßig, wieder festzustellen, daß die Linguistik und Sprachphilosophie nach 1945 die Problematik von Sprache und Sprechen für die Opfer des Holocaust meines Wissens kaum zum Anlaß für Forschung und Reflexion genommen haben. Die Ursachen und Konsequenzen auf sprachtheoretischer Ebene jenes schier unüberbrückbaren Dissenses zwischen, in der Terminologie de Saussures, Bezeichnetem und Bezeichnendem im Kontext der Erfahrung des Holocaust ist, soweit ich sehe, nirgendwo Gegenstand des Nachdenkens.

hin, daß die Frage, »ob es eine Art von menschlicher Sprache gibt, in der sich adäquat über Gott sprechen läßt« (Steiner 1987, S.194), vor allem ein in der christlichen Theologie diskutiertes Problem war und ist. Das hermeneutische Dilemma dabei liege nun hauptsächlich in der Kluft zwischen den beschränkten Möglichkeiten sprachlicher Begriffsbildung und der per definitionem jenseits solcher Beschränkungen liegenden Idee von Gott. »Das Gebet zu Gott stellt kein Problem dar; der Diskurs über Gott ein nahezu unlösbares« (Steiner 1987, S.194). Die Sprache hinkt hier immer entscheidend hinter dem hinterher, was sie zu fassen sucht. Im Judentum aber, fährt Steiner fort, habe dieses »Problem linguistischer Erkenntnistheorie oder hermeneutischer Theologie keine überragende Rolle gespielt«, weil das Judentum im Grunde keine Entsprechung zum christlichen Begriff der ›Theologie‹ kenne[102]. »Die authentischste und beständigste Stärke des jüdischen Bewußtseins besteht nicht in einer Reflexion oder einem metaphysischen Diskurs über Wesen und Eigenschaften Gottes, sondern in einem ›Leben in Seiner Gegenwart‹« (Steiner 1987, S.194).

Für das dergestalt mehr dialog- und handlungsorientierte Judentum liegt somit aber eine der dramatischsten Folgen des Holocaust darin, »daß das Judentum, das religiöse wie das weltliche, von jenem hermeneutischen Dilemma (gewaltsam, unwiderruflich) durchdrungen wurde. Das Problem, ob es eine menschliche Form von Sprache gibt, die einem Verstehen von Auschwitz und einer entsprechenden Begrifflichkeit adäquat ist, ob also der Sprache nicht zu enge Grenzen gesetzt sind, als daß sie der Shoah-Erfahrung gerecht werden könnte, hat sich inzwischen unauslöschlich der jüdischen Existenz eingeprägt« (Steiner 1987, S.194f.). Natürlich hat dies für Juden bedeutende Konsequenzen primär für die religiöse Rede zu und die theologische Rede über Gott. Darüberhinaus aber ist auch selbst der »weltlichste Jude ... das explizite Geschöpf seiner Vergangenheit, der jüdischen Geschichte. Selbst der jüdische Atheist oder der entschlossenste Assimilationswillige orientiert seine Identität im Hinblick auf das historische Schicksal des jüdischen Volkes und das Rätsel seines Überlebens. Mit welchen Verstehenskategorien, mit welcher Grammatik der Vernunft, ja, mit welchem Vokabular im allerkonkretesten Sinne läßt sich der Abgrund von 1938-45 begreifen, artikulieren, interpretieren?« (Steiner 1987, S.195) Vor diesem Hintergrund wird die identitätszerstörende Sprengkraft deutlich, mit der alle Reflexion jüdischerseits nach und über Auschwitz bedroht ist. Denn über einen »entscheidenden Teil seiner eigenen Geschichte zu schweigen ist für einen Juden gleichbedeutend mit Selbstverstümmelung« (Steiner 1987, S.195).

Über diesen besonders das Judentum betreffenden Aspekt hinausgehend, erörtert Steiner auch die universalen Implikationen, die dies für die Sprache in seinen Augen hat. Für ihn markiert Auschwitz »auf einer kollektiven historischen Skala den Tod des Menschen als eines rationalen, ›vorwärtsträumenden‹ Sprachorga-

---

102. Vgl. hierzu ausführlich Kap. III dieser Arbeit.

nismus (des *zoon phonanta* der griechischen Philosophie). Die Sprachen, die wir heute auf diesem verseuchten Planeten sprechen, sind ›posthuman‹« (Steiner 1987, S.196)[103]. Diesen Gedanken konsequent fortführend, kommt er zu einem Ergebnis, dessen empirische Basis in dem Schweigen vieler Überlebender des Holocaust und noch viel mehr in dem Nie-mehr-zur-Sprache-kommen-können der Millionen von Opfern[104] wiederzufinden ist: »..., was für eine Art von Rationalität, was für eine Art von geregelter Logik der sozialen und psychologischen menschlichen Gegebenheiten, welche Prozesse rationaler Analyse und kausaler Erklärung stehen der Sprache noch zur Verfügung nach dem Krebsbefall der Vernunft, nach der Travestie jedweder Sinnhaftigkeit, wie die Shoah sie verkörperte? Es sind Zweifel solchen Ausmaßes, daß sie mich zu der (vorläufigen) Einstellung gebracht haben, daß Schweigen die einzige – wenn auch auf ihre Weise selbstmörderische – Option ist; daß der Versuch, verstehend und interpretierend über Auschwitz zu sprechen oder zu schreiben, bedeutet, das Wesen jenes Geschehens völlig zu verkennen und die von der Menschlichkeit her erforderlichen Grenzen innerhalb der Sprache völlig falsch zu ziehen« (Steiner 1987, S.196)[105].

Auch die Sprache der ›Täter‹, die deutsche Sprache, nimmt Steiner im Kontext seiner Position ins Blickfeld. Bereits im Jahre 1959 schrieb er einen aufsehenerregenden und vielfach scharf kritisierten Essay, der die »Wechselbeziehungen zwischen Sprache und politischer Unmenschlichkeit« angesichts des »deutschen Sprachkollaps zum Nazi-Jargon« zum Gegenstand hatte und dies unter besonderer Berücksichtigung der »Vergeßlichkeitsakrobatik, die dem Sturz Hitlers nachfolgte« (Steiner 1969c, S.129f)[106]. Mit Blick auf den euphemistischen Charakter der Nazi-Sprache, die die Planung und Durchführung des Holocaust begleitete, urteilte Steiner, »eine Sprache, aus der die Hölle spricht, nimmt auch die Gewohnheiten der Hölle in ihrer Syntax an« (Steiner 1969c, S.135). Er argumentiert, daß in einer Sprache, die dazu diente, Auschwitz und Bergen-Belsen zu

103. Vgl.: Rosenfeld 1980, S.135; Young 1992, S.155f.
104. »Die Toten sind im Besitz eines Geheimnisses, dessen wir Lebenden es weder wert noch in der Lage sind aufzudecken« (Wiesel, zit.n. Magurshak 1988, S.421).
105. Vgl. weiter oben Elie Wiesel in Anm. 97.
106. Es handelt sich hier um den Aufsatz »Das hohle Wunder«; siehe: Steiner 1969c. Er sollte jedoch unbedingt mit Steiners Aufsatz »Das lange Leben der Metaphorik« zusammengelesen werden; siehe Steiner 1987. »Das hohle Wunder« erregte zornigen Widerspruch in Deutschland. Die Zeitschrift »Sprache im technischen Zeitalter« widmete der Debatte eine Sondernummer (Heft Nr. 6, 1963, mit Beiträgen von u.a.: Hilde Spiel, Hans Weigel, Marcel Reich-Ranicki, Peter Rühmkorff, Rudolf Krämer-Badoni), und die Gruppe 47, die bedeutendste Gruppierung deutscher Schriftsteller nach 1945, diskutierte bei ihrem Treffen im Frühjahr 1966 in den USA kontrovers und heftig über Steiners Thesen. Besonders feindselig, so Steiner, habe der akademische Berufsstand, »dem ich selber mit einem gewissen Unbehagen angehöre«, reagiert; vgl. Steiner 1969c, S.129f.

organisieren und zu rechtfertigen, daß in einer solchen Sprache sich etwas »von der Lüge und dem Sadismus ... im Mark der Sprache fest[setzt]« (Steiner 1969, S.137)[107]. Denn die »buchstäblich unsäglichen Wörter, die dazu benutzt werden, die Shoah zu planen, anzuordnen, zu inventarisieren und zu rechtfertigen, die Wörter, die es nach sich ziehen und amtlich machen, daß Kinder vor den Augen ihrer Eltern bei lebendigem Leibe verbrannt werden, daß Greise und Greisinnen in Exkrementen langsam ertränkt werden, daß in einer wortreichen Mordbürokratie Millionen ausgelöscht werden, es sind deutsche Wörter. Es sind Wörter, denen die halluzinatorische Verstiegenheiten, denen der Todeskitsch der Nazirhetorik eine Kraft, eine Konsequenz verliehen haben, wie sie wenige andere Wörter in menschlicher Geschichte besessen haben« (Steiner 1987, S.197f.). Trotzdem, oder genauer exakt deswegen, kommt er zu der frappierenden Überlegung, die einzige Sprache, »in der überhaupt etwas Einsichtiges, etwas Verantwortliches über die Shoah zu sagen versucht werden kann, das Deutsche« (Steiner 1987, S.197) ist. Und, so vermutet er, »wenn es denn überhaupt eine Rehumanisierung der Sprache nach der Shoah geben sollte, eine Wiederherstellung der Sprache in ihrer verlorengegangenen Gabe, zu und über Gott zu sprechen, zu und über den Menschen überhaupt in einem verantwortlichen Sinne zu sprechen, daß eine solche Wiedergutmachung und Wiederherstellung nur aus dem Todesidiom selbst kommen kann« (Steiner 1987, S.198)[108].

Man mag an manchem, was Steiner schreibt, Anstoß nehmen, man mag manches anders beurteilen[109]. Eines jedoch dürfte unumstritten sein. Steiner verstand es wie nur wenige neben ihm, den Aspekt der Sprache im Rahmen der Problematik der Unverstehbarkeit des Holocaust zu thematisieren und zu illustrieren. In seinen Worten wird die abgrundtiefe Dimension des Zusammenhangs zwischen Verstehbarkeit und Versprachlichung der Erfahrung des Holocaust für das Juden-

107. »Wörter sind nicht unschuldig, können es nicht sein, sondern die Schuld der Sprecher wächst der Sprache selber zu, fleischt sich ihr gleichsam ein« (Sternberger, Vorbemerkung in: Sternberger/Storz/Süskind 1968, S.12); vgl. auch die zustimmenden Bemerkungen von Raul Hilberg in: Hilberg/Söllner 1988, S.194f.
108. Steiner findet einen Beleg hierfür darin, daß es die deutsche Sprache ist, »in der wir den einzigen Dichter finden – darf ich sagen, den einzigen von allen, die darüber geschrieben haben –, der Auschwitz gewachsen ist« (Steiner 1987, S.198). Es handelt sich um Paul Celan, dessen Gedicht »Psalm« Steiner im Weitergang seines Aufsatzes ausführlich interpretiert; vgl. Steiner 1987, S.208-212; kritisch äußerte sich dazu Elie Wiesel: »Einer unserer brillianten Kollegen hat vorgeschlagen, die einzige Sprache, in der über dieses Ereignis zu schreiben möglich ist, sei Deutsch. Die Sprache der Mörder. Warum nicht die Sprache der Opfer? Was ist mit Yiddisch? Und was mit Hebräisch? Ist Hiob überflüssig geworden? Existiert Jeremiah nicht mehr? Wenn wir von Tragödie sprechen, mit welchen Worten tun wir das dann? Mit Jeremiahs Worten!« (Wiesel 1988, S.17).
109. Ich persönlich möchte den Analysen Steiners ausdrücklich zustimmen.

tum zwingend deutlich. Zugleich läßt es die Schwierigkeiten erahnen, mit der jene späterhin zu Wort kommenden jüdischen Deuter des Holocaust konfrontiert waren und sind. Denn sie sind es, die jene Ereignisse und Erfahrungen reflektierend in Sprache zu bringen versuchen, Ereignisse und Erfahrungen, die aufgrund ihrer dunklen Natur »sich in einer Welt abspiel[t]en, wohin die Sprache nicht reicht, wo sie ›versagt‹« (Keilson 1984, S.925).

2.3 Unverstehbarkeit des Holocaust und die religiöse Frage

»Ja, jene, die ihr als gemeine Kriminelle erkennt und auch so nennt, beginnt ihr doch von dem Augenblick an, da sie Zepter und Reichsapfel zu fassen bekommen, sofort zu vergöttern, selbst sie schmähend noch zu vergöttern, ihr zählt die Sachzwänge auf, ihr sagt, wo sie objektiv recht hatten, hingegen subjektiv nicht, was man objektiv verstehen kann und subjektiv nicht, welche Intrigen im Hintergrund abliefen und welche Interessen hineinspielten, und ihr werdet der Erklärungen nicht müde, nur um eure Seelen und was noch zu retten ist, zu retten, nur um den gemeinen Raub, den Mord und die Seelenkrämerei, an denen wir alle so oder so irgendwie beteiligt sind oder waren, wir alle, die wir hier sitzen, im großartigen Opernhausglanz der Weltgeschehnisse zu sehen, ..., ja, damit ihr Teilwahrheiten aus dem großen Schiffbruch fischen könnt, bei dem alles Ganze zerbrochen ist, ja damit ihr nur nicht die vor euch, hinter euch, unter euch und überall sich auftuenden Abgründe zu sehen braucht, das Nichts, die Leere, das heißt unsere wirkliche Lage, nicht zu sehen braucht, ...«
(Imre Kertesz 1992)

Wie ein roter Faden läßt sich in den nun zahlreichen zu Gehör gebrachten Äußerungen ein Zusammenhang zwischen postulierter Unverstehbarkeit des Holocaust und postulierter Einzigartigkeit des Holocaust erkennen. Fast ausnahmslos jeder Denker, sei er von Hause aus Historiker, Literaturwissenschaftler, Philosoph oder Theologe, der vehement für die Einstufung des Holocaust als einzigartig plädiert, ist zugleich jemand, der in besonderer Weise mit dem Problem der Unverstehbarkeit des Holocaust ringt. Mehr noch ist oft gerade jenes tief empfundene Gefühl, bei der Auseinandersetzung, Analyse und Deutung des Holocaust an die Grenzen menschlichen Verstehens zu gelangen, Grund und Teil der Argumentation selbst, den Holocaust als einzigartig zu bewerten. Hier besteht offensichtlich ein tiefer und auch nachvollziehbarer Zusammenhang, der hier weniger gewertet, als vielmehr zunächst schlicht konstatiert werden soll.

Wer aus welchen Gründen auch immer zu dem Ergebnis kommt, sein eigenes (wissenschaftliches/philosophisches) Instrumentarium reiche hin zu einer ihn wie auch immer befriedigenden Erklärung und Analyse des Holocaust, wird selten dessen Einzigartigkeit betonen, und wohl nie, der Holocaust sei dem Verstehen und der Analyse nicht hinreichend zugänglich. Für ihn befinden sich die beiden Waagschalen, auf deren einer Seite Analyse, Verstehen und Deutung, und auf deren anderer Seite jene Ereignisse des Holocaust liegen, in einem wenn auch nicht exakt gleichgewichtigen, so dennoch vertretbar ausgewogenem Zustand. Diesen gegenüber stehen jene, für die noch so scharfsinnige Analysen und ausgefeilte Deutungen nicht zu einem annähernd ausgewogenen Gleichgewicht der beiden Waagschalen führen. Für sie bleibt immer ein gewichtiges Ungleichgewicht der Waagschalen bestehen, in ihren Augen bleibt immer ein gewichtiger Rest, der nicht analysier-, versteh- und deutbar ist.

Exakt diese Unterscheidung können wir auch wiedertreffen in den Deutungen der späterhin vorzustellenden sog. Holocaust-Theologen. Jene Deuter, zumeist der orthodoxen Strömung zurechenbar, die an einem Deutungs- und Verstehensmuster festhalten, das es ihnen aus ihrer Sicht erlaubt, den Holocaust in den bisherigen Gang der jüdischen Geschichte zu integrieren, die in des Holocaust Quantität und Qualität keine den traditionellen jüdischen Bezugsrahmen sprengende Herausforderung sehen, sind zugleich jene, die dem Holocaust den Charakter der Einzigartigkeit ebenso absprechen, als auch betont gegen das Postulat seiner Unverstehbarkeit argumentieren[110]. Während jene Denker, für die der Holocaust dezidiert einen Bruch jüdischer Geschichte darstellt und die demzufolge eine Analyse und Deutung des Holocaust mittels traditionell jüdischer Verstehensmuster für unmöglich erachten, zugleich jene sind, in deren Überlegungen die Grenzen des Verstehens und die Einzigartigkeit des Holocaust zweifelsfrei im Mittelpunkt stehen[111].

Die Radikalität und Notwendigkeit, eine neue geschichtsphilosophische und/ oder geschichtstheologische Standortbestimmung zu vollziehen, resultiert in hohem Maße unmittelbar aus der Einstellung zu den Fragen nach Einzigartigkeit und Unverstehbarkeit des Holocaust. Je nach der in diesen Punkten eingenommenen Position unterscheidet sich sowohl die Auswahl wie auch die Intensität, mit der man sich bestimmten Aspekten des Themas Holocaust widmet. Die Frage etwa nach der Epocheneinteilung und Setzung von Zäsuren in der jüdischen Geschichte, oder aber z.B. das Problem der Historisierung des Holocaust wird gänzlich unterschiedlich angegangen und bewertet werden, je nachdem ob man Einzigartigkeit und Unverstehbarkeit des Holocaust bejaht oder verneint. Mit der Beantwortung der Frage nach der spezifischen Qualität der Nazi-Verbrechen im Blick auf dessen Einzigartigkeit sowie ihrer dem Verstehen zugänglichen bzw. unzugänglichen Dimensionen steht und fällt jede Interpretation und Analyse des Holocaust durch den Historiker ebenso wie durch den Philosophen oder Theologen. In einem musikalischen Bild gesprochen fällt an diesem Punkt die Entscheidung über die Tonart, in der das ganze Stück steht.

110. Vgl. Kap. V-1 u. V-2.1.
111. Vgl. vor allem Kap. V-2.2 bis 2.4 u. V-3.1 bis 3.2

Diese Beobachtungen führen zu der Überlegung, daß an dieser Stelle – Einzigartigkeit und Unverstehbarkeit – die eigentliche Grenzscheide zwischen den verschiedenen Interpretationen des Holocaust verläuft. Das heißt, wir haben es im Wesentlichen mit zwei Gruppen von Interpretationen und Deutern zu tun, deren folgenreichstes Unterscheidungsmerkmal in ihrer unterschiedlichen Einschätzung bezüglich der Verstehbarkeit und Einzigartigkeit des Holocaust begründet liegt. Gleichgültig welcher Disziplin man angehört, ob Historiker, Philosoph, Politologe oder Theologe; gleichgültig welcher methodische Zugriff im Vordergrund steht, ob geistesgeschichtlich, sozialwissenschaftlich, empirisch oder theoretisch; gleichgültig, welchem Aspekt man inhaltlich sich widmet, ob man den Holocaust unter ökonomischem, soziologischem, bürokratietheoretischem oder militärpolitischem Blickwinkel betrachtet; im Ergebnis wird man in aller Regel sich wiederfinden entweder in der Gruppe derer, die bei aller investierten analytischen und interpretatorischen Mühe und Sorgfalt eine nicht auflösbare Differenz zwischen ihrer Analyse und Interpretation und dem analysierten und interpretierten Ereignis selbst betonen; wird man sich wiederfinden in der Gruppe derer, die bei aller Anstrengung gewissermaßen einen schwer zu benennenden Fehlbetrag konstatieren, der die Gleichung nicht aufgehen läßt. Oder aber man ist Teil der Gruppe, die jenen Anteilen und Aspekten des Holocaust, die der Analyse und Interpretation zugänglich sind, ein größeres und genügendes Gewicht zuerkennen und von da aus eine prinzipielle Deut- und Verstehbarkeit des Holocaust ableiten. Sie sind, kurz formuliert, der Überzeugung, daß das, was Menschen tun, im Prinzip immer auch menschlichem Verstehen zugänglich ist.

Jenseits und vor aller wertenden Beurteilung dieser beiden grundsätzlich differenten Gruppen dürfte klar und einleuchtend sein, daß die Zugehörigkeit zu der einen oder der anderen Gruppe sowohl Ursache ist als auch erhebliche Folgen hat für die Art und Weise des Umgangs mit und des Zugriffs auf die vielfältig problematischen Aspekte des Themas Holocaust.

Insbesondere im Zusammenhang mit unserem Gesamtthema – die jüdisch geschichtstheologischen Deutungen des Holocaust im Rahmen jüdischen Gedächtnisses – spielt diese ›Gruppenzugehörigkeit‹ noch eine darüberhinausgehende, besondere Rolle. Wenn man meint, in der Auseinandersetzung mit dem Holocaust an Grenzen des Verstehens zu gelangen; wenn der Holocaust einer problemlosen Einordnung in die Kontinuität der jüdischen Geschichte wie auch der Menschheitsgeschichte insgesamt widerstrebt; wenn seine Qualität einer rational befriedigenden und vollständigen Analyse und damit letztlich dem Verstehen insgesamt immer wieder sich zu entziehen droht; kurz, wenn er insgesamt sich einem vollgültigen Zugriff mittels der üblichen Instrumentarien der (Geschichts-) Wissenschaft verweigert, dann – so die Konsequenz – »gehört der Holocaust unter diesem Blickwinkel betrachtet« tatsächlich genauso sehr, wenn nicht gar noch »mehr in den Bereich des Philosophen und des Theologen« (Huttenbach 1988, S.289), wie er auf den ersten Blick vielleicht primär allein ein Thema der Politik- und Geschichtswissenschaft zu sein scheint.

Es ist nun genau dieser Zusammenhang, der eine der Schnittstellen darstellt, die bei jenen jüdischen Historikern, die ihren eigenen Aussagen nach ihr Menschsein im allgemeinen und ihr Judesein im besonderen alles andere als religiös definieren, und in deren Arbeiten ohne Zweifel die religiöse oder theologische Komponente kaum eine Rolle spielen, die bei diesen Historikern dennoch zu einer signifikant erhöhten Offenheit gegenüber den irrationalen, philosophischen oder religiösen Dimensionen des Holocaust führt. Jüdische Historiker mit einem betont agnostischen oder atheistischen Hintergrund wie etwa Saul Friedländer, Dan Diner, Raul Hilberg oder Yehuda Bauer, die, wenn man so will, hauptsächlich von einem im strengen Sinne wissenschaftlichen Standpunkt aus am Ende ihrer Arbeiten immer wieder die letztlich bleibende Vergeblichkeit des Verstehens konstatieren müssen, berühren sich in eben diesem Versuch, »die Vergeblichkeit des Verstehens zu verstehen« (Diner 1987, S.33), mit jenen Philosophen, Theologen und Denkern, die genau jene Unverstehbarkeit und Irrationalität des Holocaust zum Ausgangs- und Mittelpunkt ihres philosophisch-theologischen Bemühens machen und die Implikationen und Folgen ebendieser Unverstehbarkeit philosophisch-theologisch auszuloten versuchen.

Das Problem der Unverstehbarkeit des Holocaust ist in mancherlei Hinsicht – was die Qualität seiner Herausforderung für Weltbild und wissenschaftliches Selbstverständnis angeht – eine säkularisiert-wissenschaftliche Variante der theologischen Frage nach der Abwesenheit Gottes während des Holocaust. Sowohl der agnostisch/atheistische Historiker als auch der gläubige Theologe oder Religionsphilosoph kommen hier in ihrer Auseinandersetzung mit dem Holocaust in Berührung mit einer Dimension, die sie gleichermaßen an die Grenzen ihrer je eigenen analytischen und erkenntnistheoretischen Möglichkeiten führt, eine Dimension, die sie gleichermaßen in ihrem Selbstverständnis und in wesentlichen Teilen ihrer Grundüberzeugungen massiv in Frage stellt und herausfordert. Die tiefe Erschütterung und Infragestellung sowie Begrenztheit der eigenen Mittel und Möglichkeiten, mit dem Holocaust zurande zu kommen, und die hieraus für die eigene Identität bedrohlichen Rückwirkungen bilden gewissermaßen einen dem a-religiösen Historiker wie auch dem gläubigen Theologen gemeinsamen Bezugspunkt und führen zu einer wechselseitig tief empfundenen Haltung des gegenseitigen Respekts, motivieren zu Austausch und Dialog, d.h. führen letztlich zum interdisziplinären Zusammenarbeiten trotz im Prinzip unterschiedlich weltanschaulicher Präferenzen und Standorte.

Hierin ist einer der Hauptgründe zu finden, warum ein Historiker wie Saul Friedländer etwa in seinem Briefwechsel mit Martin Broszat[112] das Bemühen, den Holocaust in, wie er es nennt, »mythischen« – im Kern geschichtstheologischen – Deutungsdimensionen auf jüdischer Seite zu verarbeiten, vehement als legitim verteidigt; oder aber ein so explizit und engagiert sich als a-religiöser

---

112. Vgl. Abschnitt 1 dieses Kapitels.

Jude definierender Historiker wie Yehuda Bauer in seinen Aufsätzen und Büchern den jüdisch-religiösen Interpretationen des Holocaust bei aller Kritik Gewicht und Respekt bezeugt[113]. Die Konfrontation mit den Grenzen des Verstehens, mit der Unverstehbarkeit des Holocaust führt solche vornehmlich jüdischen Historiker zu einer größeren Offenheit, Bereitschaft und Dialogfähigkeit mit denen, die eine religiös oder philosophisch orientierte Analyse und Deutung des Holocaust versuchen. Letztlich ist es die ungeheuerliche Dimension des Ereignisses selbst, die hier an dieser Stelle säkulare und religiöse Juden in ihrer Anstrengung, eine neue Definition ihrer Identität als Jude nach Auschwitz zu formulieren, miteinander unauflösbar verbindet[114].

Diese Zusammenhänge lassen sich um ihrer Plausibilität willen noch von einer anderen, teilweise überraschend anmutenden Perspektive vertiefend deutlich machen. Dazu wenden wir uns einem zunächst um ein entscheidendes Wort am Anfang absichtlich gekürzten Zitat zu:

»... ist das, was nicht gesagt werden kann, wenn es gesagt wird; was man nicht abschätzen kann, wenn man es schätzt; was unvergleichbar ist, wenn man es vergleicht; was in der Definition alle Grenzen überschreitet«.

Diese Worte, die wie ein weiterer Aufruf, die Unverstehbarkeit des Holocaust *ex negativo* auszuloten, erscheinen, diese Worte sind tatsächlich bereits gut 1500 Jahre alt, stammen von dem Kirchenvater Augustinus, Bischof von Hippo, und beziehen sich natürlich nicht auf Auschwitz, sondern auf Gott. Demgemäß lautet das Zitat ungekürzt und vollständig: »*Gott* ist das, was nicht gesagt werden kann, wenn es gesagt wird; was man nicht abschätzen kann, wenn man es schätzt; was unvergleichbar ist, wenn man es vergleicht; was in der Definition alle Grenzen überschreitet« (Augustinus, zit.n. Beinert 1978, S.114. Hervorhebung von mir).

Die Problematik der Unverstehbarkeit des Holocaust und der Art und Weise, wie diese in Stil und bis in die Wortwahl hinein diskutiert wird, offenbart erstaunliche Ähnlichkeiten und Parallellen, vor allem unter formalen Gesichtspunkten, zu einer Problematik, die jedem theologisch Bewanderten vertraut ist: die Schwierigkeit, Gott zu verstehen, zu denken, zu erkennen und die Vergeblichkeit, dieses immer unvollkommene Verstehen, Denken und Erkennen in Worte zu fassen[115]. Die Schwierigkeit, das, was Gott ist, zu verstehen, zu denken, in Sprache zu bringen, und die Schwierigkeit, das, was der Holocaust ist, zu verstehen, zu denken,

---

113. Vgl.: Bauer 1982 u. 1991.
114. Vgl. hierzu vor allem Kap. V-2.3 über Fackenheim. Fackenheim betont, daß die Unterscheidung zwischen säkularem und religiösem Judentum durch den Holocaust, der seinem totalen Impuls nach jeden Juden treffen wollte, endgültig obsolet geworden sei; vgl. auch Kap. V-3.1 u. 3.2 über A.A. Cohen und Irving Greenberg, die ähnlich argumentieren; siehe ebenso Kap. VI.
115. Vgl. hierzu auch Steiner, weiter oben.

in Sprache zu bringen, diese Schwierigkeiten scheinen sich in einer geradezu gespenstischen und bisweilen blasphemisch anmutenden Weise an ihren äußersten Rändern zu berühren und in der Dimension ihrer erkenntnistheoretischen, hermeneutischen und linguistischen Problematik in spiegelbildlicher Weise nahezu identisch zu sein[116].

Vertieft man sich in die Werke der unter dem Begriff ›Negative Theologie‹ vereinten Theologen, von Dionysios Aeropagita bis hin zu Nikolaus von Cues und über diesen hinaus[117], wird man schnell gewahr, daß einer ihrer gemeinsamen Grundzüge darin liegt, dem immer wieder ins Unnennbare sich entziehenden Gott letztlich nur *ex negativo* beschreibend sich annähern zu können. Nikolaus Cusanus etwa, um nur ein Beispiel zu geben, charakterisiert das Wissen von der Unbegreiflichkeit Gottes als ›docta ignorantia‹, als gelehrte Unwissenheit, und versteht darunter ein durch Wissenschaft gewonnenes Nichtwissen[118]. In diesen Überlegungen des Cusanus leuchtet meines Erachtens doch eine gespenstisch nahe Verwandtschaft auf zu dem Diktum Dan Diners, nur *ex negativo*, nur durch den Versuch, die Vergeblichkeit des Verstehens zu verstehen, könne ermessen werden, um welches Ereignis es sich bei dem Zivilisationsbruch Auschwitz gehandelt haben könnte. Im Ergebnis hätten wir es bei diesem Ausloten der Vergeblichkeit des Verstehens im Grunde auch mit einer *docta ignorantia*, mit einer gelehrten Unwissenheit, mit einem durch Wissenschaft gewonnenen Nichtwissen zu tun. Und umgekehrt könnte ein jeder der Negativen Theologie sich zugehörig fühlender Theologe, dem wie folgt leicht abgewandelten Diner'schen Diktum zustimmen: Nur *ex negativo*, nur durch den ständigen Versuch, die Vergeblichkeit des Verstehens zu verstehen, kann ermessen werden, worum es sich handeln könnte, wenn wir Gott sagen.

Schließlich mag es auf provokative Weise ähnlich verblüffend sein, wenn man sich die Äußerungen und Reflexionen sowohl der Überlebenden des Holocaust als auch der zahlreichen Historiker, Philosophen und Schriftsteller im Rahmen des Diskurses um die Unverstehbarkeit des Holocaust vergegenwärtigt und sie mit folgender Zusammenfassung wesentlicher Grundgedanken der Negativen Theologie vergleicht: »Gott ist durch keinen Begriff zu begreifen, durch keine Aussage voll

---

116. In diesem Sinne weisen einige wenige Autoren jüdischerseits darauf hin, daß die Schwierigkeiten des Verstehens und der Versprachlichung der Phänomene des Bösen (Holocaust) die gleichen sind, wie gegenüber den Phänomenen des Guten oder Schönen. Exemplarisch Dan Magurshak : »Sicher, die Tatsache, daß Kinder verbrannt wurden, kann einer vollständigen Erklärung nicht zugeführt werden. [...] Tatsächlich aber hat man die gleiche Erfahrung mit dem Phänomen der Schönheit« (Magurshak 1988, S.423); in gleichem Sinne auch: Gordis 1972.
117. Zur Negativen Theologie siehe: Hochstaffl 1976.
118. Vgl. die zweisprachige Ausgabe des 1440 entstandenen Werkes ›De docta ignorantia‹ des Nikoalau von Cues in: Cues 1964; vgl. auch: Cues 1967. Zu Leben und Werk des Cusanus siehe: Volkmann-Schluck 1957.

auszusagen, durch keine Definition zu definieren: er ist der Unbegreifliche, Unaussagbare, Undefinierbare. [...] Damit gerät menschliches Denken in einen Bereich, wo positive Aussagen ... sich als unzulänglich erweisen, ja, um wahr zu sein, immer zugleich der Negation bedürfen, ... [...] Vor Gott kommt alles Reden aus hörendem Schweigen und führt hinein ins redende Schweigen« (Küng 1981, S.659)[119].

In beiden Fällen, dort, wo Menschen ihren Glauben an und ihre Erfahrung mit Gott denkerisch reflektierend und interpretierend in Sprache fassen wollen, und dort, wo Menschen ihr Wissen von und ihre Erfahrung mit dem Holocaust denkerisch reflektierend und interpretierend in Sprache fassen wollen, in beiden Fällen ist der Ausgangspunkt die Begegnung mit einer Dimension, die exakt diesem Bemühen um Verstehen, Deutung und Versprachlichung beständig zu widerstreben scheint. In beiden Fällen liegt eine den jeweiligen Menschen überwältigende Erfahrung zugrunde, die freilich – was nie aus dem Blick zu verlieren ist – in dem einen Fall eine trotz aller Grenzen des Verstehens erhebende, identitätsstiftende, in dem anderen Fall aber auch und gerade wegen der Grenzen des Verstehens vernichtende, identitätszerstörende Konsequenz inne hat. Religiös betrachtet ist die Idee Gottes die Idee des Positiven schlechthin, die Erfahrung Gottes die Erfahrung mit dem absolut Guten schlechthin. Demgegenüber gerinnt die Wirklichkeit des Holocaust zum Negativen schlechthin, die Erfahrung mit Auschwitz zur Erfahrung des absolut Bösen schlechthin. Die Extreme berühren sich an ihren Rändern und sprengen in ihren Dimensionen in beiden Fällen in spiegelbildlicher Weise mit jeweils umgekehrtem Vorzeichen die menschliche Möglichkeit dessen, was gedacht, was verstanden, was gesagt werden kann[120].

Es geht bei diesen Überlegungen bei weitem nicht darum, Dan Diner und die anderen weiter oben zu Wort gekommenen Historiker zu verkappten negativen Theologen zu machen, als vielmehr zu verdeutlichen, in welcher Nähe zu potentiell theologischen Fragestellungen sie sich mittels ihrer Reflexionen zur Unverstehbarkeit des Holocaust befinden und wie sehr diese Nähe durch die Natur der Problematik selbst, mit der sie sich auseinandersetzen, zwangsläufig gegeben ist, unabhängig davon, ob sie sich dessen bewußt sind, sein wollen, oder nicht. Von einem theologischen Standpunkt aus betrachtet, könnte man den Diskurs um die

---

119. Vgl. das in Anm. 97 weiter oben wiedergegebene Zitat Elie Wiesels.
120. Es wäre der Mühe von Theologen, Philosophen und Sprachwissenschaftlern durchaus wert, den hier nur andeutungsweise aufgezeigten Ähnlichkeiten der Problematik in Verstehen und sprachlicher Formulierung der Gotteserfahrung und -idee einerseits und der Erfahrung von Auschwitz andererseits in systematischer Weise nachzugehen. Insbesondere müssten die zumeist in paradoxer Sprechweise verfassten Texte der Mystiker aller Religionen, besonders die der Negativen Theologie sehr nahe stehenden asiatischen Religionen des Buddhismus und Hinduismus, dabei berücksichtigt werden. Wenngleich der Ertrag eines solchen Vergleiches offen ist, so drängt er sich doch angesichts der in beiden Fällen formal in Schwere und Bedeutung ähnlichen Problematik geradezu auf.

Unverstehbarkeit des Holocaust in Relation zu der diesem Postulat zugrundeliegenden Problematik und Dimension geradezu als durch und durch säkulare Variante der Gottesfrage charakterisieren.

Dann aber wäre es in der Tat ein tragik-ironischer Winkelzug der Geschichte, daß just in dem Moment der Geschichte der Menschheit und auf dem Teil der Erde, wo man sich der Hypothese Gott weitgehend entledigt hatte; wo man im Zuge von Aufklärung, Säkularisierung, Moderne, industriell-technologischer Revolution und der mit diesem Prozeß einhergehenden ›Entzauberung der Welt‹ (Max Weber) die Vorherrschaft von Verstand und Wissenschaft proklamierte; daß just in dem Moment und auf dem Teil der Erde, wo mit der weitgehenden Verdrängung eines religiös dominierten Weltbildes zugleich auch das Geheimnisvolle und Unverstehbare in seiner potentiell positiven Form in den Hintergrund trat; daß just in dem Moment und auf dem Teil der Erde, wo mit dem Siegeszug eines technologisch und wissenschaftlich dominierten Weltbildes die prinzipielle Versteh- und Erklärbarkeit der Welt postuliert wurde; daß just in diesem Moment der Geschichte der Menschheit und auf diesem europäischen Teil der Erde, quasi durch die Hintertür und durch den Orkus, mit verzerrter Fratze und ungeahnter Gewalt, das Unversteh- und Unerklärbare, einen blutigen Abgrund hinter sich lassend, erneut und nun mit unvergleichbar negativem Akzent sich dem Bewußtsein des Menschen unausweichlich und nicht zu bewältigend präsentiert.

Zwei abschließende Bemerkungen. Zum einen muß der scharfe Kontrast auffallen zwischen der gerade im Kontext des Diskurses um die Unverstehbarkeit des Holocaust deutlich gewordenen, außerordentlichen Tragweite dieses Zivilisationsbruchs einerseits und der Tatsache andererseits, daß »jene Ereignisphase doch keinerlei sichtbare Veränderungen im säkular gestifteten und rational organisierten Zivilisationszusammenhang nach sich gezogen« (Diner 1990, S.95) hat. Seiner tiefgreifenden und schwergewichtigen Bedeutung, seiner im gleichen Maße von anthropologischer, philosophischer, psychologischer, theologischer und historischer Seite konstatierten Qualität steht eine nicht annähernd adäquate Veränderung im Denken und Handeln der Menschen gegenüber. Zum auffallendsten Charakteristikum dieses Zivilisationsbruches gehört offensichtlich, daß kaum einer diesen Bruch wahrnehmen will, kaum einer diese Diagnose teilt und demzufolge auch keine enstprechenden Konsequenzen, keine angemessene Therapie einsetzt. Nach wie vor handeln die Menschen so, »als ob die Fundamente ihrer Zivilisation in der Grenzerfahrung der Opfer der industriellen Massenvernichtung nicht widerlegt« (Diner 1990, S.113) worden seien. Aus der gleichen Erfahrung heraus formulierte Elie Wiesel: »Nichts ist gelernt worden: Auschwitz hat nicht als Warnung gedient. Um genauere Informationen zu bekommen, genügt ein Blick in die Tageszeitung« (Wiesel, zit.n. Rosenberg 1983a, S.16)[121].

---

121. Zu diesem Phänomen vgl. auch Kap. VII.

Zum zweiten gibt es natürlich eine ganze Reihe ernstzunehmender Argumente *gegen* das Postulat der Unverstehbarkeit des Holocaust, insbesondere bezüglich der Konsequenzen, die eine Bejahung dieses Postulats in den Augen seiner Kritiker hätte. »Wenn der Holocaust im Rahmen menschlicher Möglichkeiten unverstehbar ist«, wendet z.B. Dan Magurshak ein, »dann sind der Ansporn, dieses Phänomen zu studieren, das Bekenntnis, eine Wachheit ihm gegenüber auch jenseits akademischer Zirkel zu verbreiten und die Möglichkeit, ein ähnliches Geschehen verhindern zu können, ernsthaft gefährdet« (Magurshak 1988, S.422). Auch weisen die Kritiker auf den offensichtlichen Widerspruch hin, daß die Vertreter der Unverstehbarkeit des Holocaust zugleich jene sind, die entgegen ihrem eigenen Urteil sehr viel zum Verstehen des Holocaust beigetragen haben; daß es zugleich jene sind, die gerade nicht in der Konsequenz ihrer Erkenntnis in Schweigen verstummt sind, sondern im Gegenteil oft zu den wortreichsten Analytikern und Interpreten dieses Geschehens gehören[122].

Wenngleich diese von den Kritikern vorgetragenen Einwände und die von ihnen festgestellten Widersprüche in gewissem Umfang berechtigt sind, so scheint mir ihre Kritik insgesamt am Kern dessen vorbeizugehen, was die im angelsächsischen und innerjüdischen Raum mit großer Mehrheit zu findenden Vertreter des Postulats der Unverstehbarkeit des Holocaust bewegt. Die Beobachtung, daß die Anhänger des Postulats der Unverstehbarkeit vielfach identisch sind mit denen, die unvergleichlich viel zum ›Verstehen‹ dieses Ereignisses beigetragen haben, sollte uns aber doch in einem anderen Sinne nachdenklich machen. »Eines der vielen Paradoxa, die der Holocaust hervorgebracht hat liegt darin«, schreibt Alan Berger, »daß im Lauf der Zeit, während beständig anwachsend immer mehr Da-

---

122. Zur Kritik am Postulat der Unverstehbarkeit im Einzelnen siehe exemplarisch: Sherwin 1972; Rosenberg 1979; Rosenberg 1983; Rosenberg 1983/84; Rosenberg 1988; Magurshak 1988; Seeskin 1988; Funkenstein 1989a; vgl. auch Bauer 1991a. Siehe ebenfalls die thematisch in diesen Kontext gehörenden Ausführungen über einen Teil der jüdischen Denker, die sich gegen eine zu intensive Auseinandersetzung mit dem Holocaust aussprechen in Kap.V-4 dieser Arbeit. Ebenfalls in diesen Kontext gehören die Stellungnahmen deutscher Historiker, die sich – wenn sie sich denn überhaupt zu dieser gesamten Problematik äußern – zumeist gegen das Postulat der Unverstehbarkeit aussprechen. Allerdings handelt es sich in der Regel dabei nur um äußerst knappe, ein oder zwei Sätze kurze Statements. Nirgendwo wird die Thematik ausführlich und ernsthaft reflektiert, geschweige denn, daß man dabei auf den Stand der angelsächsischen und jüdischen Diskussion sich beziehen würde oder diesen überhaupt rezipiert hätte. Eine der Ernsthaftigkeit und Qualität des Diner'schen Standpunktes für die Unverstehbarkeit des Holocaust angemessene Kritik läßt, obwohl Diners Analyse vielfach auf heftige Ablehnung stieß, bis dato auf sich warten. Beispiele für die Kürzestäußerungen deutscher Historiker wider die Unverstehbarkeit findet man z. B. bei: Mommsen 1992, Aly 1992, Niethammer 1992.

ten enthüllt werden, dies zu einer wachsenden Konfusion über die Bedeutung des Ereignisses selbst geführt hat« (Berger 1988, S.194).

Zu Recht weist Berger damit zum einen auf die beträchtliche Differenz hin, die zwischen dem zweifelsohne enorm angewachsenen Ertrag analytischer Erforschung des Holocaust und einem dementsprechenden Verstehen und Interpretieren des Ereignisses selbst liegt. Zum anderen stützt dieses Paradox – ein meines Erachtens in der gesamten historischen Forschung einmaliges Paradox –, stützt dieser Widerspruch gerade das Postulat der Unverstehbarkeit. Die Kritik an diesem Postulat entzündet sich zumeist an dem vermeintlichen Widerspruch, auf der Unverstehbarkeit des Holocaust zu beharren, obwohl unser Wissen und unsere Erkenntnisse über ihn dank der Forschung beständig umfangreicher und detaillierte werden. Dieser Widerspruch ist vermeintlich, weil er nämlich nicht, wie es die Kritiker des Postulats der Unverstehbarkeit anführen, in der Differenz zwischen anwachsendem Wissen und postulierter Unverstehbarkeit liegt. Vielmehr ist das Beharren auf der Unverstehbarkeit ein Reflex auf die Widersprüchlichkeit der Natur des zutage geförderten Wissens in hermeneutischer Hinsicht selbst. Einfach gesagt bedeutet dies: Ein Mehr an Wissen ist nicht zugleich ein Mehr an Verstehen! Dies erklärt, warum gerade so viele derjenigen, die am intensivsten und ertragreichsten mit dem Holocaust sich auseinandersetzen, zugleich jene sind, die mit Vehemenz und Erschütterung sich genötigt sehen, die zuletzt doch immer verbleibende Unverstehbarkeit des Geschehens konstatieren zu müssen. Die meisten dieser Holocaust-Forscher – seien es Historiker, Philosophen, Dichter oder was auch immer – würden, wenn man sie befragte, ob sie den Ertrag ihrer Arbeit wesentlich als Beitrag zum Verstehen des Holocaust betrachten oder aber wesentlich im Diner'schen Sinne als einen Versuch begreifen, die Vergeblichkeit des Verstehens auszuloten, letzterem zustimmen.

Darüberhinaus muß man, denke ich, das Postulat der Unverstehbarkeit seiner Absicht und Funktion nach auch als regulative Leitidee begreifen. Als ein Regulativ, das der Gefahr, durch wissenschaftliche Abstraktion dem konkreten Ereignis in all seiner Entsetzlichkeit zu entfliehen, vorbeugen will. Das durch die Forschung zutage geförderte Material hauptsächlich dem Versuch, die Vergeblichkeit des Verstehens zu verstehen, zuzurechnen, sowie das Beharren auf die Unverstehbarkeit des Holocaust insgesamt muß auch als Ausdruck einer inneren Haltung begriffen werden, ja, als ein Habitus, der der Abgründigkeit des Ereignisses selbst zutiefst angemessen erscheint. Diese innere Haltung, diesen Habitus, zu einem bloß moralischen Impetus psychologisierend zu reduzieren hieße, weder dem Ernst der Thematik, noch der Seriosität der mit ihr Ringenden gerecht zu werden.

Daß man trotz der Unverstehbarkeit des Holocaust sich diesem immer wieder reflektierend und forschend zuwendet, daß man weiterhin Holocaust-Forschung betreibt, muß schließlich, vor allem jüdischerseits, auch als, wie Hilberg es formulierte, Akt der Revolte begriffen werden. Eine Revolte, die sich gegen den

Ungeist von Auschwitz, der alle Äußerung des Lebendigen in den Abgrund seiner Todesstille zu verbannen trachtete, wendet. »Wenn wir stumm bleiben«, schreibt vielleicht in diesem Zusammenhang nicht zufällig der Psychologe Bruno Bettelheim, »tun wir genau das, was die Nazis wollten: wir verhalten uns so, als sei nichts geschehen. Wenn wir schweigen, dann lassen wir es zu, daß die Geschichtsfälscher von einem der tragischsten Kapitel der jüngeren Geschichte eine falsche Vorstellung vermitteln. Auf diese Weise aber werden denkenwollende Menschen an Erkenntnissen gehindert, die davon handeln, was zu tun ist, damit so etwas nie wieder passiert« (Bettelheim 1980, S.110).

Das Sprechen derer, die eigentlich das Schweigen für angemessen hielten, die Bemühungen um Verstehen jener, die eigentlich die Unverstehbarkeit postulieren, ist als ein Akt des Widerstands zu begreifen[123]. Paradox erscheint dies nur bei einer Vermischung der Ebenen. Absicht und Ziel des Sprechens und Verstehens liegen nicht auf einer erkenntnistheoretischen Ebene, sondern zielen wesentlich auf die ethische und moralische Ebene. Ziel des Trotzdem-Sprechens und Trotzdem-Verstehen-Wollens ist primär nicht vollständiges Verstehen und Erkennen in der Theorie, sondern werden vielmehr als unabdingbare Voraussetzung für ein verantwortbares Handeln in der Praxis verstanden und dienen zur Einsicht dessen, wie Bettelheim es exakt formuliert, ›was zu tun ist, damit so etwas nie wieder passiert‹. Diesem Zusammenhang liegt die tiefe Einsicht zugrunde, daß etwas nicht verstehen, etwas als unaussprechbar und sinnlos zu erkennen nicht von der Notwendigkeit entbindet, sich diesem Unverstehbaren gegenüber zu verhalten und in Kenntnis dieses Unverstehbaren auf es zu antworten und zu reagieren. Dies redet keineswegs einem reflexionslosen und sinnlosen Handeln um des Handelns willen das Wort, sondern plädiert vielmehr für die Notwendigkeit, auch und gerade im Angesicht des Sinnlosen handeln und reagieren zu müssen. Diese Verhaltensweise ist insofern zutiefst jüdisch, als daß im jüdischen Denken schon immer dem Tun und Handeln, und also der Ethik, eine Präferenz eingeräumt wurde.[124]

---

123. Auf diesem Hintergrund vgl. erneut das zu Beginn von Kap. II-1.1 angeführte Statement von Raul Hilberg.
124. Ausführlicher hierzu Kap. III. Diese Präferenz findet sich vielleicht nirgendwo deutlicher wieder als in jenem Ausspruch des Volkes Israel beim Bundesschluß, wo es heißt: »Wir werden tun und hören«. Das Tun ist dem Hören (Verstehen) voran gestellt! Ein logisches Paradox, das Ausdruck des Vertrauens in Gott ist und zugleich einer tiefen anthropologischen Grundeinsicht entspricht. Der Mensch kann gewisse Dinge nicht verstehen, aber er kann selbst dann nicht sich *nicht* verhalten, kann nicht *nicht* handeln. Für Verhalten, Handeln und auch Kommunizieren gibt es keine Negation; zu diesem verhaltens- und kommunikationstheoretischem Axiom vgl. vor allem: Watzlawick/Beavin/Jackson 1969, bes. S.50-53. Auf diesem Hintergrund ist die paradigmatische Aussage von Emil Fackenheim zu verstehen, für den Holocaust sei keine Erklärung möglich, kein Sinn denkbar, aber eine Antwort, eine Reaktion auf ihn gleichwohl nötig. Vgl. Kap. V-2.3.

Bevor wir uns im nächsten Kapitel einem besonderen Aspekt von Unverstehbarkeit und Sprache, nämlich dem der Frage nach dem Begriff ›Holocaust‹ selbst, zuwenden, soll mit Hilfe eines Zitates von Lionel Rubinoff das, was in Anbetracht der zurückliegenden Ausführungen der gemeinsame Nenner vieler bleibt, gleichermaßen prägnant und zusammenfassend zum Ausdruck gebracht werden:
»Ich bezweifle es geradeheraus, ob die Regeln, die man normaler Weise mit der Tradition akademischer Disputationen assoziiert, auf eine Diskussion über Auschwitz anwendbar sind. So wie Auschwitz selbst ein Kapitel in der Geschichte des Obszönen ist, ebenso riskiert es der Versuch, seine Bedeutung zu debattieren und zu diskutieren, ein Ausdruck akademischer Pornographie zu werden. ... Die radikale Einzigartigkeit von Auschwitz liegt ebenso sehr in der Widerständigkeit, es in den Begriffen und üblichen Kategorien wissenschaftlicher Forschung verstehen zu können, wie auch in den Folgen, die es für das Leben seiner Opfer hat. Vielleicht ist alles, was gesagt werden kann, daß jeder Mensch dieses Ereignis auf seine eigene Weise erleidet, und daß der Historiker, indem er die Geschichte erzählt, eher die Wahrheit über seine eigene, einzigartige Begegnung mit Auschwitz berichtet, als vorzugeben eine Wahrheit in dem Sinne zu verkünden, wie Wissenschaftler sie mit ihren Erklärungen und Theorien liefern [...] Die Struktur des Bösen in Auschwitz erscheint jedem durch irgendeine Weise von Rationalität vermittelten Verstehen zu widerstehen. Dieser Qualität von Bösem ins Gesicht zu schauen und darauf zu antworten ist deshalb die größte Aufgabe, die dem Juden jemals gestellt wurde. Im Falle aller anderen Katastrophen hatte sich zuletzt doch immer eine Ursache und eine Erklärung gefunden. Und es war deshalb gleichermaßen möglich wie vernünftig zu glauben, wenn einmal die Bedingungen, die diese Ursachen nährten, eliminiert werden, dann würde auch das Böse verschwinden. Aber solche Hoffnungen entflohen zusammen mit dem Glauben durch die Schornsteine von Auschwitz« (Rubinoff 1974, S.139).

3. Der Begriff ›Holocaust‹

> *»..., da prüfte Gott Abraham und sprach zu ihm: ›Abraham, Abraham!‹ Er antwortete: ›Hier bin ich!‹ Da sprach er: ›Nimm deinen Sohn, deinen einzigen, den du liebhast, den Isaak, und gehe in das Land Morija und bringe ihn dort auf einem der Berge, den ich dir sagen werde, als Brandopfer dar!‹ ... Darauf nahm Abraham das Holz zum Brandopfer und lud es seinem Sohne Isaak auf; er aber nahm das Feuer und das Messer in seine Hand. So gingen sie beide miteinander. Da sprach Isaak zu Abraham, seinem Vater: ›Mein Vater!‹ Er antwortete ›Ja, mein Sohn!‹ Der sagte: ›Siehe, da ist das Feuer und das Holz, wo ist denn das Lamm zum Brandopfer?‹ Abraham erwiderte: ›Gott wird sich das Lamm zum Brandopfer schon ersehen, mein Sohn.‹ So gingen sie beide miteinander. Als sie an den Ort kamen, den Gott ihm gesagt hatte, baute Abraham den Altar, schichtete das Holz auf, band seinen Sohn und legte ihn auf den Altar, oben auf das Holz. Dann streckte Abraham seine Hand aus, nahm das Messer, um seinen Sohn zu schlachten. Da rief der Engel Jahwes vom Himmel her ihm zu und sprach: ›Abraham, Abraham!‹ Er antwortete: ›Hier bin ich!‹ Da sprach er: ›Strecke deine Hand nicht nach dem Jungen aus und tu ihm nichts zuleide. Denn nun weiß ich, daß du Gott fürchtest und mir deinen einzigen Sohn nicht vorenthalten hast.‹«*
> (Gen. 22, 1-2 u. 6-12)

Nicht nur die Geschichtswissenschaften, sondern die Geistes- und Sozialwissenschaften insgesamt definieren und tradieren sich wesentlich über ihre Begrifflichkeiten. Die Abklärung der Genese und die Definition zentraler Termini markieren in hohem Grade die Wissenschaftlichkeit einer Disziplin. Fortschritt und Wandel der Wissenschaften lassen sich nicht zuletzt am Fortschritt und Wandel ihrer Termini ablesen. Präzision und methodische Sauberkeit in der Entwicklung und dem Gebrauch wissenschaftsrelevanter Begrifflichkeiten gelten als Gütezeichen wissenschaftlichen Arbeitens. Vor diesem Hintergrund ist es um so erstaunlicher, daß einer der zentralen Begriffe der Zeitgeschichte – und nicht nur ihr – bis in die jüngste Zeit nahezu unhinterfragt, selten reflektiert und einmütig Anwendung findet: ›Holocaust‹. Weit über die Grenzen der Wissenschaft hinaus hat dieser Begriff Eingang gefunden in die breite Öffentlichkeit. Der Begriff selbst und das was mit ihm gemeint ist, ist derart zum Bestandteil allgemeiner Bildung geworden, daß ihm nur in seltenen Fällen noch die erläuternde Beschreibung – Ermordung der europäischen Juden während des Zweiten Weltkrieges – nachfolgt. Ohne Übertreibung kann man hier von der ›Karierre eines Begriffs‹ sprechen, wenngleich – ebenfalls sehr erstaunlich und entgegen allem wissenschaftlichen Usus – die Ursprünge, Mechanismen, Wege und Gründe dieser ›Karierre‹ bislang noch keine systematische Erforschung erfahren haben[125].

125. Soweit ich sehe, gibt es bisher nur drei außerordentlich verdienstvolle und gute Auf-

Dabei ist es weder unausweichlich noch auf Anhieb einleuchtend, daß dieser Begriff zur vorherrschenden Bezeichnung der Ermordung an den Juden arriviert ist. Der Begriff ›Holocaust‹ entstammt ursprünglich dem Griechischen *holokau(s)tos* und fand über das Lateinische *holocaustum* seinen Weg in den europäischen Sprachbereich. Das Griechische *holokau(s)tos* ist eine Zusammensetzung aus *holos = ganz, vollständig* und *kau(s)tos = verbrannt*, meint also etwas, daß vollständig verbrannt ist. Von hierher rührt dann die Generalisierung im Sinne von *total zerstört*, und im Deutschen wäre *holokau(s)tos* mit *Ganzopfer* oder *Brandopfer* zu übersetzen. Fast erscheint es naheliegend, in diesem Sinne die Ermordung der Juden in den Vernichtungslagern des Dritten Reiches mit ›Holocaust‹ zu benennen, »ruft doch dieser Terminus Erinnerungen wach an den Geruch brennender Leiber in den Brandöfen der Nazis« (Garber/Zuckerman 1989, S.198). Eine solche Sichtweise verkennt jedoch die ursprünglich weitverbreiteste Assoziation dieses Begriffs. »Der Sprachgebrauch von ›Holocaust‹ vor dem Zweiten Weltkrieg hat eine Konnotation, welche sich nur wenige derer bewußt sind, die ihn heute benutzen« (Garber/Zuckerman 1989, S.199), nämlich den des religiösen Opfers. Wirft man einen Blick in die Septuaginta, die griechische Übersetzung der Bibel, findet man den Terminus in all seinen Abwandlungen (holokautos, holokautoma, holokautosis) über zweihundertmal, »und ohne Ausnahme wird der Begriff gebraucht, um ein Opfer zu bezeichnen – in den allermeisten Fällen im Sinne eines Opfers für Gott« (Garber/Zuckerman 1989, S.199). Unter anderem führte dies dazu, daß die Standardübersetzung der Bibel ins Englische, die sog. King James Version, den Begriff in seiner anglifizierten Form als *holocaust* an entsprechender Stelle aufnahm und ihm dergestalt Eingang verschaffte in den englischen Wortschatz[126].

Kurios und wunderlich: Das erste in den USA publizierte Buch, das ›Holocaust‹ im Titel führt, stammt aus dem Jahre 1959 und handelte keineswegs von der Vernichtung der europäischen Juden, sondern von der sog. »Coconut Grove«-Katastrophe in Boston, der tragischsten Feuerkatastrophe im Amerika der frühen 40iger, bei der ein ganzes Theater samt aller Besucher im Feuer umkamen[127]. Zudem gab (und gibt) es zweifellos eine Reihe von Alternativen zum Terminus

---

sätze, die sich mit der Entstehung und dem Gebrauch des Wortes ›Holocaust‹ als der Bezeichnung für die Ermordung der Juden während des Zweiten Weltkrieges auseinandersetzen: Korman 1971, Tal 1979 u. Garber/Zuckerman 1989. Diese Aufsätze bilden die Hauptquelle der nachfolgenden Ausführungen; vgl. auch: Tal 1979a. Die Aufsätze von Tal und Korman sind im wesentlichen auch die Grundlage der Ausführungen von James E. Young, der darüberhinaus vor allem den Prozeß der »Metaphorisierung« des Begriffs Holocaust untersucht; vgl. Young 1992, bes. S.139-163.

126. Vgl.: Garber/Zuckerman 1989, S.199.
127. Vgl.: Benzaquin 1959 und die Angaben bei: Korman 1971, S.261, Anm.22, u. Garber/Zuckerman 1989, S.201.

›Holocaust‹ als Bezeichnung der Ermordung der Juden. Und in der Tat gab es bis in die Mitte der 50er Jahre hinein keinen ›Holocaust‹ im heute gebräuchlichen Sinne des Wortes. Während und unmittelbar nach dem Krieg sprach man etwa von ›permanentem Pogrom‹, von der ›jüngsten Katastrophe‹, der ›jüdischen Katastrophe‹, oder vom ›großen Disaster‹[128]. Etwas später kamen Begriffe wie ›Vernichtung‹, ›Auslöschung‹ oder ›Massaker‹ hinzu. Sie alle sind – bewußt oder unbewußt – im Grunde Übersetzungen des modern hebräischen Wortes *Sho'ah*, das im engeren Sinne schlicht Katastrophe meint.

1953 beschloß die Knesset, das Parlament des Staates Israel, in einem Gesetz die Errichtung einer Gedenk- und Forschungsstätte für die sechs Millionen und gab ihr den Namen *Yad Vashem – Martyrs' and Heroes' Remembrance Authority*[129]. Im Jahre 1955 entschied man in Yad Vashem, den hebräischen Begriff *Sho'ah* ins Englische zu übersetzen mit ›disaster‹ (Katastrophe), und teilte die Erforschung der ›Katastrophe‹ in drei Sektionen ein: »Das Aufkommen der Katastrophe 1920-1933«, »Die Anfänge der Katastrophe 1933-1939« und »Die Katastrophe 1939-1945«[130]. Fast zur gleichen Zeit trat dann bereits der Terminus ›Holocaust‹ im Sprachgebrauch auf und zwar in den Jahren 1957-59. In dieser frühen Zeit beschränkte sich der Gebrauch von ›Holocaust‹ zur Bezeichnung der Ermordung der Juden in Europa jedoch weitgehend auf wissenschaftliche Kreise und wurde vornehmlich von jüdischen Autoren benutzt[131]. So etwa auf dem Zweiten Weltkongreß für Jüdische Studien in Jerusalem und im dritten von Yad Vashem veröffentlichten Jahrbuch[132]. In der Folge wechselte man in Yad Vashem insgesamt im Sprachgebrauch von ›Katastrophe‹ zu ›Holocaust‹. Noch bevor 1961 Hilbergs fulminantes und bahnbrechendes Standardwerk zum Holocaust erschien und ebenso vor dem Eichmann-Prozeß in Jerusalem, waren der Begriff und Gebrauch von

---

128. Der Begriff ›permanenter Pogrom‹ wurde erstmals 1941(!) von Jacob Lestschinsky im Blick auf die Vorgänge in Nazi-Deutschland benutzt und von ihm definiert als ein von einer Regierung organisiertes Pogrom, das »keine vorübergehenden oder begrenzten politische oder ökonomische Ziele kennt, sondern die Ausrottung, die physische Vernichtung der jüdischen Menschen« (Lestschinsky 1941, S.147f.) zum Inhalt hat; vgl. Lestschinski 1941 u. 1951; Korman 1971. Für den Gebrauch der anderen erwähnten Termini vgl. Gringauz 1952; Schwarz 1952; Abel 1943; Cahnman 1943; Karbach 1945; Kober 1947.
129. Zur Entstehung, Bedeutung und Namensgebung von Yad Vashem siehe Kap. IV-3 dieser Arbeit.
130. Vgl.: Martyrs' and Heroes' Remembrance Authority 1955, S.7, 9, 17, 19.
131. Vgl.: Young 1992, S.145; Korman 1971. Nach meinen eigenen – bescheidenen – Recherchen dürfte eine der frühesten Verwendungen von ›Holocaust‹ in diesem Sinne außerhalb streng wissenschaftlicher Literatur in dem populär-wissenschaftlichen Werk eines Nicht-Juden über die Geschichte des American Jewish Joint Distribution Committee aus dem Jahre 1960 zu finden sein; siehe: Agar 1960 (Klappentext).
132. Vgl.: die Angaben bei Korman 1971, S.260f.

›Holocaust‹ auf akademischer Ebene eingeführt. 1968 schließlich war der Terminus im angelsächsischen Raum auf solch breiter Front etabliert[133], daß sogar die amerikanische Library of Congress sich gezwungen sah, ›*Holocaust – Jewish, 1939-1945*‹ als eigenständiges Schlagwort in ihrer bibliographischen Arbeit aufzunehmen[134].

Warum aber kam es dazu, daß ein Begriff, der ausschließlich dazu diente, das religiöse Opfer im biblischen Judentum zu benennen, zur Bezeichnung für die Ermordung der Juden wurde? Bedenkt man die fatalen religiösen Konnotationen, die der Gebrauch dieses Terminus zwangsläufig mit sich führt, ergibt sich eine mehr als paradoxe Situation. Wenn man nämlich das »Etikett ›Holocaust‹ benutzt, dann impliziert man eine teilweise religiöse Korrespondenz zwischen Juden und Nazis: Wenn die ersteren das Brandopfer sind, dann folgt zwangsläufig, daß letztere diejenigen sind, die das Opfer offerieren. Im Ergebnis überträgt man damit den Nazis eine quasi ›priesterliche‹ Rolle« (Garber/Zuckerman 1989, S.200). Und schließlich gibt es neben Opfer und Opfergeber einen dritten im Bunde: den Adressat des Opfers, Gott selbst. Das religiöse Opfer geht seiner Idee nach von dem stillschweigenden Einvernehmen zwischen Anbieter und Adressat des Opfers aus. Und derjenige, der das Opfer anbietet darf hoffen, daß er hierdurch Wohlgefallen bei Gott findet. Nicht selten ist es gar so, daß Gott selbst das Opfer einklagt. Man übertrage nur diese Zusammenhänge auf Nazis, Juden und ihre Ermordung, und man möchte meinen, daß der Begriff ›Holocaust‹ »der denkbar letzte Terminus ist, den Juden als angemessene Charakterisierung für den Genozid an ihnen akzeptieren würden. Dennoch ist dies ganz klar nicht so. Heute ist es der gewählte Begriff – und, ebenso klar, bis zu einem gewissen Punkt ist diese Wahl auch von Juden getroffen (oder zumindest akzeptiert) worden« (Garber/Zuckerman 1989, S.200). Freilich ohne sich in den allermeisten Fällen der erwähnten Konnotationen bewußt zu sein, geschweige denn sie zu teilen. »Warum aber dann diese Wahl? Warum auf einen Terminus konzentriert sein, von dem man sagen kann, er lege nahe, daß Gott und die Nazis Komplizen in der Opferung der Juden gewesen seien? Warum nennen wir den Holocaust ›Holocaust‹?« (Garber/Zuckerman 1989, S.200).

Eine der naheliegendsten Hypothesen[135] wäre, daß man den Begriff völlig unabhängig seiner religiösen Wurzeln wählte und daß er seinen Eingang in den angelsächsischen Sprachgebrauch seiner Assoziation zu Zerstörung, Feuer und Krieg

---

133. Ab Mitte der 60iger findet man den Terminus zunehmend in den Titeln entsprechender Bücher und Aufsätze; vgl. exemplarisch: Donat 1965; Bloch 1965; Kuper 1967; A.H. Friedländer 1968; Glatstein 1969.
134. Die unter diesem neuen Stichwort aufgelisteten Bücher und Artikel waren zuvor verteilt auf Stichworte wie ›Zweiter Weltkrieg‹ oder ›Geschichte der jüdischen Gemeinden‹; vgl. die Angaben bei Korman 1971, S.261.
135. Für eine Reihe anderer Überlegungen siehe: Garber/Zuckermann 1989.

verdankt. In diesem Sinne etwa argumentiert David Roskies, wenn er darauf hinweist, daß »Holocaust für das englische Ohr ein apokalyptischer Begriff für ... Zerstörung war. Wie viele andere gewichtige Worte der englischen Sprache hatte ›Holocaust‹ seine Wurzeln im Lateinischen und obgleich es eine vage Verbindung zurück zur Bibel gleichermaßen für Juden und Nicht-Juden etablierte, ..., so hatte es doch keine der vorgefertigten Konnotationen anderer alternativer Bezeichnungen...« (Roskies 1984, S.261). Nach Roskies war es also exakt die nichtreferentielle Qualität, die durch Unkenntnis gewährleistete Unbelastetheit des Terminus ›Holocaust‹, die für seinen weithin akzeptierten Gebrauch sprach. Wenngleich dies durchaus zutreffen mag für die Mehrheit derer, Juden wie Nicht-Juden, die den Terminus ›Holocaust‹ in Unkenntnis der religiös-sakralen Hintergründe benutzen, so kann doch mit hoher Wahrscheinlichkeit angenommen werden, daß »diejenigen jüdischen Denker und Schreiber, die als erste diesen Begriff übernahmen und – was noch wichtiger ist – es erlaubten, daß er weithin Verbreitung fand« keineswegs in Unkenntnis der Zusammenhänge waren, »die leichtens ermittelt werden konnten, indem man schlicht ein Wörterbuch aufschlug« (Garber/Zukkerman 1989, S.202). Man könne doch wohl kaum annehmen, argumentieren Garber/Zuckerman, daß man in der Wahl eines Begriffes, der ein solch schreckliches, entscheidendes und für jüdische Identität schwerwiegendes Ereignis benennen soll, leichtfertig und ignorant gewesen sei. Im Gegenteil: »Es muß mit großer Sorgfalt und entsprechender Überlegung geschehen sein. Überdies kann es kaum einen Zweifel geben, daß der Mann, der am meisten dafür getan hat, ›Holocaust‹ im modernen Bewußtsein zu etablieren, sich sehr darüber im Klaren war, was er da tat und ebenso sich all der Nuancen, die der Begriff ›Holocaust‹ beinhaltet, voll bewußt war. Dieser Mann ist Elie Wiesel« (Garber/ Zuckerman 1989, S.202)[136].

Und in der Tat ist Elie Wiesel in diesem Zusammenhang ohne Zweifel die Schlüsselfigur, der Katalysator dieses Terminus in den öffentlichen wie auch wissenschaftlichen Sprachgebrauch. Ob er dabei wirklich der erste war, der den Begriff in seiner heute üblichen Weise gebrauchte oder nicht, spielt dabei nur eine untergeordnete Rolle. Zweifelsohne war seine Einführung und sein Gebrauch dieses Begriffs in seiner Wirkung »der einzig entscheidende Faktor, der zur Legiti-

---

136. Insofern geht Jäckels Vermutung fehl, wenn er noch jüngst meinte, ein »Kenner der Bibel kann es eigentlich nicht gewesen sein, der diesen Begriff [Holocaust] auf den Mord an den Juden übertrug« (Jäckel 1992, S.25). Das Kuriosum besteht eben darin, daß ein ausgewiesener Kenner der Bibel, der Elie Wiesel zweifellos ist, genau *aufgrund* seiner Kenntnis der Bibel diesen Terminus wählte! Dazu gleich mehr. Später allerdings bereute Wiesel diesen Schritt: »Ich muß Ihnen gestehen, daß ich leider derjenige war, der dieses Wort [Holocaust] in diesem Zusammenhang eingeführt hat, und ich bin nicht stolz darauf. Ich kann es nicht mehr länger benutzen« (Wiesel 1988, S.13).

mation im gegenwärtigen Sprachgebrauch führte. Wir könnten sagen, daß Wiesel für ›Holocaust‹ das ist, was Columbus für die Entdeckung Amerikas bedeutet. Ob er im strengen Sinne der erste war oder nicht, ist nicht der springende Punkt – er war der erste, der ›Holocaust‹ sozusagen ›auf die Landkarte‹ gebracht hat« (Garber/Zuckerman 1989, S.202).

Wiesel begann eigenen Angaben zufolge in den späten 50ern mit dem Gebrauch des Wortes ›Holocaust‹. Aus der Feder Wiesels ist es erstmals gedruckt zu finden in seiner Rezension des »Theresienstädter Requiems« von Josef Bor in der New York Times Book Review vom 27. Oktober 1963[137]. Von da an erfuhr der Begriff jene Popularisierung und Akzeptanz, die parallel hierzu – wie oben ausgeführt – auch für den akademischen Bereich zu verzeichnen ist, und die ihren Höhepunkt sicher in der Ausstrahlung der Fernsehserie ›Holocaust‹ 1978 in den USA und 1979 anschließend auch in Deutschland fand[138].

Was waren die Beweggründe Wiesels, den Holocaust ›Holocaust‹ zu nennen? Aus vielen Stellungnahmen Wiesels läßt sich eindeutig ersehen, daß er mit dem Gebrauch des Wortes ›Holocaust‹ sich voll bewußt war der Assoziationen dieses Begriffes mit dem religiös-sakralen Bereich des Opfers. Allerdings hatte Wiesel dabei eine ganz bestimmte Opferszene im Sinn: die *Akedah*, jene Geschichte der hebräischen Bibel in Genesis, Kap.22, in der Abraham von Gott aufgefordert ist, seinen einzigen Sohn Gott zum Opfer darzubringen[139]. In welchem Sinne verbindet Wiesel *Akedah* und Holocaust?

»Die Akedah«, erläutert Elie Wiesel, »ist das wohl geheimnisvollste, herzzerbrechendste und zugleich eines der wunderbarsten Kapitel unserer Geschichte. Die ganze jüdische Geschichte kann tatsächlich mit Hilfe dieses Kapitels verstanden werden. Ich nenne Isaak den ersten Überlebenden des Holocaust, weil er die erste Tragödie überlebte. Isaak war auf dem Weg, ein korban olah[140] zu sein, was wirklich ein Holocaust ist. Das Wort ›Holocaust‹ hat eine religiöse Konnotation.

---

137. Vgl. hierzu auch die Angaben Wiesels in: Abrahamson 1985, Vol.1, S.185-190.
138. Garber/Zuckerman ermittelten in einer Untersuchung die Anzahl der Dissertationen in den USA, in deren Titel der Terminus Holocaust erscheint für den Zeitraum von 1961-1985. Vor 1970 waren keine entsprechenden Dissertationen verzeichnet. Zwischen 1970 und 1975 waren es 21, zwischen 1976 und 1980 fanden sie bereits 97 und zwischen 1981 und 1985 waren es schließlich 274 Dissertationen, die im Titel das Wort Holocaust führten; vgl.: Garber/Zuckerman 1989, S.210, Anm.14.
139. Akedah (hebr.) heißt: Bindung. Der christliche Sprachgebrauch, der von einer Opferung Isaaks spricht ist insofern nicht korrekt, als daß Isaak letztlich nicht geopfert, das Opfer also nicht vollzogen wurde. Siehe auch Kap. V-2.1. Die Akedah ist eines der wichtigsten Motive der jüdischen Religion; vgl.: Zuidema 1987; siehe auch das Stichwort ›Akeda‹ in: Petuchowski/Thoma 1989, S.14f.
140. Der biblisch-hebräische Begriff korban olah bedeutet Ganz- oder Brandopfer und liegt der lateinischen Übersetzung als holocaustum zugrunde.

Isaak war bestimmt als Opfer für Gott« (Wiesel 1980, Wiederabdruck in: Abrahamson 1985, Vol.1, S.385)[141].

Garber/Zuckerman weisen daraufhin, daß die Figur Isaaks offensichtlich bestimmte archetypische Grundmotive enthalte, die es Juden ermögliche »ein Verständnis zu suchen davon, was andernfalls zu schrecklich sein mag, um es verstehen zu können. Wir glauben, daß es diese ›Isaak-Archetypen‹ sind, denen Wiesel sich zuwandte, als er es vorzog, den Holocaust ›Holocaust‹ zu nennen« (Garber/Zuckerman 1989, S.203). Welches sind die archetypischen Grundmotive der *Akedah* mit Blick auf den Holocaust? Sie seien in Kürze aufgelistet[142]:

- Isaak, die stumme Opfergabe: »Er geht zum Schlachtplatz ohne Klage, ohne Protest und nahezu fraglos. [...] So mag man in der Akedah eine Antwort auf eine der schärfsten Fragen finden, die ein Opfer des Nazi-Genozids versuchen mußte zu geben: Warum hast du keinen Widerstand geleistet? ... Vielleicht empfindet ein Überlebender das als die einzige sinnvolle Antwort, die er jenen geben kann, die nicht dort waren und wahrscheinlich nicht verstehen, was es bedeutete, in den Nazi Lagern gewesen zu sein, was man die Antwort des Schweigens nennen könnte – ein Schweigen, das die Akedah hilft zu erklären« (Garber/Zuckerman 1989, S.203f.).
- Isaak ist ein ganz besonderes Opfer, ein *yahid*. Die gebräuchliche Übersetzung für *yahid* ist *einziger Sohn*, präziser jedoch wäre *der Einzige*. In diesem Sinne ist »Isaak gleich Israel, oder zumindest der entscheidende, einzige Vorgänger von Israel. Mehr noch, Isaaks Tod hätte die Zerstörung eines ganzen Volkes bedeutete, noch bevor es hätte geboren werden können – ein Genozid im Mikrokosmos« (Garber/Zuckerman 1989, S.204).
- In diesem Sinne stellt Isaak *die* Verkörperung der jüdischen Geschichte dar. »Denn Juden haben sich selbst immer betrachtet als yehidim, die ›Einzigen‹, auserwählt von Gott, und diese Auserwählung hatte oftmals tödliche Konsequenzen. [...] Wenn Gott Israel auserwählt hat, bedeutet dies bis zu einem gewissen Grad, daß Er sie zu Opfern gemacht hat, sie in die Gefahr führt ›wie Schafe zur Schlachtbank‹, gerade so sicher wie Er Isaak in der Akedah zum Opferaltar führte. Daher ist der Archtypus vom auserwählten Opfer in hohem Maße der Schlüssel zum Verständnis, warum Wiesel ›Holocaust‹ mit Akedah verbindet« (Garber/Zuckerman 1989, S.204).
- Isaak, der erste Überlebende. Wiesel selbst erklärt: »Fast bis zur letzten Minute hatte es den Anschein, als ob die Tragödie (der Akedah) geschehen würde. Und doch blieb Isaak ein Glaubender. Mehr noch, Yitzhak [=Isaak] bedeutet im Hebräischen ›er wird lachen‹. So fragte ich mich, ›wie wird er lachen können?‹. Und an dieser Stelle ist es, wo ich den Sprung mache: Isaak, der erste Überlebende einer Tragödie, eines Holo-

---

141. Zahlreiche gleichlautende Äußerungen Elie Wiesels findet man u.a. in Aufsätzen Elie Wiesels der Jahre 1965, 1970 und 1971, die alle nachzulesen sind in: Abrahamson 1985, Vol.1, bes. S.243-244 u. S.271-275, Vol.2, bes. S.3-8. Abrahamson selbst kommentiert: »Die Akedah geht dem Holocaust voraus, aber für Wiesel ist der Holocaust schon in der Akedah präfiguriert« (Abrahamson 1985, Vol.1, S.40).
142. Ausführlicher nachzulesen in: Garber/Zuckerman 1989, S.202-208.

caust, wird uns lehren, wie wir lachen können, wie wir überleben können und wie wir weiter glauben können« (Wiesel, in: Abrahamson 1985, Vol.1, S.385).

Betrachtet man die verschiedenen Motive Wiesels, den Holocaust mit Blick auf die *Akedah* als ›Holocaust‹ zu bezeichnen, könnte man als übergreifenden und sicher entscheidenden Grund nennen, daß es für Wiesel »wesentlich war, daß Gott miteinbegriffen war in das Universum dieser äußersten Katastrophe des Judentums. [...] Er wählte diesen Teminus, weil es ihm als der einzige Weg erschien, das Spezifische dieser Tragödie als einer jüdischen Tragödie zu bewahren« (Garber/Zuckerman 1989, S.206).

Erst in den letzten Jahren wurde man zunehmend der religiösen Konnotationen gewahr, die der Begriff ›Holocaust‹ mit seinen biblischen Wurzeln in sich trägt, und folglich steht seitdem der Begriff unter starker Kritik. Insbesondere seit Claude Lanzmanns epochalem neunstündigen Film *Shoah*[143] aus dem Jahre 1985 ist ein starker Trend zu verzeichnen, ›Holocaust‹ durch den hebräischen Begriff *Sho'ah* (Katastrophe, Vernichtung) zu ersetzen. Vorwiegend geschieht dies mit der Begründung, der Terminus *Sho'ah* entbehre all der fatalen religiösen Konnotationen, die der Begriff ›Holocaust‹ mit sich bringt. Dies ist jedoch – in gewissem Umfang – ebenfalls ein Trugschluß. Die gesamte modern-hebräische Sprache fußt elementar und wesentlich in Lexikon und Grammatik auf dem biblischen Hebräisch. Demgemäß sollte es nicht verwundern, daß auch der scheinbar religiös unbelastete Begriff *Sho'ah* seine biblischen Ursprünge und damit einen dezidiert religiösen Kontext hat. Bereits 1979 hat Uriel Tal kenntnisreich hierauf aufmerksam gemacht[144]. Er verweist auf die entsprechenden Stellen in der hebräischen Bibel, wo der Terminus *Sho'ah* Verwendung findet[145], und zeigt auf, daß es sich um Situationen handelt, in denen der Terminus *Sho'ah* dazu dient, eine für Israel drohende Gefahr, Elend, Katastrophe oder Zerstörung zum Ausdruck zu bringen. Die rabbinische Exegese, so Tal, interpretierte *Sho'ah* zumeist im Sinne von Dunkelheit, Verwüstung oder Leere. Nimmt man den Kontext der Stellen hinzu, in denen in der Bibel von Shaoh gesprochen wird, stellt man fest, daß »alle bibli-

---

143. Vgl.: Lanzmann 1986.
144. Vgl.: Tal 1979; die folgenden Ausführungen beruhen im Wesentlichen auf diesem Aufsatz. Tals Aufsatz erschien im ersten Jahrgang der Zeitschrift ›Shoah‹, die trotz ihrer erstklassigen Beträge nur wenig verbreitet war und bereits mit dem 4. Jahrgang ihr Erscheinen einstellte. Dies mag die geringe Beachtung des Tal'schen Artikels erklären. Als ich im Herbst 1991 in der zentralen Bibliothek der Forschungs- und Gedenkstätte Yad Vashem/Jerusalem, die von sich behauptet, alle über das Thema Holocaust handelnden Zeitschriften zu archivieren, nach den Ausgaben eben dieser Zeitschrift ›Shoah‹ fragte, stellte sich zur Verblüffung der Bibliotheksleitung heraus, daß man von der Existenz dieses Journals keine Kenntnis hatte.
145. z.b. Jes. 6,11; 10,3; Zeph. 1,15; Hiob 30,3; 30,14; 38,27; Ps. 35,8; 63,10.

schen Bedeutungen des Terminus Sho'ah ganz klar göttliches Urteil und Vergeltung implizieren« (Tal 1979, S.11). Damit ist *Sho'ah* im Kontext des jüdisch-biblischen Konzepts von Sünde, Strafe und Vergeltung zu sehen[146] und somit, zumindest was seine Wurzeln betrifft, keineswegs ohne religiösen Kontext und Konnotation.

Erstmals verwendet und veröffentlicht, um die Massenvernichtung der Juden zu beschreiben, wurde der Begriff *Sho'ah* bereits Ende 1940 in einer Sammlung von Augenzeugenberichten jüdischer Ghettobewohner Warschaus[147]. Auf einer bedeutenden Konferenz hebräisch schreibender Schriftsteller im Juli 1942 in Jerusalem überschrieb der neoromantische Dichter Shaul Tchernichovsky seinen Vortrag mit dem Titel ›Das Gesetz der schrecklichen Sho'ah, die über uns kommt‹[148]. Auf einer weiteren Konferenz ebenfalls in Jerusalem im November 1942, an der u.a. vierhundert Rabbiner teilnahmen,»wurde proklamiert, daß die Sho'ah, die gegenwärtig die Juden Europas treffe, ohne Präzedenzfall in der jüdischen Geschichte sei« (Tal 1979, S.10). Einer der ersten, der *Sho'ah* in historischer Perspektive benutzte, war der Historiker Ben Zion Dinur (Dinaburg)[149]. Er äußerte sich im Frühjahr 1943 dahingehend, daß die»Sho'ah eine Katastrophe sei, die die Einzigartigkeit der Geschichte des jüdischen Volkes unter den Nationen symbolisiere« (Tal 1979, S.10)[150]. Eine Sammlung verschiedenster Texte, die zwischen 1943 und 1958 entstanden, dokumentiert beeindruckend den anwachsenden Gebrauch des Wortes *Sho'ah* in der hebräischen Schriftsprache zur Bezeichnung dessen, was heute mit Holocaust benannt wird[151].

Im Unterschied zum Begriff ›Holocaust‹ jedoch machte der Begriff *Sho'ah* in der hebräischen Alltagssprache eine den dezidiert religiösen Kontext verlierende Transformation durch.»Semantisch blieb der Terminus *Sho'ah* nahe seiner Wurzeln im biblischen Sprach- und Symbolgebrauch, während seiner in den biblischen Wurzeln gründenden theologischen Bedeutung existenziell eine historische und persönliche Dimension hinzugefügt wurde« (Tal 1979, S.11). Auf diese Weise ist der religiöse Kontext und Ursprung des Begriffs *Sho'ah* um ein gutes Stück

---

146. Zu diesem jüdischen Konzept ausführlich: Kap. V-1.1.
147. Vgl. die Angaben bei: Tal 1979, S.10.
148. Dieser Ausspruch ist eine Abwandlung und Anspielung auf den gebräuchlichen hebräischen Ausdrucks ›Das Gebot der Stunde (sha'ah)‹.
149. Ben Zion Dinur war nach der Gründung Israels Minister für Erziehung und Kultur und war maßgeblich beteiligt an der Gestaltung des Gesetzes zur Gründung Yad Vashems, dessen erster Leiter er auch wurde; vgl. Korman 1971, S.260, Anm.21.
150. Vgl.:Dinur 1959, S.14-45.
151. Vgl.: Shneerson 1958; der Titel dieser Sammlung lautet: ›Psycho-Historie der Shoah und Wiedergeburt‹, und behandelt in einem seiner Beiträge ausführlich die religiösen Traditionen und Konnotationen, die mit dem Begriff Shoah verbunden sind; vgl. die Angaben bei: Tal 1979, S.10.

mehr verdeckt, als dies der Fall ist bei dem Begriff ›Holocaust‹. Damit erscheint er flexibler und eventuell verwendbarer, unbefangen verwendbarer, um die Ermordung der Juden zu benennen. Allerdings gibt es auch Zweifel, ob nicht gerade durch den theologisch unbelasteten Alltagsgebrauch des Wortes *Sho'ah* im modernen Hebräisch die referentielle Qualität und Spezifik des Terminus als Alternativbegriff zu ›Holocaust‹ verloren gehen könne[152].

Meine Entscheidung, im Rahmen dieser Arbeit nahezu durchgängig den Terminus ›Holocaust‹ zu benutzen, hat ausschließlich pragmatischen Charakter. Als terminus technicus ist ›Holocaust‹ nach wie vor der vorherrschende Begriff zur Benennung des Mordes an den europäischen Juden. Dies trifft für neunzig Prozent der gesamten internationalen Literatur zu, gleichgültig ob es sich dabei um jüdische oder nicht-jüdische Autoren handelt[153].

Die Tatsache, daß es weder im Englischen, noch im Hebräischen, geschweige denn im Deutschen, noch in einer anderen Sprache der Welt, soweit mir bekannt,

---

152. In einem persönlichen Gespräch mit Yaakov Lozowick, dem seinerzeit pädagogischen Leiter der Seminare für Ausländer und jetzigem Archivdirektor in Yad Vashem/Jerusalem, äußerte dieser ein durchaus gewisses Unbehagen am Gebrauch des Terminus ›Shoah‹. ›Shoah‹ sei tatsächlich ein vielbenutztes Wort der hebräischen Alltagssprache, das eben auch in vergleichsweise banalen Zusammenhängen selbstverständliche Anwendung findet. Verschüttet ein Kind ein Glas Milch, hat man einen wichtigen Termin verpaßt, oder einen Autounfall gehabt, so sei dies immer eben auch eine ›Shoah‹, eine Katastrophe.

153. Selbstverständlich wurde eine abweichende Sprechweise in Zitaten, wo der entsprechende Autor ›Shoah‹ statt ›Holocaust‹ verwendet, beibehalten. Zu dem ebenfalls zur Benennung des Holocaust vor allem in orthodox-jüdischen Kreisen gebräuchlichen hebräischen Begriff *churban/hurban* siehe Kap. V-2.1; und: E. Brocke 1980; Seim 1988, bes.S.448f.; Young 1992, S.142ff. Zu dem – soweit ich sehe allein und einzig dastehenden – Versuch von Arthur A. Cohen, einen neuen Begriff zu prägen, nämlich den des *Tremendum*, siehe Kap. V-3.1 dieser Arbeit. Siehe auch die vergleichsweise spärlichen Reflexionen zu Begriff und Verwendung von ›Holocaust‹ in der deutschsprachigen Literatur bei: Brocke 1980; Seim 1988; Frei 1992; Schoeps 1992, S.201; Pfisterer 1985, S.172ff.; Jäckel 1992 u. sein Vorwort in: Jäckel/Longerich/Schoeps 1993. Verwiesen sei auch auf die äußerst bemerkenswerte Erzählung von Albrecht Goes aus dem Jahre 1953(!), deren Titel »Das Brandopfer« – also die deutsche Übersetzung von Holocaust – trägt und die thematisch auch hierauf rekurriert: Goes 1953. Ein äußerst schwieriges Kapitel stellt die Definition des Begriffs ›Genozid‹ und seiner Abgrenzung zu ›Holocaust‹ dar. Zu diesem Problem liegt im angelsächsischen (warum nicht im deutschen?) Raum äußerst umfangreiche Literatur zur Verfügung; vgl. exemplarisch: Lemkin 1944 (grundlegend für die Einführung des Begriffs!); H. Fein 1979; Kuper 1981; Charny 1984; Lang 1984/85; Lifton 1986; Walliman/Dobkowski 1987; Huttenbach 1988; Bauer 1989; Bauer 1991a; Berger 1988b; Chalk/Jonassohn 1990; H. Fein 1992; eine hilfreiche Bibliographie zum Begriff ›Genozid‹ liegt vor bei: Charny 1988/91.

einen unbelasteten, eigens für diese Zusammenhänge reservierten Begriff gibt, deutet meines Erachtens auf vor allem zwei Dinge hin. Zum einen beleuchtet dieses Desiderat schlagartig die zwangsläufige(?) Vergeblichkeit jeder Bemühung, das Unbenennbare zu benennen. Es wäre durchaus eine verdienstvolle und wünschenswerte Anstrengung seitens der (Sprach-) Philosophie, über die hiermit verbundenen semantischen und linguistischen Probleme nachzudenken. Was bedeutet es, daß wir es offenbar mit einem Ereignis zu tun haben, dessen Wirklichkeit und Gehalt einerseits von einzigartiger und weltgeschichtlicher Bedeutung ist, andererseits wir aber nicht in der Lage sind, es zu benennen, »daß wir kein Wort haben, um das Verbrechen zu bezeichnen« (Seim 1988, S.447)[154]?

Zum Zweiten eine damit zusammenhängende und doch gegenläufige Überlegung. Die Sprache ist ein bewundernswert dynamisches, zu Wandlung und Weiterentwicklung fähiges System. Die Geschichte einer jeden Sprache stellt eindrucksvoll die Fähigkeit des menschlichen Geistes zum Sprachwandel und zur Wortneuschöpfung unter Beweis. Vielleicht war in der Geschichte der Menschheit nie zuvor in solchem Ausmaß der Zwang zu Wortneuschöpfungen gegeben, wie in den letzten zwei Jahrhunderten. Mit der Industriellen Revolution, der Entwicklung und Ausformung der modernen, technologischen Gesellschaft geht zugleich eine Fülle neuer Wortschöpfungen einher, die das jeweils neu Erfundene und Entdeckte bezeichnen. Der Mensch war nicht allein in der Lage, Elektrizität, Eisenbahn, Plastik, Raketen, Computer zu erfinden, sondern ebenso sie mit Name und Wort zu versehen. Wo immer der menschliche Geist sich hineinvertieft hat, fand er einen Weg der Verbalisierung. Daß dies im Falle dessen, was wir ›Holocaust‹ zu nennen pflegen, offenbar nicht möglich erscheint, ist mir zutiefst auch Ausdruck und Zeichen dafür, daß der ›menschliche Geist‹ bisher sich weigerte, genügend Sorgfalt, Mühe und Interesse aufzubringen, sich in das hineinzuvertiefen und sich mit dem auseinanderzusetzen, was eines seiner ureigensten und jüngsten Produkte ist: das Königreich der Nacht, anus mundi, der Holocaust.

---

154. Vgl. hierzu Kap. II-2.1 bis 2.3 dieser Arbeit.

III. Struktur und Zentralität von Gedächtnis im Judentum
Teil 1

»Das Judenvolk ist vorzüglich das Volk der Geschichte ... Das historische Geschick dieses Volkes kann nicht auf materialistische Weise erklärt werden, kann überhaupt nicht positiv-geschichtlich erklärt werden, weil am allerdeutlichsten in ihm das ›Metaphysische‹ sich zeigt und weil jene Scheide zwischen dem Metaphysischen und dem Geschichtlichen, ..., im Geschicke des Judenvolkes verschwindet. Ich entsinne mich, daß es mir in meinen Jugendtagen, als mich die materialistische Auffassung der Geschichte anzog und ich sie an den Geschichten der Völker nachweisen wollte, schien, daß als das allergrößte Hindernis hierfür das Geschick des jüdischen Volkes sich zeigte, und daß eben vom materialistischen Gesichtspunkte aus jenes Geschick völlig unerklärlich sei. Es muß gestanden werden, daß von jeglichem materialistischen und positiv-geschichtlichen Standpunkte aus dieses Volk längst schon hätte aufhören müssen zu bestehen... Das Ausdauern des jüdischen Volkes in der Geschichte, seine Unausrottbarkeit, das Fortbestehen seiner Existenz als eines der ältesten Völker der Welt unter ganz ausnahmsweisen Bedingungen, ..., alles das weist auf besondere, mystische Grundlagen seines historischen Geschickes hin«.
(Nikolai Berdjajew 1925)

1. Zum Zusammenhang von Geschichte und Religion im Judentum

»Es ist ebenfalls unsinnig, wenn der Jude seine Geschichte gleich derer der Nationen sieht. Der wissenschaftliche Historiker..., mag unfähig sein, ein solches metaphysisches Vorurteil zu tolerieren, aber der Historiker des Judentums kann viele der schockierendsten und skandalösesten Voraussetzungen des jüdischen religiösen Geistes nicht interpretieren, wenn er nicht anerkennt, daß der Jude seine eigene Geschichte als das zentrale Ereignis eines göttlichen Dramas ansah – ..., ein Drama, in dem die natürliche Geschichte zu Gott erhoben und in die Ordnung providentieller Ursächlichkeiten gestellt wurde«.
(Arthur Allen Cohen 1966)

Daß das jüdische Volk das Volk der Geschichte par exellence sei, ja, daß im Judentum die Idee des Geschichtlichen selbst im Sinne eines linear fortschreitenden und teleologischen Prozesses geboren wurde, ist mittlerweile zur unzähligen Male wiederholt geäußerten Binsenweisheit geworden. Apodiktisch und mit paradigmatischem Anspruch versehen, findet man sie, in der einen oder anderen Formulierung, in jedem Aufsatz oder Buch, das sich mit jüdischer Geschichte oder Religion beschäftigt. Beinahe zu einer kaum mehr reflektierten Platitüde degeneriert, wird selten noch Rechenschaft abgelegt, was genau Sinn und Gehalt dieses Paradigmas ausmacht. Im Gegenteil, sein floskelhafter Gebrauch suggeriert, unausgesprochen und selbstredend, stilles Einvernehmen im Verständnis dieses Paradigmas.

Man verkennt aber auf diese Weise die Gefahr, nur noch die Spitze des Eisbergs und nicht mehr seine unter der Oberfläche verborgenen, gewaltigen Ausmaße wahrzunehmen. Viel verheerender in seinen Konsequenzen ist der im floskelhaften Gebrauch dieses Paradigmas belegte Verlust an Sensibilität gegenüber einem entscheidenden Unterschied. Nämlich den Unterschied, ob diese Erkenntnis im innersten Kontext jüdischen Denkens und Empfindens von einem Juden selbst geäußert wird, oder ob sie von einem Nicht-Juden, der gleichsam extern und außerhalb des jüdischen Bezugsfeldes steht, getroffen wird. Es ist ein bedeutender Unterschied, ob jemand, der mit einer mehrtausendjährigen Tradition jüdischen Lebens und Denkens samt dessen Gehalt und Konnotationen im Rücken die Feststellung trifft, im Jüdischen sei ein besonderes Verhältnis zum Geschichtlichen gegeben, oder ob die gleiche Ansicht von jemandem formuliert wird, der in einer anderen, nicht-jüdischen, christlich geprägten Tradition steht, die zumal noch – weitaus mehr als im Judentum – gebrochen und verändert ist durch Säkularisation und Moderne.

Die hier vertretene These geht also entschieden davon aus, daß es in aller Regel einen heute kaum bewußten, tief verankerten und fundamentalen Unterschied in

Verständnis und Gebrauch solcher Begriffe wie etwa Geschichte, Gedächtnis und Erinnerung zwischen Juden und Nicht-Juden gibt. Ebenso wie der »Mythos vom deutsch-jüdischen Gespräch« (Scholem)[1] vor seiner Aufdeckung als eben der eines Mythos zu erheblichen Mißverständnissen und fatalen Fehleinschätzungen führte, so ist es heute der kaum als solcher bewußte »Mythos von der judäo-christlichen Tradition« (Cohen)[2], der die Unterschiede zwischen Juden und Nicht-Juden im Verständnis und Gebrauch gerade von Begrifflichkeiten wie Geschichte und Gedächtnis derart verschleiert, daß dies neuerlich Grund und Ursache für mancherlei gegenseitige Mißverständnisse ist und zu beiderseitigen Fehleinschätzungen führt[3]. Dramatisch zugespitzt hat sich dieses Spannungsverhältnis vor allem durch das in Bedeutung, Verstehen, Verarbeitung und Umgang unterschiedliche Verhältnis zum Holocaust auf jüdischer und nichtjüdisch-deutscher Seite.

Es ist daher geboten, jenes zum Gemeinplatz gewordene Paradigma von der das Judentum charakterisierenden Besonderheit seines Verhältnisses zum Geschichtlichen seiner Phrasenhaftigkeit zu entkleiden, indem wir es auf seine im jüdischen Denken zugrundeliegenden Wurzeln zurückführen und inhaltlich präzisieren. Die Folge davon ist, daß wir ein gut Stück Theologie wenn auch nicht selber betreiben, so doch uns auf es einlassen müssen, denn die Wurzeln des geschichtlichen Selbstverständnisses des Judentums liegen zweifelsohne in seinem religiösen Selbstverständnis begründet[4]. Was dabei zu Tage tritt, ist weder neu noch originell. Es kommt eher dem Versuch einer Wiederbelebung, einer Wiederbewußtmachung vergesse-

---

1. Vgl.: Scholem 1964.
2. So der Titel eines im Jahre 1971 veröffentlichten Buches von Arthur Allen Cohen; vgl.: Cohen 1971. Zu Cohen siehe auch Kap. V-3.1 dieser Arbeit.
3. Was Jonathan Magonet mit Blick auf den theologischen Dialog zwischen Juden und Christen allgemein sagt, hat ebenso Gültigkeit für die hier untersuchten Zusammenhänge: »...; aber es wird sehr schwer sein zu hören, was der andere wirklich sagt. Sogar die einfachsten Wörter, die wir verwenden und die wir für gemeinsam halten, werden durch ... vollkommen verschiedene Erfahrungen gefärbt sein, so daß sie uns möglicherweise nur irreleiten« (Magonet 1985/86, S. 377). Zu der Thematik insgesamt ausführlicher in Kap. VII-2.
4. Dieser Tatbestand mag zugleich einer der tiefsten Ursachen dafür sein, daß der in einer geistesgeschichtlichen Tradition des christlichen Abendlandes, nach Aufklärung und Säkularisation in einem modernen, zumeist agnostischen Selbstverständnis stehende Wissenschaftler der Gegenwart den Begriff der Geschichte in manchen Punkten anders definiert und begreift als jemand, der einer in entscheidenden Punkten differierenden kulturellen und geistesgeschichtlichen Prägung entstammt, wie dies bei einem Juden der Fall ist. Die Schwierigkeiten des modernen Wissenschaftlers – und unter den Geisteswissenschaftlern trifft dies vielleicht besonders für den Historiker zu –, religiöse Phänomene und theologische Problemfelder in ihrer geschichtsrelevanten Bedeutung zu erkennen, zu beschreiben und einzuordnen, stellt eine nur selten problematisierte und diskutierte Schwierigkeit dar. Gavin Langmuir

ner Zusammenhänge gleich, die wir durch eine bewußte Komposition verschiedenster Aspekte des Judentums unter dem Leitmotiv ihrer Relevanz für die Prägung jüdischen Geschichtsverständnisses verdeutlichen wollen.

D.h. es soll das jüdische Verhältnis zur Geschichte und zum Geschichtlichen in seinen Ursachen und in seinen es bedingenden Faktoren beschrieben werden, was im Wesentlichen eine Darstellung des biblischen und nachbiblisch-rabbinischen Geschichtsverständnisses bedeutet. Damit werden nicht nur die Grundlagen jüdischen Geschichtsverständnisses präzisiert, sondern vor allem auch die Grundlagen für den Stellenwert und die Struktur jüdisch-kollektiver Erinnerung und jüdischen Gedächtnisses ansatzweise verdeutlicht. Erst in der Wahrnehmung dieser im Kern bis in die jüngste Gegenwart hineinwirkenden Grundlagen jüdischen Geschichtsverständnisses, so die hier vertretene These, läßt sich das Potential der Bedrohung, das der Holocaust für die jüdische Identität darstellt, ermessen. Ebenso lassen sich nur so Gehalt und Qualität jüdischer Reaktion auf diese Bedrohung, wie sie im geschichtstheologischen Diskurs um die Bedeutung des Holocaust zum Ausdruck kommen, nachvollziehen und verstehen. In Kap. VI (Struktur und Zentralität von Gedächtnis im Judentum – Teil 2), nachdem die jüdischen Holocaust-Theologien vorgestellt wurden, werden wir dann diesen Faden erneut aufnehmen, um *Zentralität und Struktur jüdischen Gedächtnisses* genauer zu charakterisieren und in ihrem Verhältnis zur jüdischen Holocaust-Theologie näher zu bestimmen.

geht in seiner brillanten Studie über »Geschichte, Religion und Antisemitismus« – so der Titel seines Buches – auf dieses Grundsatzproblem des Historikers im Umgang mit religiösen Phänomenen ausführlich ein. In seinem mit »Religion als Problem für den Historiker« überschriebenen Einleitungskapitel heißt es u.a.: »Wenn auch die meisten Historiker sich heute sehr darüber im Klaren sind, daß sie ihre je eigenen Interpretationen über des Verhalten der Menschen in der Vergangenheit hervorbringen, so findet sich diese Klarheit oft getrübt, wenn es zur Diskussion von Religionen oder religiöser Phänomene kommt. Und dies wesentlich aus drei Gründen: zuerst, weil Religionen tiefliegende Werte ausdrücken und daher eher der Dichtung oder der Kunst ähnlich sind als der Wissenschaft, Politik oder anderer pragmatischer Tätigkeiten... Zweitens, Historiker wollen nicht ihre vielen Leser, die sich einer Religion zugehörig fühlen, verletzen. Und drittens verfügen Historiker über kein eigenes, professionelles Konzept von Religion« (Langmuir 1990, S.5). Im Kontext unseres Themas gilt es außerdem noch anzufügen, daß häufig das, was bei einem Juden an religiös-kultureller Prägung bewußt oder bis in die Tiefenschichten hinein unbewußt in den Gebrauch und das Verständnis von Geschichte einfließt, dem Nicht-Juden häufig nicht einmal mehr als Phänomen und Problem an sich bewußt ist. Das eben genau hat zur Folge, daß z.b. Juden und Nicht-Juden die offensichtlich gleichen Begriffe benutzen – Geschichte, Gedächtnis, Erinnerung –, aber sich nicht genügend bewußt sind, welch unterschiedliche, die Bedeutung prägenden Affirmationen und Konnotationen dem Gebrauch dieser Worte unterlegt sind; vgl. insgesamt: Langmuir 1990; siehe auch: E. Brocke 1987 u. 1988.

1.1 Grundlagen jüdisch-biblischen Geschichtsverständnisses – Offenbarung und Bund

Zweifellos sind für das Judentum Exodus (Auszug aus Ägypten) und Offenbarung am Sinai Ausgangspunkt und Zentrum des eigenen Selbstverständnisses. Beides sind Ereignisse von konstitutivem Charakter, die das Judentum als eine Volks- und Religionsgemeinschaft begründeten. In den drei sogenannten Wallfahrtsfesten[5] Pessach, Shavuot und Sukkot, die alle im Zusammenhang mit Exodus und Sinai stehen, werden die dort für das Judentum fundierenden ›Wurzelerfahrungen‹ (Emil Fackenheim)[6] liturgisch bewahrt und alljährlich vergegenwärtigt. Pessach[7] erinnert an den Auszug aus Ägypten, Shavuot (Wochenfest) gedenkt der Offenbarung am Sinai und Sukkot (Laubhüttenfest) der Wüstenwanderung. Wesentliches Kennzeichen aller drei Feste ist dabei nicht allein, daß sie auf geschichtliche Ereignisse rekurrieren[8], sondern, daß darüber hinaus in ihnen auch ein bestimmtes Verhältnis zur Geschichte, ein bestimmtes Geschichtsverständnis, grundgelegt ist.

Am deutlichsten wird dies am Beispiel der Offenbarung am Sinai und zwar in zweifacher Weise. Die Offenbarung am Sinai ist nicht nur Selbstoffenbarung Gottes in die Geschichte hinein, der Einbruch der Transzendenz in die Immanenz. Ebensosehr qualifiziert der Inhalt der Offenbarung selbst die Geschichte als eine von Gott gewollte und gestiftete Geschichte[9], definiert er die Geschichte Israels und die der Welt als geheiligte, als heilige Geschichte[10]. Es ist die Geburt eines ge-

---

5. Zur Zeit des Jerusalemer Tempels war es üblich, an diesen Festen nach Jerusalem zu wallfahren; daher die Bezeichnung ›Wallfahrtsfeste‹.
6. Zum Begriff der ›Wurzelerfahrung‹ siehe weiter unten Kap. V-2.3.1.
7. Zu Pessach ausführlicher in Kap. VI-1.
8. Die Verifikation dieser Ereignisse als tatsächlich stattgefundener, historisch belegter Ereignisse ist in diesem Zusammenhang völlig sekundär. Denn, wie Emil Fackenheim zurecht bemerkt, man mag die Wahrheit und Faktizität der Ereignisse durchaus bezweifeln: »Es ist sogar möglich zu verleugnen, daß Abraham oder Moses jemals existierten. Aber beides, sie und ihr Glaube existierten mit allergrößter Sicherheit in den Köpfen und Herzen zahlloser jüdischer Generationen« (Fackenheim 1987, S.90). Zur historisch-empirischen Verifikation von Exodus und Sinai vgl.: Ben-Sasson 1979/80, Bd.1.
9. »Die biblische Religion sucht sich keineswegs aus der Geschichte davonzustehlen, im Gegenteil: Sie ist von Geschichte durchdrungen und ohne sie undenkbar. Die beherrschende Rolle der Geschichte im alten Israel läßt sich durch nichts dramatischer beweisen als durch die Tatsache, daß die Menschen selbst Gott nur kennen, insofern er sich ›historisch‹ offenbart« (Yerushalmi 1988, S.21).
10. Bewußt soll der Begriff ›Heilsgeschichte‹ vermieden werden, um die betont christlichen Konnotationen, die dem Begriff unterliegen, zu vermeiden. Geheiligte bzw. heilige Geschichte ist dem englischen Sprachgebrauch von ›sacred history‹ entlehnt,

schichtlichen Bewußtseins, das dem arachaischen Empfinden der Zeit als zyklischem Geschehen die Entdeckung der Linearität der Zeit hinzufügt (nicht: entgegensetzt!)[11] und mithin die Geschichte auf die Zukunft hin öffnet. Ein geschichtliches Bewußtsein, das an Stelle des Mythos von der ewigen Wiederkehr die Singularität des geschichtlichen Ereignisses betont und schließlich die Geschichte insgesamt als Epiphanie Gottes begreift[12]. In der Konsequenz dessen liegt, was Yerushalmi im vergleichenden Blick auf das zeitgenössisch griechische Geschichtsbewußtsein kurz und bündig auf die Formel bringt: »War Herodot der Vater der Geschichtsschreibung, so waren die Juden die Väter des Sinns in der Geschichte« (Yerushalmi 1988, S.20)[13].

      was wiederum Jan Assmann durchaus treffend mit »charismatischer Geschichte« übersetzt. Der Begriff ›charismatische Geschichte‹ verliert allerdings – zumindest in dem Kontext der Zusammenhänge, um die es mir hier geht – zu sehr den transzendentalen Bezug. Geheiligte bzw. heilige Geschichte bringt m.E. die der jüdischen Konzeption innewohnende Dialektik von Transzendenz und Immenenz stärker zum Ausdruck. Vgl.: Assmann 1992, S.249f. u. 254f.
11. Zum kontrastiven Verständnis linearen und zyklischen Zeitempfindens vgl.: Eliade 1960 u. 1986, sowie die Kritik an Eliade bei: Werblowsky 1984 und Mendes-Flohr 1988, S.375f.; Yerushalmi hierzu: »Ihre [der Juden] Erlebnisweise läßt sich mit keiner der beiden üblichen Kategorien ›linear‹ oder ›zyklisch‹ ausreichend kennzeichnen, da sie auf eigentümliche Weise von beidem etwas hatte. [...] Auch bei den genannten historischen Festen und Fasttagen verschmolzen offensichtlich historische und liturgische Zeit, Vertikalität und Zirkularität, auf ähnliche Weise. Das alles hat natürlich mit irgendwelchen Vorstellungen einer ›ewigen Wiederkehr‹ oder einer mythischen Zeit nicht das geringste zu tun. Die historischen Vorgänge der biblischen Zeit bleiben zwar einmalig und irreversibel; psychologisch *erlebt* werden sie aber als zyklisch wiederkehrend und zumindest in diesem Sinn als außerzeitlich« (Yerushalmi 1988, S.54); vgl. auch: Löwith 1953.
12. Bertil Albrektson vertrat die These, daß der Eingriff Gottes in die Geschichte nicht exklusives Kennzeichen des israelitischen Geschichtsverständnisses, sondern typisch für alle vorderorientalischen Anschauungen gewesen sei. Assmann macht jedoch deutlich, daß Albrektson nicht genügend differenziert zwischen dem vereinzelt ereignishaften göttlichen Eingriff in die Geschichte, was Assmann mit »charismatischem Ereignis« bezeichnet, und der Heiligung der Geschichte als Ganzes, was Assmann »charismatische Geschichte« nennt. Letzteres ist typisch und eben einmalig für das israelitische Geschichtsverständnis und hängt aufs engste zusammen mit dem israelitischen Bundesverständnis durch das erst »der gesamte Strom des Geschehenden als Geschichte dieses Bündnisses lesbar« wird. Durch die »gegenseitige Selbstverpflichtung der Bündnispartner«, Gott und Volk Israel, »wird ein Scheck auf die Zukunft ausgestellt, dessen Einlösung sich als ›Geschichte‹ darstellt« (Assmann 1992, S.250); vgl.: Albrektson 1967; Assmann 1992, bes. S.248ff; siehe auch: Eliade 1986. Zum Bundesverständnis siehe ausführlich weiter unten in diesem Kapitel.
13. In diesen Zusammenhängen wird der grundlegende Unterschied etwa zur griechischen

Offenbarung ist im jüdischen Verständnis nicht nur Selbstmitteilung Gottes durch das Wort, sondern geschieht und vollzieht sich wesentlich durch Gottes in die Geschichte eingreifendes Tun, durch geschichtliche Geschehnisse, in denen Israel die Hand seines Gottes erblickte.»Gottes Heil begibt sich für Israel im Raum der Geschichte. Nicht Gottes-Erkenntnis und Gottes-Schau, sondern die Erfahrung eines geschichtlichen Handelns Jahwes ist für Israel der entscheidende Faktor« (Stendebach 1972, S.3). Paradigmatisch heißt es in der Präambel zum Dekalog:»Ich bin Jahwe, dein Gott, der dich aus dem Lande Ägypten, aus dem Sklavenhaus, herausgeführt hat« (Ex. 20,2)[14]. Der Gott Israels ist ein in der Geschichte handelnder Gott. Daher kommt für den Menschen der Bibel, so einer der bedeutendsten jüdischen Religionsphilosophen dieses Jahrhunderts, Abraham J. Heschel,»die letzte Wahrheit vor allem in Ereignissen, nicht nur in Ideen zum Ausdruck. Das Wesen des Judentums bietet sich sowohl in der Geschichte als auch in seinem Gedankengut dar« (Heschel 1988, S.372).

Mit dem religiösen Konnex des geschichtlichen Ereignisses beginnend, wird schließlich die Geschichte insgesamt als eine geheiligte, als heilige Geschichte interpretiert und so auch für wert befunden, erzählt und erinnert zu werden: Geschichte wird zu einer auf Sinn und Ziel hin interpretierbaren Kategorie[15]. Ernst Akiba Si-

      Religion deutlich, die nur ein von einander bekämpfenden Göttern besiedeltes Pantheon kannte ohne unmittelbaren Bezug zur Geschichte der Menschen. Weder gab es streng teleologische Vorstellungen von der Geschichte, noch hatte die Geschichte einen die göttliche Wahrheit offenbarenden und damit die profane Geschichte heiligenden Charakter. Griechisch-platonisches Denken siedelte die Wahrheit jenseits der Geschichte im Reich der Ideen an, Reflexion und Denken rangierten in ihrer Bedeutung für den Menschen weit vor der historischen Tat. Ebenso existiert der ›unbewegliche Beweger‹ des Aristoteles jenseits der Geschichte, ohne moralischen Einfluß auf sie. Für die Griechen war es »unvorstellbar, daß der Logos des ewigen Kosmos in das vergängliche Pragmata der Geschichte des sterblichen Menschen hätte eindringen können« (Löwith, zit.n. Mendes-Flohr 1988, S.374). Vgl.: Löwith 1953, bes. S.11-26; Eliade 1963, bes. S.44ff.; Meyer 1987; Mendes-Flohr 1988, S.375f.; Yerushalmi 1988, S.19f.; Assmann 1992.

14. Vgl. auch das nach dem evangelischen Theologen Gerhard vom Rad so benannte ›kleine geschichtliche Credo‹ in Dtn. 26, 5-10. Ebenso ist darauf zu verweisen, daß Moses weniger vom Gott als dem Schöpfer spricht, sondern vielmehr in genealogischen Kategorien von dem ›Gott der Väter‹ (Ex. 3,16), »also des Gottes der Geschichte« (Yerushalmi 1988, S.21).

15. Eliade sieht im Judentum erstmals »den Gedanken Gestalt annehmen und sich ausbreiten, daß die geschichtlichen Vorgänge in sich selbst einen Wert tragen in dem Maße, als sie durch den Willen Gottes bestimmt sind. Dieser Gott des jüdischen Volkes ist nicht mehr eine orientalische Gottheit,..., sondern eine Person, die unaufhörlich in die Geschichte eingreift und ihren Willen durch die Ereignisse kund tut... Die geschichtlichen Tatsachen werden so zu ›Situationen‹ des Menschen gegenüber Gott und nehmen als solche einen religiösen Wert an, dem bis dahin nichts ihm geben konnte« (Eliade 1986, S.117).

mon kommentiert in diesem Sinne: »Das Judentum verläuft ja in der Zeit. Es ist sogar noch mehr an die Zeit gebunden als an das Land. Die Heiligkeit der Zeit, der Schabbat, ist wichtiger als die Heiligkeit des Landes... Das Bewußtsein, daß wir in der wirklichen Geschichte etwas zu tun haben auf dieser Erde, das ist der Glaube an Gott nicht nur als den Schöpfer der Welt und damit aller Menschen, sondern auch an den Richter gerade seines Volkes Israel. ... Das alles sind historische, also die Geschichte erläuternde, klärende Kategorien« (E.A. Simon 1980, S.413f.).

Die Heiligung des geschichtlichen Lebens, die Sakralisierung des Profanen, die religiöse Relevanz menschlichen Handelns, dessen Zielpunkt die Erlösung, das Kommen des Messias, des Reiches Gottes auf Erden, ist, bilden die Grundlage für den historiographischen Impuls der biblischen Propheten. Der Jude muß, wie Hermann Cohen bemerkt, »mit der ganzen Seele an den Gott der Geschichte glauben, den die Propheten offenbart haben. Der Gott Israels ist in der messianischen Idee zur Offenbarung gekommen; er ist der Gott der Weltgeschichte. Dies ist die Wurzel unseres Glaubens; und es ist die Quelle unserer Ethik. Daß der jüdische Gott der Gott der Geschichte ist, das ist der Grund dafür, daß Ethik und Religionsphilosophie keinen Gegensatz bei uns bilden, sondern zusammengehören, einander fordern. Denn die Ethik ist die Logik der Geschichte. Sie fordert den Gott der Geschichte« (H. Cohen 1904, S.89).

Von hier aus resultiert die gleichermaßen soziale wie politische Funktion der Propheten und die weltgeschichtliche Dimension ihrer Rede. »Wie sehr die Weltgeschichte, deren begriffliche Konzeption geradezu mit der Prophetie aufs engste verbunden ist, im Mittelpunkt des Interesses der großen jüdischen Seher steht, mag man daran ermessen, daß der prophetische Blick auf das Ende der Zeiten geht und der Messianismus die Krönung des historischen Prozesses wird« (Wolfsberg 1938, S.19). Das Prophetische im Judentum ist nicht eigentlich »durch das Seherische, die Fähigkeit des Voraussagens gekennzeichnet... Viel entscheidender ist das sozialethische Moment, der Wille zur Gestaltung des politischen und geschichtlichen Lebens. ..., daß der Schwerpunkt des Prophetismus in der Hinwendung zur Geschichte als einer Einheit, die alles Gottesebenbildliche umschließt und in der Herbeiführung des Gottesreiches auf Erden, d.i. der Messianismus, liegt« (Wolfsberg 1938, S.43f.)[16]. Daher hat sich das Judentum »niemals zufrieden gegeben ..., die Politik um der Religion willen, ..., oder die Religion um der Politik willen, ..., geringzuachten« (Brod 1939, S.197).

Die Relevanz des geschichtlichen Handelns Gottes findet sein Pendant in der Relevanz menschlichen Handelns in der Geschichte. Beide sind unmittelbar an-

---

16. Ähnlich Kastein: »Der tiefste Ausdruck solchen geschichtlichen Erlebens ist die Prophetie, wenn sie die Idee vertritt, daß die Geschichte eines Volkes nach Maßgabe seines sittlichen Verhaltens und nicht nach errechenbaren ökonomischen Gesetzen abläuft, daß sie also im letzten Sinne eine Funktion des Glaubens ist« (Kastein 1936, S.6).

einander geknüpft und aufeinander verwiesen. »Obwohl transzendent dringt er [Gott] in die Geschichte ein, um seinen Willen zu offenbaren, um zu belohnen und zu bestrafen. Ausgestattet mit der moralischen Verantwortlichkeit zwischen der Befolgung und Zurückweisung der Gebote Gottes zu wählen, werden die Menschen als freie historische Akteure betrachtet. Das Ergebnis ihres Handelns aber – Sieg oder Niederlage, Erfolg oder Versagen – wurde beständig erklärt als Gottes Antwort auf ihre Taten: als Belohnung für eine wohlgefällige Tat, als Bestrafung für ein Vergehen. [...] Die biblischen Schreiber betrachteten die Geschichte als die andauernde Illustration religiöser Wahrheit« (M.A. Meyer 1974, S.7)[17].

Dieser hier angedeutet Tat-Ergehen-Zusammenhang begründet mithin auch die eminent dialogische Dynamik der jüdischen Religion, wie sie vor allem Martin Buber entfaltet und dargelegt hat[18]. Auf die Geschichte bezogen heißt das, daß »die ganze Geschichte der Welt, die heimliche, wirkliche Weltgeschichte, ein Dialog zwischen Gott und seiner Kreatur [ist]; ein Dialog, in dem der Mensch echter, rechtmäßiger Partner ist, der sein eigenes selbständiges Wort von sich aus zu sprechen befugt und ermächtigt ist« (Buber 1963, S.189)[19].

Dieses dialogische Ineinander-Verwoben- und Aufeinander-Verwiesensein von Gott und Mensch drückt sich prägnant aus in der Vorstellung von einer partnerschaftlich verpflichtenden und auf Gegenseitigkeit beruhenden, vertraglichen Abmachung[20] zwischen Gott und dem Volk Israel, dem Bundesschluß: »Heute gebietet dir der Ewige, dein Gott, diese Satzungen und Rechtsverpflichtungen zu erfül-

17. Hierin ist auch der Grund zu sehen für die erstaunliche Tatsache, daß hier ein Volk, eine Nation, eine Religion in bemerkenswerter Offenheit die sie betreffenden Unbill, kollektiv wie individuell, als Folge eigenen, ›sündhaften‹ Tuns bekennt und dieses Bekenntnis auch noch in den ihre Identität konstituierenden, als heilig erachteten Schriften niederlegt. »In scharfem Kontrast zu den zeitgenössischen Chroniken des alten Nahen Ostens, die ausschließlich geschrieben wurden, um einen weltlichen König und seine Heldentaten zu glorifizieren, berichten die hebräischen Schreiber daher von der Torheit, dem Betrug und den Sünden – und den darauffolgenden Bestrafungen – der Kinder Israels und ihrer Anführer« (Mendes-Flohr 1988, S.373).
18. Dieser Tat-Ergehen-Zusammenhang hat als Grundlage die biblisch begründete Willensfreiheit des Menschen. Besonders deutlich wird dies u.a. in jüdischer Sündentheologie, die uns in Kap. V-1 beschäftigen wird.
19. »Bei dieser Auffassung ... wird menschliches Schicksal, menschliches Tun und Erleiden nicht mehr naturhaft verstanden als ein dem Menschen von außen Zukommendes und seine Freiheit nicht Berührendes, vielmehr erscheint das Geschick des Menschen begründet im Vollzug seiner Freiheit, die seine Geschichte wirkt« (Stendebach 1972, S.5).
20. Vgl.: Assmann 1992, bes. S.229-258, der besonders die Bedeutung der vertragsrechtlichen Aspekte des Bundesschlusses derart ins Zentrum seiner Betrachtungen rückt, so daß er von der »Geburt der Geschichte aus dem Geist des Rechts«, so seine Kapitelüberschrift, sprechen kann.

len, indem du sie beobachtest und tust mit deinem ganzen Herzen und deiner ganzen Kraft. Du hast heute den Ewigen erwählt, daß er für dich Gott sei und du auf seinen Wegen gehst... Und der Ewige hat dich heute erwählt, daß du für ihn das Eigentumsvolk (›am segulla‹) seiest ... und alle seine Gebote beobachtest und daß er dich größer macht als alle Völker, die er schuf, zum Lob, zur Ehre und zur Pracht, damit du für den Ewigen, deinen Gott, ein heiliges Volk (›am kadosh‹) werdest, wie er es gesagt hat« (Dtn. 26, 16-19, zit.n. Petuchowski/ Thoma 1989, S.57).

Neben den äußerst komplexen und vielfältigen Aspekten, die das Bundesverständnis in sich trägt und zur Folge hat[21], seien in unserem Zusammenhang nur zwei erwähnt. Zu den Bundesverpflichtungen Israels gehört es, als Zeuge des einen Gottes vor den Völkern zu agieren, eine Mittlerrolle zwischen Gott und den anderen Völkern einzunehmen. In dem partikularen Akt der Erwählung Israels ist damit zugleich ein universales, ja universalgeschichtliches Element enthalten. Entscheidend ist, daß die Verpflichtung Zeuge und Mittler zu sein, nicht missionarisch nach außen schlägt, sondern durch einen verstärkten Anspruch auf Erfüllung und Befolgung der religiös motivierten, sozialethischen Gebote innerhalb Israels verbleibt. Die an die vorbildhafte Erfüllung der Gebote geknüpften Zusagen und Verheißungen Gottes wiederum, weisen demzufolge ebenfalls einen partikular-universalen Doppelcharakter auf. Die partikular an Israel gerichteten Verheißungen finden in der universalen Zusage Gottes zum Bestand, der Erlösung und dem Kommen des Reiches Gottes für die ganze Menschheit ihr Pendant. Der Bundesschluß bezeugt auf diese Weise nicht nur das Interesse Gottes an Geschick und Geschichte Israels, sondern, mittels dieser, auch an Geschick und Geschichte der Menschheit insgesamt[22]. In diesem Rahmen erweist sich, daß der Bundesakt

21. Vgl. hierzu: Walzer 1988, bes. Kap.3 (Der Bund: Ein freies Volk). Neben Assmann weist auch Walzer u.a. besonders auf die Bedeutung und Konsequenzen des vertragsrechtlichen Charakters des Bundes hin und zeigt in beeindruckender Weise auf, wie jüdische Bundestheologie weit über das Judentum hinaus Vorbildcharakter in Rechtsphilosophie und Politik gefunden hat. Walzers glänzend geschriebene Studie, auf die hier mit Nachdruck verwiesen sei, analysiert insgesamt das Muster jüdischer Grunderfahrung von Sklaverei-Exodus-Befreiung im jüdischen Denken und belegt, wie sehr diese Grunderfahrung zum programmatischen Modell im Denken und Handeln zahlreicher politisch-revolutionärer Bewegungen bis hin in die Neuzeit wurde.
22. »Die jüdische Theologie hat nicht das Heil der Seele, sondern das der Menschheit als Ziel; sie ist daher mit dem geschichtlichen Fortschritt des Menschengeistes aufs innigste verwoben. Mehr als das. Die jüdische Theologie will nicht die vollkommene und absolute Wahrheit bieten, wie das die christliche Theologie, gleichviel, ob sie sich konservativ oder liberal nennt, von sich behauptet, sondern zur höchsten vollkommenen Wahrheit als Endziel der Weltgeschichte hinführen« (Kohler 1910, S.390). Nicht alleiniger Anspruch auf Wahrheit, die dogmatisch zu glauben individuelle Erlösung schafft, sondern sozial verantwortetes Tun innerhalb der geschichtlichen Welt, das zur Wahrheit hinführen will – darum geht es. Vgl. auch: Stendebach 1972, S.7.

vom Sinai »kein rein religiöser, sondern nur ein religiös-politischer, ein theopolitischer Akt sein kann« (Buber, zit.n. Brod 1939, S.197). Geschichte in diesem Sinne stellt sich dem jüdischen Volk als verpflichtender Aufruf dar, sowohl innerhalb des eigenen Volkes, als auch in Beziehung zu den anderen Völkern der Welt, verantwortlich zu handeln.

Ein zweiter wichtiger Aspekt des Bundesschlusses liegt darin, daß im Grunde erst durch den Vollzug des Bundesaktes – qua Rechtsakt – sich die Stämme Israels in ihrer Gesamtheit als einheitliches Volk Israel konstituieren. Israel wird in den Bund mit Gott gerufen, »damit er [Gott] dich heute zum Volke für sich bestelle«, wie es im Buch Deuteronomium (29,12) ausdrücklich heißt. »Der Bund ist ein Gründungsakt, der neben der alten Stämmevereinigung eine neue Nation aus willigen Mitgliedern schafft. In Ägypten sind die Israeliten nur insofern ein ›Volk‹, als sie Stammeserinnerungen teilen – oder, was wichtiger ist, soweit sie die Erfahrung der Unterdrückung teilen. ... Ihre Identität, ..., ist etwas, was ihnen zufällig widerfahren ist. Erst durch den Bund machen sie sich zu einem Volk im starken Sinne des Wortes, zu einem Volk, das in der Lage ist, eine moralische und politische Geschichte aufrechtzuerhalten, das zu Gehorsam und auch zu halsstarrigem Widerstand, zum Marsch vorwärts und zum Rückfall fähig ist« (Walzer 1988, S.85)[23]. Die nun zur Einheit geformte Stammesgemeinschaft, die Zugehörigkeit zum Volk Israel, bildet damit die »Grundlage der Glaubensgemeinschaft derart, daß auch der ungläubige Jude noch Mitglied der Judenschaft bleibt. Die Geburt, nicht der Glaube, legt ihm die Verpflichtung auf, für die ewigen Wahrheiten, zu deren Träger Israel erkoren ist, zu wirken und zu kämpfen« (Kohler 1910, S.390).

Mit Offenbarung, Bundesverständnis und in beidem zugrundegelegten Geschichtsverständnis haben wir eine Reihe kaum auflösbarer, paradoxaler Bindungsverhältnisse vorliegen, die den innersten Kernbestand jüdisch-religiösen Selbstverständnisses mit axiomatischer Kraft ausmachen: der historisch verortete Akt der Offenbarung verbindet Transzendenz (Gott) mit Immanenz (Israel); im Bundesverständnis fließen Ethnizität (Volk Israel) und Religiosität (Glaube Israels) zusammen, werden in ihrer partikularen Besonderheit (Bund Gottes mit Israel) mit universaler Bedeutung (Gott und Mensch/Welt) versehen und verketten im Ergebnis unauflösbar Geschichte und Glauben miteinander[24]. »Die ent-

---

23. Vgl.: Assmann 1992, bes. S.157ff., der die Bedeutung dieses Aktes und insbesondere die verpflichtende Erinnerung an ihn für die Ausformung kultureller und kollektiver Identität hervorhebt.
24. Man könnte diese paradoxalen Bindungsverhältnisse noch weiter auffächern und kommt dann zu den bekannten, »klassischen Antinomien von Gerechtigkeit und Gnade, freier Wille und Determiniertheit, Immanenz und Transzendenz, Universalismus und Partikularismus, Nichtigkeit des Menschen und höchste Werthaftigkeit des Menschen, ..., Diesseitigkeit und Jenseitigkeit, Seele und Leib, Glaube und

scheidende Erkenntnis bei der Reflexion jüdischer Existenz und Identität ist, daß das Jude-Sein sich weder allein auf die bloße Zugehörigkeit zu einer ›Religionsgemeinschaft‹, also Judentum, reduzieren läßt, noch allein auf eine bloße Mitgliedschaft in Am Jissra'el (was halbwegs richtig als ›Volk Israel‹ wiederzugeben wäre), also wiederum: Judentum. Erst beide Komponenten zusammen ergeben das, was man mit der eher statischen Vokabel ›Judentum‹ zu umschreiben ... versucht. Erschwerend kommt hinzu, daß diese komplizierte – und mit kaum einer anderen vergleichbaren – Existenzform für Nichtjuden kaum mitzudenken, geschweige denn mitzufühlen ist. [...] Mit anderen Worten: ein Nichtjude, der über Juden und Judentum – also über Glieder in Am Jissra'el (einst und heute) – sprechen oder schreiben möchte, muß dies sowohl theologisch als zugleich auch soziologisch, sowohl im Kopf als auch gleichzeitig im Herzen bearbeiten« (E. Brocke 1987, S.317).

Die axiomatische Verknüpfung von Geschichtsverständnis und religiösem Selbstverständnis, was etwa Moses Heß dazu führte, das Judentum als »Geschichtsreli-

Werke ..., Gott als der gänzliche Andere und Unbekannte und dennoch als Person in der Beziehung gegenwärtig, Furcht vor Gott und Liebe zu Gott« (Lelyveld 1984, S.9). Entscheidend ist, daß diese paradoxen Verhältnisse im Judentum nicht dualistisch aufgefasst und interpretiert werden, sondern im Sinne einer »Einheit der Gegensätze« (Buber, zit.n. Lelyveld 1984, S.1). Folgerichtig weist das Judentum »wieder und wieder die entweder/oder Option zurück und betont die sowohl/als auch Option...« (Lelyveld 1984, S.9). Die hieraus resultierende, für das rabbinische und insgesamt jüdische Denken charakteristische »Offenheit gegenüber dem Paradox« (Lelyveld 1984, S.2), ist Ausdruck der Treue und des Festhaltens am bereits in paradoxer Weise vonstatten gegangenen Gründungsakt des jüdischen Volkes und jüdischer Religion im Sinaiereignis. Eindrucksvoll faßt Will Herberg dieses Verständnis anhand des Gottesbildes zusammen: »Das Herzstück des Judentums, ..., ist seine prachtvolle Konzeption von der Gottheit. Es ist eine gleichermaßen profunde wie paradoxe Konzeption: ein transzendenter Gott und dennoch im Leben und der Geschichte tätig, unendlich und doch personal, ein Gott der Macht, Gerechtigkeit und Barmherzigkeit, aber über allem ein heiliger Gott. Die Verehrung eines heiligen Gottes, der alle Beziehungen von Natur und Geschichte transzendiert... Die Anbetung eines heiligen und transzendenten Gottes, der zugleich sich manifestiert in der Geschichte bewahrt uns dergestalt vor einem oberflächlichen Positivismus, welcher Natur, Geschichte und das Leben ohne letzten Sinn beläßt, rettet uns vor einem Pantheismus, was letztlich auf eine götzendienerische Verehrung der Welt hinausliefe, und schützt uns vor einem sterilen Jenseitsglauben, der alle Verbindungen zwischen Religion und Leben brechen würde« (Herberg 1970, S.105); sehr ähnlich auch: Baeck 1938;. vgl. insgesamt: Gruenwald 1963; Herberg 1970; Soloveitchik 1986; Lelyveld 1984 (dort auch zahlreiche Beispiele aus Talmud und Midrasch).

gion« zu definieren[25], ist nicht hintergehbar.[26] Wie immer das Verhältnis der beiden näherhin ausdifferenziert wird, wie immer – und immer auch unterschiedlich – die beiden Seiten dieses Verhältnisses im Einzelnen bestimmt und beschrieben werden, ausnahmslos und immer wird bei der Entfaltung des Einen auf eine Bestimmung des Anderen rekurriert werden müssen. Jede religiöse Selbstdefinition im Judentum wird ihr Verhältnis zum Geschichtlichen beinhalten müssen, und jede geschichtliche Selbstbestimmung ihr Verhältnis zum Religiösen abklären müssen. Nicht *wie* das Verhältnis dieser beiden Größen konkret gestaltet und begriffen wird, ist das allein entscheidende Spezifikum jüdischer Identität, sondern *daß* jede Selbstdefinition eine solche Verhältnisbestimmung *zur Aufgabe* hat, ist der entscheidende Punkt.

In diesem Sinne unterstreicht einer der bedeutendsten zeitgenössischen Denker des Judentums, Arthur Allen Cohen, eine von ihrer »transzendenten Quelle und Entscheidung abgeschnittene Geschichte wird entweder zu historizistischem Phänomenalismus, in dem alles Leben zu Geschichte wird ohne den archimedischen Punkt des Urteils, oder aber eine leidenschaftslose und formale Wiederkehr von Ereignissen, welche die Geschichte bereits vorbereitet und mit der sie uns gelangweilt hat. Die Geschichte und die Metaphysik der Geschichte sind für den Juden unerläßlich« (A.A. Cohen 1966, S.289).

Auf der gleichen Basis ist die bemerkenswerte Aussage von einem der hervorragendsten Vertreter jüdischer Geschichtsschreibung dieses Jahrhunderts, Yitzchak Fritz Baer, zu verstehen, der ein alle Diversitäten der Generationen und Zeiten umspannendes, durchgängiges Muster jüdischen Geschichtsverhältnisses zu beschreiben versucht: »Das alltägliche Schicksal des Volkes wird wie in den Tagen der Bibel voll erfaßt durch den festen Glauben an das unmittelbare Wirken Gottes in jedem geschichtlichen Ereignis. Das ist kein scheues Weiterspinnen halb verklungener Träume, kein dumpfes Vegetieren unter der Last eines nicht verstandenen historischen Schicksals, sondern *ein in sich geschlossenes, wenn auch überladenes, System von religiösen Vorstellungen, über das jeder berufene Vertreter eine klare Auskunft zu geben imstande ist.* Dieses alte jüdische Denken

---

25. Heß spricht so an mehreren Stellen seiner 1862 in Leipzig erschienen Schrift: Rom und Jerusalem, die letzte Nationalitätsfrage; vgl.: M. Heß 1862, dort z.B. S.224, 294; außerdem liest man dort u.a.: »Durch das Judentum ist die Geschichte der Menschheit eine heilige Geschichte geworden« (S.264). »Die Menschheit kann den Glauben an eine Vorsehung, die unsere Geschichte lenkt, nicht entbehren, was auch immer unsere großen Geister sagen mögen, und das neuerstandene Judentum wird ihr noch einmal ihren verlorenen Glauben wiedergeben« (S.337). »Religion und Geschichte stehen in einem innigen Verhältnisse, die eine erläutert die andere« (S.65).
26. »..., daß die inhaltliche Erstreckung des Judentums zugleich seine zeitliche bedeutet, daß die Lehre des Judentums zugleich seine Geschichte und seine Geschichte zugleich seine Lehre sei« (Baeck 1938, S.243).

ist nicht unhistorisch; denn es hat das geschichtliche Leben zur Grundlage, und *einschneidende geschichtliche Ereignisse alter und neuerer Zeit haben, mehr als in anderen religiösen Systemen, in der jüdischen Gedankenwelt ihre feste Stelle erhalten* und sind zu Marksteinen in der Geschichte der Prüfungen des Gottesvolkes geworden« (Baer 1936, S.94, Hervorhebungen von mir)[27].

Stellt man das bis hierhin Vorgetragene in Rechnung, erscheint, wie bereits einmal angedeutet, der historiographische Impuls, wie er in der jüdischen Bibel, und dort vor allem bei den Propheten, zur Entfaltung kommt, als geradezu zwingend logisch: »Selbstverständlich wurzelte die Geschichtsschreibung im alten Israel in der Überzeugung, Geschichte sei Theophanie und letztlich sei die Deutung allen Geschehens in diesem Glauben zu suchen; herausgekommen ist dabei aber nicht Theologie, sondern eine Geschichtsschreibung, wie es sie vorher nicht gegeben hatte« (Yerushalmi 1988, S.26).

Um so verwunderlicher und Anlaß bemerkenswerter Studien bis in die jüngste Zeit[28] ist auf diesem Hintergrund das offensichtlich darauf folgende, jahrhundertelange historiographische Schweigen des nachbiblisch-rabbinischen Judentums. Angesichts des skizzierten, im Religiösen wurzelnden Geschichtsverständnis des Judentums, angesichts der geschichtstheologischen Konstruktion des Judentums selbst und in Anbetracht der auf dieser fußenden biblischen Historiographie, mag es ebenso irritierend wie frappierend anmuten, »daß die Rabbiner weder die nachbiblische Geschichte aufgeschrieben noch sich bemühten, ihnen bekannte historische Ereignisse ihrer eigenen oder der unmittelbar vorhergehenden Zeit vor dem Vergessen zu bewahren« (Yerushalmi 1988, S.33)[29]. Nicht selten hat dies zu der Einschätzung geführt, »dem rabbinischen Judentum gehe auch grundsätzlich jedes Geschichtsverständnis ab, die Rabbinen seien nicht mehr imstande gewesen, einen einheitlichen, die ganze Geschichte umfassenden, Entwurf vorzulegen und innerhalb eines solchen Entwurfes zu denken und zu argumentieren« (Schäfer 1978a, S.24)[30]. Da das rabbinische Judentum aber im wesentlichen die prägenden

27. Zu Leben und Werk von Y.F.Baer siehe die Angaben in Kap. II-1.2, Anm. 63.
28. Hier sind mit besonderem Nachdruck zu nennen: Geis 1955; M.A. Meyer 1974; Schäfer 1978; Yerushalmi 1988.
29. »Im Gegensatz zu den Verfassern der Bibel scheinen die Rabbiner mit der Zeit zu spielen, als wäre sie ein Akkordeon, das sich nach Belieben auseinander- und zusammenziehen läßt. Während die Genauigkeit in den Orts- und Zeitangaben für die Erzählungen der Bibel kennzeichnend ist, stoßen wir hier ständig auf völlig unbefangene Anachronismen« (Yerushalmi 1988, S.33).
30. Schäfer verweist exemplarisch auf: Rössler 1962. Auch auf jüdischer Seite findet sich dieses Muster wieder, wenn etwa Kedourie aus der Ignoranz des rabbinischen Judentums gegenüber dem zeitgeschichtlichen Ereignis undifferenziert auf einen Mangel an Geschichtsbewußtsein schließt; vgl.: Kedourie 1981. Bemerkt sei in diesem Zusammenhang, daß sich diese Einschätzung des vorgeblich geschichts(verständnis)losen

Grundlagen für die Gestalt des mittelalterlichen und im Kern auch des gegenwärtigen Judentums geliefert hat, ist es von entscheidendem Gewicht, diese Einschätzung als unzutreffende Fehleinschätzung zu demonstrieren[31]. Dies ist umso bedeutender, als in der rabbinischen Ausdeutung jüdischer Existenz Stellenwert und Grundstruktur jüdischen Geschichtsverständnisses, ja des jüdischen Gedächtnisses insgesamt, bestimmt und gestaltet wurde. Nirgendwo wird dies handfest greifbarer als im rabbinischen Verständnis von Schöpfung und Offenbarung, Torah und Halacha.

1.2 Grundlagen rabbinischen Geschichtsveständnisses

1.2.1 Torah, Offenbarung und Schöpfung

Offenbarung erschöpft sich im jüdischen Verständnis nun keineswegs im in die Geschichte eingreifenden Heilshandeln Gottes, sondern geschieht wesentlich auch durch das Wort, durch die offenbarende Übergabe des Dekalogs an Moses, durch die Gabe der Torah[32] insgesamt. Die Torah bildet das eigentliche Kernstück des Judentums, sein Rückgrat und Herzstück, ist ihm ›portatives Vaterland‹ (Heinrich Heine) und in ihrer Bedeutung für das Judentum kaum zu über-

      nachbiblisch-rabbinischen Judentums in fataler Weise deckt und ergänzt mit der Sichtweise christlicher Theologie, die mit der Zerstörung des Zweiten Tempels 70 n.Chr. die Geschichte der Juden für beendet erklärt, die Juden zum widerspenstigen Anachronismus degradiert hat; vgl.: Stöhr 1988a.

31. Als eine gleichwertige Fehleinschätzung ist auch der Umkehrschluß dieser These zu bewerten: Ein Überfluß an Historiographie und Geschichtswissenschaft beruhe auf einem stark ausgeprägten Geschichtsbewußtsein oder Gedächtnis. Hierzu ausführlich Kap. VI-3 u. VII-2.

32. Am zutreffendsten – auch in sprachgeschichtlicher Hinsicht – ist Torah mit ›Weisung‹ und/oder ›Lehre‹ wiederzugeben. Der aus Mißverständnis und in Diskriminierungsabsicht jahrhundertelange Sprachgebrauch von Torah allein als ›Gesetz‹ verkennt vollständig den Gesamtcharakter der Torah. Gemeint waren mit Torah zunächst nur die fünf Bücher Mose, später dann, nach Abschluß des Kanons, auch die prophetischen und anderen Schriften der jüdischen Bibel. Daneben ist es auch üblich für die gesamte jüdische Bibel den Begriff ›Tenach‹ zu verwenden. Tenach setzt sich zusammen aus den hebräischen Anfangsbuchstaben der dreigegliederten jüdischen Bibel: Torah (5 Bücher Mose), Newiim (Propheten), Chetuwim (Schriften). Ich benutze ›Torah‹ in der Regel in seinem umfassenden Sinn zur Bezeichnung der gesamten, nach jüdischer Sicht am Sinai offenbarten Lehre. Zur Erweiterung des Begriffs auf mündliche und schriftliche Torah siehe weiter unten in diesem Kapitel. Zum Begriff ›Torah‹ vgl. auch: Ben-Chorin 1975; Pfisterer 1985; Feininger 1986; Petuchowski/Thoma 1989; allgemeinverständlich und sehr illustrativ: Sartory 1978.

schätzen[33]. In bewegenden Worten drückte der wohl bedeutendste Dichter des modernen Hebräisch, Chajim Nachman Bialik, anläßlich der Einweihung der Hebräischen Universität Jerusalem im Jahre 1925 diese bis in die Gegenwart reichende Wertschätzung der Torah aus: »Der Begriff ›Torah‹ erhob sich in den Augen des Volkes in unerforschliche Höhen. In der Phantasie des Volkes war Torah fast eine zweite Wirklichkeit, eine konkrete und erhabenere Wirklichkeit, ... Die Torah stand im Mittelpunkt des offenen und verborgenen Sehnens des Volkes in der Galut [Exil]. Das Wort ›Israel und die Torah sind eins‹ war nicht nur ein Wort. Ein Fremder wird es beinahe nicht verstehen, weil auch der Begriff Torah in seinem vollen nationalen Umfang nicht deutlich genug übersetzt werden kann. Die Torah in diesem Sinne ist nicht Gesetz und Glaube allein, auch nicht Ethik, Gebot oder Weisheit allein und auch nicht eine Verbindung all dieses, sondern ein erhabener und unvergleichlicher, geheimnisvoller Begriff, der seine Kraft fast aus den Höhen und Tiefen eines kosmischen Begriffs schöpft. Die Torah ist das Handwerkszeug des Weltschöpfers, mit ihr und um ihretwillen hat er die Welt erschaffen« (Bialik, zit.n. H.G. Brandt 1991, S.4).

In der Hauptsache umfasst die Torah – der Worte Bialiks eingedenk: sehr verkürzt gesagt – Glaubenslehre und Pflichtenlehre und repräsentiert dergestalt zusammen mit der Vorstellung einer geheiligten Geschichte die Gesamtheit der Willensoffenbarung Gottes[34].

Die kosmische Dimensionen annehmende, unbestreitbare Königsstellung der Torah kommt höchst eindrucksvoll in der rabbinischen Vorstellung von der Präexistenz der Torah zum Ausdruck. Im Midrasch[35] von den Dingen, die vor der Welt geschaffen wurden heißt es: »Sechs Dinge gingen der Erschaffung der Welt voraus. Manche von ihnen wurden geschaffen und manche stiegen in Gedanken auf, geschaffen zu werden. Die Torah und der Thron der Herrlichkeit wurden geschaffen. Die Torah, wie geschrieben steht: Der Herr erwarb mich als Anfang seines Weges...« (Ber.R. 1,4, zit.n. Schäfer 1978a, S.27)[36].

33. Vgl. beispielsweise den mit »Die Torah mehr lieben als Gott« überschriebenen Aufsatz von Levinas in: Levinas 1992. Es käme einem aberwitzigen, den Rahmen dieser Arbeit vollständig sprengenden Anspruch gleich, wollte man ein derart vielgestaltiges Phänomen der Religionsgeschichte, wie es die Torah repräsentiert, umfassend in seinen Entwicklungen auf wenigen Seiten darstellen. Im Folgenden beabsichtige ich, mich auf die Entfaltung der grundlegendsten Aspekte rabbinischen Torahverständnisses zu beschränken, und dies wiederum nur insoweit sie meines Erachtens in relevantem Zusammenhang stehen mit der Ausdifferenzierung jüdischen Geschichtsverständnisses.
34. Vgl.: Feininger 1986, S.239 u. S.243ff; zum Begriff ›geheiligte Geschichte‹ siehe weiter oben Anm.10.
35. Exegetisch-schriftauslegende Literatur der Rabbinen; nähere Erläuterung weiter unten in diesem Kapitel.
36. Die anderen vier, vor der Welt geschaffenen Dinge sind: die Erzväter Israels (Abraham, Isaak, Jakob), Israel selbst, das Heiligtum (der Tempel), der Name des Messias.

Und an späterer Stelle: »Die Torah sagt: Ich war das Werkzeug der Kunstfertigkeit des Heiligen, er sei gepriesen. Wenn nach der Weise der Welt ein König aus Fleisch und Blut einen Palast baut, dann verläßt er sich nicht auf sich selbst, sondern zieht einen Baumeister hinzu. Und auch der Baumeister verläßt sich nicht auf sich selbst, sondern benutzt Pläne und Zeichnungen, um daraus zu ersehen, wie er Zimmer und Türen anlegen soll. So blickte auch der Heilige, er sei gepriesen, in die Torah und erschuf die Welt ...« (Ber.R. 1,1; zit.n. Schäfer 1978a, S.34). Nicht nur war die Torah Erstgeschaffene der Schöpfung, sondern zugleich das Werkzeug bzw. der Plan, mit dem die Welt geschaffen wurde. Sie ist »Schöpfungsordnung, das dem Bestand der Welt zugrundeliegende Prinzip« (Schäfer 1974, S.30).

Die Idee von der Präexistenz der Torah scheint auf den ersten Blick eine metaphysische Spekulation zu sein, die eher mit platonischen Schöpfungsvorstellungen in Zusammenhang steht, bar aller geschichtsphilosophischen Relevanz[37]. Überraschenderweise aber ist das Gegenteil der Fall. Denn diese Sichtweise verkennt, daß mit der Torah nicht ein überweltliches und überzeitliches Urbild im platonischen Sinne gemeint ist, »sondern die konkrete Torah, die Israel später am Sinai gegeben wurde... Diese Torah ist eine geschichtliche Größe, nämlich das Dokument der Erwählung Israels. Sie enthält als ›Geschichtsbuch‹ die wichtigsten Stationen der Heilsgeschichte und als ›Gebotssammlung‹ die ›Regeln‹ und Maßstäbe, die die Gemeinschaft Gottes mit den Menschen ermöglichen bzw. garantieren« (Schäfer 1978a, S.36)[38]. Dieser, bei der Erschaffung der Welt zugrundegelegte Plan, erweist sich so als ein Plan »mit zeitlichen Projektionen« (Goldberg 1968, S.429) und »ethischen Implikationen« (Schäfer 1978a, S.36). Der präexistente Rang der Torah weist nicht über die Geschichte hinaus, sondern unterstreicht als einer bereits im Schöpfungsplan enthaltenen Komponente den Rang der Geschichte im Sinne einer heiligen Geschichte. »Die Geschichte ist der

---

Zur vollständigen Auslegung dieses Midraschs siehe: Schäfer 1978a; Goldberg 1968; Feininger 1984.
37. So z.B.: Hengel 1973.
38. Vgl. auch den Spruch Rabbi Akiwas in: ›Sprüche der Väter‹ (Pirke Awot) 3,18: »Geliebt ist Israel, denn es ist ihnen ein Kleinod gegeben worden, besondere Liebe, es wurde ihnen offenbart, daß ihnen ein Kleinod gegeben worden, mit dem die Welt erschaffen worden, so heißt es: Ein kostbares Gut habe ich euch gegeben meine Lehre verlasset nicht!« Schäfer dazu: »Hier ist nicht so sehr oder jedenfalls nicht nur die Torah als kosmische Größe gemeint, als Weltordnung, als das der Welt zugrundeliegende Prinzpip..., doch wäre es eine unsachgemäße Verinfachung, wollte man unter dem Eindruck platonisch-philonischer oder auch stoischer Parallelen das rabbinische Thoraverständnis auf diesen Aspekt reduzieren. Für die Rabbinen war die Weltordnung in erster Linie Heilsordnung, eine Heilsordnung, die sich in der Gemeinschaft Gottes mit Israel, in der Geschichte also, verwirklicht« (Schäfer 1978a, S.37).

Raum, in dem sich die Schöpfung (als Absicht und Plan) Gottes vollendet« (Goldberg 1968, S.44)[39].

Indem Israel stellvertretend für die Völker die Torah annahm[40], tritt die Torah in die Geschichte ein und »fortan verknüpft Torah Schöpfung und Geschichte« (Feininger 1984, S.254). In diesem Sinne bedeutet die »torah-Gabe auch ›Selbstauslieferung Gottes‹, Preisgabe des Schöpfers gegenüber seiner Schöpfung...« (Feininger 1984, S.256) und besiegelt damit gleichsam ihre ganz in die Geschichte hineingegebene Existenz[41].

Daß die Schöpfung insgesamt von Beginn an auf Historizität angelegt ist, belegen auch die anderen, vor der Erschaffung der Welt existenten Dinge. Die Erschaffung der Welt wird ausdrücklich mit dem von Gott vorhergesehenen Verdienst der Väter (Abraham, Isaak, Jakob) begründet[42], ohne deren gute Handlungen die Welt keinen Bestand hätte haben können. Hier tritt erneut die partnerschaftlich-dialogische Konzeption der jüdischen Religion diesmal im Rahmen ihrer Schöpfungsvorstellung hervor: »Die Existenz der Welt ist nicht nur von der Schöpfungsabsicht Gottes abhängig, sondern auch vom ethischen Verhalten der Menschen in der Geschichte« (Schäfer 1978a, S.30).

Dieser Gedanke findet seine Fortsetzung in der Idee des bereits in die Weltschöpfung einbezogenen Volkes Israel. »Das Heilshandeln Gottes in der Geschichte und die Antwort Israels auf dieses Heilshandeln bedingen sich gegenseitig. Nicht nur die Welt ist im Blick auf Israel erschaffen, sondern auch Gott ist, überspitzt formuliert, nur als Gott Israels wirklich Gott« (Schäfer 1978a, S.31)[43]. Auch die Präexistenz des Heiligtums, des Tempels, als dem Ort der Begegnung zwischen Gott und Mensch findet ihre Vollendung nur in der Geschichte, »denn erst mit der

39. Diese Interpretation von der Torah als einer geschichtlichen Größe wird außerdem unterstrichen, indem der in die Geschichte hineinreichende handlungsbetonte Akt der Offenbarung der Torah am Sinai als ›mattan torah‹, als ›Geben der Torah‹ von den Rabbinen qualifiziert wird; vgl. Feininger 1984, S.252.
40. Nach rabbinischem Verständnis wurde vor Israel die Torah allen Völkern der Erde angeboten, die sie jedoch alle ablehnten. Die Annahme der Torah durch Israel wird als Glaubenszeugnis vor und für die Völker interpretiert. Hier wird erneut die universal-partikulare Dynamik der jüdischen Religion deutlich. »In der Stellvertretung für die Völker und in der tora-Mission vor den Völkern wird die tora-Vorstellung der Rabbinen universal ausgeweitet und trotzdem national verankert« (Feininger 1986, S.254; dort auch Verweis auf die einschlägigen Stellen in Talmud und Midrasch).
41. »Kann man einen Handel tätigen, durch den der Verkäufer zusammen mit seinen Waren verkauft wird?! Gott aber sprach zu Israel: – Ich verkaufte dir meine tora, aber mit ihr zusammen bin auch ich verkauft...« (BamR 33,1; zit.n. Feininger 1984, S.240).
42. Vgl. Ber.R. 12,8: »Durch das Verdienst Abrahams wurde die Welt erschaffen« (zit.n. Schäfer 1978a, S.29).
43. In diesem Verständnis wurzelt das Konzept von Kiddush HaSchem (Heiligung des göttlichen Namens). Siehe ausführlich hierzu weiter unten Kap. V-1.2

Errichtung des Wüstenheiligtums durch Mose ist die Weltschöpfung abgeschlossen. Dies bedeutet aber auch, daß Gott letztlich auf den Menschen angewiesen ist, denn nur der Mensch Mose kann in einem bestimmten geschichtlichen Augenblick die Schöpfung Gottes vollenden« (Schäfer 1978a, S.32)[44].

Dieses gesamte Konzept eines in enger Beziehung miteinander stehenden Schöpfungs- und Torahverständnisses streicht deutlich hervor, daß es den Rabbinen »nicht um das Sein als solches, sondern um das Sein als Schöpfung [geht]. Ihr Anliegen ist nicht die Ontologie oder Metaphysik, sondern Geschichte und Metageschichte« (Michel 1988, S.443)[45].

Eine diesem Torah- und Schöpfungsverständnis fast gleiche Struktur findet sich auch in der rabbinischen Antwort auf die Frage nach der Tradierung der Offenbarung und ihrer autoritativen Gültigkeit für die der Sinai-Generation folgenden Geschlechter. Diskussion und Lösung dieses Problem werden in mehreren Stellen in Talmud und Midrasch vorgestellt[46]. Ausgangspunkt ist dabei in der Regel ein Bibelvers in Dtn. 29, in dem hervorgehoben wird, daß Offenbarung und Bund nicht allein für jene am Sinai anwesenden Augen- und Ohrenzeugen Geltung habe, »sondern sowohl mit denen, die heute mit uns hier vor Jahwe, unserem Gotte, stehen, als auch mit denen, welche heute mit uns hier nicht zugegen sind« (Dtn. 29,14). In der Auslegung dieses Schriftverses gelangt man zu der Überzeugung, daß alle jüdischen Seelen künftiger Geschlechter und die Seelen aller künftigen Proselyten bereits am Sinai versammelt waren. Erneut mag die Präexistenz und Anwesenheit der Seelen am Sinai – ähnlich der Präexistenz der Torah – platonische Assoziationen hervorrufen, aber wieder wird der Zusammenhang betont in seine geschichtliche Dimension gewendet. Ihrem Sinn nach bedeutet die präexistente Anwesenheit der Seelen am Sinai nämlich primär »nicht das Teilhaben an einer Erkenntnis, nicht die Zeugenschaft einer geschehenden Sinngebung, keine Entscheidung für eine Idee als das Urbild der Geschichte, sondern das *Eingeschworensein auf einen Weg, einen geschichtlichen Weg*« (Altmann 1935, S.263, Hervorhebung von mir).

Diese Entscheidung für den »geschichtlichen Weg, das geschichtliche Tun« ist notwendig, »weil ein Volk mit seinem gesamten biologischen und geistigen Hab und Gut, eine leibhaftige Volkswirklichkeit und wahrlich keine Engelschar, son-

---

44. Vgl. ausführlich hierzu: Schäfer 1978c. Schindler betont ganz in diesem Sinne, daß Torah und Halacha (jüdisches Religionsgesetz) vor allem anderen eine »Blaupause zum Handeln« sei; vgl. Schindler 1985, S.12. Und Marquardt gibt angesichts dieses partnerschaftlich orientierten Korrelationsmodells im Judentum zu bedenken, »ob nicht gerade die jüdische Genossenschaftsfreiheit im Verhältnis zu Gott mindestens zur Vorgeschichte der modernen abendländischen Autonomie gehört« (Marquardt 1987, S.91).
45. Vgl.: A.J. Heschel 1971 u. Urbach 1975 u. 1976.
46. Die wichtigsten Stellen sind: bShab 146a; bShavu 39a; ShemR 28,6.

dern ein Volk ›mit steifem Nacken‹, durchaus alles andere als eine Genossenschaft von Heiligen, durch die Geschichte dieser Welt hindurchgeführt und hindurchgeläutert werden muß. Hier ist ein Ausweichen in eine Kirche nicht möglich. Aber auch der Weg in die Profanität der Weltvölker, in die unbeschränkte Geschichtsmöglichkeit ist verschlossen. Israel steht in der Geschichte und zugleich über der Geschichte. Es steht als Israel in beidem, während die Kirche qua Kirche nur jenseits der Geschichte steht«. Dieses Verständnis »überwindet nicht und zerbricht nicht die Zeitlichkeit durch eine transzendente Sinngebung, sie stiftet vielmehr, gerade sie, die Kategorie der geschichtlichen Zeit, das Nacheinander von Begegnung, Abfall, Strafe, Galut, Verheißung, messianischer Zeit« (Altmann 1935, S.264)[47].

1.2.2 Mündliche und schriftliche Tora und Halacha

Wenn wir es also insgesamt – wie dargelegt – bei den Konzeptionen von Torah, Offenbarung und Schöpfung mit einem derartig dialogisch angelegten, relational und dialektisch vernetzten Denkgefüge zu tun haben[48], dessen zentraler Bezugspunkt, so Altmann, das ›Eingeschworensein auf einen geschichtlichen Weg‹ ist, so muß dies zwangsläufig Folgen haben für die Entwicklung und das Verständnis von Tradition und dessen Praxis. D.h. nur eine dem geschichtlichen Wandel Rechnung tragende, dynamisch-prozeßhafte Konzeption von Theorie und Praxis der Tradition ist hier logisch vorstellbar. Zugleich müßte im Rahmen einer solchen Traditionskonzeption die konkrete Entfaltung jenes ›Eingeschworenseins auf einen geschichtlichen Weg‹ sichtbar werden.

Exakt diese Bedingungen werden erfüllt in der erweiternden Ausdifferenzierung der Torah – und damit der Offenbarung – in einen schriftlichen und einen mündlichen Teil, sowie dem Verständnis von und Umgang mit der Halacha, dem eigentlich religionsgesetzlichen Kern der Torah.

Die Torah mit ihren zahlreichen Geboten, Verordnungen, Anweisungen und ethischen Belehrungen hat für alle Juden verpflichtenden Charakter. Aber ihr kon-

---

47. Im Grunde gehörte zum Kontext dieser Ausführungen eine Betrachtung über die bereits mehrfach erwähnte Idee des Messianismus im Judentum, insbesondere unter Betracht der Tatsache, daß im jüdischen Messianismus das teleologische Element der Geschichte eminent zum Ausdruck kommt. Ich habe mich jedoch entschlossen, die Darstellung der vergleichsweise bekannten Idee des jüdischen Messianismus zugunsten der meines Erachtens weniger bekannten und im Bewußtsein weniger gegenwärtigen Zusammenhänge, die im nun folgenden Abschnitt behandelt werden, zurückzustellen. Aus der äußerst umfangreichen Literatur zum jüdischen Messianismus sei daher ausdrücklich verwiesen auf: Scholem 1970b; Scholem 1992; J. Katz 1988.
48. Vgl.: Kadushin 1972; Feininger 1984.

kreter Sinn, das Was, Wann, Wie und Warum der Unterweisungen ist interpretations- und erklärungsbedürftig. Insbesondere aber gibt ja die Torah nicht für jedes Problem eine genaue Anleitung. Viele Fragen ergeben sich durch den zeitbedingten Verlauf der Dinge, durch eine über die Jahre und Jahrhunderte sich ständig ändernde Lebenswelt mit je neuen Anforderungen, kurz: durch den geschichtlichen Wandel. Die Meinung der Gelehrten war es nun, daß aus Inhalt, Richtung und Geist der Torah durch entsprechendes Forschen und Studieren alle nötigen Erkenntnisse für die Probleme des Lebens zu gewinnen seien. Alles Gedankengut, alle Erkenntnis, die über viele Generationen hinweg durch Forschung und Studium gewonnen wurden, sind als »erweiterte Intention der Tora« (J.Berger o.J., S.152) anzusehen, als zur Torah gehörender Bestandteil. »Schon früh[49] bezeichnen die Rabbinen ihre im Gegensatz zum Tenach mündlich tradierten Lehren als tora vom Sinai, von der gleichen Offenbarungsintensität und -qualität wie die des Tenach« (Feininger 1984, S.251)[50].

In ca. einem knappen Jahrtausend (460 v. Chr. – 500 n. Chr.) enstand so durch intensivstes Studium und Forschung in den jüdischen Lehrhäusern Babyloniens und Judäas eines der gewaltigsten religiösen Werke, das die Menschheit kennt: die Mündliche Lehre (torah shewe al päh)[51]. Schon in dem weiter oben angesprochenen Midrasch von der Präexistenz der Seelen am Sinai ist bereits der Gedanke enthalten, daß nicht nur alle Seelen proleptisch der Offenbarung teilhaftig wurden, sondern ebenso, daß die Offenbarung selbst quantitativ wie qualitativ total und umfassend war[52]. Nur Ort und Zeitpunkt ihrer weltlichen Geburt durch Prophetie, Auslegung und Kommentar ist eine Sache ihrer Entfaltung im zeitlich gestreckten Verlauf der Geschichte. Es wurde Allgemeingut rabbinischer Theolo-

49. D.h. ca. seit dem ersten nachchristlichen Jahrhundert; vgl.: Scholem 1970a, S.95.
50. Vgl.: Urbach 1975; Schäfer 1972.
51. Über Jahrhunderte war die schriftliche Notierung der Lehrmeinungen und Debatten verboten. Erklärungen und Kommentare wurden im Gedächtnis der Schüler und Studenten festgehalten, eingeprägt und ständig wiederholt. Zur Problematik der Verschriftlichung der mündlichen Lehre siehe: Moore 1927; Feininger 1984; J. Berger o.J. Zur Entwicklung und Bedeutung von mündlicher Lehre und Tradition insgesamt, sowie vor allem auch im Blick auf ihr Verständnis im Rahmen der Kabbala, grundlegend: Scholem 1970a.
52. »Sagt nicht: Ein anderer Mose wird auferstehen und uns eine andere tora vom Himmel bringen. Deshalb tue ich euch kund: Sie ist nicht im Himmel (das bedeutet), daß nichts von ihr im Himmel zurückgeblieben ist.« (DebR 8,6). Auch hierin drückt sich beeindruckend die partnerschaftliche und verantwortliche Stellung Israels für den Verlauf der Schöpfung und Gestaltung von Welt und Geschichte aus. Der alle Phänomene des Lebens und der Schöpfung umgreifende Totalitätsanspruch der Torah wird auch sehr sinnfällig in den nach traditioneller Zählweise 613 Weisungen, die in der Torah enthalten sind. Sie teilen sich auf in 365 Verbote, gemäß der Tage des Jahres, und 248 Gebote, gemäß der Zahl der Glieder des Menschen.

gie, »daß die mündliche Überlieferung ebenso wie die schriftliche Torah auf die eine Offenbarung am Sinai zurückgeht« (Schäfer 1978b, S.155).

Die Lehrer, die solcherart alle Gebiete des Lebens erforschten, um der Torah in einer sich politisch und wirtschaftlich ändernden Welt immer wieder Geltung zu verschaffen, waren die Tannaiten (Gesetzeslehrer), das Werk, das sie auf diese Weise erschufen, ist die Mischna (Studium, Lernen). Um ca. 500 n.Chr. fand die Epoche der Tannaiten ihr Ende, die Mischna galt als abgeschlossen. Die den Tannaiten folgenden Lehrer nannte man Amoräer (Erklärer), das Werk dieser Gelehrten war die Gemara (Vervollständigung, Abschluß). Beide zusammen, Mischna und Gemara, bilden den Talmud[53].

Neben Mischna und Gemara gesellt sich als dritter Bestandteil der mündlichen Lehre noch der Midrasch (Forschen, Suchen, Deutung). Es handelt sich dabei um eine rein exegetische, schriftauslegende Form der rabbinischen Literatur, die zwischen dem 3. und 6. Jhd. n. Chr. entstand. Im Mittelpunkt des Midrasch steht immer ein Bibelvers, der deutend auf die Gegenwart bezogen und interpretiert wurde. Für die gesamte mündliche Lehre gilt, daß sie in zwei Gattungsformen, zwei Stilformen aufgeteilt ist, die religionsgesetzlich verbindliche Halacha und die narrativ ausgerichtete Haggada[54]. Entscheidend bleibt, daß alle durch Kommentar, Studium und Lernen neu gewonnene Erkenntnis im Grunde nur mosaisch-sinaitische Offenbarung generiert, »an den Tag und zur öffentlichen Geltung [bringt], was Gott längst am Sinai proklamierte« (Feininger 1984, S.251)[55].

Die unerschütterliche Einheit schriftlicher und im Lauf der Geschichte sich entfaltender mündlicher Lehre wird in einer berühmten Stelle des Talmuds eindrucksvoll illustriert: »Raw Jehuda sagte, Raw habe gesagt: In der Stunde, da Mose zur Höhe aufstieg, fand er den Heiligen, gelobt sei er, wie er dasaß und den Buchstaben Kronen anknüpfte[56]. Er sagte vor ihm: Herr der Welt, wer hindert deine Hand?[57] Er

---

53. Zu Entwicklung und Einteilung jüdisch religiösen Schrifttums siehe: Stemberger 1982; Gradwohl 1983; Musaph-Adriesse 1986; J. Berger o.J., S. 147-158.
54. Über Talmud und Midrasch hinaus, bis hin zu den diversen Sammelwerken des Mittelalters, wird schließlich der gesamte Korpus rabbinischer Literatur der mündlichen Lehre zugerechnet. Sie gilt als »immerfort sprudelnde Quelle« (Grözinger 1980, 123); vgl. die Angaben in der vorhergehenden Anm.
55. Dies wird auch in der genealogischen Rückführung der Lehre deutlich, wie es am Anfang der ›Sprüche der Väter‹ (Pirke Awot) heißt: »Mose empfing die Torah vom Sinai und übergab sie dem Jehoschuah [Josua], Jehoschuah den Ältesten, die Ältesten den Propheten, und die Propheten übergaben sie den Männern der Großen Synagoge« (Pirke Awot 1,1).
56. Es handelt sich um kleine Strichelchen, die in Form von Kronen über bestimmte Buchstaben gesetzt wurden. Hierauf spielt Jesus an: »Denn wahrlich ich sage euch: bis Himmel und Erde vergehen, wird nicht ein Jota oder Häkchen vom Gesetze [d.i.: Torah] vergehen, bis alles geschehen ist« (Mt. 5,18).
57. D.h. wozu sind diese Zusätze nötig?

sprach zu ihm: Es ist ein Mensch, der zukünftig, am Ende vieler Generationen, sein wird – Akiwa ben Josef ist sein Name –, der zukünftig über jedes einzelne Strichlein ganze Berge von Lebensregeln[58] auslegen wird. Er [Mose] sagte vor ihm: Herr der Welt, laß mich ihn sehen! Er [Gott] sprach zu ihm: Wende dich nach hinten! Er [Mose] ging und setzte sich am Schluß von acht Reihen hin[59]. Er verstand aber nicht, was sie sagten. Da verlor er seine Fassung. Als er [Akiwa] zu einer bestimmten Sache kam, sagten seine Schüler zu ihm: Meister, woher hast du das? Er sagte zu ihnen: Es ist eine Lebensregel an Mose vom Sinai. Da beruhigte sich sein Sinn. Da wandte sich Mose, kam vor den Heiligen, gelobt sei er, und sagte vor ihm: Herr der Welt, du hast einen Menschen wie diesen, und du gibst die Weisung durch mich! Er [Gott] sprach zu ihm: Schweige! So erstands im Plan vor mir« (bMen 29b, zit.n. Mayer 1963, S.429f.)[60].

Das Verhältnis von Offenbarung und Tradition, von schriftlicher und im Lauf der Geschichte sowie in Auseinandersetzung mit dem geschichtlichen Wandel immer wieder neu aufbrechender mündlicher Lehre, wird zu einem »dynamischen Procedere der auslegenden Anpassung und Weiterentwicklung religionsgesetzlicher Normen der biblischen tora in einer sich wandelnden Zeit« (Feininger 1984, S.252), wobei die »Rabbinen als Träger der mündlichen Überlieferung ... nur sinaitische Offenbarungsinhalte auf[decken]« (J. Maier 1972, S.171).

In dieser Konzeption von mündlicher Lehre wird in grandioser Weise die ewige Gültigkeit transzendenter Wahrheit in die Dynamik und Auseinandersetzung mit den permanent sich ändernden geschichtlichen Bedingungen der Lebenswelt eingebunden. Sie ist damit Ausdruck für die Überzeugung von der Offenheit der Geschichte und erfordert allerhöchste Sensibilität gegenüber dem historischen Wandel[61]. Damit verabsolutieren die Rabbinen, wie Scholem feststellt, »den Begriff der Tradition, in der sich zwar in der historischen Zeit der Sinn der Offenba-

---

58. wörtlich: halachot, also religionsgesetzliche Regeln.
59. Mose findet sich im Lehrhaus Rabbi Akiwas wieder und setzt sich hinter die dort versammelte Schülerschar.
60. Hier wird sehr charakteristisch in paradoxer Weise zum Ausdruck gebracht, wiewohl der »Mittler der Offenbarung, Mose, ... das, was sich im Laufe der Generationen aus der Torah vom Sinai entwickelt hat, nicht mehr verstehen [kann], und doch ist dies alles ›Torah des Mose vom Sinai‹« (Schäfer 1978b, S.159). Zu dieser Talmudstelle siehe insgesamt: Schäfer 1978b. Zu Leben und Werk des Rabbi Akiwa, der »aus einem unwissenden Viehhirten zum größten Schriftgelehrten seiner Generation wurde« (Scholem 1970a, S.91) und darüberhinaus einer der bedeutendsten und meist verehrten Lehrer der jüdischen Tradition ist, siehe vor allem: Lenhardt/Osten-Sacken 1987.
61. Schindler sieht in diesen Zusammenhängen den Grund für die über Tausende von Jahren dauerhafte und autonome Entwicklung der Halacha, die in eben ihrer Fähigkeit zum »zeitgenössischen Realismus« wurzelt; vgl. Schindler 1985, S.11; vgl. auch: Urbach 1976; Feininger 1984, S.252f.

rung auseinanderlegt, aber nur, weil in einem zeitlosen Substrat schon alles, was erkannt werden kann, vorweggenommen ist« (Scholem 1970a, S.100). Die geschichtliche Entfaltung der Offenbarung durch die Tradition trägt zwangsläufig die Gefahr der Relativierung in sich, wenn sie die Historizität zu einem Bestandteil der Offenbarung selbst macht bzw. die Offenbarung der Historizität quasi anheimstellt. Wer Offenbarung und Wahrheit mit Konzepten des Werdens in Verbindung bringt, kommt nicht umhin, sie auch dem Vergehen auszusetzen. Werden und Vergehen, die Geschichte und das Geschichtliche eben, müssen deshalb sogleich selbst wieder zurückgenommen werden, indem sie als Bewegung innerhalb eines schon immer Dagewesenen aufgefasst, in einem ›zeitlosen Substrat‹ angesiedelt werden, in dem ›schon alles, was erkannt werden kann, vorweggenommen ist‹!

Die der mündlichen Lehre immanente Vorstellungen von zeitlicher Entfaltung der Offenbarung und unabgeschlossener, offener Geschichte führte zu einem einzigartigen, religionsinternen Pluralismus der Lehrmeinungen. Exemplarisch hierfür wieder eine berühmte, vielzitierte Stelle aus dem Talmud: »Rabbi Abba sagte, Schmuel habe gesagt: Drei Jahre lang diskutierten die vom Lehrhause Schammais und die vom Lehrhause Hillels: Die einen sagten: Die Lebensregel[62] geht nach unserer Meinung, und die anderen sagten: Die Lebensregel geht nach unserer Meinung. Da ging eine Art Stimme [von oben; Gott] hervor und sprach: Diese und jene sind Worte des lebendigen Gottes, die Lebensregel aber geht nach der Meinung derer vom Lehrhause Hillels. Nach dem diese und jene Worte des lebendigen Gottes sind – warum wurden die vom Lehrhause Hillels gewürdigt, daß die Lebensregel nach ihrer Auslegung festgesetzt wurde? Weil sie sanftmütig und demütig waren: sie lernten ihre Worte *und* die Worte derer vom Lehrhause Schammais. Aber nicht nur das, sondern sie stellten die Erwähnung derer vom Lehrhause Schammais ihrer eigenen voran, ...« (bEruw 13b, zit.n. Mayer 1962, S.316). Selbst gegenteilige, sich widersprechende Lehrmeinungen sind gleichermaßen von Offenbarungsqualität und werden daher auch als solche tradiert. »Es ist gerade der Reichtum an Widerspruch, der lautwerdenden Meinungen, der von der Tradition umfaßt und in unbefangenster Weise bejaht wird. Der Möglichkeiten, die Tora zu interpretieren, waren viele, und der Anspruch der Tradition war es gerade, alle auszuschöpfen[63]. Sie bewahrt die widersprüchlichen Meinungen mit

---

62. D.i. Halacha.
63. Ihres illustrativen Charakters wegen sei auch die Anmerkung, die Scholem exakt an dieser Stelle gibt, hier zitiert: »Von R. Meir heißt es im Traktat Eruwin 13b: ›Er erklärte das Unreine als rein und begründete es, und ebenso das Reine als unrein und begründete es‹ (nämlich um die Schriftgelehrten zu zwingen, die Probleme vor der Entscheidung auf das Genaueste zu durchdenken). Von seinem Schüler Symmachos heißt es dort, daß er über jeden unreinen Gegenstand 48 Gründe der Reinheit und über jeden reinen Gegenstand 48 Gründe der Unreinheit sagte. An derselben Stelle

einem Ernst und einer Unerschrockenheit, die erstaunlich ist, gleichsam als ob man nie wissen könne, wo eine einmal verworfene Meinung doch noch zum Grundstein eines ganz neuen Gebäudes werden könne« (Scholem 1970a, S.102). Die Geschichte ist nicht abgeschlossen, sie ist ein offener Prozeß, und die letztgültige, absolute Wahrheit wird erst in den Tagen des Messias offenbar werden. Die hier wieder greifbare, paradoxale »Einheit der Gegensätze« (Lelyveld) ist nicht Ausdruck eines halbherzigen Zurückweichens vor einer Entscheidung – die im übrigen, konkret getroffen, in der Regel dem Mehrheitsvotum folgte[64] –, sondern trägt sowohl der Begrenztheit menschlichen Intellekts als auch der Möglichkeit fortschreitender Erkenntnis Rechnung. Ein solch flexibel-dynamischer Offenbarungs- und damit auch Wahrheitsbegriff hatte den Verzicht auf einen nach außen gerichteten Absolutheitsanspruch[65] zur Folge und erklärt die von jeglicher dogmatischer Ausrichtung weitestgehend freie und Andersgläubigen gegenüber tolerante Verfasstheit des jüdischen Glaubens[66]. Mit dem ihn auszeichnenden

     verzeichnet der Talmud höchst nüchtern sogar die für ein frommes Gemüt besonders beunruhigende Überlieferung, daß in Javne ein scharfsinniger Schüler war, der 150 Gründe aufzuführen vermochte, warum das Kriechtier rein sei – das doch in der Tora ausdrücklich und unzweideutig verboten ist!« (Scholem 1970a, S.102, Anm.8).
64. Vgl.: Urbach 1976, bes. S.118; dort auch Belege aus dem Midrasch. Es sei lediglich vermerkt, daß mit Meinungspuralismus und dem Prinzip der Mehrheitsentscheidung im religionsinternen Bereich des Judentums zwei klassische Eigenschaften gegeben sind, die das moderne Verständnis von Demokratie ausmachen; vgl. auch die etwas weiter unten in Anm. 66 zitierte Talmudstelle.
65. Vgl.: Brandt 1991.
66. Wenn Dogma »ausgewählte Glaubenssätze oder Lehren meint, die von einer kompetenten Autorität als sine qua non jüdischen Glaubens und als solche unterschieden und für wichtiger als andere Glaubensinhalte und Lehren des Judentums gewertet werden, dann muß gefolgert werden, daß biblisches und talmudisches Judentum, ..., keine Dogmas kennt« (Kellner 1988, S.141). Differenzierter, aber im Kern das gleiche meinend, Ben-Chorin: »Axiomatisch möchte ich sagen: Das Judentum hat Dogmen, aber keine Dogmatik. Dogmatik entsteht in dem Bestreben, die Lehrinhalte des Glaubens systematisch darzustellen. Dieses Bestreben ist dem Judentum nicht immanent« (Ben-Chorin 1975, S.357f.). Sprichwörtlich gewendet finden Dogmenlosigkeit und Meinungspluralismus ihren vielzitierten Niederschlag in folgender, humorvoller Redewendung: Zwei Juden – Drei Meinungen. Zur vor allem in diesem Jahrhundert innerhalb des Judentums oft diskutierten Frage nach Dogma und Dogmatik im Judentum siehe vor allem: Ben-Chorin 1975; Petuchowski 1980; Peli 1984; Kellner 1988; Schechter 1988/89. Der keineswegs a-dogmatisch und tolerant auftretende jüdische Fundamentalismus im gegenwärtigen israelischen Judentum ist ein komplexes, junges und in der bisherigen Geschichte des Judentums beispielloses Phänomen und Problem. Grundkonzeption und Tradition des Judentums liefern in jedem Falle unweit mehr Belege und Argumente *gegen* als *für* jede Form des Fundamentalismus. Zu dieser Problematik vgl.: Liebman 1983; Idalovichi 1989; Kepel 1991.

Scharfsinn weist Scholem in diesem Zusammenhang darauf hin, daß ein im Rahmen eines solchen Offenbarungs- und Traditionsverständnisses entwickelter Wahrheitsbegriff nicht im Kontext einer systematisch-philosophischen Theologie gedeihen kann. Deshalb ist »nicht das System, sondern der Kommentar ... die legitime Form, unter der die Wahrheit entwickelt werden kann. [...] So wurde der Kommentar die charakteristische Ausdrucksform des jüdischen Denkens über die Wahrheit, dessen, was man rabbinischen Genius nennen könnte« (Scholem 1970a, S.101)[67].

Diese Einstellung, die der historisch erfahrbaren Vielgestaltigkeit menschlichen Lebens, Denkens und Glaubens innerhalb wie außerhalb der eigenen Kultur Rechnung trägt, steht dabei auch in engem Zusammenhang mit der konzeptionellen Lösung einer der klassischen religiösen Grundkonflikte, nämlich dem Verhältnis von rechtem Glauben und guten Werken. Das Judentum, so wie es sich in den biblischen und rabbinischen Texten präsentiert, »spezifiziert nicht bestimmte

---

67. Eine der »berühmtesten Stellen der jüdischen Literatur« belegt »die Autorität des Kommentars« (Scholem 1970a, S.103) in solch unübertrefflich eindrucksvoller Weise, daß sie hier, trotz ihrer Länge, zitiert sei. Ausgangspunkt ist ein Streit zwischen Rabbi Elieser ben Hyrkanos und einigen Schriftgelehrten darüber, ob ein nach einer bestimmten Bauart hergestellter Ofen im Sinne der Torah rein oder unrein sei: »An jenem Tage machte R.Elieser alle Einwendungen der Welt; man nahm sie aber von ihm nicht an. Hierauf sprach er: Wenn die Halacha [die richtige Entscheidung] ist wie ich [das heißt meiner Meinung entspricht], so mag das dieser Johannisbrotbaum beweisen. Da rückte der Johannisbrotbaum hundert Ellen von seinem Orte fort; ... Sie erwiderten: Man bringt keinen Beweis von einem Johannisbrotbaum. Hierauf sprach er: Wenn die Halacha wie ich ist, so mag dies dieser Wasserarm beweisen. Da trat der Wasserarm zurück. Sie erwiderten: Man bringt keinen Beweis von einem Wasserarm. Hierauf sprach er: Wenn die Halacha ist wie ich, so mögen dies die Wände des Lehrhauses beweisen. Da neigten sich die Wände des Lehrhauses und drohten einzustürzen. Da schrie sie Rabbi Josua an und sprach zu ihnen: Wenn die Gelehrten einander in der Halacha bekämpfen, was geht dies euch an! Sie stürzten hierauf nicht ein, der Ehre des Rabbi Josua wegen, und richteten sich auch nicht gerade auf, der Ehre des Rabbi Elieser wegen; sie stehen noch jetzt geneigt. Hierauf sprach er: Wenn die Halacha ist wie ich, so mögen sie es aus dem Himmel beweisen. Da erscholl eine Stimme vom Himmel und sprach: Was habt ihr gegen Rabbi Elieser? Die Halacha ist stets wie er. Da stand Rabbi Josua auf und sprach [Dtn. 30,12]: Sie ist nicht im Himmel. Was heißt: Sie ist nicht im Himmel? R.Jirmeja erwiderte: Die Tora ist bereits vom Berge Sinai her verliehen worden [und befindet sich also nicht mehr im Himmel]. Wir achten auf keine himmlische Stimme, denn bereits am Berge Sinai hast Du in die Tora geschrieben [Ex. 23,2]: Nach der Mehrheit ist zu entscheiden. R. Nathan traf den Propheten Elias und fragte ihn, was der Heilige, gelobt sei er, in dieser Stunde getan habe. Er erwiderte: Er [Gott] schmunzelte und sprach: Meine Kinder haben mich besiegt, meine Kinder haben mich besiegt« (bBaba Mezia 59b; zit.n. Scholem 1970a, S.103f.).

Glaubensinhalte in Form von Dogmen. Vielmehr setzt es betont die Praxis – die Erfüllung der mizvot [Gebote] – über die Theologie... und definiert den Terminus Glauben weniger in Begrifflichkeiten bestimmter Sätze, die geglaubt oder abgelehnt werden können, als vielmehr in Begrifflichkeiten wie Vertrauen und Zutrauen. In anderen Worten ausgedrückt mag man sagen, ..., daß biblisches und rabbinisches Judentum eher den Glauben in Gott fordert als den Glauben an Gott« (Kellner 1988, S.142). Der hebräische Begriff für Glaube in diesem Sinne lautet *emunah* und wird hauptsächlich benutzt, um eine Beziehung zum Ausdruck zu bringen, die Beziehung von Mensch zu Gott. Folgerichtig ist *emunah* daher eher mit Vertrauen, denn mit Glauben zu übersetzen. *Emunah* ist »mehr ein Terminus von emotionaler und reaktiver als von kognitiver Qualität« (Jacobs 1988, S.233).

Der dialogisch, relational und reaktive Charakter jüdischen Glaubens verweist bereits indirekt auf den eigentlichen Punkt seiner Konkretion, der im Handeln und Tun liegt. Damit aber betreten wir den im Rahmen unserer Überlegungen letzten – in mancherlei Hinsicht für die Grundlagen jüdischen Geschichtsverständnisses entscheidenden und folgenreichsten – Bezirk der jüdischen Religion: das Reich der Halacha (von halach = gehen, auf dem recht gewiesenen Weg). Halacha ist der eigentliche Mittelpunkt rabbinischer Schriftauslegung, die darauf zielt, die religiös-sittlichen Gebote und Verbote der Torah, ihren religionsgesetzlich verbindlichen Kern auf die sich ändernden Zeitverhältnisse hin anzupassen. Sie reicht sowohl in den liturgisch-kultischen wie auch ethisch-moralischen Bereich hinein. Halacha will »das Wort der Bibel in seiner Verknüpftheit mit dem Jetzt und Hier des jüdischen Menschen zeigen. Deine heutige Geschichte, deine augenblickliche Frage, deine Hoffnung und deine Sicherheit – das alles ist es, was du in der Schrift findest; ›wende sie um und um, es ist alles in ihr enthalten‹ (Sprüche der Väter 5,22)« (Maybaum 1935, S.65).

Dies entspricht zweifellos einem mehr auf Ortho-*praxis*, d.h. einer Lehre vom rechten Tun, denn auf Ortho-*doxie*, d.h. einer Lehre vom rechten Glauben, hin entworfenen Selbstverständnis jüdischer Religion[68]. Paradigmatisch wird dies in der Antwort des am Sinai versammelten Volkes beim Bundesschluß deutlich: »Dann nahm er [Mose] das Bundesbuch und las es dem Volke vor. Sie aber erklärten: ›Alles, was Jahwe gesprochen hat, wollen wir tun und hören‹« (Ex.24,7).

---

68. Beispielhaft und humorvoll bringt dies ein von Milton Himmelfarb berichtetes Erlebnis zum Ausdruck: »Vor dem Ersten Weltkrieg hielt eines späten Nachmittags ein deutscher Jude, der vom Unglauben zum Judentum zurückgekehrt war, vor einer ultratraditionellen Organisation einen Vortrag über die Philosophie des Gebets. Als er so sprach, verließen mehr und mehr seiner Zuhörer den Raum, bis er schließlich fast allein nur noch mit dem Leiter der Versammlung war. Er fragte, ob er die Leute wohl verschreckt habe. ›Nein‘, sagte der Versammlungsleiter, ›sie gehen nur deshalb, um ihr Abendgebet zu sprechen‹« (Himmelfarb 1968, S.78).

Na'assä we nischma – Wir wollen Tun und Hören. Die Präferenz des Tuns drückt sich in ihrer der Logik widersprechenden Voranstellung vor dem Hören aus. Der Talmud kommentiert: »Rabbi Elasar sagte: Zu der Stunde, da Israel mit seinem ›wir wollen tun‹ dem ›wir wollen hören‹ zuvorkam, ging eine Art Stimme aus und sprach zu ihnen: Wer hat meinen Söhnen dies Geheimnis kundgetan, dessen die Dienstengel sich bedienen, wie geschrieben steht... Also zuerst das Tun, dann das Hören« (bSchab 88b; zit.n. Mayer 1962, S.130)[69]. Daß der Schwerpunkt also auf der den Glauben bezeugenden Erfüllung der Gebote liegt, hat nun keineswegs zu einem strikt nomistisch-legalistischen Gesetzesverständnis geführt[70], wohl aber zu der unbedingten Notwendigkeit einer permanenten Beobachtung und Durchdringung der im Ablauf der Geschichte ständig sich wandelnden Lebenswelt, um eine auf diese abgestimmte Grundlage zur praktischen Verwirklichung des göttlichen Gebots zu schaffen. »Der Halachist ist kein charismatischer Wundertäter, sondern ein Gelehrter und Techniker, der sich in jedem Fall auf die empirische Evidenz der natürlichen Fakten und auf die Daten des verpflichtend gesetzlichen Materials verläßt. ... Kurz gesagt, sein Interesse gilt den nackten, empirischen Realitäten, in denen der Mensch leben muß. Die Halacha als normatives System beruht auf der Unerbittlichkeit der Natur der Dinge. Gleichwohl steht diese naturalistische Qualität in scharfem Kontrast zu den Ansprüchen bezüglich der Genese der Halacha. Wenn die Halacha abhängt von der Normativität als ihrem modus operandi, so liegt ihre Genese in der denkbar radikalen Aufhebung der Norm. Die Torah erwächst nicht aus der Natur der Dinge, sondern ist von Gott gegeben und

---

69. Deshalb, so Heschel, sei es »vergeblich..., das jüdische Denken aus der Distanz, ohne innere Beteiligung erkennen zu wollen. Jüdisches Denken erschließt sich im jüdischen Leben. So sieht also unsere religiöse Existenz aus. Nicht, daß wir zuerst forschen und danach entscheiden, ob wir die jüdische Weise zu leben annehmen sollen; sondern wir müssen annehmen, um in der Lage zu sein zu erforschen. Am Anfang steht die Hingabe, die höchste und letzte Zustimmung« (A.J. Heschel 1955, S.376).
70. Es gibt zahlreiche Stellen in Talmud und Midrasch, die das Motiv des Tuns, das Motiv der Befolgung der religionsgesetzlichen Vorschriften an das alleroberste Wertigkeit besitzende Gebot der Gottes- und Nächstenliebe anbinden. Mehr noch, die Erfüllung der Gebote soll absichtslos um ihrer selbst willen geschehen. Exemplarisch: »Seid nicht solchen Knechten gleich, die ihrem Herrn nur unter der Bedingung dienen, Lohn zu empfangen, sondern seid solchen Knechten gleich, die ihrem Herrn nicht mit der Bedingung dienen, Lohn zu empfangen, und Gottesfurcht ruhe auf euch« (Sprüche der Väter 1,3). Wie sehr die Gebotsverpflichtungen in erster Linie nicht als drückende Last, sondern als eine »Weisung in Freude« (vgl. Sartory 1978) empfunden werden, bezeugt höchst eindrucksvoll das den Abschluß von Sukkot (Laubhüttenfest) bildende Torah-Freuden Fest (Simchat Torah). Hierbei werden die festlich geschmückten Torah-Rollen in feierlichen Prozessionen und begleitet von Gesang und Tanz umhergetragen; vgl. zu Sukkot und Simchat Thora: Thieberger 1979; Walter 1989.

es ist die Halacha selbst, die uns verpflichtet zu glauben. Daher steht der Ursprung der Halacha in radikalem Kontrast zu der Art und Weise, wie die Halacha arbeitet« (Granatstein 1974, S.36f.).

Die Halachisten sind Fachleute des lebensweltlichen Alltags, die in alle Winkel der sie umgebenden Wirklichkeit eindringen, nicht um sie ideell außer kraft zu setzen, nicht um eine Wirklichkeit hinter der Wirklichkeit zu finden, sondern um die Wirklichkeiten ihres gegenwärtigen Daseins als solche zu erfassen und sie in eine Beziehung zum Transzendenten zu setzen, damit ihre Bewältigung gemäß religionsgesetzlicher Verbote und Gebote möglich ist. Das oberste Ziel halachischen Denkens ist auf Verwirklichung der göttlichen Gebote im Rahmen der historisch gegebenen Bedingungen gerichtet. Die Konzentration auf die Verwirklichung religöser Normen, auf das Tun der Gebote aber ist »Erstreckung in die Zeit, ist Weg« (Altmann 1935, S.267), ist Geschichte.

Aus diesen Gründen kann selbst »von der höchsten Sphäre her gesehen ... dem Juden keine Tatsache des Diesseits jemals ganz gleichgültig werden. Keine der irdischen Bedingtheiten, keine materielle Verfärbung der unsterblichen Seele ist zu vernachlässigen. Von dieser Einsicht aus kann das allerseltsamste und so wenig verstandene Phänomen gedeutet werden: der metaphysische Nachdruck, mit dem die nationale und die soziale Frage im Judentum behandelt wird, [was] ohne Beispiel auf dem weiten Felde des Christentums [ist]« (Brod 1939, S.208). Gerade im Bereich der Halacha wird das geradezu symbiotische Verhältnis von Transzendenz und Immanenz, von Religion und Realität, von Glaube und Geschichte besonders greifbar: »Also nicht Diesseitsbejahung des Heidentums, nicht Diesseitsverneinung des Christentums: das Judentum ist die Religion des Diesseitswunders... [...] Und dieses Wunder des verlorenen und wiedergefundenen Diesseits steht im Mittelpunkt des Judentums, wie im Mittelpunkt des Christentums die Sorge um ein verlorenes und wiedergefundenes Jenseits steht« (Brod 1939, S.205)[71].

In diesem Kontext ist die zentrale Stellung des Gesetzes und des Gesetzesbegriffs im Judentum zu sehen. »Man kann geradezu das Gesetz den Strahlenmittelpunkt des Judentums nennen, in dem alles zusammenläuft. Das Gesetz schließt Leben und Denken, Zeit und Ewigkeit, Menschliches und Göttliches zur echten Einheit zusammen, so zwar, daß dem Leben, dem Sozialen, der Aktivität der Primat gegenüber dem Kontemplativen, dem Überzeitlichen zukommt. Im Gesetz wird die Totalität des Jüdischen gestaltet, kein Glied außer Acht gelassen, aber doch eine ganz unverkennbare Akzentverteilung vorgenommen zugunsten des Gestaltbaren, des Durchführbaren. So streng auch das Gesetz im einzelnen und als Ganzheit sein mag, so sehr hält es sich der Absicht nach und tatsächlich dem Utopischen fern. Es ist der *Hebel der Wirklichkeit*, die es meistern will, und in seinem großartigen Ernst eine mutige, *uneingeschränkte Bejahung der den Menschen in der Geschichte gestellten Aufgabe.* Darum dringt es so tief in die soziale

---

71. Zur jüdischen Auffassung zum Jenseits siehe z.B.: Bamberger 1977.

Sphäre ein... Darum übertreibt es nicht die Betonung der dogmatischen Grundlage, sondern verweilt beim einzelnen mit außerordentlicher Liebe« (Wolfsberg 1938, S.42, Hervorhebung von mir)[72].

1.3 Rabbinisches Judentum – Flucht aus der Geschichte?

Kehren wir zur Ausgangsproblematik unserer Betrachtungen zurück. Die entscheidende Frage fand in der Verwunderung darüber ihren Ausdruck, daß obwohl im biblischen Judentum das historische Ereignis selbst wie auch die Verhältnisbestimmung zum Phänomen des Geschichtlichen insgesamt eine fundamentale Rolle spielte, daß obwohl sich dies in einer entsprechenden Historiographie in den biblischen Büchern, der schriftlichen Torah, niederschlug, das nachbiblisch-rabbinische Judentum, prägend und bestimmend für die folgenden Jahrhunderte bis in die Moderne hinein, keine Geschichtsschreibung hervorbrachte und – so die Frage – demzufolge kein Verhältnis zum Geschichtlichen inne habe.

Anknüpfend an den zuletzt entfalteten, für das rabbinische Judentum zentralen Bereich der Halacha wäre also die Frage, ob die Halacha »ihrer Natur nach Raum für den historischen Prozeß läßt? Betrachtet sich die Halacha – Fortführung und Kommentar der Gebote der Torah und ihrer Regeln repräsentierend – als lex eterna, für welche die Ereignisse in Zeit und Raum kein Gewicht darstellen? Oder stellt die Halacha vielleicht einen Ausdruck für die Wachheit gegenüber der historischen Entwicklung dar, die in den Halachot selbst bewahrt wird?« (Urbach 1976, S.113). Mit aller Deutlichkeit können wir nun, auf dem Hintergrund unserer Darlegungen, letzterem zustimmen und mit Nachdruck dem Vorurteil entgegentreten, daß »der Niedergang in der ausdrücklichen Schaffung von Geschichtsschreibung mit einem Niedergang des Bewußtseins für die Geschichte gleichzusetzen ist. Wir können das Gegenteil beweisen. Das Bewußtsein vom historischen Wandel war ein lebendiger Faktor in dieser Periode« (Urbach 1976, S.115). Die ganze Konzeption der Halacha – und über diese hinaus die Konzeptionen von Offenbarung, Torah und Schöpfung insgesamt – belegen unzweideutig, »daß da eine Korrelation besteht zwischen Gesetz und Geschichte. Auf der einen Seite üben die Normen der Halacha einen dynamischen Einfluß aus auf zeitgenössische Handlungen und Situationen, während andererseits diese Situationen und Folgen beständig reflektiert werden in neuen Formulierungen und Erläuterungen der Regeln und Normen« (Urbach 1976, S. 117)[73].

72. Vgl.: F. Rosenzweig 1924.
73. Aus diesem Grund, so Urbach, stellen die einzelnen halachischen Ausführungen und Entscheidungen selbst auch »eine Quelle von großer Bedeutung..., für die Geschichte des jüdischen Volkes« dar. »Für manche Perioden ist sie gar die einzige Quelle, ...« (Urbach 1976, S.112); vgl. auch die in diesen Zusammenhang gehörenden Ausführungen zur Responsenliteratur in Kap. V-1.3

Wir haben es also mit einem höchst dynamischen und effizienten Wechselverhältnis zwischen Halacha und Geschichte und von diesem geprägten Geschichtsbewußtsein zu tun.

Neben dieser kontinuierlich zu bewältigenden Leistung stand darüber hinaus auch die Geschichte in Form der eigenen Vergangenheit mit ihrer je herzustellenden und neu zu definierenden Relevanz für die Gegenwart im Mittelpunkt von Liturgie und Ritual, von Fest- und Feiertagen. Und dies unter den besonderen Bedingungen der Galut, dem Exil, und damit einhergehender Zerstreuung der Juden über die Kontinente. Die Völker rings um die Juden hatten »ihr eigenes Land, ihre eigenen inneren und äußeren Gesetze, ihre eigenen Siege und Kämpfe, ihren eigenen Zweck und ihre eigenen Motive des Lebens; mit einem Worte: ihr eigenes geschichtliches Dasein«. Der Jude hingegen, beraubt an Land und Staatlichkeit, »nahm seine historische Vergangenheit mit vollem Bewußtsein in sein alltägliches Leben hinein. Er lebte mit den Erzvätern und den Richtern, mit den Propheten und den Königen, mit den Nationalhelden und den Unterdrückern Judäas, als sei all die Summe dieser Gestalten noch seine allernächste Nachbarschaft, und als lebe er die Hoffnungen und die Enttäuschungen, die Zuneigung und die Feindschaft nicht von tausend Jahren her, sondern in seiner tagtäglichen Gegenwart. Dadurch wurde das geschichtliche Bewußtsein des Juden so reich und ausgefüllt, wie es ihm keine Teilnahme an der Geschichte seiner Umwelt hätte vermitteln können« (Kastein 1938, S.10)[74].

Stellt man nun noch die durchgängig, in allen Zeiten und an fast allen Orten übliche Diskriminierung, Entrechtung, Verfolgung und nicht selten Zerstörung jüdischen Lebens durch die christlich dominante Umwelt in Rechnung und berücksichtigt, daß Exil und Zerstreuung selbst ein für die Grundlagen des eigenen Glaubens bedrohlicher Zustand war[75], so sind die Voraussetzungen für eine irgendgeartete Annahme und Sinngebung des Geschichtlichen eigentlich weitaus ungünstiger, eine Ablehnung und Flucht aus der Geschichte unter diesen Umständen viel wahrscheinlicher. Daher ist es nicht verwunderlich, daß es auch geschichts- und wirklichkeitsfliehende Tendenzen gab, am handgreiflichsten in den apokalyptisch ausgerichteten Kreisen des Judentums[76], wo man sich auf

74. »Wenn die Rabbiner kaum historische Aufzeichnungen machten, so könnte dies eben damit zusammenhängen, daß sie sich so rückhaltlos in die Deutung der biblischen Geschichte vertieften. Konnte man nicht anhand des Berichts der Bibel jeden weiteren historischen Vorgang begreifen? Es bedurfte keiner grundlegend neuen Geschichtsvorstellung, um sich Rom anzupassen oder jedem anderen Weltreich, das später entstehen sollte« (Yerushalmi 1988, S.35); vgl. auch: Baer 1936, S.8; M.A. Meyer 1974, S.13.
75. Über das Verständnis von Galut/Exil innerhalb des Judentums insgesamt informiert am besten: Baer 1936; Mayer 1978; Mosis 1978; Eisen 1986.
76. Vgl.: Geis 1955; M.A. Meyer 1974, bes.S.12f.; ähnliches gilt für das unter dem Einfluß der Kabbala stehende Judentum; vgl. Scholem 1957 u. 1970.

ein von Vergangenheit und Gegenwart losgelöstes Ende und Jenseits der Geschichte einstellte. Der Hauptstrom des rabbinischen Judentums jedoch bewegte sich »nicht in ein Jenseits[77], sondern in die Vergangenheit der eigenen Volks- und Heilsgeschichte, d.h. gerade das, was bei den Apokalyptikern von der Gegenwart her mit entwertet wird, bekommt bei den Tannaiten eine Wertsteigerung. Die Geschichte der Vergangenheit bietet Beweise für das Walten göttlicher Gerechtigkeit; in der *Aktivierung der Geschichte* dieser Vergangenheit finden darum die Tannaiten die Lösung des Problems, das sich ihnen stellt. Das historische Zeugnis dafür, daß Gott mit seinem Volke ging, und, wenn er ihm auch Leid zufügte, es doch nicht verwarf, sondern sinnvoll mit ihm verfuhr, tritt an die Stelle der fehlenden Erfahrung aus der Gegenwart. Dies ist natürlich nur möglich, wenn die scharfe Grenze zwischen den Geschichtszeiten verwischt wird und der gegenwärtige Mensch das *Bewußtsein einer Teilnahme an der Geschichte der Vergangenheit* haben kann, ›als ob er selbst dabei gewesen wäre‹ (M Pes X, 5)« (Geis 1955, S.121, Hervorhebung i.O.).

›Bewußtsein einer Teilnahme an der Geschichte der Vergangenheit, als ob er selbst dabei gewesen wäre‹ – dies scheint mir zusammen mit der parallel existenten Notwendigkeit der Auseinandersetzung mit der Gegenwart im Rahmen der Halacha der Schlüssel zum Verständnis des geschichtlichen Selbstverständnisses der Juden zu sein. Die Teilnahme an der Geschichte der Vergangenheit, ›als ob er selbst dabei gewesen wäre‹ ist zweifelsohne eine Leistung des Gedächtnisses. Im Rückgriff, in der Aktivierung dieses Gedächtnisses, wird die Gegenwart mittels einer Vergegenwärtigung der Vergangenheit, mittels einer Vergegenwärtigung des im Gedächtnis verwurzelten, auf historischen Ereignissen sich gründenden Potentials des Sinns von Geschichte überzogen und durchdrungen. Wie eine zweite Haut legt sich das im Gedächtnis gespeicherte und wiedervergegenwärtigte Sinnpotential über die Gegenwart und schafft damit die Voraussetzung und das tragende Motiv, der Halacha – und damit auch den Herausforderungen der geschichtlichen Gegenwart – Folge zu leisten[78]. Eine ausschließlich als sinnzerstörend erfahrene und interpretierte Gegenwart würde der Befolgung der Halacha den Boden entzie-

---

77. »Ihre [der Rabbinen] Bindung an das Leben des schriftlichen und mündlichen Gesetzes verknüpfte sie fest an ein diesseitiges Leben im Dienste Gottes« (Meyer 1974, S.13).
78. »Auf die Welt als Ort der Bewährung wird dabei nicht verzichtet. Diese unsere Welt bleibt der Raum für das zukünftige Reich Gottes – und das kann man schwerlich Weltflucht nennen. Verzichtet wird auf die Teilnahme an der Geschichte und damit auf Geschichtsschreibung. Der Jude bewirkt nicht mehr Geschichte, er erleidet sie. Historisches Denken führt zu der Erkenntnis, daß es vorläufig keine jüdische Geschichte mehr gibt, sondern nur eine Geschichte der anderen, an der man zumeist passiv teilnimmt. ... Diese Distanzierung ist aber zugleich eine Bewahrung« (Geis 1955, S.123f.).

hen. Die Aktivierung und Wiedervergegenwärtigung der im Gedächtnis verwurzelten Sinnpotentiale bezüglich des Geschichtlichen liefert die Grundlage zur Wirklichkeitsbewältigung, zur Weiterentwicklung und Befolgung der Halacha. Wichtig: Nicht die Flucht *aus* der Geschichte, allenfalls die Flucht *in* die Geschichte, exakter aber: die Besinnung auf die Wurzel allen Geschichtsverständnisses, auf das Gedächtnis, bahnt den Weg zur Bewältigung des Lebens und der Bewahrung jüdischer Identität.

Das Verwunderliche und Erstaunliche ist nicht der Verlust konkreten und faktenorientierten historischen Denkens und entsprechender Historiographie des spätantiken und mittelalterlichen Judentums. Dies läßt sich leicht durch den Verlust von geographischer Einheit, Land, Macht etc. nachvollziehen. Höchst erstaunlich ist vielmehr, daß trotz solchen jahrhundertelang währenden Mangels an geschichtsmächtig wirksamen Faktoren das historische Gedächtnis und Bewußtsein von der Geschichte und der Geschichtlichkeit der Welt selbst nicht verloren ging. Und dies, weil Gedächtnis und Geschichte unabdingbarer Bestandteil religiöser Identität war. Das Judentum hätte seine eigene Identität verleugnen oder ablegen müssen, um Gedächtnis und Geschichtsbewußtsein zu tilgen.

Rabbinisches Geschichtsverständnis zieht sich auf seine Wurzeln, d.h. auf das Gedächtnis, zurück. Es ist dies ein Stück Flucht aus der Gegenwart, aber – und das ist entscheidend – um diese Gegenwart gemäß halachischer Lebensführung besser zu bewältigen. Der Rückzug auf die Wurzeln des jüdischen Gedächtnisses ist ein taktischer Rückzug, der allein einer größeren Vergewisserung und Bekräftigung der Sinnhaftigkeit der Geschichte dient, um sodann gestärkt an Sinn und Kraft die Gegenwart mittels halachischer Entfaltung der Offenbarung zu bewältigen. Denn die Erfüllung der Mizwot, der Gebote, der Weg der Halacha, ist nur hier und heute zu bewerkstelligen, findet sein Zentrum im ›Eingeschworensein auf einen geschichtlichen Weg‹. Eine vollzogene Flucht in die Vergangenheit, die Zukunft oder das Jenseits, hätte die Außerkraftsetzung der Halacha zur Voraussetzung gehabt. Ein jüdisches Ding der Unmöglichkeit. Wie vielleicht kaum ein anderes Volk des europäischen Kontinents war ja gerade immer das jüdische Volk unter den Völkern, ob es nun wollte oder nicht, ständig mit zeitgenössischer Geschichte konfrontiert, war es ständig gezwungen, mit den Folgen einer gewaltsamen und feindlich gesonnenen Geschichtspolitik seiner christlichen, weltlich wie geistlichen, Umgebung unmittelbar umzugehen. Es hätte unter diesen Umständen das Judentum wahrlich schizoid-psychotische Züge annehmen müssen, hätte es tatsächlich eine Flucht aus der Gegenwart vornehmen wollen. Alltägliche Diskriminierung und Entrechtung, Verfolgung und Leid, zwangen immer wieder auf schmerzlichste Weise zur Auseinandersetzung mit der Gegenwart. Gefragt waren also nicht Fluchtwege aus der Geschichte, sondern Sinnrefugien, die es erlaubten, in der Auseinandersetzung und Konfrontation mit der bedrückenden geschichtlichen Gegenwart diese selbst interpretativ sinnvoll zu transformieren. Nicht der Rückzug aus der Geschichte und damit ihre Aufhebung, sondern die Besinnung auf die Verwurzelung in der eigenen Geschichte und damit ihre Rettung, waren das Motiv der Rückbesinnung auf die das jüdische Gedächtnis prägenden Muster. Es war eine Strategie zur Rettung des Sinns der Geschichte im Angesicht einer Gegenwart, die diesen Sinn infragestellte oder zu vernichten drohte. Die Bewahrung der eigenen Identität und mithin des eigenen Überlebens konnte nur gelingen durch eine Besinnung auf das jüdische Gedächtnis, das die Sinnhaftigkeit des Geschichtlichen unumstößlich bereitstellte und durch die Konzentration auf den halachischen Weg, der die Notwendigkeit erzwang und das Werkzeug bereithielt zur Konkretion dieses Bewußtseins! Deshalb urteilt Yerushalmi zurecht, daß die Geschichts*schreibung* zwar »lange Zeit zum Stillstand kam«, aber »ohne daß der Glaube an den Sinn der Geschichte gelitten hätte... Trotzdem wurde bei den Juden eine lebendige Vergangenheit von Generation zu Generation weitergegeben; weder brach die Verbindung zur Geschichte ab noch wurde die fundamental historische Orientierung aufgegeben« (Yerushalmi 1988, S.39).

Fassen wir zusammen und wiederholen noch einmal eine bereits weiter oben formulierte Beobachtung, die nun unter dem Eindruck der zurückliegenden Ausführungen klarer hervortreten kann: Wie immer das Verhältnis von Geschichte und Religion im Judentum näherhin ausdifferenziert wird, wie immer – und immer auch unterschiedlich – die beiden Seiten dieses Verhältnisses im Einzelnen bestimmt und beschrieben werden, ausnahmslos und immer wird bei der Entfaltung des Einen auf eine Bestimmung des Anderen rekurriert werden müssen. Jede religiöse Selbstdefinition im Judentum wird ihr Verhältnis zum Geschichtlichen beinhalten müssen, und jede geschichtliche Selbstbestimmung ihr Verhältnis zum Religiösen abklären müssen. Nicht *wie* das Verhältnis dieser beiden Größen konkret gestaltet und begriffen wird, ist das allein entscheidende Spezifikum jüdischer Identität, sondern *daß* jede Selbstdefinition eine solche Verhältnisbestimmung *zur permanenten Aufgabe* hat, ist der entscheidende Punkt[79].

Diese unverzichtbare Verhältnisbestimmung hat ihren Grund in dem dargestellten Prozeß der Theologisierung der Geschichte, die aber zugleich eine Bindung der Theologie an die Geschichte zur Konsequenz hat. Die Tatsache, *daß* es sich dabei um ein unauflösbares, reziprokes Verhältnis handelt und nicht *wie* es im einzelnen sich gestaltet, erlaubt es erst eigentlich, den Kern jeder jüdischen Selbstinterpretation als einen auch *geschichtstheologischen* zu qualifizieren. Im Kontext des Judentums meint demzufolge Geschichtstheologie die Verschmelzung zweier Bewegungen zu einer Einheit. Ebenso wie die beiden Bewegungen des Einatmens und Ausatmens erst die Einheit des Atems bilden, ebenso ist ein

---

79. Ignaz Maybaum, einer der weiter unten ausführlich vorgestellten Holocaust-Theologen, drückt diesen Gedanken schlicht so aus: Der Jude »redet von Gott, indem er von seiner vergangenen Geschichte – die in der Bibel steht – erzählt, und er versteht seine heutige Geschichte, indem er von Gott spricht« (Maybaum 1935, S.67).

gewichtiger Teil jüdischer Identität darin zu sehen, die Geschichte im Lichte der Religion, genauso wie die Religion im Lichte der Geschichte, zu betrachten. Aus der Verbindung von Religion, die ihrem Selbstverständnis nach ihre Quelle im Ewigen und Transzendenten hat, mit der Geschichte, deren Quelle im Diesseits und Vergänglichen liegt, entspringt mit Blick auf die Entfaltung jüdischen Selbstverständnisses die Dynamik und *Permanenz* jener Aufgabe, beide Seiten immer wieder in ein Verhältnis zueinander zu setzen. Diesem Umstand verdankt das Judentum seine paradigmatische Bestimmung als dem Volk der Geschichte, d.h. als einem Volk, dessen individuelle und kollektive Identität an eine permanent zu leistende Verhältnisbestimmung von Geschichte und Religion gebunden ist.

Gedächtnis und Erinnerung spielen schon je allein nur für Religion oder nur für die Entfaltung eines geschichtlichen Bewußtseins eine wesentliche Rolle. In der dem Judentum eigenen Verbindung von religiösem und geschichtlichem Bewußtsein jedoch erfahren sie eine überproportionale Steigerung, die sie ins Zentrum rücken lassen. Dieser Vorgang rechtfertigt es, von zentralem Stellenwert des Gedächtnisses im Judentum und einer ihm spezifischen Struktur zu sprechen: *Struktur und Zentralität von Gedächtnis im Judentum*. Dies scheinen mir die angemessenen Oberbegriffe zu sein, anhand derer Eigenart und Stellenwert des Geschichtlichen im Judentum in ihrer Unverzichtbarkeit zu beschreiben sind.

Die spezifische Struktur und Zentralität des Gedächtnisses leiten sich dabei, wie vorgetragen, unmittelbar ab aus jüdischem Offenbarungs- und Traditionsverständnis. Während die Offenbarung am Sinai den Grund für die Zentralität von Gedächtnis legte, resultiert die Struktur des Gedächtnis aus dem mit der Offenbarung in Zusammenhang stehenden Traditionsverständnis. In der Sinaioffenbarung wird ein Geschichtsverständnis implantiert, das sich in einem bestimmten Gottesbild (exakter: einer bestimmten Gotteserfahrung) samt einem damit eng verbundenen Schöpfungs- und Torahverständnis niederschlägt und sich vor allem dann in den Konzeptionen von Bundesschluß und Volk Gottes manifestiert. Die Struktur dieses solchermaßen zentral implantierten Geschichtsverständnisses wiederum wird durch ein bestimmtes Traditionsverständnis geprägt, das sich vorrangig in der Konzeption von mündlicher und schriftlicher Lehre und der Halacha äußert.

Schematisch vereinfacht könnte man sagen, daß die Offenbarung den substanziellen Gehalt des Geschichtsverständnisses hervorbringt, d.h. im Kern das Verhältnis von Gott und Geschichte (Gott und Welt, Glaube und Geschichte) näherhin bestimmt, während die Tradition vor allem in Form der Halacha die Regeln ihrer Auslegung und Übermittlung bereitstellt, d.h. im Kern durch mündliche und schriftliche Lehre den rituell-liturgischen Charakter der Tradierung regelt. Das Zusammenwirken beider ergibt das einzigartige Phänomen des jüdischen Gedächtnisses, das dergestalt gewissermaßen Grundlage und Rahmen für jüdisches Geschichtsverständnis bildet.

In einem sinnbildlichen Vergleich, der mehr illustrativ-metaphorischen und auf keinen Fall biologistisch empirischen Charakter haben soll, könnte man von dem jüdischen Gedächtnis als einem Genotypus sprechen, der die Gesamtheit der Faktoren, die zur Ausbildung von Geschichtsverständnis verfügbar sind, bereitstellt. Demgegenüber wäre das zu unterschiedlichen Zeiten durchaus unterschiedlich akzentuierte und sich unterschiedlich präsentierende, je aktuelle Geschichtsverständnis als Phänotypus, d.h. als das konkret manifeste Erscheinungsbild von Gedächtnis, beschreibbar. Dies würde bedeuten, daß wir es auf der Ebene des Genotypus, also dem Gedächtnis, mit einer vergleichsweisen festen, nur wenig variablen Größe zu tun hätten. Damit wäre zugleich ein Faktor des über jahrhunderte hinweg dauerhaften Charakters jüdischen Gedächtnisses (und damit auch jüdischer Identität) benannt, während die Ebene des Phänotypus, also des je aktuell sich äußernden Geschichtsverständnisses, eine variable Größe darstellte. So wären auch die zu unterschiedlichen Zeiten durchaus voneinander divergierenden und teilweise miteinander konkurrierenden Äußerungsformen der Verhältnisbestimmungen des Judentums zur Geschichte verstehbar, ohne daß man sie dadurch ihrer bei allen Divergenzen dennoch zugrundeliegenden gemeinsamen Wurzeln als eben spezifisch jüdischer Wurzeln berauben würde. So betrachtet wäre schließliche das vielfach als gegensätzlich empfundene Geschichtsverständnis der biblisch-prophetischen Epoche einerseits, und der auf Jahrhundete hin prägend gewordenen nachbiblisch-rabbinischen Epoche andererseits, nicht allein in ihrer inneren und äußeren Divergenz zu betrachten, sondern als zwei mögliche Ausdrucksformen des einen jüdischen Gedächtnisses.

Wir werden auf diese Zusammenhänge in Kap. VII zurückkommen, wenn wir sie – dann in Kenntnis der Holocaust-Theologien – noch einmal vertiefend in Relation zu Geschichte-Erinnerung-Gedächtnis im Judentum setzen wollen.

Nahezu alle jüdischen Denker, betont Michael A. Meyer, haben zu allen Zeiten der vergangenen Jahrhunderte »unterschiedlich und in wechselndem Maße die Geschichte ihres Volkes im Sinne der Entfaltung eines transzendenten oder immanenten göttlichen Plans zu verstehen versucht; ... Unter den Historikern der Moderne sind religiöse Interpretationen der jüdischen Geschichte insgesamt übergegangen in säkulare, aber der Wille Gottes als determinierender Kraft in der Geschichte der Juden wie auch der Weltgeschichte war immer noch ein wichtiges Erklärungsprinzip spezifischer Phänomene, so etwa noch in dem Werk von Heinrich Graetz während der zweiten Hälfte des 19. Jahrhunderts, und ist weiterhin ein wichtiges Erklärungsprinzip für viele religiöse Autoren bis in die Gegenwart hinein geblieben« (M.A. Meyer 1974, S.2). In der Tat darf man nicht aus dem Auge verlieren, daß die symbiotisch-enge Verknüpfung von Glaube und Geschichte, von Religiosität und Geschichtsbewußtsein bei allen Modifikationen im Lauf der Jahrhunderte, bei allen Herausforderungen und Katastrophen in der jüdischen Geschichte ein entscheidender, untilgbarer, tief verwurzelter Faktor war (und ist), der die Kontinuität trotz aller Brüche, die Einheit trotz aller Zerstreuung, kurz: die Identität des jüdischen Volkes während eines nahezu zweijahrtausende währenden Exils zu gewährleisten vermochte. In diesem Sinne schrieb 1936 einer der Väter der modernen jüdischen Geschichtswissenschaft in Israel, Yitzchak Fritz Baer, im Rückblick auf fast 1900 Jahre jüdischer Geschichte: »Die sublimsten Spekulationen, der nüchternste Rationalismus, der graueste Alltag, sie sind immer wieder mit den festen Realitäten von Volk, Land und Tora, einstiger und zukünftiger Größe und unerforschlichen Leiden in der Galut [Exil] verknüpft« (Baer 1936, S.93).

Natürlich gingen vornehmlich in den Ländern Westeuropas Aufklärung, Säkularisation und Moderne nicht spurlos an diesen traditionellen Konzeptionen jüdischen Denkens vorüber. Erstmals im 19. Jahrhundert erschien die Abtrennung und Spaltung der ursprünglichen, konzeptionellen Einheit von Volk und Glaube, Nation und Religion zugunsten einer dadurch winkenden Emanzipation und bürgerlichen Gleichstellung innerhalb der Nationen, in denen die Juden lebten, jüdischem Denken und jüdischem Selbstverständnis akzeptabel. Zugleich ist diese Entwicklung tief eingebunden in den Prozeß der europäischen Nationen, die sich durch Säkularisierung und Aufklärung aus den Fesseln von Glaube und Kirche zu befreien suchten. In den von der christlichen Religion dominierten Nationen findet dies seinen Niederschlag in der Trennung von Staat und Kirche. Was unter den christlichen Völkern Europas die Trennung von Staat und Kirche war, mußte für das Judentum die Trennung von Religion und Ethnizität bedeuten. Diese anvisierte Trennung ist der vielleicht stärkste und eigentliche Reflex innerhalb des Judentums auf die europäische Säkularisation[80].

Aber ebenso war es nicht von ungefähr, daß diese Tendenzen, langsam nur und von Beginn an kontrovers und umstritten, von innerjüdischen Bedenken und Kritik begleitet wurden[81]. So kritisierte beispielsweise Leo Baeck im Jahre 1938, im Rückblick auf die zurückliegenden 100 Jahre, den Eintritt des Judentums in den »Europäismus« und warnte vor Einfluß und Folgen der Moderne hinsichtlich der Geschichte und Tradition des Judentums: »Man stand nicht mehr in ihr [Tradition], sondern ihr gegenüber. An den Platz der eigentlichen Tradition trat die gelehrte Rekonstruktion, an den Platz des geschichtlichen Zusammenhangs die Geschichtswissenschaft. [...] Vor lauter Historie blieb oft wenig von der Religion, wenig von dem Geist, der seine Historie hatte, übrig. ...; die Wissenschaft von

---

80. »Das Scheitern des Glaubens an die nationale Zukunft und an die volkstümlichen Kräfte der Religion führte zur Entnationalisierung des Glaubens« (Baer 1936, S.98).
81. Eine Kritik, die schließlich auch im Zionismus ein wirkmächtiges Korrektiv fand. Interessant ist noch, daß die Kritik vielfach am Beispiel des aus jüdischer Sicht warnenden und verheerenden Schicksals der Marranen im Spanien des 15. und 16. Jahrhunderts entwickelt wird. Vgl. exemplarisch: Baer 1936; Kastein 1931 u. 1936; Wolfsberg 1938.

ihm [dem Judentum] war häufig nur eine Angelegenheit einer Forschung, aber nicht ein Anliegen, ein Problem des suchenden, denkenden Menschen. Sie war Geschichte um der Geschichte willen« (Baeck 1938, S.237)[82]. Und mit Blick auf die Situation der jüdischen Historiographie fügte er hinzu: »Es schien, als verzichtete die Geschichtsschreibung, eine Antwort darauf zu geben, was der letzte Sinn, was die eigentliche Bedeutung dieser Geschichte des Judentums, dieser Geschichte des jüdischen Volkes sei, was es denn eigentlich wert mache, sich in sie zu vertiefen, sie zu schreiben« (Baeck 1938, S.239).

Gegen die Tendenzen und Strömungen der Zeit wurde mit Vehemenz darauf aufmerksam gemacht, daß man drauf und dran war, sich einer Kraft zu entledigen, die das innere wie äußere Überleben des Judentums bisher garantierte. Denn die »Verfolgungen der Jahrhunderte konnten seine Zahl [des jüdischen Volkes] zwar in erschreckender Weise immer wieder vermindern, aber noch die zersprengten Teile in den entlegensten Ecken der Welt waren in ihrem *Bewußtsein von der historischen Vergangenheit und in ihrer Hoffnung auf eine historische Zukunft* eine unlösbare Einheit« (Kastein 1938, S.11; Hervorhebung von mir). Erneut artikulierte sich eine Einsicht, die wie ein roter Faden die Jahrhunderte während Geschichte des Judentums durchzog, und auch für den modernen Juden seine Gültigkeit behielt, daß nämlich eine Konzeption, eine Idee, »eine Vorstellung von seiner [des Juden] Vergangenheit [zu haben] keine bloß akademische Angelegenheit ist. Es ist lebenswichtig für sein Selbstverständnis« (Meyer 1974, S.xi).

Zusammen mit den Grundlagen jüdischen Geschichtsverständnisses, wie wir sie in den zurückliegenden Kapiteln darzulegen versucht haben, sind diese zuletzt getroffenen Äußerungen fest im Bewußtsein wach zu halten, um den schier end-

---

82. In ähnlichem Sinne spricht auch der jüdische Historiker Eugen Taeubler von einer »Europäisierung des Judentums«, von der »das Judentum – ich spreche hier paradigmatisch nur von seinem fortgeschrittensten Teil, dem westeuropäischen und dessen Verhältnis zur modernen Welt – in die allgemeine Entwicklung hineingezogen wurde, die aus dem Ring der religiösen Gebundenheit heraus zu der auf Natur und Geschichte gegründeten Weltanschauung und Lebenshaltung des modernen Menschen führte. Die besondere Problematik des Judentums war, daß es nach dieser Befreiung von der Beherrschung seines Denkens durch das Religiöse entweder in die Gefahr kam, seine Existenzgrundlage überhaupt zu verlieren, oder, da die Grundlagen der europäischen Kultur christlich blieben, sich vor die Frage gestellt sehen mußte, auf diesen Grundlagen sein Eigensein zu rechtfertigen...« (Taeubler 1977, S.55); vgl. auch: M.A. Meyer 1992, wo es u.a. heißt: »Aus der Perspektive jüdischer Identität ist Modernisierung am ehesten als der historische Prozeß zu verstehen, in dem ein zunehmendes Eindringen nichtjüdischer Ideen und Symbole die vorgegebene Kontinuität der Generationen aushöhlt und sich von Ort zu Ort ausbreitet, von einer Gesellschaftsschicht der Juden auf andere übergreift« (M.A. Meyer 1992, S.14); vgl. auch: Oppenheim 1984.

los anmutenden Abgrund erahnen zu können, in den die jüdische Identität durch die vernichtende Erfahrung des Holocaust hinabzustürzen bedroht ist. Und ebenso müssen wir diese Zusammenhänge fest im Bewußtsein wach halten, um mitvollziehen zu können, wie jüdische Denker nach 1945 versucht haben, eine Brücke über diesen Abgrund zu schlagen. Begleiten mag uns dabei das Wort von einem der großen jüdischen Historiker der jüngsten Zeit, Jacob L. Talmon[83]: »Die tiefe, eingewurzelte Erfahrung von Geschichte als der Entfaltung eines Musters von Gewicht und der Verwirklichung eines Planes zur Befreiung macht den Juden nahezu ungeeignet dafür, die Geschichte als einen sinnlosen Ablauf einfach hinzunehmen« (Talmon 1957, S.25).

---

83. Zu Leben und Werk Jacob L. Talmons siehe den kurzen und instruktiven Überblick bei: Kolatt 1986.

IV. Die Wahrnehmung der religiösen Problematik des Holocaust im innerjüdischen Raum

»Rabbi Mosche Löb sprach: ›Feuer suchst du? Du findest es in der Asche‹«.
(Martin Buber 1987)

Als im Jahre 1966, 21 Jahre nach Beendigung des Zweiten Weltkrieges und der Befreiung der Überlebenden aus den Vernichtungs- und Konzentrationslagern, und 18 Jahre nach Gründung des Staates Israel, Richard L. Rubensteins Buch ›After Auschwitz‹ in Amerika veröffentlicht wurde, brach damit erstmals in wirkungsvoller Weise ein jahrzehntelange währendes Schweigen um die religiösen Implikationen des Holocaust für das jüdische Selbstverständnis auf[1]. Mit dem Erscheinen der Werke Elie Wiesels Anfang der 60er und der Werke E.L.Fackenheims ab Ende der 60er Jahre wurden schließlich jene Themen und Problemstellungen formuliert, deren bedrängende Qualität eine Diskussion um die geschichtstheologische Relevanz des Holocaust innerhalb des Judentums in Gang brachte, die bis in unsere Tage hin andauert[2].

Interessanterweise beschränkte sich das Entstehen einer Theologie des Holocaust und seiner Diskussion auf das vornehmlich amerikanische Diasporajudentum. Jüdische Holocaust-Theologie ist damit zweifellos ein Diasporaphänomen. Keiner der inzwischen als klassisch zu qualifizierenden großen Entwürfe einer jüdischen Holocaust-Theologie ist in Israel entstanden. Die im Anschluß an die geschichtstheologischen Interpretationen des Holocaust sich entwickelnde umfangreiche und äußerst engagiert geführte Diskussion um die geschichtstheologischen Implikationen und Folgen des Holocaust für die (religiös-)jüdische Identität wurde und wird nahezu ausschließlich auf angelsächsischem Boden geführt und in Büchern und Zeitschriften in den USA und England ausgetragen. Erst in den letzten Jahren ist in Israel selbst eine verstärkte Rezeption und Auseinandersetzung mit dieser Thematik zu verzeichnen.

Wir müssen also, was die Genese und Wahrnehmung der hier zur Debatte stehenden Problematik angeht, von zwei unterschiedlichen innerjüdischen Entwicklungen ausgehen, die jeweils eingebettet sind in eine unterschiedliche Entwicklung der Auseinandersetzung und Wahrnehmung des Holocaust insgesamt in der

1. Zu Rubensteins Buch und seiner Wirkung vgl. ausführlich Kap. V-2.2 dieser Arbeit. Ignaz Maybaums Werk ›The Face of God After Auschwitz‹ erschien zwar ein Jahr zuvor, 1965, hatte aber nicht jene ›Türöffner‹-Wirkung wie Rubensteins Buch; zu Maybaum vgl. Kap. V-2.1.
2. Freilich gab es bereits vor Entstehen der sogenannten Holocaust-Theologien jüdisch-religiös-geschichtliche Auseinandersetzungen mit dem Holocaust. Sie sind zu finden in den vergleichsweise wenigen Zeugnissen chassidischer und anderer Rabbinen, Äußerungen, die in den Ghettos kurz vor der Deportation in die Vernichtungslager und in diesen selbst, zustande kamen. In ihrem Mittelpunkt stehen, neben Trost und Ermutigung, Elemente traditioneller Rechtfertigung des Leids in der Geschichte, insbesondere die jüdische Form des Martyriums, des *kiddush haSchem*, der Heiligung des Namen Gottes. Diese Dokumente verblieben jedoch über die Jahrzehnte nur innerhalb kleiner chassidisch-orthodoxer Kreise, bevor ihnen erst in den letzten Jahren eine Wiederentdeckung in bescheidenem Rahmen widerfuhr; vgl. hierzu ausführlicher Kap. V-1.

politischen Kultur des Diasporajudentums und Israels[3]. Damit müssen wir zugleich auch zwei unterschiedliche Fragenkomplexe behandeln.

Was die im engeren Sinne jüdische Holocaust-Theologie betrifft, stellen sich folgende Fragen: Warum wurden die die jüdische Identität bedrohenden religiösen Aspekte des Holocaust erst Mitte der 60er Jahre thematisiert? Welche Faktoren spielen für das Einsetzen des Diskurses eine zentrale Rolle, welche Faktoren beförderten und intensivierten wann und auf welche Weise diesen Diskurs? Warum wurde das US-amerikanische Judentum in geographischer wie auch geistiger Hinsicht zum Geburtsort der Holocaust-Theologie, und ist der Ort des Diskurses über sie bis heute weitgehend geblieben?

In der Beantwortung dieser Fragen soll das gesellschafts- und kulturpolitische Klima der Vereinigten Staaten seit dem Zweiten Weltkrieg in Beziehung zur Wahrnehmung des Holocaust faßbar werden, denn es bildete gewissermaßen den zeitgenössischen Humus, dem die jüdische Holocaust-Theologie entwuchs.

Zum zweiten drängt sich natürlich die Frage auf, warum nicht Israel zum Geburtsort der Holocaust-Theologie wurde. Wir haben es dabei auf den ersten Blick mit einem äußerst paradoxen Befund zu tun. Während in fast allen Deutungen und Diskussionsbeiträgen innerhalb des Diasporajudentums zur geschichtstheologischen Relevanz des Holocaust für die jüdische Identität die Wiedererrichtung des Staates Israel eine ganz zentrale und prominente Stelle einnimmt, scheint ein entsprechendes aus historischen und theologischen Quellen sich ableitendes Selbstverständnis in Israel selbst nicht vorhanden zu sein, oder wenn doch, so muß es sich aus anderen Motiven und Entwicklungen gespeist haben. Zu fragen wäre also nach den spezifisch israelischen Formen der Aufarbeitung des Holocaust, die offensichtlich einen anderen Weg genommen haben als die im Diasporajudentum. Da das Hauptaugenmerk dieser Arbeit auf der in den USA entstandenen jüdischen Holocaust-Theologie liegt, wird die Darstellung der Auseinandersetzung und des Stellenwertes des Holocaust für die israelische Gesellschaft hier nur in groben Zügen mit exkursorischem Charakter erfolgen.

---

3. Zum Verhältnis von Israel und jüdischer Diaspora gibt es eine umfangreiche Literatur. Exemplarisch sei verwiesen auf: M. Davis 1977; S. Talmon 1981; Don-Yehiya 1991; speziell was das Verhältnis nach dem Holocaust angeht: I. Greenberg 1977a; siehe auch: Maybaum 1962.

1. Die Ausgangssituation

Worin sind die Gründe zu sehen, daß erst nach Jahrzehnten des Schweigens der Wunsch einzelner und die Notwendigkeit zur »Aufbewahrung, ›Aneignung‹ und ›Trauerarbeit‹« gespürt wurde und so »die Sprachlosigkeit, die Unfähigkeit und der Unwille zu reden, allmählich überwunden« (Brocke/Jochum 1982a, S.238f.) wurden?

Einmal liegt dies sicherlich an der nahezu unermeßlichen Unfaßbarkeit des Geschehens selbst. Angesichts des »unbegreifbaren Begreifens des absolut und total intendierten Ausmordens des jüdischen Volks« (Brocke/Jochum 1982a, S.239), angefüllt mit Erinnerungen voller Feuer und Asche, schien das Schweigen allein der angemessene Raum zu sein, in dem die dantesken Höllenbilder der Überlebenden sinnvoll aufgehoben waren[4].

Der israelische Philosoph Eliezer Schweid wies darüberhinaus zu Recht darauf hin, daß die Entscheidung, in eine theologische Diskussion über den Holocaust einzusteigen und »mehr noch hierzu Arbeiten zu veröffentlichen, einen Akt großer Kühnheit all der Denker bedeutete, die eventuell ihre Gedanken äußern würden. Sie fühlten, daß sie sehr schwierige intellektuelle und emotionale Hindernisse überwinden müßten und Barrieren zu zertrümmern hätten, die ihrem Wesen nach tabuisiert waren. Der Glaubende riskiert es, von Angesicht zu Angesicht dem Zweifel und jenen verwundbaren Stellen seiner religiösen Weltsicht gegenüberzustehen, in der er erzogen wurde... Er weiß zu gut, daß allein die Formulierung gewisser Fragen einer Herausforderung an den Glauben gleichkommt, und noch mehr, daß der Versuch einer Beantwortung dieser Fragen eine Abenteuerreise in das Reich des Unbekannten ist« (Schweid 1988, S.405).

Komplettiert wurden diese vielfältigen Schwierigkeiten durch den Zwang der Verdrängung an eben diese Erinnerungen, um überhaupt ›weiterleben‹ zu können. Dies alles bewirkte wohl ein über Generationen hinausgreifendes, anhaltendes und tiefsitzendes Trauma, das in dem »Schuldgefühl der Überlebenden gegenüber den Toten« (Brocke/Jochum 1982a, S.239) gipfelte[5].

---

4. Vgl. hierzu vor allem das erzählerische Werk Elie Wiesels, das thematisch u.a. sehr stark um die Korrespondenz zwischen göttlichem Schweigen während des Holocaust und dem Schweigen der Überlebenden nach dem Holocaust kreist; vgl. auch: Kap. II-2.2, Anm.97.
5. Die Problematik der psychopathologischen Folgen des Holocaust für die Überlebenden der Lager und Ghettos sowie für deren Nachkommen bis mittlerweile in die dritte Generation hinein, gehört mit zu den bedrückendsten und mittlerweile ausführlich dokumentierten und recht gut untersuchten Folgeaspekten des Holocaust. Die traumatischen Folgewirkungen und ihre individuell-psychologischen wie auch gesellschaftlich-soziologischen Aspekte werden insbesondere in Israel, wo der Anteil der Holocaust-Überlebenden einen beträchtlichen Teil der Gründergeneration aus-

Eine erste Phase der Aufarbeitung der Holocaust-Erfahrungen kommt dann eher einem »verspäteten Erlebnisbericht« gleich, »den einige zusammentragen und kommentarlos für sich sprechen ließen« (J. Kohn 1986, S.24). Diese autobiographischen Berichte sind denn auch weniger ein Zeichen der Bewältigung, als daß sie vielmehr das Potential des identitätsbedrohenden Leids offenbar werden lassen. Schon mehr auf Deutung und Verarbeitung des Holocaust hin ausgerichtet, sind die Anfang der 60er Jahre verstärkt einsetzenden literarisch-künstlerischen Bemühungen[6]. Aber erst Mitte der 60er Jahre beginnt das öffentliche Nachdenken über jene Fragen, die das Volk der Juden, das wie kaum ein anderes in seinem Selbstverständnis von Religion und Geschichte geprägt ist, auf bestürzende Weise mit den geschichtstheologischen Problemen des Holocaust konfrontieren und eine beispiellose Herausforderung an das jüdische Gedächtnis stellen.

     machte, zunehmend in Film und Literatur problematisiert; vgl.: Niederland 1980; Marcus/Rosenberg 1988; Marcus 1989; Battegay 1989; Hardtmann 1992; speziell zum Problem der ›Zweiten Generation‹: Grünberg 1986 (mit bibliogr. Anhang); Bohleber 1990; H. Epstein 1990; eine Bibliographie zum Thema liegt vor bei: Eitinger/ Krell/Rieck 1985.
  6. Die literarische Verarbeitung und Auseinandersetzung mit dem Holocaust bildet quantitativ wie auch qualitativ ein eigenes Genre. Gleiches gilt für die literaturwissenschaftliche Behandlung dieser sog. Holocaust-Literatur. Insbesondere in den USA und Israel bildet dieser Komplex einen eigenständigen und umfangreichen Forschungsgegenstand, dessen Literatur fast unüberschaubar ist. Die deutschsprachige Literatur und Literaturwissenschaft zeichnet sich hingegen in hohem Maße lediglich durch ihre Ignoranz gegenüber diesem Komplex aus; vgl. hierzu Kommentar und Literaturangaben in Kap. II-2.2, Anm. 96.

2. Genese und Wahrnehmung der religiösen Problematik des Holocaust im US-amerikanischen Judentum

Die Wahrnehmung der religiösen Problematik des Holocaust für die jüdische Identität und der damit einhergehenden Geburt der jüdischen Holocaust-Theologie in den USA muß im Zusammenhang gesehen werden mit der allgemeinen, wissenschaftlichen und populären, Wahrnehmung und Bewußtwerdung der Relevanz des Holocaust für eine Post-Holocaust Welt. Die damit verbundenen wissenschaftlichen, im engeren Sinne vornehmlich politikgeschichtlich und historiographischen, politischen und kulturellen Aspekte bilden einen hochkomplexen Prozeß, dessen zunächst auffälligstes Kennzeichen darin besteht, daß die Gegenwärtigkeit des Holocaust im kollektiven Bewußtsein der amerikanischen, jüdischen wie nicht-jüdischen, Gesellschaft entscheidend angestoßen, geprägt und verankert wurde von erneut historisch und politisch relevanten Ereignissen und Tendenzen.

Es mag eine Binsenweisheit sein, daß erst einschneidende Ereignisse der Gegenwart eine Brücke zur Wahrnehmung und Vergegenwärtigung vergangener Ereignisse bilden. Im Falle des Holocaust aber hätte man durchaus annehmen können, daß das Ereignis selbst ein dermaßen gewichtiges Politikum, ja ein ›Anthropologicum‹ solch ungeheuren Ausmaßes darstellt, ausreichend um auf Jahrzehnte hin bestimmend für den Diskurs der amerikanischen (und europäischen) Nachkriegsgesellschaft zu werden. Das Gegenteil war zunächst der Fall. Aus gänzlich unterschiedlichen Motiven heraus stand sowohl in der jüdischen wie auch nicht-jüdischen, der akademischen wie auch öffentlichen Welt die Verdrängung des Schicksals des jüdischen Volkes während des Zweiten Weltkrieges im Vordergrund[7]. Mit der Einzigartigkeit des Ereignisses schien eine gleichermaßen einzigartige Verdrängung des Ereignisses einherzugehen. Erst das Durchbrechen des traumatisierten Schweigens innerhalb des Judentums selbst führte dann auch zu einer Wahrnehmung der vielfältig komplexen Probleme des Holocaust in der amerikanisch nicht-jüdischen Welt und strahlte von dort aus schließlich nach Europa[8].

Wie wir sehen werden, nahm die Wahrnehmung und Formulierung der religiösen Implikationen des Holocaust und der damit unmittelbar verknüpften Problematik der Aspekte, die die jüdische Identität zutiefst bedrohen, innerhalb des

---

7. Vgl. Kap. II-1.
8. Um Mißverständnisse zu vermeiden, sei wiederholt darauf hingewiesen, daß selbstverständlich in Europa und allemal in Deutschland hauptsächlich die Ursachen und Konsequenzen des Zweiten Weltkrieges und des Nationalsozialismus den wissenschaftlichen, aber auch öffentlichen Diskurs prägten. Dabei spielte aber das spezifische Schicksal des jüdischen Volkes, das, was wir mit dem Begriff Holocaust hilflos zu benennen pflegen, nur eine marginale Rolle, eine Fußnote der Weltgeschichte; vgl. Kap. II.

amerikanischen Judentums im Prozeß der gesamtgesellschaftlichen Wahrnehmung des Holocaust eine Schlüsselrolle ein. Bis heute diente sie als Katalysator für eine breite Auseinandersetzung mit dem Holocaust insgesamt. Eine auffällige und nahezu durchgängige Gemeinsamkeit aller akademischen wie seriös-populären Auseinandersetzung in den USA mit dem Holocaust ist, daß diese selbst vom Anspruch her nie ausschließlich im wissenschaftlichen Sinne wertfrei und interesselos sein wollte. Mit allem Forschen, Nachdenken oder bloßem Zeugnisablegen war jüdischerseits immer wesentlich das Motiv verbunden, eine im Angesicht des Holocaust zwingende Selbstfindung und Neubestimmung der eigenen Identität vorzunehmen. Diese vom Holocaust provozierten, wenn man so will, ins Existenzielle wie Philosophische hineinreichenden Fragestellungen aber wurden zuerst und wirkungsvoll im Rahmen der amerikanisch-jüdischen Holocaust-Theologien entwickelt und formuliert. Im außerjüdisch-amerikanischen Diskurs finden sie ihr Pendant in dem Motiv, daß alle Auseinandersetzung mit und die Erinnerung an den Holocaust zuvörderst einer notwendigen Reflexion über den Zustand des menschlichen Geistes und der westlichen Zivilisation samt ihrer traditionell christlichen wie auch aufklärerischen Werten zu dienen habe. Unter anderem führte diese Entwicklung zu dem paradoxen Tatbestand, daß jenes Land, das am weitesten weg, am wenigsten involviert und betroffen war von den Ursachen und dem Verlauf des Holocaust selbst, heute zugleich das Land ist, das als primärer Förderer und als Zentrum der Forschung zum Holocaust gelten darf: die USA[9].

Im Folgenden seien die Entwicklungsphasen der Wahrnehmung des Holocaust und seiner religiös-identitätsbedrohenden Qualität innerhalb der jüdischen Gemeinschaft in den USA im einzelnen kurz skizziert. An dieser Stelle sei bereits darauf hingewiesen, daß die Daten und Faktoren dieser Entwicklungsphasen für die Wahrnehmung der Problematik des Holocaust in gleichem Maße Geltung haben für die amerikanische Öffentlichkeit insgesamt als auch weitgehend – wie wir sehen werden – für die israelische Gesellschaft[10].

9. Mit Fug und Recht hätte man gerne gleiches sagen mögen über Israel, Europa, vor allem Osteuropa, und selbstredend Deutschland. Für Israel kann man es mit Einschränkungen auch, denn neben den USA ist zweifelsohne Israel das zweite Zentrum der Holocaustforschung. Für Deutschland läßt sich bezeichnenderweise nicht annähernd vergleichbares feststellen.»In der Bundesrepublik hat eine« mit der USA »vergleichbare Radikalität der Diskussion und Selbstbestimmung gefehlt. Im Grunde ist man – wenn ich das einmal etwas zuspitze – über Bemerkungen in der Art, daß ›Gedichte nach Auschwitz nicht mehr geschrieben werden könnten‹ kaum hinausgekommen. Dazu hat es dann gelegentlich einen Essay gegeben, aber keine systematische Diskussion« (R. Rürup, in: Strauss/Kampe 1985, S.79). Ähnlich gilt der Befund für Europa, Ost wie West, mit vielleicht in vergleichsweise bescheidenem Rahmen der Ausnahme England; vgl. Kap. II-1; speziell zur Auseinandersetzung in Polen siehe: Polonsky 1990.
10. Vgl.: Yahil 1990, S.7-9.

2.1 Die Abwesenheit des Holocaust im öffentlichen Diskurs
Die Suche nach Normalität und ihre Erschütterung, 1945-1961

Betrachtet man die Jahre 1945-1961 in der politischen Kultur der USA, der jüdischen wie der nicht-jüdischen Teile der Gesellschaft, so findet man kaum eine nennenswert breitenwirksame Auseinandersetzung mit dem Holocaust. Zwar nimmt man unmittelbar nach Ende des Krieges mit Entsetzen das grausame Ausmaß der nationalsozialistischen Vernichtungsmaschinerie wahr. Die ersten Berichte von der Befreiung der Konzentrations- und Vernichtungslager erreichen die USA, und der Kriegsverbrecherprozeß in Nürnberg wird mit Aufmerksamkeit verfolgt[11]. Auch politisch schlägt sich das Entsetzen über das Schicksal der Juden zunächst eindrucksvoll nieder. Während der Zeit der Truman-Administration, nach 1947 etwa, wurden ca. 100 000 Flüchtlinge und Überlebende der in Deutschland befindlichen Auffanglager (Displaced Persons-Lager) außerhalb der Einwanderungsgesetze nach Amerika hereingelassen, und politisch unterstützte man engagiert die Gründung des Staates Israel. Aber bereits ab 1950 veränderte sich das politische Klima beträchtlich. Der zunehmend sich entfaltende Kalte Krieg zwischen Ost und West, sowie die repressive-reaktionäre Bewegung gegen ›anti-amerikanische Umtriebe‹ während der sog. McCarthy Ära, beherrschen außen-, innen- und kulturpolitisch die Szene. Dies bildete alles andere als ein günstiges Klima, um Sensibilität und Bereitschaft für eine Konfrontation mit dem jüngsten, alle weltgeschichtlichen Maßstäbe sprengenden Verbrechen des Holocaust zu schaffen. Und dies, obwohl ein beträchtlicher Teil der Überlebenden selbst in den USA dabei waren, sich eine neue Heimat zu schaffen und somit als leibhaftige Zeugen der Katastrophe inmitten der amerikanischen Gesellschaft lebten[12]. Entsprechend negativ ist denn auch das Ergebnis im akademisch-wissenschaftlichen Bereich. Insbesondere auf Seiten der nicht-jüdisch amerikanischen Historiographie haben wir es in diesem Zeitraum, wie in Kap. II dargestellt, weitgehend mit einem Leerstellenbefund zu tun.

Bei alledem ist jedoch die Indifferenz der akademischen und öffentlichen Kultur im Nachkriegsamerika, speziell gegenüber dem tödlichen Schicksal der Juden Europas, durchaus in den weiteren Kontext einer allgemeinen Insensibilität, wenn nicht gar einer bewußten oder unbewußten Feindseligkeit gegenüber dem jüdischen Bevölkerungsanteil Amerikas und dem Judentum insgesamt einzuordnen.

---

11. Vgl. hierzu die Berichte und Artikel in den einschlägigen amerikanischen Tageszeitungen der entsprechenden Jahre. Was die Befreiung der Konzentrations- und Vernichtungslager durch Einheiten der amerikanischen und britischen Truppen und deren Wirkung in den USA betrifft siehe vor allem: Abzug 1985; Frei 1987; Bridgman 1991.
12. Über den Umgang der amerikanischen Gesellschaft mit den Überlebenden des Holocaust und deren schwierige Integration informiert exemplarisch: Dinnerstein 1982.

Beispielhaft hierfür ist, daß in den »fast zwanzig Jahren, die dem Ende des Zweiten Weltkriegs folgten, die Mehrheit der amerikanischen Colleges und Universitäten in einer Antipathie gegenüber den Juden und in einem extrem verzeichneten Bild vom Judentum verharrten. Eine Reihe von Institutionen führten jenes Quotensystem fort, daß die Anzahl der Juden innerhalb der Fakultäten und der Studentenschaft limitierte und auf diese Weise eine soziale Ghettoisierung mittels beschränkter Teilhabe an den Studentenvereinigungen, Dining Clubs und anderer Organisationen erlaubte« (Libowitz 1988, S.58). Sein inhaltliches Pendant findet dies darin, daß in Schule und Universität das einzige Thema, das man mit dem in Verbindung bringen kann, was man heute Jüdische Studien zu nennen pflegt, die Behandlung des ›Alten Testaments‹ war, das freilich in gut christlicher Tradition nur unter dem Blickwinkel seiner Präfiguration für das Neue Testament gesehen wurde. Eine Durchsicht der Schulbücher und Lehrpläne der 50er und 60er Jahre in den USA erweckt so rasch den Eindruck, als ob »das Judentum im Jahre 70 der gemeinsamen Zeitrechnung aufgehört habe, eine relevante Existenz zu besitzen« (Libowitz 1988, S.58)[13].

Betrachtet man auf diesem Hintergrund die Ergebnisse der jüngeren Forschung, was die Verantwortung und das Versagen der amerikanischen Öffentlichkeit und Administration bezüglich einer wirkungsvollen Hilfe für die verfolgten Juden Europas während der Naziherrschaft angeht – von einer verfehlten Einwanderungs- und Füchtlingspolitik bis hin zur unterlassenen Bombardierung der Vernichtungslager[14] –, muß man insgesamt zu dem Schluß kommen, daß die verheerende und »naive Gleichgültigkeit der Kriegszeit auf die Nachkriegsjahre übertragen wurden« (Feingold 1985, S.16).

Das Echo im Gebirge setzt den Rufer voraus, und Interesse und Aufmerksamkeit können oft nur erwartet werden, wenn sie zuvor entsprechend gewünscht und eingefordert wurden. Wie also sah es speziell im jüdischen Bevölkerungsteil der USA in den Jahren 1945 bis 1961 aus? Sendete man den Ruf nach Aufmerksamkeit und Interesse aus? War hier das jüngste Schicksal des eigenen Volkes präsent,

13. Zur Behandlung der Geschichte des Judentums, einschließlich des Holocaust in den Lehr- und Textbüchern der USA vgl.: H. Friedlander 1973; Podet 1986; Braham 1987; siehe auch: H. Friedlander 1988.
14. Von der inzwischen sehr umfangreichen Literatur zum fragwürdigen Verhalten der amerikanischen Öffentlichkeit und Administration zur Verfolgung und Vernichtung der Juden während der Kriegszeit seien hervorgehoben: S. Friedman 1973; Feingold 1980; Gilbert 1980; Wyman 1984; Lookstein 1985; Breitman/Kraut 1987; speziell zur Berichterstattung der amerikanischen Presse während des Krieges siehe: Lipstadt 1986; zur Frage warum Auschwitz oder andere Lager nicht bombardiert wurden siehe: Wyman 1978 u. 1984. Allein die Daten dieser Publikationen zeigen beredt an, wie lange es dauerte, bis dieser Komplex thematisiert wurde. Einen guten Überblick über die gesamte Thematik gibt: Lipstadt 1990, dort auch weitere Literaturangaben.

und wurde es hörbar dokumentiert? Bis auf wenige Ausnahmen ist dies zu verneinen[15]. In den wenigen Fällen, wo dies geschah, stieß es selbst innerhalb des amerikanischen Judentums kaum auf nennenswerte Resonanz[16].

Soweit es die gerade dem Vernichtungsszenario Europas entronnenen Juden in Amerika angeht, gibt es durchaus verständliche Gründe, warum sie zunächst das Schweigen dem Reden vorzogen. Die Wunden waren noch frisch, für das erlittene Leid war keine Sprache vorhanden, in der es sich ausdrücken konnte. Und schließlich forderte die wiedergewonnene Möglichkeit der Normalität des Alltagslebens alle psychischen und physischen Reserven derer, die mental noch immer – und zum Teil bis heute – in einer Welt lebten, die die Anormalität zur Regel erhob. Elie Wiesel gibt noch einen weiteren Grund für das Schweigen der Davongekommenen an: »Diejenigen, die überlebten, scheuten davor zurück, jene Dunkelheit, die sie sahen, zu offenbaren. Heute gibt es Erzähler, Soziologen, fast jedermann schreibt darüber. Aber in den ersten Tagen wagten jene, die da waren, nicht daran zu rühren: es war Feuer. Warum taten sie es nicht? Es gibt viele Gründe. Zuerst, weil sie fürchteten, niemand würde ihnen glauben. Zweitens fürchteten sie, wenn sie die Geschichte erzählten, sie zugleich einen Verrat begingen. [...] Wir sprachen nicht darüber, weil wir fürchteten, eine Sünde zu begehen. Selbst heute haben alle meine Freunde das Gefühl, daß wenn wir Bücher schreiben und sie veröffentlichen, wir damit eine Sünde begehen. Frag mich nicht warum. Es ist irrational. Irgendetwas ist falsch, irgendwas daran ist unkeusch. Die wahre Geschichte wird vielleicht niemals erzählt werden können. Die wirkliche Wahrheit wird niemals mitteilbar sein. Die wahre Sicht wird niemals geteilt werden können, also warum überhaupt davon sprechen?« (Wiesel 1974, S.274f.).

Was nun aber jenen nicht minder beträchtlichen Teil der amerikanischen Juden angeht, die bereits vor 1939 in die USA emigrierten oder aber bereits dort lebten[17], müssen andere Gründe angeführt werden. Zunächst mag auch hier ein mehr oder weniger bewußtes Schuldgefühl, nicht genügend Hilfe für die verfolgten Brüder und Schwestern in Europa geleistet zu haben, dafür verantwortlich gewesen sein, daß man lieber schwieg. ›Erinnere mich bloß nicht daran‹ – so könnte man vielleicht die psychische Verfassung der eingesessenen jüdischen Gemein-

15. Am ehesten zu bejahen ist es für die Anstrengungen weniger jüdischer Historiker und Intellektueller bereits während und kurz nach dem Krieg besonders das Schicksal der Juden zu thematisieren; vgl. Kap. II-1; repräsentativer ist, wie Henry Friedlander betonte, etwa die »Einleitung zu dem ersten Band des ›Leo Baeck Institute Year Book‹, 1956, wo man darauf hinweist, daß andere genug über dieses Thema sammeln und puplizieren, und daß das ›Yearbook‹ sich daher mit anderen Gebieten befassen wird« (Friedlander 1988, S.123, Anm.7).
16. Vgl.: Lipstadt 1980/81, bes. S.73f.; vgl. auch Kap. II-1.2
17. Zur Geschichte der Juden und jüdischen Gemeinden in den Vereinigten Staaten insgesamt siehe: Eisen 1983; Rohlfes 1990; Trepp 1991; Hertzberg 1992; vgl. auch: Liebman 1981; Neusner 1985.

schaft und ihrer Organisationen beschreiben, die sie angesichts des in der Tat fragwürdigen Verhaltens während des Krieges gegenüber ihren Leidgenossen innehatten[18].

Hinzu kommt etwas, das nach Deborah Lipstadt mit »Sehnsucht nach Normalität« (Lipstadt 1980/81, S.74) umschrieben werden kann. Unmittelbar nach dem Krieg war in den USA ein stetes und bemerkenswertes Anwachsen des religiös-jüdisch-institutionellen Lebens zu verzeichnen. Dies führte u.a. dazu, daß bis zu Beginn der 60er Jahre zweidrittel der amerikanischen Juden Mitglieder einer Synagogengemeinde waren. Es mag naheliegen, dies als eine Reaktion auf den Holocaust zu deuten. Andererseits aber ergibt eine Durchsicht der »Synagogen-Programme, religiöser Schulcurricula, Kurse der Erwachsenenbildung und von Predigttexten..., daß der Holocaust entschieden abwesend war im Spektrum der Aktivitäten von (jüdischen) Gemeinden und Kommunen« (Lipstadt 1980/81, S.74). Gleichzeitig waren die jüdischen Gemeinden in den starken Verstädterungstrend der amerikanischen Gesellschaft der Nachkriegszeit involviert. Beide Tendenzen hatten das Bemühen auf jüdischer Seite zur Folge, zwei Dinge miteinander zu verbinden: Zum einen war man »mehr damit beschäftigt, als Amerikaner zu handeln, denn als Jude«, aber zugleich durch eine enge und formelle Bindung an die Synagoge der eigenen Jüdischkeit Ausdruck zu verleihen[19]. Die Anstrengungen gingen insgesamt dahingehend, »einen Grad an Normalität [zu gewinnen] und Konfrontationen zu vermeiden. [...] Das Leben war komfortabel. Wohlstand schien erreichbar. Schließlich gab es keinen zwingenden Grund, vom Holocaust zu reden. Vielmehr erschien es weit angemessener, zu vergessen, sich nicht zu erinnern. Die religiöse Wiederannäherung der amerikanischen Juden in den (ersten) Nachkriegsjahrzehnten muß verstanden werden als Ausdruck der Sehnsucht der jüdischen Gemeinschaften nach Normalität und Status in den Augen der Nachbarn« (Lipstadt 1980/81, S.75f.).

Eine erste Erschütterung erfuhr diese Sehnsucht nach Normalität im amerikanischen Judentum durch den Eichmann-Prozeß in Jerusalem, den man mit großem Interesse verfolgte. Knapp ein Jahr zuvor erschien Elie Wiesels ergreifender und autobiographischer Bericht »Nacht«, in dem er erstmals Zeugnis ablegte von seinen traumatischen Erfahrungen auf jenem ›Planet Auschwitz‹. Und dennoch

---

18. Zu dem für die jüdische Gemeinschaft der USA äußerst schmerzlichen Problem der unterlassenen oder nicht engagiert genug betriebenen Hilfeleistung für die Verfolgten Glaubensbrüder in Europa siehe vor allem: Bauer 1974; Bauer 1981; Wyman 1984; Lookstein 1985; Nurenberger 1985; Feingold 1985a; Himmelfarb 1987.
19. Empirische Studien jener Zeit belegen, wie wichtig es amerikanischen Juden war, Respekt und Anerkennung in den Augen ihrer nicht-jüdischen Umwelt zu erlangen. Dies glaubte man, durchaus den amerikanischen Sitten und Gebräuchen entsprechend, vor allem innerhalb eines nach außen betont religiösen Kontextes zu erreichen; vgl.: Sklare/Greenblum 1967, bes. S. 324-331.

war noch nicht eine entscheidende und anhaltende Veränderung in der Beziehung der amerikanischen Juden zum Holocaust zu verzeichnen. »Der Inhalt der jüdischen Zeitschriften, die Curricula der religiösen Schulen, Erwachsenenbildungsprogramme und kommunale Aktivitäten aus der Zeit unmittelbar nach dem Prozeß zeigen kein verstärktes Interesse oder Aufmerksamkeit am Holocaust« (Lipstadt 1980/81)[20].

Erst mit dem Erscheinen von Hannah Arendts »Eichmann in Jerusalem« im Jahre 1963, zusammen mit dem bereits 1961 erschienenen, epochalen Werk Raul Hilbergs »The Destruction of the European Jews«, wurde vor allem ein Teilaspekt des Holocaust thematisiert. Die Frage nach den Ursachen und Mustern jüdischen Verhaltens während des Holocaust, die offen und provokanten Thesen von Hilberg und Arendt, die den jüdischen Gemeinden und vor allem den sog. Judenräten eine gehörige Mitverantwortung an der Reibungslosigkeit des Vernichtungsprozesses vorhielten, erregten in der innerjüdischen Öffentlichkeit für kurze Zeit Aufsehen[21]. Noch aber war die Zeit nicht reif, wenngleich sie deutlich bereits am Reifen war.

2.2 Der Sechs-Tage-Krieg und die Suche nach einer Alt-Neu-Identität, 1961-1967

Bezeichnenderweise war es wiederum ein historisches Ereignis, das die Haltung der amerikanischen Juden zum Holocaust entscheidend zu verändern begann: der Sechs-Tage-Krieg Israels mit seinen arabischen Nachbarn im Jahre 1967. Weithin fürchtete man, hilfloser Zeuge eines erneuten ›Holocaust‹ zu werden.

---

20. Der Index der Zeitschrift »Tradition«, einer der beiden größten amerikanisch-jüdischen Journale, für die Jahre 1958-1969 (veröffentlicht vom Rabbinical Council of America 1970, hrsg. von Micha Falk Oppenheim), zeigt keinen originalen Artikel zum Holocaust. Der Index der zweiten großen Zeitschrift »Judaism« (Twenty Years Cumulative Index – 1952-1971, New York 1972, hg. American Jewish Congress) verzeichnet lediglich drei Artikel über den Holocaust vor 1967. Eine Überprüfung anderer Journals würde sicherlich das gleiche Ergebnis zeitigen. Das hat sich nach 1967, vor allem nach 1973, drastisch geändert; vgl. Bulka 1981, S.337.
21. »Im Index to Jewish Periodicals für die Zeit von Juni 1963 bis Mai 1964 reflektiert sich die große Debatte und Diskussion um Arendts Thesen. Die Jahrgänge zuvor und die nachfolgenden beinhalten nur relativ wenige Eintragungen zum Holocaust oder verwandten Gebieten« (Lipstadt 1980/81, S.87, Anm.7). Für die wissenschaftliche Erforschung dieser Thematik dürfen Arendt und Hilberg allerdings eine katalysatorhafte Wirkung zugesprochen werden. Zum Problem der Judenräte siehe vor allem: Trunk 1972; Donat 1973; Gutman/Zuroff 1977; zur Diskussion um Hanna Arendts Eichmann-Buch: Donat 1963; Robinson 1965; im übrigen findet man in den gängigen Standardwerken zum Holocaust zumeist auch ein Kapitel über die Judenräte.

Die unmittelbar stärkste Reaktion der amerikanischen Juden war eine außerordentlich intensive Spendentätigkeit zur Unterstützung Israels. Allerdings unterschied sich diese finanzielle Hilfeleistung qualitativ entscheidend von bisheriger Spendentätigkeit. »Die Leute mußten zum Geben nicht aufgefordert werden. Jene, die niemals zuvor etwas gegeben hatten und eine Unterstützung Israels bisher vermieden, gaben nun freizügig« (Lipstadt 1980/81, S.769). Mehr als ein wohltätiger Akt wurde das Spenden ein Ausdruck aktiver Identifizierung mit den Juden Israels und geschah zugleich in bewegter Erinnerung an den Kampf ihrer Vorgänger auf den Schlachtfeldern von Auschwitz, Treblinka und Warschau. Der Mai 1967 »wiederbelebte die Erinnerung an den Holocaust auf eine Weise, die mit nichts zuvor vergleichbar war« (Lipstadt 1980/81, S.77). Die Finanzielle Unterstützung Israels war von der ideellen nicht mehr zu trennen, mehr noch: Sie wurde, und blieb es bis heute, zu einem spirituellen Akt[22]. Erstmals schien die am Horizont auftauchende Gefahr einer Entwicklung hin zu »zwei Judentümern« (Liebman/Cohen 1990, S.158), einem Israel- und einem Diasporajudentum, eindrucksvoll gebannt[23].

So führte denn der überraschend schnelle und großartige Sieg, insbesondere aber die in ihrer Wirkung kaum zu überschätzende Einnahme Ostjerusalems mit der Tempelmauer, zu einem überwältigend neuen Selbstbewußtsein[24]. Dieses Mal wurden die Juden gerettet, indem sie dem Bild, das die amerikanische Öffentlichkeit von den europäischen Juden hatte, in keiner Weise entsprachen. »Sie [die Juden] waren nicht von anderen abhängig. Sie kämpften. Sie waren nicht passiv. Sie übernahmen die Initiative. Sie überlebten. [...] Nicht mehr länger re-agierten die Juden, sie agierten. Der Holocaust bewies die schrecklichen Konsequenzen der Passivität, die gegenwärtige Erfahrung die Weisheit des Handelns« (Lipstadt 1980/81, S.77)[25].

Der Sechs-Tage-Krieg bildete damit in seiner Wirkung auf die amerikanische Judenheit den Höhepunkt einer allgemeinen Entwicklung in der amerikanischen Gesellschaft der zweiten Hälfte der 60er Jahre, die mit den Stichworten Politisierung, Liberalisierung, Ökumenismus (Christlich-jüdischer Dialog), eines von dem schwarzen Bevölkerungsteil angeführten, allgemein neu erwachenden Selbstbewußtseins ethnischer Minderheiten (›new ethnicity‹) und der hiermit verknüpften

22. Vgl.: Hertzberg 1967.
23. Ausführlich hierzu: Liebman/Cohen 1990.
24. Und zu einer religiösen Rennaissance: »Nach dem Sieg war es fast unmöglich, in Jerusalem noch irgendwo Tefillin [traditionelle Gebetsriemen] zu kaufen. Es gab einen regelrechten Wettlauf nach ihnen. Männer, die nie zuvor welche besessen, oder aber sie vor vielen Jahren verloren hatten, wollten nun ihre eigenen Tefillin tragen, während sie an der neu zurückeroberten Tempelmauer des alten Jerusalems Gott dankten« (Himmelfarb 1967, S.59).
25. Vgl. auch: Hertzberg 1967.

Bürgerrechtsbewegung (›civil right movement‹) beschrieben werden kann[26]. An all diesen gesamtgesellschaftlichen Entwicklungen waren Juden, zum Teil maßgebend, beteiligt, was die Hoffnung nährte, daß ein selbstbewußtes Auftreten als Juden die Integration in und die Solidarität mit der nicht-jüdischen Mehrheitsgesellschaft nicht beeinträchtigen mußte.

Gerade diese Hoffnung wurde jedoch bitter enttäuscht und ließ das triumphale Siegesgefühl nach dem Sechs-Tage-Krieg zu einem zweischneidigen Schwert werden. Denn im Umfeld des Sechs-Tage-Krieges erwiesen sich die neugewonnenen politischen Koalitionen als nicht tragfähig, die Solidarität mit Israel und damit mit ihnen selbst blieb zum Entsetzen der amerikanischen Juden aus. Stattdessen stellte sich erneut das »bitter empfundene Gefühl ein, wie in den Jahren 1939-45, von der Welt im Stich gelassen zu werden«, einer Welt, die zwar vielfach »debattierte und klagte, aber nicht handelte« (Lipstadt 1980/81). Insbesondere das sich ebenfalls wiederholende Schweigen der christlichen Kirchen erweckte böse Erinnerungen. Beispielhaft hierfür die Stellungnahme eines im interreligiösen Dialog zuvor stark engagierten Rabbiners: »Ich hatte gehofft und gebetet, daß die Menschheit und insbesondere die Christenheit eine Lehre aus dem Holocaust gezogen habe. Ich hatte gehofft, sie hätten gelernt, daß die ultimative Sünde das Schweigen während des Nazi-Genozids gewesen ist. Zu meinem Bedauern wurde 1967 offenbar, daß nichts gelernt wurde und sich tatsächlich nichts geändert hatte« (Herzog 1979, S.19)[27].

Tatsächlich fand sich das amerikanische Judentum am Ende des Sechs-Tage-Krieges in einer ambivalent-paradoxen Situation wieder. Einerseits entstand eine neue, selbstbewußte Gruppenidentität, andererseits sah man sich wieder in Zeiten der Gefahr alleingelassen. Beides jedoch hatte eine entscheidende Veränderung in Wahrnehmung und Beziehung zum Holocaust zur Folge. Gestärktes Selbstbewußtsein und der Sieg Israels im Sechs-Tage-Krieg begünstigten die Wiederbelebung und Ausformung des traditionellen Verstehensmusters von ›Vernichtung und Erlösung‹[28], das es nun erlaubte, dem Holocaust zu begegnen, ohne seinem vernichtenden, allein negativen Aspekt ausgeliefert zu sein. Zum anderen waren angesichts der bedrohten Existenz Israels und einer mangelnden Solidarität der Weltgemeinschaft die Parallelen zum Holocaust nicht mehr zu leugnen. In jedem

---

26. Zu diesen Tendenzen und ihrem Zusammenhang mit der innerjüdischen Entwicklung in den USA siehe: Lipstadt 1980/81, bes. S.77-82; Bulka 1981, bes. S.324; Libowitz 1988, bes. S.58-59.
27. Zu diesem Aspekt vgl. auch: Elazar 1969; Himmelfarb 1967; Lipstadt 1980/81, bes. S.79; zur mangelnden Solidarität besonders der schwarzen Bewegung, der liberalen Kräfte und der akademischen Öffentlichkeit Amerikas siehe ausführlich: Lipstadt 1980/81, S.79-82, dort auch weitere Literaturangaben.
28. Zu diesem Verstehensmuster siehe: Lipstadt 1980/81, S.77 und ausführlicher weiter unten Kap. IV-3.2

Falle aber führte diese ambivalente mentale Verfassung zu einer verstärkten Rückbesinnung und Reflexion auf all das, was man mit der Frage nach der jüdischen Identität zu fassen sucht. Diese Frage aber konnte nun endgültig nicht mehr ohne Blick auf den Holocaust reflektiert werden.

Auf exakt dem Hintergrund dieser Stimmungslage ist die enorme Wirkung zweier intellektueller Ereignisse zu sehen, die mit Macht die Geburt einer jüdischen Holocaust-Theologie markierten. Da ist zum einen die fulminante Auswirkung und Rezeption des Buches »After Auschwitz« von Richard L. Rubenstein, das, 1966 erschienen, vor allem in der jüdisch-akademischen Welt vehemente Diskussionen zur Folge hatte. Insbesondere der Grundtenor seines Buches, der einen radikalen Bruch mit der traditionellen religiös-jüdischen Identität forderte, war eine Provokation, die zu keinem anderen Zeitpunkt auf eine dermaßen sensiblisierte jüdische Öffentlichkeit hätte stoßen können. Zu recht konnte Rubenstein 1980 im Rückblick feststellen: »Nach meinem besten Wissen und Gewissen ist zwischen 1945 und 1966 kein Buch über die jüdische Theologie erschienen, das den Holocaust in irgendeiner Weise als Herausforderung für den jüdischen Glauben ansieht[29]. Wie wir wissen, hat es diesbezüglich seit 1966 einen fundamentalen Wandel gegeben. Es ist heute allgemein anerkannt, daß der Holocaust das zentrale Ereignis für die zeitgenössische jüdische Theologie darstellt« (Rubenstein 1980, S.223.)[30].

Das zweite Ereignis, dem ebenfalls eine Schlüsselstellung in der Geburt und Verbreitung einer jüdischen Theologie des Holocaust und all der damit zusammenhängenden Fragen nach der jüdischen Identität zukommt, ist ein von der Zeitschrift »Judaism« im März 1967 durchgeführtes Symposium mit dem bezeichnenden Titel »Jüdische Werte in einer Post-Holocaust Zukunft«. In diesem unmittelbar vor dem Beginn des Sechs-Tage-Krieges öffentlich durchgeführten und unmittelbar nach dem Sechs-Tage-Krieg publizierten Symposium formulierte der jüdische Philosoph und Rabbiner Emil Ludwig Fackenheim, der später zu einem der Wortführer der Holocaust-Theologie werden sollte, in Ansätzen erstmals seine späterhin bahnbrechende geschichtstheologische Deutung zum Holocaust[31]. Das Symposium, an dem außer Fackenheim unter anderen noch der Literaturwissenschaftler George Steiner

---

29. Rubenstein irrt in diesem Punkt. Ein Jahr zuvor, 1965, erschien Maybaums Buch »The Face of God after Auschwitz«, wenngleich ohne nennenswerte Breitenwirkung. 1987 bekennt Rubenstein, hätte er seinerzeit Kenntnis besessen von Maybaums Werk, er »hätte sicherlich Bezug genommen auf seine [Maybaums] Schriften als einem Schlaglicht dafür«, warum er, Rubenstein, sich gezwungen sah, »den traditionell biblischen Gott des Bundes und der Auserwählung zurückzuweisen« (Rubenstein, in: Roth/Rubenstein 1987, S.308).
30. Zu Rubensteins Buch und seiner Wirkung innerhalb des Judentums siehe ausführlich Kap. V-2.2
31. Zu Fackenheim siehe ausführlich Kap. V-2.3

und Elie Wiesel teilnahmen, lotete insgesamt erstmals jenen bedrückenden Fragehorizont aus, dessen Reflexion zum Kernbestand der Holocaust-Theologie und der an diese sich anschließenden Diskussion werden sollte[32].
Die Geburt der Holocaust-Theologie war vollzogen. Die Themen lagen auf dem Tisch und fanden Eingang in die Herzen und Köpfe der Juden. Die Relevanz des Holocaust für die Bestimmung der jüdischen Identität in all seinen Aspekten wahrzunehmen, war nicht mehr rückgängig zu machen, und die jüdische Holocaust-Theologie sollte sich in den kommenden Jahren innerhalb der amerikanischen Judenheit als einer der mächtigsten Katalysatoren in der Wahrnehmung und Auseinandersetzung mit dem Holocaust insgesamt erweisen.

2.3 Der Yom-Kippur-Krieg und die Zentralität des Holocaust für das amerikanische Judentum, 1968-1978

Am 6. Oktober 1973, dem höchsten jüdischen Feiertag, dem Versöhnungstag (Yom HaKippurim), griffen nach langfristigen und sorgfältigen Vorbereitungen die Streitkräfte Ägyptens und Syriens, später unterstützt von Panzereinheiten Saudiarabiens und Jordaniens, das völlig unvorbereitete Israel in einer großangelegten Offensive an[33]. Vier Tage dauerte es, bis die vollkommen überraschte israelische Armee alle ihre Kräfte mobilisiert hatte und den bedrohlichen Vormarsch der an Material und Zahl der Soldaten bei weitem überlegenen syrischen und ägyptischen Armeen stoppen und die drohende, vernichtende Niederlage Israels unter großen Opfern in einen nahezu überwältigenden Triumph verwandeln konnte.

Wohl kein anderes Ereignis seit dem Ende des Zweiten Weltkrieges wurde so zum Wendepunkt des amerikanischen (und insgesamt des Dispora-) Judentums[34],

---

32. Die Vorträge und die umfangreiche Diskussion des Symposiums sind abgedruckt in: Judaism, Vol.16, No.3, 1967, S.266-299; vgl.: Popkin/Steiner/Wiesel 1967.
33. Beispielhaft gibt Yehoshua Amir wohl dem Gefühl vieler Juden Ausdruck: »Nach diesem mörderischen Angriff auf das höchste Heiligtum Israels (Yom Kippur) werden wir niemals mehr in der Lage sein, Yom Kippur so zu feiern, wie wir es Jahr für Jahr zuvor getan haben. Wir werden uns immer zu erinnern haben, daß es nicht länger mehr irgendein Tabu gibt, das uns sicher sein läßt vor dem Angriff eines Feindes, der unsere Zerstörung sucht. Wir waren zu vertrauensvoll, es gebe einige spirituelle und menschliche Grenzen, die selbst ein Gegner respektieren müsse, und wenn es nur um der Meinung der Weltöffentlichkeit willen sei. ... Die Beschädigung des jüdischen Heiligtums war so nicht zufällig, sondern bildete den inneren Kern des Gesichts dieses Krieges« (Amir 1973/74, S.85).
34. Zu den Reaktionen auf den Yom-Kippur Krieg und seinen Folgen im nicht US-amerikanischen Judentum siehe ausführlich: Davis 1974, S.95-335. Hier befinden sich ausführliche Berichte und Reflexionen aus allen Erdteilen und Ländern der jüdischen Diaspora.

sowohl was seine innere Verfaßtheit betraf, als auch was seine Einstellung und Beziehung zum Staat Israel anging. Dies läßt sich eindrücklich ablesen an den unmittelbaren Reaktionen der jüdischen Gemeinschaften in den USA während des Yom-Kippur-Krieges, wie auch insbesondere am Interesse und der Beziehung der amerikanischen Juden zum Holocaust, und hier speziell am Diskurs der Holocaust-Theologie in den Jahren nach dem Yom-Kippur-Krieg.

Die unmittelbare Antwort des amerikanischen Judentums auf diesen Krieg konzentrierte sich zunächst im wesentlichen auf politische Aktionen, finanzielle Unterstützung, Freiwilligen-Aktionen und öffentliche Identifikation[35].

Eine der wichtigsten Lehren und Folgen des Sechs-Tage-Krieges 1967 war ein intensives Bestreben aller Organisationen des amerikanischen Judentums, zu einer größeren Koordination zu gelangen, um politisch schneller und effektiver handlungsfähig zu sein. United Jewish Appeal, American Israel Public Affairs Committee, American Jewish Committee, American Jewish Congress, Anti Defamation League of B'nai B'rith, American Zionist Federation, um einige der größten Organisationen zu nennen, bauten ein intensives Kommunikationsnetz innerhalb ihrer Organisationen auf und fanden in der Conference of Presidents, einem Zusammenschluß aller Präsidenten der größten jüdischen Organisationen, ein insbesondere auch in die nicht-jüdische Gesellschaft hinein wirkendes Instrument jüdischer Interessenvertretung. Ebenso intensivierten sich die Beziehungen der örtlichen Synagogengemeinden zu den kommunalen Behörden. Diese Vorarbeit erlaubte es nun, während des Yom-Kippur-Krieges schnell und effektvoll politisch nach innen wie nach außen zu agieren. Auf diese Weise waren die organisatorischen Voraussetzungen geschaffen, eine Mobilisation der jüdischen Gemeinschaft zu erreichen, die eine »für die Vereinigten Staaten bisher einzigartige Dimension« (Elazar 1974, S.1) annahm.

Schnelle Information und vorbereitete Organisationskanäle waren in der Lage, den sofort und immens einsetzenden Spendenstrom zu bewältigen und nach Israel weiterzuleiten[36].

Die Zahl derer, die sich spontan und freiwillig meldeten, um persönlich nach Israel zu gehen und im Rahmen ihrer Möglichkeiten zu helfen, war enorm. An die 40 000 amerikanische Juden meldeten sich namentlich bei der American Zionist Youth Foundation, die den Freiwilligen-Einsatz organisatorisch zu bewältigen hatte. Auch hier half eine aufgrund der Erfahrungen während des Sechs-Tage-Krieges verbesserte Organisationsstruktur zu schnellem und effektivem Handeln.

Einer der bemerkenswertesten Aspekte während des 73iger Krieges im Vergleich zum Sechs-Tage-Krieg 1967 waren Bereitschaft und Ausmaß der ameri-

---

35. Diese Einteilung und ihre Beschreibung folgt im wesentlichen der Analyse von: Elazar 1974.
36. Zu den Einzelheiten der umfangreichen finanziellen Unterstützung Israels durch Spenden siehe: Elazar 1974, S.10-16.

kanischen Juden, auf die Straßen zu gehen und ihre Solidarität mit Israel öffentlich zu bekunden. Konnte bisher Y.L. Gordons Ausspruch »Sei ein Jedermann auf der Straße und ein Jude zuhause« (zit.n.Elazar 1974, S.19) als der wohl treffendste Ausdruck jüdischer Mentalität in der amerikanischen Gesellschaft des 20. Jahrhunderts gelten, so stellte der Yom-Kippur-Krieg »den letzten Schritt in der Umkehrung dieses Diktums« dar. »Viele Juden, die in jeder Hinsicht zu Hause einfach Männer und Frauen waren in dem Sinne, daß sie bewußt wenig taten, was sie als Juden von ihren Mitbürgern unterscheiden konnte, wollten nun auf den Straßen, wo die Unterschiede deutlich sichtbar würden, Juden sein« (Elazar 1974, S.19). Dieses Kundtun öffentlicher Solidarität war besonders augenfällig unter den Jugendlichen, den Schülern und Studenten[37] und über diese öffentlichen Aktivitäten hinaus gab es unzählige persönliche Kontakte nach Israel[38]. Im Ergebnis gab es nach dem Krieg »wohl keine jüdische Gemeinde gleich welcher Größe in den USA, die nicht durch den Krieg ein ehemaliges Mitglied verloren oder einen anderen Verlust zu beklagen hatte« (Elazar 1974, S.29).

Insgesamt bildet diese außerordentliche und alle gesellschaftlichen Schichten der amerikanischen Judenheit ergreifende Mobilisierung und Solidarisierung während des Yom-Kippur-Krieges den Höhepunkt einer Entwicklung, die mit dem Sechs-Tage-Krieg bereits einsetzte. Das neue Selbstbewußtsein des amerikanischen Juden, *als Jude* öffentlich aufzutreten, war dabei aufs engste verknüpft mit einer ebenso intensiven Identifikation mit dem Geschick des Staates Israel, was das zuvor durchaus gespannte Verhältnis Israel – Diasporajudentum zu einer neuen Qualität führte[39].

37. Z.B. fand am 25.Oktober in New York eine Demonstration jüdischer Schulkinder statt mit etwa 15 000 Beteiligten. Die jüdische Studentenbewegung, als solche selbst eine der Folgen des 67iger Krieges, zeigte trotz ihres starken Eingebundenseins in die politische Linke, die Anti-Vietnam- und Anti-Kriegs-Bewegung in den USA, deutlich und erstmals in diesem Ausmaß öffentlich Flagge für Israel; vgl. Elazar 1974, S.20-26.
38. In den ersten Wochen des Krieges brachen z.B. regelmäßig die Telefonleitungen von den USA nach Israel wegen Überlastung zusammen. Später wurden die Telefonate auf maximal fünf Minuten Zeitdauer begrenzt; vgl. Elazar 1974, S.29.
39. »Es ist offensichtlich, daß der Yom-Kippur Krieg die Einsicht in die Interdependenz aller Teile des jüdischen Volkes untereinander verstärkt hat« (Gottschalk 1974, S.39); insbesondere gilt dies für die jüngere Generation der amerikanischen Juden, für die Israel immer deutlicher zum Fokus ihrer Identität wurde: »Keine andere jüdische Angelegenheit hat die Macht, besonders die jüngere Generation der Juden zu bewegen, wie der Faktor des Staates Israel. Antizionismus und Antiisraelismus sind regelrecht nicht-existent unter der neuen Generation von Juden« (Neusner 1973, S.297); vgl. auch das Vorwort des damaligen israelischen Staatspräsidenten Ephraim Katzir in: Davis 1974, bes. S. VIII.

Für die Rückwirkung in den amerikanisch-innerjüdischen Bereich bedeutete dies noch genauer formuliert: Während die 60er Jahre und der Sechs-Tage-Krieg in ihrer Wirkung wesentlich eine Stärkung der individuellen Identität des amerikanischen Juden als Jude hervorbrachte, war die Folge der 70er Jahre und des Yom-Kippur-Krieges eine machtvolle Stärkung der Gruppenidentität des amerikanischen Judentums, das sich mehr denn je zuvor als Teil des jüdischen Volkes, exakter: des Volkes Israel, begriff.

Diesen positiven Erfahrungen und Entwicklungen standen jedoch gleichermaßen, vor allem in der Folge des Yom-Kippur-Krieges, eine Reihe von weitreichenden Enttäuschungen und Irritationen gegenüber. Nicht nur das weithin auffällige Fehlen der Stimme der jüdischen (und nicht-jüdischen) Intellektuellen in den USA während des Krieges wurde bitter und irritiert vermerkt[40]. Noch schockierender war die in jüdischen Augen wiederum ausbleibende Solidarität der Weltgemeinschaft, politisch verkörpert durch die UNO[41], und das erneute Versagen der christlichen Kirchen. »Es gab allen Grund zu glauben, daß die Führung der amerikanischen Juden mit Aufmerksamkeit die Reaktion der christlichen Gemeinschaften auf die gegenwärtige Krise als einen Testfall betrachtete für den christlich-jüdischen Dialog, der sich nach dem Sechs-Tage-Krieg entwickelte... [...] Die christliche Reaktion war stärker als 1967, aber immer noch sehr begrenzt. Die wenigen bekannten christlichen Führer, die beständig ihre philosemitischen Gefühle oder ihr Interesse in eine dauerhaft enge Beziehung mit den Juden dokumentiert hatten, meldeten sich zu Wort, wenngleich die meisten von ihnen es erst dann taten, als sie von jüdischen Freunden dazu aufgefordert wurden« (Elazar 1974, S.6f.).

So zeigte dieser Krieg in engen Assoziationen zum Holocaust erneut die offensichtliche Unmöglichkeit, die Sympathien der Welt zu erlangen, »wenn sie (die Juden) das Opfer einer Agression wurden ... Dies ist eine harte Wahrheit, ...« (Elazar 1974, S.34)[42]. Mehr noch: In den Augen vieler Juden waren an diesem

---

40. Zu diesem Phänomen siehe ausführlich: Syrkin 1974. Das Schweigen der US-jüdischen Intellektuellen, in ihrer großen Mehrzahl politisch links orientiert, hatte unter anderem seine Ursachen in der Überzeugung, Israel sei die stärkste militärische Kraft im Nahen Osten und wandele sich, mit Hinblick auf den immer brisanter werdenden palästinensisch-israelischen Konflikt, vom Opfer, das Solidarität verdiente, zum Täter, der unter Kritik stehen müsse; vgl. beispielhaft die Äußerungen von Arthur Waskow oder Noam Chomsky während des Yom-Kippur Krieges in: Syrkin 1974, S.86ff.
41. »Die amerikanische Judenheit war Zeuge jenes unglaublichen Spektakels im Sicherheitsrat der Vereinten Nationen, der es zurückwies, den arabischen Agressor zu verurteilen, geschweige denn einen Waffenstillstand zu bewirken, ... Die amerikanischen Juden waren zutiefst schockiert und berührt durch jene Bilder im amerikanischen Fernsehen, die den (israelischen) Botschafter Yosef Tekoah vereinsamt dasitzend zeigten, isoliert von seinen Kollegen und Zielscheibe verbaler Attacken. Das war einer der größten Schocks dieses Krieges« (Elazar 1974, S.4).
42. Vgl. ähnliche Schlußfolgerung bei: Lipstadt 1980/81, S.85f.

Krieg nicht nur die arabischen Staaten beteiligt, »sondern jede Nation dieser Welt war involviert: die Supermächte, andere Mächte und selbst kleinere Länder – jedes Öl konsumierende Land. Der westliche Gott der Technologie kämpfte um seine ureigene Existenz im Kielwasser dieses Krieges. Das Gerede von der Bruderschaft der Nationen und von internationaler Solidarität erwies sich als leer und ohne Fundament, der Egoismus wurde gänzlich offenbar« (Amital 1974, S.97).

Der für die amerikanischen Juden jedoch weitaus bestürzendste Aspekt des Yom-Kippur-Krieges war die Erschütterung des in der Folge des triumphalen Sieges Israels im Sechs-Tage-Krieg entstandenen Bildes vom unbesiegbaren, sein Schicksal kämpfend in die Hand nehmenden »Super-Juden« (Lipstadt 1980/81, S.77)[43]. Der bleibende Eindruck des 73iger Krieges war nicht der letztlich unter großen Opfern erzielte Sieg Israels, sondern die offensichtliche Verletzbarkeit und das Versagen von Militär, Geheimdienst und Politik, das Israel zu Beginn des Überraschungsangriffs an den Rand einer vernichtenden Niederlage brachte. »Weil Israel 1973 schwer zu leiden hatte, wurde sein erfolgreicher Gegenschlag gegen die Araber als eine Niederlage und die tatsächliche Niederlage der Araber als ein Sieg interpretiert« (Syrkin 1974, S.85)[44]. Das Gefühl der Isolation, Verletzbarkeit und Bedrohung des Staates Israel und mit ihm des jüdischen Volkes führten dazu, daß der Yom-Kippur-Krieg »für die Juden ein Trauma war in einer Größenordnung wie dies für die meisten Amerikaner Vietnam darstellte« (N. Lamm 1974, S.50f.).

Hatte der Beginn des 67iger Krieges noch die Furcht vor einem neuen Holocaust geweckt, schienen diese Befürchtungen nach dem Ausgang des Krieges für immer zum Schweigen gebracht. Der Yom-Kippur-Krieg brachte all diese Gefühle schärfer als zuvor zurück. 1973 erwarteten die Juden zunächst wohl keinen neuen Holocaust, sondern einen Sieg im Stile von 1967. »Im Gefühl der Juden war das Grundmuster von 1967 der Holocaust; das Grundmuster für den Yom-Kippur-Krieg war 1967 und sein lohnender Sieg« (Waxman 1974, S.66). Bedeutete 1967, daß das Gespenst des Holocaust endgültig gebannt schien, zeigte 1973, daß dem nicht so war. »Weil die Erwartungen so groß gewesen sind, war die Enttäuschung so hart ... und ließen den Mythos über Israel platzen und den seiner Armeen, die, im historischen Kontext des Holocaust betrachtet, als so gestärkt und regeneriert erfahren wurden« (Lipstadt 1980/81, S.78). In diesem Sinne mögen es die Ereignisse vom Mai 1967 gewesen sein, die die Erinnerungen an den Holocaust weckten, aber es war erst der Yom-Kippur-Krieg, »der diesem Blickwinkel einen unweit größeren Brennpunkt verlieh« (Gottschalk 1974, S.39)[45].

---

43. Der Terminus ›Super-Jude‹ ist eine Anspielung auf die in den USA weithin bekannte und populäre Comic-Figur ›Superman‹.
44. Vgl. auch: N. Lamm 1974, S.52; Amital 1974.
45. Ähnlich Leni Yahil: »Die Gefahr der Vernichtung [während des Yom-Kippur Krieges] war konkreter und ernsthafter« (Yahil 1990, S.8).

Beides zusammengenommen, die während des 73iger Krieges durch die innerjüdische wie auch in die amerikanische Gesellschaft hineinwirkende Mobilisation und Solidarität unter Beweis gestellte selbstbewußte Wiederbelebung des amerikanischen Judentums als einer gesellschaftspolitischen Kraft, wie auch die als traumatisch erfahrene Isolation und Bedrohung eines alles andere als militärpolitisch perfekten Staates Israel, intensivierten die historischen Assoziationen zum Holocaust in ungeahnter Weise. Das bereits Ende der 60er Jahre einsetzende Bedürfnis nach Sinn und Deutung des Schicksals des jüdischen Volkes in der Geschichte, die Suche nach Sinn und Deutung jüdischer Identität unter dem Druck gegenwärtiger Geschehnisse, der Nahost-Kriege, und unter dem Druck historisch vergangener Ereignisse, allem voran des Holocaust, erreichte folgerichtig in den Jahren nach dem Yom-Kippur-Krieg seinen Höhepunkt. Erwachen, Suche und Bedrohung jüdischer Identität zugleich führten darüberhinaus im amerikanischen Judentum zu einer »Rückbesinnung auf das unterscheidend Jüdische«, was wiederum langfristig »zu einer Renaissance religiöser Praxis und theologischen Denkens führte« (Brocke/Jochum 1982a, S.241)[46].

Viele derer, die aufgrund des Sechs-Tage-Krieges und noch viel mehr durch den Yom-Kippur-Krieg ihren Weg zurück in ein bewußt jüdisches Leben fanden, betrachteten sich selbst zwar »nicht vereint durch den Glauben an ein göttliches Wesen, aber sind Anhänger dessen, was als ›bürgerliche Religion‹ (civil religion) beschrieben worden ist. Sie teilen eine gemeinsame Tradition und Geschichte... [...] Der Holocaust ist ein keimtragender Faktor im Erwachen ihrer jüdischen Identität gewesen« (Lipstadt 1980/81, S.85)[47].

In Betracht dieses Hintergrundes dürfte es nicht verwunderlich sein, daß die jüdische Holocaust-Theologie und deren Diskussion vom Beginn der 70er bis in die frühen 80iger Jahre hinein zum bestimmenden Diskurs der amerikanischen Judenheit wurde[48] und somit einen beträchtlichen Anteil daran hatte, daß jüdische

46. Diese Renaissance jüdischer Religiosität fand ihren Höhepunkt in der ab Ende der 70iger Jahre einsetzenden, massiven Übertrittsbewegung von vor allem jungen und zumeist aus assmilierten Familien stammenden amerikanischen Juden hin zur jüdischen Orthodoxie. Wie sehr diese »Ba'al Teshuva«-Bewegung (ba'al teshuva = zur Umkehr/Rückkehr kommen) in ihren Ursachen von der beschriebenen Entwicklung der amerikanischen Judenheit und insbesondere von der zunehmenden Erinnerung an den Holocaust abhing, zeigen die besonders eindrucksvollen Studien von: Aviad 1983 u. Danzger 1989; siehe auch: Lipstadt 1980/81, S.84f.
47. Zum Begriff der ›bürgerlichen Religion‹ im Kontext der innerjüdischen Entwicklung in den USA und Israel siehe: Liebman 1981; Liebman/Don-Yehia 1983 u. 1983a u. 1985.
48. Dies belegt allein schon die bezeichnende Tatsache, daß die meisten der großen Beiträge zur jüdischen Holocaust-Theologie in dem genannten Zeitraum (1970 bis Anfang der 80iger Jahre) erschienen: Emil Fackenheims außerordentlich wirkungsvollen Werke wurden zwischen 1970 und 1982 veröffentlicht. Eliezer Berkovits Holo-

Identität, ihr Verhältnis zu Religion und Geschichte fortan in erheblicher Intensität an der Reflexion über die Ereignisse des Holocaust ausgebildet wurde: »Der Holocaust wird zum zentralen Ereignis der jüdischen Geschichte in diesem Jahrhundert« (Brocke/Jochum 1982a, S.241)[49].

2.4 Die Zentralität des Holocaust für die US-amerikanische Gesellschaft, 1978 und die 80iger Jahre

Spätestens seit Anfang der 70er Jahre wurde, wie dargelegt, der Holocaust zum bestimmenden Thema des amerikanischen Judentums. Dabei gehörte die (geschichts-) theologische Deutung des Holocaust zum prägenden und die Diskussion am meisten antreibenden Aspekt. Kann man innerhalb der amerikanisch-jüdischen Gemeinschaft von einem stetig und stellenweise rasant anwachsendem Bewußtsein von der Zentralität des Holocaust für die Bestimmung und Formung einer zeitgenössischen jüdischen Identität sprechen, so gilt diese Gegenwärtigkeit des Holocaust im Bewußtsein für den weitaus größeren, nicht-jüdischen Teil der amerikanischen Gesellschaft bis in die Mitte der 70er Jahre in nur sehr eingeschränktem Maße.

Zweifelsohne strahlte das intensive Ringen um eine jüdische Identität und das auch nach außen hin deutlich werdende jüdische Selbstbewußtsein in die amerikanische Gesellschaft insgesamt hinein und erregte zunehmendes Interesse am Judentum und seiner Geschichte. Dieses anwachsende öffentliche Interesse beschränkte sich jedoch zunächst einerseits auf jene Kreise innerhalb der christlichen Kirchen, die verstärkt in einem christlich-jüdischen Dialog standen[50], und

---

caust-Theologie entstand 1973 unter direkter Bezugnahme auf den Yom-Kippur Krieg. Irving Greenbergs Beiträge erschienen zwischen 1975 und 1982, Arthur Allen Cohens Interpretation wurde 1981 veröffentlicht. Müßig zu sagen, daß auch die meisten Diskussionsbeiträge zur Holocaust-Theologie aus diesem Zeitraum stammen; vgl. die einzelnen Kapitel über die genannten Autoren in dieser Arbeit sowie insgesamt die Jahresdaten der Publikationen zur Holocaust-Theologie in der Bibliographie dieser Arbeit.

49. Zur Entwicklung des amerikanischen Judentums nach dem Yom-Kippur Krieg siehe insgesamt: Elazar 1974; Gottschalk 1974; Waxman 1974; siehe auch: A.B. Yehoshuah 1986, bes. S.19-35; Schorsch 1981; zur betont theologisch-religiösen Deutung des Yom-Kippur Krieges siehe beispielhaft: Lamm 1974; Amital 1974; Amir 1973/74; Lessons 1973/74.

50. Der nach meinen Informationen erste und für lange Zeit weithin einzige Hochschul-Kurs über den Holocaust in den USA wurde an der Southern Methodist University im Jahre 1959(!) unter der Leitung einer der für den christlich-jüdischen Dialog in Amerika maßgebendsten christlichen Theologen, Franklin Littell, durchgeführt; vgl. Libowitz 1988, S.72, Anm.4.

andererseits auf die studentisch-akademischen und intellektuellen Teile der amerikanischen Gesellschaft. Insbesondere in den Colleges und Hochschulen übertraf Ende der 70er Jahre das Interesse an jüdischen Themen und Studien alle Erwartungen. »Kursangebote und Kursprogramme wurden in den Hochschulen des ganzen Landes entwickelt, in den Bibliotheken war ein substanzielles Anwachsen der Literatur zu verzeichnen, die sowohl klassisch-traditionelle als auch wissenschaftliche Materialien zum Judentum bereit hielten, mehr und mehr Schulen sendeten ihre Studenten für ein Semester, einen Sommer, oder sogar für ein ganzes Jahr zu entsprechenden Studien nach Israel, ...« (Libowitz 1988, S.61)[51].

Diese Entwicklungen blieben aber zunächst ohne Breitenwirkung. In einer Gesellschaft, die vielleicht wie keine zweite auf dieser Erde von den modernen Möglichkeiten der technischen Kommunikation und der Massenmedien geprägt ist wie die USA, änderte sich dies nicht zufällig erst durch ein Medienereignis, ja Medienspektakel von ungeahntem Ausmaß: die TV-Ausstrahlung der vierteiligen Spielfilmserie »Holocaust« von Gerald Green im April 1978.

Der Versuch einer spielfilmartigen, zwangsläufig trivialisierten Form der Darstellung des Holocaust anhand des exemplarischen Einzelschicksals der fiktiven Berliner jüdischen Familie Weiss sorgte in den USA für Schlagzeilen und eine intensive, kontrovers geführte öffentliche Debatte. Die Ausstrahlung dieses Mehrteilers und die Debatte um ihn fanden auf dem Hintergrund eines gesellschaftlichen Klimas statt, in dem erstmals der gewohnt vorbehaltlose Rückhalt für Israel durch die amerikanische Politik brüchig zu werden schien und gleichzeitig erstmals in nennenswerter Weise antisemitische Tendenzen in einer ansonsten vom Antisemitismus traditionell unbelasteten Gesellschaft deutlich wurden[52].

So fand die Ausstrahlung des »Holocaust«-Films »eine allgemeine Bereitschaft des amerikanischen Publikums vor, sich mit der Judenverfolgung im Dritten Reiche zu befassen. Überall sind Schulklassen, christliche Gemeinden und Vereine von Kanzel, Pult und durch Rundschreiben aufgerufen worden, sich die Serie gemeinsam anzusehen und zu diskutieren. Die Begleitbroschüren zum Film sind in einer Millionenauflage verteilt worden, und die Zeitungen waren tagelang zu-

---

51. Vgl. auch: M. Davis 1974b.
52. Beispielhaft sei eine provokativ geplante Demonstration einer amerikanischen Nazi-Partei in Uniform und mit Hakenkreuz genannt, die in einer vornehmlich von Juden bewohnten Vorstadt von Chicago stattfinden sollte. Unter dem Hinweis auf die verfassungsgemäß garantierte freie Meinungsäußerung wurde gerichtlicherseits eine Genehmigung dieser Demonstration erteilt. Dies führte zu landesweiten Diskussionen und einer über Wochen sich hinziehenden Welle von Sympathiebekundungen für die jüdischen Gemeinden seitens der christlichen Kirchen und anderer nicht-jüdischer Organisationen. Auf dieses Klima traf der Fernsehfilm »Holocaust«; vgl. Lietzmann 1979, S.37; zur Entwicklung und Bedeutung des Antisemitismus in den USA vgl. insgesamt: Z. Barth 1988; Ausschreitungen 1988; Anstieg 1989.

vor voll von Vorbesprechungen und Kommentaren« (Lietzmann 1979, S.37). Trotz der zweifelhaften geschäftlichen Produktionshintergründe des Films[53] und einer heftig geführten öffentlichen Kontroverse im Vorfeld der Ausstrahlung, deren Hauptprotagonisten unter anderem Elie Wiesel als entschiedener Kritiker dieser »Verwandlung eines ontologischen Ereignisses in eine Seifen-Oper« und der Drehbuchautor Gerald Green selbst waren[54], ging der Film eine Woche vor dem jüdischen Pessach-Fest, »alle fünfzehn, zwanzig Minuten durch einen Block von vier, fünf schwachsinnigen Werbefilmen unterbrochen« (Lietzmann 1979, S.38) auf Sendung.

Es ist hier nicht der Ort, um Wert und Unwert der Trivialisierung des Grauens zu thematisieren[55]. Im Ergebnis ist für weite Teile der nicht-jüdisch amerikanischen Gesellschaft jedoch festzuhalten, was selbst die schärfsten Kritiker des Filmes eingestehen mußten: seine Wirkung auf das amerikanische Publikum, der Grad der Betroffenheit und emotionalen Bewegtheit und dem daraus resultierenden Interesse am Holocaust, am jüdischen Schicksal während des Zweiten Weltkrieges, waren enorm. »Die Reaktionen der amerikanischen Öffentlichkeit auf ›Holocaust‹, ..., haben darüber belehrt, daß die intellektuell-kritische Reaktion eins ist, die spontane Wirkung auf das naive Gemüt ein anderes. Für Millionen Zuschauer in den Weiten des Landes war ›Holocaust‹ der erste und einzige Zu-

53. Der Film war eine Auftragsproduktion des amerikanischen Senders NBC an den Drehbuchautor Gerald Green. NBC sah sich im Vorfeld dieser Produktion mit einem bedrohlichen Zuschauerschwund im Konkurenzkampf mit den beiden anderen großen amerikanischen Fernsehgesellschaften, ABC und CBS, konfrontiert. Vorbild dieser Produktion war der überwältigende Erfolg der Verfilmung von Alex Haleys Roman »Roots«, dem Leidensdrama der schwarzen Bevölkerung Amerikas. NBC erhoffte sich von einer massenwirksamen Verfilmung des Leidensdramas der Juden einen ähnlich kommerziellen Erfolg. So erging der Auftrag an Green, der zuerst ein Buch schrieb, dessen Taschenbuchveröffentlichung bereits vor Ausstrahlung des Films in neunter Auflage eine Höhe von 1,25 Millionen Exemplaren erreichte! vgl.: Lietzmann 1979, S.35f.
54. Das Zitat Wiesels stammt aus seinem Artikel, den er für die New York Times im Vorfeld der Ausstrahlung schrieb. Dieser Artikel sowie die Antwort darauf von Gerald Green finden sich in deutscher Übersetzung in: Märtesheimer/Frenzel 1979, S.25-34.
55. Zu diesem Problem sowie zur Wirkung und den Begleitumständen der Ausstrahlung von »Holocaust« in der Bundesrepublik Deutschland siehe Text und Anmerkungen in Kap. II-1.1; zu einer prinzipiellen Kritik an der medialen Konstruktion von Wirklichkeit am Beispiel des Nationalsozialismus siehe: Baudrillard 1988. Auch politisch versuchte man in den USA aus dem Film Kapital zu schlagen: »Während der Debatte um die Lieferung von Flugzeugen an Saudi-Arabien wurde eine Kopie von Gerald Greens ›Holocaust‹ an jedes Mitglied des Kongress gesendet, ...« (Schorsch 1981, S.39).

gang zu jenem sonst unvorstellbaren Phänomen der Judenvernichtung« (Lietzmann 1979a, S.40f.). Bezeichnend dürften wohl die Äußerungen einer jungen Amerikanerin, selbst Kind deutsch-jüdischer Emigranten, sein, die in einem Brief an eine der heftigsten Kritikerinnen des Films, Sabina Lietzmann, berichtete, daß erstmals nicht-jüdische Freunde sich mit ihr über das Schicksal ihrer Eltern, deren Vergangenheit vage bekannt war, unterhalten hätten. »In einer Gegend des Landes, in der man von Europa weiter entfernt sei, als in Meilen zu errechnen ist, sei die Judenvernichtung«, so zitiert Sabina Lietzmann die Schreiberin des Briefes an sie, »bis dahin eine phantastisch bizarre Geschichte gewesen, die sich vor vierzig Jahren in einem fernen Lande abgespielt hat«. Die Serie, so berichtet Lietzmann weiter, »habe den Leuten etwas bewußt gemacht, was ihnen bisher nur in Schulbüchern und in der unwirklichen Phantasiewelt des Kinos begegnet sei. Zum erstenmal sei wirklich begriffen worden, was mit den Juden geschehen sei, ... ist das Unvorstellbare vorstellbar geworden« (Lietzmann 1979a, S.41).

Am Beispiel dieser exemplarischen Äußerungen wird deutlich, daß die Fernsehausstrahlung von Gerald Greens »Holocaust« erstmals »der jüdischen Gemeinschaft die ideale Gelegenheit« verschaffte, einer mehrheitlich nicht-jüdischen Umwelt, »ihre tiefsten Gefühle, was den Holocaust betrifft, zum Ausdruck zu bringen« (D.R. Blumenthal 1980, S.3).

Diese Gelegenheit wiederum konnte nur deshalb von jüdischer Seite aus fruchtbar genutzt werden, weil hier bereits seit einigen Jahren der Holocaust zum bestimmenden Gegenwartsbewußtsein gehörte und die Auseinandersetzung mit ihm bereits einen an Erfahrungen und Einsichten reichen Ertrag bereitstellte. Die bisher innerjüdisch geführte Debatte um eine Deutung des Holocaust öffnet sich auf eine nicht-jüdische Umwelt hin, die, teils interessiert, teils engagiert, nun an dieser Debatte teilnahm.

Wohl kein anderer Vorgang belegt so eindrücklich, wie sehr auf diesem Wege der Holocaust zu einem zentralen Bestandteil des politischen und öffentlichen Bewußtseins der amerikanischen Gesellschaft insgesamt wurde, wie der am 7. Oktober 1980 öffentlich durchgeführte Beschluß des amerikanischen Kongresses, die Regierung der Vereinigten Staaten damit zu beauftragen, eine zentrale Erinnerungsstätte für die sechs Millionen ermordeter Juden und die anderen Opfer des Nazismus zu errichten[56], und die zwei Jahre zuvor vom amerikanischen Präsidenten Jimmy Carter gefällte Entscheidung, eine Kommission zur Planung und Errichtung des United States Holocaust Memorial Museum einzuberufen, deren erster Vorsitz der spätere Friedensnobelpreisträger Elie Wiesel einnahm. Das Museum wird zweifelsohne als die »wichtigste Darstellung des organisierten amerikanischen Judentums der Nachkriegszeit« (Husock 1990, S.32) betrachtet werden.

Programmatisch heißt es bei Michael Berenbaum, dem derzeitigen Programm-Direktor des Museums, das eine eigenständige Behörde der US-Regierung sein

---

56. Public Law 96-388; vgl. Loewy 1991, S.101.

soll: »Das United States Holocaust Memorial Museum ist ein amerikanisches Museum« (Berenbaum, zit.n. Loewy 1991, S.100). Die gesellschafts- und kulturpolitische Bedeutung dieser Entscheidung wird darüberhinaus noch unterstrichen durch die zentrale Lage des zu errichtenden Museums inmitten des Pracht- und Museumsviertels der Regierungshauptstadt Washington D.C. Fertig errichtet steht es an der Independence Avenue auf dem Roul-Wallenberg Platz und ist eingerahmt von den ideelen Zentren der Stadt, dem Jefferson Memorial und dem Washington Monument und reiht sich ein in die nahegelegenen Museen für Naturgeschichte und Amerikanische Geschichte. Das Holocaust Memorial Museum findet sich also an einem hochgradig symbolträchtigen Ort verankert, umrahmt von einigen der bedeutendsten Monumenten des nationalen amerikanischen Selbstverständnisses[57].

Gleichzeitig wurde die Planungskommission damit beauftragt, die Einrichtung eines jährlichen, nationalen Holocaust-Erinnerungstages, der in Korrespondenz zu dem jüdischen Erinnerungstag an den Holocaust, Yom HaShoah, im April jeden Jahres zu begehen sei, voranzutreiben. So förderte die Kommission im Laufe ihrer Arbeit die jährlichen Gedächtnisveranstaltungen in den Parlamenten der Landesregierungen, in Stadthallen, Tausenden von Schulen, Bibliotheken, Kirchen und Synagogen im ganzen Land. Höhepunkt all der Veranstaltungen ist das jeweils in Washington D.C. stattfindende »Nachmittags-Treffen in der Capitol Rotunda, mit Ansprachen des Präsidenten, des Vizepräsidenten und des Vorsitzenden der Planungskommission, mit Gebeten und dem Kaddish, Liedern der Partisanen und dem Ani Maamin[58], Kerzenlichtern und einem Segensspruch«. Die Etablierung dieser Zeremonie bedurfte einer »gemeinsamen Resolution des Kongresses ebenso wie der vollen Kooperation des Weißen Hauses und der Führer des Kongresses« (Berenbaum 1981/82, S.7). Mitte Oktober 1988 schließlich fand vor 1200 geladenen Gästen, darunter 400 Überlebende des Holocaust, die Grundsteinlegung des Museums durch den damaligen Präsidenten Ronald Reagan statt. Im Frühjahr 1993 wurde das United States Holocaust Memorial Museum schließlich eröffnet[59].

57. Zur Kritik an der Wahl dieses Ortes für das Museum siehe: Husock 1990.
58. *Kaddish* und *Ani Maamin* sind traditionell jüdische Gebete, die häufig an Yom HaShoah Verwendung finden.
59. Die feierliche Eröffnung des Museums, bei der die Bundesrepublik Deutschland durch ihren Außenminister(!) vertreten war, fand am 22.April 1993 statt. Ab dem 26. April ist es der Öffentlichkeit zugänglich. Zur Idee und Planungsgeschichte des Museums und dessen politischer Hintergründe siehe vor allem: Berenbaum 1981/82; Schorsch 1981, bes. S.38f; Schorsch schreibt u.a., die Entscheidung zur Einberufung der Planungskommission sei »direkt veranlasst« durch den Holocaust-Film von Gerald Green; zur äußerst interessanten Frage seiner architektonischen Gestaltung siehe: Goldberger 1989; der Architekt des Gebäudes ist James I. Freed, der als Kind aus Nazi-Deutschland emigrieren mußte. Das Gebäude wird fünf Stockwerke und ein Kellergeschoß

Neben diesem herausragenden Ereignis und seiner kulturpolitischen Signalwirkung sind die 80iger Jahre in den USA insgesamt gekennzeichnet von der Gründung einer großen Zahl an Institutionen und Forschungsprojekten zum Holocaust[60], was wiederum eine Unzahl an Symposien, Kongressen und Konferenzen zum Holocaust zur Folge hatte[61]. Viele von ihnen werden regelmäßig bis in unsere Tage hinein fortgeführt[62]. An vielen Universitäten der USA wurden Lehrstühle für die Unterrichtung des Holocaust eingerichtet[63] und eine beachtliche Reihe an Seminaren zum Thema veranstaltet[64], für Schulen wurden ganze Curricula konzi-

      umfassen mit einer Fläche von ca. 22500 Quadratmetern; vgl. Loewy 1991, S.100-107. Über die laufende Arbeit des U.S. Holocaust Memorial Council berichten unregelmäßig erscheinende Rundbriefe. Ein ausführlicher Einblick in Konzeption und Gestaltung des Museums, sowie einen Überblick über die Reaktionen und Diskussionen rund um die Eröffnung des Museums liegt vor bei: Krondorfer 1993 (mit weiterführenden Literaturangaben).

60. Der 1988 vom U.S. Holocaust Memorial Council herausgegebene ›Directory of Holocaust Institutions‹ listet über 100(!) Institutionen auf, davon allein 43 in New York, die mit der Erinnerung an und der Erforschung des Holocaust befasst sind; vgl. Directory 1988.

61. Ein beträchtlicher Teil der dieser Arbeit zugrundeliegenden Aufsätze und Artikel stammen aus diesen Symposien und Konferenzen. Eine Übersicht der Konferenzen und Kongresse und der enormen finanziellen Mittel, mit denen sie gefördert werden, sowie wichtiger Forschungsinstitutionen zum Holocaust geben: Zerner 1978; P. Friedman 1980a; Alter 1981; Directory 1988; die wichtigsten jüdischen Archive und Bibliotheken in den USA und weltweit benennt: Fraenkel 1959; P. Friedman 1980a; Segall 1981; A Guide to Libraries 1985; einen Überblick über die unzähligen Mahn- und Gedächtnisstätten zum Holocaust in den USA, sowie eine Auseinandersetzung mit ihnen, geben: Young 1989 u. 1989a; Young 1990; Milton/ Nowinski 1992; über einige der wichtigsten deutschen Forschungs- und Gedenkstätten informiert sehr instruktiv: Loewy 1991, S.90-144.

62. Berichte von Holocaust-Konferenzen der letzten Jahre findet man bei: N.P. Levinson 1975; Stöhr 1979; zur seit Jahren umfangreichsten Holocaust-Konferenz 1988 in Oxford/England »Remembering for the Future« siehe: Herzka 1988; Aring 1988; Maxwell 1988/89. Diese Holocaust Konferenz, zu der auch Grußbotschaften von Bundespräsident von Weizsäcker und Bundeskanzler Kohl verschickt wurden, fand in der internationalen Presse und natürlich besonders in der jüdischen Presse ein großes Echo. Mir ist weder eine Nachricht noch eine TV-Sendung, noch ein Zeitungsbericht in Deutschland bekannt geworden, die über dieses Ereignis berichtet hätten! Die Konferenzbeiträge sind vollständig publiziert in einer dreibändigen, über 3000 Seiten umfassenden Dokumentation in: Remembering for the Future 1988. Eine Nachfolgekonferenz fand im Frühjahr 1994 in Berlin statt.

63. Meines Wissens gibt es bis heute im gesamten deutschsprachigen Raum keinen einzigen Lehrstuhl zur Unterrichtung des Holocaust.

64. »Man kann mit Sicherheit sagen, daß wenn eine Universität darüber nachdenkt gerademal nur einen Kurs mit einer jüdischen Thematik anzubieten, die Wahrscheinlich-

piert[65] und eine nicht unerhebliche Zahl von Zeitschriften entstanden oder widmeten sich nun vordringlich der Aufgabe, das breite Feld der Diskussion zu ermöglichen[66]. Der Holocaust wurde über den amerikanisch innerjüdischen Raum hinaus für die amerikanische Gesellschaft insgesamt immer mehr zu einem Paradigma für die vielfältig bedrohliche Situation dieser Erde, zum »Menetekel eines Weltenbrandes« (Brocke/Jochum 1982a, S.242). Raul Hilberg beurteilt im Rückblick auf die vergangenen Jahrzehnte die Situation in den USA dementsprechend: »Es haben sich in den letzten 15 Jahren viele junge – auch nichtjüdische – Menschen sehr dafür interessiert, was überhaupt in dieser Katastrophe [Holocaust] vorging. Das hat damit zu tun, daß man während des Vietnamkrieges das Gleichgewicht verlor, daß man die Zielsetzung der Außenpolitik nicht mehr begriff, daß man sich nicht mehr bewußt war, warum man dort überhaupt kämpfte, daß man den Unterschied zwischen den Guten und Bösen nicht mehr leicht definieren konnte. Und jetzt will eine jüngere Generation eine Gewißheit, die man in diesem Kalten Krieg verloren hatte, die aber während des Zweiten Weltkrieges noch bestanden hatte. Damit ist also die Einverleibung des Holocaust sehr wichtig, denn das ist ein Maßstab. Da sieht man den Abgrund, und daran kann man alles – ob es jetzt Bosnien ist oder etwas anderes – messen. Der Holocaust ist der Nullpunkt, und nun kann man vom Guten zum Bösen die Skala erstellen: Das ist Stufe sechs, vier oder zwei. Der Amerikaner denkt in solchen verschiedenen Etappen« (Hilberg 1993, S.2)[67]. Das Ineinandergreifen von innerjüdischen Entwicklungen, entschei-

---

keit sehr hoch ist, daß es ein Kurs über den Holocaust sein wird« (Bulka 1981, S.323). Brocke/Jochum kamen bei einer Zählung im Jahre 1982 auf insgesamt 90 Seminare, die ausschließlich mit der historischen und theologischen Signifikanz des Holocaust zu tun hatten; vgl. Brocke/Jochum 1982a, S.241.

65. Zum Beispiel: The Holocaust. A Teacher Resource. Curriculum Office. The School District of Philadelphia, 1977; vgl. auch: Strom/Parsons 1982; zur umfangreichen Forschung und Literatur, den Holocaust zu ›lehren‹, siehe die Angaben in Kap. II-1, Anm.40.

66. Zum Beispiel:›Judaism‹, ›European Judaism‹, ›Modern Judaism‹, ›Moment‹, ›Commentary‹, ›Shoah‹, und andere. Artikel aus diesen Zeitschriften bilden ein Hauptreservoir für diese Arbeit. »Heute gibt es wohl kaum ein respektables Journal jüdischer Provinienz, daß nicht eine Unzahl an Artikeln über den Holocaust beinhaltet« (Bulka 1981, S.324).

67. »Von hier in Deutschland aus«, fügt Hilberg noch hinzu, »das sehe ich sofort, versteht man das nicht«. Hilberg spielte damit auf die hierzulande öfter laut werdende Kritik an, Amerikaner sollten gefälligst sich um ihre eigene Geschichte kümmern. Wie sehr aber in den USA primär die jüdische Welt, aber eben auch die nichtjüdische, sensibilisiert ist gegenüber den vielfältig problematischen Aspekten des Holocaust, wurde in den folgenden Jahren unter anderem auch demonstrativ und exemplarisch deutlich an den ungewöhnlich heftigen Reaktionen der amerikanischen

dend angestoßen und gefördert durch die wiederum historischen Ereignisse der beiden Nahost-Kriege in 1967 und 1973, und der kultur- und gesellschaftspolitischen Entwicklungen in den USA insgesamt ergaben einen idealen mental-intellektuellen Nährboden, um all jene Fragen und Probleme zu thematisieren, die innovativ und exemplarisch im Rahmen der jüdischen Holocaust-Theologie entwickelt wurden. Schließlich wird auf diesem Wege der Holocaust endgültig zum bewegenden Thema auch über die amerikanische Diaspora hinaus[68].

Die für das Judentum zentralen religiösen und historischen Fragen in ihrer drängenden Qualität wahrgenommen zu haben, die geschichtstheologische Relevanz für eine jüdische Identitätsbildung im Schatten von Auschwitz zu einem Kernaspekt des Holocaust-Diskurses werden zu lassen, ist zweifelsohne Hauptverdienst der in dieser Arbeit späterhin vorgestellten, mittlerweile als klassisch einzustufenden Werke jüdischer Holocaust-Deuter.

    Öffentlichkeit anläßlich des Besuches ihres Präsidenten Ronald Reagan auf dem Soldatenfriedhof Bitburg während seines Deutschlandbesuches zusammen mit Bundeskanzler Kohl im Jahre 1985; vgl. die instruktive Dokumentation mit Presseartikeln und Reflexionen in: Hartman 1986.

68. Bulka bewertet den immensen Anwuchs der jüdischen Auseinandersetzung mit dem Holocaust weltweit, insbesondere im Rahmen der jüdischen Theologie, als dermaßen extrem, daß er zu »einer eigenständigen Branche [wurde], was ich mit Shoalogie bezeichne« (Bulka 1981, S.324). Zur Kritik an diesen Tendenzen siehe insgesamt die Ausführungen über die Gegner einer zu intensiven Auseinandersetzung mit dem Holocaust in Kap. V-4.

3. Die israelische Gesellschaft und der Holocaust

In Israel selbst, wo man den Prozeß des Heranreifens eines innerjüdischen wie gesamtgesellschaftlichen Holocaust-Diskurses in der angelsächsischen Diaspora zwar aufmerksam verfolgte, bildeten sich zunächst aber andere Formen der Aufarbeitung und des Umgangs mit dem Erbe und der Erfahrung des Holocaust aus. Zum einen suchte Israel zugunsten seines stolzen Selbstbewußtseins die als assimilatorisch und passiv denunzierte Diasporamentalität – und damit auch partiell die Erinnerung an den mit dieser verbundenen Erfahrung des Holocaust – rasch abzulegen. Zum anderen war es ja seit Beginn seiner Gründung nahezu fortlaufend mit der puren Existenzerhaltung seines Staatswesens beschäftigt. Die permanente Bedrohung durch äußere Feinde und die Anstrengungen zur inneren Konsolidierung ließen wenig Raum für extensive Reflexionen über die Vergangenheit. Für Israel selbst wird die »Aktivität, ja der Aktionismus des Aufbaus und der Erhaltung des neuen Israels« (Brocke/Jochum 1982a, S.239) vieles aus der schrecklichen Vergangenheit zunächst in den Hintergrund verlagert haben[69].

Mit alledem soll natürlich in keiner Weise angedeutet sein, der Holocaust habe für die Entwicklung der israelischen Gesellschaft keine Rolle gespielt. Das Gegenteil ist der Fall. Dies belegt eindrücklich bereits die Unabhängigkeitserklärung des Staates Israel vom 15. Mai 1948 sowie die von Beginn an weitverbreitete Überzeugung, den »Holocaust als Bestätigung des Zionismus« (Zimmermann 1992, S.35) zu verstehen[70]. In der Folge aber haben wir es in Israel nicht mit

69. Daß es bemerkenswerte Parallelitäten der Gründe für Schweigen und Verdrängung der Vergangenheit zwischen Israel und der Bundesrepublik gibt, sei hier nur vermerkt. Dies wäre ein zweifelsohne interessantes und – meines Wissens – bisher nicht bearbeitetes Thema für sich; vgl. die Diskussion in: Scheffler/Bergmann 1983, S.86-92, wo dieser Punkt andiskutiert wird; vgl. auch: Uthmann 1989; vgl. auch Dan Diner: »Seit Auschwitz – welch traurige List – kann tatsächlich von einer ›deutsch-jüdischen Symbiose‹ gesprochen werden – freilich einer negativen: für beide, für Deutsche wie für Juden, ist das Ergebnis der Massenvernichtung zum Ausgangspunkt ihres Selbstverständnisses geworden; eine Art gegensätzlicher Gemeinsamkeit – ob sie es wollen oder nicht« (Diner 1987b, S.197).
70. In der Unabhängigkeitserklärung heißt es u.a.: »Die Shoah, die in unserer Zeit über das jüdische Volk hereinbrach und in Europa Millionen von Juden vernichtete, bewies unwiderleglich aufs neue, daß das Problem der Heimatlosigkeit und des Mangels an Selbständigkeit durch die Wiederherstellung des jüdischen Staates im Lande Israel gelöst werden muß...« (zit.n. Zimmermann 1992, S.33; vgl. auch Eisenstadt 1985, bes. Kap.7, S.121. Zum problematischen Zusammenhang Zionismus und Holocaust, insbesondere was die schmerzliche Frage einer eventuell verfehlten Hilfspolitik für die europäischen Juden durch die zionistische Führung in Palästina während der Jahre 1939 bis 1945 angeht vgl. vor allem: Porat 1990 u. Zimmermann 1992, S.35ff.

einem systematisch sich entwickelnden, mehr oder weniger einheitlichen Prozeß der Wahrnehmung und Ausformung eines spezifischen Holocaust-Diskurses zu tun. Die Entwicklung in Israel ist sprunghafter und folgt anderen Mustern als etwa die Entwicklung in den jüdischen Gemeinschaften der Diaspora, allem voran der USA. In den Worten Saul Friedländers kristallisiert sich die Gegenwärtigkeit des Holocaust in Israel weder im historischen Bewußtsein der Opfer noch im öffentlichen Diskurs in einer Art monumentaler und mythischer Erzählweise oder Muster, vielmehr hätten wir es primär mit einer »unstrukturierten öffentlichen Erinnerung« (S. Friedländer 1990, S.5) zu tun.

Wie der Prozeß der Wahrnehmung und Gegenwärtigkeit des Holocaust im Bewußtsein der israelischen Gesellschaft sich entwickelte, soll im Folgenden in Ansätzen beschrieben werden, bevor wir in einem zweiten Schritt eine von Saul Friedländer entworfene Analyse hierzu vorstellen werden.

3.1 Die Rezeption des Holocaust in der israelischen Gesellschaft

Nicht ohne Überraschung stellt man fest, daß in Israel das Thema ›Holocaust‹ erst im Jahre 1979 vom hierfür zuständigen Minister für Erziehung zu einem für den Unterricht verpflichtenden Thema erhoben wurde[71]. Während der ersten Jahre nach dem Zweiten Weltkrieg, nahezu zeitgleich mit den ersten Jahren nach der Staatsgründung Israels, wurde der Holocaust »weder im israelischen Erziehungswesen noch in der israelischen Gesellschaft als Thema aufgegriffen« (Schatzker 1990, S.19). Dies, obwohl das erste Jahrzehnt des jungen Staates zugleich die Zeit war, in der das bestürzende Ausmaß des Holocaust durch immer neue Enthüllungen, Bücher und Zeugenberichte bekannt wurde. Und schließlich waren es die Jahre, in denen die Immigration des größten Teils der Überlebenden nach zunächst Mandatspalästina und später Israel erfolgte. Sieht man von der nicht zu unterschätzenden Anstrengung ab, die alt-neue Heimat Israel nach innen wie außen zu schützen und zu stabilisieren, so wurden die Enthüllungen des grausigen Ausmasses des Holocaust »zunächst nicht als Wahrnehmung eines kontinuierlichen geschichtlichen Prozesses empfunden, der mit rationalem historischem Kausalitätsdenken zugänglich und erfaßbar wird, son-

---

71. Seit April 1979 wurde ein 30 stündiges Curriculum zum Thema Holocaust, das von Arye Carmon entwickelt wurde, zum verpflichtenden Bestandteil der höheren Schulen in Israel. Zu den in der Folge entstandenen israelischen Schulbüchern zum Thema Holocaust vgl. die Bemerkungen von: Zimmermann 1992, S.39, dort auch weitere bibliographische Angaben. Anfang der 80iger Jahre hielt sich Carmon als Gastprofessor an der University of California Los Angeles auf, um sein Holocaust-Curriculum an den High Schools des Schuldistrikts Los Angeles einzuführen; vgl. Carmon 1982/83, S.22 u. 25, Anm.1.

dern vielmehr als die einen traumatischen Effekt auslösende Katastrophe – Shoa« (Schatzker 1990, S.19).

Dort, wo Zeugen- und Erfahrungsberichte in die Öffentlichkeit gelangten, machte sich als Folge dieses traumatischen Effektes rasch die »begriffliche Hilflosigkeit im Erfassen und Ergründen des Geschehens« breit, was vielfach eine »dämonisierende Auffassung und Verteufelung der Täter« (Schatzker 1990, S.19) zur Folge hatte[72]. Ein weiteres Problem wurde ebenso rasch virulent: die Unfaßbarkeit des Holocaust[73]. »Die vergeblichen Bemühungen einiger Überlebender, die Dimensionen jenes ›anderen Planeten‹ denjenigen, die es selbst am eigenen Leibe nicht erfahren hatten, zu vermitteln, ihr verzweifelter Drang, den Holocaust als neuen Eckstein in der Geschichte der Menschheit und ihrer condition humaine zu begreifen und im Bewußtsein zu etablieren, führten allesamt zu einem Kommunikationsverlust zwischen der einsamen Gemeinde der Überlebenden, ihren eigenen Kindern und der neuen Generation« (Schatzker 1990, S.19). Trotz der beständigen Gegenwärtigkeit des Unerklärbaren und alles Sein verneinenden Geschehens, wurde es »weder in das tagtägliche Leben noch als innerer Bestand der israelischen Wirklichkeit integriert, sondern verfiel einem Prozeß der Verdrängung« (Schatzker 1990, S.19)[74]. Drastisch beschreibt Manfred Klafter, selbst Überlebender des Holocaust und Gründer von ›Amcha‹, einer 1987 ins Leben gerufenen Hilfsorganisation für Überlebende

---

72. Zu dieser Problematik im Kontext von Unterricht und Erziehung siehe auch: Carmon 1979.
73. Vgl. Kap. II-2.
74. Vgl. auch: Zimmermann 1992, S.34; der Gebrauch des Terminus ›Verdrängung‹ ist problematisch, da er im Rahmen der Diskussion um die ›Vergangenheitsbewältigung‹ in Deutschland eine relativ exakt zugeschnittene Bedeutung mit einer vor allem negativen Konnotation erfahren hat, die von dem Sprachgebrauch des Begriffs im Rahmen der israelischen Diskussion zu unterscheiden wäre. Herbert A. Strauss wies darauf hin, »daß wir dieselben deutschen Worte benutzen und daß wir eine ganz andere kulturelle Situation ansprechen. Ich glaube, daß Herr Schatzker aus einer innerisraelischen Diskussion über die Vermittlung des Holocaust spricht, aber ich glaube nicht, daß das Wort Verdrängung, das er benutzt hat, wirklich parallel zu sehen ist mit der Verdrängung, die Sie hier in der Bundesrepublik finden. Ich glaube, es ist gefährlich, dasselbe Wort zu benutzen« (Strauss, in: Scheffler/Bergmann 1988, S.90). Schatzker antwortete auf Strauss: »In der israelischen Diskussion hat man, nicht nur in der Didaktik, jahrzehntelang von der Shoah gesprochen, von der Verdrängung der Shoah. Ich habe hier nur berichtet. ... Es gibt viele Worte, die an verschiedenen Orten verschieden aufgefaßt werden. Das Wort Verdrängung für den Holocaust ist aus der israelischen didaktischen und nicht-didaktischen Diskussion nicht wegzudenken, und ich würde es trotz der Bermerkungen, für die ich sehr dankbar bin, auch weiterhin gebrauchen« (Schatzker, in: Scheffler/Bergmann 1988, S.91). Im Übrigen gilt auch hier das in Anm.69 gesagte.

in Israel[75], den mentalen Hintergrund dieser Verdrängung in den ersten Jahren nach der Staatsgründung: »Verstehen Sie, daß die israelische Gesellschaft glaubte, nichts anfangen zu können mit den skelettösen Gestalten, die da massenhaft ins Land kamen, geschlagen, verlaust, gebrochen an Leib und Seele? Menschen, die reden wollten von dem, was sie erlebt, was sie gerade hinter sich hatten, und wovon sie ganz erfüllt waren – die aber niemand in diesem ständig bedrohten und von Aufbaulärm erfüllten Israel hören wollte? Machos und Machas waren verlangt, Männer und Frauen als Überwinder und nicht als Überwundene« (Klafter, in: Giordano 1991, S.284f).

Klafter deutet damit hin auf jenen in den Gründerjahren Israels »bewußten Versuch, ›uns‹ von ›denen‹ zu unterscheiden, den israelischen ›neuen Juden‹, vom Galut-Juden, vom Diaspora-Juden« (Carmon 1982/83, S.23). Vor allem drückte sich dies in einer Überbetonung der vergleichsweise wenigen Beispiele aktiven jüdischen Widerstandes während der Nazi-Zeit aus, von denen man damals wußte, und führte zu einer obsessiven Suche nach weiteren Beispielen dieses Widerstandes. Dieses Bemühen muß dabei in engem Zusammenhang gesehen werden mit den »fundamentalen Voraussetzungen der zionistischen Ideologie; der Zurückweisung der Diaspora und des negativen Bildes vom Diaspora-Juden, das bereits explizit vorhanden war in der zionistischen Literatur und Schulbüchern der 1930iger und 1940iger Jahre« (Carmon 1982/83, S.23)[76]. In den Worten von Klafter: »Also – wenn shoah, dann gefälligst in Zusammenhang mit gewurah – Untergang und Heldentum! Wenn die Rede war und ist von der Vernichtung der Juden, dann vor allem in Verbindung mit Widerstand, Gegenwehr, mit dem Kampf der Partisanen in Polen und Rußland gegen die übermächtige deutsche Wehrmacht, mit dem Heroismus der Gettokämpfer... [Gefragt ist] der kraft- und gesundheitsstrotzende Jungisraeli, der der ganzen arabischen Welt getrotzt und ihr erfolgreich standgehalten hat« (Klafter, in: Giordano 1991, S.285)[77].

In dieses kollektive Klima hinein erfolgte im Jahre 1961 die historische Erklärung des israelischen Ministerpräsidenten Ben Gurion vor der Knesset, dem israelischen Parlament, zur Entführung und Gefangennahme von Adolf Eichmann und dessen Prozeß in Jerusalem. Dieses Ereignis sollte eine zweite Phase in der Wahrnehmung des Holocaust durch die israelische Gesellschaft einleiten. Insbe-

---

75. Amcha, hebr., heißt zu deutsch: dein Volk. Amcha kümmert sich um jene Überlebende, die zu psychiatrischen Fällen zu werden drohen. Amcha verfügt über 22 Sozialarbeiter und Psychologen, sieben Festangestellte und 15 ehrenamtlich Tätige. Finanziert werden sie durch Spenden aus vielen europäischen Ländern, seit 1993 auch aus Deutschland; vgl. Giordano 1991, S.282-289.
76. Zur Problematik der Kritik und Negierung des Diasporajudentums durch den Zionismus siehe vor allem: Yehoshuah 1981; Elon 1971; zum gleichen Aspekt im Kontext der Erziehung siehe: Carmon 1985.
77. Vgl. auch: Carmon 1983.

sondere auf weite Teile der Jugend Israels wirkte der Eichmann-Prozeß wie ein Schock und erschütterte das zuvor homogene und simplifizierte Bild von den sechs Millionen Opfern wie auch gleichermaßen das zionistische Gegenbild vom pionier- und wehrhaften Juden. Erstmals wurde auch der Damm des Schweigens der Holocaust-Überlebenden gebrochen, und man begann eine neue, differenziertere Haltung gegenüber denen einzunehmen, derer man sich zuvor schämte und die man bisher zu ignorieren suchte, weil sie ›wie Schafe zur Schlachtbank‹ gegangen seien. »Zum ersten Mal, seit die Todesfabriken der Nazis zu arbeiten aufgehört hatten, war man der ganzen Tiefe des Leidens, Hand in Hand mit einem Abriß des Bösen, ausgesetzt. Der Eichmann-Prozeß bereitete die Rechtfertigung dafür vor, über das zu sprechen, was bisher ungehört blieb« (Carmon 1982/83, S.23). In jedem Falle war es seit dem Eichmann-Prozeß »nicht länger möglich, die entscheidend historische Bedeutsamkeit des Holocaust zu ignorieren« (Yahil 1990, S.8).

Die aus dem Erleben des Eichmann-Prozesses resultierende Haltung gegenüber dem Holocaust, obgleich ausgewogener als zuvor, war eine ambivalente und sollte in einen ausgesprochen apologetischen Umgang mit dem Holocaust münden. Diese ambivalent-apologetische Haltung wurde besonders offenkundig in der erregten und paradoxen Reaktion israelischer Gelehrter und Publizisten auf die anklagenden Thesen jüdischer Mitverantwortlichkeit an Ausmaß und Reibungslosigkeit des Vernichtungsprozesses, wie sie in den Arbeiten von Raul Hilberg und Hannah Arendt Anfang der 60er Jahre laut wurden. Der Vorwurf der Passivität und Willfährigkeit jüdischer Opfer während der Nazi-Zeit, den die beiden Autoren in unterschiedlicher Weise zum Ausdruck brachten, entsprach im Grunde der Haltung und dem Bild, das man in Israel bis 1961 vom Diaspora-Juden hatte. Wären die Bücher von Hilberg und Arendt fünf oder zehn Jahre zuvor erschienen, hätten sie aller Wahrscheinlichkeit nach, was diesen Punkt betrifft, bei weitem nicht das Aufsehen und den Protest erregt, den sie nun, nach dem Eichmann-Prozeß, erhalten hatten. Jetzt allerdings ging die emotionale »Reaktion des verwundeten Stolzes« (Schatzker 1990, S.19) in eine »Phase der Ambivalenz, einem Mittelweg zwischen Distanzierung und Akzeptanz« (Carmon 1982/83, S.23) über. Dies spiegelt sich schließlich in der Art und Weise wieder, in der zwischen 1961 und 1970 der Holocaust seine noch völlig unsystematische Einführung als Thema des Unterrichts erfuhr. »›Warum sind die Juden nicht beizeiten geflohen?‹, ›Warum haben sie die sich so massiv abzeichnende Gefahr nicht beizeiten erkannt und nicht vorausgesehen?‹, ›Warum setzten sie sich nicht zur Wehr,...?‹ Eine ganze Lehrergeneration versuchte vergeblich, derartigen Fragen sachlich zu begegnen. Vergeblich, da ihre Antworten und Erklärungen – wie auch immer geartet und ganz abgesehen von ihrer Gültigkeit – auf dem Hintergrund der selbstanklägerisch gestellten Fragen apologetisch klingen mußten« (Schatzker 1990, S.19). Immerhin ist seit dem Eichmann-Prozeß eine stetig anwachsende fachdidaktische Literatur entstanden, die sich mit den sozial-psychologischen und erzieherischen Problemen der Vermittlung des Holocaust in den Schulen auseinandersetzt[78].

Aber erst der Sechs-Tage-Krieg 1967 und noch nachhaltiger der Yom-Kippur-Krieg 1973 führten zu einer entscheidenden Veränderung in Auseinandersetzung und Wahrnehmung des Holocaust in der israelischen Gesellschaft und zu einer zweiten Welle didaktischer Fachliteratur, die insbesondere in den 80iger Jahren noch einmal anstieg[79]. Seit Mitte der 70er Jahre finden sich in den Textbüchern zur jüdischen Geschichte verschiedene Ansätze zur Bewertung der Geschichte des Diaspora-Judentums bis hin zum Holocaust.»Heute werden israelischen Schüler und Studenten nicht ausschließlich Pogrome, Verfolgungen und eine Handvoll negativer Verzeichnungen der Diaspora-Juden geboten. Stattdessen lesen sie über die Sitten und die freiwillige Natur des jüdisch kommunalen Lebens, über die Praxis des jüdischen Moralkodex und ähnliches«. Dies führte konsequenterweise zu einer neuen Bewertung des »jüdischen Verhaltens während des Holocaust. Der wesentliche (und neue) Aspekt dieses Zugangs liegt in der wachsenden Betonung des jüdischen Verhaltens während des Holocaust. Dabei wird unterstellt, daß die Jüdische Antwort auf die Verfolger in einem fundamentalen Sinne eher aktiver denn passiver Natur gewesen sei« (Carmon 1982/83, S.24). Die verschiedenen Weisen des physischen und spirituellen Widerstandes werden konzentrierter und differenzierter erforscht und wahrgenommen[80].

Die Entwicklung der methodisch-didaktischen Leitmotive in der Behandlung des Holocaust, die Chaim Schatzker ausdrücklich als Spiegelbild für die »Bedeutung des Holocaust für das Selbstverständnis der israelischen Gesellschaft«[81] ansieht, durchlief Schatzker zufolge in drei Perioden. Bis etwa in die Mitte der 70er Jahre stand »der an sich fragwürdige Begriff des emotionalen Lernens [im Mittelpunkt]. Diese Konzeption, die sich nicht damit begnügen mochte, das Erwecken

---

78. Zur erzieherischen und methodisch-didaktischen Diskussion in Israel bezüglich des Holocaust siehe: N. Lamm 1976; Schatzker 1978; Schatzker 1980; Carmon 1982/83; Carmon 1985; Ackermann/Carmon/Zucker 1985; Schatzker 1988; Carmon 1988; Schatzker 1990; Meir 1990; Meyers 1991; Zimmermann 1992, bes. S.38f.; vgl. auch: Gutman/Schatzker 1984; Braham 1987.
79. Vgl. vorangehende Anmerkung. In den gängigen Schulgeschichtsbüchern Palästinas/Israels der Jahre 1943 bis 1966 findet man im Schnitt zwei bis fünf Seiten, die sich mit dem Holocaust befassen; zwischen 1966 und 1975 sind es zwischen 12 und 20 Seiten und ab 1975 gibt es ganze, z.T. mehrbändige Text- und Unterrichtsbücher, die allein dem Holocaust gewidmet sind; vgl. die Tabelle in: Carmon 1988, S.78f.
80. Ein Meilenstein in diesem Zusammenhang kommt der auch von der israelischen Öffentlichkeit mit Aufmerksamkeit verfolgten Konferenz in Yad Vashem/Jerusalem im Jahre 1977 zu, auf der man sich mit der vielfältigen Thematik der Judenräte beschäftigte, eine Konferenz, die »in den 1960igern unmöglich gewesen wäre« (Carmon 1982/83, S.24); vgl. Gutman/Zuroff 1977.
81. So der Titel eines Aufsatzes von ihm; vgl.: Schatzker 1990.

von Emotionen als eines der Resultate eines an sich sachlichen Lernprozesses zu erwarten, sondern die Emotion als seelische Voraussetzung, Motivation, Inhalt, Lernziel und Lernmittel zugleich erachtete, erschien der israelischen Schulpraxis bis vor wenigen Jahren als dem Thema der Shoah am angemessensten« (Schatzker 1990, S.21). Parallel hierzu entwickelte sich ab etwa Mitte der 70er Jahre eine zweite Periode der Perzeption des Holocaust, die Schatzker als »instrumentelle Tendenz oder Periode« bezeichnet. »Anstelle der irrationalen, dämonisierenden, emotionsgeladenen und sakralen Einstellung trat nun die Auffassung der Unterrichtung des Holocaust als ein eine instrumentale Funktion erfüllender Vorgang. Mittels der Auseinandersetzung mit dem Holocaust sollten nun demokratische, staatsbürgerliche, moralische, historische, nationale sowie universal-humanistische Ziele wahrgenommen und erreicht werden: Unterrichtung des Holocaust nicht als Selbstzweck, sondern auch als Mittel, die Schüler mit den ihm zugrunde liegenden Mechanismen und Verhaltensstrukturen vertraut zu machen und dadurch die Verhaltensweisen der jüngeren Generation mit Blick auf eine bessere Zukunft zu verändern« (Schatzker 1990, S.22). Eine schließlich dritte, in die jüngste Gegenwart hineinreichende Periode der Auseinandersetzung mit dem Holocaust, bezeichnet Schatzker als »existenzielle« Tendenz oder Periode. »Die existenzielle Einstellung kritisiert die instrumentale als zu einseitig, abstrakt, universal und verfremdend und mithin den wahren Kern des Holocaust verfehlend« (Schatzker 1990, S.22). Im Vordergrund stehen nun interdisziplinäre Methoden, Literatur, Filme, mündliche Zeugenberichte der Überlebenden, die alle dazu dienen sollen, den Schüler »zu einer direkten Identifikation mit dem traumatischen Erlebnis der Realität des Holocaust zu führen und mit der jüdischen Welt zu konfrontieren, die dabei vernichtet wurde und untergegangen ist« (Schatzker 1990, S.23)[82].

Insgesamt könnte man den Weg, den die israelische Gesellschaft in der Wahrnehmung des Holocausts in den letzten 45 Jahren zurückgelegt hat, beschreiben als eine Schritt um Schritt vollzogene Enttabuisierung, begleitet von teilweise schockartig sich vollziehender Überwindung von Verdrängungen (Eichmann-Prozeß) und ein Aufbrechen ideologisch und zeitgeschichtlich bedingter

---

82. Eine der häufig gewählten Möglichkeiten, diese methodisch-didaktische Zielgebung zu verwirklichen, besteht in der Realisation von Schülerreisen z.B. nach Auschwitz. »Ganze Schulen, Tausende von israelischen Jugendlichen erleben dort eine fast physische Identifizierung durch den Gang durch Auschwitz selbst, den Todesweg, diesen Gang in die Gaskammern, den seinerzeit die Opfer gegangen sind. Wer im israelischen Fernsehen diese Bilder gesehen hat von einer jüdischen Jugend, die in Auschwitz stand und weinte, der versteht, bekommt es anschaulich vor Augen geführt, was mit dieser direkten Identifizierung gemeint ist« (Schatzker 1990, S.22f.). Ein Jahr später, 1991, äußert sich Schatzker zu diesem Punkt weitaus kritischer. Solche Reisen fungierten als »Tankstellen für Haß, für das Gefühl, daß ›alle Welt gegen uns ist‹, daß man auf keinen Fall besetzte Gebiete aufgeben darf« (Schatzker, zit.n. Zimmermann 1992, S.40).

Vorurteile. So betrachtet ist in Israel erst in den letzten Jahren eine kollektivmentale Verfaßtheit erreicht, die eine mehr oder weniger unmittelbare Konfrontation mit dem Holocaust erlaubt, und sie mittels existenzieller Identifikation in den Bereich dessen, was zu ertragen und zu bewältigen ist, bringt.

Eine solche Entwicklung erklärt denn auch partiell, warum eine jüdische Holocaust-Theologie nicht in Israel entstehen konnte. Eine auf hohem Niveau stattfindende Reflexion unter religiösem Vorzeichen über das Wesen jüdischer Identität und Geschichte im Angesicht von Auschwitz hat eine mehr oder minder unmittelbare, von Verdrängungen und rein instrumentellem Charakter weitgehend freie Konfrontation mit dem Holocaust mindestens partiell zur Voraussetzung. Die mentalen Bedingungen hierfür sind in Israel erst in den letzten Jahren entstanden. Zu recht wies Moshe Zimmermann jüngst auf den paradox anmutenden Befund hin: »Je weiter der Holocaust zurückliegt, desto stärker prägt er das Bewußtsein der Israelis und den Sozialisationsprozeß in Israel« (Zimmermann 1992, S.33)[83]. Und ebenso ist auch erst in jüngster Zeit eine vermehrte Rezeption der in der Diaspora entstandenen und diskutierten Holocaust-Theologie in Israel selbst zu verzeichnen[84]. Wie mühsam und schwer dies, sowie die Auseinandersetzung mit dem Holocaust insgesamt nach wie vor auf der Seele der israelischen Gesellschaft lastet, bringt Chaim Schatzker zum Ausdruck: »Im gesamten Spektrum des israelischen Lebens gibt es wohl kaum ein emotionsbeladeneres und von ungelösten seelischen Konflikten beschwerteres Thema als die Shoah. Schwankend zwischen Anklage, Selbstbeschuldigung und Apologetik, zwischen dem Zwang zur Bewältigung und dem Zwang

---

83. Zimmermann begreift diesen Zustand als Ergebnis eines »paradoxen Mythologisierungsprozeßes« (Zimmermann 1992, S.34), dessen Höhepunkt mit der politischen Instrumentalisierung des Holocaust durch den Machtwechsel zum konservativen Likud 1977 und der Regierungen Begin und nachfolgend Shamir erreicht sei. Wenngleich zweifelsohne instrumentalisierende und mythologisierende Tendenzen im Umgang mit dem Holocaust in Israel eine gewichtige Rolle spielen, so sollten diese Tendenzen nicht überschätzt werden. Siehe hierzu die Analyse Saul Friedländers weiter unten. Zimmermanns Position ausführlich in: Zimmermann 1992.

84. »Der Wunsch nach einer Antwort der jüdischen Religion zum Holocaust ist auch eine Sache der angeblich säkularisierten Mehrheit in Israel geworden. Das Thema wird nicht nur in rabbinischen Kreisen erörtert – auch in der akademischen Welt wird es *inzwischen* zunehmend diskutiert: In der modern-orthodoxen Universität Bar-Ilan befaßt sich das Institut für Holocaust-Forschung intensiv mit der Rolle der Religion während des Krieges und ihrem Stellenwert in der Nachkriegsdiskussion. Religiöses Leben während des Krieges oder rabbinische Aufrufe und Mahnrufe aus der Zeit des Holocaust sind typische Forschungsthemen *in den letzten Jahren ...* geworden« (Zimmermann 1992, S.37; Hervorhebungen von mir); vgl. die Reihe »Keshev«, Studien und Quellen (hebr.), hrsg.v. Institute of Holocaust Research der Bar-Ilan University 1984.

zur Verdrängung, begleitet sie das israelische Leben und bestimmt das Bewußtsein des Volkes und des Staates, insbesondere in Situationen der Spannung und der Gefahr« (Schatzker 1990, S.23).

3.2 Katastrophe, Erlösung, Wiedergeburt und Heldentum
Die Wahrnehmung des Holocaust in Israel nach der Analyse Saul Friedländers

Einen etwas anders akzentuierten, sehr instruktiven Versuch, die Gegenwärtigkeit des Holocaust in der israelischen Gesellschaft in seiner Entwicklung zu beschreiben, unternimmt Saul Friedländer[85].

Friedländers Hauptthese ist: Die Gegenwärtigkeit des Holocaust, obwohl weitverbreiteter denn je, kristallisierte sich weder im historischen Bewußtsein der Opfer, noch im öffentlichen Diskurs in einer Art monumentaler und mythischer Erzählweise oder Muster. Tatsächlich haben wir es, so Friedländer, mit einer »unstrukturierten öffentlichen Erinnerung« (S. Friedländer 1990, S.5) zu tun. Auf der anderen Seite seien wir, ungeachtet des enormen Fortschritts der historischen Forschung, massiv mit den Grenzen der historischen Interpretation konfrontiert, die den üblichen Prozess einer Historisierung verhindern. Stichwort: ›Vergangenheit, die nicht vergehen will‹. Fünfzig Jahre nach den Ereignissen, urteilt Friedländer, können wir einen Diskurs über den Holocaust beobachten, der weder zu einer bestimmten Weise, zu einem erkennbaren Muster der öffentlichen Erinnerung, noch zu einem integralen Teil der historischen Interpretation unserer Epoche geworden ist.

Der entscheidende Anstieg einer öffentlichen Wahrnehmung und Auseinandersetzung mit dem Holocaust in der jüdischen Welt, aber auch über sie hinaus, wird gewöhnlich für den Zeitraum der späten 60er Jahre angesetzt (Sechs-Tage-Krieg 1968). Dennoch, so Friedländer, »scheint nirgends eine bleibende, überzeugende Erzählung mit mythischen Dimensionen aufgetaucht zu sein« (S. Friedländer 1990, S.5)[86]. Dies sei umso bemerkenswerter, wenn man die intensiven

---

85. Vgl. vor allem: S. Friedländer 1990; S. Friedländer 1987.
86. Der Gebrauch Friedländers von ›mythisch‹ oder ›Mythos‹ ist etwas verwirrend, da diese Begriffe von ihrer ursprünglichen Bedeutung her über die Geschichte hinausweisen, was sicherlich nicht Sache des Judentums ist und nie war. Im Kern meint er mit diesen Termini ein traditionell-jüdisches, religiös geprägtes Muster der Interpretation historischer Erfahrungen, also in etwa das, was ich ›geschichtstheologisch‹ oder ›Geschichtstheologie‹ nenne. Sicher enthalten auch diese jüdischen Muster ›mythische‹ Anteile, wie alle religiösen Muster. Das Besondere des Judentums ist aber, das diese Muster nie in einen reinen, von diesseitigen Bezügen losgelösten, ahistorischen Mythos abglitten, sondern immer rückgebunden waren an die konkret historische Erfahrung. Daher ist es m.E. verwirrend und unzutreffend im Kontext des Judentums von ›mythisch‹ oder ›Mythos‹ zu sprechen; vgl. die Ausführungen in Kap. III.

israelischen Bemühungen in Betracht zieht, eine offiziell legitimierte Version der historischen Bedeutung des Holocaust im Bewußtsein der israelischen Gesellschaft zu etablieren, oder aber an den gewaltigen Anstieg der Auseinandersetzung mit dem Holocaust auf allen Gebieten der Kultur und Wissenschaft in Amerika aber auch in Europa denkt.

In der wissenschaftlichen Literatur, so Friedländer, fände man nun häufig eine bestimmte Periodisierung im Prozeß der Auseinandersetzung mit dem Holocaust in Israel. Danach gab es eine erste Periode, unmittelbar an den Krieg und die Staatsgründung anschließend, in der, während der ersten Jahre des Staates Israel, eine Konfrontation mit der traditionellen symbolischen Welt des Judentums stattfand, in welcher der Holocaust selbst nur eine untergeordnete Rolle spielte. Eine zweite Periode, beginnend in den späten 50ern, sei durch das stufenweise Entstehen einer ›bürgerlichen Religion‹ gekennzeichnet, in der der Holocaust zu einer der zentralen mythischen Komponenten wurde[87].

Friedländer sieht dementgegen keine so klar gegeneinander abgrenzbaren Perioden und weist darauf hin, daß bereits Ende der 40iger im Zusammenhang mit der Staatsgründung Israels systematische Versuche unternommen wurden, den Holocaust in einen größeren, traditionellen Rahmen einzuordnen und zu interpretieren. Friedländer beobachtet vielmehr, was die Ausbildung der Erinnerung an den Holocaust innerhalb der israelischen Gesellschaft betrifft, einen »sich wiederholenden Prozeß in drei Stadien«. Zunächst werden »individuelle Initiativen« mehr zufällig, denn beabsichtigt ergriffen; dem folgt eine »rapide Institutionalisierung dieser Initiativen«, die dann schließlich zu einer vorläufigen »Etablierung einer symbolischen Struktur« führt, die, was im Zusammenhang unseres Themas besonders bemerkenswert ist,»mit den traditionellen Mustern jüdischer Erinnerung im Einklang steht« (S. Friedländer 1987, S.11). Das wiederum unterstreicht Friedländers These, der ich mich ausdrücklich anschließen möchte,»daß tatsächlich bis heute keine wirklich ›säkulare‹ Form des Gedenkens in der israelischen Gesellschaft möglich scheint« (S. Friedländer 1987, S.11).

Insbesondere sind es drei miteinander sehr verwandte Muster, um die herum das offizielle Gedenken an den Holocaust sich strukturierte: »- Katastrophe und Erlösung (Shoah WeGeula) – Katastrophe und Wiedergeburt (Shoah WeTekuma) – Katastrophe und Heldentum (Shoah WeGewura)« (S. Friedländer 1987, S.11).

Wie bildeten sich diese Strukturen heraus?

Im Dezember 1949 wurde die Asche der im Konzentrationslager Flossenbürg vernichteten Juden nach Israel überführt. Aufgrund der Initiative eines einzelnen, Rabbi S.Z Kahana, einem Ressortleiter im Ministerium für religiöse Angelegenheiten, wurde die Asche am 10. des jüdischen Monats Tevet (Mitte/Ende Dezember) auf dem Berg Zion begraben. In der Tradition ist der 10. Tevet markiert mit

---

87. Zum Begriff der ›bürgerlichen Religion‹ siehe weiter vorne Anm.47.

dem Beginn der Belagerung Jerusalems durch den Babylonierkönig Nebukadnezar. Nach traditioneller Auffassung verbindet sich mit diesem Datum der Anfang einer ganzen Reihe von Katastrophen, die durch Zerstörung und Exil gekennzeichnet sind. Außerdem gilt es zu beachten, daß der Berg Zion nach religiöser Tradition die Begräbnisstätte König Davids ist. Da nun der Messias ein Abkömmling König Davids sein soll, galt der Mount Zion von jeher als Ort und Symbol der Erlösung. Wir sehen also, argumentiert Friedländer, wie durch die Verwaltungsentscheidung des Obersten Rabbinats, das dem Vorschlag Rabbi Kahanas folgte, »die Erschaffung eines durchsichtigen symbolischen Musters institutionalisiert« wurde, deren Kern eine »Verbindung zwischen Zerstörung und Erlösung« (S. Friedländer 1987, S.11) darstellt.

Erwähnt sei in diesem Zusammenhang, daß auch die erste offizielle Gedenkstätte des Holocaust Mitte der 50er Jahre hier am Berg Zion eröffnet wurde, der sog. »Chamber of the Holocaust«. Implizit wird also eine Verbindung zwischen der Katastrophe des europäischen Judentums mit der Wiedererrichtung des Staates Israels als einem Akt der Erlösung hergestellt, denn die Wiedererrichtung des Staates Israel, die Heimkehr der Juden nach Palästina, gilt traditionell jüdischer Auffassung nach von jeher als der Beginn des messianischen Zeitalters.

Die säkulare Version des Gedenkens an den Holocaust, der Versuch der weltlichen Autoritäten, einen Tag des Gedenkens einzurichten, folgte nahezu zwangsläufig ebenfalls traditionellen Mustern und Daten. Im Jahre 1951 erließ die Knesset das Gesetz über die Errichtung eines Gedenktages für den Holocaust (Yom HaShoah). Das Datum ist der 27. Nissan (ca. Ende April). Was hat es mit diesem Datum auf sich? Rabbi Mordechai Nurock, Vorsitzender des zuständigen Knesset-Ausschusses, gab folgende Begründung während der Parlamentssitzung: »Wir mußten ein Datum wählen, das auf die meisten Massaker an der europäischen Judenheit und auch auf den Ghettoaufstand paßt, der im Monat Nissan (14. Nissan, der Vorabend von Pessach; C.M.) stattfand. Deshalb wählte der Knesset-Ausschuß das Ende des Monats Nissan, eine Zeit, zu der [auch] viele heilige Gemeinschaften von den Kreuzrittern, den Vorfahren der Nazis, ermordet wurden« (Nurock, zit.n. S. Friedländer 1987, S.12f.). Das Datum hatte offensichtlich zum Ziel, die Erinnerung an die Katastrophe zu verknüpfen mit der Staatsgründung, indem man das Muster Katastrophe und Heldentum bemühte. Deutlich wird dies in einer weiteren Äußerung Rabbi Nurocks während der gleichen Knesset-Debatte: »Ehrenwerte Mitglieder der Knesset, wir haben einen Friedhof vor unseren Augen gesehen, einen Friedhof für sechs Millionen unserer Brüder und Schwestern, und vielleicht wurde uns wegen ihres Blutes, das vergossen wurde wie Wasser, das Vorrecht zuteil, unseren Staat zu bekommen« (Nurock, zit.n. S. Friedländer, S.13). In der kausalen Verbindung der Vernichtung der europäischen Judenheit mit der Geburt des Staates Israel, sowie der »Einfügung des Holocaust in die historische Reihe der jüdischen Katastrophen« (S. Friedländer 1987, S.13) scheint erneut jenes Muster auf, das bereits im Zusammenhang mit dem religiösen Gedenken wirkte, das Muster von Katastrophe und Erlösung. Erlösung hier nicht im exklusiv religiösen Sinne, sondern in seiner verweltlichten Form des Begriffs der ›Wiedergeburt‹, wobei dennoch die traditionellen Muster implizit erhalten bleiben.

Der Yom HaShoah-Gedenktag eröffnet seitdem alljährlich eine bezeichnende Reihe zeitlich dichtgedrängter Gedenktage. Eine knappe Woche nach dem Yom HaShoa-Gedenktag folgt der Tag des Gedenkens aller in den israelischen Kriegen Gefallener, und noch am Abend des gleichen Tages beginnen die Feierlichkeiten für den tags darauffolgenden Yom HaAzmaut, dem Unabhängigkeitstag Israels. Das traditionelle jüdische Muster von Katastrophe und Erlösung/Wiedergeburt/ Heldentum wird auf diese Weise eindrücklich in der Abfolge dieser Gedenktage regelrecht zelebriert und damit zum »Fokus der Integration der Vernichtung der europäischen Judenheit in die offizielle europäische Erinnerung« (S. Friedländer 1987, S.13).

Explizit religiös vorbereitet und somit dieses Muster der Gedenktage einleitend und unterstreichend ist dann die Tatsache, daß vom 15.-22. Nissan das acht Tage dauernde Pessach-Fest gefeiert wird, das Fest der Befreiung, das wie kein anderes Fest des Judentums zentral im Mittelpunkt der jüdischen Identität steht und zugleich ganz entscheidende Bedeutung für die Grundlegung des jüdischen Geschichtsverständnisses hat[88].

Das gleiche Muster, dieselbe Botschaft, läßt sich auch an Aufbau und Gestaltung der zentralen Gedenkstätte des Holocaust erschließen, die am 19. August 1953 in Jerusalem eingerichtet wurde: Yad Vashem. Schon die Namensgebung hat ihren Ursprung im Religiösen. Sie stammt aus der Hebräischen Bibel, Jesaja 56,5, und heißt wörtlich: ›ein Denkmal und ein Name‹; ihr Sinn ist: Dauerndes Gedenken. Bereits der volle offizielle Name weist wiederum auf das erwähnte Grundmuster: ›Yad Vashem – Gedenkstätte für Holocaust und Heldentum‹. Die umfangreiche und sehr beeindruckende historische Ausstellung im Hauptgebäude von Yad Vashem folgt nahezu zwangsläufig ebenfalls dem Muster Katastrophe-Erlösung/Wiedergeburt/Heldentum. Der erste Teil der Ausstellung ist überschrieben mit: Verfolgung und Diskriminierung vor der Vernichtung 1933-1939; der zweite Teil: Der Prozeß der Vernichtung 1940-45; der dritte Teil: Befreiung aus den Konzentrations- und Vernichtungslagern; dem folgt schließlich der vierte Teil: Auswanderung und Besiedlung Palästinas, Eretz Jisrael, Staatsgründung. Der Gang des Besuchers durch die historische Ausstellung zum Holocaust endet also mit Befreiung, Erlösung und Wiedergeburt, verkörpert durch den Staat Israel.

Auch die Wahl des Ortes für Yad Vashem ist aufschlußreich. Im Gespräch waren zunächst viele mögliche Lokalitäten. Im August 1953 fiel schließlich durch

---

88. Zu Pessach und seiner Bedeutung für das jüdische Gedächtnis siehe ausführlich Kap. VI-1.

den Minister für Erziehung und Kultur, den Historiker Ben-Zion Dinur, die Entscheidung, Yad Vashem auf dem am Rande Jerusalems gelegenen sogenannten ›Berg der Erinnerung‹ zu errichten. 1949 bereits wurde der Leichnam Theodor Herzls hier hin überführt (Herzl-Berg), und ein Militärfriedhof war auf dem gleichen Gelände kurz nach dem Unabhängigkeitskrieg hier angelegt worden. Während nun die Begräbnisstätte Herzls und der Militärfriedhof geographisch der Stadt Jerusalem zugewendet liegen, kehrt das Gelände von Yad Vashem der Stadt den Rücken zu. Obwohl diese Anordnung zufällig zustande kam, gibt sie treffend die »Hierarchie innerhalb der symbolischen Bezugspunkte der neuen Gesellschaft« wieder. »Die Symbole des neuen Staates«, bemerkt Friedländer, »haben manifest Vorrang vor denen der Zerstörung« (S. Friedländer 1987, S.16).

Daß dies allerdings nicht so eindeutig ist, wie es scheint, belegt die offizielle Praxis im Umgang mit Yad Vashem. In vielen Ländern gibt es das sogenannte ›Grabmal des unbekannten Soldaten‹, oder aber Denkmäler der Staatsgründer, die als bevorzugte Besuchsobjekte für ausländische Würdenträger und Repräsentanten dienen. In Israel findet sich jedoch nichts dergleichen. Bezeichnend aber ist, daß ausländische Staatsgäste, die in Israel weilen, nicht zum Besuch des Militärfriedhofes oder aber zum Besuch des Herzl-Grabes angehalten werden, sondern zu einer Besichtigung von Yad Vashem. Dies wurde »zum Teil eines etablierten nationalen Rituals«. Friedländer kommentiert: »Auf merkwürdig widersprüchliche Weise ist die Gedenkstätte, die nicht auf die Stadt Jerusalem blickt, sondern den Hügeln zugewandt ... ist, dennoch zum zentralen geheiligten Ort geworden, auf den sich die Aufmerksamkeit der Welt richtet und der ihr vorgeführt wird – ein Ort, an dem sich der Besucher mit der anscheinenden ›raison d'etre‹ des jüdischen Staats identifiziert«. Die naheliegende Interpretation: Die zentrale Gedenkstätte des Holocaust, Yad Vashem, bildet das »eigentliche Fundament der Legitimität des Staates Israel« (S. Friedländer 1987, S.16)[89].

Interessanterweise wurden die erwähnten traditionellen Grundmuster (Katastrophe-Erlösung/Wiedergeburt/Heldentum), die sich in den 50er und 60er Jahren dazu anschickten, tatsächlich so etwas wie ein durchstrukturiertes mythologisch-metahistorisches Grundmuster der Erinnerung an den Holocaust zu werden, zu Beginn der 60er, entscheidend dann aber in den 70er und 80iger Jahren einem Auflösungsprozeß unterzogen. Als Gründe sind hierbei mehrere Faktoren zu nennen. Der entscheidende Wendepunkt in zeitlicher Sicht obliegt dabei vor allem dem Sechs-Tage-Krieg 1967.

Bereits der Eichmann Prozeß 1961 erschütterte insbesondere das Muster Katastrophe-Heldentum. Einer insbesondere auf Seiten der Jugendlichen schockierten jüdischen Nation wurde durch den Prozeß vor Augen geführt, wie scheinbar widerstandslos Millionen ihrer Vorfahren in den Tod gingen. Diese Wahrnehmung war für das Selbstverständnis dieser jungen, durch ihren bisher erfolgreichen

---

89. Zu Gründung und Zielsetzungen von Yad Vashem vgl. auch: Loewy 1991, S.90-95.

Kampf selbstbewußten Nation wie ein Schlag ins Gesicht. In der Folgezeit lenkte sich die Aufmerksamkeit dem Holocaust gegenüber immer mehr auf dessen katastrophische Aspekte, während die beiden Aspekte Heldentum (Warschauer Ghetto-Aufstand) und Erlösung (Staatsgründung Israel) in den Hintergrund traten. Unterstützt wurde dieser Prozeß durch eine Mitte der 70er einsetzende und bis weit in die 80iger reichende Flut von Veröffentlichungen von Zeugen- und Erlebnisberichten der Überlebenden, sowie einer Reihe literarischer und filmischer Versuche, den Holocaust darzustellen und zu problematisieren. Die Konzentration verlagerte sich direkt auf den Holocaust selbst, ohne von vornherein den tröstenden Puffer der Staatsgründung Israels zur Geltung zu bringen. Ein Prozeß der ›Denationalisierung‹ (Sidra Ezrahi) der öffentlichen Erinnerung begann. Insbesondere die zeugnishafte Erinnerungsliteratur der Überlebenden forderte einen in ihrer Authentizität exklusiven Status ein, der zu einer erhöhten Sensibilität dem individuellen Schicksal gegenüber führte.

Ein weiterer Faktor, der die feste Etablierung einer ›mythischen‹ Struktur der Erinnerung in der israelischen Gesellschaft nach Meinung Friedländers verhinderte, war der zunehmende Gebrauch bestimmter Metaphern des Holocaust zu ideologischen Zwecken im Rahmen des Israelisch-Palästinensisch/Arabischen Konflikts. Auf der einen Seite, vornehmlich im politisch rechten Spektrum, wurden z.B. die Araber mit den Nazis verglichen. Die Symbole des Holocaust wurden im Kontext innenpolitischer Auseinandersetzung zunehmend zur »Selbst-Identifikation und zur Selbstrechtfertigung« (S. Friedländer 1987, S.18) benutzt[90]. Auf der anderen Seite, vornehmlich im politisch linken/liberalen Spektrum, wurde wiederum jüdisches Verhalten den Palästinensern gegenüber mit dem Verhalten der Nazis gleichgesetzt. Insgesamt lehnte man darüber hinaus zunehmend jegliche Form einer ›mythischen‹ Strukturierung der Erinnerung ab und betonte vielmehr die menschlichen und banalen Aspekte der nationalsozialistischen Vernichtungspolitik.

In beiden Fällen, so Friedländer, fand eine »Politisierung der Symbole« statt, die die »metahistorische Dimension der früheren mythischen Erzählweise« zerstörten. (S. Friedländer 1990, S.6). Im Ergebnis läßt sich also feststellen, daß »je mehr Zeit seit der Vernichtung der Juden Europas verstrich, desto weniger wurde der ursprüngliche Interpretationsrahmen zwingend für die öffentliche Erinnerung der Israelis« (S. Friedländer 1990, S.6).

Haben also auf der einen Seite zunehmende Politisierung und Instrumentalisierung des Holocaust die Etablierung einer dauerhaften Struktur der Form von Erinnerung in der israelischen Gesellschaft verhindert, so trug hierzu auf der an-

---

90. Am auffallendsten in der Rhetorik des damaligen Ministerpräsidenten Begin zu beobachten, oder aber im Verhalten der jüdischen Siedler in den besetzten Gebieten, die ihre Kleidung mit dem gelben Stern versahen; vgl. Friedländer 1987, S.18; hierzu auch: Zimmermann 1992, S.38.

deren Seite ein weiterer wesentlicher Faktor dazu bei. Wie bereits erwähnt waren der Eichmann-Prozeß 1961 und noch vielmehr der Sechs-Tage-Krieg 1967 ganz entscheidende Wendepunkte in der Rezeption des Holocaust seitens der jüdischen Welt. Das Augenmerk sowohl in der Öffentlichkeit als auch, so Friedländer, nun im Bereich der wissenschaftlichen Forschung wurde immer intensiver auf den katastrophischen Aspekt des Holocaust selbst gelenkt. Die Grenzen der Vergegenwärtigung, der Darstellung und Vermittlung dieser Vergangenheit, gerieten immer mehr auf zentrale Weise in den Blickpunkt und widerstrebten ihrer Natur nach einer einheitlich strukturierten Form der Erinnerung[91].

---

91. Vgl. hierzu ausführlich: Kap II-2

4. Die Wahrnehmung des Holocaust in Israel und der jüdischen Diaspora

Die von Friedländer konstatierte Instrumentalisierung und Politisierung des Holocaust in der israelischen Gesellschaft muß, denke ich, auch als Ausdruck und Folge der Unmöglichkeit einer adäquaten Darstellung und eines angemessenen Umgangs mit dem Holocaust an sich verstanden werden. Weder Religion, noch Politik, noch Philosophie scheinen in der Lage zu sein, eine verbindliche, die Mehrheit überzeugende Form der Erinnerung und Deutung vorzulegen, eben weil keine der Disziplinen von Hause aus über Kategorien verfügt, den Holocaust auf den ›Begriff‹ zu bringen.

Speziell Israel konnte sich aufgrund seiner politischen Entwicklung (Kampf um Staatsgründung, Kampf ums Überleben gegen Feinde nach außen/Kriege, allg. politisch-sozial-wirtschaftlicher Konsolidierungs- und Legitimierungsdruck des neuen Staates, arabisch-israelischer Konflikt) den Freiraum einer intensiven Reflexion über den Holocaust, seiner Implikationen und Folgen, auf gesellschaftlich relevanter Ebene bisher schlicht nicht leisten. Selbst dort, wo zunächst die Etablierung einer mythischen Erinnerungsstruktur, die Ausdruck eines common sense darstellen sollte, versucht wurde, waren diese Versuche, wie Friedländer darlegt, schnell zum Scheitern verurteilt und hatten darüberhinaus von vornherein, meines Erachtens, bereits stark interessegeleiteten Charakter, stellen also bereits den frühen Ausdruck einer Instrumentalisierung des Holocaust dar. Bemerkenswert erscheint an diesen Versuchen im Kontext unserer Gesamtthematik hauptsächlich, daß sie durchgängig sich zu orientieren versuchten an traditionell religiös vorgegebenen Mustern, Muster, die sich selbst dort nachweisen lassen, wo betont eine säkulare Strukturierung der Erinnerung beabsichtigt war.

Auf dem Hintergrund dieser angespannten politischen und sozialen Entwicklung des Landes Israel ist es nicht mehr verwunderlich, daß Israel nicht das Geburtsland der Holocaust-Theologien wurde, ja, daß nicht einmal bis in die jüngste Zeit hinein die immense Diskussion über die theologischen Implikationen des Holocaust für die jüdische Religion und jüdisches Selbstverständnis im angelsächsischen Raum in Israel angemessen rezipiert worden ist. Daß die Rezeption dieser Diskussion sowie der ihr anhängigen Fragen und Probleme seit etwa 5-10 Jahren langsam in Gang kommt, kann somit auch als Beleg dafür gewertet werden, daß die Konsolidierung der israelischen Gesellschaft und des israelischen Staates, zumindest nach innen hin, eine gewisse Stabilität erreicht hat.

Anders die Situation in den USA. Hier entfällt insbesondere für das zahlenmäßig umfangreiche Diasporajudentum die Notwendigkeit einer politischen und sozialen Konsolidierung. Die Gefahren und Fehlentwicklungen hier, das sei nur angedeutet, liegen daher weniger im Bereich der Instrumentalisierung und

Politisierung des Holocaust[92], sondern vielmehr auf dem Gebiet der Banalisierung, Trivialisierung und Vulgarisierung des Holocaust einerseits[93], sowie andererseits in einem möglicherweise ungesund obsessiven Umgang mit dem Holocaust in seiner identitätsstiftenden Ersatzfunktion[94]. Nichtsdestotrotz entwickelte sich im amerikanischen Judentum, einfach formuliert, Muße und Freiraum genug, um eine intensive Reflexion insbesondere der identitätsbedrohenden Aspekte des Holocaust in Angriff zu nehmen.

Neben der unterschiedlichen Entwicklung in Israel und den USA[95] gibt es jedoch, was ebenso deutlich geworden sein dürfte, durchaus eine Reihe auffälliger Ähnlichkeiten. Konzentriert man sich auf die vorhandenen, wenngleich sehr unterschiedlich ausgeformten Gemeinsamkeiten in der Entwicklung der Perzeption des Holocaust in der Diaspora und in Israel, könnte man zugespitzt folgende These wagen: Das, was in Israel cum grano salis politisch und religiös, sakral und rituell praktiziert und gelebt wird, wurde in der jüdischen Diaspora der USA theoretisch, theologisch und philosophisch gedacht und formuliert. In gewisser Weise ist die amerikanisch-jüdische Holocaust-Theologie quasi die Blaupause für das Verhalten, den Umgang und das Verständnis der israelischen Gesellschaft von und mit dem Holocaust. Jene einheitlich ›mythische Erinnerungsstruktur‹, deren Fehlen Saul Friedländer für Israel konstatiert, wird zu einem hohen Anteil im Diskurs der Holocaust-Theologie im Diasporajudentum versucht zu etablieren. Meine These in diesem Zusammenhang wäre demzufolge, daß die sogenannten Holocaust-Theologien – allgemeiner gesprochen: die bewußt religiöse Reflexion des Holocaust – potentiell in der Lage ist, ›mythische‹ Strukturen der Erinnerung zu schaffen, d. h. geschichtstheologische Deutungsmuster zu entwickeln, die dem jüdischen Gedächtnis akzeptabel erscheinen. Deutungsmuster, die zugleich einen Prozeß in Gang setzen, der einen angemessenen Ausweg aus den Aporien des Verstehens, wie wir sie in den weltlichen Wissenschaften im Zusammenhang der Interpretation und Analyse des Holocaust sehen, liefern und darüberhinaus eine sinnvolle Verbindung ermöglichen zwischen kognitiven und moralischen Kategorien, zwischen Subjekt und Objekt, zwischen Wissenschaft und Theologie[96].

92. Zur politischen Instrumentalisierung des Holocaust siehe vor allem: Diner 1983; A.H. Friedländer 1983; Fein 1987; Zuckermann 1988; Marrus 1991; Wine 1991.
93. »Welch eine Paradoxie! Damit der Holocaust zur Warnung dienen kann, muß die historische Realität beachtet werden. Aber damit die Lehre überhaupt in eine breitere Öffentlichkeit gelangt, muß der Holocaust seines Horrors entkleidet und zu einer nachvollziehbaren Dimension herabgestuft werden. [...] Die trivialisierte Vorstellung von [dem Film] ›Holocaust‹ hat also eine enorme Bedeutung im allgemeinen Sprachgebrauch und in der politischen Kultur angenommen. Ist die Vulgarisierung der Preis für die Mühe der Vermittlung der Holocaust-Erfahrung?« (Feingold 1985, S.18).
94. Vgl. hierzu die Ausführungen in Kap. V-4.
95. Vgl. insgesamt hierzu auch: Wolffsohn 1988; G. Greenberg 1984.
96. Diese These wird in Kap. VI zu erhärten sein.

Um es noch einmal bildhaft verkürzt auf den Punkt zu bringen: Was die jüdische Hand in Israel tut, findet sich im jüdischen Kopf in den USA, zeitweise antizipatorisch, zeitweise parallel, theoretisch reflektiert und legitimiert[97].

97. Die dargestellten Entwicklungsphasen der Wahrnehmung und Gegenwärtigkeit des Holocaust im Bewußtsein des amerikanischen und israelischen Judentums, sowie der Gang meiner Argumentation insgesamt sollte deutlich gemacht haben, daß mit diesem Bild nicht auf das Vorurteil, das israelische Judentum sei bloßer Handlanger des amerikanischen, angespielt werden soll. Vielmehr geht es darum, in einem plastischen Bild die beiden unterschiedlichen, weitgehend voneinander unabhängig sich entwickelnden Formen der Auseinandersetzung mit dem Holocaust im amerikanischen und israelischen Judentum in ihren je spezifischen Formen darzustellen und miteinander in ein Verhältnis zu setzen. Hierfür scheint mir der verwendete bildhafte Vergleich durchaus hilfreich.

V. Jüdische Holocaust-Theologie

Wir Geretteten,
Aus deren hohlem Gebein der Tod schon seine Flöten schnitt,
An deren Sehnen der Tod schon seinen Bogen strich –
Unsere Leiber klagen noch nach
Mit ihrer verstümmelten Musik.
Wir Geretteten,
Immer noch hängen die Schlingen für unsere Hälse gedreht
Vor uns in der blauen Luft –
Immer noch füllen sich die Stundenuhren mit unserem tropfenden Blut.
Wir Geretteten,
Immer noch essen an uns die Würmer der Angst.
Unser Gestirn ist vergraben im Staub.
Wir Geretteten
Bitten euch:
Zeigt uns langsam eure Sonne.
Führt uns von Stern zu Stern im Schritt.
Laßt uns das Leben leise wieder lernen.
Es könnte sonst eines Vogels Lied,
Das Füllen des Eimers am Brunnen
Unseren schlecht versiegelten Schmerz aufbrechen lassen
Und uns wegschäumen –
Wir bitten euch:
Zeigt uns noch nicht einen beißenden Hund –
Es könnte sein, es könnte sein
Daß wir zu Staub zerfallen –
Vor euren Augen zu Staub zerfallen.
Was hält denn unsere Webe zusammen?
Wir odemlos gewordene,
Deren Seele zu Ihm floh aus der Mitternacht
Lange bevor man unseren Leib rettete
In die Arche des Augenblicks.
Wir Geretteten,
Wir drücken eure Hand,
Wir erkennen euer Auge –
Aber zusammen hält uns nur noch der Abschied,
Der Abschied im Staub
Hält uns mit euch zusammen.
(Nelly Sachs 1947)

In der Auseinandersetzung mit der Historiographie des Holocaust und der postulierten Grenzen des Verstehens (Kap. II) haben wir eine Ahnung von der Bürde, die dieses Ereignis dem jüdischen Volk auferlegt hat, erhalten. Ein nicht zu unterschätzender Teil des Gewichts dieser Bürde rührt, wie wir gesehen haben, auch daher, daß im Judentum dem historischen Ereignis an sich eine außerordentliche Bedeutung zugemessen wird und jüdischem Gedächtnis demzufolge für die Ausbildung jüdischer Identität, kollektiv wie individuell, ein zentraler Stellenwert zukommt, in dessen Mittelpunkt eine Verhältnisbestimmung geschichtlichen Bewußtseins und religiösen Selbstverständnisses steht (Kap.III). Insofern erschien es nur eine Frage der Zeit, daß diese Verhältnisbestimmung auch angesichts des Holocaust zu leisten sein würde. Nachdem wir die Genese der Wahrnehmung dieser Problematik im amerikanischen Judentum nachgezeichnet und in ihrer, im Vergleich zu Israel, unterschiedlichen Entwicklung dargelegt haben (Kap.IV), wenden wir uns nun sozusagen dem charakteristischen Produkt dieses Prozesses, der jüdischen Holocaust-Theologie, zu. Um diese jedoch gleichermaßen verstehen wie würdigen zu können, müssen wir uns noch zunächst mit der traditionellen Basis jüdischer Rechtfertigung und Interpretation des Leids in und an der Geschichte vertraut machen, wie sie vor allem in Denk- und Verstehensmustern der jüdischen Orthodoxie aufleuchten. Auch sie stellen bereits, wie wir sehen werden, ein bemerkenswertes Stück jüdischer Holocaust-Theologie dar, die inmitten einer untergehenden Welt gegen die Sinnlosigkeit des Vernichtungsprozesses in Geltung gebracht wurde.

1. Traditionelle Formen der Rechtfertigung von Leid in und an der Geschichte
Orthodoxes Judentum

»Einst ordnete die frevelhafte Regierung [Rom] an, daß sich Israel nicht mit der Torah befasse. Da kam Papos, Jehudas Sohn, und fand Rabbi Akiwa, wie er öffentlich Gemeinden versammelte und sich mit der Torah befaßte. Er sagte zu ihm: Akiwa, fürchtest du dich nicht vor der frevelhaften Regierung? Er sagte zu ihm: Ich will es dir mit einem Gleichnis erklären. Womit ist diese Sache zu vergleichen? Mit einem Fuchs, der an einem Fluß entlangging. Da er Fische sah, die sich bald an diesem Ort, bald an jenem Ort versammelten, sagte er zu ihnen: Wovor flieht ihr denn? Sie sagten zu ihm: Vor den Netzen, die Menschenkinder über uns bringen. Er sagte zu ihnen: So möge es euch gefallen, aufs Trockene zu steigen, damit wir beisammen wohnen, ich und ihr, wie meine Väter mit euren Vätern gewohnt haben. Sie sagten zu ihm: Bist du es, den man den Klügsten unter den Tieren nennt? Du bist nicht klug, sondern du bist dumm. Wenn wir uns schon am Ort unseres Lebens fürchten, um wieviel mehr am Ort unseres Todes. So auch wir: Wenn es schon jetzt so ist, da wir sitzen und uns mit der Torah befassen, von der geschrieben steht: Das ist doch dein Leben und die Länge deiner Tage [Dtn.6,4], um wieviel mehr ist es so, wenn wir gehen und uns von ihr lossagen«.
(bBerakhot 61b)

Das jüdische Volk besitzt ein gleichermaßen reiches wie erschütterndes, nahezu beispielloses Maß an Leiderfahrungen in seiner vieltausendjährigen Geschichte[1]. Bereits die Bücher der hebräischen Bibel, der Torah, legen ein beredtes Zeugnis ab von der oft unerträglichen Bürde eines Volkes, das den einen, allmächtigen Gott, Herrn der Geschichte, verkündet und sich selbst als das von Ihm auserwählte Volk begreift, das ihnen widerfahrene Leid mit ihrem Glauben überein zu bringen[2]. Daß

---

1. Vgl. hierzu die einschlägigen und kaum mehr übersehbaren Standardwerke zur Geschichte des Judentums wie des Antisemitismus, von denen stellvertretend genannt seien: H. Graetz 1885; Dubnow 1925/29; Kastein 1931; Massing 1949; S. W. Baron 1952/1976; Sterling 1956; Pulzer 1964; Huss/Schröder 1965; Lisowsky 1968; J. Maier 1973; Poliakov 1977/1987; Ben-Sasson 1979/80; Bein 1980; Greive 1980; Martin/Schulin 1981; Prijs 1982; Bätz 1984; Strauss/Kampe 1985; Erb/Schmidt 1987; Wistrich 1987; Heinsohn 1988; Bautz 1989; Kulka 1989; Brakelmann/Rosowski 1989; Battenberg 1990; Volkov 1990; Langmuir 1990 u. 1990a; Ginzel 1991; Trepp 1992; einen guten ersten bibliographischen Überblick gibt: Schorsch 1974; darüber hinaus siehe die in der Bibliographie dieser Arbeit angegebenen bibliographischen Hilfsmittel.
2. Vgl. etwa die biblischen Bücher Hiob, Jeremias, die Psalmen, Jesaja.

trotz vielfacher Katastrophen, trotz Exil und Diaspora, das Judentum als Volk wie als Religion bis auf den heutigen Tag Bestand hat, ist häufig Freund wie Feind ein weltgeschichtliches Rätsel gewesen. Die Beständigkeit des jüdischen Volkes, sein offenkundig unbändiger Überlebenswille, stellt nicht zuletzt den quasi faktischen Hintergrund dar für die Kontinuität der irrational anmutenden Exzesse des Judenhasses[3].

Insofern nimmt es nicht wunder, daß von frühester Zeit an die Auseinandersetzung mit dem Sinn des Leids, dem Sinn der Geschichte – wenn man will: dem Sinn einer leidvoll erfahrenen Geschichte – einen großen Raum einnimmt in den theologischen Reflexionen etwa der Propheten und später der Rabbinen. Daß die dabei entwickelten Legitimations- und Sinndeutungsmuster keine abstrakt-akademische Gelehrtendisziplin blieb, bezeugt eben dieser stupend kraftvolle Überlebenswille des jüdischen Volkes, dem es ohne Hilfe auch dieser Verstehensmuster wohl kaum gelungen wäre, sein religiöses wie weltliches Selbstverständnis zu bewahren. Diese Legitimations- und Sinndeutungsmuster sind – charakteristisch für das Judentum – eben nicht nur Reflexionen post factum, sondern zugleich religiös-ethische Handlungsanweisungen. Auch hier gehen Verstehen und Verhalten eine kaum trennbare Symbiose ein.

Die zwei zentralen traditionellen Formen der Rechtfertigung des Leids in und an der Geschichte – *Kiddusch haSchem*, die Heiligung des Namens Gottes, und *Mipnej Chata'enu*, unserer Sünden wegen geschah... – sollen im Folgenden skizziert werden[4]. Wie weit ihre Wirkung selbst bis in unsere Tage hinein reicht, als leitendes religiös-ethisches Verhaltensmuster gar bis in die Gaskammern der Vernichtungslager und darüberhinaus noch als Verstehensmuster für Auschwitz nach dem Holocaust dient, wird dabei ebenfalls deutlich werden. Abschließend wird ein Verweis daraufhin erfolgen, daß diese beiden Konzeptionen im weiteren Kontext orthodoxen Verständnisses und Verhaltens auf der Basis der Halacha während des Holocaust zu sehen sind.

3. Diesen Standpunkt vertritt etwa Eliezer Berkovits, der in der beharrlichen Existenz der Juden ein die nicht-jüdische Welt provozierendes Ärgernis sieht; vgl. Kap. V-2.4 dieser Arbeit.
4. Einen kurzen, gleichwohl informativen Überblick über die traditionellen Deutungsmuster des Leids im Judentum gibt: E. Brocke 1980; vgl. auch: Amir 1980; J. Kohn 1986, S.29-35; Steckel 1971. Zur jüdischen Theodizee vor dem Holocaust siehe: Jacobs 1968; Reines 1972; Granatstein 1974; D. Birnbaum 1989; S. Rosenberg 1989; Blenkingsopp 1990; die biblisch-rabbinischen Traditionen, insbesondere in Reaktion auf die Zerstörung des Jerusalemer Tempels, stellt ausführlich und vorbildhaft dar: R. Rosenzweig 1978. Interessant ist auch, das die im außerjüdischen Raum wohl bekannteste Leidensfigur des Judentums, Hiob, kaum eine Rolle in den Deutungen zum Holocaust auf jüdischer Seite spielt. Einzig bemerkenswerte Ausnahme: Susman 1948; vgl. auch: Dedmon 1983.

1.1 Mipnej Chata'enu – Unserer Sünden wegen ...

Das wohl älteste Muster jüdischer Rechtfertigung von Leid in der Geschichte, abgeleitet von biblischen Quellen und fortgeführt in rabbinischen Traktaten bis in unsere Zeit, zeugt, ob man nun die zugrundegelegten Annahmen teilt oder nicht, von einer außergewöhnlichen Kraft zur Selbstkritik. Wo sonst findet man ein Volk, eine Nation, eine Religion, die in solcher Offenheit die sie betreffenden Unbill als Folge eigenen, sündhaften Tuns bekennt und dies auch noch in den ihre Identität konstituierenden, als heilig erachteten Schriften niederlegt! Diese Fähigkeit zur Selbstkritik hat die gleiche Wurzel wie die im Folgenden vorgestellte jüdische Sündentheologie. Unglück, Schmerz, Leid, Strafe Gottes als Folge eigenen sündhaften Tuns dürfen nicht als deterministisches Kausalitätsdenken mißverstanden werden – ›Tue ich dies – geschieht mir jenes‹. Vielmehr liegen der Kraft zur Selbstkritik und jüdischer Sündentheologie gleichermaßen die Auffassung von der außerordentlichen Verantwortung des Menschen und seines Handelns zugrunde. Das biblische Menschenbild stellt den Menschen nicht nur als ebenbildliches Geschöpf Gottes vor, sondern ebenso als gleichberechtigten Partner Gottes in Erhaltung und Bewahrung der Schöpfung[5]. Die hieraus resultierende Verantwortung des Menschen für sein Tun findet ihre Gültigkeit und Substanz in der gottgewollten Freiheit des Menschen. Nur der freie Mensch kann Verantwortung tragen, nur der freie Mensch kann für sein Handeln zur Rechenschaft gezogen werden, nur der freie Mensch findet Kraft zur Selbstkritik im Wissen um die Verantwortbarkeit seines Tuns.

Ausgangspunkt jüdischer Sündentheologie ist also die biblisch begründete Freiheit des Menschen: »Das Leben und den Tod habe ich vor dich hingelegt, Segen und Fluch, und du sollst das Leben *wählen*, du und deine Nachkommen« (Dtn. 30, 19; zit.n. Prijs 1977, S.33)[6].

Die Sünde setzt ihrem Begriff und ihrer Konzeption nach die Freiheit voraus, ihrem innersten Kern nach ist sie immer fehlgeleitete, mißbrauchte Freiheit. Schmerz, Unglück, Leid und die Strafe Gottes sind Folgen eines Tuns, das der Freiheit des Handelnden entspringt, sie fallen in den Verantwortungsbereich des Akteurs[7].

5. Vgl. Kap. III.
6. Im Talmud heißt es: »Rabbi Chanina bar Papa erklärte: Der Engel, der zur Überwachung der Empfängnis bestellt ist, heißt Lailah (Hebr. für ›Nacht‹). Wenn eine Empfängnis stattfindet, nimmt er den Samentropfen und legt ihn vor den Heiligen, gelobt sei er, und spricht: ›Herr der Welt, was wird das Geschick dieses Tropfens sein? Wird sich ein starker oder ein schwacher Mensch entwickeln? Ein weiser Mensch oder ein törichter Mensch? Ein reicher oder ein armer Mensch?‹ Das wird alles von Gott entschieden. Nur eine Frage stellt der Engel nicht, und sie wird auch nicht von Gott entschieden: ›Wird es ein gerechter oder ein frevelhafter Mensch werden?‹« (bNiddah 16b, zit.n. Petuchowski 1992, S.50).
7. Zum biblisch-jüdischen Freiheitsverständnis in diesem Kontext siehe auch die Deutung des Holocaust von Eliezer Berkovits in Kap. V-2.4

Von diesem Hintergrund aus ist ›*mipnej chata'enu* – unserer Sünden wegen‹ zu sehen; von dieser Konzeption und den ihr innewohnenden Maßstäben her ist die Sündentheologie sowohl zu verstehen, als auch, wie wir später sehen werden, innerjüdisch zu kritisieren[8].

1.1.1 Die Ideologie der Neturei Karta – Rabbi Joel Teitelbaum

Die Überzeugungskraft dieses Modells, daß alles Leid, alle Verfolgung und alles Unglück zuförderst *mipnej chata'enu* – unserer Sünden wegen – auf das Volk herabkommt, sowie die tiefe Verankerung dieses Musters im jüdischen Bewußtsein wird eindrücklich belegt durch den Gebrauch dieser Argumentationsfigur selbst im Angesichte der unfaßbaren Schrecken von Auschwitz.

Eine herausragende Bedeutung nimmt in diesem Zusammenhang die Bewegung Neturei Karta ein. Die Neturei Karta (hebr., Wächter der Stadt)[9] wurde 1935 von Amram Blau gegründet. Im heutigen Israel erregt diese Bewegung immer wieder Aufsehen durch ihre schrillen Plakate und polemischen Pamphlete, in denen sie ihre militant anti-zionistische Position angelegentlich aktueller Ereignisse zum Ausdruck bringt[10].

Führende Stimme der Bewegung ist der einer hochangesehenen ungarisch-orthodoxen Rabbinerdynastie entstammende Satmarer Rebbe, Rabbiner Joel Moshe Teitelbaum, der 1944 mit Hilfe eines jüdischen Hilfskommitees in die USA flüchten konnte. Seine Ansichten[11] gelten als derart extrem, daß die meisten orthodoxen Juden,»sogar die nicht-zionistischen und anti-zionistischen, sie zurückweisen« (N. Lamm 1971, S.39). Im Verständnis Teitelbaums bleiben die Erlösung Israels, seine Rückführung in das Land der Väter und die Wiedererrichtung des Tempels allein dem Messias vorbehalten. Jede menschliche Aktion, die den Beginnn des messianischen Zeitalters vorantreiben oder gar herbeizwingen will, betrachtet er als häretisch. Er vertritt eine Art apolitischen Pietismus radikalster Art, in deren Blickwinkel der Zionismus und die Errichtung des Staates Israel »die Erzsünde ... des modernen Judentums« (N. Lamm 1971, S.45) repräsentiert. Demzufolge ist auch jede Akzeptanz oder gar Zusammenarbeit mit dem Staat Israel eine große Sünde. Nach Teitelbaum soll man »eher das Martyrium erlei-

---

8. Zur Sündentheologie im Kontext der Erfahrung des Holocaust vgl. insgesamt: Jasper 1965; H. Goldberg 1982; Jakobovits 1984: Wolpin 1986; Schweid 1988; Zelazo 1990.
9. Der Terminus geht auf den Jerusalemer Talmud (Chag. 1,7) zurück. Mit den Neturei Karta, den Wächtern der Stadt, sind Torahgelehrte gemeint, durch deren Würde und Bedeutung das Überleben der Stadt und damit der Gemeinschaft gesichert wird; vgl. N. Lamm 1971, S.38.
10. Zu jener antizionistischen Spielart des orthodoxen Judentums vgl.: Leuner 1969, S.29f.
11. Vgl.: Teitelbaum 1959; Teitelbaum 1967.

den, als ein Mitglied der Knesset zu werden« (N. Lamm 1971, S.47), der Staat Israel sei schlicht das »Königreich des Satans« (N. Lamm 1971, S.48). So ist es nicht verwunderlich, daß Teitelbaum im Holocaust ein göttliches Strafgericht für die Sünde des Zionismus sah. »Denn die zionistische Bewegung ist für ihn der verkörperte Abfall Israels von Gottes Befehl, der geheißen hat: geduldig in der Galuth, in der Verbannung, auszuharren, bis Gott selbst ihm die Erlösung sendet« (Amir 1980, S.445). Und selbstverständlich waren auch allein die Zionisten verantwortlich für die Kriege Israels mit seinen Nachbarstaaten seit 1948[12].

1.1.2 Rabbi Issachar Schlomo Teichthal

Im gleichen Sünde-Strafe-Schema argumentierend und dennoch zu einer Teitelbaum exakt entgegengesetzten Lokalisierung der Sünde gelangt Rabbi Issachar Schlomo Teichthal. Ebenfalls von ungarisch-orthodoxer Herkunft, formuliert er bereits 1943 seine Überzeugung, daß die Judenverfolgung und -vernichtung eine Fügung Gottes sei, um Israel den Weg ins eigene Land zu weisen. »Raw Teichthal betrachtet den in Europa anwachsenden Antisemitismus als eine Begleiterscheinung der Emanzipation, die vielleicht nicht so rabiate Formen angenommen hätte, wenn wir rechtzeitig und in Massen den Heimweg in unser eigenes Land ... angetreten hätten« (Amir 1980, S.447). Teichthals Buch[13] ist ein flammender Aufruf an die orthodoxen Juden, nach Israel auszuwandern. Er wirft den Führern der orthodoxen Judenschaft vor, ihre Opposition gegen die Auswanderung nach Israel mache sie mitverantwortlich am Holocaust. So trage die Schuld am Holocaust zu gleichen Teilen eine den Zionismus bekämpfende Orthodoxie wie auch ein an Israel desinteressiertes, assimiliertes Judentum. Teichthal schreibt:

»... die Überfrommen ... taten nach dem Motto ›halte dich ruhig und handle nicht‹ ... und sagten ›hier will ich sitzen, denn das hab ich begehrt‹ und glaubten, Ruhe in den Ländern der Diaspora gefunden zu haben, nachdem sie in den Bürgerrechten gleichgestellt waren ... und ließen unsere heilige Mutter (Zion, das Land Israel) sich in ihrem Staub und ihren Ruinen winden, ihre Tränen fließen und über uns klagen, daß wir noch in der Diaspora weilen ... Und

---

12. Zu Teitelbaum und Neturei Karta vgl. insgesamt: N. Lamm 1971; Amir 1980; Eliach 1988. Der Anti-Zionismus der Neturei Karta geht gar soweit, daß Teile der Bewegung sich zur Zusammenarbeit mit der palästinensischen Befreiungsbewegung (PLO) bereit erklärt haben; vgl.: Schoeps 1992, S.336f.
13. Vgl.: Teichthal 1943; Teichthal begann die Arbeit zu seinem Buch »Em Habanim Semehah« (Eine glückliche Mutter ihrer Kinder) im Januar 1943 in Budapest. Es wurde noch im Dezember desselben Jahres veröffentlicht. Eine zweite Auflage wurde 1969 in New York veröffentlicht, eine dritte 1982 in Jerusalem; siehe die Angaben bei: G. Greenberg 1988, S.409f., Anm.18.

hätten die Überfrommen die Hand gereicht denen, die an diesem heiligen Werk [der Auswanderung nach Israel] *wirkten, vor 60, 50 oder 40 Jahren, und hätten die Herzen Israels entzündet, daran teilzunehmen – wie wäre es uns weit im Land geworden und wieviele Tausende und Abertausende aus Israel hätten sich dort niedergelassen und wären vom Tode ins Leben gerettet worden.* [...] *Jene* [die Überfrommen] *häuften Jammer auf Jammer, und so kamen wir dahin, wo wir heute hingekommen sind: daß wir im Hause Israel Greuel gesehen haben und Jammer über Jammer und all das, weil wir unser liebliches Land verachtet haben ...« (Teichthal 1943, zit. n. Brocke/Jochum 1982, S. 262).*

Teichthal wurde kurz nach der formellen Besetzung von Budapest durch die Nazis im März 1944 zusammen mit dem größten Teil der ungarischen Judenheit nach Auschwitz deportiert. Er starb in einem Zug, der Inhaftierte von Auschwitz nach Bergen-Belsen bringen sollte, am 24. Januar 1945[14].

1.1.3 Rabbi Immanuel Menachem Hartom

Immanuel Menachem Hartom, ein in Italien geborener, orthodoxer Rabbiner, der seit 1936 in Palästina lebt, äußerte sich anläßlich des Eichmann-Prozeßes 1961[15]. Er beklagt die durch alle Reaktionen auf diesen Prozeß hindurchgehende, fehlende Bereitschaft »einer Prüfung unseres eigenen Tuns, (es) fehlt jeder Versuch, die schrecklichen Geschehnisse von vor etwa zwanzig Jahren im Lichte ursprünglichen jüdischen Denkens zu verstehen, im Licht der Tora und der Propheten« (Hartom 1961, S.20). Jeder leugne, daß alles was in dieser Welt geschehe, »Frucht der Vorsehung« (Hartom 1961, S.20) sei. Torah und Propheten lehrten uns, die Zerstreuung als zu recht verhängtes Übel zu begreifen. Jahrhundertelang habe man auch das Los der Zerstreuung ertragen, ohne eine Vermischung mit nichtjüdischen Völkern einzugehen, ohne Gesetz und Lehre aufzugeben. »Bis wir uns blenden ließen von den Ideen des Freiseins und der Freiheit, die vor zweihundert Jahren in Europa aufkamen« (Hartom 1961, S.21). Durch die Assimilation begann man sich in der Fremde daheim zu fühlen, vergaß man die Sehnsucht nach Zion, galt die Zerstreuung nicht mehr als Übel. »Diese Leugnung der Grundsätze des Judentums verdient gemäß jüdischer Auffassung strenge Bestrafung, Maß für Maß« (Hartom 1961, S.22). Und es folgt jene Passage, die ob ihrer eindringlichen Eigentümlichkeit hier ganz zitiert sei:

»Nicht umsonst, so scheint es, bediente sich der Herr des deutschen Volkes als Zuchtrute, um sein Volk schwer zu schlagen: Eben jener Staat, in dem die Assimilation die größten Ausmaße angenommen hatte, in dem die Gleichheit zwi-

---

14. Zu Teichthal vgl. vor allem: Schindler 1990, S.7f.; auch: G. Greenberg 1984; Schweid 1988, S. 401f.; Jakobovits 1988a, S.377; Eliach 1988.
15. Vgl. Hartom 1961.

schen den Juden und den Bürgern des Landes vollendet war, in dem sie zum Höhepunkt ihrer Identifikation mit dem Land ihres Aufenthaltes und zur Ableugnung ihres Landes gelangten, dies war der Staat, der ihnen auf extremste und grauenvollste Art in Erinnerung rief, daß sie – trotz ihrer Assimilation, trotz ihrer Leugnung der Ideen ihres Volkes, trotz ihrer Annahme einer fremden Religion, trotz der Opfer, die sie aufrichtig für das Land ihres Aufenthaltes brachten – ein Fremdkörper im Staat sind, ein Körper, den es zu verfolgen und zu vernichten gilt. Und diese Bosheit der Frevler wurde verwirklicht..., weil der Heilige, Er sei gepriesen, ›nicht ungestraft läßt‹ (Ex.34,7), denn gerecht ist er in all seinen Wegen. Wir müssen bekennen, daß es der Gerechtigkeit entsprochen hätte, hätte Gott sein Volk gänzlich vernichtet, weil es die Worte seiner Tora geleugnet hat. Wir müssen bekennen, daß Gott auch während der schrecklichen shoah mit uns nicht nach dem strengen Recht ... verfahren ist, vielmehr einen beachtlichen Teil seines Volkes geschont hat« (Hartom 1961, S.22f.).

Obwohl nun Reue und Umkehr angebracht wären, zumal mit der Errichtung des Staates Israel »der Heilige, Er sei gepriesen, ein weiteres Zeichen seiner Langmut gegeben« habe, sei für die Juden der Diaspora »die Assimilation ... weiter (ihr) tägliches Brot, als habe es nie eine Shoah gegeben« (Hartom 1961, S.24). Die Juden Israels hätten die Torah zu einer privaten Religionsangelegenheit erniedrigt. So werde es zu einem erneuten Holocaust kommen müssen, »größer als die Shoah in Europa ... In unserer gegenwärtigen Haltung verdienen wir kein Existenzrecht, nicht als einzelne und nicht als Staat« (Hartom 1961, S.26).

1.1.4 Rabbi Yitzchok Hutner

Yitzchok Hutner, ein in Warschau geborener orthodoxer Rabbiner, der zeitweilig in Berlin studierte, bevor er 1935 in die USA emigrierte, argumentiert ebenfalls im Rahmen des ›unserer Sünden wegen‹- Musters[16]. Hutner betont die Notwendigkeit, »die Bedeutung dieser Ereignisse in ihrem historischen Zusammenhang« (Hutner 1977, S.27) zu untersuchen. Die Beschäftigung mit der Geschichte verlange dabei eine Haltung der *keduscha*, der Heiligkeit, weil »Israel und die Tora eins sind ... und deshalb das der jüdischen Geschichte adäquate Studium eng mit dem Studium der Tora verbunden ist« (Hutner 1977, S.28). So einzigartig das Ausmaß und die Proportionen des Holocaust auch waren, das eigentlich Neue und Bemerkenswerte an ihm sei das »bedeutsame Muster der jüdischen Geschichte, das er schuf«, welches wiederum als Teil des komplexen Gesamtmusters jüdischer Geschichte zu begreifen sei und so »zutiefst unsere Gesamtsicht der neueren Geschichte und sogar des Zeitgeschehens« beeinflußt. Dabei sei eine »dramatische Verschiebung in zwei neue Bereiche« (Hutner 1977, S.29) zu beobachten.

16. Vgl. Hutner 1977.

Die erste epochemachende Verschiebung ist nach Hutner der Übergang von Verfolgung und Mißhandlung »zu einem Zeitalter, in dem Gleichheit versprochen, das Versprechen aber nicht gehalten wurde« (Hutner 1977, S.29). Beginnend mit der Französischen Revolution bis hin zur Balfour Deklaration, vom Emanzipationsedikt für Juden in Preußen bis hin zum hohen Assimilationsgrad der Juden in Deutschland wurde die Hoffnung erweckt und vielfach auf Rechtswegen verankert, dem Juden eine ebenbürtige Stellung in der Gesellschaft zu gewähren. Diese trügerische Hoffnung zerbrach brutal während der NS-Herrschaft: *»Was auf dem Rechtswege gewährt worden war, wurde auf dem gleichen Rechtswege wieder entzogen und hinterließ bei den Juden das Gefühl einer wachsenden und letztlich unerbittlichen Ernüchterung in bezug auf Versprechen und selbst rechtlicher Verfügungen der Völker«* (Hutner 1977, S.31). Dieser Prozeß fand schließlich im Holocaust seinen Höhepunkt, der sich ja »unmittelbar aus formgerechten, rechtskräftigen Regierungserlassen ergab«. Da nun Torah und Volk eins sind, muß, nach Hutner, das, »was in dem einen geschieht, in dem anderen sein Gegenstück haben«. Und tatsächlich finde sich das jüngste Ereignis vorweggespiegelt in der Bibelstelle Dtn.31,16-18, wo es heißt:
»Das sprach der Ewige zu Mose: Du gehst nun zur Ruhe bei deinen Vätern; dieses Volk aber wird sich aufmachen und nachbuhlen den Fremdgöttern des Landes ... und ich will mein Angesicht vor ihnen verbergen. Und es wird zum Fraß werden, und viele Übel und Drangsale werden es treffen, daß es an jenem Tage sprechen wird: ›Ists nicht, weil mein Gott nicht in meiner Mitte ist, daß mich diese Übel getroffen haben?‹« (zit.n. Hutner 1977, S.32).
An dieser Stelle wird, so Hutner, das Sünde-Strafe-Reue Schema deutlich. Insbesondere, daß das Werkzeug der Strafe gerade jenes Volk sein wird, dessen Göttern man sich meinte anvertrauen zu können. Auch werde deutlich, daß die Strafe einzig dem Zwecke der Umkehr dienen soll. So gilt es auch für unser »Zeitalter der Ernüchterung«, daß »eine ganze Generation den Klauen der Versuchung der Völker, (der) Verehrung fremder Götter« entrissen und »der Weg für eine Epoche echter teshuva [Umkehr]« (Hutner 1977, S.35f.) eröffnet wurde.

Die zweite wesentliche Verschiebung besteht für Hutner darin, daß bisher sich niemals »die Völker des Westens mit denen des Ostens zum Zwecke der Vernichtung der Juden« (Hutner 1977, S.37) zusammenschlossen. Genau dies sei in dem Zusammenwirken Hitlers mit dem Großmufti von Jerusalem, Hadsch Amin el-Husseini, geschehen, die in mehreren Begegnungen ihren teuflischen Plan schmiedeten[17]. Diese beiden Verschiebungen machen also deutlich, daß der

---

17. Hutner stützt sich auf: Simon Wiesenfeld »Grand Mufti – Agent Extraordinary of the Axis«; dort werde berichtet, daß der Großmufti Majdanek besichtigte; weiter gibt er als Literatur an: Maurice Pearlman »Mufti of Jerusalem« und Joseph B.Schechterman »The Mufti and the Fuehrer«; Hutner gibt keine Angaben zu Ort und Erscheinungsjahr dieser Werke.

»Churban des europäischen Judentums ... ein wesentlicher Bestandteil unserer Geschichte (ist), und wir wagen es nicht, ihn als ein Einzelereignis auszusondern und der ungeheuren Bedeutung, die er für uns hat, zu berauben ... Durch die Jahrhunderte hindurch heißt das Muster der jüdischen Geschichte churban – galut – ge'ula, Zerstörung – Exil – Erlösung« (Hutner 1977, S.40f.)[18].

All diese hier kurz skizzierten, orthodoxen Erklärungsversuche im Rahmen des *mipnej chat'enu* reichten in ihrer Wirkung kaum über den engen Kreis orthodoxer Gemeinden meist chassidischer Prägung hinaus. Insbesondere in der jüdischen Diaspora, vornehmlich der USA, sind sie auch heute noch wenig bekannt. Die klassischen geschichtstheologischen Interpretationen des Holocaust, die späterhin vorgestellt werden, lehnen jene Deutungsmuster entschieden ab. Am nächsten steht ihnen vielleicht noch Ignaz Maybaums Deutung, die aber schließlich doch eine entscheidend andere Richtung einschlägt, wie wir sehen werden.

So mag es sich hier um »vereinzelte Stellungnahmen« (Jakobovits 1988, S.5) handeln, aber immerhin um Stellungnahmen, die unmittelbar vor sowie unmittelbar nach dem Holocaust eine bemerkenswerte Verbreitung fanden[19]. Zu recht bemerkt Johanna Kohn, es sei »interessant zu sehen und schwer zu deuten, daß diese Theologien den Erfahrungen von Auschwitz zeitlich am nächsten sind« (J. Kohn 1986, S.29).

18. Zur Kritik an Hutner vgl. vor allem: L. Kaplan 1980; auch: Jakobovits 1988a, S.377.
19. Dies gilt auch für folgende Beispiele: Ende des 19. Jahrhunderts prophezeite der Maggid (Volksprediger) von Kelm: »Wegen der Sündhaftigkeit von [Abraham] Geigers Reform des jüdischen Gesetzes wird ein anderes Gesetz in Deutschland erwachsen. Es wird besagen, daß jeder Jude ohne Ausnahme sterben müssen. Möge Gott uns beschützen« (zit.n. Jakobovits 1988, S.5). Etwa 20 Jahre vor dem Zweiten Weltkrieg schrieb der Rabbi von Dvinsk, Rabbi Meir Simcha Hacohen: »Die modernen Menschen denken, Berlin sei Jerusalem. Aber ein grimmiger Sturm wird von Berlin ausgehen und wird nur einen kärglichen Rest hinterlassen« (zit.n. Jakobovits 1988, S.5; ebenfalls zitiert in: Schwartz/Goldstein 1990, S.117f.); diese und ähnlich lautende Äußerungen sind im Kontext nachzulesen in: Wolpin 1986, dort auch Quellenangaben. Auch als Reaktion auf die Kristallnacht gab es im Umkreis orthodoxer Kreise bereits Deutungen, die die Assimilation und mangelnde Torah-Treue für Hitler verantwortlich machten; vgl. G. Greenberg 1988. Ähnliche Deutungsmuster in Bezug auf den Holocaust findet man direkt nach dem Holocaust bei orthodoxen Rabbinern, die überlebt haben; vgl. die äußerst instruktive, auf reichhaltigem Quellenmaterial beruhende exemplarische Studie über orthodox-jüdisches Denken im Raum München in der Zeit von 1945 bis 1948 bei: G. Greenberg 1989; siehe auch: Solomon 1988, S.8. Eine repräsentative Sammlung von Texten und Äußerungen, die sich auf *mipnei chata'enu* beziehen, findet man auch bei: Schwartz/Goldstein 1990 u. Wolpin 1986. Zum Stellenwert dieser Form jüdischer Sündentheologie im Rahmen der Tradition sowie zur Kritik an ihrer Anwendung im Rahmen des Holocaust siehe vor allem: H. Goldberg 1982; Schweid 1988, bes. S.402f.; Funkenstein 1989a, S.276-278.

1.2 Kiddusch HaSchem – Die Heiligung des Göttlichen Namens

1.2.1 Kiddusch HaSchem als zentrale Lebensaufgabe

Im populären (jüdischen) Sprachgebrauch ist der Terminus *Kiddusch haSchem* (Heiligung des göttlichen Namens) geradezu zum Synonym für die Bezeichnung des Martyriums geworden. Wenngleich dieser Gebrauch durchaus zutreffend ist, so hat er doch den Blick dafür verstellt, daß *Kiddusch haSchem* einem zentralen Konzept jüdischer Religiosität entspringt, dessen Spitze und Endpunkt zwar das Martyrium ist, dessen Ursprung und Kern aber breiter angelegt sind. Im Kern beinhaltet das auf biblischen Quellen beruhende und vom rabbinischen Judentum ausdifferenzierte religiöse Konzept *Kiddusch haSchem* Vorstellungen davon, wie der gläubige Jude die alltäglichen Handlungen seines Lebens und letztlich die Gesamtheit seines Lebens in den Dienst Gottes stellen soll. Wie unter einem Brennglas verdichten sich hier die Vorstellungen des Judentums vom Verhältnis Gottes zum Menschen und umgekehrt. Ausgangspunkt bildet die Auslegung eines Verses im dritten Buch Mose (Leviticus), Kap.22, Vers 31-33:

»*Beobachtet meine Gebote und erfüllet sie; ich bin der Ewige. Und entweihet nicht den Namen meiner Heiligkeit, auf daß ich geheiligt werde in der Mitte der Kinder Israels. Ich bin der Ewige, der euch heiligt*« (*Lev. 22, 31-33, zit.n. Bergmann o.J., S.396f.*).

Die Interpretation dieses als »Israels Bibel im kleinen« (Jellinek, zit.n. Bergmann o.J., S.397) bezeichneten Absatzes setzt an dem Erstaunen an, daß der, welcher die Heiligkeit per se ist, selbst einer Heiligung bedarf (»auf daß ich geheiligt werde in der Mitte der Kinder Israels«). Zwar trennt die jüdische Religion sehr scharf Gott und Welt, zugleich aber verknüpft sie das Schicksal der Welt und das Schicksal Gottes dergestalt, »daß nicht bloß die Welt von Gott, sondern ... das Schicksal Gottes von der Welt abhängt« (Bergmann o.J., S.398). Dieses Verständnis verweist darauf, wie intensiv das Verhältnis von Gott und Welt als ein dynamisches betrachtet wird und wie tief die Beziehung zwischen Gott und Mensch eine existenziell dialogische Dimension in sich birgt. Es handelt sich um eine »Partnerschaft von Heiligung. Der Mensch ist auf der Suche nach Gott, um Ihn zu heiligen, und Gott ist auf der Suche nach dem Menschen, auf daß der Mensch dabei ebenfalls geheiligt werde« (Schindler 1988, S.23)[20].

Wie vollzieht sich die Heiligung Gottes durch den Menschen? »Indem er (Gott) in deinem Leben zu deiner Tat wird. Indem du ihn bewährst, ist er in deiner Welt Wirklichkeit geworden« (Bergmann o.J., S.402). Am radikalsten kommt die hier aufleuchtende Verknüpfung von Heiligkeit und religiös-ethischem Verhalten, die dependente Beziehung von Gott und Mensch, in folgendem Midrasch-Traktat zum Ausdruck:

20. Vgl. Kap. III dieser Arbeit.

»Rabbi Simon ben Jochai sagte: ›Wenn ihr mich bezeugt, so bin ich der Ewige. Seid ihr nicht meine Zeugen, so bin ich auch nicht.‹« (Pes. R. Kahana 102b, zit.n. Bergmann o.J., S.402)
Zeugnis geben, ein Gott bezeugendes Leben (Tun, Verhalten, Handeln) ist konstitutiv für die Heiligkeit Gottes. Die Idee von *Kiddusch haSchem* »erhebt den Wert moralischen Handelns in kosmische Proportionen« (Maccoby 1988, S.852). Die Heiligung des Namens Gottes geschieht auf Seiten des Menschen durch die Heiligung des Lebens. Jede Tat, alles Verhalten und Handeln, von der Befolgung der religiösen Gesetze über routinehaft alltägliche Handlungen bis hin zu den schwerwiegenden Entscheidungen bei moralischen Konfliktsituationen, bekommen, unter den Leitstern *Kiddusch haSchem* gestellt, einen für den Bestand von Welt und Gott existenziell höchst bedeutsamen Charakter. Es ist der Aufruf zu einer permanenten Sakralisierung des Profanen und damit folgerichtig eine »Bestätigung« dafür, »daß der Mensch sich nicht aus dem Leben zurückziehen muß, um Gott zu heiligen; im Gegenteil, er soll das Leben voll auskosten, einschließlich Speise, Sexualität und die alltäglichen Gewohnheiten, die Gott in dieser Welt heiligen« (Schindler 1988)[21].

1.2.2 Kiddusch Haschem als Martyrium

Der denkbar extremste Fall, Gottes Heiligkeit und die Verwurzelung des Lebens im Absoluten zu bezeugen, liegt darin, ein demgemäßes Handeln mit dem Preis des Lebens zu bezahlen. Das leibliche Martyrium bildet dergestalt die letzte Konsequenz der Idee von *Kiddusch haSchem*. Während der jahrhundertelangen Verfolgungsgeschichte des Judentums zogen so Tausende und Abertausende einzelner Juden wie auch ganze Gemeinden den Tod und damit die Heiligung des göttlichen Namens seiner Entweihung (*Chillul haSchem*) vor. Von den Zeiten des Makkabäeraufstandes angefangen, über die Kreuzzüge bis hin zu den Verfolgungen während der Pestzeit, bei der Vertreibung und Verfolgung der spanischen Juden Ende des 15. Jahrhunderts bis hin zu den Pogromen der Neuzeit, ist dieses Verhalten vielfach bezeugt[22]. Auffallend und bemerkenswert, vor allem im Unterschied zu Idee und Verwirklichung des Martyriums im Christentum, ist dabei, daß *Kiddusch haSchem* nie zu einer den Märtyrer oder das Martyrium glorifizierenden Martyriologie geführt hat. Zwar wird der jüdische Märtyrer als ›Heiliger‹ (*Kadosch*) bezeichnet, doch resultierte hieraus nie eine dem Christentum vergleichbare Verehrung des Märtyrers oder Mystifizierung des Martyriums. »Das Martyrium darf nicht gesucht werden; derjenige, der es willkommen heißt, ohne nach Sicherheit durch Flucht zu suchen, ist ein Sünder« (Maccoby 1988, S.853). Deshalb gilt, wann immer es

---

21. Vgl. insgesamt zu dem hier dargelegten Verständnis von Kiddusch HaSchem vor allem: Bergmann o.J.; Schindler 1973; Schindler 1988; Maccoby 1988.
22. Vgl. die einschlägigen Standardwerke zur Geschichte des Judentums.

möglich war, durch »Auswanderung, Flucht, Fürsprache, Geldgeschenke und Dienste sein Leben und das Leben der jüdischen Gemeinde retten [zu können], oft sogar durch den scheinbaren Übertritt zum anderen Glauben..., hat man es getan, aus dem natürlichen Lebenstrieb des Menschen heraus, aber auch, weil die Erhaltung des Lebens als solches im Judentum immer als oberste Pflicht angesehen wurde« (Bein 1980, Bd.II, S.55). Dem entspricht die frühe und definitive auf äußerste Eingrenzung bedachte Festlegung der Kriterien, in welchen Situationen *Kiddusch haSchem* im Sinne des Märtyrertodes zu vollziehen sei. Im zweiten Jahrhundert n. Chr. wurde auf der rabbinischen Zusammenkunft in Lod (Lydda) beschlossen, daß *Kiddusch haSchem* als Opferung des eigenen Lebens nur dann zu geschehen habe, wenn Zwang zu Götzendienst, zu verbotenem Beischlaf und Mord vorliege[23]. Sollte man zur Übertretung anderer Gebote gezwungen werden, so besteht zum Martyrium nur dann eine Pflicht, wenn sich die entsprechende Situation in aller Öffentlichkeit, d.h. unter Anwesenheit von mindestens zehn Juden (*Minjan*), abspielt[24].

Die absolute Priorität des Lebens, die Erhaltung des Lebens als einem göttlichen Gebot, führten zu einem bemerkenswert restriktiven Verständnis vom Martyrium. Fast könnte man von einer ›Anti-Märtyrologie‹ im Judentum sprechen. Daß dementgegen in Zeiten religiöser Verfolgung *Kiddusch haSchem* in seiner letzten Konsequenz, in der Preisgabe des eigenen Lebens, eher die Regel denn die Ausnahme war, hat mehr mit den Verfolgern und Gegnern des Judentums zu tun, als mit dem jüdischen Verständnis vom Martyrium selbst. In jedem Falle aber – und dies ist entscheidend für unseren Zusammenhang – wurde die Idee und Verwirklichung von *Kiddusch haSchem* zu einem sinntragenden und handlungsorientierendem Motiv in Zeiten von Verfolgung und Leid. »Die so starben, hatten bei allem Leiden eine moralische Genugtuung, sie vollzogen ein göttliches Gebot, sie standen in einer Kette der Geschlechter, sie setzten eine heilige Überlieferung fort und wahrten ihre Treue« (Bein 1980, Bd.I, S.385). Das Konzept von *Kiddusch haSchem* in seiner Gesamtheit ermöglichte Juden ein »Leben mit Hoffnung, Sterben in Würde«.[25]

23. Vgl. Babyl. Talmud, Sanhedrin 74a; siehe auch: Schoeps 1992, S.260.
24. Sollte ein Jude im privaten Bereich etwa zur Verletzung eines Schabbath-Gebotes, oder zur Einnahme verbotener Speisen gezwungen werden, ist das Martyrium nicht geboten. Die gleiche Situation in der Öffentlichkeit unter Anwesenheit von mindestens zehn Juden aber erhält dann »repräsentativen, offiziellen Charakter, der ihn zu einem Akt der Apostasie vom Judentum macht« (Maccoby 1988, S.853); vgl. Schindler 1988, S.34; Ayali 1982 S.41f. Siehe zu dem gesamten Komplex auch die Ausführungen von Moses Maimonides (1135-1204) in seinem Gesetzeskodex »Mishne Torah« (vgl. Maimonides 1981), der die Auffassung des Talmud komprimiert wiedergibt. Alle Dokumente auf rabbinischer Seite vom Mittelalter, soweit vorhanden, bis hin in die Zeit des Holocaust beziehen sich zumeist auf Maimonides.
25. »To Live with Hope, to Die with Dignity«, so der Titel des Buches von: Rudavsky 1987. »Es ist nicht der Moment des Todes, der heroisch ist, sondern die Art und Weise des Lebens vor diesem Moment« (Kraut 1982, S.187).

1.2.3 Kiddusch Haschem während des Holocaust

Es gibt erstaunlich zahlreiche, erschütternde Beispiele tiefster Gläubigkeit inmitten eines martialischen Abschlachtens, die belegen, welche sinnstiftende und handlungsorientierende Kraft die Idee von *Kiddusch haSchem* für fromme Juden selbst unter den unfaßbarsten Bedingungen in Ghetto und Vernichtungslager inne hatte[26]. Wann immer *Kiddusch haSchem* während des Holocaust zur Diskussion stand, beriefen sich dabei die führenden rabbinischen Gelehrten auf Maimonides klassischen Ausführungen hierzu[27]. Exemplarisch wird dies etwa in den Äußerungen der Rabbiner Shimon Huberband, Menahem Zemba oder Hillel Zeitlin im Warschauer Ghetto deutlich. Sie alle paraphrasieren Maimonides‹ Ausführungen und sprechen schließlich jedem getöteten Juden, der allein um seines Jude-seins willen getötet wurde, den Titel *kadosch* (Heiliger) zu. Gleichwohl registrierten die verschiedensten Rabbinen, daß »der Holocaust eine neue Dimension hinzufügte« (Schindler 1973, S.89). Waren Juden bisher vor die Wahl gestellt, Taufe oder Tod, gab es diesmal für Juden keine Wahl und kein Entrinnen. Einzig galt, statt »entwürdigt und entmutigt in den eigenen Tod zu gehen, dem Feind entgegenzutreten in innerem Frieden, würdevoll, mit aufrechtem Gang, ohne Klage und Duckmäusertum« (Meir Dvorzeski, zit.n. Schindler 1973, S.89).

26. Eine der umfangreichsten und repräsentativsten Sammlungen liegt vor in dem mit ›Kiddush HaSchem‹ betitelten voluminösen Werk von: Huberband 1987. Rabbi Shimon Huberband, 1909 in der Nähe von Kielce/Polen geboren, war als Historiker, Schriftsteller und Poet im Polen der Vorkriegszeit ein angesehener Mann. Das Spektrum seiner Arbeiten war thematisch äußerst weit gespannt. Seine wohl bedeutendste Vorkriegsstudie handelte von jüdischen Physikern in Polen vom 17. Jahrhundert bis in die Gegenwart. 1940 ging Huberband nach Warschau, nachdem seine Familie bei einem deutschen Angriff ums Leben kam. Obgleich tief gebrochen von diesem Schicksalsschlag, war er intensiv engagiert in sozial-karitativen Organisationen (Jüdische Selbsthilfeorganisation) und wissenschaftlicher Forschung. Huberband wurde ein enger Mitarbeiter von Emanuel Ringelblum und seinem berühmten sog. Ringelblum-Archiv ›Oneg Shabbos‹. Im September 1946 wurden Huberbands Schriften zusammen mit dem Großteil des Ringelblum-Archivs bei Aufräumarbeiten in Warschau entdeckt. Die handschriftlichen, in Yiddisch verfassten Aufzeichnungen Huberbands gelangten nach Yad Vashem/Jerusalem und wurden dort 1969 erstmals in Hebräisch veröffentlicht. Zur Entstehungsgeschichte der Huberband-Aufzeichnungen und zu Huberbands Leben vgl. die Vorworte von Gideon Hausner und Jeffrey S. Gurock in: Huberband 1987, S.IX-XIX; zu Ringelblum siehe: Ringelblum 1952; Wulf 1958; P. Friedman 1980d; außerdem findet man Informationen über Ringelblum und sein Archiv zumeist in den neueren Gesamtgeschichten des Holocaust, etwa bei: Yahil 1990. Die meisten Beispiele, Sammlungen, Kommentare und Analysen zu *Kiddusch haSchem* findet man in Büchern, die über die sogenannte Responsenliteratur handeln; dazu insgesamt weiter unten, spezielle Literaturangaben in Anm.44.
27. Vgl. Anm.24 weiter oben.

Im wesentlichen lassen sich drei unterschiedlich motivierte Formen von *Kiddusch haSchem* während des Holocaust beobachten: »Motive des zekhut (Privileg), hakanah (Vorbereitung), hithlahavut (Extase)« (Schindler 1973, S.96), die im Folgenden anhand von Beispielen knapp skizziert werden sollen.

1.2.3.1 Kiddusch haSchem als Privileg – zekhut

Der Ostrovzer Rebbe, Rabbi Yehezkel Halevi Halstuk, kam im Winter 1943, in der sicheren Gewißheit ermordet zu werden, den Nazis in *kittel* (Gebetsmantel) und *tallit* (Gebetshemd) entgegen und erklärte:

»*Schon geraume Zeit habe ich dieses Privileg auf mich zukommen sehen. Ich bin bereit*« *(zit.n. Schindler 1973, S.90).*

Ahron Zeitlin berichtet von einem chassidischen Rebbe, der es ablehnte, die ihm angebotene Flucht vor den Nazis zu ergreifen, »ansonsten er das Privileg von Kiddusch haSchem ausschlagen müßte« (zit.n. Schindler 1973, S.90). Er folgte anderen Juden, die gesammelt wurden, um in die Vernichtungslager transportiert zu werden.

Ein letztes Beispiel: Der Shidlowitzer Rebbe, Haim Rabinowitz, der, zusammengepfercht in einem Viehwaggon mit vielen anderen Juden, ohne Wasser und Nahrung unterwegs in die Vernichtungslager war, versuchte seine Mitgefangenen zu trösten:

»*Freunde, fürchtet den Tod nicht. Zu sterben für Kiddusch HaSchem ist ein Privileg*« *(zit.n. Schindler, 1973, S.90).*

1.2.3.2 Kiddusch haSchem als Vorbereitung – hakanah

Der Piazesner Rebbe lehrte im Warschauer Ghetto:

»*Diejenigen, die es versäumen im Tod Gott zu preisen, werden Seiner auch nicht gewärtig in der kommenden Welt*« *(zit.n. Schindler 1973, S.91).*

Rabbi Mendele Alter, Gerer Rebbe, wurde im Sommer 1942 in Treblinka befohlen, mit seiner Gemeinde nackt auf dem Apellplatz zu erscheinen. Im Bewußtsein des unmittelbar bevorstehenden Todes bat der Rebbe um ein Glas Wasser. In dem Glauben, er wolle seinen letzten Durst löschen, wurde seine Bitte – ungewöhnlich genug – erfüllt. Doch stattdessen nutzte der Rebbe, zum Erstaunen seiner Henkersknechte, das Wasser, um eine rituelle Waschung seiner Hände vorzunehmen als Vorbereitung für *Kiddusch haSchem* und sprach:

»*Freunde, laßt uns vor dem Tod das widui* [rituelles Schuldbekenntnis] *sprechen*« *(zit.n. Schindler 1973, S.91).*

Von zahlreichen weiteren chassidischen Gemeinden wird von einem ähnlichen Vorgehen ihrer Rebben berichtet und welch beruhigend tröstliche Wirkung hiervon auf ihre Gemeinden ausging.

1.2.3.3 Kiddusch haSchem als Ekstase – hitlahavut

Meir Ofen, ein Kabbalist und chassidischer Rebbe aus Dzikov, führte mit einer Torah-Rolle in der Hand den Marsch mehrerer hundert Juden zu ihren Massengräbern an und rezitierte dabei beständig Ps.33,1:
 »Erfreut euch in Gott, ihr Gerechten« (zit.n. Schindler 1973, S.91).
Vom Grodzisker Rebbe, Rabbi Yisrael Shapira, ist überliefert, daß er mit inspirierender Kraft die Juden in Treblinka unmittelbar vor Betreten der Gaskammer gemahnt hat, *Kiddusch haSchem* mit Freude anzunehmen.
 Der Dombrover Rebbe, Rabbi Haim Yehiel Rubin, sang in ekstatischer Freude die Sabbathlieder und führte zwanzig Juden in einem entfesselnden Tanz an die Stelle der für sie bereiteten Gräber, um dort erschossen zu werden.

Wie sehr sowohl die Idee von *Kiddusch haSchem* als auch das Sünde-Strafe Muster als Interpretations- und Verständnismuster auch in der unmittelbaren Gegenwart für kontroverse Auseinandersetzungen sorgen, belegt ein im Februar/März 1991 in der jüdischen Öffentlichkeit mit Aufmerksamkeit verfolgter Streit zweier ultra-orthodoxer Rabbiner um die religiöse Bedeutung des Holocaust. Der Streit war ausgebrochen zwischen dem greisen, aber einflußreichen Rabbiner Elieser Schach und dem geistigen Oberhaupt der Lubavitcher, Menachem Schneerson.
 Schach, Leiter der Ponovezh Jeschiwah in Bnei-Brak und geistliches Oberhaupt der in der Knesset vertretenen Degel-Hatorah-Partei, hatte in einer Ansprache »schwere Angriffe gegen nicht-orthodoxe Juden«[28] erhoben. Er »behauptete, daß der Holocaust eine Strafe Gottes für sündiges Leben sei, was besonders bei Überlebenden des Nazi-Massenmordes lebhafte Proteste ausgelöst hat«. Rabbi Schneerson antwortete in einer Predigt, ohne seinen Gegner beim Namen zu nennen: »Alle, die im Holocaust umkamen – Männer, Frauen und Kinder – waren heilig und rein. Sie starben nur deshalb, weil sie Juden waren. Jeder von ihnen war ein Märtyrer«. Rabbi Schach wiederum »vertrat in seiner Predigt die Auffassung, daß der Holocaust ein Ergebnis des angesammelten göttlichen Zorns über den Abfall vieler Juden von der Orthodoxie unter dem Einfluss von Aufklärung, Sozialismus und Zionismus sei. ›Gott leidet lange, aber wenn schließlich ein Sättigungspunkt erreicht ist, holt er zur Strafe aus‹, sagte Schach. ›Das letzte Mal, als er Vernichtung brachte, war es der Holocaust‹«. Schneerson hält diese Auffassung für »gewissenlos« und meint weiter: »Die Zukunft hält nur Gutes für das jüdische Volk bereit. Es wird niemals mehr einen neuen Holocaust geben«. Für Schneerson ist »die Tragödie des Holocaust ein Problem, für das es keine Antwort gibt. Es gibt keinerlei menschliches Rational, um solch unbeschreibliche Leiden zu erklären. Tatsächlich sind Gottes Worte an seinen Propheten ›Meine

---

28. Dieses sowie alle folgenden Zitate stammen aus dem Artikel »Auseinandersetzung von großer Bedeutung«, in: Aufbau, No.5, 1.3.1991, S.13.

Worte sind nicht eure Worte und eure Wege sind nicht meine Wege‹ alles, was gesagt werden kann. Jeder Versuch, aus was immer einem Grund, die Verantwortung jenen zuzuschieben, die umgekommen sind, ist haarsträubend«. Rabbi Schach in seiner Antwort: »Wissen wir, wann der Sättigungsgrad wieder erreicht sein wird? Vielleicht wird es in einem Jahr der Fall sein, vielleicht in zehn Jahren. Und vielleicht morgen. Wenn Torah und Mitzvot [Gebote] nicht beachtet werden, könnte dieser Punkt, Gott möge es verhüten, wieder erreicht werden«.

Selbst im israelischen Parlament, der Knesset, kam der Fall zur Aussprache. Knesset Mitglied Dedi Zucker kommentierte: »Laut Rabbi Schach war Hitler der Sendbote Gottes und die Geißel seines Zornes. Wer die Ermordung von anderthalb Millionen Kindern gutheißt, versteht oder erläutert, hat nicht Gott im Herzen und hat jedes menschliche Antlitz verloren«. Und ein Abgeordneter der Arbeiterpartei, Shevach Weiss, sagte: »Rabbi Schach hat die Wehrmacht, die Waffen-SS und die Gestapo zu einer Heilsarmeee umfunktioniert. Niemand, auch nicht die Leugner des Holocausts, hat vorher diese Ausgeburten der Hölle zu einer derart hohen historischen Sendung erhoben[29]. Wenn Hitler der Finger Gottes war, wie kann man von mir erwarten, daß ich an einen solchen Gott glaube? Wenn das Rabbi Schachs Gott ist, dann ist er nicht mein Gott«.

1.2.4 Kiddusch Hahayim als Modifizierte Form von Kiddusch Haschem

Wie bereits dargelegt ist der eigentliche Grundgedanke von *Kiddusch haSchem* weniger ein Aufruf zum Martyrium als vielmehr Mahnung zur beständigen Heiligung des Lebens in all seinen Aspekten. Auf bemerkenswerte Weise wurde exakt dieser Grundgedanke im Rahmen der rabbinischen Diskussion während des Holocaust erneut aufgegriffen und verstärkt betont. Den entscheidenden Anstoß gab bei einem geheimen Treffen der zionistischen Führungsgruppe des Warschauer Ghettos im Frühjahr 1940[30] der Rabbiner Isaac Nissenbaum[31], der als erster den Terminus *Kiddusch haHayim* (Heiligung des Lebens) benutzte, um mit ihm zu

---

29. In diesem Punkt irrt der Abgeordnete allerdings; vgl. die Ausführungen weiter oben zu Teitelbaum, Teichthal, Hutner und Hartom, sowie die Holocaust-Deutung von Ignaz Maybaum, Kap. 2.1
30. Bei diesem Treffen ging es primär um Fragen der *Aliyah* (hebr., wörtl.: Aufstieg; gemeint ist die Immigration nach Palästina), die zu diesem Zeitpunkt noch im Bereich des Möglichen lag; vgl.: Rudavsky 1987, S.5
31. Das Treffen fand in Nissenbaums Wohnung statt. Der zu diesem Zeitpunkt 72-jährige Rabbi Isaac Nissenbaum (1868-1942) war als einer der hervorragendsten Rabbiner und Prediger seiner Zeit an der Ohel Moshe Synagoge in Warschau tätig. Er formte maßgeblich das Gesicht der religiös zionistischen Partei, Mizrachi, und trat ebenfalls als Herausgeber und Schreiber mehrerer Werke hervor; vgl.: Rudavsky 1987, S.5.

beschreiben, wie Juden auf die sie umgebende Herausforderung reagieren sollten. Er erläuterte den Versammelten:
»*Es ist eine Zeit für Kiddusch HaHayim, die Heiligung des Lebens, und nicht für Kiddusch HaSchem, die Heiligkeit des Martyriums. In der Vergangenheit jagten die Feinde der Juden nach der Seele des Juden, und so war es für den Juden angemessen, Gottes Namen zu heiligen, indem er seinen Leib opferte, getreu der Weise, das zu bewahren, was der Feind ihm zu nehmen versuchte. Aber jetzt ist es der Leib des Juden was der Unterdrücker einfordert. Deshalb ist es an dem Juden, seinen Leib zu verteidigen, sein Leben zu bewahren«* (Nissenbaum, zit. n. Rudavsky 1987, S.5).[32]

Kiddusch haHayim zielt dergestalt auf die absolute Wertigkeit und Würde des Lebens, die es aktiv zu bewahren und zu schützen gilt, wie schwer auch immer die äußeren Umstände sein mögen. Die Grundidee von *Kiddusch haSchem* aufnehmend ruft *Kiddusch haHayim* betont zu spirituellem, passivem und aktivem Widerstand auf. Sein zentraler Imperativ bestand darin, wie es Rabbi Nehemya Alter auf einem Treffen der Rabbiner in Lodz formulierte, »uns in Gegenwart der Goyim (Nicht-Juden) nicht selbst zu entwürdigen« (zit.n. Schindler 1990, S.64).

Kiddusch haHayim bedeutet, dem Tod wie dem Leben in einer der Würde des Lebens adäquaten Weise zu begegnen, um das göttliche Ebenbild im Menschen zu bezeugen.

Der Historiker Shaul Esh schreibt, *Kiddusch haHayim*
»*erklärt den außergewöhnlichen Willen zu leben, wie es zu jeder Zeit und an jedem Ort betont wurde, inmitten niederster Entwürdigung, ein Wille, der am besten mit jenem yiddischen Wort auszudrücken ist, das auf den Lippen des Großteils der Überlebenden des Holocaust war –* iberleyben, *überleben, am Leben bleiben. Die Juden Osteuropas fühlten tatsächlich, daß der Sieg über ihre Feinde, die ihre Auslöschung herbeisehnten, in der Kontinuität ihrer eigenen Existenz lag. Wie erbärmlich auch immer diese Existenz sein mag, es ist eine Mitzwah (religiöses Gebot) zu existieren«* (Esh 1962, S.107).

Kiddusch haHayim unterstreicht damit nochmals ausdrücklich, daß *Kiddusch haSchem* im Sinne des Martyriums »für den Juden nur die letzte Option, nicht die erste war. Nur in Situationen, in denen es existenziell unmöglich war, Gottes Namen durch die tägliche Lebensführung zu heiligen, sollte Kiddusch haSchem als Martyrium das Prinizip von Kiddusch haHayim verdrängen« (Rudavsky 1987, S.17). Denn, wie immer wieder darauf verwiesen wird, Gott habe seine Gesetze gegeben, »damit der Mensch durch sie lebe« (Lev. 18, 5) und nicht sterbe.

Würde und Wertigkeit des Lebens zu bezeugen als Antwort auf die physische und spirituelle Entwürdigung, die die Nazis betrieben, wurde auf dramatische

---

32. Vgl. auch den Bericht des Historikers und Überlebenden des Warschauer Ghettos, Nathan Eck, der Augen- und Ohrenzeuge dieses Treffens und der Ansprache Nissenbaums war, in: Eck 1960.

Weise in Lublin Ende 1939 demonstriert. Die Deutschen hatten alle Juden der Stadt auf ein leeres Feld außerhalb der Stadt befehligt und verlangten von ihnen, daß sie ein chassidisches Lied singen sollten. Zögerlich begann irgendjemand die traditionelle Weise ›*Lomir zich iberbeten, Avinu Shabashomayim*‹ (yidd.; Laßt uns versöhnt sein, unser Vater im Himmel) zu singen. Das Lied aber »*stieg nicht sehr enthusiastisch aus dem Mund der verängstigten Masse hervor. Sofort befahl Globoznik (der Befehlshaber der Deutschen) seinen Schergen, die Juden zu attackieren, weil diese seinem Wunsch offensichtlich nicht nachkommen wollten. Als der zornige Ausbruch gegen die Juden fortgesetzt wurde, brach eine anonyme Stimme kraftvoll und durchdringend inmitten des Tumultes hervor:* ›Mir welen sei iberleben, Avinu Shebashomayim!‹ *(Wir werden sie überleben, unser Vater im Himmel!). Unmittelbar griff das Lied auf die gesamte Gemeinde über bis es sie in einen stürmischen und fieberhaften Tanz katapultierte. Die Versammelten waren buchstäblich hingerissen von dieser entzückenden Melodie voller Treue, die nun mit einem neuen Inhalt aus Glaube und Vertrauen versehen war*« *(Moshe Prager, zit.n. Schindler 1990, S.64)*.[33]

1.3 Holocaust und Halacha

Das osteuropäische Judentum, in seiner großen Mehrheit orthodoxer, vielfach chassidischer Prägung, hat zweifelsohne den größten Blutzoll durch den Holocaust leisten müssen. Mit der Auslöschung des osteuropäischen Judentums ist zugleich »das biologische und kulturelle Herzstück des Judentums« (Greenberg 1981, S.14) vernichtet worden. Obgleich das orthodoxe Judentum einen gewaltigen Anteil in der Zahl der Opfer des Holocaust stellt, steht die Erforschung und Wahrnehmung des religiös bestimmten Verhaltens des orthodoxen Judentums erst am Anfang und hat bisher nicht jene Aufmerksamkeit und Ernsthaftigkeit erfahren, wie dies für nahezu alle anderen Aspekte des Holocaust gilt[34]. Deshalb wissen wir weit mehr »über Widerstand, Grausamkeiten, die biographischen Daten der Opfer, die Alltagsroutine im Konzentrationslager, Rettungsbemühungen, über säkular-kulturelles Leben, die Selbstverwaltung in den Ghettos, das Schicksal der Kinder und das der Frauen, als über die religiösen Reaktionen« (Schindler 1990, S.4).

33. Weitere Beispiele von *Kiddusch haHayim* bei: Schindler 1990, S.64f. und in den wesentlichen Responsensammlungen (Angaben weiter unten, Anm.44 zur Responsenliteratur). Zur Genese und Einordnung von *Kiddusch haHayim* in die jüdische Tradition siehe vor allem: Rudavsky 1987, S.11-26. Dort auch höchst interessante Ausführungen über den Zusammenhang der Idee von *Kiddusch haHayim* und der Ausformung des religiösen Zionismus.
34. Zum Forschungsstand insgesamt siehe weiter unten in diesem Kap., Abschnitt 1.3.3

Es gibt erstaunlich viele Quellen, deren Authentizität über jeden Zweifel erhaben sind, die etwa über Gottesdienste in den Lagern, über Talmud-Hochschulen, die im Untergrund der Ghettos wirkten, über das Verhalten zahlreicher einzelner orthodoxer Juden und ganzer Gemeinden in ihrem religiösen Überlebens- und Sterbenskampf berichten. Das am meisten Bemerkenswerte und Verblüffende zugleich ist in diesem Zusammenhang sicher die »psychologische Widerstandsfähigkeit und spirituelle Unbesiegbarkeit jener Juden, die um eine Unterweisung in der Halacha [jüdisches Religionsgesetz][35] von den wenigen Rabbinern, die ihnen noch verblieben, nachsuchten« (N. Lamm 1976a, S.VIII). Sogar in dem Augenblick, als das Schwert der Vernichtung über den Juden Europas schwebte, gab es eine außergewöhnlich hohe Anzahl gesetzestreuer Juden, »die sich an gelehrte Rabbiner wandten, um sich der Halacha gemäß selbst noch bei den allerletzten und tragischsten Entscheidungen zu verhalten« (Ayali 1982, S.37). Dabei muß auch dieses Verhalten im Rahmen des weitgesteckten Verständnisses der Idee von *Kiddusch haSchem* gesehen werden, als ein Bemühen, selbst unter den unmöglichsten Umständen ein Leben zu führen, das eine ›Heiligung des göttlichen Namens‹ unter Beweis stellte. Schließlich schlagen wir damit eines der erschütterndsten und eindrücklichsten Kapitel des Holocaust auf, ein im deutschen Sprachbereich nahezu vollständig unbekanntes Kapitel dazu[36]. Auf jüdischer Seite ist dieses Kapitel überschrieben mit dem traditionsreichen Begriff der Responsenliteratur.

1.3.1 *She'elot u Teshuvot* – Fagen und Antworten
Die Responsenliteratur während des Holocaust

Die sogenannte Responsenliteratur hat im Judentum eine reichhaltige und lange Tradition. In ihren Anfängen reicht sie bis in die talmudische Zeit zurück. Unter Responsen versteht man »Rechtsgutachten eines Talmudgelehrten im Bereich des talmudischen Rechts, hauptsächlich über Fragen des Religionsgesetzes, in Sachen der rabbinischen Gerichte sowie in strittigen Gemeindeangelegenheiten« (Breuer 1988, S.29). Es handelt sich um Anfragen, wie man sich in konkreten Fällen verhalten solle, für die es im jüdischen Religionsgesetz, der Halacha, noch keinen Präzedenzfall gab. Antworten und Entscheidungen der Rabbiner auf solche Anfragen gingen in ihrer religionsgesetzlichen Bedeutung oft weit über den aktuellen Kontext hinaus. Die Fragen und Antworten (She'elot uTeshuvot) wurden als Präzedenzfälle Teil der rabbinischen Gesetzessammlungen.

35. Vgl. Kap. III-1.2.2
36. Weit davon entfernt, eine systematische Aufarbeitung dieses bisher ungeschriebenen Kapitels leisten zu wollen, verstehen sich die folgenden Ausführungen lediglich als ein erster Einblick im Rahmen der Gesamtthematik dieser Arbeit.

Die Responsen sind sowohl in sozial- wie auch geistesgeschichtlicher Sicht eine hervorragende Quelle für den Historiker[37], »für die es in der Literatur anderer Völker keine Parallele gibt« (Ayali 1982, S.38). Nahezu alle Bereiche des jüdischen Lebens sind in ihnen reflektiert, von der Organisation und Struktur der Gemeinden, über Speisegewohnheiten und Kleidervorschriften, bis hin zu präkeren moralisch-ethischen Fragen. Und: diese Literatur reicht hinein bis in die Abgründe des Lebens und Sterbens während des Holocaust[38] und bildet dergestalt »ein intimes Fenster für die Belange des gewöhnlichen jüdischen Lebens« (Solomon 1988, S.5) dieser Zeit[39].

Als wichtigste Responsensammlungen aus der Zeit des Holocaust müssen genannt werden:
- *Esh Kodesh* (Heiliges Feuer), von Rabbi Kalonymos Kalmish Shapiro, dem Piazesner Rebbe, unweit von Warschau. Von September 1940 bis zum Sommer 1943 wurden seine Sabbath- und Feiertagsansprachen gesammelt, kurz vor der Liquidierung des Ghettos versteckt und nach dem Krieg wiedergefunden[40].
- *Em Habanim Semeha* (Eine glückliche Mutter ihrer Kinder), von Rabbi Yissachar Shlomo Teichthal[41].
- *Mi Ma'amakim* (Aus der Tiefe), von Rabbi Ephraim Oshry, in vier Bänden die umfangreichsten seiner Art. Zeichnet die Fragen und Antworten auf, die Rabbi Oshry in der Zeit von Juni 1941 bis August 1944 im Ghetto von Kovno behandelte[42].

37. Zum Wert der Responsenliteratur als Geschichtsquelle insbesondere in Rücksicht auf ihre dünne Quellenlage im Bereich der jüdischen Geschichte bis in die Neuzeit vgl.: Breuer 1988. Dort auch Beispiele von Responsen aus Mittelalter und Früher Neuzeit; ebenso: Weinryb 1967.
38. Der erste, der die Historiker des Holocaust auf den Wert der Holocaust-Responsen für die Forschung aufmerksam zu machen suchte, war Joseph Wulf in einem 1950 erschienenen Beitrag, der leider wegen seiner Abfassung in yiddisch nur begrenzte Wirkung hatte; vgl.: Wulf 1950.
39. Ein bemerkenswerter Anstieg der Zahl der Responsen ist unmittelbar nach Erlaß der Nürnberger Gesetze zu verzeichnen und geht in der Folge parallel mit dem Erlaß anderer anti-jüdischer Gesetze. Thematisch handeln sie besonders von den Schwierigkeiten, die sich für gesetzestreue Juden aus dem Verbot des Schächtens ergaben, oder um Anfragen darüber, wie der Halacha gemäß umzugehen sei mit der den Angehörigen zugesandten Asche ermordeter Familienmitglieder. Zu diesen Komplexen liegen Antworten vor u.a. von Rabbi Jehiel Jacob Weinberg, der am Bet Midrash Le'Rabbanim zu Berlin tätig war, oder von Rabbi Menahem Mendel Kirschboim, Rabbiner in Frankfurt; vgl. Rosenbaum 1976, S.9f.; auch: Breuer 1988, S.35f.
40. Vgl. Shapiro 1960; zu Leben und Werk siehe vor allem die umfangreiche Dissertation von: Polen 1983; vgl. auch: Schindler 1990, S.7.
41. Vgl. die Angaben zu Teichthal weiter oben, Anm.13.
42. Vgl. Oshry 1959-75, 4 Bde. (hebr.); eine einbändige englische Version liegt vor in: Oshry 1983.

– *Mekadeshei Ha-Shem* (Die ihr Leben hingaben zur Heiligung des Namens), von Rabbi Zwi Hirsch Meisels, Rabbiner von Veitzen/Ungarn, der nach seiner Befreiung in Auschwitz Rabbiner von Bergen-Belsen und der Britischen Besatzungszone im Nachkriegsdeutschland war, bevor er nach Jerusalem ging[43].

Damit sind nur einige der wichtigsten Quellenwerke genannt, die nun auch zunehmend in englischen Übersetzungen zugänglich oder zum Teil in Auszügen und Sammelwerken im Rahmen entsprechender Forschungsarbeiten greifbar sind[44].

1.3.2 Kurzer Einblick in die Schattenwelt der Holocaust-Responsen

Unter den schier unerträglichen Zuständen von Ghetto und Lager versuchten Juden alles in ihrer Macht stehende, um ein Mindestmaß an menschlicher Würde und Wohlergehen zu bewahren. Sie organisierten Arbeit und Wohlfahrtsorganisationen, es gab Kinder- und Waisenheime, öffentliche Suppenküchen und Krankenhäuser[45]. Vielfach wurde versucht, das Bildungssystem und kulturelle Einrichtungen soweit als irgend möglich am Leben zu erhalten. Gottesdienste, Gebet, religiöses Studium wurden in weitverzweigten Untergrundnetzen fortgesetzt. Aus diesem Umfeld des täglichen Überlebenskampfes stammen vielfach die Fragen gesetzestreuer Juden an ihre Rabbiner. »Das tägliche Leben des Ghettos, was wir gegessen haben, die überfüllten Quartiere, die wir teilten, die Lumpen auf unserem Leib, die Läuse auf unserer Haut, die Beziehungen zwischen Männern und Frauen – all dies war Gegenstand der Fragen« (Oshry 1983, S.ix). Einen ersten Einblick in die weitgefächerte Thematik der Responsen erhält man bereits, wenn man etwa die Kapitelüberschriften von Oshrys Responsensammlung ›*Mi Ma'amakim*‹ (Aus der Tiefe) durchliest: ›Juden, gezwungen eine Torah-Rolle zu zerstören‹; ›Schabbath Torah-Lesung für Sklaven-Arbeiter‹; ›Die Segnung für das Martyrium‹; ›Rettung durch ein Tauf-Zertifikat‹; ›Verhütungsmittel im Ghetto‹, ›Der reuige Kapo‹; u.a.

43. Vgl. Meisels 1955.
44. Die wichtigsten in englischer Sprache erschienen Arbeiten zur Responsenliteratur während des Holocaust sowie insgesamt zum Komplex halachischer Lebensführung während des Holocaust sind: Rosenbaum 1976; Zimmels 1977; Hirschler 1980; Kirschner 1985; Huberband 1987; Kranzler 1987; Schindler 1990. In allen genannten Büchern und Aufsätzen finden sich zahlreiche, repräsentative Auszüge aus der oben aufgeführten Responsenliteratur, sowie ausführliche Literatur- und Quellenangaben. Die einzigen mir bekannten Ausführungen zur Holocaust-Responsenliteratur in deutscher Sprache liegen in den kurzen, aber instruktiven Artikeln vor von: Ayali 1982; Szeintuch 1983; vgl. auch: Rahe 1993.
45. Es versteht sich von selbst, daß unter diesen Begriffen nicht annähernd das zu verstehen ist, was wir üblicherweise mit diesen Worten bezeichnen.

Hier ein Beispiel einer Frage und Antwort bei Oshry: »Wir Juden des Ghettos von Kovno ... wurden versklavt durch die Deutschen; müssen schuften den ganzen Tag und die ganze Nacht ohne Pause; müssen verhungern und erhalten keinen Lohn. Der deutsche Feind hat unsere totale Vernichtung beschlossen. Wir sind vollständig entbehrlich. Die meisten werden sterben«, beginnt einer der Anfragen. Ist es da noch angemessen und möglich, das tägliche Morgengebet zu sprechen, in dem es heißt, man danke Gott, »der mich nicht zum Sklaven machte?« Oshrys Antwort verrät viel von dem Geist seiner Arbeit: »Einer der frühesten Kommentatoren der Gebete bemerkt, daß dieser Segen nicht gesprochen wird, um Gott zu loben für unsere physische Freiheit, sondern eher für unsere spirituelle Freiheit. Ich entscheide daher, daß wir dieses Gebet unter keinen Umständen unterlassen oder verändern sollten. Im Gegenteil, ungeachtet unserer physischen Gefangenschaft sind wir mehr verpflichtet denn je, dieses Gebet zu sprechen, um unseren Feinden zu zeigen, daß wir als ein Volk spirituell frei sind« (Oshry 1983, S.85).

Eines der schikanösesten, religiös-ethischen Dilemmata, mit dem die religiösen und nicht-religiösen Leiter jüdischer Gemeinschaften während des Holocaust konfrontiert waren, war die ihnen aufgenötigte Komplizenschaft mit den Nazis, indem diese ihnen eine bestimmte Anzahl Juden auszuliefern befahlen. In der Regel wurde dabei nur eine zu erfüllende Zahl genannt, ohne Namen, d.h. die konkrete Auswahl oblag den jüdischen Führungsgremien, den Judenräten[46]. An die Rabbiner wurde in vielen solcher Fälle herangetreten mit der Bitte um eine der Halacha gemäßen Entscheidung[47]. Einige Beispiele:

---

46. Die im Folgenden angeführten Beispiele und Ausführungen entstammen alle: Rakeffet-Rothkoff 1991. Zur Rolle der Judenräte in den Ghettos vgl. die Angaben in Kap. IV-2.1, Anm.22.
47. Der Präzedenzfall, der zur Lösung eines solchen Problems herangezogen werden mußte, befindet sich in der biblischen Geschichte von Sheba, dem Sohn Bikhris, wie sie im 2. Buch Samuel in Kap. 20 erzählt wird. Sheba rebellierte gegen König Davids Herrschaft und wurde deshalb zum Tode verurteilt. Davids Nachfolger belagerten dann später die Stadt, in der Sheba als Flüchtling sich verbarg, und drohten mit ihrer Zerstörung. Um die Stadt zu retten, schlug nun eine »kluge Frau« vor, Sheba zu töten. In Vers 22 heißt es dann: ›Darauf ging die Frau und redete in ihrer Klugheit der ganzen Bevölkerung so lange zu, bis sie dem Sheba, dem Sohne des Bikhris, den Kopf abschlugen und ihm den Joab zuwarfen. Dieser ließ in die Posaune stoßen, und man löste sich auf und zog von der Stadt weg, jeder in seine Heimat. Joab aber kehrte nach Jerusalem zum König zurück‹« (zit.n. Rakeffet-Rothkoff 1991, S.36). Dieser Fall, seine Problematik, ob die Frau und die Einwohner der Stadt rechtens gehandelt haben oder nicht, wird dann im Talmud an mehreren Stellen ausführlich diskutiert. Im Traktat Terumot 7,20 der Tosefta heißt es: »Eine Gruppe von Juden, denen von Heiden gesagt wird: ›Liefert uns einen von euch aus, damit wir ihn töten können, andernfalls wir euch alle töten werden‹, sollten lieber alle den Tod erleiden, als auch

Am 15 Sept. 1941 übergab der Kommandeur des Ghettos in Kovno dem jüdischen Ältestenrat 5000 weiße Karten mit der Aufschrift ›Zertifikat für jüdischen Handwerker‹, Unterschrift: Jordan. Der Ältestenrat wurde angewiesen, diese Karten an die entsprechenden Familien zu verteilen. Wer nicht im Besitz dieser Karte wäre, sollte am nächsten Tag deportiert werden. Als diese Situation im Ghetto bekannt wurde, brach eine Panik aus. Zu diesem Zeitpunkt befanden sich etwa 30 000 Juden im Ghetto, unter ihnen etwa 10 000 gelernte Handwerker. Unzählige Arbeiter stürmten das Büro und verlangten eine weiße Karte. Viele erzwangen unter Gewaltanwendung die Herausgabe einer Karte. Der Tumult wurde immer größer. Inmitten dieses Chaos wurden Rabbi Oshry zwei Fragen gestellt: Ist es dem Ältestenrat erlaubt zu entscheiden, welche Arbeiter samt ihren Familien gerettet werden sollten und welche nicht? Muß man sich überhaupt den Anweisungen Jordans fügen? Ist es dem Einzelnen erlaubt, sich einer Karte einfach zu bemächtigen, auch wenn das zugleich den Tod eines anderen bedeute?

Rabbi Oshry argumentierte, es sei dem Rat erlaubt, die Verteilung vorzunehmen. Man könne den Fall nicht mit der Entscheidung des Maimonides (Preisgabe eines jüdischen Lebens nur im eindeutigen Falle eines Schuldigen und zum Tode verurteilten)[48] vergleichen, weil die Deutschen keine personelle Spezifizierung, also Namensnennung, vorgegeben hätten. Der Ältestenrat habe somit das Recht, die

> nur einen Juden auszuliefern. Sollten sie allerdings ein ganz bestimmtes Individuum benennen, so wie Sheba, den Sohn von Bikhri, dann mögen die Juden ihn ausliefern, um ihr eigenes Leben zu retten« (zit.n. Rakeffet-Rothkoff 1991, S.36). Auf die unbestimmte Drohung nach einem nicht näher benannten Juden wird gruppensolidarisch reagiert – Juden sind wir alle –, wird die Forderung personell spezifiziert bezüglich eines bestimmten Juden, der sich ein Vergehen hat zuschulden kommen lassen, ist ein Bruch der Gruppensolidarität, letztlich allerdings wiederum nur zugunsten der Gruppe, möglich. Im Jerusalemer Talmud schließlich dokumentiert sich der gültige Stand der Diskussion. Im Traktat Terumod 8,10 heißt es kommentierend zu dem erwähnten Konflikt: »Rabbi Simeon ben Lakish sagte, daß dies [die Auslieferung eines speziell benannten Juden] nur dann möglich sei, wenn er sich die Todesstrafe zugezogen hat, so wie Sheba, der Sohn von Bikhri. Rabbi Yohanan erklärte, er könne selbst dann ausgeliefert werden, wenn er nicht wie Sheba schuldig sei« (zit.n. Radeffet-Rothkoff 1991, S.36). Zwei Auffassungen stehen sich gegenüber: Preisgabe eines Juden zum Zwecke des Überlebens der Gemeinschaft ist a) nur möglich, wenn es um einen Juden geht, der zur Todesstrafe verurteilt wurde (R.Simeon ben Lakish), b) ist auch erlaubt, wenn der Jude unschuldig ist, das Überleben der Gemeinschaft rechtfertigt dies (R.Yohanan). Während des Holocaust wurde aus dem theoretischen Problem, ob das Gesetz in Übereinstimmung mit R.Simeon ben Lakish oder in Übereinstimmung mit R.Yohanan ist, sehr rasch ein praktisches; vgl. zu dem gesamten Komplex: Rakeffet-Rothkoff 1991.
>
> 48. Siehe die Erläuterungen in der vorhergehenden Anm.; Maimonides bezieht sich auf diesen Diskussionsstand.

Verteilung vorzunehmen. Allerdings gestand er Zweifel an dieser Meinung ein. Er legte dar, man könne ebenso argumentieren, es gebe keine Rechtfertigung für die Preisgabe derer, die auf diese Weise keine Karten erhielten. Es seien alles unschuldige Opfer der Nazis und sie seien nicht vergleichbar mit Sheba, dem Sohn des Bikhri. Rabbi Oshry stützte seine Entscheidung allerdings mit einer ähnlichen Entscheidung, die der Oberrabbiner Avraham Dovber Kahane-Shapiro von Kovno fällte. Der dortige Ältestenrat hatte einst die Anweisung erhalten, eine Notiz zu veröffentlichen, daß am folgenden Tage alle Bewohner des Ghettos sich auf einem bestimmten Platz einzufinden hätten. Der Rat sandte augenblicklich eine Abordnung zum Oberrabbiner, um von ihm einen Rat zu erhalten. Sie fürchteten nämlich, daß ein großer Teil der Versammelten exekutiert werden sollte und meinten, es wäre deshalb besser, die Notiz nicht bekanntzugeben. Andererseits waren sie sich im Klaren, daß, wenn sie der Anordnung nicht Folge leisten würden, dies schlimme Folgen für die gesamte Gemeinschaft, für das ganze Ghetto haben würde. Etwa um Mitternacht erreichte die Delegation das Haus des schon sehr hochbetagten religiösen Führers. Er schlief und mußte geweckt werden. Nachdem die Delegation ihm das Problem dargelegt hatte, erschauderte der Rabbi angesichts der Fragen, die man ihm stellte. Er bat um Zeit zur Erforschung des Problems in der rabbinischen Literatur und begab sich in seine Studierecke. Am nächsten Tag teilte er dem Rat folgende halachische Entscheidung mit: »Wenn ein böser Erlaß gegen eine jüdische Gemeinschaft ergeht und die Möglichkeit besteht, einen Teil der Gemeinschaft zu retten, sind die Führer verpflichtet, mit Mut und Verantwortung zu handeln. Sie müssen tun was immer ihnen möglich ist, um so viele wie möglich zu retten« (zit.n. Rakeffet-Rothkoff 1991, S.40). Der Ältestenrat solle sofort die Notiz veröffentlichen. Und ähnlich diesem, so Rabbi Oshry, sei der Rat angehalten, die weißen Karten zu verteilen, um so viele Leben wie möglich zu retten.

Neben diesen Urteilen gab es auch die gegenteilige Auffassung in Debatten anderer Räte, was die Aufstellung bestimmter Kontingente von Juden anging zum Zwecke sogenannter ›Umsiedlungsmaßnahmen‹. Auf einem Treffen des zentralen jüdischen Rats von Schlesien wies Rabbi Michael Laskier von Bedzin die Forderungen der Nazis zur Auswahl einer bestimmten Anzahl Juden zurück. Er betonte, es sei in der gesamten jüdischen Geschichte niemals vorgekommen, daß eine jüdische Gemeinschaft ihre Mitglieder an den Feind ausgeliefert habe, in dem sicheren Wissen um den sie bedrohenden Tod. Bezugnehmend auf die von den Nazis vorgegebenen Kategorien der Auszuwählenden – Alte, Kranke, Kinder – sei kein Zweifel an den mörderischen Absichten der Nazis zu hegen. Laskier nahm ausdrücklich Bezug auf Maimonides Lehrmeinung, die sich wiederum auf das Urteil des Rabbi Simeon ben Lakish stütze. Deshalb sei es dem Rat untersagt, mit den Nazis in der Frage der ›Umsiedlungsaktion‹ zu kooperieren. Die Nazis, so sein Schlußwort, sollten ihre Wahl gefälligst selber treffen.

Die Gegner einer solchen Entscheidung argumentierten dabei immer, eine Kooperation helfe letztlich, Leben zu retten, und verwiesen häufig auf einen Fall im Ghetto Wlocklaweck, wo eine bestimmte Anzahl Juden zum Abtransport in das Ghetto Lodz bereitgestellt werden sollte. Nachdem der Rat dort sich weigerte, eine Auswahl zu treffen, übernahm dies die Deutsche Polizei und selektierte allerdings 182 Juden mehr, als das mit ursprünglich 750 Personen vorgeschriebene Kontingent eigentlich vorsah. In Wilna wiederum sendeten die orthodoxen Rabbiner Botschaften an die verschiedenen Räte mit der Anweisung, eine Kooperation mit den Nazis in der Auswahl der bereitzustellenden Juden sei durch die Tradition nicht gedeckt, und beriefen sich dabei ebenfalls auf Maimonides.

Mit einem ähnlichen Dilemma war Rabbi Zwi Hirsch Meisels in Auschwitz konfrontiert. Am Vorabend von Rosch haShanah, dem jüdischen Neujahrsfest, im Jahre 1944, entschied der Kommandant von Auschwitz, nur jene Jungen im Alter zwischen 14 und 18 Jahren am Leben zu lassen, die groß und kräftig genug waren zum Arbeiten. Etwa 1600 betroffene Jungen, alles Überlebende vorheriger Selektionen, mußten sich auf einem zentralen Platz im Lager versammeln. Es wurden zwei Pfosten in der Erde verankert und eine Latte in einer bestimmten Höhe horizontal an diesen angebracht. Die Jungen mußten nun alle einzeln unter dieser Latte hindurchgehen. Diejenigen, deren Kopf an die Latte reichte, oder sie gar überragte, wurden zurück in ihre Baracken geschickt. Alle anderen, die problemlos unter der Latte hindurchkamen, wurden in einer speziellen Baracke festgehalten, bewacht von Kapos. Ihre Zahl war um die 1400. Sie erhielten weder Essen noch Trinken, und es war klar, daß sie am Abend des nächsten Tages vergast werden sollten. Am darauffolgenden Morgen, dem ersten Tag von Rosch haShanah, versuchten zahlreiche Eltern, die Kapos zu bestechen, doch ihre Kinder freizulassen. Die Kapos aber wiesen ein solches Ansinnen zurück. Es sei eine genaue Zahl der Selektierten festgehalten und für jeden, der am Abend fehlen sollte, würde einer der Jungen hinzugenommen werden, die die Selektion überstanden hätten. Die Zahl müsse in jedem Falle eingehalten werden.

Unter diesen Bedingungen kam ein Jude, dessen einziger Sohn unter den für die Gaskammer bestimmten Jungens war, zu Rabbi Meisels. Der Vater hatte die Möglichkeit, die Kapos zu bestechen und seinen Sohn zu retten, aber auch er wußte, daß dafür einer der anderen Jungens anstelle seines Sohnes würde in den Tod gehen müssen. Er fragte Rabbi Meisels um einen definitiven Rat, ob es erlaubt sei, seinen Sohn zu retten auf Kosten eines anderen Jungen. Rabbi Meisels weigerte sich zunächst, da er keinen anderen Kollegen habe, um den Fall zu diskutieren und auch über keine rabbinische Literatur verfüge, um die Tradition befragen zu können. Der Vater aber bedrängte den Rabbi weiter und sprach: »Rabbi, du mußt mir eine endgültige Antwort geben, denn noch ist Zeit, das Leben meines Sohnes zu retten« (zit.n. Rakeffet-Rothkoff 1991, S.42). Rabbi Meisels dachte nun, es sei vielleicht erlaubt, wenn die Kapos eventuell doch davor zurückschrecken würden, einen anderen Jungen an die Stelle des Sohnes zu setzen. Schließlich seien doch die Kapos auch Juden, wie korrupt und degeneriert sie auch sonst sein mögen. Angesichts dieser Ungewißheit, ob die Rettung des einen Lebens vielleicht doch nicht die Tötung eines anderen bedinge, könnte es möglicherweise erlaubt sein, den Sohn zu retten. Andererseits könnten die Kapos natürlich auch aus Furcht vor den Deutschen tatsächlich einen anderen Jungen ersatzweise inhaftieren. Aufgrund diesen Zwiespalts sah er sich nicht in der Lage, dem Vater eine definitve Antwort zu geben und beschwor den Vater, ihn nicht weiter mit seiner Frage zu bedrängen. Daraufhin sagte der Vater: »Rabbi, ich habe getan, wozu die Torah mich verpflichtet. Ich habe halachische Unterweisung durch einen Rabbi ersucht. Es gibt keinen anderen Rabbi hier. Wenn du mir nicht sagen kannst, daß ich meinen Sohn auslösen darf, dann ist es offensichtlich, daß du dir selber nicht sicher bist, ob das Gesetz es erlaubt. Denn wenn du sicher wärst, daß es erlaubt ist, du hättest es mir fraglos mitgeteilt. So sind für mich deine Ausflüchte gleichbedeutend mit der klaren Entscheidung, daß es mir verboten ist, so zu handeln. Mein einziger Sohn wird sein Leben verlieren in Übereinstimmung mit der Torah und der Halacha. Ich akzeptiere das Gebot des Allmächtigen in Liebe und mit Freude. Ich werde nichts tun, um ihn auszulösen um den Preis eines anderen unschuldigen Lebens, denn so lautet das Gebot der Torah« (zit.n. Rakeffet-Rothkoff 1991, S.42). Rabbi Meisels berichtet, daß den ganzen Tag von Rosch HaShanah über der Vater umherlief, still und voller Freude vor sich hinmurmelnd, er habe seinen einzigen Sohn zur Verherrlichung des Namen Gottes (Kiddusch haSchem) geopfert, in Übereinstimmung mit dem Willen des Allmächtigen und Seiner Torah. Er betete, Gott möge seine Entscheidung und sein Tun ebenso annehmen wie die Bindung Isaaks durch Abraham, einem zentralen Motiv in der Liturgie von Rosch HaShanah[49].

Auch nach dem Holocaust wurde dieses Problem der Opferung eines Lebens für ein anderes diskutiert. Rabbi Shimon Efrati wurde von Überlebenden befragt, ob eine bestimmte Entscheidung in Übereinstimmung mit der Halacha sei oder nicht. Bei dem Fall handelte es sich um folgenden Vorgang: In einem Bunker verbarg sich eine Gruppe von Juden, während die Nazis eine sogenannte ›Suchen und Zerstören‹-Aktion durchführten. Plötzlich begann ein kleines Baby, das ebenfalls zu der Gruppe der Versteckten gehörte, zu schreien. Es bestand Gefahr, daß durch das Babygeschrei die Nazis die Gruppe entdecken würde, was den Tod aller bedeutet hätte. Während die Gruppe diskutierte, ob man das Baby zum Schweigen bringen dürfe, selbst auf die Gefahr hin, es könne dabei sterben, nahm einer der Männer ein Kissen und hielt es fest auf das Gesicht des Babys. Als die Gefahr vorüber war und man das Kissen vom Gesicht des Babys nahm, war es tot. Rabbi Efrati wurde nun gefragt, ob dieses Handeln gerechtfertigt war zur Rettung der Gruppe und, wenn nicht, welche Strafe der so Handeln-

---

49. Diese Geschichte ist ein gut belegtes und in den Arbeiten über die Holocaust-Responsen viel zitiertes Ereignis; vgl. exemplarisch: Rosenbaum 1976, S.4f; oder Guttman 1975, S.433ff.; eine Version in deutscher Sprache findet sich bei: Ayali 1982, S.39f.

de auf sich nehmen müsse, um Buße für den Tod des Babys zu tun. Rabbi Efrati entschied, nach dem Studium der rabbinischen Quellen, daß es erlaubt war, das Kind zu opfern, um das Leben der anderen zu retten. Er berief sich dabei auf jenen Traktat in der Tosefta[50], welcher unterschied zwischen dem Fall, daß eine Gruppe gemeinschaftlich bedroht sei und dem Fall, daß einige bedroht, andere aber nicht bedroht seien. Seien alle gleichermaßen bedroht, sei es erlaubt, einen zu opfern, wenn dadurch das Leben der anderen gerettet würde. Außerdem stelle der Talmud im Traktat Sanhedrin eindeutig fest »Während einer Verfolgung darf ein Geringerer erschlagen werden, um die Verfolgten zu retten« (zit.n. Rakeffet-Rothkoff 1991, S.43). Das Kind könne demzufolge als solch ein ›Geringerer in der Verfolgung‹ angesehen werden, der das Leben aller gefährde und durfte daher geopfert werden.

Ein ähnlicher Fall wird von Rabbi Efrati geschildert, in dem das Baby nicht erstickt und alle Versteckten entdeckt wurden. Dies spielte sich ab in Glina, wo sein Bruder Rabbi Yitzhaq Zevi Efrati der religiöse Führer war. Dieser ermutigte seine Gemeinde, indem er immer wieder einen Vers aus dem Talmud zitierte: »Selbst wenn ein scharfes Schwert auf eines Menschen Nacken liegt, sollte er nicht vom Gebet lassen« (Berakhot 10a, zit.n. Rakeffet-Rothkoff 1991, S.43). Rabbi Yitshaq Zevi und seine Familie versteckten sich zusammen mit einigen anderen in einem Bunker. Während die Nazis nach Juden suchten, begann in dem Versteck ein Baby zu schreien. Aufgefordert, die Erlaubnis zu geben, das Baby ersticken zu dürfen, um die Familie des Rabbis und die anderen zu retten, zögerte Rabbi Yitshaq keine Sekunde, ein solches Tun zu verbieten. Die Konsequenz war, daß alle Leute in dem Bunker von den Nazis entdeckt und erschossen wurden.

Ein anderer tragischer Fall der Tötung eines Babys ereignete sich 1943, als 47 Juden sich in einem Bunker der kleinen Stadt Dolhinov, nähe Wilna, versteckten. Unter ihnen war der Erbauer dieses Bunkers, Joseph Kramer, seine Frau und ihr 18 Monate alter Sohn David. Die Deutschen jagten unterdessen die Juden der Stadt und erschossen sie auf der Stelle, wo immer sie ihrer auch nur habhaft werden konnten. Plötzlich begann das Baby im Bunker der Versteckten zu schreien. Der Vater des Babys erstickte schließlich eigenhändig sein Kind, nachdem alle anderen Versuche, es zu beruhigen, gescheitert waren. Auf diese Weise entkamen alle anderen dann tatsächlich dem Tode. Sie schlossen sich den Partisanen an und fanden bei Kriegsende den Weg nach Israel. Die tragische Tat des Vaters aber ließ diesen niemals mehr zur Ruhe kommen. Im Jahre 1971 stiftete er eine Torah-Rolle für eine Vorstadt-Synagoge von Ramat Yoseph in Bat Yam, Israel, in Erinnerung an seinen Sohn. Die feierliche Übergabe wurde in Gegenwart einer großen Gemeinde vorgenommen, unter denen eine Reihe der Überlebenden waren, die seinerzeit in jenem Bunker mit anwesend waren. Als die Torah-Rolle feierlich

50. Siehe Anm.47.

im Torah-Schrein untergebracht wurde, brach der Vater weinend zusammen in der Erinnerung jener tragischen Situation, die das Leben seines Sohnes kostete.

Wie sehr all diese Ereignisse und ihr tief in der Tradition wurzelnder Geist im Gedächtnis der Überlebenden und ihrer Nachkommen wirkmächtig ist, illustriert eindrücklich Pesach Schindler. Er berichtet, wie Mitglieder der Hevra Kadisha, einer der jüdischen Begräbnisvereinigungen, die unter hohem Risiko nach Toten suchten, um sie in würdiger Form zu bestatten, eines Tages den erfrorenen Körper von Baruch Yosef Kroll fanden,

»*in der einen Hand sein totes Kind haltend, in der anderen Talit und Tefillin* [Gebetsschal und -riemen]. *Sollte es jemals einen Tag geben, an dem ich meinen Talit und meine Tefillin vergessen sollte, würde ich Baruch Yosef Krolls Martyrium seines Sinns beraubt haben. Sollte jemals der Tag kommen, an dem ich den Gefühlen meiner Kinder gegenüber unempfindlich sein sollte, oder denen gegenüber irgend eines anderen Kindes, würde ich Baruch Yosef Krolls Tod seines Sinnes beraubt haben*« *(Schindler 1975, S.2).*

1.3.3 Zur Rezeptions- und Forschungslage der Holocaust-Responsen in Deutschland

Der Journalist und Holocaust-Forscher Günther Bernd Ginzel schreibt:
»*Wir wissen von chassidischen Gemeinden, die von ihrem Zaddik (Meister) getröstet wurden, als sie sich auf dem Weg zur Gaskammer befanden:* ›*Seid nicht traurig. Uns wird die große Gnade zuteil, kiddusch haschem*‹... *Kaum eine Gruppe wurde von der SS mehr gequält als die Frommen.* [...] *Seit Jahren studiere ich Akten aus Konzentrationslagern und Zeugenaussagen. Ich kenne überlebende Leiter des Widerstandes,... Es existieren kaum Hinweise, die jenes einzigartige Phänomen widerlegen würden, daß selbst bis dahin glaubensschwache Juden den Tod meist als Betende erwarteten*« *(Ginzel 1980a, S.264f.).*
Und Jean Amery berichtet:
»*... muß ich gestehen, daß ich für die religiösen Kameraden große Bewunderung empfand und empfinde... So oder so war ihnen ihr ... religiöser Glaube in den entscheidenden Momenten eine unschätzbare Hilfe, während wir skeptisch-humanistischen Intellektuellen vergebens unsere literarischen, philosophischen, künstlerischen Hausgötter anriefen... Sie lasen unter unausdenkbar schwierigen Umständen die Messe, und sie fasteten als orthodoxe Juden am Versöhnungstag, wiewohl sie ohnehin das ganze Jahr im Zustand wütenden Hungers lebten*« *(Amery 1988, S.27).*
Das Phänomen ist bekannt, die Quellen liegen auf dem Tisch, einen irgendgearteten Stand der Rezeption und Forschung zu dieser hier aufgefächerten Problematik im deutschsprachigen Raum gibt es nicht.

Allein die simple Chronistenpflicht des Historikers, so sollte man meinen, hätte dazu führen müssen, daß wir unterrichtet wären über Ausmaß, Form und Inhalt dieser vieltausendfach geführten Kämpfe religiöser Juden *gegen* den Geist der Vernichtung und *für* die Würde des Lebens. Stattdessen sucht man nahezu vergeblich in Büchern und Artikeln deutscher Historiker zum Holocaust nach diesem Aspekt[51].

Dies ist umso bedauerlicher, weil der gesamte Komplex des religiös-orthodoxen Verhaltens des osteuropäischen Judentums während des Holocaust eine ganze Reihe von gewichtigen Fragen und Aspekten aufwirft, die für das Gesamtverständnis des Holocaust durchaus von Belang sind. Ohne die Vielzahl der psychologischen, theologischen, soziologischen, philosophischen, sozial- und geistesgeschichtlichen Fragestellungen auch nur andeutungsweise aufzuzählen, die sich aus dem Vorgetragenen ergeben, will ich doch wenigstens auf zwei Punkte hinweisen, die besonders das Interesse des Historikers treffen sollte.

Da ist zum einen die schwierige Frage einer eventuellen Mitverantwortlichkeit der Orthodoxie, ihrer Führer und ihrer Tradition, am Untergang des osteuropäischen Judentums:

»Gab es da wirklich keine Unterstützung für gläubige Juden, die, wie in einer Falle gefangen, in den Ghettos und Lagern starben, zu fühlen, daß nicht nur Gott sie betrogen hat, sondern ebenso, daß ihre religiöse Doktrin, deren Glaubensinhalte und Gebote, in der Weise, wie sie ihnen weitervermittelt wurden von ihrer religiösen Führung, sie vom Wege abführten, ihre Augen blind machten für eine klare Sicht, oder ihre Bemühungen erstickten, einen zeitgemäßen Weg zu finden, um sich zu retten? [...] ..., war es nicht die große Sünde des Judentums in seiner im Exil geprägten Form, daß es den gläubigen Juden erlaubte, mehr Glauben in die Erwartung auf eine wundersame, rettende, göttliche Führung in der Geschichte zu setzen, als sie vielmehr zu lehren, klar zu sehen, daß die aktive Initiative des jüdischen Volkes, um seine Existenz und Sehnsucht zu kämpfen, gleich einem, der sich verantwortlich weiß vor Gott, seinem Gebieter, die einzigste Weise ist, in der Gott in der Geschichte seines Volkes anwesend sein und ihr Schicksal beeinflussen kann?« (Schweid 1988, S.400)[52].

51. Was den Stand der internationalen Forschung betrifft, ist der Befund nahezu gleichlautend. Einzige Ausnahme im deutschsprachigen Raum ist meiner Kenntnis nach der jüngst erschienene, äußerst informative und kluge Überblick von: Rahe 1993. Ebenso aus dem Rahmen fallen eine Reihe von jüdischen Historikern, in deren Standardwerken zum Holocaust die Thematik der religiös-orthodoxen Verhaltensweisen zumindest informativ erwähnt, oftmals ausführlicher thematisiert werden; vgl. exempl. Dawidowicz 1975; Yahil 1990, bes. S.543-558; Bauer 1978. Zu der inzwischen erschienen englischsprachigen Literatur über die Thematik des jüdisch-orthodoxen Verhaltens sowie der Responsenliteratur siehe die Angaben in Anm. 44 weiter oben; ergänzend seien noch genannt: Guttman 1975; Helfand 1983; Morgan 1984.
52. Vgl. ausführlich: Schweid 1988, der hier eine kritische Analyse der Orthodoxie wäh-

Zum zweiten scheint sich angesichts der Reaktion der Orthodoxie auf den Holocaust die Frage aufzudrängen, inwieweit nicht eine Kategorie wie ›Spiritueller Widerstand‹ in die Diskussion eingeführt und definiert werden müßte, was dann unweigerlich auch eine anderen Einschätzung der Frage nach dem jüdischen Widerstand insgesamt zur Folge hätte[53]. In diesem Zusammenhang wird auch ein nahezu vollständig unbekanntes und bisher nur wenig erforschtes Phänomen virulent, nämlich der aktive Widerstand und die vielseitigen Rettungsbemühungen auf orthodox-jüdischer Seite während des Holocaust. Bahnbrechendes hat auf diesem Gebiet David Kranzler geleistet, der eine erstaunliche Fülle orthodoxer Rettungsbemühungen, Einzelinitiativen und Initiativen größerer Organisationen, und insbesondere die ihnen zugrundeliegenden religiösen Quellen und Einstellungen aufzeigt[54].

Zu welch durchaus überraschenden Ergebnissen es führen kann, wenn man diese Fäden aufnimmt, mag durch die Tatsache illustriert werden, daß zum Beispiel die Forderung, die Krematorien und die Bahnlinien zu den Vernichtungslagern zu bombardieren, zuerst von einem orthodoxen Rabbiner, Rabbi Michael Ber Weissmandl, engagiert erhoben wurde:

»Es erscheint seltsam, daß die sehr vernünftige Idee, die militärische Kraft der Alliierten zu nutzen, um die Ermordung der ungarischen Juden zu verhindern, zuerst einem ultra-orthodoxen slowakischen Rabbi in den Sinn kam, aber das ist eine Tatsache« (Bauer 1978, S.139).[55]

---

rend des Holocaust vorlegt; vgl. ebenfalls: Schweid 1985, bes. Teil 4, Kap.4.; siehe auch: Jacobovits 1988, der wiederum in der Argumentationsweise Schweids die Gefahr sieht, daß Schuld und Verantwortung an der Ermordung der Juden »von den Verbrechern auf die Opfer« (Jacobovits 1988, S.7, Anm.15) verschoben werde.

53. Marek Edelman, ein Überlebender des Warschauer Ghettoaufstandes, betonte, daß die »Loyalität gegenüber dem eigenen Kind oder den hilfsbedürftigen Eltern«, die sich darin ausdrücke, daß man »im Bewußtsein in den eigenen Tod zu gehen, seine oder ihre Hand nahm, mehr Mut verlangt, als eine Waffe in die Hand zu nehmen« (Edelman, zit.n. Fein 1987, S.26); vgl. auch: Leiser 1982, S.106f.; zur Qualität des spirituellen Widerstandes siehe auch besonders weiter unten Kap. V-2.3 die Position Fackenheims, für den der spirituelle Widerstand zu einem zentralen Punkt seiner Deutung des Holocaust wird; vgl. auch: Hilberg 1988, S.36.

54. Vgl.: Kranzler 1987; auch: Schindler 1990, bes. S.97-114, der besonders den Zusammenhängen von Widerstand, Rettungsbemühungen und religiöser Tradition als entscheidendem Motivationsfaktor für die chassidisch geprägte Orthodoxie nachgeht. Die gleiche Thematik wird ebenfalls behandelt in: Schwartz/Goldstein 1990; Kranzler/Gevirtz 1991.

55. Zur Person von Rabbi Weissmandl, der eine ganze Reihe von Rettungsbemühungen organisierte, siehe: Kranzler 1987, S.2 u. S.264-284. Der Aufruf, Auschwitz und die wichtigsten Zubringerlinien der Bahn zu bombardieren, ist Teil eines dramatischen Hilfebriefes an die Weltöffentlichkeit, der von Rabbi Weissmandl und Gisi Fleisch-

Allen in den zurückliegenden Kapiteln aufgezeigten, in der Tradition wurzelnden und von der jüdischen Orthodoxie vertretenen Verhaltens- und Verstehensweisen während und unmittelbar nach dem Holocaust ist wohl das Motiv gemeinsam, daß es den Juden möglich werden sollte, Leiden und Sterben in nahezu übermenschlicher Würde annehmen zu können, trotz der bestialischen Erniedrigungen und Entwürdigungen durch die Nazis. Vielfach wurde es den glaubensfrommen Juden zu einer Nagelprobe ihres religiösen Glaubens, der es ihnen auf diese Weise gestattete, das offensichtlich Unausweichliche des Grauens zu akzeptieren und sinnvoll in ihren Lebens- und Glaubenshorizont einzufügen. Die sie umgebende Realität, darauf aus, den innersten Kern ihrer jüdischen Identität zu vernichten, gab diesen gläubigen Juden die Gelegenheit, das genaue Gegenteil zu demonstrieren: den Gipfel ihrer Gottesliebe zu erklimmen und so im Angesichte ihrer Mörder einen würdevollen Tod auf sich zu nehmen.

Obwohl alle jüdischen Holocaust-Theologen nach 1945 den traditionell motivierten Handlungs- und Verstehensmustern – *Kiddusch haSchem, Kiddusch haHayim*, sowie insgesamt ein der Halacha gemäßes Verhalten – ihren außerordentlichen Respekt zollen, halten sie doch all diese Muster nicht mehr für hinreichend, um eine befriedigende Rechtfertigung oder Sinngebung des Leids angesichts des Holocaust zu leisten. Sicher auch deswegen, weil ihnen ein umfassenderer Blick auf die Tiefe des Abgrundes möglich war, sie Kenntnis hatten von dem Ausmaß des Leidens und Sterbens während des Holocaust.

Hauptsächlich aber vermißten die Holocaust-Deuter ein in ihren Augen wesentliches Merkmal einer ›Heiligung des Namens‹, nämlich daß diese nur in einer Wahl mit Alternative einen befriedigenden Sinn habe, wie es etwa den Juden im Mittelalter noch gegeben war, wenigstens zwischen Tod und Taufe ›wählen‹ zu können. Diese Alternative fehlte während des Holocaust, wo es für Juden zuallermeist nur das eine gab: Tod, Tod und nochmal Tod.

mann, beide führend im slowakisch-jüdischen Untergrund, verfasst wurde; siehe: Wyman 1986, S.403. Zum Komplex der Rettungsbemühungen während des Holocaust insgesamt siehe vor allem: Gutman/Zuroff 1977; Bauer 1981; Wyman 1984. Zur Frage, warum Auschwitz nicht bombardiert wurde siehe vor allem: Wyman 1978 u. 1986, S.400-430.

2. Die Klassiker der Holocaust-Theologie

»*Was sind die kleinen Fragen? Die Definitionen, Regeln, Vorschriften; die Fessel des Befehls; die Zugfahrpläne und die Bahnbeamten; die Menge und der Preis des Gases: kurz, wie es getan wurde. Was ist die ›große‹ Frage? Warum es getan wurde*«.
(Emil Fackenheim 1982)

»*Es gibt keine zuverlässigere Brücke über einen Abgrund, als ein Wort, das ihm entstieg*«.
(Elazar Benyoetz 1990)

2.1 Ignaz Maybaum

»*Wie kommt es, daß man uns im Namen der Liebe dauernd mordet und schändet?*«
(Rabbi Scherechewski)

Mit Ignaz Maybaum, der 1897 in Wien geboren wurde, tritt uns zweifelsohne die konservativste der vier klassischen geschichtstheologischen Deutungen des Holocaust entgegen. Maybaums Position bewegt sich durchaus noch im traditionellen Sünde-Strafe-Schema, wenngleich er eine originär eigene Argumentationslinie entwirft und wesentliche Faktoren anders gewichtet als etwa Teitelbaum, Teichthal, Hartom und Hutner[56].

Maybaum wurde nach seinem Studium an der Hochschule für die Wissenschaft des Judentums in Berlin, an der auch sein seinerzeit weithin bekannter Onkel, Sigmund Maybaum, lehrte, zum Rabbiner ordiniert[57]. Danach war er als Rabbiner in Bingen, Frankfurt/Oder und Berlin tätig. Er erregte bereits in den 30iger Jahren beachtliches Aufsehen mit seinen Veröffentlichungen in Deutschland innerhalb des Judentums[58]. In ihnen konstatierte er eine im Verlauf der Säkularisation immer größer gewordene, allgemein verbreitete, existentielle Angst, welche die spirituellen Dimensionen des Judentums zu untergraben drohe. Liberalismus und Zionismus waren ihm gleichermaßen Ideologien, die seiner Ansicht nach säkularisierte Versionen ursprünglich religiöser Lehren waren, ohne allerdings noch das Verständnis einer ›heiligen Geschichte‹ zur Voraussetzung zu haben[59]. Seine Analyse der spiri-

---

56. Zu diesen Autoren vgl. Abschnitt 1.1 dieses Kapitels.
57. Zum Einfluß und zur Bedeutung der Hochschule für die Wissenschaft des Judentums in Berlin siehe: Liebschütz 1956; Carlebach 1992; vgl. auch: Wilhelm 1969.
58. Siehe: Maybaum 1935 u. 1936.
59. Zu Maybaums Wirkung und Einordnung seines Schaffens im Deutschland der dreißiger Jahre vgl.: Altmann 1956.

tuellen Krise des Judentums seiner Zeit folgte dabei den geschichtsphilosophischen Lehren Franz Rosenzweigs, dessen Schüler Maybaum war.

1939 emigrierte Maybaum nach England[60], wo er gleich nach seiner Ankunft, kurz vor Beginn des Zweiten Weltkrieges, sich engagiert an der Betreuung und Hilfestellung für jüdische Flüchtlinge aus Deutschland beteiligte[61]. Er gehörte zu den Gründern des Leo-Baeck-College in London, wo er bis zu seinem Tode im Jahre 1976 auch lehrte.

Als Rabbiner war er hauptsächlich an der Edgeware Reform Synagogue in London tätig. Hier entstand auch sein im Folgenden vorgestelltes Buch ›The Face of God After Auschwitz‹ (Das Antlitz Gottes nach Auschwitz), das eine Reihe von Predigten vereint, die er Anfang der 60er Jahre in dieser Synagoge hielt. Maybaum ist, neben Fackenheim, der vielleicht am unmittelbarsten vom Nazi-Terror betroffene Holocaust-Deuter. Seine Mutter, seine zwei Schwestern, sowie andere Verwandte kehrten aus Theresienstadt nicht mehr zurück[62].

2.1.1 The Face of God After Auschwitz – Das Antlitz Gottes nach Auschwitz

Maybaum entwickelt eine geschichtstheologische Deutung des Holocaust, in der er eine Einzigartigkeit des Holocaust abstreitet und ihn stattdessen betont in die Kontinuität jüdischer Vergangenheit stellt. Er ›erklärt‹ den Holocaust, indem er den Sinn von Auschwitz und Treblinka mit der Vorstellung einer außergewöhnlichen, stellvertretenden Buße und Sühne aller dort umgekommenen Opfer verbindet: Die dort unschuldig starben, starben, damit andere leben konnten und können.

Maybaum schlägt damit ein traditionsreiches jüdisches Motiv an, das in den Texten des Propheten Jesaja, den sogenannten ›Gottesknecht‹-Kapiteln[63], seinen Ursprung hat und von Christen als sinnbildliche Vorwegnahme des Schicksals Jesu interpretiert wird. Maybaum nutzt dieses Motiv als Werkzeug, um den Opfern des Holocaust einen Sinn zu geben.

»Juden haben eine Geschichte, deren Muster in den Gottesknecht-Texten des Buches Jesaja enthalten sind. In Auschwitz, so sage ich es in meinen Predigten – und nur Predigten ist es angemessen, eine solche Äußerung zu tun – erlitten Juden einen stellvertretenden Tod für die Sünden der Menschheit« (Maybaum 1965, S.35).

60. Laut Dow Marmur war Maybaum während der ersten sechs Jahre der Naziherrschaft auch für kurze Zeit in einem Konzentrationslager inhaftiert. Marmur gibt aber weder Ort, noch Dauer, noch die Quelle seiner Information an; vgl.: Marmur 1987, S.9.
61. Hiervon gibt sein erstes in England erschienenes Buch Zeugnis; vgl.: Maybaum 1941.
62. Siehe das Kapitel »The Exodus of our Time« in: Maybaum 1965.
63. Vgl. insbesondere: Jesaja, Kapitel 53; zur jüdischen Interpretation und Auslegungstradition dieses biblischen Jesaja-Kapitels siehe auch: Neubauer 1969.

Nach Zerstörung des Ersten und Zweiten Tempels hieß es in der jüdischen Liturgie, daß dies geschah ›unserer Sünden wegen‹. Aber:
»Nach Auschwitz müssen dies Juden nicht sagen. Kann es je einen Märtyrer geben, der es mehr verdient hätte, ein unschuldiges Sünden-Opfer genannt zu werden, als jene, die in Auschwitz ermordet wurden! Die Millionen, die in Auschwitz starben, starben ›wegen der Sünden anderer‹. Juden und Nicht-Juden starben in Auschwitz, aber der Judenhaß, den Hitler von der mittelalterlichen Kirche erbte, machte Auschwitz zum Golgatha des Jüdischen Volkes im Zwanzigsten Jahrhundert« (Maybaum 1965, S.35).
Maybaums Position wurzelt in der Überzeugung der Gegenwärtigkeit Gottes und der Auserwähltheit Israels, das in einem einzigartigen Bund mit dem Allmächtigen steht. Dieser Bund wiederum verpflichtet Israel zu einer Zeugenschaft von Gottes Existenz und den Zielen seiner Schöpfung. Hierin liegt auch der eigentliche Grund, warum die Juden von Hitler ›ausgesondert‹ wurden:
»Warum sonderte Hitler den Juden als seinen Hauptfeind aus? Ich bin nicht zufrieden mit der Antwort ›Hitler war ein Verrückter‹. Auch akzeptiere ich nicht als Erklärung den rassischen Mythos, an den Hitler glaubte. Das jüdische Volk trägt viele verschiedene rassische Komponenten in sich. Dennoch gibt es einen Grund, warum der Jude als Feind des Nazismus betrachtet wurde ... (als) unversöhnlicher Gegner des Nazismus. Hitler wußte, genau wie wir, daß nicht jeder Jude gerecht, barmherzig und wahrhaftig ist. Aber Hitler wußte auch, daß der Jude, historisch und existenziell, ohne jede Wahl, für Gerechtigkeit, Barmherzigkeit und Wahrheit steht. Er stand für all das, was jedes Wort aus Hitlers Mund zu einer Lüge werden ließ. Der Jude, ohne daß er auch nur seinen Mund zu öffnen brauchte, verdammte Hitler. Ohne daß er auch nur irgendetwas tat, schaffte der Jude eine Situation, in welcher Deutschland als das Land des Baal sichtbar wurde. ... In der apokalyptischen Stunde der modernen Menschheit beugte sich der Jude nicht vor dem Moloch. Gott ließ es nicht zu. Sie waren Sein Volk. Ihre Erwählung war immer noch gültig. Erneut wurde bewiesen, daß auserwählt sein heißt, selbst keine Wahl zu haben. Gott wählt. Das jüdische Volk wurde erneut dazu auserwählt, nicht so zu sein wie die Nicht-Juden« (Maybaum 1965, S.25f.).
Damit sagt Maybaum nichts anderes, als daß selbst der Holocaust übereinstimmt mit Gottes Willen und seiner Vorsehung entspricht. Was genau aber ist das Wesentliche dieses göttlichen Musters in diesem Fall, und was ist die Rolle Israels dabei? Kurz gesagt ist das eigentliche Ziel des geschichtlichen Dramas, Gott den nicht-jüdischen Völkern nahe zu bringen, und Israel ist der Bote und Zeuge dieses Auftrages. Israels Geschichte verläuft einerseits in gewisser Weise unabhängig vom Gang der Nationen, ist eingebunden in eine transzendente Beziehung. Andererseits ist Israels Geschichte immer eine Geschichte seiner Begegnung mit fremden Völkern gewesen: Ägypten, Babylon, Griechenland, Rom und den Nationen des Islam wie des Christentums. Um nun seinen Auftrag vollziehen

235

zu können, war es nötig, daß Israel eine symbolische Sprache entwickelte, die den nicht-jüdischen Völkern verständlich war. Die instrumentelle Funktion jüdischen Daseins kann sich nur in einer Geschichte erfolgreich niederschlagen, die den nicht-jüdischen Nationen in ihrer Bedeutung zugänglich wird. Um diese Idee einer jüdischen Mission genauer zu klären, führt Maybaum zwei traditionelle Begrifflichkeiten jüdischer Erfahrung ein, die des *churban* (Zerstörung, Vernichtung) und die der *gezerah* (schreckliche Fügung, strenges Urteil)[64].

Nach Maybaum meint *churban* »eine Katastrophe, die einer Ära ein Ende macht und eine neue Ära herbeiführt« (Maybaum 1965, S.32). Der *churban* ist »ein Tag der Ehrfurcht, einer Ehrfurcht jenseits menschlichen Verstehens ... churban impliziert Fortschritt« (Maybaum 1965, S.32). Es handelt sich um ein Ereignis, das eine Botschaft sowohl für Juden wie auch für Nicht-Juden in sich trägt, ist also ein Ereignis, das »die Weltgeschichte betrifft ... es katapultiert die Geschichte der Menschheit in ein neues Kapitel« (Maybaum 1965, S.61).

Demgegenüber meint *gezerah* Ereignisse wie etwa die Vertreibung der Juden aus Spanien 1492, oder aber die Massaker und Pogrome der Neuzeit, Ereignisse, die bei all ihrer Schrecklichkeit doch keine neue Ära hervorbrachten. Mehr noch, *gezerah* kann abgewendet werden durch Buße, Gebet und Liebe[65]. Der *churban* hingegen kann nicht abgewendet werden, er verändert die Parameter von Israels Existenz, ist eine unwiderrufliche Entscheidung Gottes, die die ganze Menschheit berührt und ist ein evolutionäres Ereignis:

»Der churban ist ein Fortschritt, der in einer Geschichte vonstatten geht, in der die Nicht-Juden Hauptakteure, oder besser, Hauptverfolger sind. Der churban ist ein Fortschritt, der mittels eines Opfers erreicht wird« (Maybaum 1965, S.32).

Churban hat Offenbarungscharakter. In ihm wird die Sprache gefunden, die den Nicht-Juden verständlich ist, eine Sprache, in der ein durch Tod und Zerstörung verursachter Fortschritt sichtbar wird. Maybaum fügt hinzu, daß eine gewaltlose Sprache, selbst wenn sie von Gott käme, von der nicht-jüdischen Welt überhört würde. Gott muß mit einem *churban*, einer Sprache der Zerstörung, sprechen, denn es ist die einzige Sprache, die eine Reaktion, eine Antwort bei den Völkern auslöst[66].

64. Zum Terminus *churban* vgl. die Angaben in Kap. II-3, Anm. 153; siehe auch: Sperber 1979; Sperber benutzt ebenfalls den Terminus *churban* für den Holocaust, allerdings unter explizitem Verzicht seiner theologischen Bedeutung.
65. In der Liturgie von Yom Kippur, dem Versöhnungstag, heißt es: *Teshuvah u-Teffilah u-Zedakah ma'averin et roa ha-Gezerah* (Umkehr, Gebet und Wohltätigkeit annullieren die schreckliche Fügung); vgl.: St. Katz 1983, S. 158.
66. Vgl. die Konzeption einer ›Glaubensgeschichte‹ und einer ›Machtgeschichte‹ von Eliezer Berkovits, das auf ähnliche Schlußfolgerungen hinausläuft, in Abschnitt 2.4 weiter unten.
67. Vgl.: Gen. 22; siehe auch Kap. II-3.

Warum aber verstehen die Völker im Gegensatz zu den Juden nur eine Sprache des Todes, der Zerstörung? Nun, eines der fundamentalen Motive des Judentums ist die *akedah*, die Bindung Isaaks[67]. Das klassische Symbol des Christentums hingegen, von dem ja die nicht-jüdischen Völker des Westens und Osteuropas geprägt sind, ist das Kreuz Jesu. Die *akedah* ist die Geschichte der Opferung Isaaks, die ja nicht im Opfer bzw. mit dem Tod Isaaks endet. Isaak lebte weiter und gründete eine Familie[68]. In der *akedah* spielt sich demzufolge keine »heroische Tragödie« ab, seine Botschaft lautet vielmehr: Es ist ein Fortschritt in der Geschichte auch ohne Martyrium und Tod möglich. Die Kreuzigung aber ist ein vollzogenes Opfer, endet im Tod und ist Zeichen einer heroischen Tragödie:

»Das Kreuz der Christenheit ist ein Symbol dafür, daß das Opfern des Lebens einen Sinn macht. ... Jemand muß sterben, damit andere leben können« (Maybaum 1965, S.29ff.).

In diesem Sinne stehen sich Kreuz und *akedah* in ihren Auffassungen vom Leben konträr gegenüber[69].

Mit der Kreuzigung als Modell göttlichen Handelns könne das Christentum nie den Sinn der *akedah* erfassen. Deshalb, so tragisch dies auch sein mag, muß das Judentum die Wirklichkeit des Kreuzes wiedervergegenwärtigen, will es in eine Verständigung mit den christlichen Völkern kommen. So muß der moderne Jude im Kollektiv das tun, was jener einzelne Jude, Jesus, vor nahezu 2000 Jahren schon getan hat: das Kreuz auf sich nehmen, Verfolgung, Leid und Tod ertragen, um in Kommunikation mit der nichtjüdischen Welt zu kommen.

Das Modell der Kreuzigung ist derart tief im Bewußtsein der christlichen Zivilisationen verankert, daß ein Fortschritt nur möglich ist, wenn er sich in den Strukturen und Mustern der Kreuzigung mitteilt. Auschwitz ist eine überwältigende Wiederauflage der Kreuzigung, ein erneutes Zeichen stellvertretenden Leidens zum Wohle der Menschheit:

»Das Golgatha der modernen Menschheit heißt Auschwitz. Das Kreuz, der römische Galgen, wurde ersetzt von der Gaskammer. Die Nicht-Juden, so scheint es, müssen erst durch das Blut eines geopferten Sündenbocks erschreckt werden, um die offenbarte Gnade Gottes wahrzunehmen und sich

---

68. Der christliche Sprachgebrauch von ›Isaaks Opferung‹ ist eben deshalb mißverständlich, weil das Opfer letztlich nicht vollzogen wurde. Daher ist auch der jüdische Terminus einer ›Bindung Isaaks‹ zutreffender; vgl. auch: Eliade 1986, S.122f.
69. Maybaum sieht eine säkularisierte Form dieses christlichen Glaubens auch im Symbol des ›Grabmal des Unbekannten Soldaten‹, welches die »Heiligkeit des Martyriums mit der Ehrenhaftigkeit des tragischen Helden« (Maybaum 1965, S.31) zu verknüpfen und weiter zu tradieren imstande war. Nur die christliche Rechtfertigung des Opfertodes konnte, so Maybaum, zu jener ›dulce et decorum est pro patria mori‹-Einstellung führen.

zu bekehren, um wahrlich getaufte Nicht-Juden, Christen, zu werden« (Maybaum 1965, S.36).[70]

Aus diesen Gründen sollte es einsichtig sein, so Maybaum, den Holocaust als *churban*, als »den dritten churban« (Maybaum 1965, S.61) zu identifizieren, das heißt, als ein Ereignis wahrzunehmen, das das Ende einer alten Epoche und den Beginn einer neuen markiert: »Die Ära vor Auschwitz und die Ära nach Auschwitz« (Maybaum 1965, S.71).

Das Judentum hat in seiner Geschichte bisher bereits zweimal einen *churban* erlebt und erlitten. Der erste war die Zerstörung des Salomonischen Tempels (586 v.Chr.), der zweite die Zerstörung des Zweiten Tempels (70 n.Chr.). In beiden Fällen hatte der *churban*, gemäß seiner Definition, einen Fortschritt für die Juden wie auch für die Menschheit zur Folge. Die Zerstörung des Ersten Tempels bewirkte die Diaspora und damit die Möglichkeit der Zeugenschaft Israels für Gott unter den nicht-jüdischen Völkern. Die zweite Tempelzerstörung brachte die Synagoge hervor, die der Menschheit erstmals »ein Beispiel für eine Art der Anbetung brachte, bei der kein Blut vergossen wurde, bei der das Gebet den Platz des

---

70. In der Literatur findet man, aus jüdischem wie aus christlichem Munde, zahlreiche Beispiele für den metaphorischen Vergleich des Kreuzestodes Jesu mit der Ermordung der Juden während des Dritten Reiches. Eine kleine Auswahl: Rabbiner Nathan Peter Levinson: »Wenn die Christen, die ja eigentlich ein Evangelium predigen des Leidens in der Nachfolge Jesu, wenn die Christen schon während der meisten Jahrhunderte ihres christlichen Lebens eben in keiner Weise eine Nachfolge Jesu angetreten hatten, dann waren eigentlich doch die Juden sozusagen die besseren Christen. Sie waren immer die Knechte Gottes, die gekreuzigt wurden« (Levinson 1980, S.427); ähnlich ein Gebet von Papst Johannes XXIII.: »...Vergib uns, daß wir Dich in ihrem (der Juden) Fleisch zum zweitenmal ans Kreuz schlugen...« (zit.n. Schreiner 1979, S.24); so auch Franklin Littell in seinem Buch ›Die Kreuzigung der Juden‹ (The Crucifixion of the Jews): »Die tragische Wahrheit ist, daß die meisten Märtyrer für Christus in unserem Jahrhundert Juden waren« (zit.n. Schreiner 1979, S.25); der Romancier Julien Green: »Tag und Nacht geht die Marter Jesu in der Welt weiter... Man kann keinen Juden schlagen, ohne daß der Schlag den trifft, der die Blüte Israels ist. Es ist Jesus, den man in den Konzentrationslagern schlägt« (zit.n. Leuner 1975, S.6); der russische Religionsphilosoph und Historiker Nikolai Berdjajew: »Am erstaunlichsten ist vielleicht, daß der, der das Kreuz verworfen hat, es trägt; daß die aber, die das Kreuz annahmen, andere so oft gekreuzigt haben« (Berdjajew 1985, S.34); der Theologie Clemens Thoma: »Hätte man mehr den leidenden, in den Tod gejagten Christus verkündet, wäre es wohl manchem Christen schneller aufgefallen, daß der verfolgte, verlachte und geschundene Christus mit den verfolgten, verlachten und geschundenen Juden von Auschwitz eine innere Einheit bildet« (Thoma 1978, S.37f.); auch in der bildenden Kunst gehört die Passion und Kreuzigung Christi zu den beliebtesten und populärsten Motiven der symbolischen Darstellung des Holocaust; siehe den äußerst instruktiven, mit zahlreichen Bildanalysen versehenen Beitrag von: Amishai-Maisels 1988.

Opfers« (Maybaum 1965, S.62) einnahm. *Churban* kommt also einer Operation gleich, die Gott vornimmt, um die Vergangenheit von der Gegenwart abzutrennen und so eine neue Zukunft zu eröffnen.

Der Holocaust ist demzufolge nicht einzigartig, sondern läßt sich einreihen in das traditionelle geschichtstheologische Konzept von *churban* und *gezerah*. Als dritter *churban* kommt dem Holocaust zwar eine herausragende Stellung gegenüber jeder anderen *gezerah* zu, indem er das Ende einer Epoche und den Beginn einer neuen Zeit signalisiert. Aber dies gilt ebenso für den ersten und den zweiten *churban*. Da der *churban* wesentlich in seiner Funktion als Motor der Weltgeschichte betrachtet wird, spielen Quantität und Qualität des Holocaust für Maybaum nur eine untergeordnete Rolle. Eine Vergleichbarkeit des Holocaust ist so durchaus gegeben, ja geradezu geboten.

Nicht zuletzt deshalb ist auch der Antisemit zugleich ein Anti-theist: »Wenn der Jude verfolgt wird, verfolgt der Verfolger Gott« (Maybaum 1965, S.58).

Was aber lehrt denn nun das ›moderne Golgatha‹? Was für einen Fortschritt bringt denn ein Opfer von solch ungeheurem Ausmaß? Maybaum sieht ihn im unwiderruflichen Ende der Epoche des Mittelalters, das er durch autoritäre Religiosität, religiöse Intoleranz und Verfolgung, sowie theokratischer Unterdrükkung, gekennzeichnet sah:

»Das Mittelalter ist zu Ende... Es ist das gesegnete Ende des Mittelalters, das Ende der großen Reiche, abgelöst vom Aufstieg der Demokratien... Nach dem Ersten Weltkrieg hatte der Westen die Gelegenheit, Freiheit, Landreformen und die Segnungen der industriellen Revolution an die osteuropäischen Länder weiterzugeben... Nichts dergleichen wurde getan... Die alliierten Soldaten des Ersten Weltkrieges starben vergeblich. Deshalb kam Hitler. Er, der Nihilist, tat, was die Fortschrittlichen hätten tun sollen, aber nicht getan haben, er zerstörte das Mittelalter, allerdings um den Preis der Zerstörung des alten Europas« (Maybaum 1965, S.66f.).

Diese Entwicklung gibt, trotz der fürchterlichen Ereignisse, Grund zu großer Hoffnung:

»Das Ende des Mittelalters bedeutet zugleich das Ende des jüdischen Mittelalters. Es sind nicht mehr nur kleine, isolierte Gruppen unseres Volkes, sondern das ganze Volk, das nun verwestlicht ist. Wir marschieren gemeinsam mit den Nationen des Westens. Wir können voranschreiten ... Als Juden dienen wir der Menschheit. Unser Exodus aus dem Mittelalter ist abgeschlossen. Wir kehren in die Geschichte zurück in der Freude, nach wie vor das Privileg zu besitzen, der alten Botschaft weiterhin zu dienen, in dem freudigen Wissen, daß uns bei dieser Mission die unveränderliche und unaufhörliche Zuneigung Gottes dabei begleitet« (Maybaum 1965, S.68).

Interessanterweise findet sich weder in diesem noch in einem anderen Zusammenhang eine Reflexion Maybaums über die Wiedererrichtung des Staates Israel. Dies zeigt bereits an, daß die Staatsgründung Israels keine bedeutsame Rolle in seinem Denken spielt. Seine Theologie ist mehr Gott-zentriert als Land-zentriert[71]. Wichtiger ist ihm die vom Bund mit Gott herrührende Rolle Israels in seiner Gesamtheit als Zeuge und Mittler Gottes. Die Verpflichtung zu dieser Zeugenschaft reicht schließlich ja so weit, daß sie in einem stellvertretenden Leiden im Dienste des Fortschritts mündet. Hinzu kommt, daß ein nationalistisches Denken ja gerade ein Zeichen des überkommenen Mittelalters ist, das nun unwiderruflich beendet wurde. Maybaum schreibt:

»Wir bleiben loyal gegenüber den Bürgern Israels, sie brauchen uns, und wir werden sie nicht enttäuschen. Aber es ist uns nun bewußt, daß unser Heiliges Land nicht ein Land an den Ufern des Mittelmeeres ist. Wir erkennen jetzt, daß unser Heiliges Land der Menschheit Zukunft ist. Des Menschen Zukunft unser Ziel und nichts anderes. Als Juden dienen wir der Menschheit« (Maybaum 1965, S.68).

Israels Aufgabe ist umfassend und läßt sich nicht auf ein Territorium begrenzen, denn

»Der Jude repräsentiert die Menschheit, oder in den Worten von Yehuda Halevis Gleichnis, der Jude inmitten der Menschheit ist wie das Herz im Leib« (Maybaum 1965, S.58).

Maybaum sieht den Nationalsozialismus als letzte Manifestation mittelalterlicher Weltanschauung. »Hitler mit seinem imperialen Traum ›Ein Reich, ein Volk, ein Führer‹ ist das repräsentative Modell eines mittelalterlichen, politischen Monotheismus« (Maybaum 1965, S.14). Dieser Traum, und mit ihm das Mittelalter, endete im Holocaust. Dieses Ende wird auch darin sichtbar, daß gerade das osteuropäische Judentum als Prototyp mittelalterlicher Denk- und Lebensweise im Holocaust seinen Untergang fand. Das Auschwitz überlebende Judentum ist nun unwiderruflich eingegliedert in den Prozeß der Moderne, befreit von den traditionellen religiösen Gesetzen, offen für die Errungenschaften der Aufklärung und der politischen Emanzipation. Hierin liegt der Fortschritt, den der dritte *churban* brachte.

Maybaum scheut auch nicht davor zurück, die letzte Konsequenz seiner Gedankengänge zu formulieren:

»Die Sünden eines stagnierenden Europas, die Sünden des eine isolationistische Politik betreibenden Amerikas, die Sünden der Demokratien, die bei einer Lösung der neuen Probleme versagten, dies alles brachte Hitler hervor. Von Nebukadnezar, dem Zerstörer Jerusalems, sagt ein Wort Gottes im Buche Jeremiah: ›Nebukadnezar, Mein Knecht‹ (Jer.27,6)... Würde es dich schockieren, wenn ich den prophetischen Stil imitierte und sagen würde: Hitler, Mein Knecht!?... Hitler war ein Werkzeug, für sich selbst wertlos und verachtens-

---

71. Vgl.: Maybaum 1962; Maybaums Mißtrauen gegenüber jeder Form von Staatlichkeit, sei sie jüdisch oder nicht, kommt vor allem in seinem letzten, posthum veröffentlichten Buch zum Ausdruck; vgl.: Maybaum 1980.

wert. *Aber Gott benutzte dieses Werkzeug, um eine sündenvolle Welt zu säubern, zu reinigen, zu bestrafen; die sechs Millionen Juden starben einen unschuldigen Tod; sie starben wegen der Sünden anderer« (Maybaum 1965, S.67)*.
Neben der horrenden Fürchterlichkeit dieses Ereignisses, was Maybaum sehr wohl sieht und fühlt – es sei daran erinnert, daß er nahezu seine gesamte Familie durch den Holocaust verlor – ist für ihn das wesentliche Element das Überleben der Mehrheit seines Volkes, das nun teilhat an dem neuen Fortschritt:
»Auschwitz schließt die Tore zur Vergangenheit für jeden, für uns Juden selbstverständlich auch... Der Tag des Herrn, ein Tag des Gerichts, verdammt die Vergangenheit. Aber indem er dies tut, öffnet er eine Tür zu einer neuen Zukunft, einem neuen Tag, wunderbar wie jeder neue Morgen, an dem Gott seine Schöpfung erneuert.... Der Mensch kann seine Vergangenheit hinter sich lassen und in ein neues Kapitel der Zukunft eintreten« (Maybaum 1965, S.83).
Maybaums unerschütterlicher Glaube entspringt einer Perspektive des Geschehens, die sich nicht ausschließlich orientiert an dem Drittel des jüdischen Volkes, das in den Lagern umkam. Entscheidend ist, und darin zeigt sich Gottes Erbarmen, daß zwei Drittel der Juden überlebten. »Es ist ein Wunder, daß wir diese Katastrophe, die die ganze Welt überragte, überlebt haben« (Maybaum 1965, S.59). Es komme einem zweiten Exodus gleich und verpflichte die Überlebenden zu erneuter Zeugenschaft. Maybaum schaut auf den Holocaust, und über ihn hinaus, und sieht das rettende ›Antlitz Gottes nach Auschwitz‹ (The Face of God after Auschwitz), das Erbarmen hinter der Erniedrigung, das Leben hinter dem Tod.

2.1.2. Innerjüdische Reaktion und Kritik an Maybaum

Obgleich Maybaums Buch »The Face of God after Auschwitz« die erste öffentlich publiziert jüdische Holocaust-Theologie darstellt, zeitigte sein geschichtstheologischer Entwurf kaum eine länger andauernde oder bemerkenswerte Reaktion innerhalb des Judentums[72]. In den großen Debatten um die Deutung des Holocaust im angelsächsischen Judentum spielte seine Position keine bemerkenswerte Rolle. Man mag zwei Gründe hierfür mutmaßen.

Zum einen ist eine durch alle Diskussionsbeiträge zur Holocaust-Deutung hindurchgehende, übereinstimmende Weigerung festzustellen, den Holocaust in den traditionellen Mustern von Sünde und Strafe zu interpretieren. Zum zweiten dürfte seine eng an christlichen Mustern orientierte Geschichtstheologie den meisten Juden eben zu ›christlich‹ sein, was nahezu gleichbedeutend mit inakzeptabel

---

72. Dies gilt nicht nur für sein Buch, sondern auch für seine Person, die heute innerhalb der jüdischen Gemeinschaft weithin unbekannt ist. Auch seine vielen in England veröffentlichten Bücher, zahllose Pamphlete, Artikel und Essays, sind gänzlich und unverdientermaßen in Vergessenheit geraten; vgl. Marmur 1987.

ist[73]. Und schließlich sei darauf hingewiesen, daß Maybaums Buch zwar in englischer Sprache geschrieben ist, aber in den Niederlanden veröffentlicht wurde, weshalb es »für viele Jahre in den Vereinigten Staaten vollkommen unbekannt blieb« (Roth/Rubenstein 1987, S.303).

Es gibt jedoch Ausnahmen. Steven T. Katz[74] hat einen kritischen Aufsatz zu Maybaums Position vorgelegt, deren wichtigste Punkte, zusammen mit einigen kritischen Bemerkungen von Roth/Rubenstein[75], kurz skizziert werden sollen[76].

Katz kritisiert zunächst Maybaums Ansicht, jüdische Geschichte müsse einen Verlauf finden und sich in Strukturen äußern, die nicht-jüdischen Völkern verständlich und nachvollziehbar sein müsse. Katz führt dementgegen an, daß es eine Dimension jüdischer Geschichte gibt,

»die man am besten als eine autonome sozio-religiöse Wirklichkeit begreift. ... Diese Wirklichkeit zu verleugnen heißt aber, authentisch jüdisches Leben, wie es in der Mitte der Tradition gelebt wird, zu ignorieren« (St. Katz 1983, S.249).[77]

Maybaums Methode, jüdische Geschichte mit Parametern zu meßen, die nicht dem Judentum selbst entstammen, ist wohl ein Erbe jüdischer Historiographie des 19. und 20.Jahrhunderts,

»in der die Kritierien, die man zur Bewertung des Judentums benutzte, speziell der Kant'schen, Hegel'schen und Romantischen Schule des Denkens entnommen wurden« (St. Katz 1983, S.250).

Auch Maybaums Deutung des Holocaust mit Hilfe christlicher Muster[78], speziell der Kreuzigung, ist hierfür ein Zeichen, und Maybaum müsse sich fragen lassen:

73. Vgl. weiter oben Anm. 70, in der allerdings, mit Ausnahme von Levinson, alle zitierten Äußerungen von Christen stammen! Vgl. auch: Ulrich Simons 1967 verfasste ›Auschwitz-Theologie‹, die in vielen Punkten Gemeinsamkeiten mit Maybaum aufweist. Simon ist ein zum Christentum konvertierter Jude, dessen Eltern durch den Holocaust umkamen. Simons theologischer Entwurf, den Holocaust in traditionell christlichen Kategorien zu interpretieren sucht, ist in gewisser Hinsicht einer der ersten Versuche christlicherseits, den Holocaust theologisch zu interpretieren; siehe: U. Simon 1967; zu seiner Person vgl.: Sherwin 1979, S.409f.
74. Vgl. St. Katz 1983, S.248-267.
75. Roth/Rubenstein 1987, S.303-308. Hier findet sich auch eine gute Zusammenfassung der Position Maybaums.
76. Zu der im Folgenden dargestellten Kritik an Maybaum vgl. auch: Sherwin 1979, S.409-412; Sherwins Kritik geht in die gleiche Richtung wie die von Katz und Roth/Rubenstein.
77. Vgl. zu dieser Problematik etwa auch: J. L. Talmon 1965, der sich hier intensiv mit dem Problem innerjüdischer Geschichte und seiner Beziehung zur Weltgeschichte beschäftigt, insbesondere S.64-90.
78. Dabei spielt der Einfluß Rosenzweigs, dem Lehrer Maybaums, natürlich die entscheidende Rolle; vgl. F. Rosenzweig 1987; zu Rosenzweig siehe in diesem Kontext auch: Wigoder 1976; Amir 1987; S. Moses 1987; Schmied-Kowarzik 1988; Altmann 1988; Mendes-Flohr 1988b.

»Trat Gott in eine Bundesbeziehung mit Abraham und seinen Nachkommen nur, um sie zu kreuzigen? Bedeutet jüdisch zu sein zuallererst und wesentlich ›ein Lamm zur Schlachtung‹ zu sein?« (*St. Katz 1983, S.251*).

Eine bitter ironische Konsequenz ergibt sich, wenn man, wie Maybaum, soweit geht, Hitler als Gottes Werkzeug, ja als sein Diener zu bezeichnen, denn dann bedeute, so Katz, sich Hitler zu widersetzen zugleich sich Gott widersetzen, gegen die Nazis zu kämpfen hieße gegen Gott kämpfen. Die Widerstandskämpfer des Warschauer Ghettos etwa würden so zu Rebellen gegen Gottes Ratschluß und Fügung!

Starke Zweifel hat Katz auch an Maybaums These, der dritte *churban*, der Holocaust, habe einen zivilisatorischen Fortschritt gebracht. Denn die Welt sei keineswegs ein besserer Ort geworden seit Ende des Holocaust:

»Seit 1945 gab es Massenmorde in Uganda, Biafra, Vietnam, Cambodscha, Sudan, Burundi, Indien, Pakistan und Teilen von Zentral- und Südafrika... Die Nationen erwiesen sich als zu träge, um irgend einen ethischen Imperativ aus der Erfahrung der Shoah zu folgern« (*St. Katz 1983, S.255*).

In die gleiche Richtung argumentieren auch Roth/Rubenstein:

»Es ist sehr schwer zu verstehen, wie ein intelligenter Denker heute noch auf dieser Art Optimismus beharren kann, da die Nachtseite der Moderne so vollständig offenbar geworden ist. Es ist dies nicht der Ort, detailliert auf die Schrekken einzugehen, die die Welt erlebt hat, exakt deswegen weil wir in das Zeitalter der Moderne eingetreten sind. Noch wollen wir behaupten, daß wir die Moderne ablehnen sollten oder könnten. Dennoch, wenn wir uns den Problemen, die aus den Entweihungen um uns herum resultieren, zuwenden, der Bedrohung durch nukleare Vernichtung, dem weltweiten Phänomen einer durch die Technologie bedingten Massenarbeitslosigkeit und Armut, sehen wir, daß es Grund gibt, Maybaums rückhaltlosem Enthusiasmus für die Moderne skeptisch gegenüber zu sein« (*Roth/Rubenstein 1987, S.307*).

Darüberhinaus, so Katz, stelle sich immer noch die berechtigte Frage, welch ein Fortschritt denn überhaupt denkbar sei, der als Preis sechs Millionen Tote, darunter über eine Million jüdischer Kinder, kosten dürfe. In den Worten von Roth/Rubenstein:

»Ganz offensichtlich gibt es enorme Schwierigkeiten mit Maybaums Verteidigung des biblischen Gottes der Geschichte und der Erwählung Israels. Ungeachtet dessen, was in Maybaums Sicht die ›höheren‹ Zwecke des Holocaust gewesen sein mögen, betrachtet er Gott als Einen, der ohne weiteres bereit war, Millionen unschuldiger Menschen einem zuhöchst würdelosen und obszönen Leiden und Tod auszusetzen, wie es keine menschliche Gruppe zuvor erfahren hat. Mehr noch, wir sehen uns gezwungen zu fragen, ob jene ›höheren Absichten‹, namentlich der unwiderrufliche Beginn der Moderne, für die jene Opfer hingegeben wurden, den Verlust auch nur eines einzigen Lebens wert gewesen ist« (*Roth/Rubenstein 1987, S.306*).

Katz, ebenso wie Roth/Rubenstein, sehen im Holocaust doch weit mehr ein Ereignis und Ausdruck der Moderne, dessen Werte und technische Errungenschaften den Holocaust erst möglich machten:
> »*Tatsächlich konnte die Shoah nicht im Mittelalter geschehen, weil das Mittelalter sie gar nicht hätte bewerkstelligen können*« *(St. Katz 1983, S.256).*

Schließlich übersehe Maybaum auch die Bedeutung des Staates Israel und der in ihm vorgegangenen Veränderung jüdischer Mentalität:
> »*Juden haben nun erklärt...: wir haben genug gelitten, sind genug gestorben, ermordet worden, wir wünschen für immer, unseren Status der Machtlosigkeit zu verlassen!*« *(St. Katz 1983, S.260)*

Es sei geradezu tragisch-paradox, daß Maybaum den wohl greifbarsten ›Fortschritt‹ des Holocaust völlig ignoriert, der in eben der Gründung des Staates Israel liege.

Und endlich sei das Gottesbild, das Maybaums Geschichtstheologie nahelege, inakzeptabel:
> »*Was für eine Art von Gottheit ist das, die die Ermordung von sechs Millionen Juden und zahllos anderer zum Zwecke der ›Reinigung‹ zuläßt? Was für eine Gottheit, die die SS als Ihr Instrument der ›Reinigung‹ benutzt?*« *(St. Katz 1983, S.262)*

Einen solchen Gott mag es wohl geben, aber ob man zu ihm noch beten könne, gar ihn lieben, fragt Katz. So bleibe Maybaums Versuch einer Antwort auf den Holocaust zwar »nicht uninteressant«, aber schließlich doch »unakzeptabel« (St. Katz 1983, S.264). Dennoch, und dies soll noch hinzugefügt werden, ist bei aller Ablehnung von Maybaums Deutung des Holocaust mit Hilfe traditioneller geschichtstheologischer Muster, seine Position ein Beispiel dafür, daß
> »*die alten Worte, Bilder und Ideen noch dazu dienen mögen, eine zeitgenössische Antwort auf Auschwitz zu geben. Ob eine solche Antwort befriedigend und überzeugend ist, das steht freilich auf einem anderen Blatt*« *(Cain 1971, S.267).*

Und auch Roth/Rubenstein kommen bei aller Schärfe der inhaltlichen Kritik zu einem beachtlich anerkennendem Schlußurteil:
> »*Um fair zu sein, muß man allerdings sagen, daß Maybaums Interpretation des Holocaust motiviert ist durch die Sehnsucht, die klassische Version des Reform-Judentums vom biblischen Gott und den biblischen Lehren des Bundes und der Erwählung zu verteidigen. [...] Seine Position beinhaltet jene Art von Gedanken, die logischerweise notwendig sind, wenn man das biblische Bild Gottes im Angesichte des Holocaust verteidigen will. Das soll nicht heißen, daß Maybaum die einzig mögliche logische Verteidigung des biblisch-rabbinischen Bildes von Gott geliefert hat. Nichtsdestoweniger, er hat aufgezeigt, daß es unmöglich ist, die Existenz des biblischen Gottes des Bundes und der Erwählung, der ebenfalls der Gott-der-in-der-Geschichte-handelt ist, zu bejahen, ohne nicht auch in irgendeiner Weise Gottes Handeln in Auschwitz zu bejahen*« *(Roth/Rubenstein 1987, S.307).*

2.2 Richard Lowell Rubenstein

»*Die SS schien besorgter, beunruhigter als gewöhnlich. Ein Kind vor Tausenden von Zuschauern zu hängen, war keine Kleinigkeit. Der Lagerchef verlas das Urteil. Alle Augen waren auf das Kind gerichtet. Es war aschfahl, ... Der Schatten des Galgens bedeckte es ganz... Die drei Verurteilten stiegen zusammen auf ihre Stühle. Drei Hälse wurden zu gleicher Zeit in die Schlingen eingeführt. ›Es lebe die Freiheit!‹ riefen die beiden Erwachsenen. Das Kind schwieg. ›Wo ist Gott, wo ist er?‹ fragte jemand hinter mir. Auf ein Zeichen des Lagerchefs kippten die Stühle um... Die beiden Erwachsenen lebten nicht mehr. Ihre geschwollenen Zungen hingen bläulich heraus. Aber der dritte Strick hing nicht reglos: der leichte Knabe lebte noch... Mehr als eine halbe Stunde hing er so und kämpfte vor unseren Augen zwischen Leben und Sterben seinen Todeskampf... Seine Zunge war noch rot, seine Augen noch nicht erloschen. Hinter mir hörte ich denselben Mann fragen: ›Wo ist Gott?‹. Und ich hörte eine Stimme in mir antworten: ›Wo ist er? Dort – dort hängt er, am Galgen...‹*«
(Elie Wiesel 1960)

Richard Lowell Rubenstein ist der einzige unter den Klassikern der Holocaust-Deuter, der nicht aus Europa stammt, der demzufolge über keine unmittelbar persönlichen Erfahrungen weder des nazistischen Deutschlands noch des nazistisch besetzten Europas verfügt. Rubenstein, 1924 in New York geboren[79], durchlief zunächst eine mehr oder minder typisch amerikanisch geprägte Sozialisation, wie sie in assimilierten amerikanisch-jüdischen Familien üblich war. Sein Zuhause »war nicht religiös«, und er erfuhr »eine nur denkbar minimale hebräische Erziehung« (Rubenstein 1966, S.210).

Es waren weniger die seltenen und vergleichsweise sehr milden antijüdischen Anfeindungen[80], die ihm seine Jüdischkeit zu Bewußtsein brachten, als vielmehr die ihn bestürzende und ihn prägende Hilflosigkeit und Unterwürfigkeit seiner Eltern gegenüber dem antisemitischen Verhalten der Umwelt. Als Student schloß er sich zunächst einer christlichen Gruppe, den Unitariern, an, brach mit ihnen aber, als diese ihn dazu nötigen wollten, dem Judentum abzuschwören. »Als ich erkannte, daß der Unitarismus eine unmögliche Selbstverleugnung für mich be-

---

79. Vgl. zu allen im folgenden gegebenen biographischen Informationen über Rubenstein, insbesondere auch was seinen intelektuellen Werdegang betrifft, seine vorzüglich und anschaulich geschriebene autobiographische Skizze ›The Making of a Rabbi‹, in: Rubenstein 1966, S.209-225; vgl. auch die mehr ins Detail gehende, zum Teil auf persönlichen Gesprächen basierende, biographische Skizze in: Rohmann 1977, S.91-95.
80. Zum Verhältnis Amerikaner und Juden, sowie zur Qualität des amerikanischen Antisemitismus vgl. die Angaben in Kap. IV, Anm.17 u. Anm.52.

deutet hätte, wendete ich mich dem Reform-Judentum zu« (Rubenstein 1966, S.215)[81]. 1942 besuchte Rubenstein »mit minimalsten jüdischen Kenntnissen« (Rubenstein 1966, S.215) ausgestattet – er war noch nicht einmal des Hebräischen mächtig – das Hebrew Union College in Cincinatti, um gleichwohl ein Reformrabbiner zu werden. Hier machte er das erste Mal tiefere Bekanntschaft mit jüdischem Glauben und jüdischer Geschichte. Seine Ordination zum Reform-Rabbiner erhielt er schließlich 1952[82]. Er teilte dabei den für das Reformjudentum typischen »Optimismus bezüglich der menschlichen Möglichkeiten und seiner Hoffnung, daß Erziehung und Aufklärung des Menschen« (Rubenstein 1966, S.216) fortschreitend zu einer moralischen und zivilisatorischen Vervollkommnung der Menschheit führen werde. Erst die Bilder und Nachrichten »der Todeslager zwangen mich dazu, die gesamte optimistische Theologie der liberalen Religion zurückzuweisen« (Rubenstein 1966, S.216).

Der Schock in Anbetracht der Vernichtungslager führte ihn zu einer immer intensiveren Rezeption der Psychoanalyse Freuds[83], des Nietzschen Nihilismus, der französichen Existentialisten Sartre und Camus, sowie literarischer Werke der Moderne von Dostojewski bis Kafka. Der Einfluß dieser Denker und Dichter bilden fortan die intellektuelle Basis, auf der Rubenstein die Schrecken des Holocaust und die daraus resultierenden Konsequenzen für ein Verständnis des Judentums nach Auschwitz aufzuarbeiten suchte. Darüberhinaus sind mehrere Besuche in der Bundesrepublik Deutschland anfang der 60er Jahre, insbesondere aber seine Begegnung mit Probst Heinrich Grüber, von ausschlaggebender Bedeutung für seine nachfolgend dargelegten Reflexionen zum Holocaust.

Seinen profunden Niederschlag findet Rubensteins Denken schließlich in der 1966 veröffentlichten Aufsatzsammlung ›After Auschwitz‹ (Nach Auschwitz), die seine geschichtstheologischen Grundpositionen eloquent zum Ausdruck bringen.

---

81. Zu den vielfältigen Strömungen und Gruppierungen im Judentum des 20.Jahrhunderts siehe vor allem: Leuner 1969 (Reformjudentum dort: S.49-54); Ehrlich/Gradwohl/Cheroun et. al. 1973/74; Petuchowski 1989; speziell für die die jüdischen Gemeinschaften in den USA: Sklare 1975.
82. Der Vollständigkeit halber, aber für unseren Zusammenhang von keinem wesentlichen Interesse, sind noch folgende Stationen nachzutragen: Rabbinertätigkeit von 1952-1958 in Brockton, Natick und Harvard. Dann Studentenrabbiner an der Universität Pittsburgh, ab 1971 Professor für Religion an der Florida State University.
83. Zu Rubensteins Rezeption Freuds siehe vor allem: Rubenstein 1966, S.1-46 u. Rubenstein 1968a.

2.2.1 After Auschwitz – Nach Auschwitz

Unter all den vielen jüdischen Teilnehmern an der Diskussion um die historisch-theologische Deutung des Holocaust ist wohl keiner zu finden, der zu solch radikalen Schlußfolgerungen kommt wie Richard L. Rubenstein. Unter all den manigfachen, reichhaltig differenzierten Standpunkten nimmt Rubenstein die denkbar extremste Position ein, indem er Gottes Existenz schlicht leugnet. Wie Steven Katz zurecht feststellt, läßt sich Rubensteins Auffassung in drei Worten zusammenfassen: Gott ist tot. Und in einem einfachen Dreischritt läßt sich die Logik aufzeigen, die Rubenstein zu dieser Position veranlasste:

»*(1) Gott, ..., kann es unmöglich erlaubt haben, daß der Holocaust stattfand, (2) der Holocaust fand statt. (3) Deshalb existiert Gott so, wie sich ihn die jüdische Tradition vorstellt, nicht*« *(St. Katz 1983, S.174)*.

Motiviert wird Rubensteins Überlegung zutiefst von der Überzeugung, daß es »*unmöglich ist, das jüdisch religiöse Denken zu trennen von der jüdischen Geschichte. In jedem Zeitalter waren die Wechselfälle des jüdischen Volkes im Lauf der Zeit entscheidend für die Ausformung seiner charakteristischen religiösen Antworten. Der Anfangspunkt zeitgenössischer jüdischer Theologie kann nur die zeitgenössische Geschichte sein*« *(Rubenstein 1968, S. 39)*.

Freilich ist der Gedanke von Gottes Tod nicht neu in der jüngsten Geistesgeschichte[84]. Allerdings hat kein Jude vor Rubenstein eine Gott-ist-tot-Theologie zur Basis einer jüdischen Theologie der Geschichte zu machen versucht[85].

Bereits die erste Kenntnis dessen, was sich in den Todeslagern des Nationalsozialismus zutrug, nährten Mitte der 40iger Jahre Rubensteins Zweifel am traditionell jüdischen Glauben und dem ihm involvierten Geschichtsverständnis. Zunehmend wuchs in ihm die Überzeugung, daß

»*das Problem Gottes und der Todeslager das zentrale Problem für die jüdische Theologie des Zwanzigsten Jahrhunderts [ist]. Der einzig hervorragende Maßstab für die Angemessenheit zeitgenössischer jüdischer Theologie liegt in der*

---

84. Vgl.: St. Katz 1983, S.174.
85. Zur Geschichte der Gott-ist-tot-Theologie vgl. den Beitrag von Leo Scheffzyk, Die ›Gott-ist-tot‹-Theeologie, in: Fries 1973, S.120-131; siehe auch: Thielicke 1968, S.305-565, und: Fries/Stählin 1968. In diesem Zusammenhang sei auch auf den instruktiven Artikel von George N. Boyd hingewiesen, der bemerkt, das Denken Rubensteins besitze »ironischerweise weit aus mehr Plausibilität, wenn man es von einem radikal christlichen Standpunkt« aus betrachte. Boyd nennt Rubenstein einen »crypto-christlichen Gott-ist-tot Theologen« und weist darauf hin, daß »die meisten der wesentlichen Einsichten in Rubensteins Denken wahrscheinlich [nur] einen Sinn ergeben als radikale Interpretationen christlicher Symbole und Themen. Mehr noch, sie sind auf natürliche Weise hier mehr stimmig als in einem jüdischen Kontext.« (Boyd 1974, S.41).

Ernsthaftigkeit, mit der sie dieses vordringliche Problem der jüdischen Geschichte behandelt« (Rubenstein 1966, S.223).[86]

Das entscheidende Schlüsselerlebnis, das Rubenstein zu seiner folgenreichen Deutung von Auschwitz führte, war jedoch erst eine Begegnung mit dem damaligen Probst der evangelischen Kirche von Ost- und West-Berlin, Heinrich Grüber, im August 1961 in Bonn, den Rubenstein seinerzeit interviewte[87].

»Nach meinem Interview erreichte ich einen theologischen ›Point of no return‹« (Rubenstein 1966, S.46).

Grüber, der während des Dritten Reiches selbst aktiv um die Rettung von Juden bemüht war[88], in Dachau gefoltert und gefangen gehalten wurde, antwortete auf die Frage Rubensteins, ob es wohl Gottes Wille sei, daß Hitler die Juden vernichtete, mit dem Psalmvers »Um deinet Willen werden wir getötet den ganzen Tag« (zit.n.Rubenstein 1966, S.53, dt.i.Orig.). In vergangenen Zeiten, führte Grüber aus, wurden Juden verfolgt und geschlagen etwa von Nebukadnezar und anderen, die alle Werkzeuge in der Hand Gottes waren, wie es die Bibel ausdrücklich formuliere. Im Grunde sei gleiches unter Hitler geschehen. »Die Unangemessenheit, Hitler als ein Instrument Gottes anzusehen« schreibt Rubenstein, »schien ihm niemals zu Bewußtsein gekommen zu sein« (Rubenstein 1966, S.54). Rubenstein berichtet weiter:

86. Rubenstein äußert sich nicht dezidiert zur Frage der Einzigartigkeit des Holocaust, doch läßt der ganze Charakter seiner Antwort auf Auschwitz keinen Zweifel daran, daß er den Holocaust als einzigartiges, in der Geschichte unvergleichbares Ereignis betrachtet. Dies wird hinlänglich deutlich an der Erschütterung und den Konsequenzen, die Rubenstein sich genötigt sieht zu ziehen. Der Stellenwert dieses Ereignisses für Rubenstein wird vor allem offenbar in der radikalen Neufassung seines Geschichts- und Gottesbildes.
87. Rubenstein plante seinen Besuch in Deutschland für den 13. August 1961. Als an diesem Tag der Mauerbau eine internationale Krise auslöste, verschob er seine Reise um zwei Tage auf den 15. August. Auf Einladung des Bundespresseamtes wurde er direkt nach Berlin geflogen, »um die Krise aus erster Hand zu beobachten.« Er war dort Zeuge der Kundgebung von über 250 000 West-Berlinern und der Ansprache des damaligen Bürgermeisters von Berlin, Willy Brandt. Er verbrachte auch einen Tag in Ost-Berlin und erlebte dort eine »spannungsgeladene, angstvolle Stadt in militärischer Alarmbereitschaft«. Die Atmosphäre im gesamten Berlin war, wie er sich erinnert, »apokalyptisch im vollen Sinne des Wortes. Die Leute waren besorgt, daß ein nuklearer Krieg ausbrechen könnte, der das Ende der Welt bedeute« (Rubenstein in: Roth/Rubenstein 1987, S.308f.) In dieser Atmosphäre, »am Donnerstag den 17. August 1961 um 16.30 Uhr« (Rubenstein in: Roth/Rubenstein 1987 S.309) fand das Interview mit Grüber statt.
88. Zu den Rettungsaktionen Pfarrer Grübers und der Arbeit des sogenannten ›Büro Pfarrer Grüber‹ siehe: Ludwig 1988. Grüber war im Übrigen der einzige Deutsche, der als Zeuge zum Eichmann Prozeß in Jerusalem geladen wurde.

»Natürlich gestand er [Grüber] *ein, daß das, was Hitler tat, unmoralisch war, und er bestand darauf, daß Hitlers Mitläufer nun von Gott bestraft werden müßten« (Rubenstein 1966, S.54).*[89]
Verwundert stellt Rubenstein fest, daß hier ein deutscher Kirchenmann die Vernichtung des Judentums in den gleichen Kategorien interpretierte, mit deren Hilfe vor nahezu 2000 Jahren auch die Rabbinen den Fall Jerusalems deuteten: »Für die Rabbinen fiel Jerusalem wegen der Sünden des jüdischen Volkes« (Rubenstein 1966, S.55)[90]. In aller Schärfe stellte sich Rubenstein die Frage nach dem Wesen der religiös-jüdischen Existenz. Bestürzt von der stringenten Logik der christlichen Argumentation Grübers[91], fragt er sich:

»Können wir wirklich die christliche Gemeinschaft dafür anklagen, wenn sie uns durch dieses geschichtsmythologische Prisma betrachten, das wir im Blick auf unsere eigene Geschichte als erste in Geltung setzten? Solange wir fortfahren, an der Doktrin der Erwählung Israels festzuhalten, werden wir uns selbst offenhalten müssen für eine Theologie, wie sie Grüber zum Ausdruck brachte: Weil die Juden das auserwählte Volk Gottes sind, veranlaßte Gott, sie durch Hitler zu bestrafen« (Rubenstein 1966, S.58).[92]

89. Grüber sah konsequenterweise in der Niederlage und weitgehenden Zerstörung Deutschlands, insbesondere aber in seiner Teilung, ebenfalls eine Strafe Gottes; vgl. Rubenstein 1966, S.55.
90. Siehe hierzu Kap. Abschnitt 1.1 dieses Kapitels; zur jüdischen Reaktion und Deutung der Zerstörung des Tempels in Jerusalem siehe: Jasper 1965; R. Rosenzweig 1978; Kirschner 1985a; Ebach 1988.
91. Wie verbreitet Grübers ›Strafinterpretation‹ noch nach 1945 in kirchlichen Kreisen war, belegt u.a. das Dokument ›Ein Wort zur Judenfrage‹, das vom Bruderrat der Evangelischen Kirche Deutschlands im April 1948 verabschiedet wurde. Dort heißt es in These 2: »Indem Israel den Messias kreuzigte, hat es seine Erwählung und Bestimmung verworfen.« Und in These 4: »Daß Gottes Gericht in der Verwerfung bis heute nachfolgt, ist Zeichen seiner Langmut.« in: Kirchliches Jahrbuch 1950, S.224-227; Heinrich Grüber selbst erwähnt jenes in den USA Schlagzeilen machende Interview von Rubenstein mit ihm in seiner Autobiographie mit keinem Wort; vgl. Grüber 1968.
92. In einem 1980 erschienen Aufsatz erläutert Rubenstein ausführlicher, wie sehr er eine den christlichen Triumphalismus stützende Bestrafungstheologie für einen integralen Teil christlich geschichtstheologischen Denkens auch und gerade im Zusammenhang mit dem Holocaust hält. Rubenstein spielt dort auf eine parallele Situation und deren theologische Deutung an. Die ersten Christen deuteten den Fall Jerusalems 70 n. Chr. als quasi historisch-empirische Bestätigung für die neue Religion, als Fingerzeig Gottes für das Christentum und gegen das Judentum. Der gleichen inneren Logik folgend, so Rubenstein, müsse christlicherseits nun auch der Holocaust gedeutet werden: »Es gibt nur ein Verbrechen, welches rechtfertigen würde, daß Gott [durch den Holocaust] so drastisch gegen ein ganzes Volk vorgehen würde, und dieses Verbrechen heißt Gottesmord: ein gottmörderisches Volk wäre per definitionem

Rubenstein meinte, so einen in seinen Augen hohen, spezifisch jüdischen Eigenanteil an dem historischen Prozeß, der schließlich in Auschwitz endete, entdeckt zu haben. Eine geschichtstheologische Überhöhung der Juden, die von ihnen selbst stamme, hatte eine geschichtstheologisch überhöhte Reaktion auf Seiten der Christen zur Folge, was wiederum zu einer theologischen Rechtfertigung Gottes in jüdischer Sündentheologie (Leid als Bestrafung für Sünden) führte[93]. Rubenstein erschrak, daß sein eigener, jüdischer Glaube an Gott als dem allmächtigen Herrn der Geschichte und Lenker der Geschicke seines Volkes Israel, zu keinem anderen Schluß führen konnte, als dem von Probst Grüber, nämlich »daß es Gottes Wille war, daß Hitler beschloß, sechs Millionen Juden zu schlachten« (Rubenstein 1966, S.46). Von dieser Stunde an, so Rubenstein,

»konnte ich unmöglich mehr an einen solchen Gott glauben, noch konnte ich nach Auschwitz länger mehr glauben, daß Israel das erwählte Volk Gottes ist« (Rubenstein 1966, S.46).

An anderer Stelle schreibt er drastisch:

»Ein unendlich sadistischer oder launischer Gott mag existieren; einen weniger-denn-allmächtigen Gott mag es geben; ein Gott, der gleichgültig gegenüber den Akteuren der Geschichte ist, mag existieren, aber der gerechte, recht-

---

ein satanisches Volk, und würde als solches keinerlei Gnade verdienen. Solche Feinde Gottes können nur dergestalt behandelt werden, daß man sie mit Stumpf und Stiel ausrottet« (Rubenstein 1980, S.236). Dieses christlich-geschichtstheologische Denken sieht Rubenstein exemplarisch präfiguriert etwa im Neuen Testament, in Johannes 8,42-45 (»ihr habt den Teufel zum Vater...«). So ergebe sich, daß »ein buchstäbliches Lesen des Evangeliums uns eine vollkommen plausible theologische Rechtfertigung des Holocaust liefert, eine Tatsache, die von der Führung der Nazis sehr gut verstanden wurde, die ja behauptete, indem sie die Juden eliminierten, würden sie das Werk des Herrn vollbringen. [...] Mehr als jedes andere Ereignis seit der Geburt des Christentums kann der Holocaust benutzt werden, um den Beweis zu erbringen, daß Jesus der Messias war, den Israel zurückwies und kreuzigte, und wofür sie zurecht und gerechter Weise bestraft würden. Dennoch hören wir von konservativen, gläubigen Christen selten diese Art der Argumentation in der Öffentlichkeit, wenngleich man sich wundert, was zuweilen unter vorgehaltener Hand so geäußert wird« (Rubenstein 1980, S.237). Rubenstein erwähnt in diesem Zusammenhang in einer Fußnote ausdrücklich jenes »Wort zur Judenfrage« des Reichsbruderrates der Bekennenden Kirche von 1948, das in der vorhergehenden Anmerkung zitiert ist. Ebenso dürfte er sicher sein Gespräch mit Grüber hierbei im Gedächtnis gehabt haben; vgl. insgesamt: Rubenstein 1980, bes. S.233-238.

93. In seinem 1983 erschienen Werk »The Age of Triage. Fear and Hope in an Overcrowded World« spinnt Rubenstein diesen Faden beträchtlich weiter. Ausführlich geht er hier darauf ein, in welch hohem Maße er einen Zusammenhang und folglich eine Wechselwirkung sieht zwischen jüdischem Verhalten, das von rabbinischer Theologie geprägt ist, und Antisemitismus und Holocaust; vgl. Rubenstein 1983, S.128-164; vgl. auch: Rubenstein 1968, S.48-51.

schaffene und allmächtige Gott, wie er in der jüdischen Tradition gedacht wird, kann unmöglich existieren« (Rubenstein 1980, S.225).
Rubenstein sah das jüdische Konzept eines allmächtigen Gottes und seines auserwählten Volkes unverbrüchlich verknüpft mit der biblischen und rabbinischen Legitimation des Leids als Folge von Sünden. So absurd ihm dies vor allem im Angesicht von Auschwitz auch vorkam – insbesondere wenn man bedenkt, daß gerade der religiös frömmste Teil der Juden, das osteuropäische Judentum, den Untergang fand und nicht etwa das ›sündigere‹ liberal-assimilierte West-Judentum – so führte die Logik dieses traditionellen Legitimationsmusters letztendlich dahin, daß
»die Tragödie des Leidens verschlimmert wird durch die Überzeugung, wenn Menschen leiden, sie es verdient haben zu leiden« (Rubenstein 1966, S.66).[94]
Eine Kritik an diesem Konzept der Leidensproblematik sieht Rubenstein exemplarisch abgehandelt in Camus' Erzählung ›Die Pest‹ und Dostojewskis ›Brüder Karamasow‹. In beiden Romanen komme es zur Auflehnung und zum Protest gegen jenes judaeo-christliche Geschichtsverständnis samt der ihm impliziten Rechtfertigung des Leidens. Stattdessen, vornehmlich bei Camus, werde ein absurdes Weltbild entworfen. Rubenstein findet hierzu eine jüdische Parallele im Leben des Rabbiner Elisha ben Abuyah[95], der im 1. Jahrhundert n.Chr. lehrte und

94. In einem 14 Jahre später erschienen Aufsatz geht Rubenstein ausführlicher auf Ursprung und Entwicklung jüdischer Sündentheologie ein. Dort weist er u.a. darauf hin, daß der Ursprung jüdischer Sündentheologie in einer dem Holocaust ähnlichen Katastrophe zu finden sei, nämlich dem »Holocaust der Alten Zeit, der Fall Jerusalems im Jahre 70 der gemeinsamen Zeitrechnung«. Ebenso wie in unserer Zeit, so sei nach dem »Holocaust der Alten Zeit« die Frage nach der theologischen Deutung der Katastrophe virulent geworden. Unter Rabbi Yohanan ben Zakkai setzte sich die Auffassung durch, »daß der Gott Israels letztgültiger Autor dieser Katastrophe gewesen ist, daß dieses Ereignis wahrhaftig eine vom Himmel geschickte Bestrafung für die Sünden Israels war«. So betrachtet sei Holocaust-Theologie »so alt wie der Fall Jerusalems« (Rubenstein 1980, S.231f.). Gleiches gelte im Übrigen für die christliche Seite, denn auch die zeitgenössischen Judenchristen mußten eine Deutung der Zerstörung Jerusalems entwickeln. Da nun, so Rubenstein, fast alle christliche Theologen darin übereinstimmten, daß die Evangelien, in denen die Zerstörung Jerusalems durch den Mund Jesu prophezeit wurde, 70 n.Chr., mindestens jedoch 66 n.Chr., entstanden seien, könnte man sie allesamt als »den ältesten, klassischen Ausdruck christlicher Holocaust-Theologie« (Rubenstein 1980, S.232) betrachten.
95. Elisha ben Abuyah war Zeuge des Martyriums von Chutzpit, dem Leiter der rabbinischen Akademie, im Gefolge der blutigen Repressionen der Römer nach dem gescheiterten jüdischen Aufstand von Bar Kochba 133 n. Chr. Er zweifelte an der göttlichen Vorsehung und jüdischer Sündentheologie. Schließlich schwor er dem jüdischen Glauben ab. Die Rabbiner, die diesen Fall des öfteren aufgreifen, nennen ihn nicht bei seinem Namen, sondern bezeichnen ihn als den *acher*, den ›Anderen‹. Elisha ben Abuyah ist zum klassischen Modell jüdischer Apostasie geworden; vgl. Babylonischer Talmud, Kiddushin 39b; Segni 1974, S.16.; Cohn-Sherbok 1992, S.136.

»ebenso eher einen absurden und sinnlosen Kosmos zu wählen vorzog, als die Leiden der Unschuldigen im Sinne einer göttlich verfügten Sühneleistung für begangene Sünden zu interpretieren« (Rubenstein 1966, S.68).
Rubenstein stimmt dieser Folgerung ausdrücklich zu:
»Wir tun dies, weil wir, gemeinsam mit Camus, ein größeres Gefühl menschlicher Solidarität hegen als es das von den Propheten entworfene Bild von Gott und der Geschichte überhaupt erlauben könnte ... Wir haben uns vom Gott der Geschichte abgewendet...« (Rubenstein 1966, S.68).
Die Reflexion über das geschichtliche Schicksal der Juden machte Rubenstein praktisch zum Atheisten, ließ ihn eine Theologie entwickeln, die keinen personalen Gott mehr kennt. Elisha ben Abujahs vor 1800 Jahren gesprochenen Worte finden Rubensteins ausdrückliche Zustimmung und geben ihm die Möglichkeit, seine Gott-ist-tot-Theologie in einen jüdischen Rahmen zu stellen:
»let din we-let dajan! Es gibt keinen Richterspruch und keinen Richter!« (ben Abuyah, zit.n.Schreiner 1980, S.9).
Dies alles muß, so Rubenstein, eine umfassende Entmythologisierung des jüdischen Glaubens zur Folge haben. Nicht mehr die Konzentration auf das religiöse Erbe sei geboten, sondern eine Reflexion auf die »menschliche Existenz, die wir mittels dieser Traditionen teilen« (Rubenstein 1966, S.78) müsse nun im Mittelpunkt stehen. Das heißt, theologisches Nachdenken unter den historischen Bedingungen der Gegenwart wird zunehmend mehr über den Menschen handeln, als von Gott. Die Theologie wird »größtenteils eine anthropologische Disziplin« (Rubenstein 1966, S.X) sein müssen.

Natürlich verlangt dies ein neues Verständnis der Torah, die fortan nicht mehr als eine normative, von Gott inspirierte Schrift gelten kann, sondern in ihren historisch gewachsenen, moralischen und ethischen Dimensionen wahrgenommen werden muß. Das schließt durchaus eine Berücksichtigung der säkulären Tendenzen dieses Jahrhunderts ein, ohne daß dies allerdings zu einem rein säkulären Humanismus führen sollte. Denn ein rein säkulärer Humanismus verliere sich zu sehr in der Abstraktion und vernachlässige die individuellen Aspekte des Lebens zugunsten seiner universalen Aspekte.

Auch ein extremer Atheismus gepaart mit jüdischem Nationalismus, wie er im Staat Israel zu beobachten sei, wäre keine Alternative. Die Schwierigkeiten atheistischer Juden, jene spezifisch jüdisch-religiöse Form der Erinnerung, Weisheit und Sehnsucht, wie sie gläubigen Juden zueigen sind, zu teilen, würde zu untragbaren Spannungen führen. Nein, auch der zeitgenössische Jude kann und soll die Torah als den entscheidenden religiösen Text annehmen, denn »die jüdische Religion ist untrennbar von der jüdischen Identität« (Rubenstein 1966, S.119). Und weiter:
»Ich glaube, daß wir in einer Welt jenseits von Gott die Torah, die Tradition und die religiöse Gemeinschaft weit mehr brauchen als in einer Welt, wo Gottes Gegenwart sinnvoll erfahren wird« (Rubenstein 1966, S.152f.).

Es ist wichtig, jüdische Religiosität als einen Teil der Geschichte zu akzeptieren, die den Juden zu dem gemacht hat, was er ist. Leben mit und nach der Torah ist unter historischem Blickwinkel betrachtet
»*die konkrete Weise der [jüdischen] Gemeinschaft vom in-der-Welt-sein. [...] Wenn wir nicht länger mehr überzeugt sind, daß Gott uns die Torah geboten hat, so sind wir dennoch nicht weniger dankbar, daß sie die Erbschaft des Hauses Jakobs bleibt ... Dies zu verleugnen hieße ein wesentliches Element in uns selbst zu verleugnen*« *(Rubenstein 1966, S.120).*[96]
Schließlich erlaubt und gebietet gerade die Freiheit des Menschen,
»*daß jede Generation ein eigenes Bekenntnis im Lichte ihrer Einsichten ablegt*« *(Rubenstein 1966, S.122).*
So gesehen enthalten die Gebote und Traditionen der Torah
»*eher eine psychologische als eine im buchstäblichen Sinne historische Wahrheit*« *(Rubenstein 1966, S.145).*
Religion als gemeinsames geschichtliches Erbe muß als eine Methode begriffen und erschlossen werden, mit dessen Hilfe man die Krisen und Entscheidungen des Lebens zu meistern imstande ist. Anhand dieses Kriteriums wird man über die Gültigkeit der Rituale und Gebote befinden können. So betrachtet ist das Judentum
»*eine weltliche Religion. Ihre Aufmerksamkeit richtet sich auf die Erfordernisse von ›Ich und Du‹ im Hier und Jetzt*« *(Rubenstein 1966, S.148).*
So wie nun die Katastrophe des europäischen Judentums den Tod des Gottes der Geschichte offenbar gemacht hat, markiert
»*die Wiedererrichtung Israels ... die Wiedergeburt der lang vergessenen Götter der Erde inmitten der jüdischen Erfahrungswelt*« *(Rubenstein 1966, S.130).*
Holocaust und Wiedergeburt des Staates Israel sind beides historische Ereignisse von größter Bedeutung für Rubenstein. Gleichwohl billigt er ihnen eine äußerst unterschiedliche Signifikanz für seine Geschichtstheologie zu. Ist der Holocaust für ihn ein geschichtstheologisch außerordentlich relevantes Ereignis, mit den nun bekannten Folgen, so kommt der Neugründung Israels keine gleichermaßen gewichtige Bedeutung zu. Der Staat Israel ist weder eine direkte Folge des Holocaust, noch kompensiert oder entlastet er gar die Schrecken des Holocaust, und ist erst recht nicht sein den Glauben stärkendes Gegenstück.

Damit deckt sich, so Rubenstein, die Beobachtung, daß ein Großteil der heutigen Israelis dem jüdischen Glauben und seinen Traditionen ablehnend bis gleichgültig gegenüberstehen:
»*Mit einem besseren Instinkt, als sie es in Worte fassen können, assoziieren sie die traditionell jüdische Ideologie mit der Erfahrung in Europa und ihrem ent-*

---

96. Eine ähnliche Auffassung vertritt Jean Paul Sartre in seinen »Réflexions sur la question juive«; vgl. Sartre 1946; vgl. auch: Eine Debatte über Jean Paul Sartres Schrift zur Judenfrage, in: Babylon 2, 1987, S.72-115.

würdigenden und katastrophalen Ende. [...] Die Bedeutung des wiedererrichteten Zion liegt in der wirkungsvollen Demythologisierung einer normativen Theologie der Geschichte, wie sie üblicherweise mit dem prophetischen und rabbinischen Judentum identifiziert wurde« (Rubenstein 1966, S.68f.).
Die Renaissance des Jüdischen Staates verkörpert für Rubenstein im Wesentlichen eine deutliche Abkehr vom Gott der Geschichte und eine Rückkehr zu einem naturorientierten, an Erde und Boden gebundenen, quasi-atheistischen Leben. Eingebunden wird diese Rückkehr in ein kosmologisch-mythisches Geschichtsbild, in dessen Mittelpunkt die natürlichen Zyklen von Geburt und Tod, Werden und Vergehen stehen:

»Für die Juden hat die Zeit aufgehört, linear und zukunftsgerichtet zu sein. Einmal mehr wurde sie wieder archaisch, zyklisch und heidnisch« (Rubenstein 1968, S.45).

Der Rang dieser ›Naturreligion‹ (religion of nature) und das Gewicht der traditionellen Riten und Gebräuche finden ihre Gültigkeit insoweit, als daß sie das Volk der Juden in Israel zu vereinen und die großen Lebenskrisen zu bewältigen helfen:

»Warum Religion? ... Die Entscheidung am Leben der Gemeinschaft teilzunehmen beruht auf Zwängen im Innern der Psyche, die wenig gemein haben mit rationalen Argumenten« (Rubenstein 1966, S.221).[97]

Keiner wählt sein Dasein als Jude. Es ist eine Gegebenheit des Lebens, eine Laune der Natur,

»aber keine andere religiöse Institution als die der Synagoge ist psychologisch und kulturell in der Lage, mein Bedürfnis zu feiern zu erfüllen und die entscheidenden Momente meiner Existenz mit mir zu teilen« (Rubenstein 1966, S.222).

Es ist Rubensteins fundamentale Überzeugung, daß

»ein verständiges Heidentum, das die traditionellen Formen jüdischer Religion nutzbar zu machen versteht, die einzig sinnvolle religiöse Option ist, die den Juden nach Auschwitz und der Wiedergeburt Israels bleibt« (Rubenstein 1966, S.130).

Es ist der große Verdienst des Zionismus, daß er die jahrhundertelange »Geschichte jüdischer Schuld und Bestrafung«, das jahrhundertelange Verharren des jüdischen

---

97. Diesen vor allem in psychologischer Hinsicht funktionalen Charakter der jüdischen Religion in seiner Verknüpfung mit einem Geschichtsbild, dessen Wurzel in der Bundestheologie und einer bestimmten Deutung göttlich legitimierter Macht liegt, beschreibt Rubenstein ausführlicher in: Rubenstein 1983b. Die Entwicklung der jüdischen Religion wird hier mittels soziologischer Kategorien (Max Weber) unter anderem als Ausdruck einer Kompensation für die in Geschichte weithin erfahrene Machtlosigkeit interpretiert. In diesem Zusammenhang wird auch noch einmal der Einfluß Nietzsches auf Rubensteins Position sehr deutlich.

Volkes in einer Rolle, die es mehr zu einem passiven Objekt, als zu einem aktiven Subjekt der Geschichte verdammte, durchbrochen hat,

»indem es schlicht und einfach demonstrierte, daß wir solange Gefangene unserer eigenen Vergangenheit sind, solange wir selbst dies zulassen« (Rubenstein 1966, S.134).

Der Geschichte und geschichtlichem Bewußtsein könne nicht mehr so ohne weiteres vertraut werden, denn:

»Die Todeslager des Zwanzigsten Jahrhunderts erweisen sich keineswegs als ein abwegiger Unfall, gleich einem so-schnell-wie-möglich-zu-vergessenden-Zufall. Sie erweisen sich als zeitbedingter Ausdruck der historischen Existenz des Menschen. Solange die Menschheit ihre Geschichte nicht überwindet, wird dies meiner tiefsten Überzeugung nach der Vorgeschmack und die Substanz kommender Dinge sein« (Rubenstein 1966, S.135).

Mit dem historisch denkenden Menschen ging insbesondere eine Entfremdung von der Natur einher, die dazu führte, die der Natur innewohnenden zerstörerischen Elemente auch als Strafe Gottes zu interpretieren. Allerdings werde man mit der Rückkehr zu den Göttern der Erde, symbolisiert durch die Rückkehr ins gelobte Land, lernen, auch die Schattenseiten der Natur

»eher als Teil jenes tragischen Reigens der Existenz selbst anzusehen, anstatt in ihnen Gottes Vergeltung für unsere menschliche Sündhaftigkeit zu erblicken« (Rubenstein 1966, S.135).

Israel wird zunehmend mehr erkennen, daß die

»Kehrtwende des Volkes einer Religion der Geschichte zum Volk einer Religion der Natur ein schicksalhafter Augenblick ist... Israels Rückkehr zur Erde wird eine Rückkehr zu Israels arachaischer Religion der Erde zur Folge haben« (Rubenstein 1966, S.136).

Freilich meint dies nicht buchstäblich eine Rückkehr zur Verehrung von Baal und Astarte, sondern

»daß die Fruchtbarkeit der Erde, ihre Wechselfälle und ihre hervorbringende Kraft erneut die zentralen spirituellen Wirklichkeiten des jüdischen Lebens sein werden, nicht zuletzt in Israel« (Rubenstein 1966, S.136).

Religion der Geschichte (Religion of history) kennt nur den Menschen und Gott, die Natur ist ihr tot, ein Objekt zur Plünderung zugunsten der eigenen Bedürfnisse. Eine Rückkehr zu einer Religion der Natur (religion of nature) würde den nur historisch denkenden Menschen wieder mit seiner eigenen Natur versöhnen[98]. Auch wäre hiermit – Rubenstein verweist dabei auf Herbert Marcuse – eine Wiedergewinnung des Eros verbunden:

---

98. Zu Rubensteins Verständnis von Naturreligion vgl.: Rubenstein 1968, bes. S.41f. Hier auch sein Hinweis darauf, daß er seine Begriffe ›Heidentum‹, ›heidnisch‹ und ›archaisch‹ im Sinne Eliades verstanden wissen will; vgl. Rubenstein 1968, S.41 u. Eliade 1986.

»Der Mensch der Geschichte kennt Schuld, Verbot, Erwerb..., aber keinen Eros... Anstelle des Herrn der Geschichte, der den Menschen bestraft für das, wozu er geschaffen ist, werden die Gottheiten der Natur mit der Menschheit gemeinsam die bacchanalischen Lustbarkeiten des Geistes feiern« (Rubenstein 1966, S.137).
Religion der Geschichte (Religion of history) bewirkt in ihrer Weitergabe der Schuld von Generation zu Generation einen kumulativen Effekt der Schuld. Religion der Natur (religion of nature) sieht dementgegen jede Generation für sich in ihrem Wachsen und Sterben, ihrer Größe und ihrer Schuld. Mensch und Natur sind eins, verschmelzen ineinander. Letzlich bleibt nur eine Sünde noch, die der Mensch begehen könnte, nämlich die Sünde wider sich selbst, in Verkennung seiner selbst, in der Ablehnung das zu sein, was er ist.

Allerdings wird eine Naturreligion nicht die historische Periode des Menschseins verdrängen können. Es heißt lediglich, daß die Früchte dieser Periode erstmals richtig wahrgenommen und genossen werden können.

»Nur das Ende entfremdeter Schuld und ihrer Geschichte kann den Grund für Freude schaffen« (Rubenstein 1966, S.138).

Der Gott einer solchen Religion wird nicht mehr ein Herr der Geschichte sein, sondern

»das Sein allen Daseins, das vergänglich und randständig Selbstausdruck der Natur ist« (Rubenstein 1966, S.139).[99]

Einem solchen in und mit der Natur verwobenen Gott wird man schlußendlich auch seine dunklen Seiten zugestehen können.

Rubenstein schließt seine Ausführungen mit einem persönlichen Bekenntnis, das sein Gottesbild nach Auschwitz noch einmal in zugespitzter Form deutlich macht:

»Schließlich wird die Zeit des Todes Gottes nicht das Ende aller Götter bedeuten. Es bedeutet die Abdankung des Gottes, der als der gültige Akteur in der Geschichte angesehen wurde. Ich glaube an Gott, die Heilige Nichtsheit, bekannt den Mystikern aller Zeiten, von der wir gekommen sind und zu der wir endgültig zurückkehren werden. Ich stimme mit den atheistischen Existentialisten, wie Camus und Sartre, in vielem ihrer Analyse von der Gebrochenheit des Menschen überein. ... Ihre Analyse menschlicher Hoffnungslosigkeit hat mich dazu geführt, die religiöse Gemeinschaft als die Institution zu betrachten, mit der diese Grundbedingung in ihrer Tiefe zu teilen ist. ... Nach letzter Analyse ist die allmächtige Nichtsheit Herr alles Geschaffenen« (Rubenstein 1966, S.154).[100]

---

99. Zur theologischen Auseinandersetzung mit diesem Religions- und Gottesbild Rubensteins siehe auch: Rohmann 1977, S.108-150.
100. Es ist nicht verwunderlich, daß die Position Rubensteins ihn immer mehr vom Reformjudentum weg und zum Rekonstruktionismus hin führte, deren wesentliches Veröffentlichungsorgan, ›The Reconstructionist‹, von Rubenstein mit herausgegeben wird. Mordecai Kaplan, der Begründer des ›Reconstructionism‹, kommt zu ähn-

Auschwitz ist und bleibt für Rubenstein der empirische Beweis für die Nicht-Existenz Gottes. Wäre Gott wirklich Herr der Geschichte, müßte er verantwortlich sein für die Katastrophe an seinem von Ihm auserwählten Volk, was keinen Sinn ergibt. Gott ist tot. Das Volk Israel ist ein Volk unter Völkern, ein Volk, das keiner übernatürlichen Auserwähltheit bedarf, sondern sein Existenzrecht findet in sich, seiner Geschichte und seinen Traditionen.

Hinzu kommt ein tiefes Gefühl für die Absurdität des Lebens, ein Gefühl, das Rubenstein bereits in früher Kindheit angesichts des Todes seines Großvaters empfunden haben will:

»*Schon als Kind konnte ich nie dem Nihilismus entfliehen, mit dem ich mein Leben lang kämpfte. ... Ich war überzeugt, daß ich aus der Nichtsheit hervorging und bestimmt war, in die Nichtsheit wieder zurückzukehren. ... Lange bevor ich die Existenzialisten gelesen hatte, betrachtete ich die Existenz als letztendlich grundlos und absurd*« *(Rubenstein 1966, S.209).*

Übrig bleibt ihm, neben der Rückkehr in ein geschichtsmythologisches Modell der Natur, ein Gott der ›heiligen Nichtsheit‹. »Ich habe meinen atheistischen Nihilismus«, schreibt er, »eingetauscht gegen einen mystischen Nihilismus« (Rubenstein 1966, S.219). Die Geschichte gibt ihm dabei den Maßstab und den Richtwert dafür, was geglaubt werden kann und was nicht:

»*Die Todeslager halfen mir, die religiöse Bedeutung unseres Zeitalters zu verstehen. ... Ich verstand den Sinn von Auschwitz und Majdanek. ... Gott starb tatsächlich in Auschwitz. ... Dies bedeutet, daß keine menschliche Wahl, keine Entscheidung, kein menschlicher Wert oder Sinn mehr einen vertikalen Bezug zu transzendenten Standards hat. Wir sind allein in einem schweigenden und gefühllosen Kosmos*« *(Rubenstein 1966, S.224f.).*[101]

---

lichen Ergebnissen wie Rubenstein. Auch er lehnt die Auserwähltheit Israels ab und verzichtet auf eine strikt theologische Begründung jüdischer Existenz. Darüberhinaus versucht Kaplan einen Ausgleich zwischen Religion und Naturwissenschaften mittels einer Korrektur religiöser Positionen in Anlehnung an die Philosophie des Pragmatismus von John Dewey. Auch Kaplan sieht in den jüdischen Traditionen eher ein geschichtlich gewachsenes, volkstümliches Band, das einer göttlichen Legitimation nicht bedürfe. Vgl.: M. Kaplan 1957 u. 1958; zur Person Kaplans und der Bewegung des Reconstructionism siehe auch: Eisenstein 1963; Trepp 1975; Goldsmith 1990; zur Kritik an Kaplans Rekonstruktionismus siehe: Berkovits 1959; Fackenheim 1960a.

101. Für einen guten, zusammenfassenden Überblick, sowie eine Einordnung von Rubensteins Position in den zeitgenössischen Kontext amerikanisch-jüdischer Theologie und in den Kontext israelischer Identitätsbestimmung siehe: Rubenstein 1968. Auch Rubensteins eigener, weiterer Werdegang in den letzten 25 Jahren nach Erscheinen seines Buches »After Auschwitz« ist bemerkenswert und soll hier, wenn auch nur sehr summarisch, skizziert werden. Rubenstein 1968a (The Religious Imagination: A Study in Psychoanalysis and Jewish Theology) und Rubenstein 1972 (My Brother

2.2.2 Innnerjüdische Reaktion und Kritik an Rubenstein

Obwohl Rubensteins Buch nicht der erste jüdische Versuch einer geschichtstheologischen Interpretation des Holocaust war[102], so darf er doch als der erste Beitrag zum Thema gelten, der auf spektakuläre Weise das jahrzehntelange Schweigen im Judentum über die hier anstehende Problematik äußerst wirkungsvoll brach[103]. Zutreffend bemerkte er in einem Aufsatz aus dem Jahre 1970:
»In der Zeit, als ich ›After Auschwitz‹ schrieb, konnte man nahezu alles, was vom zeitgenössischen theologischen Establishment geschrieben worden ist,

Paul) waren Arbeiten, die sich durch und durch der Psychoanalyse verpflichtet wußten. In Rubensteins folgenden Werken wurde der Einfluß der Soziologie, insbesondere durch das Werk Max Webers, immer deutlicher. In Rubenstein 1975 (The Cunning of History. Mass Death and the American Future) und Rubenstein 1983 (The Age of Triage. Fear and Hope in an Overcrowded World) arbeitet er noch entschiedener als in »After Auschwitz« mit dem Instrumentarium und der Methodik von Psychologie, Soziologie und Politologie an einer Deutung des Holocaust jenseits explizit theologischer Denkmuster. In seinem Vorwort zu »The Age of Triage« rechtfertigt er diese Entwicklung ausdrücklich: »Bevor man denken möge, ich hätte die Theologie verlassen und mich ausschließlich politischen und sozialen Analysen zugewendet, wünsche ich meiner Überzeugung Ausdruck zu geben, daß keine theologische Forschung, das heißt, keine Betrachtung der letzten Werte, die den Menschen bewegen, angemessen sein kann, wenn sie die kritische politische und soziale Theorie ignoriert, ...« (Rubenstein 1983, Vorwort, S.V). In »The Cunning of History« weist Rubenstein u.a. auf den Zusammenhang zwischen Überbevölkerung und genozidalen Tendenzen hin, wie sie im Denken Hitlers und der NS-Ideologie sichtbar würden. Es wäre reizvoll, diese Überlegungen von Rubenstein zu vergleichen mit dem Ansatz von: Heim/Aly 1991. »The Age of Triage« ist u.a. der Versuch, Erklärungen für Antisemitismus und Genozid zu finden, indem er im wesentlichen auf die Rolle der Juden in der ökonomischen Entwicklung Europas rekurriert und mittels ausgiebiger sozioökonomischer Analysen auf den Zusammenhang von Wirtschaftsentwicklung, insbesondere dem Stand der Arbeitslosigkeit, und genozidalen Tendenzen in einer Gesellschaft hinweist. Insgesamt zielen seine Arbeiten immer deutlicher daraufhin nachzuweisen, daß »die Vernichtung der europäischen Juden nicht das Werk einer kleinen Bande von Kriminellen [war], die im Streit mit der westlichen Tradition lagen. Vielmehr war die Vernichtung Ausdruck einiger der mächtigsten Tendenzen der westlichen Zivilisation des zwanzigsten Jahrhunderts« (Rubenstein 1975); vgl. auch: Rubenstein 1983, bes. S.128-165 u. 224-240; Rubenstein 1987; einen guten Überblick zu Rubensteins Entwicklung im Anschluß an »After Auschwitz« gibt: Roth 1987; hierzu auch: Rumscheidt 1985. Zu Rubensteins Werdegang insgesamt vgl. auch: Berenbaum 1988, bes. S.263-265. In welchem Maße seine spezifisch theologische Sichtweise bezüglich des Holocaust im Lauf der Jahre sich – in Nuancen – verändert hat, siehe gegen Ende des folgenden Abschnittes 2.2.2.

102. Vgl. Anm.1 in Kap.IV dieser Arbeit.
103. Vgl.: Berenbaum 1988, S.263; St. Katz 1983, S.174ff.; I. Greenberg 1968, S.91f.u.100.

durchforsten, ohne auch nur den Hauch eines Anzeichens zu finden, daß diese Theologen in demselben Jahrhundert schreiben, das das Jahrhundert von Auschwitz und der Wiedergeburt Israels ist« (Rubenstein 1970, S.921).
Mit seiner Gott-ist-tot-Theologie erregte Rubenstein für kurze Zeit »weltweites Aufsehen«, und in Amerika war es wohl »besonders unter jüdischen Studenten ... das meistgelesene Buch zum Thema« (Amir 1980, S.440). Rubenstein erreichte einen außergewöhnlichen »Status von Berühmtheit als ein abtrünniger Sohn seines Volkes« (Berenbaum 1988, S.263). So intensiv, heftig und stellenweise polemisch[104] es in den ersten Jahren nach seinem Erscheinen rezipiert wurde, so schnell verblaßte sein Ruhm und spielte in der nachfolgenden, bewegten Diskussion im Judentum nur eine untergeordnete, wenngleich immer präsente Rolle.

Dies hat mehrere Gründe. Alan L. Berger stellt zu Recht fest:

»Rubenstein ist in hohem Maße ein Meister ohne theologisch signifikante Schüler innerhalb der jüdischen Gemeinschaft. Dies ist vor allem deshalb so, weil seine Theologie auf eine willkürliche Weise die Geschichte entheiligt und konsequenterweise den Bund, den fundamentalen mythischen Rahmen jüdischer Existenz, zurückgewiesen hat« (Berger 1988, S.198).
Nicht zuletzt deshalb wurde Rubensteins Werk weithin
»von seinen Kollegen und Lehrern als häretisch betrachtet. Diese wiederum reagierten mehr in der Weise ihrer mittelalterlichen Vorgänger, indem sie eine moderne Form bürokratischer Exkommunikation betrieben. Einfach gesagt, ..., Rubenstein wurde bei akademischen Entscheidungen übergangen; irgendeiner brauchte nur zu protestieren, sein Werk sei gefährlich und unausgewogen« (Berenbaum 1988, S.262).[105]
Zum andern mag es daran gelegen haben, daß die Blüte – um nicht zu sagen: die Mode – der Gott-ist-tot-Theologie insgesamt nur eine sehr kurzlebige war. Und schließlich dürfen die zeitlich nach Rubenstein entwickelten Holocaust-Theologien als historisch wie theologisch differenzierter und profunder gelten.

Zweifelsohne gebührt Rubenstein aber, neben Elie Wiesel, ein Hauptverdienst, die Diskussion um eine (geschichts-) theologische Deutung des Holocaust inner-

---

104. Vgl. z.b.: Himmelfarb 1968, S.64-79; siehe auch folgend Anm. 105 u. 107; zur weithin geübten akademischen Isolierung Rubensteins vgl. die informativen Ausführungen von: Berenbaum 1988, S.262f.
105. Ähnlich urteilte Rubenstein selbst angesichts der massiven Angriffe auf sein Werk und seine Person: »Es ist interessant, den Zorn und die Verachtung, mit denen mein Werk vom jüdisch religiösen Establishment aufgenommen wurde, zu bemerken. Eine solche Reaktion ist nicht unähnlich der Reaktion des mittelalterlichen Souveräns, der den Kopf eines Botschafters, der schlechte Nachrichten zu überbringen hatte, abschlagen ließ, und dies wegen des Königs Unfähigkeit, zu unterscheiden zwischen dem Überbringer schlechter Nachrichten und dem wahren Grund des Unglücks. Ich verstehe den Zorn als die natürliche Reaktion einer verärgerten Gemeinschaft, die nicht im Stande ist, ihrem eigenen Trauma ins Gesicht zu sehen« (Rubenstein 1970, S.921).

halb des Judentums angestoßen zu haben. Und unerwähnt darf ebenfalls nicht bleiben, daß er jüngst eines der wohl fundiertesten und beeindruckendsten Überblickswerke über die verschiedensten Herangehensweisen an eine Deutung von Auschwitz vorlegte[106].

Wie sahen die Reaktionen im einzelnen aus? In gewisser Weise ist Emil Fackenheims Buch ›God's Presence in History‹, das 1970 veröffentlicht wurde, in direkter Weise als Antwort auf Rubensteins Position entstanden. Fackenheim gibt Rubensteins Kritik am Schweigen der Juden nach 1945 wieder, das um so empörender sei, weil doch, so Rubenstein, »die Tatsachen auf dem Tisch liegen« (Rubenstein zit.n. Fackenheim 1970, S.72). Fackenheim spricht dementgegen Rubenstein geradezu das Recht ab, sich zum Holocaust zu äußern:

»Welche seiner eigenen Kapazitäten macht ihn so sicher, mit dem Trauma umzugehen? ... Werden je alle Tatsachen auf dem Tisch liegen? Und was, in diesem Fall, sind die Tatsachen, jenseits der Interpretation? Die Statistiken?« (Fackenheim 1970, S.72)[107]

Beide, Rubenstein und Fackenheim, gehen ja von durchaus ähnlichen Prämissen aus, etwa der Einzigartigkeit des Holocaust, und kommen zu durchaus ähnlichen Folgerungen, etwa der Aufhebung des Unterschieds von säkulär und religiös, um dann aber doch zu gänzlich entgegengesetzten Deutungen zu gelangen. Insofern sei, was eine Kritik an Rubenstein angeht, ausdrücklich auf den nächstfolgenden Abschnitt 2.3 dieser Arbeit, wo wir Fackenheim ausführlich vorstellen werden, verwiesen[108].

In seiner stellenweise agressiven und polemischen Kritik entgegnet Milton Himmelfarb[109] auf die Vermutung Rubensteins, Israel würde ein heidnisches Land werden, mit dem Hinweis auf die sehr

»symbolische Tatsache, daß unmittelbar nach dem Israelischen Sieg im 6-Tage-Krieg 1967 ein solche Nachfrage nach Tefillin zu verzeichnen war, daß man zeitweilig mit ihrer Produktion nicht nachkam. Männer, die nie oder seit vielen Jahren keine Tefillin mehr getragen hatten, bestanden darauf, sich nun selbst welche zu kaufen, um sie anzulegen und ihre Danksagungsgebete an der zurückeroberten Westmauer Jerusalems zu sagen. [...] Ich glaube, wenn die Juden Israels, oder die modernen Juden allgemein, sich überhaupt wo hinbewegen, dann von modernem Heidentum zurück zu einem gewissen Maß jüdischer Tradition« (Himmelfarb 1968, S.67).[110]

---

106. Vgl.: Roth/Rubenstein 1987.
107. Zu den vielfach persönlichen Angriffen, denen Rubenstein sich ausgesetzt sah, vgl. St. Katz 1983, S.174 und S.201, Anm.2; zu Fackenheims Auseinandersetzung mit der Gott-ist-tot-Theologie siehe vor allem: Fackenheim 1970, S.49-52.
108. Vgl. auch Rubensteins Reaktion auf Fackenheims Kritik in: Rubenstein 1970.
109. Vgl.: Himmelfarb 1967.
110. Vgl. auch Anm.24 in Kap. IV-2.2

Auf weite Strecken seien Rubensteins Anschauungen nicht mehr als »Literatur« und »Eloquenz« (Himmelfarb 1968, S.78f.) und im Kern ein Aufruf zur Götzenanbetung.

Arthur Allen Cohen[111], der sich in seiner Reaktion auf Rubenstein teilweise nicht minder bissig-polemisch äußert, charakterisiert Rubensteins Theologie als *»wesentlich impressionistisch, denn er hat nirgends eine logisch aufgebaute, und sei es nur eine unsystematische, Negative Theologie vorgelegt, noch haben seine Schriften jene Freude und Ekstase hervorgebracht, die üblicherweise die Jünger von neuen Göttern an den Tag zu legen pflegen. Alles in allem scheint es ein trauriges Geschäft mit ihm zu sein: Auschwitz und der Tod Gottes« (A.A. Cohen 1968, S.89).*

Außerdem, so Cohen, wenn wir denn schon gezwungen sind, uns mit Theologie und theologischen Formulierungen zu beschäftigen, wie es Rubenstein selbst ja anmahne, so könne, »seit das Objekt jeder theologischen Forschung [Gott] nicht mehr länger am Leben und auch nicht mehr in unserer Mitte ist, keine Antwort« (A.A. Cohen 1968, S.89) möglich sein.

Rabbi Irving Greenberg[112] betont, das, was nach dem Holocaust nötig wäre, sei *»nicht ein neues Heidentum, sondern ein neuer tragischer Realismus bezüglich der Stärken und Schwächen des Menschen, die Notwendigkeit der Heilung und Tröstung der Menschheit, Israel als leidenden Gottesknecht«* anzunehmen. Das Bild und die Idee vom leidenden Gottesknecht sei *»viel zu lange ein Monopol der christlichen Theologie gewesen, wobei es doch tatsächlich zum innersten Wesen dessen gehört, was jüdische Existenz in der Geschichte ausmacht« (Greenberg 1968, S.95f.).*[113]

Ein weiterer Kritiker Rubensteins, Robert Gordis[114], bemängelte vor allem Rubensteins viel zu inadäquaten und kenntnislosen Umgang mit der Bibel, um eine geschichtstheologisch relevante Deutung zu entwickeln. Stützte sich Rubenstein mehr auf den biblischen Geist, würde er

»entdecken, daß ein gültiger Glaube an den biblischen Gott, der in der Geschichte handelt, durchaus noch möglich ist« (Gordis 1972, S.278).

Radikale Theologen wie Rubenstein lieferten kaum mehr als eine »Karrikatur biblischer Prophetie, Weisheit und biblischen Glaubens« (Gordis 1972, S.279).

Seymour Cain[115], ein anderer Kritiker, fragt sich, ob der Tod von sechs Millionen Menschen wirklich, wie Rubensteins Position es nahelege, gedeutet werden kann als ein Teil

---

111. Vgl.: A.A. Cohen 1968.
112. Vgl.: I. Greenberg 1968.
113. Zu den Äußerungen von Himmelfarb, Cohen und Greenberg siehe auch Rubensteins Antwort an seine Kritiker in: Cutler 1968, S.102-111.
114. Vgl.: Gordis 1972.
115. Vgl.: Cain 1971.

> *»der rhythmischen Veränderungen von Geburt-Tod-Wiedergeburt im Rahmen der natürlichen Ordnung, und können Hitler und die Nazis einfach betrachtet werden als ein verherrlichter Prozeß der Natur, der den vorhersehend-erlösenden Gott der Geschichte ersetzt hat?« (Cain 1971, S.271).*

Cain hält es für ebenso irrational und absurd, den millionenfachen Tod der Juden,
> *»wie es immanent beschrieben ist, als ein Ereignis zu akzeptieren, das die Natur in einem Status des Gleichgewichts hält, wie zu akzeptieren, daß es göttlich gewollt sei, um Gott zu glorifizieren und Seinen Zwecken zu dienen« (Cain 1971, S.271).*

Timothy Dwight Lincoln[116] weist besonders darauf hin, daß, nach Rubensteins eigenen Angaben, er bereits von früher Jugend an ein Gefühl der Absurdität und Sinnlosigkeit des Lebens empfunden habe, und fragt, ob damit nicht die
> *»Wahrnehmung dessen, was in Auschwitz geschehen ist, lediglich diese Sicht verstärkt hat. Wie auch immer, im Lichte von Rubensteins gesamter Haltung wundern wir uns, welchen Unterschied es in seinem Denken gemacht hätte, wenn es keinen Holocaust gegeben hätte. ... Wie kann es in einem total absurden Universum möglich sein, daß irgendein Ereignis, selbst ein solches, wie das mit dem fäkalen Gestank von Auschwitz, die Absurdität der Existenz ein für alle mal beweisen kann? Sind einige Ereignisse ›mehr absurd‹ als andere?« (Lincoln 1976, S.153).*

Eine der wohl profundesten und gründlichsten Kritiken legte Steven T. Katz vor[117]. Katz wendet wohl zu recht ein, daß Rubenstein
> *»die jüdische Geschichte zu naiv betrachtet, ..., einzig konzentriert auf den Holocaust. Er hält die Todeslager für das entscheidende Ereignis der jüdischen Geschichte. ... [Aber] man kann die Ereignisse von 1933-1945 nicht isoliert verstehen« (St. Katz 1983, S.177).*

Katz hält es für eine logische Notwendigkeit, wenn man, wie Rubenstein, über die Beziehung von Gott und Geschichte reflektiert, nicht nur dem Holocaust eine theologische Relevanz einzuräumen, sondern
> *»wir müssen ebenso bereit sein, dem Staat Israel theologische Bedeutsamkeit zuzusprechen« (St. Katz 1983, S.178).*

Katz erachtet es für einen methodischen Fehler Rubensteins, eine Phänomenologie historischer Realitäten zu konstruieren,
> *»die allein der negativen Bedeutsamkeit des Bösen Gewicht verleiht, ohne jeden Versuch, dies auszubalancieren mit der positiven Bedeutsamkeit des ›Guten‹, dem wir in der Geschichte begegnen« (St. Katz 1983, S.179).*

Weiter kritisiert er an Rubensteins Position eine sich in seinem Denken zeigende
> *»Armut metaphysischer Vorstellungskraft ..., die der Vielfalt und dem Reichtum menschlicher Erfahrung nicht gerecht wird, noch, ..., der Ambiguität der*

---

116. Vgl.: Lincoln 1976.
117. Vgl.: St. Katz 1983, S.174-204.

Geschichte, noch den möglichen Variationen metaphysischer Herangehensweisen an die Wirklichkeit, die in der Lage sein könnten, mit der Geschichte als Ganzem und mit Auschwitz im Besonderen umgehen zu können« (St. Katz 1983, S.182).

Neben dem Fehlen jeglicher Argumente in Rubensteins Buch, warum und in welcher Weise der Holocaust einzigartig sei, fragt Katz, ob es logisch haltbar sei,
»daß in einem sinnlosen Universum, in dem es keine historischen oder metaphysischen Werte gibt, man sinnvollerweise noch von ›Einzigartigkeit‹ sprechen kann?« (St. Katz 1983, S.187).

Die von Rubenstein vorgeschlagene Rückkehr zur Natur, ihre Verehrung und Vergöttlichung »ist blinder Götzendienst ohne Entlohnung« (St. Katz 1983, S.197)[118].

Ein weiterer, schwerwiegender Vorwurf an Rubensteins Form des Naturalismus sieht Katz darin, daß es ja gerade
»exakt ein mystischer, heidnischer Naturalismus war, den die Nazis gepriesen haben« (St. Katz 1983, S.198).

In der Tat mögen einem ungute Assoziationen und Parallelen in den Sinn kommen, liest man Rubensteins engagiertes Plädoyer, zu den ›Göttern der Erde‹ und dem ›heiligen Boden‹ zurückzukehren[119].

Nichtsdestotrotz sieht auch Katz in Rubensteins Arbeit einen Verdienst darin, daß sie uns zwinge,
»die Annahmen und Akzeptanzen unserer theologischen Gemeinplätze zu überdenken« (St. Katz 1983, S.201).

Daniel Breslauer[120] notiert, daß Rubenstein einen umfassenden Prozess der Entmythologisierung beschreibe, dem der Holocaust lediglich eine definitive und ultimative Note hinzufügte. Die Moderne habe bereits vor dem Holocaust jüdischen wie christlichen Glauben heftig unterminiert. Was der Holocaust hinzufügte, war lediglich eine definitive Illustration der Abwesenheit Gottes von der Geschichte. Nach Auschwitz habe der Jude, so Rubenstein, eine klare Alternative: Leben in einer Welt frei von den alten mythischen Perspektiven, oder »die Rückkehr zu einer Ideologie, die Gott preisen muß für den Tod von sechs Millionen Juden« (Rubenstein, zit.n. Breslauer 1988, S.8). Überspitzt gesagt, so Breslauer, konfrontiere der Holocaust in der Sicht Rubensteins das Judentum mit der absurden Alternative, »entweder einen dämonischen Gott zu akzeptieren, oder das Leben zu wählen; eine solche Entscheidung zu treffen ist freilich keine wirkliche

---

118. Zu Katz' Kritik an den für unseren Zusammenhang nicht so wesentlichen Rubenstein'schen Vorstellungen einer naturalistischen Neuinterpretation jüdischer Riten und Gebräuche, sowie deren liturgische Integration, siehe: St. Katz 1983, S.191-197.
119. Es mögen diese Zusammenhänge sein, die dazu führten, daß Rubenstein »ein Nazi genannt und mit Hitler verglichen wurde« (Neusner 1973, S.298).
120. Vgl.: Breslauer 1988.

Wahl mehr«, denn einen solchen Gott zu wählen ist »entweder grenzenlos naiv, oder scheinheilig« (Breslauer 1988, S.8). Demgegenüber betont Breslauer:
»Die Erfahrung des Holocaust kann dazu genutzt werden, um aufzuzeigen, wie Juden die Geschichte transzendieren. ... Daß jüdische Theologie menschliches Leiden transformieren kann in ein Zeugnis vor Gott, belegt die Kraft traditioneller Mythologie. [...] ..., zeigt der Holocaust, wie Juden ihre Auserwähltheit selbst unter solch extremen und unmenschlichen Bedingungen veranschaulichen« (Breslauer 1988, S.11).
Insgesamt, urteilt Breslauer, zeige die Art und Weise, in der Rubenstein mit jüdischem Gedankengut umgehe und es analysiere auf dem Hintergrund des Holocaust,
»seine [Rubensteins] Distanz zum traditionell jüdischen Denken. Deshalb kann er, anders als Elie Wiesel oder Emil Fackenheim, keinen Trost finden in der traditionellen Sprache, obwohl er selbst ihre Kraft erkennt. [...] Rubensteins Arbeit ist gekennzeichnet durch eine bemerkenswerte Entfremdung von der traditionell mythischen Sprache; seine Unfähigkeit, die ererbte Gedankenwelt nutzbar zu machen, plaziert ihn jenseits der modernen Diskussion um den Holocaust« (Breslauer 1988, S.14).[121]
Schließlich sei noch eine kritische Anmerkung Elie Wiesels zitiert, der in einer Diskussion mit Rubenstein diesem wie folgt antwortete:
»Ich muß es dir sagen, daß du die Menschen in den Lagern nicht verstehst, wenn du behauptest, es sei schwieriger, heute in einer Welt ohne Gott zu leben. Nein! Falls du Schwierigkeiten haben möchtest, entscheide dich dafür, mit Gott zu leben... Die wirkliche Tragödie, das wahre Drama ist das Drama derer, die heute noch glauben!« (Elie Wiesel zit.n. McAfee Brown 1979, S.107).[122]
In dem 1987 erschienenen, zusammen mit John K. Roth geschriebenen Buch »Approaches to Auschwitz. The Legacy of the Holocaust«[123], geht Rubenstein in einigen bemerkenswerten Passagen noch einmal auf seine theologische Deutung des Holocaust von 1966 ein. Zugleich ist es eine implizite Antwort und

---

121. Die gleiche Stoßrichtung der Kritik auch bei: Cohn-Sherbok 1989, S.89-91 und bei: Sherwin 1979, S.412-414, wo es u.a. heißt: »Zu behaupten, daß seine (Rubensteins) Antwort auf den Holocaust eine jüdisch-theologische Antwort ist, ist ... fragwürdig« (ebda., S.414).
122. Vgl. Rabbi Yehuda Amital: »Was in Europa geschehen ist, ist so abgründig, daß kein Geist es fassen kann. Ich kann es nur in Begriffen von Gottes Hand sehen. Aber ich kann nicht die Bedeutung dieser Hand verstehen. Und ich frage mich, wessen Lage verdrießlicher ist – die einer Person, die gezwungen ist ohne einen Glauben an Gott zu leben, oder die einer Person wie ich, die mit dem Holocaust lebt und sagt: ›Der Fels, dessen Werk perfekt ist ...‹« (Rabbi Amital, in: A World Built 1978, S.113f.).
123. Atlanta/London 1987, bes. S.308-316; eine gute Zusammenfassung von Rubensteins nuancierter Haltung gegenüber seiner eigenen Holocaust-Interpretation von 1966 findet man bei: Cohn-Sherbok 1989, S.87-89.

Reaktion auf Teile der Kritik, die er über die Jahre hinweg an seiner Position erfahren hat.

Heute, so schreibt Rubenstein, stufe er seine Haltung eher in die Nähe der »mystischen Religionen, östlichen wie westlichen« (Rubenstein in: Roth/Rubenstein 1987, S.311) ein, als in der Nähe des Existenzialismus. Wenngleich auch seine Kritiker moniert hätten, daß dabei sein Gottesbild kaum noch entschieden jüdische Anteile habe, »so sorge ihn dies nicht weiter«, er »aktzeptiere die Rolle des Außenseiters gegenüber seinem eigenen traditionellen Erbe« (Rubenstein in: Roth/Rubenstein 1987, S.316).

Auch würde er nicht länger mehr den Kosmos als »kalt, lautlos und gefühllos« bezeichnen. Seine in »After Auschwitz« eingenommene Position müsse als
»Ausdruck eines stark assimilierten Juden gelten, der wegen des Holocaust sich zur Verteidigung seiner ererbten religiösen Tradition verpflichtet sah und dann, ausgelöst durch die Berlin-Begegnung mit Grüber, empfand, daß er[124] nicht länger mehr weder an den Gott dieser Tradition noch an die wesentlichen Doktrinen der Tradition von Bund und Erwählung glauben konnte. Berücksichtigt man beides, den Verlust seines Glaubens und die Ereignisse des Zweiten Weltkrieges, ..., war seine Sicht der Existenz seinerzeit verständlicherweise finster« (Rubenstein in: Roth/Rubenstein 1987, S.311).
Heute würde er mehr, als er dies 1966 tat, die Phänomene von »Haß und Zerstörung« ausbalancieren mit den »Elementen der Kreativität und Liebe im Kosmos« (Rubenstein in: Roth/Rubenstein 1987, S.311).

Ausdrücklich bestätigt er jedoch noch einmal seine Ablehnung des traditionell biblischen Gottesbildes und der Idee der Auserwähltheit des Jüdischen Volkes:
»Im Gegenteil hält er daran fest, daß die Juden ein Volk wie jedes andere ist, dessen Religion und Kultur auf eine Weise geformt ist, die es ihm ermöglicht, mit seiner jeweils besonderen Geschichte und seinem jeweils besonderen Ort unter den Völkern zurecht zu kommen«. Er, Rubenstein, habe in der Vergangenheit und werde auch in Zukunft *»konsequent abstreiten, daß die Existenz des jüdischen Volkes irgendeine göttlich gegebene, höhergeordnete Bedeutung habe, welche auch immer« (Rubenstein in: Roth/Rubenstein 1987, S.312).*
Zwei Punkte sieht er sich gezwungen zu revidieren. Hatte er früher geglaubt, die Wiedergeburt Israels sei das Ende einer linear fortschreitenden Sicht der Geschichte, und jüdische Geschichte sei gewissermaßen mit dem Ende der Diaspora an einem Endpunkt insgesamt angelangt, so müsse er heute erkennen,
»daß die Mehrheit der Juden dieser Welt nicht in Israel ›zu Hause‹ ist. Selbst jene, die dort leben, sind sich ständig bewußt, daß der zerbrechliche Staat und seine Einwohner vernichtet werden könnten, würden die Araber auch nur einen entscheidenden, kriegsbedingten Sieg davontragen. ... Es ist klar, das ›Ziel‹ der jüdischen Geschichte ist nicht erreicht worden und die jüdische Geschichte

---

124. Rubenstein spricht hier durchgängig von sich in der dritten Person.

ist nicht an einem Ende angelangt« (Rubenstein in: Roth/Rubenstein 1987, *S.314).*

Dennoch bleibe es ihm unmöglich, den biblischen Gott der Geschichte zu akzeptieren, wenngleich er heute überzeugt sei

»daß die meisten religiösen Juden dies tun würden, selbst wenn das hieße, Auschwitz als göttliche Strafe zu betrachten« (Rubenstein in: Roth/Rubenstein *1987, S.314).*

Auch müsse er seine Ansicht revidieren, daß mit der Rückkehr der Juden in ihr Land eine Rückkehr zu den Naturgöttern des Landes verbunden sei. Zwar glaubten die meisten Israelis ebenfalls nicht mehr an einen Gott der Geschichte, aber sie seien »eher säkular als heidnisch« (Rubenstein in: Roth/Rubenstein 1987, S.314) geworden.

Schließlich erkenne er an, daß insbesondere die meisten religiösen Juden in der Diaspora als einem »relativ kleinen Rest des jüdischen Volkes fortsetzen, einem Glauben an den Gott der Geschichte und die Auserwählung Israels anzuhängen«. Er stimme mit seinen Kritikern darin überein, daß es

»für diese Juden ohne einen solchen Glauben einfach keinen Grund mehr gäbe, als die ewigen Fremden in einer vom Christentum dominierten Welt zu verbleiben, in welcher sie leben. [...] Auf lange Sicht gesehen haben nur jene Juden den Mut jüdisch zu bleiben, die fest daran glauben, daß sie von Gott erwählt sind, um ihm zu dienen, indem sie als Fremde in einer christlichen Welt verbleiben« (Rubenstein in: Roth/Rubenstein *1987, S.316).*[125]

2.3 Emil Ludwig Fackenheim

»Ein Freund erzählte uns, wie er eines Tages in Jerusalem um sechs Uhr in der Frühe zur Tempelmauer, dem heiligsten Ort des jüdischen Volkes, ging und dort einen alten Juden traf, der ihn, den Fremden, ansprach: ›Mein Freund, ich halte eine simhah, eine Feier! Komm, feiere mit mir! Trink und iß mit mir!‹ Er nahm die Einladung an, und als er einige Tage später erneut zur gleichen Zeit zur Klagemauer kam, wurde er in gleicher Weise von eben jenem alten Juden eingeladen. Und so geschah es vier- oder fünfmal. Schließlich konnte unser Freund seine Verwunderung nicht länger zurückhalten und fragte den alten Mann: ›Mein Freund, welche Art von Feier, welches Fest ist das? Eine Hochzeit? Welche Feier dauert Woche über Woche an?‹ Und der alte Jude antwortete: ›Ich bin ein Über-

---

125. Zu dem gesamten Komplex vergleiche Rubenstein in: Rubenstein/Roth 1987, S.308-316. Auf diesen Seiten findet sich auch eine ausgezeichnete knappe Zusammenfassung von Rubensteins theologischer Deutung des Holocaust insgesamt. Vgl. auch Schweid 1988, bes. S.399f. Schweid arbeitet hier die seiner Meinung nach in Rubensteins Position impliziten Elemente einer allgemeinen Religionskritik heraus.

lebender von Auschwitz. Und ich bin ein Cohen, ein Nachkomme des Priestergeschlechts, und wie du weißt hat ein Cohen die Aufgabe, das Privileg und die Freude, den Segen Gottes für sein Volk mehrmals im Jahr zu besingen. Hier in Jerusalem segnet ER sein Volk jeden Tag. Und seit ich gegen acht Uhr morgens meine Arbeit im Kibbutz beginnen muß, komme ich jeden Tag gegen sechs Uhr hierher, um meiner Aufgabe und meinem Privileg nachzukommen. Das ist meine simhah, mein Fest. Es wird dauern, solange ich lebe.‹«
(Emil Fackenheim 1970)

Emil Ludwig Fackenheim darf wohl zu Recht als der »faszinierendste und ... einflußreichste« Denker bezeichnet werden, »von all denen, die eine philosophische Antwort auf dieses überwältigende Ereignis [Holocaust] versuchten« (St. Katz 1983, S.205) zu geben. Sicher ist er auch der am meisten philosophisch geschulte all derer, die sich mit der historisch-theologischen Bedeutsamkeit des Holocaust befassen, was die methodische Kompetenz und reichhaltige Vielfalt seines Denkens eindrucksvoll bezeugen, die ihn zur »führenden Stimme« (Charry 1981, S.129) im Rahmen der Holocaust-Theologien machte[126]. Ja, vielleicht darf man ihn sogar als den bedeutendsten zeitgenössischen jüdischen Philosophen überhaupt bezeichnen, der es durchaus verdiente, in einem Atemzug genannt zu werden mit seinen beiden großen Lehrern Franz Rosenzweig und Martin Buber, in deren denkerischer Tradition er steht und von denen er zutiefst geprägt ist[127].

1916 in Halle geboren, empfängt er noch 1939 an der weit über Deutschland hinaus bekannten, ehrwürdigen Hochschule für die Wissenschaft des Judentums in Berlin – zutiefst beeinflußt von Martin Buber – seine Ordination als Rabbiner. Im Jahr zuvor, 1938, wurde er für mehrere Wochen im Anschluß an die Reichspogromnacht im Konzentrationslager Oranienburg inhaftiert[128]. 1940 emigrierte er nach Kanada, wo er nach langjähriger Rabbinertätigkeit seit 1960 als Professor für Philosophie an der Universität von Toronto lehrte. 1983 schließlich ließ er sich in Jerusalem nieder, ein Schritt, der unmittelbar und konsequent Ausdruck seines Denkens und Schreibens über die Bedeutung Israels nach dem Holocaust ist[129].

---

126. Ähnlich Reuven Bulka, der Fackenheim als den »führenden Denker unter all jenen« bezeichnet, »die den Holocaust zum zentralen Motiv jüdischen Selbstverständnisses machen« (Bulka 1981, S.325).
127. Zu Fackenheims Rezeption von Buber und Rosenzweig siehe vor allem: Fackenheim 1982; 1987a; 1987b. Zur Einordnung Fackenheims in die jüdische Philosophie der Moderne sowie für eine im strengen Sinn philosophische Auseinandersetzung mit seiner Holocaust-Theologie vgl. vor allem: Seeskin 1990, bes. S.189-211.
128. Yehoschuah Amir, neben Martin Buber einer der Lehrer Fackenheims, erinnert sich, wie er »mit Staunen den strahlend ungebrochenen jungen Mann (sah), wie er trotz KZ-Haft nach etlichen Wochen zu uns zurückkehrte« (Amir 1980, S.452).
129. Vgl. weiter unten Abschnitt 2.3.4.3 (Israel und der jüdische Säkularismus).

Um Fackenheims Versuch einer historisch-theologischen Deutung des Holocaust zu verstehen, scheint es uns geboten und angemessen, seinen intellektuellen Werdegang kurz darzustellen, zumal dies eine denkbar gute Einführung in sein Werk ist und insbesondere die wesentlichen Wurzeln seiner Überlegungen zum Vorschein bringt.

Nachdem Fackenheim[130] über die mittelalterliche Scholastik, die griechische Philosophie und jüdisch mittelalterliche Philosophie arbeitete, wendet er sich intensiv dem Deutschen Idealismus, den Philosophen Schelling, Kant und insbesondere Hegel zu. In seinen ersten, in den 50er Jahren veröffentlichten Schriften legt Fackenheim seine Kritik am jüdischen Liberalismus und religiösen Idealismus nieder, später fortgesetzt in seiner Kritik an jüdischer Reformtheologie und religiösem Naturalismus im Rahmen des Rekonstruktivismus[131]. Jüdischer Liberalismus und jüdisch religiöser Naturalismus, so seine Kritik, sehen jüdische Religiosität als ein vornehmlich historisch gewordenes und daher relativierbares Produkt des Volkes Israel an, und nicht, so Fackenheims Überzeugung, als Ergebnis einer »Begegnung zwischen Mensch und Gott, die unmittelbar in die Gegenwart hinein von Bedeutung ist« (M.A. Meyer 1972, S.56). Eine einseitig-historische Interpretation der jüdischen Religion impliziere einen Fortschrittsoptimismus und ein Konzept fortschreitender moralischer Perfektionierung der Menschheit, was für das 19. Jahrhundert typisch, aber nach den Erfahrungen des 20. Jahrhunderts unhaltbar geworden sei.

Als ein von Beginn an religiöser Existenzialist, stark geprägt von Sören Kierkegaard, weist Fackenheim jede Form eines »immanenten Glaubens, der die menschlichen Werte auf den Kosmos projiziert« zurück (M.A. Meyer 1972, S.56), wie sie etwa im Reconstructionism Mordecai Kaplans vertreten wird.

Was Fackenheim zu einem einzigartigen Denker unter den angelsächsisch-jüdischen Deutern des Holocaust macht, ist seine außerordentlich eindringliche Betonung der Relevanz und Signifikanz der Geschichte bzw. des Verhältnisses des modernen Menschen zur Geschichte für jedes ernsthafte religiös-theologische Nachdenken im 20. Jahrhundert[132]. Spätestens seit dem 19. Jahrhundert versteht sich der Mensch zunehmend als das Wesen, welches sich durch seine Taten definiert, also als geschichtliches Wesen. Infolgedessen, so wurde argumentiert, könne es keine Wahrheiten geben, die nicht dem geschichtlichen Wandel unterlä-

---

130. Die folgenden Ausführungen folgen in wesentlichen Punkten dem Beitrag von: M. A. Meyer 1972.
131. Vgl. zum Reconstructionism und Mordecai Kaplan Anm. 100 im vorausgehenden Abschnitt 2.2.
132. Was Fackenheim über sein Buch »To Mend the World« sagt, hat durchaus Gültigkeit für sein gesamtes Schaffen: »Die vorliegende Arbeit wurde notwendig nicht durch Ereignisse in der Geschichte der Philosophie, sondern durch Ereignisse in der Geschichte selbst« (Fackenheim 1982, S.22).

gen. So sei etwa Metaphysik nur zu verstehen als eine sich geschichtlich wandelnde und historisch determinierte Vorstellung von der Wirklichkeit, die lediglich den Status einer historisch relativen Weltanschauung für sich in Anspruch nehmen dürfe. Gleichfalls gelten nun religiöse Offenbarungen als historisch bedingt und dürfen keinen absoluten Stellenwert mehr einnehmen. In den Augen des Historismus ist jeder Anspruch auf Wahrheit historisch zu relativieren, historischer Reduktionismus wird zu einer ähnlich dogmatischen Anschauung, wie es der subjektive Reduktionismus für den Empirismus wurde. Fackenheims »fundamentales Thema« wird dementgegen das Eintreten für »die Gültigkeit transhistorischer Wahrheit« (M.A. Meyer 1972, S.58) sein.

Dieses Anliegen führte ihn folgerichtig zu einer intensiven Beschäftigung mit Hegel[133]. Das Hegelsche System galt ihm zunächst als die großartigste Synthese von Geschichte und Religion im philosophischen Denken. Gleich Hegel war es Fackenheims stärkste Sehnsucht, Idee und Wirklichkeit, Transzendenz und Immanenz, Offenbarung und Freiheit in dialektischer Weise im philosophischen Denken zu vereinen. Fackenheims Bruch mit Hegel und seine Kritik an ihm entzündete sich bezeichnenderweise nicht an den dem Hegelschen System immanenten Punkten, sondern ist vielmehr durch den Verlauf der historischen Ereignisse in den Zeiten nach Hegel angestoßen worden. Das Vertrauen Hegels in die Vernunft des Menschen und seiner Befähigung zum konstruktiven Gebrauch der Freiheit in immer wachsenderen Maße, sah Fackenheim durch die Geschehnisse des 20. Jahrhunderts zutiefst erschüttert. Fackenheim geht in seiner trotzdem bestehenden Verehrung Hegels gar so weit zu sagen:

»Tatsächlich sind die Krisen, die den christlichen Westen während des letzten halben Jahrhunderts befallen haben, derart, daß man mit Sicherheit sagen kann, daß – wäre er [Hegel] heute noch am Leben – so realistisch ein Philosoph wie Hegel war, er heute kein Hegelianer wäre« (Fackenheim, zit.n. M.A. Meyer 1972, S.59).

Die Konsequenzen, welche historische Ereignisse für jedes philosophisch-theologische Denken haben müssen, nötigten Fackenheim also zu dieser Wende in seinem Denken[134].

Gleichzeitig lernte Fackenheim Mitte der 60er Jahre die Schriften Elie Wiesels kennen, die ihn nachdrücklich erschütterten. Diese Begegnung führte ihn erstmals dazu, speziell die Folgen des Holocaust für das jüdische Denken als Aufgabe wahrzunehmen. In seinem 1970 erschienenen Aufsatz ›The Review of Metaphysics‹[135]

---

133. Die Auseinandersetzung mit Hegel stand bezeichnenderweise auch am Beginn des Existenzialismus bei Kiekegaard, sichtbar u.a. vor allem in seinen Büchern »Der Begriff Angst« (Gütersloh ²1983) und in »Die Krankheit zum Tode« (Gütersloh ²1982).
134. Zu Fackenheims Auseinandersetzung mit Hegel siehe insgesamt: Fackenheim 1968; 1973; 1978, S.112-128; 1982, S.103-145. Vgl. auch: Eliade 1986, S.160f.
135. Erscheinungsort unbekannt, vgl.: M.A. Meyer 1972, S.59.

stellt er in deutlicher Ablehnung von Hegels Diktum »was vernünftig ist, ist wirklich und was wirklich ist, ist vernünftig« (zit.n. M.A. Meyer 1972, S.59) dar, daß ein solches Denken im Angesichte von Auschwitz eine moralische Unmöglichkeit geworden sei.

Hatte der Holocaust bis in die Mitte der 60er Jahre hinein keine bedeutende Stellung im Denken Fackenheims eingenommen, so änderte sich dies nun radikal. Der Holocaust mit all seinen Implikationen wurde zum zentralen Thema seiner weiteren Arbeiten[136]. Heute darf man wohl sagen, daß Fackenheims Ringen um den Sinn jüdischer Existenz nach Auschwitz den Kern seines Lebenswerkes ausmacht.

Um Fackenheims Vorgehensweise, sein Denken und die Art seines Umgangs mit der Problematik zu verstehen, scheint es sinnvoll, die seinem Denken zugrundeliegende Denkstrategie zu verdeutlichen. Um das vernichtende Ausmaß und die zerstörerische Qualität der Bedrohung, die der Holocaust für die jüdische Identität bedeutet, zu erfassen, hält er es für notwendig, zunächst das zu analysieren und zu beschreiben, *was* und *wer* dieser Bedrohung ausgesetzt ist. Er tut dies im Wesentlichen in zwei Schritten. Zunächst versucht er herauszuarbeiten, was er »die Struktur jüdischer Erfahrung« (Fackenheim 1970, S.3) nennt. Diese Struktur jüdischer Erfahrung stellt das der jüdischen Identität inhärente, auf rabbinischen und biblischen Quellen fußende, Grundmuster jüdischen Geschichtsbewußtseins und -verständnisses dar. Diese Struktur will beschreiben, wie im jüdischen Denken Geschichte und Erinnerung im Bewußtsein wahrgenommen, organisiert und tradiert werden. In einem zweiten Schritt stellt Fackenheim die Infragestellungen, Herausforderungen und Veränderungen dieses Grundmusters durch Moderne und Säkularisation dar. Auf diese Weise gelingt ihm eine Zustandsbeschreibung der inneren Verfaßtheit jüdischen Glaubens und jüdischer Identität vor dem Holocaust.

Nachdem er dergestalt die Seite dessen, was und wer vom Holocaust bedroht und betroffen ist, beschrieben hat, ist der nächste logische Schritt, die Qualität der Bedrohung selbst, d.h. den Holocaust, zu analysieren. Was sind die wesentlichen Kennzeichen dieses Ereignisses? Wie, wodurch und auf welche Weise bedroht der Holocaust den Bestand des Grundmusters jüdischer Erfahrung und jüdischen

---

136. Fackenheim selbst gibt als den entscheidenden Wendepunkt seine Teilnahme an dem bereits erwähnten Symposium der Zeitschrift ›Judaism‹ im Jahre 1967 in New York an (siehe Kap. IV-2): »Es war für mich das erste Mal, daß ich über den Holocaust sprach«. Dieses Symposium, an dem u.a. auch Elie Wiesel teilnahm, stand unter dem Thema »Jewish Values in the Post-Holocaust Future«; weitere Angaben zu diesem Symposium und Drucknachweis siehe Anm. 32 in Kap. IV-2.2; vgl. auch: Fackenheim 1982, S.10 und sein Vorwort zur zweiten Auflage von ›To Mend the World‹, New York 1989. Neben diesem Symposium stellte auch, wie bereits erwähnt, Rubensteins Buch »After Auschwitz« einen wesentlichen Anstoß zur Auseinandersetzung mit dem Holocaust für Fackenheim dar; vgl. Fackenheim 1970, S.72ff.

Selbstverständnisses? Hierbei spielt die Frage nach der Einzigartigkeit des Holocaust eine entscheidende Rolle, die Fackenheim wiederum in zwei Schritten zu verdeutlichen sucht. Zum einen in der Analyse der Tat und der Täter, zum zweiten in der Analyse der Opfer und ihrer Reaktion.

In einem letzten Schritt schließlich versucht er auf der Grundlage dieser Diagnose darzulegen, was jüdische Existenz nach und im Angesicht des Holocaust bedeuten kann, wie »Gottes Gegenwart in der Geschichte«[137], als einem wesentlichen Grundpfeiler jüdischen Selbstverständnisses, nach und trotz des Holocaust noch gedacht, geglaubt und erfahren werden kann.

Um diese drei Grundfragen – was für eine Art Judentum ist es, das mit der Bedrohung konfrontiert wird, was ist die Qualität und Bedeutung dieser Bedrohung selbst und wie reagiert, wirkt und verändert sich der Bedrohte – kreist Fackenheims gesamtes Denken und Ringen um die Frage nach dem Sinn jüdischer Identität nach Auschwitz.

2.3.1 Grundmuster jüdischer Erfahrung

Am Ausgangspunkt seiner Überlegungen geht es Fackenheim darum, die Struktur jüdischer Erfahrungen in der Geschichte auf der Grundlage des biblischen Verständnisses herauszuarbeiten. Im Mittelpunkt stehen dabei die für das jüdische Volk und den jüdischen Glauben konstitutiven Grunderfahrungen von Exodus, dem Auszug aus Ägypten, und Sinai, der Offenbarung der Torah.

In der rabbinischen Auslegungstradition, wie sie in Talmud und Midrasch dokumentiert ist, wird das hier zuerst zu klärende Grundverständnis von Mensch und Gott als ein streng voneinander geschiedenes Verhältnis vorgestellt. Im Gegensatz zur mythologischen Sichtweise der Welt, in der es von Göttern nur so wimmelt und in der die Natur vergöttlicht und angebetet wird, ist der Gott Israels außerhalb menschlicher Reichweite angesiedelt, thront über dem Menschen und seiner Geschichte, ist »gänzlich jenseits der Natur, weil er ihr Schöpfer ist« (Fackenheim 1978, S.12). Die jüdische Religion kennt demzufolge auch keine »Identität der menschlichen Natur mit dem Göttlichen« (Fackenheim 1982, S.138), wie es etwa im Christentum der Fall ist[138]. Im Judentum wird so die Eigenständigkeit und das jeweils unaufhebbare Anders-Sein von Gott und Mensch betont. Diese

---

137. So der Titel eines seiner zentralen Werke (»God's Presence in History«); vgl.: Fackenheim 1970.
138. Fackenheim spielt damit auf den christlichen Inkarnationsgedanken an. Zu Fackenheims äußerst beeindruckender Auseinandersetzung mit der Geschichte des christlichen Antijudaismus, besonders aber mit Möglichkeiten und Bedingungen eines christlich-jüdischen Dialogs nach Auschwitz siehe vor allem: Fackenheim 1982, S.278-294, und: Fackenheim 1990, S.71-100.

im Prinzip unüberwindliche, ontologisch bedingte Distanz zwischen Gott und Mensch wird nun aufgebrochen (nicht aufgehoben!) durch die Begegnung von Gott und Mensch, wie sie paradigmatisch im Offenbarungsakt am Sinai zwischen Moses, dem dort anwesenden jüdischen Volk und Gott gezeichnet wird. Fackenheim charakterisiert diese Begegnung als ein »göttlich-menschliches-Aufeinander-Zugehen« (divine-human moving-toward-each-other; Fackenheim 1982, S.139). Verdeutlicht wird dies anhand des folgenden Midrasch:

»Als Gott die Welt erschaffen hatte, erklärte Er ›die Himmel sind die Himmel des Herrn und die Erde ist des Menschen‹ (Ps. 115,16). Aber als Er beschloß, die Torah zu geben, widerrief er seine frühere Erklärung und sagte, ›Der Untere soll heraufsteigen zum Höheren, und der Höhere wird herabsteigen zum Unteren, und ich werde einen neuen Anfang machen‹, so wie es gesagt ist, und der Herr kam herunter vom Berge Sinai und Er sagte zu Mose ›Komm herauf zum Herrn‹ (Exod.19,20)« (Midrasch Exodus Rabba, Va'Era, III, 3, zit. n. Fakkenheim 1982, S.139).

Die direkte und unmittelbare Begegnung zwischen Gott und Mensch war Moses und dem am Sinai gegenwärtigen jüdischen Volk im Rahmen des dort geschehenden Offenbarungsaktes vorbehalten. Auf dieser Erfahrung gründet sich die autoritative Tradierung der Offenbarung und besiegelt so ihre Gültigkeit.

Daß dieser in seinem Kern völlig transzendente Gott nun aber nicht völlig unzugänglich und unberührt über dem Menschen und seiner Geschichte thront, wird durch eine zweite wesentliche Grunderfahrung des jüdischen Volkes belegt, dem Exodus, dem Auszug der Israeliten aus Ägypten, der ja ein in die Geschichte hineingreifender Rettungsakt Gottes war. Diese Erfahrung dokumentiert eindrücklich, daß »Gott selbst in der Geschichte handelt« (Fackenheim 1970, S.4). Indem Gott in die Geschichte eingreift, sich als ihr Herr und Lenker erweist, wird die Geschichte zum eigentlichen, wenn auch nur mittelbaren, Ort der Begegnung Gottes mit seinem Volk[139].

Diese beiden, konstitutiven Erfahrungen, Offenbarung und Gegenwärtigkeit Gottes in der Geschichte (Sinai und Exodus), sind für das jüdische Selbstverständnis von so fundamentaler Bedeutung, daß Fackenheim sie als »Wurzelerfahrungen« (root experiences; Fackenheim 1970, S.9) klassifiziert. Dem stellt er sogenannte »Epoche-machende Ereignisse« (epoch-making events) gegenüber. »Epoche-machende Ereignisse« gibt es in der jüdischen Geschichte viele, so etwa die Zerstörung der beiden Tempel, die Vertreibung der Juden aus Spanien oder viele Pogrome der Neuzeit. Bezeichnend für all diese katastrophischen Ereignisse ist, daß sie nie zu einer radikalen Neudefinition des Glaubens selbst führten, sondern daß der alte Glaube modifiziert, aber im Kern unverändert, jeweils gestärkt unter der Wucht der Ereignisse über die Zweifel triumphierte, welche jene Katastrophen dem Glauben hätten beibringen können. Und dies aus dem Grund, weil

139. Hierzu ausführlich Kap. III.

»dieser Glaube der Vergangenheit nicht von irgendwo her kam, sondern selbst seinen Ursprung hatte in historischen Ereignissen« (Fackenheim 1970, S.9). Diese ebenfalls historischen Ereignisse, welche offenbar durch ihre Kraft und Eindrücklichkeit durch nachfolgende, gegenläufige historische Ereignisse nicht entwertet wurden, sind es, was Fackenheim
»im Kontext des Judentums ... Wurzelerfahrungen« (Fackenheim 1970, S.9) nennt. Diese ›Wurzelerfahrungen‹, die also vornehmlich die Ereignisse des Exodus bis hin zur Offenbarung am Sinai bezeichnen[140], lassen sich durch folgende Charakteristika näher beschreiben:

– Es handelt sich zuerst um die durch Moses und das am Sinai versammelte jüdische Volk bezeugte historische Erfahrung, in welcher Israel sich als Volk konstituierte und der Offenbarung der Torah teilhaftig wurde. Nachfolgende Generationen haben diese unmittelbare Gotteserfahrung nicht gemacht, aber sie wissen um die Erfahrung dieser, kraft der durch jene bezeugten, autoritativen Tradierung dieser Erfahrung. Die Tradierung dieser autoritativ bezeugten Erfahrung ist das Bindeglied zwischen jenem Ereignis der Vergangenheit und seiner Relevanz für die Gegenwart. »Allein aufgrund dieser dialektischen Beziehung zwischen Gegenwart und Vergangenheit kann eine in der Vergangenheit gemachte Erfahrung gesetzgebenden Charakter für die Gegenwart haben« (Fackenheim 1970, S.9).
– Es handelt sich dabei um einmalige historische Ereignisse, die von Generation zu Generation überliefert und geglaubt werden, »historische Ereignisse, die entschieden alle kommenden jüdischen Generationen betreffen« (Fackenheim 1970, S.10). So wird etwa diesen Ereignissen im täglichen Gebet gedacht und man erinnert sich an sie als ein jeweils »historisches Ereignis, durch das die Gegenwart Gottes sich einst manifestierte« (Fackenheim 1970, S.10). Wir haben es also mit einem öffentlichen und jüdische Geschichte grundlegenden Ereignis zu tun.
– Entscheidend ist, ob und auf welche Weise die nachfolgenden Generationen Anteil haben an der ›Wurzelerfahrung‹, also Anteil haben an der Vision der Exodus-Israeliten, ihrer Rettung am Roten Meer und der Offenbarung am Sinai. Selbst die Erinnerung der Gläubigen ist ja zunächst nur die Erinnerung an einen weit zurückliegenden Eingriff Gottes an einem bestimmten Ort, zu einer bestimmten Zeit ohne zwangsläufig folgende Relevanz für die erfahrbare Gegenwart[141]. Dies ändert sich nur dann, wenn nicht allein die Erinnerung an ein solches Ereignis gepflegt wird, sondern wenn jene Erfahrung auch dem heute Lebenden zugänglich (accessible) ist und bleibt, das heißt, eine existenziell spürbare Bedeutung vermittelt.

Exodus und Sinai, die ›Wurzelerfahrungen‹ des Judentums, zeichnen sich also dadurch aus, daß es sich a) um eine historisch bezeugte Erfahrung handelt, die b) kraft jener autoritativen Zeugenschaft von Generation zu Generation in Gebet

---

140. Zu Fackenheims Verständnis von Offenbarung vgl.: Oppenheim 1985, bes. S.87-114.
141. Fackenheim spielt hier auf das Argument Hegels an, »daß mit dem Lauf der Zeit die Vergangenheit ihre Relevanz verliere« (Fackenheim 1970, S.11).

und Liturgie öffentlich bekannt und tradiert wird, und deren man sich c) nicht in bloß intellektueller Weise erinnert, sondern man sich dieses Ereignisses mittels Erinnerung in einem Akt zugänglicher und gegenwärtiger Erfahrung vergegenwärtigt und vergewissert.

Daß bei alledem ein bedrohlicher Grundwiderspruch zwischen der in die Geschichte hineinwirkenden Gegenwärtigkeit Gottes und menschlicher Freiheit einerseits, und zwischen dem Glauben an einen allmächtigen Herrn der Geschichte und der Existenz des Bösen, des Leids andererseits, verblieb, diese Widersprüchlichkeiten blieben den jüdischen Rabbinen natürlich umso weniger verborgen, als ja gerade die der Exodus-Generation nachfolgenden jüdischen Generationen zum Teil alles andere als eine rettende und erlösende Gegenwart Gottes erfahren mußten. Doch die jüdische Theologie zeigte, so Fackenheim, genau an dieser Stelle eine ›Halsstarrigkeit‹ (stubbornness), »die als ihr grundlegendstes Charakteristikum betrachtet werden kann« (Fackenheim 1970, S.18).

Dies zeigt sich vor allem in einem entschiedenen Vermeiden jeglicher Reflexion, die in eine Rücknahme der ›Wurzelerfahrungen‹ münden würde. Das wiederum provozierte eine kontradiktorische Argumentationsweise, die es erlaubte, logische und literarische Denkweisen zu entwickeln, welche die Gültigkeit der ›Wurzelerfahrung‹ in jedem Fall unbeschadet ließen.

Auf diese Weise verfiel das jüdische Denken nie in einen Glauben an einen Gott »ohne Verwicklung, zurückgezogen von der Geschichte« (Fackenheim 1970, S.19), was sich auch in der Tatsache zeigt, daß jüdische Mystik in ihren wesentlichen Tendenzen sich nie primär überweltlich orientierte.

Andererseits wurde aber auch die Allmacht Gottes nie betrachtet als eine Macht, die die »Geschichte überwältigt« (Fackenheim 1970, S.19) und der Freiheit keinen Raum mehr gelassen hätte. Jenes Denken, das zwischen diesen Polen und Widersprüchen sich fruchtbar zu bewegen lernte und weitertradiert wurde, mündete in dem, was man den »Gebrauch midraschichen Denkens« (use of Midrashic thinking; Fackenheim 1970, S.20) nannte. Der Midrasch beinhaltet also die Reflexion über genau jene ›Wurzelerfahrungen‹ samt der ihnen im Lauf der Geschichte folgenden Widersprüche. Dabei löst midraschiches Denken diese Widersprüche nicht auf, sondern beschränkte sich vornehmlich darauf, sie auszudrücken und blieb so ihrem Charakter nach fragmentarisch. Ihre Methode besteht darin, mittels Metaphern, Parabeln und Erzählungen in das Zentrum der Widersprüche zu gelangen, sie offen und ganz dem Bewußtsein präsent zu machen, um dann durch die Bilder und Symbole, die sie entwickelte, die sie ausdrückende kontradiktorisch empfundene Realität erträglich zu gestalten. Der Anspruch, die Widersprüche lösen zu wollen, wurde, so Fackenheim, erst gar nicht erhoben, führte er doch zwangsläufig auf das Gebiet philosophisch-theologischer Spekulationen und so aus der konkret erlebten Wirklichkeit heraus. Solcherart Spekulationen sind dem Judentum fremd, im Gegenteil besteht das midraschiche Denken darauf, »die Wirklichkeit menschlicher Geschichte« (Fakkenheim 1970, S.25) genauestens im Auge zu behalten und bewahrt so entschieden den Glauben, daß

»*die Göttliche Gegenwart am Roten Meer, wie auch immer, in der Geschichte geschieht und diese nicht beendet oder verklärt*« *(Fackenheim 1970, S.25).*

Dergestalt hält sie fest an der Idee einer »wirklichen – nicht ›spirituellen‹ – Geschichte« (Fackenheim 1970, S.25)[142]

Freilich erweist sich die Überzeugungskraft solchen Denkens erst in Krisensituationen, etwa 70 n.Chr. bei der Zerstörung des Tempels. In solchen Zeiten war die Gefahr

»*vor der Geschichte zu fliehen in entweder gnostischen Individualismus oder apokalyptische Jenseitigkeit*« *(Fackenheim 1970, S.15)*

besonders groß. Aber die Rabbinen blieben innerhalb des Midrasch-Systems und schufen gar unter solch enormen Belastungen

»*das wohl profundeste Denken, das jemals geschaffen wurde innerhalb diesen Rahmens*« *(Fackenheim 1970, S.25),*

was ihnen wiederum nur gelang, weil sie sich voll einließen auf die Spannungen des Widerspruchs von Wurzelerfahrung und der sie in Zweifel ziehenden konkreten, leidvollen Realgeschichte[143].

So wurden mehrere Lösungsversuche von den Rabbinen entwickelt, um den Konflikt zwischen dem Glauben an einen rettenden Gott der Geschichte und einer diesem Anspruch widersprechenden Gegenwart zu entschärfen. Im wesentlichen handelt es sich um die Anschauung, Leid und Ausbleiben der Rettung als Strafe Gottes für begangene Sünden zu verstehen[144]. Außerdem suchten die Rabbinen nach der Zerstörung des Tempels, Exil und Zerstreuung, den Gott der Geschichte zu retten, indem sie den Glauben an Gott lösten von der bis dahin unzweifelhaften Bindung Gottes an den Jerusalemer Tempel als der quasi irdischen Wohnstatt Gottes. Fortan wurde Gott präsentiert als ein Gott, der mit ins Exil geht und so auch in der Fremde und im Mitleiden mit seinem Volk gegenwärtig ist[145].

142. Das Christentum nahm hier den gegenteiligen Weg und bewegte sich zunehmend auf spekulatives Denken hin und betrieb weit mehr ›spiritual history‹. Die Säkularisierung tat ein Übriges und so ist die für das Judentum typische existenzielle Verschränkung des Glaubens mit der konkreten Geschichte im Christentum gänzlich verschwunden. Erst in jüngster Zeit ist eine gewisse Renaissance der Verknüpfung von Gott und Geschichte im christlichen Denken zu verzeichnen: in der Theologie der Befreiung und der Politischen Theologie. Letztere, von Johann Baptist Metz maßgeblich mitentwickelte Politische Theologie, wurde bezeichnenderweise ausdrücklich in Reaktion auf Auschwitz und in Anlehnung an jüdische Traditonen entworfen! Vgl.: Metz 1979; 1984; 1985; siehe auch: H. Peukert 1969; G. Baum 1984; John 1988. Zu dem gesamten Komplex auch Kap. VII-2 dieser Arbeit.
143. Vgl.: Glatzer 1933.
144. Vgl. Abschnitt 1 (›unserer Sünden wegen...‹) dieses Kapitels.
145. Im Hintergrund steht hier die traditionell-jüdische Idee von der *Schechina*, der Ein-

Darüberhinaus erhält die messianische Hoffnung neuen Aufschwung und die neue Bedeutung, eines Tages zurückzukehren, um den Tempel neu zu errichten[146]. Diese Glaubenshaltung ermöglichte es, daß

»*über nahezu zweitausend Jahre hinweg der Jude – verspottet, verleumdet, verfolgt, heimatlos – dem Glauben an einen Gott der Geschichte treu blieb auf eine Weise, die, wenn auch nicht prinzipiell unerschütterbar, tatsächlich aber unerschüttert geblieben ist*« *(Fackenheim 1970, S.29).*

2.3.2 Die Herausforderung der Moderne

Was die Zerstörung des Tempels und andere zahlreiche Katastrophen in der Geschichte des Judentums nicht vermochten, gelingt nun erstmals Säkularisation und Moderne: die Infragestellung der Authentizität und Bedeutung der ›Wurzelerfahrungen‹. Die zunehmende politische und gesellschaftliche Emanzipation der Juden führte dazu, daß erstmals jüdische Denker den Rahmen des midraschichen Denksystems verließen und es von außen betrachteten und kritisierten. Von da an entwickelten sich zunehmend mehr Strömungen innerhalb des Judentums. So wurde etwa die Pessach-Feier, die früher eindeutig die Feier »der Göttlichen Gegenwart am Roten Meer« (Fackenheim 1970, S.46) gewesen war, nun lediglich zu einer »Feier der menschlichen Freiheit« oder der »menschlichen Entdeckung der *Idee* von Gott« (Fackenheim 1970, S.46). Die Moderne stellt erstmals die Frage: »... kann die Gegenwärtigkeit Gottes mehr als eine bloße Erinnerung sein?« (Fackenheim 1970, S.26). Geboten ist somit eine Auseinandersetzung des Gläubigen mit dem historischen Phänomen der Moderne und Säkularisation, will er eine erneute Unmittelbarkeit des Glaubens wiedergewinnen.

Wesentliches Kennzeichen der Moderne, so Fackenheim, ist das Ende aller Denksysteme, die einen die Welt erklärenden Absolutheitsanspruch erheben, und deren vornehmliche Legitimität auf tradierter Autorität beruht. Aufklärung und Säkularisierung, Historismus und modernes wissenschaftliches Denken erschüttern jeden auf tradierter Autorität beruhenden Offenbarungsanspruch und bestrei-

---

wohnung Gottes auf Erden an einem bestimmten Ort (Dornbusch, Tempel), oder auch im einzelnen Menschen. Nach der Zerstörung des Tempels in Jerusalem 70 n. Chr. war man der Überzeugung, daß die *Schechina* mit dem Volk der Juden gemeinsam ins Exil ging; vgl.: Maier/Schäfer 1981, S. 276; Schwarzschild 1987; auch: A.H. Friedländer 1980a.

146. In diese Zeit fällt die Entstehung des unter Juden geflügelten, und im Rahmen des Pessachseders zitierten Wortes: ›Nächstes Jahr in Jerusalem‹. Auch liegt in der Entwicklung dieser Gedanken unter anderem der Grund für ultra-orthodoxe Juden, den Zionismus und den Staat Israel abzulehnen, da nur der Messias selbst eine religiös gültige Rückkehr nach Zion veranlassen kann.

ten damit ebenfalls die Gültigkeit der Wurzelerfahrungen innerhalb des Judentums. Innerjüdisch kulminiert und dokumentiert sich dieser Prozeß in der Idee des Zionismus, der, getreu seinem Selbstverständnis eine säkulare Bewegung, das Judentum von seinen traditionell-religiösen Gehalten löst und es nur noch als eine Form nationalisierter jüdischer Kultur verstehen will. Auf diese Weise habe der säkulare Zionismus »eine schicksalhafte Spaltung zwischen dem jüdischen Volk und dem Judentum vollzogen, mit dem Effekt, daß aus einem Volk aus Fleisch- und-Blut (flesh-and-blood people)[147] eine blutlose Sekte von ›Missionaren‹ für die ›Menschheit‹ wurde« (Fackenheim 1982, S.8)[148].

Gegen diesen von zunehmender Emanzipation und Assimilation begleitenden Prozeß stellte sich aber zu Beginn diesen Jahrhunderts ein zweiter Prozeß, der der »jüdischen Renaissance« (Martin Buber), in dessen Rahmen insbesondere die Möglichkeiten einer jüdischen »Rückkehr zur Offenbarung« (Fackenheim 1982, S.8) aufgezeigt werden sollten .

Auf welche Weise, so lautet hier die Kernfrage, ist es dem modernen (jüdischen) Menschen noch oder wieder möglich, einen aktuellen Zugang zu den ›Wurzelerfahrungen‹ des Judentums, eine gegenwärtige Erfahrung der Gültigkeit der Offenbarung zu erlangen?

Nach Rosenzweig sind jene Glaubens- und Denksysteme, die auf Tradition und Autorität beruhen, »fanatisch«[149] und jener Kategorie zuzuordnen, die Rosenzweig »altes Denken« nennt, demzufolge man die Gültigkeit der Offenbarung, der Torah, akzeptierte »ohne in Betracht zu ziehen, ob das Volk sich ent-

---

147. Terminus stammt von Franz Rosenzweig; vgl. F. Rosenzweig 1987.
148. Dieser Gedanke spielt auf die traditionelle Sichtweise an, daß mit der Offenbarung und Auserwählung Israels, die religiöse Verpflichtung zur Zeugenschaft des Monotheismus in der Welt verbunden war. Der Zionismus, so Fackenheim, säkularisiert diese religiöse Verpflichtung zu einer kulturell-humanistischen. Wie sehr aber selbst der säkulare Zionismus verwurzelt ist in traditionell jüdischem Denken sieht Fackenheim vor allem in der Tatsache begründet, daß die säkular-politische Zionssehnsucht der religiös-biblischen Zionssehnsucht entspringt und somit die jüdische Bibel verbindendes Element säkularen und religiösen jüdischen Denkens ist; vgl. bes.; Fackenheim 1982, S.143ff. u. allg.: Fackenheim 1990. Auf dem Hintergrund dieser Zusammenhänge urteilt der Historiker Yitzhak Fritz Baer, daß der Zionismus, »die jüdische Erneuerung der Gegenwart ... ihrem tiefsten Wesen nach nicht von den nationalen Bewegungen Europas bedingt [ist]; sondern sie kehrt zurück zu dem uralten jüdischen Nationalbewußtsein, das vor aller europäischen Geschichte da war und ohne dessen geheiligtes, geschichtsgesättigtes Vorbild kein nationaler Gedanke in Europa vorstellbar ist« (Baer 1936, S.103); vgl. auch: J. Talmon 1957, S.6 u. S.13f.; Elon 1972, bes. S. 21-26, wo es u.a. heißt: »Als Sozialisten und Zionisten waren sie die weltlichen Rabbiner eines neuen Erlösungsglaubens« (a.a.O., S.23).
149. Rosenzweig, und mit ihm Fackenheim, benutzen diesen Begriff rein deskriptiv, ohne die pejorativen Konnotationen, die diesem Terminus heute unterliegen.

schied, sie (die Offenbarung) zu bewahren oder nicht: Jüdische Wahlmöglichkeit ist begrenzt auf zwei Alternativen, gewollte oder ungewollte Teilhabe – aber Teilhabe in jedem Fall« (Fackenheim 1982, S.83). Demgegenüber schließt sich Fakkenheim Rosenzweigs Forderung nach einem »Neuen Denken« an, das »seine Blickrichtung ändert von der Autorität der Torah weg, zum Jüdischen Volk und seinem Bekenntnis zur Torah hin« (Fackenheim 1982, S.83).

Das heißt, im Mittelpunkt der Überlegungen stehen nicht mehr die Heiligkeit und Autorität der Offenbarung und das, was offenbart wurde, sondern der Empfänger der Offenbarung und die Bedingungen und Voraussetzungen, die dieser einbringen muß, um der Offenbarung, und damit der Gegenwärtigkeit Gottes nicht in der, sondern in *seiner* Geschichte teilhaftig zu werden, geraten in den Blickpunkt.

»Unter ›Jüdischer Glaube‹ verstehe ich jetzt, ..., eine (persönliche) Verpflichtung der Offenbarung gegenüber; und unter Offenbarung verstehe ich jetzt, ..., nicht Dinge oder Gesetze, die durch göttliche Bestätigung abgesichert wurden, sondern viel mehr, ..., das Ereignis Göttlicher Gegenwärtigkeit« (Fackenheim 1982, S.6).

Wenn man Offenbarung als den »Einfall des Göttlichen Anders-seins in die Welt des Menschen« auffaßt, ist es entscheidend, dies nicht bloß als einen in der Vergangenheit stattgefundenen Akt zu begreifen,

»sondern, potentiell, ebensosehr als eine Erfahrung in der Gegenwart. [...] Die Schlüsselfrage für uns [ist], ob menschliche Existenz im Allgemeinen, oder jüdische Existenz im Besonderen sich offen oder verschlossen hält für den Einfall des Göttlichen. Und so wie es für die Philosophie notwendig und möglich [ist], die Implikationen dieser beiden Möglichkeiten zu untersuchen, ist die Entscheidung zwischen ihnen ... eine Verpflichtung, oder ein Akt des Glaubens« (Fackenheim 1982, S.6).

Auch Martin Buber habe, so Fackenheim, diesen Zusammenhang klar erkannt. Ausgehend von der Erkenntnis, daß das wesentliche Thema der (hebräischen) Bibel »die Begegnung zwischen einer Gruppe von Menschen und dem namenlos Einen, ..., die Begegnung dieser beiden in der Geschichte« (Martin Buber, zit.n.Fackenheim 1987, S.89) sei, könne man mit Buber argumentieren, daß man *»natürlich die Wahrheit dessen, was jene glaubten, bezweifeln kann. Ja es ist sogar möglich zu leugnen, daß Abraham oder Moses je existierten. Aber sie und ihr Glaube existierten ganz gewiß im Verstand und im Herzen zahlloser jüdischer Generationen« (Fackenheim 1987, S.90).*

Auf diesem Hintergrund müsse die Offenbarung als die Mitte zwischen Schöpfung, dem absoluten Anfang aller Geschiche, und Erlösung, dem absoluten Ende aller Geschichte, gesehen werden, so daß »nur unter der Prämisse, daß die Offenbarung eine gegenwärtige Erfahrung ist ... Schöpfung und Erlösung wahr sind« (Buber, zit.n. Fackenheim 1987, S.98). Nach diesem Verständnis aber ist Offenbarung nicht als einmal fixierter, fest zu datierender Punkt in der Vergangenheit

zu sehen. »Nicht die Offenbarung am Sinai selbst ist als dieser Mittelpunkt zu betrachten, sondern ihre Wahrnehmung, und solche Wahrnehmung ist zu jeder Zeit möglich« (Buber, zit.n. Fackenheim 1987, S.98). Hieraus folgt Fackenheim die Notwendigkeit einer
»Revolutionierung der Beziehung zwischen Vergangenheit und Gegenwart: Die Vergangenheit wird nicht zur Gegenwart mittels der Vollmacht einer ›verläßlichen Autorität‹: viel mehr muß die Gegenwart sich ausstrecken nach der Vergangenheit« (Fackenheim 1987, S.99). Dies geschieht durch den *»Versuch sie«* wiederzuentdecken[150]; aber man kann *die Offenbarung dieser Vergangenheit nur wiederentdecken, wenn sie nicht allein eine Tatsache der Vergangenheit ist, sondern ebenso, möglicherweise, eine gegenwärtige Erfahrung ist« (Fackenheim 1987, S.28).*
Daß diese Gedanken nicht neu, sondern im Rahmen rabbinischer Lehre präformiert sind, zeigt Fackenheim anhand zweier Midraschim:
»Lasse niemals die Thora eine veraltete Verordnung für dich sein, sondern viel mehr wie einen Ratschluß, der dir gerade erst gegeben ist, nicht mehr als zwei oder drei Tage alt ... Ben Azzai sagte: ›Nicht einmal als eine alte Verordnung ..., sondern als eine Verordnung die am heutigen Tage erlassen wurde!‹«.
»Wann wurde die Thora gegeben? Sie ist gegeben, wann immer ein Mensch sie annimmt« (zit.n. Fackenheim 1987, S.28).[151]
Ähnlich Kierkegaard sieht Fackenheim somit das Fundament des Glaubens in einem frei entschiedenen Annehmen der Offenbarung, die einer »persönlichen Verpflichtung anstelle von Autorität« (Fackenheim 1987, S.28) entspricht.

Wie vollzieht sich diese persönliche Verpflichtung zur Torah, ihre freiwillige Annahme und der dadurch mit ihr verbundenen, aktuellen Erfahrbarkeit von Gottes Gegenwart in der Geschichte? Das »Annehmen der Torah« geschieht wesentlich *»durch den Zyklus des jüdischen Jahres hindurch, einer fortwährenden Wiederinkraftsetzung der jüdischen Existenz zwischen Schöpfung und Erlösung« (Fackenheim 1987, S.99).*
Besonders offensichtlich werde dies, wenn man sich die den jüdischen Fest- und Feiertagen zutiefst innenliegende Funktion vor Augen hält:
»Ein Jude ist verpflichtet, sich nicht bloß der vergangenen Ereignisse zu erinnern, sondern sie wieder zu erleben, und sie wieder-erlebt, das hat er über die Jahrhunderte hinweg immer getan« (Fackenheim 1987, S.207).
Nicht ein autoritativ verpflichteter bloßer Akt des Erinnerns, sondern ein existenziell zu vollziehendes Wiedererleben garantiert den Brückenschlag zwischen Ver-

---

150. Diese wie auch sämtliche folgende Hervorhebungen innerhalb der Zitate Fackenheims entsprechen der Vorlage im Original.
151. Diesen zuletzt wiedergegebenen Midrasch bezeichnet Fackenheim als das zentrale Motto seines Versuches, eine Antwort zu geben auf die Frage ›Was ist Judentum?‹; vgl. Fackenheim 1987, S.28.

gangenheit und Gegenwart, macht die Offenbarung und die mit ihr verknüpften Erfahrungen und Lehren zu einem gegenwärtigen Ereignis. Paradigmatisch greifbar ist dies vor allem im jüdischen Pessach-Fest und dabei vor allem in Inhalt und Gestaltung der Seder-Nacht am Vorabend des Pessach Festes[152].

»Juden beharrten auf der Feier des Seder während der Kreuzzüge, der Inquisition, ... Hartnäckig führten sie fort, ihre Freiheit zu feiern und Gott zu preisen für dieses Geschenk... Juden wurden verleumdet, wurden verfolgt, um sie in die Knechtschaft zurückzuzwingen«, was nie gelang, *»weil niemand, ..., ein Knecht ist, solange ihm sein Unterdrücker nicht seine Religion geraubt hat«* (Fackenheim 1987, S.207).

In genau diesen Zusammenhängen erweist sich die ungeheure Kraft und Wirkung der Wurzelerfahrung.

Die Erfahrung von Exodus und Sinai (Gegenwärtigkeit Gottes in der Geschichte und Offenbarung) initiierten ein »anhaltendes Erstaunen« (abiding astonishment; Fackenheim 1970, S.12), das von Generation zu Generation im Bewußtsein als anhaltende Erfahrung repräsentiert wurde, und durch die Struktur seiner liturgischen Einbindung immer wieder zu einem existenziellen Wiedererleben und Vergegenwärtigen der Erfahrung einlud. Deshalb, so Fackenheim, konnte etwa Buber über das »Wunder« von Exodus und Sinai sagen, es sei »nicht irgendetwas ›Übernatürliches‹, sondern ein Vorfall, ein Ereignis, welches voll mit einbezogen werden kann in den objektiven, wissenschaftlichen Nexus von Natur und Geschichte« (Buber, zit.n. Fackenheim 1970, S.12). Nur eine unmittelbar erfahrene Gegenwärtigkeit der Kraft Gottes vermochte jenes ›anhaltende Erstaunen‹ und seine über die Jahrhunderte immer wieder erfahrbar erneuernde Kraft bewirken:

»In der Wiedervergegenwärtigung dieses natürlich-historischen Ereignisses wiedervergegenwärtigt er [der Jude] zugleich jenes anhaltende Erstaunen und macht es zu seinem eigenen. Weil die ›Einzige Macht‹ damals gegenwärtig war, ist sie auch heute gegenwärtig... Daher wird dieses Ereignis vom Roten Meer heute wieder wachgerufen und man wird fortsetzen, es wieder wachzurufen selbst in den Tagen des Messias. Daher ist die wiedervergegenwärtigte Vergangenheit leitend für die Gegenwart und für die Zukunft. Daher ist sie, im Judentum, eine Wurzelerfahrung« (Fackenheim 1970, S.14).[153]

---

152. Der Seder-Abend folgt einer bestimmten liturgischen Ordnung (=Seder), in deren Mittelpunkt ein symbolträchtiges Mahl steht; vgl. hierzu Kap. VI-1 dieser Arbeit. Im Vorgriff auf dieses Kapitel sei der wesentliche Abschnitt der Pessach-Haggada, einer Erzählung, die im Laufe des Seder-Abends vorgetragen wird, hier zitiert: »In jeglichem Zeitalter ist der Mensch verpflichtet sich vorzustellen, als sei er selbst aus Ägypten gezogen« (Hirsch-Haggadah, S.83).

153. Vgl. auch die ähnlichen Gedankengänge bei: Breslauer 1981. Es sei auch nochmals darauf hingewiesen, daß diese Darlegungen Fackenheims wesentlich meine eigene Interpretation der Zentralität von Gedächtnis im Judentum inspirierten; vgl. hierzu die Bemerkungen in Danksagung und Einleitung sowie Kap. VI dieser Arbeit.

Die so aufgezeigte Gegenwart Gottes war in ihrem Ursprung und ist zu jedem Zeitpunkt ihrer erneuten Erfahrung, ihres erneuten Wiedererlebens ein eminent historischer Akt, denn solches geschah und geschieht immer »inmitten der Geschichte, nicht jenseits von ihr in der Ewigkeit« (Fackenheim 1970, S.15).

Geschichte wird also – und dies erscheint uns wesentlich nicht nur für Fackenheim, sondern für die jüdische Denkweise insgesamt – durch das Eingreifen Gottes nicht außer Kraft gesetzt oder apokalyptisch aufgehoben, sondern die Taten Gottes werden als integraler Bestandteil der Geschichte selbst betrachtet! »Heilsgeschichte und ›säkulare‹ Geschichte können für einen Juden nicht zwei voneinander völlig zu trennende Dinge sein« (Fackenheim 1987, S.215).

2.3.3 Der Holocaust

Wir haben gesehen, daß selbst die Herausforderungen, die Moderne und Säkularisation für das Judentum mit sich brachten, es nicht vermochten, die Gültigkeit und Wirkkraft der Wurzelerfahrungen außer Kraft zu setzen. Insbesondere auch dank der denkerischen Genialität eines Martin Buber und eines Franz Rosenzweig konnten die Bedingungen und Modalitäten, unter denen die Aktualität und Gültigkeit der Exodus- und Sinaierfahrung auch dem modernen Juden zugänglich sein konnten, präziser und klarer konturiert erfasst werden, ohne einen prinzipiellen Bruch mit der Tradition begehen zu müssen. Noch immer gab es kein historisches Ereignis, dessen Qualität in der Lage gewesen wäre, jene historisch situierte Urerfahrung des jüdischen Volkes von Exodus und Sinai zu sprengen. Das theologische Potential, oder anders gesagt: das sinnstiftende Potential jüdischer Religion und Tradition erwies sich gerade in der zugelassenen und ernsthaft angenommenen Konfrontation mit den sie potentiell bedrohenden ›Epoche-machenden Ereignissen‹ bis hin zu den Herausforderungen und Infragestellungen der jüngsten Vergangenheit als so reichhaltig und tief, daß es aus dieser Konfrontation mit der Geschichte zwar modifiziert und neu akzentuiert, im Kern aber unverändert und gestärkt hervorging.

Dies ändert sich mit dem Ereignis des Holocaust radikal. Vor nahezu unlösbaren Problemen steht nun tatsächlich alles traditionell jüdische Denken im Angesicht von Auschwitz, denn es gab in der langen Leidensgeschichte des jüdischen Volkes bisher kein vergleichbares Ereignis, auf das jüdisches Denken und jüdischer Glaube hätten eine Antwort entwickeln müssen. Der Einzigartigkeit der jüdischen ›Wurzelerfahrungen‹ stellt sich mit vernichtender Bedrohlichkeit die Einzigartigkeit des Holcaust entgegen.

Was macht diese Einzigartigkeit aus? Fackenheim nennt folgende Aspekte:

- Ein Drittel des jüdischen Volkes wurde ermordet. Darunter »die jüdischsten aller Juden« (Fackenheim 1982, S. 12), die osteuropäischen Juden, deren Auslöschung einer

Vernichtung des Kernbestandes traditionellen Judentums und traditioneller Jüdischkeit nahekommt.
- Die Ermordung der Juden war im wahrsten Sinne des Wortes eine auf Totalität angelegte »Vernichtung«. Nicht ein jüdisches Leben, ob Mann ob Frau oder Kind, hätte überlebt, wenn Hitler den Krieg gewonnen hätte.
- »Als Jude geboren zu sein genügte, um Folter und Tod zu verdienen« (Fackenheim 1982, S.12). Das große und einzige ›Verbrechen‹ der Juden bestand allein in ihrer bloßen Existenz.
- »Die ›Endlösung‹ war nicht ein pragmatisches Projekt, das solchen Zielen wie der Vermehrung politischer Macht oder ökonomischer Stärke diente. Noch war es die negative Kehrseite eines in sich positiven religiösen oder politischen Fanatismus. Sie war vielmehr allein ein Zweck in sich selbst. Und, sogar während der letzten Phase der Herrschaft des Dritten Reichs (als Eichmann Züge umleitete von der Front weg nach Auschwitz)[154], war sie das einzige Ziel, das verblieb« (Fackenheim 1982, S.12). Es war »Vernichtung um der Vernichtung willen, Mord um des Mordes willen, Böses um des Bösen willen« (Fackenheim 1970, S.70).[155]
- Nur eine Minorität der Verfolger waren Sadisten, die meisten der Täter waren »gewöhnliche Berufstätige mit einer außerordentlichen Tätigkeit« (Fackenheim 1982, S.12).

Es sei schwer, so Fackenheim, eine andere Katastrophe in der Geschichte zu finden, auf die auch nur eine dieser Bestimmungen ebenfalls zutreffen würde, geschweige denn alle zusammen[156].

154. Zu der allen ökonomischen und militärtaktischen Belangen scheinbar widerstreitenden Priorität von Deportation und Vernichtung vgl. etwa Hannah Arendts Reaktion, als sie 1943 erstmals gerüchteweise von Massenvernichtungen erfuhr. Sie weigerte sich diesen Nachrichten Glauben zu schenken, weil »es gegen alle militärischen Notwendigkeiten und Bedürfnisse war« (zit.n. Diner 1988, S.7); vgl. auch: Dawidowicz 1975, bes. S.191-197; Hilberg 1990a, bes. S.550-570.
155. Vgl.: Levi 1990, bes. Kap. V (Sinnlose Gewalt). Dort heißt es u.a.: Die Hitler-Herrschaft war »von einer weitverbreiteten, sinnlosen Gewalttätigkeit gekennzeichnet..., die Selbstzweck war und ausschließlich darauf abzielte, Schmerz hervorzurufen« (Levi 1990, S.106). Und: »Aber warum wurden bei ihren fanatischen Razzien [der SS] in allen Städten und Dörfern ihres unermeßlich großen Reichs die Türen der Sterbenden entweiht? Warum mühten sie sich ab, diese Menschen in ihre Züge zu schleifen und zum Sterben weit weg zu bringen, nach einer unsinnigen Reise, in Polen, auf der Schwelle zur Gaskammer? Auf meinem Transport befanden sich zwei neunzigjährige Frauen, die in der Krankenstation von Fòssoli festgenommen worden waren ... Wäre es nicht einfacher gewesen, ›wirtschaftlicher‹, sie in ihren Betten sterben zu lassen oder gar zu töten, statt ihren Todeskampf in den allgemeinen Todeskampf unseres Transports einzugliedern? Man ist tatsächlich versucht zu glauben, daß im Dritten Reich die beste Wahl, die von oben befohlene Wahl, diejenige war, die den größten Kummer, die größte Verschwendung von physischem und moralischem Leid hervorrief. Der ›Feind‹ mußte nicht nur sterben, sondern er mußte qualvoll sterben« (Levi 1990, S.121f.).
156. Zu Fackenheims Verständnis der Einzigartigkeit des Holocaust vgl. auch: Facken-

Auf Seiten der Opfer kommt noch ein weiterer wichtiger Umstand hinzu:
»*Weit mehr unbestreitbar einzigartig als das Verbrechen selbst ist die Situation der Opfer... Die mehr als eine Million jüdischer Kinder, die im Nazi-Holocaust ermordet wurden, starben weder wegen ihres Glaubens, noch starben sie trotz ihres Glaubens, noch aus Gründen, die nichts mit dem jüdischen Glauben zu tun hatten*« *(Fackenheim 1970, S.70).*
Denn es ist berechtigt zu fragen, was wohl die jüdischen Vorfahren der Holocaust-Opfer getan hätten, hätten sie gewußt oder geahnt, was einst auf ihre Kindeskinder zukommen würde?!
»*Hätten sie dann standhaft in ihrem Glauben verbleiben können? Hätten sie es sollen? Und was ist mit uns, die wir Wissende sind, wenn wir die Möglichkeit eines zweiten Auschwitz in drei Generationen in Betracht ziehen?*« *(Fakkenheim 1970, S.71)*
Hieraus resultiert die aufreibende Notwendigkeit,
»*der Post-Holocaust-jüdischen Kontradiktion ins Auge zu sehen, einerseits religiös verpflichtet zu sein, Kinder zu haben, und andererseits moralisch verpflichtet zu sein, künftige Nachkommen nicht der Gefahr auszusetzen, wie entfernt auch immer, getötet zu werden allein aufgrund ihrer jüdischen Vorfahren*« *(Fackenheim 1982, S.13).*[157]
Exemplarisch versinnbildlicht sich für Fackenheim die Einzigartigkeit des Holocaust in der Hervorbringung einer ebenso einzigartigen wie grausigen Karikatur von Menschsein durch das System der Konzentrations- und Vernichtungslager:
»*Der Nazi-Staat hatte kein höheres Ziel, als die Seelen zu töten während die Körper noch lebten. Der* Muselmann *war sein zutiefst charakteristisches, zutiefst originelles Produkt. Er ist ein* Novum *in der Geschichte der Menschheit*« *(Fackenheim 1982, S. 100).*
Zur Verdeutlichung zitiert er Primo Levi:
»*Im Lager kamen sie auf Grund der ihnen eigenen Untüchtigkeit oder durch Unglück oder durch irgendeinen banalen Umstand zu Fall, noch bevor sie sich hätten anpassen können; sie konnten mit der Zeit nicht Schritt halten, und sie fangen erst dann an, Deutsch zu lernen und sich ein wenig in dem infernalischen Durcheinander von Geboten und Verboten zurechtzufinden, wenn ihr Körper schon in Auflösung begriffen ist und sie nichts mehr vor der Selektion oder dem Erschöpfungstod bewahren könnte. Ihr Leben ist kurz, doch ihre Zahl ist unendlich. Sie, die Muselmänner, die Verlorenen, sind der Nerv des Lagers: sie, die anonyme, die stets erneuerte und immer identische Masse schweigend*

heim 1980, S.8-9 (dieser Aufsatz beruht auf einem Vorwort Fackenheims zu: Bauer 1979); Fackenheim 1978. Zur Kritik an Fackenheims Argumentation bezüglich der Einzigartigkeit des Holocaust siehe vor allem die detaillierten Einwände bei: Horowitz 1981.
157. Vgl.: Fackenheim 1978, S.30 u. 47ff.

marschierender und sich abschuftender Nichtmenschen, in denen der göttliche Funke erloschen ist, und die schon zu ausgehöhlt sind, um wirklich zu leiden. Man zögert, sie als Lebende zu bezeichnen; man zögert, ihren Tod, vor dem sie nicht erschrecken, als Tod zu bezeichnen, weil sie zu müde sind, ihn zu fassen« (*Levi, zit.n. Fackenheim 1982, S.99f.*).[158]

Keine der traditionellen Antworten des Judentums auf das Leid in und durch die Geschichte können mehr Bestand haben im Angesicht dieser Einzigartigkeit des Holocaust. Das alte Rechtfertigungsschema ›Unserer Sünden wegen werden wir bestraft‹ wird im Schatten von Auschwitz »eine religiöse Absurdität, wenn nicht gar ein Sakrileg«, und selbst die traditionell jüdische Auffassung, daß das Volk in seiner Gesamtheit immer kollektiv verantwortlich ist auch für die Sünden weniger, greift nicht mehr, denn

>*»nicht ein einziger der sechs Millionen starb, weil er selbst es versäumt hätte, den göttlich-jüdischen Bund einzuhalten: Sie alle starben, weil ihre Urgroßeltern dem Bund treu geblieben waren, und wenn auch nur in dem mindesten Sinne, daß sie jüdische Kinder großzogen. ... Dies ist der Fels, an dem ›unserer Sünden wegen werden wir bestraft‹ totalen Schiffbruch erleidet«* (Fackenheim 1970, S.73).

Und selbst die letzte aller Möglichkeiten, die einem bedrohten Juden seit tausenden von Jahren noch blieb, um sein Leben zu retten, die Taufe, oder aber einen würdevollen Tod zu sterben, die Heiligung des Namens Gottes (Kiddusch ha-Schem), das Martyrium, selbst diese Möglichkeiten wurden von den Nazis zunichte gemacht. Denn anders als etwa die Juden zur Zeit der Kreuzfahrer, denen zumindest theoretisch die Wahl blieb mittels Taufe ihre Rettung zu erwirken, oder aber mit dem ›Shma Jisrael‹[159] auf den Lippen würdevoll für ihren Glauben zu sterben, gab es für Juden in Auschwitz keine solche Wahl:

>*»Die Jungen und die Alten, die Gläubigen und die Ungläubigen wurden hingeschlachtet ohne Unterschied. Kann es da ein Martyrium geben, wo es keine Wahl gibt? ... Torquemada zerstörte Körper, um Seelen zu retten. Eichmann suchte die Seelen zu zerstören, bevor er die Körper zerstörte. ... Auschwitz war*

---

158. Der Wortlaut dieses Zitats folgt der deutschen Ausgabe von: Levi 1991, S.107f. Zum Begriff ›Muselmann‹ bemerkt Levi an anderer Stelle: »In allen Lagern war der Begriff Muselmann verbreitet, ... Dafür hat man zwei Erklärungen geliefert, die beide wenig überzeugen: einmal wird das Wort auf den Fatalismus zurückgeführt, ein andermal auf die Kopfbinden, die an einen Turban erinnerten« (Levi 1990, S.99).
159. *Shma Jisrael*, Höre Israel, ist eines der wichtigsten Bekenntnisgebete des Judentums, die im Kern das auf biblischen Versen (Dtn. 6, 4-9; Dtn. 11, 13-21; Num. 15, 37-41) beruhende Bekenntnis zum Monotheismus und zur Gottesliebe enthalten. Von glaubensfrommen Juden wird es bis zu dreimal täglich gebetet. Häufig von jüdischen Märtyrern gesprochen, ist es zu einem weitverbreiteten Gebet während der Todesstunde geworden.

der größte, diabolischste Versuch, der je unternommen wurde, um das Martyrium selbst zu morden und ... allem Tod, das Martyrium eingeschlossen, seiner Würde zu berauben« (Fackenheim 1970, S.74).[160]
Keine der traditionellen Interpretationen des Leids vermag eine hinreichende Antwort auch nach Auschwitz noch zu geben. Insofern scheint es nur konsequent, den Tod Gottes, den Tod des Herrn der Geschichte zu proklamieren. Es sieht so aus, als ob es Hitler tatsächlich gelungen sei, neben der Ermordung eines Drittels des jüdischen Volkes vor allem den jüdischen Glauben selbst und damit die jahrtausendealten und die bisher über alle Katastrophen hinweg tragenden ›Wurzelerfahrungen‹ des Judentums endgültig zerstört zu haben.

2.3.4 Jüdische Existenz nach dem Holocaust

Fackenheim ist sich der außerordentlichen Schwere der Aufgabe, der er sich stellt, durchaus bewußt: »Alles Schreiben über den Holocaust steht unter der Herrschaft eines Paradoxons: das Ereignis muß mitgeteilt werden, und zugleich ist es nicht mitteilbar« (Fackenheim 1982, S.26)[161]. Er gesteht, er wäre sicherlich zurückgeschreckt vor der schier untragbaren Last dieser Problematik, hätte er nicht die erstaunliche Entdeckung gemacht, wie sehr die zur Debatte stehenden Fragen, »kaum daß sie im Bereich des Denkens gestellt werden, bereits beantwortet sind ... im Bereich des jüdischen Lebens«. Denn offensichtlich gibt es – auch nach dem Holocaust – eine erstaunlich große Anzahl sich bewußt als Juden definierender Menschen. Und: es gibt gar einen Staat, der sich jüdisch nennt, der Staat Israel, »eine richtungsweisende Wirklichkeit für jedes jüdische und natürlich jedes Post-Holocaust Denken«. Überraschend klar scheint hier »Jüdisches Leben ... im Vorsprung zu jüdischem Denken« zu sein. Dann aber »ist es offensichtlich notwendig für jüdisches Denken ... in die Schule des jüdischen Lebens zu gehen« (Fackenheim 1982, S.15).

Zunächst jedoch betont Fackenheim, gleich den meisten anderen Holocaust-Deutern, daß es aussichtslos, ja gar blasphemisch ist, für Auschwitz eine befriedigende kausale Erklärung, einen Zweck, eine Absicht entdecken zu wollen. Dennoch ist es

»von äußerster Wichtigkeit zu erkennen, daß, einen Sinn zu suchen eine Sache ist, aber eine Antwort zu geben, etwas völlig anderes« (Fackenheim 1978, S.19).

---

160. Vgl. Langer 1989, S.51: »Durch die Masse und die Art und Weise der anonymen Hinrichtungen versuchten die Mörder vorsätzlich das Martyrium selbst zu vernichten«. Im innerjüdischen Diskurs um die Deutung des Holocaust findet man diese Argumentation sehr häufig; vgl. exemplarisch: Berenbaum 1983, S.91; Feuer 1986, S.204.
161. Vgl. Kap. II-2.2.

Das Überleben der Juden als Juden wird nicht davon abhängen, eine *Erklärung*, einen *Sinn* für den Holocaust zu finden, wohl aber davon, eine *Antwort* auf die katastrophalen Ereignisse geben zu können[162]. In diesen Worten drückt sich, wenn man so will, das hermeneutische Selbstverständnis Fackenheims aus. Zweck und Ziel seiner ›Holocaust-Theologie‹ ist es, nicht primär den Holocaust zu verstehen, ihm einen irgendgearteten Sinn zu geben, sondern in verstehbarer und sinnvoller Weise einen Boden zu bereiten, um auf den Holocaust reagieren zu können, sich ihm gegenüber zu verhalten, in seinem Angesicht handeln zu können – und dies als Jude. Dabei gilt es sich zunächst darüber im Klaren zu sein, daß der Versuch einer solchen Antwort »nur in Begriffen verstanden werden kann, die ungelösten Kontradiktionen gleichkommen« (Fackenheim 1978, S.20).

Diese wesentlichen Kontradiktionen, die die Situation des Juden nach Auschwitz bestimmen, sind:

– Einerseits ist der Jude heute ein Universalist in dem Sinne, daß er, wie nie zuvor in seiner Geschichte, Anteil hat an Gleichheit innerhalb der westlichen Gesellschaften. Andererseits ist eine »Auferstehung des jüdischen ›Partikularismus‹ in Form der Wiedergeburt einer jüdischen Nation« (Fackenheim 1978, S.20) zu verzeichnen.
– Einerseits ist der Jude ein Teil der säkularisierten Gesellschaft geworden, andererseits hängt sein Überleben als Jude in der Zukunft ab von »religiösen Quellen der Vergangenheit« (Fackenheim 1978, S.20).
– Der Jude hat einerseits Heimat, Freiheit und Autonomie in der modernen Welt gefunden und andererseits ist es eben diese Moderne, welche ihm »eine mit nichts in der jüdischen Geschichte vergleichbare Katastrophe« (Fackenheim 1978, S.20f.) beschert hat.

Jeder Versuch einer Antwort auf Auschwitz muß sich dieser Faktoren bewußt sein und muß sie in ihr Denken mit einbeziehen.

Fackenheims Antwort auf die einzigartige Herausforderung, die der Holocaust für eine jüdischen Existenz nach Auschwitz darstellt, stützt sich im Kern auf drei Punkte, die auf das engste miteinander in Beziehung stehen:

1) Von Auschwitz her, dem Ort, der massenhaften jüdischen Tod brachte, ist zugleich eine gebietende Stimme für jüdisches Leben zu vernehmen.
2) Jüdisches Leben *nach* Auschwitz ist nur möglich, weil die Reaktion von Juden *in* Auschwitz, weil jüdischer Widerstand während des Holocaust eine neue, ontologische Qualität angenommen hat, die zum tragfähigen Grund jüdischer Existenz nach Auschwitz geworden ist.
3) Die Wiedererrichtung des Staates Israel ist ein ›Epoche-machendes Ereignis‹, das nach zweitausendjährigem Exil alle jüdische Existenz auf ein neues Fundament stellt.

---

162. Vgl. Fackenheim 1986, S.102 : »Einen Sinn im Holoaust zu finden wird für immer unmöglich sein, aber authentische Antworten zu finden, ist ein Imperativ, der keinen Kompromiss verträgt«; vgl. auch: Fackenheim 1968b, S.17ff.

2.3.4.1 Die gebietende Stimme von Auschwitz oder: Das 614. Gebot

Jüdischer Widerstand gegen die »Dämonen von Auschwitz«, so Fackenheim, könne »*nicht vom Standpunkt menschengeschaffener Ideale her verstanden werden. Die Ideale der Vernunft versagen, denn die Vernunft ahnt zu wenig von der Dämonie des Bösen, um das besondere Skankalon von Auschwitz zu erfassen, und sie ist zu abstrakt-universal, um den Bedingungen des jüdischen Ausgesondertseins gerecht werden zu können. Die Ideale des Fortschritts versagen, denn Fortschrittsdenken macht bestenfalls aus Auschwitz einen Rückfall in Stammesdenken und schlimmstenfalls eine dialektisch bedingte Notwendigkeit. ... Jüdischer Widerstand kann nicht von einem Standpunkt menschengeschaffener Ideale her begriffen werden, sondern nur als* auferlegtes Gebot« (Fackenheim 1970, S.83).

Es ist nun genau dies das am meisten beeindruckende, radikale und originäre Element in Fackenheims Denken, daß nur eine erneute Offenbarung Gottes die schier unmöglich gewordene Existenz als Gläubiger wie als Säkularist im Schatten von Auschwitz ermöglicht. Die Botschaft der Stimme, die aus der Mitte des Grauens selbst herüberdringt, lautet:

»*Juden ist es verboten, Hitler einen posthumen Sieg zu verschaffen. Ihnen ist es geboten, als Juden zu überleben, ansonsten das jüdische Volk unterginge. Ihnen ist es geboten, sich der Opfer von Auschwitz zu erinnern, ansonsten ihr Andenken verloren ginge. Ihnen ist es verboten, am Menschen und an der Welt zu verzweifeln und sich zu flüchten in Zynismus oder Jenseitigkeit, ansonsten sie mit dazu beitragen würden, die Welt den Zwängen von Auschwitz auszuliefern. Schließlich ist es ihnen verboten, am Gott Israels zu verzweifeln, ansonsten das Judentum untergehen würde. ... Und ein religiöser Jude, der seinem Gott treu geblieben ist, mag sich gezwungen sehen, in eine neue, möglicherweise revolutionierende Beziehung zu Ihm zu treten. Eine Möglichkeit aber ist gänzlich undenkbar. Ein Jude darf nicht dergestalt auf den Versuch Hitlers, das Judentum zu vernichten, antworten, indem er selbst sich an dieser Zerstörung beteiligen würde. In den alten Zeiten lag die undenkbare jüdische Sünde im Götzendienst. Heute ist es die, auf Hitler zu antworten, indem man sein Werk verrichtet*« (Fackenheim 1970, S.84).[163]

Selbst Auschwitz vermochte die Gültigkeit der ›Wurzelerfahrungen‹ des jüdischen Volkes nicht endgültig und gänzlich zu zerstören, weil Gott selbst im Feuerschein der Krematorien gegenwärtig war, weil inmitten des tödlichen Schweigens der Todeslager erneut die Stimme Gottes gebietend zu vernehmen war! Dieser uner-

---

163. Vgl. Fackenheim in Popkin/Steiner/Wiesel 1967, wo sich die ›Urfassung‹ dieses Gedankens findet. Zu Fackenheims Interpretation des Nationalsozialismus als einer Form des modernen Götzendienstes siehe seinen umfangreichen, auch auf jüdische und christliche Vorstellungen von Götzendienst allgemein eingehenden Beitrag: Fakkenheim 1968a.

hörte Gedanke ist Fackenheims essenzielle Antwort auf die Schrecken des Holocaust. Der Jude braucht nicht, ja, darf nicht den Glauben an Gott und den Sinn der Geschichte zurückweisen. Auschwitz selbst ist ein Ereignis mit Offenbarungscharakter[164] und hinterläßt eine Botschaft für die Überlebenden. Die gebietende Stimme von Auschwitz ist gleichsam »die erwählende Stimme Gottes, der neu in den Bund ruft« (Brocke/Jochum 1982a, S.267).

Die Botschaft dieser gebietenden Stimme von Auschwitz, die Fackenheim an anderer Stelle als das »614. Gebot« (614th commandment; Fackenheim 1978, S.23) bezeichnet[165], hat eine Reihe von Implikationen zur Folge:

1) Die Notwendigkeit »das Geschehene zu berichten«:
»Für einen Juden, der die gebietende Stimme von Auschwitz hört, ist die Pflicht, sich zu erinnern und von dem Geschehen zu berichten, etwas Unveräußerliches. Sie ist heilig. Der religiöse Jude besitzt noch immer dieses Wort. Dem säkularisierten Juden ist es geboten, dieses Wort wieder einzusetzen. Eine gewissermaßen säkulare Heiligkeit hat sich mit Gewalt Eintritt verschafft in sein Vokabular« (Fackenheim 1970, S.85f.).

2) Die Notwendigkeit zum »Überleben der Juden«:
»Das Überleben der Juden, und wäre es nur um des Überlebens willen, ist ebenso eine heilige Pflicht. [...] Denn nach Auschwitz ist jüdisches Leben heiliger als jüdisches Sterben, selbst um der Heiligung des Namens Gottes willen. Der linksgerichtete, säkularisierte israelische Journalist Amos Kenan schreibt: ›Nach den Todeslagern ist uns nur ein höchster Wert geblieben: Leben‹« (Fakkenheim 1970, S.87).

3) Die Notwendigkeit »zu Arbeit und Hoffnung«:
»Die gebietende Stimme von Auschwitz heißt die Juden, religiöse und säkulare, die Welt nicht den Mächten von Auschwitz zu überlassen, vielmehr ihre Arbeit und Hoffnung für die Welt fortzusetzen«. Weder *»Verzweiflung angesichts Auschwitz«,*

---

164. Auch Elie Wiesel betrachtet den Holocaust als Offenbarung, als negative Offenbarung; vgl. z.B.: Wiesel 1970, S.200; siehe auch: Eckardt/Eckardt 1976d, S.421, wo die Autoren Wiesels Standpunkt hierzu wiedergeben; siehe auch: Strauss 1988.
165. Nach rabbinischer Zählweise sind alle Gebote, Ritualanweisungen etc., die in der Torah verbindlich niedergelegt sind, 613 an der Zahl. Diese 613 Gebote (*mitzvot*) haben insbesondere für streng orthodoxe Juden nach wie vor unbedingte Gültigkeit, ihre Befolgung ist Herzstück des Orthodoxen Judentums. Fackenheim fügt diesen 613 Geboten also ein ebenso unbedingt verpflichtendes 614. Gebot hinzu, das Gebot der ›Commanding Voice of Auschwitz‹. Zur Bedeutung und zum Stellenwert der *mitzvot* im Judentum findet man in fast jedem gängigen Standardwerk zur Religion des Judentums (siehe Bibliographie) entsprechende Ausführungen; exemplarisch etwa: Prijs 1977, S.21-27.

was einem Rückfall in heidnischen Zynismus entspräche und Solidarität mit den Verfolgten und Unterdrückten unmöglich mache, noch die »*christliche oder pseudochristliche Jenseitigkeit, die an der Welt verzweifelt und vor ihr flüchtet*« *(Fakkenheim 1970, S.87)* sind für Juden akzeptable Haltungen nach Auschwitz.

4) Die Notwendigkeit mit Gott zu ringen:
»*Du [Gott Israels] hast den Bund preisgegeben? Wir werden ihn nicht preisgeben! Du willst nicht, daß Juden überleben? Wir werden überleben! ... Du hast alle Gründe zur Hoffnung zerstört? Wir werden dem Gebot zur Hoffnung, das Du selbst uns gegeben hast, Folge leisten. ... Die Furcht vor Gott ist gestorben unter den Nationen? Wir werden sie aufrechterhalten und sie bezeugen!*« *(Fakkenheim 1970, S.88).*

Wiewohl jede einzelne dieser vielen Forderungen für sich bereits übermächtig erscheint, so sind sie zusammengenommen nahezu »untragbar« und so bleibt »jüdische Existenz ... bedroht ... vom Wahnsinn« (Fackenheim 1970, S.92).

Dem steht allerdings ebenfalls ein lautes ›Aber‹ gegenüber:
»*Die Stimme von Auschwitz gebietet Juden, nicht wahnsinnig zu werden. Sie gebietet, die Bedingungen jüdischen Ausgesondertseins zu akzeptieren, ihren Widersprüchlichkeiten ins Auge zu sehen und sie zu ertragen. Mehr noch, diese Stimme gibt die Kraft zu ertragen, die Kraft zur Gesundung. Der Jude von heute kann es ertragen, weil er es ertragen muß, und er muß es ertragen, weil es ihm geboten ist, es zu ertragen*« *(Fackenheim 1970, S.92).*

Israel begriff sich in seiner über 4000jährigen Geschichte immer als Zeuge Gottes vor den Völkern. Diese Zeugenschaft hatte im Laufe der Geschichte vielfältige Formen. In antiker Zeit glaubten die Rabbinen, daß die Heiligung des Namens eine positive Wirkung auf die Welt habe; mittelalterliche Rabbiner waren überzeugt, daß das Studium der Torah zum Erhalt der Welt beitrage. Welches Zeugnis aber gibt Israel nach Auschwitz ab? In einer Welt, die insgesamt immer mehr der Verzweiflung und Richtungslosigkeit im Schatten der nuklearen Bedrohung eines weltweiten Holocaust anheimfällt, und in der zweifelhafte Zuflucht zu alten und neuen säkulären Götzen gesucht wird, könnte die Zeugenschaft des Juden, der den Wahnsinn und die Verzweiflung an der Welt in Auschwitz zur Neige bereits kennengelernt hat, vor und für die Welt sein:

»*Der Jude nach Auschwitz ist ein Zeuge für die Möglichkeit, es zu ertragen. Er ist ausgesondert durch Widersprüchlichkeiten, die in unserer Post-Holocaust Welt zu weltweiten Widersprüchlichkeiten geworden sind. Er legt Zeugnis ab dafür, daß ohne die Fähigkeit, erdulden zu können, wir alle untergehen werden. Er legt Zeugnis ab dafür, daß wir es erdulden können, weil wir es erdulden müssen; und daß wir es erdulden müssen, weil es uns geboten ist, es zu erdulden*«[166] *(Fackenheim 1970, S. 95).*

166. Ein ähnlicher Gedanke findet sich bei Alan Berger, der dem Judentum nach Ausch-

2.3.4.2 Die Bedeutung des jüdischen Widerstandes während des Holocaust

Was aber ist die Basis dieser Fähigkeit, das Untragbare zu ertragen, was ermöglicht es, was gibt die Kraft, dieser gebietenden Stimme von Auschwitz Folge zu leisten? Und inwiefern könnte dies ein Beitrag sein, den totalen Bruch, den der Holocaust nicht nur für die jüdische, sondern auch für die Menschheitsgeschichte bewirkte, zu kitten und »die Welt zu flicken«[167]? Die Antwort ist zu suchen in dem Verhalten und der Reaktion der Juden in den Ghettos und Todeslagern, im jüdischen Widerstand während des Holocaust.

Adorno, so Fackenheim, habe in seiner ›Negativen Dialektik‹ davon gesprochen, daß die »reale Hölle« von Auschwitz »unsere metaphysische Kapazität paralysiert« habe. Dem stehe aber nun die überraschende Tatsache gegenüber, daß der Holocaust »nicht *gänzlich* erfolgreich war in der Paralysierung der *durch ihn selbst ausgesonderten Existenzen* – den Opfern – *während* des Ereignisses selbst« (Fackenheim 1982, S.201). Denn, so Fackenheim:

»... der Kardinalpunkt für uns wird sein, daß auch im Widerstand der aufs radikalste ausgesonderten Opfer ein Novum zu finden ist. [...] Der Nazi-Logik (Logik der Zerstörung) war nicht zu widerstehen, und doch wurde ihr widerstanden: das ist die außergewöhnliche Tatsache, die begriffen werden muß« (Fackenheim 1982, S.201).

Obgleich es nicht der Widerstand war, weder der innerdeutsche noch der jüdische, der das Dritte Reich zu Fall brachte – dieses Verdienst bleibe den Alliierten vorbehalten –, so war doch der Widerstand der Opfer »im Rahmen der Holocaust-Welt von wesentlicher Natur, selbst wenn er gegenüber dem Nazi-Reich bestenfalls bedeutungslos gewesen sein sollte« (Fackenheim 1982, S.202).

Man müsse, so Fackenheim, wahrnehmen, daß es zwei Formen von Widerstand gab. Während die eine Form des Widerstandes die bekannte, an einzelnen

---

witz ebenfalls eine besondere Zeugnisqualität vor und für die Welt zuspricht: »Es sind vielleicht die Juden, die am meisten etwas über das Überleben lehren können« (A.L. Berger 1988, S.211); in gleichem Sinne auch Elie Wiesel, der schreibt, Juden stünden seit 2000 Jahren am Rande der Zerstörung, und nun sei »die ganze Welt im existenziellen Sinne jüdisch« geworden. »Nun lebt die ganze Welt am Rande der Vernichtung. Wir leben im Schatten der [Atom-] Bombe« (Wiesel in: Abrahamson, Vol.1, S.255). Eine radikale Gegenposition zu dieser dem Wahnsinn entgegentretenden und die Heiligkeit des Lebens bezeugenden Haltung, wie sie in Fackenheims ›gebietender Stimme von Auschwitz‹ zum Ausdruck kommt, findet man in der düster-brillianten und erschütternden Erzählung »Kaddisch für ein nicht geborenes Kind« von Imre Kertesz. In sehr vielem ist dieses Buch ein kompletter literarischer Gegenentwurf zur Philosophie Fackenheims; vgl. Kertesz 1992.

167. So etwa könnte man den Titel seines Buches »To Mend the World« übersetzen; vgl.: Fackenheim 1982.

Orten in Maßen ›erfolgreiche‹ Form des aktiven Widerstands war, die vor allem im historischen Bewußtsein und der Forschung präsent ist, gilt eben dies für die zweite Form von Widerstand keineswegs. Bei dieser handele es sich um einen »Widerstand in extremis gegen einen Angriff von eigener Extremität« (Fackenheim 1982, S. 205).

Fackenheim unterscheidet dazu auf der Opferseite drei Arten von »Kriminellen«, Kriminellen aus der Sicht der Täter, der Nazis:

a) »diejenigen, deren Verbrechen ein *Tun* (a doing) war« (politische Gegner, gewöhnliche Verbrecher, Homosexuelle, einige Kirchenmänner).
b) »diejenigen, deren Verbrechen ein *Sein* (a being) war«:
   b-1) »zumeist Slaven, deren Verbrechen darin lag, daß es zuviele von ihnen gab, ... Slaven wurden dezimiert, um neuen Lebensraum für die Deutschen zu schaffen«.
   b-2) »allein im Fall der Juden war das unverzeihbare Verbrechen die bloße Existenz selbst, und zu bestrafen mit Erniedrigung, Folter und Tod«.

Diese letzte Kategorie von ›Verbrechen‹, »die jüdischen ›Verbrecher‹-durch-Geburt ... sind unser wesentliches Thema« (Fackenheim 1982, S.205).

Letztlich geht es um eine erweiterte, eine neue Definition von Widerstand. Eine Definition, die dem »Novum« dessen, wogegen sich der Widerstand richtete, gerecht wird und ihren wesentlichen Kern erkennt und beschreibt. Diese Definition wird man nur auf der Grundlage von »Widerstandshandlungen, die *tatsächlich geschehen* sind« (Fackenheim 1982, S.206) leisten können.

Das Originäre und Außerordentliche dieser Form des Widerstandes läßt sich nach Fackenheims Meinung allerdings nur fassen, wenn man der Außerordentlichkeit des Anschlags, gegen den er sich richtet, bewußt wird[168].

Worin lag diese Außerordentlichkeit? Zur Illustration berichtet er zunächst beispielhaft von der Art und Weise und dem Verständnis von ›Arbeit‹, dem er selbst während seiner mehrwöchigen Inhaftierung im Konzentrationslager Sachsenhausen unterworfen war. Die Art von Arbeit, die man zu leisten dort gezwungen war, führt er aus, war durch drei Charakteristika geprägt. Zum einen gab es ›sinnvolle‹ Arbeit, etwa die Herstellung von Uniformen für die Wehrmacht. Zum anderen gab es sinnlose ›Arbeit‹, so zum Beispiel an dem einen Tag einen Sandhaufen von A nach B zu verfrachten, um den gleichen Sandhaufen am nächsten Tag exakt wieder von B nach A zu transportieren. Diese beiden Formen von ›Arbeit‹ hatten einen offensichtlichen Zweck: Produkterzeugung und Folter, und sind durch zahllose andere Beispiele aus der Geschichte der Menschheit bekannt und vertraut. Aber es gab noch eine dritte Art von ›Arbeit‹, die das eigentlich originäre und in diesem Zusammenhang entscheidende war:

---

168. Hierzu vgl. auch: Fackenheim 1988b; siehe auch: Kren/Rappoport 1980.

»Das war sinnlose Arbeit versehen mit einem unechten Sinn. *So hatte der tägliche Marsch zur Produktionsstätte und zurück a) in geordneter Form vor sich zu gehen, wurde aber b) so organisiert, daß er unweigerlich im Chaos mündete und war dabei c) dennoch so angelegt, daß in der Mitte dieses Chaos eine Fiktion von Ordnung aufrechterhalten wurde. [...]* Ordnung muß sein. *So kann man sich vorstellen, wie menschliche Wesen unter den Klängen von Militärmusik zu den Gaskammern marschierten, begleitet von dem Text* Arbeit Macht Frei« *(Fackenheim 1982, S.207)*.

Und er ergänzt seinen eigenen Bericht durch eine präzise Beobachtung, die Jean Amery aufgezeichnet hat. In der Beziehung der SS zum Häftling, analysiert Amery, wurde eine :

»*Logik der Vernichtung gebraucht, die in sich ebenso folgerichtig operierte wie draußen die Logik der Lebenserhaltung. Man mußte stets sauber rasiert sein, aber strengstens war verboten, Scherzeug zu besitzen, und zum Barbier kam man nur einmal in vierzehn Tagen. Es durfte am Zebragewand bei Strafe kein Knopf fehlen, wenn man aber bei der Arbeit einen verlor, was unvermeidlich war, dann gab es praktisch kaum die Möglichkeit, ihn zu ersetzen. Man mußte kräftig sein, aber man wurde systematisch geschwächt. Es war einem beim Eintritt ins Lager alles genommen worden, aber dann wurde man von den Plünderern verhöhnt, weil man nichts besaß... Der Intellektuelle aber revoltierte dagegen in der Ohnmacht des Gedankens. Für ihn galt im Anfang die rebellische Narrenweisheit, daß nicht sein könne, was doch gewiß nicht sein darf. Allerdings nur im Anfang*« *(Amery 1988, S.24f.).*[169]

Ziel dieser ›Logik der Vernichtung‹, so kommentiert Fackenheim, war die Selbstzerstörung des Opfers:

»*Der Nazismus erwartete nichts Höheres von seinem ›nicht-arischen‹ Rassenfeind, als dessen Selbstzerstörung, der eine Selbsttransformation in jene ekelhafte Kreatur vorausging, die er, nach gängiger Nazidoktrin, von Geburt an schon immer war*« *(Fackenheim 1982, S. 209).*[170]

169. Fackenheim zitiert diesen Abschnitt aus der englischen Ausgabe: Jean Amery, At the Mind's Limits, Bloomington 1980, S. 10f. Der deutsche Text stammt aus dem Aufsatz »An den Grenzen des Geistes« in: Amery 1988.
170. Fackenheim verweist an dieser Stelle auf einen Vorfall im Konzentrationslager Mauthausen, von dem Eugen Kogon berichtet, anhand dessen diese Stufen der provozierten Selbstzerstörung, mit der Transformation zum Selbsthaß beginnend und mit der Selbstzerstörung konsequent endend, sichtbar werden. Kogon schreibt: »Am zweiten Tag nach ihrer Ankunft wurden die Juden in den Steinbruch gejagt. Sie durften die 148 Stufen, die in die Tiefe führten, nicht hinuntergehen, sondern mußten im seitlichen Steingeröll hinunterrutschen, was vielen bereits den Tod oder zumindest schwere Verletzungen eintrug. Man legte ihnen dann die zum Steintragen bestimmten Bretter über die Schultern, und zwei Häftlinge wurden gezwungen, jedem Juden einen überschweren Stein auf das Brett zu heben. Dann ging es im Laufschritt die 148 Stufen aufwärts;

Dennoch bleibt die erstaunliche Tatsache, daß der Versuch der Nazis, eine aktive Teilhabe der Juden an ihrer eigenen Vernichtung zu erreichen, nur bescheidenen Erfolg hatte[171]. Teilweise gelang dies im Falle der Einbindung der Judenräte der Ghettos in den Verlauf des Vernichtungsprozesses, und vergleichsweise nur selten kam es zu Selbstmorden von Juden[172]. Der eigentliche Erfolg der Nazi-Logik der Vernichtung stellte sich auf andere Weise ein.

> Zum Teil fielen die Steine gleich nach hinten, so daß manchem Nachfolgenden die Füße abgeschlagen wurden. Jeder Jude, dem der Stein herunterfiel, wurde entsetzlich geschlagen, der Stein von neuem aufgeladen. Viele verübten aus Verzweiflung gleich am ersten Tage Selbstmord, indem sie sich von oben in die Tiefe stürzten. Am dritten Tag öffnete die SS das ›Todestor‹: man trieb die Juden unter furchtbaren Prügeln über die Postenkette, wo sie von den Turmposten mit den Maschinengewehren haufenweise niedergeschossen wurden. Tags darauf sprang jeweils nicht mehr bloß einer der Juden in die Tiefe, sondern sie gaben einander die Hand, und der erste zog neun bis zwölf Kameraden hinter sich her in den schrecklichen Tod... Erwähnt sei noch, daß Zivilangestellte des Mauthausener Steinbruchs baten, den Tod durch Herunterstürzen zu verhindern, weil die Gehirn- und Fleischfetzen, die am Gestein klebten, einen zu grausigen Anblick boten. Der Steinbruch wurde hierauf mit Wasserschläuchen gereinigt, man stellte Häftlingsposten auf, die das freiwillige Herunterstürzen verhinderten, und prügelte statt dessen die übriggebliebenen Juden über die Postenkette in den Tod. Wenn neue Transporte von jüdischen Häftlingen ankamen, spottete die SS, es sei wieder ein ›Fallschirmjägertrupp‹ angelangt« (Kogon 1988, S.233f.).

171. Zu den vielfältigen Versuchen der Nazis in den Konzentrations- und Vernichtungslagern, den Raum zwischen Täter und Opfer zu verkleinern, das Opfer zum Kollaborateur seiner eigenen Vernichtung zu machen vgl. auch das eindringliche und schockierende Kapitel »Die Grauzone« in: Levi 1990. Dort heißt es etwa zu den ›Sonderkommandos‹, die die Aufgabe hatten, »die Leichen aus den Gaskammern zu entfernen; die Goldzähne aus den Kieferknochen herauszubrechen; den Frauen die Haare zu scheren; die Kleidungsstücke, Schuhe und Kofferinhalte auszusortieren und zu klassifizieren; die Leichen zum Krematorium zu bringen und die Öfen zu warten; die Asche herauszuholen und zu entfernen« (Levi 1990, S.48): »Dennoch ist man fassungslos angesichts dieses Paroxysmus von Hinterhältigkeit und Haß: Juden mußten es sein, die die Juden in Verbrennungsöfen transportierten, man mußte beweisen, daß die Juden, die minderwertige Rasse, die Untermenschen, sich jede Demütigung gefallen ließen und sich sogar gegenseitig umbrachten« (Levi 1990, S.50). Und: »Mit Hilfe dieser Einrichtung wurde der Versuch unternommen, das Gewicht der Schuld auf andere, nämlich auf die Opfer selbst, abzuwälzen« (Levi 1990, S.51f.). Vgl. auch den Bericht einer der ganz wenigen Überlebenden jener ›Sonderkommandos‹: F. Müller 1979; und: Bezwinska 1973.
172. Zu dem bemerkenswerten Phänomen der geringen Selbstmordrate in den Lagern selbst schreibt Primo Levi: »Der Selbstmord ist dem Menschen eigen, nicht dem Tier, er ist daher ein überlegter Akt und keine instinktive, natürliche Wahl. Im Lager gab es nur wenige Gelegenheiten zu wählen, man lebte dort wie hörige Tiere, die manchmal des Lebens überdrüssig sind, sich aber nicht selbst umbringen«. Und: »Der Tag war voll-

War der größte und charakteristische ›Erfolg‹ etwa des sowjetischen Gulags, den ehemaligen Dissidenten durch ›psychiatrische Behandlung‹ zu ›heilen‹ von seiner ›Krankheit‹, die in eben seinem Dissidententum bestand, so bestand der

»charakteristischste Erfolg der Holocaust-Welt darin, einen neuen Menschen geschaffen zu haben: Der Muselmann, der bereits tot ist, während er noch lebt... Und weil die Tränen und Schreie jüdischer Kinder sich nicht unterscheiden von denen anderer Kinder, müssen wir folgern, daß der Muselmann – ›man zögert, ihn als lebend zu bezeichnen, man zögert, seinen Tod Tod zu nennen‹ – der bemerkenswerteste, wenn nicht gar einzige, wahrlich originäre Beitrag des Dritten Reichs zur Zivilisation war. Er verkörpert das wahre Novum *der Neuen Ordnung« (Fackenheim 1982, S.215).*

Nachdem Fackenheim dergestalt noch einmal eindringlich das Einzigartige und Extraordinäre des NS-Terrors hervorgehoben hat, versucht er nun das Charakteristische der jüdischen Reaktion, des jüdischen Widerstands gegen diesen Terror aufzuzeigen.

Als ersten Prototyp eines qualitativ neuen Widerstands nennt er die jüdische Mutter. Die Nazis achteten sehr genau darauf, daß keine schwangere jüdische Frau ihren Häscherblicken entging. Entweder wurden sie bereits bei ihrer Ankunft in den Lagern für die Gaskammer selektiert, oder aber spätestens, wenn sie in den Lagern mit ihren Neugeborenen entdeckt wurden. Orthodoxe Rabbiner erlaubten deshalb, entgegen halachischem Gesetz, die Abtreibung. Hält man sich das Ausmaß dieser verzweifelten Bedrohung für jede jüdische Mutter vor Augen, dann stellt sich unweigerlich die Frage,

»warum auch nur eine einzige schwangere, jüdische Frau die Abtreibung zurückwies, ihr Baby gebar, und alle Kraft und allen Scharfsinn aufwendete, um es zu verbergen für einen Tag, eine Woche, einen Monat, oder bei viel gutem Glück, bis alles vorbei war? ... Und schließlich, warum entschieden sich die jüdischen Frauen nicht danach für immer gegen Geburt und Kinder? ... Für immer danach: Der Holocaust, einmal geschehen, würde immer wieder möglich sein in aller Zukunft«.

So natürlich es ist, daß Mütter ihre Kinder gebären und lieben wollen, *»in der Welt des Holocaust aber, war es da nicht unter Berücksichtigung aller üblichen Maßstäbe unnatürlich? War es hier nicht die natürliche Liebe zum Ungeborenen, die seine Abtreibung diktierte? [...] Am Beispiel der Mutter sind wir mit etwas Äußerstem in Berührung gekommen« (Fackenheim 1982, S.216f.).*[173]

gestopft: man mußte daran denken, den Hunger zu stillen, sich auf irgendeine Weise der Mühsal und der Kälte zu entziehen und Prügel zu vermeiden; und ebenweil der Tod immer gegenwärtig war, fehlte es an der Zeit, sich mit dem Gedanken an den Tod abzugeben« (Levi 1990, S.75).

173. In diesem Zusammenhang exemplarisch der autobiographische Bericht von Ruth Elias ›Die Hoffnung erhielt mich am Leben. Mein Weg von Theresienstadt nach Auschwitz und Israel‹, vgl.: Elias 1988.

Zu einem anderen Beispiel. Man kann natürlich fragen, warum so viele Menschen in den Lagern zu Muselmännern (und -frauen) wurden. Aber muß man sich nicht viel mehr die Frage stellen,
»*wie es auch nur einem Einzigen gelang, nicht zum Muselmann zu werden? Die Logik der Zerstörung war unwiderstehbar: wie wurde ihr dann, nichtsdestotrotz, widerstanden?*« *(Fackenheim 1982, S.217)*[174]
Fackenheim gibt in diesem Zusammenhang die Aussage einer Überlebenden wieder:
»*Sie hatten uns dazu verdammt, in unserem eigenen Schmutz zu sterben, erstickt im Schlamm, in unserem eigenen Kot. Sie wollten uns erniedrigen, unsere menschliche Würde zerstören, jede Spur von Menschlichkeit auslöschen, uns auf die Stufe wilder Tiere zurückwerfen, uns mit Schrecken und Verachtung gegen uns selbst und unsere Nächsten anfüllen. Aber von dem Augenblick an, als ich dieses motivierende Prinzip erkannte ... war es mir, als ob ich von einem Traum aufgewacht wäre ... Ich fühlte mich unter dem Gebot, zu leben. ... Und wenn ich in Auschwitz sterben sollte, dann als ein menschliches Wesen, unter Bewahrung meiner Würde. Ich würde nicht zu jener verachtenswerten, ekelhaften Brut degenerieren, als welche mich meine Feinde gerne gesehen hätten. ... Und es begann ein schrecklicher Kampf darum, der Tag und Nacht anhielt*« *(Lewinska 1968, zit.n.Fackenheim 1982, S.217)*.
Fackenheim kommentiert dieses »historische Dokument«:
»*Sie fühlte sich unter dem Gebot zu leben. Wir fragen: Wessen Gebot? Warum wünschte sie ihm zu folgen? Und ... woher bekam sie die Kraft dazu? ... ›Willenskraft‹ und ›natürliche Sehnsucht‹ reichen nicht hin, um dies zu erklären. Erneut haben wir Berührung mit etwas Äußerstem*« *(Fackenheim 1982, S.218)*.
Ein letztes Beispiel. Im KZ-Buchenwald versuchten eine Reihe dort gefangener orthodoxer Juden ein paar Teffilin (Gebetsriemen) aufzutreiben und es gelang ihnen, sie gegen vier Tagesrationen Brot einzutauschen. Sie taten dies, obwohl der Verzicht auf eine solche Menge Brot den fast unausweichlichen Tod bedeutete, und »beteten«, wie ein Augenzeuge berichtete, »in einer solch ausgelassenen Freude, wie es wohl unmöglich sein würde, es je im Leben noch einmal in dieser Weise erleben zu können«. Fackenheims Kommentar:
»*Teffilin ... waren also auch eine Art Brot: sie stärkten den Geist und daher auch den Leib. Sie waren ein ›Lebenselixier‹*«. Sie nahmen, selbst unter jenen unsäglichen Umständen, das religiöse Gebot zum Tragen der Teffilin ernst, aber » *warum hatten sie, in Anbetracht jener Umstände, überhaupt den Wunsch, diesem Gebot nachzukommen? [...] Noch wichtiger: woher bekamen sie die Kraft? Zum dritten Mal kommen wir zu dem Schluß, daß die Vorstellungen von*

---

174. Vgl. hierzu Primo Levi: »Dabei muß daran erinnert werden, daß das System der Konzentrationslager ... als wichtigstes Ziel das Zerbrechen der Widerstandsfähigkeit von allem Anfang an im Auge hatte« (Levi 1990, S.35).

Natur und Wille nicht hinreichen für eine Erklärung. ... Und wieder haben wir Berührung mit etwas Äußerstem« (Fackenheim 1982, S.219).

Hält man sich darüberhinaus den Konflikt gerade der jungen Juden etwa im Warschauer Ghetto vor Augen, die vor die Wahl gestellt waren, den Partisanen draußen in den Wäldern zu folgen, und damit ihre Aussichten auf Überleben, auf Sieg und Erfolg beträchtlich zu erhöhen, oder aber im Ghetto zu bleiben, um hier einen letztlich aussichtslosen Kampf zu führen, hält man sich vor Augen, daß sie sich für die zweite der beiden Alternativen entschieden, müsse man erkennen, daß

»der Warschauer Ghettoaufstand ein einzigartiger Ausdruck ... jüdischer Selbstachtung war. [...] Zugleich war es, über die vielen, schrecklichen Wochen hindurch, die der Aufstand dauerte, eine einzigartige Demonstration jüdischen Lebens, und damit für das Leben selbst. Und wieder reichen die Kategorien ›Willenskraft‹ und ›natürliche Sehnsucht‹ nicht hin. Und wieder haben wir Berührung mit etwas Äußerstem« (Fackenheim 1982, S.222f.).

Situation und Motivation der jüdischen Widerstandskämpfer im Warschauer Ghetto verbinden diese weit mehr mit der Qualität von Widerstand, wie sie die Teffilin-tragenden Chassidim und die trotz und alledem Kinder gebärenden jüdischen Mütter geleistet haben, als daß sie vergleichbar wären mit den zahlreichen anderen bewaffneten Widerstandsgruppen im Zweiten Weltkrieg.

Wie aber läßt sich das Außerordentliche dieser Qualität des Widerstands definieren? Bis zu einem gewissen Grad, so Fackenheim, könne man auf eine Definition zurückgehen, die bereits 1943 im Warschauer Ghetto von dem Rabbiner Yitzhak Nissenbaum gegeben wurde, und die wir bereits in Abschnitt 1.2.4 dieses Kapitels kennengelernt haben. Sie sei hier in leicht abgewandelter Form wiederholt:

»Dies ist eine Zeit für Kiddusch ha-Hayyim, die Heiligung des Lebens, und nicht für Kiddusch ha-Schem, die Heiligung des Namens Gottes. Früher suchten die Feinde des Juden seine Seele zu zerstören und der Jude heiligte seinen Leib durch das Martyrium (d.h., er bewahrte das, was sein Feind von ihm zu nehmen trachtete); nun fordert der Unterdrücker den Leib des Juden ein, und demzufolge ist der Jude verpflichtet, ihn zu verteidigen, sein Leben zu retten« (R. Yitzhak Nissenbaum, zit.n. Fackenheim 1982, S.223).

Im Zusammenhang mit der ›Endlösung‹ wird *Kiddusch ha-Hayim* (Heiligung des Lebens) offenbar als eine

»einzigartige Form des Widerstands, die nicht mehr zu unterscheiden ist vom Leben selbst. ... Für alle Widerstandskämpfer innerhalb und außerhalb des von den Nazis besetzten Europas war Widerstand ein Tun. *Für Juden ..., verfolgt von der ganzen Macht der Nazilogik der Zerstörung, war Widerstand eine Form des* Seins*«* (Fackenheim 1982, S.224).

Mehr säkular eingestellte Juden drückten dies, wie im Warschauer-Ghetto-Aufstand, mit Waffen und Gewalt aus, die mehr religiös eingestellten Juden durch das Tragen ihrer Teffilin und ihre Gebete. Beide Arten von Widerstand

»sind nicht mehr länger als antagonistisch oder gänzlich voneinander verschieden anzusehen. Auch hier sind wir wieder an jenem Äußersten angelangt, das alle diese Arten des Widerstands miteinander verbindet und vereint, alle diese Formen des Seins. [...] In einer Unwelt, dessen einziges und äußerstes Charakteristikum ein System von Demütigung, Folter und Mord war, ist das Bewahren eines Zipfels von Menschlichkeit durch die Opfer nicht nur die Basis des Widerstands, sondern bereits ein Teil von ihm. In einer solchen Welt ... muß Leben nicht erst geheiligt werden: es ist bereits heilig. *Hierin liegt die Definition von Widerstand, nach der wir so lange suchten« (Fackenheim 1982, S.224f.).*

Berücksichtigt man in diesem Zusammenhang die Unmöglichkeit, den Holocaust in seiner vollen Dimension zu verstehen, insbesondere die offensichtliche Unmöglichkeit, auf das ›Warum‹ des Holocaust eine befriedigende Antwort zu finden[175], bleibt auch dem (philosophischen, theologischen, reflektierten) Denken nach dem Holocaust letztlich nur eines übrig, nämlich dem Ungeist des Holocaust gegenüber

»nein zu sagen, oder ihm zu widerstehen. *Der ganze Schrecken des Holocaust* ist existent *(weil er* existent war)*, aber er* sollte *es* nicht *sein (und muß es* nicht *sein). ...* Nur wenn wir gleichzeitig festhalten an dem ›ist existent‹ und dem ›sollte nicht existent sein‹, kann das Denken eine authentische Form des Überlebens erreichen. Das bedeutet, daß Denken die Form des Widerstands annehmen muß« *(Fackenheim 1982, S.239).*

Es zeigt sich eine erstaunliche Parallele zwischen der oben beschriebenen Form jüdischen Widerstandes und der geschichtsphilosophischen Reflexion nach dem und über den Holocaust. Jener Widerstand, der Basis und Wesen jüdischer Reaktion auf die ›Logik der Vernichtung‹ war, präformiert exemplarisch die Qualität allen angemessenen Denkens nach dem Holocaust, das demzufolge ein ›Widerstandsdenken‹ (resistance of thought), oder besser: ein widerständiges Denken sein muß. Und ebenso wie jene Welt des Bösen, der Holocaust, ein Novum in der Geschichte ist, und ebenso wie die jüdische Reaktion darauf, die Qualität des jüdischen Widerstandes, ein Novum in der Geschichte ist, genauso gilt, daß »dieses Denken, daß ihm (dem Bösen) widersteht, ebenso ein *Novum* ist« (Fackenheim 1982, S.240).

Das Böse der Holocaust-Welt ist philosophisch verständlich nach Auschwitz

---

175. An dieser Stelle seines Nachdenkens geht Fackenheim noch einmal ausführlich auf die Vergeblichkeit von Psychologie, Geschichtswissenschaft und Philosophie ein, den Holocaust menschlichem Verstehen zugänglich zu machen, und beurteilt viele der Analysen und Theorien jener Disziplinen als Formen von »Eskapismus«, die in einem »unauthentischen« Denken bezüglich der Auseinandersetzung mit dem Holocaust münden; vgl.: Fackenheim 1982, S.226-248; siehe auch: Fackenheim 1986.

»nur in exakt jenem Sinne, wie es bereits in Auschwitz von den Widerstand leistenden Opfern selbst ... verstanden wurde. ... Nach diesem Ereignis wird für alles philosophische Denken, das bereits da ist oder noch je kommen wird, kein größeres oder tieferes Erfassen möglich sein. Dieses Fassungsvermögen – ihres nicht weniger als unseres – ist epistemologisch das Äußerstmögliche« *(Fackenheim 1982, S.248)*.

Das heißt, die Qualität jenes dargestellten jüdischen Widerstandes wird zum Paradigma allen Verstehens im Zusammenhang mit dem Holocaust. Die Erkenntnis, die der jüdische Widerstandskämpfer während des Holocaust erreicht hat, seine Erkenntnis, die ihm Kraft und Motiv zum Widerstand war, diese Erkenntnis ist unhintergehbar und markiert zugleich die Grenze menschlicher Erkenntnis. Während unser Denken und Erkennen im Kopf beginnt, vermittelt und basierend auf schriflichen und mündlichen Quellen, und erst von da aus ins Leben greift, ist im Falle jener Widerstandskämpfer ein Zusammenfallen von Denken und Widerstehen im Leben selbst zu sehen. Dieser enge Zusammenhang von Denken und Erkennen, Erfahrung und Leben und daraus resultierendem Widerstand offenbart diesen Widerstand »als ontologisch das Äußerste. Widerstand unter jenen extremen Bedingungen war eine Form des Seins. Für unser Denken nun muß dies als ontologische Kategorie *(ontologically category)* betrachtet werden« *(Fackenheim 1982, S.248)*.[176] Nur die erstaunliche Tatsache, daß die Möglichkeit der Existenz während des Holocaust nicht vollständig paralysiert war, kann unserem Denken nach dem Holocaust Hoffnung und Perspektive geben[177]. Zugleich muß das »Widerstandsdenken«, muß das widerständige Denken und Handeln der Opfer und Überlebenden für unser Denken eine Verpflichtung sein, da »*deren widerständiges Denken zu einem Leben im Widerstand führte und es ermöglichte*« (Fackenheim 1982, S.249)[178].

176. Mit dieser Charakterisierung des jüdischen Widerstandes als ›ontologisch‹, gelingt es Fackenheim zugleich, die »gebietende Stimme von Auschwitz« (vgl. weiter oben) als ontologische Realität zu klassifizieren: »Die gebietende Stimme von Auschwitz zu hören und ihr zu folgen ist eine ›ontologische‹ Möglichkeit hier und heute, weil das Hören und Befolgen dieser Stimme eine ›ontologische‹ Realität bereits damals und dort war« (Fackenheim 1982, S.25).
177. Dem gleichen Denkmuster folgend, analysiert Fackenheim auch die Möglichkeit für Christen, im Angesicht zweitausendjähriger Judenfeindschaft und Mitverantwortung für den Holocaust, noch Christ zu sein. Auch hier nimmt der christliche Widerstand eine ähnlich paradigmatische Funktion ein, wie der jüdische Widerstand; vgl. Fackenheim 1991, bes. S.71-99. Siehe auch Metz 1985, der dort S. 385 schreibt: »Wir können nach Auschwitz beten, weil auch in Auschwitz gebetet wurde«; vgl. auch weiter unten gleich zu Beginn von Abschnitt 2.4.1 (Eliezer Berkovits).
178. Ähnlich der Fackenheim'schen Ansicht, den Widerstand als ontologische Kategorie zu begreifen, versucht Daniel S. Breslauer das Wesen des Holocaust-Überlebenden als paradigmatisch zu beschreiben und als hermeneutische Kategorie für eine jüdisch-religiöse Existenz nach Auschwitz fruchtbar zu machen; siehe: Breslauer 1981.

Jedes Post-Holocaust-Denken würde in »unauthentischem« Denken[179], in eskapistischem Denken münden,

»wenn es in einem akademischen, sich selbst einschließenden Zirkel verbliebe – wenn es darin versagte, zu einem Post-Holocaust Leben zu führen und es zu ermöglichen« (Fackenheim 1982, S.249).

2.3.4.3 Israel und der jüdische Säkularismus

Fackenheim ging es, wie dargetan, zuerst darum, Gottes Gegenwart in der Geschichte trotz Auschwitz, ja seine Gegenwart in Auschwitz selbst aufzuzeigen. Aber die gebietende Stimme von Auschwitz, in der der Herr der Geschichte sich dokumentierte, ist »nur die eine Hälfte der traditionellen Idee des Judentums«, denn der jüdische Gott der Bibel ist »ein gebietender und zugleich ein rettender Gott« (St. Katz 1983, S.209). Beide Seiten gehören ja unverbrüchlich zur ›Wurzelerfahrung‹ der Israeliten. Wo also bleibt der rettende Gott des Exodus angesichts von Auschwitz?

Fackenheim findet ihn im Überleben der Juden als Volk und noch viel mehr in der Wiedergeburt des Staates Israel, die ihm Grund gibt, nach Auschwitz von Hoffnung und Befreiung zu sprechen. Die Vernichtung des europäischen Judentums und die Wiedererrichtung des Staates Israel sind für ihn zwei historische Ereignisse, die er als untrennbar miteinander verkettet sieht. Spricht das eine Ereignis einem rettenden Gott Hohn, dokumentiert das andere Ereignis eben diesen rettenden Gott. Der Staat Israel ist ihm lebendiger Beweis für Gottes Gegenwart in und der Sinnhaftigkeit von der Geschichte. Dadurch wird der heute lebende Jude zum Zeugen einer »erneuten Bestätigung der ›Wurzelerfahrung‹ im Sinne einer Rettung, die für das Überleben des jüdischen Glaubens von wesentlicher Bedeutung ist« (St. Katz 1983, S.209). Fackenheim verweist in diesem Zusammenhang auf ein offizielles Gebet des israelischen Oberrabbinats, das mit folgenden Worten beginnt:

»Geliebter Vater im Himmel ... segne Du den Staat Israel, den Beginn des Morgenrotes unserer Erlösung« (zit.n. Fackenheim 1978, S.279).[180]

---

179. Zu Fackenheims Unterscheidung von »authentischem und unauthentischem« Denken bezüglich des Holocaust siehe vor allem: Fackenheim 1986, S.101-120; siehe auch: Gottlieb 1981, der von philosophischer Seite her ähnlich unterscheidet zwischen »authentischen und unauthentischen Formen der Erinnerung« an den Holocaust, bes. S.310ff.; siehe ebenso Marcus 1984, der als Psychoanalytiker in Anlehnung an Fackenheim ebenfalls zwischen authentischem und unauthentischem Judesein nach Auschwitz unterscheidet.
180. Das in diesem Gebet aufscheinende eschatologisch-messianische Verständnis der Wiedergeburt Israels ist unter religiösen Juden weitverbreiteter *common sense*. Vgl. z.B. Rabbi Yehuda Amitals Äußerung in einem vielbeachteten, vom israelischen Fern-

Fackenheim ist davon überzeugt, daß, hätte es nicht die Katastrophe des europäischen Judentums gegeben,
> *all die Jahrhunderte der religiösen Sehnsucht nach Zion ... nicht mehr als ein Ghetto in Palästina geschaffen hätte. ... Nur der Holocaust brachte jene verzweifelte Entschlossenheit in den Überlebenden hervor ... (und) bewerkstelligte in der internationalen Gemeinschaft eine kurze Frist des Aufschubs von politischem Zynismus, die ausreichte, um dem jüdischen Staat seine legale Bestätigung zu geben* (Fackenheim 1978, S.279).

Keinesfalls aber ist hier, so Fackenheim, ein kausaler Nexus anzusetzen, der den Holocaust erklären oder gar rechtfertigen würde: »Wir können Auschwitz keinen Sinn geben mit Jerusalem« (Fackenheim 1987, S.37). Erneut geht es nicht darum, eine Erklärung oder einen legitimierenden Sinn für den Holocaust zu finden, sondern nur eine ›Antwort‹ zu konstatieren.

> *»Israel ist im Kollektiv das, was jeder einzelne Überlebende individuell ist: ein Nein zu den Dämonen von Auschwitz, ein Ja zum Überleben und zur Sicherheit der Juden« (Fackenheim 1978, S.54). Und »das ist notwendig, denn das Herzstück jeder authentischen Antwort auf den Holocaust – religiös wie nicht-religiös, jüdisch wie nicht-jüdisch – ist eine Verpflichtung zur Sicherheit und Autonomie des Staates Israel« (Fackenheim 1978, S.282).*[181]

Damit ist bereits schon angedeutet, daß die Existenz des Staates Israel zu einem nahezu alle innerjüdischen Diversitäten überschreitenden, integrierenden Faktor von höchster Bedeutung geworden ist. Sowohl die Erfahrung der Katastrophe, des Holocaust, wie auch die Erfahrung der Rettung, der Wiedererrichtung des Staates Israel, setzen vor allem dem zu Beginn diesen Jahrhunderts einsetzenden Antagonismus von säkularem und religiösem Judentum ein Ende.

Der (jüdische) Säkularismus sah in der Ablehnung der Religion einen Gewinn an Freiheit. Gegenwart Gottes dünkte ihm als Tyrannei, ein von transzendentalem Glauben befreites Leben war ihm ein Zeichen des Fortschritts hin zu einer Normalisierung des Lebens. Was machte die Attraktivität dieses Säkularismus für die Juden der Moderne aus? Zweifellos, so Fackenheim, die Aussicht und die Sehnsucht nach »Normalität« (normalcy), die mit der Aufklärung und Emanzipation dem Juden nach jahrhundertelanger Diskriminierung und

---

sehen ausgestrahlten Symposium: »Der Staat Israel ist zweifelsohne Teil der Geburtswehen des Messias...« (in: A World Built 1978, S.114). An dieser Stelle berühren sich bemerkenswerterweise die Theologien orthodox-zionistischer und christlich-evangelikaler Kreise, denn für Letztere ist die Staatsgründung Israels Zeichen für den Beginn der Endzeit und damit für die baldige Wiederkunft Christi; vgl. Kikkel 1984, bes. S.202-205.

181. Die für das Verständnis Fackenheims wesentlichen Äußerungen zum Zusammenhang von Holocaust und Saat Israel sind hauptsächlich nachzulesen in: Fackenheim 1974; 1977; 1977a.

Verfolgung verlockend entgegentrat. Dieser Verlockung nach Normalität aber machte die NS-Zeit einen grausamen Strich durch die Rechnung. Nach Auschwitz gelte es zu erkennen:

»*Der Jude in Auschwitz war nicht ein Exemplar der Klasse ›Opfer des Vorurteils‹, oder gar ›Opfer des Genozids‹. Er wurde ausgesondert von einer teuflischen Macht, die seinen absoluten Tod wollte, d.h. als Zweck in sich selbst. Für den Juden von heute bedeutet dies, will er seine jüdische Existenz annehmen, sein Ausgesondertsein zu akzeptieren; das heißt, gegen die Dämonen von Auschwitz Widerstand zu leisten; und Widerstand leisten in dem einzigen Sinne, wie dies möglich ist – mit absolutem Widerstand*« (Fackenheim 1970, S.81).

So gesehen gerät der jüdische Säkularist in eine beispiellose Zwangslage. Negiert er als Säkularist das Absolutum Gott, so kann er als *jüdischer* Säkularist nicht umhin, das Absolutum der Existenz des Bösen zu bezeugen. Als Säkularist will er Normalität, als *jüdischer* Säkularist sieht er sich gezwungen, seine ausgesonderte jüdische Conditio zu akzeptieren; als Säkularist verneint er alle absoluten Behauptungen, als *jüdischer* Säkularist leistet er allein durch die Tatsache seiner Existenz als Jude absoluten Widerstand gegen die Todesdämonen (demons of death). Die Möglichkeit eines reinen, jüdischen Säkularismus nach Auschwitz gibt es nicht mehr:

»*... der säkularisierte Jude ist ebenso sehr wie der Gläubige durch eine Stimme (die gebietende Stimme von Auschwitz) absolut* ausgesondert, *einer Stimme, die wahrhaft gänzlich* anders *ist, als menschengeschaffene Ideale – ein Imperativ, der wahrlich so gegeben ist, wie es die Stimme vom Sinai war*« (Fackenheim 1970, S.83).

Die bloße Existenz als Jude, das Bekenntnis als Jude zu leben, unabhängig von einem damit verbundenen explizit persönlichen Glaubensbekenntnis im religiösen Sinne, ist, in seinem Befolgen des 614. Gebotes der Stimme von Auschwitz, ein religiöser Akt. Die Dichotomie von säkulär und religiös ist für das Judentum in den Todeslagern eingeäschert worden.

»*Auch der ›säkularisierte‹ Jude ist zu einem Zeugen gegen den Satan, wenn nicht sogar für Gott geworden – [...] Eine säkulare Heiligkeit, Seite an Seite mit der religiösen, ist in der zeitgenössischen jüdischen Existenz manifest geworden*« (Fackenheim 1978, S.54).

Die Existenz Israels und das vorbehaltlose Bekenntnis für diese Existenz, wird zu einem zusätzlich positiven Integrationsfaktor, der die durch den Holocaust bereits aufgehobene Spannung zwischen säkularem und religiösem Judentum entschieden unterstreicht:

»*In unserem Zeitalter müssen wir uns fragen, ob dies jemals hätte geschehen können, nach zwei Jahrtausenden, daß ein Volk zurückgekehrt ist zu seiner Sprache, zu seinem Staat, in sein Land. ... Das ist das Erstaunliche, das von allen geteilt wird, jenseits aller religiös-säkularen Unterscheidungen. Das ist die gemeinsame Erfahrung, die ein Band möglich macht zwischen ganz Israel und der Torah. Dies sind die Tore der Umkehr (gates of Teshuva[182]), die heute für das ganze jüdische Volk offen sind« (Fackenheim 1982, S.328).*

2.3.5 Innerjüdische Reaktion und Kritik an Fackenheim

Fackenheims Wirkung im Rahmen der jüdischen Diskussion um den Holocaust kann kaum überschätzt werden. Es gibt wohl keine geschichtstheologische »Antwort« auf den Holocaust, die eine größere, mit »weitverbreiteter Zustimmung in der jüdischen Gemeinschaft« (Roth/Rubenstein 1987, S.316) versehene Wirkung erfahren hat, als die von Emil L. Fackenheim. Neben Elie Wiesel und Richard L. Rubenstein darf er als der wesentliche Anreger, ja geradezu als Wortführer der Diskussion gelten. Sein »614. Gebot«, Hitler keinen posthumen Sieg zu gewähren, hat den Charakter eines sprichwörtlichen Fanals angenommen, wurde zur Überlebensformel, die offensichtlich weithin den Nerv vieler Juden getroffen hat. Über Geltung und Eindruck von Fackenheims »614. Gebot«, Hitler keinen posthumen Sieg zu gewähren, in der jüdischen Welt, bemerken Roth/Rubenstein völlig zutreffend:

»Wahrscheinlich gibt es keine von einem zeitgenössischen Denker geschriebene Passage, die mehr bekannt geworden ist, als diese. Sie schlug eine tiefe Saite bei Juden aller sozialer Herkunft und allen religiösen Bekenntnisses an. Die meisten von Fackenheims Schriften bewegen sich auf einem theologischen und philosophischen Level, der jenseits des Verständnisses einfacher Leute liegt. Dies gilt freilich nicht für jene Passage, was in großem Maße verantwortlich dafür ist, das Fackenheims Interpretation des Holocaust zur einflußreichsten innerhalb der jüdischen Gemeinschaft geworden ist. [...] Die Leidenschaft und psychologische Kraft seiner Position ist unleugbar« (Roth/ Rubenstein 1987, S.319f.).

So gibt es auch kaum einen Beitrag, der sich nicht, ausgesprochen oder unausgesprochen, auf Fackenheims Interpretation bezieht, von ihr beeinflußt, oder durch sie angeregt wurde.

---

182. *Teshuva*, Buße bzw. Umkehr, spielt in der jüdischen Tradition eine bedeutende Rolle. Sie gehört zu den Dingen, die Gott bereits vor Erschaffung der Welt erschaffen hat (vgl. Kap. III-1.2.1), weil er voraussah, so die rabbinische Auslegung, daß ohne die Möglichkeit zu Umkehr und Buße die Welt keinen Bestand haben könne; vgl. Babylonischer Talmud Pes. 54a; Fackenheim zitiert in diesem Zusammenhang den Midrasch Deut. Rabba 2, 12: »Die Tore des Gebets sind manchmal geschlossen. Aber die Tore Teshuva (zur Umkehr) sind immer offen« (zit.n. Fackenheim 1982, S.326). Fackenheim versteht sein gesamtes Denken als ein Ausloten der Bedingungen und Möglichkeiten zur Teshuva, zur Umkehr.

Von der Vielzahl der Stimmen, die sich direkt mit den Gedanken Fackenheims auseinandersetzen seien hier einige kritische Bemerkungen stellvertretend skizziert[183].

Michael A. Meyer[184], Professor für jüdische Geschichte am Hebrew Union College in Cincinnati, weist darauf hin, daß Fackenheims geschichtsmetaphysische Position, bei allen Bemühungen um einen Ausgleich zwischen säkulären und religiösen Juden, letztlich nur dem gläubigen Juden zugänglich und nachvollziehbar sein wird und so die Zielgruppe seiner Überlegungen von vornherein beschränkt bleibe auf den mehr oder weniger traditionellen Teil des Judentums.

Ähnlich urteilt Dan Cohn-Sherbok[185], der insbesondere darauf hinweist, daß eine Stimme auch eines Ohres bedarf, das sie hört. Wenn die »gebietende Stimme« mehr als nur eine Metapher sei, »dann muß sie von irgendjemand gehört worden sein, der anschließend eine solche religiöse Erfahrung bezeugen könnte. Wie auch immer, es gibt keinen Beweis, daß tatsächlich irgendjemand ein solches Gebot erhalten hat« (Cohn-Sherbok 1989, S.53).[186]

Gewichtig scheint uns der Einwand Meyers, daß Fackenheim den Midrasch als allein legitime Quelle seiner Geschichtstheologie nutzt, und dieses auch nur insoweit, als er seine Ansichten stützt[187]. Darüberhinaus weist Cohn-Sherbok darauhin, daß bereits

»das traditionelle Judentum schon immer darauf insistiert hat, daß das religiöse Überleben den Charakter eines Gebots habe. ... Dazu brauchte es nicht einer weiteren Offenbarung zusätzlich zu dem, was am Berg Sinai bereits geschehen war« (Cohn-Sherbok 1989, S.53).

183. Von der außerordentlich großen Anzahl derer, die sich mit Fackenheims Position zustimmend bis kritisch auseinandersetzen sei darüberhinaus noch auf einige stellvertretend verwiesen: Rubinoff 1974; Sherwin 1979; Breslauer 1981; H. Goldberg 1982; Feuer 1986, bes. S.201f.; A.L. Berger 1988; eine hervorragende Zusammenfassung und Würdigung von Fackenheims Holocaust-Theologie findet sich in: Roth/Rubenstein 1987, S.316-329 und bei: G. Greenberg 1984. Siehe auch: Morgan 1984, der auf der Basis der Fackenheim'schen Position eine jüdische Theorie der Moral zu entwerfen sucht. Zur Rezeption Fackenheims auf christlicher Seite siehe etwa: Stöhr in: Ders. o.J., S. 156-174; Eckardt/Eckardt 1974; Marquardt 1980; de Celles 1982, S.75-101; Dedmon 1983; Walker 1988, S.13-24. Zu Fackenheims Analyse eines christlich-jüdischen Dialogs nach Auschwitz besonders: McGarry 1988. Einen hervorragenden Reader mit den zentralen Texten von Fackenheim liegt vor bei: Morgan 1986.
184. Vgl.: M.A. Meyer 1972.
185. Vgl. vor allem: Cohn-Sherbok 1989, bes. S.52-55; und: Cohn-Sherbok 1983; Cohn-Sherbok 1990.
186. Zur Kritik am Prophetie- und Offenbarungsverständnis Fackenheims vgl. vor allem: Wyschogrod 1977/78 u. 1982; auch: Roth/Rubenstein 1987, S.320.
187. Speziell zu Fackenheims Midrasch-Verständnis und -Interpretation vgl. die kritischen Anmerkungen bei: H. Goldberg 1982, S.349, bes. Anm.11.

Am eindringlichsten zweifelt Meyer daran, ob es tatsächlich denkbar sei, daß *der Gott, der die Vernichtung und den Tod eines Drittels des jüdischen Volkes zugelassen habe, der gleiche Gott sein könne, welcher zugleich von Auschwitz her das Gebot zum jüdischen Überleben gegeben habe.* In den Worten von Roth/Rubenstein, die den gleichen Einwand erheben:

»*Es ist wohl kaum gut vorstellbar, daß selbst ein eifersüchtiger Gott die Vernichtung von sechs Millionen Juden gleichsam als Gelegenheit benötigt, um ein Gebot zu geben, das Juden verbietet, ihre Tradition aufzugeben*« *(Roth/ Rubenstein 1987, S.321).*

Und Cohn-Sherbok bilanziert:

»*Konfrontiert mit den Schrecken des Holocaust hat Fackenheim Gott mehr als eine gebietende, denn als eine rettende Gegenwart dargestellt. Und so bleibt die Frage, warum Er nicht intervenierte, um den Grausamkeiten in den Todeslagern Einhalt zu gebieten*« *(Cohn-Sherbok 1989, S.54).*

Ellen Zubrak Charry[188] sieht in Fackenheims Position vornehmlich »eine gänzlich ethnozentrische Überlebensideologie« (Charry 1981, S.128)[189]. Sie erblickt in der Fackenheim'schen Aufhebung des Unterschieds zwischen säkulärem und religiösem Judentum

»*mehr die Basis für eine erneute Definition Israels als einer ethnischen Gruppe, denn als einer Glaubensgemeinschaft, in der Gottes Gegenwart manifest ist*« *(Charry 1981, S.130).*

Dies scheint mir allerdings ein Mißverständnis zu sein. Israel verliert in Fackenheims Sicht nicht den Charakter einer Gemeinschaft von Gläubigen, sondern durch eine Sakralisierung der Säkularisten werden diese unabhängig ihres explizit a-religiösen Bekenntnisses mit eingeschlossen in die Gemeinschaft der Glaubenden. Dies ist, wie bereits erwähnt, existenzialistisch konsequent, denn der Existenzialist, zumal im Kierkegaard'schen Sinne, orientiert sich weniger an verbalen Bekenntnissen, als vielmehr an gelebten Entscheidungen. Da nun in Fackenheims Sicht allein die bloße Tatsache des Lebens eines Juden als Jude ihn zum Zeugen und Kämpfer gegen das überweltlich Böse, das in Auschwitz seinen Ort fand, macht, gibt diese existenzielle Entscheidung des ›säkulären‹ Juden ihm eine religiöse Dimension.

Michael Oppenheim[190] weist in seinen kritischen Bemerkungen darauf hin, daß die traditionelle Sichtweise von Gott als einem »Gott der Vorsehung« immer verknüpft war mit dem Bild Gottes als einer »tatsächlichen Macht, die das Fundament des Universums darstellt und die man sich am besten in ihrem Person-Sein vorstellt« (Oppenheim 1987, S.415). Demzufolge werde Gott von den monothei-

---

188. Vgl.: Charry 1981.
189. Vgl.: H. Goldberg 1982, S.345, dort heißt es u.a., Fackenheims Theologie sei eine »Reduktion der Holocaust-Theologie auf eine Überlebensideologie«.
190. Vgl.: Oppenheim 1987.

stischen Religionen beschrieben als Schöpfer, Offenbarer und Erlöser, als Person, die sich in der Geschichte manifestiert. Zweifelt man nun an dem Gott der Vorsehung, zweifele man automatisch an Gottes personalem Sein:
»Konsequenterweise, ..., ist der Angriff auf die Vorstellung von Gott als einem Gott der Vorsehung die Zurückweisung des Bildes von Gott als einer Person« (Oppenheim 1987, S. 416).

Oppenheim folgt dann Fackenheims Mahnung, daß das Denken zur Schule gehen müsse beim Leben, also sich am realen Leben zu orientieren habe, kommt dabei aber zu gänzlich anderen Beobachtungen und Schlußfolgerungen. Gerade die zu beobachtende Tatsache, daß die überwiegende Mehrheit der religiösen Juden auch nach dem Holocaust offensichtlich keine Schwierigkeiten haben, Gott als Person in ihren Gebeten und Gottesdiensten anzusprechen, gebe sozusagen den empirischen Beweis dafür, daß der Holocaust nicht jene Zäsur, jenen Bruch für das Gottesverständnis zur Folge gehabt habe, wie dies Fackenheim proklamiere:
»Wer sind wir, daß wir entscheiden, ob der Holocaust einen Bruch mit der ganzen Vergangenheit jüdischen Lebens und Denkens repräsentiert? Ich glaube, daß diese Entscheidung nicht gefällt werden kann, indem man dieses Ereignis (den Holocaust) studiert, sondern dadurch, daß man sorgfältige Beobachtungen anstellt über das heutige Leben der jüdischen Gemeinschaft. Hätte es einen Bruch gegeben, müßte dies durch ein Versagen der Metapher von Gott als dem vorsehenden Partner angezeigt sein, dann könnte dieses Bild im täglichen Leben der Gemeinschaft keine aktive Rolle mehr spielen. Dementgegen haben wir aber gesehen, daß in jenen Bereichen, wie dem liturgischen Leben der Gemeinde, der Erfahrung und Praxis der Halacha, ..., diese Metapher ihre Kraft bewahrt hat. ... Es mag für uns noch zu früh sein, zu entscheiden, ob der Holocaust tatsächlich eine Zäsur in der jüdischen Geschichte ist. Was diesen Punkt angeht, kann noch keine abschließende Entscheidung getroffen werden« (Oppenheim 1987, S.419).

Steven T. Katz[191] schließlich legte eine ausführliche, detaillierte, für unseren Zusammenhang zu weit führende Analyse und Kritik insbesondere der in den Augen Katz' fehlerhaften Rezeption Bubers von Seiten Fackenheims vor. Auch Katz äußert, ähnlich wie Michael Meyer, seine Zweifel am selektiven Umgang Fackenheims mit dem Midrasch und sieht ebenfalls die größte Schwäche in Fackenheims Interpretation darin, daß sie nur dem Gläubigen zugänglich sein werde[192]. Gleichwohl anerkennt auch Katz, daß Fackenheim

---

191. Vgl.: St. Katz 1983, S.205-247.
192. Das ist allerdings ein Einwand, der auf alle hier vorgestellten Deutungen mehr oder weniger zutrifft. Es ist wohl kaum eine geschichtstheologische Interpretation vorstellbar, deren Zugänglichkeit nicht von der Akzeptanz weltanschaulicher Grundaxiome abhängig ist. Jenseits aller Theologie gilt dies im Prinzip für jede Art von Interpretation.

»im Blick auf die Shoah Gott und der Geschichte mehr Gerechtigkeit widerfahren läßt, als dies bei anderen, vereinfachenden oder negativen Stellungnahmen der Fall ist«. Und dies vornehmlich, weil Fackenheim *»statt den Holocaust in isolierter Sicht zu sehen, ihn außerhalb seines Kontextes zu betrachten und dadurch einen gewichtigen Teil seiner ›Bedeutung‹ zu verlieren, er den Holocaust sowohl in seinem historischen als auch theologischen Kontext behandelt«* (*St. Katz 1983, S.211*).

2.4 Eliezer Berkovits

»Ein Überlebender von Auschwitz sprach: ›Nun weiß ich, daß Feuer nicht das Herz des Menschen zu zerstören und Gas nicht den Atem Gottes zu stoppen vermögen.‹«
(*Eliezer Berkovits 1973*)

Eliezer Berkovits ist Vertreter einer konservativ-traditionellen Deutung, die gleichwohl eine originäre, äußerst differenzierte, mit bezwingender Intellektualität und großer Eloquenz vorgetragene Interpretation ist. Berkovits wurde im Jahre 1900 in Oradea, Siebenbürgen, geboren. 1934 wurde er als Rabbiner am Hildesheimerschen Rabbinerseminar ordiniert. Nachdem er bis 1939 in Berlin als Rabbiner tätig war[193], verließ er Deutschland und emigrierte nach England, wo er bis 1946 seiner Aufgabe als Rabbiner in Leeds nachkam. Von 1946 bis 1950 lebte und wirkte er in Sidney, Australien. Er siedelte dann nach Amerika über, wo er, neben einer Rabbinertätigkeit in Boston, als Vorsitzender der Abteilung für Jüdische Philosophie des Hebrew Theological College Chicago arbeitete. Als ein namhafter Vertreter moderner jüdischer Orthodoxie und engagierter Anhänger des Zionismus lebt er heute in Jerusalem.

Sein Denken beschäftigte sich von Beginn an mit den Spannungen zwischen säkularem jüdischen Nationalismus und religiöser Tradition[194]. So stieß er bereits früh auf die Problematik des Zusammenhangs von Religion und Geschichte und befaßte sich insbesondere intensiv und kritisch mit Arnold Toynbees Interpretation und Entfaltung jüdischer Geschichte[195]. Seine zentralen Gedanken zur Span-

---

193. In Berlin veröffentlichte Berkovits auch sein erstes Buch, das seinerzeit weithin Beachtung fand; vgl.: Berkovits 1938.
194. Vgl.: Berkovits 1943.
195. Vgl.: Berkovits 1956 u. 1959a; letzteres ist zwar u.a. bereits eine intensive Auseinandersetzung mit dem Problem des Leids, geht aber kein einziges mal ausdrücklich auf den Holocaust ein. Die Erklärung hierfür ist, wie Bulka zurecht vermerkt, »sehr einfach. 1959 wird der Holocaust noch nicht als jenseits des Grundrahmens jahrhundertelangen jüdischen Leidens stehend angesehen, er galt noch nicht als eine einzigartige, unvorhersehbare Brutalität, die eine spezielle Betrachtung erfordert« (Bulka 1981, S.326).

nung von Gott und Geschichte im Schatten von Auschwitz schlugen sich schließlich in seinem 1973 in New York erschienenen Werk ›Faith After the Holocaust‹ (Der Glaube nach Auschwitz) nieder[196].

Berkovits selbst berichtet in seinem Vorwort unter welch großer Anspannung und unter welch großen Ängsten er dieses Buch schrieb. Es war die Zeit des Sechs-Tage-Kriegs, in der »die Bedrohung eines neuerlichen Holocaust über dem jüdischen Volk schwebte« (Berkovits 1973, S.1). Nur in der festen Überzeugung von der »Unsterblichkeit des Judentums und des jüdischen Volkes« (Berkovits 1973, S.1) vermochte er sein Werk zu tun. Er empfand es als Verpflichtung, trotz der dramatischen Ereignisse ohne Unterbrechung weiter zu schreiben, denn seine Arbeit abzubrechen »und abwarten, was geschehen würde, um dann weiter zu schreiben, wäre einem Betrug und einer Entweihung gleichgekommen« (Berkovits 1973, S.1)[197]. So sah er das Hauptanliegen seiner Arbeit, eine Antwort auf den Holocaust zu finden, ausgeweitet »in eine Untersuchung der jüdischen Erfahrung in einer Holocaust-Welt und einer Weltgeschichte, die vom Geist des Holocaust geprägt ist« (Berkovits 1973, S.1).

Vor allem zwei Faktoren bestimmten Aussage und Stil von Berkovits' Antwort auf den Holocaust: seine Liebe zum Volk Israel – eine Liebe, die in der jüdischen Tradition eine feste Begrifflichkeit kennt: *ahavat yisroel* (Liebe zu Israel) – und eine große Meisterschaft in Kenntnis und Umgang mit den Traditionen des jüdischen Lernens und Lehrens. Auf diese Weise hat Berkovits' Interpretation »den Vorteil, daß sie die Aufmerksamkeit auf wichtige Elemente legt, die jede angemessene Post-Auschwitz-Theologie beachten muß, Elemente, die andere Denker ... ignorieren oder herunterspielen« (St. Katz 1983, S.268).

---

196. In zwei weiteren Büchern befaßte sich Berkovits ebenfalls mit den Implikatonen des Holocaust für eine jüdische Geschichtstheologie; vgl.: Berkovits 1976 u. 1979. Das für unsere Arbeit zugrundegelegte Buch darf allerdings als sein umfassendstes und zentrales Werk zum Thema gelten. Ausdrücklich verwiesen sei jedoch auf Berkovits 1979 (With God in Hell. Judaism in the Ghettos and Deathcamps), das hunderte von erschütternden, historisch gut verbürgten Episoden enthält, in denen der unbändige und kaum nachvollziehbare Glaube chassidischer Juden, Rabbinen und ihrer Gemeinden deutlich wird, selbst unter den unmenschlichsten Bedingungen in den Ghettos und Lagern, umgeben vom täglichen Tod und konfrontiert mit grausamster Barbarei, ihrem Glauben treu zu bleiben. Zweifelsohne bilden diese Zeugnisse den konkreten wie emotionalen ›background‹, von dem her Berkovits seine Position zum Holocaust entwickelte.

197. Aus einer anderen Stelle des Buches geht hervor, daß der Beginn an der Arbeit dieses Buches auf das Frühjahr 1967 zurückgeht, kurz vor Ausbruch des Sechs-Tage Krieges; siehe: Berkovits 1973, S.144.

2.4.1 Faith After the Holocaust – Glaube nach dem Holocaust

Berkovits sieht in den bisherigen Versuchen, eine Antwort auf den Holocaust zu geben, zwei prinzipiell unterschiedliche Zugangsweisen am Werk: zum einen den ›frommen‹ Weg, der selbst in diesem Schreckensgeschehen die Manifestation von Gottes Willen sieht, zum anderen den zweifelnden, fragenden Weg, der in eine Rebellion gegen die Vorsehung mündet, den Tod Gottes und die Absurdität des Lebens verkündet. Für Berkovits ist dabei die entscheidende Frage, *wer* jeweils derjenige ist, der den einen, *wer* derjenige ist, der den anderen Zugang wählt. Handelt es sich um jemand, der selbst in den Todeslagern gewesen ist, seine Familie oder Freunde verloren hat? Oder ist es jemand, der über diese Dinge nur gelesen hat und allein auf seine Vorstellungskraft angewiesen ist?

Diejenigen, die aus eigener Anschauung und Erfahrung berichten, stehen »innerhalb der Geschichte der Menschheit in einer Klasse für sich« (Berkovits 1973, S.3). Hingegen wer nur aus zweiter Hand schöpfen, wer nur mittels einer Identifizierung mit den Opfern, wie tief und aufrichtig auch immer, einen Ausgangspunkt für seine Reflexionen zu gewinnen sucht, dessen »Eindrücke bleiben für immer nur ein blasser Schatten des tatsächlichen Ereignisses«, dessen Denken wird »schattenhaft und unwirklich wie dieser Eindruck selbst« (Berkovits 1973, S.4) sein. In jedem Fall aber ist es jenen, die über keine eigenen Erfahrungen des Lagerlebens und -sterbens haben, geboten, die Antworten und Botschaften der Betroffenen selbst zu hören und zu akzeptieren. Angesichts derer, die in tiefem Glauben in die Gaskammern gingen oder dem Tod entkamen, gelte:

»*Wie kann ich es wagen zu zweifeln, wenn jene nicht zweifelten. Ich glaube, weil sie glaubten*« (Berkovits 1973, S.4).[198]

Und angesichts derer, die in den Todeslagern ihren Glauben verloren, gelte:

»*... nun weiß ich nicht mehr, wie ich noch glauben kann, so gut verstehe ich ihren Unglauben ... Den Glauben zu bewahren war übermenschlich; der Verlust des Glaubens – unter diesen Umständen – menschlich*« (Berkovits 1973, S.4).

Glaube wie Unglaube derer, die in den Lagern und Ghettos waren, ist gleichermaßen als »heiliger Unglaube ... und heiliger Glaube« (Berkovits 1973, S.5) zu erachten, da beide Haltungen aus dem Boden schmerzvoller und authentischer Erfahrungen erwuchsen. Wir hingegen

»*sind nur Hiobs Brüder. Wir müssen glauben, weil unser Bruder Hiob glaubte, und wir müssen zweifeln, weil unser Bruder Hiob so oft nicht mehr länger glauben konnte. ... [Dies] ist unsere Situation in dieser Ära nach dem Holocaust*« (Berkovits 1973, S.5).

---

198. Vgl. Anm. 177 in Abschnitt 2.3.4.2 (Emil L. Fackenheim).

An dieser Spannung müsse jeder Versuch einer Antwort auf den Holocaust sich messen lassen. Nur eine Antwort, die keine der beiden Seiten entwürdigt, so Berkovits, kann als akzeptable Antwort Geltung besitzen[199].

Berkovits gibt in der Folge zunächst einen Überblick über das seiner Überzeugung nach apathische und amoralische Verhalten der USA und anderer westlicher Staaten gegenüber jüdischen Flüchtlingen, sowie deren mangelnde Bereitschaft, gezielt gegen die Vernichtungslager militärisch vorzugehen. Er sieht bereits hierin, neben und vor dem Holocaust selbst, eine »Entartung des westlichen Gewissens« (Berkovits 1973, S.13). Gleiches gelte für die christlichen Kirchen, durch deren

»Heil Hitler und Jesus« -Haltung sie »allen Anspruch auf moralische und spirituelle Führung in der Welt verloren haben« (Berkovits 1973, S.15f.).[200]

199. Sicher richtet sich diese Einleitung auch gegen Richard L. Rubenstein (vgl. Abschnitt 2.2) und andere radikale Theologen, deren Unglauben Berkovits als »Unglauben aufgeklärter Intellektueller inmitten einer Überflußgesellschaft« geißelt. Daneben ist die Frage nach der authentischen Legitimation derer, die sich zum Holocaust äußern, ein weit verbreiteter Topos in der Holocaust-Literatur, eng zusammenhängend mit dem Problem der postulierten Unverstehbarkeit des Holocaust. Für viele andere, wie etwa auch Elie Wiesel, die eine ähnliche Auffassung wie Berkovits vertreten, sei hier noch beispielhaft Jean Améry zitiert, der es geradezu allen apodiktisch verbietet, über den Holocaust zu reden, »die nicht mit uns im Abgrund gewesen sind. Nur wir haben Hitler erlebt, nicht die jungen Assistenten in den Seminaren für Zeitgeschichte« (zit.n. Schreiner 1980, S.12, Anm.10).

200. Berkovits ist der einzige der hier behandelten Autoren, der eine betont anti-christliche Haltung einnimmt. Von einem bestimmten Blickwinkel aus betrachtet, so urteilt er, »ist der Holocaust weit mehr eine christliche Katastrophe gewesen, als eine jüdische« (Berkovits 1973, S.18). Darüberhinaus ist alles, was er von Christen sich wünscht, »daß sie ihre Hände lassen von uns und unseren Kindern« (Berkovits 1973, S.47). Sein apodiktisches Urteil ist voller Bitterkeit: »...letztlich ist das Resultat dieses [christlichen] Zeitalters der Bankrott – der moralische Bankrott der christlichen Zivilisation und der spirituelle Bankrott der christlichen Religion« (Berkovits 1973, S.41); vgl. dazu insgesamt: Berkovits 1973, S.37-50; ebenso: Berkovits 1966. Dementsprechend hart klingt auch sein Urteil über den christlich-jüdischen Dialog: »..., es ist äußerst zweifelhaft, daß der jüdisch-christliche Dialog, ..., auch nur ein einziges bedeutungsvolles Resultat, was die eigentlichen Dinge angeht, gezeitigt hat. Das jüdische Volk steht heute allein in der Welt; mehr allein als in den Tagen der Hitler-Ära der westlichen Zivilisation. [...] Die allermeisten der Veröffentlichungen namhafter christlicher Intellektueller und Theologen sind Beleg für die Unfähigkeit, die Lage des Juden und des jüdischen Volkes zu verstehen. Es scheint, als ob nichts die christliche Psyche mehr erfreut, als immer wieder Gründe zu entdecken für eine selbstgerechte Entrüstung gegen das Judentum und das jüdische Volk. [...] Im Lichte der wesentlichen Dinge, um die es geht, ist der jüdisch-christliche Dialog ein einziges Versagen« (Berkovits 1978, S.324). Hauptgrund für die christliche Judenfeindschaft

Im Grunde ist die Schuld Deutschlands zugleich die der westlichen Welt insgesamt: *»Es verschwanden nicht nur sechs Millionen Juden im Holocaust. In ihm verlor auch die westliche Zivilisation ihren gesamten Anspruch auf Würde und Achtung« (Berkovits 1973, S.16).*[201]
Mit Recht laute daher die eigentlich wesentliche Frage nach dem Holocaust nicht, wo denn Gott war in Auschwitz,
»sondern ›Wo war der Mensch‹? ... Die jüdische Erfahrung in den Ghettos und Todeslagern machten den Zusammenbruch des Menschen als moralischem Wesen in unserer Zeit offenbar« (Berkovits 1973, S.36).[202]
Gleichwohl sei es geboten, die Frage nach Gott und dem Sinn der Geschichte zu stellen, denn
»die Abwesenheit Gottes ... ist das Problem der Post-Auschwitz Generation«, (Berkovits 1973, S.65) und *»nicht zu fragen käme einer Blasphemie gleich. Der Glaube kann einen solchen Schrecken nicht schweigsam übergehen« (Berkovits 1973, S.68).*
Solches Fragen und Zweifeln habe schließlich angefangen mit Abraham und hat bis hin zu Hiob und den Psalmisten und über sie hinaus eine lange jüdische Tradition. Eine wie auch immer geartete Gott-ist-tot-Theologie, die ja ihrer Entstehung und Verbreitung nach ein spezifisch christliches Problem sei und als solches mehr ein Symbol des Niedergangs des christlichen Glaubens darstellt, ist letztlich eine

    liege im Neuen Testament, das »das gefährlichste antisemitische Traktat der Geschichte« sei. Ohne das Neue Testament »hätte Hitlers ›Mein Kampf‹ nicht geschrieben werden können« (ebda., S.325). Berkovits' Urteil ist kompromißlos: »Das christliche Verbrechen gegen das jüdische Volk ist jenseits des Natürlichen; es ist dämonisch. Es ist das Gelächter des Teufels über all die netten christlichen Forderungen, die andere Wange hinzuhalten und seine Feinde zu lieben« (ebda., S.326).

201. Zu Berkovits' Kritik am Versagen der westlichen Zivilisation siehe vor allem auch: Berkovits 1979, bes. Kap.6. Hier findet man eine ausführliche, teilweise bitter-polemische Anklage gegen die Werte des christlichen Westens und gegen jüdische Bestrebungen der Angleichung an diese Werte und der Assimilation in die sie verkörpernden Gesellschaften. Siehe auch die Kritik an dieser Sicht bei: Kraut 1982, bes. S.187ff.

202. Dieser Gedanke findet sich in vielen Beiträgen innerhalb des jüdischen Diskurses; exemplarisch Immanuel Jakobovits, ehemaliger Oberrabbiner Großbritaniens: »Die religiöse Herausforderung des Holocaust rührt nicht von der Frage ›Wo war Gott in Auschwitz?‹ her, sondern weit mehr von der Frage »Wo war der Mensch in Auschwitz?', und über allem: Wo sollte er, vor allem der Jude, nach Auschwitz sein?« (Jakobovits 1988, S.2). Christlicherseit vor allem Johann B. Metz: »Bei all dem möchte ich nicht übersehen, daß Auschwitz nicht nur eine Frage der Theodizee enthält, sondern gewiß auch eine höchst dramatische Frage der Anthropodizee,..., also eine Frage der Rechtfertigung des Menschen im Angesichte der Leiden von Auschwitz. ... Wo war der Mensch in Auschwitz?« (Metz 1984, S.387); vgl. auch Rubenstein hierzu in Abschnitt 2.2.

am Kern des Judentums vorbeigehende Antwort[203]. Die Gläubigen in den Ghettos und Lagern reagierten häufig mit *Kiddusch haSchem*[204]. Obwohl dies freilich die Probleme und Fragen nach Gott und dem Sinn der Geschichte im Schatten von Auschwitz nicht hinlänglich zu klären vermöge, belege *Kiddusch haSchem* doch beispielhaft, neben dem

»*äußersten Bösen, ... auch das äußerstmögliche des Guten. ... Wenn das Böse unnatürlich war, dann war es auch ebenso das Gute. Oder sollen wir übernatürlich sagen? ... Es ist unsere Überzeugung, daß in unserer Generation nirgendwo sonst auf dieser Erde das Bewußtsein des Menschen und sein Glaube an die transzendentale Sinnhaftigkeit der Existenz so heroisch und nobel verteidigt und gerechtfertigt wurden, wie in den Ghettos und Kozentrationslagern, inmitten der Herrschaft ihrer übelsten Verleugnung und Entwürdigung. Wenn des Menschen Fähigkeit, die unglaublichsten Verbrechen gegen seine Mitmenschen begehen zu können, für die Abwesenheit Gottes, die Nichtexistenz seiner göttlichen Vorsehung spricht, was werden wir sagen über die gleichermaßen unfaßbare Fähigkeit zur Güte, ..., zu bedingungslosem Glauben und Glaubenstreue?« (Berkovits 1973, S.84)*

Das Problem der Sinnhaftigkeit der Geschichte und des Glaubens nach Auschwitz verlange »eine jüdische Philosophie der Geschichte« (Berkovits 1973, S.86). Konzentriere man sich aber dabei ausschließlich auf den Holocaust, könne das Ergebnis nur negativ und verzweifelnd sein. Deshalb erscheint es Berkovits unabdingbar, den Holocaust

»*ebenso sehr in dem Kontext [zu sehen], in den ihn die zeitgenössische Geschichtswissenschaft stellt, wie auch als Teil der Abfolge der gesamten Geschichte der Galuth (Diaspora)« (Berkovits 1973, S.86).*

Nachdem das Chaos die Welt zu beherrschen scheine und die Zukunft des Menschen gefährdeter ist denn je, sei nirgends eine Lösung der Lage in Sicht. Für das Judentum gelte es, in der Mitte dieses Chaos‹ stehend, sich bewußt zu machen,

»*daß ihre eigene spezifische Geschichte tief verwickelt ist mit der Geschtichte der Nationen« (Berkovits 1973, S.86).*

Mehr noch, daß die Geschichte der Juden in einem Maße, wie dies für die Geschichte keines anderen Volkes gilt,

»*immer Weltgeschichte gewesen ist, denn in ihr spiegelte sich immer schon die moralische Geschichte der Menschheit« (Berkovits 1973, S.86).*

Zu keinem Moment der langen Geschichte des jüdischen Volkes lagen extremes Leid – der Holocaust – und extremer Trost – die Wiedergeburt Israels – so dicht beieinander. Es sei nötig, sich zu vergegenwärtigen, daß,

---

203. Zu Berkovits Auseinandersetzung mit der Gott-ist-tot-Theologie und einem die Absurdität menschlichen Lebens proklamierenden Existentialismus siehe vor allem: Berkovits 1973, S.50-67 u. 70-76.
204. Siehe Abschnitt 1.2; vgl. auch: Berkovits 1973, S.76-86.

»soweit es die Haltung der Welt gegenüber den Juden betrifft, die Möglichkeit eines weiteren Auschwitz grundsätzlich nicht ausgeschlossen werden kann« (Berkovits 1973, S.87).

Unter diesem Blickwinkel, betont Berkovits, ist es erst recht geboten, daß das jüdische Volk ein Verständnis seiner selbst gewinnt, sowie der Rolle, die es im Weltgeschehen zu spielen hat, sich bewußt wird. Diese Reflexion muß dabei immer die Erfahrungen von Auschwitz mitbedenken, was ja auch an der wachsenden Zahl von Publikationen literarischer, autobiographischer oder philosophischer Art ablesbar sei.

Alle bisherigen Versuche in diesem Bereich leiden, so Berkovits, an einem beträchtlichen Mangel:

»... sie betrachten den Holocaust isoliert, als ob es nichts anderes gäbe in der jüdischen Erfahrung als diesen Holocaust« (Berkovits 1973, S.88).

Was nun die Frage des Glaubens nach Auschwitz angehe, gelte es zu erkennen *»daß das Problem des Glaubens, so wie es sich nach dem Holocaust darstellt, im Kontext der gesamten jüdischen Erfahrung nicht einzigartig ist« (Berkovits 1973, S.88f.).*

Eine Antwort auf das Problem ist jedoch von vorneherein ausgeschlossen, nämlich die, daß der Holocaust eine göttliche Strafe für begangene Sünden sei. Nein, *»es war absolutes Unrecht. Ein von Gott begünstigtes Unrecht« (Berkovits 1973, S.89).*

Dennoch, hält man an einem Glauben an Gott fest, komme man nicht umhin zu erkennen, daß

»die letzte Verantwortlichkeit für dieses Äußerste an Bösem bei Gott liegen muß« (Berkovits 1973, S.89).[205]

Dieser erschreckende Gedanke der Verantwortung Gottes auch für das Böse sei durchaus biblisch. Berkovits verweist auf eine Stelle bei Jesaja:

»Ich bin der Herr, es gibt keinen anderen; Ich forme das Licht und schaffe die Dunkelheit; Ich mache Frieden und erschaffe das Böse; Ich bin der Herr, der alle diese Dinge tut« (Jes.45, 6 u. 7, zit.n. Berkovits 1973, S.89).

---

205. Interessanterweise gibt es unter ausdrücklicher Berufung auf Berkovits eine beeindruckend wortgewaltige Ausführung dieses Gedankens bei dem christlich-amerikanischen Theologen Roy Eckardt: »Die Anklage, die hier gegen Gott gerichtet ist, beinhaltet nichts weniger als den Vorwurf des impliziten Satanismus. Kein Einspruch für seine Unschuld bleibt offen für Ihn. Keine Berufung mehr scheint möglich für Ihn [Gott]. Er steht verurteilt da, schuldig im Sinne der Anklage. Alles, was Ihm noch übrig bleibt, ist ein Akt der Buße. Im Schatten der Gaskammern und Krematorien ist von Gott gefordert, nicht allein sein Ihm eigenes Bedauern zu bekunden über seine Rolle bei der beispiellosen Agonie Seines Volkes, sondern zu versprechen, daß Er nicht noch einmal sündigen wird, daß er mit solchem Leid in Zukunft nichts mehr zu tun zu haben gedenkt« (R. Eckardt 1983, S.36).

Der Sinn solcher Aussage, führt Berkovits aus[206], sei ihrer ursprünglichen Intention nach gegen den Manichäismus gerichtet, der zwei Prinzipien die Welt erschaffen und regieren ließ, eine Macht des Lichts, eine der Finsternis. Jesaja betone demgegenüber die Einheit Gottes, die folgerichtig Gut und Böse umschließt. Jüdische Philosophen des Mittelalters, etwa Saadia Gaon oder Maimonides, erklärten nun, daß das Böse nur ein Mangel an Gutem sei, die Finsternis ein Mangel an Licht. Doch dies kann weder Jesajas Meinung gewesen sein, meint Berkovits, noch ist es im Angesicht der Todeslager sinnvoll von einem bloßen Mangel an Gutem zu sprechen, wenn es um eine Erklärung des Bösen, das in Auschwitz »real, machtvoll und absolut« (Berkovits 1973, S.89) war, geht.

Wie also ist Jesaja zu verstehen? Das Ausmaß an Grausamkeit und Unmenschlichkeit des Holocausts ist einzigartig, aber – und dies ist entscheidend – die vom Holocaust provozierte Glaubensproblematik ist durchaus nicht neu und so auch nicht einzigartig:

»Unter diesem Blickwinkel betrachtet hatten wir unzählige Auschwitz« (Berkovits 1973, S.90).

Und:

»Soweit es unseren Glaube an einen absolut gerechten und barmherzigen Gott betrifft, birgt das Leid eines einzigen unschuldigen Kindes kein geringeres Glaubensproblem als das unverdiente Leid von Millionen« (Berkovits 1973, S.128).

Berkovits erinnert an die zwei Zerstörungen des Jerusalemer Tempels, die Vertreibung der spanischen Juden, die Kreuzzüge, an das Chmelnicki-Massaker[207] und die Petlura-Pogrome[208]. All diesen Katastrophen gemeinsam ist, daß Juden

---

206. Vgl. hierzu auch: Berkovits 1959a, S.76-77.
207. Unter der Führung des Kosaken Chmelnicki wurde Anfang des 17. Jahrhunderts im Kampf um Polen ein Massaker an den Juden begangen.
208. Simon Petlura, geboren 1879, war von 1918 – 1920 Befehlshaber der nach dem Fall des Zarenreiches neu gebildeten Truppen der Ukraine. 1918 und 1919 wurden von Petluras Truppen in über 80 Orten Pogrome veranstaltet, die etwa 60000 Juden das Leben kosteten. Es handelte sich um regelrechte Massenabschlachtungen. Petlura wurde im Mai 1926 von dem ukrainischen Juden Shalom Schwartzbard, der fünfzehn Familienangehörige durch die Pogrome verloren hatte, erschossen. Als im Sommer 1992 in Lwow (Lemberg) eine Straße nach Petlura benannt wurde, protestierte der Bund jüdischer Verfolgter des Naziregimes in Wien mit einem Protestschreiben an den Präsidenten der Ukraine, Leonid Krawtschuk, in dem es u.a. heißt: »..., nachdem Lwow und Galizien von den Nazis besetzt wurden, gründeten diese die ukrainische Hilfspolizei, und diese wurden im ganzen Distrikt gegen die Juden eingesetzt. Sie war der verlängerte Arm der SS. Am 28.Juli 1941 erlaubte die Gestapo der ukrainischen Polizei drei ›Gedenktage‹ an Petlura. Vom Morgen des 29.Juli bis zum Abend des 31. Juli wurden Juden ... von ihren Wohungen in Lwow, ..., herausgeholt, abtransportiert und ermordet. Keiner von ihnen kam zurück. Man schätzt die Opfer der sogenannten Petlura-Aktion in Galizien auf etwa 7000 unschuldige Juden, ... In Erin-

nach ihnen im Prinzip vor der gleichen Sinn- und Glaubensfrage standen, wie die Juden nach Auschwitz:

> »*Haben etwa die Juden, die im Rheinland während des elften und zwölften Jahrhunderts massakriert wurden, weniger Grund zu fragen, wo Gott sei ... als die Juden in Auschwitz und Treblinka? ... In Kategorien der subjektiven Erfahrung betrachtet waren die Folgen der Katastrophen der großen tragischen Vorfälle der jüdischen Geschichte nicht weniger intensiv, als die Folgen des Schreckens nach unseren eigenen Erfahrungen*« (Berkovits 1973, S.90).

Das Problem der Gegenwart Gottes in der Geschichte, unterstreicht Berkovits, steht immer in Verbindung mit der subjektiven Erfahrung dieser Gegenwart, bei der das objektive, quantitative Ausmaß der Tragödie kaum eine Rolle spiele:

> »*Aus diesem Grunde ist der Holocaust zwar einzigartig in der objektiven Größe seiner Unmenschlichkeit, aber er ist nicht einzigartig als ein Problem des Glaubens, wie es den Erfahrungen der jüdischen Geschichte entspringt. Tatsächlich kann man sagen, daß das Problem so alt ist, wie das Judentum selbst*« (Berkovits 1973, S.90).

Deshalb scheint es durchaus angemessen, die biblisch orientierten Lösungen des Problems früherer Generationen zu durchdenken.

Zunächst gibt es da eine naive simplifizierende biblisch-jüdische Geschichtsphilosophie. In ihr hängt Erfolg und Mißerfolg in der Geschichte von dem ab, was in der Bibel »als ein Gesetz der Geschichte genannt wird« (Berkovits 1973, S.91): Gott schenkt Lohn für die Einhaltung der Gebote und verteilt Strafe bei ihrer Mißachtung. In dieser, in vielfachen Variation dargebotenen, prophetischen Geschichtsphilosophie wird immer wieder deutlich:

> »*Gott ist ein Gott der Geschichte. Er handelt in der Geschichte, indem er die Sünder zerstört und die Gerechten dem Glück zuführt*« (Berkovits 1973, S.91).[209]

Aber dieses »simplizistische Schema der Geschichte« (Berkovits 1973, S.92) wurde bereits von Jeremias in Frage gestellt:

> »›*Du behältst Recht, Ewiger, auch wenn ich mit Dir streiten wollte. Nur eine Frage möchte ich mit Dir besprechen: Warum haben die Gottlosen Glück in ihrem Leben? Warum genießen die treulosen Betrüger sichere Ruhe?*‹ (Jer.12,1). *In der Tat gibt es Grund, mit Gott zu rechten. Die Tatsachen stimmen nicht mit der Theorie überein*« (Berkovits 1973, S.92).

---

nerung geblieben sind die Rufe der ukrainischen Polizisten: ›Petluras Blut kann nur durch jüdisches Blut gerächt werden‹. Aus diesem Grund ist der Name Petluras bei den Juden bis zum heutigen Tag ein Symbol für Terror und Horror geblieben« (in: Aufbau, 3.Juli 1992, S.19).

209. Vgl.: Dtn.30,15-18 u. Jes.13,9-11; dieses geschichtsphilosophische Grundverständnis griffen mit Vorliebe die Christen auf und sahen in der Zerstörung Jerusalems und der Verfolgung Israels ein Zeichen für die göttliche Verworfenheit der Juden; vgl. Anm.91 u. 92 samt Kontext in Abschnitt 2.2.1 (Richard L. Rubenstein).

Und genau dieses Rechten mit Gott wird das große Thema des Buches Hiob, in dem sich die »Herzlosigkeit der simplizistischen Sichtweise« (Berkovits 1973, S.92) offenbaren wird. Die Freunde Hiobs argumentieren ja gerade im Rahmen dieses naiv-simplen Verständnisses, wenn sie das Leiden Hiobs als definitiven Beweis für dessen Schuld ansehen. Aber

»*Gott selbst ... weist diese Art der Verteidigung seiner Macht zurück*« *(Berkovits 1973, S.93).*[210]

Hiob, dem Rebellierenden, wird schließlich von Gott der Status eines ›Diener Gottes‹ zuerkannt, nicht seinen Freunden! Und bereits kurze Zeit später sind es die Lehrer Israels, die als erste das Schweigen Gottes in der Geschichte in ihren Midraschim behandeln.

Wir stehen damit unmittelbar vor dem Problem der Theodizee, das hier im alten Israel in voller Wahrnehmung des Phänomens des in der Geschichte unverdienten Leids formuliert wird. Neben der nach wie vor bemerkenswert selbstkritischen Fähigkeit eines Volkes, das eigene Unglück als Folge eigenen Fehlverhaltens zu akzeptieren, tritt nichtsdestotrotz die Notwendigkeit einer erweiterten Ausdifferenzierung dieser einlinigen Erklärungsweise. Die biblische Terminologie hat für diese Erweiterung den Begriff »Hester Panim« (Berkovits 1973, S.94), die Verborgenheit des Antlitz Gottes (hiding of the face), entwickelt. Zu wenig beachtet wurde jedoch bisher, so Berkovits, daß dieses Konzept zwei Varianten umfaßt: einmal die des göttlichen Urteils und der göttlichen Strafe, die in dem sich Abwenden Gottes von seinem Volk besteht[211]. Die andere Bedeutung zielt auf die Erfahrung dessen, der schuldlos leidet[212]. Hier erweist sich die Verborgenheit Gottes vielmehr als »Indifferenz« (Berkovits 1973, S.95). Die erste Art des *hester panim* steht noch in engem Zusammenhang mit dem ›unserer Sünden wegen‹-Schema, die zweite ist eine mysteriöse Gleichgültigkeit Gottes selbst dem Schuldlosen gegenüber. Es ist genau bei letzterem der Fall, dem des Schuldlosen, wo die Rabbinen vom ›Schweigen Gottes‹ sprechen.

In gewisser Weise waren diese Rabbiner die »radikalen Theologen des alten Israel« (Berkovits 1973, S.96) und so durchaus Vorläufer der heutigen Gott-ist-tot-Prediger[213]. Aber die Mehrheit der Rabbinen und das Volk gingen trotzdem

---

210. Vgl.: Hiob 42,7.
211. Vgl.: Dtn.31,17-18.
212. Vgl.: Ps.44,18-27; hier finden sich die im Zusammenhang mit dem Holocaust viel zitierten Verse: »Doch Du hast uns verstoßen an den Ort der Schakale, und uns bedeckt mit Finsternis ... um Deinetwillen werden wir getötet Tag für Tag, behandelt wie Schafe, die man zum Schlachten bestimmt hat.« (Ps. 44); es handelt sich um genau den Psalm, den Pfarrer Grüber im Gespräch mit Richard L. Rubenstein verwendet hatte; vgl. Abschnitt 2.2.1.
213. Berkovits erwähnt hier, ebenfalls wie Rubenstein, die Geschichte Rabbi Elisha ben Abuyahs; vgl. Anm. 95 in Abschnitt 2.2.1.

einen anderen Weg, wiewohl sie in aller Schärfe unter dem Problem litten, wovon die Psalmen ein beredtes Zeugnis ablegen; Worte, die durchaus auch der Agonie der Todeslager angemessen sind. Diese Zeugnisse belegen alle, daß Leiden nicht nur als Folge von Sünde erfahren wurde, sondern

»daß Gott oftmals in der Geschichte schweigt. ... Jede Generation hat ihr eigenes Auschwitz-Problem« (Berkovits 1973, S.98).

Und dennoch haben die Propheten wie auch das jüdische Volk insgesamt an ihrem Gottesglauben festgehalten, zum einen, weil

»die Rabbinen vom Schweigen Gottes als einer historischen Tatsache sprachen, nicht aber von seiner Abwesenheit. Derjenige, von dem man sagt, er schweige, von dem kann man das nur sagen, wenn er anwesend ist« (Berkovits 1973, S.99).

Zum zweiten lag dies an einer im Judentum tief verwurzelten Mentalität, die treffend in einem Vers Hiobs zum Ausdruck kommt:

»Auch wenn Er mich schlägt, ich vertraue auf Ihn; doch meine Wege werde ich rechtfertigen vor Ihm« (Hiob 13,15 zit.n. Berkovits 1973, S.99).

Darüberhinaus wurde und wird Gott nach wie vor als gut, seine Werke als barmherzig gepriesen. Die Rabbinen waren sich bewußt, daß sie Gott weiter mit Attributen versahen, die in offensichtlichem Widerspruch zu der erfahrenen historischen Realität standen:

»In vollem Bewußtsein der Tatsachen, mit offenen Augen, widersprechen unsere Erfahrungen unseren Behauptungen. Und dennoch sind alle diese Attribute des Gottes der Geschichte wahr; wenn sie auch im Augenblick nicht wahr sind, sie werden es sein« (Berkovits 1973, S.100f.).[214]

Es gibt also ein Verbergen Gottes, das nicht als Reaktion auf menschliches Verhalten betrachtet werden kann: »Wahrlich, Du bist ein Gott, der sich verbirgt, Gott von Israel, der Retter« (Jes.45,15 zit.n. Berkovits 1973, S.101). Hier wird deutlich, so Berkovits, daß das sich Verbergen Gottes eines seiner Wesens-Attribute ist, ein Teil seiner göttlichen Natur.

Im Talmud gibt es nun eine Diskussion dieses Verses von Jesaja, in der die Vorstellung einer dialektischen Schöpfung entworfen wird, in welcher der *zaddik* (der Gerechte) und der *rasha* (der Gottlose) beide von Gott geschaffen wurden:

»Der Gerechte ist, was er ist und der Gottlose ist, was er ist; der eine wird nicht gepriesen, der andere nicht verdammt. ... Sie sind beide Teil des Universums, das eine Parteinahme für keinen von ihnen vornimmt« (Berkovits 1973, S.103).

Gemeint ist damit vor allem, daß Gott nicht im voraus entschied, *wer* nun ein Gottloser und *wer* ein Gerechter werden wird[215]. Gäbe es aber nicht die Möglich-

---

214. Vgl. Abschnitt 2.3.1, wo auch Emil L. Fackenheim die – wie er es nannte – »Halsstarrigkeit« der Rabbinen und ihr bedingungsloses Festhalten am Glauben und der messianischen Hoffnung sich zum Vorbild seiner Antwort auf Auschwitz nahm.
215. Siehe den zu Beginn von Kap. V in Anm.6 samt Kontext wiedergegebenen Midrasch.

keit des einen, wäre auch die des anderen ausgeschlossen! Die ethische Bedeutung dieser Dialektik liegt darin, daß

»*ein Gerechter zu sein bedingt ist durch des Menschen Freiheit, [auch] den Weg der Bosheit wählen zu können; ebenso wie ein Gottloser zu sein die Freiheit miteinschließt, auf den Weg der Gerechtigkeit wieder einzuschwenken. Der Gerechte ist definiert durch den Gottlosen, so wie der Gottlose definiert ist durch den Gerechten. Das Gute ist gut, weil es auch die Möglichkeit zum Bösen gibt und umgekehrt. ... Gott erschuf beide Möglichkeiten für den Menschen, ein Gerechter zu sein oder ein Gottloser. Er mußte die Möglichkeit zum Bösen schaffen, wenn Er die Möglichkeit für dessen Gegenteil schaffen wollte, für Frieden, Güte und Liebe. ... In gewissem Sinne ist Gott weder gut noch böse... Güte ist für ihn weder ein Ideal, noch ein Wert; es ist Existenz, es ist absolut realisiertes Sein ... Man kann ebenso sagen, daß bezüglich des Menschen das Gute axiologisch, bezüglich Gottes das Gute ontologisch ist. Allein der Mensch kann um das Gute ringen und kämpfen; Gott ist das Gute. Allein der Mensch kann Werte schaffen. Gott ist Wert*« (Berkovits 1973, S.104f.).

Ist es aber der Mensch, der nach der Erschaffung und Verwirklichung von Werten strebt, muß ihm auch eine Freiheit zugestanden werden, die auch dann nicht von Gott beschränkt wird, wenn der Mensch in einer Weise entscheidet, wie es Gott nicht gefällt. Würde Gott den Entscheidungsspielraum zum Bösen einschränken, wäre dies gleichzeitig eine Beschränkung des Guten, weil es eine Beschränkung der Freiheit insgesamt wäre:

»*... Freiheit und Verantwortlichkeit gehören zum Wesen des Menschen. Ohne sie ist der Mensch kein Mensch. Wenn es einen Menschen geben soll, so muß ihm erlaubt sein, seine Wahl in Freiheit zu treffen. Hat er diese Freiheit, wird er sie nutzen. Sie zu nutzen heißt, er wird sie oft falsch nutzen. ... Geschieht dies, dann wird dies Leid für den Unschuldigen zur Folge haben*« (Berkovits 1973, S.105).[216]

So betrachtet ist die Frage nach unverdientem Leid zugleich eine Frage nach dem Warum des Menschen in der Schöpfung überhaupt:

»*Wer die Frage nach der Ungerechtigkeit in der Geschichte stellt, fragt in Wirklickeit: Warum eine Welt? Warum eine Schöpfung?*« (Berkovits 1973, S.105).[217]

Nun wissen wir aber, so Berkovits, daß der biblische Gott eine große Barmherzigkeit, ein großes Nachsehen gerade auch mit dem hat, der seine Freiheit verfehlt, mit dem Sünder, ja, daß Gott gar auf die Umkehr des Sünders hofft und wartet[218].

216. Vgl.: Berkovits 1959a, S.141-146, wo Berkovits bereits ähnliche Gedanken entwickelte.
217. Vgl. auch: Berkovits 1959a, S.143, dort eine ähnliche Argumentation bezüglich der Galuth (Exil).
218. Vgl.z.B.: Ez.33,11.

»Aber wir scheinen uns nie recht klar zu machen, daß, während Gott langmütig ist, die Boshaften dieser Erde ihren dunklen Geschäften nachgehen und das Resultat vielfaches Leiden der Unschuldigen ist... Während Gott den Sünder erduldet, muß er das Opfer preisgeben; während er Nachsicht übt, ist seine große Liebe zum Menschen gezwungen, einige Menschen einem Schicksal zu überlassen, das diese durchaus als göttliche Gleichgültigkeit gegenüber Gerechtigkeit und menschlichem Leid erleben« (Berkovits 1973, S.106).

So ist das barmherzige Warten auf den Sünder zwangsläufig gekoppelt mit dem Verbergen des Angesicht Gottes. Einerseits muß Gott sich um der Freiheit des Menschen willen zurückhalten, »muß sich selbst von der Geschichte fernhalten« (Berkovits 1973, S.107). Da aber andererseits diese Freiheit den Menschen heute zu Gewaltigem befähigt, zum Guten wie zum Bösen, und sogar die Schöpfung aufs Ganze bedroht ist, und Gott letztlich doch verantwortlich bleibt gegenüber seiner eigenen Schöpfung, den Menschen miteingeschlossen, muß er zugleich »in der Geschichte gegenwärtig« (Berkovits 1973, S.107) sein:

»Der Gott der Geschichte muß abwesend und gegenwärtig zugleich sein« (Berkovits 1973, S.107).[219]

Hester panim, das sich Verbergen Gottes, ist nötig, da es einmal die Freiheit des Menschen ermöglicht und respektiert, und zum anderen Ausdruck des barmherzigen Warten Gottes auf den Sünder ist. Der Preis, den dies umschließt, ist unverdientes Leid. Allerdings, so Berkovits, hat dies Grenzen, denn Gottes Gegenwart in der Geschichte müsse garantieren, daß

»das Böse letztlich nicht triumphiert« (Berkovits 1973, S.107).

Wir sehen also, wie aus besagten Gründen Gottes Gegenwart in der Geschichte sich kaum merklich und direkt manifestiert. Wie aber läßt sich das, was nicht manifest wird, dennoch als existent aufzeigen? Vor eben diesem Problem standen bereits Jeremia und Daniel, die beide Gottes Schweigen konstatierten, ohne ein Erklärung hierfür zu finden, ohne aber auch ihren Glauben an Gott aufzugeben. Esra erst schlug eine Lösung vor, wie sie dann im Talmud überliefert wird:

»Darin liegt in der Tat seine Macht, daß er seine Neigung unterdrückt und Langmut mit den Gottlosen zeigt. Und das ist ein Zeichen seiner Erhabenheit; denn wäre es nicht um der Ehrfurcht willen vor Ihm, wie könnte da ein Volk (d.h. Israel) überleben unter den Nationen« (zit.n. Berkovits 1973, S.108).[220]

---

219. Ähnlich: Granatstein 1974.
220. Vgl.: Babyl. Talmud, Yoma 69b: »Moses sagte: ›Der mächtige und ehrfurchtgebietende Gott.‹ Jeremiah kam und sagte, ›Fremde rebellieren in Seinem Tempel! Wo ist seine Furchtbarkeit?‹ Er sagte daher fortan nicht mehr ›furchtsam‹. Daniel kam und sagte, ›Fremde versklaven Seine Kinder! Wo ist seine Macht?‹ Er sagte daher fortan nicht mehr ›mächtig‹. Die Mitglieder der großen Versammlung kamen und sagten, ›Im Gegenteil, dies gerade ist Seine Macht, daß Er sein Begehren unterdrückt und geduldig ist mit denen, die Böses tun. Und gerade dies ist Seine Furchtbarkeit, denn

Es ist genau das Problem, vor dem auch die Juden nach Auschwitz stehen, und es wird beantwortet mit einer Neudefinition von Gottes Macht und Furchtbarkeit:
»*Die Macht Gottes zeigt sich in seiner Geduld mit dem Gespött seiner Feinde; sie ist offenbar in seiner Langmut ... seiner Furchtbarkeit ... ist offenbar im Überleben Israels« (Berkovits 1973, S.108)*.
Das heißt, Gott nimmt seine physische Allmacht zurück, muß sie zurücknehmen, um den Menschen frei existieren lassen zu können. Eine manifeste Allmacht Gottes »*würde die Geschichte zerstören. Geschichte ist die Arena menschlicher Verantwortlichkeit und ihr Produkt« (Berkovits 1973, S.109)*.
Greift Gott dennoch in die Geschichte direkt ein, so müsse man von einem Wunder sprechen; das Wunder aber »ist jenseits der Geschichte« (Berkovits 1973, S.109), bringt Geschichte zu einem Moment des Stillstands. Daher das Konzept einer göttlichen Macht, die in der Selbstbeschränkung ihren Ausdruck findet[221]. Hierin sehen die Rabbinen die Mächtigkeit Gottes, daß der, welcher mit dem Schlag seiner Wimpern alles zu tun vermag, seine Neigung zurückhält, gar den Spott seiner Widersacher über sich ergehen läßt, einzig damit »Geschichte möglich ist« (Berkovits 1973, S.109). Die manifeste Gegenwärtigkeit Gottes aber »offenbart sich ... im Überleben seines Volkes Israel« (Berkovits 1973, S.109).
Aber eine Theologie der Selbsbescheidung Gottes allein hätte nicht befriedigt, und eine Lösung des Problems fand daher auch nicht auf der Ebene des Denkens und der Theorie statt, »sondern, erstaunlicherweise, in der Geschichte selbst!« (Berkovits 1973, S.109).
Wir stehen also vor zwei sich widersprechenden Tatsachen, die nichtsdestoweniger beide historischer Erfahrung entsprungen sind. Das Schweigen Gottes angesichts von Leid und Ungerechtigkeit einerseits und doch andererseits die Idee eines Gottesvolkes, dessen Glaube unvermindert daran festhielt,
»*den Willen Gottes zu tun, und dem Glauben treu zu bleiben, daß Leben und Tod durch die ethischen Kategorien von Gut und Böse bestimmt werden« (Berkovits 1973, S.110)*.
Und dies, obwohl ein übergroßes Maß an geschichtlicher Erfahrung gegen eine solche Überzeugung zu sprechen schien. Wäre dieser Glaube nur eine abstrakte Idee, eine Philosophie oder Theologie allein,

wäre es nicht um der Furchtbarkeit des Einen Heiligen willen, wie könnte eine Nation [d.h. Israel] überleben unter den Nationen?« (zit. n. Granatstein 1974, S.41).
221. Die Vorstellung von der Selbstbeschränkung, der Selbstkontraktion Gottes (hebr.: *zimzum*) als Voraussetzung für die Schöpfung insgesamt findet sich vor allem in der lurianischen Kabbala wieder und fand in chassidischen Kreisen weithin Anklang. Vor allem Hans Jonas greift in seinen theologisch-philosophischen Überlegungen zur Gottesfrage nach Auschwitz auf diese Vorstellung zurück; vgl. Jonas 1987; in die gleiche Richtung geht auch: Schorsch 1981; zur Kabbala und der Idee des *zimzum* insgesamt siehe vor allem: Scholem 1957 u. 1962.

»hätte das Zeugnis der geschichtlichen Tatsachen die Idee von einem Gottesvolk samt der Überlegungen, die dieser Idee zugrunde liegen, als lächerlich absurd erscheinen lassen. Wie auch immer, diese fantastische Idee wurde selbst zu einer geschichtlichen Tatsache ... wurde selbst zu einer historischen Realität... Sie steht in Widerspruch zu allen anderen historischen Erfahrung und ist doch selbst eine historische Tatsache« (Berkovits 1973, S.110).

Es ist wichtig, so Berkovits, den Unterschied von Idee und Faktum zu erkennen. Die Gültigkeit einer Idee, und somit auch jeder Geschichtsphilosophie, steht und fällt durch die Übereinstimmung ihrer Prinzipien mit den Tatsachen. Demgegenüber gilt für Tatsachen, daß sie umso eindringlicher hervortreten, je weniger sie irgendwelchen Regeln und Erwartungen entsprechen und dergestalt vor den staunenden Augen des Beobachters ihre einzigartige Existenz behaupten. Je mehr nun also eine historische Tatsache einer ansonsten gültigen universellen historischen Erfahrung oder Theorie widerspricht und dennoch existiert, um so beweiskräftiger verkündet sie durch eben dieses Beharrungsvermögen die Unabweisbarkeit ihres Daseins.

»Eine solche einzigartige und absolut irreguläre historische Tatsache ist das Volk Israel gewesen« (Berkovits 1973, S.110).

Sowohl Jeremia wie auch andere Propheten und in ihrer Nachfolge die Rabbinen wurden deshalb nicht irre an Gottes Schweigen und dem Leiden der Unschuldigen, weil

»die Existenz Israels, ungeachtet all seines zeitweisen Mißgeschicks, als eine Tatsache in die gegenteilige Richtung wies« (Berkovits 1973, S.111).

Deshalb, so Berkovits, sei eine

»jüdische Philosophie der Geschichte nicht allein auf Basis der Lehre zu errichten. Die Lehre als solche widerspricht in hohem Maße der historischen Erfahrung« (Berkovits 1973, S.111).

Die Juden wurden nicht irre an der Bestimmung ihres Verhältnisses zur Geschichte, weil ihrem Glauben scheinbar widersprechende Ereignisse

»widerlegt wurden durch ihre eigene, bloße Existenz ... durch das Überleben des Gottesvolkes« (Berkovits 1973, S.11).

Die Existenz Israels durch die Jahrhunderte bis hin zur Gründung des Staates Israel sei hierfür ein schlagender Beweis:

»Gottes unglaubliche Gegenwart in der Geschichte ist bezeugt durch das Überleben Israels« (Berkovits 1973, S.114).

Im jüdischen Denken verbindet sich Gottes Existenz mit der Existenz Israels in der Geschichte. Das eine ist ohne das andere nicht vorstellbar. Die Bedeutung der Auserwähltheit Israels ist verknüpft mit dem Auftrag, Zeugenschaft abzulegen für eine übernatürliche Dimension, die in die Geschichte hineinragt. Hierin liegt »das große Geheimnis der Weltgeschichte« (Berkovits 1973, S.110), daß Israel gegen alle Regeln der Machtgeschichte – ohne Land, ohne Regierung, ohne alle Attribute der Macht, entgegen Verfolgung und Vernichtung – die Jahrtausende überdauert hat.

In dieser rational nicht zu erklärenden Überlebensfähigkeit inmitten einer feindlich gesinnten Umwelt sieht Berkovits auch die Ursache für den irrationalen Antijudaismus bzw. Antisemitismus. Die irrationalen Vorwürfe an Juden, sie seien im Bunde mit dem Teufel (Mittelalter), oder aber betrieben eine Geheimverschwörung gegen die Welt (›Protokolle der Weisen von Zion‹), zeigen, daß selbst für Judenfeinde
»*das Überleben Israels mit jenen historisch-begrifflichen Dimensionen, in denen die Menschen für gewöhnlich denken, nicht zu erklären ist*« *(Berkovits 1973, S.116)*.
In Analogie zur übernatürlichen Dimension der Geschichte, verkörpert durch das Volk Israel, wuchs auch die Feindschaft gegen Israel ins ›Übernatürliche‹. Der Nazismus hatte eine
»*transzendentale Qualität ... er war eine metaphysische Barbarei. Er war nicht einfach nur unmenschlich, er war satanisch*« *(Berkovits 1973, S.117)*.
Die Vernichtung der Juden war ihrem tiefsten Sinne nach auch ein Versuch, mit der Vernichtung des Judentums zugleich den Herrn und Gott der Geschichte zu vernichten.

Verstärkt wurde diese Feindschaft noch dadurch, daß das jüdische Volk sich kaum mittels solcher für die westliche Zivilisation prägend gewordener Begriffe wie Rasse und Nation definieren ließ. Einer der großen jüdischen Philosophen des Mittelalters, Saadia Gaon, schrieb:
»*Unser Volk ist nur ein Volk durch die Thora*« *(zit.n. Berkovits 1973, S.147)*.
Israel ist ein Volk der Religion, das einzige Volk, welches sich kraft einer Religion konstituierte. Das Christentum hingegen brachte keine Nation hervor, sondern bereits vorhandene Nationen und Völker nahmen das Christentum als Religon an.

Auf dem Hintergrund dieser Überlegungen, sieht sich Berkovits folgerichtig gezwungen, »zwei Geschichten« zu postulieren, eine naturalistische Geschichte der nicht-jüdischen Völker, die dem Diktat von »Macht und Wirtschaft« unterliege, und eine gegenläufige Geschichte des Volkes Gottes, die
»*eine in der Geschichte hervorragende übernatürliche Dimension bezeugt*« *(Berkovits 1973, S.11)*.
Wären nun beide Geschichten völlig unabhängig voneinander verlaufen,
»*hätte es weder Antisemitismus noch Pogrome gegeben, weder Ghettos noch Krematorien*« *(Berkovits 1973, S.11)*.
Beide Geschichten spielen sich aber im selben Raum und in der selben Zeit ab, sie durchdringen sich gegenseitig. Dies ist der Grund dafür, daß zwar einerseits die naturalistischen Völker so auch ihren Anteil haben an der »Gegenwärtigkeit des Übernatürlichen in dieser Welt«. Andererseits aber sieht sich Israel deswegen immer wieder mit »den wilden und ungezügelten Kräften des naturalistischen Herrschaftsbereiches« (Berkovits 1973, S.111) konfrontiert. Hierin sind die Ursachen für die Konflikte zwischen Israel und den Völkern zu suchen.

Der Grund für die Verwirrung und Orientierungslosigkeit der heutigen Juden liege so gesehen darin, daß sie meinen,
> »das Problem des jüdischen Glaubens entspringe dem Konflikt zwischen jüdischer Lehre und jüdischer oder allgemeiner historischer Erfahrung. Tatsächlich aber findet der Konflikt zwischen zwei Geschichten statt. Es gibt zwei Herrschaftsbereiche: den Herrschaftsbereich des Ist und den des Sollte« (Berkovits 1973, S.112).

Die Geschichte der Völker gehört der Sphäre des *Ist*, die Israels der des *Sollte* an. Das heißt,
> »Glaubensgeschichte liegt ihren Zielen und Zwecken nach über Kreuz mit denen der Machtgeschichte, aber Geschichte ist es. ... So lange es Israel geben wird, wird es auch das Sollte geben; das Übernatürliche hat seine Fußstapfen im Natürlichen hinterlassen« (Berkovits 1973, S.112).

Solange die Verschmelzung beider Sphären aber noch nicht geschieht, schwelt der Konflikt weiter, der weniger in einem Kampf zwischen verschiedenen Philosophien und Weltvorstellungen besteht – das auch – aber vielmehr ein Konflikt ist
> »zwischen Tatsache und Tatsache, zwischen der machtvollen Realität des Ist und der bedeutungs- und geheimnisvollen Realität des Sollte. Seit es ein Konflikt zwischen Tatsache und Tatsache ist, zwischen Realität und Realität, ist dieser Konflikt ein Widerstreit, eine Schlacht, begleitet von unsagbarem menschlichen Leid« (Berkovits 1973, S.112).

Basierend auf der von ihm weiterdifferenzierten jüdischen Lehre von *hester panim*, dem Verbergen des Angesichts Gottes, entwickelt Berkovits also eine *Geschichtstheologie der Freiheit*, deren Kern das geschichtsphilosophische Konzept der ›*zwei Geschichten*‹ bildet.

Eine letztlich mysteriöse Verborgenheit Gottes, deren Ursache nicht in sündhaftem Tun von Juden zu finden ist, ermöglicht das Leid der Schuldlosen in der Geschichte. Diese Verborgenheit Gottes ist als eine der Wesensattribute Gottes aufzufassen. Auschwitz ist in diesem Sinne ein absolutes Unrecht, aber eben ein von Gott zugelassenes, weil *hester panim* die Kehrseite der Möglichkeit menschlicher Freiheit und zugleich die Voraussetzung dafür ist, daß Geschichte überhaupt möglich wird. Nur in der Selbstbeschränkung Seiner Allmacht, nur durch einen partiellen Rückzug Gottes hat der Mensch die Chance, die ihm zugebilligte Freiheit selbstverantwortlich zu nutzen[222]. Insofern wird die Theodizeefrage im

---

222. Berkovits' Freiheitsphilosophie weist erstaunlich viele Ähnlichkeiten mit der Freiheitsphilosophie des österreichisch-jüdischen Psychotherapeuten Victor Frankl, dem Begründer der Logotherapie, auf. In einem seiner Aufsätze schreibt Frankl z.B.: »Ich ziehe es vor, in einer Welt zu leben, in der der Mensch das Recht hat frei zu entscheiden, ungeachtet falscher Entscheidungen, als in einer Welt, in der ihm letztlich keine Wahl bleibt. In anderen Worten, ich bevorzuge eine Welt, in der einerseits ein Phäno-

Angesichte von Auschwitz wesentlich auch zu einer Anthropodizeefrage: Wo war der Mensch? Darüberhinaus gilt Gottes Langmut und Barmherzigkeit ungeteilt dem Gerechten wie dem Sünder. Die Existenz des Bösen und des ungerechten Leids ist der Preis für die Barmherzigkeit Gottes, die auf eine freiwillige Umkehr des Sünders hofft. Wer von Gott Gerechtigkeit verlangt, muß den Menschen, die Idee eines freien Menschen, aufgeben. Was so für die einen das Verbergen von Gottes Antlitz und damit unverdientes Leid bedeutet, ist für die anderen eine Frist zur Umkehr, Zeichen der Liebe Gottes auch zum Sünder. Ein direkter Eingriff Gottes in die Geschichte machte diese unmöglich, würde in der Aufhebung der Freiheit die Geschichte zu einem Stillstand bringen.

Andererseits erweist sich die entgegen aller geschichtlichen Regelhaftigkeit fortdauernde Existenz Israels als eindrucksvoller Beleg für die Gegenwärtigkeit Gottes in der Geschichte. Demzufolge muß es zwei Geschichten geben. Eine ›Machtgeschichte‹, in der die nicht-jüdischen Nationen im Rahmen der ihnen zugestandenen Freiheit, diese häufig mißbrauchend, agieren, und eine ›Glaubensgeschichte‹, deren Träger Israel ist und anderen Gesetzmäßigkeiten unterliegt.

Letztlich aber ist auch mit einem solchen Konzept ein so außerordentliches Ereignis, wie es der Holocaust war, nicht befriedigend zu erfassen oder gar zu erklären. Auch für Berkovits bleibt ein erschreckender und nicht überbrückbarer Abgrund, ein bitterer, nicht hinweg zu philosophierender Rest, eine durch keinen Glauben verschließbare Lücke, die schlußendlich nur durch einen Gedanken erträglich scheint:

»*Es muß eine Dimension jenseits der Geschichte geben, in der alles Leid seine Erlösung durch Gott findet*« *(Berkovits 1973, S.136).*

Darüberhinaus müsse die Rückkehr Israels in sein ihm angestammtes Land als das historisch verifizierbare Beweisstück für die Gültigkeit des Glaubens angesehen werden, als offenbares Faustpfand dafür, »daß diese Welt zum Königreich Gottes bestimmt ist« (Berkovits 1973, S.152).

Die Wiedererrichtung des Staates Israel nach dem Holocaust, die Heimkehr ins Gelobte Land nachdem Gott sein Angesicht verbarg, kommentiert Berkovits mit einem bewegenden Bild:

> men wie Adolf Hitler möglich ist, und, andererseits, ein Phänomen wie die vielen Heiligen, die gelebt haben« (Frankl 1961, S.55). Frankl selbst ist Überlebender von Auschwitz. Sein eindrucksvoller Erlebnisbericht (siehe: Frankl 1981) ist vielfach übersetzt und weltbekannt. Zu den auffälligen Übereinstimmungen von Frankls und Berkovits' Deutung des Holocaust siehe auch die äußerst instruktiven Ausführungen bei: Bulka 1981; zu Frankl's Holocaust-Deutung und zu seiner Einstellung zum Judentum siehe: Bulka 1975 u. 1980.

»... nun haben wir ein Lächeln auf dem Antlitz Gottes gesehen. Es ist genug. Es wird ausreichen für eine lange Zeit« (Berkovits 1973, S.156f.).
Nicht dem Holocaust, sondern der Wiedergeburt Israels gebührt der Rang einer Offenbarung Gottes.

2.4.2 Innerjüdische Reaktion und Kritik an Berkovits

Obwohl Berkovits die wohl der jüdischen Tradition nahestehendste und zugleich am meisten biblisch orientierte Antwort auf den Holocaust zu formulieren sucht, erregte seine Arbeit bei weitem nicht jene Resonanz wie etwa die Arbeiten Fakkenheims und Rubensteins. Dies vielleicht, weil Berkovits mit seiner stark biblisch orientierten Geschichtsphilosophie dem Leser ein Maß an Glauben und Verankerung in der jüdischen Tradition abverlangt, wie es entgegen seinen eigenen Wünschen doch selbst bei vielen Juden in und außerhalb Israels nicht mehr der Fall ist.

Timothy Dwight Lincoln[223] weist in diesem Zusammenhang darauf hin, daß er Berkovits' Deutung des Holocaust

»ernsthafter in Erwägung ziehen würde ..., wenn sie von jemandem, der total außerhalb der jüdisch-christlichen Tradition stünde, vorgetragen worden wäre« (Lincoln 1976, S.157).

So aber sei seine Interpretation zu sehr an Glaubensvoraussetzungen gebunden, um einen allgemeingültigen Stellenwert beanspruchen zu können.

Dennoch ist es eine der Stärken von Berkovits' Holocaust-Deutung, daß er eine ganze Reihe immer wieder verstreut auftauchender Gedanken systematisiert und in den stringenten Zusammenhang jüdischer Tradition hineingestellt hat. Darüberhinaus ist seine Auseinandersetzung mit dem Holocaust schon allein deshalb von bemerkenswerter Originalität, weil sie den einzigen systematischen Versuch auf religiös-orthodoxer Seite repräsentiert, mit den traditionellen Gedankenfiguren aus jüdischer Bibel und Talmud eine zeitgemäße Deutung des Holocaust zu wagen. So betont auch Daniel S. Breslauer[224]; Berkovits demonstriere, wie sehr traditionelles jüdisches Denken auch nach dem Holocaust weiter geführt werden könne. Er zeige auf,

»daß die gleichen Antworten, die den Juden bisher halfen, auf kritische Phasen ihrer katastrophenvollen Geschichte zu reagieren, ebenso das Problem, das sich der jüdische-traditionellen Theologie nach dem Holocaust stellt, zu lösen vermögen« (Breslauer 1988, S.10).

Die Sichtweise von Berkovits, so Breslauer, erlaube es jüdischer Theologie, jüdische Geschichtserfahrung nicht in den Kategorien von Bestrafung oder Katastro-

---

223. Vgl.: Lincoln 1976.
224. Vgl.: Breslauer 1988.

phe interpretieren zu müssen. Zwischen diesen beiden Extremen scheine die Möglichkeit auf, jüdische Geschichte als »Offenbarungsgeschichte« zu verstehen, Geschichte und Schicksal der Juden im Sinne eines Lackmustestes für den Reifegrad menschlicher Kultur zu begreifen. Auschwitz beweise das Versagen der westlichen Zivilisation, die Wiedererrichtung Israels hingegen dokumentiere Gottes Willen, das Volk der Juden zu bewahren; zu bewahren als beständiges Prüfmittel, um die Verfassung der menschlichen Zivilisation zu testen. Auf diesem Hintergrund gelinge es Berkovits, die Bedeutung jüdischen Verhaltens auch und gerade während des Holocaust als (Glaubens-) Zeugnis vor und für die Welt zu qualifizieren:

»Der Jude demonstriert, wie Werte zu schaffen sind, wie ein Ideal zu verwirklichen ist. Indem er dies aufzeigt, gibt er dem menschlichen Leben seinen Wert. [...] Hier ist der springende Punkt nicht, daß Juden leiden, weil sie gesündigt haben. Eher zeigt sich, daß jüdisches Leiden die Welt erlöst, indem das Potential zur Transzendenz aufgezeigt wird, das allem menschlichen Sein innewohnen mag« (Breslauer 1988, S.10).

Die Interpretation von Berkovits lasse erkennen, daß die Erfahrung des Holocaust dazu genutzt werden könne zu demonstrieren,

»wie Juden die Geschichte transzendieren. ... Daß die jüdische Theologie menschliches Leiden transformieren kann und es umgestaltet in ein Zeugnis vor und für Gott, unterstreicht die Kraft traditioneller Theologie« (Breslauer 1988, S.11).

In der transzendentalen Rolle, die Berkovits dem Volk Israel zuteile, erkennt Breslauer eine »kompensatorische Tendenz«. Denn die Idee von der Erwählung des jüdischen Volkes

»als eines Zeugen für die transzendentale Qualität des Menschseins entschädigt das jüdische Volk für sein sehr real erlittenes historisches Leid und damit verbundenen Verlusten. Indem sie von einer Theologie, die ihnen eine Belohnung auf Erden versprach, übergingen zu einer Theologie stellvertretenden Leidens um der Geschichte und der Welt willen, können Juden ihrem Leid Sinnhaftigkeit und Selbstachtung abgewinnen« (Breslauer 1988, S.18).

Wesentlich kritischer äußert sich Steven T. Katz[225]. Er wendet zunächst ein, daß doch, wenn man schon, wie Berkovits, prinzipiell an Wunder glaube,

»wenigstens ein ›kleines‹ Wunder die Tragödie der Shoah hätte schmälern können, ohne daß damit gleich die moralische Autonomie [des Menschen] außer Kraft gesetzt worden wäre« (St. Katz 1983, S.274).

Wenn doch Gottes Eingriff in die Geschichte schon bei der Durchquerung des Roten Meeres die Geschichte zu keinem qualitativen, die menschliche Freiheit einschränkenden, Stillstand geführt habe,

---

225. Vgl.: St. Katz 1983, S.268-286.

»warum ... zeigte Er dann eine solche große Selbstbeschränkung bei Auschwitz? War Auschwitz nicht weitaus schlimmer als Ägypten, der Pharao nicht weit menschlicher als Hitler?« (St. Katz 1983, S.274).
Ähnlich kritisiert Marvin Fox[226]:
»Wenn wir einmal gesehen haben, daß Gott auf der Seite derer, die es verdient haben, in den Kampf eingreifen kann, und es ja auch manchmal tut, dann sind wir gezwungen zu fragen, warum – mit Respekt vor jedem einzelnen Fall menschlichen Leids – Gott hier [im Falle des Holocaust] nicht eingreift« (Fox 1974, S.123).
Auch Dan Cohn-Sherbok[227] gibt zu bedenken, daß Berkovits nicht das Bild von Gott als dem »Erlöser und Retter«, wie es in der rabbinischen und biblischen Literatur entwickelt ist, in Betracht zieht:
»Durch ihre ganze Geschichte hindurch wendete sich das Jüdische Volk an Gott, damit dieser ihm helfe – dieses traditionelle Verständnis von Gottes Handeln widerspricht Berkovits' These, daß im Judentum Gott gegenwärtig, aber zurückgezogen ist. Der jüdische Glaube hat immer darauf insistiert, daß Gott zugunsten Seines Volkes handeln kann und dies auch oft genug getan hat. Es macht daher keinen Sinn, daß Gott seine Hände gebunden sah, weil er die Freiheit Hitlers und der Nazis gewährleisten mußte, wo er doch in der jüdischen Tradition tatsächlich als ein eingreifender Gott geschildert wird, der jene rettet, die Er liebt« (Cohn-Sherbok 1989, S.66).
Zum weiteren vermag Steven Katz Berkovits' Beurteilung der Freiheit als oberstem, unantastbarem Wert nicht zu teilen. Katz schreibt, es sei doch besser, die Freiheit ein wenig zu begrenzen, »als Auschwitz zu erlauben« (St. Katz 1983, S.275). Wenn etwa, führt er als Beispiel an, ein Mensch eine seine Freiheit einschränkende, krankhafte Angst vor ›X‹ hat, so schließe dies doch nicht die Kraft zur freien Entscheidung bezüglich ›Y‹ aus:
»Solch ein Fall zeigt doch, daß der Ruf nach der Beschränkung des freien Willens nicht notwendigerweise dessen totale Elimination bedeutet« (St. Katz 1983, S.275).
Ebenso stellt Reuven Bulka[228] in diesem Zusammenhang kritische Fragen:
»..., selbst wenn Gott, notgedrungen, die menschliche Freiheit garantiert hat, so muß es doch einen Punkt geben, wo ein Eingreifen zum Imperativ wird. Gott kann es den Schurken nicht erlauben, daß sie ungehindert ihrem Zerstörungstreiben nachgehen können. ... Es muß einen Punkt geben, wo es zum Bruch kommt, wo Gott die Szene betritt, um das völlige Chaos und die Zerstörung zu verhindern. Wo ist der Punkt, an dem die Abwesenheit [Gottes von der Geschichte] zur hoffnungslosen Verschlossenheit wird? Und, am wichtigsten, was

---

226. Vgl.: Fox 1974.
227. Vgl.: Cohn-Sherbok 1989, S.56-67; hier findet sich auch eine knappe, aber gute Zusammenfassung der Position von Berkovits.
228. Vgl.: Bulka 1981, S.322-339.

kann man in diesem Kontext über den speziellen Fall des Holocaust dazu sagen?« (Bulka 1981, S.328).²²⁹

Die positive Funktion, die Berkovits dem Bösen zuspricht, indem es eine entsprechende Qualität des Guten sich zu manifestieren herausfordere, so Steven Katz, bedeute,

»daß es ohne das Böse keinen Heroismus, keine Vergebung, keine Liebe gäbe. Je größer das Übel, desto größer der Heroismus«.

Aber: »Wenn ein Anwachsen des Diabolischen von uns verteidigt würde durch Rückgriff auf das größere Gute, welches durch das Böse hervorgebracht werden würde, bedeute das zum Beispiel, daß der Nazismus mehr Heroismus hervorgebracht hat als eine weniger schlimme Plage, dann [aber] wäre ein noch zweckvolleres und wünschenswerteres Ziel ein noch größerer Holocaust. ... Denn wenn das Töten von sechs Millionen Juden einen korrespondierenden Ertrag an Tugend verursachte, dann müßte die Ermordung von zwölf Millionen den, sagen wir, doppelten Ertrag und eine noch größere Qualität moralischer Nobilität hervorbringen« (Katz 1983, S.276f.).

Und nicht ohne Empörung fügt Katz dem hinzu, eine solche Argumentation laufe darauf hinaus, die Nazis hätten gar den

»Juden geholfen, ehrenvoll zu handeln, ihnen in ihrer ethischen Reifung assistiert. Ist es denn moralisch akzeptabel, daß jüdische Kinder Krankheit und Hunger erleiden sollten, Tod durch Feuer und Gas, nur damit andere die Gelegenheit fänden, sich um sie zu sorgen oder sie zu trösten?« (Katz 1983, S.277)

Auch Marvin Fox nimmt an Berkovits Freiheitsphilosophie Anstoß, und weist auf einen anderen Mangel hin:

»Berkovits hat uns keinen Weg gewiesen, wie wir mit dem weitaus schwereren Problem des menschlichen Leids, das durch die Natur verursacht ist, umgehen sollen. ..., aber was sollen wir sagen über das Leid, das durch Erdbeben, Taifune, Krankheiten und ähnliche nicht menschliche Vorkommnisse ausgelöst wird? Kein identifizierbarer menschlicher Akt ist verantwortlich für das Leiden eines Kindes, das an einer solchen Bösartigkeit starb. [...] Es ist allerdings klar, daß keine Behandlung des Problems des Bösen vollständig ist, die nicht versucht, mit diesen Dimensionen menschlichen Leids zurande zu kommen. ... Durch natürliche Katastrophen verursachtes Leid stellt den Glauben weit mehr auf eine ernsthaftere Probe, als das Böse, das durch den Menschen verursacht wird« (Fox 1974, S.122f.).²³⁰

229. Ähnliche Einwände bezüglich der Berkovits'schen Freiheitsphilosophie, wie sie Katz und Bulka äußern, finden sich auch bei: Cohn-Sherbok 1989, S.65: »Von einem moralischen Blickwinkel aus betrachtet gibt es gute Gründe, warum die Freiheit zugunsten der Verhinderung von Leid untergeordnet sein könnte; in Bezug auf den Holocaust wäre eine solche Beschränkung des freien Willens der Vernichtung von sechs Millionen Unschuldigen vorzuziehen gewesen«.
230. Derselbe Einwand auch bei: Cohn-Sherbok 1989, S.66: »Diese Erklärung gilt nicht für Leiden, das durch natürliche Ursachen bedingt ist. [...] Das Böse, das durch die

Ernst Ludwig Ehrlich[231] begrüßt ausdrücklich die kritische Position Berkovits', die dieser gegenüber dem christlich-jüdischen Dialog nach Auschwitz einnimmt. Berkovits gebe die Gelegenheit,
»die Meinung eines traditionellen Juden kennenzulernen, der manches ausspricht, was oft in dem sogenannten christlich-jüdischen Dialog von jüdischer Seite ungesagt bleibt, sei es, daß die jüdischen Partner zu höflich, zu gehemmt oder zu entjudaisiert sind« (Ehrlich 1973/74, S.161).

Der größte Verdienst von Berkovits' Buch läge darin, daß Juden und Christen aus ihm lernen könnten,
»was jüdische Würde ist, weil Berkovits zeigt, wo die wahre jüdische Stärke liegt, an der letztlich nun doch alle Angriffe der in der Geschichte und in der Gegenwart zahlreichen Feinde der Juden abprallten: Israel, ein ewiges Volk« (Ehrlich 1973/74, S.162).

      Natur in die Welt kommt, ist keine direkte Konsequenz des freien Willens; Berkovits' Verteidigung (Gottes) versagt daher, jedes Element menschlichen Leidens zu erklären«. Ebenso: Sherwin 1979, bes. S.418.
231. Vgl.: Ehrlich 1973/74. Es handelt sich hier um eine Rezension von Berkovits' Buch »Faith After the Holocaust«. Es ist eine von insgesamt nur zwei Rezensionen überhaupt, die meines Wissens in deutscher Sprache über auch nur irgendeines der Werke der vier Klassiker der jüdischen Holocaust-Theologie erschienen sind. Interessanterweise gelten beide dem Buch von Berkovits. Symptomatisch für das tiefsitzende Unverständnis und Unvermögen seitens christlicher Theologen, sich mit der hier zur Debatte stehenden jüdischen Problematik des Holocaust angemessen auseinanderzusetzen, ist die zweite Rezension des Berkovits'schen Buches, die von Herbert Haag stammt (vgl.: Haag 1980). Neben einer völlig inadäquaten Zusammenfassung des Buches stellt Haag die kritische Haltung von Berkovits gegenüber Christentum und Kirche in den Mittelpunkt und nimmt diese zum Grund für sein abschließendes Urteil: »Die diffizile und unendlich traurige Materie hätte zweifellos eine seriösere Behandlung verdient« (Haag 1980, S.69). Diese Mahnung hätte Haag besser zuerst und zunächst sich selbst zu Herzen nehmen sollen.

3. Neuere Entwicklungen jüdischer Holocaust-Theologie im Anschluß an ihre Klassiker

»Ein Heiliger hörte einst von der bösen Stadt Sodom. Da er ein Heiliger war, ging er in die Stadt voller Liebe und Mitgefühl für ihre Einwohner. Als er um sich herum überall Bosheit sah, begann er täglich zu predigen, zu bitten und zu protestieren. Nachdem er dies viele Jahre tat, fragte ihn ein Freund: »Wozu die ganze Mühe? Du hast sie nicht um ein Haar verändert!«. Der Heilige antwortete: »In dieser Stadt des Wahnsinns und der Sünde muß ich immer wieder anfangen zu schreien, zu bitten und zu protestieren – nicht, damit diese werden wie ich, sondern damit ich nicht werde wie sie«.
(Abraham J. Karp 1966)

3.1 Arthur Allen Cohen – »The Tremendum«

Im versiegelten Wagen mit Bleistift geschrieben

Hier in diesem Transport
ich bin Eva
mit meinem Sohn Abel
wenn ihr meinen ältesten Sohn seht
Kain, Sohn des Adam
sagt ihm daß ich
(Dan Pagis 1989)

Der 1928 in New York geborene Erzähler, Essayist und Herausgeber Arthur Allen Cohen gehört zu den wenigen und umso bemerkenswerteren Persönlichkeiten, deren brillante Intellektualität sich gleichermaßen in literarischer wie auch philosophisch-theologischer Prosa beredt Ausdruck verschaffte[232]. Diese Doppelbegabung prädestinierte ihn dazu, während seiner langjährigen Tätigkeit im Verlagswesen[233] für die Herausgabe bedeutender Werke verantwortlich gewesen zu sein[234], die sich

---

232. Zu den bekanntesten seiner Romane und Erzählungen gehören etwa: A.A. Cohen 1973; 1975; 1976; sein philsophisch-essayistisches Schaffen umfaßt u.a.: A.A. Cohen 1959; 1966; 1971.
233. Cohen arbeitete seit 1951 u.a. bei den Verlagen: The Noonday Press; Meridian Books; Holt, Rinehart and Winston; Viking Press.
234. Einige der von Cohen selbst oder von ihm mitherausgegebenen Werke sind fraglos bis heute unübertroffene Standardwerke, deren Übersetzung ins Deutsche wünschenswert und mehr als überfällig sind. Zu denken ist dabei vor allem an: A.A.Cohen 1970; A.A.Cohen/Mendes-Flohr 1987. Letztgenanntes Werk ist ein über eintausend

durch ihren wissenschaftlichen Standard ebenso wie durch ihre literarische Qualität auszeichnen.

Am Theological Seminary in New York zunächst konzentriert auf Forschungen zur mittelalterlichen jüdischen Philosophie, widmete er sich späterhin hauptsächlich den Voraussetzungen und Möglichkeiten eines neuen Selbstverständnisses des Judentums im Rahmen der modernen Welt. Cohen ist zutiefst überzeugt von der doppelten Natur des jüdischen Volkes, dessen übernatürliche Sendung darin besteht, als ein von Gott auserwähltes Volk in natürlicher Umwelt zu leben und Zeugnis zu geben. Dabei ist ihm das Judentum eine durch und durch geschichtliche Religion, weshalb alles jüdische Denken zwangsläufig Geschichtstheologie, die zwischen Heilsgeschichte und profaner Geschichte nicht zu trennen vermag, sein muß[235].

Interessanterweise spielte die Problematik des Holocaust für das religiöse Selbstverständnis des Judentums bis zum Jahre 1979 keine erkennbare Rolle in seinem Werk[236]. Erst durch die Einladung zu einer Leo-Beack-Memorial-Lecture im Jahre 1974 sah er sich veranlaßt, erstmals öffentlich seine über Jahre hin intensive Auseinandersetzung mit dem Holocaust zu offenbaren und näherhin darzustellen[237]. Dieser Vortrag ist die Keimzelle, aus der dann das 1981 veröffentlichte, für unseren Zusammenhang zentrale Werk Cohens »The Tremendum. A Theological

---

Seiten umfassendes, alphabetisch geordnetes, über 140 Original-Essays beinhaltendes Compendium jüdischen Wissens, das von der Elite zeitgenössischer jüdischer Gelehrter dreier Kontinente verfasst worden ist.

235. Vgl. hierzu vor allem: A.A. Cohen 1966. Zur Frage nach den Spezifika einer jüdischen Philosophie siehe: Cohen 1970a.

236. Selbst der 1970 von ihm herausgegebene Reader »Arguments and Doctrines«, der sich zur Aufgabe setzte, »Jüdisches Denken im Schatten des Holocaust« – so der Untertitel – darzustellen, beinhaltet keine Auseinandersetzung Cohens mit dem Holocaust selbst.

237. Aus Anlaß der Veröffentlichung seiner Vorlesung schreibt Cohen in einer einführenden Notiz: »Ich habe mich für diese Vorlesung nicht vorbereitet, und das genau aus dem Grund, weil die Todeslager kein normales Thema darstellen, das man so ohne weiteres studieren und auf das man sich so einfach hin vorbereiten kann. Seit 1945, als die Lager befreit wurden, habe ich über die Jahre hin sicherlich hunderte von Büchern gelesen, die sich mit der Wirklichkeit, die dort aufgedeckt wurde, beschäftigen – Romane ebenso wie Sachbücher, Autobiographien und Memoiren und gleichermaßen historische Arbeiten, Bücher über die Geschichte Nazi-Deutschlands und die totalitäre Ideologie und schließlich Arbeiten, deren Denker sich darum bemühten, das Tremendum zu verstehen« (A.A.Cohen 1974, zit.n. dem Wiederabdruck in: A.A. Cohen 1978, S.133). An anderer Stelle bekennt er: »Fast eine Generation lang konnte ich nicht über Auschwitz sprechen, denn ich fand keine Sprache, die das Ausmaß dieser Wunde ertragen würde. Ich arbeitete um diesen Abgrund herum und hatte Bilder und Alpträume, ...« (A.A. Cohen 1981, S.37).

Interpretation of the Holocaust« (Das Tremendum – Eine theologische Interpretation des Holocaust)[238] hervorging.
Fünf Jahre später, 1986, starb Arthur A. Cohen nach monatelanger Krankheit im Alter von erst 58 Jahren.

3.1.1 Die Einzigartigkeit des Holocaust als Kennzeichen der Moderne und die Schwierigkeiten der Historiographie

Cohens Deutung des Holocaust zeichnet sich, bei mancherlei Ähnlichkeiten zu den Interpretationen von Fackenheim und Berkovits[239], zum einen durch den Versuch aus, einen neuen Terminus für die Ermordung der europäischen Juden zu etablieren, den des ›*Tremendum*‹, und zum anderen dadurch, daß er – wie kaum ein zweiter – Wesen und Verantwortung des Menschen im Zusammenhang mit dem Holocaust problematisiert und neu zu bestimmen versucht.

Ausgehend von der Unmöglichkeit, die Realität der Todeslager und menschliches Denken überein zu bringen – »das Undenkbare zu denken« (A.A. Cohen 1981, S.1) –, konstatiert Cohen drei Phasen nach 1945, mit der unvergesslichen und tyrannisch wirkenden Allgegenwart des Holocaust umzugehen. Während der ersten Phase, nach der Befreiung der Lager und dem Ende des Krieges, konzentrierte man sich auf die juristische Verfolgung der Täter, und versuchte eine »angemessene historische Sprache« zu entwickeln, »die Opfer zu zählen, eine Definition der Grammatik des Genozids« (A.A. Cohen 1981, S.2) zu finden. Dieser Abschnitt hatte seinen Abschluß und Höhepunkt mit dem Eichmann-Prozeß 1961 in Jerusalem.

Die zweite Phase war gekennzeichnet durch den »Beginn der Kontroversen um eine Interpretation, die Veröffentlichung von Erzählungen über die Lager und autobiographischer Dokumente« (A.A. Cohen 1981, S.2). Die dritte und gegenwärtige Phase sei nun geprägt von einer Generation, die zwar den Kampf um Entstehung und Konsolidierung des Staates Israel erlebte, aber über keine eigenen, direkten Erfahrungen mit den Todeslagern Hitlers mehr verfügt: »Für diese Generation ist die Frage nach dem Sinn entscheidend geworden« (A.A. Cohen 1981, S.2).

Die Frage nach dem Sinn des Holocaust ist dabei geprägt von einer paradoxen Spannung. Einerseits scheinen die herkömmlichen Begriffe des Urteilens nach gut und böse im Angesicht des Holocaust nicht mehr hinreichend zu sein. Vielmehr leuchtet hier die Fragwürdigkeit des moralischen Urteils über die Geschichte insgesamt auf, dessen vornehmste Aufgabe bisher darin bestand, mit dem geschichtlichen Urteil zugleich eine Lehre, eine Warnung für die Zukunft zu verbin-

---

238. New York 1981.
239. Hierzu: Oppenheim 1987.

den. Eben dies ist offensichtlich mißlungen. Denn im Wissen um den Holocaust müsse man feststellen, daß

»*die Bedeutung der Vergangenheit – ihre moralische Wertigkeit – uns weder zu warnen noch irgendetwas zu verhindern imstande ist*« *(A.A. Cohen 1981, S.4)*.

Die Frage nach der Sinnhaftigkeit erhebt sich dabei nicht,

»*weil ich überzeugt bin, daß dieses Ereignis einen Sinn hat..., sondern eher weil ich überzeugt bin, daß es keinen Sinn hat, weil es Sinnhaftigkeit verleugnet und sie zum Gespött macht*« *(A.A. Cohen 1981, S.4f.)*.

Andererseits steht dem gegenüber, daß das Judentum, ebenso wie das Christentum, seinem Wesen nach davon ausgeht, daß allem Geschehen eine auf Gott weisende Bedeutung zugrunde liegt. Dieser Glaube an eine von Gott ausgehende und auf ihn zielende Bedeutung aber könne nun nicht mehr im traditionellen Sinne verstanden und geglaubt, sondern müsse neu interpretiert werden. Denn

»*er [Gott] und wir haben es in diesem Jahrhundert mit einem Ausmaß an Sinnlosigkeit zu tun, das entschieden das Zeitalter vergangener Illusionen beendet hat, wo Sinn mit Urteil und Hoffnung verknüpft war*« *(A.A. Cohen 1981, S.5)*.

In der nun dritten Phase, in der die Distanz zwischen uns und jenem Ereignis immer größer wird, treten zunehmend neben die Geschichten und Berichte der Überlebenden die Interpretationen der Denker, zu denen sich Cohen selbst auch zählt. Cohen will dabei gleichermaßen »nachdenken über das Geschichtliche und nachdenken über den Sinn des Geschichtlichen« *(A.A. Cohen 1981, S.5)*.

Die Methoden des traditionellen historischen Denkens können dabei allerdings nur wenig hilfreich sein. Und dies nicht nur, weil wir dem Ranke'schen Diktum einer wertfreien und objektiven Geschichtsschreibung nicht mehr vertrauen – »Der Historiker erzählt immer das, was geschehen ist, von seiner Sicht der Dinge aus«[240] *(A.A. Cohen 1981, S.6)* –, sondern die traditionelle Historiographie vermag vor allem in der Behandlung des Holocaust deshalb nicht dienlich zu sein, »präzise weil die Wirklichkeit ihre Ursachen übertrifft« *(A.A. Cohen 1981, S.7)*. Kein Ereignis der Vergangenheit, sei es die Französische Revolution, die Einigung Deutschlands im 19. Jahrhundert, die Emanzipation der Juden oder die kirchliche Lehre von der Verwerfung des Judentums gemäß den Kirchenvätern, keines dieser Dinge und auch alle zusammengenommen nicht könne hinreichend als Ursache gesehen werden für das, was in den Todeslagern grausige Wirklichkeit wurde. Auch weitere Faktoren wie etwa Massenpsychologie und Volksideologie, die allenfalls zusätzliche Mosaiksteinchen liefern, vermögen nichts zu ändern an dem Erklärungsnotstand gegenüber der

---

240. Cohen bezieht sich hier illustrativ auf eine Arbeit des Historikers Pieter Geyl über bedeutende Biografen Napoleons, in der Geyl nachweise, daß es ebensoviele ›Napoleons‹ gab – einen liberalen, einen reaktionären, einen Mittelklasse-Napoleon –, wie Historiker, die über ihn und seine Zeit schrieben, jeweils bedingt von der je eigenen Sichtweise des entsprechenden Historikers.

»Einzigartigkeit einer Maschinerie, die ersonnen und konstruiert wurde, um ein ganzes Volk zu vernichten« (A.A. Cohen 1981, S.7).
Was immer Geschichte, Philosophie, Psychologie oder Politische Wissenschaften dazu beitragen, um die Ursachen und Bedingungen der Entstehung der Todeslager zu erklären, ist letztlich nicht befriedigend, denn jede Analyse
»hält uns fest innerhalb des Königreichs der Vernunft und allenfalls einer handgreiflichen Irrationalität der Ereignisse. Der Dienst, den die rationale Analyse zu leisten vermag, ist nicht angemessen« (A.A. Cohen 1981, S.8).
Er wolle diesen Denkern keineswegs die ›Kälte der Vernunft‹ unterstellen, wie dies vielfach von anderer Seite her getan wurde. Im Gegenteil, ihre rationalen Analysen und Erklärungsversuche seien ein »anständiges und plausibles Unternehmen«, aber
»beweiskräftige Vernunft, leidenschaftslose Vernunft haben keinen Platz in der Betrachtung der Todeslager, exakt weil Vernunft einen moralischen Vektor enthält. Vernünftig zu sein heißt, Bewertungen vorzunehmen, und dies heißt Einsichten gewinnen und Unterscheidungen zu treffen, und vernünftige Unterscheidungen haben die Präsenz moralischer Zweideutigkeiten und ihrer Lösungen zur Folge« (A.A. Cohen 1978, S.124). Der Holocaust aber ist *»jenseits des Diskurses von Moral und rationaler Verdammung« (A.A. Cohen 1981, S.8).*
Macht es Sinn, im Zusammenhang mit den Todeslagern vom ›absoluten Bösen‹ zu sprechen? Eine solche Begrifflichkeit hat, so Cohen, längst ihre moralisch-politische Schlagkraft eingebüßt. Erstens hat die Idee eines absolut Bösen und die Warnung davor Menschen nie daran gehindert, »einen Berg kleiner Boshaftigkeiten anzuhäufen, der ... eines Tages bis zum Himmel hinaufreichen und ihn durchbohren wird« (A.A. Cohen 1981, S.9). Zweitens ist seit dem 19. Jahrhundert ein »Prozeß der De-Moralisierung des Politischen« (A.A. Cohen 1981, S.10) vonstatten gegangen. Während gegen Ende des 18. Jahrhunderts »die politische Theorie in Europa zentriert war auf eine Philosophie des Gesetzes, des Rechtes, der Pflicht und der Freiheit« und die Beziehungen zwischen Bürger und Staat wie auch der Menschen untereinander geprägt wurden von einer »moralischen Beziehung, die den Bürger als eine Person betrachtete, die zur Freiheit erzogen und über Verantwortlichkeiten unterrichtet wurde«, sind in unserem Jahrhundert solche Begrifflichkeiten und die auf sie zielenden Zusammenhänge weitgehend »verschwunden im öffentlichen Diskurs... Fragen nach Recht und Gesetz, von Gerechtigkeit und Gleichheit im Sinne moralischer Kriterien für soziales und politisches Handeln sind ihrem Wesen nach verschwunden«. Die Sprache der Politik ist nicht mehr die der moralischen Interaktion und Repräsentation, sondern die des »Vermessens und Abwägens von Macht, Einfluß, Nutzen, Kontrolle«. Insofern ist es heute »nutzlose Rhetorik« geworden, von ›Mördern‹, ›Grausamkeit‹, ›Brutalität‹ und ähnlichem zu reden:
»Nicht einer von uns kann diese Worte mit der Autorität benutzen, mit der sie von John Milton oder Voltaire in den Mund genommen worden sein mochten ...

Worte gebieten uns fürderhin nichts mehr, genau deswegen, weil sie längst nicht mehr Konzepte und Überzeugungen reflektieren, die das Gewissen direkt regieren und dadurch anleiten« (A.A. Cohen 1981, S.10).

Auf diesem Hintergrund ist es zu sehen, daß die traditionellen Begrifflichkeiten der Historiographie, Philosophie und Politik nicht dazu dienen können, die Entstehung und Wirklichkeit der Todeslager zu beschreiben, die ein »neues Ereignis« sind, ein in der Geschichte unerhörtes und einmaliges Ereignis.

Hinzu kommt, daß die Todeslager ein für alle mal grausam deutlich gemacht haben, daß Juden tatsächlich ein »auserwähltes Volk« sind:

»Die Todeslager haben einer Streitfrage der Geschichte endgültig einen Schlußpunkt gesetzt – ob die Juden ein auserwähltes Volk sind. Sie sind auserwählt, unmißverständlich, außerordentlich, gänzlich« (A.A. Cohen 1981, S.11).

Die Einzigartigkeit der Todeslager, »das, was sie zu einer Neuheit in extremis«, unvergleichlich mit allem bisherigem in der Geschichte, zu einer »Wirklichkeit sui generis« macht, birgt dennoch eine phänomenologische Einfachheit in sich:

»Einfach formuliert... wurden die Todeslager konstruiert, um einen einzigen Zweck zu erfüllen: die größtmögliche Zahl von Juden zu töten bei einem niedrigst möglichen Aufwand an Geld und Material« (A.A. Cohen 1981, S.12).

Diese Aufgabe wurde als heiliger Selbstzweck verfolgt, was sich unter anderem auch darin zeigte, daß selbst eine Schwächung der Armee und ihrer Interessen inkauf genommen wurde, um die Vernichtungsmaschinerie in Gang zu halten[241].

»Juden zu töten, jeden und alle, bestimmte die Wirklichkeit und erklärt ihre Einzigartigkeit« (A.A. Cohen 1981, S. 12).

Selbst die mittelalterliche Kirche, obwohl judenfeindlich und mächtig genug, unternahm es nie, Juden planvoll zu töten:

»... die anti-jüdischen Massaker des Mittelalters waren im Prinzip die Tätigkeit des Mobs und des Pöbels und ... wurden durch Aufrufe der Kardinäle und Päpste oft unterbrochen und eher in Schach gehalten, als daß sie die Konsequenz ihrer Anstiftung gewesen wären« (A.A. Cohen 1981, S.12).[242]

Die mittelalterliche Tradition des »Antisemitismus« war »contra Judaeos, gegen den Glauben der Juden«, sie suchte die jüdische Religion, nicht den Juden, zu vernichten. Dagegen sind »staatlich verankerter Rassismus und rassischer Antisemitismus ... ein modernes Phänomen« (A.A. Cohen 1981, S.14). Die mittelalterlichen Nischen für jüdisches Überleben, die in der Mächtebalance von Krone und Kreuz begründet lag[243], sind in der Moderne zugunsten des omnipotenten, säkularisierten Staates verschwunden.

---

241. Cohen spielt auf die alle militärtaktischen Gepflogenheiten außer Acht lassende Präferenz der Judentransporte per Bahn in die Lager an.
242. Cohen bezieht sich hier auf Äußerungen des Historikers Yosef H. Yerushalmi in: Fleischner 1977, S.97-107.
243. Cohen stützt sich hier auf: Kantorowicz 1992.

3.1.2 Jüdische Geschichte und das Tremendum

Bei allem, so meint Cohen, müsse es dennoch möglich sein, das irrationale Phänomen des Rassismus psychologisch, sozial und historisch einsichtig zu machen. Lese man etwa Heinrich Graetz' ›Geschichte der Juden‹[244], könne man den Eindruck gewinnen, daß

»*die Geschichte der Juden einzig als eine Geschichte jüdischen Sterbens ... bis hin zum Beginn des Zeitalters der Todeslager gelesen werden könne. ..., daß jüdische Geschichte einzig als eine kontinuierliche Erzählung darüber verstanden werden könne, wie Juden ihr Leben lassen mußten als Preis für das Prinzip jüdischen Lebens*« *(A.A. Cohen 1981, S.15)*.

Bisher konnten die getöteten Juden immer als Märtyrer geadelt werden, die »al kiddusch haSchem«, zur Heiligung des Namens Gottes starben. »Die Todeslager veränderten auch dieses«. Juden, die in den Lagern starben, können nicht im theologischen Sinne als Märtyrer bezeichnet werden, denn die unweigerliche Folge wäre

»*genauso katastrophal für die eigene Idee von Gott, wie es auch die eigene Vorstellung vom Martyrium trivialisiert*« *(A.A. Cohen 1981, S.16)*.

Ebenso wie die Ermordung von Millionen von Juden unter dem Schweigen der Welt unbegreiflich ist, so ist auch eine »Sprache der Kompensation oder heroischer Transfiguration« unmöglich. Letztlich bleibe es nur jenen vorbehalten, die Toten als Märtyrer zu bezeichnen, die nach wie vor an den theologischen Voraussetzungen der Idee des Martyriums, am Glauben an seiner Heiligkeit festhalten und schließlich auch selbst zum Martyrium bereit wären. Aber angesichts der vielen nicht-gläubigen ermordeten Juden – sozialistischen, assimilierten Juden, Juden ohne jüdische Identität – bei all diesen mache es keinen Sinn, von ›Märtyrern‹ zu sprechen. Cohen bekennt:

»*Ich bin in meiner Diskussion an einem Punkt angelangt, an dem die Hoffnungslosigkeit meines Nachdenkens unüberwindlich erscheint. Ich habe alles getan, was mir möglich ist, nicht nur um die Todeslager als ein einzigartiges Phänomen zu begreifen, unvergleichlich, sui generis, sondern, um es noch mehr auf den Punkt zu bringen, sie als jenseits aller Überlegungen der Vernunft, jenseits aller Einsichten des moralischen Urteils, jenseits selbst allen Sinns zu stellen*« *(A.A. Cohen 1981, S.17)*.

Und aus genau diesem Grunde, so Cohen, erachtet er es für notwendig, für all das einen spezifischen Terminus zu benutzen, nämlich »den Begriff Tremendum«. Dieser Begriff geht auf das Werk des protestantischen Theologen Rudolf Otto, »Das Heilige«[245], zurück. In diesem Buch lege Otto dar, daß ›das Heilige‹ nicht nur ein Beiname Gottes, eine seiner Eigenschaften, ist, sondern:

---

244. Vgl.: H. Graetz 1853/76 u. 1985.
245. Vgl.: Otto 1946 (EA: 1917).

> *»Das Heilige ist die Dimension von Gottes Gegenwart; die Gegenwärtigkeit Gottes ist seine Heiligkeit«* (A.A. Cohen 1981, S.17).

Ausgehend von der Hebräischen Bibel, dem – nach christlichem Sprachgebrauch – Alten Testament, findet Otto die Erfahrung des Heiligen, die Erfahrung der Nähe Gottes, verknüpft mit Begriffen wie Staunen, Verwunderung, Überraschung. Gegenwärtigkeit Gottes ist immer gekoppelt mit Furcht und Unergründlichkeit, und ebendeshalb belege Otto diese Erfahrung mit dem Begriff ›Mysterium Tremendum‹. Mysterium Tremendum meint

> *»das äußerste Mysterium, das außergewöhnliche Geheimnis, ja sogar das Schreckens-Geheimnis (terror-mystery), denn Tremendum birgt nicht nur den Aspekt ungeheurer Größe in sich, sondern es schwingt dabei auch Grauen mit«* (A.A. Cohen 1981, S.17).

Von dort aus teilt sich Gott entsprechend gebrochen mit in Formen der Liebe, Barmherzigkeit und Gerechtigkeit. Oft manifestiere sich das Grauen Gottes, der Zorn Gottes, durch Ereignisse (Sturmwind, Brände, Überschwemmungen, Erdbeben), die zunächst seinem Gegenspieler, dem Teufel, dem Dämonischen, zugeschrieben wurden. Aber die Texte zeigen, und das macht ihre Einzigartigkeit aus, daß das »Schreckens-Geheimnis des Heiligen zum Liebes-Geheimnis des Heiligen wird und der Schrecken sich in Gnade auflöst« (A.A. Cohen 1981, S.18).

Dies, so Cohen, ist *eine* Lesart des Mysterium Tremendum. Aber für uns Heutige gelte wohl eher, daß wir nicht mehr so ohne weiteres eine Gegenwart Gottes zu akzeptieren bereit seien, sondern,

> *»im Gegenteil und sehr gereizt, uns als allein und autonom im Universum betrachten, durch keine Gesetze außer durch die Spielregeln der Macht gebunden fühlen, durch keine moralischen Regeln in Zaum gehalten, außer denen, die uns Konvention und Bequemlichkeit diktieren. Ist es nicht in einer solchen Zivilisation der Fall, daß all das, was einstmals der unendlichen Macht Gottes erlaubt und der endlichen und begrenzten Macht des Menschen verweigert war, nun dem vergessenen Gott verweigert und der Macht des endlichen Menschen ausgeliefert wird?«* (A.A. Cohen 1981, S.18)[246]

So betrachtet sei das Schicksal des jüdischen Volkes, wie Cohen es an anderer Stelle formulierte,

> *»in unserem Zeitalter zum ersten und einzigartigen Beispiel für die dämonische Möglichkeit einer radikalen menschlichen Freiheit geworden, die sich von jeglicher transzendentaler Kontrolle losgesagt hat, ...«* (A.A. Cohen 1984, S.370).

Dies solle allerdings keineswegs im Sinne einer weiteren Kritik am »faustischen Menschen« und seinem Pakt mit dem Teufel verstanden werden, oder als einer

---

246. Vgl. hierzu die teilweise erstaunlichen Ähnlichkeiten zu dem Werk des Psychoanalytikers Horst E. Richter, der diesen Prozeß der Verdrängung Gottes und der Thronbesteigung des Menschen aus psychologischer Sicht analysiert; siehe vor allem: Richter 1979.

Kritik an entmenschlichter Technologie und Maschinenkult der Moderne. Vielmehr zielt Cohen darauf ab, ein

»*Gegenstück zum Mysterium Tremendum [zu entwerfen]. Es ist das menschliche Tremendum, die Ungeheuerlichkeit des entgrenzten Menschen, der sich nicht mehr länger vor dem Tod zu fürchten scheint oder, vielleicht genauer, ihn so vollständig fürchtet, daß er den Tod mit aller Macht verleugnet, daß das einzige Privileg seiner Widerlegung und Verneinung darin besteht, dieser Gottheit des Todes einen Berg von Leichen aufzutürmen, um den Tod versöhnlich zu stimmen durch die Magie endlosen Mordens*« *(A.A. Cohen 1981, S.18f.)*.

Und hieraus leitet sich unmittelbar die Definition des *Tremendum* ab:

»*Ich nenne die Todeslager das Tremendum, denn es ist das Monument einer sinnlosen Umkehrung des Lebens in eine orgiastische Feier des Todes, in eine psychosexuelle und pathologische Verkommenheit ohne Parallele, unergründlich für jede Person, die sich dem Leben verpflichtet weiß*« *(A.A. Cohen 1981, S.19)*.

Cohen betont, der Begriff ›*Tremendum*‹ sei nicht »nur eine Metapher, ein literarischer Einfall, ein Terminus, dessen Stärke mehr auf seiner methodologischen Nützlichkeit denn auf seiner substanziellen Realität« beruhe, sondern:

»*Ich nehme das verderbliche Tremendum unseres Jahrhunderts als einen absoluten Hinweis auf die Grenzen menschlicher Kunst und Freiheit, als eine Umkehrung des Göttlichen, als die dämonische* ›*Subszendenz*‹*, das dämonische Gegenstück zur göttlichen Transzendenz*« *(A.A. Cohen 1984, S.370)*.

So wie sich das göttliche *Tremendum* nach der Distanz bemesse, die zwischen Gott und dem Menschen, »zwischen Gottes Präsenz und des Menschen Anbetung, zwischen Gottes Zukunft und der gegenwärtigen geschichtlichen Situation des Menschen« liege, so bemesse sich

»*das menschliche Tremendum nach der* ›*Subszendenz*‹*, welche den Abgrund beschreibt, der zwischen dem menschlichen Handeln und seiner Ethik klafft, zwischen des Menschen Ideologie und seinem Glauben, zwischen dem, was der Mensch tut, und dem, woraufhin er erschaffen ist*« *(A.A. Cohen 1984, S.370)*.

Von hier aus ist auch die Beziehung Gottes zur Geschichte neu zu bedenken. Gottes Existenz ist weder in einer direkten Verbindung zum Historischen, noch in einer gänzlichen Trennung vom Historischen zu sehen, sondern eher in einer »kontinuierlichen Gemeinschaft« mit der Geschichte:

»*Gott ist weder eine Funktion noch eine Ursache des Historischen, noch ist er gänzlich anders oder indifferent dem Historischen gegenüber. Ich glaube, daß das göttliche Leben eher eine Faser inmitten des Historischen ist, aber niemals eine Faser, die wir identifizieren und gemäß unseren Bedürfnissen entzünden können, denn in dieser und jeder anderen Hinsicht bleibt Gott Gott. Als ein Faden ist das göttliche Element im Historischen ein unsicherer Dirigent, immer intim verbunden mit dem Historischen ... und immer getrennt von ihm, solange das Historische die Domäne menschlicher Freiheit ist*« *(A.A. Cohen 1981, S.97f.)*.

Hieraus folgt, daß das *Tremendum* weder die Beziehung Gottes zu sich selbst, noch seine Beziehung zur Geschichte, zur Wirklichkeit und dem Prozeß der Schöpfung verändert, »sondern es bedeutet, daß der Mensch – nicht Gott – zum Faden der göttlichen Glut zurückkehrt oder ihn verbrennt«. In Anbetracht der Dialektik von Gott und Mensch inmitten der Geschichte, gilt es die unausweichliche Erkenntnis wahrzunehmen,

»*daß der Mensch den göttlichen Faden verdunkeln, verfinstern, verbrennen kann, ... Es ist genau das, was gemeint ist mit dem Abgrund des Historischen, dem Dämonischen, dem Tremendum*« *(A.A. Cohen 1981, S.98).*

Ein Terminus, wie ihn Buber etwa gebrauche, den der ›Gottesfinsternis‹[247], sei dementgegen völlig unzulänglich. Zwar sei Buber zuzustimmen, daß das Schicksal der Juden die Unerlöstheit der Welt dokumentiere[248]. Aber unsere Zeit als eine Zeit der Gottesfinsternis zu beschreiben, in der zwar Gott nicht tot sei, sondern von den Menschen nur nicht mehr gehört werde, ist

»*bewegende Rhetorik, aber unglücklicherweise keine Theologie, kein Denken. ... Es muß mehr sein als eine Gottesfinsternis. Es muß mehr sein als der Tod Gottes. Ja es muß sogar mehr sein als Nietzsches Toller Mensch, der ausruft* ›*Wir haben ihn getötet*‹. *Es ist nicht genug. Und wir wissen das nun*« *(A.A. Cohen 1981, S.20).*[249]

Auch Bubers Insistieren darauf, es gebe keine Zäsur in der jüdischen Geschiche, verkenne, daß es für

»*das Heilige ... keine Zäsur geben [mag], aber was das Unheilige betrifft, so ist Zäsur sein Name. Es ist exakt die Diskontinuität des Abgrundes, die es sicherstellt, daß er sowohl Zäsur als auch Tremendum ist. Der Abgrund der Geschichte ist von diesem Standpunkt aus betrachtet ein Bruch im normalen Lauf der Zeit, nicht weniger einschneidend als es auch die messianische Erlösung wäre. In der Zeit des menschlichen Tremendums sind konventionelle Zeit und erfaßbare Kausalität unterbrochen worden*« *(A.A. Cohen 1981, S.20).*

Der Blick in den Abgrund der Geschichte ist den Juden durchaus vertraut, so etwa im Zusammenhang der beiden Zerstörungen des Jerusalemer Tempels, oder der Vertreibung der Juden aus Spanien. Diese Abgründe aber wurden immer noch als ein innerhalb der Vorsehung verständliches Zeichen interpretiert. Der Abgrund öffnete sich um der eigenen Schuld willen und schloß sich wieder nach dem Ein-

---

247. Vgl.: Buber 1953.
248. Martin Buber: »Gebunden und gefesselt stehen wir Juden am Pranger der Menschheit und demonstrieren mit dem blutigen Leib unseres Volkes die Unerlöstheit der Welt. Der Jude fühlt dieses Fehlen der Erlösung auf seiner Haut, er schmeckt es auf seiner Zunge, die Bürde der Unerlöstheit der Welt liegt auf seinem Rücken.« (Buber 1963).
249. Diese Bemerkungen wenden sich gegen die Position Rubensteins, der sehr gerne mit Nietzsche argumentiert.

geständnis eigenen Versagens und entsprechender Reue. Eine solche Sichtweise – unserer Sünden wegen geschah ... – ist angesichts des jüngsten Abgrundes, des Holocaust, nicht mehr möglich. Eine solche Denkweise ist ob ihres »magischen und apotropäischen Denkens ... unerträglich«. Für diejenigen unserer Vorfahren, die noch »in der Gegenwärtigkeit des Mysterium Tremendum lebten«, war es wohl noch möglich, so zu denken. Für uns aber kann der »dritte Abgrund[250] weder unter dem Blickwinkel der Schuld noch unter dem der Hoffnung gelesen werden«. Wir sind gezwungen, die Sinnlosigkeit und Hoffnungslosigkeit der Todeslager wahrzunehmen:

»Die Todeslager können nicht transzendiert werden. Es gibt keinen Weg ihre Historizität zu tilgen, indem man sie überspringt. Im Gegenteil. Wenn es keine Transzendenz jenseits des Abgrundes gibt, dann muß dieser Abgrund genauer untersucht werden. Es muß tiefer in den Abgrund hinunter gestiegen werden; in einem Wort, der Abgrund muß unter-stiegen (sub-scended) *werden, eindringend bis in seine erkennbarsten Tiefen« (A.A. Cohen 1981, S.22).*

Eine »Aushöhlung des Dämonischen«, seine Freilegung, bedeute aber vorrangig *»den menschlichen Hang, sein Selbst unendlich zu setzen, [herauszuarbeiten], den Hang zu äußerster Hybris, was nicht nur die Juden, sondern alles Kreatürliche an jene Grenzen treibt, von denen es für niemanden eine Rückkehr gibt. Es beginnt mit dem Juden und endet mit der bewohnbaren Welt« (A.A. Cohen 1981, S.22).*[251]

Dabei scheint es unmöglich, die »Totalität des Völkermordes« Nichtjuden verständlich zu machen, denn im Gegensatz dazu, daß »jeder Jude, ..., Überlebender im eigentlichen oder doch weiteren Sinne ist«, ist für den Nichtjuden »der Völkermord an den Juden ein objektivierbares Phänomen«, an dem er selbst keine unmittelbare Teilhabe hat[252].

»Das ist ein entscheidender Unterschied, der alle Bemühungen seitens der Christen oder anderer säkularisierter nichtjüdischer Gegner des Rassismus zunichte macht, zu verstehen, was exakt die Bedeutung der Todeslager für die Juden ist. Denn für den Nichtjuden sind die Todeslager immer noch, so stellt er sich vor, nur ein Paradigma für die menschliche Brutalität, allenfalls eine Begleiterscheinung. Für den Juden allerdings ist dies historisch wirklich« (A.A. Cohen 1981, S.23).

250. Eine Anspielung auf den Begriff vom Holocaust als dem ›dritten Churban‹; vgl. Anm. 153 in Kap. II-3 und Kap. V-2.1.1 dieser Arbeit.
251. Hier taucht erneut der Gedanke der Exemplarizität des jüdischen Schicksals für den Lauf der Welt insgesamt auf; vgl. Anm. 166 in Abschnitt 2.3 (Emil L. Fackenheim).
252. Vgl. Ehrlich 1979, S.16: Die nichtjüdische Welt »weiß von Verbrechen, kennt diese anonyme Zahl von ›sechs Millionen‹, wir jedoch erinnern uns an unsere Eltern und Geschwister, Onkel und Tanten, an alle Verwandten, Freunde und Bekannten, die in dieser Hölle umkamen«.

So wie jeder Jude aufgefordert ist, sich höchstselbst als Teilnehmer des Exodus aus Ägypten zu begreifen, so solle sich heute jeder Jude höchstselbst als ein den Todeslagern Entkommener verstehen. Daher sei es zwingend,

»die Zeugen anzuhören, als sei ich selber ein Zeuge. Es ist von befehlsbindendem Charakter, daß die reale Anwesenheit ganz Israels in den Todeslagern, unter der Erfahrung des Tremendums (der Shoah) stehend, in die Liturgie Einlaß findet, so gewiß, wie es [die Erfahrung des Exodus] Einlaß fand in die Erzählung des Exodus« (A.A. Cohen 1981, S.23).[253]

Diesem Rechnung tragen heißt, die spannungsvolle Dialektik von Hoffnung und Verzweiflung im Glauben zu respektieren. Letztlich bleibe nur ein sinnvoller Weg, mit dem *Tremendum* umzugehen:

»In der Weise, daß man zunächst das Tremendum trennt von allen anderen Dingen und in seine Abgründigkeit hinabsteigt, und dann das Tremendum als Endpunkt des Abgrundes und neuen Anfang des Menschengeschlechts mit der ganzen Erfahrung der Menschheit wiedervereint. Nur so ist es möglich, die Todeslager, das Tremendum des Abgrundes, erneut mit dem Mysterium Tremendum eines Gottes zu verbinden, der manchmal seine Schöpfung und seine Geschöpfe liebt, und manchmal, so muß man anfänglich denken, ihrem Schicksal gleichgültig gegenüber steht« (A.A. Cohen 1981, S.26).[254]

Der Holocaust, das *Tremendum*, unterstreicht Cohen, ist und bleibt *die* Wegscheide in der Geschichte der Juden:

»Der Grund, warum das Holocaust-Tremendum heute und für alle Generationen, die noch kommen, einen entscheidenden Platz in jüdischem Denken und jüdischer Erfahrung eingenommen hat und einnehmen wird, liegt darin, daß es ein für allemal jene irdischen Erwartungen auf soziale Assimilation und kulturelle Akulturation, all jene Träume des Projekts der Aufklärung und Emanzipation und der Hoffnung auf moralischen Fortschritt ein Ende bereitet hat, all dem, von dem das liberal geprägte Geschlecht des europäischen Judentums beeinflußt war« (A.A. Cohen 1981, S.46).

Es mag vor dem Holocaust möglich gewesen sein, optimistisch und liberal zu denken und zu leben, ja, sogar dem Marxismus anzuhängen, der nichts anderes als ein Ausdruck für den »gefallenen Messianismus der Juden« ist. Aber im Schatten des *Tremendum* ist der optimistische und fortschrittliche Glaube an »die Na-

---

253. Zu diesen Gedanken vgl. ausführlich Kap. VI-2 dieser Arbeit.
254. In der ursprünglichen Fassung dieses Gedankens, wie er in dem sieben Jahre zuvor erschienen Aufsatz Cohens (vgl.: Cohen 1974) niedergelegt ist, heißt der letzte Teil dieses Satzes: »...erneut mit dem Mysterium Tremendum eines Gottes zu verbinden, der manchmal den Menschen liebt und manchmal verabscheut«. Außerdem sei erwähnt, daß in der Betonung der absoluten Notwendigkeit, den Holocaust existenziell und intellektuell in seiner ganzen Tiefe abzuschreiten, Cohen und Fackenheim auffallend einig sind; vgl. Abschnitt 2.3 (Emil L. Fackenheim).

tur des Menschen und seines Potentials an Erziehbarkeit« (A.A. Cohen 1981, S.46) endgültig zerstört. Der fatale Irrtum des liberalen, zur Assimilation neigenden Judentums lag und liegt

»in einem Mißverstehen der emanzipatorischen Zeichen und Gesten des christlichen Europas in dem Jahrhundert vor dem Tremendum, und einer konsequenten Gleichgültigkeit gegenüber der schreienden Notwendigkeit für eine jüdische Theologie der Politik und der säkularen Verantwortung« (A.A. Cohen 1981, S.47).

Solange ein Mensch sich der Geschichte erinnern wird, wird es unmöglich sein, noch einmal jenen optimistischen Fortschrittsglauben liberalistischer Prägung zu teilen. Unter diesem Eindruck ist und bleibt der Holocaust »das äußerste Böse«, unvergleichbar mit den bisherigen Katastrophen in der jüdischen Geschichte, die sogar teilweise zu erwarten waren, gingen sie doch von »äußerlichen Autoritäten, die dem Judentum gegenüber keine Loyalität oder Verpflichtung inne hatten«, aus. Aber daß das *Tremendum*
»seine Macht und Authentizität vom säkularen Staat, von Gesellschaften mit hoher Kultur und einer in gutem Ruf stehenden Zivilisation bezog, von den Nachkommen des Zeitalters ihrer eigenen Emanzipation, in die die Judenheit Vertrauen und Glauben gesetzt hatten, ist und bleibt erstaunlich« (A.A. Cohen 1981, S. 49).

3.1.3 Historische Theologie und das Tremendum

Kern des Problems einer theologischen Rede von Gott angesichts des *Tremendum* ist, so Cohen, daß alle Hoffnungen und Erwartungen der Vergangenheit mit einem Abgrund konfrontiert sind, der

»alles, was zuvor war, in Distanz und Entlegenheit rückt, als ob ein Erdbeben das Zentrum einer ganzen Welt zum Einstürzen gebracht, Berge getilgt hätte, die einmal nahe bei der Hand waren und von denen wir träumten, sie einmal besteigen zu können« (A.A. Cohen 1981, S.78).

Durch das *Tremendum* ist unsere gesamte Wahrnehmung der Wirklichkeit durchschnitten und abgetrennt von den traditionellen Prinzipien und Sichtweisen. Aus dem »optimistischsten und hoffnungsfrohesten aller Völker« ist, trotz der Gründung des Staates Israel,

»ein Volk der Angst [geworden], das sich in Nervosität mit dem Anprall der großen Vernichtung konfrontiert sieht« (A.A. Cohen 1981, S.78).

Es ist gesagt worden, das *Tremendum* sei ebenso eine paradigmatische Erfahrung, wie die Offenbarung Gottes am Sinai[255]. Dies, so Cohen, ist falsch, selbst wenn

---

255. Cohen hat hier vor allem Fackenheim und seine ›gebietende Stimme von Auschwitz‹ im Blick; vgl. Abschnitt 2.3.4.1

man das *Tremendum* auch nur zu einem »symbolischen Äquivalent« machen wolle. Zum einen sprach Gott in seiner Offenbarung am Sinai nur zu den Juden, als dem einen auserwählten Volk unter den Völkern. Aber
> »*spricht das Tremendum nur zu den Juden? Wenn es nur zu den Juden spricht, ist dann der ganze Rest der Menschheit entbunden, seine Botschaft zu hören?*« *(A.A. Cohen 1981, S.79)*

Was hinter dem drängenden Gefühl steht, Holocaust und Sinai in ein symmetrisches Verhältnis zu setzen, ist die unausgesprochene Überzeugung,
> »*daß keines der beiden Ereignisse vergessen werden darf, daß die unauslöschliche Inschrift des einen angepasst werden muß an die Unvergeßlichkeit des anderen*« *(A.A. Cohen 1981, S. 79)*.

Aber wie wäre diese Symmetrie zu verstehen? Strukturell oder nur metaphorisch? Dabei gelte es zunächst festzuhalten, daß das Judentum die Offenbarung Gottes am Sinai nicht nur als bindend und endgültig für die Juden ansah, sondern auch als bindend und endgültig für Gott selbst. Die Offenbarung, der Bundesschluß, ist eine Vereinbarung, die auf absoluter Gegenseitigkeit beruht, Gott und Mensch gleichermaßen verpflichtend. Demgegenüber ist
> »*alles, was der Holocaust offenbart, nur das Äußerste aus unserer Sicht, bleibt aber ohne eine komplementäre Beglaubigung durch Gott. Der Mensch im Tremendum spricht zu und auf Gott hin, aber Gottes Stimme verbleibt wirklich stumm*« *(A.A. Cohen 1981, S.79)*.

Zudem ist ja gerade für die Qualifizierung eines Ereignisses als *Tremendum* vor allem charakteristisch, daß es alle unsere »gewohnten Kategorien, mit denen wir die Vergangenheit gelesen und entschlüsselt haben, vernichtet hat«.
> »*Wenn der Holocaust eine Monströsität ist, die strukturell identisch mit, oder strukturell komplementär zu, oder strukturell unentbehrlich ist, wie das Sinaiereignis, dann kann er keine Zäsur sein*« *(A.A. Cohen 1981, S.80)*.

So gesehen ist es sogar zwingend, das Ereignis am Sinai, sowie alle anderen bedeutsamen Ereignisse der jüdischen Geschichte, nach dem *Tremendum* neu zu bedenken. Deshalb muß »die Formulierung lauten, daß Sinai und Tremendum nicht symmetrisch«, sondern »in der Tat unvergleichbar sind« und
> »*daß unsere Verpflichtung, sie miteinander in Beziehung zu setzen, nicht Folge ihrer ontologischen Ähnlichkeit oder Kontinuität ist, sondern Folge der extremen Diskontinuität, die das Tremendum in die jüdische Geschichte eingeführt hat. Wir sprechen über sie [Exodus und Holocaust] im selben Atemzug, weil ihre Beziehung eine negative ist, ... Das einzig Verbindende von Sinai und Tremendum ist das Jüdische Volk*« *(A.A. Cohen 1981, S. 80)*.

Abschließend versucht Cohen einige Gedanken zu entwickeln, die »jede konstruktive Theologie nach dem Tremendum« (A.A. Cohen 1981, S.86) zu beachten hat. Zunächst müsse im Rahmen eines jeden künftig zu entwerfenden Gottesbildes, Gott in einem Universum verankert werden,

»dessen Menschheitsgeschichte von Narben gezeichnet ist durch das genuin Böse, ohne dieses Böse als hohl oder illusorisch erscheinen zu lassen, und es darf eine reale Gegenwart Gottes vor der Geschichte, wenn nicht gar in der Geschichte, nicht ablehnen« (A.A. Cohen 1981, S.86).

Zweitens müsse die Beziehung zwischen Gott und seiner Schöfung – einer Schöpfung, die nun »dämonische Strukturen und unerlöste Ereignisse« beinhaltet – nichtsdestoweniger als »wert- und sinnvoll« angesehen werden, ungeachtet der Tatsache, daß eine Rechtfertigung Gottes mit mehr Nachdruck vorgenommen werden muß

»und schmerzvoller ist durch den Kontrast und die Opposition, den das Böse einbringt« (A.A. Cohen 1981, S.86).

Drittens schließlich dürfe die

»Realität Gottes in seiner Eigenheit und Personhaftigkeit nicht mehr länger ... von Gottes wirklicher Involvierung mit allem Leben der Schöpfung isoliert werden« (A.A. Cohen 1981, S.86).

Wo auch immer nur eine dieser drei Aspekte unberücksichtigt bleiben, bestehe die Gefahr, daß

»die Schöpfung in ihrer Faktizität verschwindet und zu einer bloßen Metapher wird, oder ... Gott nicht mehr als eine Metapher für das Unerklärliche erscheint« (A.A. Cohen 1981, S.86).

Sein gesamtes Denken, so Cohen, sei von der Idee getragen, »eine Brücke über den Abgrund« bauen zu wollen. Er tue dies in der Überzeugung, daß jeder, der ähnliches beabsichtige, durchdrungen sein müsse von dem Bewußtsein, daß alle

»Wanderer auf der Brücke, ..., die Verpflichtung nicht von sich weisen können, in den Schlund unter ihnen zu schauen. Sie wissen um den Abgrund, während sie über die Brücke gehen, aber sie wissen auch, daß sie das wahre Sein dieses Abgrundes in seiner ganzen Tiefe nicht kennen; wie sehr auch immer der unauslöschliche Abgrund sie in Kenntnis setzen mag, ihr eigenes Sein und ihr eigentliches Leben ist anderswo – auf der Brücke nämlich, über dem Abgrund« (A.A. Cohen 1981, S.82).

3.1.4 Innerjüdische Reaktion und Kritik an Cohen

Interessanterweise gibt es nur äußerst spärliche Reaktionen auf Cohens Deutungsversuch. Ganz selten nur nimmt man in der umfangreichen Diskussion um die Holocaust-Theologien direkt Bezug auf Cohens Arbeit. Auch wird in den vielen, überblicksartigen Darstellungen jüdischer Holocaust-Theologien fast nie Cohens Position referiert oder auf sie verwiesen[256].

---

256. Zwei Ausnahmen aus jüngster Zeit sind: Roth/Rubenstein 1987, S.329-335 und Cohn-Sherbok 1989, S.68-79.

Dies ist umso verwunderlicher, als einige der Gedanken und Ansatzpunkte, die Cohen vorträgt, immer wieder eine bedeutende Rolle im Diskurs spielen. Besonders evident ist dies, was die Frage der Verantwortung des Menschen für den Holocaust betrifft. In unzähligen Beiträgen wird immer wieder darauf hingewiesen, daß der Holocaust nicht nur die Frage nach Gott, sondern mindestens ebenso die Frage nach dem Menschen notwendig miteinschließt[257].

Auch Cohens Vorschlag, für den Holocaust einen neuen Terminus einzuführen, findet keine nennenswerte Resonanz, obgleich, von einem bestimmten Blickwinkel aus betrachtet, sein Begriff des *Tremendum* über eine durchaus originelle und diskutable Qualität verfügt.

Dieses zunächst merkwürdig erscheinende am-Rande-Stehen von Cohens Holocaust-Deutung mag letztlich seine Gründe finden in Cohens alles in allem äußerst komplexen und schwierigen Stil und einer zuweilen sehr abstrakt-poetischen Sprache. Ein Rezensent charakterisierte Cohens Buch einmal als »zutiefst unverständlich«[258]. Und Michael Oppenheim[259] beklagt in ähnlicher Weise, daß Cohen »in keinem Falle« in der Lage sei, »uns eine wertvolle Richtung über den Abgrund angeben zu können« (Oppenheim 1987, S.414). Stattdessen versorge uns Cohen mit einer »komplexen Ansammlung von Poetizismen, aber ohne eine klare Metapher, mit der man leben könnte« (Oppenheim 1987, S.413).

Ein weiterer Grund für die sehr zurückhaltende Rezeption von Cohens Werk innerhalb des Judentums mag darin seine Ursache haben, daß Cohens Interpretation mehr über die Schwierigkeiten handelt, die der Holocaust für ein Gottesbild in sich birgt, das eher in den klassischen Traditionen des Deismus verwurzelt ist. Hingegen konfrontiert er den Holocaust nicht so sehr mit
»*den spezifischen Problemen, die dieser für die normative biblisch-rabbinische Sicht Gottes und seiner Beziehung zu Israel*« *(Roth/Rubenstein 1987, S.330).*
mit sich bringt.

In diesem Kontext ist Dan Cohn-Sherboks[260] heftige Kritik an Cohens Versuch, Gott von einer Verantwortung für den Holocaust und den Gang der Geschichte insgesamt zu entbinden, zu verstehen. Dies unternehme Cohen, indem er die Sehnsucht nach einem Gott, der »auf wundersame Weise direkt in den Verlauf der Geschichte eingreift«, als ein unzulängliches Verständnis von Gott und seiner Rolle in der Geschichte zu desavouieren versuche. Da ein Eingreifen Gottes in die Geschichte nach Cohen die menschliche Freiheit ihrem Wesen nach beschnei-

---

257. Vgl. Abschnitt 2.2 (Richard L. Rubenstein) und Abschnitt 2.4 (Eliezer Berkovits) und dort bes. Anm. 202.
258. Vgl.: Wyschogrod 1982a.
259. Vgl.: Oppenheim 1987.
260. Vgl. vor allem Cohn-Sherbok 1989, S.77-79; siehe auch: Cohn Sherbok 1990, S.282-284.

de, bleibt die Verantwortung für den Holocaust allein auf der Seite des Menschen. Dennoch sei es, kritisiert Cohn-Sherbok, völlig unverständlich,
»warum Er nicht intervenierte, um die Nazis zu stoppen. Warum zerstörte Er nicht die Bahngleise nach Auschwitz in der gleichen Weise, wie er einst die Plagen nach Ägypten schickte, um das Volk des alten Israel aus der Gefangenschaft Ägyptens zu befreien? Hätte Er nicht Hitler, die SS und das ganze deutsche Volk beeinflussen können, eine weniger feindliche Politik zu betreiben? ... Da nun Gott nichts von alledem getan hat, wie kann Er da ein guter Gott sein?« (Cohn-Sherbok 1989, S.77).
In einem ähnlichen Zusammenhang weisen auch Roth/Rubenstein auf einen immanenten Widerspruch in Cohens Argumentationsweise hin:
»..., man kann sich durchaus fragen, ob das Problem ›Gott und der Holcaust‹ dadurch seine Lösung gefunden hat, indem man Gottes Rolle auf eine ›göttliche Faser‹ begrenzt und ihn nur als Lehrer freier Menschen ansieht. Mit dieser Begrenzung zeichnet Cohen Gott als funktional irrelevant. Ein Mensch, der darauf vorbereitet ist, die Konsequenz seines Handelns zu akzeptieren, hat keinen Grund, Gott-als-Faser in Rechnung zu stellen. So lange als eine solche Person bereit ist die Kosten für sein Verhalten ebenso zu tragen wie die Wohltätigkeiten, die es zur Folge haben könnte, wird es keinen Grund geben, sich mit einem Gott zu befassen, der keine Einschränkung der menschlichen Freiheit zuläßt« (Roth/Rubenstein 1987, S.332).
Auf diesem Hintergrund bemängelt Cohn-Sherbok, Cohens Bild von Gott
»unterminiert die biblische und rabbinische Sichtweise von Gottes Natur. Wenn Gott keine Rolle in der Geschichte der Menschheit einnimmt, dann ist Er sicherlich nicht der liebende, allmächtige und vorhersehende Herr der Bibel und der rabbinischen Literatur, der über das Schicksal Seines auserwählten Volkes wacht. Cohens Neuformulierung einer Theologie im Lichte des Tremendum ist daher weit entfernt von den jüdischen Wurzeln: es ist keine jüdische Theologie, sondern eine modifizierte Form des Deismus« (Cohn-Sherbok 1989, S.78).
Darüberhinaus habe Cohens Vorstellung von Gott wenig zu tun mit dem »traditionell jüdischen Verständnis von Gott als dem Retter und Erlöser« (Cohn-Sherbok 1989, S.78).

Schließlich greift Cohn-Sherbok vehement Cohens wortgewaltig vorgetragene Überzeugung von der Einzigartigkeit des Holocaust und dem hiermit verbundenen Charakter einer Zäsur der jüdischen Geschichte an. Selbst eine nur oberflächliche Betrachtung der jüdischen Vergangenheit zeige, daß Verfolgung, Leid und Tod schon immer das jüdische Volk auf seinem Weg durch die Geschichte begleitet habe. Von der Zerstörung der beiden Tempel in Jerusalem, dem babylonischen Exil, der Diaspora, bis hin zu den Pogromen und Verfolgungen im Mittelalter und der Neuzeit, sei das Judentum nie verschont geblieben von der »Ermordung Tausender«:

»Antijüdisches Sentiment wurde in allen Ländern, in denen Juden wohnten, am Leben erhalten. Daher ist die Politik der Nazis ihrem Wesen nach eine Fortführung der feindlichen Haltung den Juden gegenüber, wie es ein zentraler Bestandteil der jüdischen Geschichte von ihren Anfängen an gewesen ist« (Cohn-Sherbok 1989, S.79).

Auch könne das zahlenmäßige Ausmaß des Holocaust das Leid, unter dem die jüdische Gemeinschaft früherer Zeiten litt, nicht minimieren:

»Frühere Katastrophen sind ebenso traumatisch gewesen und riefen nach vergleichbaren religiösen Antworten. Der Holocaust war nicht ein einzigartiges Geschehen; er war eher die jüngste Manifestation des dämonischen Ausbruchs des Bösen. [...] Der Alptraum der Todeslager ist nicht mehr und nicht weniger als eine zeitgenössische Form des Antisemitismus gewesen. Als jüngstes Glied in der Kette jüdischer Verfolgungen bezeugt er die Rolle des jüdischen Volkes als leidenden Gottesknecht« (Cohn-Sherbok 1989, S.80).

Abschließend urteilt Cohn-Sherbok, Cohens

»Antwort auf die Schrecken der Todeslager bleibt unbefriedigend für jene, die nach einer Erklärung dafür suchen, wie ein gütiger Gott das Hinschlachten von 6 Millionen unschuldiger Opfer erlauben konnte« (Cohn Sherbok 1990, S.284).

Daß Cohen die Ermordung der Juden gar als Beleg für die Auserwähltheit des Volkes Israel interpretiert, kommentieren Roth/Rubenstein:

»Mehr noch, es ist durchaus möglich zu fragen, ob Cohen die Tatsache, daß Menschen zur Zielscheibe für die Vernichtung gemacht werden, verwechselt hat mit der Vorstellung, von Gott auserwählt zu werden. Der Holocaust offenbart schlicht und einfach die Tatsache, daß die Juden zur Zielscheibe der Vernichtung gemacht wurden. Das Schicksal der europäischen Juden beweist, sofern dies überhaupt noch eines Beweises bedarf, daß in Zeiten akuter Not Juden in der Gefahr sind, zur Zielscheibe par exellence für die Nationen dieser Welt zu werden. Dies ist wohl kaum identisch mit einer Auserwählung durch Gott« (Roth/Rubenstein 1987, S.333).

Und sie urteilen abschließend über Cohen:

»..., wenn Cohen darin versagte, eine glaubhafte Post-Holocaust-Theologie zu präsentieren, dann sagt uns sein Versagen vielleicht mehr über die unüberwindlichen Schwierigkeiten, mit denen eine jüdische Theologie nach Auschwitz konfrontiert ist, als über irgendeinen Mangel an Fähigkeit oder Brillianz auf seiten Cohens« (Roth/Rubenstein 1987, S.334).

3.2 Irving Greenberg – »Cloud of Smoke, Pillar of Fire«

»Kein Herz ist so heil wie ein gebrochenes Herz«.
(Rabbi Nachman von Bratzlav)

Rabbi Irving Greenberg ist einer der interessantesten und herausragendsten Persönlichkeiten des gemäßigt orthodoxen amerikanischen Judentums der Gegenwart. Wenngleich er, anders als die bisher vorgestellten jüdischen Denker, bis heute keine umfangreiche, mit systematischem Anspruch versehene Theologie des Holocaust vorlegte, so gehört er doch mit zu den frühesten Initiatoren und beständigsten Teilnehmern des jüdischen Diskurses um eine geschichtstheologische Deutung des Holocaust.

Greenberg wurde 1933 in Brooklyn, New York, geboren. 1953 bis 1956 war er Rabbiner des Young Israel of Brookline, Massachusets, bevor er 1957 Hillel Director an der Brandeis Unviversity und Lehrbeauftragter für Near Eastern and Judaica Studies wurde. 1959 übernahm er eine Professur für Geschichte an der Yeshiva University von New York bis er 1965 als Rabbiner des Riverdale Jewish Center tätig wurde. Zugleich ist er seitdem Professor für Jüdische Studien am City College New York. Er war außerdem Direktor des National Conference Center und des Holocaust Research Center, wo unter seiner Leitung die Zeitschrift »Shoah« herausgegeben wurde. Er war ebenfalls Direktor der vom amerikanischen Präsidenten eingesetzten Holocaust-Kommission zur Planung und Errichtung des United States Holocaus Memorial[261] und ist seit 1974 Direktor des National Jewish Resource Center. Greenberg gilt als einer der führenden Vertreter der Mussar-Bewegung[262] in den USA.

Greenbergs Deutung des Holocaust kommt am prägnantesten in zwei umfangreichen Artikeln zum Ausdruck[263], die die wesentliche Grundlage bilden für die im Folgenden vorgenommene Skizzierung seines Denkens.

---

261. Siehe Kap. IV-2.4
262. Mussar-Bewegung, von hebr. mussaru, Moral. Mitte des 19. Jhds. von I.L. Salanter ins Leben gerufene Bewegung innerhalb der Orthodoxie des litauischen Judentums. Sie nimmt eine Mittelstellung zwischen Chassidismus und Reformbewegung ein. Ihr organisatorisches Kennzeichen ist das sog. ›Mussar-Schtibl‹, eine Lehrstube zum Studium ethischer Werke, wobei mit eigenem erzieherischen Programm und eigener Lehrmethode gearbeitet wurde, die zunehmend von den Jeschiwot, den Talmud-Thora Schulen, insbesondere in Litauen übernommen wurden.
263. Vgl.: Greenberg 1977; Greenberg 1981.

3.2.1 Augenblicke des Glaubens

Im Juni des Jahres 1974 fand in der Kathedrale Saint John the Divine in New York City ein Symposium über den Holocaust statt, dessen Vorträge und Diskussionsbeiträge, insbesondere nach ihrer Veröffentlichung[264] im Jahre 1977, eine immense Ausstrahlung in den jüdischen Raum und über diesen hinaus in amerikanisch-christliche Kreise fand. Erstmals und einmalig bis zu diesem Zeitpunkt wurde unter Beteiligung hervorragender jüdischer und christlicher Persönlichkeiten[265] ein weites Spektrum der Problematik einer theologischen Deutung des Holocaust reflektiert. Viele der hier gehaltenen und in Buchform veröffentlichten Beiträge machten den Tagungsband zu einem vielzitierten Standardwerk[266]. So mag es denn kein Zufall gewesen sein, daß der Tagungsband mit dem Aufsatz eröffnet wurde, der am meisten Aufsehen erregte, nämlich dem von Irving Greenberg unter dem Titel »Cloud of Smoke, Pillar of Fire: Judaism, Christianity, and Modernity after the Holocaust«[267].

Ausgehend von der Feststellung, daß Judentum und Christentum gleichermaßen »Erlösungsreligionen« sind, deren je eigenes Glaubenszentrum aus der Erfahrung geschichtlicher Ereignisse erwachsen sei, müsse man aber doch erstaunt feststellen, wie sehr beide Religionen

»seit 1945 fortfuhren, als ob nichts geschehen wäre, was ihr zentrales Selbstverständnis hätte verändern können. Es ist aber zunehmend offensichtlich, daß dies unmöglich ist, daß der Holocaust nicht ignoriert werden kann. Seiner innersten Natur nach ist der Holocaust für die Juden offensichtlich von zentraler Bedeutung« (Greenberg 1977, S.8).[268]

Mag es auch dem Anschein nach für Christen einfacher sein so zu leben, als ob der Holocaust für sie ohne Relevanz sei, so komme dies doch letztlich einem Selbstbetrug gleich:

---

264. Vgl.: Fleischner 1977.
265. Auf jüdischer Seite waren u.a. beteiligt: Yosef Hayim Yerushalmi, Emil L. Fackenheim, Elie Wiesel, Shlomo Avineri, Arthur Waskow, Edith Wyschogrod; auf christlicher Seitee u.a.: Eva Fleischner, Rosemary Radford Ruether, John T. Pawlikowski.
266. Zu Bedeutung und Stellenwert dieses Symposiums für die Enstehung einer jüdischen Holocaust-Theologie siehe auch Kap. IV-2.3.
267. Für eine Vorstufe und Frühform dieses Aufsatzes vgl.: Greenberg 1975. Der Titel von Greenbergs Symposiumbeitrag (Cloud of Smoke, Pillar of Fire) wurde in seiner ins Deutsche übersetzen Form (Wolkensäule und Feuerschein) zugleich der Titel der im deutschen Sprachbereich einzigen Dokumentation wichtiger Textauszüge bedeutender theologisch-jüdischer Interpretationen des Holocaust; vgl.: Brocke/Jochum 1982; dort findet man auf den Seiten 136-177 Teile des Greenberg'schen Aufsatzes ins Deutsche übersetzt.
268. Zu Greenbergs Verständnis des Christentums und seiner Einstellung zum christlich-jüdischen Dialog nach Auschwitz vgl. vor allem: Greenberg 1975; Greenberg 1977, bes. S.9-14; 1979a; 1980; 1984.

»Das ungeheure Ausmaß des Leidens und die manifeste Wertlosigkeit des menschlichen Lebens widerspricht den fundamentalen Äußerungen beider Religionen über den Wert des Menschen und seines göttlichen Bezugs« (Greenberg 1977, S.9).
Aber nicht nur Judentum und Christentum sind durch den Holocaust in einzigartiger Weise herausgefordert. Auch die Kultur und die Zivilisation der Moderne insgesamt werden durch die Ereignisse des Holocaust zutiefst in Frage gestellt: *»Keine Einschätzung der modernen Kultur kann die Tatsache ignorieren, daß Wissenschaft und Technologie – anerkanntermaßen Blüte und Ruhm der Moderne – in den Fabriken des Todes gipfelten; das Bewußtsein, daß ein unbegrenzter, wertfreier Gebrauch von Wissen und Wissenschaft, die wir als große Kraft erhalten haben, um die menschlichen Bedingungen zu verbessern, den Weg geebnet haben für den bürokratischen und wissenschaftlichen Feldzug des Todes«* (Greenberg 1977, S.15).
Es komme einer schockartigen Einsicht gleich, daß die humanistische Bewegung, die die Befreiung des Menschen von jahrhundertelanger Abhängigkeit von Gott und der Natur feierte, nun in ihrer »den Tod und das dämonisch Böse unterstützenden Kapazität« (Greenberg 1977, S.15) offenbar geworden sei[269].

Der Holocaust erweist sich als dermaßen »böse«, daß seine machtvolle Herausforderung allen menschlichen Normen gilt und eine Antwort erzwingt, ob man nun will oder nicht. Dabei müsse folgendes Leitprinzip immer im Auge behalten werden:
»Keine Äußerung theologischer oder anderer Art sollte getan werden, die angesichts der verbrennenden Kinder nicht glaubwürdig wäre« (Greenberg 1977, S.23).
Legt man dieses Kriterium zugrunde, dann seien vor allem die von der Tradition inspirierten Reaktionen auf den Holocaust im Rahmen der jüdischen Orthodoxie zu verwerfen. Jene Teile der Orthodoxie, die den Holocaust schlichtweg zu ignorieren versuchen, vergessen, daß das Judentum eine Religion ist, die sich immer der Bedeutung der Geschichte und der Verwurzelung in ihr bewußt war. Keine der zurückliegenden Katastrophen vor dem Holocaust brachten das Judentum dazu, aus der Geschichte zu fliehen oder sie in unangemessener Weise zu spiritualisieren. Ebenso werde das Leid und die Agonie der Opfer, insbesondere der Kinder, betrogen und verhöhnt, wenn man in orthodoxer Tradition den Holocaust als Strafe für begangene Sünden interpretiere.

Aber auch all die bemerkenswerten Versuche, eine seriöse Antwort auf den Holocaust zu geben – Fackenheim, Berkovits, Rubenstein –, ermangeln nach Meinung Greenbergs eines notwendigen »dialektischen Prinzips«. Die bisherigen Deutungen seien zu sehr an einem nicht mehr adäquaten klassischen Theismus oder Atheismus orientiert und könnten daher die »Unverstehbarkeit« des

---

269. Zu Greenbergs Urteil über die Moderne vgl. insgesamt auch: Greenberg 1982.

Holocaust nicht angemessen integrieren. Insbesondere die in manchen Äußerungen proklamierte Endgültigkeit der je eigenen Deutung hält Greenberg für völlig unangemessen[270]:

»Nach dem Holocaust sollte es keine Endlösungen mehr geben, nicht einmal mehr theologische« (Greenberg 1977, S.26).

Nach Auschwitz sei es unumgänglich wahrzunehmen, daß es »Zeiten gibt, in denen der Glaube überwältigt« (Greenberg 1977, S.27) werde:

»Wir müssen nun von ›Augenblicken des Glaubens‹ sprechen, Augenblicke, in denen der Erlöser und die Vision der Erlösung gegenwärtig sind, unterbrochen von Zeiten, in denen die Flammen und der Rauch der verbrennenden Kinder den Glauben auslöschen – wenngleich er wieder auffachen wird« (Greenberg 1977, S.27).

Diese Dialektik des Augenblicks markiere zugleich das Ende gewohnter Dichotomien, wie etwa Theismus-Atheismus, und unterstreiche die Ansicht, daß

»der Glaube eine Lebensantwort des ganzen Menschen auf die Gegenwart (des Göttlichen) im Leben und in der Geschichte ist. So wie das Leben unterliegt diese Antwort einem Auf und Ab. Der Unterschied zwischen dem Skeptiker und dem Gläubigen liegt in der Häufigkeit des Glaubens und nicht in der Gewißheit seiner Position« (Greenberg 1977, S.27).

Warum aber ist nicht von einer gänzlichen Zerstörung des Glaubens angesichts der ermordeten Kinder zu sprechen, warum ist »ein dialektischer Glaube noch möglich«? Greenberg führt im wesentlichen drei Gründe an, die alle in engem Zusammenhang mit den in Betracht kommenden Alternativen zum Glauben stehen. Da ist zuerst die Idee vom säkularen Menschen, der, abgeschnitten von jeglicher Transzendenz und einem daraus resultierenden Wertsystem die primäre Alternative zum Glauben in den vergangenen zweihundert Jahren repräsentierte. Dieses Konzept führte »vom Gott der Geschichte und der Offenbarung zum Gott der Wissenschaft und des Humanismus«. Allerdings sei in vielfacher Hinsicht »der Holocaust direktes Ergebnis und Erbe dieser Alternative« (Greenberg 1977, S.28). Die ›Stadt ohne Gott‹ (Harvey Cox) produzierte eine ihrem Anspruch nach wertfreie und objektive Wissenschaft, die erst den Raum schaffte für eine unvergleichliche Machtfülle, eine Machtfülle, die jeglicher moralischer Beschränkung sich enthob. Der Holocaust schließlich machte die Autoritätsansprüche der säkularen Welt zunichte. Die mit Moderne und Säkularisation einhergehende Relativierung aller Werte bildeten ein Vakuum, das die Nazis mit all ihrer Kraft füllten. Greenberg argumentiert, daß die Verleugnung Gottes »auf direktem Wege zu der Anmaßung absoluter Macht über Leben und Tod führt« (Greenberg 1977, S.29). Auf diesem Hintergrund ist auch die Kritik vieler Bewegungen, der Existenzialisten etwa, und mancher Denker, wie Wittgenstein zum Beispiel, zu verstehen, die

---

270. Diese Kritik zielt vor allem und ausdrücklich auf Rubensteins apodiktischen Stil und seine radikalen Schlußfolgerungen; vgl.: Greenberg 1977, S. 26f.

in den letzten vierzig Jahren immer wieder versuchten, dem absoluten Anspruch einer sich wertfrei verstehenden Wissenschaft Grenzen zu setzen.
Ein zweiter Grund, der Preisgabe des Göttlichen zu widerstehen, liegt in der »moralischen Dringlichkeit, die aus der Erfahrung des Holocaust erwuchs« (Greenberg 1977, S.30). Der Begegnung mit dem Holocaust entspringe eine »moralische Notwendigkeit« zur Erneuerung von Ethik und Moral für eine künftige Welt. Diese moralische Notwendigkeit rechtfertige eher die Suche nach religiöser Erfahrung, als daß sie »die unmittelbare Logik des Unglaubens unterstützt« (Greenberg 1977, S.30). Denn:

»Insofern der Holocaust aus der westlichen Zivilisation erwuchs, ist es – zumindest für die Juden – ein gewaltiger Anreiz sich zu hüten, nicht zu sehr beeindruckt zu sein von den intellektuellen Voraussetzungen dieser Kultur, und nach anderen philosophischen und historischen Grundideen Ausschau zu halten« (Greenberg 1977, S.30).

Jenseits aller philosophischen Argumentation, werde die Skepsis gegenüber den Traditionen und Werten der westeuropäischen Zivilisation allein durch das Faktum des Holocaust gerechtfertigt. Das moralische Schlaglicht, das durch den Holocaust auf jene Zivilisation und Kultur fällt, der er entwuchs, mahne zur Vorsicht:

»Es genügt, daß diese Zivilisation der Ort des Holocaust ist. [...] Es ist dies ein entscheidender Punkt. Der Holocaust geschah nach zwei Jahrhunderten, in denen Judentum und Juden in wachsendem Maße von der Emanzipation bestimmt wurden« (Greenberg 1977, S.31).

Der Selbstanspruch von Juden und Christen, immer auf der Höhe der Zeit sein zu wollen, habe dazu verleitet, den notwendigen kritischen Blick auf Entwicklung und Gang der Moderne zu unterlassen. Dabei gehe es in der Zeit nach Auschwitz nicht darum, der Moderne den Rücken zuzukehren, vielmehr werde man

»freier sein, einige ihrer Elemente zurückzuweisen und weitaus reichhaltiger aus der Vergangenheit (und Zukunft) zu schöpfen« (Greenberg 1977, S.31).

Der wichtigste Grund aber, warum Verzweiflung und Unglaube nicht das letzte Wort haben sollten, liege in einem anderen Ereignis unserer Zeit begründet, das ebenfalls über

»außerordentliche Reichweite und normative Bedeutung verfügt – die Wiedergeburt des Staates Israel« (Greenberg 1977, S.32).

An dieser Stelle entfalte sich in voller Schärfe die Dialektik der Ereignisse:

»Wenn die Erfahrung von Auschwitz unser Abgeschnittensein von Gott und der Hoffnung symbolisiert und daß der Bund zerstört sein könnte, dann symbolisiert die Erfahrung von Jerusalem, daß Gottes Verheißungen glaubhaft sind und Sein Volk weiterlebt. Verbrennende Kinder sprechen für die Abwesenheit aller Werte – menschlicher und göttlicher; die Rehabilitaton einer halben Million Holocaust-Überlebender in Israel spricht für die Wiedergewinnung außergewöhnlicher menschlicher Würde und Werte. Wenn Treblinka aus der

menschlichen Hoffnung eine Illusion macht, dann dokumentiert die Westmauer, daß menschliche Träume weitaus wirklicher sind als Gewalt und Tatsachen. Israels Glaube an den Gott der Geschichte verlangt, daß ein beispielloser Akt der Zerstörung von einem ebenso beispiellosen Akt der Erlösung konterkariert wird, und genau dies ist geschehen« (Greenberg 1977, S.32).

Heute lebe das gesamte jüdische Volk in der Spannung zwischen Nihilismus und Erlösung. Einen dieser beiden Pole verleugnen zu wollen, käme einer Trennung und Verleugnung der historischen Erfahrungen, die man in dieser Zeit gemacht habe, gleich. Es ist zwingend einzusehen, daß es eine Realität des Nichts gibt, die den Glauben überwältigt; ebenso wahr aber ist es auch, daß es »Augenblicke des Glaubens« gibt, die Anlaß zur Hoffnung und Zeichen der Erlösung sind.

3.2.2 Das Zeugnis des Lebens

Vor allem ein theologisches Modell erscheint Greenberg von besonderer Wichtigkeit, nämlich das vom leidenden Gottesknecht[271]. Aufgrund seiner Usurpation durch das Christentum, das in diesem Modell ausschließlich eine Präfiguration des Leiden Jesu sah, sei dieses Kapitel der Hebräischen Bibel im Judentum zu Unrecht vernachlässigt worden. Lese man heute Kapitel 53 von Jesaja, so scheine es wie ein Stück Holocaust-Literatur zu sein. Die wesentliche Aussage Jesajas besteht, so Greenberg, darin, daß das Leid des Knechtes seine Ursache nicht in den eigenen Sünden habe, sondern »in den Sünden aller Menschen«, also ein stellvertretendes Sühneleid ist. Im Anschluß an Berkovits[272] meint Greenberg, Israels Existenz bezeuge einen Erlösung verheißenden Gott in einer unerlösten Welt. Genau hierin wurzele das Ärgernis, das das Judentum für alle Strömungen, die absolute Heilsversprechungen predigen, bereite:

»Wann immer Christen absolute spirituelle Erlösung proklamieren, oder Stalinisten oder Nazis den Anspruch absoluter sozialer und politischer Perfektion erheben, oder Kapitalisten oder Nationalisten unbedingte nationale Loyalität einfordern, dann werden Juden natürlicherweise das Objekt von Verdächtigungen und Ablehnung. Denn die Existenz dieses Volkes bezeugt: noch nicht« (Greenberg 1977, S.37).

So betrachtet ist dem Modell vom leidenden Gottesknecht eine Art ›Frühwarnsystem‹ (early warning system) für Fehlentwicklungen, die der modernen Kultur innewohnen, implizit. Dieses Frühwarnsystem funktioniert vornehmlich dergestalt, daß es in der Art und Weise, wie die Welt das Gottesvolk behandelt, als sein wichtigstes Warnzeichen betrachtet. Die Behandlung des Gottesvolkes durch die

---

271. Vgl.: Jesaja, Kap.53.
272. Vgl. Abschnitt 2.4.

Welt ist gleichsam ein Reifetest für die Moralität und den Entwicklungsstand der Nationen[273]. Dies heißt aber auch, daß der Holocaust eine »Vorwarnung für das dämonische Potential der modernen Kultur« war,

»eine Art von letzter Warnung, daß die Welt nur dann überleben mag, wenn es dem Menschen gelingt, die entfesselten dämonischen Kräfte innerhalb der modernen Kultur wahrzunehmen und zu bewältigen. Andernfalls wird der nächste Holocaust die ganze Welt umfassen« (Greenberg 1977, S.37).[274]

Der Holocaust demonstriere, wie die der Moderne innewohnenden Werte ins Zerstörerische umzuschlagen vermögen, wenn ihren autoritativen Ansprüchen keine Begrenzung entgegen gesetzt werde. Gleiches gelte für das nationalsozialistische Deutschland, das »aus der Matrix der Moderne erwuchs«. Das Beispiel des Holocaust, so Greenberg, legt eine »fundamentale Skepsis gegenüber allen menschlichen Bewegungen [nahe], linken wie rechten, politischen und religiösen, selbst wenn wir Teil von ihnen sind« (Greenberg 1977, S.38). Hierin offenbart sich die Dialektik vom Modell des leidenden Gottesknechtes:

»Es gibt einen Konflikt zwischen der Notwendigkeit der Verheißung einer Heiligung des Leidenden Gottesknechtes sowie der künftigen Welt und der Gefahr der Passivität gegenüber der Tatsache der hier und heute verbrennenden Kinder. Die erlösende Natur des Leidens muß in absoluter Spannung stehen zu der dialektischen Wirklichkeit, daß dies bekämpft, verhindert und beendet werden muß« (Greenberg 1977, S.39).

Darüberhinaus gibt es ein weiteres Zeugnis wider die Absurdität des Lebens und des Schweigen Gottes: »Das Zeugnis des menschlichen Lebens selbst«. Im Grund gibt es, so Greenberg, nur eine Antwort auf die Sinnlosigkeit und Todesobsession von Auschwitz:

»Die Wiederbetonung von Sinnhaftigkeit, Wert und Leben – durch Akte der Liebe und des Lebenspendens. Der Akt Leben zu schaffen, oder seine Würde zu betonen, ist das Gegenzeugnis zu Auschwitz. Von Liebe und einem fürsorgenden Gott zu reden in der Gegenwart verbrennender Kinder ist obszön und unglaubwürdig; hineinzuspringen und ein Kind dem Feuer zu entreißen, sein Gesicht zu reinigen und seinen Körper zu heilen, heißt die denkbar kraftvollste Äußerung zu tun, die möglich ist – die einzige Äußerung, auf die es ankommt« (Greenberg 1977, S.41f.).

---

273. Vgl. Anm. 251 im vorhergehenden Abschnitt 3.1 (A.A. Cohen).
274. Die Notwendigkeit, nach der Erfahrung des Holocaust eine Art Frühwarnsystem (early warning system) zu entwickeln, um ähnliche Katastrophen in der Zukunft zu verhindern, ist eine in der angelsächsischen Literatur häufig zu findende Forderung. Vor allem im Rahmen der Genozid-Forschung ist sie Teil ausgedehnter Überlegungen historischer, politischer und sozialwissenschaftlicher Art geworden. Vgl. exemplarisch: Charny 1984; F.H. Littel 1988 u. 1991; Freeman 1991; siehe auch die Angaben zur Genozid-Forschung in Anm.153, Kap. II-3.

Die Kraft, ein Kind in eine Welt zu setzen, in der ein Auschwitz möglich ist, kann nur durch einen »enormen Glauben an die Sinnhaftigkeit und letztlich an die Erlösung« gefunden werden. Tatsächlich offenbare sich ein solchermaßen bezeugter Glaube nicht als eine bloße
> *»Überzeugung oder gar nur ein Gefühl, sondern als eine ontologische Lebenskraft, die inmitten des alles überwältigenden Todes die Schöpfung und das Leben erneut bestätigen. Man muß die Erlösung stillschweigend voraussetzen, um ein Kind zu haben – und ein Kind haben heißt von der Erlösung zu künden«* (Greenberg 1977, S.42).[275]

Dies unterstreiche auch noch einmal die Bedeutung des Staates Israel als einem durch das jüdische Volk vollzogenen »Akt des Lebens und der Sinnhaftigkeit« (Greenberg 1977, S.42).

Zugleich folgt aus alledem des Gebot, immer entschiedener an einer Welt zu arbeiten, die die Würde, Gesundheit und den Wohlstand der Kinder gewährleiste, und überall dort einzuschreiten, wo diese Faktoren bedroht und reduziert würden. Nur so könne die Ebenbildlichkeit Gottes im Menschen wiederhergestellt werden. Dies erfordert eine
> *»energische Selbstkritik und Überprüfung aller kulturellen oder religiösen Systeme, die eine gewisse Entwürdigung oder Leugnung der absoluten und gleichrangigen Würde des Anderen in sich tragen«* (Greenberg 1977, S.44).

An dieser Aufgabe wird die Wahrhaftigkeit jeder Religiosität zu messen sein.

3.2.3 Das Emde einer Alternative: Religiös – Sekular

Seine gesamte bisherige Argumentation, so Greenberg, ziele auch darauf, Folgendes zu verdeutlichen:
> *»Der Holocaust hat Kategorien wie ›säkular‹ und ›religiös‹ zunichte gemacht. Im Feuerschein der Krematorien haben sich diese Kategorien aufgelöst und nicht selten in ihr Gegenteil verkehrt«* (Greenberg 1977, S.45).

Es gab eine Menge Leute, die den Holocaust in die Tat umsetzten und dabei weiter brav und regelmäßig in die Kirchen zu den sonntäglichen Messen gingen. Eine Reihe ›guter Christen‹ organisierte die Transporte in die Lager, betrachteten die ›Judenhatz‹ als besonderen Ausdruck ihrer Christlichkeit. Selbst ein Mann wie Himmler habe von seinen SS-Chergen einen Gottesglauben gefordert[276]. Der

---

275. Greenberg verweist in diesem Zusammanhang auf die Beobachtung, daß die Geburtenrate in den Lagern der sog. Displaced Persons, der Überlebenden der Todeslager, unmittelbar nach dem Krieg eine der höchsten der Welt war. Zu der Idee und Bedeutung, jüdische Kinder nach Auschwitz in die Welt zu setzen vgl. auch die Parallelen dieser Sichtweise bei Fackenheim, bes. Abschnitt 2.3.4ff.
276. Greenberg verweist auf ein Gespräch Himmlers mit seinem Masseur Felix Kersten; vgl.: Manvell 1969, S.109.

Holocaust offenbarte, daß so etwas wie »Gottesfurcht« sogar bei sich selbst religiös definierenden Menschen keine Grenzen setzende Macht mehr hatte. Greenberg ruft das biblische Konzept der Gottesfurcht in Erinnerung, nach dem derjenige, der sich

> »*konsequent zurückhält von Mord und Ausbeutung der Menschen, obgleich er es ungestraft begehen könnte – oder jede Person, die sich der Achtung, der Sorge und dem Schutz des göttlichen Bildes im Menschen verschrieben hat, über alle einklagbare Rücksichtnahme hinaus – offenbart eine ihm innewohnende uranfängliche Scheu – ›Gottesfurcht‹ –, die allein zu einer solchen Haltung befähigt. ... Gottesfurcht ist dort präsent, wo Menschen schlicht gewisse Dinge nicht tun können. Es ist gewissermaßen ein Kraftfeld, das gewisse Handlungen verhindert«* (Greenberg 1977, S.46).

Einer Welt, in der ungestraft gemordet und geschändet werden darf, könne nur mittels einer solchen Gottesfurcht Einhalt geboten werden:

> »*Deshalb können Menschen andere Menschen nicht töten, wenn diese im ›Ebenbild Gottes‹ stehen – sie müssen sie erst ihrer Einzigartigkeit und ihres Wertes entkleiden, bevor man entfesselt zum Mörder werden kann. Zuerst muß man überzeugt sein, daß in ihnen kein göttliches Licht glimmt. Im grellen Licht der Flammen, unter ihren durchdringenden Strahlen können wir nun klar und deutlich sehen, wer diese Gottesfurcht hat und wer nicht«* (Greenberg 1977, S.47).

Wer ist ein Mann Gottes, wer ein Atheist? Der, der sich so nennt, oder der, der entsprechend handelt?! »*Aus religiöser Sicht spricht das Tun für sich selbst*« (Greenberg 1977, S.48).

An diesem Maßstab gemessen erweise sich der *säkulare* Staat Israel als der *religiöse* Staat, der er ist. Denn das Leben eines jeden Juden ist nach Auschwitz ein Akt des Glaubens, und Israel ist der Staat, der solches Leben ermöglicht und schützt, der

> »*das neuerliche Zeugnis des Exodus als einer letztgültigen Wirklichkeit symbolisiert, der Gottes fortdauernde Gegenwart in der Geschichte durch die Tatsache belegt, daß Sein Volk, entgegen allen Versuchen es zu vernichten, immer noch existiert«* (Greenberg 1977, S.48).

Die Existenz dieses Staates werde gleichermaßen von religiösen wie säkularen Juden verteidigt. Ein säkulares Phänomen wie der Staat Israel werde solchermaßen zum zentralen religiösen Zeugnis heutigen Judentums. Und da die Kraft, jüdische Kinder zu gebären und zu erziehen – wie dargelegt – letztlich auf Quellen des Glaubens und des Vertrauens in die Sinnhaftigkeit des Lebens beruht,

> »*wer vermag da den frommen oder säkularen Israeli oder Juden nach einfachen Kategorien einzuordnen?*« (Greenberg 1977, S.49)[277]

---

277. An anderer Stelle weist Greenberg mit einer eindrücklichen Geschichte daraufhin, wie sehr die Auflösung und Hinterfragung geläufiger begrifflicher Dichotomien (religiös-säkular, Theist-Atheist) Bestandteil der jüdischen Tradition selbst ist. Greenberg erin-

3.2.4 Der dritte große Zyklus in der jüdischen Geschichte

In dem 1981 erschienenen ebenfalls sehr umfangreichen Aufsatz »The Third Great Cycle of Jewish History« (Der dritte große Zyklus der jüdischen Geschichte)[278] nimmt Greenberg eine Dreiteilung der jüdischen Geschichte vor, deren qualitative Bestimmung in Fortführung und Präzisierung der Gedanken seines Artikels von 1977 geschieht. Nachdem Greenberg zunächst auf einige fundamentale Zusammenhänge von jüdischer Religion und Geschichte aufmerksam macht, beschreibt er die wesentlichen Kennzeichen der in seinen Augen beiden ersten großen Zyklen der jüdischen Geschichte: der biblischen und der rabbinischen Ära[279]. Wesentlich für jede dieser großen Epochen der jüdischen Geschichte ist, daß sie jeweils durch ein bedeutsames und prägendes geschichtliches Ereignis bestimmt wurden. Für die biblische Ära war dies »ein Ereignis großer Erlösung«, der Exodus, für die rabbinische Epoche »ein Ereignis von großer Tragödie« (Greenberg 1981, S.3), die Zerstörung des Tempels in Jerusalem[280]. Der Beginn der dritten Ära, deren Augenzeugen wir sind, steht unter dem

> »Zeichen eines großen Ereignisses der Zerstörung, dem Holocaust, und einem großen Ereignis der Erlösung, der Wiedergeburt des Staates Israel« (Greenberg 1981, S.3).

Jedes dieser eine Epoche begründende und sie prägende Ereignis hatte entscheidenden Einfluß auf die grundlegenden Bedingungen jüdischen Daseins, auf ihr theologisches Verständnis, mithin auf ihre Institutionen und die Zusammensetzung der jeweiligen Führungsgruppen. Greenberg geht es nun darum, eine nach diesem Muster qualifizierende Bestimmung der dritten Ära vorzunehmen[281].

> nert an den Rabbiner Elia von Wilna (18.Jhd.), dem Gaon von Wilna (Gaon = Würdetitel für große Gelehrte), der einmal gefragt wurde, welchen Sinn und Funktion der Atheismus habe. Wenn ein armer Mensch in Not ist, antwortete der Gaon, solle man ihm nicht sagen, Gott werde ihm schon helfen. Vielmehr solle man in einer solchen Situation ein Atheist sein und sich selbst voll verantwortlich fühlen und Hilfe leisten. Greenberg kommentiert: »Ein religiöser Standpunkt nach dem Holocaust mag eine atheistische Position erfordern. Vielleicht sind die säkularen Israelis, die sich selber als Atheisten bezeichnen, aber ihren Dienst in der Armee erfüllen, die einzigen, die die theologische Dynamik des jüdischen Lebens voll verstanden haben« (Greenberg 1979, S.36).

278. Vgl.: Greenberg 1981.
279. Greenbergs Ausführungen hierzu decken sich im wesentlichen mit meiner Darstellung hierzu in Kap. III dieser Arbeit.
280. An anderer Stelle nennt Greenberg jene mit Offenbarungsqualität versehenen und jeweils eine Ära begründenden historischen Ereignisse »Orientierung gebende Ereignisse« (orienting events); vgl.: Greenberg 1982, bes. S.63f.; diese Terminologie Greenbergs hat manches gemein mit Fackenheims Konzept von »Wurzelerfahrung« und »Epoche-machenden Ereignissen«; vgl. vor allem Abschnitt 2.3.1 im Rahmen der Ausführungen über Fackenheim in dieser Arbeit.
281. Zu Greenbergs Dreiteilung der jüdischen Geschichte vgl. auch: Greenberg 1979.

3.2.4.1 Die Dritte Ära

Der Beginn der dritten Ära der jüdischen Geschichte ist nicht allein durch die erschütternde Tatsache der Ermordung eines Drittels der jüdischen Population markiert, sondern
»der Holocaust machte einen unweit tieferen Schnitt. Es ist geschätzt worden, daß mehr als achtzig Prozent der Rabbiner, jüdischer Gelehrter und Talmud-Schüler, die 1939 noch lebten, 1945 tot waren. Neunzig Prozent des Osteuropäischen Judentums – das biologische und kulturelle Herzstück des Judentums – wurden vernichtet. Die Nazis suchten nicht bloß Juden, sondern das Judentum selbst zu vernichten« (Greenberg 1981,S.14).[282]
Daher ist der Beginn der dritten Ära von einer unvergleichbaren Krise des Glaubens an Gott und den Bund geprägt, ebenso wie der Traum auf eine stetig sich vervollkommnende Welt angesichts der Gleichgültigkeit der zivilisierten Welt während des Holocaust zerplatzt ist.

Demgegenüber bezeuge
»die Wiedererlangung der jüdischen Souveränität nach 1900 Jahren und die Wiedervereinigung Jerusalems ... Israels Wiedergeburt im Sinne eines Erlösungsereignisses von historischer Größe« (Greenberg 1981, S.15).
Trotz der Schwierigkeit, diese beiden dialektisch gegensätzlich aufeinander zu beziehenden Ereignisse zu verstehen, könne man, wenn man das jüdische Verhalten seit 1940 genau studiert, durchaus die Grundlinien einer »neuen Synthese im jüdischen Leben und der jüdischen Kultur ausmachen« (Greenberg 1981, S.15), in deren Zentrum ein neues Verständnis der Verborgenheit Gottes steht.

3.2.4.2 Die Verborgenheit Gottes – oder: Heilige Säkularität

Schon in seinem Aufsatz von 1977 hatte Greenberg von der Auflösung der Dichotomie religiös-säkular gesprochen. Diesen Gedanken verstärkt er nun, indem er ihn mit einem alten biblisch-rabbinischen Konzept in eine erstaunlich Verbindung bringt. Die Zerstörung des Zweiten Tempels zu Jerusalem wurde von den

---

282. Auf diesen Zusammenhang wird vielfach hingewiesen. Neben Greenberg heißt es exemplarisch bei Shereshevsky:»Es ist die Qualität der Juden, die vernichtet wurden, was die nationale Tragödie des Holocaust im Kern ausmacht. Die wahre und gültige Tragödie, die durch den Holocaust über uns gekommen ist, liegt in der Zerstörung der großen Zentren des Jüdischen Lernens in Europa, Zentren, die unsere geistige Führungselite hervorbrachte ... für alle Bereiche des jüdischen Lebens,... Die großen Yeshivot (talmudische Akademien) mit ihren brillanten Führern von ausgewähltem Charakter, die Pflanzstätte jüdischen Lebens in all seinen Manifestationen, wurde in dieser europäischen Tragödie ausgelöscht« (Shereshevsky 1982,S.30f.); vgl. auch: Vital 1991, S.123.

Rabbinen als Ausdruck der Verborgenheit Gottes interpretiert, einer Verborgenheit, die zugleich als Aufruf zu verantwortlichem und partnerschaftlichem Gebrauch menschlicher Freiheit verstanden wurde[283].

»Wenn Gott nach der Zerstörung des Tempels verborgener war als zuvor, um wieviel mehr verborgen muß dann Gott sein in der Welt nach dem Holocaust? Daher kommt es, daß das religiöse Handeln selbst zutiefst im säkularen Handeln untergetaucht ist, in welchem Gott verborgen ist« (Greenberg 1981, S.16). Säkulares Denken und Handeln heute, nach Auschwitz, ist gleichsam die Maske des Religiösen, hinter der Gott verborgen ist. Dies legt nahe, daß wir in eine Periode des »theologischen Schweigens – eines Schweigens, das mit der tiefen Verborgenheit Gottes korrespondiert – eintreten« (Greenberg 1981, S.16). Wenn zudem das fundamentale religiöse Handeln unserer Zeit darin besteht, Glauben, Erlösungshoffnung und Sinnhaftigkeit des Lebens durch »Akte der Liebe und des Lebenspendens« wieder zu ermöglichen, dann bedeutet dies, daß solches »Tun lauter spricht als alle Worte« (Greenberg 1981, S.16). Mehr noch:

»Sexualität und Empfängnis, Gerechtigkeit und Gleichheit, Liebe und Achtung vor der Einzigartigkeit jedes Menschen werden allgemeinhin als säkulare Handlungsweisen betrachtet. Daher besteht das Paradox der dritten Ära darin, daß die Bühne, auf der primär religiöses Tun sich verwirklicht, die Säkularität ist« (Greenberg 1981, S.17).

Der Talmud beantwortete seinerzeit die Frage, wie denn Gottes Gegenwart erfahrbar sei, wo man doch von Ihm als dem verborgenen Gott sprach, damit, daß die fortdauernde Existenz Israels die Gegenwärtigkeit Gottes trotz aller Verborgenheit bezeuge. Gleiches gelte heute um so mehr. Die physische Präsenz des jüdischen Volkes,

»eine Existenz, die gleichermaßen von säkularen Israelis wie auch von religiösen Juden ermöglicht wird, ist das beste Zeugnis für die Gegenwart des Göttlichen. [...] Herzstück dieses neuen säkularen Versuchs, den uneingeschränkten Wert menschlichen Seins wieder zu betonen, ist eine verborgene Beziehung zu Gottes Gegenwart in der Geschichte und eine liebevolle Güte, die, unabhängig von einem Glauben an Erlösung, dem Bösen und dem Tod trotzt. Die alten Kategorien von säkular und religiös sind aufgehoben. Religion ist, was Religion tut; alles andere ist Geschwätz« (Greenberg 1981, S.17).

So betrachtet ist das Göttliche präsenter denn je,

»auf den Straßen und in den Fabriken, in den Medien und auf der Bühne, aber der springende Punkt ist, daß man nach ihm suchen und für die Begegnung mit ihm offen sein muß. Man ist erinnert an jene Geschichte des Mendel von Kotzk, der gefragt ›Wo ist Gott?‹ antwortete: ›Wo immer du ihn einläßt‹« (Greenberg 1981, S.18).

---

283. Vgl. Abschnitt 2.4 (Eliezer Berkovits).

Die Bewegung hin zur Säkularität sei ein Aufruf, die religiösen Quellen und Dimensionen der Säkularität zu entdecken. Die Wiedererrichtung Israels ist ein Erlösungsereignis, das es ermöglicht den Bund weiterhin für gültig zu erachten. Es ist ein Ereignis mit Rissen, mit Fehlern, denn
»*Israel hat eine Menge sozialer Probleme; eher säkulare, in denen Gottes Rolle und Gegenwart entsprechend verborgener ist*«. Aber: »*Jeder Akt sozialer Gerechtigkeit, jede menschliche oder produktive Arbeit, jeder sportliche Wettkampf in den Zentren der Gemeinschaft, jeder Akt humaner und würdevoller Sozialisierung, wird zu einer säkularisierten Halacha,... Die heiligen Dimensionen des Profanen sind aufgedeckt*« *(Greenberg 1981, S.20f.).*

3.2.4.3 Von der Ohnmacht zur Macht

Bereits in seinem 77iger Aufsatz berührte Greenberg kurz das, wie er es nannte, Problem der »Dialektik der Macht«. An dieser Stelle hieß es:
»*Niemals wieder sollte irgendjemand einer solch einseitigen Macht auf der Seite des Bösen ausgeliefert sein... Aus der Erfahrung des Holocaust erwächst die Forderung nach einer Verteilung der Macht. Das Leitprinzip ist einfach. Niemals wieder sollte irgendjemand bezüglich seiner fundamentalen Sicherheit und seinem Recht auf Existenz allein vom guten Willen anderer abhängig sein. Die Juden Europas brauchten verzweifelt diesen guten Willen... - und die Demokratien und die Kirche und die Kommunisten und die außereuropäischen Juden versagten ihnen dies. Niemand sollte mit weniger Macht ausgerüstet sein, als er benötigt, um seine Würde sichern zu können*« *(Greenberg 1977, S.54).*
Die in diesen eindringlichen Worten zum Ausdruck kommende Thematik wird für Greenberg nun zum beherrschenden Mittelpunkt seiner Reflexionen. Anknüpfend an seine Idee von einer in die Säkularität hineinverschlungenen Gegenwart des Göttlichen formuliert Greenberg:
»*Die zutiefst einschneidendste Veränderung in der Beschaffenheit des Judentums und auch innerhalb des Übergangs der Herrschaft des Sakralen zur Herrschaft des Säkularen, ist die Bewegung von der Ohnmacht zur Macht. Die Konstituierung Israels ist ein Akt der Wiedereinsetzung und Erlösung und ist die Bestätigung des Bundes durch weltliches Bemühen. Es hat Schlüsselbedeutung für die Aktualität der Religion und ist solchermaßen ein klassischer Ausdruck für die Verborgenheit [Gottes] und die neue heilige Säkularität*« *(Greenberg 1981, S.21).*
Nachdem nun im Zentrum jüdischer Existenz nach dem Holocaust die Staatlichkeit Israels und ihr damit verbunder Machtstatus steht, werde die Fähigkeit, mit dieser neugewonnenen Machtfülle verantwortlich umzugehen, zu einem höchst bedeutsamen Faktor. Die Vervollkommnung der Erlösung des jüdischen Volkes hängt nun davon ab, inwieweit es gelingt, im Status der Macht den moralischen

Kategorien des Judentums im täglichen Leben einen Platz einzuräumen und ihre Maxime zu verwirklichen. »Das irdische Jerusalem zu schaffen wird zur Basis für die Etablierung des himmlischen Jerusalem« (Greenberg 1981, S.21). Religiösen Puristen und Idealisten mag dies nicht gefallen, sie mögen sich reiben an den Gefahren und Versuchungen, die jede Machtausübung mit sich bringt, aber dem Status der Macht »ist nicht zu entfliehen, wenn jüdische Existenz fortdauern soll«. Diese Form der Säkularität »ist eine Frage von Leben und Tod« (Greenberg 1981, S.22). Die Gründe hierfür seien historisch betrachtet unausweichlich:

»Der Holocaust hat auf überwältigende Weise deutlich gemacht, daß jüdische Machtlosigkeit nicht mehr kompatibel ist mit jüdischem Überleben. Der außerordentliche Erfolg der Nazis wurde durch die Machtlosigkeit der Juden möglich« (Greenberg 1981, S.22).

Daß jüdische Machtlosigkeit »unmoralisch« ist, sei auch zur Genüge nach 1945 deutlich geworden, denn sie verführe Antisemiten zu bosartigem Verhalten:

»Hätte es keine jüdische Armee oder Luftwaffe gegeben, wir hätten einen weiteren Holocaust, oder zwei, nach 1945 erlebt... Seit die Macht, die man benötigt, um sich selbst zu verteidigen, in der modernen Periode nur mittels souveräner Staatlichkeit zu erlangen ist, ist es jüdischer Konsens, daß die Verpflichtung für Juden, Macht inne zu haben, zu einem geheiligten Prinzip geworden ist. Daher erfordert die Erfahrung der Juden während des Holocaust, daß Juden Macht ergreifen, und die Wiedererrichtung Israels ist die Antwort auf diese Forderung. Jedes Prinzip, das dem Holocaust entwachsen ist und auf das Israel antwortet, jede Handlung, die durch die Enthüllung der beiden großen Ereignisse dieser Ära bestätigt wird, wird auf überwältigende Weise normativ für das jüdische Volk sein. Der Übergang von der Machtlosigkeit zur Macht ist im Rahmen der fundamentalen Verfaßtheit des Judentums der dritten Ära eine notwendige Veränderung« (Greenberg 1981, S.22).

Wie diese Macht verwendet und eingesetzt wird, unterstehe dabei selbstverständlich jeder notwendigen und zugelassenen Kritik. »Wie die Macht gebraucht wird, wird Bestandteil einer neuen Halacha sein, aber Leugnung oder Gefährdung der Macht wird als eine unverzeihliche Sünde angesehen werden müssen« (Greenberg 1981, S.22).

Greenberg verkennt nicht, daß die »Dilemmatas der Macht weit anders geartet sind als die Versuchungen und Probleme der Machtlosigkeit« (Greenberg 1981, S.24). Nun, da man die Macht habe, das zu tun, wovon man früher nur sprach, müsse sich die Wahrhaftigkeit der Rede durch adäquates Tun erweisen. Allerdings ist dabei zu bedenken, daß politische Entscheidungen nicht nur Reform und Fortschritt, sondern immer Kompromiß und Bewahrung zum Ziel haben müssen:

»Letzte Ziele und angemessene Mittel müssen in einem kontinuierlichen Prozeß miteinander verbunden sein, etwas, das nur erreicht werden kann durch Einmischung, Schuldigwerden und teilweiser Verfehlung. Macht korrumpiert

unausweichlich und doch ist sie eine unverzichtbare Voraussetzung. Der Erweis ihrer Moralität wird durch eine relative Verminderung des Bösen und bessere Mechanismen der Selbstkritik, Korrektur und Reue zu erbringen sein. Allerdings besteht die Gefahr, daß jene, die die volle Bedeutung der Veränderung der jüdischen Beschaffenheit nicht begriffen haben, Israel nach den idealen Maßstäben des Status der Machtlosigkeit beurteilen werden, und auf diese Weise nicht nur fehlurteilen, sondern ungewollt auch einem versuchten Genozid Vorschub leisten« (Greenberg 1981, S.25).
Aber wie vermag man Macht zu benutzen, ohne sich von ihr versklaven zu lassen, ohne in einen Status von Unmoral und Ausbeutung hinüberzugleiten? Dazu muß der Gebrauch der Macht stetig begleitet werden von
»starken Modellen und einer konstanten Beschwörung der Erinnerung an das historische Leid der Juden und ihrer Machtlosigkeit. Es ist so leicht, die Lehren der Sklaverei zu vergessen, ist einem erst einmal Macht zugewachsen, aber solche Vergeßlichkeit wird dazu führen, auf gefühllose Weise anderen Schmerz aufzuerlegen. Die Erinnerung an den Holocaust hat Israel in den Stand gesetzt, ein verantwortlicher und zurückhaltender Machthaber zu sein. Erinnerung ist der Schlüssel zur Moralität« (Greenberg 1981, S.25).[284]

3.2.4.4 Institutionen, Führerschaft und Offenbarung

Jede der beiden zurückliegenden großen Zyklen jüdischer Geschichte haben jeweils neue Institutionen, andere Führungseliten und ein verändertes Verständnis von Offenbarung mit sich gebracht. Wie sich dies in der dritten Ära der jüdischen Geschichte darstellt, dieser Frage widmet sich Greenberg im letzten Teil seines Aufsatzes.

a) Neue Institutionen
Typisch sei es, daß Institutionen, die bereits vor der Krise existierten, aber nur marginalen Stellenwert besaßen, nun ins Zentrum der Aufmerksamkeit gerückt seien. Und natürlich handelt es sich dabei um Institutionen, die »mehr säkular sind, gemäß der zugenommenen Verborgenheit Gottes« (Greenberg 1981, S.27). An erster Stelle ist dabei selbstverständlich der Staat Israel zu nennen, der vor

---

284. Konsequenterweise plädiert Greenberg auch für ein »Maximum an Selbstbestimmung für Palästinenser und Araber als Kontrolle jüdischen Mißbrauchs« der Macht. Allerdings könne eine Selbstbestimmung der Palästinenser nur dann denkbar sein, wenn sie »die Existenz und Sicherheit des jüdischen Volkes nicht bedroht. Autonomie zu gewähren, ohne daß nicht ein überzeugender Beweis palästinensischer Sehnsucht vorliegt, in Frieden leben zu wollen, käme einer Einladung zu Martyrium und ... Tod durch Genozid gleich« (Greenberg 1981, S.25f.). Zum gesamten Komplex von Macht und Moralität in der jüdischen Geschichte siehe auch: Greenberg 1980a.

dem Holocaust marginal, durch die zionistische Idee und Bewegung präfiguriert, jetzt von zentraler Bedeutung ist. Im Rahmen des Staates gewinnen dann solche Institutionen wie die Knesset[285], die israelische Armee, aber auch staatliche und private Wohlfahrtsorganisationen, die staatlichen Universitäten sowie die religiösen Yeshivot, einen erstrangigen Stellenwert.

Als pionierhaft erwies sich aber auch Israel in der Schaffung völlig neuer »heiliger Institutionen der dritten Ära«, deren bedeutsamste in der Holocaust-Gedächtnisstätte Yad Vashem zu sehen ist:

»Ebenso wie die Synagoge der Ort war, an dem man der Zerstörung des Tempels gedachte und jüdischer Kontinuität ihren Ausdruck verlieh, ..., so sind Yad Vashem, die staatlich eingerichtete Gedächtnisstätte des Holocaust, und ähnliche Institutionen der Brennpunkt für eine mehr säkularisierte Form religiöser Erfahrung. Es sind dies Orte, wo die Erinnerung bewahrt wird, die Geschichte erzählt und Akte der Trauer und der Kontinuität öffentlich zum Ausdruck gebracht werden« (Greenberg 1981, S.28).

Natürlich sind all diese Institutionen offiziell säkular, aber in einer »maskierten Weise« verkörpern sie zugleich solch klassisch religiösen Werte wie »die Rolle des Martyriums, des Opfers, Heldenhaftigkeit, jüdische und nicht-jüdische Heiligkeit« (Greenberg 1981, S.28).

Ein Kennzeichen der Institutionen der dritten Ära ist ihr neues Verhältnis von Pluralismus und Einheit der jüdischen Gemeinschaft. Religiöse, politische oder materielle Gründe, die Juden untereinander trennen mögen, werden sekundär im Blick auf den Holocaust und den Staat Israel. Eine bei allen Unterschieden akzeptierte Diversität des jüdischen Volkes werde letztlich immer überlagert durch das Gefühl einer »alles übertreffenden Einheit des jüdischen Schicksals in der dritten Ära« (Greenberg 1981, S.29).

b) Neue Führerschaft
Ebenso wie jede Ära der jüdischen Geschichte die ihr eigenen Institutionen hervorbrachte, so erwuchs auch jeder Ära ein ihr gemäßer neuer Führungskader. In biblischen Zeiten gab es eine Aufteilung der Führung zwischen einerseits König, Richtern und Adel, die mit staatlichen Aufgaben betreut waren, und Priestern und Propheten andererseits, denen mehr die religiösen Belange zugeordnet waren. Während der rabbinischen Epoche wurden schließlich die Rabbiner zum führenden Element der jüdischen Gemeinschaft. Als die nun dominante Gruppe der dritten Ära benennt Greenberg »die Laien«.

---

285. Die Knesset ist das israelische Parlament. Es sei darauf hingewiesen, daß diese für die zentrale politische Instanz Israels benutzte Bezeichnung seinen direkten Ursprung in der jüdischen Religion hat. Mit dem Terminus *beit ha knesset* – Haus der Versammlung – wurden und werden im Hebräischen die Synagogen benannt; vgl.: Schoeps 1992, S.264f. u. S.441.

Zu ihnen rechnet er an erster Stelle die Politiker, aber auch Juden, die bei den Medien arbeiten, Akademiker, Schriftsteller, Intellektuelle, soziale und politische Aktivisten. Sie alle

»wurden zu spirituellen oder charismatischen Führern, die in vielem die klassischen Aufgaben und Funktionen, die den Rabbinen oblagen, übernommen haben. Sie verschaffen Zugang zu Gott, geben spirituelle Orientierung, setzen Normen und Werte und bieten politische Führung« (Greenberg 1981, S.36).

Allerdings, gibt Greenberg zu bedenken, offenbare die neue Führungselite eine ernstzunehmende Schwäche:

»Sie ist charakterisiert durch die allzu großen assimilationistischen Zwänge der modernen Kultur und weiß zuwenig von jüdischer Vergangenheit oder den traditionellen Resourcen. [...] Es gibt eine wirkliche Gefahr, daß ... unter der Führerschaft der Laien jüdisches Leben ernsthaft verarmen könnte. Schlimmstenfalls könnten sie wichtige Elemente des reichhaltigen Arsenals jüdischer Kommunikation, der Werte vermittelnden Lehren und Bräuche verwerfen. Ein Judentum aber, das von den Elementen seiner ersten und zweiten Ära abgeschnitten sein würde, wäre zu einer tragisch geschwächten und verarmten Lebensweise genötigt« (Greenberg 1981, S.37).

Doch sei dies kein Grund, den Führungsanspruch der Laien prinzipiell in Frage zu stellen, vielmehr bedürften die Laien entsprechender Hilfe, Erziehung und nötigenfalls der Korrektur. Spätestens hier ist auch der Punkt erreicht, wo es mit Nachdruck darauf hinzuweisen gilt, daß die neuen säkularen Institutionen

»zu wichtig sind, um sie allein der Führung der Laien zu überlassen. ... Rabbiner und die Synagoge, ebenso wie die neuen Institutionen, ..., die Holocaust Gedächtnisstätten und die Abteilungen für Jüdische Studien, können der Führungsschicht der Laien helfen, diese Krise der Kontinuität zu überwinden« (Greenberg 1981, S.38).

c) Neue Schriften, neue Offenbarung

Jede Ära der jüdischen Geschichte hat immer auch eine für sie charakteristische »heilige Literatur« hervorgebracht. Und immer wurde diese Literatur angestoßen, geformt, geprägt und beeinflußt durch ein entscheidendes historisches Ereignis. Das klassische literarische Produkt der ersten Ära war die hebräische Bibel, die unter dem Eindruck und in der Folge des Exodus entstanden ist. Das autoritative Werk der rabbinischen Ära war der Talmud, der zutiefst initiiert wurde von der Zerstörung des Tempels. Insbesondere mit der Entwicklung des Talmuds änderte sich auch das Verständnis von Offenbarung, die nun weit mehr als eine in der Geschichte fortschreitende Enthüllung und als immer wieder notwendig zu leistende Neuinterpretation und nicht als statisch abgeschlossenes Produkt verstanden wurde.

Im nun dritten Zyklus der jüdischen Geschichte, so Greenberg, leben wir wiederum in einem »Zeitalter erneuter Offenbarung«, wobei das »originäre Ziel immer das Gleiche bleibt, aber der Gehalt des Zieles erst im Lauf der Geschichte aufscheint« (Greenberg 1981, S.39f.). Der Holocaust und die Wiedergeburt Israels führten dazu, daß es nun auch »neue ›Schriften‹ [gibt], um diese Ereignisse auszudrücken«. Der Grund, daß diese neue Offenbarung und die neuen Schriften noch nicht von jedermann erkannt wurden als das, was sie sind, »ist in Übereinstimmung mit der Natur der dritten Ära; sie (Offenbarung und Schrift) sind, per definitionem, verborgen« (Greenberg 1981, S.40).

»Die Schriften der neuen Ära sind verborgen. Sie präsentieren sich selbst nicht als (heilige) Schrift, sondern als Geschichte, Tatsache und manchmal als Anti-Schrift. [...] Und doch sind diese Schriften bereits geschrieben. Es sind die vielen Versuche, in denen das Ereignis erzählt und immer wiedererzählt wird, in denen die Schlüsse gezogen und den Lebenden Orientierung gegeben wird« (Greenberg 1981, S.40).

Die Aufzeichnungen der Überlebenden, die Schriften von Chaim Kaplan, von Primo Levi, Elie Wiesel und vielen anderen sind die in ihrer Heiligkeit verborgenen neuen Schriften der dritten Ära[286].

3.2.5 Innerjüdische Reaktion und Kritik an Greenberg

Manche Aspekte der Greenberg'schen Deutung des Holocaust finden ihre Parallelen in den Deutungen etwa von Fackenheim und Berkovits. Die Originalität von Greenbergs Interpretation aber gipfelt schließlich in seinen Reflexionen zur Dialektik der Macht, über den Wechsel von jüdischer Ohnmacht zu jüdischer Macht in Gestalt des Staates Israel als eine der – wohlgemerkt: moralischen, nicht historisch-kausalen – Folgen des Holocaust[287]. Auch ist Greenberg in diesem Kontext einer der ganz wenigen Interpreten, der im Rahmen seiner Deutung auch auf gewissermaßen (religions-) soziologische Aspekte zu sprechen kommt, indem er über die Entstehung, Struktur und Funktion neuer Institutionen und Führungseliten nach dem Holocaust nachdenkt.

Bedenkt man die Zuspitzung der politischen Situation in Israel im Kontext des Nahost-Konflikts vor allem in den letzten zehn bis fünfzehn Jahren, hauptsächlich aber seit dem Libanon-Krieg 1982 und dem Beginn des palästinensischen Aufstandes 1987, der Intifada, dann ist es nicht erstaunlich, daß Greenbergs Reflexionen über den jüdischen Status der Macht von durchaus brisanter Aktualität sind. Seine dialektische Entfaltung sowohl der Legitimation als auch der Gefahren staatlichen

---

286. Zu Greenbergs Deutung insgesamt siehe vor allem auch: Greenberg 1979 und Greenberg o.J.
287. Vgl. hierzu auch: Biale 1986, der eine Geschichte des jüdischen Volkes vornehmlich unter den Aspekten »Macht und Ohnmacht in der jüdischen Geschichte«, so der Titel seines Buches, zu beschreiben versuchte.

Machtgewinns, insbesondere aber seine Gedanken über die fundamentalen Veränderungen, die mit dem Übergang des Judentums von einer 1900 Jahre lang im Zustand politischer Ohnmacht verharrenden Gemeinschaft in den Zustand der Macht verbunden sind, und die Bedeutung dieses Vorganges auf dem Hintergrund der Erfahrung des Holocaust, vermögen vielleicht insbesondere Nicht-Juden und Nicht-Israelis einen tiefen Einblick zu vermitteln in die israelische (und jüdische) Psyche, vermögen vielleicht hilfreich sein für ein differenzierteres Verständnis vor allem des offiziellen politischen Handelns des israelischen Staates im Kontext der Nahost-Frage.

Andererseits ist es ebenso kaum verwunderlich, daß exakt an diesem Punkt sich eine scharfe Kritik an Greenberg entzündete, die zugleich eine der schärfsten Kritiken an jüdischer Holocaust-Theologie überhaupt ist. Der Entwurf einer »jüdischen Befreiungstheologie« durch Marc H. Ellis verdankt seinen Impuls ausdrücklich einer direkten Auseinandersetzung mit den Ausführungen Greenbergs zur Dialektik der Macht. Insofern sei an dieser Stelle, was die innerjüdische Reaktion auf Greenberg angeht, auf den nachfolgenden Abschnitt verwiesen, der sich ausführlich mit Ellis beschäftigen wird.

Abgesehen von Ellis ist die Rezeption vieler Gedanken und einzelner Elemente der Greenberg'schen Position im Rahmen des innerjüdischen Diskurses um die Bedeutung des Holocaust zwar sehr weitläufig und durchgängig von zustimmendem Charakter, geschieht jedoch höchst selten unter direkter Berufung auf Greenberg. Sämtliche gängigen, zusammenfassenden Darstellungen und Analysen der jüdischen Holocaust-Theologie lassen eine Auseinandersetzung mit Greenberg vermissen[288]. Zum Teil mag man dies deshalb verstehen, weil Greenbergs Interpretation nur in verstreut zugänglichen Aufsätzen zu finden ist und bisher keinen in einem Buch greifbaren, systematischen Niederschlag gefunden hat.

Als exemplarisches Beispiel dafür, wie sehr Greenbergs Argumentation für den Status der Macht als eine der zentralen Lehren des Holocaust Eingang in die Diskussion gefunden hat, sei hier besonders auf zwei Aufsätze von Pesach Schindler verwiesen[289]. Schindler argumentiert in die gleiche Richtung wie Greenberg, was die Notwendigkeit eines sozialpolitischen Engagements der Religion betrifft und plädiert offensiv insbesondere auch für eine jüdische Partizipation an der Macht unter ausdrücklicher Berufung auf die Erfahrung des Holocaust:

»Sicher, Einmischung in die politischen, sozioökonomischen und kulturellen Verhältnisse einer Gesellschaft birgt Risiken in sich – aber diese sind nicht vergleichbar mit den Risiken, ein passiver Zuschauer in der Rolle eines neutralen Schiedsrichters zu sein« (Schindler 1985, S.14.).

---

288. Vgl. exemplarisch: Katz 1983; Roth/Rubenstein 1987; Cohn-Sherbok 1989. In letztgenanntem findet sich lediglich im Zusammenhang mit der Darstellung der Position von Marc Ellis eine sehr knappe Zusammenfassung der Deutung Greenbergs; vgl.: Cohn-Sherbok 1989, S.105-107.
289. Vgl.: Schindler 1975 u. 1985.

Bei Schindler trifft man bis in die Formulierungen hinein das gleiche Verständnis und den gleichen Geist an, wie er aus Greenbergs Worten spricht:
> »Zu den paradoxen Nebenprodukten des Holocaust gehört die Schlußfolgerung, daß – will man die jüdisch-spirituelle Kontinuität als auch das physische Überleben gewährleisten – der Jude, entgegen seinen fundamentalen Neigungen, sich selbst physisch wird verteidigen müssen mit all den dazugehörig grausamen Implikationen. Es war der Jude des Holocaust, der diese Verfluchung zur Gewalt entdeckte, und daß der Status der Wehrlosigkeit nicht für einen Pfennig Unterstützung bei seinen Mitmenschen findet. [...] Ideale können nicht auf Gräbern blühen« (Schindler 1975, S.3).

Die erwähnte, auffällig dürftige, direkte Auseinandersetzung mit den Gedanken Greenbergs innerhalb des jüdischen Diskurses findet allerdings auch eine bemerkenswerte Ausnahme, eine Ausnahme, die die Regel bestätigt. Der 1928 in Berlin geborene, orthodoxe Rabbiner Michael Wyschogrod, der heute als Professor für Religionsphilosophie an der University of New York lehrt, setzt sich in mehreren Aufsätzen kritisch mit der Holocaust-Theologie Greenbergs auseinander[290].

Greenbergs dialektisch bestimmte Antwort, die dazu auffordere, in der Spannung gegensätzlicher Wahrheiten auszuharren, übersehe, daß ein solches entscheidungsloses, in der Schwebe gehaltenes Leben »unausweichlich zum Wahnsinn« (Wyschogrod 1977/78, S.66) führe, wobei Wyschogrod gleichwohl einräumt, »vielleicht zwingt der Holocaust tatsächlich zum Wahnsinn« (Wysschogrod 1977/78, S.66). Dennoch sieht Wyschogrod in der bewußt unentschiedenen Haltung Greenbergs eine lebensunpraktische, lebensunmögliche Aufgabe:
> »Wenn wir fortfahren sollten, an zwei gewichtige sich widersprechende Wahrheiten zu glauben, ohne Anstrengungen zu unternehmen zu unterscheiden, in welchem Sinne jede der beiden wahr ist, und den Widerspruch zu lösen, könnten wir nicht lange mehr bei Verstand bleiben. ... Wir werden dann zerstören müssen, was wir errichten; rückgängig machen, was wir tun; hassen, was wir lieben; das töten, dem wir Leben geben« (Wyschogrod 1977/78, S.66).

Bereits die Hegelsche Dialektik sah sich konfrontiert mit Kierkegaards
> »folgeschwerem Entweder-Oder. ... Der Mensch kann sich der Entscheidung nicht entziehen. [...] ... ein solches Hin- und Herschwanken ist keine theologische Stellungnahme. Es ist die Beschreibung eines Geisteszustandes, aber nicht die einer Position, die man einnimmt. [...] Derjenige, der ein Teilzeit-Rubenstein und ein Teilzeit-Gläubiger ist, bringt es fertig, die Schwierigkeiten beider und die Vorzüge von keinem zu haben« (Wyschogrod 1977/78, S.67f.).

Die Glaubensfrage stelle sich definitiv und unumwunden auch nach Auschwitz. Wyschogrod ist überzeugt, daß mit jedem Juden, der in der Konfrontation mit dem Holocaust seinen Glauben verliert,

---

290. Vgl.: Wyschogrod 1971; Wyschogrod 1975 und vor allem: Wyschogrod 1977/78.

»der Holocaust ein weiteres jüdisches Opfer gefordert hat, und immer wenn ein Jude dem Holocaust begegnet – und er wird ihm begegnen müssen, andernfalls er nicht der jüdischen Nation zugehörig ist – und fortfährt den Gott zu preisen, der der ›Schild Abrahams‹ ist, ›die Kranken heilt‹, ›die Toten auferweckt‹ und ›Jerusalem wieder erbaut‹, besiegt er Hitler und erfüllt das Vermächtnis der Toten« (Wyschogrod 1977/78, S.68).
Das Wesen des Glaubens bestehe eben gerade darin, zu glauben,
»daß Gott tun kann, was menschlich unbegreiflich ist. In unserem Zeitalter schließt dies den Glauben ein, daß Gott seine Verheißung erfüllen wird, Israel und die Welt trotz Auschwitz zu erlösen. Kann ich begreifen, wie dies möglich ist? Nein, ich kann es nicht. Und besonders kann ich nicht verstehen, wie Er es jemals wieder gutmachen kann an denen, die im Holocaust umkamen. Aber mit Abraham glaube ich, daß Er es tun wird« (Wyschogrod 1977/78, S.69f.).
Dieser trotzige Glaube, der sich bisher durch alle Katastrophen der jüdischen Geschichte hindurch behauptet habe, hatte »immer etwas Anstößiges an sich« (Wyschogrod 1977/78, S.70) in seiner Kraft an etwas festzuhalten, was im Verständnis der Welt unnachvollziehbar und nicht gerechtfertigt erschien. Zuletzt bleibe immer die eine Frage:
»Entweder existiert der Gott Israels oder er existiert nicht. Es ist nicht so, daß Er zu Zeiten existiert und dann wieder nicht. Es mag Zeiten geben, in denen die Beweiskraft, daß Er existiert, überwältigend erscheint, zu anderen Zeiten, daß Er nicht existiert. Aber dies hat mit der Veränderung des Beweismaterials zu tun, nicht mit Seiner Existenz« (Wyschogrod 1977/78, S.72).
Darüberhinaus, argumentiert Wyschogrod, sei es ein schwerwiegender Irrtum, jeder Antwort auf den Holocaust den Status einer Offenbarung zuzuweisen[291]. Denn Offenbarung war im jüdischen Verständnis
»nie das Ereignis allein«, sondern erst *»das begleitende Wort Gottes, das das Ereignis deutet, verwandelt es in Offenbarung. Die Ereignisse selbst sind nie eindeutig und lassen eine Vielzahl von Deutungen zu«* (Wyschogrod 1977/78, S.74).
Eine solches Wort Gottes, durch Prophetenmund verkündet, fehle aber im Zusammenhang mit dem Holocaust, so daß
»niemand befugt (ist), den Holocaust oder ... die Gründung des Staates Israel als ein Offenbarungsereignis auszugeben« (Wyschogrod 1977/78, S.74).
Offensichtlich übersehe man auch, daß Gottes Offenbarungsakte immer historische »Errettungsakte« (Wyschogrod 1977/78, S.74) waren. Peinlich genau registriere die Bibel zwar Gottes Zorn und seine zerstörerischen Taten, aber nie »wurden sie mit Gottes Rettungsakten gleichgesetzt« (Wyschogrod 1977/78, S.75). Die Feste Israels, als Ausdruck jüdischen Glaubens,

---

291. Die nun folgende Kritik Wyschogrods am Offenbarungsverständnis Greenbergs würde, so sei hier erwähnt, in gleicher Weise, wenn nicht noch mehr, auch auf Fackenheims Interpretation zutreffen.

»befassen sich nicht mit Gottes Zerstörungsakten, sondern seinen Rettungen«
(Wyschogrod 1977/78, S.75).
Würde man den »Holocaust als ein dem Sinai vergleichbares Offenbarungsereignis« betrachten, hätte dies die unerträgliche Konsequenz, den Holocaust »mitten in das Herz des Judentums einzusetzen« (Wyschogrod 1977/78, S.75), was Hitler und seiner Un-Tat einen Ehrenplatz in der Erinnerung des Judentums verschaffen würde. Dies darf unmöglich geschehen:
»Der Holocaust hat keinen Platz im innersten Heiligtum des Judentums. Es ist kein Offenbarungsereignis. [...] Der höchste Triumph über die Verbrecher des Holocaust ist ihr Verschwinden aus der Erinnerung des jüdischen Volkes«
(Wyschogrod 1977/78, S.76).
Für Wyschogrod bleibt angesichts des Holocaust nur eine Maxime, die jüdisches Leben nach dem Holoaust lebbar macht:
»Wenn wir nach dem Holocaust Kinder haben, die ihrerseits Kinder zeugen, wenn wir lächeln und über Scherze lachen ..., kurzum, wenn wir nicht wahnsinnig geworden sind, so deshalb, weil wir auf den Gott unserer Väter vertrauen« (Wyschogrod 1977/78, S.78).
An den Holocaust wird wohl solange erinnert werden, als es Juden gibt, aber er darf nicht zum »Zentrum des jüdischen Glaubens« (Wyschogrod 1975, S.68) werden:
»Wenn es eine Hoffnung nach dem Holocaust gibt, dann ist es wegen jener, die glauben, daß die Stimmen der Propheten weitaus lauter sprechen als Hitler, und weil die göttlichen Verheißungen über die Krematorien hinausreichen und die Stimmen von Auschwitz zum Schweigen bringen werden« (Wyschogrod 1971, S.394).

3.3 Marc H. Ellis – »Towards a Theology of Jewish Liberation«

»Wir sollten uns davor hüten, eine Holocaust-Mentalität von griesgrämiger Verzagtheit in unserem Volk, und ganz besonders unter unserer Jugend zu erzeugen. ... Sollten wir nicht viel eher die negativen Faktoren durch positive ersetzen, um unseren Anspruch auf Überleben zu rechtfertigen? [...] Wir müssen unsere gegenwärtige Aufmerksamkeit für das Überleben der Juden verlagern zu einer Aufmerksamkeit für das überleben des Judentums. Denn ohne Judentum ist jüdisches Überleben fragwürdig und bedeutungslos. Die Bedeutung, ein Jude zu sein, hat sich nach Auschwitz für mich nicht verändert«.
(Immanuel Jakobovits 1988)

Seit nun fast 30 Jahren darf die jüdische Holocaust-Theologie als das bestimmende Thema jüdisch-religiösen Denkens nach dem Ende des Zweiten Weltkrieges und nach der Gründung des Staates Israel gelten. Und die Fragen und Probleme jüdischer Identität, die die Holocaust-Theologen formuliert und angeregt haben, bestimmen nach wie vor weithin den innerjüdischen Diskurs in der Diaspora und zunehmend in Israel selbst. Obgleich die traumatischen Schrecken des Holocaust im Gedächtnis des jüdischen Volkes schmerzhaft präsent sind, obgleich die Brisanz sämtlicher mit dem Holocaust verbundenen Probleme in nichts nachgelassen, ja, im Gegenteil, der Schatten der Nacht in vielem auf die nachfolgenden Generationen übergegriffen hat[292], sieht sich seit wenigen Jahren ein junger amerikanisch-jüdischer Theologe bemüßigt, vehement und wortgewaltig »das Ende der Holocaust-Theologie« (Ellis 1990a, S.33) zu verkünden und die Forderung nach einer »neuen Generation jüdischer Theologen und Theologinnen« (Ellis 1992, S.122) zu erheben. Mit der Geste und dem Elan des Revolutionärs zieht er gegen die in seinen Augen verheerenden Auswirkungen, die die Holcaust-Theologie auf das jüdische Bewußtsein habe, zu Felde. Er sucht die »Resourcen für eine jüdische Befreiungstheologie«[293], die zu entwerfen er sich als Aufgabe gestellt hat, fruchtbar zu machen, eine Befreiungstheologie – so der Anspruch –, die allein einen Ausweg aus den Irrwegen und Dillemmatas der Holocaust-Theologie weisen können. Der Name dieses theologischen Gipfelstürmers ist Marc H. Ellis.

Ellis ist eine schillernde Figur, gleichermaßen provokativ wie produktiv[294]. Als Professor für Religion, Kultur und Gesellschaft an der katholischen(!) Maryknoll School of Theology in New York und Direktor des eben dort ansässigen Institute for Justice and Peace ist er angetreten, dem jüdischen Establishment in den USA kräftigst auf die Füße zu treten. Überzeugt davon, daß die »Trennung der Glaubensgemeinschaften [von Christen und Juden] ... tragisch« ist, bekennt er sich als Befürworter der »Kontinuität der jüdisch-christlichen Tradition« (Ellis 1992, S.2) und ist demzufolge stark engagiert im christlich-jüdischen Dialog, was sich vor allem in der Zusammenarbeit mit »fortschrittlich römisch-katholischen Gruppen« (Ellis 1992, S.1) niederschlägt. Insbesondere die christlichen Befreiungstheologien Lateinamerikas haben auf sein Denken einen inspirierenden und wesentlichen Einfluß ausgeübt[295].

Ebenso ist er ein engagierter Vertreter des Dialogs mit den Palästinensern und begleitet die in palästinensisch-christlichen Kreisen jüngst entwickelten palästinensischen Befreiungstheologien mit tatkräftiger Sympathie[296].

---

292. Zu den beträchtlichen psychopathologischen Folgewirkungen des Holocaust bis hinein in die zweite und dritte Generation der Nachkommen der Überlebenden des Holocaust siehe die Angaben in Kap. IV-1, Anm.5.
293. So der Titel eines Aufatzes von Ellis; vgl.: Ellis 1988b.
294. Vgl. das Vorwort von Edmund Arens, in: Ellis 1992, S.V-VIII.
295. Ellis ist z.B. Mitherausgeber der Festschrift zum 60.Geburtstag von Gustavo Gutiérrez, einem der bedeutendsten Vertreter lateinamerikanischer Befreiungstheologie; vgl.: Ellis/Maduro 1988.
296. Vgl.: Ellis 1988 u. Ellis/Ruether 1990; zur christlich-palästinensischen Befreiungstheologie siehe: Ateek 1990.

Ellis selbst bezeichnet sich als ein »praktizierender Jude«, obwohl er im gleichen Atemzug eingesteht, daß er »nicht zu den nach traditionell jüdischem Muster ausgebildeten Theologen« (Ellis 1992, S.1) gehört. Zahlreiche Aufsätze[297] und besonders zwei seiner Bücher[298] beschäftigen sich mit der jüdischen Holocaust-Theologie, ihren Verdiensten und ihren, nach Meinung Ellis', fatalen politischen Folgen. Am prägnantesten kommen seine Überlegungen in dem 1987 erschienenen Buch »Toward a Jewish Theology of Liberation« zum Ausdruck, anhand dessen im Folgenden seine jüdische Theologie der Befreiung dargestellt werden soll[299].

3.3.1 Vom Ende der Holocaust-Theologie

Ausgangspunkt der Überlegungen von Ellis ist die seiner Ansicht nach bestürzende Tatsache, daß die »politischen Vorgehensweisen und Bündnisse der Juden in Israel und jener in Nordamerika« zunehmend denen ähneln, »die zur Unterdrückung unseres eigenen Volkes gebraucht worden sind« (Ellis 1992, S.6). Als Beispiele dafür nennt er den Einmarsch der israelischen Truppen in den Libanon des Jahres 1982, die Besatzungspolitik der Israelis gegenüber den Palästinensern auf der West-Bank und dem Gazastreifen und die offiziellen Beziehungen des Staates Israel mit den, aus der Sicht Ellis': verbrecherischen, Regierungen von Südafrika,

---

297. Vgl. vor allem: Ellis 1985, ein Aufsatz, der die Keimzelle seiner Auseinandersetzung mit der Holocaust-Theologie darstellt; Ellis 1990a gibt die beste überblicksartige Zusammenfassung seiner Thesen; Ellis 1988a u. 1988b sind vor allem mit Blick auf den christlich-jüdischen Dialog hin abgestimmte Variationen seiner Gedanken.
298. Vgl: Ellis 1987 u. 1990.
299. Im Folgenden zitieren wir Ellis 1987, sofern nicht anders angegeben, nach der 1992 veröffentlichten deutschen Übersetzung; vgl. Ellis 1992. Ellis 1990 ist im Kern eine nur peripher abweichende Wiederholung und teilweise Ergänzung der Gedanken von Ellis 1987. Es sei an dieser Stelle betont kritisch vermerkt, daß ich es bezüglich der Rezeptionssituation jüdischer Holocaust-Theologie im deutschsprachigen Raum für symptomatisch halte, daß Ellis‹ Buch bereits fünf Jahre nach seinem Erscheinen in den USA ins Deutsche übersetzt wurde und seinen Weg zu einem – schweizer – Verlag fand, während die qualitativ unweit profunderen und für das jüdische Bewußtsein ungleich bedeutenderen Klassiker der jüdischen Holocaust-Theologie auch nach fast 30 Jahren nicht einmal dem Namen nach in Deutschland bekannt, geschweige denn übersetzt sind. Daß dem deutschsprachigen Publikum die Begegnung mit der jüdischen Holocaust-Theologie erstmalig und einzig durch ihre Darstellung aus der Feder von Ellis ermöglicht wird, halte ich für einen unverzeihlichen und fast skandalösen Vorgang. Nach der nun im folgenden zu lesenden Entfaltung der Position Ellis‹ wird man diese harte Anmerkung, die ich mir hier erlaube, sicher verstehen und vielleicht auch billigen können.

El Salvador und Guatemala. Diese Entwicklung habe das Judentum an einen Wendepunkt geführt,

»*der uns zur Treue gegenüber unseren Werten aufruft und der doch die Versuchung zum Verrat an eben diesen Werten in sich birgt. [...] Die Donnerschläge expansionistischer Israelis und neokonservativer nordamerikanischer Juden belegen die gespenstische Möglichkeit eines verlorenen Judentums*« *(Ellis 1992, S.6f.).*

Die Ursache für die politisch fragwürdigen Allianzen und der damit verbundenen Gefahr, einen Verrat an den ethischen Werten des Judentums zu begehen, sieht Ellis in einer durch die Holocaust-Theologie massiv geförderten Fehlinterpretation der jüngsten, leidvollen Geschichte des jüdischen Volkes.

Ellis anerkennt, daß der Holocaust und seine Deutung im jüdischen Bewußtsein »allgegenwärtig« ist, ja, daß er das für »das heutige Judentum prägendste Ereignis ist« (Ellis 1992, S.11). Aber die Schlußfolgerungen, insbesondere was die Bedeutung und die Rolle des Staates Israel angeht, die diese Deutungen des Holocaust nahelegen, führten zu einer »politischen Ermächtigung und ihrer theologischen Begründung«, die nicht mehr imstande sei, kritisch nach den »Kosten dieser Macht« (Ellis 1992, S.9) zu fragen. Dem stellt Ellis die Überzeugung entgegen,

»*daß eine Diskussion über die Beziehungen zwischen Macht und Ethik für die Zukunft des Judentums entscheidend ist*« *(Ellis 1992, S.9).*

Ellis sieht als den bei allen Unterschieden gemeinsamen Grundzug aller Deutungen des Holocaust die Legitimation neu gewonnener Stärke in Gestalt des Staates Israel. Nach einem zweitausend Jahre dauernden Dasein in Ohnmacht, markiere die Geburt des Staates Israel die Wende zu einem neuen Status des jüdischen Volkes, dem der Macht. Die Holocaust-Theologen sanktionierten diesen Status als eine zentrale Notwendigkeit nach den Erfahrungen des Holocaust und verhinderten durch eine Theologisierung des Staates Israel die unentbehrliche Kritik an der Ausübung von Macht und Staatlichkeit. Diesen Prozeß kennzeichnet Ellis als »Dialektik von Holocaust und politischer Ermächtigung (empowerment)« (Ellis 1992, S.27). Diese Ermächtigung aber stelle die Gemeinschaft vor ein Dilemma:

»*... der Eintritt als mächtige Gemeinschaft in die Geschichte [führt] entweder zur Treue dem prägenden Ereignis gegenüber, welches das Bestehen der Gemeinschaft rechtfertigt, oder zu dessen Mißbrauch ... Das prägende Ereignis des Holocaust kann dazu dienen, die Macht zu rechtfertigen oder zu kritisieren*« *(Ellis 1992, S.27f.).*[300]

---

300. Es sei an dieser Stelle bereits vermerkt, daß Ellis mit diesen Gedanken im Kern eine durchaus berechtigte, kritische Anfrage an die Holocaust-Theologie stellt. Wenn aber Ellis dem regierungsstaatlichen Handeln Israels und auch der öffentlichen Meinung der israelischen Gesellschaft unterstellt, daß die ideologische und legitimierende Grundlage für die Politik gegenüber den Palästinensern in der Holocaust-Theologie

Nachdem Ellis das fragwürdige Kunststück vollbringt, die in seinen Augen vier wichtigsten Holocaust-Theologien auf sage und schreibe zehn Seiten in ihrer Essenz darzustellen[301], stellt er die seines Erachtens entscheidende Frage nach den »Kosten der Ermächtigung«, die er für »untragbar« (Ellis 1992, S.31) hält.

»Die Integrität des Staates Israel wird durch das stets wachsende palästinensische Volk herausgefordert. Der Wunsch, Opfer zu bleiben, ist ein Beweis für Krankheit; doch Eroberer zu werden, nachdem man Opfer war, ist ein Rezept für moralischen Selbstmord« (Ellis 1992, S.31).

Am greifbarsten wird Ellis die Gefahr zum »moralischen Selbstmord« in der Theologie Greenbergs, die er ausführlicher zu Wort kommen läßt. Das wesentliche Ergebnis von Greenbergs theologischer Deutung des Holocaust[302] faßt Ellis wie folgt in eigenen Worten zusammen:

»Die Entwicklung zur Macht angesichts des Holocaust ist historisch unausweichlich; jüdische Machtlosigkeit ist unmoralisch, weil sie sich mit dem jüdischen Überleben nicht mehr verträgt. Da die zum Überleben in der heutigen Welt benötigte Macht nur souveränen Staaten möglich ist, erreicht das Erlangen von Macht im Staat Israel den Grad eines geheiligten Prinzips« (Ellis 1992, S.36).

Ellis kritisiert diese Haltung äußerst scharf:

»Die Fähigkeit, die Geschichte anderer zu verstehen und ihren Schmerz zu hören, das Entstehen anderer Völker zu erkennen und ihren Kampf um Freiheit als ebenso wichtig und ebenso legitim zu betrachten wie den eigenen, all dies scheint Greenbergs Analyse zu fehlen. [...] Greenbergs Theologie bereitet einer neokonservativen Bewegung innerhalb der jüdischen Gemeinschaft den Boden, ... [...] Ermächtigung, meist schrankenlos, wird zum Motto« (Ellis 1992, S.43f.).

Gegen dieses, aus der Holocaust-Theologie stammende Ermächtigungsdenken werde aber auch innerhalb des Judentums Kritik laut. Ellis läßt zwei Stimmen zu

zu finden sei, so verkennt er m.E. den Einfluß der Holocaust-Theologie in Israel vollständig. Wie in Kap. IV dargelegt, ist die Holocaust-Theologie nicht zufällig ein Produkt des Diasporajudentums und wird in Israel nur sehr zögerlich rezipiert. Ellis differenziert nicht die aufgezeigten, doch sehr unterschiedlichen Wege der Vergangenheitsbewältigung in Israel und der angelsächsisch-jüdischen Diaspora; siehe ausführlich hierzu Kap. IV dieser Arbeit.

301. Die nach Ellis vier wesentlichen Hauptpositionen jüdischer Holocaust-Theologie, die im Lauf der Jahre entstanden, werden repräsentiert von Elie Wiesel, Richard L. Rubenstein, Emil Fackenheim und Irving Greenberg. Die Darstellung ihrer Positionen werden im wesentlichen unter dem Blickwinkel ihres Beitrages zur »Ermächtigung« vorgenommen. So genügen ihm etwa zur Wiedergabe der äußerst differenzierten und vielgestaltigen Position Fackenheims ganze zwei Seiten! Mit keinem Wort erwähnt werden Ignaz Maybaum, Elizier Berkovits und Arthur Allen Cohen; vgl. Ellis 1992, S.15-27. Zur Kritik hieran siehe weiter unten Abschnitt 3.3.2.
302. Vgl. Abschnitt 3.2 (Irving Greenberg).

Wort kommen: Earl Shorris' Buch »Jews Without Mercy: A Lament« (Juden ohne Gnade. Eine Klage), und das Buch von Roberta Strauss Feuerlicht »The Fate of the Jews: A People Torn Between Israeli Power and Jewish Ethics« (Das Schicksal der Juden: Ein Volk zwischen israelischer Macht und jüdischer Ethik)[303]. Für Shorris bildet die Ethik Herzstück und Basis der jüdischen Religion. Im Nach-Holocaust-Judentum habe jedoch ein Pragmatismus die Oberhand gewonnen, der auf Kosten der moralisch-ethischen Werte der jüdischen Religion allein auf das Überleben des Judentums ausgerichtet sei. Von daher sei das weithin zu beobachtende Mißtrauen jüdischer Gruppierungen gegenüber anderen Minderheiten – z.B. gegenüber den Schwarzen in Amerika, den Palästinensern in Israel – zu erklären. Nur solche Positionen würden politisch unterstützt, die dem Staat Israel nutzen. Shorris klagt über diese Einstellung:

»Die neue Definition jüdischer Interessen gehört einem arroganten Volk. Wie kann sie einem kleinen und bescheidenen Volk gehören? Die neue Definition gehört einem egoistischen Volk. Wie kann sie einem Volk gehören, das gelehrt wurde, Licht für die Völker zu sein? Die neue Definition gehört einem Volk von unbeschränkter Macht und ohne Geschichte. Wie kann sie einem Volk gehören, das sich erinnert, Gast in Ägypten gewesen zu sein?« (Shorris, zit.n.Ellis 1992, S.48f.).

Shorris warnt davor, daß die neuen, konservativen Selbstdefinitionen ein gänzlich anderes, den ethischen Traditionen entfremdetes Judentum zur Folge habe.

Auch für Roberta Feuerlicht basiert das Judentum auf moralischen Standards, die man in jüngster Zeit zunehmend verrate aufgrund falsch verstandener Rücksicht auf die Interessen Israels. Israel betreibe gegenüber den Palästinensern eine Politik der Ausbeutung und Verleugnung ihrer elementarsten Rechte. Auf allen sozio-politisch relevanten Gebieten würden Palästinenser diskriminiert. Und wenn sie sich dagegen zur Wehr setzten, sei die Antwort der Israelis Verfolgung, Haft und Folter. Kurz, man behandele sie so, wie die Juden selbst über Jahrhunderte behandelt wurden, man sei vom Opfer zum Täter geworden, habe die Araber zu den Juden Israels gemacht. Auf diese Weise werde der ethische Imperativ als Fundament jüdischen Lebens zerstört und Israel gehe moralisch bankrott. Ihr abschließendes Urteil:

»Das Judentum als Ideal ist ewig; das Judentum als Staat ist endlich. Das Judentum überlebte Jahrhunderte von Verfolgung ohne einen Staat; es muß nun lernen, trotz eines Staates zu überleben« (Feuerlicht, zit.n. Ellis 1992, S.52f.).

Ellis stimmt den Analysen von Shorris und Feuerlicht ausdrücklich zu und benennt auf diesem Hintergrund als die

»neuen Götzen der jüdischen Gemeinschaft...: Kapitalismus, Nationalismus, Überleben um jeden Preis« (Ellis 1992, S.54).

303. Vgl.: Shorris 1982; Feuerlicht 1983.

Dementgegen fordert Ellis gerade im Rückblick auf die eigene Geschichte und in der Besinnung auf die ethischen Grundwerte des Judentums die Unterstützung und Sympathie für jene, die heute um Freiheit von Unterdrückung und Ausbeutung kämpfen. Dabei sieht er in drei »jüdischen Erneuerungsbewegungen« Grund zur Hoffnung:
>*»Bewegungen, die säkulare Ansichten aufgeben, Bewegungen sozialer und politischer Richtungen und das wachsende feministische Bewußtsein jüdischer Frauen« (Ellis 1992, S.56).*

Zu den Bewegungen, die säkulare Ansichten aufgeben, zählt Ellis die seit Mitte der siebziger Jahre zu beobachtende und stark anwachsende Zahl jener zunächst säkularen Juden, die zur Orthodoxie konvertierten und unter dem Namen *Ba'al teschuva* (jene, die umkehren) bekannt geworden sind. Als Beispiel führt er Arthur Waskow an, der sich vom sozialen Aktivisten ohne Beziehung zum Judentum zu einem der »wichtigsten Theologen der Erneuerung« (Ellis 1992, S.57) gewandelt habe[304]. An seinem Beispiel werde deutlich, wie eine Rückkehr zu den religiösen Quellen des Judentums mit einer Neubelebung der ethisch-moralischen Werte des Judentums einhergehe[305].

Zu den Erneuerungsbewegungen sozialer und politischer Coleur rechnet Ellis vor allem die 1980 in den USA gegründete New Jewish Agenda und die in Israel seit 1975 tätige Bewegung Oz weShalom – Religious Zionists for Strength and Peace. In dem Programm der New Jewish Agenda, einem Zusammenschluß fortschrittlicher säkularer und religiöser jüdischer Gruppen, heißt es etwa:
>*»Für viele von uns ist der Grund unserer Überzeugungen das jüdisch religiöse Konzept des tikkun olam (der gerechten Ordnung der menschlichen Gemeinschaft und der Welt) und die prophetische Tradition von sozialer Gerechtigkeit. ... Juden müssen die gleichen Rechte wie alle Menschen haben. Doch Überleben ist nur eine Vorbedingung, nicht der Zweck jüdischen Lebens. Unser Handeln muß durch unsere Ethik, nicht durch unsere Feinde bestimmt werden« (New Jewish Agenda, zit.n. Ellis 1992, S.62).*[306]

Die israelische Gruppe Oz weShalom richtet sich vor allem gegen die theologische Legitimation der Besiedlung und Besetzung von West-Bank und Gazastrei-

---

304. Vgl.: Waskow 1978 u. 1983.
305. Daß Ellis Arthur Waskow als Kronzeugen für die *Ba'al teschuva* Bewegung anführt, dürfte zumindest als fragwürdig angesehen werden. Wie wenig repräsentativ Waskows Theologie für die Ba'al Teschuva Bewegung ist, sieht man schnell, wenn man seine Veröffentlichungen vergleicht mit der in Anm.46, Kap. IV-2.3 angegebenen Literatur zu dieser Bewegung.
306. Das Programm der New Jewish Agenda tritt u.a. auch für die Rechte der Palästinenser in Israel ein sowie für die Belange von Schwarzen, Lesben und Homosexuellen. Aktionsgruppen beteiligten sich u.a. am Widerstand der Sandinisten gegen das Somoza-Regime in Nicaragua; vgl.: Ellis 1992, S.64-65.

fen in Israel. Keine theologische Argumentation, so meinen sie, könne ungerechtes Handeln rechtfertigen. So heißt es in einer Stellungnahme dieser Bewegung: »*Damit wir in Frieden und Sicherheit in diesem Land leben und damit wir der jüdischen Kultur im Zusammenspiel mit der Erde und den Menschen dieses Landes zur Blüte verhelfen können, müssen wir Israelis zu einem politischen Kompromiß gelangen, in dem menschliches Herrschen über Gottes Heiliges Land geteilt wird mit unseren palästinensischen Nachbarn*« *(Oz weShalom, zit.n. Ellis 1992, S.65).*

Und schließlich stellt die feministische Bewegung innerhalb des Judentums eine Erneuerungsbewegung dar, deren Engagement gleichermaßen soziale wie religiöse Belange im Blick habe.

Diese drei Erneuerungsbewegungen, kommentiert Ellis, repräsentierten eine kleine, aber wachsende Minderheit, die eine Neuorientierung auf dem Boden der ethischen Grundwerte des Judentums suchten. Auch scheuten sie nicht aus falsch verstandener Rücksichtnahme vor einer Kritik an Israel oder dem jüdischen Establishment in den USA zurück. Neben Ermächtigung und Nationalismus verkörperten diese Bewegungen ein zentrales Element des Judentums. Ellis schreibt:

»*Was aus dem Holocaust erwuchs, war ein erschüttertes Zeugnis; heute ist unsere Ermächtigung durch die Möglichkeit des Verrats bedroht*« *(Ellis 1992, S.74).*

Dementgegen arbeiteten diese Gruppierungen für eine prophetische Zeugenschaft und treten für die Befreiung all jener ein, die heute unterdrückt, verfolgt und ausgebeutet sind.

An die Seite dieser jüdischen Ereneuerungsbewegungen trete nun, so Ellis, eine erstaunlich parallele Entwicklung innerhalb des Christentums:

»*Während das jüdische Volk immer mehr aus den Insignien der Macht lernt, geht ein prophetisches Christentum von machtlosen Christen Lateinamerikas, Afrikas, Asiens und Nordamerikas aus*« *(Ellis 1992, S.75).*

Die in diesen Teilen der Welt von Christen entwickelten Befreiungstheologien zeichnen sich, so Ellis, durch ihre Option für die Armen und ihr Eintreten für die Befreiung von unterdrückenden sozialen Strukturen aus. Die »Wiederbelebung des Exodus und der prophetischen Traditionen in den christlichen Theologien der Befreiung« entspringe wesentlich jüdischer Tradition, die aber zunehmend »unter dem Deckmantel der Ermächtigung verkümmert« (Ellis 1992, S.75)[307]. In der schwarzen Befreiungstheologie eines James Cone[308], den lateinamerikanischen

---

307. Ellis verweist an dieser Stelle auf: Walzer 1988; hierzu vgl. auch: Klenicki 1988; Boff 1988; Maduro 1988.
308. Vgl.: Cone 1969 u. Cone 1972. Cone stellte in seinen Büchern als erster eine Verbindung von Black-Power-Bewegung und schwarzafrikanischer Theologie her; siehe auch Cones ins Deutsche übersetzten Bücher: Cone 1982 u. 1987.

Befreiungstheologien, vor allem der von Gustavo Gutiérrez[309], und der asiatischen Befreiungstheologie, der sogenannten Minjung-Theologie[310], findet Ellis wesentliche Elemente jüdischer Traditionen wieder: die prophetische Tradition sozialen und politischen Engagements und eine an der Erfahrung des Exodus orientierte Theologie der Befreiung verknüpft mit einem Bild Gottes als dem in die Geschichte eingreifenden, rettenden und befreienden Gott.

Die Reaktion des Judentums nun auf die Geburt der christlichen Befreiungstheologien reiche »von Ignoranz über Neugierde und Kritik bis zur Ablehnung« (Ellis 1992, S.83). Einerseits kennt auch Ellis sehr genau die Gründe hierfür. Viele Juden finden in der christlichen Befreiungstheologie und ihrem Umgang mit jüdischen Traditionen »eine längst bekannte, wenn auch neu gewandete Form von christlichem Triumphalismus« wieder:

»Zwar wird in den meisten Befreiungstheologien der jüdische Exodus als Paradigma der Revolution gebraucht, zeitgenössische Juden indes lassen sich in den Werken der Theologen nirgendwo finden. Damit setzt sich eine uralte christliche Tradition fort, wonach das jüdische Volk ›das alte Testament‹ und Jesus überlieferte, dann aber aus der Geschichte verschwindet, da es seine Aufgabe erfüllt hat. Die Verwendung der jüdischen Geschichte ist mit der historischen Unsichtbarkeit der Juden verbunden. So übersahen die Befreiungstheologen oft ein Element, das für die Exodus-Erzählung selbst von erstrangiger Bedeutung ist: Sie hat eine Interpretationsgeschichte in jenem Volk, das die Geschichte lebte und sie heute noch lebt« (Ellis 1992, S.83f.).

Auch die Konzentration der Befreiungstheologie auf Tod und Auferstehung Jesu führe viele Befreiungstheologen gefährlich nahe heran an den verheerenden, zweitausend Jahre antijüdische Politik legitimierenden Vorwurf an die Adresse der Juden, sie seien für die Kreuzigung Jesu verantwortlich. »Dem Zeichen des Kreuzes als Banner für soziale Reform wird mit Skepsis und Angst begegnet« (Ellis 1992, S.84).

Andererseits ist dies für Ellis keineswegs Grund genug, um Anliegen und Wesen der christlichen Befreiungstheologie als irrelevant für das Judentum zu erklären. Im Gegenteil:

»Wenn wahr ist, daß die Christen den jüdischen Exodus und die Propheten für sich beansprucht haben, ohne sich auf die heutigen Erben der Hebräischen Bibel zu berufen, so ist ebenso wahr, daß das Judentum aufgrund seiner Ge-

---

309. Vgl.: Gutiérrez 1984 u. 1986. Besonders Gutiérrez greift in seinen Büchern auf das Beispiel des Exodus und das Bild vom befreienden Gott zurück.
310. Minjung ist ein koreanisches Wort, das übersetzt etwa ›Die Maße des Volkes‹ bedeutet. Hauptvertreter dieser asiatischen Befreiungstheologie sind Suh Kwang-Sun David und Moon Hee-Suk Cyris; vgl.: David 1983; Cyris 1983. In der Minjung-Theologie findet man ebenfalls viele Rückgriffe auf Themen und Erfahrungen aus der Hebräischen Bibel.

*schichte zurückhaltend auf die Beanspruchung seines eigenen Erbes reagiert«
(Ellis 1992, S.85).*[311]
Christliche Befreiungstheologie sei als Dialogpartner und wesentlicher Inspirator anzuerkennen, um die durch die Holocaust-Theologie vernachlässigten ethischen und sozialpolitischen Dimensionen des Judentums neu zu beleben[312]. Insbesondere zeige die Befreiungstheologie auf, wie ähnlich die Erfahrungen von Unterdrückung und Verfolgung der Völker der Dritten Welt mit denen der Juden seien:

»Ist es möglich, daß das Wiedererzählen der Nacht-Visionen der Holocaust-Opfer uns befähigt, die Basis für einen Dialog mit jenen zu schaffen, die heute voll Angst und Zittern in die Finsternis starren? Könnte es sein, daß wir in der Nacht nicht allein sind, sondern daß Schwestern und Brüder in einer neuen Kontinuität des Kampfes und der Bestätigung mit uns sind? [...] Die Finsternis umhüllt viele Völker. Sie sind verschieden, jedes mit seiner eigenen Geschichte und Stimme, und doch sind sie auch ähnlich, verbunden durch Unterdrückung und Widerstand, Verlassenheit und Bestätigung, Gebet und Verneinung. In der Nacht indes, ..., sind sie eins« (Ellis 1992, S.89).

Um diese gemeinsame Erfahrungsebene zu unterstreichen, stellt Ellis mehrere Zeugenberichte von Überlebenden und Widerstandskämpfern der Ghettos und Vernichtungslager neben die Zeugnisse von Verfolgten und Widerstandskämpfern aus Lateinamerika[313]. Zwar befleißigt sich Ellis rasch festzustellen, diese »in der Nacht gefundene Gemeinsamkeit schwächt die Einmaligkeit des historischen Ereignisses nicht, ...«, jedoch spricht der unmittelbar folgende Absatz dann doch eine andere Sprache:

311. Leider erwähnt Ellis weder hier noch anderen Orts die enormen Schwierigkeiten, auf die die lateinamerikanische Befreiungstheologie besonders innerhalb der Katholischen Kirche gestoßen ist und stößt; vgl. Greinacher 1985; zur christlichen Befreiungstheologie insgesamt: Greinacher 1990.
312. Vgl. insgesamt die unweit differenziertere Auseinandersetzung jüdischerseits mit der christlichen Befreiungstheologie im Kontext der Holocaust-Erfahrung bei: Cohn-Sherbok 1984 u. 1986/87. Zur Inanspruchnahme jüdischer Traditionen durch die christliche Befreiungstheologie vgl.: Brandt 1990; zur Stellung der Befreiungstheologie im Rahmen des christlich-jüdischen Dialogs siehe: Klenicki 1988; Boff 1988; Maduro 1988; Pawlikowski 1988.
313. Die Nebeneinanderstellung dieser Zeugnisse gehören mit zu den fragwürdigsten, ja – mit Verlaub – abstrusesten Seiten von Ellis‹ Buch. Sie lassen jedes Gespür für die Unterschiedlichkeit der historischen und individuellen Zusammenhänge und Hintergründe vermissen und werden so beiden Seiten nicht gerecht. Ihr gemeinsamer Nenner, und das allein ist für Ellis interessant, ist Verfolgung, Unterdrückung und Widerstand. Eine qualifizierende Binnendifferenzierung der jeweiligen Begriffe bzw. Phänomene liegt nicht in seinem Blickfeld. Zur Kritik hieran siehe auch weiter unten Abschnitt 3.3.2.

> »*Aber werden nicht auch die während des afrikanischen Sklavenhandels ums Leben Gebrachte in die Millionen geschätzt; ein einzigartiges Ereignis eines Massentodes, ein Holocaust von immensen Ausmaß für das afrikanische Volk damals und heute? Ist nicht für den Bauer in Guatemala, vor allem für die indianische Urbevölkerung, die kontinuierliche Abschlachtung des eigenen Volkes und die Dezimierung der Urbevölkerung auf dem ganzen amerikanischen Kontintent während Jahrhunderten, auch ein einziger Holocaust[314]? Haben wir westlichen Juden nicht an ihm teilgenommen und von ihm profitiert? Amerika mag als sicherer Hafen für das jüdische Volk gelten. Doch ist es dies auch für die Indianer und die Schwarzen? Die Gegenwart bietet ein bestürzendes Bild: Als Juden profitieren wir noch immer von einer rassistischen Gesellschaft in Amerika und bauen eine derartige Gesellschaft auch in Israel auf. Wir unterstützen in alarmierendem Ausmaß eine Politik in den USA und in Israel, die den kontinuierlichen Holocaust[315] in Zentralamerika und in Südafrika stärkt*« (Ellis 1992, S.93).

Ellis prangert die in der Politik Israels und in der vom jüdischen Establishment unterstützten Politik der USA zum Ausdruck kommende »Unfähigkeit, die Verbindung zwischen unseren eigenen Leiden und den Leiden anderer zu sehen«, als »moderne Form des Götzendienstes« (Ellis 1992, S.97) an, der man mit Hilfe der christlichen Befreiungstheologie und dem Rückgriff auf die sozialethischen Traditionen des prophetischen Judentums entgegenwirken müsse. Dafür ist die Erkenntnis der Gemeinsamkeit der Nacht »ganz entscheidend. [...] und Solidarität wird zum Schlüsselbegriff« (Ellis 1992, S.102f.):

314. Die an manchen Stellen unglückliche deutsche Übersetzung der zugegebenerweise oft verstiegenen Sprache von Ellis ist an dieser Stelle (und der folgenden, s. nächste Anm.) jedoch von erwähnenswerter Bedeutung. Im Original lautet die Phrase ›auch ein einziger Holocaust‹: »... a unique event as well« (Ellis 1987, S.84). ›unique‹ kann man zwar mit ›einzig‹ übersetzen, aber im Zusammenhang mit dem Wort ›Holocaust‹ wird dieses Wort durchgängig im Sinne von ›einzigartig‹ verwendet. Korrekt und auch den Intentionen von Ellis gemäß müßte man also übersetzen: »..., auch ein einzig*artiger* Holocaust«. Diese Übersetzung ist zutreffender, weil Ellis' ganze Argumentation implizit daraufhinaus läuft, die Einzigartigkeit der jüdischen Holocaust-Erfahrung entgegen den Ansichten der Holocaust-Theologie zu relativieren. Siehe hierzu auch: Ellis 1992, Anm. 30, S.167!

315. Auch für diese Phrase gilt das in der vorangegangenen Anmerkung Gesagte. ›..., die den kontinuierlichen Holocaust in Zentralamerika und in Südafrika stärkt‹ lautet im Original: »... that assure continued holocausts in Central America and South Africa« (Ellis 1987, S.84). Eine korrekte Übersetzung wäre m.E.: »..., die kontinuierliche *Holocausts* in Zentralamerika und in Südafrika stärkt«. Zwar ist die Pluralbildung von Holocaust als ›Holocausts‹ schlechtes und ungelenkes Deutsch, entspricht aber dem Original. Was schließlich könnte sprachlich mehr eine Relativierung der Einzigartigkeit des Holocaust anzeigen, als der plurale Gebrauch des Wortes Holocaust?!

»Die Erinnerung an die versklavten Vorfahren stürzt Traditionen des Konformismus um und gibt ihnen neue Macht. Ermächtigung ist möglich, doch müssen sich die Ermächtigten bewußt sein, daß Solidarität mit den Leidenden in der Gegenwart die einzige Verbindung mit den Leidenden der Vergangenheit darstellt. Leiden nicht zur Kenntnis zu nehmen oder sogar zu erzeugen, bedeutet, die Existenzberechtigung als Träger der Ermächtigung zu verwirken. [...] Die Entdeckung des Leidens ist subversiv« (Ellis 1992, S.105).

Für diese Sichtweise sucht Ellis nun jüdische Kronzeugen und findet sie in den Personen von Etty Hillesum und Martin Buber, die beide noch durch die Tatsache, daß sie durch die Erfahrung des Holocaust geprägt sind, über jeden moralischen Zweifel erhaben sind[316]. Nach Ellis' Interpretation ist das zentrale Thema der Hillesum das Zeugnis, das sie für die Verfolgten und Erniedrigten ablegt, und »nicht die Ermächtigung« (Ellis 1992, S.111). Und Buber habe beispielhaft die Möglichkeiten für eine »kooperative Basis als Raum für das jüdische wie auch für das palästinensische Volk« (Ellis 1992, S.115) aufgezeigt. Das gemeinsame Vermächtnis von Hillesum und Buber sei der von ihnen

»vorgeschlagene Weg der Solidarität ... Nach dem Holocaust und dem Kampf, eine autonome Präsenz in Palästina anzustreben, gilt Vertrauen oft als naiv und gefährlich. Doch Hillesum und Buber warnen uns vor Haß und Isolation, da diese zu Bitterkeit ohne Trost und schlußendlich zum Überleben ohne Zeugnis führen« (Ellis 1992, S.119).

Auf dem Hintergrund dieser nun zahlreich zu Gehör gebrachten Stimmen versucht Ellis in seinem letzten Kapitel den »Entwurf einer jüdischen Theologie der Befreiung« vorzulegen, die er unter das Leitwort »Vom Holocaust zur Solidarität« (Ellis 1992, S.121) stellt. Als Parameter für eine solche jüdische Theologie nennt er sechs Punkte:

»1. Eine moderne jüdische Theologie empfindet die Spannung zwischen Partikularität und Universalität als selbstkritische Stimme, die der Tiefe jüdischer Tradition entspringt und der Welt zu dienen sucht. Obwohl in ihren Kategorien und in ihrer Sprache eindeutig jüdisch, ist sie doch großzügig gegenüber anderen religiösen und humanistischen Gemeinschaften. 2. Eine jüdische Theologie muß eingestehen, daß eine aufrichtige Beteuerung nur durch kritischen Diskurs und verantwortliche Tätigkeit im Lichte historischer Ereignisse erzielt werden kann. Sie muß versuchen, in der Geschichte präsent zu sein, statt Iso-

---

316. Vgl.: Hillesum 1983; Etty Hillesum ist eine 1914 geborene holländische Jüdin, die 1942 aus Solidarität freiwillig mit dem ersten Transport holländischer Juden in das Lager Westerbork ging. Am 7. September 1943 wurde sie zusammen mit ihren Eltern und einem ihrer Brüder nach Auschwitz deportiert, wo sie am 30. November starb. Sie verfasste ein Tagebuch stark mystischen Gepräges, das vom Geist Dostojewskis und Rilkes ebenso beeinflußt ist wie von christlicher und hebräischer Bibel. Was Buber betrifft, vgl. in diesem Zusammenhang vor allem: Buber 1983.

lation oder Transzendenz vorzutäuschen. 3. Eine jüdische Theologie hat ihre Inklusivität (z.B. religiöse und weltliche Juden, Frauen und Männer) und die Suche nach einer Erneuerung des Gemeinschaftslebens mitten im Holocaust und in der Ermächtigung zu betonen. Sie weigert sich auch zu schweigen, allem Druck zum Trotz, der von politischer und religiös-neokonservativer Seite zugunsten eines Moratoriums der Kritik an der jüdischen Gemeinschaft erzeugt wird. 4. Eine jüdische Theologie hat keine andere Wahl als das Überleben des jüdischen Volkes mit der Bewahrung seiner Botschaft von der Gemeinschaft abzuwägen. Sie ist genötigt zu behaupten, daß Überleben und Bewahrung des Kerns der Botschaft letztlich ein und dasselbe sind: Es gibt kein sinnvolles Überleben ohne die Vertiefung des Zeugnisses, das seine Werte der Welt anbietet. 5. Eine jüdische Theologie erfordert die Wiederbelebung des jüdischen Zeugnisses gegen den Götzendienst als Vermächtnis für das Leben in seiner privaten und öffentlichen Dimension, als das wesentliche Band der Juden überall und als die grundlegende Verbindung zu religiösen und humanistischen Gemeinschaften guten Willens in der ganzen Welt. 6. Eine jüdische Theologie muß in ihrem Kern ein Ruf nach Umkehr (teschuva) sein, Verpflichtung und Solidarität in Schmerz und Möglichkeit. Ebenso ist sie ein kritisches Verständnis für die von uns geschaffene Geschichte, und der Mut, den es braucht, um deren Lauf zu ändern« (Ellis 1992, S.122f.).
Dergestalt stehe eine jüdische Befreiungstheologie für die »Wiederbelebung der Prophetie und das Streben nach Befreiung« (Ellis 1992, S.123), während bei der Holocaust-Theologie »der Ausdruck jüdischer Betroffenheit an Schärfe« (Ellis 1992, S.122) verlor. Das aus der Holocaust-Theologie abgeleitete Ermächtigungsdenken mache die Juden blind

»für die Tatsache, daß wir mit unserer Behandlung der Palästinenser und Araber, die schließlich auch Semiten sind, einen eigenen Antisemitismus genährt haben. Es scheint fast so, daß der eigentliche Antisemitismus von heute weder in der UNO noch in der jüdischen Kritik an Israel sondern in der jüdischen Gemeinschaft zu finden ist, ...« (Ellis 1992, S.126).
Es sei dringend erforderlich, daß Israel einsehe, welch Unrecht es den Palästinensern angetan habe bei der Gründung des Staates Israel und durch die Besetzung der nach dem Sechs-Tage-Krieg eroberten Gebiete. Israel solle die Bemühungen um die Schaffung eines palästinensischen Staates ideell und materiell unterstützen.

Eine solche Haltung entspräche einem überzeugt »gelebten Judentum in einer Nach-Holocaust-Welt« (Ellis 1992, S.129). Während die Holocaust-Theologen unter einem heutigen Juden einen Juden verstünden,

»der sich an den Holocaust erinnert und am Überleben und an der Ermächtigung teilnimmt«, stelle *»eine jüdische Befreiungstheologie dagegen die Ethik wieder ganz an den Anfang, ... Holocaust-Theologen verstehen unter einem praktizierenden Juden nicht mehr so sehr einen, der an Ritualen teilnimmt und das Gesetz hält, sondern als einen, der sich liebevoll um die Erinnerung, das*

Überleben und die Ermächtigung sorgt[317]*. Eine jüdische Befreiungstheologie fügt dieser Definition ein kritisches und aktives Streben nach Gerechtigkeit und Frieden hinzu« (Ellis 1992, S.130).* Demgemäß wehrt sich Ellis heftigst gegen die in seinen Augen wesentlich durch die Holocaust-Theologie beförderte »Identifizierung mit dem Staat Israel« als einem »religiösen Akt... *Das Gegenteil ist wahr: Die Weigerung, den Staat Israel als zentral für die jüdische Spiritualität zu sehen, ist an und für sich keine die Exkommunikation erfordernde Übertretung... Doch eine jüdische Befreiungsperspektive wehrt sich gegen die Meinung, die jüdische Geschichte drehe sich um eine Rückkehr ins Land Israel, wie auch dagegen, daß Israel die wichtigste jüdische Gemeinschaft sei« (Ellis 1992, S.131).*[318] Stattdessen klammerten sich die »Makler der Macht an die Macht«, was einem Eintreten *»für Herrschaft und Unterdrückung«* gleichkomme. *»Es gibt keinen Zweifel, daß die von jüdischer Seite in den Dialog implizit oder explizit eingebrachte Theologie eine Holocaust-Theologie ist, die sich auf Ermächtigung und die Unterstützung Israels konzentriert. ... Die Haltung Israel gegenüber bestimmt, wer zum Dialog zugelassen und wer von ihm ausgeschlossen wird, ...« (Ellis 1992, S.132).*

317. Die Phrase ›..., der sich liebevoll um die Erinnerung, das Überleben und die Ermächtigung sorgt‹ lautet im Original: »... to one who cherishes memory, survival, and empowerment« (Ellis 1987, S.118). Manchmal ist es nötig, einen Autor vor seinem Übersetzer in Schutz zu nehmen. Bei aller Distanz und Kritik von Ellis an der Holocaust-Theologie kann ich mir nicht vorstellen, daß Ellis im Zusammenhang mit der von den Holocaust-Theologen geübten Erinnerung an den Holocaust von einem ›liebevoll sich sorgen‹ sprechen würde. Wer auch nur einen einzigen Holocaust-Theologen im Original gelesen hat, weiß mit welchem tiefen und aufrichtigen Schmerz ihre Erinnerungsarbeit verknüpft ist. Korrekter übersetzt müßte der Satz m.E. lauten: »..., sondern als einen, der die Erinnerung, das Überleben und die Ermächtigung pflegt«. ›cherish‹ *in diesem Zusammenhang* mit ›sich liebevoll sorgen‹ zu übersetzen, kommt meinem Empfinden nach einer Verhöhnung des Anliegens der Holocaust-Theologen nahe, die nur einem Übersetzer unterlaufen kann, der weder Wiesel, noch Fackenheim, noch Rubenstein oder Greenberg wirklich gelesen hat und kennt. Oder aber es kann dies nur einem Übersetzer unterlaufen, der – und das würde dann wiederum auf Ellis selbst zurückfallen – die Holocaust-Theologie nur durch die fragwürdige und undifferenzierte Brille von Ellis kennt.

318. Ellis differenziert in keinster Weise zwischen politischer Staatlichkeit, identitätsstiftender Nationalität und traditionell jüdischer Zionssehnsucht. 2000 Jahre jüdischer Israel-Theologie nimmt er nicht wahr und folglich auch nicht die Wurzeln des Zionismus in der jüdisch-religiösen Tradition. Zur Kritik hieran siehe Abschnitt 3.3.2 weiter unten, vor allem die Ausführungen von Brumlik.

In dem einer späteren Auflage seines Buches hinzugefügten Nachwort »Intifada und die Zukunft des jüdischen Volkes« (Ellis 1992, S.137) kommen die zuletzt angesprochenen Gedanken von Ellis in noch unverblümterer, zum Teil aggressiv-polemischer Weise erschreckend und zugleich entlarvend zum Ausdruck[319]. Ellis betont noch einmal, daß die

>»in der heutigen jüdischen Gemeinschaft normative Holocaust-Theologie ... nicht im Stande [ist], diesen Weg der Solidarität zu artikulieren. Das hat der Aufstand [die Intifada] zur Genüge gezeigt. [...] Die aus der Reflexion über die Todeslager hervorgegangene Holocaust-Theologie stellt das jüdische Volk hilflos und leidend dar, wie wir es ja auch waren. ... Richtigerweise setzt sich die Holocaust-Theologie für die Notwendigkeit ein, ermächtigt zu sein; was ihr aber fehlt sind der Rahmen und die Fähigkeit zur Analyse, um die Kosten der Ermächtigung zu ergründen. ... Zur Ethik eines jüdischen Staates, der Atomwaffen besitzt und autoritären Staaten Waffen und militärische Ausbildungshilfe liefert, der Land enteignet und Menschen foltert, die der israelischen Besatzung Widerstand leisten, zu all dem hat sie praktisch nichts zu sagen« (Ellis 1992, S.138f.).*

Es sei an der Zeit wahrzunehmen,

»daß in den Gesichtern der Palästinenser die Zukunft dessen liegt, was es bedeutet, Jude zu sein, ... Im Zentrum des Kampfes um Treue befinden sich für einen zeitgenössischen Juden das Leiden und die Befreiung des palästinensischen Volkes« (Ellis 1992, S.142).

Die Holocaust-Theologie habe zwar geholfen,

»unser Leiden zu begreifen. Daß wir heute über Macht verfügen, nimmt sie aber kaum zur Kenntnis. Eine Theologie, die im Spannungsfeld von Holocaust und Ermächtigung verbleibt, spricht zwar beredt für die Opfer von Treblinka und Auschwitz, Sabra und Shatila aber verschweigt sie. Sie bewundert den Aufstand im Warschauer Ghetto, hat aber kein Verständnis für den Aufstand der Ghetto-Bewohner auf der anderen Seite der israelischen Macht. ... Die Holocaust-Theologie erzählt die Geschichte des jüdischen Volkes in Schönheit und Leid. ... Diese Theologie spricht zwar davon, wer wir waren, hilft uns aber nicht beim Versuch zu verstehen, wer wir geworden sind« (Ellis 1992, S.144).

---

319. Ich komme nicht umhin, von meiner Selbstverpflichtung zu einer möglichst unkommentierten Wiedergabe der in dieser Arbeit vorgestellten Holocaust-Theologien an dieser Stelle abzugehen und meiner Empörung über das inadäquate und inkompetente, verzerrende Bild der Holocaust-Theologien, wie es Ellis in Stil, Inhalt und Wortwahl zeichnet, zum Ausdruck zu bringen. Wer diese Arbeit aufmerksam bis zu diesem Punkt gelesen hat, wird bei den nun unmittelbar folgenden Ausführungen Ellis' schnell erkennen, wie fragwürdig seine Polemik gegen die Holocaust-Theologie in vielen Punkten ist. Ohne weitere Zwischenbemerkungen will ich deshalb allein Ellis im Wortlaut folgen lassen. Im Übrigen sei auf die Kritik von Brumlik und Cohn-Sherbok in Abschnitt 3.3.2 verwiesen.

Noch einmal betont er, eine »wesentliche Aufgabe jüdischer Theologie« bestünde darin, »dem Staat Israel die Absolutheit abzusprechen« (Ellis 1992, S.148). Konsequent schließt er folgende Überlegung an:
»*Die große Angst, Israel könnte einmal einen Krieg verlieren und die Zivilbevölkerung der Ausrottung anheimfallen, die Angst vor einem zweiten Holocaust also, wird immer und immer wieder heraufbeschworen. Umso wichtiger ist die Feststellung an diesem Ort, daß Israel unvermeidbar eines Tages einen Krieg verlieren wird, sofern es seine heutige Politik weiterverfolgt. Keine Nation ist für alle Zeiten unbesiegbar, kein Reich existiert ohne Bestimmung, eines Tages zu verschwinden, kein Land, welches nicht an bestimmten Punkten seiner Geschichte vernichtend verliert und unendlich leidet. [...] Doch sollte es zu einer militärischen Niederlage kommen und die Zivilbevölkerung angegriffen werden, wird das Resultat, obwohl tragisch, kein zweiter Holocaust sein. Auch würde es keineswegs das Ende des jüdischen Volkes bedeuten, wie viele Holocaust-Theologen immer wieder spekulieren*« *(Ellis 1992, S.149f.).*

3.3.2 Innerjüdische Reaktion und Kritik an Ellis

Reaktionen auf Ellis' Position sind rar und spärlich. In der gesamten von mir überschaubaren Literatur finden sich lediglich zwei jüdische Stimmen, die auf Ellis eingehen[320]. Es mag dies bereits ein Indiz für die Randständigkeit und Isoliertheit seiner Position innerhalb des zeitgenössischen Judentums sein. Außerdem dürfte es schwer sein, selbst bei den entschiedensten Gegnern jüdischer Holocaust-Theologie, einen Ellis vergleichbaren verzerrt-polemischen, in Stil und Wortwahl teilweise unsensibel-zynischen, Umgang mit dem Holocaust und der Erinnerung an ihn anzutreffen[321]. Darüberhinaus mag man durchaus berechtigte Zweifel hegen, ob es sich bei Ellis überhaupt um eine Holocaust-Theologie im strengen Sinne handelt.

Genau an diesem Punkt setzt auch die Kritik von Cohn-Sherbok ein. Die Hauptschwierigkeit von Ellis Position, schreibt Cohn-Sherbok, sei,

320. Vgl.: Cohn-Sherbok 1989, S.104-118; Brumlik 1989 u. 1991. Für eine Reaktion christlicherseits auf Ellis siehe: Pawlikowski 1988; Klenicki 1988.
321. Als die wohl schärfsten Kritiker der Holocaust-Theologie innerhalb einer innerjüdisch anwachsenden Gruppe von Denkern, die sich gegen eine zu intensive Auseinandersetzung und Konzentrierung auf den Holocaust aussprechen, sind wohl sicher Michael Wyschogrod und Jacob Neusner zu nennen. Die stellenweise durchaus erschreckende Schärfe ihrer Kritik am innerjüdischen Holocaust-Diskurs bezieht ihre Substanz aber – im Gegensatz zu Ellis – aus der Seriosität ihrer Motive, der Kraft ihrer Argumentation und ihrer Verwurzelung in jüdischer Tradition. Zur Kritik am innerjüdischen Holocaust-Diskurs insgesamt siehe die Ausführungen im nächstfolgenden Abschnitt 4.

> »*daß Ellis darin versagt hat, auf die zentrale Frage, die der Holocaust hervorgebracht hat, einzugehen: Wie kann ein guter und allmächtiger Gott es erlaubt haben, daß jene Ereignisse während der Nazi-Ära stattfinden konnten? [...] Ellis, ..., hat die religiösen Verwirrungen, die die Todeslager provozierten, vollständig vermieden. [...] Ohne irgendeine Rechtfertigung vorzubringen, bejaht Ellis einfach seinen Glauben, daß Gott zugunsten der Versklavten in Ägypten handelte und dies ebenso auch heute tun wird. Es ist bedauerlich, daß eine Studie, die von sich behauptet, eine neue jüdische Theologie vorzubereiten, die fundamentalen religiösen Sachverhalte, mit denen der Jude heute konfrontiert ist, ignoriert. Für jene, die Gottes Wege zu verstehen suchen, gibt seine Studie keine Antworten auf die brennenden Fragen des Holocaust*« *(Cohn-Sherbok 1989, S.116f.).*

Micha Brumlik[322] gesteht in seinen zwei ausführlichen, scharfzüngigen und in vielen Punkten wohl zutreffenden Kritiken zwar Ellis zu, daß dessen Nachweis,

> »*wie die jüdische Holocausttheologie die Dialektik von* ›*Empowerment*‹ *und universalistischem Gerechtigkeitsanspruch zugunsten eines beinahe götzendienerischen Selbstbehauptungsdenkens aufgegeben hat, zum Erhellendsten [gehört], was hierzu in den letzten Jahren geäußert wurde*« *(Brumlik 1989).*

Auch billigt er Ellis zu, er stelle »*stets die richtigen, weil tabuierten Fragen*« (Brumlik 1991, S.133). Aber zugleich kommt auch Brumlik nicht umhin festzustellen, daß Ellis »*programmatisch und selbstbewußt von den Rändern*« (Brumlik 1989, S.118) her denkt. Ellis' Unternehmen,

> »*das als* ›*jüdische Befreiungstheologie*‹ *firmiert, in Wirklichkeit aber eine palästinensische Befreiungstheologie darstellt*« *(Brumlik 1991, S.133),*

habe »*so nur in den USA verfaßt werden*« können. Denn bei aller Bemühtheit,

> »*das Grauen der Shoah festzuhalten, atmet das Buch doch auf jeder Seite die beinahe naive Zukunftgerichtetheit Amerikas, verbunden mit dem Besten, was der Katholizismus aufzubieten hat, nämlich einer universalistischen Moral*« *(Brumlik 1989, S.118f.).*

So stößt denn auch Ellis' lascher Umgang mit der Problematik der Einzigartigkeit des Holocaust, »*wenn etwa ... mit vielen Wenns und Abers denn doch eine Art Parallele zwischen dem Leiden guatemaltekischer Bauern, der Indianer Nordamerikas, dem Sklavenhandel und dem Holocaust gezogen ... wird*« (Brumlik 1989, S.119), auf Kritik bei Brumlik. Mit dieser »*Vernachlässigung der historischen Einmaligkeit der Shoah*« korrespondiere in eigentümlicher Weise ein

---

322. Vgl. Brumlik 1989 u. Brumlik 1991. Brumlik ist Professor für Pädagogik an der Universität Heidelberg und darf als einer der profiliertesten jüdischen Intellektuellen Deutschlands der Nachkriegsgeneration gelten. Darüberhinaus ist er wohl einer der ganz wenigen, in Deutschland an den Fingern einer Hand abzuzählenden, Kenner jüdischer Holocaust-Theologie. Außerdem zeichnet er verantwortlich für Gründung und Herausgabe der derzeit anspruchsvollsten jüdischen Zeitschrift in Deutschland, ›Babylon – Beiträge zur jüdischen Gegenwart‹, in der auch die im Folgenden wiedergegebene Kritik an Ellis erschienen ist.

»radikaler Historismus des Autors, der, um jeder zionistischen Einbeutung des Judentums zu entgehen, sich gezwungen sieht, im Zentrum des Judentums ... nicht das Land Israel zu sehen« (Brumlik 1989 S.119).

Der Versuch aber, das Judentum vom Land Israel losgelöst zu betrachten, sei

»nicht nur der Shoah wegen gescheitert, sondern vor allem deshalb, weil sie den Texten der Bibel und der Tradition nicht gerecht werden. Gewiß: kein Jude und keine Jüdin ist gezwungen, die zentrale Rolle von Erez Israel anzuerkennen. Nur sollte, wer dies nicht will, dann nicht auch noch Theologie betreiben« (Brumlik 1989, S.119).

Im Übrigen brauche man nicht Zionist zu sein, um an der Bedeutung des Landes Israel festzuhalten, denn

»gerade die kritische Unterscheidung eines Landes Israel, in dem der Fremde nicht unterdrückt werden darf und das nicht als Eigentum der Juden, sondern als Unterpfand Gottes gilt, von einem zum Götzen gewordenen staatlichen Selbstbehauptungsapparat im Staat Israel gibt auch Nichtzionisten eine auf Tradition gegründete Distanz zum Zionismus zurück« (Brumlik 1989, S.119).

Und warum, fragt Brumlik in diesem Zusammenhang angesichts des unübersehbaren »Amerikanozentrismus von Ellis«,

»ist es vonnöten, die Diaspora gegen die Israelis auszuspielen? [...] Es gibt im Judentum nur ein Land Gottes, Erez Israel – von den USA, von ›God's own country‹, ist weder im Tenach noch im Talmud die Rede. ... Die Dialektik von Land und Geschichte, von Geschichte und Ewigkeit, die die große neuere jüdische Theologie – etwa bei Rosenzweig – noch prägt, ist bei Ellis aufgegeben« (Brumlik 1989, S.120).

Auch die von Ellis angemahnte Bevorzugung des jüdischen Universalismus gegenüber dem Partikularismus übersehe,

»daß das Ethos der Juden an Universalismus und Partikularismus, an Land und Galuth, an ethnischer Gegenwart und menschheitlicher Zukunft orientiert war, daß es sich in diesem Zirkel auslegt und entfaltet« (Brumlik, 1991, S.135).

Seine in diesem Zusammenhang aufgestellte Behauptung, »daß die Juden wesentlich ein Diasporavolk seien«, kommentiert Brumlik bissig-lapidar mit der zutreffenden Beobachtung:

»Woher Ellis diese Einsicht in das Wesen der Juden zugefallen ist, bleibt unausgewiesen« (Brumlik 1991, S.135).

So sei es schließlich auch nicht verwunderlich, aber umso kritikwürdiger, daß Ellis meint, »schwerstes messianisch-universalistisches Geschütz« auffahren zu müssen, um eine »theologische Entabsolutierung des Staates Israel« (Brumlik 1991, S.135) zu fordern. Allerdings, so Brumlik, resultierten daraus

»Gedanken, die so schauerlich und naiv klingen, daß sich ihre Wiederholung verböte – ginge es nicht um Aufklärung über die gefährlichsten antizionistischen Sätze, die ich seit langem gelesen habe« (Brumlik 1991, S.135).

Brumlik hat dabei völlig zurecht jenes von Ellis aufgestellte, ans Obszöne grenzende Szenario im Kopf, wo Ellis eine militärische Niederlage Israels als didaktische Zuchtrute ohne Achselzucken in Erwägung zieht. Dazu Brumlik:
»Sogar wenn es Ellis nur darum ginge, mit derlei Horrorszenarien politische Verantwortlichkeit einzuklagen, ist ihm doch zu attestieren, daß er die jüdische Erfahrung während und nach dem Holocaust nicht verstanden hat. ... Es ist müßig, sich auszudenken, wie eine militärische Niederlage Israels aussehen würde und ob ihr ›nur‹ drei bis vier Millionen israelischer Juden zum Opfer fallen würden. Die SCUD-Raketen auf Tel-Aviv und das Schicksal der Kurden warnen – warum sollten arabische Armeen mit den Juden glimpflicher verfahren als mit den Bürgern ihrer eigenen Staaten? ... mindestens in Gedanken ist der Befreiungstheologe Ellis bereit, um seiner Idee des universalistischen Diasporajudentums willen den Staat Israel abzubuchen« (Brumlik 1991, S.136).
Ellis denke auch in keiner Weise an das
»psychische Elend, das mit einem solchen Ereignis über die Überlebenden des Holocaust und deren Kinder und Kindeskinder käme. ... Ellis kümmert es nicht – ihn interessieren nur das Leben der Palästinenser und die Moral der Juden« (Brumlik 1991, S.136).[323]
So bleibe es bei dem abschließenden Urteil, daß Ellis zwar »die richtigen Fragen und Aufgaben« stelle,
»aber selbst offenbar nicht in der Lage [ist], sie zu lösen. Dies mag vor allem daran liegen, daß dieser jüdische Theologe praktisch keinen einzigen wesentlichen Bezug zur Bibel, zum Tenach und zum Talmud herzustellen vermag« (Brumlik 1991, S.135).

---

323. Zur ethischen Problematik und Dialektik von Macht und Ohnmacht auf dem Hintergrund der Erfahrung des Holocaust siehe beispielhaft: L. J. Fein 1982. Fein setzt sich hier mit dem Verhalten Israels während des Libanon-Krieges 1982 auseinander, betont dabei aber die Zwiespältigkeit der Lage Israels weitaus angemessener als Ellis. U.a. heißt es bei Fein: »Es gibt zwei Arten von Juden auf der Welt. Da ist die Art von Jude, der den Krieg und die Gewalt verabscheut, der glaubt, daß das Kämpfen nicht der ›jüdische Weg‹ ist, der bereitwillig akzeptiert, daß Juden ihre eigenen und höheren Standards von Verhalten haben. Und nicht nur, daß wir diese haben, sondern daß diese Standards unser Lebensodem ist, daß sie das sind, was uns ausmacht. Und dann ist da jene Art von Jude, der denkt, wir seien lange genug passiv gewesen, der überzeugt ist, es sei an der Zeit, daß wir unseren Feinden gegenüber zurückschlagen müssen, daß wir ein für alle mal die Rolle des Opfers zurückweisen müssen, der bereitwillig akzeptiert, daß wir nicht vom guten Willen anderer abhängig sein dürfen, daß wir hart und stark sein müssen. Und das Ärgernis besteht darin, daß die meisten von uns beide Arten von Jude zugleich sind« (Fein 1982, S.13). Im Kontext dieser Problematik ist es hilfreich, über die jüdische Vorstellung von Friede als einem Schlüsselbegriff jüdischer Theologie informiert zu sein; siehe: Homolka/Friedländer 1993.

4. Der jüdische Versuch, den Schrecken der Geschichte zu bannen Holocaust-Theologie und der Diskurs um sie

»*Für diejenigen, die glauben, gibt es keine Fragen, und für diejenigen, die nicht glauben, gibt es keine Antworten*«.
(Rabbi Wolf von Schitomir, zitiert vom Rabbi von Nitra in einem Telegramm an das Rescue Committee of the Union of Orthodox Rabbis of the United States während des Zweiten Weltkrieges)

Elie Wiesel berichtet folgende Geschichte[324]: »Im Königreich der Nacht nahm ich an einem sehr merkwürdigen Prozeß teil. Drei fromme und gelehrte Rabbiner hatten beschlossen, über Gott zu Gericht zu sitzen wegen des Blutbades unter seinen Kindern« (Wiesel 1987, S.6). In erregter Disskussion erhoben sie verbittert Anklage gegen Gott, der sein Volk dem Vergessen und somit den Mördern anheim gegeben habe; Gott komme seinen Bundesverpflichtungen gegenüber den Juden in sträflicher Weise nicht nach. Nach dem Prozeß, in dessen Verlauf Gott schuldig gesprochen wurde, sagte einer der Rabbiner in Anbetracht der untergehenden Sonne, es sei Zeit zum Gebet. Und sie senkten ihre Köpfe und beteten[325].

Eine andere Geschichte Elie Wiesels[326] erzählt ebenfalls von einer Gruppe von Juden, die in einem der Vernichtungslager sich zum Gebet versammelten. Und einer unter ihnen sprach: »Pst! Betet nicht so laut, Gott hört sonst, daß es noch Juden gibt, die leben!«

Vielleicht vermögen diese beiden kleinen Erzählungen das Geheimnis jüdischer Religiosität, jüdischen Denkens und Verhaltens in und nach Auschwitz besser und tiefer einzufangen, als die ausführlichen und noch so bemühten Geschichtstheologien, die in dieser Arbeit vorgestellt wurden. Und gleichzeitig lassen sich diese Holocaust-Deutungen auch als Auslegung eben jener Erzählungen von Wiesel lesen. Alle hier zu Gehör gebrachten Deuter[327] streiten auf ihre Weise mit ihrem Gott und der Geschichte ihres Volkes, alle machen sie Ihm den ›Prozeß‹, alle aber beten auch auf ihre Weise zu ihrem Gott, selbst Rubenstein, der ›Atheist‹, kann sich letztlich eine von Gott, Göttern und traditioneller Religiosität entleerte Welt nicht vorstellen.

Der wichtigste, beeindruckendste und erschütterndste Moment aber ist, daß alle in einem Urteil übereinstimmen: Das Leben selbst, sein Sinn und seine ›Heiligkeit‹, *dürfen* nicht als zerstört betrachtet werden. Im Gegenteil, die Heiligkeit

---

324. Vgl.: Vorwort von Wiesel in: Wiesel 1987.
325. Vgl.: McAfee Brown 1990, S.167.
326. Diese Geschichte ist wiedergegeben in: Fackenheim 1970, S.67.
327. Mit der in gewissem Sinne Ausnahme von Marc H. Ellis; auf ihn treffen die nachfolgenden Ausführungen nur sehr bedingt zu.

des Lebens, die Pflicht zur Hoffnung, die Würde alles Lebendigen zu beachten, ist nach Auschwitz mehr geboten und gefordert als je zuvor! Jeder der Autoren war auf seine Weise »mit Gott in der Hölle«[328], und alle setzen sie ihre existenzielle und intellektuelle Kraft daran, auch mit Ihm aus dieser Hölle herausgekommen zu sein. Ihr erschütterter und zugleich unerschütterlicher Wille, ihre gebrochene und dennoch ungebrochene Kraft, mit der sie *für* ein jüdisches Leben nach Auschwitz einstehen, *für* einen ›Sinn‹ der Geschichte, vor allem aber *für eine Sinnhaftigkeit jüdisch religiösen Daseins nach Auschwitz*, entzieht aller vorschnellen, gelehrt akademischen, gar besserwisserischen Pose des Kritikers den Boden.

Vielleicht wie nirgend sonst erweist sich bei unserem Thema eine kaum zu trennende, integrale Zusammengehörigkeit von Denken und Existenz, von konkreter Erfahrung – Leiderfahrung – und ihrer Natur nach zu Abstraktion neigender Reflexion. Wie sehr diese Form der Auseinandersetzung mit dem Holocaust eine unmittelbare Leistung der spezifischen Eigenart des jüdischen Gedächtnisses entspringt und entspricht, darauf werden wir im nächsten Kapitel (Kap. VI) ausführlich eingehen.

Erwin Chargaff schrieb einmal über seinen Eindruck von der Lektüre über die Weltgeschichte: »...ob die Orte Verdun hießen oder Stalingrad, Dresden oder Hiroshima; ob der Führer seine Getreuen umbringen ließ oder ein amerikanischer Präsident seine Bomber ausschickte, um einen afrikanischen Staatsmann zu töten; ob die ewigen Opfer als Armenier maskiert waren, als Kulaken oder als Juden: immer und aus allen Büchern schrie es : Mord! Mord! und Blut! Blut! Die ganze Weltgeschichte erschien mir als eine einzige Riesenskulptur aus faulendem Fleisch, aus gärendem Blut. Ersonnen von einem transzendenten Marquis de Sade, lag die Geschichte vor mir wie ein Klotz aus Elend; ich konnte keine Seite umblättern, ohne daß es stank« (Chargaff 1988, S.34).

In Auschwitz ist für die Juden diese ›Riesenskulptur aus faulendem Fleisch, aus gärendem Blut‹ leibhaftig geworden. Das Volk, das als ›Erfinder‹ der Geschichte gelten darf, das wie kein anderes in und mit der Geschichte als einer von Gott gewollten und bestimmten lebte und dachte, wurde von eben dieser Geschichte in einem Maße geschlagen, daß es tatsächlich eher einen Marquis de Sade als ihren Urheber hätte geltend machen können, anstatt hinter diesem Szenario noch ihren Gott und Herrn der Geschichte erblicken zu wollen.

Und dennoch, so darf man wohl von allen zu Gehör gebrachten Stimmen sagen, hat für die Juden die Geschichte einen Sinn, selbst da wo ihr Sinn nur Un-Sinn offenbart. Ähnlich wie das Verstehen des Holocaust sich beschränkt sieht auf ein ›Verstehen der Vergeblichkeit des Verstehens‹ (Dan Diner), so sieht der Sinn des Holocaust sich immer wieder verwiesen auf das Ringen um eine Sinnhaftigkeit des Sinnlosen. Insofern kann man von einem ›Sinn‹ nur in dem Sinne

---

328. »With God in Hell«, so lautet der Titel eines Buches von Eliezer Berkovits; vgl.: Berkovits 1979.

sprechen, daß die Geschichte als ein Ort, als ein geheiligter Ort verstanden wird, der essentielle Wahrheiten über das Leben vermittelt und auf diese Weise es ermöglicht, den ›Schrecken der Geschichte‹[329] wenn nicht zu tilgen, so doch partiell zu bannen. Das Festhalten an dem Grundaxiom jüdischen Glaubens, die Geschichte als einen Ort der Offenbarung Gottes zu betrachten, bringt, wie Eliade es formulierte, »notwendig die ›Rettung‹ der Zeit mit sich ..., ihre ›Wertung‹ im Rahmen der Geschichte« (Eliade 1986, S.118).

Richard L. Rubenstein, der hier scheinbar eine Ausnahme bildet, liefert in gewisser Weise einen negativen Beleg für diese These, da an seinem Versuch der Reinstallierung eines mythischen Geschichtsbildes deutlich wird, daß mit dem Verlassen dieses axiomatischen Grundrahmens des Judentums eben auch die Geschichte ihren Sinn verliert, die Absurdität des Lebens an dessen Stelle tritt. Daß es aber ein geschichtliches Ereignis war, das ihn zu seiner folgenreichen Interpretation führt, belegt wiederum den eminent autoritativen Charakter, den er dem geschichtlichen Ereignis, der Geschichte selbst zuerkennt, was wiederum exakt die ›Jüdischkeit‹ seines Denkens dokumentiert.

Offenbar ist einen ›Sinn‹ zu finden selbst in den sinnlosen Schrecken der Geschichte für jüdisch religiöses Denken in letzter Konsequenz nur möglich, wenn die Geschichte, zumindest tendenziell, »als eine Folge ›negativer‹ und ›positiver‹ Theophanien, deren jede einzelne einen Wert in sich hat« (Eliade 1986, S.120), betrachtet wird. Besonders greifbar wird dies ja in der Position Emil L. Fackenheims, der an dem Gott der Juden u.a. nur festzuhalten vermag, weil er in Auschwitz eben eine ›negative‹ Theophanie mit einer positiven Botschaft sieht, dem Gebot zum jüdischen Überleben. Es ist vielleicht genau »ein unerschütterlicher Wille, der Geschichte ins Gesicht zu sehen und sie anzunehmen als einen schreckenerregenden Dialog mit Jahwe« (Eliade 1986, S.121), der diese jüdischen Denker mit aller Kraft die Geschichte, die Zeit und ihren Sinn zu retten in die Lage versetzt. In jedem Fall aber gewinnt die Geschichte an Autorität, wenn sie als Theophanie betrachtet wird. Sie übermittelt eine göttliche Botschaft oder zeigt, daß eine solche nicht existiert (Rubenstein), ist aber immer eine existenzielle Angelegenheit, die man nicht ernst genug nehmen kann und der auszuweichen nicht gestattet ist.

Geschichte ist aber für das jüdische Denken nicht nur der Ort, wo Gott sich mitteilt, sondern auch der Ort, an dem der Mensch durch sein Handeln Gott antwortet, in Dialog mit Ihm tritt durch sein Handeln. Die Perspektive wird also auch betont auf die Verantwortung des Menschen gelenkt. »Während das natürliche Leid die Frage nach einer Theodizee beschwor, weil man von der Voraussetzung der Gerechtigkeit und Freundlichkeit eines Wesens ausging, das man Gott nannte, warf das historisch bedingte Leid die Frage nach dem Subjekt der Geschichte

---

329. Vgl.: Eliade 1986.

auf, nach der Möglichkeit eines Sinnes und Wertes der Geschichte« (Chopp 1985, S.376). Hierin zeigt sich, wenn man so will, die anthropologische Seite der jüdischen Philosophie einer Geschichte. Erinnert sei an Rubenstein, der ja in der Theologie der Zukunft eine primär anthropologische Disziplin sieht, und an Berkovits, der die Anthropodizeefrage betont der Theodizeefrage an die Seite stellt. Und natürlich Arthur A. Cohen, der im Holocaust, im *Tremendum*, geradezu einen dem Mißbrauch menschlicher Freiheit entsprungenen Gegenentwurf zu Idee und Natur des Göttlichen schlechthin sieht.

Dieser Gedanke verweist aber auch vor allem auf die Freiheit des Menschen, die bereits im biblischen Denken untrennbar mit dem Menschenbild verknüpft ist. Nur auf diesem Hintergrund ist ja das ›unserer Sünden wegen‹- Schema zu verstehen. Und Berkovits, neben anderen, betont ja dann sehr nachdrücklich in seiner Freiheitsphilosophie die Mitverantwortung des Menschen – wenn nicht allein an den Ursachen des Unglücks, so doch immer in der Weise, wie der Mensch auf Leid und Unheil reagiert, es interpretiert. Was in den jüdischen Geschichtstheologien nach Auschwitz einmal mehr, einmal weniger zum Ausdruck kommt, ist das tiefe Empfinden, letztlich über keine andere Verteidigung gegen den Schrecken der Geschichte zu verfügen, »als die durch die Gottesidee. Tatsächlich kann allein die Annahme der Existenz Gottes ihm (dem Menschen) zu einem Teil die Freiheit zurückgeben... Dann aber gewinnt er auch die Gewißheit, daß die geschichtlichen Tragödien eine übergeschichtliche Bedeutung besitzen, selbst wenn diese Bedeutung für die gegenwärtige Bedingtheit des Menschen nicht ersichtlich ist. Jede andere Situation des modernen Menschen führt am Ende zur Verzweiflung« (Eliade 1986, S.175).

Eine der interessantesten Beobachtungen im Rahmen der hier vorgestellten Geschichtstheologien ist denn auch, daß eine jüdische Metaphysik der Geschichte nicht *aus* der Geschichte herausführt, nicht in spirituell-mystische Jenseitsvorstellungen sich flüchtet, sondern *mitten in* die Geschichte hinein! In der Notwendigkeit, den Sinn der Geschichte zu verstehen, da sie als eine von Gott wie auch immer im einzelnen gewollte Geschichte ist, die selbst in ihrer Sinnlosigkeit Sinn haben muß oder zumindest eine sinnvolle Antwort verdient, muß man sich mit ihr auseinandersetzen und konfrontieren in konkreter und existenzieller Weise. Der Vorwurf, eine Dämonisierung des Holocaust, eine Beschreibung in Begrifflichkeiten der Metaphysik und spekulativer Theologie zu betreiben, verhindere eine nötige historisch-gesellschaftliche Aufarbeitung des Holocaust, greift eben auch aus diesem Grunde nicht. Denn gerade die jüdischen Holocaust-Deuter tun beides in einem und entwickeln ihr Denken nicht im abstrakten Raum, sondern in direktem Blick auf und in die Geschichte. Vielleicht gilt anders herum genau, daß eine betont auf Wissenschaftlichkeit ausgerichtete Aufarbeitung des Holocaust zu sehr in der Abstraktion sich verliert und sie die Menschen der Geschichte, deren Handeln sie zu erklären versuchen, gar nicht mehr erreichen kann. Und vielleicht entsteht genau deshalb in unseren Breiten ein Sinnvakuum, das dann in völliger Fehleinschätzung der Möglichkeiten der eigenen Disziplin zu solch peinlichen Debatten führt wie dem Historikerstreit.

Man mag einwenden, daß die in dieser Arbeit vorgestellten jüdischen Geschichtstheologien wissenschaftstheoretischen Ansprüchen nicht genügen können. Das aber, und man kann es nicht genügend betonen, ist und darf nicht letzter Zweck auch historischer Wissenschaft sein. Das Judentum in seiner elementaren Diesseitsbejahung, in einer Heiligung der Schöpfung, die ja ein Werk Gottes ist, in dem hohen Stellenwert, den es dem Tun und Handeln des Menschen einräumt und in dem über allem stehenden Gebot, das Leben als heiligsten und höchsten Wert zu erachten, ist von jeher in seinem theologisch-religiösen Denken mehr lebenspraktisch – ethisch – orientiert. Theologie im Judentum ist immer ›angewandte Theologie‹: Was dem Leben dient, ist gut.

Eine Wissenschaft, und mithin auch jede Form einer deutenden Geschichtsschreibung, die den Kontakt zum konkreten Leben und den Bezug zur eigenen Existenz verlöre, ist jüdischem Denken wahrscheinlich eher ein Frevel. Den Mut zur Lücke im Denken, die Widersprüche nicht gänzlich auflösen zu wollen oder zu können, ohne deshalb intellektuell oder emotional zu verzweifeln, ist eine im besten Sinne des Wortes pragmatische Kraft jüdischen Denkens, welche letztlich immer darauf zielt, das Leben erträglich, sinnvoll zu machen und über allem: Handlungsperspektiven zu eröffnen. Dieses Ziel, diesen Lebenswillen gibt man weder auf unter dem Ansturm der Realität, noch aufgrund eines falsch verstandenen absolutistischen Erklärungsanspruchs einer Theorie. Daher auch der Mut zur theoretischen Lücke im Denken, die gerechtfertigt ist, wenn ansonsten ein Denkmuster entworfen wird, das die Probleme nicht verschweigt und das doch Hilfe zum Leben, zum Verstehen, zur Sinnfindung und zum Handeln anbietet. Unter dem Druck der Probleme sucht man eine soweit als mögliche Klärung für das Denken und die Theorie zu leisten, ohne jedoch einem Theorie- oder Empiriefetischismus zu frönen. Man zwingt weder die Realität in eine sie letztlich verfälschende Theorie, noch gibt man der Realität eine jede hilfreiche Theorie unmöglich machende Autorität. Geschichtliche Ereignisse haben keinen Tradierungswert an sich, sondern sind auf ein Ziel hin, eine Absicht hin zugeordnet, von der her sie gelesen werden können. ›Geschichte wozu‹ und ›Geschichte woraufhin‹ liefern die Maßstäbe zur Selektion und Deutung der Geschichte. Während man im Rahmen eines exklusiv rational orientierten (Geschichts-) Wissenschaftsverständnisses zumeist bestrebt war und ist, das Unfaßbare faßbar zu machen, besitzen die jüdischen Deuter die Kraft und Konsequenz, das Unfaßbare unfaßbar zu belassen und dennoch denkerisch mit ihm umzugehen, um des (Über-) Lebens willen. Diese Form des Umgangs mit Geschichte aber, die sich ihrer Fragmentarität und Defizienz bewußt ist, ist, wie wir im nächsten Kapitel sehen werden, eine der eigentümlichsten Leistungen des jüdischen Gedächtnisses.

Eingebunden in ein transzendentes *und* diesseitsorientiertes Verständnis von Geschichte, wird der Holocaust-Diskurs im jüdischen Denken weitgehend deswegen nicht zu einer Ersatzreligion, weil die Geschichte selbst ein Teil der Religion ist, von der aus sie bestimmt und wahrgenommen wird, ebenso wie die Religion Teil der Geschichte ist, an die sie immer wieder korrigierend zurückzubinden ist. Genau dies verhindert – solange man sich dessen bewußt bleibt! – eine Überbewertung, Politisierung und Instrumentalisierung der Geschichte. Umgekehrt zeigt sich dort, wo dieses dialektische Verhältnis von Religion und Geschichte schwindet, wie es durchaus auch zum Teil im heutigen Israel der Fall ist, die politische Instrumentalisierung der Geschichte wie auch der Religion wächst.

In diesem Zusammenhang spielt die entschiedene Einnahme der Opferperspektive auf seiten der Holocaust-Deuter eine gewichtige Rolle. In dieser nicht parteilichen, aber parteiergreifenden Form der Geschichtsdeutung und -schreibung vermag ich keineswegs einen Nachteil zu sehen. Im Gegenteil drängt sich der Verdacht auf, daß eine unparteiische Geschichtsschreibung oder -deutung eine Illusion ist. »Nicht minder oft kann man allerdings bei den Historikern lesen, daß sie ihre Berichte verfassen wollen ›ohne Zorn und Eifer‹, daß sie zu schildern beabsichtigen, ›wie es eigentlich gewesen‹: Beides ist natürlich gleicherweise unmöglich. Ohne Zorn und Eifer kann man vielleicht kegeln, obwohl ich auch das bezweifele« (Chargaff 1988, S.31). Gerade im Zusammenhang mit dem Holocaust spricht vieles für die Gültigkeit jenes Gedankens, wie ihn etwa Susan Shapiro beispielhaft formulierte: »Man kann die Forderung des Leidens nicht im allgemeinen wahrnehmen. Tatsächlich sind es immer einzelne und Gruppen, die leiden, und ihre unverwechselbare Stimmen sind es, die wir zu beachten haben« (S. Shapiro 1984, S.365).

Weil die hier versammelten Holocaust-Deuter, wie es Ernst L. Ehrlich zum Ausdruck brachte[330], im Holocaust eben kein abstrakt zu erklärendes Phänomen sehen, mit dem sie nichts zu tun hätten, sondern sie immer an ihre gemordeten Väter und Mütter, Kinder und Geschwister denken müssen, immer also in der Mitte des konkreten Vorkommnisses bleiben, sind sie in der Lage, eine am Menschen, oder wenn man einschränken will: am jüdischen Menschen vorbeigehende Deutung, die sich im akademischen Nichts verlöre, zu vermeiden. Gerade der zum Teil äußerst kritische innerjüdische Diskurs um die dargestellten geschichtstheologischen Entwürfe ist im Rahmen einer so hochsensiblen Problematik wie der des Holocaust nur möglich, weil das allen am Diskurs Beteiligten gemeinsame Motiv das Ringen um eine tragfähige Antwort für eine jüdische Existenz nach dem Holocaust ist. Nicht allein muß das jüdische Denken, wie Fackenheim es formulierte, »in die Schule gehen zum jüdischen Leben« (Fackenheim 1982, S.15). Auch alle Ergebnisse solchen Nachdenkens unterstehen einer kritischen Prüfung bezüglich ihrer Lebenstauglichkeit und Tragfähigkeit zur Entfaltung einer jüdischen Identität nach und im Angesicht von Auschwitz. Dieser gemeinsame Grundkonsens hält wie eine Klammer selbst die schärfsten und extrem sich gegenüberstehenden Positionen im innerjüdischen Diskurs um eine Deutung des Holocaust zusammen.

330. Vgl. das Zitat Ehrlichs in Anm. 252 in Abschnitt 3.1.2 (Arthur A. Cohen).

Wir können hier nicht auch nur annähernd den inhaltlich kontrovers und weitgesteckten Verlauf der nunmehr fast drei Jahrzehnte dauernden, äußerst intensiven, produktiven und eine Unmenge an Material befördernden Diskussion, die sich im Anschluß an die Werke der jüdischen Holocaust-Deuter entfaltete und bis in unsere Tage hinein andauert, nachzeichnen. Wir mußten uns darauf beschränken, anhand der Darstellung der unmittelbaren Kritik und Reaktion auf die Veröffentlichungen der hier vorgestellten Autoren vom innerjüdischen Diskurs insgesamt einen Eindruck zu vermitteln. Ohne also an dieser Stelle im einzelnen verfolgen zu können, welche der Grundthesen der Holocaust-Deuter wie und warum Zustimmung oder Ablehnung im größeren Kontext des Holocaust-Diskurses erfuhren, welche Schwerpunkte gesetzt, welche entscheidenden Weiterentwicklungen, welche neuen Argumentationslinien dabei entworfen wurden, ohne dies hier nachzeichnen zu können, sei jedoch darauf hingewiesen, daß sich im Laufe der Debatte vor allem vier thematische Teil- bzw. Folgeaspekte herauskristallisierten, die doch wenigstens kurz benannt werden sollen. Man kann sie wie folgt umschreiben:

1) *Der gute Gott und das Böse in der Geschichte*. Damit seien vor allem jene Überlegungen gemeint, die entweder explizit auf den theologischen Kern der Problematik zielen, also auf das, was im engeren Sinne mit Theodizee bezeichnet wird. Oder aber Reflexionen philosophischer Natur, die darum bemüht sind, im Kontext moralischer und ethischer Überlegungen eine zeitgemäße Kategorie des Bösen zu entwerfen.[331]
2) *Das Problem der Einzigartigkeit des Holocaust*. Dieser Aspekt bildet einen der umfangreichsten und durchaus kontrovers diskutierten Bereiche innerhalb des Holocaust-Diskurses. Hier kommen gleichermaßen theologische wie philosophische, historische wie politologische Argumente zum Tragen.[332]
3) *Holocaust und Staat Israel*. In welcher Weise ist ein kausaler Nexus zwischen dem Holocaust und der Gründung des Staates Israel zu sehen? Gibt es ihn überhaupt? Wel-

---

331. Vgl. z.B.: Carmel 1966; Schlesinger 1966; Jacobs 1968; Wolff 1969; Granatstein 1974; Fox 1975; Eckardt/Eckardt 1976d; Montefiore 1977; Sherwin 1979a; Seeskin 1980; Gottlieb 1981; McAfee Brown 1981; St. Davis 1981; Aronson 1988; Morgan 1984; Michael 1984; Knutsen 1984; Schlesinger 1984/85; Hallie 1984/85; A.Z. Bar-On 1984/85; Willis 1985; Feuer 1986; Surin 1986; Troster 1986; R.A. Shear-Yashuv 1987; Eckardt 1987; Seeskin 1988 u. 1988a; Marcus/Rosenberg 1988; Rosenberg/Myers 1988; Gottlieb 1988; Gelber 1988; Rosenberg/Marcus 1988; Kren/Rappoport 1980; Kren 1988; Haas 1988 u. 1988a; Berger 1988b; R.C. Baum 1988; Rubenstein 1988; Schweid 1988; S. Rosenberg 1989; Schulweis 1989; D. Birnbaum 1989; Langer 1989; Roth/Berenbaum 1988; Blenkinsopp 1990; Schulweis 1990; Schweitzer 1990; Seeskin 1990; Nozick 1991; Seeskin 1991; St. Katz 1991; B. Lang 1991; Silfen 1991.
332. Vgl. z.B.: Rubinoff 1974; J. Katz 1975b; Kren/Rappoport 1980; Eckardt/Eckardt 1980; Wurzburger 1980; Horowitz 1981; Schorsch 1981; St. Katz 1981; Rosenberg/Bardosh 1982/83; Kolakowski 1983; Berenbaum 1983; Feuer 1986; A. Rosenberg 1987; Rotenstreich 1988a; Breslauer 1988; Solomon 1988; Weiss/Berenbaum 1989; Bauer 1991 u. 1991a.

che Auswirkungen hat eine Antwort auf diese Fragen für die Bewertung der zionistischen Bewegung? Wie fügt sich die gemäß traditioneller Auffassung religiöse Dimension eines Staates Israel in diesen Kontext ein? Welche Rolle spielen in diesem Zusammenhang die Ideen von Erwählung, Bund und Volk Gottes? Ein komplexes Thema, das Bestandteil vieler Überlegungen im Kontext des Holocaust-Diskurses ist.[333]

4) *Holocaust und Moderne bzw. Säkularisation.* Ob der Holocaust typisches Produkt von Moderne und Säkularisation, oder aber Folge eines Rückfalls in vormoderne Zeiten ist, beschäftigt zunehmend mehr jüdische Autoren. Neuzeitliche Fortschrittskonzeptionen und die Rolle des technologischen Fortschrittes werden u.a. in diesem Zusammenhang thematisiert.[334]

In diesem Zusammenhang sei noch ein weiterer thematischer Aspekt illustriert. Wenn man sich das immense Material dieser nun fast dreißig Jahre währenden innerjüdischen Diskussion um eine Deutung des Holocaust vor Augen führt, sieht man sich mit einer in Anbetracht der Thematik außerordentlich hochentwickelten Streitkultur konfrontiert, die wahrlich ihresgleichen sucht – und andernorts wohl kaum zu finden sein wird. Die Fähigkeit, allerschärfste Kritik aneinander zu üben, selbst widersprüchlichste Meinungen nebeneinander bestehen zu lassen, ist nicht nur praktischer Ausdruck jenes oben angesprochenen Wissens um die Fragmentarität jeder Antwort nach Auschwitz, sondern knüpft viel mehr in einem tiefen Sinne an die jahrhundertelang geübte innerjüdisch religiöse Tradition der mündlichen Lehre an, unterschiedlichste Auslegungen der Torah mit gleichwertiger Hochschätzung und Autorität zu behandeln. In Anlehnung an jene das innerjüdische Toleranzpotential zum Ausdruck bringende talmudische Weisheit ›diese und jene sind Worte des lebendigen Gottes‹[335], könnte man für die unterschiedlichen geschichtstheologischen Konzeptionen und des kritischen Diskurses um sie sa-

---

333. Vgl. z.b.: Ehrlich 1961; Spero 1970; Lessons 1973/74; Arad 1974; Wright 1974; Thoma 1974; Schindler 1975; B. Greenberg 1975; Nave 1977; Klausner/Schultz 1977/78; Marquardt 1978; E.A. Simon 1978 u. 1978a; Mayer 1978; Mosis 1978; Klausner/Schultz 1978; A World Built (1978); Deshen 1978; Talmon/Siefer 1978; S. Talmon 1978; Hellwig 1979; M. Cohen 1979; Reichrath 1979; Liebman 1980; Yehoshuah 1981; Magonet 1981; I. Greenberg 1982b; Klatzker 1983; Liebman/Don-Yehiya 1983; Wyschogrod 1983; Jakobovits 1984; Kickel 1984; Weiss 1984; Schweid 1985; Amir 1985; D. Hartman 1985; Toaff 1985/86; L.A. Hofmann 1986; Eisen 1986; Fisher 1986; Tal 1986; A.J. Heschel 1988a; Schoon 1988; Schweid 1988; Breslauer 1988; Wolffsohn 1988; Zuckermann 1988; Pedersen 1989; Stöhr 1989; M. Greenberg 1989; D. Hartman 1989; Heldt/Lowe 1989; Ellis 1990; Schatzker 1990; Spero 1991; Vetter 1992; M. Zimmermann 1992.
334. Vgl. z.B.: Elliott 1972; Cuddihy 1974; Fox 1975; S. Talmon 1978; D. Hartman 1978; E.A. Simon 1978; Kren/Rappoport 1980; Bayme 1981; Aronson 1983; Liebman 1983a; Roskies 1984; A.A. Cohen 1987; D.J.K. Peukert 1988a; Steven T. Katz 1988; Aronson 1988; Bauman 1989.
335. Vgl. Kap. III.

gen, ›diese und jene sind Worte lebendiger Juden‹, die alle gleichermaßen um eine jüdische Identität post Auschwitz ringen[336].

Nur auf dem Hintergrund dieses allen gemeinsamen, existenziellen Motivs ist eine der vielleicht überraschendsten und jüngsten Entwicklungen des innerjüdischen Diskurses um eine Deutung des Holocaust zu verstehen. Parallel zum Höhepunkt dieses geschichtstheologischen Diskurses Ende der 70er, Anfang der 80iger Jahre begann eine gewichtige Anzahl jüdischer Stimmen laut zu werden, die die intensive Beschäftigung mit dem Holocaust für einen fatalen Fehler halten und eine weitere Auseinandersetzung mit dieser Vergangenheit ablehnen. Gemeinsame Sorge derer, die vor einer zu starken Zentrierung der jüdischen Identität auf den Holocaust warnen, ist die ernste Befürchtung, die Auseinandersetzung mit dem Holocaust beginne die eigentlichen Inhalte und Werte des Judentums zu überschatten und die »positiven Aspekte des jüdischen Lebens an die Seite zu drücken« (Petuchowski 1981, S.9). Es sei bedenklich, wenn zwar »ein Student über die verschiedenen Phasen der Endlösung aufgeklärt wird, aber nirgendwo im Laufe seines Unterrichts die Gelegenheit erhält herauszufinden, was die Haskalah [jüdische Aufklärung] war, wie eine Seite des Talmuds zu lesen ist, oder wer Judah Hanassi gewesen sein könnte« (Alter 1981, S.49). Insbesondere für die nachwachsenden Generationen befürchtet man sozial- und individualpsychologische Negativauswirkungen, wenn diese ihre Identität als Juden maßgeblich an einem solch disaströsen und potentiell identitätszerstörenden Ereignis wie dem Holocaust entwickeln müßten.

Ohne die seriösen und in der Tat äußerst gewichtigen Anfragen dieser Kritiker an den Holocaust-Diskurs hier auch nur annähernd angemessen darstellen zu können, muß betont werden, daß diese kritischen Äußerungen in keinster Weise vergleichbar sind mit der in unseren Breiten üblichen ›Schlußstrich-Mentalität‹. Die Kritik an einer zu starken innerjüdischen Zentrierung auf den Holocaust mündet an keiner Stelle darin, sich von der Erinnerung an den Holocaust gänzlich abzuwenden und der Geschichte den Rücken zu kehren. Vielmehr plädieren diese Kritiker im Kontext jüdischer Identitätsfindung vehement für ein in ihren Augen mehr austariertes Verhältnis gegenüber diesem Ereignis und stellen wichtige Fragen pädagogischer und psychologischer Natur.

---

336. Der extreme jüdische Fundamentalismus in Israel, der in jüngster Zeit schlagzeilenträchtig von sich reden macht, widerspricht dieser Einschätzung nur bedingt. Zum einen ist er ungeachtet seiner teilweise verheerenden Auswirkungen ein Randphänomen. Zum anderen ist der jüdische Fundamentalismus in Israel ein vergleichsweise junges Phänomen, das seine Wurzeln weit mehr in der politischen Konstellation des Nahen Ostens seit der Staatsgründung Israels hat, als daß er jüdischer Tradition entspringt. Es ist nachgerade die Stärke jüdischer Tradition, diesen fundamentalistischen Positionen gewissermaßen von innen heraus, mittels des traditionell stark ausgeprägten Toleranzpotentials jüdischer Religion, argumentativ begegnen zu können; vgl.: Liebman 1983; Kepel 1991, bes. S.206-271; Idalovichi 1989.

Wenngleich diese ernstzunehmenden Anfragen vielleicht um einige Jahre zu früh kommen, um die konstruktive Beachtung zu finden, die sie zweifelsohne verdienen, so ist es doch bemerkenswert, daß diese im Grunde fundamentalste Kritik am jüdischen Diskurs um eine Deutung des Holocaust legitimer Bestandteil des Gesamtdiskurses bleibt[337]. Bei aller Schärfe und Härte der Kritik führt dies nämlich nur äußerst selten zu gegenseitiger Ausgrenzung, zu unversöhnlichen Fraktions- und Lagerbildungen, oder gar zu Schlägen unter die Gürtellinie, wie dies etwa bei Marc H. Ellis' Position streckenweise der Fall ist. Betrachtet man unter diesem Blickwinkel etwa den Historikerstreit hierzulande, öffnet sich doch eine erschreckend große Kluft und zwingt einen zu fragen, »ob es in unserem Lande eigentlich eine Kultur des Streitens gibt« (D.J.K. Peukert 1988, S.45)[338]. Aus einem falsch verstandenen wissenschaftlichen Impetus heraus neigen wir leider allzuoft dazu, jeden Streit nur dann für fruchtbar und beendet zu halten, wenn er eine eindeutige Lösung der zur Debatte stehenden Fragen einbringt. Zu wenig lassen wir uns warnen, daß es inmitten unserer nicht-jüdischen, westeuropäischen Kultur war, in der ein auf Lösungen fixiertes Denken schließlich auch zur Etablierung von End-Lösungen führte.

Die beeindruckende thematische und methodische Vielfalt des jüdischen Holocaust-Diskurses, seine ihn auszeichnende Interdisziplinarität und die bei aller Unterschiedlichkeit der Positionen allen Beteiligten konzedierte Seriosität der

---

337. Die wichtigsten Argumentationen und Positionen innerhalb des Judentums, die sich gegen eine zu intensive Auseinandersetzung mit dem Holocaust aussprechen, findet man bei: Wyschogrod 1971; Neusner 1973; Schulweis 1976; Jakobovits 1979; Hyman 1980; Neusner 1980; Wolf 1980; Schorsch 1981; Neusner 1981 u. 1981a; Benavie 1981; Shereshevsky 1982; Wyschogrod 1982; Neusner 1984; Gordis 1986; Schulweis 1986; Neusner 1987; Foxman 1988; Lopate, in: Lopate/Bauer/Lipstadt 1989; M. Zimmermann 1989a; Leibowitz 1990; Schulweis 1990; Seligmann 1993; einen kurzen, aber informativen Überblick findet man bei: Freeden 1990; zur kritischen Auseinandersetzung mit diesen Positionen siehe: Lipstadt 1981; I. Greenberg 1983.

338. Der Historiker Detlev J.K. Peukert ist, soweit ich sehe, bemerkenswerterweise der einzige, der dieses Phänomen einer mangelnden Streitkultur im Kontext des Historikerstreites thematisiert. U.a. heißt es bei ihm: »Da ist zunächst die blamable Reaktion der von Habermas kritisierten Kollegen: Verärgerung und unangemessenes Pochen auf eine fachwissenschaftliche Kompetenz, [...] ... fiel auf, daß es wenig Bemühungen gab, einen rational strukturierten Diskurs zu führen, [...] Auch gab es kaum Versuche, dem jeweiligen Gegner wenigstens in einzelnen Fragen verstehend entgegenzukommen. ... Die Debatte kreiste nicht um ein gemeinsames Drittes, nämlich die pluralistische Annäherung an die geschichtliche Wahrheit, sondern wurde auf beiden Seiten exklusiv geführt. [...] Insofern wird man folgern müssen, daß auch jene Kultur des Streitens, die für den Fortgang der Wissenschaft ebenso unentbehrlich ist wie für den Fortschritt der Demokratie, unter die ›Verlierer‹ des Historikerstreites einzureihen sein wird« (D.J.K. Peukert 1988, S.46).

Motive hat ihre Quelle sicher auch in einer gemeinsamen Bezugsgröße, die der europäisch-nichtjüdischen Kultur weitgehend fehlt. Diese gemeinsame Bezugsgröße zwischen den am Diskurs beteiligten Historikern, Philosophen, Theologien, Politologen und Soziologen, von säkular und religiös orientierten Intellektuellen, ist auf jüdischer Seite das zweifellos alle miteinander verbindende und gemeinsame Jude-sein. Hieraus resultiert das allen gemeinsame Anliegen, die eigene Identität post Auschwitz zu erfassen. In erster Linie ist man eben nicht Historiker oder Theologe, ist man nicht religiös oder säkular, Fachmann oder Laie, sondern zuerst und zuletzt ist man Jude. Der allen gleichermaßen obliegende Druck und das allen gleichermaßen innewohnende existenzielle Bedürfnis zu reflektieren, was es heißt, ein Jude nach Auschwitz zu sein, diese gewissermaßen kollektive Erfahrung und Not läßt viele der ansonsten anderweitig zum Tragen kommenden Differenzen in den Hintergrund treten. Diese gemeinsame Bezugsgröße fehlt auf unserer, der nicht-jüdischen Seite in einem größeren Maße, als uns das gemeinhin bewußt ist[339].

Jüdische Holocaust-Theologie – ist sie Ausdruck von Bruch oder Kontinuität in der jüdischen Tradition? Sie ist Ausdruck von beiden.

Sie ist Bruch in dem Sinne, daß sie über ein Ereignis reflektiert, das eine kaum tiefergreifender vorstellbare Zäsur in der Kontinuität der jüdischen Geschichte markiert. Sie ist Bruch in dem Sinne, daß sie sich gezwungen sieht von religiösen Argumentationsmustern – *Kiddusch haSchem* und *Mipnej chata'enu* –, die über Jahrtausende wirkungsvoll die Schrecken der Geschichte zu bannen imstande waren, Abstand zu nehmen. Und schließlich ist sie Bruch in dem Sinne, daß nicht

---

339. In gewissem Sinne ist z.B. die in Deutschland anzutreffende Verunsicherung etwa über die nationale Identität der Deutschen nach 1945 im Lichte der Erfahrung des Nationalsozialismus ein ähnlich verbindendes Element. Ihm fehlt aber die Tiefendimension, die, in einem existenziell ganzheitlichen Sinne, nur in Verbindung mit der religiös-philosophischen Frage gewährleistet sein könnte. Hier wäre das entsprechende Äquivalent zum Judentum das Christentum. Aber weder definieren sich alle Deutschen als Christen, noch reichte die Erschütterung des christlichen Glaubens durch den Holocaust so weit und so tief wie im Judentum. Beide Größen, nationale Identität und religiöse Identität, sind in Deutschland nicht nur weitgehend getrennte und voneinander unabhängige Größen, sondern sind zugleich zwei Größen, die im Selbstverständnis vieler Menschen keine tragende Rolle spielen, die eine entsprechende Auswirkung auf das Kollektiv zeitigen würde. Anders gesagt sind wir weder *so* politisch noch *so* religiös, daß auf einer dieser beiden Ebenen, oder gar auf beiden Ebenen, ähnlich identitätsbedrohliche Folgen des Holocaust zu beobachten wären wie auf jüdischer Seite. Unabhängig davon halte ich es für fraglich, ob dem Christentum und der von ihm geprägten europäischen Zivilisation ein dem Judentum vergleichbares Toleranzpotential inne ist, um die Offenheit und Pluralität zu gewährleisten, die wir im innerjüdischen Diskurs vorfinden und die für eine entsprechende Diskussion von Nöten wäre. Vgl. hierzu eingehender Kap. VII.

nur die traditionellen Rechtfertigungsmuster für das Leid in und an der Geschichte kaum mehr tragfähig sind, sondern darüberhinaus Kernbestände des geschichtlichen wie religiösen Selbstverständnisses – Gott als allmächtiger Herr der Geschichte und das Bundesverständnis etwa – radikal in Frage gestellt sind und neuer Reflexion bedürfen.

Zugleich aber ist die jüdische Holocaust-Theologie und der geschichtstheologische Diskurs um sie erstaunliches und eindrucksvolles Zeichen der Kontinuität jüdischer Tradition. Kontinuität in dem Sinne, daß sie in einer gewissen Weise ganz in der Tradition jüdischen Denkens stehen, das schon immer die großen geschichtlichen Katastrophen, mit denen das Judentum konfrontiert war, zum Anlaß für theologische Reflexion nahm. Kontinuität in dem Sinne, daß die historische Realität immer schon das Judentum dazu herausforderte, sie religiös zu deuten, zu bewältigen und zu integrieren. Kontinuität also in dem Sinne, daß das Judentum in seinen Hauptströmungen letztlich nie in jene spirituelle Nische sich flüchtete, in der die historische Wirklichkeit getrennt vom religiösen Selbstverständnis den Status der Irrelevanz erhalten hätte.

In der Tat haben wir es mit einem mehr oder minder radikalen Bruch auf der inhaltlichen Ebene geschichtstheologischer Reflexion zu tun, der jedoch nicht zu einem Bruch des formalen Bezugsrahmens führte, innerhalb dessen sich die Reflexion bewegt. Der Bruch des Bezugsrahmens hätte nach und im Angesicht des Holocaust einzig darin seinen Ausdruck finden können, indem die Geschichte und ihre Relevanz für die Bestimmung des jüdischen Selbstverständnisses prinzipiell zurückgewiesen und verworfen worden wäre. Selbst der radikalste Vertreter der jüdischen Holocaust-Theologen, Richard Rubenstein, erweist, wie bereits weiter oben angedeutet, eben durch seine theologische Radikalität zugleich seine Verankerung in der jüdischen Tradition, gerade weil die Geschichte und ein historisches Ereignis Ausgangs- und Bezugspunkt seiner Überlegungen ist und bleibt. Die Paradoxie seines Standpunktes liegt genau darin, daß das entscheidende Movens seiner mit der theologischen Tradition brechenden Position die Geschichte bzw. ein historisches Ereignis ist, was ihn wiederum exakt in die Kontinuität jüdischer Theologie stellt, deren Bezugsrahmen eben immer auch die historische Wirklichkeit war. Insofern verkörpert Rubensteins Denken Bruch und Kontinuität in der jüdischen Tradition par exellence.

Unter dieser Perspektive betrachtet gelangen wir zu einer weiteren, überraschenden Einsicht. Nämlich daß gerade jener Teil des gegenwärtigen Judentums, der auf den ersten Blick geradezu das Paradebeispiel jüdischer Tradition repräsentiert und somit vermeintliches Beispiel ungebrochenster Kontinuität darstellt, zugleich jener Teil ist, der den Bruch in der jüdischen Tradition am radikalsten vollzieht: das ultra-orthodoxe Judentum. Einzig das scheinbar durch und durch traditionelle ultra-orthodoxe Judentum stellt sich, indem es dem Holocaust (und der Gründung des Staates Israel!) – und mithin also historischen Ereignissen – keine religiös zu reflektierende Bedeutung zuerkennt, außerhalb des für das jüdisch-religiöse Denken so charakteristischen Bezugsrahmens der Geschichte. Eine der wesentlichen Garanten jüdischen Überlebens der vergangenen Jahrhunderte während des Exils war sicherlich auch die innerreligiöse Wandlungs- und Anpassungsfähigkeit von theologischem Glaubensgut und -praxis in Rücksicht auf die beständig sich ändernden Lebensbedingungen im Rahmen der historischen Wirklichkeit. Wie dargelegt ist die Halacha, das jüdische Religionsgesetz, besonderer Ausdruck für diese Fähigkeit. Ihr liegt zutiefst die Einsicht zugrunde, daß nur was sich wandelt bewahrt werden kann. Tradition, so bemerkte einmal Gustav Mahler, sei nicht Anbetung der Asche, sondern Bewahren des Feuers. Nicht Versteifung und Konzentration auf die statischen Elemente, sondern Erhaltung und Pflege der dynamischen Momente machen geglückte Tradition aus. Indem das ultra-orthodoxe Judentum nach dem Holocaust sich dieser Einsicht verweigert, gerät es in Gefahr, Asche anzubeten statt das Feuer zu bewahren. Und umgekehrt erweisen sich jüdische Holocaust-Theologie und geschichtstheologischer Diskurs, gerade indem sie den Bruch in der jüdischen Geschichte und die veränderten Bedingungen im Dasein des Judentums – beides durch den Holocaust provoziert – wahrnehmen und als Herausforderung reflektierend annehmen, als Bewahrer des Feuers, als im besten Sinne des Wortes Konstanten der Tradition.

Als Historiker wollten wir Einblicke gewinnen in die jüdische Denkweise, wie sie sich insbesondere im Schatten von Auschwitz entwickelte, Einblicke gewinnen, wie Juden ihr Verhältnis zur Geschichte und zu ihrem Glauben nach dem Holocaust bestimmen, Einblick nehmen, wie das jüdische Gedächtnis das zu verarbeiten und zu bewahren sucht, was nicht nur jedem Zugriff beständig sich zu entziehen sucht, sondern zugleich jede Form von Gedenken und Erinnern mit schier unlösbaren Dilemmata konfrontiert. Darüberhinaus schließen wir uns dem Urteil Eliades an, der angesichts der jüdischen Konzeption der Geschichte insgesamt wie folgt urteilte: »In unserem Betracht zählt eine einzige Tatsache: Dank dieser Sehweise haben viele Millionen von Menschen Jahrhunderte lang großen geschichtlichen Druck aushalten können, ohne zu verzweifeln, ohne Selbstmord zu begehen oder in eine geistige Dürre zu verfallen, die eine relativistische oder nihilistische Betrachtung der Geschichte immer mit sich bringt«.(Eliade 1986, S.164)

Ich bin überzeugt, daß die hier vorgestellten Geschichtstheologien in eben diesem Sinne ihren Dienst für ein sinnvolles jüdisches Dasein nach Auschwitz zu leisten vermochten und es noch immer tun. Um diese Leistung in ihrer spezifischen Qualität noch genauer erkennen und würdigen zu können, müssen wir erneut die Fäden von Kap. III aufnehmen, um abschließend, in Rücksicht auf den bisherigen Gang der Erörterungen, ein genaueres Bild von der *Struktur und Zentralität des Gedächtnisses im Judentum* zu gewinnen.

VI. Struktur und Zentralität von Gedächtnis im Judentum Teil 2

»Die Juden sind Gottes Gedächtnis und das Herz der Menschheit. Wir wissen das nicht immer, aber die anderen wissen es, und es ist aus diesem Grunde, daß sie uns mit Verdächtigungen und Grausamkeiten behandeln. Die Erinnerung ängstigt sie. Durch uns sind sie mit dem Anfang ebenso verbunden wie mit dem Ende. Indem sie uns vernichten, hoffen sie Unsterblichkeit zu erhalten. Aber in Wirklichkeit ist es uns nicht gegeben zu sterben, selbst wenn wir es wollten. Warum? Wir können nicht sterben, weil wir die Frage sind«.
(Elie Wiesel 1980)

1. »... als sei er selbst aus Ägypten gezogen«
Zur Qualität des jüdischen Gedächtnisses

»Der Maggid von Kosnitz sprach: ›An jedem Tag soll der Mensch aus Ägypten gehen‹«.
(Martin Buber 1987)

»Alljährlich kehrt im Leben der Juden eine Nacht wieder, die dazu auserkoren ist, daß der jüdische Vater seinen Kindern verständlich macht, was es bedeutet, Jude zu sein. Durch diese Nacht weht der heiße Atem einer lebensstrotzenden Nation voll unverwüstlicher Kraft, tönt die wehe Klage einer leiderprobten, feindumstellten, klingt der stolze Triumphsang einer nie besiegten, Staaten überdauernden, jubelt das Danklied einer ihrem Gotte nahen, im Unglück glücklichen, ihrer Heilszukunft gewissen Nation: Das ist die Passahnacht, die Nationalnacht des Judentums. Wer diese Nacht kennt, hat das Wesen des Judentums begriffen« (I. Breuer 1937, S.228).

Mit diesen emphatischen Worten leitet Isaac Breuer seine Betrachtungen zu jenem jüdischen Fest ein, das wie kein zweites nicht nur ›das Wesen des Judentums‹, sondern ebenso das Wesen des jüdischen Gedächtnisses, seine *Zentralität und Struktur*, zum Ausdruck bringt: Pessach, *das* Fest der Erinnerung; der Erinnerung an den Auszug der Israeliten aus Ägypten. Wenn es, wie wir weiter oben festgestellt haben (Kap. III), zur spezifischen Eigenart jüdischer Identitätsfindung gehört, unabdingbar eine Verhältnisbestimmung zwischen Geschichte und Glauben, zwischen religiösem und geschichtlichem Bewußtsein zu leisten, so liegt darin die eigentliche Quelle für die Zentralität von Gedächtnis im Judentum. Am Pessachfest lassen sich nun die Parameter dieser Verhältnisbestimmung und mithin des jüdischen Gedächtnisses in paradigmatischer Weise erschließen und ermöglichen uns dergestalt einen Einblick in die Grammatik jüdischer Erinnerung.

Der materiale Gehalt des Pessachfestes zielt zunächst auf den Exodus, den Auszug aus Ägypten. Entscheidend dabei ist, daß er als eine in die Geschichte eingreifende Befreiungstat Gottes erfahren wurde. Von hier aus war »jüdische Theologie immer Theologie der Befreiung« (Ben-Chorin 1988, S.15)[1], und zwar

---

1. »Die heilsgeschichtlichen Erinnerungen und die damit verbundenen Verheißungen, wie sie sich in den jüdischen Festen manifestierten, waren im Verlauf der jüdischen Religionsgeschichte nie völlig spiritualisiert worden, sondern hatten sich immer ihren sehr konkreten historisch-politischen Gehalt bewahrt. ... Jüdische Religiosität und insbesondere die jüdischen Feste bedürfen als zugleich religiös und sozial konstituiertes kollektives Gedächtnis des gemeinschaftlichen Handelns ebenso wie der religiösen Kommunikation« (Rahe 1993, S.88).

Befreiung im politisch-sozialen[2] wie auch religiös-spirituellen Sinne[3]. Die Begegnung Gottes mit dem Menschen hat befreienden Charakter und vollzieht sich im Medium der Geschichte auf allen Ebenen menschlicher Existenz. Diese in ihrer Bedeutung und Wirkung kaum zu überschätzende Grunderfahrung des jüdischen Volkes findet sich deshalb auch unmittelbar verknüpft mit dem Gebot zur permanenten Erinnerung an dieses Ereignis. Immer wieder, selbst nachdem Landnahme und Seßhaftwerdung in Israel weitgehend abgeschlossen sind und die Erfahrung ägyptischer Sklaverei und der Befreiung von ihr längst der Vergangenheit angehören, »wird dem Volk eingehämmert: ›Gedenke, daß du ein Knecht warst in Ägypten‹« (Yerushalmi 1988, S.22)[4].

In der Tat wäre, wie Jan Assmann bemerkt, nichts natürlicher »als im Gelobten Land die Wüste« und etwa im babylonischen Exil »Jerusalem zu vergessen« (Assmann 1992, S.214). Die Beständigkeit und Kraft der Erinnerung an den Exodus und des ihn krönenden Bundesschlußes am Sinai finden dementgegen ihren Grund auch in der »Extraterritorialität« der Ereignisse selbst. Exodus und Bundesschluß geschehen im »Niemandsland der sinaitischen Wüste«, sie sind »extraterritorial und von daher von keinem Territorium abhängig«. Deshalb kann man sich an sie erinnern, »wohin auch immer auf der Welt es einen verschlägt« (Assmann 1992, S.201). Exodus und Sinaierlebnis werden zu Erinnerungsfiguren einer mustergültigen Erinnerungskunst, die »auf der Trennung von Identität und Territorium basiert«. Sie gipfelt in der »Zumutung, sich *im* Lande an Bindungen zu erinnern, die außerhalb des Landes eingegangen sind und ihren Ort in einer extraterritorialen Geschichte haben: Ägypten – Sinai – Wüste – Moab. ... Damit wird eine Mnemotechnik fundiert, die es möglich macht, sich außerhalb Israels an Israel zu erinnern, ... Wer es fertig bringt, in Israel an Ägypten, Sinai und die Wüstenwanderung zu denken, der vermag auch in Babylonien an Israel festzuhalten« (Assmann 1992, S.213) und desgleichen auch in den Jahrhunderten der Galuth, des Exils, zu tun[5].

Wie und auf welche Weise nun die Verknüpfung von befreiendem geschichtlichen Heilshandeln Gottes im Exodus mit dem Aufruf, sich dessen immer zu erinnern, durch das jüdische Gedächtnis transportiert und tradiert wird, kann man im Rahmen des Pessachfestes exemplarisch an der häuslichen Liturgie des Sedermahls und der an diesem Abend im Mittelpunkt stehenden Pessach-Haggadah studieren. Der Sederabend ist im Grunde ein rein familiärer und häuslicher Got-

---

2. Vgl.: Walzer 1988.
3. Vgl.: Greenberg 1988, bes. S. 34-65.
4. Vgl. z.B.: Exod. 13,3; 16,6; 20,2; Lev. 11,45; 19,36; 25,38; 26,13; 26,45; 42,55; Dtn. 5,15; 15,15; 24,18.
5. Vgl. hierzu Midrasch BemR 1,7, wo gelehrt wird, daß die Offenbarung der Torah aus dem Grund in der Wüste, d.h. im Niemandsland, ›extraterritorial‹, geschah, damit kein Volk ein Monopol auf göttliche Offenbarung beanspruchen könne.

tesdienst, dessen Ablauf einer festgelegten *Ordnung* – nichts anderes heißt *Seder* – folgt und mit einem symbolträchtigen Mahl endet. Alle Teile des Abends gewinnen ihre Struktur in der gleichnishaften Darstellung der in drei Abschnitte gegliederten historischen Szenenfolge des Exodus: Knechtschaft – Errettung – Erlösung.

Dementsprechend haben etwa alle Speisen und Getränke dieses Festmahls eine symbolische Bedeutung: die ungesäuerten Brote, die *Mazzot*, stellen in Anspielung auf den eiligen Aufbruch aus Ägypten das ›Brot der Befreiung‹ dar und sind in Anspielung auf das Sklavenlos zugleich das ›Brot des Elends‹; das Bitterkraut, meist Meerrettich, erinnert an die bittere Zeit der Erniedrigung; braunes Fruchtmus, mit Äpfeln und Zimt zubereitet, symbolisieren die Lehmziegel, die in Fronarbeit hergestellt werden mußten; ein Napf mit Salzwasser erinnert an die Tränen der Mütter, und anderes mehr[6]. Außerdem ist es geboten, vier Becher Wein zu trinken in Anlehnung an die vier Stufen der Erlösung, wie sie im Buche Exodus angedeutet sind: »[1.Stufe:] Ich werde euch von dem Druck der ägyptischen Fron befreien und [2.Stufe:] euch aus ihrer Knechtschaft erretten und [3.Stufe:] euch mit ausgestrecktem Arm und mit gewaltigen Strafgerichten erlösen. [4.Stufe:] Ich will euch zu meinem Volk annehmen« (Exod. 6, 6-7).

Diese symbolträchtig aufgeladenen Speisen und Getränke wollen nicht nur die Erinnerung an längst vergangene Ereignisse evozieren, sondern sollen kraft ihres sinnlichen Potentials jene Ereignisse der Vergangenheit als gegenwärtige Erfahrung erlebbar machen. Mit dem Sehen, Riechen, Anfassen und vor allem dem Essen dieser Speisen und Getränke nimmt man zugleich jene fundierenden Ereignisse der Vergangenheit fast buchstäblich in sich auf. Die Erinnerung wird ›stofflicher‹ Teil der eigenen Existenz, wird regelrecht einverleibt, wird zu dem, was Erinnerung in der jüdischen Kultur ihrem tiefsten Wesen nach ist: ein Prozeß *existenzieller Er-Innerung, ver-Innerlichte Er-Innerung*. Diese Form der *ErInnerung* ist unweit mehr als bloßes Gedenken an etwas Vergangenes, das mir auch heute noch lehrreich etwas zu sagen hat. Vielmehr wird diese Form der *ErInnerung* Teil meiner Existenz. Die im kollektiven Gedächtnis gespeicherte Erinnerung wird so zu einem unveräußerlichen Bestandteil meiner individuellen *ErInnerung* im Hier und Heute. Nicht allein meine Vorfahren, die am Beginn einer unüberschaubaren Generationenkette stehen, waren Sklaven in Ägypten, sondern *ich selbst* war Sklave in Ägypten, *ich selbst* bin hinausgeführt und befreit worden. In diesem Zusammenhang ist der sicherlich zentrale Satz der *Pessach-Haggadah* zu sehen: »In jeglichem Zeitalter ist der Mensch verpflichtet sich vorzustellen, als sei er selbst aus Ägypten gezogen« (Hirsch-Haggadah, S.83).

6. Für eine vollständige Erläuterung der mit *Pessach* und dem *Seder* in Zusammenhang stehenden Gesetze, Bräuche und deren Bedeutung siehe: Jacobson 1982; Thieberger 1979, S.198-216; siehe auch die kommentierenden Erläuterungen in: Hirsch-Haggadah 1988.

In einem berühmten Kommentar von Samson Raphael Hirsch heißt es zu dieser Stelle: »Nicht ein Märchen, beginnend ›es war einmal‹, nicht eine alte Geschichte aus längst vergessenen Tagen grauer Vorzeit sei Dir der Auszug aus Ägypten. Tief empfundenes Erlebnis Deiner eigenen persönlichen Erfahrung sei er Dir. In allen Einzelheiten, mit allen Schrecken der Sklavenzeit, mit allen Wonnen der Befreiung male es Deine Phantasie dir aus... Nicht vom Volk und den Vätern der grauen Vergangenheit erzählst und berichtest Du, [sondern] was Du schilderst, ist Dein eigenes Leben. Über Dein Haus schritt schonend der Engel des Verderbens, von Deiner Hand löste Gott die Fessel des Sklaven. Deine Gegenwart und Deine Zukunft beruht auf dieser Befreiung, ..« (Hirsch-Haggadah, S.83f.).

Hier ist nicht imaginative Identifikation, sondern *existenzielle Re-Präsentation* gefordert. Es geht nicht darum, mich mit den Israeliten damals und dort hier und heute zu identifizieren. Vielmehr ist gefordert, meine Anwesenheit damals und dort hier und heute *wieder zu vergegenwärtigen*, zu *re-Präsentieren*[7]. Als ein Teil der Gegenwart erinnere ich mich nicht *an* die Vergangenheit, um an ihr Teil *zu haben*, sondern als Teil der Gegenwart *bin* ich *kraft* der *ErInnerung* unmittelbarer *Teil der Vergangenheit*. Wiedervergegenwärtigung der (meiner) Vergangenheit ist *ErInnerung* an (m)eine vergangene Gegenwart[8].

7. Vgl. auf diesem Hintergrund das in Kap. III ausgeführte Verständnis von Talmud und Midrasch über die präexistente Anwesenheit aller jüdischer Seelen künftiger Geschlechter am Sinai!
8. Edna Brocke benutzt im Kontext ähnlicher Überlegungen den Ausdruck »präsentisches Erinnern« (Brocke 1992, S.73). Ich ziehe den Begriff ›*existenzielle RePräsentation*‹ vor, da mir, wie im Folgenden noch zu erläutern sein wird, das existenzielle Element der Erinnerung ebenso wichtig und charakteristisch für jüdisches Gedächtnis erscheint, wie sein ›präsentisches‹ Element. Auch Yerushalmi versucht die hier angesprochenen Phänomene – vor allem in Blick auf den textlichen Korpus von Talmud und Liturgie – auf den Begriff zu bringen und bezeichnet das hier zugrundeliegende Geschichtsbild samt seiner darin enthaltenen Form von Gedächtnis als »Geschichtsmidrasch«. »Es ist«, schreibt er, »als wäre Geschichte zu einem Text geworden, der sich durch eine Hermeneutik auslegen ließ, die sich aus den Grundprämissen des israelitischen Glaubens ganz natürlich und wie von selbst ergab« (Yerushalmi 1993, S.92). Meinem Verständnis der Zentralität von Gedächtnis im Judentum und der *existenziellen RePräsentation von ErInnerung* am ehesten vergleichbar ist der von Johann Baptist Metz entfaltete Begriff einer ›anamnetischen Kultur‹, bzw. der des ›anamnetischen Geistes‹, mit der er die gedächtniszentrierte Kultur der Erinnerung im Judentum beschreibt; hierzu siehe die Ausführungen im Schlußwort, Kap. VIII. Im Übrigen sei nur angemerkt, daß hiermit zwangsläufig unterschiedliche Zeitvorstellungen und ein unterschiedliches Zeitempfinden die Folge ist. Die Gegenwart ist nicht so sehr der Schnittpunkt zwischen Vergangenheit und Zukunft. Vielmehr wird die Gegenwart eine die Vergangenheit mit hineinnehmende Form gedehnter Zeit. Vgl. auch: Metz 1992a; siehe auch: Anm. 11 in Kap. III.

Existenziell ist diese wiedervergegenwärtigende Art der *ErInnerung*, weil sie eben zum Bestandteil der eigenen Existenz, zum unveräußerlichen Gut des sie Tragenden gehören soll. Zugleich meint existenziell aber auch eine Charakterisierung der Art und Weise der Aktualisierung und Bewahrung dieser *ErInnerung*. Denn diese müssen zwangsläufig ebenfalls auf existenzielle Weise bestimmt sein, wenn sie von lebensfähiger Dauer sein sollen. Wenn Fest, Ritual und Liturgie das Medium solcher *ErInnerung* ist, dann muß sich in Fest, Ritual und Liturgie ihr existenzieller Charakter nachweisen lassen. Liturgie und Ritual müßen, wollen sie existenziell sein und wirken, die ganze Existenz ansprechen und einfordern, sie müßen den Menschen in seiner Ganzheit erreichen. Liturgie und Ritual müssen daher mit gleichermaßen kognitiven, emotionalen, sensitiven und motorischen Elementen durchwirkt sein. Und sie müssen die Forderung enthalten, daß man sich mit seiner ganzen Existenz in diese Begegnung und Aneignung hineinbegibt.

Auf diesem Hintergrund sind die ersten Sätze des *Shma Jisrael* (Höre Israel), dem dreimal täglich zu betenden, wenn man so will: jüdischen Glaubensbekenntnis, zu sehen: »Höre Israel! Der Ewige ist unser Gott, der Ewige ist Einer. Du sollst den Ewigen, deinen Gott lieben aus deinem ganzen Herzen, aus deiner ganzen Seele und mit all deiner Kraft! Und es sollen diese Worte, die ich dir heute gebiete, in deinem Herzen sein! Und du sollst sie deinen Kindern einschärfen und von ihnen reden, wenn du in deinem Hause weilst und wenn du auf dem Weg gehst, wenn du dich niederlegst und wenn du aufstehst« (Dtn. 6, 4-7).

Wie unter einem Brennglas wird in diesen wenigen Sätzen das Programm einer auf Totalität und Existenzialität angelegten Form der *ErInnerung* sichtbar. Die Formulierung des Liebesgebotes zielt auf die Totalität der menschlichen Existenz in ihrer Einheit aus Geist (»aus deinem ganzen Herzen«), Seele (»aus deiner ganzen Seele«) und Leib (»mit all deiner Kraft«). In der Hereinnahme dieser »Worte, die ich dir heute gebiete« ins innerste Zentrum des Menschen, das Herz, wird zu einer Bewußtmachung, Be-Herz-igung und Einschreibung der Erinnerung aufgefordert: *ErInnerung* ist der Herzschlag des Lebens. Die Tradition begründende Weitergabe dieser *ErInnerung* und das Reden von ihr (»du sollst sie deinen Kindern einschärfen und von ihnen reden«) ist eine Raum (»wenn du in deinem Haus weilst und wenn du auf dem Weg gehst«) und Zeit (»wenn du dich niederlegst und wenn du aufstehst«) übergreifende Aufgabe.[9]

---

9. Assmann bezeichnet diese Zusammenhänge als »verschiedene Verfahren kulturell geformter Erinnerung«, die dazu dienen sollen, »biographische in kulturelle Erinnerung« zu transformieren; vgl. Assmann 1992, S.218f. Das ›*Shma Jisrael*‹ umfasst neben den hier zitierten Sätzen insgesamt folgende Bibelstellen: Dtn. 6, 4-9; Dtn. 11, 13-21 und Num. 15, 37-41. Unter anderem findet sich in diesen Stellen auch noch das Gebot zur Sichtbarmachung der Erinnerung: »Du sollst sie [die Worte, die ich dir gebiete] zum Denkzeichen an deine Hand binden und zum Merkzeichen auf der Stirn tragen« (Dtn. 6,8). Und: »Du sollst sie auf die Türpfosten deines Hauses schreiben

Genau einer solchen, in *ErInnerung* mündenden, *existenziellen RePräsentation* des Exodus und aller mit ihm verbundenen Implikationen dient auch die im Mittelpunkt des Pessach-Abends stehende *Pessach-Haggadah*, einem oft reich illustrierten Buch, das aus Texten der Bibel, des Talmud, des Midrasch sowie zahlreicher Segenssprüche besteht. Sie wird vom Familienvater vor allem für die Kinder vorgelesen, gemäß dem biblischen Gebot: »Du sollst deinem Sohn an diesem Tag erzählen: Es geschieht um dessentwillen, was mir Jahwe bei meinem Auszug aus Ägypten getan hat« (Ex. 13, 8). Die Aufforderung, die Kinder über den Sinn der Riten und Gesetze und damit über den religiösen Sinn ihrer Existenz als Juden zu belehren, findet man viermal in der Torah, den fünf Büchern Mose[10]. In diesem Kontext ist das gesamte Pessach-Fest, und vor allem der Vortrag der *Pessach-Haggadah*, die zentrale Gelenkstelle in der Weitergabe der Tradition und mithin der Formung des kollektiven jüdischen Gedächtnisses. Alles, was hier geschieht, ist eine großartige Bewegung gegen den Strom des Vergessens, eine Initiation des individuellen Gedächtnisses in das Gedächtnis des Kollektivs.

Diesem Ziel dient vor allem der mit Erzählungen, Gebeten, Gesängen und symbolischen Handlungen durchsetzte, oftmals über Stunden sich hinziehende Vortrag der *Pessach-Haggadah*. Diese *Pessach-Haggadah* ist zweifelsohne »das populärste und am meisten geliebte jüdische Buch. Gelehrte haben über es meditiert, Kinder erfreuen sich an ihm. Als ein Buch gleichermaßen für die Philosophen wie für das Volk ist es an mehr Orten und in mehr Auflagen wiedergedruckt worden als jeder andere jüdische Klassiker,... Es wurde in nahezu jede Sprache übersetzt, in der Juden während ihrer weltweiten Verteilung sprachen« (Yerus-halmi 1975, S.13f.)[11]. In der Feier des *Seder* und dem Vortrag der *Haggadah* »lernt das Kind ›wir‹ sagen, indem es hineingenommen wird in eine Geschichte und in eine Erinnerung, die dieses Wir formt und füllt« (Assmann 1992, S.16).

Nirgendwo wird dieser Prozeß deutlicher, als an jener Stelle der *Pessach-Haggadah*, wo das Problem der Tradition und Ausformung kollektiver Identität selbst

    und an deine Tore« (Dtn. 6,9). Diese Verse sind die Grundlage für die traditionellen Gebetskapseln, die zum Gebet angelegt werden, und für die an allen jüdischen Haustüren sowie an den Eingängen auch offizieller Gebäude in Israel zu findende *Mezuzah*, der Türpfostenkapsel, die jeweils beim Betreten und Verlassen mit der Hand berührt wird. Zum *Shma Jisrael* siehe auch Anm. 159 in Kap. V-2.3 (Emil L. Fackenheim); zu Auslegung und Stellenwert des *Shma Jisrael* siehe vor allem: Navé 1974.

10. Vgl. Dtn.6,20ff; Ex.12,26f.; Ex.13,14f.; Ex.13,8.
11. Unzählige Male handschriftlich abgeschrieben, gedruckt und mit Illustrationen versehen, ist es somit außerdem ein kunstgeschichtliches Dokument ersten Ranges. Einen Eindruck von der Vielfalt seiner künstlerischen Darstellung, beginnend mit den ersten Ausgaben seit der Erfindung des Buchdruckes, endend mit zeitgenössischen Ausgaben im gegenwärtigen Israel, findet man in: Yerushalmi 1975. Dort auch ausführliche Kommentare zur Veröffentlichungsgeschichte der *Haggadah*.

thematisiert wird am Beispiel der an den Vater gerichteten Fragen von vier unterschiedlich veranlagten Kindern: »Gelobt sei der Allgegenwärtige! Gelobt sei er! Gelobt, der seinem Volke Israel die Torah gegeben! Entsprechend vier Kindern drückte sich die Torah aus: dem verständigen, dem bösen, dem einfältigen, und dem geistig noch nicht geweckten Kinde. Der Verständige, wie spricht er? ›Was bedeuten die Zeugnisse, die Satzungen und Rechtsverordnungen, welche der Ewige, unser Gott, euch befohlen hat?‹ So sprich denn auch du belehrend zu ihm, den Vorschriften des Pesach gemäß: ›Nach dem Genuß des Pesach-Opfers beschließt man das Festmahl nicht mit einem Nachtisch.‹ Der Böse, wie spricht er? ›Was soll euch dieser Dienst?‹ Euch? aber nicht ihm? Und weil er sich somit selbst von der Gesamtheit ausschließt, verleugnet er die Grundwahrheit (des Judentums); so stumpfe denn auch du ihm die Zähne und sprich zu ihm: ›Wegen dieser Pflichterfüllung ließ Gott es mir angedeihen, als ich aus Ägypten zog.‹ Mir, aber nicht ihm! Wäre er dort gewesen, er würde nicht erlöst worden sein! Der Einfältige, wie spricht er? ›Was ist das?‹. Zu ihm sollst du sprechen: ›Mit starker Hand hat uns Gott aus Ägypten geführt, aus dem Sklavenhause.‹ Und mit dem, der nicht zu fragen weiß, eröffne du die Unterhaltung, denn es heißt: ›Du sollst deinem Sohn mitteilen an demselben Tag und sprechen: Wegen dieser Pflichterfüllung ließ es Gott mir so angedeihen, als ich aus Ägypten zog.‹« (Hirsch-Haggadah, S.35ff.).

Geglückte Tradition drückt sich hier in dem differenzierten Fragen des klugen Kindes aus, insbesondere aber in der Gemeinschaft dokumentierenden Rede von »*unser* Gott«. Dementgegen zeigt sich die Bosheit des bösen Kindes in der Gemeinschaft verweigernden, exklusiven Rede von »*euch*«.

Überaus treffend kommentiert Assmann: »Was wir hier vor uns haben, ist ein kleines Drama um Personalpronomen und Geschichtserinnerung« (Assmann 1992, S.15). Und natürlich dient der gesamte Pessach-Abend dazu, ›kluge Kinder‹, d.h. geglückte Weitergabe von Tradition durch Einbindung ins kollektive Gedächtnis, zu ermöglichen. Deshalb sollen »Text und Geste ... weniger einen Gedächtnissprung bewirken als eine Verschmelzung von Vergangenheit und Gegenwart. Das Gedenken bedeutet hier nicht mehr Rückbesinnung, bei der ein Gefühl der Distanz ja stets erhalten bleibt, sondern erneute Aktualisierung« (Yerushalmi 1988, S.57). Nur durch diese Verschmelzung von Vergangenheit und Gegenwart, nur durch *existenzielle RePräsentation* der Vergangenheit, läßt sich dann auch der Bezug und Übertrag zu vergleichbar aktuellen Situationen der Gegenwart oder der jüngeren Vergangenheit herstellen. Nicht zufällig schließen sich daher fast unmittelbar den Fragen der vier Kinder folgende Worte des Vaters an: »Und sie [die göttliche Vorsehung] ist es, die uns und unseren Vätern beigestanden; denn nicht etwa nur einer ist wider uns aufgestanden, uns zu vertilgen, sondern in jeglichem Zeitalter stand man wider uns auf, uns zu vertilgen, aber der Heilige, gelobt sei er, rettete uns aus der Verfolger Hand« (Hirsch-Haggadah, S.47).

Die innere Qualität der *Haggadah*, Fixpunkt von Vergangenheit, Gegenwart und Zukunft zu sein, dokumentiert sich nicht allein in den unzähligen Kommentaren, die »gläubig die Veränderungen der religiösen und ideologischen Bedingungen der Juden durch die Jahrhunderte reflektieren« und sie so zu einer »erstrangigen Quelle für die Geistesgeschichte des Jüdischen Volkes« (Yerushalmi 1975, S.53) machen. Vor allem die Ausgestaltung der *Haggadah* selbst »begleitet jede Veränderung im Geschick des Jüdischen Volkes« (Yerushamlim 1975, S.79). Nirgendwo wird dies dramatisch einsehbarer als in den *Haggadot*, die seit der Machtübernahme der Nazis in Deutschland 1933, während der folgenden Jahren der Verfolgung und Vernichtung der Juden in Europa und schließlich auch weltweit, entstanden sind. Eine im Jahre 1943 in Rabat, Marokko, erschienene *Haggadah*[12] stellt beispielsweise den Versuch einer bizarren Parodie und Satire gegen den Nationalsozialismus dar. Sie trägt den Titel ›Hitlers Haggadah‹. In ihr wird etwa der ›kluge Sohn‹ mit dem ›Engländer‹ identifiziert, der ›böse Sohn‹ natürlich mit ›Hitler‹. Eine im Jahre 1947 im israelischen Kibbutz Bet Ha-Shitah entstandene *Haggadah* ist durchsetzt mit Gedichten des in Auschwitz ermordeten Dichters Yitzhak Katzenelson, die an den Holocaust gemahnen[13]. Eine ganze Reihe von *Haggadot* entstanden in den Lagern der sogenannten ›Displaced Persons‹, wo sich die Überlebenden der Vernichtungslager nach ihrer Befreiung befanden. Charakteristisch für diese *Haggadot* ist, daß sie »nicht angefüllt sind mit Verzweiflung, sondern mit Trotz, einer brennenden Hoffnung und einer grimmigen Entschiedenheit, den Weg ins Gelobte Land zu nehmen« (Yerushalmi 1975, S.83). Und selbstverständlich findet die Gründung des Staates Israel im Mai 1948 eine nachhaltige Wirkung auf die Gestaltung und Kommentierung der in den folgenden Jahren zumeist in diversen Kibbutzim entstandenen *Haggadot*. In einer 1949 in New York gedruckten *Haggadah* ist gar der Text der Unabhängigkeitserklärung Israels eingearbeitet. Schließlich entstanden auch eine Reihe von *Pessach-Haggadot* in Erinnerung an den Holocaust[14].

Eindrücklich dokumentiert dies, wie sehr die *Haggadah* das »Buch der Erinnerung und Erlösung [ist]. In ihr wird das Gedächtnis einer Nation alljährlich wiederbelebt ...« (Yerushalmi 1975, S.15). In diesem Sinne darf der gesamte *Pessach-Seder* als das zentrale »Ritual zur Aktivierung des jüdischen Gruppengedächtnisses« (Yerushalmi 1988, S.56) gelten. Das jüdische Pessach-Fest kann in seiner Bedeutung als Ausdruck des jüdischen Gedächtnisses wie auch in seiner Wirkung als prägender Kraft desselben wohl kaum überschätzt werden. Es ließe sich zeigen, daß die am Pessach-Fest exemplarisch illustrierte Grammatik jüdischer Erinnerung in abgewandelter Form allen Festen und Feiertagen des Juden-

---

12. Diese *Haggadah* und alle folgend erwähnten, sowie darüberhinaus weit mehr, sind mit Bildwiedergabe und Kommentar dokumentiert in: Yerushalmi 1975.
13. Siehe auch: Katzenelson 1951.
14. Vgl. exemplarisch: Wolloch Haggadah 1988.

tums mehr oder weniger deutlich innewohnt[15]. Ausdruck und Formen dieser Feste und Feiertage, ihr Inhalt und ihr Anlaß, mögen vielfältig sein, die ihnen innewohnende Grammatik der Erinnerung ist immer die des jüdischen Gedächtnisses, so wie sie im Pessach-Fest paradigmatisch aufleuchtet.

Hier sei erinnert an den in Kap. III eingebrachten metaphorischen Vergleich des jüdischen Gedächtnisses als einem Genotypus, in dem die vergleichsweise festen, wenig variablen und damit kontinuierlich überdauernden Faktoren des jüdischen Gedächtnisses bewahrt sind. In diesem Sinne wäre die hier exemplarisch am Pessach-Fest aufgefächerte Grammatik der Erinnerung Teil des Genotypus jüdischen Gedächtnisses. Die Vielfalt der Feste, Liturgien und Rituale wären als auf der Oberfläche sichtbare und unterschiedliche Ausdrucksformen Bestandteil des Phänotypus. Bei aller Unterschiedlichkeit – und dabei denke man auch an das gerade für das Mittelalter typische und auf inhaltlicher Ebene durchaus gegensätzliche Standpunkte zulassende halachische Denken; oder aber man denke an die Binnendifferenzierung jüdisch religiösen Lebens in orthodoxe, konservative und reformierte Strömungen – bei all diesen Unterschiedlichkeiten im Phänotypus sollte dann nicht verkannt werden, daß ihr gemeinsamer Nenner im Genotypus des jüdischen Gedächtnisses liegt, daß sie verschiedene Ausdrucksformen des einen, sie generierenden jüdischen Gedächtnisses sind, dessen innerste Dynamik aus der konstatierten Notwendigkeit, eine Verhältnisbestimmung zwischen Glaube und Geschichte zu leisten, erwächst.[16]

Pessach allerdings hat – was seine Wirkung und Bedeutung zusätzlich noch unterstreicht – »von allen jüdischen Ritualen wohl die geringsten Erosionen durch

---

15. Vgl. in diesem Sinne vor allem: Greenberg 1988; siehe auch Anm. 1 am Beginn dieses Kapitels; eine der nach wie vor informativsten und eindruckvollsten Begegnungen mit den jüdischen Fest- und Feiertagen erhält man durch die Lektüre von: Thieberger 1979; vgl. auch: Walter 1989. Freilich vermag keine noch so intensive Lektüre das Erlebnis der persönlichen Teilnahme an einem oder allen diesen Fest- und Feiertagen ersetzen. Der Verweis auf die Erfahrung der Praxis des jüdischen Lebens selbst ist nirgendwo angebrachter als in diesem Zusammenhang!
16. Dem Sprachwissenschaftler mag an dieser Stelle eine Assoziation in den Sinn kommen, der nachzugehen in der Tat höchst reizvoll, für uns aber hier zu ausufernd wäre. Die Assoziation bezieht sich auf die von Noam Chomsky entwickelte, im Umfeld des linguistischen Strukturalismus anzusiedelnde, *generative Transformationsgrammatik (GTG) der Sprache*. In Anlehnung an das Modell der GTG könnte man in unserem Zusammenhang vielleicht von einer *generativen Transformationsgrammatik jüdischer Erinnerung* sprechen. Jüdisches Gedächtnis wäre demnach zu beschreiben als ein Phänomen, das eine Reihe zahlenmäßig begrenzter Regeln beherbergt, die es erlauben, auf dem Wege der Transformation, unzählige aktuelle Ausdrucksformen zu generieren. (Daß Chomsky selbst Jude ist, mag den Reiz dieser Assoziation noch erhöhen). Zur GTG insgesamt vgl.: Chomsky 1969; Wunderlich 1971; Bünting 1987, S.168-198.

die modernen Zeiten erlitten; von der Gesamtheit jüdischer Liturgie bleiben die Worte der Haggadah für viele die wohl vertrautesten. In der ein oder anderen Form wird der Seder nicht nur von Juden begangen, die sich der religiösen Tradition verpflichtet fühlen, sondern über das Spektrum religiöser Modernisierung und Erneuerung hinaus ebenso von säkularen Juden jeder Coleur, selbst von scheinbar dem Judentum völlig entfremdeten Juden, ...« (Yerushalmi 1975, S.14)[17].

Am Vorabend des letzten, insgesamt sieben Tage dauernden Pessach-Festes kann man in einigen, meist chassidischen Synagogen des heutigen Jerusalems Zeuge eines gleichermaßen beeindruckenden wie symptomatischen Brauchs werden, der wie kaum ein anderer dazu angetan ist, das nunmehr Erörterte illustrativ zusammenzufassen. Bereits Stunden vor dem eigentlichen Beginn des synagogalen Gottesdienstes dieses Tages füllt sich die Synagoge mit einem nicht abreißen wollenden Strom von Menschen. Wenn die Wände dem Druck der versammelten Massen kaum mehr standzuhalten drohen, beginnen die Gläubigen leise, fast zärtlich, jenes Danklied – *shirat hayam* – anzustimmen, das Moses und die Israeliten nach der wundersamen Durchquerung des Roten Meers sangen und das mit den Worten beginnt: »Singen will ich dem Herrn, denn er ist hocherhaben, Roß und Reiter warf er ins Meer. Meine Stärke ist der Herr und mein Lied, er ward mir zum Retter. Er ist mein Gott, ihn will ich preisen, der Gott meines Vaters, ihn will ich rühmen« (Ex. 15, 1-2)[18]. Während man also diese Verse sanft anstimmt, »vollzieht sich plötzlich inmitten der dicht gedrängten Menge eine ›Teilung‹, durch die der Rebbe, ..., langsam hindurch tanzt. Inmitten des wellenförmigen Hin- und Herwiegens der singenden Chassidim, die freie Gasse im Rhythmus der Musik immer wieder schließend und öffnend, tanzt der ... Rebbe in einer scheinbar Stunden währenden Weise immer wieder vor und zurück. Der Gesang

---

17. Deutlich tritt dies zum Vorschein in jenen Haggadot, die in a-religiösen, sozialistisch dominierten Kibbutzim entstanden sind. Nicht allein, daß man auch hier, in den agnostischen und säkular-politischen Zentren Israels, überhaupt daran festhielt, Pessach zu feiern, sondern darüberhinaus ist es eine »Tatsache, daß selbst Gott nicht vollständig verschwunden ist aus der Pessach-Haggadah des Kibbutz und er oft in der einen oder anderen Weise weiterbesteht, wenn auch nur manchmal zwischen den Zeilen« (Yerushalmi 1975, S.70). Ein weiterer Grund für die kontinuierliche Attraktivität jüdischer Fest- und Feiertage auch für ansonsten a-religiöse jüdische Teile der Bevölkerung ist sicher darin zu sehen, daß die religiös-liturgischen Formen der jüdischen Feiertage nicht durch eine Kaste von Fachmännern (Priester) institutionell und personell usurpiert worden sind. Während Wertigkeit und Gültigkeit religiös-liturgischen Handelns im Christentum oft an die Autorität dieser Fachmänner (Priester, Sakramentsverständnis) gebunden sind, sind im Judentum Gültigkeit und Wertigkeit religiös-liturgischer Formen unweit mehr an das Handeln und Denken des Einzelnen im Kontext der häuslichen Familie gebunden; vgl. hierzu: Liebman/Cohen 1990, bes. S.17-27.
18. Das Lied umfasst vollständig Ex. 15, 1-15

des shirat hayam, beständig lautstärker anwachsend, ist durchsetzt mit der melodiösen Wiedergabe von Psalm 114 ›Als Israel zog aus Ägypten‹« (Mendes-Flohr 1988, S.372)[19].

Dieser rituell-liturgische Nachvollzug der Teilung des Roten Meers und seiner Durchwanderung ist im Kontext des Dargelegten eben keine bloß theatralische Inszenierung historischer Vergangenheit, nicht bloß imaginierter Sprung über die Zeit. In ihrem Kern zielt dieser Akt auf das, was wir als die entscheidende Eigenart jüdischen Gedächtnisses charakterisiert haben: *Wieder-Vergegenwärtigung, RePräsentation*. Im Pessach-Fest, seinem *Seder* und seiner *Haggadah*, spiegeln sich *Zentralität und Struktur des Gedächtnisses im Judentum*, wird jüdische Erinnerung als ErInnerung im Sinne *existenzieller RePräsentation* exemplarisch sichtbar. Deshalb bemerkt Yerushalmi zurecht: »Wie verschwommen empfunden auch immer, letztendlich ist es nichts weniger als die jüdische Erfahrung und Konzeption von Geschichte, die hier zelebriert wird und zwar in jener Orchestration von Symbol, Ritual und Rezitation, deren Quelle die Haggadah bereitstellt« (Yerushalmi 1975, S.15).

---

19. Dieser Brauch, der Mendes-Flohr zufolge mittlerweile von chassidischen wie nichtchassidischen Gemeinden gepflegt wird, geht auf kabbalistische Kreise um Isaac Luria im 16. Jahrhundert zurück; vgl. Mendes-Flohr 1988, S.384, Anm.2.

2. Jüdische Holocaust-Theologie und jüdisches Gedächtnis

Bilder toter Juden an der Zimmerwand in Petach-Tikwa
Wie Sterne, die vor Jahrtausenden starben,
und ihr Licht erreicht uns erst jetzt.

Was ist jüdische Zeit: ein dunkles, trauriges Getränk,
und manchmal kommen die Schläge und schlagen es
zu leichtem Schaum – wie Freude.

Was ist ein jüdischer Ort: Experimentierplätze Gottes,
an denen er neue Meinungen erprobt und neue Waffen,
Übungsplätze für seine Engel und Geister.
Eine rote Fahne ist dort aufgestellt: Achtung, Feuer!

Was ist das jüdische Volk: Der Prozentsatz, der bei
Übungen umkommen darf,
das ist das jüdische Volk.
Es ist noch immer nicht erwachsen; wie ein Kind, das
über die verstümmelten Wörter seiner ersten Jahre noch
nicht hinaus ist, so kann es den Gottesnamen noch nicht
aussprechen, es sagt: Elokim, Der Name, Adonai, Dada,
Gaga, Jaja,
für immer und ewig süße Entstellungen
(Yehuda Amichai 1988)

Erinnern wir uns. In der hebräischen Bibel, der schriftlichen Torah, wird die Zentralität von Gedächtnis im Judentum grundgelegt. Den Kern dieser Zentralität von Gedächtnis haben wir als die zur Gewinnung jüdischer Identität unverzichtbare Aufgabe beschrieben, eine Verhältnisbestimmung zwischen Geschichte und Religion zu leisten. Im nach-biblisch rabbinischen Judentum wird sowohl diese Aufgabe erfüllt als auch die Strukturen des jüdischen Gedächtnisses ausgeformt wesentlich durch die theoretische und praktische Konzentration auf die *Halacha*, das jüdische Religionsgesetz, im Kontext der mündlichen Torah. Am Beispiel des Pessach-Festes haben wir gesehen, daß dabei Fest- und Feiertage, »Ritual und Rezitation ... die Hauptbahnen der Erinnerung« (Yerushalmi 1988, S.24) sind. Und schließlich konnten wir das dem jüdischen Gedächtnis inhärente Verständnis von Erinnerung als *Er-Innerung* im Sinne *existenzieller Re-Präsentation* genauer qualifizieren.

Dies alles zusammengenommen berechtigt uns, mit dem Soziologen Alphons Silbermann übereinstimmend festzustellen, daß in der Tat »die Juden ein ihnen eigenes, nur sie betreffendes Gedächtnis« (Silbermann 1992, S.19) besitzen. Mehr noch, wir wollen, diese Erkenntnis verstärkend, von einer Einzigartigkeit des jüdischen Gedächtnisses sprechen und dies gerade auch im Blick auf die Religionen und Kulturen anderer Völker der Geschichte tun. Denn alle anderen, aus der Geschichte uns bekannten Völker haben zu irgendeinem Zeitpunkt ihrer historischen Existenz »vergessen, wer sie sind bzw. waren, und [gingen] in anderen Ethnien auf. Das war das Schicksal, das alle Ethnien der Alten Welt früher oder später ereilte. Die Juden sind die einzigen, die dem Vergessen ihrer Identität widerstanden haben« (Assmann 1992, S.157). Die einzigartige Beständigkeit des jüdischen Volkes, so können wir nun sagen, verdankt sich wesentlich der Einzigartigkeit des jüdischen Gedächtnisses.

Hält man sich nun die überaus erstaunliche Tatsache vor Augen, daß einer der zeitlich gesehen am frühesten einsetzenden, bedeutendsten, gewichtigsten und bis heute kontinuierlichsten innerjüdischen Diskurse in der Folge des Holocaust nicht ein primär politischer, historischer oder soziologischer, sondern ein *geschichtstheologischer* Diskurs war und ist, so können wir dies nun in mehrfacher Hinsicht erklären und verstehen. Die Einzigartigkeit der Problematik einer wie auch immer gearteten ›Bewältigung‹ und ›Interpretation‹ des Holocaust hat sicher auch seine Ursache in der Einzigartigkeit des Ereignisses, des Holocaust, selbst. Daß jedoch auf jüdischer Seite Form und Inhalt solcher Versuche der ›Bewältigung‹ und Interpretation dieses traumatischen Ereignisses hauptsächlich im Rahmen religiöser bzw. geschichtstheologischer Fragestellungen geschehen, hat seine Ursache vor allem im einzigartigen Charakter des jüdischen Gedächtnisses. Für eine Gemeinschaft, deren Identität bewahrendes Gedächtnis elementar einen Ausgleich zwischen religiösem Glauben und geschichtlicher Erfahrung verlangt, ist es nahezu zwingend logisch, wenn sie mit einem für ihre Identität bedrohlichen Ereignis konfrontiert ist, in den Bahnen geschichtstheologischer Fragestellungen zu reagieren.

Die außerordentliche Problematik der ›Bewältigung‹ und Deutung des Holocaust ist nicht allein wegen der einzigartigen Katastrophalität des Ereignisses selbst von so ungeheuerlicher Schwere für das jüdische Volk. Erschwerend kommt hinzu, daß im Falle der Juden mit dem Holocaust eine Gemeinschaft getroffen ist, die im Rahmen ihrer Identitätsbestimmung dem historischen Ereignis an sich schon immer einen derart elementaren Rang einräumte, wie dies bei keinem anderen Volk und in keiner anderen Kultur in gleicher Weise zu finden ist. Wir haben es mit einer Einzigartigkeit sowohl auf der Seite des Ereignisses, des Holocaust, zu tun, als auch auf der Seite der Betroffenen, der Juden. Aus dem Frontalzusammenstoß dieser beiden Elemente resultiert erst eigentlich die einzigartige Problematik der ›Bewältigung‹ des Holocaust für das Judentum. Nur für eine Gemeinschaft wie die jüdische, deren Identität aus einer unauflöslichen Symbiose aus Religion und Ethnizität besteht, konnte der Holocaust in seiner Absicht, gleichermaßen Religion und Ethnizität, Jude und Judentum, auslöschen zu wollen, dermaßen verheerend im innersten Mark der eigenen Identität wüten. Aus diesen Gründen konnte dies bei keiner anderen vom Vernichtungsterror der Nazis betroffenen Gruppe auf der Ebene kollektiver Identität so schwere Folgen haben, wie es für das Volk der Juden der Fall war und ist. De facto wurde keine andere Opfergruppe als die der Juden mit dem Anspruch totaler Vernichtung verfolgt und – für die Folgeproblematik des Holocaust unweit wichtiger – keine andere Opfergruppe ist dermaßen unausweichlich an die zentrale Stellung eines Gedächtnisses zur Bildung und Bewahrung der Gruppenidentität angewiesen, wie dies für das jüdische Volk zutrifft. Nur von hieraus scheint es mir gerechtfertigt, nicht von einer Hierarchisierung der Opfer, wohl aber von einer eminent unterschiedlich zu gewichtenden Schwere in der Problematik der zu bewältigenden Folgen des Holocaust, insbesondere bezüglich der Aufrechterhaltung kollektiver Identität, zu sprechen.

Der Psychiater William G. Niederland hat zur Charakterisierung der psychischen Befindlichkeit der Überlebenden der Konzentrations- und Vernichtungslager den Ausdruck »Seelenmord« geprägt. Auf erschütternde Weise beschreibt er die »Entwurzelungsdepressionen«, »Umstellungsdepressionen« und manches mehr, was die aus den Lagern Davongekommenen nie wirklich davon kommen läßt. Er analysiert deren »Überlebenden-Syndrom« und konstatiert bei ihnen einen »unheilbaren Knick in der Lebenslinie« (Niederland 1980, S.16, 229 u. 231), dessen Auswirkungen bis in die zweite und dritte Generation hineinreichen. »An Millionen Menschen«, so beschließt er seine Studie, »wurde, wie wir heute wissen, tatsächlicher Mord verübt. An den meisten derjenigen, die entkamen und überlebten, war es Seelenmord. [...] Viele der noch im letzten Moment aus den Klauen der SS Geretteten sind heute lebende Tote« (Niederland 1980, S.234f.).

Was Niederland hier auf einer individuellen Ebene an Folgeproblematik für die Identität des Einzelnen beobachtet, gilt in seiner bedrohlichen Qualität auf kollektiver Ebene in vielerlei Hinsicht für die Gruppenidentität des jüdischen Volkes. Denn wie keine andere Volks-, Kultur- oder Religionsgemeinschaft dieser Erde ist das Judentum zur Bestimmung seiner kollektiven Identität kraft der Konstruktion seines ihm eigenen Gedächtnisses – um es etwas dramatisch zu sagen – regelrecht zur Geschichte und ihrer Bewertung verurteilt. Um ihre Identität als Gemeinschaft zu bewahren oder wiederherzustellen im Angesicht eines historischen Ereignisses, das wie kein anderes in seiner Vernichtungsabsicht auf das Zentrum eben dieser Identität zielte, ist jüdisches Denken genötigt, eine Verhältnisbestimmung seines religiösen und geschichtlichen Selbstverständnisses in der Erfahrung eben dieses Ereignisses zu leisten, das sich jeder historischen oder religiösen Bewertung und Interpretation vollständig zu entziehen droht. Dieser Herausforderung, dieser Quadratur des Kreises sich zu stellen und damit – um es mit Fackenheim zu sagen – Hitler keinen posthumen Sieg zu gönnen, ist das vielleicht tiefste Anliegen der hier vorgestellten geschichtstheologischen Konzeptionen jüdischer Denker. Sie und der um ihre Überlegungen kreisende innerjüdische Diskurs muß im Kontext dieser Problematik gesehen werden. Zugleich sind sie ein unmittelbarer Ausdruck des jüdischen Gedächtnisses, ein unmittelbarer Ausdruck für den Kampf, den ›Knick in der Lebenslinie‹ des jüdischen Gedächtnisses, wenn nicht gerade zu biegen, so doch eine Basis zu finden, auf der mit ihm zu leben – weiterzuleben – möglich ist.

Noch einmal sei es in zugespitzter Form auf den Punkt gebracht: Wenn man das Judentum und die für seine Identität als Kollektiv zentrale Rolle des Gedächtnisses betrachtet, wenn man, von dieser Einsicht ausgehend, im Judentum eine exzeptionelle und einzigartige Verknüpfung von Geschichtsverständnis und Religiosität beobachten kann und es demzufolge als Verkörperung des Historischen und der Sinnhaftigkeit der Geschichte, als die Erfinder und Hüter des geschichtlichen Denkens an sich und mithin als mustergültigen Entwurf für ein Gedächtnis der Welt begreift, dann scheint es mir nicht übertrieben zu sagen, daß die Vernichtung der europäischen Juden aus dieser Perspektive betrachtet auch ein *Mnemozid*, ein *Gedächtnismord* war. Der Versuch, das Gedächtnis der Welt in Gestalt des Judentums auszulöschen[20].

Zielt aber der Angriff des Holocaust wesentlich auch auf die Ebene des Gedächtnisses, muß man ihm konsequent auf eben derselben Ebene begegnen, und das bedeutet jüdischerseits eben auch, *geschichtstheologisch* zu denken.

Dieser Befund, der in den jüdischen Geschichtstheologien sowohl eine adäquate Reaktion auf die Qualität des Angriffs, also des Holocaust, als auch einen adäquaten Ausdruck der Spezifik jüdischen Gedächtnisses sieht, bedarf jedoch einer teilweise korrigierenden Ergänzung. Wie bereits weiter oben festgestellt, besteht eine der charakteristischen Arbeitsweisen des jüdischen Gedächtnisses in der Bewahrung der Erinnerung in den Bahnen von Ritual und Liturgie der Fest- und Feiertagen und sicher auch des religiösen ›Alltags‹[21]. Wenn aber Ritual und Liturgie das charakteristische Medium jüdischen Gedächtnisses ist, so liegt die Vermutung nahe, daß auch die Erinnerung an den Holocaust vornehmlich in eben diese Bahnen von Ritual und Liturgie integriert werden wird. Das Muster dazu wäre dann in der Art und Weise zu suchen, in der vor allem katastrophale Ereignisse im langen Lauf der jüdischen Geschichte bisher liturgisch integriert wurden.

Yerushalmi nennt für das Mittelalter vier typische Wege, auf denen dies geschah. Zum ersten zeitigten historische Katastrophen im Mittelalter »als wichtigste religiöse und literarische Reaktion nicht etwa Chroniken, sondern selichot,

---

20. Vgl. Primo Levi: »Im übrigen kann die gesamte Geschichte des kurzlebigen ›Tausendjährigen Reiches‹ als *Krieg gegen das Erinnern* neu gelesen werden, als Orwellsche Fälschung der Erinnerung, Fälschung der Wirklichkeit, bis hin zur endgültigen Flucht vor eben dieser Wirklichkeit« (Levi 1990, S.28); vgl. auch: Löwenthal 1990a, S.209; und siehe das diesem Kapitel vorangestellte Zitat Eli Wiesels.
21. Wie sehr dies für das Judentum des Mittelalters bis hin in die Neuzeit zutreffend ist, zeigt mit einer Fülle von Beispielen: Yerushalmi 1988, bes. S.43-66.

Bußgebete, die in die Liturgie der Synagoge aufgenommen wurden«. Zum zweiten erlebten die sogenannten »Memorbücher ... vor allem bei den aschkenasischen Juden ein Blüte. Man schrieb in diese Bände, ..., Namen berühmter Rabbiner ..., verzeichnete ... Verfolgungen und führte Listen von Märtyrern, ..«. Sie waren auf »die Geschichte der jeweiligen Gemeinde beschränkt«. Zum dritten führte man »überall auf der Welt ... in jüdischen Gemeinden ›Zweite Purimfeste‹[22] zum Gedenken an die Errettung aus einer bestimmten Gefahr oder Verfolgung ein«. Und schließlich wurden viertens »besondere Fasttage« (Yerushalmi 1988, S.58ff.) eingeführt[23]. Yerushalmi sieht in diesen vier Formen des liturgischen Gedenkens eine schon immer wirksam gewesene Tendenz, »neue Ereignisse in eine alte, längst etablierte Begriffs- und Vorstellungswelt einzuordnen« (Yerushalmi 1988, S.48)[24]. Diese Vorgehensweise beurteilt er kritisch als einen erheblichen »Widerstand« jüdischerseits »gegenüber dem Neuen in der Geschichte«, ein Widerstand, der damit tendenziell die Geschichte zu nivellieren sucht und somit a-historische Tendenzen aufweisen würde.

Dem ist allerdings nur eingeschränkt zuzustimmen. Mit Meßlatte und Handwerkszeug eines Historikers des 20. Jahrhunderts kritisiert Yerushalmi eine Tendenz des jüdischen Gedächtnisses und der jüdischen Religion, als ob diese die gleichen Zielsetzungen verfolgen wie die moderne Geschichtswissenschaft. Jüdische Religion ist Geschichte deutende Religiosität, aber nicht Religion deutende Geschichtsschreibung. Wo für den modernen Historiker aus seiner Perspektive und aus seinem Erkenntnisinteresse heraus die Unterschiedlichkeit von Ereignissen wesentlich ist, ist für den Theologen, Gläubigen, und sicher für das jüdische Gedächtnis die Einordnung verschiedener Ereignisse in einer sie verbindenden, aufgrund ihrer Gemeinsamkeit ähnlichen Interpretation elementar. Die Unterordnung zweier verschiedener Katastrophen unter einen Gedenktag betont genau an der Stelle die Gleichheit oder Ähnlichkeit der Ereignisse und der ihnen innewoh-

22. Das Purim-Fest wird in Erinnerung an die Errettung der persischen Juden vor der Vernichtung durch Haman, einem Günstling des Perserkönigs Xerxes, gefeiert. Vgl. das Buch ›Ester‹ in der hebräischen Bibel, bes. Kap. 9, Vers 20ff. Im Mittelpunkt des synagogalen Gottesdienstes an Purim steht die Vorlesung der *Megillat Ester*, der Ester-Rolle. Nicht uninteressant ist, daß Hitler, vornehmlich in orthodoxen Kreisen, mit Haman, dem Verfolger, verglichen wird, was an rabbinische Traditionen in soweit anknüpft, als daß hier Haman zum Prototyp des Judenfeindes par exellence wurde; siehe z.B.: Ehrlich 1979; C. Green 1988.
23. Yerushalmi führt zahlreiche Beispiele für alle vier Formen auf in: Yerushalmi 1988, S.58ff.
24. Erwähnt sei, daß z.B. am Neunten des jüdischen Monats Aw der Zerstörung *beider* Tempel in Jerusalem gedacht wird. Oder aber, daß man das Gedenken an die Chmelnicki-Pogrome Anfang des 17. Jahrhundert auf den 20. des jüdischen Monats Sivan legte, der wiederum auf das Gedenken an den ersten Kreuzzuge im Mittelalter zurückgeht.

nenden Problematik, wo der Historiker Unterschiede in Ursachen und Zusammenhängen sieht. Die vom Gedächtnis vorgenommene Gleichstellung unterschiedlicher Ereignisse ist vielmehr Beleg dafür, daß in Bezug auf das dem Gedächtnis innewohnende Interesse – Integration und Bewertung neuer Erfahrungen bezüglich der zu leistenden Verhältnisbestimmung geschichtlichen und religiösen Selbstverständnisses – die Ereignisse sich gleichen, weil sie in beiden Fällen die gleichen Fragen hervorrufen und die gleichen Antworten und Deutungen verlangen. Es gibt Ereignisse, die historisch betrachtet durchaus verschieden sind, in ihrer theologisch-religiösen Dimension aber sich gleichen. Und ganz besonders – gerade im Zusammenhang katastrophischer Ereignisse – trifft dies für den Bereich der Theodizee zu.

Die entscheidende Frage ist hier, wie weit reicht die Tragfähigkeit solcher Deutungsmuster, wie weit reicht die Integrationskraft solcher Konzeptionen? Wie muß ein Ereignis beschaffen sein, um das Gefühl und die Notwendigkeit hervorzurufen, daß der traditionelle Deutungs- und Integrationsrahmen nicht mehr tragfähig ist? Und in der Tat ist es erst der Holocaust, der das starke Empfinden zur Folge hatte, ihm weder mit den herkömmlichen Konzeptionen der Theodizee begegnen, noch das Gedenken an ihn ohne weiteres einem bestehenden Gedenktag unterordnen zu können.

Bemerkenswerterweise hat die Schwierigkeit wie auch Notwendigkeit, den Holocaust liturgisch zu verankern, – neben vielen anderen – ein jüdischer Historiker formuliert, dessen eigenes Selbstverständnis betont agnostischer Natur ist. »Der Holocaust aber«, schreibt Yehuda Bauer[25], »ist nicht bloß ein weiteres Kapitel in der langen Geschichte der Verfolgungen, unter denen die Juden gelitten haben. Er ist qualitativ und nicht nur quantitativ von einer anderen Natur. Daher kann er nicht in den üblichen Kalender von Gedenktagen innerhalb der jüdischen Tradition integriert werden; man muß ihm einen besonderen Platz einräumen« (Bauer, in: Meaning and Demeaning 1981, S.30f.). Genau dies ist – zumindest der Idee und dem Anspruch nach – auch in dem Beschluß des israelischen Parlaments im Jahre 1951 zur Einrichtung eines Gedenktages für den Holocaust, *Yom haShoah*, Wirklichkeit geworden[26]. Daß der Erinnerung an den Holocaust nun ein eigener Gedenktag gewidmet ist, das Gedenken an ihn einen festen Platz im jüdischen Kalender erhalten hat, ist die vielleicht unverbrüchlichste Garantie dafür, daß das jüdische Gedächtnis sich des Holocaust auch in hunderten von Jahren

---

25. Vgl.: Bauer 1987, und vor allem das biographische Porträt über Yehuda Bauer bei: Toll 1991.
26. Zur Diskusssion um die Einrichtung dieses Gedenktages und der Bedeutung der Wahl seines Datums sei auf Kap. IV-2.4 u. 3.2 verwiesen. Zum *Yom haShoah* siehe insgesamt vor allem: Blumenthal 1980; Trepp 1986; Kugelmann 1988; Young 1990b; zur Einstellung der jüdischen Orthodoxie zu *Yom haShoah* siehe: Wolowelsky 1989; Zelazo 1990.

noch erinnern wird. »Solange es Juden geben wird«, bemerkt denn auch Herbert A. Strauss im Blick auf *Yom haShoah*, »wird dem Holocaust auf diese Weise auch gedacht werden« (Strauss, in: Scheffler/Bergmann 1988, S.131). Festzuhalten bleibt aber auch, daß damit zugleich all die kaum tragbaren Probleme, die mit der Erinnerung an den Holocaust verbunden sind, aller Wahrscheinlichkeit nach ebenso einen festen Platz im ohnehin schon nicht leichten Gepäck jüdischen Gedächtnisses einnehmen werden.

In welche Richtungen das stark empfundene Bedürfnis geht, über den Punkt eines Gedenktages hinaus die Erfahrung des Holocaust in liturgisch-rituelle Formen der Erinnerung zu bringen und damit im jüdischen Gedächtnis zu verankern, läßt sich sehr eindrucksvoll in direkter Fortsetzung der oben dargelegten Ausführungen zum Pessach-Fest zeigen. Erinnert sei an den vielleicht wichtigsten und zentralen Satz der *Pessach-Haggadah* – »In jeglichem Zeitalter ist der Mensch verpflichtet sich vorzustellen, als sei er selbst aus Ägypten gezogen« – und die anhand dieser Verpflichtung paradigmatisch deutlich werdende Qualität der *existenziellen RePräsentation von ErInnerung* im Rahmen jüdischen Gedächtnisses. Denn in genau diesem Sinne beginnt die nun folgende Äußerung von Arthur Allen Cohen, jene Stelle der *Pessach-Haggadah* zu kommentieren, um dann unmittelbar auf die Problematik des Holocaust überzuleiten: »Die Pesach-Haggadah gebietet jedem Juden, sich so zu betrachten, als ob er selbst mit dem Exodus aus Ägypten kam. Die grammatische Autorität der Haggadah macht deutlich, daß dies keine Metapher ist, wie stark auch immer unser Wunsch ist, apodiktische Sprache metaphorisch verstehen zu wollen. Der autoritative Anspruch ist klar: Ich war wirklich, ..., gegenwärtig am Sinai. ... Um nichts weniger ist es der Fall, daß die Todeslager, wenn nicht gar buchstäblich, meine Anwesenheit fordern: deshalb ist es meine Verpflichtung, die Zeugen anzuhören, als sei ich selber ein Zeuge. Es ist von befehlsbindendem Charakter, daß die reale Anwesenheit ganz Israels in den Todeslagern, unter der Erfahrung des Tremendums (der Shoah) stehend, in die Liturgie Einlaß findet, so gewiß wie es [die Befreiung aus Ägypten] Einlaß fand in die Erzählung des Exodus« (A.A. Cohen 1981, S.23).

Die am Vorbild der *Pessach-Haggadah* orientierte Aufforderung, sich zu betrachten, als sei man selbst in den Todeslagern gewesen, als sei man selbst ein Überlebender im nahezu buchstäblichen Sinne, entspringt und deckt sich exakt mit der spezifischen Arbeitsweise des jüdischen Gedächtnisses, das sich zentraler Ereignisse, die für das Kollektiv von entscheidendem Gewicht sind, auf dem Wege *existenzieller RePräsentation erInnert*. So sehr der Holocaust der im Pessach-Fest erInnerten, von Gott bewirkten Befreiungserfahrung fundamental zu widersprechen scheint, so sehr ist es charakteristisch und unterstreicht den zentralen Stellenwert des Gedächtnis im Judentum, daß man die dem jüdischen Gedächtnis zueigene Methode der *existenziellen RePräsentation* mit der Erfahrung des Holocaust verbindet – verbinden muß. Denn dies ist der Weg, den jüdische *ErInnerung* geht – gehen muß. Aus diesem Grund ist es nicht verwunderlich, wenn diese, hier von Arthur Cohen geäußerten Gedanken in der gegenwärtigen jüdischen Literatur zu den Folgen und der Bedeutung des Holocaust in der einen oder anderen Form unzählige Male wiederzufinden sind. Beispielhaft und sehr deutlich etwa in den Worten Eli Wiesels: »Kein Jude kann heute im vollen Sinne des Wortes jüdisch sein, kann im vollen Sinne des Wortes ein Mensch sein, ohne nicht sich als Teil des Holocaust zu betrachten. Alle Juden sind Überlebende. Sie alle sind inmitten des Wirbelsturmes Holocaust gewesen, selbst diejenigen, die danach geboren wurden, selbst diejenigen, die nur sein Echo in entfernten Gegenden vernehmen« (Wiesel, in: Abrahamson 1985, Vol.1, S.44)[27].

Auf welche Weise die Erfahrung des Holocaust etwa im Rahmen der *Pessach-Haggadah* einen neuen liturgischen Akzent setzen mag, sei wenigstens an einem Beispiel illustriert. Irving Greenberg fügt den uns aus der *Pessach-Haggada* bereits vertrauten vier Kindern und ihren vier exemplarischen Weisen, nach der Bedeutung des Exodus zu fragen, ein fünftes Kind hinzu und kleidet dessen Frage in die Form eines Gebetes:

»In dieser Nacht erinnern wir uns eines fünften Kindes. Dies ist ein Kind der Shoah, welches nicht überlebt hat, um noch fragen zu können. / Deshalb fragen wir für dieses Kind: Warum? / Wir sind wie dieses einfache Kind. Wir haben keine Antwort. Wir können nur den Fußspuren Rabbi Elazar ben Azariahs folgen, der es in jener Nacht solange nicht fertig brachte, den Exodus zu erwähnen, bis Ben Zoma ihm es mit folgendem Vers erklärte: / Damit du dich ERINNERST an den Tag, als du auszogst aus Ägypten, alle Tage deines Lebens. / ›Die Tage deines Lebens‹ bedeuten das Licht und das Gute des Lebens. ›Alle Tage deines Lebens‹ meint, selbst in den dunkelsten Nächten als wir unsere Erstgeborenen verloren haben, müssen wir uns an den Exodus erinnern. / Wir beantworten die Frage dieses Kindes mit Schweigen. Im Schweigen erinnern wir uns jener dunklen Zeit. Im Schweigen erinnern wir uns, daß Juden ihr gottebenbildliches Antlitz bewahrt haben im Kampf ums Leben. Im Schweigen erinnern wir uns der Seder-Nächte in den Wäldern, der Ghettos und der Lager; wir erinnern uns jener Seder-Nacht, als das Warschauer Ghetto sich zur Revolte erhob. / Im Schweigen laßt uns zum Becher Eliahs kommen, dem Becher der endgültig noch kommenden Erlösung.

27. Die Liste ähnlicher Äußerungen ließe sich fast beliebig verlängern. Der israelische Dichter Aba Kovner, ehemalig aktiver Widerstandskämpfer in Polen und einer der bedeutendsten Dichter, die der Erfahrung des Holocaust auf literarischem Wege Ausdruck zu verleihen suchten, formulierte: »Daß jede lebende Person sich selbst ansehen muß, als ob sie persönlich aus Auschwitz hervorgegangen sei, über diese Botschaft kommen wir nicht hinaus« (Kovner, in: A World Built 1987, S.117); zu Kovner siehe das Vorwort von Shirley Kaufman in: Kovner 1986. Den Überlebenden als mustergültigen Prototyp anzusehen, um ein gültiges Verständnis von Exodus und Sinaierlebnis auch nach Auschwitz zu gewährleisten, ist ausführlich thematisiert bei: Breslauer 1981.

Wir erinnern an die Rückkehr unseres Volkes in das Land Israel, den Beginn dieser Erlösung. Laßt jeden von uns etwas Wein in den Becher Eliahs füllen, um der Hoffnung Ausdruck zu verleihen, daß durch unsere Anstrengungen wir mit dazu beitragen werden, diese Erlösung näher heran zu bringen. / Wir erheben uns und öffnen die Tür, um Eliah einzuladen, den Vorläufer jener Zukunft, die das Ende aller Nächte unseres Volkes sein wird. So wollen wir singen: / Ani maamin b'emunah shleimah, beviat HaMashiah... Ich bin vollkommen überzeugt von der Ankunft des Messias, und wenn er auch zögert, trotzdem glaube ich es noch« (Greenberg 1988, S.421f.).

Ein zweiter Aspekt, der bereits in den Worten Cohens und auch Wiesels angesprochen wurde, ist die ins Sakrale reichende Hochschätzung der Zeugnisse und Schriften derer, die ermordet wurden oder dem Holocaust unmittelbar entronnen sind. Hier deutet sich ein Prozeß an, der in vielem sein ausdrückliches Vorbild hat in der Entstehung, Bewertung und Einordnung der heiligen Texte der schriftlichen und mündlichen Torah und ihrer Verfasser. Ganz in diesem Sinne mahnt zum Beispiel Elie Wiesel an: »Wir müssen einen neuen Talmud schreiben, genauso wie wir es nach der Zerstörung des Zweiten Tempels taten« (Wiesel, in: Popkin/Steiner/Wiesel 1967, S.285). Und Irving Greenberg meint, die Ereignisse des Holocaust und die Zeugnisse und Berichte über ihn »konstituieren eine neue Schrift, einen neuen Talmud« (Greenberg 1982, S.28). Und selbst von orthodoxer Seite aus wird den Texten der Zeugen und Überlebenden des Holocaust ein sakraler Status zuerkannt: »Wenn eines Tages die letzten in den Ghettos und Todeslagern niedergeschriebenen Botschaften in einer Weise, die der Tiefe ihrer Wahrheit und Inspiration angemessen ist, gesammelt sein werden, wird die Menschheit eine neue Sammlung Heiliger Schriften besitzen« (Berkovits 1973, S.78).

Um solche Äußerungen nicht mißzuverstehen oder sie gar als Ausgeburt religiös überfrachteten Wahns abzuqualifizieren, muß man daran erinnern, daß der Begriff des Heiligen in der jüdischen Tradition unweit mehr im innerweltlich religiösen Alltag verwurzelt ist und auf diesen sich bezieht, als das etwa im Christentum der Fall ist. ›Heilig‹ im jüdischen Kontext ist weniger eine Kategorie, die in spiritualisierter Weise auf eine über die Welt hinausgehende, von ihr gänzlich abgehobenen Qualität zielt, sondern gerade in der Durchdringung der alltagsweltlichen Praxis durch rituell und religiös-ethisches Handeln ihre Berechtigung findet. Im innerweltlich-menschlichen Bereich geht dem Heilig-Sein immer die Heiligung voraus. ›Heilig‹ ist weniger die Beschreibung eines statischen Zustandes, als vielmehr Ausdruck eines entsprechenden Handelns, das ihm zugrunde liegt[28]. Wenn man also die Texte der Überlebenden und Zeugen der Todeslager als ›heilig‹ einstuft, so primär deswegen, weil ihnen ein entsprechendes Handeln zu-

---

28. Vgl. die Ausführungen zu *Kiddush haShem*, der Heiligung des Namen Gottes, in Kap. V-1.2

grundeliegt, von dem sie berichten und auf das sie reflektieren, ein Handeln, welches unter den damals gegebenen unmenschlichen Bedingungen einer solchen Qualifizierung würdig erscheint. Deshalb werden auch nicht in erster Linie die Handelnden selbst als ›Heilige‹ bezeichnet, sondern das Zeugnis, das sie ablegen, also ihre Schriften, werden mit dem Adjektiv ›heilig‹ versehen. Selbstverständlich spiegelt sich darüberhinaus in dieser Qualifizierung auch die fundamentale Bedeutung des Ereignisses selbst wieder, von dem diese Texte handeln.

Auf diesem Hintergrund ist auch der Vorschlag Alan L. Bergers zu lesen:»Die Holocaust-Literatur der ersten Generation ist die Torah; die Schriften der zweiten Generation können als Interpretationen dieses heiligen Textes verstanden werden« (A.L. Berger 1990, S.47). In dem Verhältnis, in dem die Torah, die hebräische Bibel, zu Kommentar und Auslegung in Talmud und Midrasch steht, genauso wird das Verhältnis hier gesehen zwischen den Texten der unmittelbar Überlebenden zu den diese Texte wiederum interpretierenden oder auf diese sich beziehenden Texte der nachfolgenden Generationen. In konzentrischen Kreisen, durch mehrere Reflexionsstufen gebrochen, stehen die Texte der unmittelbaren Zeugen mit den interpretierenden Texten der ihnen nachfolgenden Autoren in Verbindung. Es ist dies das traditionelle Muster von Schrift (Torah, hebr. Bibel) und Kommentar (Talmud), das man hier erneut wiederfindet.

Folgerichtige und praktische Konsequenz dieser Auffassung ist schließlich die Integration dieser Texte in den liturgischen Vollzug bestehender Gottesdienstformen der Synagoge, oder aber sie bilden die Basis für die Entwicklung neuer Liturgien, die speziell dem Gedenken des Holocaust gewidmet sind, etwa in Gedenkgottesdiensten an *Yom haShoah*. Dieser Prozeß ist in den letzten Jahren bemerkenswert intensiv vonstatten gegangen und belegt dergestalt äußerst eindrucksvoll eine sehr weit fortgeschrittene Stufe in der Bewahrung von Erinnerung in den Bahnen von Ritual und Rezitation[29].

---

29. Zur liturgischen Gestaltung von Gedenkgottesdiensten in Erinnerung an den Holocaust liegt mittlerweile eine umfangreiche Literatur vor, die bislang noch keiner systematischen Analyse unterworfen wurde; vgl. vor allem: Jakobovits 1979; Harlow 1980; Remembering the Holocaust 1980; Jakobovits 1983; Jakobovits 1985; Schaalman 1986; Trepp 1986; Greenberg 1988; Magonet 1988; Friedländer/Wiesel 1988; A.H. Friedländer 1989b; sehr rasch hat sich im angelsächsischen Raum auch das Bedürfnis eingestellt, gemeinsame christlich-jüdische Formen des liturgischen Gedenkens an den Holocaust zu entwickeln; siehe hierzu vor allem: Fleischner 1980; Remembering the Holocaust 1980; A Christian Memorialization 1980; Pawlikowski 1984; Downey 1986; F.H. Littel 1986; M.S. Littel 1986; S. Heschel 1986; A.H. Friedländer 1989; diese Bemühungen haben allerdings Ausnahmecharakter und insgesamt ist dem Urteil von Downey zuzustimmen: »Es scheint als ob die christliche Liturgie der Gegenwart mit dem Rücken zu Auschwitz zelebriert wird« (Downey 1986, S.77). Eine theoretische Reflexion und Problematisierung liturgischer Formen der Erinnerung findet man bei: Brumlik 1988 u. 1988a.

Die weiter oben vorgestellten jüdischen Holocaust-Theologien stehen in einem direkten Zusammenhang mit diesem Prozeß. Sie haben in vielfacher Hinsicht sozusagen mental den Boden bereitet und vermessen, innerhalb dessen eine liturgische Gestaltung des Gedenkens sich bewegen kann. Vielfach liefern sie thematische Vorgaben für die inhaltliche Gestaltung entsprechender Gedenkgottesdienste, und des öfteren finden auch Zitate aus ihren Büchern direkten Eingang in die textliche Gestaltung. Und ähnlich, wie die in der hebräischen Bibel niedergeschriebenen Ereignisse von den Rabbinen beständig ausgelegt und kommentiert und ihrerseits als mündliche Lehre Bestandteil der Tradition in Gestalt des Talmud wurden, diesem ähnlich können auch die hier vorgestellten Geschichtstheologien samt des um sie kreisenden Diskurses als beständige Auslegung und Kommentierung sowohl des Holocaust selbst, als auch der Texte der unmittelbar Überlebenden betrachtet werden. Auf das jüdische Gedächtnis, so kann man bereits heute vermuten, werden sie ähnlich prägend einwirken, wie dies Kommentar und Auslegung der hebräischen Bibel, also Talmud und Midrasch, bisher getan haben und noch weiter tun werden.

Vor allem aber haben die Holocaust-Deuter zweifellos mit dazu beigetragen, die definitive Authentizität und Autorität der Zeugnisse der Überlebenden in das öffentliche Bewußtsein der Juden hineinzutragen. An diesem Punkt aber ergibt sich eine bemerkenswerte Parallele zu der in Kap. II im Kontext der Historiographie des Holocaust aufgestellten Forderung, verstärkt eine Geschichtsschreibung aus der Sicht der Opfer zu betreiben. In der Tat hat sich ja im geschichtswissenschaftlichen Diskurs um Nationalsozialismus und Holocaust »so etwas wie eine Dichotomie der legitimen Wahrnehmungen eingeschliffen, nämlich daß es so etwas gibt wie eine legitime Täterperspektive, die weitgehend aus den Akten heraus sich ohnehin ergibt und im Gegensatz dazu die Opferperspektive. Wobei diese Opferperspektive, ich würde fast sagen, mit so etwas wie mit einer invalidisierenden Nachsicht den Opfern konzediert wird, denen so etwas wie Anspruch auf Subjektivität gebührt« (Diner, in: Internationales Hearing 1991, S.41)[30]. Demgegenüber plädiert Dan Diner sehr vehement dafür, daß die reale Lage der Opfer, die nur sie von innen kennen, die »jener radikalen Tat angemessene radikale Perspektive« (Diner 1990, S.111) ergibt, unter der das Geschehene, wenn überhaupt, nachvollziehbar sei. »Der Zugang, der von der Opferperspektive hergeleitet ist«, betont er, »stellt keineswegs eine bloß subjektive oder gar komplementierende Sichtweise dar; denn sie ist die umfassendere, der Totalität des Ereignisses angemessenere Perspektive, weil sie vom absoluten Extremfall von Erfahrung aus die zweifellos banalen Anteile der Exekution des Verbrechens reflexiv in den Gesamtzusammenhang der Tat integriert« (Diner 1987, S.31).

30. Erinnert sei in diesem Zusammenhang vor allem an den Briefwechsel zwischen Broszat und Friedländer, den wir in Kap. II skizzierten.

Und wahrhaftig spricht vieles dafür, die Einzigartigkeit des Holocaust nur dann in seiner vollen Dimension wahrnehmen zu können, wenn wir den Zeugnissen derer, die ihm unmittelbar ausgesetzt waren, mit besonderer Wertschätzung und Aufmerksamkeit begegnen. Tatsächlich ›kennen‹ wir Nachgeborenen den Holocaust nur soweit, soweit wir diese Zeugnisse kennen[31]. In der Betonung des besonderen Stellenwertes dieser Zeugnisse aber berühren sich die Überlegungen der jüdischen Holocaust-Theologen mit – langsam sich bahnbrechenden – Erkenntnissen der Geschichtswissenschaft bezüglich der Historiographie des Holocaust.

Natürlich bedeutet dies nicht, den Texten und Äußerungen der Opfer und Überlebenden einen etwa jeder Quellenkritik entzogenen, gleichsam sakrosankten Stellenwert einzuräumen. Wohl aber verlangt es eine innere Haltung, die sich des in jeder Hinsicht außerordentlichen Charakters dieser Stimmen ständig bewußt bleibt, und den Respekt diesen Stimmen gegenüber als Regulativ des eigenen Denkens und Handelns, vor allem aber als Regulativ des eigenen Schreibens über jenes Ereignis, von dem sie berichten, anzuerkennen.

In präzis diesem Sinne sei mir an dieser Stelle eine persönliche Formulierung gestattet, wie eine solch anzustrebende Haltung des Respekts gegenüber den Stimmen der Opfer als Regulativ des eigenen Schreibens vorstellbar ist. Albert Schweitzer sprach einst von der ›Ehrfurcht vor dem Leben‹ als der regulativen Leitidee seines Denkens und Handelns. Nach dem Holocaust und im Blick auf ihn möchte ich in Anlehnung an dieses Wort Albert Schweitzers von einer ›*Ehrfurcht vor dem Überlebenden*‹ und seines Zeugnisses sprechen. Eine wie auch immer geartete Historiographie über den Holocaust, die im innersten ihres Zentrums nicht aus dieser ›Ehrfurcht vor dem Überlebenden‹ sich speist, ist mir schlechterdings nicht vorstellbar[32]. Die Maßgabe, die Johan Baptist Metz im Blick auf den christlich-

---

31. Vgl. die Bemerkung des ehemaligen Archivdirektors von Yad Vashem, Shmuel Krakowski: »..., aber viele wurden immer mehr davon überzeugt, daß man die Geschichte des Holocaust gar nicht ohne dieses Material [der Zeugen und Überlebenden] schreiben kann. Und das aus mehreren Gründen: Zum ersten gibt es Ereignisse in Hunderten von Ghettos und Lagern, über die man kein einziges Dokument finden kann, wo kein Dokument von den Tätern hergestellt wurde. Man kann also die Geschichte der Ereignisse an diesen Orten nur auf Grund der Augenzeugenberichte schreiben. Man hat überhaupt keine anderen Dokumente! Zweitens besteht die Geschichte aus mehr, als nur das Wissen von Fakten. Wir sprechen jetzt über ein besonderes Ereignis in der menschlichen Geschichte, den Holocaust. ... Und ich kenne recht viele Leute, welche die Fakten genau kennen, aber sie verstehen nicht wirklich, was eigentlich los war. Dieses Verständnis ist ohne die Berichte der Augenzeugen unmöglich« (Krakowski, in: Internationales Hearing 1991, S.167).
32. Vgl. Rainer C. Baum: »Einige der Überlebenden weilen noch unter uns und durch sie sind wir, die Autoren und Leser der Geschichte und Deutung des Holocaust, nach wie vor verbunden mit den Toten. Diese Bindung verlangt beharrlich eine Sprache

jüdischen Dialog nach Auschwitz vorgibt, gälte in diesem Sinne ebenso sehr für eine verantwortliche Historiographie nach und über Auschwitz: »Nicht wir haben das erste Wort, nicht wir eröffnen diesen Dialog. Opfern bietet man keinen Dialog an. Zu einem Gespräch kann es nur kommen, wenn die Opfer selbst zu sprechen beginnen. Und dann ist es unsere erste Christenpflicht, zuzuhören, endlich einmal zuzuhören, dem, was Juden von sich selbst und über sich selbst sagen« (Metz 1979, S.126).

Zuzuhören, dem, was Juden von sich selbst und über sich selbst sagen – Juden haben, wie es diese Arbeit dokumentiert, längst begonnen zu sprechen. Es ist an uns, ihnen endlich zuzuhören und ihren Stimmen das ihnen gebührende Gewicht zu verleihen.

Unabhängig davon aber, ob man die zuletzt geäußerte Überlegung teilen mag oder nicht, eines scheint mir auf dem Hintergrund des gesamten Panoramas, das wir in dieser Arbeit bis an diese Stelle hin durchschritten haben, von zwingender Gültigkeit zu sein. Will man, wie wir es in unserer Einleitung deutlich gemacht haben, aus vielerlei guten Gründen etwas wissen und kennenlernen davon, wie die vom Holocaust zuerst und zutiefst Getroffenen, das ist das jüdische Volk, mit ihren traumatischen Erfahrungen umgehen, mit ihnen leben, sie interpretieren und in der Erinnerung bewahren; will man also, worauf Christian Meier so nachdrücklich verwiesen hat, »die Probleme jüdischer Geschichtserinnerung ... verstehen« (Meier 1987, S.12), dann muß man sich mit der Bedeutung des jüdischen Gedächtnisses, seiner Zentralität und Struktur, ebenso vertraut machen, wie auch mit seinen charakteristischen Ausdrucksformen, die gleichermaßen im rituell-liturgischen Bereich liegen wie auch in den vorgetragenen geschichtstheologischen Reflexionen der jüdischen Holocaust-Deuter.

von profundem Respekt. Dies ist nicht allein eine Frage des guten Geschmacks, so sehr das wohl auch zutrifft. Es ist vor allem anderen eine Frage der Redlichkeit, der Erinnerung gemäß eines Eingedenkseins in jenem universell religiösen Sinne, das erlittenes Unrecht in Quellen des Lebens zu verwandeln sucht« (R.C. Baum 1988, S.54). In ähnlicher Absicht warnte im Zusammenhang des Historikerstreites der evangelische Theologe Martin Stöhr vor »Parallelisierungen und Generalisierungen, die den genauen Schmerz der Wahrnehmung und Erinnerung dessen, was geschah, jenen singulären Schmerz der Opfer und den Zukunft suchenden Schmerz der Selbstkritik und der Verantwortung einebnen in wissenschaftliche Kausalketten, pseudotheologischer oder politischer Erklärungsmuster, die die Stimmen der Opfer fremd und störend machen« (Stöhr 1988, S.133). Vgl. auch: Shapiro 1984; Chopp 1984. Der Historikerstreit könnte in vielerlei Hinsicht als Musterbeispiel einer Diskussion gelten, die den konkreten Blick auf die Opfer verweigert und sich mehr aus der Mißachtung denn der Ehrfurcht vor dem Überlebenden und seines Zeugnisses speist.

3. Historiographie versus Gedächtnis

»Denn wenn Judesein tatsächlich eine Forderung bedeutet ... müssen [wir] sie als Forderung nach Gedächtnis- und Erinnerungsarbeit begreifen«.
(Alain Finkielkraut 1984)

3.1 Jüdische Historiographie versus jüdisches Gedächtnis

Sieht man von den innovativen historiographischen Tendenzen im Rahmen der hebräischen Bibel einmal ab, so sind in der vieltausendjährigen Geschichte des Judentums im Grunde nur zweimal historiographisch nennenswerte Entwicklungen zu verzeichnen, die bemerkenswerterweise beide Male in der Folge katastrophischer Ereignisse einsetzten: in den Jahren nach der Verfolgung und Vertreibung der Juden aus Spanien im Jahre 1492[33] und in den Jahren nach Verfolgung und Vernichtung des Europäischen Judentums in diesem Jahrhundert.

Ähnlich wie es nach 1945 vornehmlich jene jüdischen Historiker und Gelehrte waren, die, dem Grauen knapp entronnen, an eine historiographische Aufarbeitung des Geschehenen gingen, so waren es im 16. Jahrhundert ebenfalls zumeist die unmittelbar von der Verfolgung betroffenen, dem sephardischen Judentum entstammenden Gelehrte, in deren Werken ein deutlich historiographischer Impuls zu verspüren war[34]. In beiden Fällen war Ausgangspunkt und treibendes Motiv historiographischen Denkens und Arbeitens ein für das Judentum außerordentlich katastrophisches Ereignis und damit einhergehend ein »hochentwickelte[s] Bewußtsein, daß sich Beispielloses ereignet hatte, ...« (Yerushalmi 1988, S.69). In beiden Fällen folgt die Dynamik der jüdischen Geschichtsschreibung im Wesentlichen innerjüdischen Entwicklungen und Bedürfnissen. Das heißt in beiden Fällen sind die primären Beweggründe und Ziele jüdischer Historiographie, ein Verständnis für die Ursachen, Auswirkungen und die Bedeutung des jeweiligen Ereignisses bezüglich der eigenen jüdischen Identität, individuell wie kollektiv,

---

33. »Es gibt im ganzen Mittelalter keine Parallele zu der Flut jüdischer Geschichtsschreibung im 16. Jahrhundert, als binnen hundert Jahren nicht weniger als zehn bedeutende historische Werke entstanden« (Yerushalmi 1988, S.67). Zu diesen Werken gehören u.a. Salomo Ibn Vergas »*Schewet Yehuda*« (Die Zuchtrute), Samuel Usques »*Consolacam as tribulacoens de Israel*« (Trost für die Leiden des israelischen Volkes), und das in historiographischer Sicht vielleicht bedeutendste Werk von Asarja de' Rossi »*Meor Enajim*« (Augenleuchte); eine Auflistung der unter historiographischem Gesichtspunkt wichtigsten Werke der Zeit samt Charakterisierung findet man bei: Yerushalmi 1988, S.67ff.
34. Bemerkenswerte Ausnahmen bilden z.B. Asarja de' Rossi und David Gans, die beide dem aschkenasischen Judentum angehörten.

zu gewinnen. Was Yerushalmi im Blick auf die jüdische Historiographie nach 1492 sagt, gilt gleichermaßen für die jüdische Historiographie nach und über den Holocaust: »Juden, die ... ›im Blut der Umwälzungen schwammen‹, suchten den Sinn dieser Umwälzungen zu begreifen: ... Wieso dieser ungeheure Zorn?« (Yerushalmi 1988, S.70).

Man mag einwenden, die Anfänge der modernen jüdischen Historiographie im 19. Jahrhundert folgten nicht diesem Muster, das ein Entstehen jüdischer Historiographie als Reaktion auf ein katastrophisches Ereignis beschreibt. Aber dieser Einwand ist nur sehr begrenzt stichhaltig. Denn die Entstehung der modernen jüdischen Geschichtsschreibung im 19. Jahrhundert geschah »im Zuge der äußeren Assimilation und des inneren Zusammenbruchs, welche das plötzliche Auftauchen der Juden aus dem Ghetto kennzeichneten. Sie verdankt ihre Existenz nicht wissenschaftlichem Erkenntnisdrang, sondern der Ideologie. Der krisenreiche Kampf um die Emanzipation der Juden rief eine ganze Palette von Reaktionen hervor; eine davon war die jüdische Geschichtsschreibung« (Yerushalmi 1988, S.91). Jene jüdischen Historiker und Gelehrte, die im letzten Jahrhundert begannen, das Judentum historisch zu erforschen, »taten dies, weil sie nicht mehr sicher waren, was Judentum ist bzw. ob es, was immer es nun sein mochte, für sie noch einen Sinn haben konnte. [...] Der moderne Versuch, die jüdische Vergangenheit zu rekonstruieren, beginnt zu einer Zeit, in der die Kontinuität jüdischen Lebens einen tiefen Bruch erfährt, was auch einen immer stärkeren Verfall des jüdischen Gruppengedächtnisses bewirkt. Dabei fällt der Geschichte eine völlig neue Rolle zu – sie wird zum Glauben ungläubiger Juden. Erstmals wird in Fragen des Judentums statt eines heiligen Textes die Geschichte zur Berufungsinstanz« (Yerushalmi 1988, S.92).

Auch hier ist also jüdische Historiographie, zwar nicht als Folge eines katastrophischen Ereignisses, aber doch als Reaktion auf eine tief empfundene Erfahrung der Diskontinuität, als Reaktion auf eine das Judentum unmittelbar treffende historische Krise entstanden, deren innerster Kern eine Identitätskrise bildete.

Auf dem Hintergrund dieser Beobachtungen lassen sich im Zusammenhang unseres Themas und im Kontext der insgesamt bis hier angestellten Überlegungen einige entscheidende Schlußfolgerungen treffen. Das Entstehen jüdischer Historiographie als einer Reaktion auf eine historische Krise ist gleichermaßen Symptom wie Produkt dieser historischen Krise selbst. Jüdische Historiographie ist, was ihre Entstehung und ihren Ausgangspunkt betrifft, eine Krisenerscheinung, die immer dann einzusetzen scheint, wenn eine innere und/oder äußere Krise eine tiefe Verunsicherung und Bedrohung für die Identität der jüdischen Gemeinschaft, individuell wie kollektiv, zur Folge hat.

Was Yerushalmi mit »Verfall des jüdischen Gruppengedächtnisses« bezeichnet, den er als der historischen Krise nachfolgend und dem Einsetzen der Historiographie vorausgehend betrachtet, ist anders formuliert nicht mehr und nicht weniger als eine Krise des jüdischen Gedächtnisses selbst. Wenn, wie wir mehrfach betont haben, Hauptmerkmal des jüdischen Gedächtnisses darin zu finden ist, eine Verhältnisbestimmung zwischen geschichtlichem *und* religiösen Selbstverständnis zu leisten, dann ist von einer Krise des jüdischen Gedächtnisses immer dann zu sprechen, wenn es mit einem Ereignis oder einer Entwicklung konfrontiert ist, deren Qualität die Kapazität des jüdischen Gedächtnisses, eben jene Verhältnisbestimmung zu leisten, zunächst überfordert. Die Modalitäten und Muster, die das jüdische Gedächtnis bereitstellt, werden als nicht mehr hinreichend empfunden, um eine sinnvolle Deutung der Ereignisse und Entwicklungen, mit denen man konfrontiert ist, zu ermöglichen. Einfach gesagt war es also vielen Juden zunächst nicht möglich, weder in der Vertreibung und Verfolgung auf der iberischen Halbinsel 1492, noch in der Vernichtung des Europäischen Judentums während des Zweiten Weltkrieges, die ›Hand Gottes‹ in der Geschichte zu sehen. Das Einsetzen jüdischer Historiographie ist eine in der Not geborene Reaktion auf diese Krise des jüdischen Gedächtnisses, ist der Versuch, neue Wege der Erinnerung und Deutung der Geschichte entwickeln zu müssen. Hauptsächlich geschieht dies, indem man sich tendenziell verstärkt der profanen Geschichte und dem historischen Prozeß in seiner Eigenwertigkeit zuwendet; indem man sich, tendenziell aller religiösen Rückbezüglichkeiten entkleidet, den ›nackten‹ Fakten zuwendet. Weil man Gott – und das heißt: einen religiösen Sinn – in der Geschichte, in *dieser* Geschichte und in *diesen* Ereignissen, nicht zu erkennen vermag, beginnt man die Geschichte losgelöst von religiösen Kategorien zu betrachten und nähert sich damit einer im modernen Sinne geschichtswissenschaftlichen Denkweise an, deren adäquater Ausdruck die Historiographie ist. Dergestalt ist das Einsetzen jüdischer Historiographie auch Anzeichen eines Säkularisationsschubs innerhalb des Judentums.

Höchst interessant ist nun, daß diese Tendenzen in Richtung einer von religiösen Kategorien sich distanzierenden und dem profan-geschichtlichen Ereignis als solchem sich zuwendenden Historiographie innerhalb des Judentums nie die Oberhand zu gewinnen vermochten. Die in der Folge der Ereignisse von 1492 in Ansätzen entstandene jüdische Historiographie konnte nicht nur »mit dem kritischen Bewußtsein, das die beste allgemeine Geschichtswissenschaft der Zeit kennzeichnete, ... nicht konkurrieren«, sondern kam insgesamt über ihre eigenen, spärlichen Ansätze nicht hinaus, »so daß wir im Rückblick von einem gescheiterten Versuch sprechen müssen« (Yerushalmi 1988, S.73f.). Die jüdische Historiographie nach 1492 blieb eine Episode. Bezeichnenderweise wurde in den nachfolgenden Jahrzehnten nicht eine sich durchsetzende Historiographie zum neuen Kristallisationspunkt jüdischer Identität, sondern die Beschäftigung mit der lurianischen Kabbala, die eine außerordentlich wachsende Popularität genoß. »Die Masse der Juden«, schreibt Yerushalmi, »war eindeutig nicht willens, Geschichte ohne Transzendenz gelten zu lassen« (Yerushalmi 1988, S.82). Dies aber bedeutet nichts anderes als ein Festhalten bzw. eine Rückkehr zum jüdischen Gedächtnis und der von ihm ausgehenden Anforderung, geschichtliches und religiöses Selbstverständnis in ein tragbares Verhältnis miteinander zu setzen.

Nicht viel anders verhält es sich mit der im 19. Jahrhundert einsetzenden modernen jüdischen Historiographie. Nicht allein, daß sie ebenfalls vor allem eine Reaktion auf den ›krisenreichen Kampf um die Emanzipation der Juden‹ ist; viel mehr ist für die Werke der maßgeblichen jüdischen Historiker jener Zeit – von Jost über Graetz bis hin zu Dubnow – charakteristisch, daß sie vor dem Beginn allen quellenkritischen Studiums der jüdischen Geschichte, das sie anstrebten, darum bemüht waren, eine *Philosophie* der jüdischen Geschichte zu entwerfen. »Das ›Construiren der Historie‹, wie es Ranke nannte, ging der empirischen Forschungsarbeit, ging der Darstellung des historischen Details voran« (Michael Graetz 1985, S.5)[35].

Hauptanliegen ihrer historiographischen Bemühungen war es, wie sie es vielfach selbst zum Ausdruck brachten, den ›Sinn‹ und das ›Wesen‹ der jüdischen Geschichte zu erklären[36]. Sie stellten ihre geschichtsphilosophischen Konstruktionen »in den Schatten der religiösen Begriffswelt und schrieben von der ›monotheistischen‹ Idee, die die Entwicklung des Judentums jahrhundertelang geprägt habe« (M. Graetz 1985, S.6f.). Oder aber sie sprachen vom »Prinzip der Einheit«, das »wie ein logischer Faden die Geschichte der Juden durchzieht« (Heinrich Graetz, zit.n. M. Graetz 1985, S.6). Und selbst der »säkularisierteste unter den Vätern der modernen jüdischen Geschichtsschreibung, Dubnow, überschritt nicht das ›System‹ des heilsgeschichtlichen Dreitakts: biblische Zeiten – Diaspora – messianische Endzeit« (M. Graetz 1985, S.6)[37].

35. Exemplarisch hierfür die »Konstruktion der jüdischen Geschichte« von Heinrich Graetz, die er sieben Jahre vor dem ersten Band seiner Geschichte der Juden verfasste; vgl. H.Graetz 1936; oder aber Dubnows Schrift »Die jüdische Geschichte. Ein geschichtsphilosophischer Versuch«, die ebenfalls lange vor seiner zehnbändigen »Weltgeschichte des jüdischen Volkes« entstand; vgl. Dubnow 1921. Zu diesem Phänomen insgesamt siehe vor allem: M.Graetz 1985; und: Baron 1939, bes. S.26f.; Meyer 1974; Kochan 1977 u. 1981; Reuven 1980.
36. Mit diesem Befund korrespondiert auch die Bevorzugung und Konzentration jüdischerseits auf die Geistes- und Ideengeschichte innerhalb der ›Wissenschaft des Judentums‹: »Während sich das Interesse der deutschen Wissenschaftler zuerst auf die politische und institutionelle Geschichte und erst später auf die Geistesgeschichte richtete, konzentrierte sich die ›Wissenschaft des Judentums‹ ganz überwiegend auf die letztere; es schien, als gäbe es keine jüdische politische Geschichte, über die sich zu schreiben lohnte, und von der Sozial- oder Wirtschaftsgeschichte der Juden wußte man fast gar nichts« (Yerushalmi 1988, S. 94).
37. Zur Verwurzelung Dubnows in traditionell jüdischen Denkmustern siehe die vorzüglichen Beiträge von: Steinberg 1930; 1931; 1961; 1961/62. Zu Leben und Werk des hierzulande leider weithin unbekannten jüdischen Historikers Aaron Steinberg siehe die Würdigung von Uriel Tal in: Tal 1983.

Was Michael Graetz in diesem Zusammenhang als »philosophisch-theologische Befangenheit« (M. Graetz 1985, S.17) jüdischer Historiker bezeichnet, ist im Grunde nichts anderes als ein Audruck dafür, daß selbst die moderne jüdische Historiographie des 19. und beginnenden 20. Jahrhunderts nicht imstande und/ oder nicht willens war, sich gänzlich von den Bedingungen des jüdischen Gedächtnisses zu lösen. Zwar tritt eine jüdische Historiographie im modernen und wissenschaftlichen Sinne erstmals machtvoll und kompetent im Laufe des 19. Jahrhunderts in Erscheinung, aber dennoch vermag auch sie nur in den Grenzen eines betont geschichtsphilosophischen bzw. geschichtstheologischen Rahmens zu operieren und verweigert sich damit einer konsequenten Säkularisation. Ob im Laufe der weiteren Entwicklung der jüdischen Historiographie und Geschichtswissenschaft des 19. und beginnenden 20. Jahrhunderts eine endgültige Ablösung von ihren geschichtstheologischen Voraussetzungen und damit eine Ablösung von den Bedingungen des jüdischen Gedächtnisses schließlich noch gelungen wäre, und wenn ja, zu welchem Preis und mit welchen Folgen, ist eine müßige Frage. Allen möglichen und denkbaren Entwicklungen setzte der Holocaust abrupt und brutal ein Ende[38].

Wir haben bereits im Zusammenhang mit der Entfaltung des nachbiblischrabbinischen Geschichtsverständnisses in Kap. III gesehen, daß die Abwesenheit einer jüdischen Historiographie keineswegs gleichzusetzen ist mit dem Nichtvorhandensein eines geschichtlichen Bewußtseins. Im Judentum scheint gar das Gegenteil der Fall zu sein. Ganz offensichtlich bedarf das jüdische Gedächtnis keiner Historiographie, um sich zu organisieren und auszudrücken. Nimmt man noch die gescheiterten Versuche, einer jüdischen Geschichtsschreibung Bahn zu brechen, nach 1492 und im 19. und beginnenden 20. Jahrhundert hinzu, insbesondere die dabei deutlich werdende Säkularisationsresistenz des jüdischen Gedächtnisses, muß man gar auf ein *oppositionelles Verhältnis von Historiographie und Gedächtnis im Judentum* schließen. Wie sehr dieses oppositionelle Verhältnis aus verständlichen, plausiblen und prinzipiell bedenkenswerten Gründen tatsächlich existent ist, und wie sehr diese Gründe ihre Ursache sowohl im Wesen des jüdischen Gedächtnisses als auch im Wesen der modernen Historiographie haben, läßt sich nicht zuletzt anhand der Verfasstheit des jüdischen Gedächtnisses nach dem Holocaust und der jüdischen Historiographie über den Holocaust aufzeigen.

Zweifelsohne hat sich nach 1945 vor allem in Israel und den USA erstmals eine jüdische Historiographie entwickelt, die dem modernen Standard (geschichts-)wissenschaflicher Methodik voll auf entspricht. Insbesondere was die geschichtswissenschaftliche Erforschung und Aufarbeitung des Holocaust selbst betrifft, waren und sind jüdische Historiker federführend[39]. Weitgehend fand im Rahmen der jüdischen Geschichtsschreibung eine Emanzipation von der üblichen traditio-

---

38. Vgl.: Liebschütz 1978; P. Friedman 1980d; C. Hoffmann 1992.
39. Vgl. Kap. II-1

nell ›theologisch-philosophischen Befangenheit‹ statt; wissenschaftlich empirische Erforschung der Vergangenheit trat an die Stelle einer bisher vorgängigen und die Forschung leitenden Konstruktion einer Philosophie der Geschichte. In diesem Sinne ist die moderne jüdische Geschichtsschreibung nach 1945 durchaus ein markantes Beispiel für einen starken Säkularisationsschub innerhalb des Judentums, dessen Auslöser in nicht unerheblichem Maße der Holocaust selbst und seine Folgen waren. Und dennoch gibt es – betrachtet man die nach 1945 sicher im Mittelpunkt jüdischer Geschichtsschreibung stehende Historiographie zum und über den Holocaust – einige signifikante und markante Unterschiede zwischen jüdischer und nicht-jüdischer Historiographie.

Wie in Kap. II-2 dargelegt, sind es gerade jene ihrem eigenen Selbstverständnis nach atheistisch oder agnostischen jüdischen Historiker, die in Auseinandersetzung mit dem Problem der Unverstehbarkeit des Holocaust im Rahmen ihrer historiographischen Bemühungen an die Grenzen wissenschaftlicher Erklärungskraft stoßen. Unter diesem Problemdruck stehend öffnen sie sich – der eine mehr, der andere weniger – dem philosophisch-theologischen Diskurs wie auch dem interdisziplinären Arbeiten insgesamt. Die Sensibilität gegenüber den Grenzen des Verstehens und der hieraus resultierende Problemdruck aber verdankt sich wesentlich der auf jüdischer Seite unweit stärker empfundenen Notwendigkeit, den Holocaust nicht allein zu erforschen und historiographisch zu erschließen, sondern ihn vor allem zu deuten und zu interpretieren. Dies wiederum hat seine Ursache nicht allein in der Massivität und Schwere des Ereignisses selbst, sondern hat ebenso immanente, innerjüdische Gründe, die in der Zentralität und Struktur des jüdischen Gedächtnisses wurzeln.

Freilich betreiben jüdische Historiker ihre Geschichtsschreibung nicht, um eine dem Wesen jüdischen Gedächtnisses gemäße Verhältnisbestimmung zwischen geschichtlichem und explizit religiösem Selbstverständnis zu bewerkstelligen. Ihr signifikantes Bemühen aber, eine ›Deutung‹, eine ›Interpretation‹ des Ereignisses hinsichtlich der eigenen Identität als Jude zu leisten, einen wie auch immer gearteten ›Sinn‹ der Geschichte, *ihrer* Geschichte, zu formulieren, ist als Problem und Aufgabe im Rahmen ihrer geschichtswissenschaftlichen Forschung deutlich spürbarer und wird, gerade im Vergleich etwa mit der deutschen Historiographie, auffällig oft thematisiert. Der Zwang, sich auch auf *diese* Geschichte einen (geschichtsphilosophischen) Reim machen zu können, und sei er noch so holprig, kann als letzter vorhandener Reflex der Bedingungen des jüdischen Gedächtnisses in seiner säkularisierten Variante betrachtet werden. Konkret heißt dies, daß jüdischerseits die Historiographie selbst unter den säkularisiertesten ihrer Vertreter letztlich Mittel zum Zweck bleibt. Jüdische Historiographie bleibt im Dienste sinnvoller Identitätsbestimmung und ist ihrem Selbstverständnis nach kein reinem Erkenntnisdrang folgender Selbstzweck.

Der gesamte Zusammenhang deutet auf eine prinzipielle Spannung zwischen Historiographie und jüdischem Gedächtnis hin, die unter dreierlei Betracht von entscheidender Bedeutung ist. Zum einen zeigt sich eine deutliche Bevorzugung, wenn nicht gar Überlegenheit, des Gedächtnisses gegenüber der Historiographie innerhalb des Judentums. Von hieraus liegt der Gedanke nahe, von einer über den jüdischen Kulturkreis hinausgehenden Gleichrangigkeit zwischen Gedächtnis und Historiographie in ihrem jeweiligen Zugriff auf Vergangenheit zu sprechen. Zum zweiten lassen sich die Konflikte, die zwischen Gedächtnis und Historiographie innerhalb des Judentums herrschen, vor allem am Beispiel des im 19. Jahrhundert beginnenden Versuchs der Etablierung einer modernen jüdischen Geschichtsschreibung aufzeigen. Und schließlich wird drittens, nachdem sich nun nach 1945 tatsächlich eine jüdische Geschichtsschreibung im wissenschaftlichen Sinne etabliert hat, vor allem an der Art und Weise der Auseinandersetzung und Erinnerung an den Holocaust jüdischerseits greifbar, daß in dem Konflikt zwischen Historiographie und Gedächtnis innerhalb des Judentums die Waagschale sich zwar nicht explizit gegen die Historiographie, aber doch sehr augenfällig zugunsten des Gedächtnis zu neigen beginnt.

3.1.1 Die Vorrangstellung des Gedächtnisses gegenüber der Historiographie innerhalb des Judentums

Die moderne Historiographie im Sinne einer wissenschaftlichen Methode operiert ihrem eigenen Anspruch nach empirisch, vorurteilsfrei, voraussetzungslos, wertfrei und objektiv. Ihr ist von ihren Anfängen bis in die Gegenwart hinein ein mehr oder weniger starker historisierender Zug inne. Das heißt sie nimmt ihrem Gegenstand – der Vergangenheit – gegenüber eine distanzierte Haltung ein und legt sie in kritischer Absicht als Objekt ihres Bemühens quasi vor sich auf den Tisch. Das anvisierte Ziel ist nach wie vor – um mit Ranke zu sprechen – zu erkennen, ›wie es eigentlich gewesen ist‹. Ihr ganzer kritischer Apparat, ihr ganzes methodisches Instrumentarium dient dazu, das Ergebnis der Forschung als eine vom Forscher letztlich unabhängige, objektiv gültige bzw. intersubjektiv nachprüfbare Leistung zu bewerten. Zugleich entscheidet sie auf diese Weise, was in die Erinnerung Eingang finden darf und im Gedächtnis bewahrt werden soll. Denn natürlich ist nur das auf wissenschaftlichem Wege sauber zu Tage geförderte Forschungsergebnis der Erinnerung und des Gedenkens wert. Erst auf der Grundlage eines solchermaßen wissenschaftlich abgesicherten Forschungsergebnisses gestattet sie dann eine entsprechende Deutung und Interpretation auf eine im weitesten Sinne philosophische Weise.

Wenngleich diese hier mit wenigen Strichen gezeichnete Charakterisierung des Selbstverständnisses moderner Historiographie sicher nur holzschnittartig verkürzt ist und weitergehender Differenzierung bedürfte, so schält sie doch in mancherlei Hinsicht in zugegebenermaßen extremer Form und idealtypischer Weise den ›harten Kern‹ wissenschaftlicher Historiographie heraus. Nachdem etwa im 17. und 18. Jahrhundert der kritische Umgang mit den Quellen und die Trennung der Geschichte in eine *historia sacra* und eine *historia profana* Ausgangspunkt der Entwicklung einer modernen Geschichtswissenschaft war, verschärfte sich vor allem in der zweiten Hälfte des 19. Jahrhunderts im Kontext des Siegeszuges des Positivismus – und dem hiermit eng zusammenhängenden naturwissenschaftlichen Weltbild, an dessen wissenschaftstheoretischen Standards sich jeder Anspruch auf Wissenschaftlichkeit einer Disziplin paradigmatisch zu messen hatte – das Problem und die Frage nach der Wissenschaftlichkeit der Geschichtsschreibung. Im Grunde standen sich fortan zwei Auffassungen gegenüber: Entweder behauptete man eine strukturelle Ähnlichkeit zwischen der Welt der Natur und der Welt der Menschen, was dann eine im positivistischen Sinne wissenschaftliche Geschichtschreibung als möglich zu postulieren erlaubte. In diesem Sinne hatte sich die Wissenschaftlichkeit der Historiographie in der Fähigkeit zu erweisen, die Vergangenheit ontologisch als regelmäßigen, linearen, progressiven und rationalen Ereignisverlauf zu erkennen und darzustellen und sollte mithin dazu führen, auf der Basis empirisch gesicherter Theorien Gesetzmäßigkeiten über den Verlauf der Geschichte in Form allgemeiner Aussagen formulieren zu können. Dieser Auffassung stand die Ansicht der strengen Positivisten gegenüber, die eine solche strukturelle Ähnlichkeit zwischen Natur und Geschichte und ihrer hieraus resultierenden Konsequenzen für den Wissenschaftscharakter der Historiographie infrage stellten und verneinten. Insbesondere die Arbeiten von Windelband, der den ideographischen Charakter historischen Arbeitens betonte und damit dessen Konzentration nicht auf das Entdecken von Gesetzmäßigkeiten und Theorien, sondern auf Beschreibung individueller Tatbestände gerichtet sah, und die Beiträge von Rickert, der das Spezifische der Geschichtsschreibung in ihrem Interesse am Reich der Werte erblickte, führten schließlich dazu, der Geschichtswissenschaft eine Art Sonderstatus unter den Wissenschaften einzuräumen, der in dem von Dilthey entwickelten Hermeneutikverständis eine adäquate Legitimation gefunden zu haben schien. Nach der sich hieran anschließenden Blüte des Historismus und späterhin seiner Krise, mündete die theoretische Diskukussion, zwischenzeitlich stark angeregt durch die 1942 veröffentlichte Arbeit von Carl G. Hempel zur »Function of General Laws in History«, schließlich ab Mitte/Ende der 60iger Jahre in die von Danto und White maßgeblich initiierte Debatte um den prinzipiell narrativen Charakter der Historiographie.

Nun, es soll hier nicht darum gehen, diese – groß skizzierte – Entwicklung samt der nicht selten hochkomplexen Aspekte, über die in ihrem Rahmen verhandelt wurde, im einzelnen darzustellen.[40] Zumal erschwerend noch hinzu kommt,

---

40. Zu der hier angedeuteten Entwicklung der Geschichtswissenschaften und den genannten Stichworten wären umfangreiche Literaturangaben anzuführen. Exemplarisch sei auf folgende Veröffentlichungen hingewiesen, in denen man weiterführende Literaturhinweise reichlich vorfindet: Baumgartner/Rüsen 1976; Kocka/Nipperdey 1979; Koselleck/Mommsen/Rüsen 1977; Rossi 1987 (vor allem die Beiträge von White, Danto, Topolski und Rüsen); Rüsen 1990 (bes. S.11-20 u. 77-105.).

daß im Laufe dieser Entwicklung die Schere zwischen der Theoriediskussion über die Historiographie einerseits und tatsächlich praktizierter Historiographie andererseits immer weiter sich öffnete. Dem Desinteresse vieler Historiker an der Debatte über die Theorie der Historiographie stand und steht allzu oft die Unfähigkeit dieser Theoriedebatte, sich auf die konkret historiographisch Arbeit auszuwirken, gegenüber.

Das Entscheidende in unserem Kontext scheint mir aber Folgendes zu sein: Gleich welche Position man im Verlauf dieser langen, bis in die Gegenwart hineinreichenden Entwicklung einnahm bzw. einnimmt, ob man eher der Auffassung zuneigt, die Geschichtswissenschaft könne wie auch immer begründet den positivistischen Idealen entsprechen, oder ob man in die gegenteilige Richtung tendiert und der Geschichtswissenschaft einen Status sui generis zuspricht, so war und ist es doch vielfach gemeinsames Kennzeichen fast aller denkbaren Standpunkte, daß sie in ihrer jeweiligen Kritik, Zustimmung oder differenzierten Haltung latent immer am positivistischen Ideal der Wissenschaften selbst orientiert blieben und lediglich in der Frage, ob die Geschichtswissenschaft diesem Ideal nun letztlich entsprechen können oder nicht, sich unterschieden. Nicht zuletzt die teilweise euphorische Hinwendung zu einem Verständnis der Geschichtswissenschaft als einer historischen Sozialwissenschaft spätestens ab Ende der 60er Jahre belegte unter anderem das nach wie vor tief empfundene Bedürfnis, den »methodologischen Minderwertigkeitskomplex« (Rüsen 1987, S.232) der Geschichtswissenschaft nun ausräumen zu können. Glaubte man doch mit der Integration sozialwissenschaftlicher Methoden in die Geschichtswissenschaften nun endlich auf jenem empirisch gesicherten Boden sich zu bewegen, der es erlaubte, die eigene Disziplin der Geschichtswissenschaft als eine vollgültige Wissenschaft anzusehen, die damit einem wie auch immer abgeschwächten positivistischen Wissenschaftsideal – und damit auch solchen Standards wie Empirizität, Objektivität, Wertfreiheit, etc. – nun Genüge zu leisten versprach. Der Hang, diesen Kriterien nachzukommen und mithin sie als Maßstab und Ausweis wissenschaftlichen Arbeitens in Geltung zu lassen, war und ist immer stärker entwickelt vorhanden gewesen, als die kritische Infragestellung dieser Kriterien selbst.

Wertfreiheit, Voraussetzungslosigkeit, Objektivität, ein vom Forscher unabhängiges Forschungsergebnis und andere Prüfsteine, die man in diesem Zusammenhang noch aufführen könnte, werden zwar auch von zeitgenössischen Historikern durchaus in Frage gestellt und korrigiert. Daß jede Geschichtsschreibung und jeder Geschichtsschreiber im weitesten Sinne des Wortes weltanschauliche Voraussetzungen in die historiographische Arbeit miteinbringt, daß jede Methodenentscheidung immer auch in lebensweltlichen Bezügen, d.h. in bestimmten gesellschafts- und zeitgeschichtlichen sowie individualgeschichtlich bestimmten wert- und weltanschaulichen Kontexten wurzelt, ist weitgehend unbestritten, obwohl man nicht selten den Eindruck gewinnen mag, daß dies nur zähneknirschend und unter Bedauern eingestanden wird. Wichtig aber bleibt, nicht zu verkennen, daß die aufgeführten Ideale prägend an der Wiege der modernen Geschichtswissenschaft – wie an der Wiege moderner Wissenschaft insgesamt – standen und nach wie vor einem Leitstern gleich als angestrebte Zielideale eine weitverbreitete Gültigkeit besitzen. In diesem Sinne scheint mir unbestreitbar und logisch, daß eine solchermaßen orientierte Historiographie gänzlich andere Methoden benutzen und ebenso gänzlich andere Ergebnisse und mithin eine andere Vergangenheit rekonstruiert und zu Tage fördert, als eine im jüdischen Sinne gedächtnisorientierte Hinwendung zur Vergangenheit.

Entschieden anders stellt sich die Situation im Kontext des jüdischen Gedächtnisses dar. Diese hat eine klare Zielvorgabe: Herstellung und Bewahrung jüdischer Identität, kollektiv wie individuell, im Horizont von Vergangenheit, Gegenwart und Zukunft. Insofern ist es in einem offensiven und selbstbewußten Sinne weder voraussetzungslos, noch wertfrei oder objektiv und will es auch nicht sein. In die Wahrnehmung und Deutung der geschichtlichen Lebenswelt und der historischen Ereignisse bringt es klare Zielvorgaben mit ein, deren prägnantester Zug in diesem Kontext darin liegt, Geschichte und ihre (philosophische, religiöse, geschichtstheologische) Deutung zu fordern und ihren ›Sinn‹ mit Blick auf die eigene Identität zu erschließen. Deshalb bleibt die jüdische Historiographie selbst in ihrer säkularisiertesten Form tendenziell eine Funktion des jüdischen Gedächtnisses – wenn auch nur an dessen äußerster Peripherie und mit einem durchaus vorhandenen Drang zur endgültigen Ablösung.

Diese idealtypisch angerissene Gegenüberstellung von Historiographie und jüdischem Gedächtnis dient natürlich nicht im Entferntesten dazu, jüdische Historiker und ihre Arbeit als nicht wissenschaftstauglich und damit der nichtjüdischen Historiographie nicht ebenbürtig zu qualifizieren. Schon eher ist das Gegenteil aufzuzeigen unser Anliegen, nämlich daß das jüdische Gedächtnis aufgrund seiner Struktur und Arbeitsweise, insbesondere was die Auseinandersetzung mit dem Holocaust angeht, über Qualitäten verfügt, die sie der rein wissenschaftlich orientierten Historiographie als mindestens ebenbürtig, wenn nicht gar als in entscheidenden Punkten überlegen erscheinen läßt. Wir werden bald darauf zurückkommen.

Die offenkundige Säkularisationsresistenz des jüdischen Gedächtnisses, die somit auch als Widerstand gegen die Preisgabe jüdischer Identität, wie sie von ihren biblischen Anfängen her konzipiert und jahrtausendelang tradiert wurde, verstanden werden kann, und die Tatsache, daß trotz des signifikant langen Ausbleibens einer jüdischen Geschichtsschreibung bzw. den massiven Problemen ihrer wirkungsvollen Etablierung das jüdische Volk eine zuhöchst geschichtssensibilisierte Gemeinschaft mit einer stark ausgeprägten Kultur der Erinnerung war und ist, unterstreicht die These, daß Historiographie und Gedächtnis zwei legitime, aber konträre Weisen des Zugriffs auf und des Verständnisses von Vergangenheit darstellen. Innerhalb des Judentums läßt sich gar bis in die Gegenwart hinein eine Vorrangstellung des Gedächtnisses gegenüber der Historiographie beobachten, die im Rahmen der von uns vertretenen Konzeption von einer Zentralität des Gedächtnisses für die Bildung jüdischer Identität nur konsequent und logisch erscheint.

Die Präferenz für das Gedächtnis hat ihren Grund vor allem in der zwischen Historiographie und Gedächtnis sehr unterschiedlichen Einstellung zu Vergangenheit und Geschichte. Besonders nachdrücklich und klar hat dies in jüngster Zeit der schon öfter zitierte jüdische Historiker Yosef H. Yerushalmi zum Ausdruck gebracht. »Gedächtnis und moderne Geschichtsschreibung«, so formuliert er das Ergebnis seiner Untersuchung, »haben wesensgemäß ein völlig verschiedenes Verhältnis zur Vergangenheit. Historiographie ist nicht etwa der Versuch, Gedächtnis wiederherzustellen, sondern eine wirklich neue Art des Erinnerns«. Und Yerushalmi beschreibt ebenfalls die gegensätzliche, ja regelrecht gegenläufige Spannung, die zwischen diesen beiden Formen der Strukturierung von Vergangenheit herrscht: »Bei der Suche nach Erkenntnis bringt die Geschichtsforschung Texte, Ereignisse und Prozesse ans Licht, die selbst in dessen vitalsten Zeiten kein Bestandteil des jüdischen Gruppengedächtnisses gewesen waren. Mit beispielloser Energie läßt die Wissenschaft in immer mehr Details eine Vergangenheit auferstehen, deren Form und Textur das Gedächtnis nicht wiedererkennt« (Yerushalmi 1988, S.100f.)[41].

In gleichem Sinne urteilt ein anderer jüdischer Historiker: »Die Historiographie«, führt Paul Mendes-Flohr aus, »mit ihrem kritischen Interesse an den Details der Vergangenheit ist nicht die einzige Ausdrucksform historischen Bewußtseins. Tradition, die in der Vergangenheit und der sukzessiven Weitergabe durch die Generationen gründet, ist offenkundig eine alternative Form von Geschichtsbewußtsein, wenn auch auf einer anderen epistemologischen und ontologischen Basis ruhend« (Mendes-Flohr 1988, S.378)[42].

Handelt es sich bei der modernen Geschichtsschreibung um die Rekonstruktion einer Vergangenheit, bei der »die Spuren des kollektiven Gedächtnisses oft kaum noch auszumachen [sind]«, dann heißt dies anders formuliert klar und deutlich, daß es der Historiographie »nicht um das Gedächtnis [geht]« (Yerushalmi 1993, S.17). Die Untersuchungsmethoden des modernen Historikers eröffnen ihm zwar »den Zugang zur ganzen Vergangenheit, und die Suche nach dieser Totalität erweist sich als unwiderstehlich. Gleichzeitig fordert sein zunehmendes Bedürfnis nach wissenschaftlicher Objektivität anscheinend mehr und mehr Distanz von den gegenwärtigen Sorgen der Gruppe, ja sogar von dem gewählten Stoff« (Yerushalmi 1993, S.17). Dieser mittels objektivierender Distanz vorgenommene Zugriff auf die Totalität der Vergangenheit trägt einen stark quantitativen Impuls in

---

41. Zur Diskussion und Kritik an dem nun bereits mehrfach erwähntem, überaus bemerkenswerten Buch Yerushalmis siehe vor allem: Dawidowicz 1983; Singer 1983; M.A. Meyer 1986; Honigmann 1987; Funkenstein 1989; Myers 1992.
42. Siehe auch: Rotenstreich 1972, bes. S.7-11; Shils 1976.

sich. D.h. es gibt keine normative, eine von den Bedürfnissen oder Zwängen eines kollektiven Gedächtnisses regulierte, a priori gegebene Beschränkung des historischen Materials für den Historiographen. Potentiell bildet alles der Vergangenheit angehörige das Arbeitsfeld des Historikers, sodaß die Geschichtsschreibung ein »akzelerierendes Eigenleben« entwickelt, ein ›verzeherendes Fieber‹, als das es Nietzsche bereits 1873 in seinen ›Unzeitgemäßen Betrachtungen‹ diagnostizierte.[43] Die entschieden qualitativen und normativen Prinzipien einer gedächtniszentrierten Form der Erinnerung, wie etwa der jüdischen, bestimmen dementgegen nicht nur die Selektion betreffend recht präzise, was erinnert (und was vergessen!) werden soll, sondern auch das Wie der Erinnerung.

Freilich soll das »nicht etwa heißen, die moderne Geschichtsschreibung wäre nicht selektiv, sondern nur, daß sie rein immanente Selektionsprinzipien hat – Forschungsstand, Darstellungsstruktur, Schlüssigkeit der Argumentation. Andererseits gibt es aus dieser fachinternen Perspektive keinen Aspekt der Vergangenheit, und sei es der entlegenste, der der Erforschung und Darlegung prinzipiell unwürdig wäre. ... Denn wer wollte, solange es uns um das Wissen über die Vergangenheit geht, a priori entscheiden, welches Faktum auch potentiell Wert darstellt?« (Yerushalmi 1993, S.17f.). Eben dazu – entscheiden, welches Faktum von Wert sei – ist das jüdische Gedächtnis aufgrund der ihm eigenen Zielvorgabe der Gewinnung von (kollektiver und individueller) Identität in der Lage. Daß die Geschichte im Allgemeinen Evidenz hat, und was und wie im Rahmen dieser Geschichte im Besonderen tradiert wird, bestimmen die Regeln und Gesetzmäßigkeiten des Gedächtnisses, deren Grundquelle, wie wir in Kap. III ausführlich dargestellt haben, symptomatisch in Begriff und Verständnis der Halacha, jenem »Hebel der Wirklichkeit, die es meistern will« (Wolfsberg 1938, S.42), zu finden ist.

So betrachtet ist das Problem der modernen Geschichtsschreibung, ist das Problem jeder wissenschaftlich historiographisch orientierten Form der Erinnerung gegenüber einer gedächtniszentrierten Kultur der Erinnerung, und mithin »unser wahres Problem..., daß wir ohne *halacha* leben«, d.h. ohne normative, qualitative, ethisch-moralische Richtlinien allgemeinverbindlicher Natur. »Wie Kafkas Mann vom Lande sehnen wir uns nach dem Gesetz, das uns aber nicht mehr zugänglich ist. Die vielberufene Krise des Historismus spiegelt lediglich die Krise unserer Kultur und unseres spirituellen Lebens. Dieser Krebsschaden, wenn es ihn denn gibt, hat seinen Herd nicht in der Suche nach Geschichte, sondern im Verlust einer *halacha*, die uns sagt, was wir uns aneignen und was wir vergessen sollen, im Verlust gemeinsamer Werte, die es uns ermöglichen würden, Geschichte in Gedächtnis zu verwandeln« (Yerushalmi 1993, S.18).

Einer Historiographie, die für sich in Anspruch nimmt, aufgeklärt, modern und wissenschaftlich zu sein, einer Historiographie, die nicht selten sich als konkurrenzlos federführend in der Erschließung und Präsentation von Vergangenheit

---

43. Vgl.: Nietzsche 1984.

rühmt, einer solchen Historiographie gälte es daher – im Blick auf die jahrtausendelange überlebens- und identitätssichernde Präferenz für das Gedächtnis im Judentum – mit allem Nachdruck vor Augen zu halten, »daß es mehrere durchaus gangbare und in sich ehrliche Wege gibt, wie Menschen die Wahrnehmung ihrer kollektiven Vergangenheit strukturieren. Die moderne Geschichtsschreibung ist dabei zwar die neueste, aber eben doch nur eine Methode, ...« (Yerushalmi 1988, S.12f.). Eine der Geschichtsschreibung inhärente Methode dazu, die »kein Ersatz für das kollektive Gedächtnis sein [kann], und es gibt auch keine Indizien dafür, daß sie eine alternative Tradition schafft, die zum Gemeingut werden könnte. Diese Feststellung tut der Würde des Berufes [des Historikers] keinen Abbruch, und die Besinnung auf den moralischen Imperativ des Standes ist heute dringlicher denn je. In der Welt, in der wir leben, geht es nicht mehr nur um den Verfall des kollektiven Gedächtnisses und um schwindendes Vergangenheitsbewußtsein, sondern um aggressive Vergewaltigung des noch vorhandenen Gedächtnisses, ...« (Yerushalmi 1993, S.19).

3.1.2 Der Preis einer Vorrangstellung der Historiographie gegenüber dem Gedächtnis innerhalb des Judentums

Der Zwiespalt, in den eine ihrem Anspruch nach moderne *jüdische* Geschichtswissenschaft und Historiographie gerät, entspringt den ihrer Natur nach völlig diversen Motiven und Funktionen von wissenschaftsorientierter Historiographie einerseits und jüdischem Gedächtnis andererseits. Wie oben bereits skizziert, besteht das Anliegen der Historiographie darin, in einer ihrem Gegenstand gegenüber distanzierten und objektiv nachvollziehbaren Weise die Vergangenheit zu erkennen, ›wie sie eigentlich gewesen ist‹. Demgegenüber betrachtet das jüdische Gedächtnis die Vergangenheit unter dem Leitkriterium ihrer identitäts- und sinnstiftenden Relevanz. Insofern ist es nicht verwunderlich, daß eine wissenschaftsorientierte jüdische Historiographie, »will sie modern sein und anerkannt werden, zumindest funktional einige Prämissen verwerfen [muß], die früher bei allen jüdischen Geschichtsvorstellungen eine grundlegende Rolle spielten. Sie muß sich letzten Endes ihrem eigenen Gegenstand massiv entgegenstellen, und zwar nicht nur hinsichtlich einiger Details, sondern in bezug auf den innersten Kern – die Überzeugung nämlich, daß die göttliche Vorsehung als Faktor nicht nur das Ende, sondern kausal die Entwicklung der jüdischen Geschichte bestimmt, und den damit verwandten Glauben an die Einzigartigkeit dieser Geschichte. Bewußtes Leugnen oder zumindest pragmatisches Umgehen dieser beiden Grundprinzipien macht das Wesen der Säkularisierung der jüdischen Geschichte aus, ...« (Yerushalmi 1988, S.95).

In äußerst präziser Weise trifft Yerushalmi mit diesen Worten den problematischen Kern einer modernen jüdischen Historiographie. Eine den wissenschaftlichen Kriterien moderner Geschichtschreibung gerechtwerdende distanzierte Haltung gegenüber dem eigenen Gegenstand einzunehmen, konfrontiert den jüdischen Historiker mit der Notwendigkeit, sich dem ›eigenen Gegenstand‹ – also der jüdischen Geschichte gegenüber, *seiner* Geschichte gegenüber – ›massiv entgegenstellen‹ zu müssen. Für einen nicht-jüdischen, welcher europäischen Nationalität auch immer zugehörigen Historiker hat dabei eine der Geschichte gegenüber distanzierte und den Ansprüchen wissenschaftlicher Objektivität Rechnung tragende Haltung offensichtlich nicht jene identitätsbedrohende Potenz wie für einen jüdischen Historiker. Denn der jüdische Historiker muß zuerst etwas ablegen und hinter sich lassen – nämlich das jüdische Gedächtnis, an dem er kraft seines Jude-seins Anteil hat – was im Gegensatz dazu seine nicht-jüdischen Kollegen nie abzulegen hatten und hinter sich lassen mußten, weil sie über ein vergleichbar zentral bedeutsames, identitätsgenerierendes Gedächtnis schlicht nicht verfügten. Der jüdische Historiker hingegen muß, will er eine moderne und anerkannte Historiographie betreiben, zuerst aus dem Wirkungskreis des jüdischen Gedächtnisses heraustreten und sich damit partiell einer der zentralen und fundamentalen Bedingungen seiner eigenen Identität als Jude distanziert gegenüberstellen.

Die der historiographischen Arbeit vorauszugehende Preisgabe von Prämissen, die Teil bisheriger jüdischer Geschichtsbetrachtung, Teil des jüdischen Gedächtnisses und damit auch Teil der eigenen Identität als Jude waren, stellt den jüdischen Historiker unmittelbar unter einen Legitimitätszwang hinsichtlich seiner jüdischen Identität – und dies sowohl individuell wie auch in Hinsicht auf seine Gruppenzugehörigkeit.

In diesem innerjüdischen Konflikt zwischen Historiographie und Gedächtnis spiegelt sich damit einer der Grundkonflikte des Judentums in der Moderne wieder, der ja unter anderem darin bestand, eine Definition des Judeseins zu leisten, die einerseits an die Tradition anknüpfte und andererseits Schritt zu halten vermochte mit den Bedingungen einer aufgeklärt-säkularisierten und nicht-jüdischen Umwelt, die darüberhinaus noch einen feindselig gearteten Assimilationsdruck auf die jüdische Gemeinschaft ausübte. Ein markantes Zeichen der aufgeklärt-säkularisierten und modernen Gesellschaften Westeuropas, innerhalb derer man lebte, war (und ist) etwa die Trennung von Staat und Kirche. Für ein demgemäß aufgeklärt-säkularisiertes und modernes Judentum würde dies die Trennung von Ethnizität und Religiosität verlangen, was an den innersten Kern traditioneller Identitätsbestimmung des Judentums rührte. Die diesem Konflikt vergleichbare Ebene, auf der ein Historiographie treiben wollender jüdischer Historiker sich gestellt sieht, läge in der erforderlichen Trennung der dem jüdischen Gedächtnis eigentümlichen, engen Verschränkung von geschichtlichem und religiösem Denken, was ebenso an den innersten Kern traditioneller Identitätsbestimmung des Judentums rührt. Welch ungeheurer Sprengstoff in diesen beiden Fällen für die individuelle wie kollektive Identititätsbestimmung jüdischerseits liegt, welch offensichtlich kaum tragbarer Legitimationsdruck die Trennung dieser traditionell eng verzahnten Elemente zur Folge hätte, dafür ist nicht nur die Schwierigkeit der Etablierung einer modernen jüdischen Historiographie ein beredtes Zeichen, sondern auch die bis in unsere Gegenwart unterbliebene Trennung von Staat und Religion im ansonsten nahezu alle anderen westlichen Standards erfüllenden modernen und demokratischen Staatsgebilde Israels[44].

3.1.3 Der Ort der jüdischen Holocaust-Theologie im Konflikt zwischen Historiographie und Gedächtnis

Welche Strategie auch immer der jüdische Historiker im einzelnen und die jüdische Historiographie vor allem nach 1945 insgesamt verfolgt haben, um dieser Probleme Herr zu werden, nichts dokumentiert die ihrer identitätsrelevanten Brisanz wegen nach wie vor ungelöste Problematik einer Verdrängung, Ersetzung, Aufbrechung oder Relativierung der zentralen Dominanz des jüdischen Gedächtnisses durch eine moderne Historiographie mehr als ihre mangelnde Akzeptanz und Randständigkeit hinsichtlich ihrer Bedeutung für die kollektive Identität der jüdischen Gemeinschaft. Auf dem Hintergrund der hier entfalteten Problematik wird vielleicht »der Widerstand bzw. die Gleichgültigkeit gewisser jüdischer Kreise gegenüber der modernen jüdischen Geschichtswissenschaft etwas verständlicher« (Yerushalmi 1988, S.102).

Zwar entwickelte sich seit Beginn der Moderne »erstmals ... eine jüdische Historiographie, die sich vom jüdischen Kollektivgedächtnis gelöst hat«, aber um den Preis, daß sie damit zugleich »in entscheidenden Punkten im Widerspruch zu ihm steht« (Yerushalmi 1988, S.99). Das jüdische Gedächtnis, beharrlich eine geschichtliche und religiöse Verhältnisbestimmung und damit eine geschichtstheologische, zumindest aber geschichtsphilosophische Betrachtungsweise fordernd, ist nicht bereit, die bei der »Vertiefung in immer enger umrissene und komplizierte Forschungsgebiete« von jüdischen Historikern geleisteten »Wunderdinge« (Yerushalmi 1988, S.102) anzunehmen. Und dies, weil eine solche Forschung »sich dabei aber auch von den ›großen Fragen‹, welche sich drängend nur angesichts des Ganzen stellen [entfernt]: Wie steht es um die Einzigartigkeit der jüdischen geschichtlichen Erfahrung (wenn nicht im metaphysischen, so doch im empirischen Sinne)? Was hat es auf sich mit dem ›Geheimnis‹, wie man füher

---

44. Im jüdischen Staat, wie im Judentum insgesamt, so Shemaryahu Talmon, werde nach wie vor eine »monistische Weltauffassung« gepflegt, »in der zwischen Glauben und Geschichte, Politik und Religion nicht die Scheidewand gezogen wird, wie sie in unserem Denken besteht« (S. Talmon 1978, S.137). Zu dieser Problematik vgl.: J. Katz 1975 u. 1975a; Fox 1975; S. Talmon 1978; E.A. Simon 1978 u. 1978a.

sagte, des Überlebens der Juden durch alle Zeiten? ... Welchen Wert besitzt die jüdische Geschichte – nicht für den Wissenschaftler, sondern für das jüdische Volk?« (Yerushalmi 1988, S.102).

Es ist nicht schwer, nachzuvollziehen »was ihn [den jüdischen Historiker] motiviert, [wir] kommen aber um die Einsicht nicht herum, daß dies alles dem Kollektivgedächtnis völlig zuwiderläuft, welches, ... äußerst selektiv vorgeht. Manche Erinnerungen bleiben lebendig, andere werden ausgesondert, verdrängt oder einfach vergessen – ein natürlicher Ausleseprozeß, den der Historiker ungebeten stört und umlenkt« (Yerushalmi 1988, S.101). Die moderne Historiographie, von ihren erkenntnisleitenden Interessen bis hin zu dem nüchtern-wissenschaftlichen Stil, in dem sie ihren Ertrag präsentiert, rekonstruiert ein Bild der Vergangenheit, das eine dem jüdischen Gedächtnis gerecht werdende existenzielle Relevanz und sinnstiftende Identitätsorientierung nicht anzubieten hat.

Mit »antihistorischer Einstellung allein« kann man daher das hieraus resultierende »Desinteresse an der modernen jüdischen Geschichtsschreibung nicht erklären«. Im Gegenteil, es suchen »viele Juden ... heute nach einer Vergangenheit, aber diejenige, die der Historiker zu bieten hat, wollen sie ganz offensichtlich nicht« (Yerushalmi 1988, S.104). Denn sehr vielen unter ihnen »geht es nicht um die Historizität des Vergangenen, sondern um seine ewige Gegenwart« (Yerushalmi 1988, S.103), bzw. um eine – wie wir glauben, es präziser formulieren zu können – gegenwartsrelevante *existenzielle RePräsentation* der Vergangenheit. Hier liegen die Gründe, warum – überblickt man die »Errungenschaften der jüdischen Geschichtsforschung« – man einräumen muß, »daß dieses neue Wissen samt den Perspektiven, die es eröffnet, kaum rezipiert, geschweige denn verinnerlicht wurde« (Yerushalmi 1988, S.103).

Im Kontext exakt dieser Zusammenhänge ist uns nun nochmals eine Einordnung der in dieser Arbeit vorgestellten geschichtstheologischen Konzeptionen im Judentum nach Auschwitz möglich, die deren nicht zu unterschätzende Bedeutung für die Prägung des jüdischen Gruppengedächtnisses nach und im Angesicht des Holocaust eindrucksvoll dokumentiert. Die Präferenz einer gedächtnisorientierten Aneignung und Verstehensweise der Vergangenheit innerhalb des Judentums, im Gegensatz zu ihrer historiographischen Rekonstruktion, selbst nach und in Beziehung zum Holocaust, erklärt nicht nur die schon mehrfach angesprochene erstaunliche Tatsache, daß in der jüdischen Gemeinschaft die hier vorgetragenen ›Holocaust-Theologien‹ und ihr Diskurs mehr Raum und Gewicht im Ringen um ein Verständnis dieser Katastrophe einnehmen als etwa die Ergebnisse der jüdischen Historiographie über den Holocaust. Sicher wird dieser historiographische Ertrag im Rahmen des geschichtstheologischen Diskurses wahrgenommen und rezipiert, aber er prägt weder inhaltlich noch stilistisch die Substanz dieses Diskurses. Die jüdische Historiographie hat eine – keineswegs zu verachtende oder zu unterschätzende – Zulieferfunktion, indem sie Daten und Fakten ermittelt und bereitstellt, die einen gewichtigen Teil der Grundlage ausmachen, auf der man aber dann doch recht konzentriert und entschieden sich den ›eigentlichen‹, identitätsrelevanten Fragen und Problemen zuwendet.

So betrachtet stehen die vorgetragenen jüdischen ›Holocaust-Theologien‹ samt ihrem Diskurs in einer Kette jüdischen Denkens und jüdischen Geschichtsbewußtseins, die weit unmittelbarer und charakteristischer an die jüdische Tradition anknüpfen als dies die jüdische Historiographie zu tun vermag. Obwohl der Holocaust »bereits mehr historische Forschungstätigkeit ausgelöst [hat] als jedes andere Ereignis der jüdischen Geschichte«, steht daher für Yerushalmi, in Anbetracht der z.B. weit umfangreicheren und wirkungsvoller ins Bewußtsein der Juden hineinreichenden literarischen Auseinandersetzung mit dem Holocaust, doch »außer Zweifel, daß sein Bild nicht am Amboß des Historikers, sondern im Schmelztiegel des Romanciers geformt wird« (Yerushalmi 1988, S.104).

Yerushalmi in ergänzendem Sinne korrigierend wollen wir – seine Worte paraphrasierend – es so ausdrücken: Für uns steht es außer Zweifel, daß das Bild vom Holocaust, das im jüdischen Gedächtnis haften bleiben wird, nicht am Amboß des Historikers, sondern im Schmelztiegel des geschichtstheologischen Diskurses geformt wird.

3.2 Die Opposition von Historiographie und Gedächtnis im Kontext von ›Vergangenheitsbewältigung‹ und Geschichtsschreibung in Deutschland

Die von Mendes-Flohr oben erwähnte unterschiedliche ›epistemologische und ontologische Basis‹ einer gedächtnisorientierten Kultur der Erinnerung wie der des Judentums, im Vergleich zu einer (geschichts-) wissenschaftlich, historiographisch orientierten Zugangsweise zur Vergangenheit, wie sie im nicht-jüdisch, europäischen Kulturbereich prägend wurde, wird in ihren Auswirkungen besonders sichtbar, wenn man die unterschiedliche Art und Weise der Auseinandersetzung mit und der Erinnerung an den Holocaust innerhalb des Judentums im Verhältnis sieht zu der ›Vergangenheitsbewältigung‹ in Deutschland. Ein solcher Vergleich führt zu einem paradox anmutenden Ergebnis.

Während das Judentum über keine nennenswerten historiographischen Traditionen verfügt, ist die Erinnerung an den Holocaust kraft eines stark ausgeprägten, in seiner Bedeutung zentralen, kollektiven Gedächtnisses aktueller Bestandteil breitester Bevölkerungsschichten in Israel wie auch der jüdischen Diaspora. Dementgegen stehen wir in Deutschland, wie auch in Europa insgesamt, zwar in der Tradition einer bis ins Mittelalter zurückreichenden, auf griechische Ursprünge zurückgehenden, historiographischen Entwicklung. Ob und was für eine Art kollektiven Gedächtnisses auch immer sich dabei aber entwickelt haben mag, eine dem jüdischen Gedächtnis vergleichbar zentrale Stellung im Rahmen der Identitätsbildung und eine dem Judentum vergleichbar kultivierte Pflege und Tradierung desselben, scheint mir im christlich-europäischen Bereich wenn je vorhanden nicht mehr gegeben zu sein. Dieses Manko muß demzufolge mitverantwortlich dafür sein, daß wir über keine nennenswerte und in die Breite der Bevölkerungsschichten hineinreichende Form der Erinnerung verfügen, die es uns erlauben würde, an jenes einzigartig dastehende Menschheitsverbrechen, für das die Generation unserer Eltern und Großeltern verantwortlich zeichnet, und dessen Schauplatz das Land, die Stadt, die Straße und nicht selten das Haus war, in dem wir leben und wohnen, angemesen erinnern zu können.

Es ist in den vorangegangenen Überlegungen bereits deutlich geworden: Dem innerjüdischen Spannungsverhältnis zwischen Historiographie und Gedächtnis scheint ein über den jüdischen Kulturbereich hinauszugehender, prinzipieller Konflikt zugrunde zu liegen, der es gestattet, zwischen einer *historiographiearmen, aber gedächtnisstarken Kultur* und einer *gedächtnisarmen, aber historiographiereichen Kultur* zu unterscheiden. Diese These von ihren Tendenzen nach sich gegenseitig auschließenden Formen der Erinnerung erklärt im Blick auf die Auseinandersetzung mit dem Nationalsozialismus und dem Holocaust in Deutschland, warum trotz eines mittlerweile beachtlichen historiographischen Ertrags und aus ihm resultierender aufklärerischer Bemühungen eine entsprechende Breiten- und Tiefenwirkung innerhalb der gesellschaftspolitischen Kultur Deutschlands ausblieb. Historiographie, eingebunden in das Selbstverständnis moderner (Geschichts-) Wissenschaft, ist ihrer Natur nach – d.h. aufgrund ihrer auf historisierender Distanz, Objektivität und zur Abstraktion neigender Arbeitsweise – nicht in der Lage, das Gedächtnis einer Gemeinschaft zu schaffen, maßgeblich zu prägen, oder seine Zentralität für die kollektive wie individuelle Identitätsbildung zu fördern. ›Mit beispielloser Energie‹, um die Worte Yerushalmis zu wiederholen, ›läßt die Wissenschaft in immer mehr Details eine Vergangenheit wieder auferstehen, deren Form und Textur das Gedächtnis nicht wiedererkennt‹.

Vom Standpunkt dessen aus betrachtet, was wir als jüdisches Gedächtnis beschrieben haben, neigen daher Geschichtswissenschaft und Geschichtsschreibung dazu, wenn schon nicht die Geschichte aus den Menschen auszutreiben, so doch die Geschichte bzw. den Ertrag, den die Historiographie aus ihr zieht, nicht in die Köpfe und Herzen der Menschen hineinzubekommen. Damit aber stünde die Geschichtswissenschaft – bildlich gesprochen – in der Gefahr, ein aufgeblähter Wasserkopf ohne Verbindung zum großen Rest des Leibes zu sein. Kopfschüttelnd steht die Geschichtswissenschaft diesem großen Rest des Leibes gegenüber und wundert sich, daß dieser Leib nicht den Erkenntnissen des Kopfes folgt. Wie sollte er aber auch, wenn er vom Rumpf getrennt ist? Eine Verbindung zwischen dem Kopf der Geschichtswissenschaft und dem Leib der Existenz könnte hier nur ein entsprechend kollektives und kulturell gepflegtes Gedächtnis herstellen, bzw. eine Historiographie, die sich aus der Kraft einer gedächtniszentrierten Form der Erinnerung speist. So stehen wir aber vor dem erstaunlichen Phänomen, daß »frühere Generationen weitaus weniger über die Vergangenheit wußten als wir, aber vielleicht über ein viel größeres Gespür für ihre Identität und Kontinuität mit ihr verfügten« (Hans Meyeroff, zit.n. Mendes-Flohr 1988, S.382).

Die moderne, wissenschaftlich ausgerichtete Historiographie scheint, anders ausgedrückt, nur dann eine nennenswerte Breiten- und Tiefenwirkung erzielen zu können, wenn sie auf ein vorstrukturiertes, kollektives und zentral verankertes Gedächtnis trifft. Historiographie und Gedächtnis stehen, bildlich gesprochen, in einem Verhältnis wie Samen und Boden. Nur wenn der Boden mit Egge und Pflug auf- und vorbereitet ist, kann der anschließend ausgebrachte Samen Wurzel fassen und gedeihen. Ebenso kann nur dann eine wirkungsvolle Verwurzelung historiographischer ›Samen‹ gelingen, wenn ein enstsprechend vorstrukturierter (Gedächtnis-) ›Boden‹ vorhanden ist.

Die Bedingungen des (Gedächtnis-) Bodens entscheiden nicht nur darüber, welche (historiographische) Samen Aufnahme im Boden finden, sondern auch über die Tiefe ihrer Verwurzelung. Dieser Zusammenhang zeigt sinnbildlich die vielleicht engen Wirkungsgrenzen von Historiographie und Geschichtswissenschaft auf! Ebenso wenig wie die Qualität des Samens Einfluß auf die Qualität des Bodens nehmen kann, ebenso wenig vermögen Historiographie und Geschichtswissenschaft in ihrer derzeitigen Gestalt maßgeblich mitzuwirken an der Schaffung, Prägung oder Strukturierung eines kollektiven Gedächtnisses. Wer sich ausschließlich auf Geschichtswissenschaft und Historiographie hinsichtlich der Einstellung zur und des Verhaltens gegenüber der Vergangenheit und ihrer Bewahrung verläßt, ist letztlich verlassen. Eine Kultur der Erinnerung, eine Kultur des Gedächtnisses, wie sie in paradigmatisch vorbildhafter Weise im Judentum zu finden ist, scheint uns die Voraussetzung für eine fruchtbare Aufnahme historiographischer Daten und Erkenntnisse zu sein.

Zu welchen Schwierigkeiten und Irrwegen eine allein an den wissenschaftsorientierten Kriterien der Historiographie orientierte Geschichtswissenschaft im Kontext einer Aufarbeitung von Nationalsozialismus und Holocaust führen; zu welchen Schwierigkeiten und Irrwegen eine aus diesem Verständnis von Geschichte resultierende geschichtspolitische Verfasstheit einer Gesellschaft wie der unsrigen in Beziehung zu ihrer jüngsten Vergangenheit führt, belegen nicht nur das lange Schweigen der deutschen Geschichtswissenschaften zum Holocaust und das die deutsche Nachkriegsgesellschaft charakterisierende, beharrliche Verdrängen der eigenen jüngsten und zu verantwortenden Vergangenheit, belegen nicht nur Ereignisse wie der Historikerstreit oder Bitburg, sondern lassen sich darüber hinaus auch beispielhaft an zwei elementaren Problemen in der Auseinandersetzung mit dem Holocaust demonstrieren. Das erste Problem – die Frage nach der Relevanz ethischer und moralischer Kategorien im Rahmen wissenschaftlicher Erkenntnis – zielt direkt auf den Bereich der Historiographie, während das zweite Problem – die Frage nach dem Stellenwert von Empathie und Emotion – über den Bereich der Historiographie hinausgehend auf die mentale und psychische Verfasstheit unserer Kultur insgesamt verweist.

3.2.1 Historiographie, Moral und Ethik

Betrachtet man die in der deutschen Geschichtswissenschaft nach 1945 erfolgten fachinternen Debatten und Konferenzen, Diskussionen und Publikationen zu Fragen des Nationalsozialismus und der Ermordung der europäischen Juden, insbesondere im Kontext der Frage nach ihrer ›Bewältigung‹ bzw. Nicht-Bewältigung in Wissenschaft und Öffentlichkeit, wird man sehr bald auf ein immer wiederkehrendes, erstaunlicherweise aber so gut wie nie konsequent und ernsthaft thematisiertes, offenbar mit vielen Emotionen behaftetes und nicht selten mit polemischer Schärfe behandeltes Problem aufmerksam, das der Frage nach der Bewertung, dem Stellenwert und damit der Relevanz ethischer und moralischer Kategorien und Kriterien im Rahmen der wissenschaftlichen und gesellschaftspolitischen Auseinandersetzung mit der jüngsten Vergangenheit gilt. Nahezu ausnahmslos und oft auffällig engagiert und vehement betonen dabei vor allem immer wieder Historiker mit Blick auf ihre eigene wissenschaftliche Arbeit als auch mit Blick auf die Art und Weise des Umgangs mit der Vergangenheit in Politik, Kultur und Öffentlichkeit insgesamt, man dürfe in der Auseinandersetzung mit Nationalsozialismus und Holocaust nicht bei ›moralischer Entrüstung‹ stehen bleiben, ›Entsetzen‹ im Angesicht der jüngsten Vergangenheit ›allein‹ genüge nicht. Emotional gefärbte Äußerungen werden als unsachliche ›Betroffenheitsrituale‹ klassifiziert und deutlich moralisch intendierte Aussagen als wenig hilfreiches Winken mit dem ›moralischen Zeigefinger‹ disqualifiziert. Dementgegen wird eine ›nüchterne‹, ›sachliche‹, ›emotionslose‹, analytische und objektive Form der Forschung und Auseinandersetzung eingeklagt.

Zweifellos folgt diese Haltung der Logik einer sich wissenschaftlich verstehenden Historiographie. Ob allerdings die Tragfähigkeit einer solchen nüchtern, sachlich, analytisch und objektiv, quasi moral-neutral bestimmten Logik hinreiche, ein Ereignis wie das des Holocaust auch nur halbwegs adäquat zu erfassen, eine solche kritische Anfrage spricht in der Tat eines der fundamentalen Probleme jeder Historiographie des Holocaust an und bildet den eigentlichen Problemkern des durchaus vorhandenen seriösen Teils der Debatte um eine Historisierung dieses Ereignisses[45]. Der aus dieser Problematik erwachsende »Verdacht, die Ge-

---

45. Vgl. hierzu Kap. II-1. Saul Friedländer betrachtet als markanteste Folge der Debatte um eine Historisierung des Holocaust die fragwürdige Aufkündigung eines bisher innerhalb der deutschen Historikerschaft wirksam gewesenen moralischen Konsenses in der Beurteilung der Ereignisse; siehe die in Kap. II-1 Anm. 52 angegebenen Verweise auf die Beiträge von Saul Friedländer, der diese Problematik wohl am eingehendsten und eindringlichsten behandelt hat; demgegenüber vgl. die Beiträge in Backes/Jesse/Zitelmann 1992, die eine dem Ansatz Friedländers diametral entgegengesetzte Position verkörpern; vgl. auch: Siegele-Wenschkewitz 1991; siehe auch Kap. II-2 dieser Arbeit.

schichtswissenschaft selbst würde hier [in der Auseinandersetzung mit Nationalsozialismus und Holocaust] an eine innere Grenze stoßen«, formuliert in zutreffender Weise den Zusammenhang darstellend Micha Brumlik, »resultiert zunächst aus einem sehr wichtigen moralischen Motiv..., daß nämlich womöglich hinter dem üblichen Betrieb der Geschichtswissenschaft das moralisch Unvorstellbare, das wir mit der Massenvernichtung verbinden, verloren geht«. Kritisch fügt er hinzu: »Und in der Tat, also wenn man Fachkonferenzen verfolgt, wird dann eben über die Massenvernichtung genau so gesprochen wie, ..., [etwa] über den Bankenkrach 1929« (Brumlik, in: Internationales Hearing 1991, S.70).

Brumliks Hinweis auf den Konflikt zwischen Historiographie und Moral äußerte er auf dem 1991 veranstalteten Internationalen Hearing zur Vorbereitung eines Frankfurter Lern- und Dokumentationszentrums des Holocaust. Dieses Hearing ist ein Paradebeispiel für das hier angesprochene Problem. So ist in vielerlei Hinsicht etwa die Reaktion Hermann Lübbes auf Brumliks Beitrag ein mustergültiges und typisches Beispiel für die Logik wissenschaftlichen Selbstverständnisses moderner Historiographie. »Die Moral, auf die man angewiesen ist«, führt Lübbe in Antwort auf Brumlik aus, »um sich zum Holocaust in ein angemessenes Verhältnis zu setzen, ist doch keine andere Moral als die des Gemeinsinns, die Moral unserer rechtlichen, auch religiösen Überlieferung. Es bedarf keinerlei besonderer reflexiven Anspannung, um sich der Regel dieser Moral zu vergewissern. Ich empfinde es als dreist, Kollegen ... mit der Insinuation zu überziehen, ihr einschlägiges moralisches Urteilsvermögen sei defizient. [...] Auf diese Frage [wie der Holocaust möglich war] findet man die Antwort nicht moralisierend, vielmehr einzig historisierend. Einzig die Historisierung des Holocaust bringt uns auf die Spur jener Orientierungen, in denen die Täter des Holocaust sich zum radikalen Bruch mit den Traditionen des moralischen und juridischen Gemeinsinns legitimiert wußten« (Lübbe, in: Internationales Hearing 1991, S.80).

Der ganze, weiter oben idealtypisch skizzierte Kriterienkatalog historiographischer Methodik wird von Lübbe argumentativ ins Feld geführt: »Ich plädiere«, fährt er engagiert fort, »nachdrücklich für jene *Nüchternheit*, die uns selbst in bezug auf die extremsten moralischen Ungeheuerlichkeiten der Geschichte zum *historischen Objektivismus* befähigt. Es ist Nonsens zu sagen, daß dieser Objektivismus der Historiker der Natur des Holocaust-Ereignisses nicht gerecht werde. Es ist die *Nüchternheit des Geistes*, die uns zu solchem *Objektivismus* befähigt, und je *strikter* die Regeln des juridischen, moralischen und religiösen Common sense gelten, um so fähiger werden wir erkennen, *wie es wirklich gewesen ist*. Der Objektivismus historischer Urteilsbildung ist doch nicht das Resultat einer moralischen Defizienz, vielmehr selber eine reife kulturelle Leistung, die von moralischen Voraussetzungen abhängig ist«. Schließlich spricht er von »peinlichen Betroffenheitsüberbietungsversuchen« (Lübbe, in: Internationales Hearing 1991, S.81, Hervorhebungen von mir), die der Einhaltung eines wissenschaftlichen Standards gänzlich abträglich seien.

An demselben Ort und mit gleicher Zielrichtung mahnt Wolfgang Scheffler ebenfalls »Nüchternheit« (Scheffler, in: Internationales Hearing 1991, S.77) in der Diskussion und Erforschung des Holocaust an, und »natürlich«, ergänzt Eberhard Jäckel, »stimme ich ihm zu« (Jäckel in: Internationales Hearing 1991, S.91). Keiner von ihnen sieht sich offenbar zu einer Reflexion genötigt, inwiefern nicht gerade der Holocaust das Versagen eben jenes ›juridischen, moralischen und religiösen Commen sense‹ (Lübbe) dokumentiert, der, als ›reife, kulturelle Leistung‹ bewertet, hier eingeklagt wird[46]. Keiner reflektiert auf einen etwaigen Zusammenhang zwischen den wissenschaftlichen Kriterien, die hier apodiktisch einer Historiographie des Holocaust verschrieben werden, und jenen Mechanismen und Haltungen, die einen nicht unerheblichen Anteil daran hatten, daß Auschwitz zu einer nüchternen Wirklichkeit wurde[47].

Weil man sich aber diesen kritischen Überlegungen und Anfragen an die weltanschaulichen, moralischen und ethischen Implikationen der Traditionen der eigenen wissenschaftlichen Methodik allzu oft entzieht[48], kommt es zu fragwürdig

46. Bemerkenswerter Weise war es denn auch kein Historiker, sondern ein Professor für Kunstgeschichte(!), Detlev Hoffmann, der in diesem Sinne auf Lübbe antwortete, daß man »sich ja doch fragen muß, ob es denn wirklich eine moralische Selbstverständlichkeit mit dieser Tragfähigkeit gab, mit der wir es vor allem im englischen Sinne sagen würden, wenn trotz dieser moralischen Selbstverständlichkeit Auschwitz möglich war. Und dann, so würde ich sagen, ist diese moralische Selbstverständlichkeit keine moralische Selbstverständlichkeit mehr« (Hoffmann in: Internationales Hearing 1991, S.84).
47. Abgesehen davon, daß im angelsächsischen Raum ähnlich erhitzte Debatten um Moral und Nüchternheit in diesem Kontext kaum zu finden sind, wird gerade das Problem der moralischen Implikationen des modernen wissenschaftlichen Weltbildes und der Genese von Nationalsozialismus und Holocaust, insbesondere in Anbetracht gerade der an ihnen beteiligten akademischen Eliten, als bedrückendes und seriöses Problem behandelt; vgl. vor allem: Eckardt/Eckardt 1976d; Sherwin 1979a; Vowe 1982; Michael 1984; Hallie 1984/85; R.C. Baum 1988; Gelber 1988; Haas 1988; Kren 1988; Pawlikowski 1988b; Schweitzer 1990; siehe darüberhinaus die Angaben in Anm. 331, Kap. V-4.
48. Das Paradoxe dieser Situation besteht u.a. darin, daß die hier von mir kritisch thematisierte, gerade von deutschen Historikern oft angemahnte ›Nüchternheit‹ und ›Objektivität‹ im Umgang mit dem Nationalsozialismus selbst durchaus Ergebnis einer selbstkritischen Reflexion auf die Entwicklung des Historismus und der schuldhaften Mitverantwortung der eigenen Zunft während der Jahre 1933-45 entsprungen ist. In Anbetracht des »Sumpf[es] eines idealistischen Historismus nationalistischer Spielart«, der sich »insbesondere gegenüber dem Nationalsozialismus als so wenig immun erwiesen hatte« (W. Mommsen 1987, S.110), war die Forderung nach ›Nüchternheit‹ zunächst gewiss ein kritisch-emanzipativer Akt deutscher Historiker der Nachkriegszeit. Und ebenso ist der »Rückgriff auf die klassische Objektivitätsforderung ... nach 1945 nur zu verständlich, hatten doch Vertreter einer nationalsozialisti-

kontrastiv gesetzten Aufspaltungen, wie der folgenden: »Uns erscheint es notwendig zu sein«, bemerkt Hans Mommsen hinsichtlich der Art der ›Vergangenheitsbewältigung‹ in Deutschland, »*aus* dem Kontext moralischer Vorwürfe und Selbstkritik *herauszutreten* und *statt dessen* die Zusammenhänge herauszuarbeiten, ...« (Mommsen 1992, S.96, Hervorhebung von mir).

Warum ›statt dessen‹? Was ist von einer Moral und Selbstkritik zu halten, die nicht zu einer analytisch selbstreflektierten Auseinandersetzung führt oder auf ihr basiert? Und was von einer Herausarbeitung der Zusammenhänge – ganz besonders, wenn es um den Holocaust geht –, die sich nicht in selbstkritischer Weise an moralischen Kriterien messen lassen will? Werden in den Worten Mommsens nicht Moral und Selbstkritik ob ihres wissenschaftlich fragwürdigen Charakters in eine zweifelhafte Opposition zum analytisch nüchternen Denken gesetzt?

Ein klassischer Widerspruch, eine exemplarische Aporie, zu der solches Denken führt, offenbart sich, wenn Mommsen in demselben Aufsatz wenige Sätze weiter einen wichtigen Forschungsaspekt mit der Frage anspricht, »warum sich bei breiten Schichten, nicht zuletzt den deutschen Funktionseliten, eine grundlegende moralische Indifferenz durchsetzte, ...« (Mommsen 1992, S.96). Die moralische Indifferenz, die als maßgebliche Ursache für das Verhalten der Täter zutreffend haftbar gemacht wird, wird zugleich – wenn auch nicht im Sinne moralischer Indifferenz, so doch im Sinne moralischer Abstinenz – der Historiographie als Leitkriterium verordnet. Wird hier nicht eine Ursache der Krankheit (moralische Indifferenz während des Nationalsozialismus) als Therapeutikum ihrer Behandlung (moralische Abstinenz von Historiographie und Erinnerung) empfohlen?

Selbstredend geht es nicht darum, Mommsen, Scheffler, Lübbe, Jäckel oder andere ins moralische Zwielicht zu stellen. Die Kritik zielt auf eine zu selbstgewisse Verankerung der Historiographie in ihrem methodisch-wissenschaftlichen Selbstverständnis und einer hieraus resultierenden Insensibilität gerade gegenüber Zusammenhängen und Fragestellungen, die besonders im Vergleich mit der ganz anderen Arbeits- und Wahrnehmungsweise etwa des jüdischen Gedächtnisses hervor-

---

schen Geschichtsauffassung immer wieder den ›Objektivitätsfanatismus‹ als den ›Erbfehler‹ der traditionellen Historiker kritisiert« (Schulze 1993a, S.201). Das Fatale liegt m.E. darin, daß dieser richtige und notwendige Schritt nach 1945 zwar seine Berechtigung hatte, aber nicht zwangsläufig auch für die – sagen wir: – 90er Jahre unumschränkt Geltung beanspruchen sollte. Ganz besonders die historische Forschung und Auseinandersetzung mit dem Holocaust würde eine erneut selbstkritische Reflexion bezüglich der genannten Werte und Haltungen eher erfordern, als das fraglose Festhalten an ihnen. Exakt darum geht es mir hier in diesem Kontext. Zur Geschichtswissenschaft während des Nationalsozialismus und ihrer Entwicklung nach 1945 siehe etwa: Kosthorst 1978, Schulin 1989, Schönwälder 1992, Schulze 1993; hier überall weiterführende Literatur.

sticht⁴⁹. Sicher liegt ein Motiv, einer Relevanz moralischer Kriterien für den unmittelbaren Prozeß der Historiographie und der öffentlichen Auseinandersetzung mit der Vergangenheit insgesamt sehr kritisch und distanziert gegenüberzustehen, in der häufigen Instrumentalisierung moralischer Empörung in Wissenschaft, Kultur und Politik, die konsequenzlos sich selbst genügt und so den Charakter des Hohlen und Heuchlerischen annimmt. Jedoch wäre es fatal, wenn man sich den Begriff des Moralischen von solcherart Mißbrauch definieren und diktieren ließe.

Wo und wann in der Nachkriegsgeschichte Deutschlands war denn eine der Untat angemessene moralische Entrüstung zu spüren gewesen, die es erlaubte zu sagen, man dürfe es bei ihr allein nicht belassen? Wo und wann gab es denn ein in die Tiefe wie in die Breite der Gesellschaft reichendes Entsetzen, welches es rechtfertigte zu mahnen, es allein, das Entsetzen, genüge nicht? Welche Vorstellung und welches Verständnis von Moral, Entsetzen und Empörung liegt jenen Äußerungen zugrunde, die warnen, daß eben Moral, Entsetzen und Empörung allein nicht genügten? Moral verkommt in diesen Äußerungen zu einem in der Bequemlichkeit des Lehnstuhls geübten Akt sonntäglichen Kopfschüttelns. Moral wird auf diese Weise zum Ausdrucksakt einer folgen- und tatenlosen Empörung, zu einer substanzlosen Rhetorik degradiert.

Dementgegen sollte die Auffassung stehen, eine wirkliche moralische Empörung habe die volle Erkenntnis dessen zur Voraussetzung, worüber man moralisch sich empört. Diese volle Erkenntnis der eigenen Verantwortung, die den Grund für eine aufrichtige moralische Entrüstung bildete, fände den Gradmesser ihrer Wahrhaftigkeit in entsprechendem Handeln. Moral, die nicht unmittelbar in die Ethik führt, ist keine Moral. Wenn man also hierzulande spricht, moralische Empörung allein genüge nicht, geschieht dies zumeist auf Grundlage der Beobachtung, daß wir es in unseren Breiten zumeist mit einer folgenlosen, eben nicht ins Ethische mündenden moralischen Empörung zu tun haben, der damit aber auch das Prädikat des Moralischen nicht zusteht. Konsequent wäre es, nicht auf die Unzulänglichkeit vorgeblich stattgefundener moralischer Empörung hinzu-

---

49. Mit Absicht stammen die oben zitierten Äußerungen von Historikern, deren Seriosität sie jeden moralischen Verdachts enthebt. Die Kritik zielt nicht auf die genannten Historiker und ihre lauteren Absichten, sondern will auf Konsequenzen aufmerksam machen, die ein zu unkritischer Gebrauch bestimmter wissenschaftlicher Methoden zwangsläufig zur Folge hat. Gänzlich anders verhält es sich mit einer ganzen Reihe von Beispielen, die man aus fast allen Beiträgen in Backes/Jesse/Zitelmann 1992 zitieren könnte. In ihnen findet man tatsächlich ein bewußt gewolltes, heftiges Plädoyer für eine völlig moralneutrale geschichtswissenschaftliche Arbeitsweise. Ihr liegt ein völlig ungebrochenes, jeglicher selbstkritischer Zweifel sich enthebendes, wissenschaftliches Selbstverständnis zugrunde, das weitaus fragwürdiger ist und in seinen Konsequenzen die Grenzen des nicht nur guten, sondern auch wissenschaftlich verantwortbaren Geschmacks nicht selten überschreitet; vgl. dazu auch: Kap. II, Anm. 61 und deren Kontext.

weisen, sondern die Bedingungen einer substanziell moralischen Empörung zu ermöglichen. Eine aufrichtig moralische Empörung in diesem Verständnis bildete dann den Kern und die Kraftquelle für eine dem Ereignis des Holocaust angemessene Historiographie, die es anzustreben gälte. Geschähe dies, dann wäre eine aus diesen Überlegungen resultierende Historiographie immer an der ethischen und moralischen Relevanz ihrer Methodik und ihres Ertrages zu orientieren. Die Methoden historischer Erkenntnisgewinnung, ihr Ertrag und die Bewertung des Ertrags hinsichtlich seiner handlungsrelevanten Konsequenzen müssen nicht zuletzt auch einer moralischen Verantwortung unterstehen[50]. Zugleich drückte sich darin eine von Historiographie und Geschichtswissenschaft zu wünschende, ja zu fordernde Berücksichtigung aus gegenüber den Erfordernissen eines auf Identität zielenden Gedächtnisses und seiner ihm immer schon zugehörigen moralischen und ethischen Elemente. Setzt man dies noch in Zusammenhang etwa mit der weiter oben erörterten Notwendigkeit einer ›opfer‹orientierten Historiographie und der außerordentlich maßgeblichen Qualität der Zeugnisse der unmittelbaren Opfer und Überlebenden des Holocaust, dann ist es nur konsequent – ähnlich dem Vorbild der ›litérature engagé‹ – eine ›histoire engagé‹ einzufordern. Eine solche ›histoire engagé‹, eine solche engagierte Historik, fände ihr oberstes Kriterium nicht allein in wissenschaftlich distanziert ermittelter und vorgetragener Erkenntnis um der Erkenntnis willen, sondern in der moralischen und ethischen Qualität ihrer Arbeitsweise und ihres Ertrags.

Auf die Frage nach den Lehren, die aus dem Holocaust zu ziehen seien, antwortete in diesem Sinne Elie Wiesel: »Unabhängig von unseren unterschiedlichen Überzeugungen müssen wir darin übereinstimmen, daß jede Antwort auf diese Frage eine moralische sein muß. Sie muß auf eine moralische Wahl verweisen, auf eine moralische Haltung, eine moralische Stellungnahme. In anderen Worten: einen Standpunkt moralischer Natur. Wissen, wenn es abstrakt bleibt, kann sich gegen die Menschlichkeit wenden. Wissen, wenn es gesittet ist, wenn es in moralische Kategorien gesetzt ist, verhilft zur Menschlichkeit« (Wiesel 1988, S.19).

50. Ich bin mir der Schwierigkeit und Problematik, in einer pluralistisch verfaßten Gesellschaft Einigung über verbindliche moralische Kriterien zu erzielen, durchaus bewußt. Schwierigkeiten und Probleme aber sind kein Argument gegen die Richtigkeit und Notwendigkeit der hier erhobenen Forderung. Sie aus dem Weg zu räumen wird ein ebenso schwieriger wie problematischer Weg sein, aber die Nähe oder Ferne eines Zieles und die Hindernisse und Beschwerlichkeiten, es zu erreichen, ändern nichts an der Richtung, die es einzuschlagen gilt. Zugleich könnte gerade die Verpflichtung auf die moralische Rückbezüglichkeit der Historiographie nach und über den Holocaust der Brüchigkeit und Verunsicherung bezüglich unserer moralischen Traditionen, der Brüchigkeit und Verunsicherung bezüglich unserer ›Regeln des juridischen, moralischen und religiösen Common sense‹, unter deren Auswirkungen alles Handeln, Denken und Schreiben nach dem Holocaust steht, den nötigen Ausdruck verleihen.

3.2.2 Historiographie, Emphatie und Emotion

Mit der Forderung einer Histoire engagé, die sich ihrer moralischen und ethischen Bindungen konsequent bis in Stil und Methodik ihres eigenen Vorgehens verpflichtet weiß, ist eine Forderung erhoben, die den Einfluß, die Bedeutung und den Niederschlag der Individualität und Identität des Historikers für den Prozeß, das Ergebnis und die Präsentation seines Arbeitens betont. »Was immer unsere Überzeugungen sein mögen, sie müssen als Standpunkte artikuliert werden. In anderen Worten, wir müssen Stellung beziehen, wir müssen involviert sein. [...] Die grundlegende Gefahr liegt in der Gleichgültigkeit. Gleichgültigkeit gegenüber Mord ist kriminell. Gleichgültigkeit gegenüber Unterdrückung ist eine Sünde. Gleichgültigkeit gegenüber Unrecht ist verdammenswert. Der Feind baut auf unserer Gleichgültigkeit auf. ... Das Gegenteil von Liebe ist nicht Haß, sondern Gleichgültigkeit... Das Gegenteil von Toleranz ist nicht Fanatismus, sondern Gleichgültigkeit, und das Gegenteil von Erinnerung ist nicht Vergessen, sondern Gleichgültigkeit. Daher ist die wichtigste und dringlichste Antwort auf die Katastrophe, der Gleichgültigkeit entgegen zu wirken« (Wiesel 1988, S.19). Kann der Geschichtsschreiber, wenn er Geschichte schreibt, sich dieser Forderung in seinem Schreiben entziehen?

Eine solche Forderung, samt der sie bedingenden emphatischen Haltung verlangte eine historiographische und geschichtswissenschaftliche Vorgehensweise, deren regulative Leitidee mehr an den Bedürfnissen und Erfordernissen einer gedächtnisorientierten Kultur – so man diese will – ausgerichtet wäre, statt einer distanziert und nüchternen, allein wissenschaftlichen Standards genügenden Historiographie zu folgen, die sich ob ihrer gesellschaftlichen Wirkungslosigkeit auf den akademischen Raum beschränkt sieht.

Vor allem aber wäre man gemäß einem solchen Ansatz in seiner Verknüpfung von Identität *und* Erinnerung, Existenz *und* Erkenntnis im Kontext moralisch-ethischer Überlegungen eher in der Lage, den Blick für Fragen und Perspektiven zu schärfen, die sich sowohl für eine zentral gedächtnisorientierte Kultur wie das Judentum ergeben, wenn es von einem Ereignis wie dem Holocaust getroffen ist, als auch die der eigenen Tradition immanenten Fehlentwicklungen, die ein solches Ereignis mit zu verantworten haben, zu erkennen und so weit als möglich zu korrigieren. Die Hemmnisse und Schwierigkeiten, die sich der Verwirklichung eines solchen Ansatzes entgegenstellen, haben dabei erschwerend ihre Ursache unter anderem in Zusammenhängen, die wiederum partiell mitverantwortlich zu machen sind für eine geistige, kulturelle und politisch Entwicklung des modernen Europas, als deren vorläufiger Endpunkt Auschwitz gesehen werden muß. Damit aber sind wir auf fundamentale Probleme unserer Kultur und Zivilisation verwiesen und wären in einem Maße genötigt, ihre Bedingungen und Traditionen – von der abendländisch-griechischen Philosophie angefangen, über das Christentum bis hin zum Projekt der Moderne – kritisch zu überprüfen, wozu uns der

Holocaust zwar hinreichend Anlaß gäbe, tatsächlich aber uns bis heute nicht wirklich veranlasst hat, es auch zu tun.

So wäre etwa zu fragen – um nur einen möglichen Aspekt anzureißen – inwieweit die unserer Zivilisation zugrundeliegende dualistische Subjekt-Objekt-Spaltung und eine diese Spaltung zementierende Entwicklung in der Moderne nicht unerheblich dazu beigetragen hat, eine ebenso fragwürdige wie gefährliche Trennung von Gefühl und Verstand, Moral und Wissenschaft, Ethik und Forschung zu bewirken. Zu fragen wäre, inwieweit eine solche Entwicklung mitverantwortlich für die Schaffung gesellschaftlicher und mentaler Voraussetzungen ist, die sowohl eine Untat wie den Holocaust erst ermöglichten, als auch zugleich eine tiefe Bestürzung über das eigene Tun und dessen konsequente Aufarbeitung verunmöglichen. Zu fragen wäre, ob nicht das »traditionelle Vorurteil, demzufolge in kognitiven Akten Vernunft und Rationalität, in affektiven Zuständen hingegen Unvernunft und Irrationalität verkörpert seien, zugunsten einer Sichtweise korrigiert werden [muß], wonach kognitive und affektive Akte und Einstellungen zunächst gleichwertige Stellungnahmen der Menschen zur Welt darstellen, die freilich unterschiedliche, nicht durcheinander ersetzbare Funktionen wahrnehmen« (Brumlik 1992 S.196).

Zu fragen wäre weiter, ob nicht der weitverbreitete Mißmut gegenüber moralisch intendierten Äußerungen im Kontext der Historiographie über den Holocaust, ob nicht der weitverbreitete Mißmut gegenüber öffentlichen Trauerritualen und deren regelmäßig peinliches Mißlingen im Kontext öffentlicher ›Vergangenheitsbewältigung‹, ob nicht dieser Mißmut selbst »eine nicht reflektierte Voraussetzung in ihrem Rücken hat: nämlich eine im Gefolge des Protestantismus verinnerlichte bis erstorbene Gefühlskultur, in der grundlegendste Emotionen zur indiskutablen, letztendlich peinlichen, dem ökonomischen Vollzug des modernen Lebens hinderlichen und darum strikt privaten Angelegenheit geworden sind« (Brumlik 1992, S.191)[51].

Es erscheint mir alles andere als ein Zufall, daß es zumeist jüdische Stimmen sind, wie zuletzt exemplarisch Micha Brumlik, die auf entsprechende, vom herkömmlichen Geschichtswissenschaftsbetrieb eher vernachlässigte Aspekte aufmerksam zu machen versuchen. Ebenso wenig erscheint es mir alles andere als ein Zufall, daß es zumeist jüdische Teilnehmer entsprechender Diskussionen und Fachtagungen zum Thema Nationalsozialismus und Holocaust sind, die sich sowohl am abstrakt-nüchternen Stil solcher Debatten reiben, als auch in ihren eigenen Äußerungen den emotionalen und moralischen Bindungen ihres nicht minder wissenschaftlichen Arbeitens weit mehr Recht einräumen. Und das ist eben deshalb kein Zufall, weil sie Teil und Träger einer Kultur sind, die aufgrund der

---

51. Zu diesem Komplex und seiner ihm eigenen Aporien im Blick auf ›Trauerrituale und politische Kultur nach der Shoah in der Bundesrepublik‹ – so der Titel des Aufsatzes, dem diese Zitate von Brumlik entstammen – siehe ausführlich und grundlegend: Brumlik 1992; vgl. auch: Brumlik 1983 u. 1988a; und: E. Brocke 1992.

dieser Kultur innewohnenden Zentralität und Struktur von Gedächtnis in einer Tradition stehen, der es naturgemäß näher liegt, Dinge zusammen zu sehen, die wir aufgrund unserer nicht-jüdisch, griechisch-christlich geprägten Kultur zu trennen gewohnt sind; weil sie einer gedächtnisorientierten Tradition entstammen, die eher das *Sowohl-als-auch*, denn das Entweder-Oder gepflegt hat; weil dies eine Tradition ist, die *sowohl* Rationalität *als auch* Emotionalität, *sowohl* Wissen(schaft) *als auch* Glaube, *sowohl* Objektivität *als auch* Moralität, *sowohl* Geschichte *als auch* Theologie in ihren sie verbindenden und sie gegenseitig bedingenden Elementen betont; eine Tradition, um noch einmal mit Lelyveld zu sprechen, deren prägendes Kennzeichen die »Einheit der Gegensätze« ist[52].

Im Mai 1984 fand in Stuttgart ein vielbeachteter, internationaler wissenschaftlicher Kongreß zur Frage der Entschlußbildung und Verwirklichung der Ermordung der europäischen Juden statt. In der Abschlußdiskussion dieser international und prominent besetzten Tagung[53] meldete sich in der Schlußdiskussion der israelische Historiker Yehuda Wallach mit folgender Kritik zu Wort: »Wir Wissenschaftler bemühen uns, sachlich an Probleme heranzutreten und Emotionen soweit als möglich auszuschalten. Es gibt aber Probleme, bei deren Behandlung dies für gewisse Gruppen von Wissenschaftlern nicht möglich ist. Erlauben Sie mir deshalb, Ihnen vorerst zu erklären, warum ich dem hier behandelten Thema gegenüber nicht in der Lage bin, emotionslos zu handeln. Wenn ich in der Gedenkstätte des Holocaust Yad Vashem in Jerusalem ... oder hier in der Bibliothek für Zeitgeschichte die Fotos der Exekutionen ansehe, kann ich niemals den Gedanken vertreiben, daß auch ich unter den Ermordeten, Erschlagenen, Erschossenen, Vergasten hätte sein können. Alle hier anwesenden jüdischen Kollegen hätten es sein können. Daß ich diesem Schicksal entronnen bin, legt mir eine gewisse Verpflichtung auf« (Wallach, in: Jäckel/Rohwer 1987, S.227). Und im Rückblick auf den Verlauf der hinter ihm liegenden Tagung fährt er mit einer kritischen Bemerkung »zu den langwierigen, zuweilen haarspalterischen Diskussionen über Details« fort: »Verstehen Sie mich bitte richtig! Ich bin absolut dafür, daß die Forschung die Daten genauestens feststellt. Aber sind die so heftig diskutierten Termine [über den Entschluß zur Massentötung] für unsere Diskussion im Rahmen dieses Kongresses wirklich wichtig? Macht es vor dem Hintergrund, daß Menschen massenweise umgebracht wurden, wirklich einen Unterschied, ob dies am 1. Juni oder am 14. geschah?« (Wallach, in: Jäckel/Rohwer 1987, S.228).

Diesem von Yehuda Wallach geäußertem Unbehagen, das wie eine Illustration der oben ausgeführten Überlegungen erscheint, antwortete Eberhard Jäckel in seinem Schlußwort: »Lieber Herr Wallach, Sie haben mir ein paar Stichworte

---

52. Vgl. Kap. III, Anm. 24 und den Kontext auf den diese Anmerkung sich bezieht.
53. Unter anderen nahmen teil: Raul Hilberg, Saul Friedländer, Yehuda Bauer; auf deutscher Seite u.a.: Eberhard Jäckel, Wolfgang Scheffler, Wolfgang Krausnick. Die Beiträge und Diskussionen sind veröffentlicht in: Jäckel/Rohwer 1987.

geliefert für das, was ich ohnehin sagen wollte. Allerdings werden Sie erschrekken: mehr in Widerspruch als in Zustimmung. [...] Unsere erste Aufgabe war die Aufklärung der Wahrheit, der vollen Wahrheit, und dazu gehören die Genauigkeiten, dazu gehören die Kleinigkeiten. ... Schließlich, haben wir die Emotionen ausgeschaltet? Ich habe nicht den Eindruck. Wir haben sie nicht ausgeschaltet. Wir haben sie nur nicht zur Schau getragen. Aber ich glaube, wir haben sie immer im Kopf und im Herzen gehabt. Gibt es jemanden von uns, der je in diesen Abgrund hinabgestiegen ist, um ihn zu ergründen, dem es nicht das Herz zugeschnürt hat, den es nicht – ich sage es – Tränen gekostet hat, der nicht hat weiterarbeiten können, und der sich dann doch dieser Aufgabe gestellt hat, die Wahrheit zu ermitteln?« (Jäckel, in: Jäckel/Rohwer 1987, S.246f.).

Werden Emotionen deutlich und spürbar nur, wenn man sie ›zur Schau trägt‹? Kann man Emotionen ›immer im Kopf und im Herzen haben‹, ohne daß sie nicht die Feder führen, mit der man schreibt, ohne daß sie nicht die Stimme erzittern lassen, mit der man spricht? Kann etwas, das einem ›das Herz zugeschnürt‹ und ›Tränen gekostet hat‹, in keinem substanziell und qualitativem Zusammenhang stehen mit der Art und Weise, wie man sich dann ›doch‹ der Aufgabe stellt, ›die Wahrheit zu ermitteln‹? Sind Moral, Ethik, Emotion und Emphatie doch zur – um Brumlik zu wiederholen – »indiskutablen, letztendlich peinlichen, dem ökonomischen Vollzug des modernen Lebens hinderlichen und darum strikt privaten Angelegenheit geworden«, abgetrennt und ohne Auswirkungen auf Prozeß und Präsentation von Wissenschaft im öffentlichen Bereich? Bleiben ethische und moralische Kriterien samt ihrer emphatischen Anteile nach wie vor Beispiele von affektiven Zuständen, die eine erkenntnisirrelevante Unvernunft und Irrationalität verkörpern und derer man sich zu entledigen hat, bevor man Wissenschaft betreibt?

Hier gälte es nicht, zu entscheiden zwischen dem einen oder anderen: kein Entweder/Oder. Vielmehr gälte es dem Sowohl-als-auch nachzuspüren. Gerade die Historiographie über den Holocaust müßte diesen hier erörterten, jeder Historiographie nach dem Holocaust zugrundeliegenden Grundkonflikten durchaus auch gerade in ihren aporiehaften Spannungen zumindest spürbar Raum geben. Freilich kann dies nur dann gelingen, wenn man den Blick nicht abwendet von dem Abgrund, den man zu durchmessen angetreten ist; wenn man die Begriffe immer wieder mit Bildern füllt; wenn man Emotion und Emphatie nicht als Störenfriede betrachtet, die den klinischen Prozeß nüchterner Ratio nur verwirren, sondern als eine dem Thema angemessene ›Tonart‹, die, in ihrer regulativen Funktion, der Abfolge der einzelnen ›Noten‹ erst ihr Gewicht verleiht. »Man muß«, schreibt einer der bedeutendsten Historiographen des Holocaust, Yehuda Bauer, »man muß den trivialisierenden Impuls vermeiden, den Holocaust in einen Gegenstand ›objektiver‹, klinischer Forschung zu verwandeln, der sich allzu leicht von den Tränen und Leiden der Opfer verabschiedet« (Bauer, in: Meaning and Demeaning 1981, S.31).

Ohne den Anspruch auf Wissenschaftlichkeit im herkömmlichen Sinne einfach preiszugeben, wird in der Antwort Saul Friedländers auf Wallachs oben zitierte kritische Anmerkung eben dieser unumgehbare Zwiespalt, der der Einsicht in die Notwendigkeit eines Sowohl-als-auch entspringt, in paradigmatischer Weise deutlich. In Friedländers Ausführungen verbinden sich in vorbildlicher Weise das betonte Festhalten an der Notwendigkeit der wissenschaftlichen Methodik mit dem Wissen um die Begrenztheit und Defizienz dieser Methodik im Hinblick auf ihren Gegenstand, den Holocaust. Zugleich legt er damit die Grundlage dafür, jene angesprochenen Grundkonflikte wenigstens überhaupt erst einmal als Konflikte wahr- und ernst zu nehmen und macht damit deutlich, wie sehr jede Geschichtsschreibung des Holocaust unter den schwierigen Vorzeichen einer angestrebten Auflösung jener dualistischen Spannungen steht.

»Die Debatte war wissenschaftlich, weil wir wissenschaftlich sein müssen«, beginnt er seine Rede. »Aber es war eine Debatte über Massenmord, über die Technik und die Entschlußbildung eines Massenmordes. Das ist etwas surrealistisch, und ich selbst fühle mich auch nicht sehr wohl dabei. Wie könnte ich auch? Wir präsentieren verschiedene abstrakte Theorien über Massenmord. Man kann eine Stunde darüber sprechen oder zwei Stunden. Aber sich zwei oder drei Tage mit der Mechanik eines Massenmordes zu beschäftigen, das ist ein Problem. ... Aber abstrakt über Massenmord zu sprechen, das muß bei jedem hier eine tiefe emotionale Dissonanz erwecken ... [...] Es gibt etwas zwischen der normalen wissenschaftlichen Forschung und der Realität, das schlimmer und schlimmer werden wird. Ich beschäftige mich schon jahrelang damit, und ich weiß nicht, wie man darüber hinwegkommt. Es ist nicht schlecht, es emotional zu sagen, selbstverständlich nicht für mich. [...] Denken Sie ferner daran, daß die Sprache hier unzugänglich ist, weil die wissenschaftliche Sprache dafür ungeeignet ist. Ich nehme als Beispiel den Aufsatz von Herrn Broszat über die Endlösung. Da heißt es: Am soundsovielten Tag kommt das Kommando Lange nach Chelmno und fängt an, Anstalten für Massenexekutionen zu bauen. Nehmen Sie diesen Satz. Da gibt es zwei Teile. Am soundsovielten Tag kam das Kommando Lange in eine Stadt. Und jeder Spezialist fragt sich gleich...: War es wirklich an diesem Tag oder am nächsten? Aber das ist normal, das ist wissenschaftlich der normale Weg. Man fragt: War es Lange, oder war es jemand anders? Aber dann geht der Satz weiter: und fängt an, Anstalten für Massenexekutionen zu bauen. Ich kenne keine andere Literatur, in der es solche Sätze gibt. Man kommt an einen Ort, man fängt an zu bauen. Das ist normal, und unser Gehirn geht dann normalerweise normal, das heißt neutral, weiter. Man kann ja nicht plötzlich in der Mitte des Satzes vom Neutralen zum Emotionalen übergehen. Das Kommando Lange kam an diesem Tage und fing an, Anstalten für Massenexekutionen zu bauen. In diesem einen Satz haben Sie zwei Welten, und es ist doch nur ein Satz. Und das Gehirn kann sich nicht von der ersten Hälfte zur zweiten Hälfte ändern. Das ist die ganze Problematik der Übermittlung dieser Sache« (Friedländer, in: Jäckel/Rohwer 1987, S.242f.).

Und dahinter steht die Problematik einer ganzen Kultur und Zivilisation. Unserer Kultur und unserer Zivilisation.

VII. Die Nichtbeachtung der jüdischen Diskussion um die Bedeutung des Holocaust in Geschichtswissenschaft und Theologie im deutschsprachigen Raum

»Völkermord, genozidale Tendenzen und Grausamkeiten, die über die Jahrhunderte hindurch an Juden begangen wurden, sind für einen Juden, der die Geschichte kennt, weder etwas ungewöhnliches noch können sie als ein jüdisches Problem angesehen werden. Genozid war und ist ein nichtjüdisches, ein christliches Problem... Es ist kein jüdisches Problem... Völkermord ist nach wie vor ein Problem der Christenheit«.
(Esra Shereshevsky 1982)

1. Die deutsche Geschichtswissenschaft und der jüdische Diskurs

> »... wieso aber reicht das Gedächtnis kaum nur 40 oder 50 Jahre zurück? Juden, die in Jahrhunderten und ›Jahrtausenden‹ denken und sich erinnern, fällt es schwer, mit solcher Kurzatmigkeit und Lippenbekenntnishaftigkeit in ein Gespräch zu kommen«.
> *(Edna Brocke 1987)*

Man mag den Grundrahmen und die Herangehensweise der in dieser Arbeit vorgestellten geschichtstheologischen Überlegungen zum Holocaust teilen oder nicht; man mag ihre Grundaxiome, ihren religiös-weltanschaulichen Rahmen akzeptieren oder nicht; man mag insgesamt die Positionen der jüdischen Holocaust-Theologie, methodisch wie inhaltlich, für zu jüdisch, zu antiquiert, zu theologisch, für zu wenig dies, zu viel jenes halten. An einem kommt man bei alledem nicht vorbei: Es sind authentische Stimmen, die aus der Mitte jenes Volkes entspringen, das vom Ereignis des Holocaust zuerst und zutiefst getroffen wurde; sie dokumentieren auf authentische Art und Weise, wie die Be- und Getroffenen selbst die ihnen ›zugefügte‹ Vergangenheit zu ›bewältigen‹ versuchen; und es ist eine originäre, spezifisch jüdische Weise, mit einer Katastrophe, *dieser* Katastrophe, umzugehen, wie sie der Zentralität und Struktur von Gedächtnis im Judentum entspricht. Denn sie schließt – bei allen inhaltlichen Unterschieden der einzelnen Positionen – in ihrem Reflektieren auf eine Verhältnisbestimmung von Geschichte *und* Religion an eine vieltausendjährige Tradition jüdischen Ringens mit dem ›Engel der Geschichte‹ (Walter Benjamin) an.

Gründe übergenug, gerade auch für Historiker, diesen Bereich des jüdischen Nachdenkens über den Holocaust zumindest wahrzunehmen. Statt dessen haben wir es – was die Historiker des deutschsprachigen Raumes betrifft – mit einer nun wirklich, so weit ich sehe, ausnahmslosen Nichtbeachtung des hier vorgetragenen jüdischen Diskurses samt seiner Implikationen zu tun, für die nur schwer akzeptable Gründe anzuführen sein dürften. Trotz umfangreicher und gewissenhafter Suche ist es mir nicht gelungen, auch nur eine einzige Arbeit, sei es eine wissenschaftliche oder populärwissenschaftliche, sei es ein Aufsatz oder auch nur die Rezension eines der im Mittelpunkt dieser Arbeit stehenden Bücher aus der Feder eines deutschen Historikers ausfindig zu machen, das die hier zur Debatte stehende Aufarbeitung des Holocaust in geschichtstheologischer Sicht auf seiten des Judentums zum Thema hätte.

Freilich, man kann einwenden: Schafft man es in Deutschland kaum mit der eigenen Vergangenheit als ›Täter‹ wahrhaftig und produktiv umzugehen, ist doch die Verdrängungsarbeit auf nahezu allen Gebieten des gesellschaftlichen Lebens so perfekt vonstatten gegangen, wieso und wozu um Himmels willen solle man sich da noch um die ›Vergangenheitsbewältigung‹ der Opfer kümmern? Genau eben darum, lautet eine mögliche Antwort. Der ›Täter‹ wird seine Tat und sein ›Täter-sein‹ nicht angemessen begreifen können, wenn nicht im Blick auf sein ›Opfer‹. Ebensowenig wie das ›Opfer‹ mit seinem Schicksal nicht anders fertig zu werden imstande ist als im Blick auf den ›Täter‹[1]. »Christliche Theologie nach Auschwitz«, formulierte Johann Baptist Metz, »muß endlich von der Einsicht geleitet sein, daß Christen ihre Identität nur bilden und hinreichend verstehen können im Angesichte der Juden« (Metz 1984, S.382). Ähnliches müßte, meiner Einschätzung nach, in hohem Maße auch für die Ausbildung unserer national-historischen Identität gelten, die nach Auschwitz ebenfalls ›nur im Angesicht der Juden‹ und unserer Geschichte mit ihnen zu leisten wäre.

Im Jahre 1960 schrieb der Historiker Hermann Heimpel: »Die Lebenshaltung der Nocheinmal-Davongekommenen führt von der Geschichte weg. ... Besonders aber die Schuldigen – wir Schuldigen – denken nicht gerne zurück. Da ist eine Barriere zwischen uns und der Vergangenheit – die Schuldschranke ... die Schuldmauer...« (Heimpel 1960, S.49). Nun hat allerdings gerade die deutsche Geschichtswissenschaft im Lauf der letzten Jahrzehnte, trotz aller Verzögerungen und Versäumnisse, Gewichtiges und Beachtliches geleistet, um diese, den Blick in die Vergangenheit verhindernde, ›Schuldmauer‹ zu überwinden. Ihr eine Vergangenheitsverdrängung uni sono zu attestieren wäre unangemessen. Und dennoch haben die deutschen Historiker bisher keine Notiz genommen von dem jüdischen Diskurs, den vorzustellen in dieser Arbeit unsere Aufgabe war. Hier müssen also tieferliegendere Gründe eine Rolle spielen, die in einigen Punkten angedeutet werden sollen.

Zum einen liegt dies sicher an der an mehreren Stellen dieser Arbeit angesprochenen und diskutierten ›Verfolgerperspektive‹, die die deutsche Historiographie nahezu verinnerlicht zu haben schien[2]. Im Blickwinkel dieser Perspektive entwickelte man einfach zu wenig Fragen nach dem, *wer* da verfolgt wurde und *wie* die Verfolgten, sofern sie überlebten, und ihre Nachfahren mit dem ihnen zugefügten Leid umgingen und umgehen.

Ein zweiter, ungleich gewichtigerer Grund ist m.E. in einem überhöhten und zur Exklusivität neigenden Anspruch auf Wissenschaftlichkeit und Objektivität, denen historisches Arbeiten unterworfen sein soll, zu sehen. Wir haben schon

---

1. Diese Bindung von ›Täter‹ und ›Opfer‹ bezeichnet Diner als ›negative Symbiose‹, die er wie folgt charakterisiert: »Seit Auschwitz – welch traurige List – kann tatsächlich von einer ›deutsch-jüdischen Symbiose‹ gesprochen werden – freilich einer negativen: für beide, für Deutsche wir für Juden, ist das Ergebnis der Massenvernichtung zum Ausgangspunkt ihres Selbstverständnisses geworden; eine Art gegensätzlicher Gemeinsamkeit – ob sie es wollen oder nicht« (Diner 1986, S.9); vgl. auch: Bolkosky 1991.
2. Vgl. Kap. II-1 u. VI-2.

erwähnt, daß die jüdische Historiographie, deren Hauptaugenmerk verständlicherweise auf dem Holocaust liegt, fast übereinstimmend die ›Unverstehbarkeit‹ des Holocaust postuliert. Das heißt aber nichts anderes, als daß jüdische Historiker eine Erfahrung gemacht haben, die vielleicht vielen deutschen Historikern fehlt, ja, vor der sie auch intuitiv zurückschrecken: die Erfahrung, daß mit einer exklusiv wissenschaftlich-objektivistischen Methode der Holocaust weder analysierbar noch verstehbar, geschweige denn in befriedigender Weise in unser allgemeines Verständnis von Welt und Mensch einzuordnen ist. Das auf jüdischer Seite intensiver empfundene Gefühl für die Brüchigkeit der Fundamente unserer Denk- und Lebensweise führt ja bemerkenswerter Weise nicht zu einer Preisgabe wissenschaftlicher Arbeitsweise, wohl aber zur Einsicht in ihre Begrenztheiten. Daher ist man sich in der jüdischen Historiographie in aller Regel des Fehlbetrags der eigenen Forschung bewußter, ist das eigene Arbeiten geprägt von dem Bewußtsein, daß alles historiographisch erschließbare Wissen ein Nicht-Wissen mit einschließt, dessen Qualifizierung als ›irrational‹, ›außerrational‹ oder ›mythisch‹ nicht von vorneherein eine disqualifizierende oder irrelevante Funktion haben darf. Wissenschaftliche Aufrichtigkeit gebötet es einzugestehen, daß jede Forschung und jedes Urteil, und seien sie noch so sehr um rationale Legitimation bemüht, letztlich auf weltanschaulichen Axiomen beruht, die ihrer Natur nach außerrational sind. Dies wäre der Punkt, von dem aus selbst der a-religiöse Rationalist des 20. Jahrhunderts einen Zugang zu der Ratio des Religiösen zu finden imstande sein müßte.

In diesem Kontext ist die Nichtbeachtung des jüdischen Diskurses um die Deutung des Holocaust durch die deutsche Geschichtswissenschaft auf dem Hintergrund der oben diskutierten Opposition zwischen Gedächtnis und Historiographie ein Zeichen dafür, daß eine exklusiv historiographische Methode dazu neigt, ›gedächtnisblind‹ zu werden. Das heißt, eine in ihrem Selbstverständnis zu gewisse Historiographie ist für die an Deutung und Identität interessierten Fragen und Motive des Gedächtnisses tendenziell blind und nimmt daher auch weder die Fragen, noch die Antworten eines gedächtnisorientierten Geschichtsbewußtseins, wie es für das Judentum zentral ist, nicht wahr.

Eine Einsicht in die Begrenztheit der Historiographie würde dementgegen zu einer größeren Offenheit gegenüber jenen Fragen und Perspektiven führen, die wegen ihrer existenziellen Bedeutung nicht selten einen besonderen Rang einnehmen. Da diese historiographisch nicht handhabbaren Fragen und Perspektiven in unserer, nicht-jüdischen Kultur von Hause aus dem Bereich der Philosophie und vor allem Theologie zuzuordnen sind, wäre hier – vor allem mit Blick auf den Holocaust – mit besonderem Nachdruck zu einem Dialog zwischen Geschichtswissenschaft, Philosophie und Theologie aufzurufen. Hierdurch könnte gewährleistet werden, sowohl historische Phänomene als auch uns fremde Formen von Geschichtsbewußtsein, die in intensivem Verbund mit religiösem Denken und Handeln aus der Geschichte uns entgegentreten, wahrzunehmen und besser zu verstehen, ohne daß man sie durch reduktionistisches Psychologisieren historisch relativiert oder von voneherein schlicht ignoriert. In diesem Sinne ist die Mahnung Dolf Sternbergers ernst zu nehmen, der vor einem Wissenschaftsverständnis warnt, das jene Elemente, von denen man meint, sie seien nur mit außerwissenschaftlichen Formen darstellbar,»gleichsam operativ entfernen (will), um jenem ahumanen Erkenntnis-Ziel der sogenannten Objektivität zu genügen. Eine solche Wissenschaft wäre vielleicht imstande, uns die Leichenstarre der Geschichte fühlen zu lassen, aber es geschähe um den Preis, auch jegliche Anteilnahme zu ertöten. Das Ergebnis wäre die vollkommene Gleichgültigkeit.« (Sternberger 1987, S.742).

2. Christliche Theologie und der jüdische Diskurs

*Ihr, die ihr zweitausend Jahre geweint habt um einen, der
drei Tage und drei Nächte lang starb*

*welche Tränen werdet ihr für die haben, die viel länger
als dreihundert Nächte und viel länger als dreihundert
Tage gestorben sind
wie sehr
werdet ihr um die weinen,
die soviel Todeskämpfe durchlitten haben
und sie waren unzählige*

*Sie glaubten nicht an die Auferstehung zum ewigen
Leben
Und sie wußten, daß ihr nicht weinen würdet.
(Charlotte Delbo 1990)*

*»..., daß ich für das Weiterglauben des mir überkommenen Glaubens von seiner Wirkungsgeschichte nicht mehr absehen, auch ... kein unberührt-reines Ursprüngliches mehr anrufen kann«.
(Friedrich Wilhelm Marquardt 1987)*

Nun steht allerdings die deutsche Geschichtswissenschaft in ihrer Nichtbeachtung des jüdischen Holocaust-Disurses keineswegs alleine da, was sie freilich weniger trösten soll, als daß es den Kreis der Beschämten nur erweitert. Auch die christlichen Kirchen und Theologen im deutschsprachigen Raum nahmen bisher – abgesehen von einigen rühmlichen Ausnahmen[3] – das Nachdenken ihrer jüdischen Brüder nicht wahr, obgleich eingestandenermaßen die Thematik insgesamt ihnen eigentlich näherstehen müßte als den Historikern.

Daß eine gar vergleichsweise wie im Judentum in die Tiefe des Problems und in die Breite der Gläubigen hineingehende, ähnliche Fragestellung für den christlichen Glauben nach Auschwitz entwickelt worden wäre, davon kann erst recht

---

3. Vorrangig sind hier zu nennen: Hans Hermann Henrix, Friedrich Wilhelm Marquardt, Johann Baptist Metz, Peter von der Osten-Sacken, Rudolf Pfisterer, Martin Stöhr, Clemens Thoma. In ihrer überwiegenden Zahl handelt es sich übrigens um evangelische Theologen. Daß sie allesamt mit ihren beeindruckenden Werken Ausnahmecharakter innerhalb der Kirchen und Gläubigen einnehmen, stellt die Bedeutung ihres Schaffens natürlich keineswegs in Abrede, das Gegenteil ist der Fall! Das innerkirchliche Echo ist jedenfalls, gemessen an dem worum es geht, skandalös still. Vgl. die Arbeiten der genannten Autoren in der Bibliographie dieser Arbeit.

keine Rede sein[4]. Oder wie Günther B. Ginzel es ausdrückte: »Wann je hört man die Frage: ›Warum ließ Jesus Auschwitz zu?‹«(Ginzel 1980, S.267)[5].
»Die erste Bedeutung des Holocaust für die Christen lag darin«, bemerkt Gerard S. Sloyan, »daß er kam und ging und sie nichts über ihn wußten. Von ihren Kanzeln, aus den Kirchenzeitungen, aus den Tageszeitungen war für sie nur sehr wenig zu erfahren. Dieses Schweigen hatte vieles zu bedeuten, vor allem aber, daß die Ereignisse nicht wichtig genug waren, um nationale Aufmerksamkeit zu erregen, oder um für sie als an das Kreuz Glaubende von Belang zu sein. Der Holocaust war für die Christen ein Nicht-Ereignis und wäre es bis heute noch, wäre da nicht die jüdische Maßgabe, den unaussprechlichen Schrecken im Gedächtnis lebendig zu halten« (Sloyan 1985, S.402). In diesem Sinne klagt auch Susan Shapiro zurecht: »Theologen christlicher Tradition, aber nicht nur sie, haben über den Holocaust kaum nachgedacht und geschrieben« (Shapiro 1984, S.365). »Ist der Holocaust«, fragt der amerikanische Theologe Roy Eckardt, der zusammen mit seiner Frau Alice zu den maßgeblichen Förderern des christlich-jüdischen Dialogs in den USA gehört, »so tot, wie die Juden und andere, die in ihm verschwunden sind? Für die jüngere Generation in Deutschland, wie auch anderswo, ist die Antwort ein allzu offensichtliches ›Ja‹. Das Ereignis ist ein Stück

4. Mit Nachdruck ist darauf hinzuweisen, daß die christliche Theologie vor allem in den USA und England an diesem Punkt einen entscheidend anderen Befund aufzuweisen hat. Nicht nur steht man dort in einem intensiven Dialog mit nahezu allen in dieser Arbeit erwähnten jüdischen Denkern. Darüberhinaus kann man insbesondere in den USA von der Entwicklung einer christlichen ›Holocaust-Theologie‹ sprechen, die in ihrer Seriosität und der Erschließung theologischen Neulandes durchaus an das Niveau der jüdischen Diskussion heranreicht. Daß selbst die Bücher und Aufsätze dieser christlichen ›Holocaust-Theologen‹ bisher nahezu ausnahmslos nicht ins Deutsche übersetzt und von der deutschsprachigen Theologie so gut wie nicht rezipiert wurden, ist mindestens ebenso skandalös wie die Ignoranz gegenüber dem jüdischen Diskurs; zur Rezeption der jüdischen ›Holocaust-Theologie‹ durch die christliche Theologie in den USA und England, sowie zu deren Bemühungen um eine christliche ›Holocaust-Theologie‹ sei vor allem auf die in der Bibliographie angeführten einschlägigen Titel folgender Theologen hingewiesen: Gregory Baum, Paul van Buren, Harry James Cargas, Marcel Dubois, Alice und Roy Eckardt, Franklin Littell, Robert McAfee Brown, John T. Pawlikowski, Robert E. Willis; aus der Fülle der Veröffentlichungen über diese Autoren hinaus sei vor allem hingewiesen auf: Talmage 1975a; Tiefel 1976; Idinopulos 1979; Sherwin 1979a; Drinan 1980; Eccleston 1980; Simpson 1980; De Celles 1982; Barcroft 1984; Fasching 1985; Sloyan 1985; J.F. Moor 1988; Wollaston 1990; Charlesworth 1990; Haas/Ruether 1990; Sarot 1991; Braybrooke 1993; die frühesten Versuche, den Holocaust christlicherseits theologisch zu reflektieren, gehen zurück auf: Hick 1966; U. Simon 1967.
5. Zur Frage der Theodizee nach Auschwitz im Kontext christlicher Theologie siehe den herausragenden und vorbildlichen Beitrag von: Ammicht-Quinn 1992; siehe auch: Metz 1990.

antike Geschichte. [...] Im Gegensatz zu Nordamerika und Israel ist in Deutschland und Europa in jüngster Zeit nur sehr wenig veröffentlicht worden über die Natur und die Bedeutung des Holocaust und die Lehren, die aus ihm gezogen werden müssen« (Eckardt 1976a, S.249)[6]. Ebenso prangert John T. Pawlikowski das »Schweigen in der systematischen Theologie nach Auschwitz, besonders ... in Deutschland« (Pawlikowski 1984, S.399) an. Und Richard Rubenstein weist auf eine biographische Komponente hin, die in der Verweigerung christlicher Theologie gegenüber der Theodizeefrage nach Auschwitz[7] als auch in der Verweigerung gegenüber der Wahrnehmung des jüdischen Diskurses von Relevanz sein könnte: »Keine Gruppe von Gelehrten«, bemerkt er zunächst, hat »mehr zum Studium der Bibel in moderner Zeit beigetragen wie die Deutschen. Als eine Gruppe betrachtet, sind die deutschen Gelehrten für Generationen die innovativsten und autoritativsten Interpreten des Neuen Testaments der Welt gewesen. Die meisten der Professoren für Neues Testament an den deutschen Universitäten von heute waren während des Zweiten Weltkrieges Erwachsene. Viele von ihnen dienten in der deutschen Wehrmacht an der Ostfront, wo das Abschlachten der Juden stattfand. ... Dennoch finden wir in ihren Arbeiten ein bezeichnendes Schweigen über die theologische Signifikanz des Holocaust und auch über ihre eigene, persönliche Verwicklung mit ihm«. Er, Rubenstein, komme nicht umhin, Mutmaßungen über die Gründe für dieses Schweigen anzustellen: »Vielleicht schweigen sie, ähnlich wie die ersten Christen, weil sie den Holocaust ihrer Epoche als eine weitere Züchtigung Gottes gegen die Juden wegen deren Unglaubens ansehen, es aber unzweckmäßig finden, dies laut auszusprechen« (Rubenstein 1980, S.234f.).

Das Schweigen der christlichen Theologen und ihrer Kirchen, die es ja bis auf den heutigen Tag noch nicht einmal fertig brachten, in ihrer Gesamtheit ein den Juden gegenüber deutliches Schuldbekenntnis auszusprechen[8], kann sowohl als

6. Die Reflexionslosigkeit der christlichen Theologie bezüglich des Holocaust bezeichnen die Autoren an gleicher Stelle als »geistliche Endlösung« (Eckardt 1976a, S.251).
7. Das Ausbleiben eines nennenswerten Diskurses um die Theodizeefrage nach Auschwitz in der Theologie in Deutschland ist dabei einzuordnen in eine – »anders als in der englischsprachigen Theologie« – insgesamt »im deutschsprachigen Raum [fehlende] breite und andauernde Theodizee-Diskussion«. So bemerkt zurecht Ammicht-Quinn in ihrem Buch, das den bemerkenswerten Versuch darstellt, eine solche Diskussion in der deutschsprachigen Theologie anzuregen; vgl.: Ammicht-Quinn 1992, Zitat S.14.
8. Vgl.: Rendtorff/Henrix 1989 u. R. Rendtorff 1989; die Literatur zur christlichen ›Vergangenheitsbewältigung‹ ist quantitativ durchaus beachtlich, wenngleich hier ähnliches gilt wie das, was wir für die ›Vergangenheitsbewältigung‹ in Deutschland insgesamt bemerkt haben: die Reflexionen über die Gründe einer verweigerten oder verfehlten ›Vergangenheitsbewältigung‹ dürfte unweit mehr Raum einnehmen, als eine Literatur, die von einer wie auch immer als geglückt zu bezeichnenden Auseinandersetzung selbst zeugen würde; in diesem Kontext siehe vor allem: Pfisterer 1975;

ein die Geschichtswissenschaft entlastender Hauptgrund für die Nichtbeachtung der jüdischen Holocaust-Theologien und für den fehlenden Dialog zwischen Theologie und Geschichte angesehen werden. Hätten Kirchenmänner und Theologen selbstkritisch, offen, deutlich und engagiert, eigenständige Überlegungen zur Signifikanz des Holocaust für die christliche Theologie angestellt, oder wären sie in einen aktiven Dialog mit den jüdischen Geschichtstheologien eingetreten, dann wäre aller Voraussicht nach auch ein interdisziplinäres Gespräch mit der deutschen Geschichtswissenschaft unumgänglich geworden. So aber scheint es der Fall zu sein, daß, selbst wenn die Historiker den Dialog suchten, sie auf kirchlich-theologischer Seite einen weithin unvorbereiteten Dialogpartner anträfen.

Wenn wir nach den Gründen fragen für diese offenkundige Dickfälligkeit der christlichen Theologie, über ihre eigene Verantwortung am Zustandekommen des Holocaust zu reflektieren, sich der theologischen Relevanz dieses historischen Ereignisses zu verweigern, und den Diskurs um eben diese theologische Relevanz auf jüdischer Seite zu ignorieren, stößt man auf einen Zusammenhang, der in seiner Bedeutung und Tragweite meines Erachtens bisher nicht angemessen in Blick genommen wurde. Weil dieser, gleich zu erläuternde, Zusammenhang aber meines Erachtens über einige Erklärungskraft verfügt, um sowohl das schuldhafte Verhalten christlicher Kirchen und Theologie im gesamten Europa gegenüber den Juden während des Dritten Reiches, als auch die völlig inadäquate und konsequenzlose Aufarbeitung dieser Schuld nach 1945 samt der mit eingeschlossenen Ignoranz gegenüber dem jüdischen Diskurs, besser zu verstehen, soll dieser Zusammenhang, ohne ihn hier in extenso darstellen zu können, doch noch in seinen Grundlinien thesenhaft skizziert werden. Diese thesenhafte Skizze versteht sich dabei ausdrücklich als Diskussionsangebot, das keine monokausale und exklusive Erklärung präsentieren, sondern vielmehr Anregung sein will, in eine Richtung intensiver zu forschen, die bisher vernachlässigt wurde.

Die Grundthese lautet: Anders als im Judentum, wo kraft der Zentralität und Struktur von Gedächtnis eine dauerhafte und sehr stark ausgeprägte Geschichtssensibilität vorzufinden ist, haben wir es im Christentum und der von ihm geprägten Kulturen mit einer signifikanten *Geschichtsinsensibilität* und *Gedächtnisarmut* zu tun. Diese Grundthese wiederum basiert auf folgender Überlegung: So wie es notwendig ist, um den Zusammenhang von Erinnerung, Identität und Geschichtsbewußtsein im Judentum einsehbar zu machen, man sich auf die jüdische Religi-

---

Klappert 1985; T. Rendtorff 1986; Bahr 1988; Buscher/ Phayer 1988; Haacker 1988 u. 1988a; Raiser 1988; Stegemann 1989; nach wie vor das herausragendste und beispielgebende Zeichen ernsthafter Reflexionen und entsprechender Konsequenzen nach dem Holocaust christlicherseits ist der rheinische Synodalbeschluß der evangelischen Kirche im Rheinland 1980; siehe hierzu: Klappert/Starck 1980; Klappert 1980; Brocke/ Seim 1988.

on, in dem dieser Zusammenhang verwurzelt ist, beziehen muß, ebenso muß man, um die Zusammenhang*losigkeit* von Erinnerung, Identität und Geschichtsbewußtsein im Christentum und der von ihm geprägten Kulturen aufzuzeigen, sich beziehen auf die christliche Religion und der in ihr maßgeblich und dominant gewordenen Ausschaltung und Außerkraftsetzung von Erinnerung und Gedächtnis. Darüberhinaus schließt diese These an die oben diskutierte Grundspannung zwischen Historiographie und Gedächnis an, indem sie die ihnen zugrundeliegenden unterschiedlichen Wahrnehmungsweisen von Geschichte auf ihre möglicherweise eigentliche Wurzel zurückführt, nämlich auf die unterschiedliche Konzeption von Geschichte und Religion im Christentum und Judentum. Die Differenz zwischen (wissenschafts- und damit auch) historiographieorientierten und gedächtniszentrierten Formen des Geschichtsbewußtseins wären sodann auch als Teil einer Grenzlinie zwischen unterschiedlichen Kulturen zu sehen; sie wären Zeichen einer Kulturscheide.

Wenn man mit einigen wenigen, prägnanten Begrifflichkeiten ein paar der wesentlichen Unterschiede zwischen Christentum und Judentum zusammenfassend benennen will, könnte man zuvörderst folgende stichwortartige Skizze zeichnen[9]. Das Judentum kennt keinen nach außen gerichteten Absolutheitsanspruch und verfügt demzufolge über keinen nennenswerten missionarischen Impuls zur Vergrößerung seiner Religionsgemeinschaft. Das Christentum hingegen erhebt einen Absolutheitsanspruch – ›Außerhalb der Kirche kein Heil‹ –, der im Kern theologisch und – viel wichtiger – in den Köpfen und Herzen der Christen bis heute Bestand und Wirkung hat[10]. Selbstredend hat das Christentum logischer

---

9. Was das Judentum betrifft vgl. das Folgende mit den Ausführungen in Kap. III dieser Arbeit.
10. Nach frühen Definitionsversuchen durch die Kirchenväter Origines und Cyprian fand der christliche Ausschließlichkeitsanspruch seine klassische Formulierung durch Fulgentius von Ruspe, einem Schüler des Augustinus: »Die heilige römische Kirche ... glaubt fest, bekennt und verkündet, daß niemand außerhalb der katholischen Kirche, weder Heide noch Jude noch Ungläubiger oder ein von der Einheit Getrennter, des ewigen Lebens teilhaftig wird, vielmehr dem ewigen Feuer verfällt, das dem Teufel und seinen Engeln bereitet ist, wenn er sich nicht vor dem Tod ihr (der heiligen römischen Kirche) anschließt« (zit.n. Küng 1973, S.405). Erst die während des Zweiten Vatikanischen Konzils 1964 vorgelegte ›Erklärung über das Verhältnis der Kirche zu den nichtchristlichen Religionen‹ (Nostra Aetate) eröffnete in der Frage des Exklusivitätsanspruches des Christentums neue Spielräume, indem nun Heilsmöglichkeiten auch außerhalb der (katholischen) Kirche zugestanden wurden. Wenngleich insbesondere in Deutschland Theologen wie etwa Karl Rahner und Hans Küng versuchten, diese in Nostra Aetate zum Ausdruck gekommenen Ideen theologisch umzusetzen und ihnen zum Durchbruch zu verhelfen, so überwiegen immer noch theologisch traditionelle Denkfiguren, was vor allem im Rahmen von z.B. Kreuzes-

Weise eine ungeheuer starke und weitreichende missionarische Aktivität entfaltet. Das Judentum hat einen dynamischen Offenbarungsbegriff, das heißt, die göttlichen Wahrheiten entfalten sich, wie in Kap. III ausführlich dargelegt, mittels Kommentar und Exegese auf der Zeitachse ›geschehender Geschichte‹ (Martin Buber) in Auseinandersetzung mit den historisch immer sich wandelnden Verhältnissen des Lebens auf dieser Erde[11]. Das Christentum hingegen hat einen statischen Offenbarungsbegriff. Die Offenbarung hat in Jesus Christus ihre Vollendung und ihren Abschluß gefunden. Folgerichtig ist das Christentum den Weg der Dogmatisierung gegangen. Weil der Glaube an diese Offenbarung, an die eine Wahrheit zum alles entscheidenden Angelpunkt für das Schicksal der Seele wurde, mußte der Glaube in dogmatisch gültiger – und das bedeutet in erkenntnismäßig und sprachlich fixierbarer – Form vorliegen. Das Judentum dagegen vermeidet weitestgehend konsequent eine Systematisierung und Dogmatisierung seiner Religion. Daher, vereinfacht gesagt, ist vom Judentum als einer Ortho*praxis*, als einer Lehre vom rechten Tun, zu sprechen und vom Christentum als einer Ortho*doxie*, einer Lehre vom rechten Glauben. Und schließlich, ganz entscheidend, die Frage nach dem Messias, der für die Christen in Gestalt des Gottessohnes Jesus Christus bereits gekommen ist und durch seinen Tod und Auferstehung Welt und Mensch erlöst hat. Das dies im Judentum gänzlich anders gesehen wird, braucht nur noch erwähnt zu werden.[12]

Nimmt man nun diese das Christentum im Unterschied zum Judentum kennzeichnenden Sachverhalte und untersucht, in welcher Weise diese Konstruktionen ihre Folgen haben für die Konzeption und Ausprägung solcher Phänomene wie Erinnerung, Gedächtnis, Geschichtsbewußtsein, dann kommt man zu erstaun-

    theologie und Christologie eindrücklich verdeutlicht werden könnte. Liest man entsprechende Äußerung heutiger katholischer Theologen wie etwa Karl Lehmann, Walter Kasper oder Franz Wolfinger, so betonen sie nach wie vor die Manifestation von Gottes Absolutheit in der Göttlichkeit Jesu. Aufgrund der Identität von Gott und Heil ist daher Heil allein in Jesus Christus zu finden; vgl. Lehmann 1977, Kasper 1977, Wolfinger 1980 u. 1987; weitere Beispiele, die den Fortbestand christlichen Exklusivitätsdenkens trotz Nostra Aetate eindrücklich dokumentieren bei: Bernhardt 1990; zu dem ganzen Komplex siehe auch: Jaspert 1994a u. 1994b; der Wortlaut von Nostra Aetate ist zu lesen bei: Rahner/Vorgrimler 1982 (siehe hier vor allem auch die kritische Einleitung von Rahner zur Entstehung und Diskussion der Erklärung, S.349-353). Allein im Kontext eines verstärkt lauter werdenden Rufes nach einem Dialog der Religionen gerät der Absolutheitsanspruch des Christentums zunehmend in das Blickfeld wirklich kritischer Überlegungen; vgl. hierzu: Knitter 1988, bes. S.89-95; Bernhardt 1989, 1990 u. 1991; W. Greive 1991; Jasper 1994b.

11. Erinnert sei an das jüdische Verständnis von mündlicher Lehre und der Konzeption der Halacha; vgl. Kap. III.
12. »..., denn der Jude ist ein Experte für unerfüllte Zeit, während der Christ ausschließlich ein gläubiger Adept erlöster Zeit ist« (A. Cohen 1971, S. XX).

lichen und für das Verständnis vielleicht hilfreichen Einsichten. Die genannten christlichen Faktoren – Absolutheitsanspruch, Dogmatismus, Erlösungsverständnis, etc. – entwickelten einen in sich logischen und dynamischen Automatismus, der zu einem Habitus, zu einer Grundeinstellung führte, die wie folgt charakterisiert werden kann. Das für die Geschichte der Menschheit einzig wichtige und zentrale – und damit auch das einzige, der Erinnerung werte – Ereignis fand in Leben, Tod und Auferstehung Jesu Christi statt. Mit Kreuz und Auferstehung sind Mensch und Welt erlöst, das Reich Gottes auf Erden hat seinen Anfang genommen. Jenseits aller politischer, sozialer und historischer Realitäten, die durch ihre Vergänglichkeit sich auszeichnen – theologisch gesprochen: jenseits und unabhängig der realen und konkreten Verfasstheit der Schöpfung –, hängt das ewige Heil meiner Seele allein von der Annahme und Zustimmung, das heißt dem Glauben, in diese und *nur* in diese Wahrheit ab. Angesichts ewiger Verdammnis oder ewiger Freude schrumpfen die Realitäten des diesseitigen Lebens zu zeitirrelevanten Augenblicken zusammen. Die in diesem Kontext zu sehende Absatz- und Abgrenzungsbewegung des frühen Christentums vom Judentum wird somit wesentlich auch zu einer Abwendung vom diesseitsorientierten und diesseitssensibilisierten Judentum – theologisch formuliert: eine Abwendung vom schöpfungsorientierten Judentum.

Das Ausbleiben der Parusie, der erwarteten baldigen Wiederkunft Jesu Christi, bei dennoch bestehenbleibender Endzeiterwartung[13] förderten christlicherseits den Prozeß der Spiritualisierung und die Konzentration auf das individuelle Seelenheil und das zukünftige Leben im Jenseits. Aus der Verbindung von spiritualisiert-individualistischer Jenseitskonzentration und dem Anspruch, im Besitz alleinseligmachender Wahrheit zu sein, resultieren Dogmatismus, Ausgrenzung und Feindschaft – zunächst gegenüber dem Judentum und schließlich gegen alles Andersartige, gegen alle Andersgläubigen.

Demgegenüber ist gerade das in den Augen der Christen ›verstockte‹ Beharren der Juden etwa auf die Unerlöstheit der Welt zugleich ein Plädoyer für die reale Wahrnehmung dieser Welt, so wie sie ist, für die Konzentration auf das zu gestaltende und zu verändernde Leben in dieser konkreten Schöpfung. Wie sehr dies bedeutet, ein Bewußtsein auch von der Verstrickung und Notwendigkeit der Auseinandersetzung mit der Welt und ihrer Geschichte zu haben, sollte durch die in

---

13. Bultmann beschrieb diesen in der frühen Christenheit einsetzenden Prozeß wie folgt: »Das neue Volk Gottes hat nicht wirklich eine Geschichte, denn es ist die Gemeinschaft der Endzeit, ein eschatologisches Phänomen« (zit.n. A. Cohen 1971, S.20). Wozu also, kommentiert Arthur A. Cohen, sollte man »lieben und dienen und arbeiten für eine Schöpfung und eine Geschichte, die bald schon überhöht und beendet werden würde« (A. Cohen 1971, S.21). Das Ausbleiben der Parusie führte zu einer »Routinisierung der Eschatologie« (A. Cohen 1971, S.22), bei der im Ergebnis christliche »Eschatologie die Geschichte geschluckt hat« (A. Cohen 1971, S.21).

dieser Arbeit vorgenommene Entfaltung der Zentralität und Struktur von Gedächtnis im Judentum überdeutlich geworden sein.

Die christliche Aufmerksamkeit aber bewegt sich jedenfalls von der zeitlichen Sphäre der Welt weg und in die zeitlich ewigen Dimensionen des Jenseits hinein. Paradigmatisch formuliert diesen Zusammenhang der Kirchenvater Tertullian: »Nun, da Jesus Christus gekommen ist, brauchen wir nicht länger mehr neugierig zu fragen, oder gar zu forschen ... Gegenüber allem, was außerhalb der Herrschaft des Glaubens liegt, gleichgültig zu sein, heißt im Besitz allen Wissens zu sein« (Tertullian, zit.n. Meyer 1987, S.11). Und natürlich steht der wohl berühmteste und einflußreichste aller Kirchenväter, Augustinus, in dieser Tradition. Er teilt das Universum auf in eine weltliche Stadt des Fleisches, in der die säkulare Existenz des Menschen wurzelt, und eine himmlische Stadt des Geistes, die die Heimstatt der religiösen Existenz des Menschen ist. »Das höchste Gut des Menschen lag darin«, beschreibt Michael Meyer zutreffend die Konsequenzen dieser Auffassung, »die civitas terrena zu widerrufen und durch das Leben in der Kirche sich zu bemühen, das zukünftige Leben in der Stadt Gottes so intensiv wie möglich zu antizipieren. Notwendigerweise konnte von einem wahren Christen, dessen Sehnsucht es war, der profanen Welt zu entfliehen, und dessen Leben auf der Erde eher Tod denn Leben genannt wurde, [notwendigerweise konnte von einem solch wahren Christen] wohl kaum erwartet werden, daß er auch nur ein irgendwie geartetes, ernsthaftes Interesse an der Geschichte dieser Welt zu haben pflegte. Das einzig signifikante historische Ereignis lag mit dem Kommen von Jesus Christus bereits hinter ihm. ... Deshalb konnte der Geschichte nicht jene profunde religiöse Bedeutung zuerkannt werden, die sie in der Hebräischen Bibel besaß« (Meyer 1974, S.12).

Auf die Spitze getrieben könnte man sagen: Die Geburtsstunde des Christentums, ihrer Kirche und Theologie – und damit auch eine der Wurzeln unserer Kultur – ist geradezu charakterisiert durch das fundamentale Problem *Geschichte versus Glauben*. Dieser Konflikt – und noch viel mehr die Art seiner Lösung – gab wesentlich die Tonart vor, in der nicht nur Theologie innerchristlich betrieben wurde, sondern ebensosehr daraus folgend, wie der Umgang mit der nicht-christlichen Umwelt praktiziert und legitimiert wurde. Die ausbleibende Parusie, die Enttäuschung der eschatologischen Hoffnung, das nicht-Eintreten des erlösenden messianischen Königreiches mußte auf der Ebene der Realgeschichte und des Alltags als Enttäuschung erfahren werden und wurde zum entscheidenden Motiv, den Glauben so zu gestalten und zu unterstreichen, daß er als dominierendes Element über eine ihm gegenläufige und ihn zu widerlegen drohende historische Erfahrung triumphieren konnte. Der Konflikt zwischen Glauben und Geschichte wurde eindeutig zugunsten des Glaubens und gegen die Geschichte entschieden[14].

14. »In einem historischen Idealismus dispensierten sich die Christen im Blick auf ihren eigenen Glauben von der Frage nach seiner Verwirklichung in Raum und Zeit – zugunsten einer Spiritualisierung und Verjenseitigung« (Stöhr 1988a, S.224).

Zugleich wird damit die Sensibilität gegenüber der Geschichte, ihr religiös relevanter Stellenwert und ihre potentiell herausfordernde Korrektivkraft von vorneherein entwertet. Denn entscheidend für die Interpretation der Wirklichkeit ist axiomatisch der Glaube, nach dem sich die Geschichte sozusagen zu richten hat und in dessen alleinigem Licht – wenn überhaupt – sie zu sehen ist. Kein dem Glauben zuwiderlaufendes geschichtliches Ereignis – und damit auch der Holocaust nicht! – stellt fürderhin eine Gefahr oder Herausforderung dar. Denn immer kann, muß und wird es spirituell dergestalt transformiert werden, daß es sich in die Gesetzmäßigkeit und Ordnung des Glaubens nahtlos einfügen läßt. Oder aber das geschichtliche Ereignis wird als solches bereits an der Wurzel entwertet, um damit seine Irrelevanz für das eigene Selbstverständnis zu gewährleisten. Wir haben es also beim Christentum mit einem groß angelegten und eminent wirksamen Prozeß der *Immunisierung des Glaubens gegenüber der historischen Wirklichkeit*, gegenüber der Geschichte selbst, zu tun. Die Geschichte, alle Potenz des Geschichtlichen, wird insgesamt gewissermaßen auf einen Punkt fixiert, so wie man einen Nagel mit dem Hammer an einen Punkt in der Wand schlägt. Alles geschichtlich Relevante wird auf einen Moment in der Zeit reserviert und auf diesen begrenzt, nämlich den Zeitraum des Lebens und Sterbens Jesu. So wie der auferstande Gott Christus über den am Kreuz gestorbenen Mensch Jesus triumphiert, so triumphiert fortan immer und überall der Glaube über die Geschichte, die Transzendenz über die Immanenz, das Jenseits über das Diesseits.

Zugleich wird damit aber alles, was in der Geschichte geschieht, bis hin zum Phänomen des Geschichtlichen selbst, zu einem den Glauben und seinen Status auf exklusive Wahrnehmung und Interpretation von Wirklichkeit potentiell bedrohlichem Faktor. Deshalb stellt die historisch signifikante und nicht übersehbare Existenz des jüdischen Volkes eine eminente Herausforderung und Bedrohung des eigenen, christlichen Glaubens dar. Mehr noch, wenn man das Judentum mit seiner Zentralität von Gedächtnis als exzeptionelle und einzigartige Verknüpfung von Geschichtsverständnis und Religiosität begreift, mithin als Verkörperung des Historischen und seiner Sinnhaftigkeit, mithin als das Gedächtnis der Welt – theologisch formuliert: das Gedächtnis der Schöpfung –, so wird das jüdische Volk in den Augen des Christentums zwangsläufig zur personalen Verkörperung von Geschichte, Erinnerung und Gedächtnis schlechthin. Und das bedeutet, Juden und Judentum werden zu einem für die Fundamente des eigenen Glaubens äußerst bedrohlichen Faktor ersten Ranges. Das Judentum wird im Verständnis des Christentums nicht nur zu einem Anachronismus, weil es nach dessen Auffassung ein Anachronismus ist, sondern noch viel mehr, weil es eine Form von Geschichtlichkeit, von geschichtlichem, von religiös geprägten geschichtlichem Bewußtsein repräsentiert, das man in der Geburtsstunde des Christentums bereits für verworfen und obsolet erklärt hat.

Von dieser Perspektive aus betrachtet ist der Kampf gegen das Judentum und das Jüdische immer auch ein Kampf gegen die Geschichte und das Bewußtsein von ihr gewesen und damit gegen solche Kategorien des Geschichtlichen wie Erinnerung und Gedächtnis schlechthin. Statt dessen hat man christlicherseits einen gefährlichen Geschichtsidealismus entwickelt, der zu einer permanenten »Verblüffungsfestigkeit« vor allem »gegenüber den Abgründen der geschichtlichen Katastrophen« (Metz 1984, S.383) und damit auch gegenüber dem Leid und den Leidenden in der Geschichte geführt hat[15]. Die Sensibilität christlicher Theologie und Kirche gegenüber dem Bruch und Brüchigen in der Geschichte, den Krisen und Unsicherheiten des Lebens ist entsprechend schwach ausgeprägt. Die Theologie ist sich ihres Zentrums zu gewiß (Christologie; die theologische Wahrheit; die abgeschlossene Offenbarung). Jede historische Krise, jeder zivilisatorische Bruch wird tendenziell von ihr nicht vermerkt oder aber mit dem Werkzeug des Glaubens theologisch gekittet. Angst und Sorge, Not und Krise, Bruch und Abgrund, Leid und Schuld sind aufgehoben im erlösenden Leben, Sterben und Auferstehen Christi. Paradigmatisch heißt es bei dem Theologen Helmut Merklein: »Als eschatologische Wirklichkeit vermittelt der Tod Jesu ... die *Gewißheit, daß die durch ihn vermittelte Sühne die endgültige Wirklichkeit ist, die von keiner noch so negativen Erfahrungswirklichkeit mehr in Frage gestellt werden kann*« (zit.n. Jaspert 1994a, S.426, Hervorhebung von mir). Aufgabe der Theologie ist, begründet und reflektiert das, was ihrer Bestimmung und ihrer Basis auf der Ebene des Historischen zuwiderläuft, integrierend in das Gebäude ihres Denkens einzubinden. So ist theoretisch kein Phänomen des Lebendigen denkbar, das nicht seinen Platz, seinen Sinn und seine Erklärung im christlich gedeuteten Heilskosmos fände. Die End-Gültigkeit ihrer Botschaft zwingt sie, in allen herausfordernden Veränderung des Lebens eben diese End-Gültigkeit als das Bewahrende und immer wieder sich Bewährende herauszuarbeiten. Christliche Theologie ist von daher ihrer Natur nach konservativ.

Zugleich macht sie dies erschütterungsfest. Ihre Kreativität zielt darauf, das Erschütternde als das Vorübergehende aufzuweisen, indem sie die Signatur des Ewigen selbst in Erschütterung und Bruch aufzuzeigen sich gerufen fühlt. Ihr Reich ist die Antwort, nicht die Frage. In musikalischen Metaphern von Thema und Variation gesprochen ist christliche Theologie der beständige Versuch, das eine, gültige, wahre und unabänderliche Thema in den endlosen Variationen alles Vergänglichen dingfest zu machen und zum Vorschein zu bringen. Die Verhältnisse mögen dazu herausfordern, die Tonart und Tempi zu wechseln; vielleicht muß auch eine neue Orchestrierung vorgenommen werden, oder aber sogar die Erfindung und Einführung neuer Instrumente vonnöten sein. Das Grundthema aber bleibt das Gleiche und muß es auch bleiben. Gäbe es eine Macht, die in der

---

15. »Die deutschen Todeslager sind ein unumgängliches und aufrüttelndes Zeichen, daß das Kreuz ... das Leiden nicht überwunden hat. Tatsächlich ist vielleicht gar das Gegenteil wahr; durch einen Prozeß der Abstraktion hat es die Christen unsensibel gegenüber dem Leid gemacht und ermöglicht, daß die grausige Unmenschlichkeit des Holocaust Wirklichkeit werden konnte« (Gilbert 1978, S.11); vgl. auch: Stöhr 1988a.

Lage wäre ein neues Thema zu stiften, so würde die göttliche Gültigkeit des alten Themas widerlegt. Es gibt keine anderen Themen neben dem einen! »Die Art, wie das Christentum zur Theologie wurde,« bemerkt Johan Baptist treffend, »war ... zu sehr von der Auffassung geleitet, der Glaube komme zwar aus den biblisch-israelitischen Traditionen, der Geist indessen ausschließlich aus dem Griechentum, also aus einem subjektlosen und *geschichtsfernen Seins- und Identitätsdenken*, für das Ideen allemal fundierender sind als Erinnerungen« (Metz 1992, S.39, Hervorhebung von mir) und damit also auch fundierender als der Lauf der Geschichte insgesamt[16]. So ist dem Urteil Yerushalmis zuzustimmen, »daß das Christentum, das als die Religion des Gekreuzigten in die Welt kam ... seine Geburt nur überlebte, weil es die manifeste Evidenz der Geschichte zugunsten einer als tiefer empfundenen Realität leugnete, ..« (Yerushalmi 1993, S.87)[17]

16. Diese scharfe Opposition des Christentums gegenüber Erinnerung und Geschichte läßt einen an jene berühmte Unterscheidung zwischen ›heißen‹ und ›kalten‹ Kulturen denken, wie sie Claude Levi Strauss in seinem Buch »Das wilde Denken« eingeführt hat. Levi-Strauss versteht unter »kalten« Gesellschaften solche, die danach trachten, »kraft der Institutionen, die sie sich geben, auf quasi automatische Weise die Auswirkungen zum Verschwinden zu bringen, die die geschichtlichen Faktoren auf ihr Gleichgewicht und ihre Kontinuität haben könnten«. Die »kalten« Gesellschaften »scheinen eine besondere Weisheit erworben oder bewahrt zu haben, die sie veranlaßt, jeder Veränderung ihrer Struktur, die ein Eindringen der Geschichte ermöglichen würde, verzweifelt Widerstand zu leisten«. »Heiße« Gesellschaften haben hingegen »ein gieriges Bedürfnis nach Veränderung« und verinnerlichen ihre Geschichte, um sie »zum Motor ihrer Entwicklung zu machen« (Levi-Strauss, zit.n. Assmann 1992, S.68). Assmann macht darauf aufmerksam, daß »kalte Kulturen nicht in der Vergessenheit von etwas [leben], was heiße Kulturen erinnern, sondern in einer anderen Erinnerung. Um dieser Erinnerung willen muß das Eindringen von Geschichte verhindert werden. Dazu dienen die Techniken kalter Erinnerung« (Assmann 1992, S.68). Hier wäre zu überlegen, ob nicht das Christentum ein den kalten Kulturen zuzurechnendes Phänomen ist. Die den kalten Kulturen inhärente Angst vor Veränderung, vor einer das eigene Fundament in Zweifel ziehenden, historischen Realität zeichnet das Christentum in besonderer Weise aus und schlug sich u.a. vornehmlich im Antijudaismus nieder. Die eine Erinnerung, um derentwillen alles andere ›Eindringen von Geschichte verhindert‹ wird, ist die Erinnerung an Leben und Tod Jesu Christi. Absolutheitsanspruch, Erlösungsverständnis und Dogmatismus müssten dann als die Techniken dieser kalten Erinnerung betrachtet werden, und die Kirche als die Organisation und Institution, die diese Techniken entwickelt und benutzt hat, um ihr ›Gleichgewicht und ihre Kontinuität‹ zu bewahren; vgl.: Levi-Strauss 1973; Assmann 1992, bes. S.66-78.
17. Daß dennoch »eben dieses Christentum später die eigenen weltlich-historischen Triumphe ohne Zögern als Waffe gegen die von der Geschichte Besiegten wendete« (Yerushalmi 1993, S.88), d.h. in der Stunde ihres historischen Sieges die Geschichte als Argument für die eigene Sache instrumentalisierte, bezeichnet Yerushalmi als »grundsätzlichen, ironischen Widerspruch« (Yerushalmi, ebda., S.87).

Jenes geschichtsferne Seins- und Identitätsdenken des Christenstums, seine Leugnung der Evidenz der Geschichte zugunsten einer als tiefer empfundenen, letztlich allein und entscheidenden Realität, findet vielleicht nirgendwo mehr seinen adäquaten Ausdruck als in der Dogmatisierung einer als endgültig abgeschlossen geltenden Offenbarung und hiermit verbundener, letztgültiger Proklamation wahrer Erlösung. Wandel und Veränderung, Neuinterpretation und stetiger Diskurs werden damit zu häretischen Symptomen der Nicht-Akzeptanz christlicher Glaubenswahrheit. Das Dogma ist ein gewalt(tät)iger Versuch der Fixierung endgültiger Bedeutung. Um aber »zu Endlichkeiten der Bedeutung zu gelangen, muß man unterbrechen, sind Punkte zu setzen. Die erläuternden und gesetzgeberischen Dekrete, die von Rom und den Wächtern über orthodoxe Lehre im Paris des Mittelalters verkündet wurden, die doktrinär-metaphysische Abgeschlossenheit der *Summa* des Thomas von Aquin lassen sich als eine Reihe von Versuchen ansehen, einen hermeneutischen Endpunkt zu setzen. Ihrem Wesen nach proklamieren sie, daß der Primärtext [von Bibel und Neuem Testament] *dieses* und *das* bedeuten kann, *jenes* aber nicht« (Steiner 1989, S.66). Dergestalt läßt sich das christliche Dogma »als hermeneutische Punktsetzung definieren, als die Verkündigung eines semantischen Abschlusses. Orthodoxe Ewigkeit ist das genaue Gegenteil der Unendlichkeit interpretatorischer Revision und Kommentierung« (Steiner 1989, ebda.), wie sie in der mündlichen Tradition und Lehre des Judentums zum Ausdruck kommen.[18] Vom christlichen Standpunkt aus läßt sich Häresie somit »als nicht endende Neudeutung und Neubewertung definieren. Die Häresie verwirft exegetische Endlichkeit. Kein Text fordert: *ne varietur*. Der Häretiker ist jemand, der den Diskurs ohne Ende fortsetzt« (Steiner 1989, S.67). Das Judentum wird damit zum klassischen Protagonisten solcher Häresie, indem es die Unabgeschlossenheit von Kommentar und Diskurs – und die Offenheit von Wandel und Geschichte, auf die Kommentar und Diskurs immer auch bezogen bleiben – der christlichen Einfrierung von Sinn und Bedeutung, Geschichte und Wandel gegenüberstellt.

Im Kontext und der Konsequenz aber all des bisher Erörterten liegt es – eben gerade auch im vergleichenden Blick auf die Geschichtssensibilität und Gedächtniszentriertheit im Judentum – von einer signifikanten *Geschichtsinsensibilität* und *Gedächtnisarmut* des Christentums zu sprechen[19].

---

18. Erinnert sei an den in Kap. III zitierten exemplarische, selbst gegenläufige Standpunkte vereinigenden Worte ›Diese und jene sind Worte des lebendigen Gottes‹.
19. Die Beziehung und Einstellung zur Geschichte als einen zentralen und folgenreichen Faktor für die Unterscheidung der beiden Religionen Judentum und Christentum zu bewerten ist, soweit ich sehe, in der deutschsprachigen Literatur nur selten, allenfalls andeutungsweise zu finden. Am ehesten noch bei Johann Baptist Metz (siehe das Schlußwort dieser Arbeit, Kap. VIII); vgl. auch: E. Brocke 1988a u. 1992, und die Beiträge von Martin Stöhr (siehe Bibliographie); siehe auch: Weinrich 1985, der von

Wie aber steht es nun mit der Insensibilität gegenüber der Geschichte und Gedächtnisarmut der christlich geprägten Kulturen? Fand nicht durch Aufklärung, Säkularisation und Moderne ein entscheidender Wandel statt, der gerade durch eine Emanzipation von christlicher Bevormundung gekennzeichnet ist? Ist nicht ein hervorragendes Charakteristikum der Moderne die Entdeckung der Geschichte und die entsprechende Innovation einer Geschichtswissenschaft? In Erinnerung an die oben diskutierten Grenzen von Geschichtswissenschaft und Historiographie bezüglich der Schaffung und Prägung von Gedächtnis und Geschichtsbewußtsein scheinen mir Zweifel an dieser Sichtweise durchaus angebracht. Wenn wir dazu neigen, diese Fragen uneingeschränkt zu bejahen, dann sind wir aufgeklärten, säkularen, modern und postmodernen Wesen, die wir häufig uns als agnostisch oder atheistisch, fast immer aber post-christlich verstehen, meines Erachtens dabei, den gleichen Fehler zu begehen, wie das frühe Christentum in seiner Beziehung zum Judentum. So wie die ersten Christen und verstärkt dann die Kirche als ganzes mit aller Macht und Gewalt sich loslösen wollte von ihrer Wurzel, dem Judentum, sich nicht als Erbin, sondern Begründerin einer neuen Zeit und Tradition ansah; genauso stehen wir Kinder der Aufklärung und Säkularisation in der Gefahr, unsere christlichen Wurzeln zu verleugnen, unsere Herkunft zu verdrängen, die Art unseres Denkens, den Stil unseres Lebens als völlig losgelöst, unabhängig und eben emanzipiert vom Christentum und christlich geprägter Kultur zu sehen; nicht wahrhaben zu wollen, daß wir es möglicherweise, ob es uns gefällt oder nicht, mit einem unterschwellig weiter wirksamen, von christlichen Denkmustern durchsetztem Erbe zu tun haben, von dem wir uns, selbst wenn wir es wollten, so einfach hin nicht verabschieden können[20]. Nicht zuletzt ist die – bei allen Unterschieden in Form und Ausdruck – ungebrochene Kontinuität antisemitischen Denkens in diesem Kontext zu begreifen[21]. Wir mögen uns seit den Zeiten

---

»Entdramatisierung der Geschichte« (S.137) im Christentum spricht. Im angelsächsischen Raum findet man hingegen sowohl auf jüdischer wie christlicher Seite häufiger Überlegungen, die in diese Richtung gehen; vgl. exemplarisch: Borowitz 1983, sowie die Arbeiten von Roy und Alice Eckardt und Franklin Littell (siehe Bibliographie).

20. »Religion, so meinen viele, sei im aufgeklärten Westen im ›postmodernen‹ Zeitalter grundsätzlich überwunden. Das mag subjektiv gewiß zutreffen, gleichwohl bleiben auch säkularisierte Menschen im Westen von christlichen Normen geprägt. ... Moralische Paradigmen, soziale Parameter, politische Wertungen, aber auch antijüdische Vorurteile christlicher Herkunft ... werden von säkularisierten Menschen im Westen nicht einmal als solche wahrgenommen. So bleiben christlich geprägte kollektive Lebensentwürfe bestimmend, obwohl sie von Menschen mit einem dezidiert kritischen Selbstverständnis für längst überwunden gehalten werden« (E. Brocke 1992, S.75f.).

21. »Der Antisemitismus mag zwar in der Tat ein säkularisiertes Phänomen sein, aber hier, wie auch woanders, folgt die Säkularisation den religiösen Haltungen nicht ein-

der Aufklärung noch so viel verändert haben, auch wir bleiben – trivial gesprochen – die Kinder unserer Eltern.

Das Verhältnis säkular-religiös wird für gewöhnlich als ein oppositionelles aufgefasst und verstanden. Warum aber sollte man es nicht viel mehr als ein modifiziertes Verhältnis begreifen? Das bedeutete, die Aufmerksamkeit mehr auf die subkutanen Gemeinsamkeiten zu lenken, auf das, was der äußeren Gestalt nach zwar verändert, seiner inneren Substanz oder Struktur nach aber gleich oder ähnlich, zumindest aber von Einfluß geblieben ist. Im Ergebnis hieße dies eben, daß viel mehr religiös-christlich geprägte Denkmuster im Säkularen unterschwellig Bestand haben, als dies gemeinhin registriert wird, daß die modernen Wissenschaften einige strukturelle Unarten des Christentums entgegen allen Säkularisierungskräften übernommen haben.

Hierzu einige durchaus provokativ anmutende Andeutungen: Die Rolle und Funktion der Kirche wird in der Moderne durch den Staat übernommen, die Aufgaben der Priester und der Geistlichkeit gehen auf Politiker und Wissenschaftler über; Theologie wird durch Ideologie ersetzt; der exklusive Wahrheitsanspruch des Christentums spiegelt sich im exklusiven Wahrheitsanspruch der modernen Naturwissenschaft bezüglich der Erklärung der Welt wieder; die religiös im dogmatischen Absolutheitsanspruch wurzelnde Intoleranz des Christentums (›Außerhalb der Kirche kein Heil‹ – religiöse Mission) findet ihr Pendant in einer wissenschaftlich und kulturell begründeten und beanspruchten einzigartigen Überlegenheit europäischer Denk- und Lebensweise (›Außerhalb europäischer Lebensart kein Heil‹ – kulturelle Mission und Expansion[22]). So betrachtet stünde selbst die säkularisierte Welt der Moderne an wichtigen Stellen in der Kontinuität christlich präformierter Denkmuster und Denkstrukturen.

Der polnische Soziologe Zygmunt Bauman sieht eine der wesentlichen, in ihren Wirkungen verheerenden Ambitionen der Moderne darin, »eine vollkommene Welt schaffen [zu wollen]. Was dem Nationalsozialismus, dem Stalinismus oder auch der ethnischen Säuberung im ehemaligen Jugoslawien gemeinsam ist, ist das abstrakte System, das Vorrang hat vor den Interessen und Wünschen von Individuen«. Kennzeichnend für die Systeme der Moderne, so Bauman, sei die »Wahnvorstellung, die Welt vollständiger zu machen, als sie ist, und aufgrund einer rücksichtslosen Macht, die reich ausgestattet ist mit Mitteln zur Gewaltanwendung«, diesen Anspruch durchzusetzen[23]. Der Vorrang eines abstrakten Sy-

---

fach als ihr pures Gegenstück. Sie erwächst innerhalb eines Bedingungsrahmens religiöser Mentalitäten und Institutionen, lange bevor sie Unabhängigkeit von ihnen erreicht« (Funkenstein 1989, S.291); vgl. auch: Tal 1971; Ettinger 1976; Funkenstein 1981; Braham 1986; Kulka 1989; Braun/Heid 1990.

22. Siehe hierzu unübertroffen: Todorov 1985.
23. Bauman äußerte dies in einem Interview in: Hirsch/Bauman 1993, S.68; zu seinem Interpretationsansatz insgesamt siehe: Bauman 1989.

stems vor den konkreten Interessen des Individuums – wäre dies nicht als säkularisierte Transformation des im Christentum zu findenden Vorrangs des Glaubens, eines abstrakten Systems, vor den konkret historischen Realitäten anzusehen? Die Wahnvorstellung, die Welt vollständiger und perfekter zu machen, als sie ist – wäre das nicht als säkularisierte Transformation und Variante der im Christentum behaupteten Erlöstheit und Perfektibilität der Welt anzusehen?

Was die moderne Historiographie betrifft, so gewinnt sie zwar eine im Christentum verloren gegangene Geschichtssensibilität wieder, aber um den Preis des Verlustes einer existenziell-ganzheitlichen Dimension der Erinnerung, der es bedürfte um von einer Kultur der Erinnerung sprechen zu können. Der modernen, wissenschaftlich-historiographischen Form der Erinnerung fehlt jene Tiefendimension, die allein es erlauben würde, Symbole und Methapern zu generieren, um mentalitätsprägend und damit auch kulturprägend bezüglich eines identitätsstiftenden kollektiven Gedächtnisses wirken zu können. Die modernen Wissenschaften – und dies gilt gewiß auch für die Geschichtswissenschaften – haben sich im Kampf gegen die Bevormundung von Kirche und Theologie etabliert und emanzipiert. Indem sie sich dabei jeder Form von Religiosität äußerst mißtrauisch gegenübergestellt haben, sind sie zugleich jener Wurzel verlustig gegangen, die eine kultur- und mentalitätsprägende Einpflanzung ihres Ertrages auf individueller wie kollektiver Ebene gewährleisten würde. In ihrem berechtigten Kampf gegen die Dominanz christlicher Kirche und Theologie haben sie gewissermaßen das Kind mit dem Bade ausgeschüttet: ihre Emanzipation vom Christentum war zugleich eine Emanzipation von Religion und religiös inspirierter Spiritualität im Sinne einer anthropologischen Konstante überhaupt. Das hierbei entstandene Vakuum wurde zum einen durch den Machtanspruch naturwissenschaftlich-technokratischen Denkens selbst bezüglich der Erklärung und Gestaltung der Welt gefüllt, und zum anderen – noch erfolgreicher und verheerender zugleich – durch die semi- und pseudoreligiösen Ideologien totalitären Zuschnitts, die zutreffend als »politische Religionen« (Voegelin 1993) qualifiziert wurden.

Entscheidend aber bleibt, daß im Zuge dieses säkularen Emanzipationsprozesses die modernen Geschichtswissenschaften das christliche Erbe der Gedächtnisarmut übernommen haben verbunden mit einem den modernen Wissenschaften insgesamt zueigenen missionarischem Sendungsbewußtsein nun nicht mehr religiöser, sondern kultureller und politischer Provinienz, sowie einem tendenziell exklusiven Wahrheitsanspruch auf nun nicht mehr theologische, sondern wissenschaftliche Erklärbarkeit und technokratische Handhabbarkeit der Welt. Damit sind aber zugleich die letzten allgemeinverbindlichen moralischen und ethischen Standards verloren gegangen, die den europäischen Menschen vor der Entfesselung seiner abgründigen Kräfte bisher noch zu schützen vermochten. »Der Säkularismus«, schreibt Yerushalmi treffend, »hat zwar den modernen rassischen Antisemitismus nicht geschaffen, wohl aber zur Abschwächung der Hemmungen beigetragen, die das Christentum mit seiner inhärenten Ambivalenz gegenüber

dem Judentum seinen eigenen antijüdischen Animositäten früher auferlegt hatte«
(Yerushalmi 1993, S.68).

Aufklärung, Säkularisation und Moderne in ihrer fatalen Mischung aus Ablehnung und Emanzipation von (christlich) religiöser Substanz unter gleichzeitiger Beibehaltung struktureller Unarten des Christentums legten entscheidende Weichen für die explosiven Katastrophen des 20. Jahrhunderts. Wenn »Symbole der überweltlichen Religiosität verbannt werden«, bemerkt Voegelin, »treten neue, aus der innerweltlichen Wissenschaftssprache entwickelte Symbole an ihre Stelle« (Voegelin 1993, S.50). Entscheidend sind nun nicht mehr die Autorität Gottes und die der Religion, sondern die Autorität einer am posititivistischen Wissenschaftsideal orientierte und postulierte Objektivität und Rationalität. Wie wenig diese ›neuen‹ Symbole jedoch zu tragen vermochten, zeigt gerade ihre Mitverantwortung am Zustandekommen einer am Rande des ökologischen Kollaps befindlichen Welt als auch am Zustandekommen der großen historischen Katastrophen dieses Jahrhunderts, allen voran des Holocaust.

Geschichtsinsensibilität und Gedächtnisarmut des Christentums, unterschwellige Kontinuitäten christlich präformierter Denkmuster in der Moderne, eine wissenschaftsorientierte Historiographie, die sich zwar theologischer Bevormundung entzogen hat, aber kraft ihrer eigenen Grenzen nicht in der Lage ist, die im Christentum wurzelnde Geschichtsinsensibilität und Gedächtnisarmut derart aufzubrechen, daß sie prägend auf Geschichtsbewußtsein und Gedächtnis hat Einfluß nehmen können – setzt man dies alles in Vergleich zur säkularisationsresistenten und *gedächtniszentrierten Kultur der ErInnerung* im Judentum, spricht dies für die eingangs vorgetragene These, die in der Opposition zwischen Historiographie und Gedächtnis einen wesentlichen Faktor sieht, der die jüdische Kultur von der abendländisch-christlichen aufs Schärfste voneinander trennt. Gershom Scholem sprach einmal vom »Mythos der deutsch-jüdischen Symbiose«[24]. Es liegt in der Logik unseres Gedankengangs, hinter dem Mythos einer deutsch-jüdischen Symbiose einen diesen umfassenderen Mythos, den zu entmythologisieren dringend geboten scheint, zu vermuten: der Mythos von der ›judaeo-christlichen Zivilisation‹, bzw. vom ›judaeo-christlichen Abendland‹, oder vom ›judaeo-christlichen‹ Denken, etc.[25]

Ohne im geringsten abstreiten zu wollen, daß Juden und Christen vielfach Gemeinsames in ihrem Glaubensgut haben, ohne abzustreiten, daß die letzten

---

24. Vgl.: Scholem 1964.
25. Vgl. hierzu und zu den im Folgenden vorgetragenen Überlegungen vor allem: A.A. Cohen 1971; dort schreibt er in seiner Einleitung: »Wir können manches aus der Geschichte der jüdisch-christlichen Beziehung lernen, aber das eine, was wir nicht aus ihr machen können ist, sie für einer Erörterung über Gemeinschaft, Brüderlichkeit und gegenseitigem Verstehen heranzuziehen. Wie aber können wir dann noch von ihr als einer Tradition sprechen?« (S.xiii); siehe auch: Lohdahl 1989/90.

zweitausend Jahre Juden und Christen in Europa Tür an Tür lebten und litten, ohne all dies zu ignorieren oder nicht würdigen zu wollen, scheint mir die Tatsache, daß in einem so sensiblen und entscheidenden Bereich, wie dem des Geschichtsbewußtseins, und damit der Wahrnehmung von Welt und Leben unter den Bedingungen der Zeit, gänzlich unterschiedliche Konzeptionen und Prägungen vorliegen, ein äußerst bedeutsamer Faktor zu sein. Natürlich teilen die Juden und Christen Europas eine gemeinsame Geschichte. Aber das ist nicht das Entscheidende. Wesentlich hingegen erscheint mir, daß sie gravierend unterschiedliche Wahrnehmungen, Interpretationen und Reaktionen auf diese, wenn man so will, gleiche Geschichte zeitigten. Diese unterschiedliche Rezeption und Reaktion ist nicht allein verursacht worden von der ungleichen Rollenverteilung der beiden Lager, d.h. – vereinfacht – Opferrolle hier, Täterrolle da, Mehrheitsgesellschaft hier, Minderheitsstatus da, ›Verlierer‹ auf der Arena der Geschichte hier und ›Sieger‹ da; allenfalls haben diese Faktoren begünstigend und verstärkend auf die Gesamtentwicklung gewirkt, begünstigend und verstärkend auf ein unterschiedliches Wahrnehmungs- und Sinndeutungsmuster, das aber bereits im Rahmen des Prozesses der Ablösung und Trennung des Christentums vom Judentum präformiert worden war. So gesehen haben beide Seiten, die jüdische Minderheit und die christlichen Mehrheitsgesellschaften, die letzten 2000 Jahre wohl Tür an Tür miteinander verbracht, aber – um im Bild zu bleiben – in gänzlich unterschiedlichen Häusern, mit einem gänzlich anderen Blick zu den Fenstern hinaus und mit gänzlich anderen Denk- und Lebensgewohnheiten in ihren Häusern.

Die Rede von der jüdisch-christlichen Zivilisation, der jüdisch-christlichen Traditionen Europas offenbart sich in nicht unerheblichem Maße als Euphemismus, der das Gegenteil dessen zu verschleiern sucht, was er vorgibt zu bedeuten. Es gälte sehr genau zu bedenken, ob er nicht eine christliche Hoheitsattitüde ist, der die eigene Schuld und Verantwortung zu verstecken sucht hinter einseitig proklamierten Gemeinsamkeiten. Im Blick auf die fast zweitausendjährige Geschichte des Christentums gegen das Judentum, die ihren Höhepunkt – präziser: ihren Tiefpunkt – nicht zuletzt im Holocaust fand, erinnert dieser Euphemismus an jemanden, der seinen Mitmenschen erschlägt und ihn anschließend seinen Bruder nennt. Man verfolgt, diskriminiert, entrechtet und mordet ihn, um im gleichen Atemzug von seinem Namen zu profitieren. Der Dieb rühmt sich seines Diebesgutes und schämt sich nicht einmal dafür.

Es ist Mode geworden, die Gemeinsamkeiten von Juden und Christen zu betonen, ebenso den Beitrag der Juden zur europäischen Kultur überall zu entziffern. Dies alles droht hohl, leer und fragwürdig zu sein, wenn man nicht als einer der zentralen Lehren des Holocaust den Mut aufbringt und alle Konsequenzen zu tragen bereit ist, zunächst einmal die Differenz und Eigenständigkeit beider Traditionen wahrzunehmen. Sich dem zu verweigern hätte eine Form unauthentischen, eskapistischen Denkens zur Folge, das durch zu bedenkenlose und schnelle Vereinnahmung bemüht ist, Grenzen zwischen den Kulturen zu verleugnen, statt gemeinsam zu überlegen, wie sie – so man will – zu überwinden wären[26]. Für das christliche Abendland und die westliche Zivilisation darf der Mythos vom judaeo-christlichen Denken und dessen Betonung nicht zum willkommenen Fluchtweg werden, den im Holocaust greifbar gewordenen Bankrott des westlichen Wertesystems und der real existierenden christlichen Kirchen samt ihrer Theologie nicht wahrnehmen und analysieren zu wollen.

Die Nichtbeachtung des jüdischen Diskurses um Deutung und Folgen des Holocaust durch die christliche Theologie – nicht nur – in Deutschland, sowie die Nichtbeachtung des jüdischen Diskurses um Deutung und Folgen des Holocaust durch die Historiographie – nicht nur – in Deutschland sprechen nicht nur für die Wirkmächtigkeit und Fortsetzung der angezeigten Traditionen, was insofern nicht einer gewissen Logik entbehrt, sondern sprechen leider auch dafür, daß man sich auf jenen angedeuteten Fluchtweg bereits begeben zu haben scheint.

Das Bemühen, diesem Trend entgegenzuwirken, kommt in einer Bemerkung des katholischen Theologen Johann Baptist Metz in hervorragender Weise zum Ausdruck. Zugleich laufen in seinen Worten viele der Fäden zusammen, von denen in den zurückliegenden Kapiteln die Rede war. »Ein Geschichtsbewußtsein haben«, so schreibt er, »und aus ihm zu leben versuchen heißt, gerade den Katastrophen nicht auszuweichen, heißt auch, jedenfalls eine Autorität niemals aufkündigen oder verächtlich machen: die Autorität der Leidenden. Dies gilt in unserer christlichen und deutschen Geschichte, wenn nirgendwo, für Auschwitz. Das jüdische Schicksal muß moralisch erinnert werden – gerade weil es bereits rein historisch zu werden droht« (Metz 1979, S.122).

---

26. In diesem Sinne mahnt auch Edna Brocke zunächst einmal »die unterschiedlichen Wahrnehmungen von Realitäten zur Kenntnis zu nehmen... Ziel eines solchen gemeinsamen Lernen und Entdeckens der Unterschiede ist ein konstruktives und positives Verhältnis zum Unterscheidenden zu finden im Lichte der Frage, ob alles, was unterscheidet, auch notwendigerweise trennen muß« (E. Brocke, in: Internationales Hearing 1991, S.260).

VIII. Schlußwort

*»Die Erinnerung ist nicht nur ein Königreich; sie ist auch ein Friedhof«.
(Elie Wiesel)*

Das jüdische Gedächtnis mit seiner Fähigkeit zur *existenziellen RePräsentation von ErInnerung* war die Jahrtausende hindurch Fixpunkt und Garant jüdischer Identität. Über alle inneren und äußeren Niederlagen, Rückschläge und Katastrophen hinweg vermochte es immer wieder, das geschichtliche und religiöse Selbstverständnis des Judentums miteinander in ein erträgliches Verhältnis zu setzen.

Das jüdische Gedächtnis steht nach dem Holocaust vor seiner größten Herausforderung, indem es mit einem Ereignis konfrontiert ist, das aus einem Königreich einen Friedhof gemacht hat und das hinter jedem Hoffnungsschimmer, den die Erinnerung an dieses Ereignis noch zu geben vermag, nur die Signatur einer noch viel größeren Hoffnungslosigkeit zu entdecken vermeint.

Für diese Herausforderung, für all die Spannungen, Fragen und Probleme, die sie gebiert, kann es vermutlich keine eindeutigen Antworten und erst recht keine endgültigen Lösungen geben. Vielleicht aber wird sich diese scheinbare Schwäche – und was heißt schon Schwäche angesichts dieser Herausforderung – als die eigentliche Stärke – und was heißt schon Stärke angesichts dieser Herausforderung – des jüdischen Gedächtnisses erweisen.

Es ist eines der markantesten Kennzeichen des jüdischen Gedächtnisses, Bereiche miteinander zu verbinden, die der herkömmlichen Logik als schwer vereinbar gelten: Geschichte *und* Religion, Transzendenz *und* Immanenz, Glaube *und* Wissen, Ethnizität *und* Religiosität. Verpflichtet auf die Qudratur des Kreises, auf die ›Einheit der Gegensätze‹ (Lelyveld) zeichnete sich das jüdische Gedächtnis von je her aus im Mut und in der Kraft zur Kontradiktion, zum Fragmentarischen. Diese Form der Erinnerung glättet nicht und läßt, wo nötig, das Unvereinbare in seiner äußersten Spannung nebeneinander stehen.

»Und gelobt. Auschwitz. Sei. Maidanek. Der Ewige. Treblinka. Und gelobt. Buchenwald. Sei. Mauthausen. Der Ewige. Belzec. Und gelobt. Sobibor. Sei. Chelmno. Der Ewige. Ponary. Und gelobt. Theresienstadt. Sei. Warschau. Der Ewige. Wilna. Und gelobt. Skarzysko. Sei. Bergen-Belsen. Der Ewige. Janow. Und gelobt. Dora. Sei. Neuengamme. Der Ewige. Pustkow. Und gelobt...« (Schwarz-Bart 1962, S.401).

Die Kraft zum Fragmentarischen und zur Kontradiktion bedingen das Offenhalten der Frage und die Frag-Würdigkeit jeder Antwort. Diese Haltung fordert eine Form von Wissen ein, die sich zugleich ihres Nicht-Wissens immer bewußt bleibt. Unter diesem Blickwinkel sind die in dieser Arbeit nachgezeichneten geschichtstheologischen Positionen und die rituell-liturgischen Formen der Erinnerung an den Holocaust, die beide gleichermaßen Produkt jüdischen Gedächtnisses sind, zu sehen. Es sind Antworten, die die Fragen nicht vergessen machen – nicht vergessen machen wollen; Antworten, die nicht beruhigen, sondern die Fragen, die hinter ihnen stehen, gar noch verschärfen; Antworten, die die alten Fragen immer neu stellen.

»Und warum betest du zu Gott, wenn du weißt, daß man seine Antworten nicht verstehen kann?«, fragte einmal der kleine Eli Wiesel den Küster von Sighet.

Dieser antwortete: »Damit er mir die Kraft gebe, richtige Fragen zu stellen« (Wiesel, zit.n. Metz 1990, S.115).
Und nicht selten werden die Fragen zu An-Fragen, Rück-Fragen – nicht nur an den Menschen, sondern auch an Gott; sie machen die Klage im Gebet zur An-Klage wider Gott; machen das Gebet zum Protest und den Protest zum Gebet. Rückfrage, Anklage und Protest aber stellen die Geschichte – und damit auch den Herrn der Geschichte – vor die Schranken des Gerichts. Diese Haltung, die in Hiob ihr Vorbild findet, entspricht der dialogischen Grundstruktur der jüdischen Religion und einem auf Gegenseitigkeit beruhenden Bundesverständnis. Die jüdischen Holocaust-Theologen werden zu ›Gutachter‹ in einem Prozeß, dessen innerste Legitimation in der Überzeugung wurzelt, daß die eigene Religion, der eigene Glaube und schließlich auch Gott sich zu ver-antworten haben vor dem, was in der Geschichte geschieht.

»Es war unmittelbar nach dem Tag der Buße, als Levi Isaac von Berdichev aus der Synagoge in sein Haus zurückkehrte. ... Plötzlich klopfte es an der Tür. Der Rabbi öffnete sie. Davor stand der Schneider des Dorfes, zitternd vor Furcht. ›Du solltest zuhause beim Frühstück sein‹, sagte Levi Isaac, ›Warum bist du hier?‹. ›Weil ich heute eine große Sünde begangen habe‹, antwortete der Schneider. ›Am Tag der Buße?‹, sagte der Rabbi, ›Was hast du getan? Was hast du gesagt?‹ ›Ich ging letzte Nacht in die Synagoge‹, bekannte der Schneider, ›bereit meine Sünden zu bereuen und Gott um Verzeihung zu bitten. Ich nahm das Gebetbuch und öffnete es. Weder verstand ich die schwierigen hebräischen Worte, noch konnte ich mir ausdenken, wie sie korrekt zu betonen seien. Und so legte ich meinen Gebetsschal an und begann ein Gebet mit meinen eigenen Worten zu sprechen. Ich sagte, Herr der Welt, ich weiß, ich habe im letzten Jahr viele Sünden begangen. Ich habe meine Kunden betrogen. Ich habe die rituellen Gebote nicht so sorgsam eingehalten, wie ich dies hätte tun können. All dies tut mir zutiefst leid und ich verspreche aufrichtig mich zu bemühen, Fortschritte zu machen und mich zu bessern im nächsten Jahr. Aber Du, Herr, Du hast viele schwere Sünden begangen. Du ließest Babys sterben. Du hast Kriege zugelassen und daß die Menschen leiden und sterben. So laß uns ein Geschäft machen. Du vergibst mir und ich werde Dir vergeben.‹ Während Levi Isaac diese Geschichte hörte, geriet er in Zorn. ›Wie konntest du Gott so leicht davon kommen lassen? Du hattest Ihn ganz in deiner Hand. Du hast Ihn nur um deine eigene Vergebung nachgesucht, wo du Ihn hättest zwingen können, die Welt zu erlösen«« (zit.n. Sherwin 1972, S.103f.).

Die Unmöglichkeit einer abschließenden Antwort, Frage als Anfrage und Rückfrage, Gebet als Protest – dies alles entbindet nicht von der Notwendigkeit, in der Erinnerung an den Holocaust diesem gegenüber eine ›Haltung‹ einzunehmen, sich ihm gegenüber zu ›verhalten‹, mit ihm irgendwie ›umzugehen‹ und führt mithin von der Ebene der Theorie auf die Ebene der Praxis. Die Verwurzelung jeder Antwort in der Ver-Antwortung verweist in die Ethik. Hierin dokumentieren sich der lebens- und handlungsbezogene existenzielle Gehalt des jüdischen Gedächtnisses und damit auch die orthopraktische Dimension des Judentums insgesamt. *ErInnerung* im Sinne *existenzieller RePräsentation* ist immer auch handlungsrelevante Vergegenwärtigung der Vergangenheit und offenbart somit die ethische Dimension, die der jüdischen Form von ErInnerung per se innewohnt. Ihr Gewicht verliert diese ethische Dimension selbst dort nicht, wo sie sich wiederfindet im Abgrund der Geschichte und im Zustand absoluter Gottferne. Im Gegenteil, sie erscheint im Abgrund der Gottferne doppeltes Gewicht zu erhalten und wirft den Menschen zurück auf sein eigenes Tun.

»*Aber wozu mag wohl die Gottesleugnung geschaffen sein? Auch sie hat ihre Erhebung in der hilfreichen Tat. Denn wenn einer zu dir kommt und von dir Hilfe fordert, dann ist es nicht an dir, ihm mit frommem Munde zu empfehlen: ›Habe Vertrauen und wirf deine Not auf Gott‹, sondern dann sollst du handeln, als wäre da kein Gott, sondern auf der ganzen Welt nur einer, der diesem Menschen helfen kann, du allein*« (Mosche Löb von Sasow, in: Buber 1987, S.539). Eine Ethik, die der *existenziellen RePräsentation* von Vergangenheit entspringt, kann zurecht auch als »anamnetische Ethik« bezeichnet werden, denn sie ist eine »Ethik aus der Kraft der Erinnerung« (Boschert-Kimmig 1991, S.144). Weil eben die vornehmste Aufgabe des jüdischen Gedächtnisses darin besteht, geschichtliches und religiöses Selbstverständnis miteinander in Beziehung zu setzen, weist die Erinnerung eine »Doppelstruktur« auf. »Sie ist zum einen historiographische Erinnerung, welche an geschichtlichen Fakten und an sorgfältiger Offenlegung der ›Tatsachen‹ eines historischen Vorgangs ... interessiert ist. ... Auf der anderen Seite steht die Erinnerung als Eingedenken, als individuelles und kollektives Gedächtnis vor allem der Leiden der Geschichte aber auch der Geschichte der Befreiung. Diese Erinnerung zieht die Frage nach dem Sinnzusammenhang der Geschichte der historischen Genauigkeit vor« (Boschert-Kimmig 1991, S.144). Ebensowenig wie dabei die Frage nach dem Sinnzusammenhang die Frage nach der historischen Genauigkeit keineswegs suspendiert, sondern allein letzterer nicht das letzte Wort überlassen will, ebensowenig dürfen die Aporien des Verstehens auf der Ebene der Theorie nicht die ethische Dimension der Erinnerung auf der Ebene der Praxis suspendieren. Die Verpflichtung zur praktischen Ethik bezieht ihr Gewicht vielleicht auch gerade aus der Fähigkeit des jüdischen Gedächtnisses, selbst die Erinnerung an ein Ereignis – wie mangelhaft und fragmentarisch, wie unsicher und brüchig auch immer – zu bewahren, das der Erinnerung immer wieder sich zu entziehen droht.

Ein Bewußtsein um das Nicht-Wissen, das jedem Wissen innewohnt, Fragment und Kontradiktion, Fragwürdigkeit und Protest, Wachhalten der Fragen und die Brüchigkeit aller Antworten – einen Reflex hiervon wird alles Schreiben und Reden über den Holocaust in sich tragen müssen. Ihr Übertrag in die Historiographie ist schwierig, scheint doch all das, was in diesen Formulierungen angesprochen ist, dem Selbstverständnis wissenschaftsorientierter Historiographie strikt zuwider zu laufen. Und dennoch wird auch jede, wenigstens als halbwegs angemessen zu bezeichnende Historiographie des Holocaust in der Erkenntnis der eigenen Aporien, in Wahrnehmung der Grenzen des Verstehens, der Einsicht Ausdruck geben müssen, daß auch jede ihrer Antworten in Ver-Antwortung wurzeln sollte.

Eine Möglichkeit, wie die Gestalt einer solchermaßen ver-antwortbaren Historiographie aussehen könnte, findet Saul Friedländer in der »kraftvollen Gegenwart des Kommentars«, die er für die Geschichtsschreibung des Holocaust einfordert. »Der Kommentar sollte den selbstverständlich wirkenden linearen Fortgang der Darstellung unterbrechen, alternative Deutungsmöglichkeiten aufzeigen, diese oder jene Aussage kritisch hinterfragen und dem Drang zur abschließenden Deutung entgegenwirken« (Friedländer 1992, S.147). Ein »Durcharbeiten« dieser Vergangenheit bedeutet dann, »in einem Bereich, in dem vorrangig von politischen Entscheidungen und staatlichen Verordnungen die Rede ist, die die Konkretheit von Verzweiflung und Tod neutralisieren, *sich mit der Stimme des einzelnen auseinanderzusetzen.* [...] Durcharbeiten bedeutet ... eine Konfrontation mit den nackten und konkreten Fakten, die andernfalls, wenn sie zu bloßen Daten kondensiert werden, ihr historisches Gewicht einbüßen. [...] ›Durcharbeiten‹ könnte am Ende darauf hinauslaufen, daß man, nach der Formulierung Maurice Blanchots, ›wacht über eine abwesende Bedeutung‹« (Friedländer 1992, S.148ff., Hervorhebung im Orig.).

Eine Historiographie des Holocaust, die sich dem ›Wachen über eine abwesende Bedeutung‹ verpflichtet wüßte, könnte die dem Ereignis angemessene Frag-Würdigkeit der Erkenntnis und des Verstehens repräsentieren. Hierfür bedürfte sie jedoch der Einbettung in eine gedächtnisgeleitete Kultur; sie bedürfte der Unterstützung einer, wie Johann Baptist Metz es nennt, »anamnetischen Kultur, die auch um jenes Vergessen weiß, das noch in jeder Vergegenständlichung herrscht«. Metz schlägt daher vor, zwischen einer »historisierenden Rationalität und einer anamnetischen, also erinnerungsbegabten Rationalität« (Metz, in: Internationales Hearing 1991, S.64) zu unterscheiden. Eine solche erinnerungsbegabte Rationalität und mithin anamnetische Kultur, die Metz exemplarisch im Judentum verkörpert sieht, könnte sich »gegen die Abstraktion der ausschließlich historisierenden Vergegenständlichung dieses Grauens wenden, die sich zu sehr fremdstellen, zu sehr objektivistisch distanzieren muß, um von ihm noch erreicht zu werden« (Metz 1992, S.36).

Auf bedrückende Weise schließt sich hier der Kreis mit den weiter oben (Kap. VII-2) vorgetragenen Überlegungen, die gerade von der Erinnerungsfeindlichkeit des Christentums und der christlich geprägten Kulturen sprachen. Auch Metz sieht dies und muß daher sagen, daß eine solche gedächtniszentrierte Kultur, eine anamnetische Kultur, »uns weithin in Europa [fehlt], weil uns (seit langem) der Geist fehlt, der in Auschwitz endgültig ausgelöscht werden sollte. ... Ich neige deshalb dazu, von einer doppelten Vernichtung, gewissermaßen von einem doppelten Tod im Holocaust zu sprechen. Nicht nur wurden die Juden mit technisch-industrieller Perfektion massenhaft ermordet, es sollte mit ihnen auch jener Geist ausgelöscht und endgültg zerstört werden, der uns befähigt, dieses unvorstellbare Grauen zu erinnern und erinnernd gegenwärtig zu halten: eben die anamnetische Kultur des Geistes. Und immer wieder habe ich mich gefragt, ob wir mit dem Holocaust nur deshalb so unsicher und zwiespältig umgehen, weil uns der anamnetisch verfaßte Geist fehlt, der nötig wäre, um angemessen wahrzunehmen und auszusagen, was in dieser Katastrophe auch mit uns – und dem, was wir ›Geist‹ nennen und ›Vernunft‹ – geschehen ist; kurzum: weil uns eine anamnetische Kultur fehlt, die tiefer verwurzelt ist als unsere wissenschaftliche und unsere moralische Anschauung von der Geschichte« (Metz 1992, S.36).

Auch diese Worte rechtfertigen es noch einmal, vom Holocaust auch als einem *Mnemozid* zu sprechen, d.h. dem Versuch, mit der Vernichtung des europäischen Judentums zugleich die Vernichtung des jüdischen Gedächtnisses zu bewirken. Bedrohlich und zutiefst beunruhigend bleibt der Gedanke, jenes Werkzeug, welches wir unverzichtbar besitzen müssten, um eine der Vergangenheit – um eine *unserer* jüngsten Vergangenheit – auch nur halbwegs angemessene Form der Erinnerung zu schaffen, daß wir über dieses Werkzeug einer gedächtnisorientieren Kultur der Erinnerung nicht verfügen. Wir haben nicht nur diesen Geist, der uns behilflich sein könnte, nicht, sondern sind darüberhinaus Teil einer Kultur, die versucht hat, diesen Geist samt seiner Träger endgültig auszulöschen.

Im Umkehrschluß dieses Gedankens aber liegt ein Hinweis auf das möglicherweise radikale Ausmaß unseres Angewiesenseins auf diesen Geist, diesen jüdischen Geist und dieses jüdische Gedächtnis; ein Hinweis auf die möglicherweise radikale Notwendigkeit, ihn zu suchen und ihm zu begegnen, ihm zuzuhören und von ihm zu lernen wo immer er seine Stimme erhebt. Die Nicht-Beachtung muß der Beachtung weichen, denn – um eine Bemerkung Christian Meiers aus dem Einleitungskapitel zu wiederholen – »wir sind darauf angewiesen, die Probleme jüdischer Geschichtserinnerung zu verstehen.« (Meier 1987, S.12) – und mehr noch sind wir angewiesen auf diese ›jüdische Geschichtserinnerung‹ selbst.

Die Radikalität dieses Angewiesenseins, ihr äußerstes Extrem und ihr gleichsam zeichenhafter Charakter, spiegelt sich in einer Überlegung wieder, die von dem katholisch-polnischen Schriftsteller Andrzey Szczypiorski stammt und gleichermaßen die Notwendigkeit wie die Unmöglichkeit dieses Unterfangens, das er vorschlägt, zum Ausdruck bringt: »Um den Holocaust auszustreichen«, sagte er am Ende einer seiner Reden, »um den Holocaust auszustreichen, um ihn aus der Geschichte zu tilgen, müßten wir alle Juden werden. Das ist der einzige Weg, um von der christlichen Stirn das Kainsmal zu löschen, mit dem das deutsche Volk alle Europäer gezeichnet hat« (Szczypiorski 1993).

Uns bleibt, so gut es geht, Anteil zu nehmen am jüdischen Gedächtnis und seinen Äußerungen und Mitteilungen. Und es teilt sich ja mit, gleichermaßen in symbolischen Formen und im offenen und streitbaren Diskurs. Seine Signatur ist das jüdische Fest ebenso wie der wortgewaltige Talmud. Es drückt sich auf rituell-liturgische Weise aus ebenso wie im geschichtstheologischen Denken. Es kapituliert nicht vor seinen Widersprüchlichkeiten, weil es immer wieder von ihnen spricht und dadurch sich des Nicht-Wissens erinnert, das jedem Wissen zuteil ist. Es will Identität sichern und ethisch begründetes Handeln eröffnen. Und es tut dies alles kraft der ihm eigenen Qualität von *ErInnerung*, die einem beständigen Dialog der Gegenwart mit der Vergangenheit gleichkommt, um Zukunft zu ermöglichen.

Gemäß einer hieraus erwachsenden kommunikativen Stärke verkörpert sich jüdisches Gedächtnis nicht zuletzt immer wieder in Erzählungen. Geschich-*ten* erzählen und Geschich-*te* erzählen liegen hier eng beieinander. Schwer und unmöglich scheint es, jene ›Wunde in der Ordnung des Seins‹, wie Martin Buber den Holocaust einmal nannte, mit Hilfe all dieser Elemente in das jüdische Gedächtnis zu integrieren; aber ohne sie ist erst recht kein Fortkommen denkbar. So oder so, wie der Auszug aus Ägypten, wie der Bundesschluß am Sinai, wie die Zerstörung der beiden Tempel in Jerusalem, wie Verfolgung und Vertreibung in der Galuth, im Exil, so wird auch diese Geschichte, die Geschichte des Holocaust, solange es das jüdische Volk geben wird, erzählt werden. So oder so.

»Wenn der Großrabbi Israel Baal-Schem-Tow sah, daß dem jüdischen Volk Unheil drohte, zog er sich für gewöhnlich an einen bestimmten Ort im Walde zurück; dort zündete er ein Feuer an, sprach ein bestimmtes Gebet, und das Wunder geschah: Das Unheil war gebannt.
Später, als sein Schüler, der berühmte Maggid von Mesritsch, aus den gleichen Gründen im Himmel vorstellig werden sollte, begab er sich an denselben Ort im Wald und sagte: Herr des Weltalls, leih mir dein Ohr. Ich weiß zwar nicht, wie man ein Feuer entzündet, doch ich bin noch imstande, das Gebet zu sprechen. Und das Wunder geschah.
Später ging auch der Rabbi Mosche Leib von Sasow, um sein Volk zu retten, in den Wald und sagte: Ich weiß nicht, wie man ein Feuer entzündet, ich kenn' auch das Gebet nicht, ich finde aber wenigstens den Ort, und das sollte genügen. Und es genügte: Wiederum geschah das Wunder.
Dann kam der Rabbi Israel von Rizzin an die Reihe, um die Bedrohung zu vereiteln. Er saß im Sessel, legte seinen Kopf in beide Hände und sagte zu Gott: Ich bin unfähig, das Feuer zu entzünden, ich kenne nicht das Gebet, ich vermag nicht einmal den Ort im Walde wiederzufinden. Alles, was ich tun kann, ist, diese Geschichte zu erzählen. Das sollte genügen. Und es genügte« (Wiesel 1967, S.7).

Es mag der Tag kommen, an dem man nicht mehr weiß, an welchem Ort es war, in welchem Wald es geschah, und was die letzten Worte ihrer im Tod erstickten Gebete waren.

Aber immer wird es jene geben, die die Geschichte kennen, die sie ihren Kindern und Kindeskindern erzählen, und damit der Welt ein Gedächtnis geben – so lange, bis es wieder genügt; bis Gott wieder hört.

Ausgang

»Ein Rabbi hat mir oft eine Geschichte erzählt von einem Juden, der mit Frau und Kind der spanischen Inquisition entflohen ist und über das stürmische Meer in einem kleinen Boot zu einer steinigen Insel trieb. Es kam ein Blitz und erschlug die Frau. Es kam ein Sturm und schleuderte sein Kind ins Meer. Allein, elend wie ein Stein, nackt und barfuß, geschlagen vom Sturm und geängstigt von Donner und Blitz, mit verwirrtem Haar und die Hände zu Gott erhoben, ist der Jude seinen Weg weitergegangen auf der wüsten Felseninsel und hat zu Gott gesagt: ›Gott von Israel – ich bin hierher geflohen, um Dir ungestört dienen zu können, um Deine Gebote zu erfüllen und Deinen Namen zu heiligen: Du aber hast alles getan, damit ich nicht an Dich glaube. Solltest Du meinen, es wird Dir gelingen, mich von meinem Weg abzubringen, so sage ich Dir, mein Gott und Gott meiner Väter: Es wird Dir nicht gelingen. Du kannst mich schlagen, mir das Beste und Teuerste nehmen, das ich auf der Welt habe. Du kannst mich zu Tode peinigen – ich werde immer an Dich glauben. Ich werde Dich immer liebhaben – Dir selbst zum Trotz!‹ Und das sind meine letzten Worte an Dich, mein zorniger Gott: Es wird Dir nicht gelingen! Du hast alles getan, damit ich nicht an Dich glaube, damit ich an Dir verzweifle! Ich aber sterbe, genau wie ich gelebt habe, im felsenfesten Glauben an Dich. Gelobt sei in aller Ewigkeit der Gott der Toten, der Gott der Rache, der Gott der Wahrheit und des Gesetzes, der bald wieder sein Gesicht der Welt zeigen und ihre Grundfesten mit seiner allmächtigen Stimme erschüttern wird. Höre, Israel, der Ewige ist unser Gott, der Ewige ist einig und einzig!«
(Zvi Kolitz)

Nachwort

Das Buch von Christoph Münz lädt ein, alle Dimensionen der Wirklichkeit ernstzunehmen – die Fakten der Geschichte, die Menschen, die sie erlebten, die sie zu verstehen, zu bewerten und nicht zu vergessen suchen.

I

»Wer nicht eine Vergangenheit zu verantworten und eine Zukunft zu gestalten gesonnen ist, der ist ›vergesslich‹, und ich weiß nicht, wie man einen solchen Menschen packen, stellen, zur Besserung bringen kann«. So schreibt Dietrich Bonhoeffer am 1.2.1944 aus dem Gefängnis an Eberhard Bethge. Es geht ihm nicht um die Speicherkapazität des menschlichen Gedächtnisses, dessen Löchrigkeit beklagt oder gelobt werden kann. Es geht ihm um den Schnittpunkt einer in Verantwortung übernommenen Vergangenheit und einer verantwortungsvollen Gestaltung der Zukunft in der Gegenwart. Hier ist das »moralische Gedächtnis« gefragt (ein »scheußliches Wort«, wie Bonhoeffer in seinem Brief sofort selbst hinzufügt). »Aber die Güter der Gerechtigkeit, der Wahrheit, der Schönheit brauchen ... ein Gedächtnis, oder sie degenerieren«.

Zum »verantwortlichen Leben« (ein Zentralbegriff seiner durch den Henkertod in Flossenbürg am 9.4.1945 unvollendet gebliebenen Ethik) gehört »das Gedächtnis, das Wiederholen empfangener Lehren«.

Beteiligt an Versuchen, Juden zu retten, und schon in die Konspiration eingetaucht, Hitler zu beseitigen und den Krieg in einer »wirklichen Niederlage« Deutschlands beenden zu helfen, begann Bonhoeffer 1940 seine Ethik auszuarbeiten. Er richtete den Blick auf Erbe und Erneuerung. Das Problem der Schuld mußte als erstes bedacht werden, wenn die Geschichte realistisch wahrgenommen werden sollte.

Drei Stichworte entfaltet er. Zum *Schuldbekenntnis,* vor allem »am Leben der schwächsten und wehrlosesten Brüdern Jesu Christi«, den Juden also, schuldig geworden zu sein, gehört die *Schulderkenntnis.* Es ist notwendig zu analysieren, wie und warum geschah, was geschehen war. Alles ist schonungslos beim Namen zu nennen, sonst bleibt jedes Schuldbekenntnis ein frommes Ritual. Was unaufgeklärt bleibt, droht mit Wiederholung.

Die analysierende Bemühung um Schulderkenntnis kommt nicht aus ohne einen Referenzrahmen, er mag religiös oder nichtreligiös sein, an dem gemessen Schuld als Schuld erkennbar wird: Ecce homo. Der Mensch, verletzlich und antastbar wie ein Gefolterter; der Mensch, gewalttätig und schuldflüchtig wie Kain und Pontius Pilatus. An diesem »Bezugspunkt«, beim Menschen aus Fleisch und Blut, hören jeder Dogmatismus, jede abblendende Spezialistenhaltung und jede Beliebigkeit auf, sie entlarven sich sonst als Unmenschlichkeiten.

Jean Amery schreibt in seinem Buch »Jenseits von Schuld und Sühne. Bewältigungsversuche eines Überwältigten« zur Erfahrung eines solchen Referenzrahmens: »Der im weitesten Sinne gläubige Mensch, sei sein Glaube ein metaphysischer oder ein immanenzgebundener, überschreitet sich selbst. Er ist nicht der Gefangene seiner Individualität, sondern gehört einem geistigen Kontinuum an, das nirgends, auch in Auschwitz nicht, unterbrochen wird. Er ist ... wirklichkeitsfremder, da er doch in seiner finalistischen Grundhaltung die gegebenen Realitätsinhalte hinter sich liegen läßt und seine Augen auf eine nähere oder fernere Zukunft fixiert; wirklichkeitsnäher (ist er) aber, weil er sich aus eben diesem Grund von den ihn umgebenden Tatsachen nicht überwältigen läßt und darum seinerseits kraftvoll auf sie einwirken kann«. Das geistige Kontinuum (noch einmal, es sei religiös oder areligiös) droht heutzutage unterbrochen zu werden, wenn die dritte Aufgabe, die Dietrich Bonhoeffer neben Schuldbekenntnis und Schulderkenntnis nennt, die *Schuldübernahme,* verweigert wird. Eine solche Verweigerung wäre in Amerys und Bonhoeffers Zeit Verrat am Widerstand für den Menschen und für die Menschlichkeit gewesen. Und sie ist heute, in unvergleichlich »harmloseren« Dimensionen nichts anderes: Einstehen für das, was geschah und geschieht. Eine Gesellschaft, ihre Wissenschaften aller Disziplinen wie ihre Menschen, haften nicht nur für das, was sie tun, sondern auch für das, was sie zuließen und zulassen. Sich dem zu stellen, was geschah und geschieht, ist mehr als erkennen.

Hier wird nicht – mit dem instrumentalisierenden Verweis auf Auschwitz – der modische Ruf nach »mehr« Ethik oder nach einem ethischen Konsens der bundesdeutschen Gesellschaft erhoben. Hier ist die realistische Wahrnehmung der Wirklichkeit gefragt. Und diese besteht auch aus Menschlichkeit und ihrem Verrat. Es ist leicht, fürs erste zu votieren und nicht fein, das zweite zu rechtfertigen. Notwendig aber ist, die Gefährdung eines Menschen und der Menschlichkeit zu verringern. Die Fragen verweigerter und verratener Humanität sind gegenwärtig: Zerstörte Gerechtigkeit, beschädigte Wahrheit, zerschlagene Schönheit – ja, auch sie ist Teil des menschlichen Lebens – in vielen Biographien, in vielen seit der Befreiung vom Nationalsozialismus ungelösten Problemen der deutschen und europäischen Politik und in zynisch zertretenen Werten.

II

Interdisziplinär zu arbeiten wird häufiger beschworen als praktiziert. Christoph Münz‹ Arbeiten gehört zu den raren Beispielen, in denen Geschichtswissenschaft, Religions- wie Geschichtsphilosophie und Theologie in ein Gespräch gezogen werden. Dessen Exposition und Fortgang folgen die Leserinnen und Leser mit wachsender Spannung, nicht zuletzt, weil es auch ein interreligiöses Gespräch ist, an dem Juden und Christen sich beteiligen sowie die skeptischen und agnostischen Erben beider Traditionsströme. Und es ist eine innerjüdische und eine innerchristliche Auseinandersetzung, wie es selbstverständlich auch ein Streitgespräch innerhalb der Geschichtswissenschaft und ihrer verschiedenen Zweige ist.

Der Anlaß dieses Gespräches ist singulär. Die Verfolgung des jüdischen Volkes in Deutschland und die Ermordung von sechs Millionen Juden wurden nicht zuletzt durch Beiträge aller Disziplinen der universitas literarum vorbereitet und legitimiert. Den tapferen einzelnen, die widerstanden, stehen die vielen gegenüber, die gleichgültig blieben, mitliefen oder (willig oder unwillig) Gründe und Argumente für den Haß auf die Juden aus den Stoffen ihrer jeweiligen Einzelwissenschaften den Vernichtungsplänen der Nationalsozialisten zur Verfügung stellten.

Alle Wissenschaften haben wie alle Institutionen der Gesellschaft ihre Unschuld verloren, ein Tatbestand, der fort-, ja festgeschrieben wird, wenn das Gedächtnis für jene Dienstleistungen verlorengeht, die halfen, Menschen, und damit »die Gerechtigkeit, die Wahrheit, die Schönheit« zu zerstören. Der Verrat an der Vernunft geht mit dem Verrat an der Moral zusammen.

Das Undenkbare war gedacht, ehe es realisiert wurde: in den antijudaistischen Sätzen von Theologen, in den Antisemitismen von Philosophen und Historikern, im ausgrenzenden Recht von Juristen, in den Weltanschauungen von Naturwissenschaftlern und im ökonomischen Kalkür gegen »Volksschädlinge«. So populär waren die Wissenschaften immer, daß sie das »gesunde Volksempfinden« zu füttern imstande waren. Die »Massen« waren mit ihren wissenschaftlichen »Eliten« durch gemeinsame Feindbilder verbunden.

Die Verantwortungslosigkeit über die spezialistischen Fachgrenzen hinaus war das interdisziplinäre Band, das Wissenschaften und Wissenschaftler samt ihren Institutionen funktionieren ließ, wie es die Machthaber wünschten. Damit war die Frage nach einer von Menschen menschlich zu lebenden und zu gestaltenden Wahrheit ausgeblendet. Die befreiende Wahrheit ist, biblisch gedacht, die, die getan, d.h. gelebt wird. »Sie führt zum Licht«, sie klärt auf (Joh 3,21). Jede Wissenschaft hat eine Geschichte ihres Scheiterns, in der ihre Ziele und Methoden der Vorurteilsfreiheit und Wahrhaftigkeit als inopportun verleugnet wurden.

Antworten auf die Frage nach Wahrheit gibt es ebensoviele, wie es Fragestellungen gibt. Eine offene Gesellschaft wie eine der Wahrheit verpflichtete Wissenschaft nimmt zur Kenntnis und bearbeitet, was es gibt – auch die religiöse, die moralische Dimension der Geschichte. Das geschieht in Israel und USA, vor allem bei jüdischen Wissenschaftlern, mit größerer Offenheit als hierzulande, wo allzu oft die spezialisierende Arbeitsteilung zu einer Teilung des Wissens und des Gewissens führen konnte, die es jeder »Hauptverwaltung ewiger Wahrheiten« (R. Havemann) leicht macht, Geschichte zu »machen« und mit ihren Begriffen zu »besetzen«.

»Die Macht der einen braucht die Dummheit der anderen«, schrieb D. Bonhoeffer 1943 als seine Bilanz »nach 10 Jahren«. Dummheit ist für ihn kein intellektuelles Defizit, sondern ein moralisches. Belege gibt es genug dafür. Die Erinnerung zu bearbeiten und der Welt ein Gedächtnis zu geben, heißt auch Martin Bubers Aufforderung zu folgen, sich »nicht zu verweigern«; zur Wirklichkeit vorzustoßen, ist den Menschen aufgegeben wie die Verwirklichung dessen, was sie wissen oder glauben.

»Die Wahrheit wird euch freimachen« (Joh 8,32), das Wort des Juden Jesus von Nazareth, ist über das Hauptportal der Freiburger Universität in Stein gemeißelt. Freiheitsräume für die jüdischen Studierenden und Dozierenden schuf es im Ernstfall ab 1933 nicht, weil es zu einer Freiheit von der Verantwortung für die Folgen des wissenschaftlichen Tuns und des sozialen Lebens zerflossen war.

III

Friedrich Schlegels Wort vom Historiker als dem »rückwärtsgewandten Propheten« wäre einmal dadurch zu dechiffrieren und neu zu verstehen – gegen die Verwendung durch Schlegel selbst? –, daß man Selbstverständnis und Funktion der Propheten in Israel zum Ausgangspunkt des Verstehens nimmt. Dann liegt ihre Bedeutung nicht im prognostischen Tun, wie prophezeien allzu oft verstanden wird, sondern in ihrer für die einen kritischen, für die anderen heilsamen Zeitansage: Um Gottes Willen! Um der Menschen Willen!

Ihre Zeitansage verdankt sich dem schonungslos-materialistischen Blick auf das, was an Gewalt und Unrecht geschah und geschieht, oft verbunden mit einer Folgenabschätzung (hier kann das Prognostische seinen Platz haben). Dazu kommt die erinnernde Konfrontation mit dem, was an Kontraindikation gegen die Zerstörung der Geschichte auch in die Geschichte eingegeben ist: »Es ist Dir gesagt, Mensch, was gut ist und Gott von Dir erwartet: Nichts als Recht üben und Freundlichkeit lieben und aufmerksam mitgehen mit Deinem Gott« (Micha 6,8).

So wie Theologie und Philosophie an einem unendlichen Prozeß zur Ermittlung dessen beteiligt sind, was »gut« heute, in diesem oder jenem Kontext bedeutet, so öffnet der Historiker Geschichte. Er hält sie offen, damit sie nicht wiederholt, was nicht repetiert werden darf. Alle Religionen und Wissenschaften können sich an einem glatten Positivismus verraten oder zu dienstbaren Weltanschauungen werden. Die Beispiele schrecken. Das vorliegende Buch hat dadurch Gewicht, daß es das kritische Gespräch weiterführt und vertieft, um der Welt ein lebendiges Gedächtnis zu geben von dem, was war. Die Toten sind Gesprächspartner der Lebenden. Die Frage ist, ob wir, die Lebenden, die Überlebenden der Täter- und Mitläuferseite, die Stimme der lebenden, der überlebenden Opfer hören.

Wenn die Propheten einbrächen
durch die Türen der Nacht
mit ihren Worten Wunden reißend

in die Felder der Gewohnheit
ein weit Entlegenes hereinholend
für den Tagelöhner
wenn die Stimme der Propheten
auf den Flötengebein der ermordeten Kinder
blasen würde
die vom Märtyrerschrei verbrannten Lüfte
ausatmete –
wenn sie eine Brücke aus verendeten Greisenseufzern
baute –
Ohr der Menschheit
du mit dem kleinen Lauschen beschäftigtes
würdest du hören? (Nelly Sachs)

Die menschliche und wissenschaftliche Sensibilität der Gegenwart erweist sich in einem umfassend sensitiven Umgang mit Vergangenheit. Schonungslosigkeit und Ethos sind hier Verbündete. Walter Benjamin nennt das »Eingedenken« die »Quintessenz« der jüdisch-theologischen Vorstellung von Geschichte.

Diese nicht aufzugeben und doch Geschichte in ihrer ganzen »Materialität« darzustellen, gehörte bis in die kurz vor seinem Tod geschriebenen geschichtsphilosophischen Thesen zu Benjamins Lebenswerk. Er provoziert alle Disziplinen der Wissenschaft gegen ihre spezialistischen Kanalisierungen und die Abblendung der Fragen, woher wir kommen und wohin wir gehen.

Hier ist eine »bewußt geleitete Tätigkeit in der Gegenwart« zu leisten, die zur »Aufgabe und Ehre des Geschichtsschreibers« gehört. Max Horkheimer vermißt sie (1934) in H. Bergsons Geschichtsphilosophie: »Der Aberglaube, daß alles, was vergangen ist, auch ohne die bewußt geleitete Tätigkeit in der Gegenwart existiere ... unterschlägt nicht bloß die Rolle des Historikers beim Kampf um neue Lebensformen der Gesellschaft, sondern auch seinen Auftrag, das Entschwundene im Gedächtnis zu bewahren ... Jetzt, wo das Vertrauen auf das Ewige zerfallen muß, bildet die Historie das einzige Gehör, das die gegenwärtige und selbstvergängliche Menschheit den Anklagen der Vergangenen noch schenken kann. Selbst wenn dieser Appell nicht zur Produktivkraft für eine bessere Gesellschaft werden könnte, stellte auch die Funktion der Erinnerung schon den Beruf des Geschichtsschreibers über den der Metaphysik«.

Die religiösen, philosophischen und historischen Analysen und Konzepte, die Christoph Münz in ihrem Ringen um ein Verstehen des Vergangenen vorstellt, widerlegen – wie das faktische Verhalten aller Wissenschaften – nicht nur ihren Monopolanspruch, sondern auch eine Hierarchisierung des Wissens und der Wissenschaften. Was sie nicht widerlegen, sind die Zumutungen und Leistungen, »Gehör« zu sein, »das die gegenwärtige und selbstvergängliche Menschheit den Anklagen der Vergangenen noch schenken kann«.

Das Ineinander von Geschichte und Ethos, ihrer beider Zerstörung im gewalttätigen, auf Menschen nicht Rücksicht nehmenden Zugriff, verlangt nach einer Kultur der Erinnerung, des Eingedenkens, des Gedächtnisses. Sie gibt den Menschen damals und heute ihre menschliche Sprache, respektiert ihr Mitbestimmungsrecht bei der Gestaltung einer menschlichen Gegenwart und Zukunft.

Die Modernität der Schoah verdankt sich auch einer Verachtung eben der Traditionen, die im jüdischen Volk lebten und leben. Hier gehörten Erinnerung und Ethos zusammen, beileibe nicht automatisch, wie ihre ständige innovative Auslegung und Einschärfung belegen. Das erste Gebot trägt und begründet das Ethos dadurch, daß es aus der historischen Erfahrung von Unterdrückung und Befreiung, Fremdbestimmung und Exodus verantwortliche Konsequenzen für jeden Umgang mit privater und öffentlicher Geschichte zu ziehen versucht.

»Die Vergangenheit führt einen zeitlichen Index mit, durch den sie auf die Erlösung verwiesen wird. Es besteht eine geheime Verabredung zwischen den gewesenen Geschlechtern und unseren. Wir sind auf der Erde erwartet worden. Uns ist wie jedem Geschlecht, das vor uns war, eine schwache messianische Kraft mitgegeben, an welche die Vergangenheit Anspruch hat. Billig ist dieser Anspruch nicht abzufertigen. Der historische Materialist weiß darum«. So heißt die zweite geschichtsphilosophische These von Walter Benjamin 1940.

Theologisch wichtig für das Gespräch zwischen den Wissenschaften sei hier eine kleine Beobachtung. Die Hebräische Bibel zählt in ihrer Anordnung die in der christlichen Zählung unter »Geschichtsbüchern« gestellten Josua-, Richter-, Samuel- und Königsbücher zu den frühen Propheten, während Jesaja bis zu den zwölf kleinen Propheten zu den späteren Propheten gerechnet werden. In diesen Geschichtsbüchern wird die Geschichte Israels macht- und unrechtskritisch erzählt, also prophetisch analysiert. Damit die Geschichte keine ethosfreie Zone des Menschen auf Kosten des Menschen wird, damit sie kein ethisches Nullsummenspiel wird, verlangt sie nach Beurteilung der in ihr vorhandenen und verratenen ethischen Kriterien. Sie legt ihre Deutungskriterien offen.

Die Geschichte zu verstehen, heißt auch, sie in der und für die Gegenwart zu deuten. Die Zeitzeugenberichte der Opfer und der Überlebenden wie die Untersuchungen der Historiker und die theologischen Analysen tun hier prinzipiell nichts Verschiedenes. Sie wollen mit verschiedenen Methoden und Hermeneutiken »bloß zeigen, wie es eigentlich gewesen« (Leopold von Ranke).

Hier wird nicht moralisiert, sondern menschliche und unmenschliche Moralen mitsamt ihren Begründungen, ihr Scheitern und ihre Erfolge, gesehen, benannt und vergegenwärtigt. Ein permanenter Historikerstreit ist notwendigerweise im Gang, als Auseinandersetzung um die gewesene, die gegenwärtige und die kommende Geschichte. Alle Wissenschaften sind eingeladen, sich an ihm zu beteiligen, weil sie alle ihre Beiträge zur Geschichte lieferten und liefern.

Das Unbefriedigende an diesem Historikerstreit ist neben dem Revisionismuswunsch einiger die weitgehende Nichtteilnahme vor allem der Naturwissenschaften, der Medizin und der Ökonomie an der Auseinandersetzung um ihre jeweilige Geschichte. Dazu gehören nicht nur ihre Erfolge, sondern auch ihre Dienstbarkeiten gegenüber Unrecht und Gewalt.

Was ist die wahre Geschichte? »Was vor einem halben Jahrhundert der Jugend in ihrem Traum der kommenden Erfüllung war, war gewiß nicht die wahre Geschichte; aber ist das, was sich in diesen Jahren vor unseren Augen begibt, die wahre? Oder wird etwa, was der zukünftige Historiker berichten wird, die wahre sein? ... Wo anders auf Erden möchte sie zu finden sein als in solchem – Erinnern?« So fragt Martin Buber 1954.

Das ist kein Plädoyer gegen Utopien, gegen die leibhaftige Erfahrung der alltäglichen Geschichte, wie sie jeder macht, oder gegen die Arbeit der Geschichtswissenschaft, wohl aber ein Plädoyer für eine Aufgabe, die zu verweigern der Menschheit das Gedächtnis und damit die Orientierung raubt. Das Buch von Christoph Münz gehört zu den stärksten Plädoyers, sich nicht zu verweigern. Die Fülle des ausgebreiteten Materials, genauer: der von ihm hörbar gemachten Stimmen, verdient jede Aufmerksamkeit.

Martin Stöhr

Bibliographie

Vorbemerkung

Die Literaturrecherche stellte sich als eine schwierige und zeitaufwendige Aufgabe heraus. Es gibt zwar eine Reihe sehr guter Bibliographien im angelsächsichen Raum, die dem Holocaust oder einer seiner Aspekte gewidmet sind. Sie alle sind jedoch zwangsläufig sehr lückenhaft. Meist findet sich in ihnen ein Abschnitt, der mit »Theology«, »Philosophy« oder »Interpretations« überschrieben ist, aber es gibt keine spezielle Fachbibliographie, welche die unzähligen theologischen, philosophischen oder geschichtstheoretischen Arbeiten zum Holocaust vereint. In dieser Hinsicht ist das vorliegende Literaturverzeichnis der erste Versuch, in systematischer Absicht die entsprechenden Veröffentlichungen zu den genannten Stichworten zu versammeln.

Meinen ausdrücklichen Dank schulde ich *Susan Sarah Cohen* von der *National Library* der *Hebrew University of Jerusalem*, die mir Einblick in bislang unveröffentlichte Manuskripte der auf mehrere Bände angelegten, kommentierten Bibliographie zum Antisemitismus gewährte (vgl. S. Cohen 1987/ 91). Auf diese Weise war es mir möglich, selbst weit abgelegene Artikel und Bücher zu ermitteln. Wertvolle Literaturhinweise verdanke ich auch einer recht umfangreichen bibliographischen Liste der *Ecumenical Theological Research Fraternity in Israel, Jerusalem*, die mir *Petra Heldt* und *Malcolm Loewe* freundlicherweise zugänglich machten. Auch *Martin Stöhr* hat mit manch hilfreichen Hinweisen das Suchen und Finden erleichtert.

Die nun vorliegende Bibliographie gliedert sich in drei Teile. Zunächst werden die wichtigsten Bibliographien und Lexika, die mir bei meiner Arbeit halfen, genannt. Der nächste Abschnitt enthält die Primärliteratur. Hierunter verstehe ich alle Arbeiten der in Kapitel V-2 und V-3 behandelten Hauptvertreter der jüdischen Holocaust-Theologie. Der dritte und umfangreichste Abschnitt schließlich umfaßt die Sekundärliteratur, d.h. sämtliche für meine Arbeit relevanten Titel.

Bibliographische Nachschlagewerke und Lexika

CARGAS, Harry James (1985): The Holocaust: An Annotated Bibliography, 2. Ed. Chicago.
CHARNY, Israel W. (Ed.) (1988/91): Genocide: A Critical Bibliographical Review, London, [Vol.1: 1988, Vol.2: 1991].
COHEN, Arthur A./MENDES-FLOHR, Paul (Eds.) (1988): Contemporary Jewish Religious Thought. Original Essays on Critical Concepts, Movements, and Beliefs, London.
COHEN, Susan Sarah (Ed.) (1987/91): Antisemitism. An Annotated Bibliography, Vol. 1-3, [The Vidal Sassoon International Center for the Study of Antisemitism. The Hebrew University of Jerusalem], New York/London.
COHN-SHERBOK, Dan (Ed.) (1992): The Blackwell Dictionary of Judaica, Oxford.

DAVIS, Jonathan (Ed.) (1986): Film, History and the Jewish Experience. A Reader, London.
DREW, Margaret (Ed.) (1988): Holocaust and Human Behavior: An annotated Bibliography, New York.
ECKARDT, Roy A. (1981): Recent Literature on Christian-Jewish Relations, in: Journal of the American Academy of Religion, Vol.49, S.99-111.
EDELHEIT, Abraham J./EDELHEIT, Hershel (1988): The Jewish World in Modern Times. A Selected, Annotated Bibliography, Boulder/London.
EDELHEIT, Abraham J./EDELHEIT, Hershel (1990): Bibliography on Holocaust Literature, Boulder.
EITINGER, Leo/KRELL, Robert/RIECK, Miriam (Eds.) (1985): The psychological and medical effects of concentration camps and related persecutions on survivors of the Holocaust. A research bibliography, Vancouver.
ENCYCLOPAEDIA JUDAICA, 17 Vols., Jerusalem 1968ff.
EPHEMERIDES THEOLOGICAE LOVANIENSES (1969/89), Jahrgänge 1969-1989, Leuven.
FLEISCHNER, Eva (1977a): A Select Annotated Bibliography on the Holocaust, in: Horizons, Vol.4, S.61-84.
GLANZ, Rudolf (1969): The German Jew in America – An Annotated Bibliography, New York.
GRIFFITHS, Davis B. (1988): A Critical Bibliography of Writings on Judaism, 2 Vols., Lewiston/Queenston.
HENRIX, Hans H. (1968): In der Entdeckung von Zeitgenossenschaft. Ein Literaturbericht zum christlich-jüdischen Gespräch der letzten Jahre, in: Una Sancta, Jg.33, S.245-260.
JÄCKEL, E./LONGERICH, P./SCHOEPS, J.H. (Hg.) (1993): Enzyklopädie des Holocaust. Die Verfolgung und Ermordung der europäischen Juden, 3 Bde., Berlin.
KAPLAN, Jonathan (Ed.) (1983): 2000 Books & More. An Annotated and Selected Bibliography of Jewish History and Thought, Jerusalem.
KISCH, Guido/RÖPKE, Kurt (1959): Schriften zur Geschichte der Juden. Eine Bibliographie der in Deutschland und der Schweiz 1922-1955 erschienenen Dissertationen, Tübingen.
MAIER, J./SCHÄFER, P. (1981): Kleines Lexikon des Judentums, Stuttgart.
MEIER, Kurt (1987): Literatur zum christlich-jüdischen Dialog, in: Theologische Rundschau 52/2, S.155-181.
MELZER, Joseph (Hg.) (1960): Deutsch-jüdisches Schicksal. Wegweiser durch das Schrifttum der letzten 15 Jahre, 1945-1960, Köln.
MUFFS, Judith Herschlag/KLEIN, Dennis B. (Eds.) (1982): The Holocaust in Books and Films. A Selected Annotated List, New York.
NOVECK, Simon (Ed.) (1963): Great Jewish Thinkers of the twentieth Century, Clinton.
NOVECK, Simon (Hg.) (1972): Grosse Gestalten des Judentums, 2 Bde, Zürich.
PETUCHOWSKI, Jakob J./THOMA, Clemens (1989): Lexikon der jüdisch-christlichen Begegnung, Freiburg.
PFISTERER, Rudolf (Hg.) (1985): Von A – bis Z. Quellen zu Fragen um Juden und Christen, Neukirchen-Vluyn.
POST-WAR PUBLICATIONS ON GERMAN JEWRY (1956/1992), in: Ausgaben des Leo-Baeck Year-Book der Jahre 1956-1992, London.

SABLE, Martin H. (1987): Holocaust Studies: a directory and bibliography of bibliographies, Greenwood.
SALAMANDER, Rachel (Hg.) (1987/92): Literatur zum Judentum, bisher 6 Hefte, München.
SCHOEPS, Julius H. (Hg.) (1992): Neues Lexikon des Judentums, Gütersloh/ München.
SHERMIS, M. (1988): Jewish-Christian Relations: An Annotated Bibliography and Resource Guide, Bloomington/Indianapolis.
SHERMIS, M. (1988a): Recent Publications in the Jewish-Christian Dialogue: An Annotated Bibliography, in: American Journal of Theology and Philosophy, Vol.9, S.137-142.
SZONYI, David M. (1985): The Holocaust: An Annotated Bibliography and Resource Guide, New York.
THE HOLOCAUST (1988/90), Catalog of Publications and Audio-Visual Materials, edited by the International Center for Holocaust Studies, New York.
The Nazi Holocaust (1982), edited with Introductions by Michael R. Marrus, 15 Bände, London.
WIGODER, Geoffrey (Ed.) (1991): Dictionary of Jewish Biography, New York/ Jerusalem.
Who's Who in World Jewry (1988). A Biographical Encyclopedia of Outstanding Jews, New York.

Primärliteratur

BERKOVITS, Eliezer (1938): Was ist der Talmud?, Berlin.
Ders. (1943): Towards historic Judaism, Oxford.
Ders. (1956): Judaism. Fossil or Ferment?, New York.
Ders. (1959): Reconstructionist Theology, in: Tradition 2, S.20-26.
Ders. (1959a): God, Man and History, New York.
Ders. (1966): Judaism in the post-Christian Era, in: Judaism, Vol.15, S.74-84.
Ders. (1970): The Hiding God of History, in: Gutman/Rothkirchen 1970, S.684-704.
Ders. (1972): Approaching the Holocaust, in: Judaism, Vol.22, No.1, 1972, S.18-20.
Ders. (1973): Faith after the Holocaust, New York.
Ders. (1976): Crisis and Faith, New York.
Ders. (1978): Facing the Truth, in: Judaism, Vol.27, No.3, S.324-326.
Ders. (1979): With God in Hell. Judaism in the Ghettos and Deathcamps, New York/London.
Ders. (1982): Das Verbergen Gottes, in: Brocke/Jochum 1982, S.43-72.
Ders. (1989): In the Beginning Was the Cry, in: Roth/Berenbaum 1989, S.298-301.
COHEN, Arthur A. (1959): Martin Buber, New York.
Ders. (1966): Der natürliche und der übernatürliche Jude. Das Selbstverständnis des Judentums in der Neuzeit, Freiburg, (EA: 1962).
Ders. (1968): Commentary on ›Homeland and Holocaust‹, in: Cutler 1968, S.87-91.
Ders. (Ed.) (1970): Arguments and Doctrines. A Reader of Jewish Thinking in the Aftermath of the Holocaust, New York.
Ders. (1970a): The Philosopher and the Jew, in: Ders. 1970, S.174-188.
Ders. (1971): The Myth of the Judeo-Christian Tradition, New York.

Ders. (1973): In the Days of Simon Stern, Chicago.
Ders. (1974): Thinking the Tremendum. Some Theological Implications of the Death-Camps, [Leo Baeck Memorial Lecture 18], New York, (Wiederabdruck in: Forum, Vol.30/31, 1978, S.121-134.).
Ders. (1975): Sonia Delaunay, Bergenfeld.
Ders. (1976): A Hero in His Time, Chicago.
Ders. (1980/81): The Tremendum as Caesura. A Phenomenological Comment on the Holocaust, in: Cross Currents. A Quarterly Review to Explore the Implications of Christianity for our Times, Vol.30, S.421-440.
Ders. (1981): The Tremendum. A theological interpretation of the Holocaust, New York.
Ders. (1981a): The American Imagination after the War: Notes on the Novel, Jews and Hope, [B.G. Rudolph Lectures in Judaic Studies], Syracuse.
Ders. (1982): Mysterium Tremendum, in: Brocke/Jochum 1982, S.126-135.
Ders. (1983): On Emil Fackenheim's ›To Mend the World‹. A Review Essay, in: Modern Judaism 2, S.225-236.
Ders. (1984): In unserem schrecklichen Zeitalter: Das Tremendum der Juden, in: Concilium 5, S.369-375.
Ders. (1987): On Judaism and Modernism, in: Partisan Review, vol.54, S.437-442.
ELLIS, Marc H./MADURO, Otto (Eds.) (1988): The Future of Liberation Theology. Essays in Honour of Gustavo Gutierrez, Maryknoll.
ELLIS, Marc H./RUETHER, Rosemary Radford (Eds.) (1990): Beyond Occupation – American Jewish, Christian and Palestinian Voices for Peace, Boston.
ELLIS, Marc H. (1985): Notes Toward a Jewish Theology of Liberation, in: Doing Theology in the United States, Vol. 1, S.5-17.
Ders. (1986): Faithfulness in an Age of Holocaust, Warwick.
Ders. (1987): Toward a Jewish Theology of Liberation: The Uprising and the Future, Maryknoll.
Ders. (1988): Theology and the Palestinian Uprising: A Jewish Perspective, in: New Blackfriars, Vol.69, S.256-270.
Ders. (1988a): From Holocaust to Solidarity – Perspectives on a Jewish Theology of Liberation, in: Christian-Jewish Relations, Vol.21, No.1, S.31-36.
Ders. (1988b): Resources for a Jewish Theology of Liberation, in: Christian-Jewish Relations, Vol.21, No.1, S.40-44.
Ders. (1990): Beyond Innocence and Redemption: Confronting the Holocaust and Israeli Power. Creating a Future of the Jewish People, San Francisco.
Ders. (1990a): The Task Before Us: Contemporary Jewish Religious Thought and the Challenge of Solidarity, in: European Judaism, Vol. 23, No.1, S.31-44.
Ders. (1992): Zwischen Hoffnung und Verrat. Schritte auf dem Weg einer jüdischen Theologie der Befreiung (= dt. Übersetzung von Ellis 1987), Luzern.
FACKENHEIM, Emil L. (1960): Paths to Jewish Belief, New York.
Ders. (1960a): A Critique of Reconstructionism, in: Central Conference of American Rabbis Journal, S.51-59.
Ders. (1961): Metaphysics and Historicity, Milwaukee.
Ders. (1968): The Religious Dimension in Hegel's Thought, Bloomington, (EA: 1961).
Ders. (1968a): Idolatry as a Modern Religious Possibility, in: Cutler 1968, S.254-287.
Ders. (1968b): Quest for Past and Future. Essays in Jewish Theology, Bloomington.

Ders. (1969): Hermann Cohen – After Fifty Years, [Leo Baeck Memorial Lecture 12], New York.
Ders. (1970): God's Presence in History, New York.
Ders. (1971): The Human Condition after Auschwitz, [B.G. Rudolph Lectures in Jewish Studies], Syracuse.
Ders. (1973): Encounters between Judaism and Modern Philosophy, New York.
Ders. (1974): The Holocaust and the State of Israel, in: Enzyclopaedia Judaica Year-Book 1974, Jerusalem, S.156ff.
Ders. (1975): The People Israel Lives, in: Talmadge 1975, S.296-308.
Ders. (1977): Post-Holocaust Anti-Jewishness. Jewish identity and the centrality of Israel, in: M. Davis 1977, S.11-31.
Ders. (1977a): The Holocaust and the State of Israel, in: Fleischner 1977, S.205-216.
Ders. (1978): Jewish Return into History, New York.
Ders. (1978a): Midrashic Existence after the Holocaust: Reflections Occasioned by the Work of Elie Wiesel, in: Rosenfeld/Greenberg 1978, S.99-116.
Ders. (1978b): Philosophy and Jewish Existence in the Present Age, in: Daat, Vol.1, No.1, S.6-28.
Ders. (1980): What the Holocaust was not, in: Face to Face, S.8-9.
Ders. (1982): To Mend the World: Foundations of Future Jewish Thought, New York.
Ders. (1985): The Shoa as a novum for history, philosophy and theology, in: Daat, No.15, (hebr. mit engl. summary), S.121-127.
Ders. (1985a): The Holocaust and Philosophy, in: Journal of Philosophy, Vol.82, No.10, S.505-515.
Ders. (1985b): Die menschliche Verantwortung für die Schöpfung. Zur Aktualität der Thora nach Auschwitz, in: Damit die Erde menschlich bleibt. Gemeinsame Verantwortung von Juden und Christen für die Zukunft, hrsg.v. W. Breuning u. H. Heinz, Freiburg 1985, S.86-113.
Ders. (1986): Concerning Authentic and Unauthentic Responses to the Holocaust, in: Holocaust and Genocide Studies 1, S.101-120.
Ders. (1987): What is Judaism? An interpretation für the present age, New York.
Ders. (1987a): Jewish Philosophy in the Academy, in: Midstream, Vol.33, S.19-22.
Ders. (1987b): Return to Kassel: an unscientific postscript to a conference on Franz Rosenzweig, in: Midstream, Vol.33, No.4, S.30-33.
Ders. (1988): Holocaust, in: Cohen/Mendes-Flohr 1988, S.399-408.
Ders. (1988a): Holocaust and Weltanschauung: philosophical reflections on why they did it, in: Holocaust and Genocide Studies, Vol.3, No. 2, S.197-208.
Ders. (1988b): Raul Hilberg and the Uniqueness of the Holocaust, in: Holocaust and Genocide Studies, Vol.3, No.4, S.491-494.
Ders. (1989): The Holocaust and future Jewish Thought, in: Midstream, Vol.35, No.6, S.16-20.
Ders. (1990): The Jewish bible after the Holocaust: a re-reading, Manchester.
Ders. (1990a): Germany's Worst Enemy, in: Commentary, Vol.90, No.4, S.31-34.
GREENBERG, Irving (1968): Commentary on ›Homeland and Holocaust‹, in: Cutler 1968, S.91-102.
Ders. (1975): Judaism and Christianity after the Holocaust, in: Journal of Ecumenical Studies 12, S.521-551.

Ders. (1977): Cloud of Smoke, Pillar of Fire: Judaism, Christianity, and Modernity after the Holocaust, in: Fleischner 1977, S.7-55.
Ders. (1977a): The interaction of Israel and the Diaspora after the Holocaust, in: M. Davis 1977, S.259-282.
Ders. (1978): The State of Israel and the Challenge of Power to Jewish and Christians Philosophy, in: Shoah 2, S.21-23.
Ders. (1979): Judaism and History: historical events and religious change, in: Shefa, Vol.2, No.1, S.19-37.
Ders. (1979a): New Revelations and New Patterns in the Relationship of Judaism and Christianity, in: Journal of Ecumenical Studies, Vol.16, S.249-267.
Ders. (1979b): Polarity and Perfection, in: Building a Moral Society 1979, S.12-14.
Ders. (1980): The new spirit in Christian-Jewish relations, in: Christian-Jewish Relations, No.70, S.20-39.
Ders. (1980a): On the Third Era in Jewish History: Power and Politics, in: Perspectives, S.1-22.
Ders. (1981): The Third Great Cycle in Jewish History, in: Perspectives, New York.
Ders. (1982): Religious Values after the Holocaust: A Jewish View, in: Peck 1982, S. 63-83.
Ders. (1982a): Augenblicke des Glaubens, in: Brocke/Jochum 1982, S.136-177.
Ders. (1982b): The Voluntary Covenant, New York.
Ders. (1983): Are We Focusing on the Holocaust Too Much?, New York.
Ders. (1984): The Relationship of Judaism and Christianity: Toward a new organic model, in: Quarterly Review (Methodist), S.4-22.
Ders. (1988): The Jewish Way: Living the Holidays, New York.
Ders. (o.J.): Lessons to be learned from the Holocaust, [Vortragsmanuskript], Jerusalem.
MAYBAUM, Ignaz (1935): Parteibefreites Judentum, Berlin.
Ders. (1936): Neue Jugend und alter Glaube, Berlin.
Ders. (1941): Man and Catastrophe, London.
Ders. (1944): Synagogue and Society. Jewish Christian Collaboration in Defense of Western Civilization, London.
Ders. (1945): The Jewish Home, London.
Ders. (1962): The Faith of the Jewish Diaspora, London.
Ders. (1965): The Face of God after Auschwitz, Amsterdam.
Ders. (1973): Trialogue between Jew, Christian and Muslim, London.
Ders. (1980): Happiness Outside the State, London.
RUBENSTEIN, Richard L./ROTH, John K. (1987): Approaches to Auschwitz: The Legacy of the Holocaust, Atlanta.
RUBENSTEIN, Richard L. (1966): After Auschwitz. Radical Theology and Contemporary Judaism, New York.
Ders. (1968): Homeland and Holocaust: issues in the Jewish religious situation, in: Cutler 1968, S.39-64 u. 102-111.
Ders. (1968a): The Religious Imagination: A Study in Psychoanalysis and Jewish Theology, Indianapolis.
Ders. (1970): God as Cosmic Sadist: In Reply to Emil Fackenheim, in: Christian Century, 29. July 1970, S.921-923.
Ders. (1972): My Brother Paul, New York.

Ders. (1972a): Job and Auschwitz, in: Union Seminary Quarterly Review, Vol. 25, No.4, S.421-430.
Ders. (1975): The Cunning of History: Mass Death and the American Future, New York.
Ders. (1979): Buber and the Holocaust: Some Reconsiderations on the 100th Anniversary of His Birth, in: Michigan Quarterly Review, Vol.43, No.3, S.382-402.
Ders. (1980): The Fall of Jerusalem and the Birth of Holocaust Theology, in: Jospe/Fishman 1980, S.223-240.
Ders. (1981): Reason's Deadly Dreams, in: J.May (Ed.): Encountering Evil, Boston 1981, S.3-23.
Ders. (1983): The Age of Triage: Fear and Hope in an Overcrowded World, Boston.
Ders. (1983a): Anticipations of the Holocaust in the Political Sociology of Max Weber, in: Legters 1983, S.165-196.
Ders. (1983b): Religion and History: Power, History, and the Covenant at Sinai, in: Neusner 1983, S.165-183.
Ders. (1984): Naming the Unnameable. Thinking the Unthinkable: A Review Essay of Arthur Cohen's The Tremendum, in: Journal of Reform Judaism, Vol.31, S.43-54.
Ders. (1987): Afterword. Genocide and Civilization, in: Walliman/Dobkowski 1987, S.283-298.
Ders. (1988): Evil, in: Cohen/Mendes-Flohr 1988, S.203-210.
Ders. (1989): Waldheim, the Pope and the Holocaust, in: Holocaust and Genocide Studies 1, S.1-14.

Sekundärliteratur

A CHRISTIAN MEMORIALIZATION of the Holocaust (1980), in: Face to Face, Vol.7, S.27-28.
A Guide to libraries of Judaica and Hebraica in Europe (1985), compiled by F. J. Hoogewoud, Copenhagen.
A World Built, Destroyed, And Built Again (1978). An Israeli Television Symposium, in: Immanuel, No.8, S.112-117.
ABEL, Theodor (1943): Simon Segal's ›New Order in Poland‹, in: Jewish Social Studies, Vol.5, S.78-79.
ABRAHAMSON, Irving (Ed.) (1985): Against Silence. The Voice and Vision of Elie Wiesel, 2 Vols., New York.
ABZUG, Robert H. (1985): Inside the Vicious Heart. Americans and the Liberation of Nazi Concentration Camps, New York.
ACKERMANN, W./CARMON, A./ZUCKER, D. (Eds.) (1985): Education in Evolving Society, (hebr. und dt.), Jerusalem.
ADAM, Uwe D. (1972): Judenpolitik im Dritten Reich, Düsseldorf.
ADLER, David (1989): We Remember the Holocaust, New York.
ADLER, H.G./LANGBEIN, H./LINGENS-REINER, E. (Hg.) (1988): Auschwitz. Zeugnisse und Berichte, Frankfurt/M., (EA: 1962).
ADLER, H.G. (1958): Der Kampf gegen die ›Endlösung der Judenfrage‹, [Schriftenreihe der Bundeszentrale für Heimatdienst, Heft 34], Bonn.
Ders. (1960): Theresienstadt 1941-1945. Das Anlitz einer Zwangsgemeinschaft, 2. verb. u. erg. Aufl. Tübingen, (EA: 1955).

ADORNO, Theodor W. (1963): Was bedeutet: Aufarbeitung der Vergangenheit?, in: Ders., Eingriffe. Neun kritische Modelle, Frankfurt/M. 1963, S.125-146.
ADROD, Michal (1989): Der Kampf gegen die Erinnerung, in: Semit 3, S.33-34.
AGAR, Herbert (1960): The Saving Remnant. An account of Jewish Survival, New York.
AGURSKY, Mikhail (1983/84): Russian Orthodox Christians and the Holocaust, in: Immanuel, No.17, S.88-93.
AGUS, Jacob B. (1959): The Evolution of Jewish Thought from Biblical Times to the Opening of the Modern Era, New York.
Ders. (1963): The Meaning of Jewish History, 2 Vols., London/New York/Toronto.
AHREN, Y./MELCHERS, C.B./SEIFERT, W./WAGNER, W. (1982): Das Lehrstück ›Holocaust‹. Zur Wirkungspsychologie eines Medienereignisses, Opladen.
AHREN, Yizhak (1988): Die Abkehr vom Judentum in leichteren und schwereren Zeiten. Austritte aus der Jüdischen Gemeinde Berlin 1873-1941, in: Jüdische Rundschau 31, 4.8.1988, S.7.
ALBREKTSON, Beril (1967): History and the Gods. An Essay on the Idea of Historical Events as Divine Manifestations in the ancient Near East and in Israel, Lund.
ALEXANDER, Edward (1977/78): The Holocaust in Jewish Novels, in: Jewish Book Annual, Vol.35, York.
Ders. (1979): The Resonance of Dust. Essays on Holocaust Literature and Jewish Faith, Columbus.
ALTER, Robert (1981): Deformations of the Holocaust, in: Commentary, S.48-54.
ALTMANN, Alexander (1935): Zur Auseinandersetzung mit der ›dialektischen Theologie‹, in: Ben-Chorin/Lenzen 1988, S.256-271.
Ders. (1956): Theology in Twentieth-Century German Jewry, in: Leo-Baeck Year-Book 1, S.193-216.
Ders. (1988): Franz Rosenzweig on History, in: Mendes-Flohr 1988, S.124-137.
ALY, Götz (1992): Wider das Bewältigungs-Kleinklein, in: Loewy 1992, S.42-51.
AMERICAN THEOLOGY AFTER AUSCHWITZ (1981), ed. John K. Roth, in: American Journal of Theology and Philosophy 2, No.3, S.81-129.
AMERY, Jean (1988): Jenseits von Schuld und Sühne. Bewältigungsversuche eines Überwältigten, München, (EA: 1966).
AMICHAI, Yehuda (1988): Wie schön sind deine Zelte, Jakob, München.
AMIR, Yehoshua (1987): Der Platz der Geschichte bei Franz Rosenzweig, in: Trumah – Hochschule für jüdische Studien Heidelberg, Hrsg.v. Elat,M./ Cohen, M.S./Kwasmann, T., Wiesbaden 1987, S.199-211.
Ders. (1973/74): Yom Kippur and the War, Immanuel, No.3, S.84-87.
Ders. (1980): Jüdisch-theologische Positionen nach Auschwitz, in: Ginzel 1980, S.439-456.
Ders. (1985): Der Platz des Landes Israel im Verständnis des Judentums, in: Berliner Theologische Zeitschrift, Jg.2, S.64-73.
AMISHAI-MAISELS, Ziva (1988): Christological Symbolism of the Holocaust, in: Holocaust and Genocide Studies, Vol.3, No.4, S. 457-481.
AMITAL, Yehuda (1974): On the meaning of the Yom Kippur war, in: Immanuel, No.4, S.94-100.
AMMICHT-QUINN, Regina (1992): Von Lissabon bis Auschwitz. Zum Paradigmawechsel in der Theodizeefrage, Freiburg.

Dies., (1992a): Von Lissabon bis Auschwitz. Überlegungen zu einem Paradigmawechsel in der Theodizee, (Vortragsmanus. von Verf. frndl. zur Verf. gestellt).
ANDERS, Günther (1988): Wir Eichmannsöhne, München.
Anstieg antijüdischer Zwischenfälle in den USA (1989), in: Aufbau 3, 3.2.89, S.10.
ARAD, Yitzhak (Ed.) (1974): Holocaust and Rebirth: A Symposium, Jerusalem.
ARENDT, Hannah (1963): Eichmann in Jerusalem, New York, (dt.: München 1964).
Dies. (1989): Nach Auschwitz. Essays und Kommentare 1, Berlin.
ARIEL, Yaakov (1991): Jewish Suffering and Christian Salvation. The Evangelical-Fundamentalist Holocaust Memoirs, in: Holocaust and Genocide Studies, Vol.6, No.1, S.63-78.
ARING, Paul G. (1988): Elie Wiesel: Lasst uns neu beginnen bei den Kindern. Konferenz ›Remembering for the Future‹ in Oxford und London, in: Aufbau 17, 12.8.88, S.3.
ARNIM, Gabriele von (1989): Das große Schweigen. Von der Schwierigkeit, mit den Schatten der Vergangenheit zu leben, München.
ARONSON, Ronald (1983): The Dialectics of Disaster. A Preface to Hope, London.
Ders. (1988): The Holocaust and Human Progress, Rosenberg/Myers 1988, S.223-244.
ASCHER, Paul (Hg.) (1969): Evangelium und Geschichte in einer rationalisierten Welt, Trier.
ASENDORF, Manfred (Hg.) (1974): Von der Aufklärung in die permanente Restauration. Geschichtswissenschaft in Deutschland, Hamburg 1974.
ASSMANN, Jan (1992): Das kulturelle Gedächtnis. Schrift, Erinnerung und politische Identität in frühen Hochkulturen, München.
ATEEK, Naim S. (1990): Recht, nichts als Recht! Entwurf einer palästinensisch-christlichen Theologie, Luzern.
AUSCHWITZ IM VERSTÄNDNIS DER OPFER (1991): Das Gedächtnis der Toten aus jüdischer und aus polnischer Sicht. Eine Dokumentation, hrsg.v. Pax-Christi-Bewegung, Deutsche Sektion, Bad Vilbel.
Auseinandersetzung von großer Bedeutung (1991): in: Aufbau, No.5, 1.3.1991, S.13.
Ausschreitungen antisemitischer Art haben in den USA zugenommen (1988): in: Aufbau 7, 25.3.88, S.17.
AVIAD, Janet (1983): Return to Judaism. Religious Renewal in Israel, Chicago.
AWERBUCH, Marianne (1985): Zwischen Hoffnung und Vernunft. Geschichtsdeutung der Juden in Spanien vor der Vertreibung am Beispiel Abravanels und Ibn Vergas, Berlin.
AYALI, Meir (1982): Responsen ohne Entscheidung zur Zeit des Holocaust, in: Kairos, Jg.24, H.1-2, S.37-45.

B'nai B'rith history of the Jewish people (1985): Vol.3: God, Torah, Israel – concepts that distinguish Judaism, ed. by Abraham E. Millgram, Washington 1985.
BAB, Julius (1988): Leben und Tod des deutschen Judentums, hrsg.v. Klaus Siebenhaar, Berlin.
BACKES, Uwe/ECKHARD, Jesse/ZITELMANN, Rainer (Hg.) (1992): Die Schatten der Vergangenheit. Impulse zur Historisierung des Nationalsozialismus, Berlin.
Dies. (1992a): Was heißt: ›Historisierung‹ des Nationalsozialismus?, in: Dies. 1992, S.25-57.
BAECK, Leo (1938): Theologie und Geschichte, in: Ben-Chorin/Lenzen 1988, S. 233-245.

Ders. (1955): Dieses Volk. Jüdische Existenz I und II, Frankfurt/M.
Ders. (1960): Das Wesen des Judentums, Köln.
Ders. (1988): Die Existenz des Juden. Lehrhausvortrag vom 30.Mai 1935, in: Bulletin des LBI 81, S.9-16.
BAER, Yitzhak F. (1936): Galut, Berlin.
BÄRSCH, Claus-E. (1988): Antijudaismus, Apokalyptik und Satanologie. Die religiösen Elemente des nationalsozialistischen Antisemitismus, in: Zeitschrift für Religions- und Geistesgeschichte, Jg.40, S.112-133.
Ders. (1991): Religiöse Dimensionen der nationalsozialistischen Ideologie, Frankfurt/M.
BAHNERS, Patrick (1991): Die Totgeburt der Tragödie. Ernst Noltes zwanzigstes Jahrhundert, in: Frankfurter Allgemeine Zeitung, 12.11.1991, S.L14.
BAHR, Hans-Eckehard (1988): Alles, was man vergessen hat, schreit im Traum um Hilfe. Deutsche Geschichte nach 1945 als Phasen versäumter und versuchter Trauer, in: Einwürfe, Jg.5, S.114-125.
BALDWIN, Peter (Ed.) (1990): Reworking the Past: Hitler, the Holocaust and the Historians Debate, Boston 1990.
BALL-KADURI, Kurt Jacob (1967): Leo Baeck and Contemporary History, in: Yad Vashem Studies, Vol.6, S.121-129.
BAMBERGER, B. J. (1977): Jewish Otherworldliness, in: Judaism, Vol.26, S.201-205.
BAR-HAI, Eliav/BERKOWITZ, Linda (1989): Psychotherapeutischer Betreuer und Partner beim Kaffeetrinken, in: Jüdische Rundschau 3, 19.1.1989, S.3. Holocaust.
BAR-ON, Mordechai (1976): The Commandments and the ›Commander‹, Jerusalem.
BAR-ON, A. Zvie (1984/85): Measuring Responsibility, in: Philosophical Forum, Vol.16, No.1/2, S.95-109.
BARCROFT, Janet (1984): The Eclipse of God: A Jewish-Christian Perspective, in: Christian Jewish Relations 17, No.1, S.20-29.
BARING, Arnulf (1991): Deutschland, was nun? Ein Gespräch mit Dirk Rumberg und Wolf Jobst Siedler, Berlin.
BARNAI, Jacob (1987): Trends in the Historiography of the Medieval and Early Modern Period of the Jewish Community in Eretz-Israel, in: Cathedra, Vol.42, S.87-120.
BARON, Salo W. (1939): Emphases in Jewish History, in: Jewish Social Studies 1/1, S.15-38.
Ders. (1962): World Dimensions of Jewish History, [Leo Baeck Memorial Lecture 5], New York.
Ders. (1963): American Jewish Scholarship and World Jewry, in: American Jewish Historical Quarterly 52/4, S.274-282.
Ders. (1964): History and Jewish Historians: Essays and Adresses, Philadelphia.
Ders. (1965): Newer Emphases in Jewish History, in: Jewish Social Studies 25/4, S.235-248.
Ders. (1952/76): Social and Religious History of the Jews, 16 Bde., New York.
BARON, Lawrence (1981): Teaching the Holocaust to Non-Jews, in: Shoah, Vol.2, No.2, S.14-15.
BARRACLOUGH, Geoffrey (1972): Mandarins and Nazis, in: New York Review of Books, [19.10./2.11./16.11.], S.37-43, 32-38, 25-31.
BARTH, Aron (1983): Der moderne Jude und die ewigen Fragen, Jerusalem, [Nachdruck d. Ausg. Tel Aviv 1957].

BARTH, Zeev (1988): Der jüdische Vorahnungskomplex. Antisemitismus ist in den USA unpopulärer denn je zuvor, in: Jüdische Rundschau 7, 18.2.88, S.14.
BATSTONE, D. B. (1986): The Transformation of the Messianic Idea in Judaism and Christianity in Light of the Holocaust: Reflections on the Writings of Elie Wiesel, in: Journal of Ecumenical Studies, Vol.23, S.587-600.
BATTEGAY, Raymond (1989): Überlebende des Holocast – eine psychoanalytische Betrachtung. Identifikation mit dem sadistischen Über-Ich, in: Jüdische Rundschau, 19.1.89, S.2.
BATTENBERG, Friedrich (1990): Das europäische Zeitalter der Juden, 2 Bde., Darmstadt.
BAUDRILLARD, Jean (1988): Hunting Nazis and Losing Reality, in: New Statesman, 19.2.1988, S.16-17.
BÄTZ, Kurt (1984): Judentum. Wege und Stationen seiner Geschichte, Stuttgart.
BAUER, Yehuda/ROTENSTREICH, Nathan (Eds.) (1981): The Holocaust as Historical Experience. Essays and a Discussion, New York/London.
BAUER, Yehuda (1974): My Brother's Keeper: A History of the American Jewish Joint Distribution Committee 1929-1933, Philadelphia.
Ders. (1977): Trends in Holocaust Research, in: Yad Vashem Studies, Vol.12, S.7-36.
Ders. (1978): The Holocaust in Historical Perspective, Seattle.
Ders. (1979): The Jewish Emergence from Powerlessness, Toronto.
Ders. (1980): Whose Holocaust?, in: Midstream, S.42-46.
Ders. (1981): American Jewry and the Holocaust: The American Jewish Joint Distribution Committee, 1939-1945, Detroit.
Ders. (1982): A History of the Holocaust, New York.
Ders. (1987): Judaism after the Holocaust, in: Secular Humanistic Judaism, No.2, S.14-20.
Ders. (1989): The Place of the Holocaust in Contemporary History, in: Roth/ Berenbaum 1989, S.16-41.
Ders. (1989a): Jewish Restistance and Passivity in the Face of the Holocaust, in: Furet 1989, S.235-251.
Ders. (1990): Antisemitismus und Krieg, in: Der nationalsozialistische Krieg, hrsg.v. N. Frei/H. Kling, Frankfurt/M. 1990, S.146-172.
Ders. (1991): The Holocaust, Religion, and Jewish History, in: Humanistic Judaism, S.10-15.
Ders. (1991a): Holocaust and Genocide: Some Comparisons, in: Hayes 1991, S.36-46.
Ders. (1991b): A Response, in: Humanistic Judaism, S.31-32.
Ders. (1993): Judenhass – tiefgründige kulturelle Erscheinung, Jüdische Rundschau, Nr.23, 10.6.1993, S.2 u. 6.
BAUM, Gregory (1976): Christian Theology After Auschwitz, London.
Ders. (1980): Christians Confront the Holocaust: A Collection of Sermons, New York.
Ders. (1984): Der Holocaust und die politische Theologie, in: Concilium 5, S.390-398.
BAUM, Rainer C. (1988): Moral Indifference as the Form of Modern Evil, in: Rosenberg/ Myers 1988, S.53-90.
BAUMAN, Zygmunt (1989): Modernity and the Holocaust, Cambridge/Oxford/Ithaca/ New York, (dt.: Dialektik der Ordnung. Die Moderne und der Holocaust, Hamburg 1992).
BAUMGARTNER, Michael/RÜSEN, Jörn (Hg.) (1976): Seminar: Geschichte und Theorie. Umrisse einer Historik, Frankfurt/M.

BAUTZ, Franz J. (Hg.) (1989): Geschichte der Juden,³München.
BAYME, Steven (1981): Conflicting Jewish Responses to Modernity, in: Jospe/Wagner 1981, S.177-197.
BEARD, Charles A. (1935): That Noble Dream, in: American Historical Review, Vol.41, S.74-87.
BECK, Wolfgang (Hg.) (1992): Die Juden in der europäischen Geschichte, München.
BEGOV, Lucie (1969): Das verkannte Volk. Die Judenfrage – ein christliches Problem, Wien.
BEIN, Alexander (1980): Die Judenfrage. Biographie eines Weltproblems, 2 Bde., Stuttgart.
BEINERT, Wolfgang (1978): Wenn Gott zu Wort kommt. Einführung in die Theologie, Freiburg.
Bekennende Kirche (1952): Martin Niemöller zum 60. Geburtstag, München.
BEMPORAD, Jack (1976): The Concept of Man After Auschwitz, in: A.H.Friedländer 1976, S.477-487.
Ders. (1980): Lessons of the Holocaust are All-Important, in: The National Jewish Monthly, S.9-13.
BEN-CHANAN, Yaacov (1992): Jüdische Identität – heute. Drei Essays, Kassel.
BEN-CHORIN, S./LENZEN, V. (Hg.) (1988): Jüdische Theologie im 20. Jahrhundert, München.
BEN-CHORIN, Schalom (1956): Die Antwort des Jona. Zum Gestaltwandel Israels. Ein geschichtstheologischer Versuch, Hamburg.
Ders. (1975): Dogma und Dogmatik im Judentum, in: Ders. 1988, S.352-367.
Ders. (1975a): Fünf Kernpunkte des christlich-jüdischen Gesprächs, Trier.
Ders. (1986): Als Gott schwieg. Ein jüdisches Credo, Mainz.
Ders. (1988): Zwischen neuen und verlorenen Orten: Beiträge zum Verhältnis von Deutschen und Juden, München.
BEN-GERSHOM, Ezra (1991/92): Das Wesen des Nazi-Regimes aus der Sicht seiner Opfer. Eine jüdische Perspektive, in: From the Martin Buber House, No.19, S.13-27.
BEN-SASSON, H.H. (Hg.) (1979/80): Geschichte des jüdischen Volkes, 3 Bde., München.
BENAVIE, Barbara S. (1981): The Holocaust: Something for Everybody, in: Forum, No.40, S.89-92.
BENHABIB, Seyla (1988): Hannah Arendt und die erlösende Kraft des Erzählens, in: Diner 1988, S.150-174.
BENJAMIN, Walter (1976): Über den Begriff der Geschichte, in: Ders., Gesammelte Schriften, Bd.2, Frankfurt/M. 1976, S.691-704
BENYOETZ, Elazar (1990): Treffpunkt Scheideweg, München.
BENZ, Wolfgang/DISTEL, Barbara (Hg.) (1990): Erinnern oder Verweigern, [=Dachauer Hefte 6], Dachau.
BENZ Wolfgang/BENZ Ute (Hg.) (1992): Sozialisation und Traumatisierung. Kinder in der Zeit des Nationalsozialismus, Frankfurt/M.
BENZ, Wolfgang (1987): Die Abwehr der Vergangenheit. Ein Problem nur für Historiker und Moralisten?, in: Diner 1987, S.17-33.
Ders. (Hg.) (1989): Die Juden in Deutschland 1933-1945. Leben unter nationalsozialistischer Herrschaft, 1989.

Ders. (1990): Nachkriegsgesellschaft und Nationalsozialismus. Erinnerung, Amnesie, Abwehr, in: Dachauer Hefte 6, S.12-24.
Ders. (Hg.) (1991): Dimension des Völkermords. Die Zahl der jüdischen Opfer des Nationalsozialismus, München.
Ders. (1991a): Die Verfolgung und Vernichtung der Juden im Bewußtsein der Deutschen, Juden in Deutschland, hrsg.v. Peter Freimark/Alice Jankowski/ Ina S. Lorenz, Hamburg, S.435-449.
BENZAQUIN, Paul (1959): Holocaust!, New York.
BERDJAJEW, Nikolai (1925): Der Sinn der Geschichte, Darmstadt.
Ders. (1985): Christentum und Antisemitismus, in: Kontinent 2, S.31-41.
BERENBAUM, Michael (1979): The Vision of the Void: Theological Reflections on the Works of Elie Wiesel, Middletwon.
Ders. (1981/82): On the Politics of Public Commemoration of the Holocaust, in: Shoah, Vol.2/3, No.3/1, S.6-9 u.37.
Ders. (1983): The Uniqueness and Universality of the Holocaust, in: Rousseau 1983, S.81-93, (Wiederabdruck in: Roth/Berenbaum 1989, S.82-97).
Ders. (1988): Richard L. Rubenstein. A Renegade Son is Honored at Home, in: Journal of Ecumenical Studies, Vol.25, No.2, S.262-267.
BERGER, Alan L. (1981): Academia and the Holocaust, in: Judaism, Vol.32, No.2, S.166-176.
Ders. (1988): Holocaust and History: A Theological Reflection, in: Journal of Ecumenical Studies, Vol.25, S.194-211.
Ders. (1988a): Memory and Meaning: The Holocaust in Second-Generation Literature, in: Garber/Berger/Libowitz 1988, S.171-189.
Ders. (1988b): The Holocaust: The Ultimate and Archetypal Genocide, in: Charny 1988, S.59-65.
Ders. (1990): Bearing Witness: Second Generation Literature of the Shoah, in: Modern Judaism, S.43-63.
BERGER, D./WYSCHOGROD, M. (1978): Jews and ›Jewish Christianity', New York.
BERGER, Joel (o.J.): Judentum, in: Sachkunde Religion II. Religionen und Religionswissenschaft, hrsg.v. Jürgen Lott, Stuttgart/Berlin/Köln/Mainz.
BERGER, U./DEILE, V./GOLDSCHMIDT, D./LITTEL, F.H./LINGENS, E./ROHRBACH, G. (1980): Nach dem Holocaust. Konsequenzen für Zivilisation, Kultur, Politik, Religion, [Podiumsdiskussion Evangel. Kirchentag 1979], in: Osten-Sacken/Stöhr 1980, S.90-109.
BERGHAHN, Volker (1987): Geschichtswissenschaft und große Politik, in: Aus Politik und Zeitgeschichte, B11, 14.3.1987, S.25-37.
BERGHAHN, Volker (1991): The unmastered and unmusterable past, in: Journal of Modern History, Vol.63, No.3, S.546-554.
BERGMANN, Shmuel Hugo (1963): Can Transgression Have an Agent? On the Moral Judicial Problem of the Eichmann Trial, in: Yad Vashem Studies, Vol.5, S.7-15.
Ders. (o.J.): Die Heiligung des Namens, Wilhelm o.J., S.396-409.
Berliner Bischofskonferenz u.a. (Hg.) (1988): Die Last der Geschichte annehmen: Wort der Bischöfe zum Verhältnis von Christen und Juden aus Anlass des 50. Jahrestages der Novemberpogrome 1938, Bonn, (auch in: Herder Korrespondenz, Jg.42, 1988, S.566-571).

BERNHARDT, Reinhold (1989): Ein neuer Lessing? – Paul Knitters Theologie der Religionen, in: Evangelische Theologie, Jg.49, S.516-528.
Ders. (1990): Der Absolutheitsanspruch des Christentums. Von der Aufklärung bis zur Pluralistischen Religionstheologie, Gütersloh.
Ders. (Hg.) (1991): Horizontübeschreitung. Die Pluralistische Theologie der Religionen, Gütersloh.
BETHGE, Eberhard (1980): Der Holocaust als Wendepunkt, in: Klappert/Starck S.89-100.
Ders. (1991): Erstes Gebot und Zeitgeschichte. Aufsätze und Reden, München.
BETTELHEIM, Bruno (1978): The Holocaust: some reflections, a generation later, in: Encounter, S.7-19, (dt.: Holocaust – Überlegungen ein Menschenalter danach, in: Der Monat 2, 1978, S.5-24).
Ders. (1980): Erziehung zum Überleben, Stuttgart.
Ders. (1988): The Holocaust and the Undermind of the West, in: Dimensions 1, S.5-8.
BEZWINSKA, Jadwiga (Ed.) (1973): Amidst a Nightmare of Crime. Manuscripts of Members of Sonderkommando, Oswiecim.
BIALE, David (1986): Power and Powerlessness in Jewish History, New York.
BIEBER, H. J. (1972): Zur bürgerlichen Geschichtsschreibung und Publizistik über Antisemitismus, Zionismus und den Staat Israel, in: Das Argument 75.
BIEMER, G./BIESINGER, A./FIEDLER, P. (Hg.) (1984): Was Juden und Judentum für Christen bedeuten. Eine neue Verhältnisbestimmung, Freiburg.
BIER, Jean-Paul (1988): Paradigms and Dilemmas in the Literary Awareness of West Germany with Regard to the Persecution and Murder of the Jews, in: Cohen/Gelber/Wardi 1988, S.279-302.
BIERMANN, Wolf (1991): Laß, o Welt, o laß mich sein! Rede zum Eduard Mörike Preis 1991, in: Die Zeit, 15.11.1991, S.73.
BIRGER, Trudi (1990): Im Angesicht des Feuers. Wie ich der Hölle des Konzentrationslagers entkam, München.
BIRNBAUM, David (1989): God and Evil. A Jewish Perspective, Hoboken.
BIRNBAUM, Norman (1986): Zur gegenwärtigen Situation der amerikanisch-jüdischen Intelektuellen, in: Babylon, H. 1, S.21-44.
Ders. (1992): Die Vergangenheit annehmen. Amerikas Juden und die Deutschen, in: Spiegel Spezial, Nr.2, (Juden und Deutsche), S.118-122.
BLASIUS, Dirk/DINER, Dan (Hg.) (1991): Zerbrochene Geschichte. Leben und Selbstverständnis der Juden in Deutschland. Vom Mittelalter bis zur Gegenwart, Frankfurt/M.
BLAU, Joseph L. (1962): The Story of Jewish Philosophy, New York 1962.
BLENKINSOPP, Joseph (1990): The Judge of All the Earth. Theodicy in the Midrash on Genesis 18, 22-33, in: Journal of Jewish Studies, vol.61, No.1, S.1-12.
BLOCH, Sam (Ed.) (1965): Holocaust and Rebirth. Bergen Belsen 1945-1965, New York.
BLUMBERG, H. (1972): Theories of Evil in Medieval Jewish Philosophy, in: Hebrew Union College Annual 43, S.149-168.
BLUMENTAL, Nachman (1963): Magical Thinking Among the Jews During the Nazi Occupation, in: Yad Vashem Studies, Vol.5, S.221-236.
BLUMENTHAL, David R. (1979): Scholarly approaches to the Holocaust, in: Shoah, Vol.1, No.3, S.21-27.

Ders. (1980): The Popular Jewish Response to the Holocaust. An Initial Reflection, in: Shoah, Vol.2, No.1, S.3-5.

BODENHEIMER, Aron Ronald (1985): Teilnehmen und nicht dazugehören: Nachdenken über unsern Glauben und euren Glauben, über unsern Stamm und eure Stämme, über uns und über euch, Wald.

BÖHM, Franz/DIRKS, Walter/GOTTSCHALK, M.v.W. (Hg.) (1965): Judentum. Schicksal, Wesen und Gegenwart, 2 Bde., Wiesbaden.

BOFF, Leonardo (1988): Liberation Theology. A Political Expression of Biblical Faith, in: Jewish Christian Relations, Vol.21, No.1, S.12-21.

BOHLEBER, W./DREWS, J. (Hg.) (1991): ›Gift, das du unbewußt eintrinkst...‹ Der Nationalsozialismus und die deutsche Sprache, Bielefeld.

BOHLEBER, Werner (1990): Das Fortwirken des Nationalsozialismus in der zweiten und dritten Generation nach Auschwitz, in: Babylon, H.7, S.70-83.

BOKSER, Ben Zion (1982/83): The Wall Separating God and Israel, in: Jewish Quarterly Review, Vol.73, S.349-374.

BOLKOSKY, Sidney (1986): Against Silence and Disbelief: Toward a New Language of the Holocaust, in: Dimensions 3, S.14-15.

Ders. (1991): I Should Cry and Not Tell You Jokes, in: Humanistic Judaism, S.16-23.

Ders. (1991): On Memory and History, in: Humanistic Judaism, S.33-36.

Borodziej, W./Cegielski, T. et al (1989): Der deutsche Historikerstreit aus mitteleuropäischer Sicht, [Osteuropa-Forum, Nr.77], Hamburg.

BOROWITZ, Eugene (1969): How can a Jew speak of Faith today?, Philadelphia.

Ders. (1983): Recent Historic Events: Jewish and Christian Interpretations, in: Theological Studies, S.221-240.

Ders. (1984): On the Jewish obsession with history, in: Religious Pluralism, ed. by Leroy Rouner, Notre Dame 1984, S.17-37.

BOSCHERT-KIMMIG, Reinhold (1992): Erziehung nach Auschwitz. Zur praktischen Dimension des christlich-jüdischen Dialogs, in: Kirche und Israel, Jg.7, Nr.1, S.83-91.

Ders. (1991): Handeln aus der Kraft der Erinnerung. Das Werk Elie Wiesels als Anstoß für eine ›anamnetische Ethik‹, in: Orientierung, Jg.55, Nr.12, S.143-147.

BOTSTEIN, Leon (1990): Judentum und Modernität. Essays zur Rolle der Juden in der deutschen und österreichischen Kultur 1848-1938, Wien.

BOYD, George N. (1974): Richard Rubenstein and Radical Christianity, in: Union Seminary Quarterly Review, Vol.20, S.41-51.

BRACHER, Karl Dietrich (1969): Die deutsche Diktatur. Entstehung, Struktur, Folgen des Nationalsozialismus, Köln.

Ders. (1987): Zeitgeschichtliche Erfahrungen als aktuelles Problem, in: Aus Politik und Zeitgeschichte, B11, 14.3.1987, S.3-14.

BRAHAM, Randolph L. (Ed.) (1983): Perspectives on the Holocaust, Boston/The Hague/London.

Ders. (Ed.) (1986): The Origins of the Holocaust: Christian Anti-Semitism, New York.

Ders. (Ed.) (1987): The Treatment of the Holocaust in Textbooks: The Federal Republic of Germany, Israel, The United States of America, New York.

BRAKELMANN, Günter/ROSOWSKI, Martin (Hg.) (1989): Antisemitismus, Göttingen.

BRANDT, Hermann (1990): Die Benutzung des Judentums in der Befreiungstheologie, in: Ökumenische Rundschau, Jg. 39, S.424-439.

BRANDT, Henry G. (1991): Absolutheitsanspruch oder Dialog? Der Beitrag der Weltreligionen zum Frieden. Eine jüdische Antwort, [Hörfungvortrag, HR 2, 19.5.1991].
BRANN, Henry W. (1963): Leo Baeck, in: Noveck 1963, S.133-158.
BRAUN, Christa von/HEID, Ludger (Hg.) (1990): Der ewige Judenhass, Stuttgart/Bonn.
BRAYBROOKE, Marcus (1993): Rethinking Christian Theology in the Shadow of the Shoah, in: Holocaust Education, Vol.2, No.1, S.68-77.
BREITMAN, Richard/KRAUT, Alan M. (1987): American Refugee Policy and European Jewry 1933-1945, Bloomington.
BREITMAN, Richard (1987): In Search of a National Identity: New Interpretations of the Holocaust, in: Dimensions 3, S.9-13.
BRENNER, Robert Reeve (1980): The Faith and Doubt of Holocaust Survivors, New York.
BRESLAUER, Daniel S. (1981): New Images of Sinai in a Post-Holocaust World, in: American Journal of Theology and Philosophy 2, No.3, S.110-120.
Ders. (1981a): Alternatives in Jewish Theology, in: Judaism, vol.30, S.233-245.
Ders. (1988): The Holocaust and the Chosen People: A Methodological Paradox, in: Garber/Berger/Libowitz 1988, S.3-23.
BREUER, Isaac (1937): Die Passahnacht, in: Thieberger 1979, S.228-230.
BREUER, Mordechai (1988): Die Responsenliteratur als Geschichtsquelle, in: Geschichte und Kultur der Juden in Bayern, hrsg. v. Treml/Kirmeier, München/New York/London/Paris, S.29-37.
BREUNING, W. (1985): Gemeinsames Zeugnis von Juden und Christen in der heutigen Welt. Früchte christlich-jüdischer Begegnung, in: Lebendiges Zeugnis, Jg.40, S.65-75.
BRIDGMAN, Jon (1991): The End of the Holocaust. The Liberation of the Camps, New York.
BROCKE, Edna/SEIM, Jürgen (Hg.) (1988): Gottes Augapfel. Beiträge zur Erneuerung des Verhältnisses von Christen und Juden, Neukirchen-Vluyn.
BROCKE, Edna (1980): Der Holocaust als Wendepunkt?, in: Klappert/Starck 1980, S.101-110.
Dies. (1987): Jüdische Identität, in: Berliner Theologische Zeitschrift, Jg.4, S.317-320.
Dies. (1988): Von religiösen Deutungen politischer Phänomene, in: Kirche und Israel, Vol.3, S.3-7.
Dies. (1988a): Auf einem gemeinsamen Weg zum Heil? Versuch einer Antwort an Jürgen Seim, in: Berliner Theologische Zeitschrift, Jg.5, S.280-282.
Dies. (1992): Im Tode sind alle gleich – Sind im Tode alle gleich?, in: Loewy 1992, S.71-82.
BROCKE, Michael/JOCHUM, Herbert (Hg.) (1982): Wolkensäule und Feuerschein – Jüdische Theologie des Holocaust, München.
Dies. (1982a): Der Holocaust und die Theologie – ›Theologie des Holocaust‹, in: Diess. 1982, S.238-272.
BROD, Max (1939): Das Diesseitswunder oder Die jüdische Idee und ihre Verwirklichung, in: Ben-Chorin/Lenzen 1988, S. 196-210.
Ders. (1966): Soll die Geschichte des Judentums neu geschrieben werden?, in: Tribüne 17, S.1848-1850.
BRODER, Henryk M./LANG, Michel R. (Hg.) (1979): Fremd im eigenen Land. Juden in der Bundesrepublik, Frankfurt/M.
BRODER, Henryk M. (1989): Die unheilbare Liebe deutscher Intellektueller zu toten und todkranken Juden, in: Semit 3, S.29-30.

Ders. (1992): Leiden an Deutschland. Deutsche Juden und Deutsche, in: Spiegel Spezial, Nr.2, (Juden und Deutsche), S.18-29.
BROSZAT, Martin/FRIEDLÄNDER, Saul (1988): Um die Historisierung des Nationalsozilismus. Ein Briefwechsel, in: Vierteljahreshefte für Zeitgeschichte, H. 2, S.339-372.
BROSZAT, Martin (1960): Der Nationalsozialismus. Weltanschauung, Programm und Wirklichkei, Stuttgart.
Ders. (1986): Nach Hitler. Der schwierige Umgang mit unserer Geschichte, München, (darin: Plädoyer für eine Historisierung des Nationalsozialismus).
Ders. (1979): ›Holocaust‹ und die Geschichtswissenschaft, in: Vierteljahreshefte für Zeitgeschichte, Jg.27, S.289-293.
BROWNING, Christopher R. (1988): Approaches to the ›Final Solution‹ in German Historiography of the last two decades, in: Gutman/Greif 1988, S.53-77.
BRUINOOGE, Bill (1983): The Holocaust as a Challenge to Belief, in: Yad Vashem Studies, vol.15, S.193-200.
BRUMLIK, M./KIESEL, D./KUGELMANN, C./SCHOEPS, J.H. (Hg.) (1988): Jüdisches Leben in Deutschland seit 1945, Frankfurt/M..
BRUMLIK, Micha/KUNIK, Petra (Hg.) (1988): Reichspogromnacht. Vergangenheitsbewältigung aus jüdischer Sicht, Frankfurt/M.
BRUMLIK, Micha (1983): Die Unfähigkeit zu trauern, in: Una Sancta, Jg.38, S.119-127.
Ders. (1988): Im Niemandsland des Verstehens. Was kann heißen: Sich der Shoah zu erinnern und ihre Opfer zu betrauern?, in: Eschenhagen 1988, S.78-99.
Ders. (1988a): Trauer und Solidarität. Zu einer Theorie öffentlichen Gedenkens, in: Brumlik/Kunik 1988, S.111-120.
Ders. (1989): Kritik des Ermächtigungsdenkens. Marc H. Ellis' jüdische Theologie der Befreiung, in: Babylon, H.5, S.117-120.
Ders. (1991): Theologie im nationalen Befreiungskampf der Palästinenser, in: Babylon, H.9, S.133-139.
Ders. (1992): Trauerrituale und politische Kultur nach der Shoah in der Bundesrepublik, in: Loewy 1992, S.191-212.
Ders. (o.J.): Der Pogrom der ›Reichskristallnacht‹. Entwurf einer didaktischen Konzeption, [Arbeitsstelle zur Vorbereitung des Frankfurter Lern- und Dokumentationszentrum des Holocaust, Materialien Nr.4], Frankfurt/M.
BRUNKHORST, Hauke (1989): Exodus – Der Ursprung der modernen Freiheitsidee und die normative Kraft der Erinnerung, in: Babylon, H.6, S.22-35.
BUBER, Martin (1923): Reden über das Judentum, Frankfurt.
Ders. (1953): Gottesfinsternis. Betrachtungen zur Beziehung zwischen Religion und Philosophie, Zürich.
Ders. (1963): Der Jude und sein Judentum. Gesammelte Aufsätze und Reden, Köln.
Ders. (1983): Ein Land und zwei Völker. in: Zur jüdisch-arabischen Frage, hrsg. v. Paul R. Mendes-Flohr, Frankfurt/M.
Ders. (1987): Die Erzählungen der Chassidim, [10]Zürich, (EA: 1946).
BUCHDAHL, David (1983): Religion and Culture. Judaism as a Cultural System, in: Neusner 1983, S.197-212.
BUCHER, Rainer (1992): Hitler, die Moderne und die Theologie. Überlegungen in Anschluß an ein umstrittenes Hitler-Buch, in: Zeitschrift für Religions- und Geistesgeschichte, Jg.44, H.2, S.157-176.

BUCHHEIM, H./BROSZAT, M./JACOBSEN, H.-A./KRAUSNICK, H. (1967): Anatomie des SS-Staates, 2 Bde., München.
BUDE, Heinz (1992): Bilanz der Nachfolge. Die Bundesrepublik und der Nationalsozialismus, Frankfurt/M.
BÜNTING, Karl-Dieter (1987): Einführung in die Linguistik, [12]Frankfurt/M.
Building (1979) A Moral Society: Aspects of Elie Wiesel's Work, in: Face to Face, Vol.6, S.1-39.
BULKA, Reuven P. (1975): Logotherapy as a Response to the Holocaust, in: Tradition, Vol.15, No.1-2, S.89-96.
Ders. (1980): Frankl's Impact on Jewish Life and Thought, in: The International Forum for Logotherapy, Vol.3, S.41-43.
Ders. (1981): Different Paths, Common Trust: The Shoalogy of Berkovits and Frankl, in: Tradition, S.322-339.
BUNZL, John (1987): Der lange Arm der Erinnerung. Jüdisches Bewußtsein heute, Wien.
BUREN, Paul van (1977): Christian Theology and Jewish Reality. An Essay Review, in: Journal of the American Academy of Religion, Vol.45, S.491-496.
Ders. (1981): Judaism and Christian Theology, in: Journal of Ecumenical Studies, vol.18, S.114-127.
Ders. (1988): Eine Theologie des christlich-jüdischen Diskurses, München.
BUSCH, Eberhard (1985): Kirche und Judentum im Dritten Reich, [Schriftenreihe des Vereins für Rheinische Kirchengeschichte, 84], Bonn 1985, S.157-177.
BUSCHER, Frank M./PHAYER, Michael (1988): German Catholic bishops and the Holocaust, 1940-1952, in: German Studies Review, Vol.11, No.3, S.463-485.

CAHNMAN, Werner J. (1943): A Regional Approach to German Jewish History, in: Jewish Social Studies, Vol.5, S.211-224
CAIN, Seymour (1971): The Question and Answers after Auschwitz, in: Judaism, Vol.20, S.263-279.
CARGAS, Harry James (1976): Harry James Cargas in Conversation with Elie Wiesel, New York.
Ders. (Ed.) (1978): Responses to Elie Wiesel, New York.
Ders. (1980): Letter to a Friend, in: Shoah, Vol.2, No.1, 1980, S.37.
Ders. (Ed.) (1981): When God and Man Failed, New York.
Ders. (1981a): A Christian Response to the Holocaust, Denver.
Ders. (1989): Reflections of a Post-Auschwitz Christian, Detroit.
CARLEBACH, Julius/HONIGMANN, Peter (1989): Von der Schwierigkeit deutscher Juden, jüdisch zu werden. Ein Gespräch, in: Frankfurter Jüdische Nachrichten, Nr.71, S.41-43.
CARLEBACH, Julius (Hg.) (1992): Wissenschaft des Judentums. Anfänge der Judaistik in Europa, Darmstadt.
CARMEL, L. (1966): The Problem of Evil: The Jewish Synthesis, in: Proceedings of the Association of Orthodox Scientists, Vol.1, New York, S.92-100.
CARMON, Arye (1979): Teaching the Holocaust as a Means of Fostering Values, in: Curriculum Inquiry, Vol.9, No.3, S.209-228.
Ders. (1982/83): Holocaust Teaching in Israel, in: Shoah, Vol.3, No.2-3, S.22-25.
Ders. (1983): The Need for a Dialogue – A Third Generation Zionist Approach to the

Relationship between Israeli and non-Israeli Jewry, [La Semana and the Moshe Sharet Institute], Jerusalem.
Ders. (1985): Education in Israel – Issues and Problems, in: Ackermann/Carmon/Zucker 1985, [hebr. und dt.].
Ders. (1988): Teaching the Holocaust in Israel: The Dilemma as a Disturbing Reality – the History of Teaching the Holocaust in Israel, in: Garber/ Berger/Libowitz 1988, S.75-91.
CARPENTER, J. A. (1982): On Christians and Jews in Dialogue: An Introductory Essay, in: Anglican Theological Review, Vol.64, 1982, S.445-453.
CHALK, Frank/JONASSOHN, Kurt (1990): The History and Sociology of Genocide – Analyses & Case studies, New Haven/London.
CHARGAFF, Erwin (1988): Abscheu vor der Weltgeschichte, in: Merkur, H. 1, S.20-38.
CHARLESWORTH, J.H. (Ed.) (1990): Jews and Christians: Exploring the past, present and Future, New York.
CHARNY, Israel W. (1982): How can we commit the Unthinkable? Genocide the Human Cancer, Boulder.
Ders. (Ed.) (1984): Toward the Understanding and Prevention of Genocide: Proceedings of the International Conference on the Holocaust and Genocide, Boulder.
CHARRY, Ellen Zubrack (1981): Jewish Holocaust Theology. An Assessment, in: Journal of Ecumenical Studies 18, S.128-139.
CHIEL, A. A. (Ed.) (1978): Perspecitves on Jews and Judaism. Essays in Honor of Wolfe Kelman, New York.
CHOMSKY, Noam (1969): Aspekte der Syntax-Theorie, Frankfurt/M.
CHOPP, Rebecca (1984): Der Einbruch des Vergessenen in die Geschichte, in: Concilium 5, S.363-369.
CLARK, Wayne (1949): Portrait of the Mythical Gentile, in: Commentary, Vol.7, No.6, S.546-549.
CLAUSSEN, Detlev (1988): Nach Auschwitz. Ein Essay über die Aktualität Adornos, in: Diner 1988, S.54-68.
Ders. (1988a): Vergangenheit mit Zukunft. Über die Entstehung einer neuen deutschen Ideologie, in: Eschenhagen 1988, S.7-30.
COHEN, Asher/GELBER Joav/WARDI Charlotte (Eds.) (1988): Comprehending the Holocaust: Historical and Literary Research, Frankfurt/Bern/New York/Paris.
COHEN, Hermann (1904): Die Errichtung von Lehrstühlen für Ethik und Religionsphilosophie an den jüdisch-theologischen Lehranstalten, in: Ben-Chorin/Lenzen 1988, S.76-102.
Ders. (1959): Religion der Vernunft aus den Quellen des Judentums, ²Köln.
COHEN, Martin (1979): The Mission of Israel after Auschwitz, Croner/Klenicki 1979, S.157-180.
COHEN, Morris R. (1939): Philosophies of Jewish History, in: Jewish Social Studies 1/1, 1939, S.39-72.
COHN-SHERBOK, Dan (1980): Between Christian and Jew, in: Theology, Vol.83, S.91-97.
Ders. (1983): Jewish Theology and the Holocaust, in: Theology (London), S.84-90.
Ders. (1984): Jews, Christians and Liberation Theology, in: Christian-Jewish Relations, Vol.17, No.1, S.3-12.

Ders. (1986/87): Judaism and the Theology of Liberation, in: Modern Theology, Vol.3, S.1-20.
Ders. (1989): Holocaust Theology, London.
Ders. (1990): Jewish Faith and the Holocaust, in: Religious Studies (Cambridge) 26/2, S.277-293.
Ders. (Ed.) (1991): A Traditional Quest. Essays in Honour of Louis Jacobs, Sheffield.
CONE, James H. (1969): Black Theology and Black Power, New York.
Ders. (1972): The Spirituals and the Blues, New York.
Ders. (1982): Gott der Befreier. Eine Kritik der weißen Theologie, Stuttgart.
Ders. (1987): Für mein Volk. Schwarze Theologie und schwarze Kirche, Freiburg/Schweiz.
CONWAY, John S. (1979): Frühe Augenzeugenberichte aus Auschwitz. Glaubwürdigkeit und Wirkungsgeschichte, in: Vierteljahreshefte für Zeitgeschichte, Jg.27, S.260-284.
Ders. (1980): The Holocaust and the Historians, in: Annals of the American Academy of Political and Social Science 450.
COULMAS, Corinna/FRIEDLÄNDER, Saul (1991): German Leftists Come to Grips with the Past. A Case Study, in: Holocaust and Genocide Studies, Vol.6, No.1, S.33-44.
CRONER, Hellmut/KLENICKI, C. (Eds.) (1979): Issues in the Jewish-Christian Dialogue. Jewish Perspective in Covenant, Mission and Witness, New York.
CRONER, Hellmut (1975): Das Holocaust. Jüdische und christliche Versuche zu einer Holocaust-Theologie. Ein Bericht aus den Vereinigten Staaten, in: Freiburger Rundbrief 27, S.20-23.
CUDDIHY, John Murray (1974): The Ordeal of Civility – Freud, Marx, Levi-Strauss and the Jewish Struggle with Modernity, New York.
CUES, Nikolaus von (1964): De Docta Ignorantia – Die belehrte Unwissenheit, zweisprachige Ausgabe (dt.-lat.), hrsg. v. Gero von Wilpert, Hamburg.
Ders. (1967): Drei Schriften vom verborgenen Gott, Hamburg.
CUTLER, Donald R. (Ed.) (1968): The Religious Situation: 1968, Boston.
CYRIS, Moon Hee-Suk (1983): An Old Testament Understanding of Minjung, in: Minjung Theology. People as the Subjekt of History, ed. by the Commission on Theological Concerns of the Christian Conference of Asia, Maryknoll.
CZERMAK, Gerhard (1989): Christen gegen Juden. Geschichte einer Verfolgung, Nördlingen.

DALIN, David G. (1988): The Jewish Historiography of Hannah Arendt, in: Conservative Judaism, S.47-58.
DANZGER, Herbert (1989): Returning to Tradition. The Contemporary Revival of Orthodox Judaism, New Haven.
DAVID, Suh Kwang-Sun (1983): A Biographical Sketch of an Asian Theological Consultation, in: Minjung Theology. People as the Subject of History, ed. by the Commission on Theological Concerns of the Christian Conference of Asia, Maryknoll.
DAVIES, Alan (1979): Antisemitism and the Foundations of Christianity, New York.
DAVIS, Moshe (Ed.) (1974): The Yom Kippur War. Israel and the Jewish People, Jerusalem.
Ders. (1974a): Reflections on an Agenda for the Future, in: Ders. 1974, S.337-347.
Ders. (Ed.) (1974b): Contemporary Jewish Civilization on the American Campus: Research and Teaching, Jerusalem.

Ders. (Ed.) (1977): World Jewry and the State of Israel, New York.
DAVIS, Stephen T. (Ed.) (1981): Encountering Evil: Live Options in Theodicy, Atlanta.
Ders. (1983): Evangelical Christians and Holocaust Theology, in: Rousseau 1983, S.107-115.
DAWIDOWICZ, Lucy S. (Ed.) (1967): The Golden Tradition. Jewish Life and Thought in Eastern Europe, New York.
Dies. (1975): The War against the Jews. 1933-45, New York, (dt.: Der Krieg gegen die Juden. 1933-45, München 1979).
Dies. (1977): The Jewish Presence. Essays on Identity and History, New York.
Dies. (1979): Die Massenvernichtung als historisches Dokument, in: Kogon 1979, S.51-68.
Dies. (1980): What is the Use of Jewish History?, [B.G. Rudolph Lectures in Judaic Studies], Syracuse.
Dies. (1983): Yosef Hayim Yerushalmi, Zakhor. Jewish History and Jewish Memory, in: American Jewish History 73, S.112-116.
Dies. (1988): The Holocaust and the Historians, Cambridge.
DE CELLES, Charles (1982): The importance of dialoguing on the Holocaust, in: American Benedictine Review, Vol.33, No.1, S.75-101.
DE LILLO, Don (1988): Silhouette City: Hitler, Manson and the Millennuim, in: Dimensions 3, S.29-34,
DE TRYON-MONTALEMBERT, R. (1977): Abraham J. Heschel: Die Qual der Wahrheit, in: Judaica, Jg.33, S.1-6.
DEDMON, Robert (1983): Job as Holocaust Survivor, in: St. Luke's Journal of Theology 26, No.3, S.165-185.
DELBO, Charlotte (1990): Trilogie. Keine von uns wird zurückkehren. Eine nutzlose Bekanntschaft. Mass unserer Tage, Frankfurt/M.
DEQUEKER, L. (1976): Der jüdisch-christliche Dialog eine Herausforderung für die Theologie? Offene Fragen und Interpretationen, in: Freiburger Rundbrief, Jg.28, S.13-16.
DES PRES, Terence (1976): The Survivor. An Anatomy of Life in the Death Camps, New York.
DESHEN, Shlomo (1978): Israeli Judaism: Introduction to the Major Patterns, in: International Journal of Middle Eastern Studies, Vol.9, S.141-169.
Ders. (1978a): Two Trends in Israeli Orthodoxy, in: Judaism, Vol.27, S.397-409.
DEUTSCHE UND JUDEN (1966): Beiträge von N. Goldmann, G. Scholem, G. Mann, S.W. Baron, E. Gerstenmaier, K. Jaspers, [Reden zur Fünften Plenarversammlung des Jüdischen Weltkongresses 1966 in Brüssel], Frankfurt/M..
DEUTSCHER, Isaac (1988): Der nichtjüdische Jude, Berlin.
DEUTSCHKRON, Inge (1965): ...denn ihrer war die Hölle. Kinder in Ghettos und Lagern, Köln.
Die Bibel in der jüdischen Geistesgeschichte (1929), in: Encyclopaedia Judaica, Vol.4, Berlin.
Die Judenpogrome in Russland (1910), hrsg. im Auftrag d. Zionistischen Hilfsfonds in London von der zur Erforschung der Pogrome eingesetzten Kommission, Bd.1, London.
DINER, Dan (1983): Israel und das Trauma der Massenvernichtung. Über Elemente jüdischer Deutungsmuster im Palästinakonflikt, in: Die Verlängerung von Geschichte. Deutsche, Juden und der Palästinakonflikt, hrsg.v. Dietrich Wetzel, Frankfurt/M., S.25-42.

Ders. (Hg.) (1987): Ist der Nationalsozialismus Geschichte? Zur Historisierung und Historikerstreit, Frankfurt/M.
Ders. (1987a): Zwischen Aporie und Apologie. Über Grenzen der Historisierbarkeit des Nationalsozialismus, in: Ders. 1987, S.62-73.
Ders. (1987b): Negative Symbiose. Deutsche und Juden nach Auschwitz, Ders. 1987, S.185-197.
Ders. (Hg.) (1988): Zivilisationsbruch. Denken nach Auschwitz, Frankfurt/M.
Ders. (1988a): Aporie der Vernunft. Horheimers Überlegungen zu Antisemitismus und Massenvernichtung, in: Ders. 1988, S.30-53.
Ders. (1988b): Erwägungen zu einer Historik des Nationalsozialismus, in: Forum für Philosophie Bad Homburg 1988, S.49-65.
Ders. (1990): Perspektivenwahl und Geschichtserfahrung. Bedarf es einer besonderen Historik des Nationalsozialismus?, in: Pehle 1990, S.94-113.
Ders. (1990a): Deutschland, die Juden und Europa. Vom fortschreitenden Sieg der Zukunft über die Vergangenheit, in: Babylon, H.7, S.96-104.
Ders. (1990b): Die Wiederkehr Deutschlands und das jüdische Dilemma, in: Sternburg 1990, S.69-76.
DINNERSTEIN, Leonard (1982): America and the Survivors of the Holocaust, New York.
DINUR, Ben zion (Ed.) (1959): From Hatred to Extermination. Seven Lectures at the Second World Congress, History of the Jewish People, Aug. 4, 1957, Yad Vashem/Jerusalem.
Directory of Holocaust Institutions (1988), ed. U.S. Holocaust Memorial Council, Washington D.C.
DITMANSON, Harold H. (1983): Antijudaismus in der Geschichte der Kirche, in: Una Sancta, Jg.38, S.108-118.
DOBROWSKI, M. N. (1978): ›The Fourth Reich‹: German-Jewish Religious Life in America Today, in: Judaism, Vol.27, S.80-95.
Doch das Zeugnis lebt fort (1965): Der jüdische Beitrag zu unserem Leben, Frankfurt/M.
DON-YEHIYA, Eliezer (Ed.) (1991): Israel and Jewish Diaspora: Ideological and Political Perspectives, Ramat Gan.
DONAT, Alexander (1963): An Empiric Examination, in: Judaism, S.416-435.
Ders. (1965): The Holocaust Kingdom, New York.
Ders. (1970): A letter to my grandson, in: Midstream, vol.16, No.6, S.41-45.
Ders. (1973): Judge Not..., in: Midstream, S.66-71.
DONAT, H./WIELAND, L. (Hg.) (1991): Auschwitz erst möglich gemacht? Überlegungen zur jüngsten konservativen Geschichtsbewältigung, Bremen.
DORFF, Elliot (1977): God and the Holocaust, in: Judaism 26, S.27-36.
DOWNEY, Michael (1986): Worship between the Holocausts, in: Theology Today 43, No.1, S.75-87.
DREYER, Alfred (1985): Josef Kastein (1890-1946): Bibliographie, in: Bulletin des Leo-Baeck, 71, 1985, S.35-56.
DRINAN, Robert F. (1980): The Christian Response to the Holocaust, in: The Annals of the American Academy of Political and Social Science, S.179-189.
DUBNOW, Simon (1925/29): Weltgeschichte des jüdischen Volkes: von seinen Uranfängen bis zur Gegenwart, 10 Bde, Berlin.
Ders. (1921): Die jüdische Geschichte. Ein Geschichtsphilosophischer Versuch, Frankfurt/M.

Ders. (1961): Nationalism and History: Essays on Old and New Judaism, edited by K.S.Pinson, Philadelphia.
DUBOIS, Marcel Jacques (1974): Christian Reflection on the Holocaust, in: SIDIC, Vol.7, No.2, S.4-15.
Ders. (1987): The Challenge of the Holocaust and the History of Salvation, in: Kulka/ Mendes-Flohr 1987, S.499-512.
Ders. (1989): Jews, Judaism and Israel in the Theology of Saint Augustine – How He Links the Jewish People and the Land of Zion, in: Immanuel 22/23, 1989, S.162-214.
Ders. (1990): The Memory of Self and the Memory of God in Elie Wiesel's Jewish Consciousness, Elie Wiesel. in: Between Memory and Hope, ed. by Carol Rittner, New York, S.61-77.
DUNKEL, Achim (1989): Christlicher Glaube und historische Vernunft. Über die Notwendigkeit eines theologischen Geschichtsverständnisses, Göttingen.
DWORZECKI, Marc (1976): The Day-to-Day Stand of the Jews, in: Gutman/Rothkirchen 1976, S.367-399.

EBACH, Jürgen (1988): Die Niederlage von 587/6 und ihre Reflexion in der Theologie Israels, in: Einwürfe, Jg.5, S.70-103.
Ders. (1988a): Erinnerung gegen die Verwertung der Geschichte, in: Eschenhagen 1988, S.100-113.
EBBINGHAUS, Angelika/ROTH, Karl Heinz (1991): Deutsche Historiker und der Holocaust, in: 1999. Zeitschrift für Sozialgeschichte des 20. und 21. Jahrhunderts, H.3, S.7-10.
ECCLESTON, Alan (1980): The Night Sky of the Lord, London.
ECK, Nathan (1960): Hato-eh B'darchay Hamavet (hebr.; Wanderer auf der Straße des Todes), Jerusalem.
ECKARDT, Alice/ECKARDT, Roy (1974): Jewish and Christian Responses, in: Journal of the Academy of Religion 42, S.453-469.
Dies. (1976): Study of the Holocaust: An Odyssey, [Lecture given at the Rainbow ›Ladies Evening‹ on 2 June 1976], Vortragsmanuskript, Jerusalem 1976, S.1-12.
Dies. (1976a): Christian Responses to the Holocaust, [Public Lecture in the Centre of Conservative Judaism, Jerusalem], Vortragsmanuskr., Jerusalem 1976.
Dies. (1976b): German Thinkers View the Holocaust, in: The Christian Century, Vol. XCIII, No.9, 17.3.1976, S. 229-240.
Dies. (1976c): Jürgen Moltmann, the Jewish People, and the Holocaust, in: Journal of the Academy of Religion 44, S.675-691.
Dies. (1976d): Christentum und Judentum: Die theologische und moralische Problematik der Vernichtung des europäischen Judentums, Evangelische Theologie 36, Sept./Okt. 1976, S.406-426, (= The Theological and Moral Implications of the Holocaust, in: Christian Attitudes on Jews and Judaism 52, 1977).
Dies. (1980): The Holocaust and the Enigma of Uniqueness: a philosophical effort at practical clarification, in: Annals of the American Acadamy of Political and Social Science, S.165-178.
Dies. (1982): Long Night's Journey into Day: Life and Faith after the Holocaust Detroit, Oxford/Detroit.
Dies. (1982a): After the Holocaust: Some Christian Considerations, in: N.Thompson/B.Cole (Ed.): The Future of Jewish-Christian Relations, S.111-125.

Dies. (1988): Studying the Holocaust's Impact Today: Some Dilemmas of Language and Method, in: Rosenberg/Myers 1988, S.432-442.
ECKARDT, Alice L. (1974): The Holocaust: Christian and Jewish Responses, in: Journal of the American Academy of Religion, Vol.42, No.3, S.543-569.
Dies. (1986): Post-Holocaust Theology: A Journey out of the Kingdom of Night, in: Holocaust and Genocide Studies 1, No.2, S.229-240.
ECKARDT, Roy A. (1967): Elder and Younger Brothers: The Encounter of Jews and Christians, New York.
Ders. (1975): The Devil and Yom Kippur, in: Talmage 1975, S.229-239.
Ders. (1983): Christian and Jews: Along a Theological Frontier, in: Rousseau 1983, S.27-48.
Ders. (1986): Jews and Christians: The Contemporary Meeting, Bloomington.
Ders. (1987): For Righteousness' Sake: Contemporary Moral Philosophies, Bloomington.
ECKERT, W.P./EHRLICH, E.L. (1964): Judenhaß – Schuld der Christen? Versuch eines Gesprächs, Essen.
ECKERT, Willehad P. (1977): Israels Berufung. Theologische Meditation zu Röm.9,1-6, in: Lebendiges Zeugnis, Jg.32, S.7-14.
Ders. (1989): Antijüdische Motive in der christlichen Kunst und ihre Folgen, in: Bibel und Kirche, Jg.44, S.72-79.
ECKSTEIN, Jerome (1977): The Holocaust and Jewish Theology, in: Midstream 23, S.36-45.
Ders. (1978): The Holocaust's Impact on Christian Theology, in: Midstream 24, S.62-67.
EHRLICH, E.L./GRADWOHL, R./CHEROUN, A./ABECASSIS, A./MISHRAHI, R. (1973/74): Religiöse Strömungen im Judentum heute, Zürich.
EHRLICH, E.L./MARQUARDT, F.W./KLAPPERT, B. (1979): Juden und Christen nach Auschwitz, in: Reformatio 28.
EHRLICH, Ernst Ludwig/KLAPPERT, Bertold (Hg.) (1986): Wie gut sind deine Zelte, Jaakow... Festschrift zum 60. Geburtstag von Reinhold Mayer, Gerlingen.
EHRLICH, Ernst Ludwig/THIEME K. (1952): Zur Parallele Bar Kochba – Hitler, in: Freiburger Rundbrief III/IV, S.35ff.
EHRLICH, Ernst Ludwig/THOMA, Clemens (1979): Gibt es eine Holocaust Theologie?, (= Schriftenreihe der Europäischen Anti Defamations League Kommission des B'nai B'rith), Wien.
EHRLICH, Ernst Ludwig (1960): Der Stand des Gesprächs zwischen Christen und Juden, in: Freiburger Rundbrief XII, 1960, S.20.
Ders. (1960a): Der Stand des Gesprächs zwischen Christen und Juden, in: Christlich Jüdisches Forum, Nr.24, S.1-5.
Ders. (1960b): Sichtbare und unsichtbare Hakenkreuze, in: Christlich Jüdisches Forum, Nr.22, S.3-4
Ders. (1961): Der ungekündigte Bund, Stuttgart.
Ders. (1963): Die jüdische Glaubensgemeinschaft, in: Weltgeschichte der Gegenwart, Bd.II: Die Erscheinungen und Kräfte der modernen Welt, Bern/München 1963, S.568-584
Ders. (1965): Über die Schuld, in: Christlich Jüdisches Forum, Nr.36, S.25-44.
Ders. (1969): Ist der Anti-Judaismus in Deutschland universitätsfähig?, in: Christlich Jüdisches Forum, Nr 22, S.4-6.
Ders. (1973/74): Eliezer Berkovits – Faith after the Holocaust, Rezension, in: Freiburger Rundbrief XXV, S.161-162.

Ders. (1977): L. Kochan – The Jew and his History. Rezension, Freiburger Rundbrief XXIX, S.145.
Ders. (1978): Die Geschichte lebt in uns, in: Christlich Jüdisches Forum, Nr.50, S.49-53
Ders. (1979): Die Bedeutung von Auschwitz für das Bewußtsein der Juden, in: Ehrlich/Marquardt/Klappert 1979, S.262-276.
Ders. (1984): Katholische Kirche und Judentum zur Zeit des Nationalsozialismus – eine geschichtliche Erfahrung und eine Herausforderung an uns, in: Judaica, Jg.40, S.145-158 u. 618-628.
Ders. (1984a): »In der Heilsgeschichte liegt die Zukunft«. Messianische und endzeitliche Vorstellungen des Judentums, in: Internationale Katholische Zeitschrift – Communio, Jg.13, No.4, S.321-332.
Ders. (1988): Der Papst und die Shoa, in: Jüdische Rundschau 27, 7.7.1988, S.14.
EILBOTT, Benjamin (1991): From Deceit to Indifference: The Holocaust Review, in: Tradition, Vol. 25, No.3, S.86-92.
EISEN, Arnold (1983): The Chosen People in America, Bloomington.
Ders. (1986): Galut: Modern Jewish Reflection on Homelessness and Homecoming, Bloomington.
Ders. (1988): Self and Other, Self as Other: Teaching the History of Judaism, in: Critical Review on Books in Religion, Vol.1, S.43-60.
EISENSTADT, Shmuel N. (1985): The Transformation of Israel Society, London.
EISENSTEIN, Ira (1963): Mordecai M. Kaplan, in: Noveck 1963, S.253-280.
EISFELD, Rainer/MÜLLER, Ingo (Hg.) (1989): Gegen Barbarei. Essays Robert W. Kempner zu Ehren, Frankfurt/M.
EISNER, Jack (1983): The Genocide Bomb. The Holocaust Through the Eyes of a Survivor, in: Braham 1983, S.149-163.
ELAZAR, Daniel J. (1974): The Yom Kippur War. United States of America. Overview, in: M. Davis 1974, S.1-35.
Ders. (1979): The Rediscovered Policy, in: American Jewish Year Book, Vol.70, Philadelphia.
ELBOGEN, Ismar (1927): Gestalten und Momente aus der jüdische Geschichte, Berlin.
Ders. (1931): Historiographie. Begriff, Grundlagen und Systeme der jüdischen Geschichtsschreibung, in: Encyclopaedia Judaica, Vol.8, Berlin, S.108-115.
Ders. (1966): Geschichte der Juden in Deutschland, 2.Aufl. Frankfurt, ²Frankfurt/M.
Ders. (1967): Ein Jahrhundert jüdischen Lebens. Die Geschichte des neuzeitlichen Judentums, Frankfurt/M.
ELIACH, Yaffa (1982): Defining the Holocaust: Perspective of a Jewish Historian, in: Peck 1982, S.11-24.
Dies. (1985): Träume vom Überleben. Chassidische Geschichten aus dem 20. Jahrhundert, Freiburg.
Dies. (1988): The Holocaust – A Response to Catastrophe within a Traditional Jewish Framework, in: Gutman/Greif 1988, S.719-735.
ELIADE, Mircea (1960): History and the Cyclical View of Time, in: Perspectives (Notre Dame), Vol.5, S.11-14.
Ders. (1963): Mythologie des Erinnerns und Vergessens, in: Antaios, S.28-48.
Ders. (1967): Schöpfungsmythos und Heilsgeschichte, in: Antaios, S.329-345.
Ders. (1973): On the Terror of History, in: Dimensions of Man, ed. by H.P. Simonson/J.B. Magee, New York 1973, S.164-168.

Ders. (1986): Kosmos und Geschichte, Frankfurt/M.
ELIAS, Ruth (1988): Die Hoffnung erhielt mich am Leben. Mein Weg von Theresienstadt nach Auschwitz und Israel, München.
ELLIOTT, Gil (1972): Twentieth Century Book of the Dead, New York.
ELON, Amos (1972): Die Israelis. Gründer und Söhne, Wien/München/Zürich.
ENDRES, Elisabeth (1989): Die gelbe Farbe. Die Entwicklung der Judenfeindschaft aus dem Christentum, München.
ENGEL, David (1987): Poles, Jews, and Historical Objectivity, in: Slavic Review 46, S.568-580.
EPSTEIN, Isidore (1959): Judaism: A Historical Presentation, Harmondsworth/ Middlesex.
Ders. (1960): The Faith of Judaism: An Interpretation for our Times, ³London.
EPSTEIN, Helen (1990): Die Kinder des Holocaust. Gespräche mit Söhnen und Töchtern von Überlebenden, München, (EA: 1979).
ERB, Rainer/SCHMIDT, Michael (Hg.) (1987): Antisemitismus und jüdische Geschichte. Studien zu Ehren von Herbert A. Strauss, Berlin.
ERLER/MÜLLER/ROSE/SCHNABEL/UEBERSCHÄR/WETTE (1987): Geschichtswende? Entsorgungsversuche zur deutschen Vergangenheit, Freiburg.
ESCHENHAGEN, Wieland (Hg.) (1988): Die neue deutsche Ideologie. Einsprüche gegen die Entsorgung der Vergangenheit, Darmstadt.
ESH, Shaul (1962): The Dignity of the Destroyed, in: Judaism, S.99-111.
Ders. (1963): Words and Their Meanings. Twenty-five Examples of Nazi-Idiom, in: Yad Vashem Studies, Vol. 5, S.133-167.
ESHEL, Amir (1993): Auschwitz als Metapher. Zu Jacob Hessings ›Gedichte nach Auschwitz‹, in: Merkur 5, S.462-464.
ETTINGER, Shmuel (1976): The Origins of Mordern Antisemitism, in: Gutman/ Rothkirchen 1976. S.3-39.
Ders. (1981): Yitzhak Baer – In Memoriam. History as a Goal, in: Immanuel, No.12, S.123-128.
EVANS, Richard J. (1989): In Hitlers Shadow: West German Historians and the Attempt to Escape From the Nazi Past, London, (dt.: Im Schatten Hitlers. Historikerstreit und Vergangenheitsbewältigung in der BRD, Frankfurt/M. 1990).
EZRAHI, Sidra (1973): The Holocaust Literature in European Languages, in: Encyclopaedia Judaica Year Book 1973, Jerusalem, S.106-119.
Dies. (1980): By Words Alone. The Holocaust in Literature, Chicago.
Dies. (1989): The Holocaust and the Shifting Boundaries of Art and History, in: History and Memory, Vol.1, No.2, S.77-98.

FASCHING, D.J. (1985): Can Christian Faith Survive Auschwitz?, in: Horizons, Vol.12, S.7-26.
FAULENBACH, Bernd 1987: NS-Interpretationen und Zeitklima: Zum Wandel in der Aufarbeitung der jüngsten Vergangenheit, in: Aus Politik und Zeitgeschichte, B22, 30.5.1987, S.19-30.
FEIN, Helen (1979): Accounting for Genocide: National Responses and Jewish Victimization during the Holocaust, New York.
Dies. (1987): The Holocaust – What It Means, What It Doesn't, in: Present Tense, S.24-29.
Dies. (Ed.) (1992): Genocide Watch, New Haven.

FEIN, Leonard J. (1982): Days of Awe, in: Moment, S.13-18.
FEINGOLD, Henry L. (1979): Who Shall Bear Guilt for the Holocaust. The Human Dilemma, in: American Jewish History 68, S.261-282.
Ders. (1980): The Politics of Rescue: The Roosevelt Administration and the Holocaust, 1938-1945, New York.
Ders. (1985): Das Dilemma der Vermittlung der Lehren des Holocaust am Beispiel der USA, in: Strauss/Kampe 1985, S.14-19.
Ders. (1985a): Did American Jewry Do Enough During the Holocaust?, [B.G. Rudolph Lectures in Judaic Studies], Syracuse.
FEININGER, Bernd (1984): Das Judentum unter der Weisung Gottes, in: Biemer/ Biesinger/Fiedler 1984, S.237-266.
FENN, R.K. (1990): Holocaust as a Pathological Act of Secularization, in: Charlesworth 1990, S.185-210.
FETSCHER, Sebastian (1989): Das Dritte Reich und die Moral der Nachgeborenen. Vom Dünkel der Betroffenheit, in: Neue Sammlung 29, S.161-185.
FEUER, Lewis S. (1986): The Reasoning of Holocaust Theology, in: Judaism 35, No.2, S.198-210, (auch in: This World, Spring/Summer 1986, S.70-82).
FEUERLICHT, Roberta Strauss (1983): The Fate of the Jews. A People Torn Between Israeli Power and Jewish Ethics, New York.
FIEDLER, P./RECK, U./MINZ, K.-H. (Hg.) (1984): Lernprozeß Christen Juden. Ein Lesebuch, Freiburg.
FINE, Ellen S. (1982): Legacy of Night: The Literary Universe of Elie Wiesel, Albany.
FINKIELKRAUT, Alain (1984): Der eingebildete Jude, Frankfurt/M..
Ders. (1989): Die vergebliche Erinnerung. Vom Verbrechen gegen die Menschheit, Berlin.
FISHER, Eugene J. (1989): Mysterium Tremendum: Catholic grapplings with the Holocaust and its theological implications, (franz.), in: SIDIC, Vol.22, No.1/2, S.10-15.
Ders. (1986): The Holocaust and the State of Israel: A Catholic Perspective, in: Judaism, S.16-24.
FLANNERY, Edward H. (1965): The Anguish of the Jews, New York.
FLEISCHHAUER, I./KLEIN, H. (1978): Über die jüdische Identität. Eine psycho-historische Studie, Königstein/Ts.
FLEISCHNER, Eva (1974): Academic study of the ›Final Solution‹, in: Christian Attitudes on Jews and Judaism, No.38, S.10-14.
FLEISCHNER, Eva (1975): Judaism in German Christian Theology Since 1945, Metuchen.
Dies. (Ed.) (1977): Auschwitz – Beginning of a New Era? Reflections on the Holocaust, New York.
Dies. (1980): Roman Catholic Holocaust Memorial Liturgy, in: Face to Face, Vol.7, S.11-13.
FLEMING, Gerald (1982): Hitler und die Endlösung: ›Es ist des Führers Wunsch‹, München.
FLUSSER, David (1984): Bemerkungen eines Juden zur christlichen Theologie, München.
FOERSTER, Friedrich Wilhelm (1959): Die jüdische Frage, Freiburg.
FORUM FÜR PHILOSOPHIE BAD HOMBURG (Hg.) (1988): Zerstörung des moralischen Bewußtseins? Praktische Philosophie in Deutschland nach dem Nationalsozialismus, Frankfurt/M.

FOSCHEPOTH, Josef (1993): Im Schatten der Vergangenheit. Die Anfänge der Gesellschaften für Christlich-Jüdische Zusammenarbeit, Göttingen.

FOX, Marvin (1975): Philosophy and Religious Values in Modern Jewish Thought, in: Katz 1975, S.69-86.

Ders. (1974): Berkovits Treatment of the Problem of Evil, in: Tradition, S.116-124.

FOX, John P. (1983): The Holocaust and Today's Generation, in: Patterns of Prejudice 17, S.3-24.

Ders. (1985): The Holocaust as History: the issues. A review article, in: Patterns of Prejudice, Vol.19, S.44-55.

FOXMAN, Abraham (1988): Vergeßt den Holocaust!, in: Aufbau 8, 8.4.1988, S.16.

FRAENKEL, Josef (1959): Guide to the Jewish Libraries of the World, London.

FRÄNKEL, Heinrich (1942): The Other Germany, London.

FRANKL, Victor E. (1961): The Philosophical Foundations of Logotherapy, Phenomenology: Pure and Applied, ed. by Erwin W. Strauss, Pittsburgh.

Ders. (1981): ... trotzdem Ja zum Leben sagen. Ein Psychologe erlebt das Konzentrationslager, München.

FRASCH, G./GRUBAUER, F./KIESEL, D./VOLZ, F.-R. (Hg.) (1987): ›Geduld, sage ich, eine Abkürzung gibt es nicht‹. Gespräche während einer Israel-Reise, [Arnoldshainer Texte, Bd.45], Frankfurt/M.

FREEDEN, Herbert (1987): Deutscher Historikerstreit aus israelischer Sicht, in: Mitteilungsblatt des Irgun Olei Merkas Europa, Jg.55, Nr.28/29, S.6.

Ders. (1990): Mehr Ritual denn echte Trauer? Kritik auch von jüdischer Seite am ›Kultthema Holocaust‹, in: Aufbau, 3.8.1990, S.24.

FREEMAN, Michael (1991): The Theory and Prevention of Genocide, in: Holocaust and Genocide Studies, Vol.6, No.2, S.185-200.

FREI, Norbert (1987): ›Wir waren blind, ungläubig und langsam‹. Buchenwald, Dachau und die amerikanischen Medien im Frühjahr 1945, in: Vierteljahreshefte für Zeitgeschichte, Jg.35, S.385-401.

Ders. (1992): Auschwitz und Holocaust. Begriff und Historiographie, in: Loewy 1992, S.101-109.

FREIMARK, Peter/LORENZ, Ina S./JANKOWSKI, Alice (Hg.) (1991): Juden in Deutschland: Emanzipation, Integration, Verfolgung und Vernichtung, [Hamburger Beiträge zur Geschichte der deutschen Juden, Bd.17], Hamburg.

FREY, Robert S./THOMPSON-FREY, Nancy (1984): The Holocaust, Christianity and personal Response, in: Christian Jewish Relations 17, No.4, S.33-41.

Dies. (1985): The Imperative of Response. The Holocaust in Human Context, Lanham.

FRIEDLAND, E. (1963): Remembrance and Redemption: The story of Yad Vashem, in: Chicago Jewish Forum, Vol.21, No.4, S.286-290.

FRIEDLÄNDER, Albert H./MARQUARDT, F.W. (1980): Das Schweigen der Christenheit und die Menschlichkeit Gottes, München.

FRIEDLÄNDER, Albert H./WIESEL, Elie (1988): The six Days of Destruction. Meditations Toward Hope, Oxford/New York 1988, (dt.: Die sechst Tage der Schöpfung und der Zerstörung. Ein Hoffnungsbuch, Freiburg 1992).

FRIEDLÄNDER, Albert H. (Ed.) (1968): Out of the Whirlwind. A Reader of Holocaust Literature, New York.

Ders. (1973): Leo Baeck and the Concept of Suffering, [Claude Montefiore Memorial Lecture], London.
Ders. (1979): After the Kirchentag: Problems of Guilt and Atonement, in: European Judaism, Vol.13, S.9-12.
Ders. (1980): Jüdischer Glaube nach Auschwitz, in: Osten-Sacken/Stöhr 1980, S.51-61.
Ders. (1980a): Bonhoeffer and Baeck: Theology after Auschwitz, in: European Judaism, vol.14, S.26-32.
Ders. (Ed.) (1980b): The Holocaust. Ideology, Bureaucracy, and Genocide. Paper of the San José Conferences on the Holocaust, New York.
Ders. (1981): Rechtfertigung und Glauben. Ein Versuch, in: Stöhr 1981, S.207-219.
Ders. (1981a): Zur Hoffnung berufen. Vom jüdischen Glaubensweg, in: Henrix 1981, S.134-143.
Ders. (1983): The Misuses of the Holocaust, in: European Judaism, Vol.17, S.3-11.
Ders. (1983a): Megillat Ha-Shoah, in: European Judaism, Vol.17, S.32-42.
Ders. (1984): Fate and Destiny, in: European Judaism, Vol.18, S.34-36.
Ders. (1985): Forgetting and Forgiving – The Post-Bitburg Controversy in Great Britain, in: European Judaism, Vol.19, S.3-17.
Ders. (1986): Baeck and Rosenzweig, in: European Judaism, vol.20, S.9-15.
Ders. (1987): Ich such meine Brüder, in: Kirche und Israel, Jg.2, S.6-13.
Ders. (1989): Ein Streifen Gold. Auf Wegen der Versöhnung, München.
Ders. (1989a): The Bundesbahn and Chanina ben Teradion: Dialogues of Darkness, in: European Judaism, Vol.22, S.28-29.
Ders. (1989b): The Shoah and Contemporary Religious Thinking, in: SIDIC, Vol.22, No.1/2, S.4-9.
Ders. (1988): Zachor – Gedenke!, in: Evangelische Theologie, Jg.48, S.378-387.
Ders. (1991): Leo Baeck. New Dimensions and Explorations, in: Cohn-Sherbok 1991, S.58-74.
FRIEDLÄNDER, Saul (1976): Some aspects of the Historical Significance of the Holocaust, in: The Jerusalem Quarterly 1, S.36-59.
Ders. (1986): Some German Struggles with Memory, in: Hartman 1986, S.27-42.
Ders. (1987): Die Shoah als Element in der Konstruktion israelischer Erinnerung, in: Babylon, H.2, S. 10-22.
Ders. (1987a): Historisierung der Vergangenheit. Zur Historikerdebatte in der Bundesrepublik Deutschland über Nationalsozialismus und Endlösung, in: Israel und Palästina, Jg.13, S.36-50, (EA: Haaretz 1987, hebr.).
Ders. (1987b): Some reflections on the historisation of National Socialism, in: Tel Aviver Jahrbuch für deutsche Geschichte, Bd.16, Gerlingen, S.310-324, (dt. in: Diner 1987, Überlegungen zur Historisierung des Nationalsozialismus, S.34-50).
Ders. (1988): A conflict of memories? The new German debates about the ›Final Solution‹, [Leo Baeck Memorial Lectures, 31], New York.
Ders. (1988a): Historical Writing and the Memory of the Holocaust, in: B. Lang 1988, S.66-77.
Ders. (1989): From Anti-Semitism to Extermination. A Historiographical Study of Nazi Policies Toward the Jews and an Essay in Interpretation, in: Furet 1989, S.3-32.
Ders. (1990): The Shoah between Memory and History, in: Jewish Quarterly, Vol.37, No.1, S.5-11.

Ders. (1990a): The ›Final Solution‹: On the Unease in Historical Interpretation, in: History and Memory, Vol.1, No.2, S.35-76, (Wiederabdruck in: Hayes 1991, S.23-35; dt.: Die ›Endlösung‹. Über das Unbehagen in der Geschichtsdeutung, in: Pehle 1990, S.81-93).

Ders. (1991): Die Dimension des Völkermords an den europäischen Juden, in: Merkur, H. 7, S.557-568.

Ders. (1992): Trauma, Erinnerung und Übertragung in der historischen Darstellung des Nationalsozialismus und des Holocaust, in: Beck 1992, S.136-151, (engl.Orig.: Trauma, Transference and ›Working through‹ in Writing the History of the Shoah, in: History and Memory, Vol.4, No.1, 1992, S.39-59).

Ders. (1992a): Hass war die treibende Kraft. Die Vernichtung der europäischen Juden, in: Spiegel Spezial, Nr.2, (Juden und Deutsche), S.30-40.

FRIEDLANDER, Henry (1973): On the Holocaust – A Critique of the Treatment of the Holocaust in History Textbooks Accompanied by an Annotated Bibliography, New York.

Ders. (1988): Holocaust als Problem der politischen Bildung in den USA, in: Scheffler/Bergmann 1988, S.109-128.

FRIEDLANDER, Michael (1922): The Jewish Religion, London.

FRIEDMAN, Daniel (1991): The Humanistic Lesson of the Holocaust, in: Humanistic Judaism, S.24-28.

FRIEDMAN, Maurice (1974): The Hidden Human Image: A Heartening Answer to the Dehumanizing Threats to our Age, New York.

Ders. (1987): Abraham Joshua Heschel and Elie Wiesel. You are my witnesses, New York.

FRIEDMAN, Phillip (1976): Problems of Research on the European Jewish Catastrophe, in: Gutman/Rothkirchen 1976, S.633-650.

Ders. (1980): Roads to Extinction: Essays on the Holocaust, edited by Ada June Friedman, New York/Philadelphia.

Ders. (1980a): American Jewish Research and Literature on the Holocaust, in: Ders. 1980, S.525-538.

Ders. (1980b): European Jewish Research on the Holocaust, in: Ders. 1980, S.500-524.

Ders. (1980c): Outline of Program for Holocaust Research, in: Ders. 1980, S.571-576.

Ders. (1980d): Polish Jewish Historiography between the two Wars (1918-1939), in: Ders. 1980, S.467-499.

Ders. (1980e): Problems of Research on the Holocaust: An Overview, in: Ders. 1980, S.554-567.

FRIEDMAN, Saul (1973): No Heaven for the Oppressed: United States Policy Toward Jewish Refugee, 1938-1945, Detroit.

FRIES, H./STÄHLIN, R. (1968): Gott ist tot?. Eine Herausforderung – Zwei Theologen antworten, München.

FRIES, Heinrich (Hrsg) (1973): Gott – die Frage unserer Zeit, München.

FRIESEL, E. (1978): The Jewish State and Jewish History: Contradiction of Continuation?, in: Judaism, Vol.27, S.421-430.

FUNKENSTEIN, Amos (1981): Anti-Jewish Propaganda: Pagan, Christian and Modern, in: Jerusalem Quarterly, Vol.19, 1981, S.56-72.

Ders. (1989): Collective Memory and Historical Consciousness, in: History and Memory, Vol.1, No.1, 5-26.

Ders. (1989a): Theological Interpretations of the Holocaust. A Balance, in: Furet 1989, S.275-303.

FURET, Francois (Ed.) (1989): Unanswered Questions: Nazi Germany and the genocide of the Jews, New York.
GAMM, Hans-Jochen (1962): Judentumskunde, Frankfurt/M.
GARBE, Detlef (1992): Gedenkstätten: Orte der Erinnerung und die zunehmende Distanz zum Nationalsozialismus, in: Loewy 1992, S.260-284.
GARBER, Zeev/ZUCKERMAN, Bruce (1989): Why do they call the Holocaust »The Holocaust«: An inquiry into the psychology of labels, in: Modern Judaism, Vol.9, No.2, S.197-211.
GARBER, Zev/BERGER, Alan/LIBOWITZ, Richard (1988): Methodology in the academic teaching of the Holocaust, Lanham.
GARBER, Zev (1988): Teaching the Holocaust: The Introductory Course, in: Garber/Berger/Libowitz 1988, S.25-55.
GARTNER, Lloyd P. (1986): A Quarter Century of Anglo-Jewish Historiography, in: Jewish Social Studies 48, S.105-126.
GEIS, Robert R. (1955): Das Geschichtsbild des Talmud, in: Saeculum, Jg.6, Nr.2, S.119-124.
Ders. (1961): Vom unbekannten Judentum, Freiburg.
Ders. (1971): Gottes Minorität. Beiträge zur jüdischen Theologie und zur Geschichte der Juden in Deutschland, München.
GEISS, Imanuel (1992): Massaker in der Weltgeschichte. Ein Versuch über Grenzen der Menschlichkeit, in: Backes/Jesse/Zitelmann 1992, S.110-135.
GELBER, Yoav (1988): The Free World and the Holocaust. Moralist and Realist Approaches in Historiography, in: Cohen/Gelber/Wardi 1988, S.107-124.
GELLES, Walter (1989): Lucy Dawidowicz, in: Publishers Weekly, 12.5.1989, S.264-265.
GERHARDT, Ulrich (1980): Jüdisches Leben im jüdischen Ritual. Studien und Beobachtungen 1902-1933, Gerlingen.
GERHART, Mary (1984): Die Holocaust-Schriften – eine literarische Gattung?, Concilium 5, S.426-430.
GERLACH, Wolfgang (1972): Zwischen Kreuz und Davidstern. Bekennende Kirche in ihrer Stellung zum Judentum im Dritten Reich, Diss. Hamburg.
Germania Judaica (1963/68), 2 Bde., Tübingen.
GERTEL, Elliot B. (1980/81): Fackenheim, Hegel, and Judaism, in: Forum, No.40, S.47-60.
GIDAL, Nachum T. (1988): Die Juden in Deutschland von der Römerzeit bis zur Weimarer Republik, Gütersloh.
GILBERT, Jane E. (1989): Ich mußte mich vom Haß befreien. Eine Jüdin emigriert nach Deutschland, München.
GILBERT, Martin (1980): Auschwitz and the Allies, New York.
Ders. (1986): The Holocaust. The Jewish Tragedy, Glasgow.
Ders. (1991): The Holocaust: Unfinished Business, in: Humanistic Judaism, S.41-44.
GILBERT, Peter F. (1978): Theological Impact of the Holocaust, in: Christian Attitudes on Jews and Judaism, No.58, S.10-13.
GILLIS-CARLEBACH, Miriam (1989): Zur Heiligung im Judentum, in: Gorschenek/Reimers 1989, S.113-120.
GINZEL, Günther B. (Hg.) (1980): Auschwitz als Herausforderung für Juden und Christen, Heidelberg.

Ders. (1980a): Christen und Juden nach Auschwitz, in: Ginzel 1980, S.234-276.
Ders. (Hg.) (1991): Antisemitismus. Erscheinungsformen der Judenfeindschaft gestern und heute, Köln 1991.
GIORDANO, Ralph (1987): Die Zweite Schuld oder Von der Last Deutscher zu sein, Hamburg.
Ders. (1990): Angst vor der Geschichte?, in: Dachauer Hefte 6, S.43-55.
Ders. (1991): Israel Um Himmels Willen Israel, Köln.
GLANZ, David (1974): The Holocaust as a Question, in: Worldview 17, S.36-38.
Ders. (1978): Bubers Concept of Holocaust and History, in: Forum 30-31, S.142-145.
GLATSTEIN, J./KNOX I./MARGOSHES, S. (Eds.) (1969): Anthology of Holocaust Literature, New York 1969.
GLATT, Melvin Jay (1979): God The Mourner – Israels Companion in Tragedy, in: in: Judaism 28, S.72-79.
GLATZER, Nahum/STRAUSS, Leo (Hg.) (1931): Ein jüdisches Lesebuch. Sendung und Schicksal. Aus dem Schrifttum des nachbiblischen Judentums, Berlin.
GLATZER, Nahum N. (1933): Untersuchungen zur Geschichtslehre der Tannaiten, Berlin.
Ders. (1946): In Time and Eternity – A Jewish Reader, New York.
Ders. (1948): Hammer on the Rock, New York.
Ders. (1964): Jude – Deutscher – Europäer, Tübingen.
Ders. (1966): Anfänge des Judentums. Eine Einführung, Gütersloh.
Ders. (1967): Baeck – Buber – Rosenzweig Reading the Book of Job, [Leo Baeck Memorial Lecture 10], New York.
GLAZAR, Richard (1992): Die Falle mit dem grünen Zaun. Überleben in Treblinka, Frankfurt/M.
GOES, Albrecht (1953): Das Brandopfer, in: Ders., Erzählungen – Gedichte – Betrachtungen, Frankfurt/M. 1986, S.9-50.
GÖRG, M./LEVINSON, N.P./MAIER, H./RENDTORFF, R./ZIMMERMANN, R. (Hg.) (1989): Christen und Juden im Gespräch. Bilanz nach 40 Jahren Staat Israel, Regensburg.
GOLDBERG, A. M. (1968): Schöpfung und Geschichte, in: Judaica 24/1, S.27-44.
GOLDBERG, Hillel (1982): Holocaust Theology: The Survivors Statement – Part II, in: Tradition, S.341-357.
GOLDBERGER, Paul (1989): A Memorial Evokes Unspeakable Events With Dignity, in: New York Times, 30.4.1989.
GOLDMANN, Nahum (1978): Das jüdische Paradox – Zionismus und Judentum nach Hitler, Köln.
GOLDSCHMIDT, Dietrich (1989): Unter der Last des Holocaust 1945-1989: Entsetzen, Trauer, bemühter Neuanfang, in: Neue Sammlung, Jg.29, H.2, S.145-160.
GOLDSCHMIDT, Hermann Levi (1960): Die Botschaft des Judentums, Frankfurt/M.
GOLDSMITH, Emanuel (Ed.) (1990): The American Judaism of Mordecai Kaplan, New York.
GOLDSTEIN, Jeffrey (1979): On Racism and Anti-Semitism in Occultism and Nazism, in: Yad Vashem Studies, vol.13, S.53-72.
GOLLANCZ, Victor (1945): No where to lay their Heads – The Jewish Tragedy in Europe and its Solution, London.

Ders. (1947): In Darkest Germany, London.
GOLLWITZER, Heinrich (1974): Das christlich-jüdische Verhältnis als Aufgabe der Theologie, in: Evangelische Theologie, Jg.34, S.219-221.
GORDIS, Robert (1972): A Cruel God or None – Is There no other Choice, in: Judaism, Vol.21, S.277-285.
Ders. (1986): Judaic Ethics for a Lawless World, New York.
GORSCHENEK, G./REIMERS, St. (Hg.) (1989): Offene Wunden – Brennende Fragen. Juden in Deutschland 1938 bis heute, Frankfurt/M.
GOTTLIEB, Roger S. (1981): Some Implications of the Holocaust for Ethics and Social Philosophy, in: Philosophy and Social Criticism, Vol.8, No.3, S.309-327.
Ders. (1988): Rememberance and Resistance: Philosophical and Personal Reflections on the Holocaust, Social Theory and Practice, Vol.14, S.25-40, (Wiederabdruck in: Gottlieb 1990).
Ders. (Ed.) (1990): Thinking the Unthinkable. Meanings of the Holocaust, New York.
GOTTSCHALK, Alfred (1974): The Yom Kippur War. United States of America. Perspectives, in: Davis 1974, S.36-48.
Ders. (1982): Religion in a Post-Holocaust World, in: Peck 1982, S.1-10.
GOTTSCHALK, Max/DUKER, Abraham (1945): Jews in Postwar World, New York .
GRADWOHL, Roland (1983): Was ist der Talmud? Einführung in die ›Mündliche Tradition‹ Israels, Stuttgart.
Ders. (1992): Die ewige Frage nach Gott in Auschwitz, in: Jüdische Allgemeine Wochenzeitung, Nr.47, 30.4.1992, S.6.
GRAETZ, Heinrich (1853/76): Geschichte der Juden: von den ältesten Zeiten bis auf die Gegenwart, Leipzig.
Ders. (1936): Die Konstruktion der jüdischen Geschichte, Berlin, (EA: 1846).
Ders. (1985): Volkstümliche Geschichte der Juden, 6 Bde., München.
GRAETZ, Michael (1985): Anfänge der modernen jüdischen Geschichtsschreibung, [Lessing-Heft, H.4], Wolfenbüttel.
GRANATSTEIN, M. (1974): Theodicy and Belief, in: Tradition 13/3, S.36-47.
GRAUPE, Heinz M. (1969): Die Entstehung des modernen Judentums. Geistesgeschichte der deutschen Juden 1650-1942, Hamburg.
GREEN, Arthur (Ed.) (1987): Jewish Spirituality. From the Sixteenth-Century Revival to the Present, London.
GREEN, Carol (1988): Gemeinsame Botschaft. Purim und Yom Kippur, in: Jüdische Rundschau 9, 3.3.1988, S.2.
GREEN, Gerald (1979): Zur Verteidigung von ›Holocaust‹, in: Märtesheimer/ Frenzel 1979, S.31-34, (erstmals: New York Times, 23.4.1978).
GREENBERG, Blu (1975): Understanding Contemporary Judaism: the Holocaust and the State of Israel, in: Living Light, Vol.12, S.118-129.
GREENBERG, Gershon (1972): Religion and History – According to Samuel Hirsch, in: Hebrew Union College Annual 43, S.103-124.
Ders. (1984): The Impact of the Holocaust on American Jewish Thought, in: European Judaism, Vol.18, S.3-7.
Ders. (1988): Orthodox Theological Responses to Kristallnacht: Chayyim Ozer Grodzensky (›Achiezer‹) and Elchonon Wassermann, in: Holocaust and Genocide Studies, Vol.3, No.4, S.431-441.

Ders. (1989): From Hurban to Redemption: Orthodox Jewish Thought in the Munich Area, 1945-1948, in: Simon Wiesenthal Center Annual, Vol.6, S.81-111.
GREENSPAN, Miriam (1980): Responses to the Holocaust, in: Jewish Currents, S.20-26.
GREENBERG, Moshe (1989): Theological Reflections – Land, People and the State, in: Immanuel 22/23, S.25-34.
GREINACHER, Norbert (Hg.) (1985): Konflikte um die Theologie der Befreiung. Diskussion und Dokumente, Zürich/Einsiedeln/Köln.
Ders. (Hg.) (1990): Leidenschaft für die Armen. Die Theologie der Befreiung, München.
GREIVE, Hermann (1979): Die nationalsozialistische Judenverfolgung und Judenvernichtung als Herausforderung an Christentum und Kirche, in: Judaica, Jg.35, S.12-22 u. 57-62.
Ders. (1980): Die Juden. Grundzüge ihrer Geschichte im mittelalterlichen und neuzeitlichen Europa, Darmstadt.
GREIVE, Wolfgang (Hg.) (1991): Der Absolutheitsanspruch des Christentums, [Loccumer Protokolle 7], Loccum.
GRINGAUZ, Samuel (1952): Phillip Friedman's ›Oshwiecim‹, in: Jewish Social Studies, Vol.14, S.376-377.
GROSSER, Alfred (1990): Ermordung der Menschheit. Der Genozid im Gedächtnis der Völker, München.
GRÖZINGER, Karl E. (1980): Tora und Midrasch, in: Kedourie 1980, S.120-134.
Ders. (Hg.) (1990): Judentum im deutschen Sprachbereich, Frankfurt/M.
GRÜBER, Heinrich (1968): Erinnerungen aus sieben Jahrzehnten, Köln.
GRUENWALD, Max (1963): Theology and History, [Leo Baeck Memorial Lectures No.3], S.5-13.
GRÜNBERG, Kurt (1986): Jüdische Überlebende der nationalsozialistischen Verfolgung und deren Nachkommen, in: Babylon 1, S.127-136.
Grundstein für Holocaust-Mahnmal gelegt (1988), in: Aufbau 22, 21.10.1988, S.1.
GUARDINI, Romano (1946): Die Waage des Daseins. Rede zum Gedächtnis von Sophie und Hans Scholl, Christoph Probst, Alexander Schmorell, Willi Graf und Prof. Dr. Huber, Tübingen/Stuttgart.
Ders. (1952): Verantwortung. Gedanken zur jüdischen Frage. Universitätsrede, München.
GUROIAN, Vigen (1988): Post-Holocaust Political Morality: The Litmus of Bitburg and the Armenian Genocide Resolution, in: Holocaust and Genocide Studies, Vol.3, No.3, S.305-322.
GUTIERREZ, Gustavo (1984): Die historische Macht der Armen, München/Mainz.
Ders. (1986): Theologie der Befreiung, ⁹München.
GUTMAN, Yisrael/SCHATZKER, Chaim (1984): The Holocaust and its Significance, Jerusalem.
GUTMAN, Yisrael/GREIF, Gideon (Eds.) (1988): The Historiography of the Holocaust Period. Proceedings of the Fifth Yad Vashem International Historical Conference, Jerusalem, March 1983, Jerusalem/Yad Vashem.
GUTMAN, Yisrael/ROTHKIRCH, Livia (Eds.) (1976): The Catastrophe of European Jewry: Antecedents, History, Reflections, Jerusalem/Yad Vashem.
GUTMAN, Yisrael/ZUROFF, Efraim (Eds.) (1977): Rescue Attempts During the Holocauts: Proceedings of the Second Yad Vashem International Historical Conference April 1974, Yad Vashem/Jerusalem.

GUTMAN, Yisrael (1984): Uriel Tal – In Memoriam, in: Yad Vashem Studies, S.ix-xiv.
Ders. (1988): Nolte and Revisionism, in: Yad Vashem Studies, Vol.19, S.115-149.
Ders. (Ed.) (1990): Encyclopedia of the Holocaust, 4 Bde., New York.
GUTTMAN, Alexander (1975): Humane Insights of the Rabbis Particularly with Respect to the Holocaust, in: Hebrew Union College Annual, Vol.46, S.433-455.

HAACKER, Klaus (1988): Der Holocaust als Datum der Theologiegschichte, in: Brocke/Seim 1988, S.137-145.
Ders. (1988a): Schuld und Schuldverarbeitung in biblischer Sicht und im Kontext deutscher Zeitgeschichte, in: Theologische Beiträge, Jg.19, S.230-250.
HAAG, Herbert (1980): Wege und Schicksale des Judentums, in: Theologische Quartalschrift, Jg.160, S.64-69.
HAAS, P./RUETHER, R.R. (1990): Recent Theologies of Jewish-Christian Relations, Religious Studies Review 16, 1990, S.316-323.
HAAS, Peter (1988): Morality after Auschwitz: The Radical Challenge of the Nazi Ethic, Philadelphia.
Ders. (1988a): Essay: The Morality of Auschwitz: Moral Language and the Nazi Ethic, in: Holocaust and Genocide Studies, Vol.3, No.4, S.383-393.
HABE, Hans (1970/71): On Yad Vashem, in: Yad Vashem News, No.3, S.27-29.
HAFFNER, Sebastian (1978): Anmerkungen zu Hitler, München.
HALPERIN, Irving (1970): Messengers from the Dead – Literature of the Holocaust, Philadelphia.
HALLIE, Philip (1984/85): Scepticism, Narrative, and Holocaust Ethics, in: Philosophical Forum, Vol.16, No.1/2, S.33-49.
HALPERN, Ben (1983): History and Religion. The Ambiguous Uses of Jewish History, in: Neusner 1983, S.185-195.
HALTER, Hans (Hg.) (1988): Wie böse ist das Böse?, Zürich.
HAMMERSTEIN, F. von (1982): Christlich-jüdischer Dialog in ökumenischer Perspektive, in: Evangelische Theologie, Jg.42, S.191-214.
HAMMOND, Phillip (1988): Religion and the Persistence of Identity, in: Journal of the Scientific Study of Religion, Vol.27, S.1-11.
HARDTMANN, Gertrud (Hg.) (1992): Spuren der Verfolgung. Seelische Auswirkungen des Holocaust auf die Opfer und ihre Kinder, Gerlingen.
HARLOW, Jules (1980): Jewish Responses in Liturgy, in: Face to Face, Vol.7, S.9-10.
HARTMAN, David (1975): Jerusalem: Confrontation and Challenge, in: Immanuel, No.5, S.94-101.
Ders. (1978): Reflections on Jewish Faith in a Secular World, in: Immanuel, No.8, S.88-105.
Ders. (1985): A Living Covenant. The innovative spirit in traditional Judaism, New York/London.
Ders. (1989): Perceptions of the State of Israel in Modern Halakhic Thinkers, in: Immanuel 22/23, S.7-24.
HARTMAN, Geoffrey (Ed.) (1986): Bitburg in Moral and Political Perspective, Bloomington.
HARTOM, Menachem Immanuel (1961): Unserer Sünden wegen..., in: Brocke/Jochum 1982, (erstmals in: Deot 18, hebr., 1961), S.20-26.

HASSEL, Ullrich von (1946): Vom anderen Deutschland, Zürich.
HAUMANN, Heiko (1990): Geschichte der Ostjuden, München.
HAUSNER, Gideon (1979): Die Vernichtung der Juden. Das größte Verbrechen der Geschichte, München.
HAY, Malcolm (1961): Europe and the Jews – The Pressure of Christendom on People of Israel for 1900 Years, Boston.
HAYES, Peter (Ed.) (1991): Lessons and Legacies: The Meaning of the Holocaust in a Changing World, Evanston .
HEENEN-WOLF, Susanne (1990): Psychoanalytische Überlegungen zur Latenz der Shoah, in: Babylon, H.7, S.84-95.
Dies. (1991): A Conversation with Albert Memmi, in: Humanistic Judaism, S.37-40.
HEER, Friedrich (1980): Theologie nach Auschwitz, in: Ginzel 1980, S.456-480.
Ders. (1981): Gottes erste Liebe, Berlin.
HEIFETZ, J. (1985): Oral History and the Holocaust, Oxford.
HEIM, Susanne/ALY, Götz (1991): Sozialplanung und Völkermord. Thesen zur Herrschaftsrationalität der nationalsozialistischen Vernichtungspolitik, in: W. Schneider 1991, S.11-24.
HEIMPEL, Hermann (1960): Kapitulation vor der Geschichte?, ³Göttingen.
HEINONEN, R.E. (1990): Zur Theologie nach Auschwitz, in: Kirchliche Zeitgeschichte 3, S.29-44.
HEINSOHN, Gunnar (1988): Was ist Antisemitismus? Der Ursprung von Monotheismus und Judenhaß – Warum Antizionismus, Frankfurt/M.
HELDT, Petra/LOWE, Malcolm (1989): Theological Significance of the Rebirth of the State of Israel – Different Christian Attitudes, in: Immanuel 22/23, S.133-145.
HELFAND, Jonathan I. (1983): Halakha and the Holocaust: Historical Perspectives, in: Braham 1983, S.93-104.
HELLWIG, M. (1979): Christian Theology and the Covenant of Israel, in: Journal of Ecumenical Studies, Vol.7, 1970, S.37-51.
HENGEL, Martin (1973): Judentum und Hellenismus, Tübingen.
HENNIG, Eike (1988): Zum Historikerstreit. Was heißt und zu welchem Ende studiert man Faschismus?, Frankfurt/M.
HENNINGSEN, Manfred (1989): Die deutsche Apocalypse, in: Merkur 4, Jg. 43, S.342-348.
Ders. (1991): Die Pest, der Holocaust und die europäische Hemmungslosigkeit des Tötens, in: Merkur 3, Jg.45, 1991, S.239-245.
Ders. (1989): The Politics of Memory: Holocaust and Legitimacy in Post- Nazi Germany, in: Holocaust and Genocide Studies, Vol.4, No. 1, S.15-26.
HENRIX, H. H./STÖHR, Martin (Hg.) (1978): Exodus und Kreuz im ökumenischen Dialog zwischen Juden und Christen, Aachen.
HENRIX, Hans H. (1976): Der Dialog mit dem Judentum als Aufgabe ökumenischer Theologie. Eine Problemanzeige, in: Una Sancta, Jg.31, S.136-145.
Ders. (Hg.) (1981): Unter dem Bogen des Bundes. Beiträge aus jüdischer und christlicher Existenz, Aachen.
HENRY, Marie L. (1990): Die mit Tränen säen. Alttestamentliche Fragen und Gedanken im fünften Jahrzehnt nach Auschwitz, Neukirchen-Vluyn.
HERBERG, Will (1965): Judaism and Modern Man, New York.

Ders. (1970): From Marxism to Judaism. Jewish Belief as a Dynamic of Social Action, in: A.A. Cohen 1970, S.98-113. S.98-113.
HERDE Georg (1987): Revision des Geschichtsbildes? Anläßlich des sogenannten Historikerstreits. Dokumentation über das jahrzehntelange Bemühen, den deutschen Faschismus von Kriegsschuld und Verbrechen reinzuwaschen und das alte Feindbild zu erneuern, hrsg. v. VVN, Bund der Antifaschisten, Präsidium, Frankfurt/M.
HERMAN, Simon (1970): Israelis and Jews: A Study in the Continuity of an Identy, New York.
HERMES, Claudia (1989): Den Holocaust begreifen?, in: Israel Journal 4, S.40-41.
HERTZBERG, Arthur (1967): Israel and American Jewry, in: Commentary, S.35-42.
Ders. (1973): Anti-Semitism and Jewish Uniqueness. Ancient and Contemporary, [B.G. Rudolph Lectures in Judaic Studies], Syracuse.
Ders. (1990): The Shoah and my Quarrel with God, in: New York Times Book Review, 5.5.1990.
Ders. (1992): Shalom, Amerika!, München.
HERZBERG, Abel (1983): Martyrium und »Holocaust«, in: Concilium, Jg.19, Nr.4, S.227-230.
HERZIG, Arno (1991): Die Anfänge der jüdisch-deutschen Geschichtsschreibung in der Spätaufklärung, in: Tel Aviver Jahrbuch für deutsche Geschichte, Bd.20, Gerlingen 1991, S.59-75.
HERZKA, Marc D. (1988): Fernsehsondersendungen und Zeugen aus erster Hand, in: Jüdische Rundschau, 28.11.1988, S.11.
HERZOG, Joseph D. (1979): I Walked with Martin Luther King, Jr., in: Jewish Spectator, 1979, S.16-21.
HESCHEL, Abraham J. (1955): Gott sucht den Menschen, in: Ben-Chorin/Lenzen 1988, S.368-377.
Ders. (1968): The Meaning of this Hour, in: A. H. Friedländer 1968, S.488-492.
Ders. (1971): The Prophets, New York.
Ders. (1988a): Israel. Echo der Ewigkeit, Neukirchen-Vluyn.
Ders. (1992): Maimonides. Eine Biographie, Neukirchen-Vluyn, (EA: 1935).
HESCHEL, Susannah (1986): Something Holy in a profane place: Germans and Jews in Suffering and Prayer, in: Christianity and Crisis 46, No. 14, S.338-342.
Dies. (1987): Abraham Joshua Heschel: Tiefentheologie und Politik. Eine biographische Skizze, in: Judaica, Jg.43, S.193-206.
Dies. (1987a): My father: Abraham Joshua Heschel, in: Present Tense, Vol.14, S.48-51.
HESS, Andreas: Jean Améry und der Nationalsozialismus, in: Zeitschrift für Religions- und Geistesgeschichte, Jg.43, Heft 1, 1991, S.30-48.
HESS, Moses (1862): Ausgewählte Schriften, hrsg.v. Horst Lademacher, Wiesbaden o.J.
HESSING, Jakob (1991): Weltethos in der Wüste. Hans Küng und das Judentum, in: Frankfurter Allgemeine Zeitung, 12.11.1991, S.L13.
HEUSS, Alfred (1989): Eugen Täubler posthumus, in: Historische Zeitschrift, Bd.248, H.2, S.265-303.
HICK, John (1966): Evil and the God of Love, New York.
HILBERG, Raul/SÖLLNER, Alfons (1988): Das Schweigen zum Sprechen bringen. Ein Gespräch über Franz Neumann und die Entwicklung der Holocaustforschung, in: Diner 1988, (vollst. Fassg. von: Merkur 473, 1988), S.175-200.

HILBERG, Raul (1950): The Role of the German Civil Service in the Destruction of Jews, (Typoskript; Magisterarbeit), New York.
Ders. (1960): The Destruction of European Jewry, Chicago.
Ders. (1981): Sonderzüge nach Auschwitz, Mainz.
Ders. (1986): Bitburg as Symbol, in: Hartman 1986, S.15-26.
Ders. (1986a): Working on the Holocaust, in: Psychohistory Review, Vol.14, No.3, S.7-20.
Ders. (1988): Developments in the Historiography of the Holocaust, in: Cohen/ Gelber/ Wardi 1988, S.21-44.
Ders. (1988a): I was not there, in: Lang 1988, S.17-25.
Ders. (1990): Tendenzen in der Holocaustforschung, in: Pehle 1990, S.71-80.
Ders. (1990a): Die Vernichtung der europäischen Juden, 3 Bde., Frankfurt/M.
Ders. (1991): The Holocaust Today, in: Humanistic Judaism, S.3-9, [EA: B.G. Rudolph Lectures in Judaic Studies], Syracuse 1988.
Ders. (1991a): Opening Remarks: The Disvovery of the Holocaust, in: Hayes 1991, S.11-22.
Ders. (1992): Täter, Opfer, Zuschauer, Frankfurt/M.
Ders. (1993): Der Holocaust als Maßstab für das absolut Böse, (Interview), in: Jüdische Rundschau, Nr.29, 22.7.1993, S.2.
HILLESUM, Etty (1983): Das denkende Herz der Baracke. Die Tagebücher von Etty Hillesum, hrsg.v. J. G. Gaarlandt, Freiburg/Heidelberg.
HILLGRUBER, Andreas (1965): Hitlers Strategie. Politik und Kriegsführung 1930-1941, Frankfurt/M.
HIMMELFARB, Milton (1967): In the Light of Israel's Victory, in: Commentary, S.53-61.
Ders. (1968): Commentary on ›Homeland and Holocaust‹, in: Cutler 1968, S.64-79.
Ders. (1984): No Hitler – No Holocaust, in: Commentary, Vol.77, No.3, S.37-43.
Ders. (1987): A haunting question, in: Chiel 1978, S.181-188.
HINZ, C. (1987): Entdeckung der Juden als Brüder und Zeugen. Stationen und Fragestellung im christlich-jüdischen Dialog seit 1945, in: Berliner Theologische Zeitschrift, Jg.4, S.170-196.
Ders. (1988): Entdeckung der Juden als Brüder und Zeugen. Stationen und Fragestellungen im christlich-jüdischen Dialog seit 1945. Teil II, in: Berliner Theologische Zeitschrift, Jg.5, S.1-27.
HIRSCH, Helga/BAUMAN, Zygmunt (1993): Der Holocaust ist nicht einmalig, in: Die Zeit, Nr.17, 23.4.1993, S.68.
HIRSCH, Rudolf/SCHUDER, Rosemarie (1987): Der gelbe Fleck. Wurzeln und Wirkungen des Judenhasses in der Deutschen Geschichte, Berlin.
HIRSCH-HAGGADAH (1988), mit Übersetzung und Kommentar von J.M. Japhet, Zürich.
HIRSCHLER, Gertrude (Ed.) (1980): The Unconquerable Spirit. Vignettes of the Jewish Religious Spirit the Nazis could not destroy, New York.
HISTORIKERSTREIT (1987), München.
Historiographie (1931), in: Encyclopaedia Judaica, Vol.8, Berlin, S.XXX.
HÖCHSTÄDTER, Walter (1988): Der Lemppsche Kreis. Mit einem Brief von Hermann Diem an Landesbischof D. Meiser ›Widder das Schweigen der Kirche zur Judenverfolgung‹, in: Evangelische Theologie, Jg.48, S.468-473.
HOFER, Walter (1957): Der Nationalsozialismus. Dokumente 1933-1945, Frankfurt/M.

HOFIUS, Otfried (Hg.) (1984): Reflexionen in finsterer Zeit, Tübingen.
HOFFMANN, Hilmar (Hg.) (1987): Gegen den Versuch, Vergangenheit zu verbiegen, Frankfurt/M.
HOFFMANN, Christhard (1992): Jüdische Geschichtswissenschaft in Deutschland 1918-1938. Konzepte, Schwerpunkte, Ergebnisse, in: Carlebach 1992, S.132-152.
HOFMANN, Lawrence A. (Ed.) (1986): The Land of Israel. Jewish Perspectives, Notre Dame.
HÖHNE, Heinz (1979): Schwarzer Freitag für die Historiker, in: Der Spiegel, Nr.5, S.22-23.
Holocaust« (1979): Die Vergangenheit kommt zurück, in: Der Spiegel, Nr.5, S.17-28.
HOMOLKA, Walter/FRIEDLÄNDER, Albert H. (1993): Von der Sintflut ins Paradies. Der Friede als Schlüsselbegriff jüdischer Theologie, Darmstadt.
HONIGMANN, Peter (1987): Geschichtsschreibung als jüdisches Identitätsritual der Moderne?, in: Babylon, H. 2, S.132-135.
HOPF, Christel (1988): Antisemitismus als Unterrichtsgegenstand: Zwischen moralischer Empörung und Leugnung, in: Scheffler/Bergmann 1988, S.28-45.
HORKHEIMER, Max/ADORNO, Theodor W. (1988): Dialektik der Aufklärung. Philosophische Fragmente, Frankfurt/M., (EA: 1969).
HOROWITZ, Irving Louis (1981): Many Genocides, one Holocaust: The Limits of the Rights of States and the Obligations of Individuals, in: Modern Judaism, Vol.1, No.1, S.74-89.
HRUBY, K. (1970): Katholizismus und Judentum, in: Judaica, Jg.26, 1970, S.12-37.
HUBERBAND, Shimon (1987): Kiddish Haschem: Jewish Religious and Cultural Life in Poland During the Holocaust, New York.
HUSOCK, Howard (1990): Red, White, and Jew: Holocaust Museum on the Mall, in: Tikkun, No.5, S.32-34, 92.
HUSS, H./SCHRÖDER, A. (Hg.) (1965): Antisemitismus. Zur Pathologie der bürgerlichen Gesellschaft, Frankfurt/M.
HUTNER, Yitzchak (1977): Bürde der Erwählung, in: Brocke/Jochum 1982, S.27-42, (erstmals: Holocaust – A Rosh Yeshiva's Response, in: Jewish Observer, Oct.1977, S.3-9).
HUTTENBACH, Henry R. (1988): Locating the Holocaust on the Genocide Spectrum: Towards a Methodology of Definition and Categorization, in: Holocaust and Genocide Studies, Vol.3, No.3, S.289-303.
HYMAN, Paula (1980): New Debate on the Holocaust, in: New York Times Magazine (Sept.14), S.65-67, 78, 80, 82, 22 86, 109.

IDALOVICHI, Israel (1989): Der jüdische Fundamentalismus in Israel, in: Fundamentalismus in der modernen Welt, hrsg.v. Thomas Meyer, Frankfurt/M. 1989, S.101-120.
IDINOPULOS, Th. A. (1981): Art and the Inhuman. A Reflection on the Holocaust, in: Cargas 1981, S.184-195.
Ders. (1979): Christianity and the Holocaust, in: Christian Attitudes ond Jews and Judaism 66, S.1-7.
IGGERS, Georg I. (1971): Deutsche Geschichtswissenschaft, München.
ILSAR, Yehiel (1980): Theologische Aspekte des Holocaust, in: Freiburger Rundbrief 32, S.33-40.
INTERNATIONALES HEARING (1991), 23.-25. Oktober 1991, Vorträge und Diskussi-

on, [Schriftenreihe der Arbeitsstelle zur Vorbereitung des Frankfurter Lern- und Dokumentatinszentrums des Holocaust, Band 1], Frankfurt/M.

ISAAC, Jules (1964): The Teaching of Contempt. Christian Roots of Anti-Semitism, New York.

ISRAEL (1988): in: Das Parlament 15.4.1988 (Themenausgabe).

ISRAELI, Shaul et. al. (Eds.) (1984): Jubilee Volume (Sepher Yovel) in Honour of Rabbi J. D. Soloveitchik, (hebr.), Jerusalem/New York.

JABOTINSKY, Vladimir (1940): The Jewish War Front, London.

JACOBS, Louis (1968): The Problem of Evil in Our Times, in: Judaism, Vol.17, S.347-352.

Ders. (1988): Faith, in: Cohen/Mendes-Flohr 1988, S.233-238.

JACOBSON, B.S. (1982): Pessach – Die Gesetze und ihre Bedeutung, Zürich.

JÄCKEL, Eberhard/ROHWER, Jürgen (Hg.) (1987): Der Mord an den Juden im Zweiten Weltkrieg. Entschlussbildung und Verwirklichung, Frankfurt/M, (EA: 1985).

JÄCKEL, Eberhard (1969): Hitlers Weltanschauung. Entwurf einer Herrschaft, Tübingen.

Ders. (1991): Zahlend des Grauens. Ein Standardwerk zum Holocaust, in: Die Zeit, Nr. 27, S.47.

Ders. (1992): Der Mord an den europäischen Juden und die Geschichte, in: Beck 1992, S.20-32.

JÄGER, Herbert (1989): Über die Vergleichbarkeit staatlicher Großverbrechen. Der Historikerstreit aus kriminologischer Sicht, in: Merkur, H.6, S.499-513.

JAKOBOVITS, Immanuel (1979): A Memorial that Rebuilds – a Foundation that Lives, in: Jewish Life, Vol.3, No.3, S.18-31.

Ders. (1984): If Only My People – Zionism in My Life, London.

Ders. (1985): Fifty Years after the Third Reich – The Holocaust: remembering the future, in: Survey of Jewish Affairs 1983, ed. William Frankel, London/Toronto, S.233-237.

Ders. (1988): Religious Responses to the Holocaust: Retrospect and Prospect, in: L'Eylah, S.2-7.

Ders. (1988a): Some Personal, Theological and Religious Responses to the Holocaust, in: Holocaust and Genocide Studies, Vol.3, No.4, S.371-381.

JAMES, Clive (1988): Last Will and Testament, in: The New Yorker, 23.5.1988, S.86-92.

JANSSEN, Enno (1971): Das Gottesvolk und seine Geschichte. Geschichtsbild und Selbstverständnis im palästinensischen Schrifttum von Jesus ben Sirach bis Jehuda ha-Nasi, Neukirchen-Vluyn.

JANSSEN, Hans-Gerd (1989): Gott – Freiheit – Leid. Das Theodizeeproblem in der Philosophie der Neuzeit, Darmstadt.

JANZ, Rolf-Peter (1987): Theology and History. The Example of Benjamin and Scholem, in: Kwiet 1987, S.137-144.

JASPER, Gerhard (1962): Eichmann, in: Judaica, Jg.18, S.65-104.

Ders. (1965): Wie erklärt Israel seine leidvolle Führung?, in: Judaica, Jg.21, S.1-26.

JASPERS, Karl (1946): Die Schuldfrage: Ein Beitrag zur deutschen Frage, Zürich.

JASPERT, Bernd (1994): Theologie und Geschichte. Gesammelte Aufsätze, Bd.2, Frankfurt/M.

Ders. (1994a): Das Kreuz Jesu als symbolische Realität. Ein Beitrag zum christlich-jüdischen Dialog, in: Ders. 1994, S.407-433.

Ders. (1994b): Der Absolutheitsanspruch des Christentums – Hindernis auf dem Weg zu einer Theologie der Religionen?, in: Ders. 1994, S.435-451.

JERUSALEMER BIBEL, hrsg. v. D. Arenhoevel/A. Deissler/A. Vögtle, Freiburg/ Basel/ Wien, [16]1981.

JESSE, Eckhard (1992): Philosemitismus, Antisemitismus und Anti-Antisemitismus. Vergangenheitsbewältigung und Tabus, in: Backes/Jesse/ Zitelmann 1992, S.543-567.

Jewish History (1985) in Non-Jewish Historiography and History Teaching, in: From the Martin Buber House, No.8, Heppenheim 1985.

JICK, Leon (1986): The Holocaust: Ist Uses and Abuses, in: Brandeis Review, Bd.5, No.3, S.25ff.

JOCHMANN, Werner (1988): Die Bundesrepublik – ein geschichtsloses Land? Zur Vorgeschichte des Historikerstreites, in: Ders., Gesellschaftskrise und Judenfeindschaft in Deutschland 1870-1945, Hamburg 1988, S.333-345.

JOHN, Ottmar (1988): Die Allmachtsprädikation in einer christlichen Gottesrede nach Auschwitz, in: Mystik und Politik. Theologie im Ringen um Geschichte und Gesellschaft. Johann Baptist Metz zu Ehren, hrsg.v. Edward Schillebeeckx, Mainz 1988, S.202-218.

JOKL, Anna Maria (1988): Zwei Fälle zum Thema ›Bewältigung der Vergangenheit‹, in: Bulletin des Leo Baeck Instituts 81, S.81-102.

JONAS, Hans (1982): Is Faith still possible? Memories of Rudolf Bultmann and Reflections on the Philosophical Aspects of his Work, in: Harvard Theological Review, Vol.75, No.1, S.1-25, (dt.: Im Kampf um die Möglichkeit des Glaubens, in: Jonas 1987a, S.47-75).

Ders. (1987): Der Gottesbegriff nach Auschwitz, Frankfurt/M. Frankfurt/M. 1987.

Ders. (1987a): Wissenschaft als persönliches Erlebnis, Göttingen.

JOSPE, A. (1979): German Jewry Was Different. Review Essay, in: Judaism, Vol.28, S.237-247.

JOSPE, Raphael/WAGNER, S.M. (1981): Great Schisms in Jewish History, New York.

JOSPE, Raphael/FISHMAN, Samuel Z. (Eds.) (1980): Go and Study: Essays and Studies in Honor of Alfred Jospe, ed. by Raphael Jospe and Samuel Z. Fishman, Washington D.C.

JOYNT, C.B./RESCHER, N. (1961): The Problem of Uniqueness in History in: History Theory 2, S.150-162.

Jüdische Lebenswelten (1991), Bd.1: Ausstellungskatalog, Bd.2: Essayband, Berlin.

JÜTTE, Robert (1985): Antisemitismus und Endlösung. Die Historiker und die Wirklichkeit von Auschwitz, in: Tribüne 96, S.185-189.

JUTZLER, Konrad (1982): Holocaust als theologisches Datum, in: Theologische Beiträge, S.49-59.

KA-TZETNIK 135633 (1991): Shivitti. Eine Vision, München.

KADUSHIN, Max (1972): The Rabbinic Mind, [3]New York.

KALLEN, Horace (1945): Of Them Which Say They Are Jews, and other Essays. The Jewish Struggle for Survival, ed. by Judah Pilch, New York.

KAMPE, Norbert (1987): Normalizing the Holocaust? The recent historians' debate in the Federal Republic of Germany, in: Holocaust and Genocide Studies, Vol.2, No.1, S.61-80.

Kampf um die Erinnerung (1987): Reaktionen in Israel auf den ›Historikerstreit‹, in: Israel und Palästina (Sonderheft), Jg.13, hrsg.v. Deutsch Israelischer Arbeitskreis für Frieden im Nahen Osten e.V., Frankfurt/M.

KAMPMANN, Wanda (1963): Deutsche und Juden. Studien zur Geschichte des deutschen Judentums, Heidelberg.

KANTOROWICZ, Ernst H. (1992): Die zwei Körper des Königs. Eine Studie zur politischen Theologie des Mittelalters, Stuttgart.

KAPLAN, Chaim A. (1967): Buch der Agonie. Das Warschauer Tagebuch des Chaim A. Kaplan, hrsg.v. Abraham I. Katsh, Frankfurt/M.

KAPLAN, Lawrence (1975): The Religious Philosophy of Rabbi Joseph Solovetchik, in: Tradition 14/2, S.43-64.

Ders. (1980): Rabbi Isaac Hutners ›Da'at Torah Perspective‹ on the Holocaust, in: Tradition 18/3, S.235-248.

KAPLAN, Mordecai (1957): Judaism as a civilization – Toward a reconstruction of American Jewish Life, New York.

Ders. (1958): Judaism without Supernaturalism, New York.

KARBACH, Oscar (1945): The Founder of Political Antisemitism: Georg von Schoenerer, in: Jewish Social Studies, Vol.7, S.3-30.

KARP, Abraham J. (1966): Go Forth and Shout, in: Conservative Judaism, S.20-28.

KASPER, Walter (Hg.) (1977): Absolutheit des Christentums, Freiburg.

KASTEIN, Josef (eigentl.:Katzenstein, Julius) (1931): Eine Geschichte der Juden, Berlin.

Ders. (1936): Das Geschichtserlebnis des Juden, Wien/Jerusalem.

KATZ, Jacob (Ed.) (1975): The Role of Religion in Modern Jewish History, Cambridge.

Ders. (1975a): Religion as a Uniting and Dividing Force in Modern Jewish History, in: Ders. 1975, S.1-18.

Ders. (1975b): Was the Holocaust predictable?, in: Commentary, Vol.59, No.5, S.41-48.

Ders. (1988): Messianismus und Zionismus, in: Kirche und Israel, Jg.3, S.19-31.

KATZ, Steven T. (1975/76): Jewish Faith after the Holocaust, in: Encyclopaedia Judaica Year-Book 1975/76, Jerusalem 1976, S.92-105.

Ders. (1981): The ›Unique‹ Intentionality of the Holocaust, in: Modern Judaism 2, S.161-183.

Ders. (1983): The Post-Holocaust Dialogues. Critical Studies in Modern Jewish Thought, New York.

Ders. (1988): Technology and Genocide: Technologies as a ›Form of Live‹, in: Rosenberg/Myers 1988, S.262-291.

Ders. (1991): Defining the Uniqueness of the Holocaust, in: Cohn-Sherbok 1991, S.42-57.

Ders. (1991a): Ideology, State Power, and Mass Murder – Genocide, in: Hayes 1991, S.47-89.

KATZ, Zev (1987): Jewish History – Theistic or Humanistic?, in: Secular Humanistic Judaism, No.2, S.36-39.

KATZENELSON, Jizchak (1951): Lied vom letzten Juden, (Nachdichtung aus dem Yiddischen von Hermann Adler), Zürich.

KAZIN, Alfred (1988): Americans Right, Left and Indifferent: Responses to the Holocaust, in: Dimensions, Vol.4, No.1, S.9-14.

Ders. (1944): In Every Voice, In Every Ban, in: The New Republic, CX, 10.1.1944.

Ders. (1970): Living with the Holocaust, in: Midstream, Vol.16, No.6.

KAZNELSON, S. (Hg.) (1959): Jüdisches Schicksal in deutschen Gedichten. Eine abschließende Anthologie, Berlin.
KEDOURIE, Elie (Hg.) (1980): Die jüdische Welt, Frankfurt/M.
Ders. (1981): Reflections on Jewish History, in: American Scholar 50, S.231-235.
KEILSON, Hans (1984): Wohin die Sprache nicht reicht, in: Psyche, Jg.38, S.915-926.
KELLNER, Menachem (1988): Dogma, in: Cohen/Mendes-Flohr 1988, S.141-146.
KEPEL, Gilles (1991): Die Rache Gottes. Radikale Moslems, Christen und Juden auf dem Vormarsch, München.
KERSHAW, Ian (1988): Der NS-Staat. Geschichtsinterpretationen und Kontroversen im Überblick, Reinbeck.
KERTESZ, Imre (1992): Kaddisch für ein nicht geborenes Kind, Berlin.
KESTING, Hanno (1959): Geschichtsphilosophie und Weltbürgerkrieg, Heidelberg.
KICKEL, Walter (1984): Das gelobte Land. Die religiöse Bedeutung des Staates Israel in jüdischer und christlicher Sicht, München.
KIELAR, Wieslaw (1979): Anus Mundi. Fünf Jahre Auschwitz, Frankfurt/M.
KIESEL, D./KARPF, E. (Hg.) (1990): Identität und Erinnerung. Zur Bedeutung der Shoah für die israelische Gesellschaft, [Arnoldshainer Texte, Bd.65], Frankfurt/M.
KIPEN, Aviva (1989): Jewish-Christian Dialogue: New Directions, in: European Judaism, Vol.22, S.30-31.
KIRCHLICHES JAHRBUCH 1945-48 (1950), Gütersloh.
KIRSCHNER, Robert (Ed.) (1985): Rabbinic responsa of the Holocaust era, New York.
Ders. (1985a): Apocalyptic and Rabbinic Responses to the Destruction of 70, in: Harvard Theological Review, Vol.78, 1985, S.27-46.
KLAPPERT, Bertolt/STARCK, H. (Hg.) (1980): Umkehr und Erneuerung, Neukirchen-Vluyn.
KLAPPERT, Bertold (1985): Barmen V nach dem Holocaust: das Versagen der Bekennenden Kirche gegenüber dem Judentum, in: Schriftenreihe des Vereins für Kirchengeschichte 84, S.132-150.
Ders. (1980): Zur Erneuerung des Verhältnisses von Christen und Juden. Der Synodalbeschluß der Evangelischen Kirche im Rheinland – Dokumentation und Kommentar, in: Evangelische Theologie, Jg.40, S.257-276.
Ders. (1979): Die Juden in einer christlichen Theologie nach Auschwitz, in: Ehrlich/Marquardt/Klappert 1979, S.290-305.
KLATZKER, D. (1983): The Holy Land in Jewish-Christian Dialogue, in: Union Seminar Quarterly Review, Vol.38, S.193-201.
KLATZKIN, Jakob (1930): Probleme des modernen Judentums, Berlin.
KLAUSNER, Carla/SCHULTZ, Joseph P. (1978): The Holocaust, Israel, and Jewish Choseness, in: Forum, No.32, S.72-77.
KLEE, E./DRESSEN, W./RIESS, V. (Hg.) (1988): ›Schöne Zeiten‹. Judenmord aus der Sicht der Täter und Gaffer, Frankfurt/M.
KLEE, Ernst (1989): Die SA Jesu Christi. Die Kirche im Banne Hitlers, Frankfurt/M.
KLEIN, Charlotte (1975): Theologie und Antijudaismus. Eine Studie zur deutschen theologischen Literatur der Gegenwart, [Abhandlungen zum christlich-jüdischen Dialog 6], München.
Dies. (1989): Von Generation zu Generation. Der Einfluß der Lehre vom Judentum im theologischen Schrifttum auf den heutigen Theologiestudenten. Mit einem Nachwort von Luise Schottroff, in: Bibel und Kirche, Jg.44, S.65-72.

KLEIN, Dennis B. (1986): The Burden of Memory, in: Dimensions 3, S.13.
KLEIN, Günter (1982): ›Christlicher Antijudaismus‹: Bemerkungen zu einem semantischen Einschüchterungsversuch, in: Zeitschrift für Theologie und Kirche 79, Nr.4, S.411-450.
KLEMPERER, Victor (1975): LTI – Lingua Tertii Imperii. Die Sprache des Dritten Reiches, [11]Leipzig, (EA: 1946).
KLENICKI, Leon (1988): God's Intervening Action, in: Christian Jewish Relations, Vol.21, No.1, S.5-11.
KNIGGE, Volkhard (1992): Abwehren – Aneignen. Der Holocaust als Lerngegenstand, in: Loewy 1992, S.248-259.
KNITTER, Paul F. (1988): Ein Gott – Viele Religionen. Gegen den Absolutheitsanspruch des Christentums, München.
KNOPP, Josephine (Ed.) (1977): Humanizing America. A Post-Holocaust Imperative. Second Philadelphia Conference on the Holocaust, Philadelphia.
Dies. (Ed.) (1979): International Conference: The Lessons of the Holocaust, October 1978, Philadelphia.
Dies. (Ed.) (1979a): International Theological Symposium on the Holocaust, October 1978, Philadelphia.
KNUDSEN, Kurt C. (Hg.) (1950): Welt ohne Hass: Aufsätze und Ansprachen zum I. Congress über bessere menschliche Beziehungen in München, Berlin.
KNUTSEN, Mary (1984): Der Holocaust und Theologie und Philosophie. Die Wahrheitsfrage, in: Concilium 5, S.417-425.
KOBER, Adolf (1947): Jewish Communities in Germany from the Age of Enlightenment to their Destruction by the Nazis, in: Jewish Social Studies, Vol.9, S.230-238.
KÖBERLE, Adolf (1966): Israel – ein Gottesbeweis, in: Judaica, Jg.22, H.4, S.193-208.
KOCH, Diether (1988): Als die Zeugen schwiegen. Rezension zu Wolfgang Gerlachs Buch ›Als die Zeugen schwiegen. Bekennende Kirche und die Juden‹, in: Evangelische Theologie, Jg.48, S.480-482.
KOCH, Rita (1986): Jüdische Identität und Holocaust, in: Das jüdische Echo 1, S.142-148.
KOCHAN, Lionel (1977): The Jew and his History, London.
Ders. (1981): A Model for Jewish Historiography, in: Modern Judaism, S.263-278.
Ders. (1985): The Methodology of Modern Jewish History, in: Journal of Jewish Studies, Vol.36, S.185-194.
KOCKA, Jürgen/NIPPERDEY, Thomas (Hg.) (1979): Theorie der Geschichte. Beiträge zur Historik, Bd.3, München.
KOGON, E./LANGBEIN, H./RÜCKERL, A. et al (Hg.) (1983): Nationalsozialistische Massentötungen durch Giftgas, Frankfurt/M.
KOGON, Eugen (Hg.) (1979): Gott nach Auschwitz, Freiburg.
Ders. (1988): Der SS-Staat, [18]München, (EA:1946).
KOHLER, Kaufmann (1910): Grundriß einer systematischen Theologie des Judentums auf geschichtlicher Grundlage, in: Ben-Chorin/Lenzen 1988, S.385-390.
KOHN, Johanna (1986): Haschoah – Christlich-jüdische Verständigung nach Auschwitz, Mainz.
KOHN, Murray (1979): The Voice of my Blood cries out: The Holocaust as Reflected in Hebrew Poetry, New York.

KOHN, Rachael (1986): Emil Fackenheim on the Holocaust, in: Menorah – Australian Journal of Jewish Studies, Vol.3, No.2, S.56-63.
KOHN-ROELIN, Johanna (1991): Antijudaismus – Kehrseite der Christologie?, in: Fama. Feministische Theologische Zeitschrift, Jg.6, S.5-7.
KOLAKOWSKI, Leszek (1983): Genocide and Ideology, in: Legters 1983, S.1-38.
Ders. (1991): The Demise of Historical Man, in: Partisan Review, Vol.58, 1991, S.461-470.
KOLATT, Israel (1986): Jacob Talmons Reflections on Jewish History, in: Jerusalem Quarterly 39, S.113-125.
KOLITZ, Zvi (o.J.): Jossel Rackower spricht zu Gott, in: Stöhr o.J., S.107-118.
Konsequenzen (1980) aus dem Holocaust, theologisch – politisch – persönlich, Tagung vom 16.-18.Nov.1979 in Bad Boll, hrsg.v. Protokolldienst der Evang. Akademie Bad Boll 2, Bad Boll.
KORMAN, Gerd (1971): The Holocaust in Historical Writing, in: Societas 2, S.251-270.
Ders. (Ed.) (1973): Hunter and Hunted. Human History of the Holocaust, New York.
KORNFELD, Walter (1970): Religion und Offenbarung in der Geschichte Israels, Insbruck/Wien/München.
KOSELLECK, Reinhart/MOMMSEN, Wolfgang J./RÜSEN, Jörn (Hg.) (1977): Theorie der Geschichte. Beiträge zur Historik, Bd.1, München.
KOSTHORST, Erich (1978): Von der ›Umerziehung‹ über den Geschichtsverzicht zur ›Tendenzwende‹, in: Geschichte in Wissenschaft und Unterricht 9, S.566-584.
KRÄMER-BADONI, Rudolf (1988): Judenmord, Frauenmord, Heilige Kirche, München.
KRAFT, Robert A./NICKELSBURG, George E.W. (Eds.) (1986): Early Judaism and Its Modern Interpreters, Philadelphia/Atlanta.
KRANZLER, D./GEVIRTZ, E. (1991): To Save a World. Profiles in Holocaust Rescue, New York/London/Jerusalem.
KRANZLER, David (1987): Thy Brother's Blood: The Orthodox Jewish Response during the Holocaust, Brooklyn/New York.
KRAUSE-VILMAR, Dietfried (1988): Über den Umgang mit dem Nationalsozialismus, in: Scheffler/Bergmann 1988, S.51-66.
KRAUSHAAR, Wolfgang (1988): Der blinde Fleck in der modernistischen Historisierungsvariante, in: Eschenhagen 1988, S.31-37.
KRAUT, Benny (1982): Faith and the Holocaust, in: Judaism, Vol.31, No.2, S.185-201.
KREMER, S. Lilian (1991): Witness Through the Imagination: Jewish-American Holocaust Literature, Detroit.
KREMERS, Heinz/SCHOEPS, Julius H. (Hg.) (1988): Das Jüdisch Christliche Religionsgespräch, Stuttgart/Bonn.
KREMERS, Heinz (1976): Die Darstellung der Juden in neun Schulbüchern in der Bundesrepublik Deutschland, in: Schulbuchanalyse und Schulbuchkritik. Im Brennpunkt: Juden, Judentum und Staat Israel, hrsg.v. G. Stein/E. H. Schallenberger, Berlin.
Ders. (1979): Judentum und Holocaust im Deutschen Schulunterricht, in: Aus Politik und Zeitgeschichte B4/79, S.37-45.
KREN, Georg M./RAPPOPORT, Leon (1980): The Holocaust and the Crisis of Human Behaviour, New York/London.
KREN, George M. (1976): Another Aspect of War, in: Military Affairs, Vol.30, No.4, S.194-197.

Ders. (1988): The Holocaust: Moral Theory and Immoral Acts, Rosenberg/Myers 1988, S.245-261.
Ders. (1988a): The Holocaust as History, in: Rosenberg/Myers 1988, S.3-50.
KREUTZBERGER, Max (1962): Bedeutung und Aufgabe deutsch-jüdischer Geschichtsschreibung in unserer Zeit, In Zwei Welten. Festschrift für Siegfried Moses, hrsg.v. Hans Tramer, Tel Aviv 1962, S.627-642.
KRONDORFER, Björn (1993): Kulturgut ›Holocaust‹. Gedanken zum neuen U.S. Holocaust Memorial Museum in Washington, in: Tribüne, Jg.32, H.127, S.91-104.
KÜNG, Hans (1973): Die Religionen als Frage an die Theologie des Kreuzes, in: Evangelische Theologie, Jg.33, S.401-423.
Ders. (1981): Existiert Gott? Antwort auf die Gottesfrage der Neuzeit, München.
Ders. (1991): Das Judentum. Die religiöse Situation der Zeit, München.
KUGELMANN, Cilly (1988): Die gespaltene Erinnerung. Zur von Gedenktagen an den Holocaust, in: Brumlik/Kunik 1988, S.11-20.
KULKA, Otto Dov/MENDES-FLOHR, P.R. (Hg.) (1987): Judaism and Christianity under the Impact of National Socialism, Jerusalem.
KULKA, Otto Dov (1985): Major Trends and Tendencies in German Historiography on National Socialism and the ›Jewish Question‹, 1924-1984, in: Leo-Baeck Year-Book 30, S.215-242, (dt.: Die deutsche Geschichtsschreibung über den Nationalsozialismus und die ›Endlösung‹, in: Historische Zeitschrift 240, 1985, S.599-640).
Ders. (1988): Singularity and its Relativization. Changing Views in German Historiography on National Socialism and the Final Solution, in: Yad Vashem Studies, Vol.19, S.151-186.
Ders. (1989): Critique of Judaism in European Thought. On the Historical Meaning of Modern Antisemitism, in: Jerusalem Quarterly, No.52, S.126-144.
KUPER, Jack (1967): Child of the Holocaust, London.
KUPER, Leo (1981): Genocide. Its Political Use in the Twentieth Century, Harmondsworth.
KUPISCH, Karl (1953): Volk ohne Geschichte. Randbemerkungen zur Geschichte der Judenfrage, Berlin.
KWIET, Konrad (1987): Judenverfolgung und Judenvernichtung im Dritten Reich. Ein historiographischer Überblick, in: Diner 1987, S.237-264, (überarb. Fassg. von: Zur historiographischen Behandlung der Judenverfolgung im 3. Reich, in: Militärgeschichtliche Mitteilungen, Nr.1, S.149-193, 1980).
Ders. (Ed.) (1987a): From the emancipation to the Holocaust. Essays on Jewish literature and history in Central Europe, Kensington.

LACHMAN, Frederick R. (1992): Genocide – Zum 9. November, in: Aufbau, 6.11. 1992, S.13.
Ders. (1988): Was das Judentum dazu sagt. Das ›uralte wunderbare Fest‹ – Pessach, in: Aufbau 7, 25.3.88, S.26.
LAMM, Hans (1951): Über die innere und äußere Entwicklung des deutschen Judentums im Dritten Reich, Diss. Erlangen.
Ders. (1961): Der Eichmann Prozeß in der deutschen öffentlichen Meinung. Eine Dokumentensammlung, Frankfurt/M.
Ders. (1980): Jüdisches Selbstverständnis nach Auschwitz, in: Israelitisches Wochenblatt 49, 5.12.1980, S.57-59.

LAMM, Norman (1971): The Ideology of the Neturei Karta – According to the Satmarer Version, in: Tradition, S.38-53.
Ders. (1974): The Yom Kippur War. United States of America. Perspectives, in: Davis 1974, S.49-64.
Ders. (1976): Teaching the Holocaust, in: Forum, No.24, S.51-60.
Ders. (1976a): (Editor's Foreword), in: Rosenbaum 1976, S.VII-X.
LAMPING, Dieter (Hg.) (1992): Dein aschenes Haar Sulamith. Dichtung über den Holocaust, München.
LANG, Berel (1984/85): The Concept of Genocide, in: Philosophical Forum, Vol.16, No.1/2, S.1-18.
Ders. (Ed.) (1988): Writing and the Holocaust, New York.
Ders. (1990): Act and Idea in the Nazi Genocide, Chicago.
Ders. (1991): The History of Evil and the Future of the Holocaust, in: Hayes 1991, S.90-105.
LANG, Jochen von (1982): Das Eichmann-Protokoll. Tonbandaufzeichnungen der israelischen Verhöre, Berlin.
LANGBEIN, Hermann (1990): ...nicht wie die Schafe zur Schlachtbank. Widerstand in den nationalsozialistischen Konzentrationslagern 1938-1945, Frankfurt/M.
LANGER, Lawrence (1975): The Holocaust and the Literary Imagination, New Haven.
Ders. (1982): Versions of Survival – The Holocaust and the Human Spirit, Suny/Albany.
Ders. (1989): Beyond Theodicy: The Jewish Victims and the Holocaust, in: Religious Education, Vol.84, No.1, S.48-54.
Ders. (1991): Holocaust Testimony – The Ruins of Memory, Yale.
LANGMUIR, Gavin I. (1990): History, Religion, and Antisemitism, Berkeley.
Ders. (1990a): Toward a Definition of Antisemitism, Berkeley.
LANZMANN, Claude (1986): Shoah, München 1986.
LAPIDE, P./MUSSNER, F./WILCKENS, U. (1978): Was Juden und Christen voneinander denken. Bausteine zum Brückenschlag, Freiburg.
LAPIDE, Pinchas/PANNENBERG, W. (1981): Judentum und Christentum. Einheit und Unterschied. Ein Gespräch, München.
LAQUEUR, Walter (1979): The First News of the Holocaust, [Leo Baeck Memorial Lecture 23], New York.
Ders. (1980): The Terrible Secret: Supression of the Truth about Hitlers ›Final Solution‹, Boston, (dt.: Was niemand wissen wollte. Die Unterdrückung der Nachrichten über Hitlers ›Endlösung‹, Berlin 1982).
LAUFER, Rachael (1984): The extermination of the Jews in the German Historiography of the sixties. A comparative Analysis, in: Yahadut Zemanenu 2, S.99-128.
LEASE, Gary (1988): Nationalsozialismus und Religion. Eine Mythologie unserer Zeit, in: Zeitschrift für Religions- und Geistesgeschichte, Jg.40, S.97-111.
LEER, Ellen Flesseman van (1976): Christen und Juden – Bemerkungen zur Studie des Rates der EKD, in: Una Sancta, Jg.31, S.90-93.
LEGTERS, Lyman H. (Ed.) (1983): Western Society After the Holocaust, Boulder.
LEHMANN, Karl (1977): Absolutheit des Christentums als philosophisches und theologisches Problem, in: Kasper 1977, S.13-38.
LEHNHARDT, P./OSTEN-SACKEN, P.v.d. (1987): Rabbi Akiva. Texte und Interpretationen zum rabbinischen Judentum und Neuen Testament, Berlin.

LEIBOWITZ, Jeshajahu (1990): Gespräche über Gott und die Welt. Mit Michael Shashar, Frankfurt/M.
LEISER, Erwin (1982): Leben nach dem Überleben. Dem Holocaust entronnen – Begegnungen und Schicksale, Königstein/Ts.
LEIST, Anton (1990): Deutsche Geschichte und historische Verantwortung, in: Babylon, H.7, S.41-60.
LELYVELD, Arthur J. (1984): The Unity of the Contraries: Paradox as a Characteristic of Normative Jewish Thought, [Twenty-Second Annual B.G. Rudolph Lecture in Judaic Studies], Syracuse.
LEMKIN, Raphael (1944): Axis Rule in Occupied Europe, [Carnegie Endowment for International Peace], New York.
LEO BAECK INSTITUT JERUSALEM (Hg.) (1971): Zur Geschichte der Juden in Deutschland im 19. und 20. Jahrhundert, Jerusalem.
LERNER, Michael (1986): Liberalismus, Radikalismus und die jüdische Tradition, in: Neue Gesellschaft/Frankfurter Hefte 33, S.1019-1022.
LERNER, Antony (1989): The Art of Holocaust Remembering, in: Jewish Quarterly, S.24-33.
LESCHNITZER, Adolf (1954): Saul und David. Die Problematik der deutsch-jüdischen Lebensgemeinschaft, Heidelberg.
Lessons of the War (1973/74). A Symposium in Petahim, Immanuel, No.3, 1973/74, S.88-93.
LESTSCHINSKY, Jacob (1941): The Anti-Jewish Program: Tsarist Russia, The Third Reich and Independent Poland, in: Jewish Social Studies, Vol.3, S.141-158.
Ders. (1951): Erev Churbn (Am Vorabend der Vernichtung, yidd.), Buenos Aires.
Letters from Israel during the Yom Kippur War (1973), ed. Interfaith Committee Jerusalem, Jerusalem.
LEUNER, David (1969): Religiöses Denken im Judentum des 20. Jahrhunderts, Wuppertal.
Ders. (1975): Versagen und Bewährung – Die Welt und das Brandopfer der Juden, in: Israel-Forum 2, S.2-10.
Ders. (1979): Die Kristallnacht – ein theologisches Problem?, in: Emuna/Israel Forum 1/2, S.23-25.
LEVENTHAL, B. R. (1982): Theological Perspectives on the Holocaust, Diss. Dallas (Theological Seminary).
LEVI, Primo (1984): Beyond Survival, in: Prooftexts. A Journal of Jewish Literary History 1, S.9-21.
Ders. (1987): Beyond Judgement, in: The New York Review of Books, December 1987, S.10-14.
Ders. (1990): Die Untergegangenen und die Geretteten, München.
Ders. (1991): Ist das ein Mensch?, München.
LEVIN, Nora (1968): The Holocaust: The Destruction of European Jewry 1933-1945, New York.
LEVINAS, Emmanuel (1992): Schwierige Freiheit. Versuch über das Judentum, Frankfurt/M.
LEVINGER, Israel Meir (1980): Kiddusch Haschem. Die Heiligung des göttlichen Namens. Gedanken zum Martyrium im Judentum, in: Ginzel 1980, S.157-169.

LEVINSON, Nathan P. (1975): Internationale Holocaust Konferenz in Hamburg – Holocaust und seine Lehren, in: Freiburger Rundbrief 101/104, S.24-25.
Ders. (1979): Glaube im Holocaust, in: Allgemeine Jüdische Wochenzeitung, 26.1.1979, S.1 u. 4.
Ders. (1980): Auflehnen gegen Gott, in: Ginzel 1980, S.423-430.
Ders. (1987): Ein Rabbiner in Deutschland. Aufzeichnungen zu Religion und Politik, Gerlingen.
Ders. (1991): Western Europe Fifty Years On, in: European Judaism, No.1, S.34-37.
LEVINSON, Pnina Nave (1982): Einführung in die rabbinische Theologie, Darmstadt.
Dies. (1983): Überleben als Glaubensgemeinschaft. Ein jüdischer Erfahrungsbericht, in: Diakonia, Jg.14, S.61-65.
LEVI-STRAUSS, Claude (1973): Das wilde Denken, Frankfurt/M.
LEVKOVITZ, Elliot (Ed.) (1990): Dimensions of the Holocaust, Evanston.
LEWINSKA, Pelagia (1968): Twenty Months at Auschwitz, New York.
LEWIS, Bernard (1975): History. Remembered, Recovered, Invented, Princeton.
LIBOWITZ, Richard (Ed.) (1987): Faith and Freedom, [Festschrift für Franklin Littel], Oxford.
Ders. (1988): Asking Questions: Background and Recommendations for Holocaust Study, in: Garber/Berger/Libowitz 1988, S.57-73.
LICHARZ, Werner (Hg.) (1983): Leo Baeck – Lehrer und Helfer in schwerer Zeit, [Arnoldshainer Texte – Band 20], Frankfurt/M.
LICHTENSTEIN, Heiner (1979): Majdanek. Reportage eines Prozesses, Köln.
Ders. (1985): Mit der Reichsbahn in den Tod. Massentransporte in den Holocaust, Köln.
LIEBMAN, Charles S./COHEN, Steven M. (1990): Two Worlds of Judaism. The Israeli and American Experiences, New Haven/London.
LIEBMAN, Charles S./DON-YEHIYA, Eliezer (1983): Civil Religion in Israel: Traditional Judaism and Political Culture in the Jewish State, Berkeley.
Dies. (1983a): The Dilemma of Reconciling Traditional Culture and Political Needs: Civil Religion in Israel, in: Comparative Politics, Vol.16, S.53-66.
Dies. (1985): Religion and Politics in Israel, Bloomington.
LIEBMAN, Charles S. (1980): Myth, Tradition, and Values in Israel Society, in: Midstream.
Ders. (1981): American Jews and the ›Modern Mind‹, in: Midstream, Vol.27, S.8-12.
Ders. (1983): Extremism as a Religious Norm, in: Journal of the Scientific Study of Religion, Vol.22, S.75-86.
Ders. (1983a): Religion and the Chaos of Modernity. The Case of Contemporary Judaism, in: Neusner 1983, S.147-164.
LIEBSCHÜTZ, Hans (1956): Jewish Thought and its German Background, in: Leo-Baeck Year-Book 1, S.217-236.
Ders. (1967): Das Judentum im deutschen Geschichtsbild von Hegel bis Max Weber, Tübingen.
LIEBSCHÜTZ, Hans (1978): Past, Present, and Future of German-Jewish Historiography, in: Leo-Baeck Year-Book 23, S.3-21.
LIEBSTER, Wolfram (1985): Holocaust und Tradition der Kirche. Jüdische Existenz und Erneuerung der christlichen Theologie, in: Tribüne 96, 1985, S.164-172.
LIETZMANN, Sabina (1979): Die Judenvernichtung als Seifenoper, in: Märtesheimer/Frenzel 1979, S.35-39, (erstmals in: FAZ, 20.4.1978).

Dies. (1979a): Kritische Fragen, in: Märtesheimer/Frenzel 1979, S.40-41, (erstmals in: FAZ, 28.9.1978).
LIFTON, Robert Jay/MARKUSEN, Eric (1992): Die Psychologie des Völkermordes, Stuttgart.
LIFTON, Robert Jay (1986): Reflections on Genocide, in: Psychohistory Review, Vol.14, No.3, S.39-54.
LINCOLN, Timothy D. (1976): Two Philosophies of Jewish History after the Holocaust, in: Judaism, Vol.25, S.150-157.
LINDESKOG, Goesta (1978): Anfänge des jüdisch-christlichen Problems. Ein programmatischer Entwurf, in: E. Bammel et al. (Eds.): Donum Gentilicium, Oxford, S.255-275.
Ders. (1986): Das jüdisch-christliche Problem. Randglossen zu einer Forschungsepoche, [Acta Universitatis Upsaliensis. Historia Religionum 9), Uppsala.
LINK, Franz (Hg.) (1987): Jewish Life and Suffering/Jüdisches Leben und Leiden, Paderborn.
LIPSTADT, Deborah E. (1979): We are not Job's children, in: Shoah, vol.1, No.4, S.12-16.
Dies. (1980/81): The Holocaust. Symbol and ›Myth‹ in American Jewish Life, in: Forum, No.40, S.73-87.
Dies. (1981): Invoking the Holocaust, in: Judaism, Vol.30, No.3, S.335-343.
Dies. (1986): Beyond Belief. The American Press and the Coming of the Holocaust, New York.
Dies. (1990): America and the Holocaust, in: Modern Judaism, S.283-296.
LISOWSKY, Gerhard (1968): Kultur- und Geistesgeschichte des jüdischen Volkes, Stuttgart/Berlin/Köln/Mainz.
LITTELL, Franklin/LOCKE, H.G. (Eds.) (1974): The German Church Struggle and the Holocaust, Detroit.
LITTELL, F./LIBOWITZ, R./ROSEN, N. (Eds.) (1989): The Holocaust Forty Years After, Lewiston/Queenston/Lampeter.
LITTELL, F./SHUR/FOSTER (Eds.) (1988): In Answer... the Holocaust, West Chester.
LITTELL, Franklin H. (1973): Christendom, Holocaust and Israel: The Importance for Christians of Recent Major Events in Jewish History, in: Journal of Ecumenical Studies 3, S.483-497.
Ders. (1975): The Crucifixion of the Jews, New York.
Ders. (1980): Fundamentals in Holocaust Studies, in: The Annals of the American Academy of Political and Social Science 450, S.213-217 u. 256.
Ders. (1982): A Report on Historical ›Revisionism‹, in: Report of the 1981 Yad Vashem Council Meeting, Yad Vashem, S.39-58. .
Ders. (1983): Christian Antisemitism and the Holocaust, in: Braham 1983, S.41-56.
Ders. (1986): A yom HaShoah Liturgy for Christians, in: M. S. Littel 1986.
Ders. (1987): Holocaust and Genocide: The Essential Dialectic, in: Holocaust and Genocide Studies 2, S.95-104.
Ders. (1988): Early Warning: An Essay, in: Holocaust and Genocide Studies, Vol.3, No.4, S.483-490.
Ders. (1989): Holocaust Education After 40 Years in the Wilderness, in: M. S. Littel 1989, S.1-6.
Ders. (1991): Early Warning. Detecting Potentially Genocidal Movements, in: Hayes 1991, S.305-315.

LITTELL, Marcia Sachs (Ed.) (1985): Holocaust Education, [Symposium Series, Vol.13], New York/Toronto.
Dies. (Ed.) (1986): Liturgies on the Holocaust, Lewiston/New York/Queensten.
Dies. (Ed.) (1989): The Holocaust Forty Years After, Lewiston/Queenston.
LOEWY, Hanno (1991): Gutachten zum Frankfurter Lern- und Dokumentationszentrum des Holocaust, Frankfurt/M. 1991.
Ders. (Hg.) (1992): Holocaust: Die Grenzen des Verstehens. Eine Debatte über die Besetzung der Geschichte, Reinbek.
LÖW-BEER, Martin (1990): Die Verpflichtung der unschuldigen Nachgeborenen. Zu Anton Leists Verantwortung, in: Babylon, H.7, S.61-69.
LÖWENTHAL, Leo (1990): Untergang der Dämonologien. Studien über Judentum, Antisemitismus und faschistischen Geist, Leipzig.
Ders. (1990a): Individuum und Terror, in: Ders. 1990, S.204-217.
LÖWITH, Karl (1953): Weltgeschichte und Heilsgeschehen. Die theologischen Voraussetzungen der Geschichtsphilosophie, Stuttgart.
LOHDAHL, M.E. (1989/90): Jews and Christians in a Conflict of Interpretations. On Questioning the ›Judeo-Christian Tradition‹, in: Christian Scholar's Review 19, S.332-344.
LONGERICH, Peter (Hg.) (1989): Die Ermordung der europäischen Juden. Eine umfassende Dokumentation des Holocaust 1941-45, München.
LOOKSTEIN, Haskel (1985): Where We Our Brother's Keepers: The Public Response of American Jews to the Holocaust 1939-1944, New York.
LOPATE, Phillip/BAUER, Yehuda/LIPSTADT, Deborah (1989): Resistance to the Holocaust, in: Tikkun, Vol.4, No.3, S.55-70.
LOWENTHAL, E.G. (1966): Bewährung im Untergang. Ein Gedenkbuch. Im Auftrag des Council of Jews from Germany, London/Stuttgart.
Ders. (1988): Zum Tod des Archivars Alex Bein, in: Aufbau 17, 12.8.88, S.4. Bein, Geschichte
LUDWIG, Hartmut (1988): Die Opfer unter dem Rad verbinden – Vor- und Entstehungsgeschichte, Arbeit und Mitarbeiter des ›Büro Pfarrer Grüber‹, Diss. Berlin.
LÜBBE, Hermann (1985): Verdrängung? Über eine Kategorie zur Kritik des deutschen Vergangenheitsverhältnisses, in: Strauss/Kampe 1985, S.50-60.
Ders. (1992): Rationalität und Irrationalität des Völkermordes, in: Loewy 1992, S.83-92.
LUSTIG, Arnost (1976): Darkness Casts No Shadow, Evanston.
LUTZ, Edith (1989): Geschichte der jüdischen Religion – Eine historische Darlegung seit der Zeitrechnung, Frankfurt/M.
LUZ, Ehud (1987): Spiritual and Anti-Spiritual Trends in Zionism, Jewish Spirituality: From the Sixteenth Century Revival to the Present, New York.

MACCOBY, Hyam (1988): Kiddush Ha-Shem, in: Cohen/Mendes-Flohr 1988, S. 849-854, (erstmals in: European Judaism, Vol.18, 1984, S.31-34).
MADURO, Otto (1988): Church Empowerment, Liberation Theology and the Jewish Experience. A Latin American Catholic Perspective, in: Jewish Christian Relations, Vol.21, No.1, S.25-31.
MÄRTESHEIMER, Peter/FRENZEL, Ivo (Hg.) (1979): Im Kreuzfeuer: Der Fernsehfilm Holocaust. Eine Nation ist betroffen, Frankfurt/M.
MAGONET, Jonathan (1976): Angst und Hoffnung in jüdischer Erfahrung, in: Una Sancta, Jg.31, S.125-135.

Ders. (1981): ›Volk Gottes‹ im jüdischen Verständnis, in: Henrix 1981, S.157-178.
Ders. (1985/86): Jüdisches Selbstverständnis. Eine theologische und historische Perspektive, in: Diakonia, Jg.16 u. 17, S.377-389 u. S.93-100.
Ders. (1988): Creating a Holocaust Liturgy, in: European Judaism, Vol.21, S.14ff.
MAGURSHAK, Dan (1988): The ›Incomprehensibility‹ of the Holocaust: Tightening up some Loose Usage, in: Rosenberg/Myers 1988, S.421-431, (erstmals in: Judaism, Vol.29, No.2, 1980, S.233-242).
MAIER, Charles S. (1986): Immoral Equivalence, in: New Republic, 1.12.1986, S.36-41.
MAIER, Charles S. (1988): The Unmasterable Past: History, Holocaust and German National Identity, Cambridge 1988, (dt.: Die Gegenwart der Vergangenheit. Geschichte und die nationale Identität der Deutschen, Frankfurt/M. 1991).
MAIER, Johann (1972): Geschichte der jüdischen Religion. Von der Zeit Alexander des Großen bis zur Aufklärung mit einem Ausblick auf das 19./20. Jahrhundert, Berlin.
Ders. (1973): Das Judentum. Von der biblischen Zeit bis zur Moderne, ²München.
Ders. (1977): Jude und Judentum. Bezeichnungen und Selbstbezeichnungen im Wandel der Zeiten, In: Lebendiges Zeugnis, Jg.32,S.52-63.
MAIS, Yitzchak (1988): Institutionalizing the Holocaust, in: Midstream, Vol.34, No.9, S.16-20.
MAIMONIDES, Moses (1981): Book of Knowledge (Mishne Torah), ed. Philip Feldman, Spring Valley.
MAISLINGER, Andreas (1992): ›Vergangenheitsbewältigung‹ in der Bundesrepublik Deutschland, der DDR und Österreich. Psychologisch-pädagogische Maßnahmen im Vergleich, in: Backes/Jesse/Zitelmann 1992, S.479-496.
MANN, Cuthbert Carson (1988): Hitler: A Clue to History, in: Judaism, S.9-21.
MANTEL, Hugo (1974): Gesetz – Form oder Inhalt. Die Heiligung des Lebens durch das Gesetz, in: Bibel und Kirche, Jg.29, S.45-47.
MANVELL, Roger (1969): SS and Gestapo, New York. Greenberg
MARCUS, Marcel/STEGEMANN, Ekkehard/ZENGER, Erich (Hg.) (1991): Israel und Kirche heute. Beiträge zum Christlich-Jüdischen Dialog. Festschrift für Ernst Ludwig Ehrlich, Freiburg/Basel/Wien.
MARCUS, Marcel (1979): Jewish Survival, in: European Judaism, Vol.13, S.40-44.
MARCUS, Paul/ROSENBERG, Alan (1988): The Holocaust Survivor's Faith and Religious Behaviour and some Implications for Treatment, in: Holocaust and Genocide Studies, Vol.3, No.4, S.413-430.
MARCUS, Paul (1984): Jewish Consciousness After the Holocaust, in: Psychoanalytic Reflections on the Holocaust: Selected Papers, ed. by Luel, Steven A./Marcus, Paul, New York S.179-195.
Ders. (Ed.) (1989): Healing their wounds: Psychotherapy with Holocaust Survivors and their families, New York.
MARMUR, Dow (1987): Holocaust as Progress: Reflections on the Thought of Ignaz Maybaum, in: Faith that transforms: Essays in honour of Gregory Baum, ed. by M.J. Leddy/M.A. Hinsdale, New York 1987, S.8-15.
Ders. (1991): The star of return: Judaism after the Holocaust, Westwood.
MARQUARDT, Friedrich-Wilhelm (1978): Die Juden und ihr Land, Gütersloh.
Ders. (1979): Kann man nach Auschwitz noch von Gott reden?, in: Ehrlich/Marquardt/Klappert 1979, S.276-288.

Ders. (1980): Christsein nach Auschwitz, in: Osten-Sacken/Stöhr 1980, S.62-76.
Ders. (1987): Christen und Juden: jetzt, in: Judaica, Jg.43, S.86-100.
Ders. (1988): Von Elend und Heimsuchung der Theologie. Prolegomena zur Dogmatik, München.
Ders. (1990/91): Das christliche Bekenntnis zu Jesus, dem Juden. Eine Christologie, bisher 2 Bde., München.
MARRUS, Michael R. (1987): The history of the Holocaust: a survey of recent literature, in: The Journal of Modern History, Vol.59, S.114-160.
Ders. (1988): The Holocaust in History, London.
Ders. (1988a): Recent Trends in the History of the Holocaust, in: Holocaust and Genocide Studies, Vol.3, No. 3, S.257-265.
Ders. (1991): The Use and Misuse of the Holocaust, in: Hayes 1991, S.106-119.
MARTIN, Bernd/SCHULIN, Ernst (Hg.) (1981): Die Juden als Minderheit in der Geschichte, München.
MARTYRS' AND HEROES' REMEMBRANCE AUTHORITY (1955), Yad Vashem.
MASSING, Paul W. (1949): Rehearsal for Destruction: Political Anti-Semitism in Imperial Germany, New York, (dt.: Vorgeschichte des politischen Antisemitismus, Frankfurt/M. 1959).
MATTENKLOTT, Gert (1993): Zur Darstellung der Shoa in deutscher Nachkriegsliteratur, in: Jüdischer Almanach 1993, hrsg.v. Jakob Hessing, Frankfurt/M., S.27-34.
MAUZ, Gerhard (1979): Das wird mit keinem Wind verwehen, in: Der Spiegel, Nr.5, S.24-25.
MAXWELL, Elisabeth (1988/89): Why should the Holocaust be remembered and therfore taught?, in: European Judaism, Vol.22, No.1, S.17-28.
Dies. (1993): ›Butterflies Don't Live in Here, in the Ghetto‹. The Murder of One and a Half Million Jewish Children by the Nazis in Europe 1940-45, Holocaust Education, Vol.2, No.1, S.1-25.
MAYER, Reinhold (1963): Der babylonische Talmud, München.
Ders. (1973): Judentum und Christentum, Aschaffenburg.
Ders. (1978): Leiderfahrung in der Diaspora – Heilserfahrung im Israelland, in: Müller 1978, S.183-193.
McAFEE BROWN, Robert (1979): Die Massenvernichtung als theologisches Problem, in: Kogon 1979, S.87-120.
Ders. (1981): The Holocaust as a Problem in Moral Choices, in: Cargas 1981, S.81-102.
Ders. (1990): Elie Wiesel: Zeuge für die Menschheit, Freiburg, (EA: Elie Wiesel: Messenger to All Humanity, Notre Dame 1983).
McGARRY, Michael (1988): Emil Fackenheim and Christianity after the Holocaust, in: American Journal of Theology and Philosophy, Vol.9, No.1/2, S.117-135.
MEANING AND DEMEANING of the Holocaust (1981): A Symposium, in: Moment, S. 29-32.
MEIER, Christian (1987): Vierzig Jahre nach Auschwitz. Deutsche Geschichtserinnerung heute, München (2.erw.Aufl.: München 1990).
Ders. (1989): Der deutsche ›Historikerstreit‹, in: Verfolgung und Widerstand. Acta Ising 1988, hrsg. v. Helmut Kreutzer u. Dieter Zerlin, München 1989, S.7-26.
Ders. (1990): Nachruf auf Martin Broszat, in: Vierteljahreshefte für Zeitgeschichte, Heft 1, S.23-42.

Ders. (1990a): Zur deutschen Geschichtserinnerung nach Auschwitz, in: Modern Age – Modern Historian. In Memoriam György Ranki, ed. by Ferenc Glatz, Budapest 1990, S.367-380.

MEIR, Rachel (1990): Shoah als schulischer Lernprozeß, in: Kiesel/Karpf 1990, S.56-73.

MEISELS, Zwi Hirsch: Mekadeshei HaSchem, Chicago.

MENDES-FLOHR, P./REINHARZ, J. (1980): The Jew in the Modern World – A Documentary History, Oxford/New.

MENDES-FLOHR, Paul (1988): History, in: Cohen/Mendes-Flohr 1988, S.371-387.

Ders. (1988a): Jewish Continuity in an Age of Discontinuity: Reflections from the Perspective of Intellectual History, in: Journal of Jewish Studies, Vol. 39, S.261-268.

Ders. (Ed.) (1988b): The Philosophy of Franz Rosenzweig: Proceedings of the fourth Jerusalem Philosophical Encounter, Hanover/London.

MERL, Stefan (1987): Ausrottung der Bourgeoisie und der Kulaken in Sowjetrussland? Anmerkungen zu einem fragwürdigen Vergleich mit Hitlers Judenvernichtung, in: Geschichte und Gesellschaft, Jg.13, H.3, S.368-381.

METZ, Johann Baptist (1979): Zum Verhältnis von Christen und Juden in Deutschland, in: Kogon 1979, S.121-144.

Ders. (1984): Im Angesichte der Juden, in: Concilium 5, S.282-309.

Ders. (1985): Unterwegs zu einer nachidealistischen Theologie, in: Entwürfe der Theologie, hrsg.v. Johannes B. Bauer, Graz/Wien/Köln 1985, S.209-233.

Ders. (1987): Kampf um jüdische Traditionen in der christlichen Gottesrede, in: Kirche und Israel, Jg.2, S.14-23.

Ders. (1990): Theologie als Theodizee?, in: Theodizee – Gott vor Gericht, hrsg.v. Willi Oelmüller, München 1990, S.103-118.

Ders. (1992): Für eine anamnetische Kultur, in: Loewy 1992, S.35-41.

Ders. (1992a): Ende der Zeit?, in: Universitas, Nr.6, 1992, S.592-598.

MEYER, Alwin (1992): Die Kinder von Auschwitz, Göttingen.

MEYER, H. J. (Hg.) (1968): Jüdischer Geist in Geschichte und Gegenwart, Mainz.

MEYER, Michael A. (Ed.) (1974): Ideas of Jewish History, New York.

Ders. (1986): Comments on the Last Chapter of Y.H.Yerushalmi's Zakhor, in: American Jewish Society Newsletter, No.36, S.14-16.

Ders. (1986a): Heinrich Graetz and Heinrich von Treitschke: A Comparison of their Historical Images of the Modern Jew, in: Modern Judaism 6, S.1-12.

Ders. (1972): Judaism after Auschwitz, in: Commentary 6, S.55-62.

Ders. (1992): Jüdische Identität in der Moderne, Frankfurt/M.

MEYERS, Charles J. (1991): Touching Good and Evil. Teaching the Holocaust, in: Humanistic Judaism, S.45-47.

MICHAEL, Robert (1984): The Holocaust in Historical, Moral, and Theological Perspective, in: Encounter 45, S.259-269.

MICHEL, Otto (1982): Theologie nach Holocaust und ihre Gegenposition, in: Theologische Beiträge, S.73-86.

Ders. (1988): Hebräisches Denken, in: Evangelische Theologie, Vol.48, S.431-446.

Ders. (1988a): Grundsätzliche Fragen zum jüdisch-christlichen Dialog, in: Theologische Beiträge, Jg.19, S.251-256.

MILLER, Judith (1990): One, by One, by One. Facing the Holocaust, New York.

MILTON, Sybill/NOWINSKI, Ira (1992): In Fitting Memory. The Art and Politics of Holocaust Memorials, Detroit.
MILTON, Sybil (1986): Images of th Holocaust, Part I, in: Holocaust and Genocide Studies 1, S.27-61.
Dies. (1990): The context of the Holocaust, in: German Studies Review, Vol.13, No.2, S.269-283.
MINTZ, Alan (1984): Hurban: Responses to Catastrophe in Hebrew Literature, New York.
MITSCHERLICH, Alexander u. Margarete (1967): Die Unfähigkeit zu trauern, München.
Mitte der Schrift? (1987) Jüdisch-christliches Gespräch. Texte des Berner Symposiums vom 6.-12. Januar 1982, hrsg.v. M. Klopfenstein/U. Luz/S. Talmon/E. Tov, Frankfurt/M.
MOMMSEN, Hans (1962): Der nationalsozialistische Polizeistaat und die Judenverfolgung vor 1938, in: Vierteljahreshefte für Zeitgeschichte, Jg. 10, S.68-87.
Ders. (1987): Aufarbeitung und Verdrängung. Das Dritte Reich im westdeutschen Geschichtsbewußtsein, in: Diner 1987, S.74-88.
Ders. (1987a): Auf der Suche nach historischer Normalität. Beiträge zum Geschichstbildstreit in der Bundesrepublik, Berlin.
Ders. (1988): Holocaust und die deutsche Geschichtswissenschaft, in: Gutman/ Greif 1988, S.79-97.
Ders. (1992): Erfahrung, Aufarbeitung und Erinnerung des Holocaust in Deutschland, in: Loewy 1992, S.93-100.
MOMMSEN, Wolfgang J. (1987): Geschichte als Historische Sozialwissenschaft, in: Rossi 1987, S.107-146.
MONTEFIORE, Alan (1977): The Moral Philosopher's View on the Holocaust, in: European Judaism, Vol.11, S.13-22.
MOORE, G. F. (1927): Judaism in the first centuries of the Christian Era, Vol.1, Cambridge.
MOORE, James F. (1988): A Spectrum of Views: Traditional Christian Responses to the Holocaust, in: Journal of Ecumenical Studies, Vol.25, S.212-224.
MORD, Rumona (1978): Faith after the Holocaust: An Interpetive Study of Elie Wiesel's and Abraham Joshua Heschel's Theology, in: Covenant Quarterly 36, S.25-38.
MORGAN, Michael L. (1981): The Curse of Historicity: The Role of History in Leo Strauss's Jewish Thought, in: Journal of Religion, Vol.61, S.345-363.
Ders. (1984): Jewish Ethics after the Holocaust, in: Journal of Religious Ethics, Vol.12, S.256-277.
Ders. (Ed.) (1986): The Jewish Thought of Emil Fackenheim. A Reader, Detroit.
MORRIS, Paul (1987): The essence of Leo Baeck, in: European Judaism, Vol.21, No.2, S.34-41.
MOSES, Stefane (1987): Hegel beim Wort genommen. Geschichtskritik bei Franz Rosenzweig, in: Zeitgewinn, hrsg.v. G. Fuchs/H.H. Henrix, H.H., Aachen 1987, S.67-89. Rosenzweig
MOSIS, R. (Hg.) (1978): Exil – Diaspora – Rückkehr. Zum Theologischen Gespräch zwischen Juden und Christen, Düsseldorf. , Galut, Exil
MOSSE, George L. (1964): The Crisis of German Ideology: intellectual origins of the Third Reich, New York.
MÜLLER, Filip (1979): Sonderbehandlung. Drei Jahre in den Krematorien und Gaskammern von Auschwitz, Steinhausen.

MÜLLER, G. (Hg.) (1978): Israel hat dennoch Gott zum Trost, Trier.
MULISCH, Harry (1987): Strafsache 40/61. Eine Reportage über den Eichmann-Prozeß, Berlin. Eichmann
MULLER, Jerry Z. (1989): German Historians at War, in: Commentary, S.33-41. Geschichte Holocaust
MUSAPH-ADRIESSE, Rosetta C. (1986): Von der Tora bis zur Kabbala. Eine kurze Einführung in die religiösen Schriften des Judentums, Göttingen.
MUSSNER, F./WERBLOWSKI, R.J.Z. (1984): Judentum. A. Aus christlicher Sicht. B. Aus jüdischer Sicht, Eicher, Peter (Hg.): Neues Handbuch theologischer Grundbegriffe, Bd.II, München 1984, S.256-272.
MUSSNER, Franz (1979): Traktat über die Juden, München.
Ders. (1985): Warum ich mich als Christ für die Juden interessiere, in: Una Sancta, Jg.40, S.169-171.
MYERS, David N. (1992): Remembering Zakhor. A Super-Commentary, in: History and Memory, Vol.4, No.2, S.129-146.

NAVE, Pnina (1974): Höre Israel. Talmudische und liturgische Traditionen über Dtn. 6,4-9 etc., in: Das Vaterunser. Gemeinsames Beten von Juden und Christen, hrsg. v. M. Brocke/J.J. Petuchwoski/W. Strolz, Freiburg/Basel/ Wien 1974, S.56-76.
Dies. (1977): Jerusalem-Zion und das Land Israel im jüdischen Glauben, in: Lebendiges Zeugnis, Jg.32, S.87-97.
NEHER, André (1981): The Exile of the Word. From the Silence of the Bible to the Silence of Auschwitz, Philadelphia.
NEIMARK, Anne E. (1986): One man's valor: Leo Baeck and the Holocaust, New York.
NEUBAUER, A. (1969): The Fifty-Third Chapter of Isaiah. According to Jewish Interpreters, New York.
NEUBERGER, Julia (1991): Ourselves and the World – A Jewish Response, in: European Judaism, No.1, S.28-34.
NEUDECKER, Reinhard (1989): Die vielen Gesichter des einen Gottes. Christen und Juden im Gespräch, München.
NEUMANN, Bernhard/KLEIN, Laurentius (1977): Judentum und Christentum, in: Lebendiges Zeugnis, Jg.32, S.2-5.
NEUMANN, Franz L. (1984): Behemot. Struktur und Praxis des Nationalsozialismus 1933-45, Frankfurt/M., (EA: 1942).
NEUSNER, Jacob (1962): The Life of Rabban Yohanan ben Zakkai, Leiden.
Ders. (1972): Judaism in a Time of Crises, in: Judaism, Vol.21, S.313-327.
Ders. (1973): The Implications of the Holocaust, in: The Journal of Religion, Vol.53, No.3, S.293-308.
Ders. (1977): Torah und Messias: Versuch einer Interpretation der Geschichte des Judentums, in: Judaica, Jg.33, S.30-35 u. 117-126.
Ders. (1980): Stranger at Home: Myths in American Judaism, in: Forum, No.39, S.31-38.
Ders. (1981): Stranger at Home: ›The Holocaust‹, Zionism and American Judaism, Chicago.
Ders. (1981a): Beyond Catastrophe, Before Redemption, in: Jewish Digest, Vol.26, No.8, S.47-52.
Ders. (Ed.) (1983): Take Judaism, for Example. Studies toward the Comparison of Religions, Chicago.

Ders. (1984): The Jewish War against the Jews. Reflections on Golah, Shoah, and Torah, New York.
Ders. (1985): Israel in America: A Too Comfortable Exile, Boston.
Ders. (1987): Death and Birth of Judaism. The Impact of Christianity, Secularism, and the Holocaust on Jewish Faith, New York.
NEWMAN, Aubrey (1992): Teaching the History fot the Holocaust at University Level. The Leicester Experience, in: Holocaust Education, Vol.1, No.1, S.8-13.
NIEDERLAND, William G. (1980): Folgen der Verfolgung: Das Überlebenden-Syndrom Seelenmord, Frankfurt/M.
NIEMÖLLER, Martin (1946): Über deutsche Schuld, Not und Hoffnung, Zürich.
NIESS, Frank (Hg.) (1989): Interesse an der Geschichte, Frankfurt/M..
NIETHAMMER, Lutz (1992): Erinnerungsgebot und Erfahrungsgeschichte. Institutionalisierungen im kollektiven Gedächtnis, in: Loewy 1992, S.21-34.
NIETZSCHE, Friedrich (1984): Vom Nutzen und Nachteil der Historie für das Leben, Basel.
NIEWIADOMSKI, Jozef/GRAUS, Frantisek/STEGEMANN, Ekkehard u.a. (1988): Christen und Juden in Offenbarung und kirchlichen Erläuterungen vom Urchristentum bis zur Gegenwart, Wien.
NOLTE, Ernst (1961): Eine frühe Quelle zu Hitlers Antisemitismus, in: Historische Zeitschrift 192, S.584-606.
Ders. (1963): Der Faschismus in seiner Epoche. Die Action Francaise, der italienische Faschismus, der Nationalsozialismus, München.
NORDHOFEN, Eckhard (1993): Vor der Bundeslade des Bösen, in: Die Zeit, Nr.15, 9.4.1993, S.61-62.
NOVAK, David (1989): Jewish-Christian Dialogue. A Jewish Justification, New York/Oxford.
NOVECK, Simon (1977): Milton Steinberg's Philosophy of Religion, in: Judaism, Vol.26, S.35-45.
NOZICK, Robert (1991): Vom richtigen, guten und glücklichen Leben, München.
NURENBERGER, M. J. (1985): The Sacred and the Doomed – The Jewish Establishment versus the Six Million, Oakville.

ODENHEIMER, Micha (1989): We Resist Hitler by Continuing to be Jews. Interview with E.L. Fackenheim, in: Jewish Spectator, Vol.54, No.2, S.19-20.
OLAN, L. A. (1978): A Theology of Jewish Liberation, in: Judaism, Vol.27, S.25-32.
OLSON, Bernhard E. (1963): Faith and Prejudice, New Haven.
OPPENHEIM, Michael (1984): ›A Fieldguide‹ to the Study of Modern Jewish Identity, in: Jewish Social Studies 46, S.215-230.
Ders. (1985): What Does Revelation Mean for the Modern Jew? Lewiston/New York.
Ders. (1987): Can We still Stay with Him?: Two Jewish Theologians Confront the Holocaust, in: Studies in Religion, Vol.16, S.405-419.
ORBACH, W.W. (1978): Post-Holocaust Jewish Theology. The State of the Art, in: The Reconstructionist, S.7-15.
OSHRY, Ephraim (1959/75): Sefer She'elot u-Tshuvot, mi-Ma'amakim, 4 vols., New York.
Ders. (1983): Responsa from the Holocaust, New York, (Teilübersetzung von Oshry 1959/75).

OSTEN-SACKEN, Peter von/STÖHR, Martin (Hg.) (1980): Glaube und Hoffnung nach Auschwitz: Jüdisch-Christliche Dialoge, Vorträge, Diskussionen, [Veröffentlichungen aus dem Institut Kirche und Judentum der kirchlichen Hochschule Berlin], Berlin.
OSTEN-SACKEN, Peter von den (Hg.) (1977): Treue zur Thora. Festschrift für Günter Harder, Berlin.
Ders. (1982): Grundzüge einer Theologie im christlich-jüdischen Gespräch, München.
Ders. (1985): Staat Israel und christliche Existenz. Möglichkeit, Grenze und Bewährung theologischer Aussagen, in: Berliner Theologische Zeitschrift, Jg.2, S.74-91.
OTTO, Rudolf (1946): Das Heilige. Über das Irrationale in der Idee des Göttlichen und sein Verhältnis zum Rationalen, [28]München, (EA: 1917).

PAGIS, Dan (1989): Im versiegelten Wagen mit Bleistift geschrieben, in: Ich ging durch Meer und Steine. Israelisches Lesebuch, hrsg.v. Ita Kaufmann, München 1989.
PALDIEL, Mordecai (1982): Dualism and Genocide: The ›Religious‹ Nature of Hitler's Antisemitism, Diss. Philadelphia.
Ders. (1986): Hesed and the Holocaust, in: Journal of Ecumenical Studies, Winter 1986, S.90-106.
PARKES, James (1984): Judaism and Christianity, Chicago.
PATAI, R. (1976): Ethnohistory and Inner History: the Jewish Case, in: Jewish Quarterly Review, Vol.67, S.1-15.
PAWLAK, Zacheusz (1979): Ich habe überlebt. Ein Häftling berichtet über Maidanek, Hamburg.
PAWLIKOWSKI, John T.(1984): Worship after the Holocaust: An Ethicians Reflections, in: Worship 58, S.315-329.
Ders. (1988): Christians, Jews and Liberation: From Dialogue to Coalition – A Response, in: Christian-Jewish Relations, Vol.21, No.1, S.45-51.
Ders. (1988a): Christian Ethics and the Holocaust: A Dialogue with Post-Auschwitz Judaism, in: Theological Studies, Vol. 49, S.649-669.
Ders. (1988b): The Shoah: Its Challenges for Religious and Secular Ethics, in: Holocaust and Genocide Studies, Vol.3, No.4, S.443-455.
PECK, Abraham J. (Ed.) (1982): Jews and Christians after the Holocaust, Philadelphia.
Ders. (1988): The German Jewish Legacy in America 1938-1988. A Symposium, in: American Jewish Archives, Vol.40, No.12, S.197-454.
PEDERSEN, Kirsten Hoffgren (1989): ›The Holy Land‹ – History and Reality of the Term, in: Immanuel 22/23, S.35-40.
PEHLE, Walter H. (Hg.) (1990): Der historische Ort des Nationalsozialismus, Frankfurt/M.
PELI, Pinchas H. (1980): Heschel in Jerusalem, Interview, in: Immanuel, No.10, S.108-113.
Ders. (1981): Jewish Religiosity according to Buber, in: Immanuel, No.13, S.107-123.
Ders. (1983): Aabraham Joshua Heschel: A Tribute, in: Immanuel, No.16, S.119-125.
Ders. (1984): Contemporary History and the Principles of Judaism, in: Immanuel, No.18, 1984, S.96-105.
PERCIVAL, Ronald V. (1989): Lebendfrisches aus Auschwitz, in: Die Zeit 16, 14.4.89, S.62. Holocaust.
PETUCHOWSKI, Jakob J. (1980): Gibt es Dogmen im Judentum?, in: Theologische Quartalschrift, Jg.160, S.96-106.

Ders. (1981): Disserting Thoughts About the Holocaust, in: Jornal of Reform Judaism, S.1-9.
Ders. (1985): On the Validity of German-Jewish Self Definitions, [Leo Baeck Memorial Lecture 29], New York.
Ders. (1989): Die heutigen Strömungen im Judentum. Ihre Vielfalt im Spiegel der Dialektik von Glaube und Werk, in: Una Sancta, Jg.44, S.123-131.
Ders. (1992): Es lehrten unsere Meister. Rabbinische Geschichten, Freiburg.
PEUKERT, Detlev J. K. (1988): Wer gewann den Historikerstreit? Keine Bilanz, in: Vernunft riskieren. Klaus v. Dohnanyi zum 60. Geburtstag, hrsg.v. Peter Glotz u.a., Hamburg 1988, S.38-50.
Ders. (1988a): Die Genesis der ›Endlösung‹ aus dem Geiste der Wissenschaft, in: Forum für Philosophie Bad Homburg 1988, S.24-48.
PEUKERT, Helmut (Hg.) (1969): Diskussion zur ›politischen Theologie‹, Mainz/München.
Ders. (1978): Wissenschaftstheorie – Handlungstheorie – Fundamentale Theologie, Frankfurt/M.
Ders. (1990): ›Erziehung nach Auschwitz‹ – eine überholte Situationsdefinition? Zum Verhältnis von Kritischer Theorie und Erziehungswissenschaften, in: Neue Sammlung 30, S.345-354.
PFISTERER, Rudolf (1975): Wiederum Schweigen?, in: Tribüne, 14, S.116-633
Ders. (1979): Gottesglaube nach Auschwitz, in: Tribüne 70, 1979, S.28-42.
PHILLIPS, Anthony (1986): Forgiveness reconsidered, in: Christian Jewish Relations 19, No.1, S.14-21.
PINSON, Koppel (Ed.) (1946): Essays on Antisemitism, New York.
PLACK, Arno (1985): Wie oft wird Hitler noch besiegt? Neonazismus und Vergangenheitsbewältigung, Frankfurt/M.
PODET, Allen H. (1986): American Holcaust Textbooks, in: European Judaism, Vol.20, S.40-45.
POHRT, Wolfgang (1990): Ein Hauch von Nerz. Kommentare zur chronischen Krise, Berlin.
POIS, Robert A. (1988): The Holocaust and the Ethical Imperative of Historicism, in: Holocaust and Genocide Studies, Vol.3, No.3, S.267-274.
Ders. (1989): Ghost, do not bleed: an Analysis of Holocaust Revisionism, in: Jewish Frontier, S.17-23 u. 34.
POLEN, Nathan (1983): Esh Kodesh: The Teachings of Rabbi Kalonymos Spaphiro in the Warsaw Ghetto, 1939-1943, Diss. Boston.
POLIAKOV, Leon (1977/87): Geschichte des Antisemitismus, 6 Bde., Worms.
POLISH, Daniel (1979): Witnessing God after Auschwitz, in: Croner/Klenicki 1979, S.134-156.
POLONSKY, Antony (1990): My Brothers Keeper. Recent Polish Debates on the Holocaust, London.
POPKIN, R./STEINER, G./WIESEL, E. et. al. (1967): Jewish Values in the Post-Holocaust Future, in: Judaism 16, S.269-299.
PORAT, D./GUTMAN, Y./MEROZ, Y./ZIMMERMANN, M. (1992): Wir wurden von allen verraten. Israelische Holocaust-Forscher über Antisemitismus in Deutschland und Deutschfeindlichkeit in Israel, in: Spiegel Spezial, Nr.2, (Juden und Deutsche), S.74-84.

PORAT, Dina (1986): Martin Buber in Eretz-Jisrael during the Holocaust years, 1942-44, in: Yad Vashem Studies, Vol.17, S.93-143.

Dies. (1990): The Blue and the Yellow Stars of David. The Zionist Leadership in Palestine and the Holocaust 1939-1945, Cambridge.

PORTER, Jack Nusan (1983): Confronting History and the Holocaust: Collected Essays 1972-1982, Lanham.

POSTONE, Moishe (1988): Nationalsozialismus und Antisemitismus. Ein theoretischer Versuch, in: Diner 1988, S.242-254.

PRESSER, Ellen (1991): Bestätigung einer vernichtenden Bilanz. Umfassende Studie über das Ausmaß des Völkermordes an den Juden soeben erschienen, in: Allgemeine Jüdische Wochenzeitung, Nr.46, S.11

PRIJS, Leo (1977): Die jüdische Religion. Eine Einführung, München.

Ders. (1982): Die Welt des Judentums. Religion, Geschichte, Lebensweise, München.

PRINZ, Joachim (1931): JÜdische Geschichte, Berlin.

PROLINGHEUER, Hans (1987): Wir sind in die Irre gegangen: die Schuld der Kirche unterm Hakenkreuz, nach dem Bekenntnis des ›Darmstädter Worts‹ von 1947, Köln.

PULZER, Peter (1964): The Rise of Political Anti-Semitism in Germany and Austria (1867-1918), New York 1964, (dt.: Die Entstehung des politischen Antisemitismus in Deutschland und Österreich, Gütersloh 1966).

Ders. (1987): Erasing the Past: German Historians Debate the Holocaust, in: Patterns of Prejudice, S.3-14.

PUSCHNER, U./WOLFFSOHN, Michael (1991): Geschichte der Juden in Deutschland. Quellen und Kontroversen, München.

PUVOGEL, Ulrike (Hg.) (1989): Gedenkstätten für die Opfer des Nationalsozialismus. Eine Dokumentation, [Schriftenreihe der Bundeszentrale für Politische Bildung, Band 245], Bonn.

RABINOWITZ, Dorothy (1979): Das lebende Denkmal der Massenvernichtung, in: Kogon 1979, S.69-86.

RABINOWITZ, S. (1978): Piety and Politics: Religion in Israel, in: Judaism, Vol.27, S.410-420. ,

RAHE, Thomas (1993): Jüdische Religiosität in den nationalsozialistischen Konzentrationslagern, Geschichte in Wissenschaft und Unterricht, Jg.44, S.87-101.

RAHNER, Karl/VORGRIMLER, Herbert (Hg.) (1982): Kleines Konzilskompendium, 16.Aufl. Freiburg.

RAISER, Konrad (1988): Die deutsche Niederlage von 1945: eine ökumenische Sicht, in: Einwürfe, Jg.5, S.126-138.

RAKEFFET-ROTHKOFF, Aaron (1991): Surrendering Jews to the Nazis in the Light of the Halakhah, in: Tradition, Vol.25, No.3, S.35-45.

RAPPOPORT, Leon (1990): The deep roots and bitter fruit of the Holocaust, [Rezension zu Rubenstein/Roth »Approaches to Auschwitz«], in: Dimensions 1, S.26-27.

RATHENOW, H.-F./WEBER, N.H. (Hg.) (1988): Erziehung nach Auschwitz, Pfaffenweiler.

REESE, William L. (1984/85): Christianity and the Final Solution, in: Philosophical Forum, Vol.16, No.1/2, S.138-147.

REICHMANN, Eva G. (1950): Hostages of Civilisation: the social sources of national

socialist anti-semitism, London 1950, (dt.: Flucht in den Haß. Die Ursache der deutschen Judentkatastrophe, Frankfurt/M. 1956).
Dies. (1974): Größe und Verhängnis deutsch-jüdischer Existenz. Zeugnisse einer tragischen Begegnung, Heidelberg.
REICHRATH, H. (1979): Wer ist Israel? Umfang und Wesen des Gottesvolkes in jüdischer, christlicher und islamischer Sicht, in: Judaica, Jg.35, S.154-171.
REINES, A. J. (1972): Maimonides' Concepts of Providence and Theodicy, in: Hebrew Union College Annual, Vol.43, S.169-206.
REINHARZ, Jehuda/SCHATZBERG, Walter (Eds.) (1985): The Jewish response to German culture: from the Enlightenment to the Second World War, Hanover/ London.
REINHARZ, Jehuda (Ed.) (1987): Living with Antisemitism. Modern Jewish Responses, Hanover 1987.
REITLINGER, Gerald (1952): The Final Solution: The Attempt to Exterminate the Jews of Europe, 1939-1945, London, (dt.: Die Endlösung. Ausrottung der Juden Europas, 1939-1945, München 1964).
REMEMBERING FOR THE FUTURE (1988), Working papers and Addenda, Volume I & II & Supplement, (Vol.I: Jews and Christians during and after the Holocaust; Vol.II: The Impact of the Holocaust on the Contemporary World), ed. by Yehuda Bauer et. al., Oxford.
Remembering the Holocaust (1980), in: Face to Face (Themenheft), Vol.VII, S.1-31.
RENDTORFF, Rolf/HENRIX, Hans Hermann (Hg.) (1989): Die Kirchen und das Judentum. Dokumente von 1945-1985, ²München.
RENDTORFF, R./STEGEMANN, E. (Hg.) (1980): Auschwitz – Krise der christlichen Theologie. Eine Vortragsreihe, München.
RENDTORFF, Rolf (Hg.) (1979): Arbeitsbuch Christen und Juden, Gütersloh.
Ders. (1987): Versuch einer Annäherung an Elie Wiesel und sein Werk, in: Kirche und Israel, Jg.2, S.52-55.
Ders. (1989): Hat denn Gott sein Volk verstoßen? Die evangelische Kirche und das Judentum seit 1945. Ein Kommentar, München.
RENDTORFF, Trutz (1986): Schuld und Verantwortung 1938/1988: Gedanken zum christlichen Umgang mit der Vergangenheit, in: Zeitschrift für Theologie und Kirche, Jg.86, S.109-124.
RENN, Walter F. (1982/83): The Holocaust in West German Textbooks, in: Shoah, Vol.3, No.2/3, S.26-30.
REUVEN, Michael (1980): History of Jewish Historical Writing from the Renaissance to our Times, London.
RICHTER, Horst E. (1979): Der Gotteskomplex, Reinbek.
RIEGNER, Gerhard (1988): Living Together after the Darkness: The Present State of Christian-Jewish Relations, in: European Judaism, Vol.21, S.26-33.
Ders. (1989): Verpaßte Chancen im christlich-jüdischen Dialog vor der Sho'a, in: Kirche und Israel, Jg.4, S.14-30.
RINGELBLUM, Emmanuel (1952): Notizen Fun Warshauer Ghetto, (yid.), Warschau, [engl. Ausg.: Notes from the Warsaw Ghetto: The Journal of Emmanuel Ringelblum, N.Y. 1958].
RIVKIN, Ellis (1957): Unitive and Divisive Factors in Judaism, in: Revue Trimestrielle, Vol.VII, No.4, S.1-15.

ROBERT, Michael (1987): Theological myth, German antisemitism and the Holocaust: the case of Martin Niemoeller, in: Holocaust and Genocide Studies, Vol.2, No.1, S.105-122.
ROBINSON, Jacob (1965): And the Crooked shall be made Straight: The Eichmann Trial, the Jewish Catastrophe, and Hannah Arendt's Narrative, New York.
RÖSSLER, D. (1962): Gesetz und Geschichte. Untersuchungen zur Theologie der jüdischen Apokalyptik und der pharisäischen Orthodoxie, ²Neukirchen-Vluyn.
ROHKRÄMER, Martin (1989/90): Der ›Historikerstreit‹, in: Reformierte Kirchenzeitung, Jg.130 u. Jg.131, S.369-373 u. S.19-24.
ROHLFES, Joachim (1990): Juden in den Vereinigten Staaten von Amerika, Bonn.
ROHMANN, Klaus (1977): Vollendung im Nichts? Eine Dokumentation der amerikanischen ›Gott-ist-tot-Theologie‹, Zürich/Einsiedn/Köln.
ROHRBACH, Günter (1979): Das Medium der Massen ernst nehmen, Interview mit Rohrbach, in: Der Spiegel, Nr.6, S.190-193.
ROIPHE, Anne: A Season for Healing (1988): Reflections on the Holocaust, New York/London/Toronto/Sidney/Tokyo.
RONEN, Avihu (1992): The Changing Attitudes towards the Holocaust in Israeli Society, [Vortrag, Rabanus Maurus Akademie, März 92], Wiesbaden.
ROSEN, Klaus Henning (1991): Bleiben wir Antisemiten? Der Kampf gegen das Vorurteil – Anspruch und Wirklichkeit, in: Marcus/Stegemann/Zenger 1991, S.386-402
Ders. (1985): Der Holocaust und die politische Kultur der Bundesrepublik Deutschland, in: Strauss/Kampe 1985, S.61-72.
ROSEN, Norma (1987): The Second Life of Holocaust Imagery, in: Midstream, Vol.33, No.4, S.56-59.
ROSENBAUM, Irving J. (1976): The Holocaust and Halakhah, New York.
ROSENBERG, Alan/BARDOSH, Alexander (1981): The Holocaust and Historical Crisis: A Review Essay, in: Modern Judaism 3, S.337-346.
Dies. (1982/83): The Problematic Character of Teaching the Holocaust, in: Shoah, Vol.3, No.2/3, S.3-7 u.20.
ROSENBERG, Alan/MARCUS, Paul (1988): The Holocaust as a Test of Philosophy, in: Rosenberg/Myers 1988, S.201-222.
ROSENBERG, Alan/MYERS, Gerald E. (Eds.) (1988): Echoes from the Holocaust: Philosophical Reflections on a Dark Time, Philadelphia.
ROSENBERG, Alan (1979): The Genocidal Universe: A Framework for Understanding the Holocaust, in: European Judaism, Vol.13, S.29-34. Genozid,
Ders. (1981): Philosophy and the Holocaust: suggestion for a systematic approach to the genocidal universe, in: European Judaism, Vol.14, No.2, 1981, S.31-38.
Ders. (1983): Understanding the Holocaust, in: European Judaism, Vol.17, S.16-20.
Ders. (1983a): The Philosophical Implications of the Holocaust, in: Braham 1983, S.1-18.
Ders. (1983/84): The Problematic Character of Understanding the Holocaust, in: European Judaism, Vol.17, S.16-20.
Ders. (1987): Was the Holocaust Unique? A Peculiar Question, in: Walliman/ Dobkowski 1987, S.145-161.
Ders. (1988): The Crisis in Knowing and Understanding the Holocaust, in: Rosenberg/ Myers 1988, S.379-395.
ROSENBERG, David (Ed.) (1991): Testimony: Contemporary Writers Make the Holocaust Personal, New York.

ROSENBERG, Shalom (1988): Revelation, in: Cohen/Mendes-Flohr 1988, S.815-825.
Ders. (1989): Good and Evil in Jewish Thought, Tel Aviv.
ROSENFELD, Alvin/GREENBERG, Irving (1978): Confronting the Holocaust: The Impact of Elie Wiesel, Bloomington Bloomington 1978.
ROSENFELD, Alvin H. (1980): A Double Dying. Reflections on Holocaust Literature, Bloomington/London.
Ders. (1986): The Holocaust in Jewish Memory and Public Memory, in: Dimensions, Vol.2, No.3, S.9-12.
Ders. (1988): Holocaust Fictions and the Transformation of Historical Memory, in: Holocaust and Genocide Studies, Vol.3, No.3, S.323-336.
Ders. (1991): Popularization and Memory. The Case of Anne Frank, in: Hayes 1991, S.243-278.
ROSENSTIEL, F./SHOHAM, S.G. (1980): Der Sieg des Opfers – Jüdische Antworten, Stuttgart.
ROSENTHAL, Gilbert S. (1981): The Clash of Modern Ideologies of Judaism, in: Jospe/Wagner 1981, S.199-253.
ROSENZWEIG, Franz (1924): Die Bauleute. Über das Gesetz, in: Ders., Zweistromland, Gesammelte Schriften Bd.3, hrsg.v. R.u.A. Mayer, Dordrecht/ Boston/Lancaster 1984, S.699-712.
Ders. (1987): Der Stern der Erlösung, Frankfurt/M., (EA: 1921).
ROSENZWEIG, Rachel (1978): Solidarität mit den Leidenden im Judentum, Berlin.
ROSKIES, David (1984): Against the Apocalypse. Responses to Catastrophe in Modern Jewish Culture, Cambridge.
Ders. (1988): Memory, in: Cohen/Mendes-Flohr 1988, S.581-586.
ROSKIES, Diane (1975): Teaching the Holocaust to Children. A Review and Bibliography, New York.
ROSSI, Pietro (Hg.) (1987): Theorie der modernen Geschichtsschreibung, Frankfurt/M.
ROTENSTREICH, Nathan (1958): Between Past and Present. An Essay on History, New Haven.
Ders. (1963): The Individual and Personal Responsibility, in: Yad Vashem Studies, Vol.5, S.17-33.
Ders. (1972): Tradition and Reality. The Impact of History on Modern Jewish Thought, New York.
Ders. (1975): Reflections of the Contemporary Jewish Condition, Jerusalem.
Ders. (1984/85): Can Evil Be Banal?, in: Philosophical Forum, Vol.16, No.1/2, S.50-62.
Ders. (1988): Tradition, in: Cohen/Mendes-Flohr 1988, S.1007-1015.
Ders. (1988a): The Holocaust as a unique historical event, in: Patterns of Prejudice, Vol.22, S.14-20.
ROTH, John K./BERENBAUM, Michael (Eds.) (1989): Holocaust. Religious and Philosophical Implications, New York.
ROTH, John K. (1979): A Consuming Fire: Encounters with Elie Wiesel and the Holocaust, Atlanta.
Ders. (1981): A Theodicy of Protest, in: Davis 1981. .
Ders. (1982): Against Despair, in: F.Sontag/M.Bryant (Ed.): God: The Contemporary Discussion, New York, S.345-361.

Ders. (1984/85): How to Make Hitler's Ideas Clear?, in: Philosophical Forum, Vol.16, No.1/2, S.82-94.
Ders. (1987): Genocide, the Holocaust, and Triage, in: Walliman/Dobkowski 1987, S.81-96.
Ders. (1988): On the Impossibility and Necessity of Being a Christian: Reflections on Mending the World, in: American Journal of Theology and Philosophy, Vol.9, S.75-97,
ROUSSEAU, Richard W. (Ed.) (1983): Christianity and Judaism: The Deepening Dialogue, Scranton.
ROUSSET, David (1947): The Other Kingdom, New York.
Ders. (1951): A World Apart, London.
RUBINOFF, Lionel (1974): Auschwitz and the Theology of the Holocaust, in: Speaking of God Today, ed. by Paul D. Osphal/Marc Tanenbaum, Philadelphia 1974, S.121-143.
RUDAVSKY, David (1979): Modern Jewish Religious Movements: A History of Emancipation and Adjustment, ³New York.
RUDAVSKY, Joseph (1987): To live with hope... To die with dignity, [puplished by Center for Holocaust and Genocide Studies at Ramapo College of New Jersey], New Jersey.
RÜBENACH, Bernhard (Hg.) (1981): Begegnungen mit dem Judentum, Berlin Berlin.
RÜCKERL, Adalbert (1971): NS-Prozesse. Nach 25 Jahren Strafverfolgung: Möglichkeiten – Grenzen – Ergebnisse, Karlsruhe.
Ders. (1977): NS-Vernichtungslager im Spiegel deutscher Strafprozesse, München.
Ders. (1979): Die Strafverfolgung von NS-Verbrechen 1945-1978. Eine Dokumentation, Karlsruhe.
RÜSEN, Jörn (1987): Narrativität und Modernität in der Geschichtswissenschaft, in: Rossi 1987, S.230-237.
Ders. (1990): Zeit und Sinn. Strategien historischen Denkens, Frankfurt/M.
RUFEISEN, O. D. (1982): Kann ein Jude in der Kirche seine Identität bewahren? Zur Frage der Inkulturation des Christentums in Israel, in: Judaica, Jg.38, S.24-31.
RUMSCHEIDT, Martin H. (1985): Dying is the inmate's highest duty (Holocaust), in: Studies in Religion – Sciences Religiouses. A Canadian Journal 14, No. 4, S.487-496.
RUNCIE, Robert A.K. (1991): Ourselves and the World, in: European Judaism, No.1, S.22-28.
RUNES, Dabobert David (1952): Of God, the Devil and the Jews, New York.
RYAN, Michael D. (Ed.) (1981): Human Responses to the Holocaust, New York/Toronto.

SACHAR, Howard M. (1958): The Course of Modern Jewish History. The Classical History of the Jewish People from the Eighteen Century to the Present Day, New York/London.
Ders. (1983): The Last Century of Jewish Hope. An Historians Critique, [B.G. Rudolph Lectures in Judaic Studies], Syracuse.
SACHS, Nelly (1968): Das Buch der Nelly Sachs, hrsg.v. Bengt Holmqvist, Frankfurt/M.
SAFRAN, Alexandre (1984): Israel in Zeit und Raum. Grundmotive des jüdischen Seins, Bern/München.
SALLEN, Herbert/SILBERMANN, Alphons (1990): Bekenntnis zur jüdischen Identität. Selbstbild und Fremdbild der Juden in Westdeutschland 1990, in: Tribüne, Jg.30, H.118, S.122-130.
SAMUELSON, Norbert M. (Ed.) (1987): Studies in Jewish Philosophy. Collected Essays of the Academy for Jewish Philosophy, 1980-1985, Boston/London.

SANDKÜHLER, Thomas (1992): Aporetische Erinnerung und historisches Erzählen, in: Loewy 1992, S.144-159.

SAROT, Marcel (1991): Auschwitz, Morality and the Suffering of God, in: Modern Theology, Vol.7, No.2, S.135-152.

SARTORY, Gertrude u. Thomas (Hg.) (1978): Weisung in Freude. Aus der jüdischen Überlieferung, Freiburg.

SARTRE, Jean-Paul (1946): Réflexions sur la question Juive, Paris, (dt.: Betrachtungen zur Judenfrage, Zürich 1948).

SAUER, Wolfgang (1967/68): National Socialism: Totalitarism or Fascism?, in: in: American Historical Review 73, S. 403-411.

SAUTER, G. (1982): Eine gemeinsame Sprache der Hoffnung? Gedanken zum christlich-jüdischen Gespräch, in: Evangelische Theologie, Jg.42, S.152-171.

SCHAALMAN, Herman E. (1986): Zachor: A Shabbat Service in Memory of the Martyrs of the Holocaust, in: M.S. Littel 1986, S.117-134. Liturgie

SCHÄFER, Peter (1972): Die Vorstellung von Hl. Geist in der rabbinischen Literatur, München.

Ders. (1978): Studien zur Geschichte und Theologie des rabbinischen Judentums, Leiden.

Ders. (1978a): Zur Geschichtsauffassung des rabbinischen Judentums, in: Ders. 1978, S.23-44.

Ders. (1978b): Das ›Dogma‹ von der mündlichen Torah im rabbinischen Judentum, in: Ders. 1978, S.153-197.

Ders. (1978c): Tempel und Schöpfung. Zur Interpretation einiger Heiligtumstraditionen in der rabbinischen Literatur, in: Ders. 1978, S.122-133.

SCHALLENBERGER, Horst E./STEIN, Gerd (1977): Juden, Judentum und Staat Israel in deutschen Schulbüchern, in: Lebendiges Zeugnis, Jg.32, S.44-51.

SCHATZKER, Chaim (1978): Formation versus Information. Trends in Holocaust Education in Israel, in: Forum 30/31, S.135-141.

Ders. (1980): The Teaching of the Holocaust: Dilemma and Considerations, in: The Annals of the American Academy of Political and Social Science 450, S.218-226.

Ders. (1981): Die Juden in den deutschen Geschichtsbüchern. Schulbuchanalyse zur Darstellung der Juden, des Judentums und des Staates Israel, [Schriftenreihe der Bundeszentrale für politische Bildung, Bd.173], Bonn.

Ders. (1988): Die Rezeption der ›Shoah‹ durch das israelische Bildungswesen und die israelische Gesellschaft, in: Scheffler/Bergmann 1988, S.77-85.

Ders. (1988a): Die quälenden Fragen der ›Shoah‹, Tribüne 107, S.203-209.

Ders. (1990): Die Bedeutung des Holocaust für das Selbstverständnis der israelischen Gesellschaft, in: Aus Politik und Zeitgeschichte 15, S.19-23.

SCHECHTER, Solomon (1988/89): The Dogmas of Judaism, in: Jewish Quarterly Review 1/1 u. 1/2, S.48-61 u. 115-127.

SCHEFFLER, Wolfgang/BERGMANN, Werner (Hg.) (1988): Lerntag über den Holocaust als Thema im Geschichtsunterricht und in der politischen Bildung, zus. mit Research Foundation for Jewish Immigration, 8.Nov.1987, [Zentrum für Antisemitismusforschung, TU Berlin], Berlin.

SCHEFFLER, Wolfgang (1960): Judenverfolgung im Dritten Reich, Berlin.

Ders. (1979): Anmerkungen zum Fernsehfilm ›Holocaust‹ und zu Fragen zeitgeschichtlicher Forschung, in: Geschichte und Gesellschaft, Jg.5, S.570-579.

Ders. (1987): Probleme der Holocaustforschung, in: Deutsche-Polen-Juden. Ihre Beziehungen von den Anfängen bis ins 20. Jahrhundert, hrsg.v. Stefi Jersch-Wenzel, Berlin 1987, S.259-282.
SCHINDLER, Pesach (1973): The Holocaust and Kiddush HaShem in Hassidic Thought, in: Tradition, Vol.13/14, S.88-104.
Ders. (1974): Religious Faith After Auschwitz, in: SIDIC 7, 1974, S.24-31.
Ders. (1975): Remarks delivered at Bergen Belsen, June 10th, 1975, [International Conference on the Holocaust and Its Lessons for Today, June 8.-12. 1975, Hamburg], (Kopie des Redemanuskripts, vom Verf. frdl. zu Verfügung gestellt), S.1-3.
Ders. (1985): Speaking About God Today: Towards a Theology of Realism, [Rede auf dem ev. Kirchentag in Düsseldorf, Juni 1985], (Kopie des Redemanuskripts, vom Verf. frdl. zu Verfügung gestellt).
Ders. (1988): Die Heiligung des Namens Gottes, (Vortragsmanus. vom Verf. frdl. zur Verfügung gestellt), S.22-35.
Ders. (1990): Hasidic Responses to the Holocaust in the Light of Hasidic Thought, Hoboken.
SCHLAMM, William S. (1964): Wer ist Jude? Ein Selbstgespräch, Stuttgart.
SCHLESINGER, George N. (1966): Divine Benevolence, in: Proceedings of the Association of Orthodox Scientists, Vol.1, New York, S.101-105.
Ders. (1979): Arguments from Despair, in: Tradition, Vol.17, No.4, 1979, S.15-26.
Ders. (1984/85): The Theological Implications of the Holocaust, in: Philosophical Forum, Vol.16, No.1/2, S.110-120.
SCHLEUNES, Karl A. (1970): The Twisted Road to Auschwitz: Nazi Policy toward German Jews 1933-1939, Urbana.
SCHMID, Herbert (1978): Auschwitz und seine Auswirkungen für Theologie und Kirche. Internationales Symposium über den Holocaust, in: Judaica, Jg.34, S.147-148. ,
Ders. (1979): Holocaust, Theologie und Religionsunterricht, in: Judaica, Jg.35, S.5-11.
SCHMIED-KOWARZIK, Wolfdietrich (Hg.) (1988): Der Philosoph Franz Rosenzweig (1886-1929). Internationaler Kongress, Kassel 1986, Bd.1: Die Herausforderung jüdischen Lernens, Bd.2: Das neue Denken und seine Dimensionen, Freiburg.
SCHNEIDER, Carl (1978): Ursprung und Ursachen der christlichen Intoleranz, in: Zeitschrift für Religions- und Geistesgeschichte, Jg.30, S.193-218.
SCHNEIDER, Peter (1980): The Christian Debate on Israel, Oxford. Israel,
SCHNEIDER, Wolfgang (1991): Vernichtungspolitik. Eine Debatte über den Zusammenhang von Sozialpolitik und Genozid im nationalsozialistischen Deutschland, Hamburg.
Ders. (1992): Tanz der Derwische. Vom Umgang mit der Vergangenheit im wiedervereinigten Deutschland, Lüneburg.
SCHOCHOW, Werner (1969): Deutsch-jüdische Geschichtswissenschaft. Eine Geschichte ihrer Organisationsformen, Berlin.
SCHOENBERNER, Mira u. Gerhard (Hg.) (1988): Zeugen sagen aus. Berichte und Dokumente über die Judenverfolgung im ›Dritten Reich‹, Berlin.
SCHÖNWÄLDER, Karen (1992): Historiker und Politik. Geschichtswissenschaft im Nationalsozialismus, Frankfurt/M.
SCHOEPS, Hans Joachim (1932): Jüdischer Glaube in dieser Zeit. Prolegomena zur Grundlegung einer systematischen Theologie des Judentums, Berlin.
SCHOEPS, Julius H. (1988): Kritische Stellungnahme zu den Thesen des Historikers, in: Aufbau 7, 25.3.88, S.6-7.

Ders. (Hg.) (1992a): Aus zweier Zeugen Mund. Festschrift für Pnina Navè Levinson, Gerlingen

SCHOLEM, Gershom (1957): Die jüdische Mystik in ihren Hauptströmungen, Zürich.

Ders. (1962): Von der mystischen Gestalt der Gottheit. Studien zu Grundbegriffen der Kabbala, Zürich.

Ders. (1964): Wider den Mythos der deutsch-jüdischen Symbiose, in: Auf gespaltenem Pfad. Zum 90. Geburtstag von Margarete Susmann, hrsg.v. Manfred Schlösser, Darmstadt 1964, S.229-232.

Ders. (1970): Über einige Grundbegriffe des Judentums, Frankfurt/M..

Ders. (1970a): Offenbarung und Tradition als religiöse Kategorien im Judentum, in: Ders. 1970, S.90-120.

Ders. (1970b): Zum Verständnis der messianischen Idee im Judentum, in: Ders. 1970, S.121-167.

Ders. (1992): Sabbatai Zwi, Frankfurt/M.

SCHOON, Simon (1988): Christliche Verwirrung angesichts des vierzigjährigen Bestehens des Staates Israel, in: Kirche und Israel, Jg.3, S.32-40.

SCHOONEVELD, C. (1976): Dialogue with Jews, in: Immanuel, No.6, S.61-69.

SCHORSCH, Ismar (1974): German Antisemitism in the Light of Post-War Historiography, in: Leo-Baeck Year-Book 19, S.257-271.

Ders. (1981): The Holocaust and Jewish Survival, in: Midstream, Vol.27, No.1, S.38-42.

SCHOTTROFF, Willy (1991): Das Reich Gottes und der Menschen. Studien über das Verhältnis der christlichen Theologie zum Judentum, München.

SCHREIBER, Gerhard (1988): Hitler. Interpretationen 1923-1983, Darmstadt (2.verb.u.erg.Aufl.).

SCHREINER, Stefan (1978): Die Vernichtung des europäischen Judentums im Spiegel jüdisch-theologischen Denkens der Gegenwart, in: Als die Synagogen brannten. Magdeburger Arbeitshefte für Ökumene und Mission 1, S.33-52.

Ders. (1979): Die Kristallnacht – ein theologisches Problem?, in: Emuna/Israel Forum 1/2, S.23-25.

Ders. (1980): Jüdisch-theologisches Denken nach Auschwitz – ein Versuch seiner Darstellung, in: Judaica 36, S.1-14 u. 49-56.

Ders. (1989): ›God has hidden his face‹. The Literary Witness fo the Time of the Shoah, or Why So Many Have Written About It, in: Christian Jewish Relations, Vol.22, No.3/4, S.68-74.

SCHUBERT, Kurt (1951): Judentum und Geschichte, in: Judaica 7/4, S.288-299.

Ders. (1974): Ein Geheimnis des Glaubens. Die Relevanz des Judentums für die Heilsgeschichte, in. Bibel und Kirche, Jg.29, S.38-41.

SCHÜSSLER-FIORENZA, E./TRACY, D. (1984): Der Holocaust als Kontinuitätsbruch und die Rückkehr der Christen in die Geschichte, in: Concilium 5, S.431-435.

SCHULIN, Ernst (Hg.) (1989): Deutsche Geschichtswissenschaft nach dem Zweiten Weltkrieg (1945-1965), [Schriften des Historischen Kollegs, Kolloquien Bd.14], München.

SCHULTE, Christoph (1989): Die Wiederkehr des Bösen. Über radikale Vorstellungen vom Bösen in der Moderne, in: Zeitschrift für Religions- und Geistesgeschichte, Jg.41, S.33-51.

SCHULTE, Hannelis (1972): Die Entstehung der Geschichtsschreibung im Alten Israel, [=Beihefte zur Zeitschrift für alttestamentliche Wissenschaft 128], Berlin.

SCHULTZ, Hans Jürgen (Hg.) (1961): Juden – Christen – Deutsche, Stuttgart.
SCHULTZE, Herbert (1987): Unterrichtshilfen zum Thema Judentum. Teil 1: Die Religion des Judentums, Teil 2: Das Judentum in der Geschichte. Kommentierte Dokumentation von Unterrichtsentwürfen und Unterrichtsmaterialien, Münster (Comenius-Institut).
SCHULWEIS, Harold M. (1976): The Holocaust Dybbuk, in: Moment 1, S.36-41.
Ders. (1986): Using History to Restore a Sense of Balance, in: Baltimore Jewish Times, 2.5.1986, S.70-73.
Ders. (1989): Predicate Theodicy: Why Did it Happen?, in: Religious Education, Vol.84, No.1, S.16-25.
Ders. (1990): In God's Mirror. Reflections and Essays, New York.
SCHULZE, Winfried (1993): Deutsche Geschichtswissenschaft nach 1945, München.
Ders. (1993a): Objektivität als Heilmittel?, in: Ders. 1993, S.201-206.
SCHWANDT, Hans Gerd (1989): Der Blick, der aufs Grauen geht, Frankfurt/M..
SCHWARBERG, Günther (1989): Die Mörderwaschmaschine. Wie die bundesdeutsche Justiz die Verbrechen der Faschisten mit Hilfe von Einstellungsbeschlüssen bewältigte oder: Von den Massenerschießungen abgesehen, war die Sterblichkeit gering, in: Eisfeld/Müller 1989, S.324-345.
SCHWARTZ-LEE, Barbara (1990): Heroic and Shameful Behaviour in the Nazi Concentration Camps, in: Journal of Psychology and Judaism, Summer 1990, S.109-124.
SCHWARTZ, Daniel R. (1987): On Abraham Schalit, Herod, Josephus, The Holocaust, Horst R. Moehring, and the Study of Ancient Jewish History, in: Jewish History Vol.2, No.2, S.9-28.
SCHWARTZ, Donald (1990): Who will teach them after we're gone?: Reflections on Teaching the Holocaust, in: History Teacher, Feb. 1990, S.1-16.
SCHWARTZ, Paul (1987): Recent public trends in Western Germany, in: Partisan Review, Vol.54, No.2, S.235-246.
SCHWARTZ, Yoel/GOLDSTEIN, Yitzchak (1990): Shoah. A Jewish Perspective on Tragedy in the Context of the Holocaust, New York.
SCHWARZ, Leo (1952): Anne Frank's Diary, in: Jewish Social Studies, Vol.14, S.377-381.
SCHWARZ-BART, André (1962): Der Letzte der Gerechten, Frankfurt/M.
SCHWARZSCHILD, Steven S. (1987): Schekhinah und jüdische Eschatologie, in: Universale Vaterschaft Gottes, hrsg. v. A. Falaturi et. al., Stuttgart, S.88-114.
SCHWEID, Eliezer (1985): The Land of Israel – National Home or Land of Destiny, New York.
Ders. (1986): Two Neo-Orthodox Responses to Secularization, Part II, in: Immanuel, No.20, 1986, S.107-117.
Ders. (1988): The Justification of Religion in the Crisis of the Holocaust, in: Holocaust and Genocide Studies, Vol.3, No.4, S.395-412.
Ders. (1988a): Relations between Religious and Secular Jews in the State of Israel: An Academic Appraisal, in: L'Eylah, S.11-15.
Ders. (1990): The Expulsion from Spain and the Holocaust, (Hebr.), in: Alpajim, Vol.3, S.69-88.
SCHWEITZER, Friedrich (1990): Forgetting about Auschwitz? Remembrance as a Difficult Task of Moral Education, in: Neue Sammlung 30, S.355-365.

SCHWÖBEL, Christoph (1993): Self-Criticism in Retrospect? Reflections in the Christian Churches on Church Attitudes During the Holocaust, in: Holocaust Education, Vol.2, No.1, S.48-67.
SEEBER, David (1979): Holocaust, in: Herder Korrespondenz, Jg.33, S.113-116.
SEESKIN, Kenneth R. (1980): The Reality of Radical Evil, in: Judaism, Vol.29, S.440-453.
Ders. (1988): Coming to Terms with Failure: A Philosophical Dilemma, in: Lang 1988, S.110-121.
Ders. (1988a): What Philosophy Can and Cannot Say About Evil, in: Rosenberg/ Myers 1988, S.91-104.
Ders. (1990): Jewish Philosophy in a Secular Age, New York.
Ders. (1991): Jewish Philosophy in the 1980's, in: Modern Judaism, Vol.11, No.1, S.157-172.
SEGALL, Aryeh (Ed.) (1981): Guide to Jewish Archives, New York/Jerusalem.
SEGNI, Riccardo di (1974): A Jew looks at the Holocaust, in: SIDIC, Vol.7, No.2, S.16-17.
SEIM, Jürgen (1986): Jüdisch-christliches Gespräch im Vollzug, in: Evangelische Theologie, Jg.46, S.190-195.
Ders. (1988): Notizen zur Deutbarkeit des Holocaust, in: Evangelische Theologie, Jg.48, S.447-462.
Ders. (1988a): Auf einem gemeinsamen Weg zum Heil? Zum Verhältnis von Juden und Christen, in: Berliner Theologische Zeitschrift, Jg.5, S.265-279.
SELIGMANN, Rafael (1993): Zeichen der Identitätskrise. Die Fixierung auf die Shoa verdrängt die Herausforderungen der Gegenwart und Zukunft, in: Jüdische Allgemeine Wochenzeitung, 29.4.1993, S.1.
SENFFT, Heinrich (1990): Kein Abschied von Hitler. Ein Blick hinter die Fassaden des Historikerstreits, Hamburg.
SERENY, Gitta (1979): Am Abgrund, Berlin, (engl.EA: Into That Darkness. From Mercy Killings to Mass Murder, New York 1974).
SHAPIRO, Kalonymos Kalmish (1960): Esh Kodesh, (hebr., Heiliges Feuer) Jerusalem.
SHAPIRO, Susan (1984): Vom Hören auf das Zeugnis totaler Verneinung, in: Concilium 5, S.363-369.
SHEAR-YASHUV, Aharon (1987): Religion, philosophy, and Judaism, Vol.1: From Christianity to Judaism. Theological and philosophical articles, Jerusalem.
SHERESHEVSKY, Esra (1982): A Lesson of the Holocaust, in: Christian-Jewish Relations, No.78, S.27-32.
SHERWIN, Byron L./AMENT, Susan G. (Eds.) (1979): Encountering the Holocaust: An Interdisciplinary Survey, Chicago.
SHERWIN, Byron L. (1969): Elie Wiesel and Jewish theology, in: Judaism, vol.18, No.1, S.39-52.
Ders. (1972): The Impotence of Explanation and the European Holocaust, in: Tradition, Vol.12, S.99-107.
Ders. (1979): Jewish and Christian Theology encounters the Holocaust, in: Sherwin/Ament 1979, S.407-442.
Ders. (1979a): Philosophical Reactions to and Moral Implications of the Holocaust, in: Sherwin/Ament 1979, S.443-472.

SHILS, Eduard (1976): Tradition, in: Comparative Studies in Society and History, Vol.13, S.122-159.

SHIMONI, Gideon (Ed.) (1991): The Holocaust in University Teaching, Oxford.

SHNEERSON, Fishl (1958): Psycho-History of Sho'ah and Rebirth, ed. by Eliezer Tur Shalom, Tel-Aviv.

SHORRIS, Earl (1982): Jews Without Mercy. A Lament, Garden City/New York.

SHULMAN, Sheila (1988/89): An Encounter with Fackenheim, in: European Judaism, Vol.22, S.38-44.

SHUR/LITTEL/WOLFGANG (Eds.) (1980): Reflections on the Holocaust, in: Annals of the American Academy of Political and Social Science, Vol. 450.

SIEGEL, Seymour (1964): Theological Reflections on the Destruction of European Jewry, in: Conservative Judaism, Vol.18, No.4, S.2-10.

SIEGELE-WENSCHKEWITZ, Leonore (1982): Mitverantwortung und Schuld der Christen am Holocaust, in: Evangelische Theologie, Jg.42, S.171-190.

Dies. (1984): Der Beitrag der Kirchengeschichte zu einer Theologie nach dem Holocaust, in: Concilium 5, S.413-416.

Dies. (1986): Theologie nach Auschwitz als Theologie der Befreiung, in: Wer ist unser Gott, hrsg. v. L.u.W. Schottroff, München München 1986, S.78-86.

Dies. (1991): Ist Ethik eine Kategorie der Historiographie?, in: Evangelische Theologie, Nr.2, S.155-168.

Dies. (Hg.) (1991a): Verdrängte Vergangenheit, die uns bedrängt. Feministische Theologie in der Verantwortung vor der Geschichte, München.

SIEGMAN, R. H. (1976): Ten Years of Catholic-Jewish Relations. A Reassessment, in: Encounter Today, Vol.11, S.77-88.

SILBERMANN, Alphons (1992): Zur Handhabung von Erinnern und Vergessen, in: Menora. Jahrbuch für deutsch-jüdische Geschichte 1992, hrsg.v. J.H. Schoeps, München 1992, S.13-20.

SILFEN, Asher (1991): A short discussion of self-alienation: Israeli-Philosophy has no interest in the Holocaust, (hebr.), in: International Problems, Vol.30, No.1/2, S.37-48.

SIMON, Ernst A. (1965): Brücken. Gesammelte Aufsätze, Heidelberg.

Ders. (1978): Glaube, Religion und Gesellschaft, Talmon/Siefer 1978, S.9-36.

Ders. (1978a): Religion und Staat in Israel, in: Talmon/Siefer 1978, S.148-191.

Ders. (1980): Zweifel nach Auschwitz, in: Ginzel 1980, S.413-422.

Ders. (1980a): Entscheidung zum Judentum. Essays und Vorträge, Frankfurt/M.

SIMON, Ulrich (1967): A Theology of Auschwitz, London.

Ders. (1987): Atonement: From Holocaust to Paradise, Cambridge.

SIMPSON, William Wynn/WEYL, Ruth (Hg.) (1988): The International Council of Christian and Jews: A brief history, Heppenheim.

SIMPSON, William W. (1980): Meaning of the Holocaust, in: Christian-Jewish Relations, No.71, S.35-38.

SINGER, D. (1983): Yosef Hayim Yerushalmi, Zakhor. Jewish History and Jewish Memory, in: Commentary 76/1, S.72-75.

SKLARE, Marshall/GREENBLUM, Joseph (1967): Jewish Identity on the Suburban Frontier: A Study of Group Survival in the Open Society, New York.

SKLARE, Marshall (1975): Religion and Ethnicity in the American Jewish Community: Changing Aspects of Reform, Conservative, and Orthodox Judaism, in: J. Katz 1975, S.147-160.

SLENCZKA, R. (1981): Theologie nach Holocaust?, in: Kerygma und Dogma, Jg.27, S.150-151.
SLOYAN, Gerard S. (1985): Some Theological Implications of the Holocaust, in: Interpretation, Vol.39, S.402-413.
SODI, Risa (1987): An Interview with Primo Levi, in: Partisan Review, Vol.54, S.355-366.
SOGGIN, Alberto J. (1985): Geschichte als Glaubensbekenntnis – Geschichte als Gegenstand wissenschaftlicher Forschung, in: Theologische Literaturzeitung, Jg.110, S.160-172.
SOLOMON, Norman (1988): Jewish Responses to the Holocaust, in: Studies in Jewish-Christian Relations, No.4, S.1-23.
SOLOVEITCHIK, Joseph B. (1986): The Halakhic Mind: Rabbinic Judaism and Modern Thougt, New York/London.
SOMPOLINSKY, Meir (1988): Jewish Institutions in the World and the Yishuv as reflected in the Holocaust Historiography of the Ultra-Orthodox, in: Gutman/Greif 1988, S.609-630.
SONDERHEFT Israel & Palästina (1989): Die ›Deutsche Intifada‹. Israelische Reaktionen auf den 9. Nov. 1989, in: israel & palästina 21, S.1-46.
SONNE, Isaiah (1947): On Baer and his Philosophy of Jewish History, in: Jewish Social Studies, Vol.9, S.61-80.
SPERBER, Manes (1979): Churban oder die unfassbare Gewissheit, Wien.
SPERO, Shubert (1970): The Religious Meaning of the State of Israel, in: Forum, No.24, S.69-82.
Ders. (1991): The Body of Faith: God in the Jewish People. Review Essay, in: Tradition, Vol.25, No.3, S.74-85.
SPIEGEL-UMFRAGE (1992): Mehr verdrängt als bewältigt. Die Einstellung der Deutschen und Juden zueinander, in: Spiegel Spezial, Nr.2, (Juden und Deutsche), S.61-73.
SPONG, John Shelby (1983): The Continuing Christian Need for Judaism, in: Rousseau 1983, S.73-80.
SPRÜCHE DER VÄTER (1987): Pirke Awot, in: Sidur Sefat Emet, mit deutscher Übersetzung von Rabbiner S. Bamberger, Basel.
STANLEY, Ilse (1964): Die Unvergessenen, München.
Stationen jüdischen Lebens (1990). Von der Emanzipation bis zur Gegenwart. Katalog zur Ausstellung in der Alten Synagoge Essen, Bonn.
STECKEL, Charles (1971): God and the Holocaust, in: Judaism, Vol.20, S.279-286.
STEGEMANN, Ekkehard W. (1989): Von der Schwierigkeit, ein Christ zu sein. Überlegungen zum 9. November 1938, in: Berliner Theologische Zeitschrift, Jg.6, S.161-173.
STEIN, Richard A. (1987): Against Revisionism: A Comment on the Debate on the Uniqueness of the Shoa, in: Patterns of Prejudice, S. 27-33.
STEINBACH, Peter (1981): Nationalsozialistische Gewaltverbrechen. Die Diskussion in der deutschen Öffentlichkeit nach 1945, Berlin.
Ders. (1981a): Zur ›Bewältigung‹ des Nationalsozialismus. Auseinandersetzungen mit ›Kriegsverbrechen‹ und nationalsozialistischen Gewaltverbrechen nach 1945, in: Sozialwissenschaftliche Informationen für Unterricht und Studium, H.3, S.172-179.
Ders. (1987): Zum Aussagewert der nach 1945 entstandenen Quellen zur Geschichte der nationalsozialistischen Gewaltverbrechen, in: Deutsche – Polen – Juden, hrsg. v. Steffi Jersch-Wenzel, Berlin 1987, S.283-303.

Ders. (1988): Ein Blick zurück – auf die Zukunft, in: Tribüne 106, S.208-222.
STEINBERG, Aaron (1930): Die Weltanschaulichen Voraussetzungen der jüdischen Geschichtsschreibung, in: Festschrift zu Simon Dubnows 70. Geburtstag, hrsg. v. Elbogen, I./Meisl, J./Wischnitzer, M., Berlin 1930, S.24-40.
Ders. (1931): Jewish World History. On the Occasion of Simon Dubnow's 70th Birthday, in: Ders. 1983, S.83-91, (erstmals in: Fraye Shriftn, No.11, Warschau 1931).
Ders. (1934): Christianity in Crisis, in: Ders. 1983, S.282-395, (erstmals in: Fraye Shriftn, No. 16, Warschau 1934).
Ders. (1961): Simon Dubnow (1860-1960). In Memory of a Masterbuilder, in: Ders. 1983, S.92-106, (erstmals in: Di Goldene Keyt, Tel Aviv 1961).
Ders. (1961/62): The Two Sources of Simon Dubnow's Thought, in: Ders. 1983, S.107-111, (erstmals in: Jewish Book Annual, Vol. 19, New York 1961/62).
Ders. (1983): History as Experience: Aspects of Historical Thought – Universal and Jewish. Selected Essays and Studies, New York.
Ders. (1983a): The History of Jewish Religious Thougt, in: Ders. 1983, S.183-226.
STEINER, George (1969): Sprache und Schweigen. Essays über Sprache, Literatur und das Unmenschliche, Frankfurt/M.
Ders. (1969a): An den deutschen Leser, in: Ders. 1969, S.7-10.
Ders. (1969b): Eine Art Überlebender, in: Ders. 1969, S.13-32.
Ders. (1969c): Das Hohle Wunder, in: Ders. 1969, S.129-146.
Ders. (1969d): Postscriptum, in: Ders. 1969, S.156-173.
Ders. (1987): The long life of metaphor – an approach to the Shoah, in: Encounter Magazine, Feb. 1987, S.55-61, (Dt. Version: Das lange Leben der Metaphorik: ein Versuch über die Shoah, in: Akzente, Jg.34, H.3, Juni 1987, S.194-212).
Ders. (1989): Von realer Gegenwart. Hat unser Sprechen Inhalt?, München/Wien.
STEMBERGER, Günter (1980): Die Erwählung Israels und das nachbiblische Judentum, in: Bibel und Kirche, Jg.35, S.8-12.
Ders. (1982): Epochen der jüdischen Literatur, München.
STENDAHL, K./WYSCHOGROD, M./RENDTORFF, R./STEGEMANN, W./SCHWARZ, J. (1987): Seht welch ein Mensch... und wo bleibt das Reich Gottes? Podiumskiskussion, in: Kirche und Israel, Jg.2, S.109-124.
STENDEBACH, Franz Josef (1972): Gott in der Geschichte. Die Erfahrung Jahwes in der Geschichte Israels, in: Bibel und Kirche, Jg.27, S.3-7.
STERLING, Eleonore (1956): Er ist wie du: Aus der Frühgeschichte des Antisemitismus in Deutschland, 1815-1850, München 1956.
Dies. (1969): Kulturelle Entwicklung im Judentum von der Aufklärung bis zur Gegenwart, Wuppertal.
STERN, Frank (1990): Im Anfang war Auschwitz. Besatzer, Deutsche und Juden in der Nachkriegszeit, in: Dachauer Hefte 6, 1990, S.25-42.
Ders. (1991): Im Anfang war Auschwitz, Gerlingen 1991.
Ders. (1993): Jews in the Minds of Germans in the Postwar Period, [The 1992 Paul Lecture], Indiana 1993.
STERN, Fritz/JONAS, Hans (1984): Reflexionen in finsterer Zeit, (darin: EA v. Hans Jonas ›Gottesbegriff nach Auschwitz‹), Tübingen.
STERN, Fritz (1961): The Politics of Cultural Despair, Berkeley 1961, (dt.: Kulturpessimismus als politische Gefahr, Bern/Stuttgart 1963).

STERNBERGER, D./STORZ, G./SÜSKIND, W.E. (1968): Aus dem Wörterbuch des Unmenschen, ³Hamburg/Düsseldorf, (EA: 1945).
STERNBERGER, Dolf (1987): Unzusammenhängende Notizen über Geschichte, in: Merkur, H. 9/10, S.733-747.
STERNBURG, Wilhelm von (Hg.) (1990): Geteilte Ansichten über eine vereinigte Nation. Ein Buch über Deutschland, Frankfurt/M.
STILLMAN, Edmund/PFAFF, William (1964): The Politics of Hysteria, New York/Evanston.
STÖHR, Martin (1979): Holocaust Oder: Konsequenzen nach Auschwitz, in: Judaica 3, S.103-112.
Ders. (Hg.) (1981): Jüdische Existenz und die Erneuerung der christlichen Theologie. Versuch der Bilanz des christlich-jüdischen Dialogs für die systematische Theologie, München.
Ders. (1988): Die Gleichschaltung der Geschichte und die Ausschaltung der Opfer. Beobachtungen nicht nur zum Historikerstreit, in: Kirche und Israel 2, S.120-136.
Ders. (1988a): Gespräche nach Abels Ermordung. Die Anfänge des jüdisch-christlichen Dialogs, in: Brumlik/Kiesel/Kugelmann/Schoeps 1988, S.197-229.
Ders. (1989): People and Land, in: Immanuel 22/23, S.50-59.
Ders. (1991/92): Die Ohnmacht Gottes und die Gewalt der Menschen. Stimmen, Fragen und Thesen zur Theologie nach Auschwitz, in: From the Martin Buber House, No.19, S.84-87.
Ders. (1993): Wer das Gedächtnis verliert, verspielt das Leben, in: Materialdienst (Ev. Arbeitskreis Kirche und Israel in Hessen und Nassau), Nr.1, S.3-7.
Ders. (Hg.) (o.J.): Erinnern, nicht vergessen – Zugänge zum Holocaust, München.
Ders.: Erinnern, nicht Vergessen, in: Stöhr o.J., S.156-174.
STRAHM BERNET, Silvia (1991): Dajenu – für uns ist es genug, in: Fama. Feministische Theologische Zeitschrift, Jg.6, S.11-12.
STRAUSS, H. A./KAMPE, N. (1985): Lerntag über den Holocaust in der politischen Kultur seit 1945, Berlin.
Dies. (Hg.) (1985a): Antisemitismus. Von der Judenfeindschaft zum Holocaust, [Schriftenreihe der Bundeszentrale für politische Bildung], Bonn.
STRAUSS, Herbert A. (1988): Antisemitismus und Holocaust als Epochenproblem, in: Aus Politik und Zeitgeschichte 11, S.15-23.
STROM, Margot Stern/PARSONS, William S. (1982): Facing History and Ourselves. Holocaust and Human Behavior, Watertown.
STÜRMER, Michael (1986): Weder verdrängen noch bewältigen: Geschichte und Gegenwartsbewußtsein der Deutschen, in: Schweizer Monatshefte, Jg.66, S.689-694.
SURIN, Kenneth (1986): Theology and the Problem of Evil, Oxford.
SUSMAN, Margarete (1948): Das Buch Hiob und das Schicksal des jüdischen Volkes, ²Zürich, (EA: 1946).
SYRKIN, Marie (1974): The Yom Kippur War. United States of America. Perspectives, in: Davis 1974, S.81-93.
SZEINTUCH, Yechiel (1983): Einführung in die Forschung zur jiddischen und hebräischen Literatur in Polen und Litauen zur Zeit der nationalsozialistischen Herrschaft und das jüdische Verhalten im Holocaust, Beter und Rebellen. Aus 1000 Jahren Judentum in Polen, hrsg. v. Michael Brocke, Frankfurt/M., S.329-254.

SZCZYPIORSKI, Andrzej (1993): Das Sühnezeichen, [Festrede bei der zentralen Eröffnungsfeier der ›Woche der Brüderlichkeit‹ in Dresden am 7.3.1993], Redemanuskript frndl. zur Verfg. gestellt vom Deutschen Koordinierungsrat der Gesellschaften für Christlich-Jüdische Zusammenarbeit, Bad Nauheim.

TAEUBLER, Eugen (1977): Aufsätze zur Problematik jüdischer Geschichtsschreibung 1908-1950, hrsg.v. Selma Stern-Taeubler, Tübingen.
TAL, Uriel (1971): Religious and Anti-Religious Roots of Modern Anti-Semitism, [Leo Baeck Memorial Lecture 14], New York.
Ders. (1974): Möglichkeiten einer jüdisch-christlichen Begegnung und Verständigung. Jüdische Sicht, in: Concilium, Jg.10, S.605-609.
Ders. (1976): Anti-Christian Anti-Semitism, in: Gutman/Rothkirchen 1976, S.90-126.
Ders. (1979): Excurses on the Term Shoah, in: Shoah, No.4, S.10-11.
Ders. (1979a): On the study of the Holocaust and genocide, in: Yad Vashem Studies, Vol.13, S.7-52.
Ders. (1983): On the Thought of Aaron Steinberg, in: Steinberg 1983, S.7-31.
Ders. (1986): Contemporary Hermeneutics and Self-Views on the Relationship between State and Land, in: The Land of Israel: Jewish Perspectives, ed. Lawrence Hoffman, Notre Dame.
TALMAGE, Frank E. (Ed.) (1975): Disputation and Dialogue. Readings in the Jewish-Christian Encounter, New York.
Ders. (1975a): Christian Theology and the Holocaust, in: Commentary, S.72-75.
TALMON, Jacob L. (1965): The Unique and the Universal, London.
Ders. (1957): Nature of Jewish History – Its Universal Significance, London.
TALMON, S./SIEFER, G. (Hg.) (1978): Religion und Politik in der Gesellschaft des 20. Jahrhunderts. Symposium mit israelischen und deutschen Wissenschaftlern, Bonn.
TALMON, Shemaryahu (1978): Sakralisierung der Geschichte und Säkularisierung des Glaubens im jüdischen Denken als Hintergrund der Gesellschaftsauffassungen im modernen Israel, in: Talmon/Siefer 1978, S.134-147.
Ders. (1978a).: Kritische Anfrage der jüdischen Theologie an das europäische Christentum, in: G. Müller 1978, S.139-157.
Ders. (1981): Israel und Diaspora, Henrix 1981, S.179-202.
Ders. (1990): Juden und Christen im Gespräch, Gesammelte Aufsätze Bd.2, Neukirchen-Vluyn.
TAMAR, David (1981): Yitzhak Baer – Scholar of the Second Temple Period, in: Immanuel, No.12, S.129-134.
TANNENBAUM, Marc H./WILSON, Marvin R./RUDIN, James A. (Eds.) (1978): Evangelicals and Jews in Conersation, Grand Rapids.
Teaching the Holocaust (1976): An Exploration of the Problem, [Proceedings of a Colloquium, Stone-Sapirstein Center for Jewish Education], New York. ,
TEICHTHAL, Yissachar Schlomo (1943): Em Ha-banim Semecha, (hebr., Eine glückliche Mutter ihrer Kinder), Budapest, (außerdem: New York 1969 u. Jerusalem 1983).
TEITELBAUM, Yoel (1959): Yayo'el Mosheh, (hebr., Und es erfreute Mose), New York.
Ders. (1967): Al Ha-Ge'ulah ve'al Ha-Temurah, (hebr., Zur Erlösung und zum Wandel), New York.

The Black Book (1946): The Nazi Crime Against the Jewish People, ed. Jewish Black Book Committee, New York.

The Historikerstreit (1988), in: German Politics and Society, Feb. 1988, S.3-56.

THE SHOAH AND ITS IMPLICATIONS (1991/92) for Christian and Jewish Theological Thinking, in: From the Martin Buber House, No.19, S.3-116.

THIEBERGER, Friedrich (Hg.) (1979): Jüdisches Fest – Jüdischer Brauch, Königstein/ Ts., (EA:1937).

THIELICKE, Helmut (1968): Grundzüge der Dogmatik, Bd.1, Tübingen.

THOMA, Clemens (1974): Der Staat Israel – eine crux theologiae, in: Bibel und Kirche, Jg.29, 1974, S.48-50.

Ders. (1977): Jüdische Glaubenspraxis aus Erfahrung, in: Lebendiges Zeugnis, Jg.32, S.98-108.

Ders. (1978): Christliche Theologie des Judentums, Aschaffenburg.

Ders. (1982): Die theologischen Beziehungen zwischen Christentum und Judentum, Darmstadt.

Ders. (1982a): Kritik an heutigen Gesprächstendenzen bei Christen und Juden, in: Judaica, Jg.38, S.108-114.

Ders. (1991/92): Kursänderungen in der christlichen Theologie nach dem Holocaust, in: From the Martin Buber House, No.19, S.70-83.

THOMAS, Laurence (1991): Characterizing and responding to Nazi Genocide: a review essay, in: Modern Judaism, Vol.11, No.3, S.371-379.

THORWALD, Jürgen 1979: Aufrechnen bekundet Unwissen. Über die Einmaligkeit des Holocaust, in: Der Spiegel, Nr.6, 1979, S.193-195.

TIEFEL, H. O. (1976): Holocaust Interpretations and Religious Assumptions, in: Judaism, Vol.25, S.135-149.

TOAFF, Elio (1985/86): Israels Rolle im Heilsplan Gottes, in: Freiburger Rundbrief 1985/86, S.5-6.

TODOROV, Tzvetan (1985): Die Eroberung Amerikas. Das Problem des Anderen, Frankfurt/M.

TOLL, Terry (1991): Watchman of the Night: Yehuda Bauer. Holocaust Historian and Voice of Humanism, in: Humanistic Judaism, Spring 1991, S.81-84.

TOURY, Jacob (1988): Gab es ein Krisenbewußtsein unter den Juden während der ›guten Jahre‹ der Weimarer Republik, 1924-1929?, in: Tel Aviver Jahrbuch für deutsche Geschichte, Bd.17, Gerlingen 1988, S.145-168.

TRACHTENBERG, Joshua (1943): The Devil and the Jews: The Medieval Conception of the Jew and Its Relation to Modern Anti-Semitism, New Haven.

TREPP, Leo (1975): Mordecai Kaplan und der Reconstructionismus, in: Emuna 3/4, S.98-101.

Ders. (1986): Toward a s'lihah on the Holocaust, in: Judaism, Vol.35, No.3, S.344-350.

Ders. (1991): Die amerikanischen Juden. Profil einer Gemeinschaft, Stuttgart/ Berlin/ Köln.

Ders. (1992): Die Juden. Volk, Geschichte, Religion, Reinbek.

TROSTER, Lawrence (1986): The Definition of Evil in Post Holocaust Theology, in: Conservative Judaism, Vol.39, No.1, S.81-98.

TRUNK, Isaiah (1972): Judenrat. The Jewish Councils in Eastern Europe Under Nazi Occupation, New York.

Ders. (1979): Jewish Responses to Nazi Persecution. Collective and Individual Behaviour in Extremis, New York 1979.
TÜRCKE, Christoph (1987): Darüber schweigen sie alle. Tabu und Antinomie in der neuen Debatte über das Dritte Reich, in: Merkur, Jg.41, S.762-772.

UMBACH, Klaus (1979): Endlösung im Abseits, in: Der Spiegel, Nr.3, S.133-134.
URBACH, E. E. (1975): The Sages. Their Concepts and Beliefs, 2 Vols., Jerusalem.
Ders. (1976): Halakhah and History, in: Jews, Greeks and Christians, ed. by R. Hamerton-Kelly, Leiden 1976, S.112-128.
UTHMANN, Jörg von (1989): Deutsche und Juden – zwei auserwählte Völker, in: Semit 3, S.38-39.
Ders. (1985): Doppelgänger, du bleicher Geselle. Zur Pathologie des deutsch-jüdischen Verhältnisses, München.

VAN AUSTIN, Harvey (1966): The Historian and the Believer, New York.
VERNOFF, Charles E. (1984): History and Being as Sources of Method within the Emerging Interreligious Hermeneutic, in: Journal of Ecumenical Studies 21, S.639-663.
VETTER, Dieter (1992): Die Bedeutung des Landes in der jüdischen Überlieferung, in: Kirche und Israel, Jg.7, Nr.2, S.107-118.
VITAL, David (1991): After the Catastrophe: Aspects of Contemporary Jewry, in: Hayes 1991, S.120-138.
VOEGELIN, Eric (1993): Die politischen Religionen, München.
VOGEL, R.(Hgr.) (1984): Ernst Ludwig Ehrlich und der christlich-jüdische Dialog, Frankfurt/M.
VOLKMANN-SCHLUCK, H. (1957): Nicolaus Cusanus: die Philosophie im Übergang vom Mittelalter zur Neuzeit, Frankfurt/M.
VOLKOV, Shulamit (1979): Antisemitismus in Deutschland als Problem jüdisch-nationalen Denkens und jüdischer Geschichtsschreibung, in: Geschichte und Gesellschaft, Jg.5, S.519-544.
Dies. (1990): Jüdisches Leben und Antisemitismus im 19. und 20. Jahrhundert, München.
Dies. (1991): Die Erfindung einer Tradition. Zur Entstehung des Modernen Judentums in Deutschland, in: Historische Zeitschrift, Nr. 253, S.603-628.
VOWE, Gerhard (1982): Werte im Widerschein des Holocaust. Über die Perversion scheinbarer Konstanten, in: Tribüne 81, S.60-66.

WAHLE, H. (1977): Die christlich-jüdische Zusammenarbeit in Europa, in: Lebendiges Zeugnis, Jg.32, S.30-43.
WAITE, Robert G. L. (1977): The Psychopathic God: Adolf Hitler, New York.
WALKER, Graham B. (1988): Elie Wiesel: A Challange to Theology, Jefferson.
WALLIMAN, Isidor/DOBKOWSKI, Michael N. (Eds.) (1987): Genocide and the Modern Age: Etiology and Case Studies of Mass Death, Westport.
WALTER, Wolfgang (1989): Meinen Bund habe ich mit dir geschlossen. Jüdische Religion in Fest, Gebet und Brauch, München.
WALZER, Michael (1988): Exodus und Revolution, Berlin.
WASKOW, Arthur (1978): Godwrestling, New York.
Ders. (1983): These Holy Sparks. The Rebirth of the Jewish People, New York.

WASSERMANN, Rudolf 1983: Wo Buße not tat, wurde nach Entlastung gesucht. Zur Aufarbeitung der NS-Vergangenheit durch die Justiz, in: Recht und Politik, 1983, S.5-12.

WATZLAWICK, P./BEAVIN J.H./ JACKSON, D.D. (1969): Menschliche Kommunikation. Formen, Störungen, Paradoxien, Bern/Stuttgart/Wien.

WAXMAN, Mordecai (1974): The Yom Kippur War. United States of America. Perspectives, in: Davis 1974, S.65-80.

WEBBER, Jonathan (1993): Die Zukunft von Auschwitz, [Reihe Materialien der Arbeitsstelle zur Vorbereitung des Frankfurter Lern- und Dokumentationszentrums des Holocaust], Frankfurt/M..

WEIMANN, Racelle (1990): Holocaust und Wissenschaft, in: Kiesel/Karpf 1990, S.86-103.

WEINRICH, Michael (1985): Privatisiertes Christentum. Von der neuzeitlichen Entschärfung der jüdisch-christlichen Tradition, in: Einwürfe, Jg.2, S.126-147.

WEINRYB, Bernard D. (1967): Responsa as a Source for History. Methodological Problems, in: Essays Presented to Chief Rabbi Israel Brodie, ed. H.J. Zimmels/J. Rabinowitz/I. Finestein, London, S.399-417.

WEISS, David W./BERENBAUM, Michael (1989): The Holocaust and the Covenant, in: Roth/Berenbàum 1989, S.71-79.

WEISS, David W. (1984): After the Holocaust a new Covenant?, in: Forum – On the Jewish People, Zionism and Israel, No.54/55, S.83-87.

WELTSCH, Felix (1920): Nationalismus und Judentum, Berlin.

WERBLOWSKY, R. J. Zwi (1984): In nostro tempore, in: Die Mitte der Welt. Aufsätze zu Mircea Eliade, hrsg.v. Hans Peter Duerr, Frankfurt/M., S.128-137.

Ders. (1988): Reflections on Martin Buber's Two Types of Faith, in: Journal of Jewish Studies, Vol.39, 92-101.

WESSLER, G. (Hg.) (1980): Leben und Glauben nach dem Holocaust. Einsichten und Versuche, Stuttgart.

Wie hältst Du es mit der Religion (1991), in: Aufbau, 7.6.1991, S.16.

WIEBE, Hans-Hermann (Hg.) (1989): Die Gegenwart der Vergangenheit. Historikerstreit und Erinnerungsarbeit, [Zeitkritische Beiträge der Evangelischen Akademie Nordelbien, Bd.2], Bad Segeberg.

WIEHN, Erhard R. (Hg.) (1989): Judenfeindschaft, Konstanz.

WIESEL, Elie/FRIEDLÄNDER, Albert H. (1988): Six Days of Destruction, in: European Judaism, Vol.21, S.10-14.

WIESEL, Elie (1960): Night, New York, (EA: La Nuit, Paris 1958; geht auf Erstschrift in jiddisch zurück: Un di Welt hot geshvigen, Buenos Aires 1956; dt. EA: 1962; heute in: Wiesel, München 1986).

Ders. (1967): Die Pforten des Waldes, Frankfurt/M.

Ders. (1970): A Beggar in Jerusalem, New York.

Ders. (1974): Talking and Writing and Keeping Silent, in: Littel/Locke 1974, S.269-277.

Ders. (1978): Why I write, in: Rosenfeld/Greenberg 1978, S.200-206.

Ders. (1978a): The Tale of a Niggun, in: Chiel 1978, S.455-476.

Ders. (1979): Die Massenvernichtung als literarisches Inspiration, in: Kogon 1979, S.21-50.

Ders. (1979a): Die Trivialisierung des Holocaust, Märtesheimer/Frenzel 1979, S.25-30, (erstmals in: New York Times, 16.4.1978).

Ders. (1979b): The Trial of God, New York.
Ders. (1986): Die Nacht zu begraben, Elischa, München.
Ders. (1987): Der Prozeß von Schamgorod, Freiburg.
Ders. (1987a): Lebensstationen, in: Kirche und Israel, S.56-68.
Ders. (1987b): Jude heute. Erzählungen, Essays, Dialoge, Wien.
Ders. (1988): Some Questions That Remain Open, in: Cohen/Gelber/Wardi 1988, S.9-20.
WIESELTIER, Leon (1982): ›Etwas über die jüdische Historik...‹, in: History and Theory 20, S.135-149.
WIESENTHAL, Simon (1990): Jeder Tag ein Gedenktag, Berlin.
Ders. (1991): Recht, nicht Rache, Berlin.
WIGODER, Geoffrey (1976): Modern Jewish Thinkers and Christianity, in: Immanuel, No.6, 1976, S.55-60.
Ders. (1988): Jewish Christian Relations since the Second World War, Manchester.
Ders. (1989): Der christlich-jüdische Dialog in Israel, in: Kirche und Israel, Jg.4, S.156-165.
Ders. (1990): Jewish Thought After The Holocaust, [Vortragsmanuskript], Prag.
WILHELM, Kurt (1969): Wissenschaft des Judentums im deutschen Sprachbereich, Tübingen.
Ders. (Hg.) (o.J.): Jüdischer Glaube. Eine Auswahl aus zwei Jahrtausenden, Birsfelden/Basel.
WILKINSON, James D. (1985): Remembering World War II: From the Perspective of the Losers, in: American Scholar, Summer 1985, S.329-243.
WILLIAMSON, Clark M. (1982): Has God Rejected His People? – Anti-Judaism in the Christian Church, Nashville.
WILLIS, Robert E. (1975): Christian Theology After Auschwitz, in: Journal of Ecumenical Studies, Vol.12, S.493-519.
Ders. (1985): The Burden of Auschwitz: Rethinking Morality (Christian Tradition and the Holocaust), in: Sound 68, No.2, Summer 1985, S.273-293.
WILLIS, Robert E. (1988): Why Christianity Needs an Enduring Jewish Presence, in: Journal of Ecumenical Studies, Vol.25, S.22-38.
WINDMUELLER, Steven F. (1988): The Shoah: Anti-Semitism and Christian-Jewish Relations, in: Journal of Jewish Communal Service, S.3-8.
WINE, Sherwin (1991): The Use and Abuse of the Holocaust, in: Humanistic Judaism, S.29-31.
WINGERT, Lutz (1991): Haben wir moralische Verpflichtungen gegenüber früheren Generationen? Moralischer Universalismus und erinnernde Solidarität, in: Babylon, H.9, S.78-93.
WIPPERMANN, Wolfgang (1989): Der konsequente Wahn. Ideologie und Politik Adolf Hitlers, mit einem Essay von Saul Friedländer, Gütersloh.
Ders. (1993): Befreiung vom ›eiternden Stachel der Reue und des Schuldgefühls‹? Nach dem Historikerstreit hat jetzt die zweite Phase der Geschichtsentsorgung begonnen, in: Jüdische Allgemeine Wochenzeitung, Nr.48, 28.1.1993, S.7.
WIRTH, Wolfgang (1987): Solidarität der Kirche mit Israel. Die theologische Neubestimmung des Verhältnisses der Kirche zum Judtentum nach 1945 anhand der offiziellen Verlautbarungen, [Europäische Hochschulschriften: Reihe 23, Bd.312], Frankfurt/M.
WISCHNITZER, M. (1931): Die Historiographie vom 11. Jahrhundert bis zur Gegenwart, in: Encyclopaedia Judaica, Vol.8, Berlin, S.131-147.

WISE, Stephen (1944): As I See It. Essays, New York.
WISTRICH, Robert (1985): Hitler's Apocalypse. Jews and the Nazi Legacy, London, (dt: Der antisemitische Wahn. Von Hitler bis zum Heiligen Krieg gegen Israel, Ismaning 1987).
Ders. (1990): Between Redemption and Perdition, London.
WODAK, Ruth u.a. (Hg.) (1990): Wir sind alle unschuldige Täter. Diskurshistorische Studien zum Nachkriegsantisemitismus, Frankfurt/M.
WOHLMUTH, Josef/JONES, Gareth (1990): Zur Bedeutung der ›Geschichtsthesen‹ Walter Benjamins für die christliche Eschatologie. Mit einer Antwort von Gareth Jones ›Kritische Theologie‹, in: Evangelische Theologie, Jg.50, S.1-26.
WOJAK, Andreas (Hg.) (1985): Schatten der Vergangenheit. Deutsche und Juden heute, Gütersloh.
WOLF, Arnold Jacob (1967): Review of Richard L. Rubenstein's ›After Auschwitz‹, in: Judaism, S.233-236.
Ders. (1979): The Holocaust as Temptation, in: Shma (Nov.2), 1979.
Ders. (1980): The Centrality of the Holocaust is a Mistake, in: The National Jewish Monthly, Oct. 1980, S.14-17.
WOLFF, Kurt H. (1969): For a Sociology of Evil, in: Journal of Social Issues, Vol.24, No.1, S.111-125.
WOLFSBERG, Oskar (1938): Zur Zeit- und Geistesgeschichte des Judentums, Zürich.
WOLFFSOHN, Michael (1988): Ewige Schuld? 40 Jahre Deutsch-Jüdisch-Israelische Beziehungen, München.
WOLFINGER, Franz (1980): Das Christentum und die Weltreligionen. Konflikt, Bekehrung oder Dialog, in: Stimmen der Zeit 198, S.45-54.
Ders. (1987): Absolutheitsanspruch, in: Lexikon missionswissenschaftlicher Grundbegriffe, hrsg.v. Müller, K./Sundermeier, T., Berlin, S.4-7.
WOLLASTON, I. (1990): Starting all over again? The criteria for a Christian response to the Holocaust, in: Theology, Vol.93, No.756, S.456-461.
WOLLOCH-HAGGADAH (1988) in Memory of the Holocaust, Haifa.
WOLOWELSKY, Joel B. (1989): Observing Yom Hashoah, in: Tradition, Vol.24, No.4, 1989, S.46-58.
WOLPIN, Rabbi Nisson (Ed.) (1986): A Path through the Ashes, New York.
WRIGHT, G. E. (1974): Israel in the Promised Land: History Interpreted by a Covenant Faith, in: Encounter, Vol.35, S.318-334.
WULF, Joseph (1950): Rabbinic Books Aiding Research into the Holocaust, (yidd.), in: Probleme (Paris), S.566f.
Ders. (1958): Vom Leben, Kampf und Tod im Ghetto Warschau, [Schriftenreihe der Bundeszentrale für Heimatdienst, Heft 32], Bonn.
Ders. (1964): Yiddish-Gedichte aus den Ghettos 1939-45, Berlin.
WUNDERLICH, Dieter (Hg.) (1971): Probleme und Fortschritte der Transformationsgrammatik, München.
WURZBURGER, Walter S. (1980): The Holocaust – Meaning or Impact?, in: Shoah, Vol.2, No.1, S.14-16.
WYMAN, David (1984): The Abandonment of the Jews. America and the Holocaust, 1941-1945, New York, [dt. Ausgabe: Das unerwünschte Volk. Amerika und die Vernichtung der europäischen Juden, Ismaning-München 1986].

Ders. (1978): Why Auschwitz was never bombed, in: Commentary, S.37-45.
WYSCHOGROD, Edith (1985): Spirit in Ashes: Hegel, Heidegger and Man-Made Mass Death, Yale/New Haven.
WYSCHOGROD, Michael (1971): Faith and the Holocaust, in: Judaism 20, S.286-294.
Ders. (1975): Some Theological Reflections on the Holocaust, in: Response 25, S.65-68.
Ders. (1977/78): Auschwitz – Beginning of a new Era?, in: Tradition 16, S.63-78.
Ders. (1982): Gott – ein Gott der Erlösung, in: Brocke/Jochum 1982, S.178-194.
Ders. (1982a): Arthur Allen Cohen: The Tremendum, in: Jewish Social Studies, Vol.44, S.179-180.
Ders. (1983): The Body of Faith: God in the Jewish People, New York.
Ders. (1983a): Eine Theologie der jüdischen Einheit, in: Judaica, Jg.29, S.75-84.

YAHIL, Leni (1967/68): Historians of the Holocaust – A Plea for a new Approach, in: The Wiener Library Bulletin 1, S.2-5.
Dies. (1976): The Holocaust in Jewish Historiography, in: Gutman/Rothkirchen 1976, S.651-670.
Dies. (1990): The Holocaust. The Fate of European Jewry, 1932-1945, New York/Oxford.
YEHOSHUAH, Abraham B. (1981): Between Right and Right, New York.
Ders. (1986): Exil der Juden, St.Ingbert.
YERUSHALMI, Yosef Hayim (1982): Assimilation and Racial Antisemitism: The Iberian and the German Model, [Leo Baeck Memorial Lecture 26], New York.
Ders. (1975): Haggadah and History, Philadelphia.
Ders. (1988): Zachor. Erinnere Dich! Jüdische Geschichte und jüdisches Gedächtnis, Berlin, (EA: Washington 1982).
Ders. (1993): Ein Feld in Anatot. Versuche über jüdische Geschichte, Berlin.
YOUNG, James E. (1983): Versions of the Holocaust. A Review Essay, in: Modern Judaism 3, S.339-346.
Ders. (1989): The Texture of Memory: Holocaust Memorials and Meaning, in: Holocaust and Genocide Studies 1, S.63-76.
Ders. (1989a): Memory and Myth: Holocaust Memorials Mix History with National Ideals, in: Moment, S.20-29 u. 59.
Ders. (1990): Holocaust Gedenkstätten in den USA, in: Dachauer Hefte 6, S.230-239.
Ders. (1990a): Because of that war, in: The Jewish Quarterly, Vol.37, No.1, S.5-11.
Ders. (1990b): When a Day Remembers: A Performative History of Yom ha-Shoah, in: History and Memory, Vol.2, No.2, S.54-75.
Ders. (1991): Israel's Memorial Landscape. Shoah, Heroism, and National Redemption, in: Hayes 1991, S.279-304.
Ders. (1992): Beschreiben des Holocaust. Darstellung und Folgen der Interpretation, Frankfurt/M., (EA: Writing and Rewriting the Holocaust: Narrative and the Consequences of Interpretation, Bloomington 1990).
YUDKIN, L.I. (1982): Jewish Writing and Identity in the 20th Century, London.

ZEITLIN, Solomon (1963): A Survey of Jewish Historiography: from the Biblical Books to the Sefer Ha-Kabbalah with Special Emphasis on Josephus, in: The Jewish Quarterly Review 59, S.171-214.

Ders. (1968): The Need for a Systematic Jewish History, in: Jewish Quarterly Review, Vol.58, S.261-273.

ZELAZO, Noach (1990): Jews not concerned with the Shoah, (Yiddisch), in: Dorem Afrike, Vol.42, S.16-19.

ZERNER, Ruth (1978): Holocaust: A Past that is also Present, in: Journal of Ecumenical Studies, Vol.16, S.518-524.

ZIMMELS, Hirsch J. (1977): The Echo of the Nazi Holocaust in Rabbinic Literature, New York.

ZIMMERMANN, Michael (1992a): Negativer Fixpunkt und Suche nach positiver Identiät. Der Nationalsozialismus im kollektiven Gedächtnis der alten Bundesrepublik, Loewy 1992, S.128-143.

ZIMMERMANN, Moshe (1987): Deutschland und deutsche Geschichte in der israelischen Geschichtswissenschaft, in: Internationale Schulbuchforschung, Jg.11, H.3, S.271-281.

Ders. (1989): Deutsche Geschichte in Israel, in: Geschichte und Gesellschaft, Jg.15, H.3, S.423-440.

Ders. (1989a): »Beharren auf Holocaust-Erinnerung ist ein Bumerang« – Interview, in: Jüdische Rundschau 24, 15.6.89, S.6.

Ders. (1990): Jewish History and Jewish Historiography – A Challenge to Contemporary German Historiography, in: Leo Beack Year Book 35, S.35-54.

Ders. (1992): Die Folgen des Holocaust für die israelische Gesellschaft, in: Aus Politik und Zeitgeschichte, B1-2, S.33-43

ZIPES, Jack (Ed.) (1986): German and Jews since the Holocaust, New York/London.

ZUCKERMANN, Mosche (1988): Fluch des Vergessens. Zur innerisraelischen Diskussion um den Holocaust, in: Babylon, H.4, S.63-77.

ZUIDEMA, Wilhelm (Hg.) (1987): Isaak wird wieder geopfert. Die Bindung Isaaks als Symbol des Leidens Israels. Versuche einer Deutung, Neukirchen-Vluyn.

Zur Erneuerung (1988) des Verhältnisses von Christen und Juden – Überlegungen im Blick auf die 50. Wiederkehr des Jahrestages der Synagogenbrände. Beschluß der Landessynode der Evangelischen Kirche im Rheinland vom 15.1.1988, in: Evangelische Theologie, Jg.48, S.463-467.

ZUROFF, Efraim (1974): Conferences and Symposia on the Holocaust, in: Yad Vashem Studies, vol.10, S.295-306.

ZWERENZ, Gerhard (1986): Die Rückkehr des toten Juden nach Deutschland, Ismaning.

Personenverzeichnis

Das Personenverzeichnis bezieht sich ausschließlich auf den Haupttext und die Fußnoten. Die Fußnoten wiederum, die hier durch kursiv gesetzte Seitenangaben kenntlich gemacht sind, wurden nur in den Fällen berücksichtigt, in denen sie mehr als nur rein literaturverweisende Angaben enthalten.

Abraham (bibl.) 100, 105, *116*, *127*, 129, 227, 243, 278, 310, 367
Abrahamson, Irving 105f., *106*, 107, 421
Abuyah, Elisha ben 251f., *251*, *315*
Adler, H. G. 45
Adorno, Theodor W. *82*, 82f., 290
Akiwa, Ben Josef 134, 202
Albrektson, Bertil *117*
Alter, Mendele 215
Alter, Nehemya 218
Alter, Robert 395
Altmann, Alexander 130f., 140
Amery, Jean 229, 292, 309
Amichai, Yehuda 414
Amir, Yehoshua *167*, 206, 259, *267*
Amital, Yehuda 171, *264*, *299f.*
Ammicht-Quinn, Regina 34, 78, 4*65*
Anders, Günther *75*
Arendt, Hannah 62, 73, 163, 185, *282*
Assmann, Jan 23, *117*, *120*, 404, *407*, *408f.*, 415, *473*
Augustinus, Aurelius 92, 470
Ayali, Meir 220f.
Backes, Uwe 57f., 450
Baeck, Leo 30, 33, *124*, 148f., 234
Baer, Yitzhak F. 21, 59, 124f., 148, 1*48*, *277*
Baring, Arnulf 57
Baron, Salo W. 23, 59, 62
Bauer, Fritz *49*
Bauer, Yehuda *51*, 91f., 231, 419, 455
Baum, Rainer C. *49*, *425f.*
Bauman, Zygmunt 476
Begin, Menahem *188*, *194*
Bein, Alexander 213
Ben-Chorin, Schalom 29f., *136*, 403
Benjamin, Walter 26, 459
Benyoetz, Elazar 233
Benz, Wolfgang 52, 52, *54*
Berdjajew, Nikolai 111, *238*
Berenbaum, Michael 176ff., 259

Berger, Alan L. 96f., 259, 29*0*, 423
Berger, Joel 132
Bergmann, Shmuel H. 211f.
Bergmann, Werner 420
Berkovits, Eliezer 25, 172, *203*, 306-328, 331, 349, 352, 364, *372*, 390, 422
Bettelheim, Bruno *75*, 98
Bialik, Chajim Nachman 127
Biermann, Wolf 39
Blanchot, Maurice 486
Blumenthal, David R. 176
Bor, Josef 105
Boschert-Kimmig, Reinhold 485
Boyd, George N. *247*
Bracher, Karl D. 46
Brandt, Henry G. 127
Brandt, Willy *248*
Breslauer, Daniel S. 263f., *298*, 324f.
Breuer, Isaac 403
Brocke, Edna 34, 123, 4*06*, 459, *475*, *480*
Brocke, Michael 67, 155, 172f., 179, 181, 207, 288
Brod, Max 119, 122, 140
Broder, Henryk 39
Broszat, Martin *44f.*, 51, 65-68, 91, 456
Brumlik, Micha 384-386, *384*, 447, 453, 455
Buber, Martin 30, 120, 122, 151, 267, 277-281, 305, 338, *338*, 379, 403, 468, 485, 488
Bulka, Reuven *180*, *306*, 326f.
Bultmann, Rudolf *469*
Cain, Seymour 244, 261f.
Camus, Albert 246, 251f., 256
Carmon, Arye *182*, 184-186
Carter, Jimmy 176
Celan, Paul 87
Chargaff, Erwin 26, 388, 392
Charry, Ellen Z. 267, 304
Chmelnicki, Bogdan 313, 418
Chomsky, Noam *170*, *411*
Chopp, Rebecca 390

580

Cohen, Arthur A. 25, 113f., 124, 173, 261, 329-346, 372, 390, 420- 422, 469, 478
Cohen, Hermann 119
Cohen, Steven M. 164
Cohn-Sherbok, Dan 303f., 326, 327f., 344-346, 383f.
Cone, James 375
Cox, Harvey 350
Cues, Nikolaus von (Cusanus) 93
Cyprian (Kirchenvater) 467
Daniel (bibl.) 318
Danto, Arthur C. 434
David (König, bibl.) 191, 223f.
Dawidowicz, Lucy 39f.
Delbo, Charlotte 463
Deutscher, Isaac 71, 77
Dewey, John 257
Dilthey, Wilhelm 71, 434
Diner, Dan 66, 73, 77-79, 91, 93-95, 96, 97, 181, 388, 424, 460
Dinur, Ben Zion 59, 108, 108, 193
Donat, Alexander 76
Dostojewski, Fjodor M. 246, 251
Downey, Michael 423
Dubnow, Simon 59, 430, 430
Dvorzeski, Meir 214
Eck, Nathan 218
Eckardt, Alice 464f., 465
Eckardt, Roy 312, 464f., 465
Edelman, Marek 231
Efrati, Shimon 227f.
Efrati, Yitzhaq Z. 228
Ehrlich, Ernst L. 328, 339, 392
Eichmann, Adolf 32, 41, 102, 162f., 184f., 187, 193, 195, 207, 282, 284, 331
El-Husseini, Hadsch Amin 209
Elazar, Daniel J. 168-170, 170
Eliade, Mircea 118, 389f., 399
Eliah (bibl.) 421f.
Ellis, Marc H. 25, 365, 368-386, 387, 396
Esh, Shaul 218
Esther (bibl.) 418
Ezrahi, Sidra 194
Fackenheim, Emil L. 25, 29, 71, 75f., 76, 79, 81, 92, 98, 116, 116, 153, 166, 172, 233f., 260, 264, 266-306, 316, 324, 331, 349, 356, 364, 367, 372, 381, 389, 392, 416
Fein, Leonard J. 386
Feingold, Henry L. 160, 197
Feininger, Bernd 129, 129, 132-134

Fest, Joachim 48
Feuerlicht, Roberta Strauss 373
Finkielkraut, Alain 427
Fleischmann, Gisi 231f.
Fox, Marvin 326f.
Frankfurter, Felix 72
Frankl, Victor 322f.
Freed, James I. 177f.
Freud, Sigmund 246
Friedlander, Henry 161
Friedländer, Saul 35, 55, 65-67, 73, 73, 77, 91, 182, 189-195, 189, 196f., 455f., 486
Friedman, Philip 61-63, 61
Funkenstein, Amos 475f.
Gaon, Saadia 313, 321
Garbe, Detlef 50
Garber, Zeev 101, 103-107
Geis, Robert R. 143, 143
Geyl, Pieter 332
Gilbert, Peter F. 472
Ginzel, Günther B. 25, 229, 464
Giordano, Ralph 53, 184
Globoznik, Odilo 219
Goes, Albrecht 153
Goldberg, A. M. 128f.
Gordis, Robert 261
Gottlieb, Roger S. 299
Gottschalk, Max 169, 171
Graetz, Heinrich 59, 147, 335, 430, 430
Graetz, Michael 430f.
Granatstein, M. 140
Green, Gerald 48, 174-176, 175, 177
Green, Julien 238
Greenberg, Irving 25, 71, 173, 219, 261, 347-368, 372, 381, 421f.
Gross, Johannes 56
Grüber, Heinrich 246, 248-250, 249, 265, 315
Gutiérrez, Gustavo 376
Haag, Herbert 328
Habermas, Jürgen 78
Halevi, Yehuda 240
Haley, Alex 175
Halstuk, Yehezkel H. 215
Haman (bibl.) 418
Hartom, Immanuel M. 207f., 233
Hegel, Georg W. F. 242, 268f., 269, 273
Heimpel, Hermann 460
Heine, Heinrich 126
Hempel, Carl G. 434
Herberg, Will 123

Herzl, Theodor 193
Herzog, Joseph D. 165
Heschel, Abraham J. 24, 30, 118, 139
Heß, Moses 123, 1*23*
Hilberg, Raul 37, 40-44, *40-42*, 62f., 75f., *76*, 83, *83f.*, 91, 97, 102, 163, 179, 1*79*, 185
Hillesum, Etty 379, *379*
Hillgruber, Andreas 46
Himmelfarb, Milton *138*, *164*, 260f.
Hiob 87, *203*, 308, 310, 315f., 484
Hirsch, Samuel 405f., 409
Hitler, Adolf 45-47, 56f., 68, 77, 86, 209, 217, 235, 239f., 243, 248-250, 262, 282, 285, 287, 302, 309, 3*10*, 326, 331, 345, 367f., 410, 416, 4*18*
Hoffmann, Detlev *448*
Höhne, Heinz *48*, 49
Hortmann, Wilhelm 56
Huberband, Shimon 214, 2*14*
Husock, Howard 176
Hutner, Yitzchok 208-210, 233
Huttenbach, Henry R. 90
Isaak (bibl.) 100, 105, 105f., *127*, 129, 227, 237, *237*
Jäckel, Eberhard 46, 1*04*, 448f., 454-456
Jacobs, Louis 233
Jakob (bibl.) 25f., 1*27*, 129
Jakobovits, Immanuel 210, 2*31*, *310*, 368
Jeremia (bibl.) 87, 240, 314, 318, 320
Jesaja (bibl.) 192, 234, 312f., 316, 352
Jesse, Eckhard *56f.*, *57f.*, 57f., *450*
Jesus (Christus) *133*, 237, *238*, 309, 352, 376, 464, 468, 470f., *473*
Jochai, Simon ben
Jochum, Herbert 67, 155, 172f., 179, 181, 207, 288
Johannes XXIII. (Papst) *238*
Jonas, Hans 29f., 75
Jost,Isaac M. 59, 430
Kafka, Franz 438, 246
Kahana, Rabbi S. Z. 190f.
Kahane-Shapiro, Avraham D. 225
Kant, Immanuel 242, 268
Kaplan, Mordecai *256f.*
Karp, Abraham J. 329
Karski, Jan *72*
Kastein, Josef *119*, 142, 149
Katz, Steven T. 242-244, 247, 262f., 267, 299, 305f., 307, 325-327
Katzenelson, Yitzhak 410

Keilson, Hans 82f., 83, 88
Kellner, Menachem *136*, 138
Kenan, Amos 288
Kershaw, Ian 46, 46, 70
Kertész, Imre 19, 88, 2*90*
Kierkegaard, Sören 268, 2*69*, 279, 304, 366
Kirschboim, Menahem M. *221*
Klafter, Manfred 103f.
Kogon, Eugen 45, 292*f.*
Kohl, Helmut *178*, *180*
Kohler, Kaufmann *121*, 122
Kohn, Johanna 156, 210
Kolitz, Zvi 490
Kovner, Aba *421*
Krakowski, Shmuel *425*
Kramer, Joseph 228
Kranzler, David 231
Krawtschuk, Leonid *313*
Kren, Georg M. *79f.*
Krochmal, Nachman 59
Kroll, Baruch Y. 229
Kulka, Otto D. 45, 47
Küng, Hans 94, 467
Kwiet, Konrad *45*, *47f.*
Lakish, Simeon ben 225
Lamm, Norman 171, 205f., 220
Langer, Lawrence *285*
Langmuir, Gavin *114f.*
Lanzmann, Claude 107
Laskier, Michael 225
Lelyveld, Arthur J. *123*, 136, 454
Lestschinsky, Jacob *102*
Levi, Primo *282*, 283f., *284*, *293f.*, *295*, 364, *417*
Levinas, Emmanuel *127*
Levinson, Nathan P. *238*
Lewinska, Pelagia 295
Libowitz, Richard 160, 174
Liebman, Charles S. 164
Lietzmann, Sabina 175f.
Lincoln, Timothy D. 262, 324
Lipstadt, Deborah E. 162-165., 171f.
Littell, Franklin *173*, *238*
Loewy, Hanno 177
Löwenthal, Leo 78
Löwith, Karl *118*
Lozowick, Yaakov *109*
Lübbe, Hermann 447-449
Maccoby, Hyam 212, 21*3*
Magonet, Jonathan *114*

Magurshak, Dan *93*, 96
Mahler, Gustav 399
Maier, Johann 134
Maimonides (Mose ben Maimon) 214, 224-226, 313
Mann, Thomas 80
Marcuse, Herbert 255
Marquardt, Friedrich W. *130, 4*63
Maybaum, Ignaz 25, 138, 1*45*, *166*, 233-244, *372*
Maybaum, Sigmund 233
Mayer, Reinhold 134f., 139
Meier, Christian 26f., 31, *33*, 426, 487
Meinecke, Friedrich *45*
Meisels, Zwi H. 222, 226f.
Mendes-Flohr, Paul *120*, 413, 437, 443, 445
Merklein, Helmut 472
Metz, Johann Baptist *275*, *298*, *310*, *406*, 425f., 460, *463*, 472f., *474*, 480, 484, 486f.
Meyer, Michael A. 120, 14*3*, 147, 149, *149*, 268-270, 303-305, 470
Meyeroff, Hans 445
Michel, Otto 130
Miller, Judith 35
Mommsen, Hans *45,* 48, 74, *448*, 449
Moses (bibl.) *116*, 126, *132-134*, 272f., 278, 412
Mulisch, Harry 32
Nebukadnezar (bibl.) 191, 240, 248
Neumann, Franz L. *40f.*, 41
Neusner, Jacob *169*, *263*, *383*
Niederland, William G. 416
Niekisch, Ernst *54*
Nietzsche, Friedrich 246, 2*54*, 338, 438
Nissenbaum, Isaac 217f., 2*17*, 296
Nolte, Ernst 46, 55f.
Nurock, Mordechai 191
Ofen, Meir 216
Oppenheim, Michael 304f., 344
Origines (Kirchenvater) *467*
Oshry, Ephraim 221-225
Otto, Rudolf 336
Pagis, Dan 329
Pawlikowski, John T. 465
Petlura, Simon 313, 313f.
Petuchowski, Jakob J. 121, 395
Peukert, Detlev J. K. 49, 55, 55, 396, *396*
Poliakov, Leon 61
Postone, Moishe 73f.
Prager, Moshe 219

Prijs, Leo 204
Rabinowitz, Haim 215
Rad, Gerhard vom *118*
Rahe, Thomas *403*
Rahner, Karl *467*
Rakeffet-Rothkoff, Aaron 225-228
Rappoport, Leon *79f.*
Reagan, Ronald 177, 1*80*
Reger, Erik *48*
Reitlinger, Gerald 61
Richter, Horst E. *336*
Ringelblum, Emmanuel *214*
Ritter, Gerhard *45*
Roosevelt, Franklin D. *72*
Rosenberg, Alan 95
Rosenberg, Hans *41*
Rosenfeld, Alvin H. 72
Rosenzweig, Franz 234, 267, 277f., 277, 281, 385
Roskies, David 104
Roth, John K. 242-244, 264-266, 302, 304, 344-346
Rubenstein, Richard L. 25, 153, 166, 166, 242-244, 245-266, *270*, 302, 304, *309*, 315, 324, 344-346, 349, *350*, 366, *372*, *381*, 387, 389f., 398, 465
Rubin, Haim Y. 216
Rubinoff, Lionel 99
Rudavsky, Joseph 218
Rürup, Reinhard *158*
Rüsen, Jörn 435
Ruspe, Fulgentius von *467*
Sachs, Nelly 199
Salanter, I. L. *347*
Sartre, Jean Paul 246, 2*53*, 256
Sauer, Wolfgang 70f.
Schach, Elieser 216f.
Schäfer, Peter 125, 127-130, 128, 133, *134*
Schappes, Morris *41*
Schatzker, Chaim 182f., *183*, 185-189, *187*
Scheffler, Wolfgang *45*, *47*, *51*, 420, 448f.
Schelling, Friedrich W. J. 268
Schindler, Pesach *130*, *134*, 211f., 214-216, 218f., 229, 365f.
Schipper, Ignacy 72, *72*
Schneerson, Menachem 216f.
Scholem, Gershom 39, 114, 134-137, *134-137*, 478
Schorsch, Ismar *175*
Schreiner, Stefan 252

583

Schulze, Winfried *448f.*
Schwarz-Bart, Andre 483
Schweid, Eliezer 155, 230
Schweitzer, Albert 425
Seim, Jürgen 110
Shamir, Yitzhak *188*
Shapira, Yisrael 216
Shapiro, Kalonymos K. 221
Shapiro, Susan 392, 464
Shereshevsky, Esra *357,* 457
Sherwin, Byron 484
Shorris, Earl 373
Siedler, Wolf J. 57
Silbermann, Alphons 414
Simon, Ernst Akiba 119
Simon, Ulrich 242
Sloyan, Gerard S. 464
Smoliar, Hersh *41*
Solomon, Norman 221
Sperber, Manes 69
Steinbach, Peter *48*
Steinberg, Aaron *430*
Steiner, George *71f.*, *73*, 77, 80, 84-88, *86f.*, 166, 422, 474
Stendebach, Franz Josef 118, *120*
Stern, Frank *53*
Sternberger, Dolf *87*, 462
Stöhr, Martin *426*, *463*, *470*
Strauss, Claude Levi *473*
Strauss, Herbert A. *183*, 420
Suhl, Yuri *41*
Susman, Margarete 29f.
Szczypiorski, Andrzey 487
Taeubler, Eugen 59, 149
Tal, Uriel 59, *107*, 107f.
Talmon, Jacob L. 59, 150
Talmon, Shemaryahu *441*
Tchernichovsky, Shaul 108
Teichthal, Issachar S. 206f., 221, 233
Teitelbaum, Joel M. 205f., 233
Tekoah, Yosef *170*
Tertullian, Quintus S. F. 470

Thoma, Clemens 121, 238, 395, *463*
Torquemada, Thomas de 284
Toynbee, Arnold J. 306
Urbach, E. E. 141, 141
Voegelin, Eric 477f.
Wallach, Yehuda 454f.
Walzer, Michael *121*, 122
Waskow, Arthur *170*, *374*
Waxman, Mordecai 171
Weber, Max 95, *254*, *258*
Weinberg, Jehiel J. *221*
Weinrich, Michael *474f.*
Weiss, Shevach 217
Weissmandl, Michael Ber 231, 23*1f.*
White, Hayden 434
Wiesel, Elie 19, 72, 76f., *82*, *86f.*, 95, *104*, 104-107, 153, *155*, 161f., 167, 175f., 245, 259, 264, 269, *270*, *288*, *290*, 302, *309*, 364, *372*, 387, 401, 421f., 451f., 481, 483f., 488
Wippermann, Wolfgang 56-58
Wise, Stephen *72*
Wittgenstein, Ludwig 81, 350
Wolffsohn, Michael *31*
Wolfsberg, Oskar 119, 141, 438
Wolter, Ulf *42*
Wulf, Joseph *221*
Wyschogrod, Michael 366-368, 3*83*
Yahil, Leni *53f.*, 60f., 63, *171*, 185
Yerushalmi, Yosef H. 32, 1*16*, 117, *117f.*, 125, *125*, *142*, 145, 404, *406*, 408-410, 412-414, *412*, 417f., 427-429, *430*, 437- 444, 473, *473*, 477f.
Zeitlin, Ahron 215
Zeitlin, Hillel 214
Zemba, Menahem 214
Zimmermann, Moshe 48, 51, 181, *181*, 188, *188*
Zitelmann, Rainer 57f., *57f.*, *450*
Zucker, Dedi 217
Zuckerman, Bruce 101, 103-107
Zunz, Leopold 59